R&B

TINA McELROY ANSA ■ DORIS JEAN AUSTIN

TONI CADE BAMBARA ■ AMIRI BARAKA

BARBARANEELY ■ DON BELTON

BECKY BIRTHA ■ DAVID BRADLEY

WESLEY BROWN ■ OCTAVIA BUTLER

XAM WILSON CARTIER ■ CAROLYN COLE

WANDA COLEMAN ■ J. CALIFORNIA COOPER

STEVEN CORBIN ■ SAMUEL R. DELANY

WILLIAM DEMBY ■ MELVIN DIXON

RITA DOVE ■ GRACE EDWARDS-YEARWOOD

TREY ELLIS ■ PERCIVAL L. EVERETT

ARTHUR FLOWERS ■ SANDRA HOLLIN FLOWERS

BILL WILLIAMS FORDE ■ ERNEST GAINES

MARITA GOLDEN ■ PETER HARRIS

SAFIYA HENDERSON-HOLMES ■ KRISTIN HUNTER

ANGELA JACKSON ■ CHARLES JOHNSON

GAYL JONES ■ WILLIAM MELVIN KELLEY

RANDALL KENAN ■ JOHN McCLUSKEY

COLLEEN McELROY ■ NATHANIEL MACKEY

TERRY McMILLAN ■ JAMES ALAN McPHERSON

CLARENCE MAJOR ■ PAULE MARSHALL

MARY MONROE ■ GLORIA NAYLOR

RICHARD PERRY ■ DARRYL PINCKNEY

CONNIE PORTER ■ ISHMAEL REED

FATIMA SHAIK ■ NTOZAKE SHANGE

ELLEASE SOUTHERLAND ■ BARBARA SUMMERS

CLIFF THOMPSON ■ ALICE WALKER

JOHN EDGAR WIDEMAN ■ JOHN A. WILLIAMS

AL YOUNG

Terry McMillan Hg.

BREAKING ICE

Eine Anthologie zeitgenössischer afro-amerikanischer Literatur

Übersetzt von

Barbara von Bechtolsheim, Christiane Buchner, Barbara Henninges, Gertraude Krueger, Karen Nölle-Fischer, Helga Pfetsch, Pociao, Eike Schönfeld und Nani Schumann

Rogner & Bernhard
bei Zweitausendeins

1. Auflage, Februar 1994.

Titel der Originalausgabe: Breaking Ice.

ISBN 3-8077-0274-1

Lektorat: Patricia Reimann, Frankfurt.
Herstellung: Eberhard Delius, Berlin.
Umschlaggestaltung: Britta Lembke, Hamburg.
Titelgraphiken: Michaela Booth, Berlin.
Satz und Druck: Wagner GmbH, Nördlingen.
Einband: G. Lachenmaier, Reutlingen.
Gedruckt auf chlor- und säurefreies Werkdruckpapier,
geliefert von E.A. Geese GmbH, Hamburg.
Printed in Germany.

Dieses Buch gibt es nur bei Zweitausendeins
im Versand (D-60381 Frankfurt am Main, Postfach)
oder in den Zweitausendeins-Läden in Berlin, Essen, Frankfurt,
Freiburg, Hamburg, Köln, München, Nürnberg,
Saarbrücken, Stuttgart.

In der Schweiz über buch 2000,
Postfach 89, CH-8910 Affoltern a. A.

INHALT

JOHN EDGAR WIDEMAN

Vorwort

Liebe Terry,
ich gratuliere. Es wurde Zeit für eine neue Anthologie afrikanisch-amerikanischer Literatur. Ich kenne Deine Auswahl nicht, aber ich bin sicher, es wird eine vergnügliche und aufschlußreiche Lektüre. Mit den folgenden Bemerkungen formuliere ich Wünsche und Bedenken; ich spiele mit Themen und Ideen, die sich meiner Ansicht nach in einer Sammlung zeitgenössischer afrikanisch-amerikanischer Schriftsteller wiederfinden könnten oder sollten.

»Bei seinen Masken läßt der afrikanische Künstler der Phantasie freien Lauf ... Mit Hilfe von *Farbe, Federn und Hörnern* erzeugt er erstaunlich lebendige Effekte. In einem langsamen Schaffensprozeß läßt er ein Werk entstehen, das eine neue Einheit darstellt, ein neues Wesen. Wenn sich die Skulptur als hilfreiches Medium bewährt, übernimmt der Stamm die ihr eigene Form und gibt sie von Generation zu Generation weiter ... So entsteht ein Stil, ein festgefügter Formenkanon, von dem niemand leichtfertig abweicht ... Darum bewahren Stile ihre Charakteristika für Jahrzehnte, gar Jahrhunderte. Sie stehen und fallen mit dem Glauben, an den sie gebunden sind.«

*Die Kunst von Schwarz-Afrika**, Elsy Leuzinger

Da wir als politische, wirtschaftliche und kulturelle Randgruppe angesehen werden, fällt afrikanisch-amerikanischen Autoren eine besondere und vertrackte Aufgabe bei der Erneuerung und Wiederbelebung der amerikanischen Vorstellungskraft zu. Die Geschichte ist ein Käfig, ein Irrgarten, dem wir entfliehen oder den wir durchmessen müssen, damit sich unsere Kunst ungehindert entfalten kann. Um unsere Arbeiten zu veröffentlichen, müssen wir nach wie vor darauf gefaßt sein, es mit jenen Kräften außerhalb des Literaturbetriebes aufzunehmen, die sich verschworen haben, uns nicht zu Wort kommen zu lassen. Tun wir das nicht, so wird man unsere Erzählungen, Romane und Gedichte weiterhin, genau wie unser Leben, als Randerscheinung abtun, die mit den Alltagsrealitäten der breiten Masse der »Durchschnittsleser« nicht das geringste zu tun hat. Zeitungsredakteure wissen, daß ihr Job davon abhängt, die Welt in vertrauten und allgemein akzeptierten Bildern vorzuführen, und aus diesem Grunde berücksichtigen sie unsere Literatur nur selten, und am wenigsten die, welche – statt Klischees zu bedienen – die Überlegenheitsphantasien, die elementare Verlogenheit und die rohe Gewalt bloßzulegen droht, auf denen die Macht der Mehrheit über »das andere« beruht. In einer eher abweisenden Umgebung, in der Minderheiten-Beiträge als Fremdkörper und Störfaktor erscheinen, haben sie bestenfalls den Rang exotischer oder volkstümlicher Streiflichter, schlimmstenfalls verbannt man sie ins Ghetto der Belanglosigkeit.

In dem Maße jedoch, wie die Grundideen der alleinherrschenden Kultur in Frage gestellt und über den Haufen geworfen werden und sich täglich selbst vor den Augen der schamlosen Medien demontieren, gerät ein immer größerer Anteil der besten Erzählliteratur in den Bereich der »Minderheiten«. Irgendwo am Rande des Wahrnehmbaren existiert im Kollektivbewußtsein die Einsicht, daß jeder von uns zunächst einmal alleine ist, eine Einpersonen-Minderheit, jeder an einem etwas anderen Ort. Neue Welten, alternative Varianten der Realität sind überall im Entstehen. In einer Gesellschaft, die mit übermächtigem Druck die Konformität und Normierung der individuellen Lebensformen und -inhalte vorantreibt, gibt es dennoch Stimmen wie die von Ralph Ellis, der uns aufruft, auf das »lebendige Chaos inmitten unserer geordneten Sicherheiten« zu hören.

Gute Geschichten führen uns in die höchst unterschiedlichen Sphären, in denen individuelles Leben sich abspielt. Für eine gewisse Zeit lassen sie uns in die Haut eines anderen schlüpfen. Merkwürdigerweise verhilft diese Aufhebung des Ich uns gleichzeitig zu einer geschärften Selbstwahrnehmung; sie verstärkt die Unabhängigkeit des Standpunktes und zugleich das Bewußtsein von seiner Relativität. Das menschliche Leben verweigert sich dem eindimensionalen Erzähltwerden; es läßt sich nicht auf eindeutige und reduzierte Weise verstehen, von einem festen, unbeweglichen Punkt, von einer allgemeinverbindlichen Mitte aus, um die das Leben aller Menschen kreist. Das Erzählen ist ein wechselseitiger Prozeß, rückwärts- und vorwärtsgewandt, dynamisch. Wenn eine Kultur sich zum Zentrum des Sonnensystems erklärt, sich als Krönung der Schöpfung versteht, wenn alles andere als bloßes Dunkel gesehen wird, aus dem nur das hervortritt, was vom eigenen Licht beschienen wird, – dann wird dieser Mittelpunkt unweigerlich früher oder später in sich zusammenbrechen und sich kläglich in nichts auflösen.

Minderheiten-Schriftsteller profitieren in gewissem Sinne von kulturellen Umbruchs-, Umorientierungs- und Übergangszeiten. Bereits jahrhundertelang haben wir mit den Problemen eines Randgruppen-Daseins Erfahrungen sammeln können, Problemen, mit denen sich plötzlich die gesamte Gesellschaft befassen muß: das Versagen der Sprache, die Hinfälligkeit des Wertesystems, das Ende einer Weltstadt-Vision, die uns ausgrenzt oder verschlingt, uns verführt und von sich stößt, Erlösung und Untergang verheißt. Wir waren schon immer Außenseiter, Waisen, Bastarde; wir mußten immer hart um unsere Rechte kämpfen. Um Sklaverei und Unterdrückung zu überstehen, mußten wir uns ein doppeltes Bewußtsein zulegen und zugleich Hellseher, Künstler und Mutter sein. Da man uns ununterbrochen eingeredet hatte, die Farbe unserer eigenen Haut mache uns minderwertig und abstoßend, blieb uns, um zu überleben, nichts anderes übrig, als in die Haut der anderen zu schlüpfen und die Welt und uns selbst aus deren Sicht zu sehen. Mit unseren Geschichten können wir uns selbst wieder ins Zentrum rücken und über uns bestimmen; sie errichten Gegen-Realitäten und machen den Weg frei zu den sicheren Zufluchtstätten im Innern unserer Köpfe. Die Einbildungskraft der Afroamerikaner hat sich als Instrument der Disziplin, Verteidigung und Bewältigung entwickelt, als Gegenpol zu einer bitteren Lebenswirklichkeit. Wir haben die Fähigkeit ausgebildet, unser Leben selbst zu kreieren und dauernd damit zu improvisieren.

Zudem hat unser Randgruppen-Status unsere Beobachtungsgabe geschärft und unsere Könnerschaft im Bereich nichtliterarischer Erzählformen verfeinert. Volkstraditionen bewahren und spiegeln eine Identität, eine Geschichte, eine Selbsteinschätzung, unabhängig von den destruktiven, einkerkernden Sichtweisen der herrschenden Kultur. Bewußt und unbewußt haben wir die Schätze solcher Volkskultur in unser Schreiben mit einbezogen. Unsere Lieder, Träume und Tänze, unser Gang und unsere Sprechweise, unsere Kleidung, unsere Küche, unser Sport, unsere Helden und Heldinnen geben Auskunft darüber, wie eine bestimmte Gruppe in dieser Welt gelebt hat, in ihr und doch außerhalb. Diese Zeugnisse vermitteln ein so charakteristisches und beständiges Bild, daß die Wurzeln, die kultureller Natur sind, als biologische mißverstanden wurden. Die Kunst der Afroamerikaner hat eine altbewährte Sicht der Vergangenheit in sich aufgenommen, und es ist möglich, unsere Geschichte aus den Formen und Einflüssen zu erschließen, die in unsere kulturellen Ausdrucksformen und Rituale eingegangen sind. Trotz und dank unseres Randgruppen-Status' hat eine kraftvolle und ureigene kollektive Sprachtradition überlebt, nicht ohne Brüche, aber ungebrochen, ein Magnet, gebündelte Energie, etwas, mit einer ganz eigenen Logik, eigenen Regeln und einer Integrität, die Verbindungen schafft zwischen den neuen Entwicklungen und der Vergangenheit. Eine differenzierte, synkretistische Kraft, derer sich unsere fähigsten Künstler bedienen, eine Kraft, aus der sich Talent und Tradition speisen. Obwohl Minstrel-Shows als Parodien schwarzen Lebens populär wurden, waren diese Musik-Revuen gleichzeitig ein Vehikel zur Erhaltung authentischer afrikanischer Elemente in der schwarz-amerikanischen Kultur. Die Rap-Musik läßt heute, trotz all ihrer Exzesse und ihrer Kommerzialisierung, keinen Zweifel mehr daran, daß das Herz der schwarzen Musik afrikanisch ist: komplexe Tanzrhythmen, Improvisation und Spontaneität; Worte als magisches Mittel, als Anrufung, Beschwörung, Verwünschung; das Ritual, konsequent eingesetzt zur Belehrung und Begeisterung. Es ist kein Zufall, daß der kometenhafte Aufstieg des Rap in eine Zeit fiel, in der viele schwarze Musiker den Verheißungen des Musik-Business folgten und sich auf stilistische Mischformen wie Cross-Over einließen. Man zahlte schwarzen Musikern gigantische Summen für Plattenaufnahmen und unterzog dann ihre Arbeit einer Art gehirnchirurgischem Eingriff; man machte ihre Musik glatt, harmlos und leicht konsumierbar, indem man sie an Kopf und Herz verstümmelte. Wie erzürnte Ahnengeister wurden nun die Traditionen wieder lebendig, um ihre Rechte einzufordern, und bemächtigten sich der Straßenmusiker und der Hip-Hopper. Während der Soul zu einer Sparte der Pop-Charts degradiert wurde, rappte der Straßen-Beat dagegen: No, no, no, you're too sweet. Try some of this instead. Stomp your feet. Don't admit defeat. Put your hands together. Hit it. Boom. Crank up the volume. Brachial-Getrommel und Sprechgesang, Schreie, Gebrüll. Wir sind laut, wir sind zornig. Unsere Füße und Worte – im Flug, im Fluß, unsere wuchernden Träume. Instrumente, die wir uns nicht leisten können, machen wir mit der Stimme nach. Die Elektronik richtet sich nach uns. Die ganze Aufnahme-Trickkiste in Beschlag und auseinandergenommen, die Technik auf den Kopf gestellt, zum Thema, zur Parodie gemacht. Chaboom. Boom. City-Sounds, Maschinenklänge, Innen- und Außenwelt vermischen sich. Boom boxes. Doom boxes. Ruf die Ahnen herbei. Jeden Gott von Jah, Isis, Jehova, Allah und Shango bis zu James Brown und den Famous Flames. Sag ihre Namen. Laß sie wieder auf der Erde wandeln. Get right, children. Der Rap brach nicht zufällig in diesem Moment und an diesem Punkt hervor: Die lange, lange Nacht von Armut, Diskriminierung und gewaltsamer Ausgrenzung war eine ständig schmerzende Wahrheit, die niemand sonst aussprach. Die kreativen Energien eines unfreien Volkes wurden erstickt und in Selbstzerstörung verkehrt.

Wenn eine ästhetische Tradition sich ihrer Wurzeln bewußt bleibt, der sozialen Bedingungen (Sklaverei, Unterdrückung, Ausgrenzung) und der Ausdrucksmittel, die sie einsetzte, um eine solche Situation zu bewältigen – ein mit Hilfe der Kunst entwickeltes Gegenmodell zu diesen Bedingungen –, wenn sie sich nicht vom Weg abbringen läßt, also unbeirrt die Wahrheit ausspricht, aus der heraus sie entstanden ist – die Notwendigkeit, das eigene Menschsein zu verteidigen und es auf eigene Weise zu definieren, sich den zerstörerischen Definitionen zu widersetzen, die aus dem Munde der »Herren« stammen, aus ihren Einstellungen und ihrer Kunst hervorgehen –, dann bleibt diese Tradition lebendig, Bezugspunkt, Hüter unserer Werte, Kapital, das für uns arbeitet. In den afrikanisch-amerikanischen Traditionen ist die Erinnerung an einen harten, unsauberen Schnitt enthalten. Das erklärt zum Teil das Subversive, Abrupte, Unzusammenhängende unserer Grundhaltungen. Auf die Brutalität, mit der wir einst aus unserer Welt herausgerissen wurden und die uns jetzt innerlich auseinanderreißt, antworten wir mit einer starren Maske aus Gleichgültigkeit und Gefügigkeit, die eisige, stumme Ablehnung verdeckt. Boom. Chaboom. Boom. While our feet, feet, feet, dance to another beat.

Danach suche ich, das liebe ich an unserer Literatur.

Andererseits – da auch das Schild, mit dem wir uns schützen, wie jede Medaille, zwei Seiten hat –, wie soll es weitergehen? Was unterscheidet denn den einzigen Schwarzen in einem »weißen« Schnellimbiß von einem Minderheiten-Schriftsteller, der eine Geschichte in englischer Sprache verfaßt? Wie ergeht es einer schwarzen Geschichte in einer weißen Welt voller weißer Geschichten? Was können wir ausrichten mit unseren ›Farben, Federn und Hörnern‹, wie können wir unserer Tradition fruchtbaren neuen Boden erschließen? Wie entziehen wir uns einem System von masse- und mehrheitsfixierten Verlagen, Vertriebshäusern, Kritikern, Lektoren und Lesern? Die eigene, typische Sprache reicht nicht aus. Integration reicht nicht aus – außer man sieht eine rein zahlenmäßige, prozentuale Präsenz als Ziel und nicht lediglich als Schritt an. Wenn es dem Schriftsteller um Freiheit des Ausdrucks geht, dann muß unsere Literatur auf dieses größere Ziel ausgerichtet sein, sei es direkt oder indirekt. Es sollte in einer Erzählung gelingen, in Verbindung zur Tradition das neue Terrain zu erobern, das sie braucht und das ihr zusteht. Sie sollte auf Weiteres, möglicherweise darüber hinaus Entstehendes, Ähnliches und dessen frühere, jetzige und zukünftige Quellen weisen. Das bedeutet nicht, daß man Erzählliteratur nach einem definierten, ideologisch geglätteten Schema bewertet, sondern daß man nach Bedingungen sucht, das Gelände absteckt, wo freier, originärer Ausdruck am ehesten möglich ist. Wir müssen unsere Geschichten auch weiterhin erfinden und dabei unser doppeltes Bewußtsein stützen, statt es zu opfern, denn dies ist unerläßlich für jede Art des Schreibens, die etwas Ureigenes schaffen will.

Schwarze Musik wiederum offenbart die Fallen und Möglichkeiten, die Chance der Integrität. Sie führt vor, daß Künstler, die sich gemeinsamen kulturellen Wurzeln verpflichtet fühlen, sich wieder und wieder dem Regen aussetzen können, ohne jedoch von ihm durchnäßt zu werden. Ihre Kunst zeigt, daß sie mitten im Sturm und doch außerhalb sind. Schwarze Musik ist ein Fest, das man feiern muß wie es fällt, das keinen festen Ort, Zeitpunkt oder feste Regeln kennt. Sie führt in Thema und Variationen vor, welche zahllosen Beziehungen zur herrschenden politischen, sozialen und ästhetischen Ordnung vorhanden oder denkbar sind, ein Riesenspektrum an Möglichkeiten, inklusive der Macht und Freiheit, die Rollen zu vertauschen, die Geschichte auf den Kopf zu stellen und selbst die herrschende Ordnung zu *sein*.

Was davon läßt sich auf den Bereich der Literatur übertragen? Besitzt die Sprache der Musik mehr Freiheit, hat sie weniger an dem historischen Ballast von europäischer Vorherrschaft, von Ausbeutung und Rassismus zu tragen? Ist es in diesem Medium geschriebener englischer Sprache mit seinen speziellen Formen und Tonlagen möglich, die Geschichte, die Verkrustungen, die Gitterstäbe und »Nur für Weiße«-Schilder, die Stimme und Atem stocken lassen, einfach auszublenden?

Kann Literatur die Dialektik, die Spannung, den Dialog, den Krieg zwischen den im Englischen vorhandenen, konkurrierenden Realitätsauffassungen ausdrücken? Ein entscheidender erster Schritt könnte in der Einsicht bestehen, daß die Schwarzweißmalerei, das Entweder-Oder-Denken in bezug auf sprachliche Tendenzen in trauriger Weise verfehlt ist. Das heißt zuallererst, man nehme nichts als selbstverständlich, man opfere nichts. Es heißt, man studiere die Sprache. Und unsere Annäherungen an die Vergangenheit. Man stelle die Bezüge zur Geschichte neu her. Man sei kämpferisch. Kämpferisch. Es heißt, sich nichts andrehen zu lassen. Die bornierte Selbstverständlichkeit der Sprache zu hinterfragen. Auf der Ebene von Rechtschreibung, Grammatik, Didaktik, aber auch tiefer, die Laute und ihre Ursprünge; wie die Sprache insgeheim vorgibt, legitim, gutartig, einzig, überlegen, logisch zu sein. Es heißt, das Chaos inmitten der geordneten Sicherheiten bloßzulegen, Themen und Paradigmen neu zu bestimmen, statt nur das alte Rassenproblem in neue Worte zu fassen. Wem gehört die Sprache denn?

Martin Bernal hat in seinem Buch *Black Athena*** die Verknüpfungen zwischen sprachwissenschaftlichen Ansätzen und Rassentheorien in Europa aufgezeigt. Er beschreibt, wie im neunzehnten Jahrhundert sprachhistorische Theorien mit den Vorstellungen einer Hierarchie der Rassen und Kulturen konform gehen, sie stützen und noch verstärken. Wie die Sozial-»Wissenschaften«, die sich selbst zu gerne als stabilen Eckpfeiler der geisteswissenschaftlichen Lehre und Forschung sehen, sich doch vom ersten Moment an willig in die Ideologie und Interessenlage des Rassismus einspannen ließen. Wie die sprachwissenschaftliche Theorie der Romantik instrumentalisiert wurde, um die Überlegenheit der westlichen Welt zu beweisen. Er macht klar, daß das unkritische Übernehmen von bestimmten unantastbaren Grundfesten des westlichen Denkens der Mitwirkung am eigenen Lynchmord gleichkommt. Angesichts des von Bernal untersuchten Materials muß man jedem, der wieder zur Tagesordnung der grundlegenden und »wahren« Kulturwerte übergehen will, mit Kritik entgegentreten. Die große Lüge, daß Denksysteme neutral und universell über den kulturspezifischen Vorurteilen stünden, wird mal wieder, hübsch verpackt, der Öffentlichkeit verkauft. Welches sind die Meisterwerke, die wir lesen müssen? Wem dient das? Welche Geschichten sollen erzählt werden? Von wem? Wozu?

Wie entwickelt und verändert sich Sprache? Wie sieht der dynamische Prozeß aus, in dem ein einzelner eine Sprache erwirbt, sie abstimmt auf die Unendlichkeit seiner inneren Vorstellungswelten, auf die sozialen Spielregeln der Außenwelt und auf den unaufhörlichen Austausch zwischen beiden? Kann ein Schriftsteller die Sprache lieben und sie sich dennoch vom Leibe halten, sie als Werkstoff, als Medium behandeln, indem er das Bewußtsein für das Willkürliche und Trügerische an ihr schärft, nie denkt, er besäße sie, sich nie vollständig mit ihr identifiziert und doch immer ihr Innerstes will, also erkundet, was sie kann und was sie könnte, wenn der Schreibende genügend Geduld, Glück, Geschick hat und keine Mühen scheut?

Mitten drin und doch außerhalb. Mit dieser Haltung setzen wir uns in unsere Rechte ein, schaffen eine Grammatik der Spannungsnuancen, der Widersprüchlichkeiten, Türen und Fenster, mit denen wir die eigene Haltung ins Blickfeld rücken und das Medium selbst problematisieren. Ein wechselseitiges Aufdecken, bei dem unter der Oberfläche stets die unbequeme Einsicht auf uns wartet, daß die Sprache, die wir gebrauchen, uns immerzu in viele Richtungen gleichzeitig zieht, und daß wir unweigerlich untergehen, wenn wir nicht aufpassen, gegen den Sog ankämpfen und die guten von den gefährlichen Strömungen unterscheiden lernen. Wir sind nicht allein, auch nicht untereinander; jedes Wort, das wir hervorbringen, ist in Wirklichkeit vielstimmig, und die mächtigsten Stimmen sind immer in unaussprechliches Schweigen getaucht. Eine Geschichte ist eine Formel, mit der man Sinn aus dem Chaos destillieren kann; eine Handvoll Wasser, die man schöpft, um darin einen Ozean wiederzufinden. Nichts steht wirklich still für diese Reduktion, diese Abstraktion. Wir brauchen Leser, die bereit sind, unsere Mitwisser und Verbündeten zu sein. Wir müssen auf einer Ebene direkter Begegnung operieren, um die Sprache wieder für das, was wir ausdrücken wollen, zurückzuerobern. Es bleibt die versteckte Frage: Wo stehen wir in bezug auf diese

Sprache? Wo kommt sie her? Wo komme ich her? Wo treffen wir uns, und wie soll ich diesen gemeinsamen Punkt benennen? Was ist *Nahrung*? Was ist *Nahrungsaufnahme*? Warum essen Menschen an Imbiß-Theken? Schwarze Musik bietet ein Gegenmodell der Integration, denn sie wirft diese Art Fragen im Bereich der Musik auf und vermittelt uns das aufregende Gefühl, daß wir die Antworten kennen, ja, ja, – wenn es welche gibt, und wahrscheinlich ist es am Ende egal, ob es welche gibt, so oder so, das Spiel um Antworten und Fragen geht weiter.

Übersetzt von Nani Schumann

* *Die Kunst von Schwarz-Afrika,* Elsy Leuzinger, Verlag Axel Bongers, Recklinghausen, 1972 (hier: Rückübersetzung).

** *Black Athena,* Martin Bernal, Verlag Vintage, London, 1987.

TERRY McMILLAN

Einführung

Als Kind wußte ich gar nicht, daß Amerikaner afrikanischer Herkunft überhaupt Bücher schreiben. Ich bin in einer Kleinstadt im nördlichen Michigan aufgewachsen, und die einzigen Bücher, die mir dort unterkamen, waren die Bibel und die Pflichtlektüren für die Schule. Ich las nicht zum Vergnügen, und erst als ich mit sechzehn Jahren einen Job in der öffentlichen Leihbibliothek bekam und Bücher in die Regale stellte, nahm mich ein Buch zum erstenmal gefangen. Es war eine Biographie über Louisa May Alcott. Ich war erschüttert, weil ich vorher eigentlich noch nie etwas über arme Weiße gelesen hatte; Louisas Vater war so exzentrisch und in seine Ideen versponnen, daß ich damals dachte, er müsse verrückt sein. Ich fühlte mit Louisa, weil sie schon in jungen Jahren helfen mußte, ihre Familie zu ernähren, genau wie ich das mit meinem Job in der Bücherei tat.

Eines Tages ging ich ein Buch zurückstellen und sah plötzlich das Gesicht von James Baldwin, das mir entgegenstarrte. Wer ist das denn nur? fragte ich mich. Ich erinnere mich an meine Verlegenheit und daran, daß ich sein Buch nicht las, weil ich Angst davor hatte. Ich konnte mir nicht vorstellen, daß er etwas Besseres oder anderes zu sagen haben könnte als Thomas Mann, Henry Thoreau, Ralph Waldo Emerson, Nathaniel Hawthorne, Ernest Hemingway, William Faulkner und ein ganzer Haufen anderer, meist weißer männlicher Schriftsteller, die ich im Literaturkurs in der High-School kennengelernt hatte. Natürlich war weder ein einziger afrikanisch-amerikanischer Autor in irgendeinem dieser Lesebücher vorgekommen noch war mir je der Eindruck vermittelt worden, daß – sollten wir tatsächlich etwas Wichtiges zu sagen haben – jemand es auch drucken würde. Unnötig zu sagen, daß ich nicht einfach nur naiv war, sondern überdies noch kein Quentchen schwarzen Stolz entwikkelt hatte. Nicht ein einziges Mal stellte ich die Frage, warum es in diesen Schullektüren keine repräsentativen Arbeiten von uns gab. Aber schließlich hatte ich noch nie etwas von afrikanisch-amerikanischen Schriftstellern gehört, und außerdem las kaum ein Mensch, den ich kannte, überhaupt Bücher.

Und dann wurde alles anders.

Erst nachdem Malcolm X ermordet worden war, entdeckte ich, wer er war. Eigentlich müßte mir das peinlich sein, ist es aber nicht. Ich las Alex Haleys Biographie über ihn, und sie veränderte buchstäblich mein Leben. Vor allem wurde mir klar, daß es keinen Grund gab, ja, geradezu lächerlich war, sich für sein Schwarzsein zu schämen. Daß wir eine Geschichte hatten und viel, worauf wir stolz sein konnten. Mir ging allmählich auf, wie unmenschlich wir behandelt worden waren; ich begann, unsere Stärke als Volk zu sehen, wo man mir vorher nur unsere Schwächen eingeredet hatte. Ich begann, über meine Rolle in der Welt, nicht nur die in meiner Straße, nachzudenken. Ich begann überhaupt erst einmal nachzudenken. Nachzudenken über Dinge, über die ich mir nie zuvor Gedanken gemacht hatte, und aus dem Nachdenken entstanden Fragen. Und ich hatte weitaus mehr Fragen als Antworten.

So ging ich dann aufs College. Als ich das Vorlesungsverzeichnis durchblätterte und ein Seminar »Afro-amerikanische Literatur« sah, trug ich mich dafür ein und konnte den ersten Unterrichtstag kaum erwarten. Hatten *wir* tatsächlich genügend Schriftsteller, um ein ganzes Seminar zu rechtfertigen? Ich erinnere mich daran, daß die Textsammlung *Dark Symphony: Negro Literature in America* hieß – ich besitze sie heute noch. Immer wieder überraschte mich die Erregung, die mich packte, als ich Countee Cullen entdeckte, Langston Hughes, Ann Petry, Zora Neale Hurston, Ralph Ellison, Jean Toomer, Richard Wright, und als ich James Baldwin wiederentdeckte und jetzt auch las, um nur ein paar Namen zu nennen. Ein Wunder, daß ich am Semesterende keine Brille brauchte. Eine Welt tat sich mir auf. Ich sammelte völlig neue Einsichten über unser Leben als »Volk von Schwarzen« und nahm es ganz anders wahr, so, als sei ich eine Außenseiterin gewesen und endlich hereingelassen worden. Die Entdeckung, daß unser Leben genausoviel Bedeutung hat und ebenso wichtig ist wie das unserer weißen Gegenspieler, war mehr als eine Genugtuung, es war eine Offenbarung. Es gab bei uns nicht nur einzigartige, spannende, provozierende und unbarmherzige Lebensläufe, sondern inmitten ihrer schmerzlichen Erfahrungen, und auch wegen dieser Erfahrungen, hatten Menschen sich die Zeit genommen, das alles aufzuschreiben.

Nicht ein einziges Mal während der vier Jahre meines Undergraduate-Studiums kam mir in den Sinn, daß ich vielleicht eines Tages selbst Schriftstellerin werden könnte. Schriftsteller waren schließlich von Natur aus klug und scharfsichtig. Sie waren außerdem von der Wahrheit besessen. Sie hatten etwas zu sagen. Ihr Werk war kühn, aber nicht bombastisch. Sie verstanden es, die Sprache so zu gebrauchen, daß ihre Leser von dem, was sie sagten und wie sie es sagten, berührt waren. Und sie hatten Talent.

Ich dagegen glaubte, nichts dergleichen zu besitzen, doch: Der erste Mann, in den ich mich verliebte als ich zwanzig war, brach mir das Herz; ich war so am Boden zerstört und fühlte mich so hilflos, daß meine Empfindungen sich in einem Gedicht Luft machten. Ich setzte mich nicht hin und sagte mir: »Ich will ein Gedicht darüber schreiben.« Es war eher wie Zauberei. Ich merkte gar nicht, daß ich im Begriff war, ein Gedicht zu schreiben, bis ich es fertig hatte. Danach war mir leichter ums Herz, als sei etwas geschehen, was den Schmerz linderte. Aber als ich das »Ding« las, erschrak ich, weil ich nicht wußte, woher die Worte gekommen waren. Mir jagte das, was ich gerade erlebt hatte, richtiggehend Angst ein, denn ich verstand nicht, was passiert war.

Die nächsten paar Tage las ich das Gedicht immer wieder und konnte kaum glauben, daß *ich* es geschrieben hatte. Eines Tages sah ein Studienkollege es auf dem Küchentisch liegen und las es. Ich war verlegen und entgeistert, als er sagte, es gefalle ihm und daß er am College gerade eine Schwarze Literaturzeitschrift gegründet habe und es veröffentlichen wolle. Veröffentlichen! Er meinte es ernst, und es fand tatsächlich den Weg auf eine Buchseite.

Meinen Namen gedruckt zu sehen, war ein Hochgefühl. Und von da an schrieb ich, sobald sich nur ein Blatt an einem Baum regte, schon ein Gedicht darüber. Glänzte im Gehsteig ein Riß, auch daraus wurde ein Gedicht. Einige dieser wortreichen Gebilde wurden dann in verschiedenen Campus-Zeitschriften veröffentlicht, die offenbar verzweifelt ihre Seiten zu füllen suchten. Ich bezeichnete mich nicht als Dichterin; ich sagte nur, ich schriebe Gedichte.

Jahre vergingen.

Allmählich begannen die Gedichte zu Sätzen zu werden, und ich wurde nervös. Was zum Teufel sollte das? All diese Ansätze von Skizzen, die zu nichts führten. Lauter Anfänge. Was bildete ich mir eigentlich ein, eine Geschichte erzählen zu wollen? Und wen interessierte das? Mir war selbst nicht recht klar, was ich da tat, aber ich erkannte mit der Zeit, daß mir viele Dinge wichtig waren, und daß andere Dinge mich störten, Dinge, die ich nicht ändern konnte. Schreiben wurde für mich zum Ventil für Unzufriedenheit und Widerwillen und wurde meine Art, mir die Vorgänge um mich herum zu erklären. Es war meine Art, das zu reparieren zu versuchen, was ich für kaputt hielt. Später wurde es der einzige Weg für mich, zu erforschen, was ich nicht verstand. Das Dumme war nur, daß ich mehr über Ideen als über Menschen schrieb. Alles war so uferlos, und ich mußte doch irgendwann einen gemeinsamen Nenner finden. Schließlich fragte ich mich, was mir am meisten am Herzen lag. Es waren die Menschen, und vor allem afrikanisch-amerikanische Menschen.

Die Vorstellung, mich allen Ernstes als Schriftstellerin zu betrachten, war erschreckend. Ich kannte niemanden, der Schriftsteller war. Wußte nicht, wie man merkt, ob man das gewisse Etwas hat oder nicht. Wußte nicht, ob ich gut genug war oder je sein würde. Ich wußte nicht, wie man das Geschäft des Schreibens anpackt, und außerdem wollte ich unbedingt einigermaßen gut verdienen. (Ich hatte Horrorgeschichten darüber gelesen, daß nur ganz wenige Schriftsteller allein vom Schreiben leben können, und wie viele zeitlebens am Hungertuch genagt hatten. Zunächst glaubte ich, Sozialarbeiterin zu werden, sei die Lösung für mich, da mir die Rettung der Welt so am Herzen lag (ich war zweiundzwanzig und sehr idealistisch), aber als ich feststellte, daß ich das auf diesem Weg nicht zustande brachte, mußte ich mir eine andere Möglichkeit ausdenken, auf Menschen einzuwirken. Positiv einzuwirken. Schließlich belegte ich Journalistik im Hauptfach, weil Schreiben mir »leichtfiel«, aber ich merkte rasch, daß es mir keinen Spaß machte, das »wer, wann, wo und warum« einer Sache herauszufinden. Daraufhin beschloß ich – auf Drängen meiner Mutter und verschiedener Freundinnen, die Examen gemacht und inzwischen bürgerliche Berufe ergriffen hatten –, etwas zu versuchen, was mir immer noch erlauben würde »mich auszudrücken«, dabei aber sicherer, wenn auch immer noch riskant war: Ich ging auf die Filmhochschule. Kern der ganzen Suche nach meinem »Platz« in der Welt war natürlich meine Vorstellung, Menschen auf irgendeine grandiose Weise anzurühren. Malcolm und Martin hatten mir diesen Gedanken eingegeben. Schreiben, das ist mir klar geworden, ist für mich eine Form von Menschenliebe. Ich brauchte nicht lange, um zu merken, welchen Eindruck die Werke anderer Schriftsteller auf mich gemacht hatten, und wenn ich denn schreiben sollte, so wollte ich um keinen Preis belanglose, mittelmäßige Geschichten schreiben, die den Leser weder verzaubern noch aufrütteln. Deshalb mußte ich zuerst mich selbst begeistern und sorgsam darauf achten, was für mich Bedeutung hatte und mir am Herzen lag.

Die Filmhochschule war nicht das richtige. Außerdem konnte ich das Schreiben einfach nicht lassen, und so war ich schließlich gezwungen, nicht weiter dagegen anzukämpfen. Länger brauchte ich, um zu begreifen, daß Schreiben keine Sache ist, um die man strebend sich bemüht, sondern eine, die man tut, weil man nicht anders kann.

Ich will aus dieser Einleitung keineswegs ein Plädoyer machen, aber ich muß berichten, wie die Idee zu dieser Anthologie entstand.

1987 lehrte ich an der Universität von Wyoming. Die meisten Studenten und Studentinnen lasen nicht viel gute Belletristik, deshalb wollte ich ihnen in meinem Seminar »Praxis des Schreibens« hochkarätige zeitgenössische Autoren erzählender Literatur nahebringen. Da ich den Großteil der Jahresanthologien zeitgenössischer Autoren regelmäßig lese (von *Pushcart* bis *Editors' Choice, Prize Stories: The O'Henry Awards* und *Best American Short Stories*, um nur einige zu nennen), durchforstete ich außerdem die Sammlungen der vergangenen sieben Jahre, und da wurde mir deutlich, daß etwas nicht stimmte. Kaum ein afrikanisch-amerikanischer Autor tauchte bei diesen »besten« Geschichten auf, die doch angeblich so sorgfältig und kritisch ausgewählt worden waren. Die Herausgeber hatten glaubwürdig nachgewiesen, daß sie Hunderte von Geschichten in Zeitschriften wie *The New Yorker* und *The Atlantic* bis hin zu den kleinsten literarischen Vierteljahresschriften gelesen hatten. Die wenigen afrikanisch-amerikanischen Vierteljahresschriften (*Callaloo, Catalyst, Sage, Hambone*) und das Magazin *Essence* waren nicht berücksichtigt worden. Ich war entrüstet, als ich die jeweils neuesten Ausgaben dieser Jahresanthologien aus dem Bücherregal zog und die in den Inhaltsverzeichnissen auftauchenden afrikanisch-amerikanischen Autoren praktisch an einer Hand abzählen konnte.

Wütend saß ich am Schreibtisch. Mein Herz klopfte vor Zorn. Wie war das möglich! Einen Moment später stand ich vor meinen »schwarzen« Regalen und zog alle neueren Anthologien erzählender Literatur heraus, die ich besaß: *Black Voices* und *New Black Voices* (beide von Abraham Chapman herausgegeben), *Black Short Story Anthology* (von Woodie King herausgegeben), *19 Negromancers From Now* (von Ishmael Reed herausgegeben) und die *Best Short Stories by Negroes* (herausgegeben von Langston Hughes). Es gab noch andere, aber die meisten waren vor den sechziger Jahren veröffentlicht worden und konzentrierten sich auf Romane, Drama, Lyrik, Essays,

Theaterstücke und Literaturkritik. Schlagartig wurde mir klar, daß mir keine neuere Anthologie einfiel, in der die zeitgenössische – zwischen den frühen siebziger Jahren und heute publizierte – afrikanisch-amerikanische erzählende Literatur auftaucht. Mir meiner Sache doch noch nicht ganz sicher, ging ich am Nachmittag in die Universitätsbibliothek und besorgte mir einen Computerausdruck von allem, was unter dem Stichwort »Schwarze ... Romane, Literatur, Anthologien, Kurzgeschichten« lief. Die Liste war lang, vor allem weil die gleichen Bücher mehrfach, immer wieder mit Querverweisen »Schwarze Literatur«, auftauchten. Während ich die Liste durchging, sah ich, daß die meisten Bücher historisch, da nach Geschlecht oder Region getrennt waren, und es zeigte sich, daß seit mehr als siebzehn Jahren keine Anthologie von Erzählungen schwarzer Schriftsteller mehr publiziert worden war. Es gab lediglich eine Reihe kritischer (wissenschaftlicher) Texte über die »Schwarze« Literatur des zwanzigsten Jahrhunderts, sogar einen 1986 von Preston M. Yancy zusammengestellten, mit Anmerkungen versehenen Überblick über »Die afro-amerikanische Kurzgeschichte«.

Nachdem ich den Ausdruck durchgesehen hatte, ging ich zum Telephon, rief eine Reihe kundiger Leute an und fragte sie: »Welches ist die neueste dir bekannte Anthologie mit nur schwarzen Autorinnen und Autoren?« Viele zögerten und mußten nachdenken. Manchen fiel überhaupt keine ein. Viele nannten dieselben wenigen.

Kurz danach saß ich an einem verschneiten Vormittag in meinem Arbeitszimmer und sah zum Fenster hinaus. Da draußen gab es doch mit Sicherheit genügend afrikanisch-amerikanische Erzähler, die eine Anthologie rechtfertigen würden. Mindestens dreißig fielen mir auf Anhieb ein. Und dann dachte ich an alle jene, die mir nicht einfallen konnten. Die, die möglicherweise vergeblich versucht hatten, etwas zu veröffentlichen. Jene, die bei einem größeren oder einem ganz kleinen Verlag einen Roman oder einen Erzählband veröffentlicht hatten, der dann von der *New York Times*, dem Verleger selbst oder anderen entscheidenden Instanzen nicht beachtet worden war. Ich kam zu dem Schluß, daß hier eine Lücke klaffte, die jemand füllen mußte.

Ohne auch nur eine Sekunde an die viele Arbeit zu denken, die ein solches Projekt mit sich bringen würde, entwarf ich einen Brief an meinen Verlag, informierte ihn über diesen Mißstand, trug mein Anliegen vor und rechtfertigte es mit Beispielen beziehungsweise mit dem Fehlen von Beispielen. Ob sie wohl Interesse haben würden? Nach einigen Tagen des »Prüfens der Angelegenheit« stimmte man mir zu. Es gab hier in der Tat eine Lücke.

Mir war klar, daß ich eine Anthologie wollte, die widerspiegeln sollte, wie sich unser Leben auf der privaten Ebene seit den sechziger Jahren verändert hat. »Protestliteratur« hat ihren Ort und ihre Zeit; unsere Arbeit aber hatte, wie ich wußte, eine ganze Folge von Metamorphosen durchlaufen. Nicht, daß das Thema »Rasse« nicht mehr wichtig gewesen wäre, aber in vielen Werken zwischen den siebziger Jahren und heute, die ich gelesen habe, stand es nicht mehr unbedingt im Vordergrund. Zweifellos schreiben viele afrikanisch-amerikanischen Schriftsteller aus dem Bewußtsein unserer afrikanisch-amerikanischen Herkunft heraus. Um es anders auszudrücken: Unser einziger Bezugsrahmen ist der des afrikanischen Amerikaners, deshalb schreiben wir über das, was unsere Erfahrung uns bedeutet, über das, was uns als afrikanische Amerikaner betrifft.

Allerdings haben sich unsere Visionen, Stimmen, Ansichten und sogar unsere Erfahrungen in den vergangenen beiden Dekaden in tausendfacher Weise verändert und/oder erweitert. Ein großer Teil unserer Arbeit ist intimer und privater geworden und spiegelt eine Vielfalt von Stilen und Arten, Geschichten zu erzählen, wider. Diese neue Energie hoffte ich für meine Anthologie einzufangen. Und ich glaube, es ist gelungen.

Das bedeutet keinesfalls, daß ich auch nur eine Sekunde lang den Autoren Wert und Bedeutung absprechen möchte, die während der sechziger Jahre einen Beitrag zur afrikanisch-amerikanischen Literatur geleistet haben, und deren Werke vielleicht in die Rubrik »Protestliteratur« passen würden. Aber welchen Sinn hätte es, wenn in den neunziger Jahren immer noch »Wir hassen alles, was weiß ist«-Geschichten oder, sagen wir, Sklavenerzählungen geschrieben würden, oder wenn begründet würde, warum wir auf unser Erbe stolz sein sollten (das wissen wir inzwischen ja längst – und unsere Kinder wissen es auch). Es würde nicht zu uns passen. Und deshalb reflektieren viele der Autoren und Autorinnen, deren Werke hier folgen, ein Spektrum von Erfahrungen, die unsere heutige Zeit charakterisieren. Wir afrikanischen Amerikaner haben nicht alle den gleichen Hintergrund. Auch unsere Wahrnehmungen, Werte und Moralvorstellungen sind nicht identisch. Die folgenden Geschichten sind nicht von Zorn erfüllt. Manche sind lieb, manche haben Schwung, andere haben Biß und Stich, manche brechen einem fast das Herz oder reizen zum Lachen oder fordern dazu auf, sich zurückzulehnen, um in Erinnerungen zu schwelgen, oder nach vorn zu denken. Vielleicht finden Sie sich auf diesen Seiten selbst wieder oder ein Mitglied Ihrer Familie, einen geliebten Menschen oder einen Freund oder eine Freundin, und genau das soll Belletristik unter anderem, wenn sie gut ist: den Leser einen Aspekt von sich selbst wahrnehmen lassen.

Trey Ellis hat den Begriff »Die Neue Schwarze Ästhetik« geprägt, eine Art von *glasnost*. Er ist der Meinung, kein zeitgenössischer afrikanisch-amerikanischer Künstler schaffe heutzutage mehr eine Kunst, in der die Rasse die einzige Konfliktquelle ist. Wir sind eine neue Generation, die frei ist, so zu schreiben, wie sie gerne möchte, auch dank unserer Vorgänger und der Art und Weise, wie das Leben sich verändert hat. »Zum erstenmal in unserer Geschichte produzieren wir eine beachtliche Menge kritischer College-Absolventen, die selbst schon Kinder von College-Absolventen sind. Wie die meisten Kunstrichtungen ist die Neue Schwarze Ästhetik eine post-bourgeoise Bewegung; getragen von einer zweiten Mittelschichtsgeneration. Indem unsere Eltern sich zu relativem Wohlstand und, viel zu oft, krassem Materialismus hocharbeiteten, haben sie uns die Freiheit gegeben (oder uns dazu gezwungen), die Hand, die uns ernährt und aufs College geschickt hat, zu beißen. Wir sind jetzt innerlich sicher genug, Kunst statt Medizin zu studieren.«

Ellis ist der Meinung, und ich teile diese Ansicht, daß »die neuen schwarzen Künstler [nicht mehr] so vom Rassismus getroffen [sind] wie die der Harlem Renaissance, und wir uns auch nicht mehr im selben Maße damit beschäftigen wie die Künstler des *Black Arts Movements*. Für uns ist Rassismus eine harte und sich wenig ändernde Konstante, die weder überrascht noch erbost.«

Heutzutage geben wir in unseren Werken Kommentare über uns selbst ab. Wir schaffen es, uns über uns selbst nach Belieben lustig zu machen, über uns zu lachen und uns unter die Lupe zu nehmen. Manchmal hat das seinen Preis. Seit dem Erscheinen von *For Coloured Girls Who Have Considered Suicide, When the Rainbow Is Enuf* von Ntozake Shange und dann Alice Walkers *Die Farbe Lila* bis zu Gloria Naylors *The Women of Brewster Place* haben Mitglieder der afrikanisch-amerikanischen Gemeinschaft diese Schriftstellerinnen wegen ihrer negativen Darstellung der afrikanisch-amerikanischen Männer zu kritisieren begonnen. »Wir« hätten kein Recht, unsere »schmutzige Wäsche« vor den Augen der Weißen zu waschen.

Kürzlich hat David Nicholson, Redakteur und Kritiker für die »Book World« in der *Washington Post*, in einem Artikel mit dem Titel »Schwarzmalerei: Afrikanisch-amerikanische Künstler, Auf der Suche nach einer Neuen Ästhetik« behauptet: »Wahre Künstler gehen oft einsame Wege, aber schwarze Künstler befinden sich in der nicht beneidenswerten Lage, zu viel Gesellschaft auf ihren Wegen zu haben – jeder will ihnen vorschreiben, was sie tun müssen und wie sie es tun sollen ... Von schwarzer Literatur, Filmen schwarzer Filmemacher, schwarzer Musik und schwarzer Kunst ... wird erwartet, daß sie politisches und soziologisches Gewicht haben. Sie sind den widersprüchlichsten Imperativen – allzuselten ästhetischen – verschiedener Bewegungen und Ideologien unterworfen. Sie sollen ein positives Bild entwerfen und dürfen den Augen der Außenwelt (sprich der Welt der Weißen) niemals, auf keinen Fall, unangenehme Wahrheiten enthüllen.«

Der größte Teil der zwischen den dreißiger und sechziger Jahren erschienenen Literatur von afrikanischen Amerikanern, scheint an ein weißes Publikum gerichtet gewesen zu sein. Wir haben den Weißen erzählt, wer wir waren und was sie falsch gemacht hatten. Die Zeiten haben sich geändert. Wir verspüren nicht mehr das Bedürfnis, uns eine Existenz zu schaffen und sie zu rechtfertigen. Wir sind hier. Wir sind stolz. Und die meisten von uns verspüren nicht mehr den Drang, den Weißen irgend etwas beweisen zu müssen. Wenn überhaupt, dann versuchen wir allenfalls, uns selbst unsere Bedeutung klarzumachen.

Es erübrigt sich zu erwähnen, daß gute Literatur nicht predigt. Wenn ein Schriftsteller uns mit allen Mitteln von etwas überzeugen will, dann sollte er sich an die Sachliteratur halten. Unsere Werke sind heutzutage oft ebenso unterhaltsam wie informativ, und regen ebenso zum Nachdenken an wie sie Auftrieb geben. Einige von uns gehen davon aus, daß die Erfahrungen unserer Figuren allgemeingültig sind, und trotzdem kann manche Situation sich vielleicht nur so ereignen, weil die Hautfarbe unserer Hauptfigur schwarz ist. Wenn sich ein Schriftsteller hinsetzt, um eine Geschichte zu erzählen und dabei auf eine leere weiße Seite starrt, dann erstaunt es mich manchmal, daß Leute so naiv sein können zu glauben, wir hätten, wenn wir eine Figur erfinden, die Gesamtheit aller afrikanischen Amerikaner im Sinn; und daß diese Figur repräsentativ für alle sein sollte, anstatt nur die eine Figur, die wir dabei im Sinn hatten. Seien wir doch ehrlich: Es gibt recht unbedeutende Männer und Frauen, die einigen von uns so penetrant über den Weg laufen, daß wir einfach aufschreiben *müssen*, welche Wirkung sie auf uns haben. Andererseits gibt es auch freundliche, warmherzige, zärtliche, sanfte, erfolgreiche und ermutigende Leute in unserem Leben, die genauso ihren Weg in unsere Werke finden.

Gute Literatur ist voll von Konflikt, Dramatik und Spannung. Wollten wir, nur um unsere Leser und Kritiker zu erfreuen, unsere Zeit damit vergeuden, glanzlose Märchen für Erwachsene zu schreiben, dann würde mich das mit Sicherheit zu Tode langweilen. Ich lese genügend ereignislose Geschichten über langweilige Leute, die ein langweiliges Leben führen und bei denen alles, was ihnen widerfährt, langweilig ist. Als

Schriftsteller haben wir ein Recht darauf, uns unseren eigenen Blickwinkel zu suchen.

Zweifellos erfordert Schreiben Leidenschaft und Mitgefühl. Ein Gespür für Dringliches. Erregung. Intensität. Stille. Für viele von uns bedeutet Schreiben unsere Reaktion auf Ungerechtigkeiten, Absurditäten, Schönheit. Es ist unsere Art, unsere Klagen oder unsere Bestätigung auszudrücken. Die besten Geschichten sind nicht didaktisch. Sie schreien keine »Botschaft« hinaus und sind auch keine Abstraktionen. Unsere Geschichten sind unsere persönliche Reaktion. Das, worauf wir den Finger legen wollen. Das, was wir sehen. Was wir spüren. Unser Weitwinkelobjektiv – unsere Nahaufnahme. Und selbst wenn die Geschichte die Lösung oder die Antwort nicht genau auf den Punkt bringt, dann ist es das Erforschen an sich, was die Reise lohnt.

Es war nicht schwer, eine Liste möglicher Beiträger zusammenzustellen, und die Kunde von dieser Anthologie sprach sich rasch und weit herum. Ich erhielt nahezu dreihundert Zusendungen, und es war schwierig die siebenundfünfzig Autoren und Autorinnen auszuwählen, die hier erscheinen. Drei Kategorien sind vertreten: Erfahrene, im Kommen begriffene und unpublizierte Schriftsteller. Um demokratisch zu verfahren, sind die Autoren alphabetisch geordnet. Die Geschichten sind nicht nach Themen gruppiert. Jeder einzelne Text steht für sich. Einige Texte sind Auszüge aus Romanen; es gibt offenbar nicht so viele Erzähler und Erzählerinnen von Kurzgeschichten, wie ich annahm. Manchen mag ausgeredet worden sein, die Form der Kurzgeschichte zu benutzen, mit der Empfehlung, lieber Romane zu schreiben, wenn sie den Durchbruch schaffen und ernstgenommen werden wollen. Ich bin natürlich nicht dieser Auffassung, aber vermutlich ist das der Grund, warum wir mehr Romanschriftsteller als Autoren von Kurzgeschichten haben. Wie viele afrikanisch-amerikanische Kurzgeschichten haben Sie schon im *New Yorker* gesehen? In *The Atlantic Monthly*? In *Grand Street*? In *O*? in *Redbook*? Und auch in vielen der renommierten literarischen Vierteljahresschriften?

Ich unterrichte jetzt seit drei Jahren an der Universität *Creative Writing* und ich habe, sehr zu meinem Kummer, ganz selten einmal afrikanisch-amerikanische Studenten gehabt. Ich wollte, es gäbe mehr Möglichkeiten, junge Menschen dazu zu ermutigen, es mit dem Schreiben zu versuchen. Viele scheinen sich noch immer von der englischen Sprache einschüchtern zu lassen und halten Schreiben für »schwer« – so wie damals das Aufsatzschreiben in der Schule. Viele unserer Studenten sind so fest entschlossen, »es zu schaffen« (und zwar materiell gesehen), daß ein Großteil von ihnen eines der »todsicheren« Fächer als Hauptfach wählt: Biologie, Jura, Ingenieurwissenschaften, Volkswirtschaft etc. Wenn ich an diejenigen, die diese Anthologie lesen werden, appellieren darf, dann würde ich ihnen gern folgendes sagen: Wenn Sie, aus welchem Grund auch immer, in dem Fachgebiet, das Sie sich ausgesucht haben, keine wahre Faszination oder Befriedigung erfahren, wenn Sie diese Disziplin auf Drängen Ihrer Eltern gewählt haben, wenn Sie in irgendeinem Ausmaß unzufrieden mit der Welt sind und feststellen, daß Sie dieses Unbehagen »heimlich« niederschreiben, wann und wo Sie auch können; wenn Sie nicht verstehen, warum Menschen (Sie selbst eingeschlossen) tun, was sie tun, und Sie das plagt wie ein Insektenstich – dann ziehen Sie in Erwägung, einen Kurs in *Creative Writing* zu belegen. Finden Sie heraus, ob es in Ihrer Gegend afrikanisch-amerikanische Schreibworkshops oder ähnliche Kurse gibt. Und dann schreiben Sie. Lesen Sie so viel »ernsthafte« Literatur wie sie können – und nicht nur afrikanisch-amerikanische Autoren und Autorinnen. Und schreiben Sie weiter. »Setzen Sie Ihre Energie ein«, sagt Annie Dillard. »Untersuchen Sie alles intensiv und unnachgiebig. Bohren Sie und suchen Sie ... lassen Sie nicht locker, gehen Sie nicht drüberweg, als sei es schon begriffen, sondern verfolgen Sie es bis in die Tiefe, bis Sie das Rätsel seiner Eigenart und seiner Stärke sehen.«

Bleiben Sie dran.

Nehmen Sie ihre Verstörung wahr.

Vergessen sie nie: Schreiben ist etwas Persönliches. Versuchen sie, Geschichten zu schreiben, die Sie selbst gerne lesen würden. Schreiben Sie nicht, um zu beeindrucken. Schreiben Sie nicht, um Lesern zu beweisen, wie viel Sie wissen, sondern schreiben Sie, um Wissen zu erwerben. Wenn Sie die Aufmerksamkeit des Lesers packen wollen, ziehen Sie ihn fort von dem, was er gerade tut, und halten Sie ihn dicht neben Ihrer Figur fest. Wenn Sie wollen, daß er das fühlt, was ihre Personen fühlen, dann erleben Sie es mit ihm, damit der Leser genausosehr am Ergebnis interessiert ist, wie der Held der Geschichte. Vielleicht, wenn Sie Ihre Sache gut machen und Glück haben, erkennt der Leser etwas, und es »klingelt«.

Jeder Mensch hat eine andere Vorstellung davon, was eine gute Geschichte ausmacht, und einige meiner Lieblingsdefinitionen möchte ich hier zitieren:

»Geschichten sind Kriege. Jede Geschichte ist ein dauernder, unmittelbarer Kampf.«

»Deine Hauptperson muß etwas wollen, und zwar inständig. Es braucht nichts Melodramatisches, Welterschütterndes oder materiell Greifbares zu sein. Aber dem Helden muß wichtig sein, ob er es bekommt oder nicht.«

»Eine gute Geschichte ist ein Machtkampf zwischen gleichstarken Kräften. Irgend etwas hindert den Protagonisten ständig daran, sein angestrebtes Ziel zu erreichen.«

Ich stelle mir das, was den Figuren in guten Romanen und Geschichten zustößt, gern als Knoten vor – immer wieder verknoten sich Dinge. Und am Ende der Geschichte erleben die Leser eine Art »Entknotung«. Nicht unbedingt ihren Erwartungen entsprechend, keine leichten Antworten, wie sie das Fernsehen serviert, keine Philosophien von der Stange, sondern eine Nachschöpfung glaubwürdiger Gefühlserfahrungen. Ich möchte nur, daß meinen Lesern wichtig ist, was den Menschen in der Geschichte zustößt. Zuallererst muß es aber mir selbst wichtig sein, und ich vergeude keine Zeit damit, über Menschen zu schreiben, die mir nicht am Herzen liegen. Wenn ich das erreicht habe, indem ich eine hoffentlich spannende und überzeugende Geschichte mit einem befriedigenden Ende geliefert habe, dann kann ich aufatmen und darüber nachdenken, an welchem juckenden Stich ich als nächstes kratzen will. Und diese

Beschreibung paßt auf jede Geschichte und jeden Romanausschnitt in dieser Anthologie.

Und der Titel *Breaking Ice?* Ich wohnte noch in Wyoming, als ich mich darum bemühte, das auf einen Begriff zu bringen, was afrikanisch-amerikanische Schriftstellerinnen und Schriftsteller nun schon geraume Zeit tun. Ich schaute aus dem Fenster auf den hochgetürmten Schnee und die dicken Eiszapfen am Haus, und mir ging durch den Sinn, wie schwer das Leben im allgemeinen ist und auch, wie wir als afrikanisch-amerikanische Autoren buchstäblich das Eis aufbrechen mußten, nicht nur um publiziert zu werden, sondern auch um die Aufmerksamkeit und die Achtung zu bekommen, die unsere Arbeit verdient. Es ist oft kalt und hart, aber wir brechen und hacken weiter und schauen zu, wie das Eis langsam schmilzt.

In der Tat tritt gerade jetzt eine neue Generation afrikanisch-amerikanischer Schriftsteller in Erscheinung, und so ist in dieser Sammlung eine Gruppe vorzüglicher Autoren vertreten, die mit starker Stimme reden und die Welt von unterschiedlichsten Stufen aus betrachtet haben. Unsere Erfahrungen als afrikanisch-amerikanische Frauen und Männer sind zweifellos unverwechselbar und in einigen Fällen ungewöhnlich. Und so, wie unsere Hautfarbe sich in den Schwarztönen unterscheidet, so unterscheiden sich auch unsere Visionen. Diese Geschichten spiegeln sie in siebenundfünfzigfacher Form. Wenn hier bestimmte Autoren zu fehlen scheinen, dann nicht aus Mißachtung, sondern weil ihre Arbeit nicht in den Zeitrahmen fiel, den ich setzen wollte.

Ich brauche nicht zu betonen, daß ich wünschte, es hätte keine Notwendigkeit gegeben, unsere Werke von denen anderer abzusetzen und zu trennen, und vielleicht wird eines Tages – wie Dr. Martin Luther King es ausgedrückt hat – der Traum wahr, daß alle unsere Werke als gleichwertig betrachtet und nicht mehr an der Hautfarbe sondern an ihrer literarischen Qualität gemessen werden. Und ich bin sicher, daß es »da draußen« noch mehr von uns gibt, die nur darauf warten, entdeckt zu werden. Wir brauchen alle Stimmen, alle Geschichten, die gehört werden möchten. Wir sind zwar im engen Sinne des Wortes keine Historiker, aber dafür machen wir Geschichte. Wir fangen ein und verewigen, halten Reaktionen und Eindrücke unauslöschlich fest: unsere innersten Beobachtungen, Träume und Alpträume, Erfahrungen und Gefühle, wie es für »uns« war, afrikanische Amerikaner zu sein, von den siebziger Jahren bis heute – den neunziger Jahren.

Tucson, Arizona, Januar 1990

Übersetzt von Helga Pfetsch

BREAKING ICE

TINA McELROY ANSA

Sarah

Als Lena die Stufen zu der ringsum mit Fliegendraht bespannten Veranda an der Seite des Hauses hinauflief, war sie zu aufgeregt wegen ihrer neuen Freundin Sarah, um daran zu denken, daß sie die Drahttür nicht zuknallen lassen sollte. Aber ihre Großmutter lächelte nur gedankenverloren, als Lena ins Nähzimmer stürmte und über das kleine Mädchen von gegenüber drauflosplapperte.

»Lena, Schnuckelchen, paß auf mit dem heißn Bügeleisen«, sagte sie, als Lena um ein Haar ans Bügelbrett stieß, das immer im Zimmer aufgestellt war, wenn die Großmutter oder die Mutter nähten. Dann hieß sie das Mädchen geradestehen und stillhalten, während sie ihm einen grün und rot karierten Rock mit passenden Trägern an die Taille hielt. Das ganze Wollröckchen war nur eine gute Handbreit lang.

»Mmmmm-hah«, nuschelte die alte Dame, die ein paar Stecknadeln im Mund behielt, während Lena ihre Geschichte von Zauberfrüchten aus roten Edelsteinen und von einem kleinen Mädchen namens Puddin' spann.

Die Mutter, die Lena im Wohnzimmer in ihrem rosafarbenen Lieblingssessel vorfand, in ein dickes Buch ohne ein einziges Bild darinnen vertieft, war kein bißchen teilnehmender.

»Lena, Schnuckelchen, sitz bloß mal 'n Augenblick still, damit Mama diese letzte Seite zu Ende lesen kann. Du warst den ganzen Nachmittag so brav. Sowie ich diese letzte Seite zu Ende gelesen habe, lege ich dir ein bißchen Musik auf. Was von Billie Holiday oder von Sarah Vaughan, wie wärs? Dann kannst du mir Kuchen backen helfen. Was für einen hättest du gern? Schokolade oder Kokosnuß?«

Nellies Stimme war so verführerisch wie der Gedanke an einen selbstgebackenen Kuchen.

»Schokolade, Schokolade, Schokolade«, kreischte Lena, während sie von der Armlehne am Sessel ihrer Mutter heruntersprang und zum Sofa hinüberlief, um sich still hinzusetzen, bis die Mutter ihre Lektüre beendete. Der Gedanke an einen feuchten gelben Kuchen, mit warmem, glattem braunem Zuckerguß überzogen, wischte das Bild von Sarah augenblicklich aus ihrem Kopf.

Aber am nächsten Morgen, als die ersten Sonnenstrahlen sich eben ihren Weg durchs Blattwerk der Bäume bahnten und die Jungen einander im Badezimmer noch halb schlafend rempelten und sich für die Schule fertig machten, war es, als werde der ganze Haushalt von einem Wummern an der Haustür erschüttert.

Zuerst dachten alle außer Nellie, die ihn beim Aufstehen schnarchend neben sich im Bett gesehen hatte, es sei Jonah, der wieder mal Schüsse aus der Pistole abfeuerte, die er immer bei sich trug – bumm, bumm, bumm, bumm, bumm –, so wie er es eines Nachts einmal getan hatte, als er nach Hause kam und feststellte, daß Nellie ihm sämtliche Türen vor der Nase zugesperrt hatte. Erschöpft von einer durchzechten Pokernacht, hatte er weder gebrüllt noch geflucht. Er hatte einfach den Revolver aus der Gesäßtasche gezogen und ins Verandadach geschossen, und wie von Zauberhand hatten sich ihm die Türen des Hauses geöffnet.

Die fünf kleinen Einschußlöcher waren noch immer in der waldgrünen Decke der Veranda. Lena mußte immer kichern, wenn sie hinaufblickte und sie sah. Das Ungestüm ihres Vaters erschreckte die meisten Leute, aber ihr machte es kein bißchen angst. Sie wußte, sie war dagegen gefeit.

Die Pistolenschüsse hatten dem Vater nicht nur die versperrte Tür geöffnet, sie hatten auch die Predigt in Schach gehalten, die Nellie nach ihren eigenen Worten für ihn auf Lager hatte, vonwegen immer so lange auszubleiben, wie er lustig war, und dann zu meinen, daß keiner ein Wort darüber verlieren würde. Für wen hielt er sie eigentlich? Sie hatte die Nase gestrichen voll von ihm und seinen Nutten.

Lena, die auf dem Klo saß und Nellies Gemurmel mitbekam, hatte sich gefragt, was eine Nutte war, denn irgendwie hörte es sich anders an als die pausbäckigen Dinger am Spiegelrahmen in der Diele. So wie ihre Mama es aussprach, hörte sich »Nutte« an wie etwas, das über und über mit Dornen und kratzigen Stacheln gespickt war.

Daher bat sie ihre Mutter um eine Erklärung, während sie sich die Unterhosen hochzog. Die Mutter fauchte nur: »Geh wieder ins Bett, Lena.«

Das frühmorgendliche Wummern an der Tür war laut und beharrlich. Energischen Schrittes und mit Lena im Schlepp stieg die Großmutter die Treppe hinunter. Lena ging so dicht an sie geschmiegt, daß sie sich beinah im Schlag des bodenlangen Chenillebademantels zwischen den Beinen der alten Dame verfangen hätte und Hals über Kopf die Stufen hinuntergepurzelt wäre. Grandmama kratzte sich nochmal an der Nase und marschierte den Hausflur entlang zur Haustür, wobei sie vor sich hin murmelte, »Wer zum Teufel isn das, in aller Herrgottsfrühe an unsre Tür komm und wummern, als wärs die verflixte Polizei? Wenn das einer von Jonahs minderbemittelte Kumpane is, werdense wünschen, se wärn nie geboren worden. Ja, wenn das einer von diese dickfellige Dummköpfe von »The Place« is, wo meint, er kann so früh am Morgen hier ankomm und paar Dollar pumpen und für irgendn Blödsinn rausschmeißen, dann werdense bedauern, daß sie jemals bis drei zählen gelernt haben, wenn ich mit'n fertig bin. Bei uns an die Tür pochen, wie wennse die verflixte Polizei wärn oder sonstwas.«

Lena mußte schnell laufen, um mit der Großmutter Schritt zu halten. Trotz des bedrohlichen Polterns an der Tür hatte sie nicht die Spur Angst. Sie glaubte, nichts könnte ihr etwas anhaben, solange die alte Dame zwischen ihr und der Welt stand.

Grandmama war außer Atem und schimpfte noch immer über den »Dummkopf da draußen«, als sie an der Tür ankamen. Sie nahm sich nicht einmal die Zeit, zuerst durch eine der Glasscheiben zu spähen, die die große Tür einrahmten. Sie riß sie nur auf, verschränkte die Arme über den flachen Brüsten und blieb so stehen, während Lena um ihre Beine herumlinste.

Zuerst nahmen Grandmama und Lena im anbrechenden Tageslicht nichts wahr als ein breites Lächeln und eine rosa Bluse. Dann erkannte Lena ihre Freundin.

»Sarah!« kreischte Lena, sauste an den Beinen der Großmutter vorbei zur Außentür und preßte das Gesicht ans Fliegengitter.

Grandmama, die noch immer verärgert war über den frühmorgendlichen Besuch, blickte mit befremdeter Miene zu Lena hinunter.

»Das is Sarah, Grandmama, Puddin' Tame. Ich hab dir doch gestern von ihr erzählt. Sie is meine Freundin. Weißt du nich mehr?«

Grandmama war noch immer verdutzt. Es wollte ihr einfach nicht in den Kopf, daß Lena mit diesem morgendlichen Tumult an ihrer Haustür zu tun haben sollte. Obendrein wollte sie nicht wahrhaben, daß Lena, ihr Schnuckelkind, sich ohne Wissen der Grandmama eine neue Freundin zugelegt hatte. Und was für eine Freundin!

Das dunkle kleine Mädchen, das auf der vorderen Veranda stand und lächelte, was das Zeug hielt, sah in Grandmamas Augen aus wie ein Stückchen Unrat, das sich rausgeputzt hatte so gut es konnte.

Grandmama hatte gar nicht so unrecht. Sarah war fast die ganze Nacht aufgewesen, um sich auf ihren ersten Besuch in Lenas großem Haus vorzubereiten. Sie empfand ihn als das wichtigste Ereignis in ihrem kurzen Leben, und sie wußte, wenn sie sich nicht selber darauf vorbereitete, dann würde es niemand tun.

In Sarahs Familie waren alle daran gewöhnt, daß sie auf eigene Faust Dinge unternahm. Daher hatte die Mutter, als sie Sarah in dieser Nacht im beinah vollständig dunklen Haus rumoren hörte, nur ein paarmal schläfrig mit den Lippen geschmatzt, hatte sich zum warmen Körper ihres Mannes herumgewälzt und war wieder eingeschlafen.

Sarah hatte, als sie hörte, wie ihre Mutter sich regte, sofort aufgehört, in einer der vollgestopften Schubladen zu wühlen, und war mucksmäuschenstill dagestanden. Sie wußte, sie hatte

Schwerarbeit vor sich, und sie konnte niemanden gebrauchen, der alle möglichen Fragen stellte und ihr in die Quere kam, während sie ihr Bestes tat, eine Art Ausgehkostüm zusammenzustückeln.

Sarah wollte so gern nett aussehen, wenn sie Lenas Familie kennenlernte. Aber sie hatte so wenig brauchbares Material. Als sie zu dem Schluß kam, daß sie im ganzen Haus nicht ein einziges anständiges Paar zusammenpassender Socken finden würde, setzte Sarah sich mitten auf den kalten Badezimmerfußboden und weinte.

Das einzige, das zusammenpaßte, war das winzige Paar ausgeblichener, spitzenverzierter rosa Babysöckchen, das ganz hinten in einer Schublade steckte und das ihre Mutter für eines der Kinder gekauft aber mangels entsprechend vornehmer Anlässe nie gebraucht hatte. Sarahs Stimmung heiterte sich auf, als sie eine dunkelblaue und eine dunkelbraune Socke fand, die beide ihrem jüngeren Bruder gehörten. Wenn sie die Bündchen nicht umschlug, sahen sie beinah aus wie für sie gekauft. Und in dem Licht, das die einsame Lampe mit dem angeschlagenen Schirm in der Wohnstube abgab, wirkten die braune und die blaue Socke wie ein tadelloses Paar. Erst als Sarah in der großen hellen Küche von Lenas Mama stand, merkte sie, daß sie verschiedene Socken anhatte. Aber da war sie schon zu glücklich, um sich etwas draus zu machen.

Im ganzen Haus war keine Schuhcreme in irgendeiner Farbe aufzutreiben, daher nahm Sarah einfach einen feuchten Lappen und wischte den roten Staub von ihren flachen braunen Schnürschuhen. Sie sahen prima aus, solange das Leder feucht war, aber sobald sie zu trocknen begannen, nahmen sie wieder den schlierigen Ton an, den sie schon seit Monaten hatten.

Wenigstens, dachte Sarah, brauche ich mich wegen der Unterwäsche nicht so zu sorgen. Wenn ich mein Kleid schön untenbehalte und nicht zu viel rumhopse, spielt es keine Rolle, ob ich Löcher in den Unterhosen habe oder nicht. Zum Glück fand sie in einem Stapel sauberer Wäsche, die jemand von der Leine genommen und auf dem durchgesessenen Lehnstuhl in der Küche liegengelassen hatte, ein Paar ihrer eigenen Schlüpfer, die noch immer weiß waren und nicht mal das kleinste Löchlein aufwiesen.

Dann galt ihre Hauptsorge der Suche nach einem Kleid ohne Löcher. Da sie gewöhnlich ebenso zerlumpt oder ordentlich herumlief wie alle anderen zu Hause, schenkte Sarah ihrer Kleidung kaum je Beachtung. Sie wachte morgens auf, zog irgend etwas über, um ihren Körper zu bedecken, und wandte sich anderen Dingen zu. Aber die Art, wie Lena an diesem Tag gekleidet gewesen war, und die Größe des Hauses, in dem Lena wohnte, hatten Sarah veranlaßt, sich lange Zeit im welligen Spiegel der alten Flurkommode zu betrachten und zu beschließen, daß sie zu ihrer neuen Freundin etwas Besonderes anziehen wollte.

Vor lauter Konzentration furchten winzige Falten ihre Stirn, während sie fast jedes einzelne Kleidungsstück, das sie in den zwei Kommoden oder zwischen den abgewetzten Sofakissen oder unter der Bettstelle fand, auf der sie und zwei ihrer Schwestern schliefen, in die Hand nahm und wieder verwarf. Aus dem einzigen »anständigen« Osterkleid, das sie je besessen hatte, war sie längst herausgewachsen. Es war an ihre nächste Schwester vererbt worden, die es unverzüglich verdarb, indem sie es zum Spielen im Dreck anzog.

Die Suche schien hoffnungslos zu sein. Dann fiel ihr die Pappkiste voll gebrauchter Kleider ein, die eine weiße Frau, bei der ihre Mutter einmal gearbeitet hatte, vergangene Weihnachten vor ihrem Haus abgestellt hatte, anstatt die fünf Dollar herauszurücken, die sie ihr für eine knappe Woche Arbeit schuldete. Sarahs Mutter war so empört gewesen, daß sie die Kiste in eine Ecke der Veranda geschubst und allen unter Drohungen geraten hatte, die Finger davon zu lassen.

Damals hatte Sarah Ärger und Enttäuschung der Mutter geteilt und hätte den Karton mit den alten Sachen um nichts in der Welt angerührt. Sie hatte sogar ihre Schwestern und Brüder davon abgehalten, daran herumzufummeln. Aber das war damals gewesen.

Jetzt brauchte Sarah etwas, das nicht heillos zerrissen und ausgefranst und verschmutzt war, und da wurde sie ihrem Vorsatz untreu und schleifte den Karton von der hinteren Veranda in die Küche.

Sie zog Dutzende alter Männeroberhemden und karierter Hauskleider und verwaschener pastellfarbener Arbeitskittel heraus, bevor sie auf irgend etwas stieß, das so aussah, als könnte es ihr passen. Auf dem Boden der Kiste, unter einem Stück vergilbtem Papier, fand sie eine Schicht Kinderkleider. Sie hob sie Stück für Stück heraus und breitete sie auf dem Küchentisch aus. Dann warf sie alles übrige wieder in den Karton zurück.

Die nackte Glühbirne, die an einem Kabel von der Decke hing, war eine der hellsten im ganzen Haus, daher blieb Sarah in der Küche, um ihren Fund zu inspizieren.

»Zu klein, zu klein, zu groß, zu klein, zu groß«, murmelte Sarah vor sich hin, während sie ein Stück nach dem anderen hochhielt, um es kurz zu mustern und dann auf einen der beiden Stapel auf dem Tisch fallen zu lassen. Als sie alle Kinderkleider auf dem Tisch durchgesehen hatte, merkte sie, daß sie kein einziges Mal »meine Größe« gesagt hatte. Da nahm sie das Häuflein zu kleiner Sachen, warf sie in den Pappkarton zurück und schob ihn wieder hinaus auf die Veranda. Dann kehrte sie zu dem Stapel zu großer Sachen auf dem Tisch zurück, um zu prüfen, was sie davon gebrauchen konnte.

Zuerst durchsuchte Sarah alles nach Hosen und Kleidern und Blusen ohne Löcher oder aufgeplatzte Nähte. Vorher beim Spielen, als Lena ganz in die Berge aus Steinen und Sand vertieft gewesen war, die sie aufhäuften, um den Wasserlauf neben der Straße einzudämmen, hatte Sarah ihre neue Freundin eingehend aus der Nähe betrachtet. Sie war überwältigt gewesen vom lebhaften Rot von Lenas Kleid, das so ganz anders war als alles, das sie ihr eigen nannte.

Aber als sie später das nachmittägliche Treffen im Geiste noch einmal durchging, fiel ihr an Lenas Kleid nicht nur die leuchtende Farbe sondern auch die Ordentlichkeit auf. Keine aufgeplatzten oder ausgefransten Nähte, keine heraushängenden Fäden – nirgends an dem weiten Rock beutelte ein Stück aufgetrennter Saum. Sarah war gewieft genug zu erkennen, daß der Kragen handgenäht war und die Ärmel so fachmännisch in die Armlöcher eingesetzt waren, daß sie keine Falten warfen. Und irgendwie spürte sie einfach, daß der Rocksaum zuerst umgeschlagen und dann flachgebügelt und geheftet worden war, bevor die endgültige Kante exakt ausgemessen und umgesäumt wurde. Nach einem derartigen Kleid fahndete sie nun in dem Stapel zu großer Stücke auf dem Küchentisch.

Getragen von einem Rest kindlicher Hoffnung erwartete Sarah, es ganz bestimmt darunter zu finden. Aber unter all den Kinderkleiderstücken auf dem Tisch war kein handgenähtes rotes Kleid in ihrer Größe. Das einzige, was dem auch nur entfernt nahekam, war eine langärmelige rosa Bluse mit Stickerei an den Bündchen und um die Knopflöcher, nur am Kragen leicht abgewetzt, und ein marineblauer Faltenrock mit Gummizug in der Taille, den irgendein kleines Mädchen als Teil ihrer Schuluniform getragen hatte.

Die langen Ärmel der Bluse hingen Sarah über die Handgelenke, und die Ärmellöcher reichten ihr bis weit unter die Achseln, aber als sie den Saum in den elastischen Rockbund stopfte, legte sie sich rings um ihren Brustkorb in adrette Fältchen und sah ganz niedlich aus, wie Sarah fand. Der Rock war länger, als ihr lieb war, aber er wölbte sich, wenn sie herumwirbelte, zu einem hübschen Schirm, und da sie saubere weiße Schlüpfer drunterziehen konnte, die nicht zerlöchert waren, überlegte sie, daß sie sich getrost ein paarmal schnell herumdrehen konnte, um alle, die fanden, der Rock sei ein trauriger kleiner Sack, darauf aufmerksam zu machen, daß er an ihr in Wirklichkeit recht kleidsam war.

Sie beschloß, Rock und Bluse ein paarmal mit dem alten Bügeleisen auszustreichen, das ihre Mama auf einem Regalbrett unterm Küchenwaschbecken aufbewahrte. Aber als sie es einsteckte, schossen goldene Funken aus den blanken Kupferdrähten, die unter dem verschlissenen schwarzen Überzug des Kabels hervorschauten. Sarah fuhr zurück und riß den Stecker aus der Wandsteckdose, aus Angst, sie könnte in Flammen aufgehen, ehe sie Gelegenheit gehabt hatte, Lenas Haus von innen zu sehen. Sie breitete ihr Ausgehkostüm auf dem Küchentisch aus und versuchte, die Falten zu glätten, indem sie wieder und wieder mit der Handfläche über den Stoff strich. Aber nach ein paar Versuchen gab sie auf.

»Ich werd einfach schnell gehn und die ollen Falten rausschütteln, wie Mama immer sagt«, redete sie sich selber ein und ging unterdessen ins Badezimmer, wo sie begann, warmes Wasser ins Waschbecken laufen zu lassen.

Es war viel zu kalt in dem kleinen Badezimmer, als daß Sarah auch nur daran hätte denken können, sich splitternackt auszuziehen und in eine Wanne mit lauwarmem Wasser zu steigen – dem einzigen, womit ihre Warmwasserhähne aufwarten konnten. Und außerdem wären, wenn sie Wasser in die Wanne eingelassen hätte, alle anderen im Haus aufgewacht und hätten wissen wollen, was vor sich ging, das ein Wannenbad rechtfertigte. Statt dessen nahm Sarah das Stück grobe graue Seife aus dem Seifengitter überm Waschbecken, hielt es unters laufende lauwarme Wasser, und tränkte einen Waschlappen, den sie vom Badewannenrand nahm, mit soviel Seifenschaum, daß sie den ganzen Rumpf damit einreiben konnte und dabei eine schwache Seifenspur auf der Haut hinterließ. Es war die Art Wäsche, der sich ihre Mutter unterzog, wenn sie zur Arbeit mußte und spät dran war oder wenn sie in ein Tanzlokal in der Stadt gehen wollte. »Keine Zeit zum Baden«, murmelte sie dann vor sich hin, während sie sich auszog. »Ich mach bloß schnell Katzenwäsche.«

Diese Art Körperpflege nannten die meisten Frauen in Pleasant Hill, gleich in welchem Viertel sie wohnten, »Nuttenwäsche«, aber ebensowenig wie Lena wußte Sarah, was eine Nutte war.

Nachdem sie die Seife mit dem nassen Lappen abgewaschen hatte, trocknete sie sich mit einem steifen Handtuch, das an einem Nagel hinter der Tür hing, und schlüpfte rasch in die Unterhosen und das Unterhemd, die sie in der frischen Wäsche gefunden hatte. Als sie barfuß durchs Haus ging und die Lichter ausknipste, fröstelte sie, wenn die Luft, die durch die Ritzen in den dünnen Wänden hereindrang, auf ihrer feuchten Haut auftraf. Als sie sich endlich schlafen legte, war sie dankbar für die warmen Kuhlen, die ihr die schlafenden Schwestern auf der engen Bettstatt zum Hineinkuscheln ließen.

Die Wände des Hauses waren so dünn und voller Ritzen, daß der Wind im Winter durch die kleinen Zimmer pfiff wie ein Präriesturm durch eine Blockhütte. Die Fußbodendielen, aufgeworfen und stellenweise unerwartet schartig, knarrten jedesmal, wenn jemand sich im Hause nur rührte, geschweige denn darüberlief. Und überall roch es nach frischem und nach angetrocknetem Urin, der zum Teil schon vor so langer Zeit in den hölzernen Unterbau des Hauses gedrungen zu sein schien, daß seine Bewohner den Geruch nicht einmal mehr wahrnahmen.

Als Sarah am nächsten Morgen aufwachte, war ihr, als hätte sie die ganze Nacht kein bißchen geschlafen. Sie war ein wenig eingedöst, aber die Vorfreude auf den Besuch im Haus ihrer neuen Freundin weckte sie, bevor es Tag wurde und bevor irgendwer sonst aufstand. Sie zog Socken und Schuhe in dem dunklen Raum an, machte im Badezimmer gerade lange genug Licht, um die Haarbürste zu finden und sich damit einmal über den Kopf zu fahren, dann knipste sie es wieder aus und stahl sich in die Küche.

Die neue rosa Bluse und der blaue Rock lagen noch immer auf dem Tisch, zerknittert wie am Abend zuvor, aber Sarah schenkte den Knitterfalten keinerlei Beachtung, knöpfte nur in aller Eile die Bluse zu und zog sich den Rock über den Kopf.

Sie machte eine rasche Drehung, um sich zu vergewissern, ob sich der Rock noch immer so hübsch bauschte wie am Vorabend, dann marschierte sie zur Tür hinaus und zu Lenas Haus hinüber, ohne jemanden aufzuwecken – nicht einmal den Vater, der immer früh auf war, um auf dem Lastwagen, welcher jeden Tag die Tagelöhner der Nachbarschaft einsammeln kam, einen Platz zu ergattern. Als sie die Einfahrt zu Lenas Haus schon ein Stück weit hinaufgegangen war, konnte sie sich ein Grinsen nicht verkneifen.

Bevor Sarah es sich versah, standen sie und Lena einander gegenüber, die mit Fliegendraht bespannte Außentür zwischen sich, und strahlten einander an, glückselig vor frisch entbrannter Freundschaft. Aber Lena wurde bald ungeduldig, weil der verdatterte Blick ihrer Grandmama nicht aufhörte, von einem der kleinen Mädchen zum anderen zu wandern, und da zupfte sie an einer Handvoll Chenillebademantel.

»Grandmama, mach schon auf. Laß Sarah rein. Sie will mich besuchen.«

»Na gut, Schnuckelchen«, antwortete ihre Großmutter zweifelnd, schnippte den Metallhaken aus seiner Öse und stieß die Tür gerade so weit auf, daß Sarah sich hindurchzwängen konnte.

Sarah stürmte in die Diele und blieb unter der Deckenlampe stehen. Aufregung und Ehrfurcht standen ihr ins aschfarbene Gesicht geschrieben. Es war wie ein Palast für Sarah: die auf Hochglanz polierten Hartholzdielen, die Bilder an der Wand neben der Tür, der einfache Kronleuchter überm Eßtisch im angrenzenden Raum, das Eßzimmer selber mit dem großen ovalen Tisch und sechs hochlehnigen, zusammenpassenden Stühlen darum herum, die Schale mit Früchten mitten auf dem Tisch, die einem das Wasser im Mund zusammenlaufen ließ, alles kam ihr vor wie im Traum.

Lena wußte genau, was Grandmama dachte, als sie Sarah aus der Nähe betrachtete: Den räudigen rostbraunen kleinen Hals würde ich gerne mal waschen und das Ganze von oben bis unten mit Vaseline einreiben. Und als der alten Frau ein Hauch der muffigen Duftwolke aus Sarahs Kleidern in die Nase stieg, dachte sie, wetten, sie hat noch nie im Leben ein ordentliches heißes Wannenbad mit Seife abgekriegt.

»Du bist also die neue Freundin von unserem Schnuckelchen?« fragte Grandmama mit lauter Stimme.

»Jaah«, antwortete Sarah, die Stimme noch heiser vom frühen Aufstehen und doch so respektvoll, daß ihre kurze Antwort nicht ungezogen wirkte, nicht einmal auf Grandmama.

»Sag, ›Ja, Ma'am‹«, belehrte Grandmama Sarah sanft.

»Ja, Ma'am«, sagte Sarah, bemüht, Grandmamas sanften Tonfall nachzuahmen.

»Na, nächstes Mal wartest du ab, bis die Sonne richtig aufgegangen ist, bevor du zu Besuch kommst«, sagte Grandmama mit Nachdruck. Dann, »Ich nehm an, ihr zwei beiden wollt was zu essen. Hast du schon gefrühstückt, Sarah?«

»Füh'stückt?« Sarah war verdutzt.

»Hast du heute morgen schon gegessen?« formulierte die alte Dame ihre Frage neu, während sie auf die Küche zusteuerte.

»Oh, nein«, sagte Sarah und ihre Augen liebkosten im Vorübergehen die Früchte auf dem Eßzimmertisch.

Sie mußten alle drei einige Male zwinkern, als sie die schwarz-weiße Küche in der östlichen Ecke des Hauses betraten. Die frühmorgendliche Sonne überflutete den weitläufigen Raum mit bestürzend hellen Lichtstrahlen, die die übrigen Teile des Hauses noch nicht erreicht hatten. Sarah war es, als betrete sie eine Bühne: So unwirklich kam es ihr vor. Sie hatte schon ähnliche Küchen gesehen, wenn sie die Mutter zu einem ihrer Gelegenheitsjobs ins weiße Wohngebiet hinter ihrem Haus begleitete. Aber die Küchen dort rochen nicht wie Lenas Küche. Eigentlich gab es dort gar keine Gerüche außer denen, die sie und ihre Mutter mitbrachten.

Aber Lenas Küche roch sogar schon früh am Morgen wunderbar. Es war nicht nur der Duft von frisch gebrautem Kaffee, der auf dem Herd zog, und von buttrigem Maisbrei und Bratwurstfett und leicht mit Zimt und Zucker bestäubten, gebutterten Toastscheiben. Die unterschiedlichen Geruchsschichten, die sich in den Wänden und im Fußboden festgesetzt hatten und in alle Fasern des Raums gedrungen waren, ließen Sarah an der Schwelle innehalten.

Sie roch die Gemüsesuppe, die Nellie vergangene Woche zubereitet hatte, als das Wetter zum erstenmal kühler geworden war. Sarah roch den Fisch, den sie letzten Freitag gegessen hatten. Sie roch die Schokoladenschichttorte, noch ehe sie sie oben auf dem Kühlschrank auf einer Kuchenplatte unter einem Glassturz erblickte. Fast kamen Sarah die Tränen vor all dem Verlangen, das der Raum in ihrem übergehenden Herzen wachrief.

Lena griff nach der trockenen Hand ihrer Freundin und zog sie in die Küche und hinüber zu dem weiß beschichteten Tisch, an den sie sich setzen sollte.

»Nellie«, sagte Grandmama zu Lenas Mutter, die am Spülbecken stand und durchs Fenster zum Wald hinausguckte. »Sieh mal, wer so früh am Morgen den ganzen Krach an unsrer Haustür gemacht hat.«

Nellie wandte sich um und hob die dünnen Augenbrauen. Als sie Sarah erblickte, schossen sie noch weiter in die Höhe.

»Na, da bin ich aber platt«, sagte sie. »Wer ist denn das?«

Lena kicherte und Sarah desgleichen.

»Das ist Lenas neue Freundin«, sagte Grandmama und betonte das Wort »Freundin« so sonderbar, daß die beiden Mädchen aufhörten zu lachen und der alten Frau ins Gesicht guckten.

Lena trat Sarah unterm Tisch ans Bein, um sie zum Reden zu ermutigen.

»Du, wieso kickst du mich?« fragte Sarah mit ihrer barschen, krächzenden Stimme.

»Das is meine Mama, Sarah«, sagte Lena und faßte gleichzeitig unter den Tisch und tätschelte die Stelle an Sarahs Bein, wohin sie sie getreten hatte.

»Wo wohnst du denn?« fragte Grandmama Sarah, während sie vor jedes der Mädchen ein kleines mit Zirkustieren bemaltes und randvoll mit Orangensaft gefülltes Glas stellte.

»Sie wohnt gegenüber von uns, in diesen Häusern neben Mrs. Willbacks Haus. Neben dem großen Baum. Was für 'n Baum is das eigentlich?« fragte Lena Sarah.

Sarah konnte nicht gleich antworten, weil sie ihr Saftglas an den Mund gehoben hatte und das frische, herbe Getränk ohne abzusetzen in kleinen Schlucken hinunterstürzte und die Innenseite ihres Mundes und ihrer Kehle von dem Zitrusgeschmack benetzen ließ. Mit einem letzten geräuschvollen Zug und laut schmatzend stellte sie das Glas wieder auf den Tisch und antwortete.

»Paradiesbaum.«

»Wie habt ihr zwei beiden euch überhaupt gefunden?« fragte Grandmama, während sie mit dem Orangensaft wieder zum Tisch herüberkam und ein zweites Mal einen Strom davon in Sarahs Glas goß, der die Augen des Kindes noch mehr leuchten ließ.

Bevor Sarah antworten konnte, warf Nellie nervös ein, »Ach,

bei unserm kleinen Mädchen weiß man ja nie, aber ich nehm doch an, daß du nicht über die Straße rübergelaufen bist, Lena.«

»Nein, Mama, Sarah is rübergekommen. Du mußt mal sehn, wie sie sich zwischen den Autos durchfitzt«, sagte Lena stolz.

Nellie schmunzelte. »Das glaube ich gern.«

Danach tauchte Sarah regelmäßig bei ihnen auf, um Lena und den Jungen beim Frühstück Gesellschaft zu leisten. An manchen Tagen mußte sie nach dem Essen nach Hause laufen, weil sie »zu tun« hatte. Manchmal blieb sie den ganzen Tag, bis Grandmama sie nach Hause schickte. Wenn jemand sie fragte, warum sie nicht in die Schule ging, sagte sie, »Wir gehn ganz bald hin, wenn Mama mal dazu kommt und mich 'melden tut.« Aber über ein Jahr lang ging sie nie in irgendeine Schule außer derjenigen, die sie im eigenen Garten fand.

»Lena, was hast du heute vor mit deinem kleinen Rauhbein?« mochte Grandmama fragen, wenn die beiden Mädchen in die Küche kamen und sich zu ihr setzten, während sie Windbeutel zubereitete und mit Pfirsichen füllte oder von einem Berg Stangenbohnen auf dem Tisch sorgfältig die Fäden entfernte. Lenas Vater sagte, er sei einmal kurz nach der Hochzeit fast erstickt an den Fäden, die Nellie an den Bohnen drangelassen habe. Seit diesem Tag oblag Grandmama die Zubereitung von Bohnen.

»Wissenwer noch nich«, antwortete Sarah dann für beide, ohne der alten Dame den allzu passenden Spitznamen zu verübeln. Grandmama ließ es sich nicht nehmen, immer irgendwas Gesundes für Sarah dazuhaben – eine Frucht, ein belegtes Brot mit besonders vielen Tomatenscheiben, eine Handvoll Rosinen –, und sie gab Sarah immer die größere Portion.

Was sie auch vorhaben mochten, jedermann wußte, daß »So-tun-als-ob« dabeisein würde. Es war ihr Lieblingsspiel. Alles, was sie spielten, drehte sich um »so-tun-als-ob«. Manchmal brauchten sie für diese Spiele Requisiten und Kulissen, manchmal nicht, und das war dann auch in Ordnung. In Lenas Haus, dessen zum Bersten angefüllter Dachboden reichlich Kostüme und auch allen möglichen Trödel barg, mit dem sich ihre Stücke ausstaffieren ließen, waren ihre Spiele ausgeklügelt und theatralisch. Aber immer mußten Grandmama oder Nellie oder einer der Jungen die Treppe hinaufsteigen und Kisten oder ganze Arme voller Plunder herunterschleppen, weil Lena sich beharrlich weigerte, den Dachboden zu betreten, solange das Porträt ihrer im Kindesalter verstorbenen Tante da oben verwahrt wurde.

An den wenigen Wintertagen, an denen es zu kalt war, um im Freien zu spielen, kam Sarah zu Lena, und dann spielten und tanzten sie in der großen Diele im ersten Stock vor dem breiten wandhohen Spiegel, wo sie jede ihrer Bewegungen sehen konnten. Tagsüber, in Gesellschaft ihrer Freundin fürchtete Lena sich nie vor dem großen Spiegel wie nachts bei ihren Spurts zum Badezimmer.

Bei Sarah war es blankes »So-tun-als-ob« unterm Paradiesbaum, dem einzigen Ort, an dem sie jahrein, jahraus spielen durften, aber das kümmerte die Mädchen nicht. Trotz aller Mängel des Hauses – so himmelschreiend augenfällig für die Erwachsenen in der Nachbarschaft – hatte Sarah zwei Dinge in ihrem Garten, um die Lena und jedes andere Kind in Pleasant Hill sie beneidete: einen ausgewachsenen und prächtig gedeihenden Granatapfelbaum und den alten Paradiesbaum, dessen breite, kräftige Äste sich zum Boden herabneigten und wieder himmelwärts strebten und natürliche Nischen und Höhlen bildeten. Lena und Sarah nannten ihn ihr »Haus«.

In dem Jahr, in dem Sarah und Lena einander entdeckten, malten sie sich den ganzen Winter über aus, daß sie, sobald die warme Jahreszeit käme, miteinander in den Paradiesbaum ziehen und ganz für sich dort wohnen und von den Früchten des Granatapfelbaums leben würden.

»Du kriegst ein Zimmer, und ich krieg ein Zimmer«, versicherte Lena ihrer Freundin. Sarahs zwei Schwestern machten noch in das Bett, das sie in der Wohnstube mit ihnen teilte. »Wir bauen zwei Betten aus trockenen Kiefernnadeln und aus Grandmamas Blumen, und dann wirds in unserm Haus so gut riechen, daß wir nie saubermachen brauchen.« Lena konnte es kaum glauben, aber Sarah war das älteste Kind der Stanleys, bei denen den ganzen Tag über unzählige Kleinkinder und Hosenmätze Haus und Garten unsicher machten. Sie hatte Pflichten, von denen Lena bisher nicht einmal geahnt hatte.

Sie waren Busenfreundinnen und hatten ihre eigenen Spiele und Frage-und-Antwort-Rituale, die sie vor der übrigen Welt geheimhielten. Aber im Nachhinein war es Lena, als habe sie Sarahs Welt zum erstenmal richtig kennengelernt, als es an einem Wintertag einmal heftig regnete, so heftig, daß Lena nicht vor die Tür in die kalten Wasserschauer hinaus und nach Hause zurückgehen konnte. Lena saß zur Abendessenszeit bei Sarah fest, und dabei hatte die Mutter ihr eingeprägt, keine Einladung zum Abendessen anzunehmen, weil Sarahs Eltern es schon schwer genug hätten, die eigenen Familienmitglieder zu ernähren, ohne auch noch fremde Mäuler füttern zu müssen.

»Sag einfach, ›Nein danke, ich habe schon gegessen‹, oder ›ich esse, wenn ich nach Hause komme‹«, wies Nellie Lena an.

Als Reymond mit Lenas gelbem Regenmantel und einem Schirm die Stufen zur Veranda heraufgerannt kam, hatte sie Sarahs Familie beim Abendessen erlebt. Es war eine Offenbarung.

Sarahs Mutter stand in der winzigen Küche und bewegte sich rasch zwischen dem Spülbecken und dem winzigen weißen Herd hin und her, öffnete Dosen, rührte, schnippelte. Sie arbeitete still vor sich hin, ohne ein Wort zu Lena oder den anderen Kindern zu sagen, die sich auf dem Fußboden zusammengeschart hatten oder auf dem einen einzigen, durchgesessenen Lehnstuhl im Raum saßen. Als Sarahs Mutter fertig war, legte sie den großen metallenen Rührlöffel mit den Löchern hin, wandte sich den Kindern zu und verkündete, »Ring frei«. Dann ging sie hinaus auf den Verandavorbau, zündete sich eine Zigarette an und blies lange weiße Rauchfahnen in den jagenden Regen.

Die anderen Kindern erhoben sich rasch und stellten sich mit kleinen Tellern und Schüsseln in den Händen in Reih und Glied hinter Sarah auf. Noch ehe Sarah den Deckel hob und der Dampf sich zur rissigen Decke emporkräuselte, wußte Lena, was in dem großen blauen Topf brodelte.

Es waren Halsknochen. Der unverwechselbare Schweinefleischgeruch, vermischt mit dem Duft der Tomaten aus den zwei großen, gelb beschrifteten Dosen auf dem Küchentisch, hüllte alles, selbst die Härchen in Lenas Nase ein. Sie getraute sich nicht, in den Topf zu gucken, aus Furcht, sie könnte den Befehlen der Mutter zuwiderhandeln und der Versuchung erliegen, an der Mahlzeit teilzunehmen, aber sie vermutete, daß Sarahs Mutter eine Menge Zwiebeln und würzige rote Paprikaschoten und mehrere Hände voll zuvor entzweigebrochener Spaghetti hineingegeben hatte. Halsknochen waren eine von Lenas Lieblingsspeisen. Zu Hause wurden sie auf zweierlei Art zubereitet. Wenn ihre Mutter kochte, wurden sie nach deren Rezept mit Tomaten und Spaghetti gemacht. Wenn die Großmutter für die Mahlzeit zuständig war, wurde das knochige Fleisch immer mit Kartoffeln und dicker brauner Soße angerichtet.

Obwohl Lena wußte, daß sowohl die Mutter als auch die Grandmama gern gehabt hätten, daß sie der einen oder anderen Zubereitungsart, der roten oder der braunen, den Vorzug gäbe, hatte sie eine Entscheidung stets vermieden. Sie hätte den Gedanken an ein Leben ohne Schweinehals nach der einen oder der anderen Art nicht ertragen.

Als Sarah die Teller und Schüsseln sämtlicher Geschwister gefüllt hatte, gab sie sich selber auf, brach sich ein Stück von dem angebrannten Maisfladen auf der rußgeschwärzten Pfanne ab und setzte sich auf den Fußboden zu den anderen, die bereits gierig ihr Essen hinunterschlangen. Kein Wort fiel, bis alle Teller leergeschleckt waren. Als Lena fragte, warum alle so still seien beim Essen, guckte Sarah sie an, als habe sie gerade auf die Löcher in den Unterhosen ihrer Schwestern gezeigt, und Lena bedauerte, überhaupt etwas gesagt zu haben.

An einem warmen diesigen Tag in ihrem zweiten gemeinsamen Sommer fand Lena die Freundin unter den schützenden Fittichen des Paradiesbaums sitzend, zwischen den gespreizten Beinen Erdmugel, mit denen sie spielte. Sarahs Haus wirkte sonderbar still, befreit von all dem Lärm und Trubel, die es gewöhnlich umgaben.

Die Erde in Sarahs Garten war grau und staubig und sah in Lenas Augen nicht so verführerisch aus wie der fette braune

Lehm unter den Kiefern im eigenen Garten. Dennoch mußte sie sich beherrschen, um nicht hinunterzugreifen und sich eine Handvoll davon in den Mund zu stopfen. Lena verstand nur zu gut, warum Estelle, die hin und wieder zu Hause saubermachen half, ganze Batzen reiner weißer Wäschestärke in ihren Schürzentaschen verwahrte und den lieben langen Tag darauf herumkaute.

Aber Lena hatte ihrer Mutter versprochen, daß sie aufhören würde, Dreck zu essen. Sie mochte sich den Mund noch so gründlich abwischen, Nellie merkte es immer, wenn sie von dem Zeug gegessen hatte. Anstatt also eine Handvoll Erde aufzuheben, den Kopf in den Nacken zu legen und die Schmutzkörnchen aus der zur Faust geschlossenen Hand in den geöffneten Mund rieseln zu lassen, setzte Lena sich neben Sarah und begann, Erde aufzuhäufen und einen eigenen Hügel zu formen.

»Wie heißt du?« fragte Lena wie üblich zur Eröffnung des Spiels.

Sarah blickte von dem sandigen Erdhaufen zwischen ihren Knien auf und lächelte Lena an. »Puddin' Tame«, antwortete sie.

»Was willst du spielen?« fragte Lena Sarah nach einer Weile.

»Spielenwer, wir täten verheiratet sein«, sagte Sarah, ohne zu zögern.

»Also gut«, willigte Lena ein.

»Ich tät der Mann sein, und du täts die Frau sein«, sagte Sarah und schob den Gipfel ihres Erdhügels zur Seite.

»Du tätst am Tisch sitzen, und ich mach uns Frühstück«, schlug Lena vor und schaute sich im Garten nach den paar Plastikstückchen und Porzellantellern und -tassen um, auf denen sie abgebrochene Stöckchen als Brot, Steine als Fleisch, Erdhäufchen als Reis oder Kartoffelmus oder Maisbrei und dunkelgrüne Blätter von den umstehenden Bäumen als Kohlblätter oder Steckrübenkraut anrichteten.

Sie verwandten viel Sorgfalt auf ihr Essensspiel. Lena widmete ihm die gleiche Hingabe, mit der die wirkliche Essenszubereitung bei ihr zu Hause betrieben wurde. Sie holte sich jedesmal einen Topf voll Wasser und wusch das steinerne »Fleisch« gründlich ab, bevor sie es zum Schmoren in einen alten angeschlagenen Topf oder einen Schuhkarton-»Backofen« steckte. Und sie wusch und befingerte die Paradiesbaumblätter sorgfältig und behutsam, bevor sie sie in Streifen schnitt und als Würze zu dem Stein im Topf gab, genau wie ihre Mutter und ihre Großmutter es mit Blattgemüse taten.

Sie war einmal in der Küche gewesen, als ihre Großmutter eine Ewigkeit am Spülbecken stand und einen Berg Staudenkohlblätter, die sie gerade im Garten gepflückt hatte, wo sie jahrein, jahraus wuchsen, Blatt für Blatt untersuchte. Lena hatte zuerst gedacht, die alte Dame suche sie nach Würmern ab, bis sie sie herbeiwinkte und sie hieß, sich neben sie auf einen Stuhl ans Spülbecken zu stellen.

»Guck dir das mal an, Schnuckelchen, all die kleinen Sträßchen auf einem einzigen Blatt«, sagte Grandmama sanft, während sie mit dem runzeligen Zeigefinger die verschiedenen blassen Adern auf dem tiefgrünen Blatt entlangfuhr. »Und hör nur mal, hör dir diese Musik an.« Dann hatte sie den weichen Ballen ihres Daumens über die dunkelgrüne Oberfläche eines Blattes gleiten lassen, und das Ding hatte einen kleinen Babyquiekser von sich gegeben. Sie hatten beide nur verwundert lächeln können.

Sarah saß vor ihrem Erdhaufen und dachte eine Weile nach. Dann, als sie sah, wie Lena sich daran machte, die Teller einzusammeln, schüttelte sie den Kopf. »Nee, nich so. Soll ich dir mal zeigen, wie man richtig Mutter und Vater spielt? Ich weiß, wies geht. Hab ich zichmal gesehn.«

»Na gut«, willigte Lena ohne weiteres ein, obwohl sie ihrer Familie seit jeher genau zugeschaut hatte und ebensogut wie Sarah wußte, wie man Vater und Mutter spielte. Aber ihrer Meinung nach hatten sie und ihre Freundin zu viel Spaß miteinander, um die Zeit damit zu vergeuden, daß sie sich über etwas stritten, auf das es gar nicht so sehr ankam.

»Wir brauchen bloß eins«, sagte Sarah. »Hol ich mal eben.«

Und sie sauste los zur menschenleeren Veranda vorm Haus

und kehrte sogleich mit einer Ausgabe des *Mulberry Clarion* in der Hand zurück. Die Zeitung sah so steif und sauber aus, daß Lena sofort wußte, es mußte die Ausgabe vom Tage sein. Außerdem war es Freitag, und Lena hatte die Erfahrung gemacht, daß die meisten Leute in Pleasant Hill, auch diejenigen, die die Zeitung nicht jeden Tag lasen, den *Clarion* freitags nahmen, weil an diesem Tag immer die Seite drin war, die Rowana Jordan schrieb und herausgab. Über die ganze Breite der Innenseite, die gleich vor den Stellenanzeigen kam, zog sich dann immer die Schlagzeile »Nachrichten aus unserer farbigen Gemeinde«.

Als die einzige farbige Zeitung von Mulberry zu Beginn der fünfziger Jahre den Betrieb eingestellt hatte, überredete Miss Rowana, wie alle Welt sie nannte, die Leute des *Clarion*, einmal in der Woche die Neuigkeiten der schwarzen Einwohner zu bringen, sie würde auch Anzeigen vermitteln, Photos machen und alle Artikel selber schreiben. Und sie hielt Wort, rannte in ihren ausgefallenen Kleidern und ihren unerhörten Hüten überall in der Stadt umher, sammelte Neuigkeiten, Kirchennachrichten, Hochzeits- und Geburtsanzeigen und Klatsch nebst Rezepten und Annoncen von Bestattungsunternehmen, Frisören, Lebensmittelläden und dem Burghart Theatre. Sie hatte bereits ein winziges Ladenbüro an der Cherry Street, weit genug entfernt vom Zeitungsgebäude für ihren Geschmack und für den ihrer Arbeitgeber. Sie brauchte nur das Türschild auszuwechseln – anstelle von *Mulberry Crier* stand nun *Mulberry Clarion* darauf – und konnte einfach weiterarbeiten.

Die Zeitung, die Sarah mitbrachte, war noch zusammengerollt, wie sie vom Austräger auf die Veranda geworfen worden war. Und das kleine Mädchen trug sie vor sich her wie einen Zauberstab. Als sie wieder an ihrem Platz unterm Baum ankam, ließ sie sich in den Staub plumpsen und fing an, die Zeitung aufzurollen.

»Sarah«, sagte Lena, »hat dein Daddy die Zeitung schon gelesn?«

»Ä-ä«, antwortete Sarah und fuhr fort, die Zeitung auszubreiten.

»Dann läßt du besser die Finger davon, bis se se gelesen haben. Mein Daddy wird so fuchtig wie nur was, wenn jemand ankommt und die Zeitung ausnanderreißt, bevor er dazukommt und sie liest. Er sagt, es wär ne Mordsrücksichtslosigkeit.«

Sarah schnalzte höhnisch mit der Zunge, während sie eine große Doppelseite herauslöste und über eine Beuge des Astes legte, unter dem sie saßen. »Quatsch, merkt doch keiner, dasse überhaupt weg is. Wenn ichse nich genomm hätt, wärse ewig un drei Tage da rumgelegen.«

Lena war noch nicht überzeugt, aber sie wollte zu gern wissen, was Sarah mit der Zeitung vorhatte, um auf ihrem Standpunkt zu beharren.

Als Sarah alle Bögen auseinandergenommen hatte, verteilte sie sie gerecht, gab Lena vier Doppelseiten und behielt die übrigen für sich.

»Was wollnwer'n damit machen?« wollte Lena wissen.

Sarah sah sich suchend unter dem Baum um, der ihr »Haus« war, und wählte eine Stelle, wo die Äste den Boden berührten.

»Wir müssen in unser Schlafzimmer rüber. Zeit zum Schlafengehn«, sagte Sarah, hob ihre Zeitungsblätter auf und betrat einen anderen Teil des »Hauses«.

Lena folgte ihr.

Sarah ließ sich nieder und bedeutete Lena, sich in den Staub neben sie zu setzen. Lena setzte sich. Sie begann zu ahnen, daß sie im Begriff waren, ein geheimes Ritual zu vollziehen. Und als Sarah sagte, »Unsre Kinder sin am Schlafen, wer müssn leise sein«, wußte Lena, daß sie richtig vermutet hatte, und ihre Aufregung wuchs. Auch wenn sie sich schon viele Male vor irgendeiner Erscheinung oder Entdeckung gefürchtet hatte, konnte das ihrer Liebe zu allem Geheimnisvollen keinen Abbruch tun, besonders wenn sie mit jemandem aus ihrer Familie oder mit Sarah zusammen war und sich sicher fühlte.

»So muß du das machen«, erklärte Sarah und zerknüllte eine Zeitungsseite zu einer Kugel, hob den Rock und steckte sich den Papierknäuel vorn in die Unterhose. Sie lehnte sich zurück an den Baumstamm, blickte an sich hinunter und begutachtete den Unterschied, den das Füllsel bewirkte. Lena saß daneben und bestaunte ihn ebenfalls.

Lena konnte die Augen nicht von Sarahs schmuddeligen Schlüpfern abwenden, die sich jetzt im Schritt immer mehr beulten, als Sarah noch eine Zeitungspapierkugel dazustopfte, und dann noch eine. Das zusammengeballte und in Sarahs Schlüpfer gekuschelte Zeitungspapier schien nichts anderes darzustellen, als was es wirklich war. Aber Sarah hantierte weiter daran herum, rückte den gerundeten Teil an ihrem Körper zurecht und knetete ein Ende des Papierknäuels zu einem spitz zulaufenden Kegel, den sie gegen den Zwickel ihres Schlüpfers ragen ließ. Lena wußte, daß sie eigentlich still sein sollte, weil das Ritual begonnen hatte, aber sie mußte einfach fragen. »Sarah«, flüsterte sie, »was soll das denn sein?«

»Ich bin der Mann«, sagte Sarah herrisch. »Das is mein Ding, mein Johnson. Gehört sich so, daß ich das hab.«

Sie tätschelte ihren Papierauswuchs ein letztes Mal, dann ergriff sie einen von Lenas Zeitungsbögen und rutschte noch näher zu deren staubigem Platz hinüber.

»Da«, sagte Sarah und reichte Lena einen Zeitungsknäuel. »Du machs das genauso. Das tät dein Ding sein, du bist ne erwachsne Frau, un das ist deine Muschi.«

»Ich hab aber schon eine«, sagte Lena und machte Anstalten, ihren Schlüpfer hinunterzuschieben, um es Sarah zu beweisen. »Bei uns sagen wir Streichholzschachtel dazu. Is bloß nich so groß wie bei ner erwachsnen Frau.«

»Weiß ich, daß du 'n Ding hast«, sagte Sarah mit einer Spur Unwillen in der Stimme. »Ham doch alle Mädchen, aber stimmt, is eben nich groß genug. Also, mach weiter, steck das Papier runter in deine Unterhosen wie ich.«

Und Lena gehorchte und schob das steife Papier vorn in ihre weißen Schlüpfer, die rasch grau wurden von all dem Staub. »Autsch, is das kratzig«, klagte sie und bewegte das Papier hin und her, um es in eine für ihre Haut angenehmere Lage zu bringen.

»Macht nix«, meinte Sarah, während sie auf dem Hinterteil durch den Staub rutschte und sich Lena gegenüber zwischen deren gespreizte Beine setzte. »Ich glaube, das muß bißchen wehtun. So hört sich's bei meim Daddy an. Der sagt immer,

›Ach, Baby, jaaa, das tut so schön weh, mach das noch mal, ah, jaaa, das tut gut.‹«

Sarah war so dicht an Lena herangerückt, daß sich die beiden vorgewölbten Vorderseiten ihrer Schlüpfer nun berührten. Ohne weitere Erklärung begann sie, ihren Körper in kreisende Bewegungen zu versetzen und rieb ihren Papierpenis an Lenas Unterhosen und machte dabei kurze saugende Geräusche, indem sie zwischen den zusammengebissenen Zähnen Luft einzog. Sie warf den Kopf nach hinten, schloß die Augen und sagte wieder und wieder, ihren Vater nachahmend, »Ah, jaa, ah, jaa, genau da, mmm-hmm.«

Lena guckte gebannt, während ihre Freundin fortfuhr, sich im Staub an ihr zu reiben und geräuschvoll Luft durch die Zähne zu saugen, als habe sie Schmerzen.

Sarahs Gesicht war ein Bild der Wonne, von einer feinen Schmerzlasur überzogen, wie die Gesichter der Frauen, die in »The Place« zum Rhythmus eines Saxophonsolos aus dem Plattenautomaten tanzten und die Hüften schwenkten. Sie schien Lena keine Beachtung zu schenken, daher vermutete Lena, daß sie es der Freundin gleichtun sollte.

Sie warf ihrerseits den Kopf in den Nacken, schloß die Augen wie Sarah und begann, den Unterleib in dem mit steifem Papier ausgestopften Schlüpfer zu Sarah hin kreisen zu lassen. Zuerst kam Lena sich ein bißchen albern vor und dachte nur daran, wie schmutzig ihr Hosenboden werden mußte, wenn sie ihn in dem feinen grauen Staub unter dem großen Paradiesbaum hin und her wetzte. Aber da Sarah, deren Augen noch immer geschlossen waren, und deren krächzende Stimme noch immer die Litanei »Jaa, aah, jaa, ooh, jaa, immer feste« ausstieß, so darauf erpicht schien, dieses Spiel zu spielen, schloß sie die Augen wieder und gab sich ganz ihrer Rolle hin.

»Ahh, Baby«, ahmte Lena die Freundin ernsthaft nach und schob ihr Hinterteil ein bißchen näher zu Sarah. Die Vorwärtsbewegung drückte unvermittelt eine Zeitungskante in ihrem Schlüpfer in den Spalt ihrer Vagina und über ihre Klitoris. »Uhh«, jaulte sie überrascht auf, als der lustvolle Stich durch ihr Becken schoß und langsam in ihrem Bauch verebbte.

Ihre Ellbogen, die in der Beuge eines tiefhängenden Zweiges hinter ihr ruhten, um ihren Rücken abzustützen, verloren auf einmal den Halt und glitten herunter. Ihre Schultern landeten mit dumpfem Aufprall auf dem Boden und wirbelten ihr trokkenen Staub um die Ohren. Aber Lena schenkte dem Sturz nicht die geringste Beachtung. Selbstvergessen gab sie sich dem köstlichen fließenden Gefühl hin, das sich zwischen ihren Hüften ausbreitete und die Schenkel hinunterflutete. Ganz auf den Zeitungsknäuel konzentriert, stützte sie sich auf die Ellbogen und stieß ihren Unterleib wieder in Sarahs Richtung und schubberte ihr ausgestopftes Höschen an der Freundin, um sich nochmal die warme Wallung zu verschaffen.

Sie öffnete kurz die Augen, um Sarah ins Gesicht zu gucken und zu sehen, ob es widerspiegelte, was ihrer Meinung nach das eigene Gesicht ausdrücken mußte. Befriedigt stellte sie fest, daß dem so war, und da schloß sie die Augen wieder und fuhr fort, ihren kleinen Körper zu dem der Freundin hin zu winden und dabei zischend durch die Zähne Luft zu holen, wie sie es zuvor unwillkürlich getan hatte, als das blitzartige warme Ding in ihr geschmolzen war.

Mit einemmal spürte sie den starken Zugriff einer großen Faust, die ihren Oberarm unmittelbar unterm Ärmelbündchen umklammerte und sie grob von Sarah wegzog. Zuerst dachte Lena, die starken Arme des Paradiesbaums seien lebendig geworden und hätten nach ihr gegriffen. Sie riß die Augen auf.

Das Gesicht von Sarahs Mutter war wutverzerrt. Zuerst war sie nur verdrossen gewesen, als sie Sarah suchen ging und wieder und wieder nach ihr rief, um sie zu fragen, was mit der Zeitung passiert sei, aber als sie sie und Lena dicht aneinandergedrängt im Staub fand, wo sie die von ihrer Freitagszeitung schwellenden Schlüpfer aneinander rieben, wurde sie fuchsteufelswild.

»Was treibt ihr denn da!« schrie sie und baute sich bedrohlich über den beiden Mädchen auf. »Was treibt ihr denn hier drüben?«

Aber sie wartete nicht auf eine Antwort. Schrie nur Lena an. »Mach mir bloß nix vor, ich seh dich. Ich seh, was du treibs. Du kleines Biest. Ich hätt Sarah nie mit dir spielen lassen dürfen.«

Sarah und Lena wußten nicht, was sie sagen sollten. Sarahs Mutter hielt Lenas Arm noch immer umklammert und hievte sie von ihrer Tochter weg wie eine Stoffpuppe. »Du meinst wohl, du wärst wunder wie vornehm, du mit deinen roten Kleidchen und deinen Haarschleifen und deim großen Haus. Na, so vornehm bisde auch wieder nich, was? Bloßn gewöhnliches kleines Miststück, un machst unanständige Sachen, wenn du meinst, keiner kuckt zu.«

Angesichts dieses Angriffs auf ihre Freundin, versuchte Sarah, erklärend einzugreifen.

»Ich bins gewesen, Mama, Lena isses nich gewesen. Das war mein Spiel.«

Aber die Frau wollte nichts davon hören. »Halt den Mund, Sarah. Ich weiß doch, was ich mit meinen eignen Augen seh. Du gehst rüber ins Haus. Dein Hinterteil nehm ich mir später vor. So was wär dir nich eingefalln.« Aber Sarah rührte sich nicht.

Dann wandte die Frau sich wieder Lena zu, die versuchte, sich ihrem Griff zu entwinden. »Ich hätt nich übel Lust und tät rübergehn und deiner großkotzigen Ma sagen, was ihre werte Tochter mit meim klein Mädchen angestellt hat.«

Und wieder an Sarah gewandt, »Sarah, beweg dein Hintern ins Haus, oder 's setzt was, Mädchen.«

In diesem Augenblick war ihre Aufmerksamkeit kurz von Lena abgelenkt, und da lockerte sich auch ihr Zugriff, und Lena, die plötzlich frei war, machte Anstalten, von der schreienden Frau wegzusausen. Aber Sarahs Mama guckte sich rechtzeitig um und schnappte nach Lenas Rockzipfel.

»Jaja, aber wahrscheinlich tätse mir nich glauben. Ja, tät wahrscheinlich alles auf Sarah schieben. Richtig, Kleine, du läufst besser nach Hause und machst, daß du aus meim Garten verschwindest. Dir gehört nämlich nich die ganze Welt, daß du's bloß weißt.«

Sarahs Mutter wollte schon Lenas Rock loslassen. Da kam ihr ein Gedanke. Sie schlug den Rock des Mädchens hoch, faßte nach dem Gummiband von Lenas Schlüpfer und griff hinein.

»Und gebma meine Zeitung wieder her«, knurrte sie und zerrte das zerknüllte Papier aus Lenas Unterhosen. »Ich hab sie nämlich noch nich gelesen.«

Lena rannte die ganze Strecke nach Hause und setzte sich still auf die Stufen der Seitenveranda, um wieder zu Atem zu kommen, bis ihre Mama sie zum Essen hineinrief.

Bevor sie an diesem Abend in traumlosen Schlaf sank, war ihr letzter Gedanke, daß sie und Sarah für immer und ewig Freundinnen sein würden, wie deren Mutter sich an diesem Tag auch immer aufgeführt haben mochte. Nichts würde daran etwas ändern.

Sarah war immer dagewesen, wenn Lena sie rief. Am Vormittag, wenn Leben ins Haus kam, ging Lena für gewöhnlich einfach ans Ende der Auffahrt vor ihrem Haus und rief nach Sarah, und dann tauchte Sarah aus ihrem Haus oder unterm Paradiesbaum auf und führte Lena sicher über die Straße oder kam einfach zum Spielen herüber. Lena konnte sich auf Sarahs Beständigkeit verlassen. In ihrer Welt der Erscheinungen und Ungewißheiten war Lena beglückt und beruhigt über jedes bißchen Beständigkeit.

Daher verstand sie die Welt nicht mehr, als sie spät am Nachmittag, drei Tage nachdem Sarahs Mutter sie dabei erwischt hatte, wie sie ihre Körper aneinander rieben, ans Ende ihrer Auffahrt ging und nach der Freundin rief, ohne daß auf der gegenüberliegenden Straßenseite jemand im Garten erschien. Niemand. Lena konnte sich nicht erinnern, je erlebt zu haben, daß bei Sarah nicht irgendwer im Garten spielte oder auf der Veranda saß oder im Hauseingang stand. Wann immer sie mit ihrer Familie vorbeifuhr, flog ihre Hand zum Gruß hoch, noch ehe sie, wie ihre Großmutter bemerkte, überhaupt richtig hinübergeschaut hatte, so sicher war sie, daß jemand dasein würde, der ihren Gruß erwiderte.

Lena rief noch ein paarmal nach Sarah, und als sie noch immer keine Antwort bekam, guckte sie die Forest Avenue hinauf und hinunter und rannte dann allein über die Straße. Sie kicherte vor Stolz, daß sie es wohlbehalten über die Straße geschafft hatte, aber sobald sie Sarahs Garten betrat, spürte sie, daß etwas anders war als sonst. Es war so ruhig und friedlich.

Nicht nur daß von Sarahs Familie niemand zu sehen war, es gab nicht einmal ein Anzeichen dafür, daß überhaupt irgend jemand von ihnen zu Hause war. Die Haustür, die abgesehen von den wenigen bitter kalten Wintertagen üblicherweise sperrangelweit offenstand, war fest verschlossen. Kein Licht brannte, weder in der Stube vorn noch im Küchenfenster an der Seite des Hauses. Das Radio, das immer lief, wenn Lena kam, war von seinem Platz auf dem Fenstersims in der Stube verschwunden, und auch das Fenster war fest verschlossen.

»Sarah! Sarah!« rief sie, während sie ums Haus herumlief, vorbei an den tiefhängenden Zweigen des Paradiesbaums, der ebenso verlassen wirkte wie das Haus. Keine Antwort. Als Lena hinterm Haus ankam, sah sie, daß nicht einmal die zerschlissenen Vorhänge mehr da waren, die am Küchenfenster gehangen hatten.

Vielleicht machen sie Frühjahrsputz wie bei uns zu Hause, redete Lena sich selber ein. In der Absicht, durchs niedrige Küchenfenster hineinzugucken und daran zu klopfen, um irgend jemanden drinnen auf sich aufmerksam zu machen, stieg sie die Bretterstufen zur rückwärtigen Veranda hinauf. Bei jedem Schritt gab die winzige Veranda einen kummervollen Quietschlaut von sich, bei dem es Lena kalt die Beine hinunterlief. Noch bevor sie am Fenster anlangte, spürte sie ganz deutlich, daß ihr nicht gefallen würde, was sie sah. Daher waren die Küche mit dem schmutzigen Linoleumfußboden ohne die paar Möbelstücke und der Flur ohne die alte Spiegelkommode und das, was sie von der leeren Stube sehen konnte, keine Überraschung für sie. Es machte sie nur tieftraurig. Als hätte sie die zarte Perlenhalskette verloren, die ihre Grandmama ihr geschenkt hatte.

Zuerst versuchte Lena sich einzureden, daß Sarah bestimmt bald wieder mit dem vertrauten heiseren Lachen und mit ihrem Bruder und ihren Schwestern im Schlepp auftauchen würde.

Aber noch während sie an ihre Freundin dachte, stellte Lena entsetzt fest, daß sie sich nicht einmal mehr erinnern konnte, wie die Stimme der Freundin klang, und ihre Trauer verwandelte sich in Angst.

Ein jäher kalter Luftzug machte ihr Gänsehaut auf den Armen, und sie blickte auf und bemerkte, daß sich im Westen am Himmel dunkle Wolken zusammenballten. Als mit dem nächsten Windstoß der Geruch von Regen heranwehte, wußte Lena, daß es Zeit war, nach Hause zurückzukehren. Es schien ihr nichts anderes übrigzubleiben. Sinnlos, länger zu warten.

Als sie durch den leeren Garten vor Sarahs Haus hastete, klatschten große Regentropfen auf den Boden, die winzige graue Staubwolken aufwirbelten wie Rauchkringel aus einer Pfeife. Mit einemmal kam der Gang durch Sarahs Garten ihr vor wie der Gang über einen Friedhof. Ein Gefühl von Verlust überkam Lena, und ihr war, als sei ihre Freundin Sarah tot.

Ohne in die eine oder andere Richtung zu gucken, lief Lena über die Straße auf ihr Haus zu, während der Regen schon herunterprasselte. Sie hörte erst auf zu rennen, als sie in der Küche anlangte, wo sie Mutter und Großmutter beim Reinemachen der Speisekammer vorfand.

»Mama, Mama«, rief sie und lief ins erste Paar Arme, das sich ihr entgegenstreckte, und riß ihre Mutter mit zu Boden. »Sarah is weg, Sarah is weg!«

»Was, Schnuckelchen? Was ist los, um Gottes willen?« fragte Nellie, die beim Anblick von Lenas Tränen außer sich geriet.

»Sarah, sie is weg – keiner mehr da. Ich glaub, sie is tot!« schluchzte Lena.

»Ach, mein Süßes«, sagte Grandmama und beugte sich zu Lena und Nellie hinunter, die beide auf dem Fußboden saßen. »Das hab ich ja ganz vergessen. Hätt ich dir sagen sollen, Schnuckelchen.«

»Ihr was sagen, Miss Lizzie?« fragte Nellie.

»Ach, wegen unserm Rauhbein, Lenas kleiner Freundin Sarah. Sie und ihre Familie sind weggezogen. Ans andere Ende der Stadt, nach East Mulberry. Du weißt schon, Nellie, nach Yamacraw, du kennst ja die Gegend. Miss Willback von gegnüber hats mir erzählt. Sie haben Sarah und ihre Leute vor die Tür gesetzt. Miss Willback hat ihre armseligen Siebensachen gestern im Garten stehen sehen.«

»Sarah is weg, Sarah is weg«, war alles, was Lena herausbrachte.

»Ach, keine Sorge, Schnuckelchen, du und deine Freundin, ihr könnt euch immer noch gegenseitig besuchen«, versuchte Grandmama sie zu beschwichtigen. Sie hätte alles gesagt, um Lena aufzumuntern.

»Oh, nein, das wird sie nicht, nicht in dieser Gegend dort, bestimmt nicht«, sagte Nellie.

»Siehst du, ich habs dir ja gesagt, Sarah is weg, sie is für immer weg«, rief Lena, deren Schluchzer sich in Schluckauf verwandelten.

»Gott«, sagte Nellie zu Miss Lizzie, während sie Lena auf den Kopf küßte und sie im salzigen, verschwitzten Graben zwischen ihren Brüsten wiegte. »Mein Schnuckelchen wird langsam so überspannt. Genau wie ich in ihrem Alter.«

Nellies Zuwendung besänftigte Lena schließlich, aber sie konnte nicht den Schmerzkloß lösen, der Lena in der Kehle saß. Im folgenden Herbst, als sie zum erstenmal in die Grundschule ging, stand sie im Schulhof herum und suchte nach einem kleinen Mädchen, das wie Sarah aussah. Keines zu sehen. Alle diese Mädchen waren geschniegelt und gebügelt, ihre Haare ordentlich in Zöpfen und mit Spangen aus dem Gesicht gestriegelt. Keine besaß Sarahs räudige Schönheit. Dann zog eine der anderen Erstklässlerinnen Lenas Aufmerksamkeit auf sich, ein pausbäckiges Mädchen, das allein herumstand und dessen Bluse sich schon so früh am Morgen aus dem Rockbund stahl. Ihre Augen funkelten nicht wie Sarahs Augen, aber es schien ebensoviel Schalk aus ihnen zu sprechen. Und als Lena sich zu ihr gesellte, lächelte sie und schob ihre Hand in Lenas Hand.

Die Geste erinnerte Lena an Sarah.

Als die Schulglocke zum erstenmal erscholl, wanderten Lena und ihre neue Freundin Gwen tapfer Seite an Seite in das fremde Schulgebäude.

Dennoch spürte Lena auf dem Heimweg an diesem Tag einen

Stich im Herzen, als sie an Sarahs Haus vorüberging und Sarah ihr noch genausosehr fehlte wie zuvor. Hin und wieder sah Lena Sarahs Mutter unten in »The Place«, aber wenn das Mädchen versuchte, sie am Hintereingang abzufangen und nach Sarah zu fragen, tat die Frau, als habe sie nicht gehört und ging einfach weiter am Lokal entlang, nach vorn zur Straße.

Übersetzt von Barbara Henninges

DORIS JEAN AUSTIN

Nach Hause!

Orelia Jeter stieg die Stufen zur Veranda hinauf und starrte in dumpfem Erstaunen auf den dichten Nebel, aus dem sie buchstäblich eben erst aufgetaucht war. Sie erinnerte sich eigentlich nicht daran, die Kneipe verlassen zu haben, dachte sich aber, daß sie wohl von dort gekommen war. Wo sie hergekommen war, war jetzt allerdings nicht ihre Hauptsorge. Alles, was sie im Moment wollte, war, ihre Schlüssel finden und in ihr Dachzimmer gelangen, ohne Miss James und den Jungen aufzuwecken. Sie öffnete ihre Handtasche und fing an, nach den Schlüsseln zu suchen, die sich jeden Freitag, den Gott schickte, vor ihr versteckten. Tränen der Verzweiflung traten ihr in die Augen, während sie schwankend dastand und das Schlüssel-Such-Ritual vollzog. Sie setzte sich auf die oberste Stufe und fing an, Gegenstände aus der prall gefüllten Handtasche zu holen: Zigaretten, Kamm, Kleingeldbörse, Brieftasche – keine Schlüssel. Sie stellte die Tasche dicht über dem Verandaboden auf den Kopf und schüttelte eine Sammlung verfluster Gegenstände und Tabakkrümel heraus. Es war nichts dabei, was wie ihre Schlüssel aussah. Sie keuchte, um nicht weinen zu müssen.

Orelia wohnte schon zwei Jahre bei Elzina im Haus, in dem großen Dachzimmer zur Straße hinaus. Sie hatte keine Zukunftspläne, keine Träume, und da sie selten hoffte, erlebte sie wenig Enttäuschungen. Ihre einzigen Freunde waren die Leute, die freitags nach der Arbeit in der Lampenfabrik mit ihr durch die Kneipen zogen. Denn auch wenn sie Samstag morgens wieder bei der Arbeit sein mußten, läuteten sie alle Freitagabends das Wochenende ein. Einige hielten länger durch als andere. Orelia ging selten, bevor die Kneipe zumachte.

Orelia war eine kleine, dunkelbraune, verkrampfte Frau, die selten jemandem in die Augen sah, wenn sie redete. Es genügte, wenn die lauten Saufbrüder, die Freitag- und Samstagnacht ihre Gegenwart duldeten, sich dann und wann erinnerten, daß sie da war. Alles an ihr entschuldigte sich immer schon im voraus. Orelias Entfaltung war an einem entscheidenden Punkt in ihrem Leben durch Liebesmangel behindert worden. Selbst ihre Erinnerungen waren so farblos wie die ausgewaschene blaue Wolljacke, die sie jetzt, hier auf der feuchten Schwelle sitzend, fest an sich zog, um eine Wärme zu finden, die ihr zeitlebens gefehlt hatte. Tränen rannen ihr über die Wangen und trafen sich unterm Kinn, als sie ihren Kopf, von selten empfundenem Selbstmitleid überwältigt, nach vorne auf die Knie legte. Sie rief sich ihren einzigen glänzenden Sieg in Erinnerung: Dawkins!

Dawkins Jeter war, als er Orelia kennenlernte, ein pensionierter Hausmeister von sechsundsechzig. Sie war zweiunddreißig. Sie hatte gerade den Job in der Lampenfabrik ergattert und sollte Montag anfangen. Dawkins nahm Orelia aus der Kneipe mit nach Hause, wo sie sich Samstag nachmittag begegnet waren. Nicht in der Kneipe selbst, sondern hinten im Lokal, wo es was zu essen gab. Eine einzige Kochplatte, auf der Würstchen heißgemacht wurden, damit ist alles über die Güteklasse des Etablissements gesagt, wo Dawkins Orelia kennenlernte. Nach zwei Würstchen nahm er sie mit nach Haus, wo sie sich seinen halben Liter Calvert's teilten. Es hatte ihr später nichts ausgemacht, als er seine Zähne herausnahm und in ein mit Flüssigkeit geflülltes Glas am Bett legte. In einer Anwandlung von Großmut heiratete Dawkins Orelia, auf den Tag drei Monate, nachdem sie in sein Leben getreten war. Ihre Dankbarkeit dem alten Mann gegenüber war ihm vor anderen peinlich und insgeheim eine Freude. Unter Dawkins Pflege wurde Orelia ihr Nicht-Sein unerträglich. Ihre Arbeitskolleginnen waren von der Veränderung verblüfft. Einige waren beleidigt, daß der Wurm nun nur noch die eigene Arbeit machte. Aber selbst diejenigen, die sich anfangs betrogen fühlten, akzeptierten diese neue Orelia bald als die einzige, die es je gegeben hatte. Das Heutige zu akzeptieren, was es auch brachte, schlug weniger aufs Gemüt. Orelia und Dawkins hegten eine besondere Vorliebe für Wochenendfeste in Privathäusern, wo es gebratene Hähnchen und Gekröse, Grünkohl und Kartoffelsalat zu essen gab und rund um die Uhr Whist und Poker um Geld gespielt wurden. Kein Verhalten galt als gesellschaftlich so inakzeptabel, daß man sich bemüßigt fühlte, jemanden auszuschließen. Harte Zeiten. Hart wie Montag bis Freitag. »Johnnie Mae hat Meat letzte Woche so in den Hintern gestochen, daß er immer noch oben in der Klinik liegt.« Trotzdem kam Johnnie Mae am nächsten Freitag direkt vom Krankenhaus, wo sie Meat besucht hatte, wieder zur Party. »Undann hat sie diesen fiesen Nigger, Eddie Boy, Sonntag morgen mit nach Haus genommen. Die kann von Glück reden, wenn Meat sie nicht totschlägt, wenn er rauskommt.« Aber Freitag abends wurde keiner abgewiesen. Prügeleien mit Gewinnen und Verlieren; Männer und Frauen, lautes Fluchen und Lachen, Liebe, Tränen, Ficken – »Was solls! Bis nächsten Freitag, wenn ich dich vorher nich mehr sehn sollte.«

Orelia saß auf den Stufen und dachte an das Feuer zurück, das sie wieder einsam gemacht hatte – zur Witwe –, und Tränen quollen ihr aus den fest zugekniffenen Augen. Sie schlief ans Geländer gelehnt ein, schnarchte leise und lächelte über Erinnerungen, die sie wärmten, obwohl sie immer noch zitterte. Ihre Handtasche lag offen auf der Veranda, der Inhalt verstreut.

»Letzte Runde!« verkündete der Barmann, und Jim bestellte schnell noch zwei doppelte Whiskey. »Und ein Bier, Mann«, fügte er nachträglich, leicht lallend hinzu.

Red war, wie zur Polizeistunde üblich, der Nüchternste im Lokal. Er brachte das Bier und zahlte an der Bar die Rechnung mit Jesses Geld. Als er Jesse das Wechselgeld brachte, bat er: »Übertreibs nich, Mann. Sieh zu, daß du nach Haus kommst und bißchen Schlaf kriegst.«

Jesse stand schwankend auf, als das helle Licht anging. Er holte tief Luft, stürzte das zweite Glas Johnnie Walker runter und kippte den Rest Bier direkt aus der Flasche hinterher.

»Du brauchst ja nich nach Haus, aber hier iss jetzt Feierabend.«

Jesse setzte sich Richtung Tür in Bewegung. Er lächelte über den vertrauten Satz, mit dem ungefähr zu dieser Zeit überall in der Stadt die Kneipen geschlossen wurden. Die Männer, die vor ihm gingen, riefen Red von der Tür aus zu: »Bis später, Mann. Du kommst doch noch zu Charlie's?«

»Ungefähr inner halben Stunde, Mann«, versicherte Red.

So kam es, daß Jesse den beiden Männern zu Charlie's folgte, einer gut getarnten Spätkneipe in einer Garage an der Sackett Street, die der Polizei wohlbekannt war. Als den beiden Männern klar wurde, daß sie den Trottel, der hinter ihnen Selbstgespräche führte, schon drei Blocks lang brabbeln hörten, rief der kleinere der beiden Jesse zu: »He, wo willst du denn hin, Mann?«

Jesse antwortete mit schöner Selbstverständlichkeit: »Zu Charlie's, Baby.«

Die drei liefen weiter wie gehabt, Jesse nun nur noch anderthalb bis zwei Meter hinter dem wieder entspannteren Duo. Ein dichter Nebel senkte sich, es regnete nicht mehr wie vorher, und Jesse mußte sich anstrengen, um die beiden Männer nicht aus den Augen zu verlieren. Sie liefen noch ungefähr acht Blocks weiter, bis sie von der Avenue in die Sackett Street zur Garage einbogen. Jesse holte sie ein, als eine kleine Seitentür aufging und der Klang gedämpfter Musik in die stille Nachtluft hinausdrang. Der Mann an der Tür ließ die Typen vor Jesse lächelnd ein. Er stellte sich ins trübe Licht und musterte Jesse kühl: »Tut mir leid, Kumpel, nur für Mitglieder«, sagte der Türsteher und knallte ihm die Tür vor der Nase zu.

Jesse konnte nicht anders, er mußte über den Türsteher, über sich selber, über spätnächtliche Heimwege vor und nach der Polizeistunde lachen. Jetzt und immerdar. Motherfucker! Hätte gleich an seiner Hautfarbe sehen müssen, daß er Mitglied war. Was zum Teufel bildeten sich die Leute neuerdings ein?

»Was zum Teufel soll das, Mann? Bin ich dir zu schwarz, oder bin ich dir nich schwarz genug? Entscheidet euch!« Er preßte das Gesicht an die Tür. »Leckt mich am Arsch!« brüllte er laut.

»Leckt mich am Arsch«, murmelte er mehrmals, als er den gleichen Weg zur Kneipe zurückging und sich erst erinnerte, daß sie zu war, als er an der Tür gerüttelt hatte.

Jetzt, zum zweitenmal auf dem Weg zum Astor Place, war er wieder in ein Selbstgespräch vertieft. Er stolperte durch den Nebel, als wäre er auf einem Nachmittagsspaziergang. Er blieb gehorsam an roten Ampeln stehen und wartete geduldig bis sie von gelb auf rot und wieder auf grün umsprangen. Es kamen nur wenige Autos vorbei, wenn er stehenblieb, um sich an der Zigarette, die er gerade rauchte, eine neue anzustecken, und die Kippe wegwarf, nur um das Spiel ein paar Blocks weiter von vorne anzufangen. Je näher er seiner Wohnung kam, desto schneller wurden seine Schritte. Whiskeyschwere Gedankenketten offenbarten ihm schließlich glasklar die Natur seines Problems. Er brach beinahe in Tränen volltrunkener Dankbarkeit aus.

Er war verrückt! Mußte wohl in Rahway den Verstand verloren haben!

Wieder und wieder sagte er: »Das isses also. Das isses also.«

Er brach in Lachen aus, als er in den Astor Place einbog. Er konnte sich schon Elzinas Gesicht vorstellen, wenn er ihr das Problem erklärte. Er würde sie gleich wecken, wenn –

Vor dem Haus blieb Jesse wie angewurzelt stehen. Er sah auf die Uhr und wieder auf den Körper, der da halb hingesunken auf der obersten Verandastufe lag. Er stieg die Stufen hinauf, blieb stehen und blickte neugierig auf –

Was immer es war, auf seiner Veranda hatte es um drei Uhr morgens nicht das geringste zu suchen. Er rüttelte die Frau an der Schulter. »He, aufwachn! Aufwachn, hab ich gesagt! Was denken Sie sich, auf meiner Veranda zu schlafen?«

Orelia klappte die Augen auf und legte sich schon ihre Entschuldigungen zurecht, während sie sich noch bemühte, die Gestalt vor sich überhaupt scharf zu sehen. Und plötzlich war Jesse von der Erbärmlichkeit des Geschöpfes zu seinen Füßen überwältigt. Gott, war sie erbärmlich! »Arme Kleine, du weißt nich wohin, was?« Er schwankte vor Mitleid.

Unter Zuhilfenahme des Geländers zog Orelia sich hoch und stand nun zwei Stufen unter ihm. Sie hob ihre Handtasche auf und stopfte ihre Sachen wieder hinein, während sie sprach: »Ich hab meine Schlüssel verloren. Ich hab mich bloß ein Augenblick hingesetzt, um zu überlegen, was ich machen soll«, murmelte sie, machte die Handtasche zu, stellte sich gerade hin, sah Jesse zum erstenmal direkt ins Gesicht und wiederholte: »Ich hab meine Schlüssel verloren.«

Plötzlich wußte Jesse die Lösung für ihr Problem und für seins gleich mit. »Ich weiß, wassu brauchs, kleine Frau. Du brauchs was zu trinken.« Er nahm ihren Arm und geleitete sie die Treppe hinunter, indem er sich mit einer Hand am Geländer abstützte. »Ich weiß, wo eine Party ist. Genau, was wir brauchen, eine Party! Meine Mama gibt die besten Partys in Jersey City.«

»So wie ich ausseh, kann ich auf keine Party.« Sie versuchte, sich loszumachen, stolperte Jesse aber bloß in die Arme.

»Schhh«, machte er. »Willssu deine Hauswirtin aufwecken?« Er betrachtete ihr verzweifeltes Gesicht und fügte hinzu: »Ihren Mann hassu ja schon halb zu Tode erschrocken.« Er dämpfte sein Lachen, als er sie wieder die Straße hinunterführte.

Es war fast vier Uhr morgens, als sie in die Kearny Avenue einbogen. Jesse fragte sich, wer denn heute nacht bei seiner Mama war. Seine kleine Schwester Cissy, hoffte er; vielleicht Nappy. Napoleon B. James (sogar die Lehrer hatten den Namen Nappy übernommen) war überall gewesen, wo man mit der Bahn hinkam. Aber immer nach Jersey City zurückgekommen – er behauptete, es wäre seine von Gott auferlegte Pflicht, so lange wiederzukommen, bis er jeder Frau hier Gelegenheit gegeben hätte zu erleben, wozu ihn der liebe Gott eigentlich in die Welt gesetzt hatte. Nappys attraktive Züge waren in den Gesichtern vieler Sprößlinge in Jersey City zu erkennen, die irrtümlich zu einem anderen Mann Daddy sagten. »Ich wollte eigentlich genauso werden wie mein Bruder Nappy«, vertraute Jesse Orelia an. »Man soll nich davon abgehen, was man zuerst im Sinn hat. Ich hätt mich mit Nappy zumsammtun solln.« Er dachte an Elzina und lenkte seine Aufmerksamkeit flugs wieder auf seine Familie – all die Brüder und Schwestern, von denen er manche seit dem Tag im Gericht vor fast fünf Jahren nicht mehr gesehen hatte.

Er legte jetzt, wo sie sich Truselles Haus näherten, einen Schritt zu. Orelia trottete stumm neben ihm her. Er nahm ihren Arm, als sie durch die Pforte gingen und die Stufen zur Veranda am Haus seiner Mama hinaufstiegen. Er blieb einen Moment stehen und grinste über die vertrauten Klänge und Gerüche, die durch das Fliegengitter am offenen Fenster drangen.

Er schloß die Augen, um sich die Szene drinnen erstmal auszumalen. Die Musik kam aus dem Wohnzimmer. Voll mit Leuten, die tanzten, saßen und standen – und allesamt laut redeten. Überall im Zimmer Pappteller mit Essen aus Mamas Kochtöpfen in unterschiedlichen Zerstörungsstadien. Im kleinen Nebenzimmer, das früher seins gewesen war, stand mittendrin ein Kartentisch mit Stühlen, wo Poker gespielt wurde. Er fragte sich, wer heute nacht dran war mit Abheben. Das Bett lehnte zusammengeklappt an der Wand, als ob es nur vorübergehend da stehen sollte. Aber Jesse wußte, daß das Bett seit mindestens zwölf Jahren nicht mehr aufgestellt worden war. Wenn eins seiner Geschwister nach Hause kam, schliefen sie in einem der Zimmer oben. In der Küche spielten Leute Whist um Geld und feuerten maschinengewehrschnelle Lügen ab. Mein Gott, wirklich die herrlichsten Lügen. Da lachte man sich krank. Er erkannte eine Lache und kicherte leise in sich hinein. Er hatte noch nirgends auf der Welt jemanden kennengelernt, der eine so laute und gesunde Lache hatte wie seine Mama.

Orelia zitterte. Durch die feuchte Nachtluft standen ihr die Haare ein bißchen höher um den Kopf. Er hob die Hand, um zu klopfen, als sich die Tür gerade von innen öffnete. Der große, dünne Mann war gegen das Licht aus dem Haus nur als Silhouette zu erkennen. Er kniff die Augen zusammen und starrte Jesse ins Gesicht.

«He? Wer bissn du, Mann?«

»He, L. D., was gibts Neues, Mann?«

»Jesse, sdu das?« vorsichtig. Dann: »Mein Li-i-e-b-e-r.«

L. D. grinste außer Atem, weil er das letzte Wort so lange

gehalten hatte, bis die Lungen nicht mehr mitmachten. Goldene Zähne blitzten in einem Lächeln, das von Ohr zu Ohr reichte.

»Rei-i-i-n mit dir«, grölte er und traf dabei mehrere Töne, die nicht im Bereich seines natürlichen Baritons lagen. Jesse legte beide Hände an die Ohren, um die Lautstärke zu dämpfen. L. D. wischte sich mit einer Hand ungeniert die Tränen von der Wange, schüttelte mit der anderen Jesse kräftig die Hand und versuchte den jüngeren irgendwie gleichzeitig auch noch zu umarmen. Jesses Augen bekamen bei dieser Begrüßung durch den Mann, der ihm mehr bedeutete als alle anderen Männer, ebenfalls einen feuchten Schimmer. Es paßte gut, daß L. D. der erste war, der ihn in diesem Haus willkommen hieß. L. D. war schon an dem Abend im Wohnzimmer auf und ab gelaufen, als Truselle den Jungen oben in diesem selben Haus zur Welt gebracht hatte. Und dann war er all die Jahre geblieben, mit seinen Fünfern, Zehnern und Vierteldollars – und später als Jesse auf der High-School war, mit ganzen Dollars. Er kaufte Jesse seine erste Klapperkiste für fünfzig Dollar – die hatten sie nie in Gang gekriegt. Und jetzt stand er mit Freudentränen in den Augen da und brüllte nach hinten durchs ganze Haus: »Alle herhören, Jesse James iss wieder da. Himmelherrgott! Jesse James iss wieder da!« L. D. brüllte noch lauter: »Truselle, es iss Jesse. Jesse iss da!«

Truselle kam aus der Küche ins Wohnzimmer geeilt und blieb schwer atmend stehen, weil sie sich durch das dichte Partygewühl drängeln mußte. »Baby! Halleluja, mein Sohn ist heimgekehrt, liebe Leute.« Sie brach in Tränen aus, und Jesse hob ihre kleine massive Gestalt hoch und küßte sie auf den Kopf und die Wangen. Auch er hatte Tränen im Gesicht.

»He, Mama, ich bin wieder da.« Er erstickte vor Gefühlen, die in Wirklichkeit der Heimkehr galten, die er sich am Astor Place erhofft hatte.

Orelia, die bei der Begrüßung in Vergessenheit geraten war, stand, zerzaust und still, dicht neben der Tür im Haus und versuchte unbemerkt zu bleiben, was ihr auch gelang. Die Hände tief in die Taschen ihrer blauen Wolljacke vergraben, fand sie die Schlüssel, nach denen sie vorhin auf der Veranda so verzweifelt gesucht hatte. Sie stand nicht unbeholfener da als sonst und rubbelte mit den Fingern erst über den Bart des einen Schlüssels und dann über den des anderen. In dem kleinen Nebenzimmer riß einer die Tür weit genug auf, um zu schreien: »Bißchen weniger Lärm da draußen, verflucht.« Truselle lief schnell hin und drückte die Tür weit auf, Jesse im Schlepptau.

»He, ihr, mein Sohn iss wieder da! Ich geb einen aus«, brüllte sie gegen die Musik an, mittlerweile ihre einzige Konkurrenz. Ein verschwommener Blitz aus Farbe, glitzernden Ohrringen und galoppierenden hohen Absätzen warnte Jesse gerade noch rechtzeitig, so daß er sich schnell umdrehen und Ollie Mae auffangen konnte, als sie sich in seine Arme warf. Jesse drückte sie an sich, ohne Truselles Hand loszulassen. Truselle drehte sich zu L. D. um und teilte, ohne ihre Stimme auch nur ein Dezibel zu senken, brüllend ihre Befehle aus. »L. D., hol die Kiste Martins hinten ausm Schrank auf der Veranda. Heute nacht darf keiner nüchtern bleiben. Mein Sohn iss wieder da.« Und zwei Minuten später: »L. D., beeil dich, wo bleibsdu denn?«

Alle kamen aus dem Nebenzimmer – in den Gesichtern stand Wut, Erleichterung, Gleichgültigkeit, aber sie kamen alle heraus, um Truselles Freude zu teilen. Truselle hielt immer noch Jesses Hand und tätschelte sie mit ihrer freien Hand, die sie außerdem zum Abwischen des Tränenstroms benutzte, der ihr breites Lächeln Lügen strafte. Ollie Mae stand Arm in Arm mit ihm an seiner anderen Seite, den Kopf auf seiner Schulter. Sie hob gelegentlich das Gesicht, um ihm einen lauten Kuß auf die Wange zu geben. Schließlich fiel Jesses Blick auf Orelia, die so schrecklich deplaciert und elend wirkte, und er zog Truselle wieder zur Tür. »Mama, Ollie, das ist ... wie heißt du nochmal, Baby?«

»Orelia«, erwiderte sie heiser und starrte auf Truselles Schuhe.

»Willkommen, Reba, und nimm dir was zu trinken.« Truselle gab Orelia einen herzlichen Kuß auf die Wange. »Bist du diejenige, die meinen Sohn nach Haus gebracht hat? Die Bewährungshelferin?« Truselle lachte brüllend über ihren Witz. Orelia brachte ihr verwässertes Lächeln hervor – zaghaft, für den Fall, daß sie es gleich wieder zurücknehmen mußte. Sie nahm das Glas, das Truselle ihr reichte und verbesserte ihren Namen nicht. Sollte er doch Reba bleiben. Solange Truselle sie kannte, sollte Orelia sie nie verbessern, nicht direkt jedenfalls.

L. D. schenkte, so schnell er konnte, Whiskey aus. Die Gläser reichte er Truselle, die sie jeweils in die erste ausgestreckte Hand drückte, die ihr entgegenkam. »L. D. du mußt wohl nochmal raus und den Rum und den Wodka holen. Das wird nicht weit reichen, und ich will, daß sich alle noch mehr dumm und dämlich trinken, als sie sowieso schon sind.« Wieder lachte sie, daß ihr die Tränen übers Gesicht strömten.

Als Truselle Ollie Mae mit einem Wink wegschickte und Jesse auf den Flur und die Treppe hoch in ihr Schlafzimmer zog, um mit ihm zu reden, kam die Party allmählich wieder in Gang. Er winkte Orelia von der Treppe aus zu. »Ich bin gleich wieder da, trink man in Ruhe aus.« Noch ein Zwinkern und er war verschwunden.

Im spitzen- und rüschenbesetzten Schlafzimmer seiner Mutter saß Jesse, stierte auf den roten Teppich und sortierte grimmig unverdauliche Fakten.

»Du weißt, wieviel die Kleine mit dem großen alten Haus und dem Kleinen und alles um die Ohren hat«, nahm Truselle Elzina in Schutz. Sie schloß einen Augenblick die Augen, als sie an Charles dachte – die ausgesprochene Artigkeit des Jungen stieß ihr auf. Sie machte die Augen wieder auf und fixierte ihren Sohn. Sie freute sich so, daß Jesse nach Hause gekommen war, um sich um Charles zu kümmern. Kein kleiner Junge hat in einer Tour so artig zu sein, dachte sie. »Die brauchen dich zu Haus, Jesse«, sagte sie mit einem strahlenden Lächeln. Dann wechselte sie das Thema: »Elzina und Cissy sind dicke Freundinnen. Hab ich dir erzählt, daß Cissy wieder da iss?« Als Jesse nickte, fuhr sie fort: »Herrje, du mußt dir den Kleinen angukken, den sie gekriegt hat, Jesse, der iss süßer als Cissy war. Weißt du noch, was Cissy fürn hübsches Baby war? Und Clinton – so hat sie ihn getauft, Clinton – Clinton iss noch fünfmal so hübsch wie Cissy.« Sie grinste triumphierend.

Er mußte gegen seinen Willen lächeln. Aber seine Gedanken kehrten zu Elzina zurück. Warum hatte sie seine Mama in den letzten vier bis fünf Jahren nicht öfter als vier- oder fünfmal besucht? Dem, was Truselle ihm nicht erzählte, entnahm er, daß sie schon lange nicht mehr in das Haus am Astor Place eingeladen worden war, wenn denn überhaupt, seitdem er weg war.

Sie schaue dann und wann mal rein, um den Kleinen zu sehen, gestand Truselle. Und sie wisse, wie schwer Elzina arbeite, »um alles fix und fertig zu haben, für den Tag, wenn du heimkommst«, fügte sie beschwichtigend hinzu. Sie stand auf und füllte Jesses Glas aus ihrem Privatvorrat auf.

Und sie redeten.

Als eine Pause eintrat, die sich immer weiter auszudehnen drohte, nahm Jesse Truselles beide Hände in die seinen und studierte den Farbkontrast. »Schön, daß Papa heute abend an der Tür war, als ich kam. Er iss ein guter alter Kerl, was?« Er sagte das impulsiv, endlich dem viele Jahre alten Bedürfnis nachgebend, sein Wissen um ihre Beziehungen herauszuposaunen. Truselles erstaunter Blick traf seinen und senkte sich sofort auf die Stelle, wo ihre Hände in seinen verschwanden. Sie schüttelte den Kopf und die Schultern, als erinnere sie sich soeben, wer sie und wer er war. Sie warf ihm einen künstlich bösen Blick zu. »Jesse James, du plagst mich schon dein Lebtag mit deiner Neugierde. Jawohl! Der Himmel ist Zeuge, wie du dauernd deine Nase in meine Angelegenheiten gesteckt und rumgeschnüffelt hast –«

»Mama, das Geheimnis ist seit vielen, vielen Jahren mein Stolz und meine Freude. Ein Mann müßte doch dumm sein, wenn er nicht stolz drauf wäre, L. D. zum Vater zu haben, was?«

Sie schwiegen. Die Hysterie von L. D.s kranker Frau hatte die Familie mehr als einmal daran erinnert, daß Kearny Avenue nicht L. D.s Zuhause war. Ihre Anrufe hatten Truselles Parties oft gestört, und Truselle hegte den Verdacht, daß sie eine ganze Reihe der Polizeibesuche nicht etwa ihren Nachbarn, sondern dem anderen Ende der Stadt zu verdanken hatte. Aber ein Mann mußte einen Weg finden, sein Leben auszuhalten. Und Truselle hatte im Laufe der Jahre einigen dabei geholfen, ohne dafür etwas zu verlangen, was sie ihr nicht freiwillig schenkten. Ihre Bilder standen gerahmt hinten auf ihrer Frisierkommode. Die Kinder kannten sie alle mit Namen, aber, soweit sie wußte, kannte keines von ihnen ihre Beziehung zu den Photographien. Jesse sah sich das Bild von L. D. an, das weiter vorne stand als alle andern, erriet seine Bedeutung und lächelte. Seiner Meinung nach war seine Mutter die sauberste Christin, die er kannte. Sie gefiel ihm uneingeschränkt. Dankbar, wieder dazusein, sah er sich in dem vertrauten, häßlich-schönen Schlafzimmer um. Als er zu reden anfing, wählte er seine Themen sorgfältig aus ... indem er die Gegenwart aussparte und den Grund, warum er mit Orelia zu Truselle gekommen war. Er redete über die Zeit, bevor er im Gefängnis war. Er redete darüber, wie Charles gewachsen war. Er redete von seinen Hoffnungen für die Zukunft, aber von der Gegenwart redete er nicht. Und sein Gesicht verwehrte Truselle viele Fragen. Und sie sah all die empfindlichen Stellen und rührte nicht an sie, damit sie in ihrer Ungeschicklichkeit nicht aus Versehen einen verdeckten wunden Punkt traf und zu dem Schmerz beitrug, den er vor ihr nicht zu verbergen vermochte.

Als sie sich schließlich wieder zu der Party nach unten begaben, war es weit nach fünf Uhr morgens. Das Whistspiel war wieder in Gang gekommen. Die Platten begleiteten Tänzer, die die Musik besser kannten als ihre eigenen Namen. Aneinandergegossen, die Augen geschlossen, tanzten sie mit den unmöglichsten Verrenkungen. Und ihre Füße rührten sich nicht von der Stelle, wenn sie sich im uralten Rhythmus wiegten und schaukelten. Der ihnen so natürlich war wie das Atmen. Sie sahen ihre Gastgeberin nicht zurückkommen. Die Tür zum Pokerzimmer war wieder zu. Das kleine stille Zimmer war ein schlafender Vulkan. Wenn die Polizei oder ein Krankenwagen in diese Feier am Freitagabend geriet, war man dran. Wenn es Ärger gab, dann im Pokerzimmer, wo Truselle wieder stumm aus und ein ging und Whiskey und Bier verkaufte. Der Lärm in der Küche hielt sich wieder auf einem angenehmen Pegel –

nicht lauter als eine Luftschutzsirene oder ein Eisenbahnunglück. Die Wand der Stimmen verschmolz zu einem klaren Ton. Hier war Musik, die echter war als die aus dem Plattenspieler im Wohnzimmer. Die Platten wurden zu Hintergrundmusik – gedämpfte Begleitung. Das eigentliche Konzert fand in der Küche statt.

Ollie Mae hatte an dem Befehl in Truselles scharfem Blick zu knacken gehabt, aber dann Jesse widerstrebend die Freiheit eingeräumt, sich mit jeder Art Frau abzugeben, die er zu Hause anschleppte. Es lag nicht in der Natur der James-Familie, strenge Urteile allzu lange aufrechtzuhalten. Sie war wieder in die Küche gegangen und hielt nun, die Karten für die x-te Runde Whist austeilend, am Kopf des Küchentisches Hof. Ihre langen braunen Finger handhabten die Karten meisterhaft. »Weiße«, sagte sie gerade, während sie gab, wobei die Ohrringe das Licht reflektierten und jedem Spieler einen Blitz zuwarfen, wenn sie den Kopf beim Austeilen der Karten im Kreis der Spieler herumbewegte, »Weiße leben wissenschaftlich.«

»Wissenschaftlich? was heißt, sie leben wissenschaftlich?« kam es defensiv von L. D. L. D. gab vor, sowieso nie zu verstehen, was zum Teufel Ollie Mae redete. Er behauptete es mit Stolz.

»Gut, hör zu, es ist so.« Ollie Mae war mit dem Austeilen fertig, nahm die Karten einzeln auf und steckte sie in dem immer größer werdenden Kartenfächer in ihrer Hand an die richtige Stelle. »Es ist so«, wiederholte sie. »Sie betrachten das Leben als intellektuelle Aufgabe.« Ollie Mae sonnte sich in ihrem gewohnten Scheinwerferlicht und genoß das Gelächter. In ihrem Gesicht stand feuchter Schweiß, als sie mit ihrer Version der Dinge fortfuhr.

»Weiße vögeln nicht, nie. Nigger vögeln! Nigger sind nicht intellektuell wie die Weißen. Die Weißen schlafen intellektuell miteinander ... einmal die Woche ... im Dunkeln ... wodurch sie nur Kinder von höchstem intellektuellem Niveau hervorbringen ... die selbstredend nie, nie vögeln.«

Das Lachen steigerte sich zum Gebrüll. Leute kamen aus dem Wohnzimmer, um zu sehen, was in der Küche los war.

»He, Ruby, denk an das Hähnchen, bevor es ganz verkohlt ist.«

L. D.: »Du bist dran mit Bieten, Frau. Oder nicht?«

Ollie Mae machte jemandem ein Zeichen, daß er ihr ein Bier aus dem Kühlschrank holen solle, und nahm, als es kam, einen langen, großen Schluck. Auf einen vielsagenden Blick von L. D. hin, griff sie in die Tasche und gab ihm das Geld für das Bier. »Mist, dir entgeht aber auch nix, was? Schließlich ist das hier das Haus meiner Mutter.« Sie sah L. D. an und rollte mit den Augen. »Na, ... wo war ich eben?« – sie wandte sich wieder ihrem Publikum zu – »die Weißen sind irgendwie dahintergekommen, daß wir das Leben extrem persönlich nehmen. Und ... das werden sie uns nie vergeben.«

Mehr Gelächter.

»Scheiße. Wer ist denn überhaupt dran mit Bieten?«

Ruby holte goldene Hähnchenstücke aus dem brodelnden Öl in einer schwarzen Eisenpfanne und schüttelte dabei in tiefem Einverständnis den Kopf. Ruby schüttelte immer in tiefem Einverständnis den Kopf, wenn Ollie Mae etwas sagte.

Orelia saß allein im Wohnzimmer neben dem Plattenspieler und lauschte Percy Mayfields neuestem Hit: »Please Send Me Someone to Love.« Sie klopfte mit ihren kräftigen Fingern den Takt mit. Ihre andere Hand hob das Glas an die Lippen und unterstrich so den Rhythmus, der den Raum füllte. Sie flog im freien Rausch durch die Sphären, in die sie der Alkohol oft trug, damit sie sich von zuviel Realität ausruhen konnte. Von zuviel Traueneinsamkeit. Sie saß da und hatte die Augen erleichtert und für ihre Freiheit dankbar geschlossen. Sie geriet nur per Zufall in diesen Zustand und in letzter Zeit nicht eben häufig, da man nie wissen konnte, das wievielte Glas einen in lallende, wankende, allzu schnelle Trunkenheit katapultieren würde.

Jesse stand in der Tür und beobachtete sie, quer durch das verrauchte Zimmer, durch den Dunstschleier seiner Trunkenheit. Sie war wirklich nicht häßlich, beschloß er. Der Komiker in seinem Kopf schoß schnell nach: »*Sie ist so gut wie häßlich, Mann, das ist mal Tatsache!*« Während er sich aus einer der offenen Flaschen auf dem Couchtisch Scotch nachschenkte, ließ Jesse einen kalkulierenden Blick über Orelias Körper gleiten, er begutachtete sie vom Hals abwärts, erkannte ihre eindeutigen Qualitäten und faßte den Entschluß, sich von dem trösten zu lassen, was zu ihren Gunsten sprach.

Sie verabschiedeten sich gegen halb sieben am Samstagmorgen von Truselle, beide alles andere als nüchtern. Truselle stand in der Tür und entlockte Orelia das Versprechen: »Daß du mir nächsten Freitag auf jeden Fall wiederkommst, Reba. Brauchst nich auf Jesse zu warten. Aber Kartenspielen mußt du lernen. Iss doch Blödsinn, nich spielen zu können. Man muß doch was mit sich anfangen.« Truselle schüttelte bekümmert den Kopf, während sie zusah, wie die beiden unsicher zur Ecke wankten. Dann ging sie wieder ins Haus, um den samstagmorgendlichen Räumungsbefehl zu erteilen.

Jesse und Orelia begaben sich ohne Umweg ins Matawan Hotel, gleich gegenüber von der Mount Sinai Baptist Church. Dank Truselle verfügten sie noch über eine fast volle Flasche Whiskey, die ihnen den Tag über reichen würde. Orelia ging nicht zur Arbeit und meldete sich auch nicht telephonisch ab. Sie erwähnte das Problem nicht mal, aus Angst, daß Jesse ihr sonst Druck machen würde.

Aufgrund jahrelanger Erfahrung rechnete die Fabrik Samstag morgens nur mit der Hälfte der Belegschaft. Der Vorarbeiter wurde nie enttäuscht.

Orelia und Jesse tranken. Orelia erzählte. Sie redete von ihrer Mutter, die immer alt gewesen war – eine alte Frau, als Orelia geboren wurde, eine alte Frau, als sie starb. In den Augen ihrer Mutter war Orelias positivste Eigenschaft die Fähigkeit gewesen, sofort den Mund zu halten, wenn es hieß: »Halt die Klappe.« Schon mit neun war Orelia der stille, in sich gekehrte Schatten eines kleinen Mädchens, das für sich selbst zu sorgen versuchte, ohne über die entsprechenden Möglichkeiten zu verfügen.

Jesse hörte sich ihre ereignislose Lebensgeschichte an und war dabei in Gedanken am Astor Place. Wenn seine Gedanken seine Absichten zu gefährden drohten, schenkte er sich ein und kippte den Whiskey runter, daß erst die eine schwarze Brustwarze fest wurde und dann die andere. Orelias Körper wurde vor Erwartung ruhig. Ihre ungeduldigen Finger krochen wie von selbst über seine Brust nach unten und begegneten, leise überrascht, seiner fehlenden Bereitschaft. Zur Ermunterung beugte sie den Kopf hinunter, bis ihre Wange auf seinen angespannten Bauchmuskeln zu liegen kam. Ihre Lippen knabberten und begannen ihn dann langsam, sinnlich zu massieren. Plötzlich erfaßte Jesse ein wilder Haß darauf, wo er sich befand und was er da machte. Das Beschämende an der Situation ergriff ihn und machte ihn schlaff und nüchtern, wo er hart und bester Stimmung hätte sein sollen. Er zog sich auf einen Ellbogen hoch und sackte mit dem Ellbogen durch die dünne Matratze gleich bis auf die Sprungfedern durch. Er schenkte sich zur Stimulation ein großzügiges Glas voll ein, als die erste Sonne ins Hotelzimmer drang und den Schatten von Orelias wippendem Kopf an die Wand warf. Er stürzte seinen Scotch herunter und war – einen Augenblick lang – von Mitleid für sie beide ergriffen, bevor er seine Hüften hob, dem tanzenden Schatten von Orelias wippendem Kopf entgegen. Er wurde von heftigem Zorn auf sie erfaßt. Er ergriff sie unter den Achselhöhlen, zog sie hoch und warf sie grob auf den Rücken. Bei seinem ersten Stoß trafen ihre Körper mit einem Geräusch aufeinander, als ob ein Schlachterhammer auf ein Stück Fleisch schlüge. Der gleiche Aufprall mit dem Kopf hätte ihr zweifellos eine Gehirnerschütterung eingetragen. Die quietschenden Sprungfedern waren verstimmte Geigen, die schief zum Trommeln ihres Fleisches sangen. Wenn ich ganz schnell tanzen könnte, dachte Orelia in übergeschnappter Laune, könnte ich zu der Musik tanzen. Charleston! Huck-a-Buck! Mama, guck mal, ich tanze. Die Wucht seiner Attacke ließ ihre Zähne hart aufeinanderschlagen, als sie in die Matratze geschleudert wurde. Die Sprungfedern preßten ihre Landkarte auf ihre Gesäßbacken. Zuerst bemühte sie sich, bei seinem Tempo mitzuhalten, konnte aber nur keuchend hinterherhasten. Schließlich machte sie langsamer und hörte dann ganz auf, weil ihr klar wurde, daß sie persönlich mit Jesses Rennen nichts zu tun hatte. Sie schaute ihm einmal ins Gesicht und machte schleunigst die Augen zu. Es war eine lange, wilde Melodie, die er mit seinem Zorn spielte. Dann errang er endlich den einsamen Sieg, hinter dem er hergewesen war – so daß sie vor Erleichterung zitterte – und fiel laut atmend auf sie nieder. Er schnarchte. Sie schliefen auf einem feuchten Tau aus Laken. Einer sicher im andern versteckt.

Mit Hilfe von Truselles Whiskey trieben Jesse und Orelia ihr trauriges Spiel bis zum frühen Abend, als ein anderer Hunger sie wieder hinaustrieb. Als Orelia Jesses Einladung zum Essengehen ausschlug, war er froh. Sie lächelte seinen Füßen dankbar zu und verließ das Hotelzimmer, noch ehe er fertig angezogen war. Sie verstehe wirklich, warum sie vorsichtig sein mußten, erzählte sie der zuklappenden Tür. Auf dem Heimweg ging sie im Spirituosengeschäft vorbei – für alle Fälle. Man mußte an einem Samstagabend allein im Mansardenzimmer auf alles vorbereitet sein. Auch nach einem Wunder wie Jesse durfte man nicht allzulange ohne innere Wachsamkeit bleiben. Sie war heute viel zu schlau, um sich für dumm verkaufen zu lassen. Trotzdem lächelte sie, als sie sich wieder auf den Weg zum Astor Place machte.

Jesse riß eine neue Schachtel Lucky Strike aus dem Automaten an der Rezeption auf, ehe er sich wieder auf den Weg zum Haus seiner Mama machte. Er hatte keine Pläne. Ihm kamen keine Erklärungen. Er dachte an all das zurück, was in den letzten beiden Tagen geschehen war, und seine Gedanken fühlten sich an wie Konfetti in einem Wirbelwind. Wie zum Teufel hatte er es geschafft, in zwei Tagen von Rahway hierherzukommen? O Gott, er mußte sich dringend hinlegen. Allein!

Er entfernte sich, einen Fuß vor den anderen setzend, vom Matawan Hotel und von Orelia und sah weder nach rechts noch nach links. Müde, verkatert, mit knurrendem Magen: Jesse hatte sich während der fünf Jahre im Kittchen dem Tod nicht so nahe gefühlt. Soweit er sich erinnerte, war ihm auch in den vierundzwanzig Jahren, bevor er ins Gefängnis kam, nie so elend gewesen. Vielleicht war diese Orelia eine Hexe – vielleicht hatte sie ihn mit einem Voodoo-Zauber verhext. Vielleicht saß er immer noch im Zellenblock Nummer 14 und träumte nur, daß er nach Hause gekommen war und den ganzen ersten Samstag mit einer von Elzinas Untermieterinnen im Bett verbracht hatte. Jeder Schritt, den er machte, war ein donnerndes Wunder, der Jesse dem Gott seiner Kindheit näherbrachte. Nur noch ein kleines Stück und er würde bei seiner Mama zu Hause sein, wo er sich hinsetzen und ausruhen konnte. Immer hübsch einen Fuß vor den andern setzen, dann würde er es schon schaffen. Er würde es schon nach und nach begreifen lernen. Die Worte eines alten Kirchenlieds kamen ihm in den Sinn und standen ihm dreidimensional in Farbe inmitten einer Engelschar vor Augen: »Coming for to carry me home«, sang er jetzt laut. O Gott, wie wär er dankbar, wenn ein guter Geist ihm den »Rettungsanker« zuwerfen würde. Er machte den letzten Schritt. Und noch einen.

Übersetzt von Karen Nölle-Fischer

TONI CADE BAMBARA

Mein Gutster Bovanne

Blinde Leute hamn Summfimmel, falls euch das schomma aufgefallen is. Was ganz verständlich is, wemman mal ein näher kennt und gemerkt hat, zu was mit ohne Augen ein zwingt, damit man Leute sehn kann, und wemman übers erste Mal rauskommt, wos eim is, als käms ausm Nichts, und als wär man wieder in der Kirche mit vollbusige Damen und alte Knaben, wo tief unten in der Kehle am Krächzen und Summ sin, egal, was der Prediger grade sagt. Oder Shakey Bee, die Unterlippe ganz geschwolln von Sweet Peach-Kautabak und ich am Erklärn, wies kommt, daß der Süßkartoffelklöben diesmal n Dollar fünfundzwanzig gemacht hat statts n Dollar wie sonst, und er immer mmm-hmmm, er versteht, und dann bringt er son nuscheliges Summ raus, ganz ruhig, aber trotzdem grauslich, wenn man nich drauf gefaßt is. Ich wars jedenfalls nich. Aber ich hab mich dran gewöhnt, und es einzichste Mal, wo ich einfach was hab sagen müssen, das war, wie er mal auf der Veranda Dame am Spieln war, und da fing er am Summ, ganz schön kirchlich, wie mir schien. Da sach ich, »Kuckma Shakey Bee, ich kanns nich mit dir un mit Jesus auf eimal aufnehm.« Da hatter aufgehört.

Und so isses gekomm, daß ich mein Gutsten Bovanne zum Tanzen geholt hab. Is nich mein Mann, nich daß ihr meint, bloßn netter oller Knabe von nebenan, wo alle kenn, weil er Sachen repariert, und die Kinder hamn gern. Früher jedenfalls, eh Black Power se die Köppe so verdreht hat, daß se sich zu alte Leute nich mehr manierlich benehm könn. Wir sin also auf dies Wohltätigkeitsfest für meine Nichte ihre Kusine, was für irgendwas am Kandidiern is mit diese schwarze Partei irgendwie-oder-was hintendran. Und ich tanz ganz eng mit Bovanne, is ja blind, und ich am Summ und er am Summ, Brust an Brust, wie wennwer mitnander am Reden wärn. Ich ramm den Mann nich meine Brüste rein. Ging nich um Titten. Ging um Schwingung. Und er kapiert und fragt mich, was für ne Farbe mein Kleid hat, und wie ich die Haare frisiert hab, und wie ich klarkomm ohne Mann, nich neugierig, bloß irgendwie nett, und wer alles da is auf dem Fest und ob die Häppchen schickimicki-knickrich sind oder schön handfest, daß man was zum Reinbeißen hat. Gemütlich und vergnügt, will ich damit sagen. Mit unsre Körper am Reden wien Handballen aufm Tamburin oder auf ner Trommel.

Aber sofort kommt Joe Lee zu uns rüber und machtn Gesicht, vonwegen daß ich so eng tanz mit dem Mann. Mein eigner Sohn, wo genau weiß, was für Wärme ich drauf hab; sin nich erwachsne Männer mitten in der Nacht von weit her mit mir am Telephoniern wegen klein bißchen Muttitrost? Aber der machtn Gesicht. Hatter kein Recht zu, Bovanne kann ja nix sehn und sich nich wehrn. Bloßn netter oller Mann, wo Toaster und kaputte Bügeleisen und Fahrräder und Sachen repariert und das Schloß an meine Haustür auswechselt, wenn meine Verehrer aufdringlich werden. Netter Mann. Deswegen hamsen aber nich eingeladen. Vonwegen altes Schrot und Korn, wißt ihr. Ich und Sister Taylor und die Frau, was bei Mamies Köppe am Schönmachen is, und der Mann vom Barbierladen, wir sin alle da vonwegen weilwer altes Schrot und Korn sin. Wo ich nie weiter nachen Süden gewesen bin wie bis Brooklyn Battery und nich mehr Land hab wien Blumkasten auf meine Feuerleiter. Und erst gestern erzähln mir meine Kinder, ich soll die Hinterwäldlerfummel vom Kopp nehm und bißchen flotter sein. Und jetzt kannichse auf einmal nich schwarz genug sein. Und alle, was vorbeikomm, sagen Mein Gutster Bovanne. Alles bloß Mache, stolziern weiter und bleiben nichmal ne Minute stehn und holn dem Mann was zum Trinken oder eins von die niedliche belegte Brötchen oder erzähln ihm, was vor sich geht. Und er steht da, schomma n Lächeln im Gesicht, im Fall ihn wer ansprechen tut. Drum hab ichn auf die Tanzfläche gezerrt, und wir tanzen und zwäng uns vorbei an Tische und Stühle und die ganze Mäntel und Leute, was einer vorm andern stehn und am Reden sin, über dies und das, und nix anfang könn mit diesen blinden Mann, dabei hatter für alle diese Leute Rollschuhe und Motorroller heile gemacht, wiese noch Kinder warn. Ich also dicht an ihm dran, und wir uns von Bauch zu Bauch am Unterhalten mit Summ.

Und da kommt meine Tochter und kuckt mich so von oben runter an, wieses immer macht, wennse mir was erzählt vonwegen meine »unpolitische« Art, wie wenn ich die Maul- und Klauenseuche hätt und n hoffnungsloser Fall wär. Ich tu, als wärse Luft, und kuck bloß in Bovanne sein Schattengesicht, und sag ihm, sein Bauch is wie ne Trommel, und er lacht. Lacht lauthals. Und da kommt Task, mein Jüngster, tippt mich am Ellbogen, wie wenn er Klassenordner bein Drittkläßlern wär und ich mich am Vordrängeln in der Schlange aufm Weg zur Schulversammlung.

»Ich hab bloß die Trommeln sprechen lassen«, hab ich erklärt, wiese mich in die Küche abgeschleppt ham. Dacht mir, Trommeln wärn meine beste Verteidigung. Für Trommeln sinse immer zu haben mit dies ganze Theater vonwegen Kulturerbe. Und Bovanne sein Bauch is genau wie die Trommel, was Task mir geschenkt hat, wie er von Afrika zurückgekomm is. Brauch man bloß anfassen, schon fängtse am Summ, *dsinng, dsinng*. Drum halt ich mich an meine Trommelgeschichte. »War bloß am Trommeln, weiter nix.«

»Mama, was reds du da?«

»Sie hat zuviel getrunken«, sach Elo zu Task, weilse mir kaum noch was ins Gesicht sach, seit diesen scheußlichen Streit wegen meine Perücken.

»Kuck mal, Mama«, sach mein sanftmütiger Task. »Wir wollten dir bloßn klein Wink geben. Du hast dich lächerlich gemacht, so zu tanzen da draußen.«

»Wie zum tanzen?«

Task fährt sich mit der Hand übers linke Ohr, haargenau wie sein Vater und dem sein Vater davor.

»Wie ne läufige Hündin«, sach Elo.

»Na ja, ähh, ich wollt sagen, wie eine von diesen sexhungrigen Damen, wennse in die Jahre komm und nich mehr so genau hinkucken. Du weißt, was ich mein?«

Ich geb keine Antwort, weil ich sonst heuln muß. Furchbar, wenn die eignen Kinder so mit eim reden. Mich vom Fest wegholen und in irgendne fremde Küche hinter irgendne Bar verfrachten, wie die bescheuerte Polizei. Dabei bin ich gar nich so ururalt. Ich kann noch immer so ärmellose Kleider tragen, und wabbelt mir kein Fleisch vom Arm. Und ich halt mich aufm laufenden über allen möglichen Kram durch meine Kinder. Was keine Kinder mehr sin. Wemman sie reden hört. Also sag ich lieber nix.

»Mit sonem Onkel Tom zu tanzen«, sach Elo zu Joe Lee, wo sich am Kühlschrank von diese Leute anlehnt. »Der riecht n Cracker fünf Meilen gegen den Wind und fängt postwendend mit Katzbuckeln an. Und die Augen. Könnt so taktvoll sein und ne Sonnenbrille aufsetzen. Wer will schon in so durchgebrannte Sicherungen kucken, die –«

»Is das, was man Generationsunterschied nennt?« sach ich.

»Generationsunterschied«, spuckt Elo, als hätt ich ihr Milchshake mit Rizinusöl und Beutelrattenfrikassee angeboten oder so was. »Das isn weißer Begriff fürn weißes Phänomen. Bei Schwarzen gibt es keinen Generationsunterschied. Wir sind ein Koll-«

»Jaja, na ja, laß mal«, sach Joe Lee. »Es geht darum, Mama . . ., na ja, es geht um Stolz. Du blamierst dich und uns, wenn du so tanzt.«

»Da war nix zum Schäm.« Dann sach keiner mehr was. Stehn alle da in ihre hübsche Sachen mit Gläser in'n Händn und sin sich gegen mich am Zusammenrotten, und ich auf meim Armesünderstuhl, verraten und verkauft. Kam mir vor, wie wenn die Polizei mich festgenomm hätt.

»Zuerst mal«, sach Task und hält die Hand hoch und zählt meine Vergehn auf, »das Kleid. Also, das Kleid is zu kurz, Mama, und zu tief ausgeschnitten für ne Frau in deim Alter. Und Tamu wird heute abend ne Rede halten und die Kampagne ins Rollen bringen, und sie will dich vorstellen und erwartet, daß du den Ältestenrat organisierst –«

»Ich? Hat mir keiner kein Mucks von gesagt. Meins du Nisi? Hatse ihrn Namen geändert?«

»Na ja, Norton hätt dir eigentlich Bescheid sagen sollen. Nisi will dich vorstellen und dann die älteren Leutchen dazu ermuntern, daß sie einen Ältestenrat bilden, der dann als Beirat –«

»Und dann wirst du dastehn, und die Möpse hängen dir halb raus und diese Perücke aufm Kopf und der Saum knapp unterm Po. Und die Leute wern sagen, ›Is das nich die geile Ziege, die sich an den blinden Knilch rangeschmissen hat?‹«

»Elo, mach mal halblang«, sach Task und kommt zum nächsten Finger. »Und dann die Trinkerei. Mama, du weißt genau, du darfst nicht trinken, weil du dann im Handumdrehn anfängst laut zu lachen und dich danebenzubenehmen«, und greift sich nochn Finger für Krachmachen. »Und dann die Tanzerei. Du hast vier ganze Platten lang an dem Mann geklebt, und bist sogar bei den schnellen Stücken langsam mit ihm übers Parkett geschoben. Was meinst du denn, was das fürn Eindruck macht bei ner Frau in deim Alter?«

»Was is denn mein Alter?«

»Wie bitte?«

»Ich frach euch alle ne einfache Frage. Ihr seid andauernd davon am Reden, was sich für ne Frau in meim Alter gehört. Wie alt bin ich denn eigentlich?« Und Joe Lee kneift die Augen zu und legt sein Gesicht in Falten und fängt am Nachrechnen. Und Task fährt sich mit der Hand übers Ohr und glotz in sein Glas, wie wenn die Eiswürfel für ihn zählen täten. Und Elo starrt mir aufm Kopp, als wolltse mir jeden Augenblick die Perücke runterreißen.

»Sind deine Haare geflochten unter dem Ding da? Wenn ja, warum nimmst duse nich ab? Du hast dir doch früher immer son schönen Kranz gemacht.«

»Aah-hah«, weil ich dran denken muß, dasse ihre Haare nich schnell genug aufgekriegt hat und immer am Predigen war, vonwegen Kranz und hinterwäldlerisch. Aber da drum gehts jetz nich. »Wie alt, frag ich?«

»Einundsechzig oder –«

»Du bist ein verdammtes Lügenmaul, Joe Lee Peoples.«

»Und das is noch so was«, kommt Task mit seine Finger.

»Wißt ihr, wo ihr mich alle mal könnt«, sach ich, steh auf und streich die Falten in meim Rock glatt.

»Ach, Mama«, sach Elo und legt mir ne Hand auf die Schulter, was sie nich mehr gemacht hat, seitdem se von zu Hause weg is, und die Hand fühlt sich leicht an, wie wennse sich nich sicher wär, daß se da was verloren hat. Was mir im Herzen wehtut. Weil sie unser Glückskind war, bevor Mr. Peoples gestorben is. Und ich hab mir dies Kind vor die Brust gebunden und mit mir rumgetragen, bis sie fast zwei Jahre alt war. Ich will damit sagen, wir warn uns nah. Dies Kind hat nämlich mehr von mir in sich drin wie die andern. Und sogar nachdem Task geborn is, hab ich nachts mein kleines Mädchen zugedeckt und wegen ihr wein müssen, ohne Grund, höchstens weilsen Pummel war wie ich und nich besonders hübsch, aber n sonniges Kind. Wie isses bloß dahin gekomm, dasse mich nich mehr richtig anfassen kann und sagen, Mama, wir ham dich lieb und uns liegt was an dir, und is dein gutes Recht, daß de dich amüsierst, weil du ne gute Frau bist?

»Und dann is da noch Reverend Trent«, sach Task und kuckt nach links und nach rechts, wie wennse ne Verschwörung ausgeheckt ham und wolln mich jetzt einweihn. »Du hättst heut abend mit ihm reden sollen, Mama, ob er uns nich seinen Keller als Wahlkampfbüro überläßt und –«

»Hat mir keiner was von gesagt. Wenn altes Schrot un Korn heißt, daß ein die Leute im dunkeln lassen, dann kann ich nix damit anfang. Wirklich nich. Und Reven Trent is sowieso n Trottel, wie der über den Mann da oben an der Edgecomb Street hergefallen is, bloß weil der nich drei Pflegekinder hat aufnehm wolln, un dabei war die Frau noch nichmal nich eingelebt da oben, un der Mann is nich richtig im Kopp, un –«

»Kuckt mal«, sach Task. »Wir müssen einfach Familienrat abhalten, damit wir den ganzen Kram mal klarkriegen und auf den Tisch bringen. Bis dahin gehn wir am besten erst mal wieder nach nebenan und kümmern uns um unsre Verpflichtungen. Und Mama, du siehst bis dahin mal zu, ob du an Reverend Trent rankommst und –«

»Du wills also, daß ich mich den Reven am Hals schmeiß, isses das?«

»Ach, zum Kuckuck«, sach Elo und geht durch die Schwingtür.

»Wir besprechen das alles mal beim Abendessen. Wie wärs mit morgen abend, Joe Lee?« Joe Lee überlegt und tut wichtig, und derweil frag ich ihm, wer die Kocherei macht und wies kommt, daß mich keiner frächt, ob ich Zeit hab und ob ichn Ansteckstäußchen krieg und all so was. Dann nickt Joe, das heißt, es is in Ordnung, und geht durch die Schwingtür, und aus dem andern Raum kommt bloßn kleines bißchen Gebrabbel zu uns rein. Dann lächelt Task sein Lächeln und sieht genauso aus wie sein Daddy, und er geht auch raus. Bloß ich bin noch in diese fremde Küche, was son Saustall is, wie ich nie hinterlassen tät. Kommt eim ja hoch, wemman bloß die Töpfe sieht. Dann schwingt die Tür in die andre Richtung, und mein Gutster Bovanne steht da und sach, Miss Hazel, kuckt aber nach die Frittenpfanne und die Warmhaltetheke und is ganz überrascht, wie ich aus ne andre Richtung auf ihn zukomm und ihn wieder rausbegleit. Vorbei an die Leute, was sich zur Bühne drängeln, wo Nisi und paar andre sitzen und gleich loslegen wolln mit Reden, und vorbei an die Leute, was sich über die letzten Schnittchen und den Alkohol hermachen, eh se sich irgendwo hinsetzen und ernstlich zuhörn.

Ich bin am Überlegen, ich könnt Bovanne erzähln, was fürn bildschönes Kleid Nisi anhat, und die Ohrringe, und die Haare zu ne Art Tüte hochgesteckt, und daß die Leute gleich hörn wern, dasse uns alle am Verschaukeln sind, und daßwer unsre eigene Partei gründen müssen, und wiese alle Augen und Ohren machen. Statt dessen schlepp ich den Mann bloß da raus, und Joe Lee und seine Frau kucken mich an, wie wenn ich das Letzte wär, aber ham noch kein Mucks zu dem Mann gesagt. Weil er blind is und alt, und weil keiner da drinne ihn braucht, sin ja jetzt alle erwachsen und brauchen kein mehr für Schlittschuhe zum Reparieren.

»Wo gehnwern hin, Miss Hazel?« Wo ers schon die ganze Zeit weiß.

»Zuerst kaufen wer ne dunkle Brille für Sie. Dann komm Sie mit mir mit zum Supermarkt, ich muß fürs Abendessen morgen einholen, das wird ne richtig dolle Sache, un Sie sin auch eingeladen. Dann gehnwer zu mir nach Hause.«

»Das wär schön. Tät mir gern die Füße bißchen ausruhn.« Ziert sich, aber Männer muß man numa ihre kleine Nummer abziehn lassen, blind oder nich. Er also immer weiter, vonwegen wie müde, daß er is, und wie er zu schätzen weiß, daß ich mich so um ihn annehm tu. Und ich überleg, daß ichn als erstes das Schloß an meine Tür auswechseln laß. Dann mach ich dem Mann n schönes warmes Bad mit Jasminblätter im Wasser und bißchen Bittersalz aufn Schwamm fürn Rücken zum Schrubben. Und danach ne ordentliche Abreibung mit Rosenwasser und Olivenöl. Dann ne Tasse Zitronentee mit Schuß. Und bißchen Talkumpuder, von dem fein Zeugs, was Nisi ihre Mutter letzte Weihnachten geschickt hat. Und dann ne Massage, ne gute Gesichtsmassage um die Stirn rum, wo die Sorgen sitzen. Alte Leutchen muß man nämlich betutteln. Und wissen lassen, daß se noch immer gebraucht wern fürn Kopierer zum Bedien und Zündkerzen zum Saubermachen und Briefkästen zum Herrichten für Leute, was uns helfen könn mit Schulfrühstücksprogramm in Gang bringen und mit Vorschule für die Kleinen und Wahlkampf und alles. Alte Leutchen sin nämlich das Volk. Hat Nisi gesagt, und ich hab vor und tu mein Teil.

»Ich glaub, Sie sin ne sehr hübsche Frau, Miss Hazel.«

»Könn Se glauben«, sach ich wie das Flittchen, was meine Tochter immer sach, daß ich wär.

Übersetzt von Barbara Henninges

AMIRI BARAKA

Mondongo

»Du gehst nie irgendwohin, Ray, echt. Ich weiß doch, wo du hingehst. Und du gehst nirgends hin. Jedenfalls kriegt man dich nie zu sehen.« Irv Laffawiss schob sich sein Käppi weiter auf den Hinterkopf, so daß er aussah wie einer dieser abgerissenen Gefreiten, die man auf den samstäglichen Diavorträgen zur Charakterschulung vorgeführt bekam. Er hätte bloß noch zwei gekreuzte rote Balken quer über sich gebraucht, dann hätte er den klassischen, hinlänglich bekannten *Sad Sack* der amerikanischen Militärtradition abgegeben. Und bei eben diesem amerikanischen Militär, bei der Luftwaffe, saßen er und sein guter Freund Ray Johns augenblicklich in der Falle.

Johns las – so sah es jedenfalls aus. Zwar trug er eine Sonnenbrille, und die Beleuchtung im Zimmer war schwach, wie er es also schaffte, zu lesen, blieb schleierhaft, doch wußte Laffy aus früheren und wiederholten Zusammenstößen, daß man lieber keine Debatte darüber vom Zaun brach, wie er denn bei annähernder Dunkelheit mit dunkler Brille lesen könne.

Auf die Bemerkung von wegen »nie irgendwohin gehen« blickte Ray Johns nur kurz von seinem Buch auf und starrte Laffy an. »Mann ... wieso soll ich denn vom Stützpunkt weg? Ich hab da draußen doch nix verloren.«

»Johns, du bist echt komisch.« Laffawiss klang leicht verärgert. »Hast du denn mit Rock'n'Roll überhaupt nichts am Hut?«

Ray Johns drehte sich auf dem Bett um, auf dem er sich halb ausgestreckt hatte. Er wußte, daß Laffy weiterreden würde, da wollte er schon den Gesichtsausdruck sehen, mit dem er solches

Zeug faselte. »Rock'n'Roll? Schit, Mann, ich will nach Hause. Nee, besser gesagt nach New York, ins Village. Rock'n'Roll?«

»Und mit Mädels, hast du mit denen auch nichts am Hut?« Laffawiss legte es wirklich drauf an. Er lehnte an der Wand, rauchte eine schlappe Zigarette und schnippte die Asche weg wie Groucho Marx. Groucho war Laffys Alter ego. Er konnte die Uffze und sonstigen Offiziere zur Weißglut bringen, wenn er zu ihnen ins Büro oder beim Stubenappell in sein eigenes Zimmer marschiert kam, nach vorn gebeugt, die Zigarette in der Hand wie Groucho die Zigarre, mit rollenden Augen und irrem Blick.

»Doch, mit Mädels hab ich allerdings was am Hut, Laffawiss. Wieso, hast du welche?«

Laffy deutete über die eigene Schulter und sagte, wieder in Groucho-Manier: »Die sind da lang.« Er zeigte in Richtung Stadt, in diesem Fall Aquadilla, ein häßlicher kleiner Flecken an der Spitze der puertorikanischen Küste. Laffawiss und Johns waren zusammen mit fünftausend anderen Fliegern kurz vor Aquadilla auf der *SAC Base*, dem Fliegerstützpunkt in Ramey, stationiert. Sie und die anderen widmeten sich unter dem Kommando eines achtunddreißigjährigen Spinners von einem General, der die Geschlechtskrankheiten ausrotten wollte, der Aufgabe, der freien Welt die Freiheit zu erhalten und jegliche Saftsäcke einzuschüchtern, die womöglich frech werden wollten oder sommersprossige Mädchen vergewaltigen oder einem zu nahe kommen oder komische Sprachen sprechen oder komisch aussehen oder riechen oder das Land kommunistisch machen – all so was. Sie taten dies mit Hilfe des B-36 Bombers. Laffawiss war Funker ohne Mannschaft und Johns Bordschütze in der schlimmsten Mannschaft auf dem Stützpunkt.

Jedes Wochenende oder noch öfter ging Laffawiss in die Stadt, »Druck ablassen«, wie das bei den Fliegern hieß, ließ sich vollaufen, kaufte sich ein bißchen Sex und wankte dann mit dröhnendem Schädel zurück auf den Stützpunkt. Johns und Laffawiss waren ziemlich gut befreundet; Johns stammte aus einer großen Stadt in New Jersey unweit von Manhattan und Laffawiss aus der Lower East Side – und zwar nicht der East Side der Boutiquen und Dichterlesungen, sondern aus der alten East Side der Mike Gold'schen Helden und Heldinnen, der Welt der Heringe und koscheren Pickles, der Handkarren und Habenichtse.

Johns war Exstudent, Studienabbrecher von einem Schwarzen-College, auf der Suche nach sich selbst. Hauptsächlich, indem er alles las, was nicht rechtzeitig vor ihm Reißaus nahm. Schaurige Abenteuer mit eingeschlossen, wie zum Beispiel die komplette *Times*-Bestsellerliste innerhalb eines Monats oder das Gesamtwerk von Marcel Proust, James Joyce, Ernest Hemingway und dergleichen. Stundenlanges Wacheschieben hatte das Lesen vom informativen Zeitvertreib zur physischen und psychischen Sucht gesteigert. Es kam so weit, daß er alles lesen konnte – nein, nicht konnte, mußte. Der Anblick von Sätzen auf dem Papier brachte ihn auf, erregte ihn wie nichts sonst. Manchmal, in unruhigen Nächten unter dem puertorikanischen Mond, träumte er vom Lesen, dann segelten lautlos die Seiten durch seinen Schlaf.

Inzwischen glich seine Stube in der Kaserne – die er mit einem jungen Hünen vom Land aus Long Island teilte, der augenblicklich gottlob auf Urlaub war – trotz der militärischen Möchtegern-Dienstvorschriften einem mittleren Antiquariat.

Allwöchentlich bekam Johns von einem der Unteroffiziere eine Bemerkung über seine Stube und deren unmilitärisches Aussehen zu hören. Man durfte eigentlich nur »Bilder von nahestehenden Personen« haben, sowie so viele Bücher, wie auf dem Spind »in militärischer Manier« Platz fanden. Und dann durfte er sich auch noch Bemerkungen über den schütteren Flaum anhören, der seinem Kinn entsproß und der laut der »Alten Kämpfer« angeblich ein Bart war, oder über den *boot salute*, mit dem viele schwarze Soldaten anstelle des *war salute* salutierten, indem sie nämlich den Kopf auf die zögernde rechte Hand zuneigten und so einen schwarzen Insider-Gruß zelebrierten. Vor allem die weißen Offiziere aus den Südstaaten konnten dergleichen überhaupt nicht leiden. Einmal mußte Johns an die vierzigmal in praller Sonne salutieren, bis »er es endlich kapiert« hatte. Was er »verdammt noch mal« tat, als ihm das Spiel zu blöd wurde und die pralle Sonne den jungen blonden Offizier in seiner Uniform bis auf die Haut durchweicht hatte.

Zusammengerechnet hatten Laffawiss, der dürre, bucklige »Drecksjude«, wie ihn manche der eher urigen Jungs aus den Südstaaten titulierten, und Johns, der »versnobte Niggerarsch«, mit ihren wüsten Späßen schon eine ganz ordentliche Reihe von Ewiggestrigen erheitert. Beide waren junge Männer, die von ihrem bisherigen Leben genauso wie von dieser »Kriegskacke« (wenngleich man sich im Frieden befand, genau zwischen dem Korea- und dem Vietnamkrieg) einigermaßen bedient waren. Beide begannen, sich langsam als – was? – als »Intellektuelle« zu begreifen, was immer das auch für sie genau heißen mochte. Und es hieß nicht sehr viel, außer daß beide gern lasen, beide eher ruhig und introvertiert waren, und beide diese Arschlöcher nicht ausstehen konnten, die sich in der sogenannten Lustwaffe zu Uffzen und sonstigen Offizieren aufspielten, genausowenig wie die meisten dieser Farmertrampel, die durch stundenlanges Abspielen von »I'm in the Jailhouse Now«, der damaligen Nummer Eins der Country-Charts, böse Breitseiten auf ihren Verstand abgaben. Entweder damit oder mit »We'll Be Together Again« von Patti Page.

Sie waren durch ihre eigene Orientierungslosigkeit aus dem Zivilleben gerissen worden: Johns flog vom College, weil er das Studium zugunsten seiner Weiterbildung auf dem gesellschaftlichen Sektor hintanstellte, und Laffawiss, weil (auch) er nicht realisierte, daß die Uni doch einen gewissen Nutzen hatte, selbst wenn man von den Typen dort nicht allzuviel lernen konnte. Von der Verwandtschaft und Bekanntschaft des Curtis LeMay *(SAC CO)* lernte man noch verdammt viel weniger, wie Laffy bald merkte. Scheiße für ihn.

Die beiden gehörten zum Umkreis einer Gruppe von Voll-, Halb- und Möchtegernintellektuellen, die über ihr Schicksal lamentierten, bei der Luftwaffe festzusitzen und gemartert zu werden, wo sie doch verdammt noch mal alle freiwillig da eingetreten waren.

Sie hatten gedacht, sie entkämen der »Misere« der Postadoleszenz, aber nun hatten sie ihre waschechte Misere und machten noch nicht mal anständig Kohle.

An ein paar Abenden in der Woche arbeitete Johns in der Bibliothek, und da der als Bibliothekar abgestellte Soldat mitbekam, daß Ray ein Bücherwurm war, überließ er ihm das Kommando, einschließlich der Zuständigkeit für Neubestellungen von Büchern und Schallplatten. Ein paarmal in der Woche verzogen sich also Ray, Laffy und die anderen des Abends in die Bibliothek, ließen die Rollos herunter, packten den Billigrum und -wodka aus und hörten bis in den frühen Morgen Musik –, ein wohliger Luxus hinter Gittern.

Doch den Stützpunkt verließ Johns fast nie. Nur manchmal setzte er sich in den *gua gua,* um dann in San Juan zu landen, am liebsten im *viejo* San Juan, wo er durch die quirligen Gassen zog und sein Schicksal beklagte. Laffawiss dagegen, der zwar beileibe kein geselliger Mensch war, wollte doch gelegentlich gemeinsam mit seinem Kumpel vom Stützpunkt das Hinterland der Insel erkunden. Oder wenigstens Aquadilla, zum Teufel.

Ray drehte sich jedoch meistens nur um und blätterte dann weiter oder stellte die Kiste lauter, um zu hören, was Beethoven oder Bird zu sagen hatten, oder er sann einfach darüber nach, was Monk hinter seiner komischen blauen Brille wohl denken mochte.

»Johns, bist du am Wichsen?« Laffy konnte so vulgär werden. Genaugenommen war das sein normaler Umgangston.

»Wieso, brauchst du ne Samenspende?« Keiner der beiden lachte, aber sie fanden den Witz durchaus gelungen.

»Nö, ich will bloß wissen, wieso du nie in die Stadt mußt, bißchen Druck ablassen.« Laffy setzte ein lüsternes Grouchoface auf und wackelte mit dem Hintern.

»Wie kommst du drauf, daß mein Druck abgelassen werden muß? Verdammt, mein Druck kann tun und lassen, was er will. Oder, Druck?« Er blickte auf seinen Hosenschlitz, doch es kam keine unmittelbare Antwort.

Das fand Laffy denn doch zum Kichern; er nahm ein Wasserglas, gleichsam als Mikroskop, in die Hand und beäugte mit zusammengekniffenem Auge die Gegend, mit der Ray sich vorgeblich unterhielt: »Aha, nun kommen wir ins Reich der Mikrobiologie.« Ein perfektes Komikergespann, wenn auch eine Idee zu avantgardistisch und abstrus für manche ihrer Kumpels und Anti-Kumpels.

Nun stelzten sie durch die Straßen von Aquadilla, auf die allabendlich Tausende rastloser, nach Sex lechzender, größtenteils primitiver Soldaten losgelassen wurden. Es gab auch immer wieder Zwischenfälle, immer wieder Unangenehmes (eingeschlossen besoffene Randalierer, Schlägereien, manchmal Messerstechereien und Schießereien). Und die meisten Aquadillaner waren natürlich auch keine Engel, beziehungsweise waren auch sie sich selbst die nächsten. Man stelle sich bloß vor, was das heißt, vor den Toren des Stützpunkts zu leben und jeden Abend von annähernd fünftausend johlenden durchgedrehten amerikanischen Fliegern heimgesucht zu werden. Himmel, wie wär's, wenn man sie an einem Abend mal auf Scarsdale loslassen würde? Oder auf Darien oder Palo Alto oder Basking Ridge? Den Zirkus würd ich gern mal filmen, echt. Oder lieber von jemand filmen lassen. Das wär wie ein Soldaten/Vorstadts-*Animal House,* wenn Sie mir folgen können.

Der Freitagabend war schon etwas fortgeschritten, da es Laffy eine geschlagene Stunde gekostet hatte, Ray Johns zum Mitkommen und Cowboyspielen zu überreden. Eine ganze Palette von Fliegern in allen Variationen und Farben wankten, rempelten und trudelten an ihnen vorbei, und alle halbe Stunde wurden es mehr. Die meisten Soldaten gingen in kleinen Grüppchen mit ihren Freunden, ein paar torkelten allein, die ganz Glücklichen hatten eine der einheimischen Frauen im Arm. Wenn solche Pärchen vorbeizogen, verdrehte Laffawiss den Kopf und lechzte mit einem lüsternen Groucho-Blick hinterher.

»Da iss eins, Johns. Da iss eins. Ein Weib, siehste?«

»Mhm, seh ich. Hochinteressant.«

»Und da iss noch eins. Kuck mal, die sehen alle richtig verschieden aus.«

»Hochinteressant. Und was passiert jetzt? Mein Druck ist

überhaupt noch nicht abgelassen. Null. Ist das alles, was man tun muß, sich kurz den Kopf verrenken? Ich dachte irgendwie, das wär komplizierter.«

»Schau an, erst kann er sich vom Stützpunkt und seinem Gewichse nicht trennen, und jetzt wird er zum Tier.«

»Genau.« Johns ließ ein paar lahme Jodler los, zur Feier des Tages beziehungsweise der Farmertrampel, die über den ganzen Trubel hinweg noch mit ihrem Cowboy- und Südstaatler-Schlachtgeheul zu hören waren.

Auf dem Weg, den sie eingeschlagen hatten, kamen sie alsbald am »American« vorbei, der, vom Stützpunkt aus gesehen, ersten Bar für weiße Soldaten. Harry Truman mochte die Army zwar desegregiert haben, aber wie sonst in der amerikanischen Gesellschaft auch, existierte die Rassentrennung de facto weiter, folglich gab es weiße Bars und schwarze Bars sowie ein paar einigermaßen gemischte. Doch die meisten, sogar dort in Puerto Rico, waren entweder oder.

»The American« war besonders berüchtigt, schwarze und weiße Soldaten hatten sich dort schon des öfteren in die Wolle gekriegt, und bisweilen hatte die Bar dichtmachen müssen. Laffy war als erster dort, stieß die Tür auf und spähte hinein.

»Was willste denn in dem Laden, Laffy? Bist mit paar alten Kumpels vom Klan verabredet? Herrgott, auf son abstrakten Kack kann ich heut abend echt verzichten.«

Laffawiss blickte über die Schulter. »He, wir pirschen uns doch an die Beute ran, Mann. Ich dachte, du wolltest Druck ablassen.«

»Im ›American‹? Da gehn doch bloß diese Bauerntrampel rein, und die abgetakelten Weiber, die sie dabeihaben, sind genauso bescheuert wie sie selber.« Johns meinte damit, daß die eher rückständigen unter den weißen Soldaten immer alles daransetzten, die einheimischen Frauen mit ihren schwarzenfeindlichen Ansichten anzustecken. Einmal, weil sie selber so infiziert von der Krankheit Rassismus waren, zum anderen aber auch aus eher praktischen Gründen, weil sie verhindern wollten, daß die draufgängerischen schwarzen Truppen ihre ausgesuchten *choce*-Leckerbissen ankratzten. Folglich gab es diverse

Schlägereien in und im Umkreis des »American« und anderen Bars, in dieser »neutralen Zone« außerhalb des U.S.-amerikanischen Festlandes, wo der »Weiber-Ankratz«-Wettbewerb unter etwas anderen Bedingungen ablief.

»Ich geh nicht in diesen miesen Schuppen.« Johns trat einen Schritt vom Eingang zurück; in dem Moment wankten zwei offensichtliche Farmertrampel vorbei und schossen einen giftigen Blick auf ihn ab. Sie rempelten sich auch an Laffawiss vorbei, der immer noch durch die Tür schielte, sich abmühte, irgend etwas zu erkennen und nach rückwärts über die Schulter Ray daran teilhaben ließ.

»He, da sind eh bloß Luschen drin.« Dann, als Reaktion auf das Gerempel des betrunkenen Duos: »Ihr Schweine ... ihr krepiert nochmal an Maul-und-Klauen-Tripper.«

»Komm, haun wir ab, Laffawiss. Ich hab keinen Bock auf Zoff. Du willst ja gar kein Druck ablassen, sondern erst mal welchen machen.« Johns drehte sich um, als wollte er Laffawiss allein vor der Bar stehen lassen.

»He, Ray! Verdammt! Mensch, schau, wer in dem Laden hockt!« Der Anblick der betreffenden Person erheiterte Laffawiss ungemein. »He, schau doch mal! Komm, das wird dir guttun. Schau doch!«

Unwillig schlenderte Johns auf die offene Kneipentür zu und warf einen Blick hinein. Drinnen saßen weiße Flieger in Uniform, die Käppis oder sonstige angeberische Schildmützen ganz nach hinten in den Nacken geschoben. Andere saßen in sogenanntem Zivil da, sprich in zumeist obszön bedruckten Hawaiihemden und auffälligen, zum Teil mit knalligen »Revolvertaschen« oder Säumen aufgepeppten Hosen. Flaschen, hauptsächlich Bierflaschen, wurden erhoben. Lautes vulgäres Gegröle, Südstaatlergejohle und, auf Barhockern und Stühlen gleichmäßig im Raum verteilt, Puertorikanerinnen in allen Variationen und Farben, manche Prostuierte, manche auch nicht. Die Soldaten in der Bar scherte das wenig, solang sie nur irgendwie landen konnten. Falls sie noch einen hochkriegten, nachdem sie vom Hocker gekippt waren und sich gegenseitig vollgekotzt hatten.

Laffawiss deutete jedoch im Augenblick fast verzweifelt auf einen feisten, kurzhalsigen, rotgesichtigen weißen Flieger, der sich sein Käppi so schräg wie irgend möglich aufgesetzt hatte. Nicht schräg genug allerdings, um die knallrote, wulstige Schnittwunde quer über der blassen Backe zu verstecken. Laffawiss konnte sich nicht mehr beherrschen; prustend tänzelte er von einem Fuß auf den anderen.

»Wo?« Ray Johns starrte in die nun hell erleuchtete Bar. »Ach, da ist dieser Kackfarmer, den Grego angeschlitzt hat. Hui, den seh ich zum erstenmal, seit Jack the Ripper ihm das Maul gestopft hat.«

Grego war ein Mexiko-Amerikaner, der mit Laffy und Ray in der Leichtgewichtler-Intellektuellen-Gang herumhing. Grego war blond, und den Chicano merkte man ihm erst an, wenn er den Mund aufmachte, oder wenn man das winzige, zwischen Daumen und Zeigefinger eintätowierte Kreuz sah, das ihn als Pachuco und als Mitglied einer der notorischen Chicano-Jugendbanden auswies, die im Südwesten und in L.A. verbreitet waren.

Der feiste Farmer hatte den Fehler gemacht, in Gregos Anwesenheit irgend etwas von »Spics« zu sagen, und bevor man sich's versah, blitzte eine blaue Klinge auf, mit Kurs auf das Wangenfleisch unseres Freundes, und wenn er nicht beim Schönheitschirurgen war, dann sieht man den Schnitt noch heute.

Johns johlte jetzt ebenfalls, etwas cooler. Immerhin hatte Laffy nicht mit dem Finger auf den Mann gezeigt und geplärrt: »Schlitzt den Saftsack auf, daß er nicht mehr scheißen kann . . . !«

Der Farmer-Boy saß offensichtlich mit Freunden am Tisch, und außer Laffy und Ray war niemand aus der Clique da, so daß die beiden nach zwei, drei weiteren hämischen Bemerkungen der Marke »Du solltest Grego dankbar sein, du Arsch . . . die Narbe macht deine Fresse wenigstens interessant«, als Feldwebel Barfell unsere beiden Helden rief, abrupt kehrtmachten und sich schleunigst verzogen.

Sie rannten um die Ecke, sodann über einen leeren Parkplatz, und presto! – standen sie vor dem »Estrella Negra« (das »Negra« hatten die schwarzen und weißen Soldaten drangehängt). Eigentlich hieß es einfach »Estrella«, Stern, die Sternenbar, und es war *das* Stammlokal der schwarzen Soldaten sowie der Latinos und Weißen, die gern mit den Brothers einen draufmachten.

White (der ganz und gar nicht weiß war), Perkins (welcher hingegen schon) und Yodo, der von einem anderen Stern kam, saßen beziehungsweise standen an der Bar und ereiferten sich darüber, ob nun Fats Navarro oder Miles Davis abgefahrener spielte, und das vor der Hintergrundmusik von Lloyd Price mit »Lawdy, Lawdy, Miss Clawdy«. Die Kneipe war ebenfalls gerammelt voll mit geschniegelten Fliegern in Uniform oder Zivil, die brüllten und lachten, was das Zeug hielt. Und selbst wenn die Klientel im »La Estrella« überwiegend schwarz war, sah man doch überall weiße und Latino-Soldaten, die mit den Schwarzen rumjohlten, – man pflaumte sich an, verarschte und verbrüderte sich –, immer drauf aus, sich zu behaupten und irgendwie seine Show abzuziehen.

»Ach du Scheiße! Wie hast du Ray bloß in die Stadt gezerrt, Laffy?« Der große White stand wie üblich mürrisch herum, ein bißchen angedudelt beugte er sich leicht nach vorn, den Neuankömmlingen entgegen. »Wie hast du bloß diesen ...« Er brach kichernd ab. »Yodo, gib Ray einen aus, dafür, daß er vom Stützpunkt runter ist.«

Yodofus T. Syllieabla (Carl Lawsons selbstgewählter Spitzname, um ständiger Trübsal angesichts der Tatsache zu entgehen, daß er sieben Jahre seines Lebens als Sanitäter bei der Luftwaffe verbracht und immer noch nur einen Streifen hatte), ein ohnehin sehr hellhäutiger Schwarzer, dessen momentaner Alkoholpegel eine leichte Rotfärbung im Gesicht bewirkte, zwinkerte mit den Augen. »Was, bitte, soll Yodofus T. Syllieabla, der Hohepriester des Suaheli und der Zar des Blabla, tun?«

»Denen einen ausgeben, du Niggerspinner.«

»He, Ray, was tust du denn hier in dieser Drecksstadt? Und in dieser Drecksbar?« Das war Bill Perkins, aufstrebender Photograph aus einem Bostoner Vorort. Eigentlich hieß er gar nicht Perkins, aber seine Eltern hatten ihren Namen ändern lassen, um in die gute Gegend ziehen zu können, weswegen Perkins Schuldgefühle bekam, wenn er voll war. Daher betrank er sich ungern, was ihn jedoch nicht davon abhielt; er besoff sich ständig und kriegte ständig Gewissensbisse. »Er hat's angeblich nicht nötig, nach Aquadilla zu kommen, und prompt steht er da. Noch dazu mit diesem verdammten Groucho Marx-Verschnitt. Stell dich gerade hin, zum Teufel, Laffawiss, sonst kriegst du wieder nichts mit.«

Laffy drehte sich sofort halb um. »He, Johns, wir machen die Fliege. Ich laß mich doch nicht von so nem Perkins beleidigen, der eigentlich gar nicht Perkins heißt. Du meine Scheiße, dir würd ich auf der Lower Eastside kein Salzgürkchen verkaufen, Perkins, noch nicht mal nen Hering!«

»Schnauze, Laffawiss, mit dir red ich überhaupt nicht. Johns, was tust du mit dieser Arschgeige hier in der Stadt?«

»Ahaaaa!« Yodo zeigte mit dem Spazierstock, den er immer dabeihatte, auf die beiden. »Ahaaaa! Weiß schon. Und Anachronobienoid weiß es auch.« Anachronobienoid hieß Yodos Stock, sein Allzweckstock, wie er ihn nannte. Der Stock hatte einmal einen Stabsfeldwebel verwünscht, der Yodo zu lang und zu dumm anstierte, hatte ihm gräßliche Niggerflüche an den Hals gewünscht, die den Armen rückwärts aus dem BX in Ramey und auf einen Soforteinsatz die Landstraße hinunter geschickt hatten.

»Weiß schon, weiß schon . . . ihr beiden seid auf einer Geheimen-Pussi-Mission. Der hat doch immer nur das Eine im Kopf, dieser Groucho-Marx-Typ, wenn er sich hier rumtreibt. Was?« Yodo hielt seinen Stock hoch, als hätte der gesprochen. »Genau, Anachronobienoid sagt, er müsse sich über dich wundern, Gefreiter Johns. Hätte gar nicht gedacht, daß du auf diese GPMs stehst. Ahaaa!« Yodo, der seine Witze selbst immer am besten fand, johlte los.

»Schnauze, gib ihnen endlich einen aus, Yodo, zum Teufel!« beharrte White.

»Was geht euch das an, was ich mache? Ihr seid doch die

Typen, wegen denen das *SAC* so nen schlechten Ruf hat, und wegen solchen wie euch hat Ramey die höchste Rate an Geschlechtskrankheiten im ganzen *SAC*. Mann, sogar mein Funker hat Tripper.«

»Am Ohr wahrscheinlich.« Laffy tigerte à la Groucho auf dem Fleck hin und her. »He, Ray, ich glaube, wir sollten gehen, bevor dich diese Schweinebacken gegen die Sünde aufstacheln.«

»Die Arschgeigen wollen sündigen! Ich hab's doch gewußt. Weiht mich ein, sonst geh ich petzen!« White mußte sich an Perkins festhalten, der zwar nicht minder bezecht war, jedoch generell steifer, so daß er besser den Nüchternen spielen konnte als White.

Unter Geflachse, Geschimpfe und lautstarken Protesten packte Laffawiss Ray Johns am Ärmel und zerrte ihn, ob seines Gewichts vor Anstrengung keuchend, zum Ausgang. Yodo fuchtelte mit seinem Allzweckstock, und White, der in beträchtlicher Entfernung hinterherschwankte, lallte: »He, nehmt mich mit, wenn ihr sündigen geht, ihr Raffgeier. Ich will mit, verdammt!«

»Anachronobienoid weiß alles und sieht alles, dem kommt ihr nicht aus!« brüllte Yodo den beiden nach, während sie aus dem »Estrella« rannten und weiter die schmale Gasse hinauf, auf Mondongo zu. Das war die üble Nuttengegend, Zutritt für Militärangehörige streng verboten. De facto natürlich so frequentiert wie der Colaautomat im Aufenthaltsraum.

Inzwischen war es dunkel; über der verzauberten Insel hing zwar ein klarer Sternenhimmel, doch Aquadilla war nur schwach beleuchtet, und die Straßen wurden zusehends dunkler, je tiefer die beiden Abenteurer nach Mondongo hineinkamen.

Johns hatte eine Khakihose an, die zu seiner Uniform hätte gehören können, dazu jedoch ein blau gestreiftes Nobel-Uni-Button-down-Hemd mit aufgekrempelten Ärmeln sowie die obligatorische Sonnenbrille. Laffy trug tatsächlich seine Uniform, das Schiffchen ganz nach hinten geschoben. »Was mußt du ausgerechnet deine Uniform anziehen, wenn wir ›für Militärs verboten‹ gehen, du Arsch? Du willst anscheinend unbedingt hochgehen.«

»Wieso soll ich mich verkleiden? Glaubst du, ich gehe für irgendein Schwein als Puertorikaner durch? Komm, das sieht doch 'n Blinder, daß ich ein Jude aus der Lower Eastside bin.«

»He, Mann, du hast mich aus der gemütlichen Kaserne gezerrt, bloß für ne Jagd auf bißchen Frischfleisch, und jetzt soll ich wegen dir auch noch Bunker schieben. Ich will nicht in den Bunker. Ich will auch keine Disziplinarstrafe, keine Überstunden, kein Kloputzen, keine Doppelwache oder sonst irgend nen Scheiß. Wieso hab ich mich bloß auf diesen Mist eingelassen?«

Und über diesen Disput gerieten die beiden immer weiter weg vom seitens der U.S. Air Force sanktionierten Zentrum von Aquadilla und immer tiefer in die verbotene Strich- und Zokkergegend Mondongo. Laffawiss streifte routiniert durch die düsteren, schwach und manchmal ganz unbeleuchteten Straßen, er war ein alter Hase, was die Suche nach ein bißchen Abwechslung vom tagtäglichen (und nachtnächtlichen) Wahnsinn der »Bomberjungs« anging.

Für Rays Geschmack war der Ausflug ein bißchen zu aufregend, obwohl niemand, der seine sonstige ruhige, ausgeglichene schweigsame Art nicht sehr gut kannte, auf die Idee gekommen wäre, daß ihn irgend etwas umtrieb. Ray konnte jeden Lügendetektor an der Nase herumführen – doch sein Herz schlug tatsächlich ein paar Takte schneller, je dunkler und enger die Gassen wurden. Je weiter sie von der Militärtouristen-Unwirklichkeit wegkamen, um so deutlicher nahm ein anderes Aquadilla Gestalt an, mit noch weniger Stein- und Ziegelhäusern, dafür immer mehr niedrigen, wellblechgedeckten Holzhütten.

Es wurde zusehends finsterer, wenn auch vermutlich nicht so finster, wie Ray Johns mit seinen aufgeputschten Sinnen es empfand. Zunächst kamen ihnen die Straßen sonderbar leer vor, doch als sich ihre Augen an das schwache Licht gewöhnt hatten, sahen sie hin und wieder Gestalten vorbeihuschen. Manche saßen auf den Stufen vor ihrer Hütte, und bisweilen blieb einer stehen und beäugte die beiden.

»Komm schon, komm ... keine Angst, Johns. Das sind bloß Leute, die auf der Straße rumlaufen, wie sonst auf der ganzen Welt auch. Kein Grund, gleich auszuflippen.« Hier sprach Gefreiter Irv Laffawiss, AF 133 75 9011, Funker, 73. Strategischer Bomberverband, z. Zt. ohne Mannschaft. Er forderte den Gefreiten Ray Johns, AF 125 60 8040, Bordschütze, 73. Strategischer Bomberverband, Mannschaft N45, dringend auf, weiter durch die bedrohliche Dunkelheit zu marschieren, mit Kurs auf das Goldene Vlies.

»Kein Grund, gleich auszuflippen? Ich flippe überhaupt nicht aus, ich will bloß nicht unbedingt in den Bau. Druck ablassen, sagt er. Dabei hatt ich sowieso keine Lust, ich bin bloß dir zuliebe mit. Dachte, du brauchst bißchen Gesellschaft, hier draußen in der Pampa.«

Laffawiss hastete weiter, mit vorgestrecktem Kopf, nach unten schielend, Groucho live im Großstadtdschungel. »Mann, kannst du Scheiß erzählen. Keine Panik. Bloß keine Panik.« Und sie kamen immer weiter ins dunkle Mondongo.

»Du meinst also, du hast so wenig Selbstdisziplin ...« Ein paar Menschen wichen vor ihrem Sturmschritt rasch zur Seite. Hinter einer Hütte reckten zwei große, rotköpfige, deutlich als GIs erkennbare Männer in Zivil, ziviler gehts nicht, die Köpfe vor und winkten ihnen zu.

»Du meinst, du hast deinen Schwanz so wenig unter Kontrolle«, nahm Johns den Faden wieder auf, »daß du dich von ihm die ganze Nacht durch finstere Gassen scheuchen läßt?«

»Iss ja schon gut«, schoß Laffawiss zurück, »du ziehst natürlich Fräulein Faust vor. Wenn du weiter so rumrubbelst, fällt er dir noch ab, Johns.«

»Wenn du weiter mit diesen ekligen Nutten zugange bist, wird deiner grün und *fault* ab.« Die beiden GIs lachten, und zwar lauter als eigentlich für ihre Zwecke günstig. »Und das sag ich in meiner Eigenschaft als Mikrobiologe«, fügte Johns noch schnell hinzu.

»Mach nicht so nen Lärm.« Laffawiss verlangsamte seinen Schritt. Jetzt schien es überhaupt keine Straßenbeleuchtung mehr zu geben. Ein paar Streichhölzer flackerten auf, unterdrücktes Gelächter in der Nähe, fernes Rascheln, über ihnen der Mond, die Sterne und ein paar vereinzelte Wolken, und irgendwo das Meer.

Laffawiss blieb stehen, worauf Johns im Dunkeln auf ihn prallte wie bei Charlie Chaplin. Ein paar Sekunden stand Laffy stockstill, bis ihn Johns am Ärmel zupfte und heiser fragte: »Was geht da vor, verdammt? Hast du ne Ahnung, wo wir sind?«

»Mann, ich mach das Spiel doch nicht zum erstenmal, ich kenn die Brüder. Keine Angst, das geht schon klar.«

»Scheiß drauf, von wegen ›geht schon klar‹. Was ist da los, zum Teufel?«

Wieder ein paar Sekunden später sah Johns aus den Augenwinkeln einen Mann, der Laffawiss aufgeregt etwas zutuschelte. Johns fuhr unwillkürlich zusammen, reckte dann aber den Hals, um mitzuhören. Laffawiss griff nach hinten und hieb seinem Freund auf die Schulter. »Komm, der Typ hier bringt uns zu den Weibern. Siehste, wie schnell das ging?«

»Wer ist der Typ, Laffy?« Johns blickte suchend herum, doch bis auf ein paar undefinierbare Gestalten und Geräusche war alles dunkel und still. »Ist das ein Zuhälter oder wie?«

»Klar doch, aber jetzt halt den Rand, sonst verscheuchst du uns das Frischfleisch.«

Die drei Männer gingen vielleicht hundert Meter, erst eine dunkle Gasse entlang, dann noch eine andere, und schon führte Laffawiss Johns drei Stufen hoch und über die schmale Veranda einer der Wellblechdachhütten, die im Stockdunkel lagen. Laffawiss klopfte, und die Tür ging fast sofort auf.

Eine Kerze oder Petroleumlampe brannte, und Johns wunderte sich, wie hell es im Zimmer war, ohne daß man von der Straße das geringste gesehen hätte. Ob der Raum Fenster hatte, war nicht auszumachen, denn die Wände waren mit puertorikanischen Pin-up-Girls zugepflastert, die genausogut aus den *Daily News* hätten stammen können: breitbeinige Blondinen und dergleichen, für heutige Maßstäbe allerdings zahm.

Ein Tisch mit ein paar Stühlen stand im Zimmer, Marke Ghetto-Möbelklitsche beziehungsweise noch schäbiger. Eine

Frau hatte ihnen geöffnet. Die stand jetzt da, in einem trostlosen, verblaßten, kittelähnlichen Kleidungsstück, ohne Schuhe. Als sich Johns' Augen an das Licht gewöhnt hatten, sträubten sich ihm die Nackenhaare. Sie war alt und häßlich. Wie eine . . . »Hexe«, rutschte es Johns heraus. Das Wort traf Laffawiss zusammen mit Johns' ausgestrecktem Zeigefinger von hinten, während er, nach vorn gebeugt, halblaut in seinem halb verdauten Pidgin-Spanisch sein Begehr vorbrachte.

»Was ist?« Laffawiss verhandelte mit der Frau, indem er mit den Fingern den Marktpreis der *choce* angab. Er bemühte sich, einigermaßen diskret zu einer Einigung zu kommen und konnte keine Störung durch seinen stotternden Freund gebrauchen. Beim nächsten Rempler fuhr er herum. »Was ist denn?«

»Die Hexe ist kotzhäßlich, Laffy.«

»Zwei Dollar für kurz.« Laffawiss redete wieder mit der Alten. »Drei Dollar für lang.« Die Frau nickte heftig und signalisierte ebenfalls mit den Fingern zwei und drei.

»He, Laffawiss.« Johns bemühte sich immer noch zu flüstern, allerdings mit wenig Erfolg. »Da schleust du mich an den ganzen Scheiß-Feldjägern vorbei, bloß wegen so was? . . . Du bist ja pervers.«

»Das sind doch noch nicht die Weiber. Herrgott noch mal, hältst du mich für bescheuert?«

»Allerdings.«

Inzwischen machte die Alte mit ausgestreckter Hand sämtliche Englischreserven mobil. »Zwei Dollar kurze Zeit, drei Dollar lange Zeit.«

»Kurze Zeit, lange Zeit?« Johns sah die Frau an und erschauerte sehr demonstrativ.

»*Mi amigo no comprende. Que es corto vez?*« Laffawiss bildete sich einiges auf sein Spanisch ein, doch für die Frau klang er genauso minderbemittelt wie sie für ihn. »*Y . . . largo vez?*«

Mit zusammengekniffenen Augen bemühte sich die Frau, sein Lower Eastside-Kauderwelsch zu verstehen. Dann erklärte sie: »Kurze Zeit, sehr kurze. Lange Zeit ist . . . bis du kommen.« Bei dem Gedanken mußte sie lachen; ihr Mund war bis auf die Erinnerungen leer.

»Laffy, ich find das nicht besonders lustig. Wo sind die verdammten Weiber, wenn wir nicht mit der ins Bett sollen?«

»Okay okay, Ungläubiger, gleich kommt feine *choce* auf uns zu.« Laffawiss grinste, doch die Alte wich nicht vom Fleck, die verkrüppelte Hand zur allerorts gleichen Abkassiergeste ausgestreckt.

»He, schau, wir brauchen zuerst die *choce*«, sagte Laffawiss. »Laß uns erstmal zu den Frauen, bezahlt wird hinterher.« Er zwinkerte Ray über die Schulter hinweg zu.

»Kurze Zeit? Lange Zeit?« Die Alte trat einen Schritt zurück, drehte sich um und ging auf etwas zu, was wie eine Tür im Hintergrund der Hütte aussah. Sie kniff immer noch mißtrauisch die Augen zusammen.

»Lange . . . – genau, du kennst mich. Weißt du noch, wer ich bin – Irv?«

»Hast du denn jetzt komplett 'n Rad ab, Laffy? Du kannst der Schlampe doch nicht deinen Namen sagen!«

»Hör mal, ich bin ein alter Kunde. Ich will die Ware sehen, bevor ich die großen Scheine rüberrücke.«

Die Alte wiederholte Laffawiss' Vornamen. »Irv? Si, *si*, du schon mal hier. Okay okay, komm.« Sie winkte die beiden mit dem gekrümmten Zeigefinger zu sich, was Ray Johns jetzt erst recht an Hexen denken ließ.

Hinter der Tür befand sich ein kleineres Zimmer mit einem Bett. Es war fast völlig dunkel, bis auf eine kleine Kerze, die auf einer Flasche steckte. An der Wand hing ein beige-goldener Plastik-Christus am Kreuz und blutete aufs Bett, denn trotz der düsteren Beleuchtung sah man die Flecken auf dem Bettzeug, falls man von Bettzeug überhaupt reden konnte.

Rechts und links auf dem Bett saßen zwei Frauen. Sie schienen jünger zu sein als die Alte, allerdings mußten sich die Augen der beiden GIs erst noch ein paar Sekunden an die Dunkelheit gewöhnen. Die Alte hielt immer noch die Hand auf, wenngleich Laffawiss' entschiedene Haltung ihr doch einen gewissen Eindruck gemacht hatte. »Hier, schau«, sagte sie, »sehr schön!«

Johns sah durch blinzelnde Augen die zwei Frauen allmählich

schärfer. Nein, sie waren keineswegs sehr schön. Während das Bild immer klarer wurde, versuchte er den Kloß im Hals wegzuräuspern. »Laffy!« Es klang wie ein leises, abrupt anschwellendes Stöhnen. »Du meine Fresse, Laffy«, flüsterte Johns beschwörend, »stehst du so unter Druck?«

Laffawiss hatte die Alte rumgekriegt, die Beute war zum Greifen nah, wieso wollte dieser Arsch von Ray denn nun alles vermasseln? »Was? Mensch, Ray, wir sind doch gleich so weit. Jetzt bau keinen Scheiß.«

»Sind gleich so weit ... Mann! Die sind doch ...« Potthäßlich, hätte Johns am liebsten gesagt, brachte es aber nicht über sich.

»Was hast du denn? Auch noch Ansprüche stellen! Sobald du ihn drin hast, merkst du doch eh keinen Unterschied, verdammt. Gut, Traumfrauen sinds nicht, aber was erwartest du denn für drei Dollar – Lena Horne persönlich?«

»Herrgott noch mal, Laffy ... Herrgott.« Die Frauen waren zwar nicht ganz so abstoßend wie die Alte, jedoch nur wenig jünger.

»Denk dir nichts, Ray. Fett fickt gut.« Laffy fand das komisch und knickte grouchomäßig ein, den einen Arm lässig an der Seite, als hätte er eine Zigarre in der Hand. »Das wird ne Wucht, Mann ... Wetten, du verliebst dich?« Worauf Laffy sich halb totlachte.

»Okay?« fragte die Frau und drehte sich um, Richtung Zimmertür.

»He, gibts da irgendwo nochn Zimmer? Welche nimmst du, und wo ist das andere Zimmer?« Johns wandte sich flehentlich an die Alte und brabbelte in seinem Pidgin-Spanisch: »*Otra cuarto, por favor?*«

Sie schüttelte den Kopf und war schon fast draußen. »Nein, nein.« Immer noch kopfschüttelnd deutete sie auf das eine versiffte Bett im Halbdunkel.

»He, Mann, bloß ein Bett?« brüllte Johns. »Wie soll denn das gehen, Laffawiss? Ein Bett! Du Scheiße! Mann, du spinnst!«

»Ach komm, du mußt dich eben seitlich hinlegen und die Beine raushängen lassen.«

»Die Beine raushängen lassen? Verdammt, noch nicht mal ne normale Stellung? Ich wußte nicht, daß die New Yorker alle pervers sind. Im selben Bett, und die Beine raushängen lassen? Schon mal was von Intimsphäre gehört?«

Laffawiss hätte beinahe losgeprustet, verbiß es sich aber und ging auf eine der beiden Frauen zu; sie saßen immer noch auf dem Bett.

»Wieso nimmst du die?« Ihre Augen hatten sich einigermaßen an das Schummerlicht gewöhnt, und es sah aus, als sei Laffawiss besser weggekommen, wenn auch nur ein Quentchen.

»Also gut, Ray, verdammter Quälgeist, dann kriegst du sie. Gib mir die andere, ist doch eh ziemlich wurscht in der Dunkelheit.«

»Mir nicht.« Sie tauschten die Plätze. Laffawiss machte auf dem Weg bereits den Gürtel auf, ein immer breiteres Grinsen an der Stelle, an der zuvor sein Gesicht gewesen war.

»Du Scheiße, du Scheiße«, murmelte Johns nur noch, während er sich der Frau näherte, die dem Anschein nach weit in den Dreißigern, in Wirklichkeit jedoch erst siebenundzwanzig war. Johns war zweiundzwanzig, Laffawiss vierundzwanzig. »Du Scheiße.«

Aus unerfindlichen Gründen war Ray Johns nun wild entschlossen, die Chose durchzuziehen, wenngleich die Umstände nicht gerade tierische Leidenschaft aufkommen ließen, um die ihn eine anonyme *choce* hätte erleichtern müssen. Laffawiss dagegen (und gegenüber) zog sich blitzschnell die Hosen runter, kam ohne Umschweife zur Sache und pumpte drauflos, bisweilen in einem Tempo, das der Schallgrenze gefährlich nahekam.

Johns nestelte noch herum und bemühte sich, die Frau in irgendeine taugliche Position zu bringen. Gleichzeitig bemühte er sich, seinen Partner zu ignorieren, der fünf Zentimeter neben ihm schnaufte und keuchte wie ein kleiner weißer Groucho-Marx-Gorilla von der Lower Eastside.

Nicht viel später war Laffawiss' »lange Zeit« in relativ kurzer Zeit erreicht. Zu dem Zeitpunkt spürte Johns allerdings erst, daß er in absehbarer Zeit möglicherweise vielleicht etwas spüren könnte. Jedenfalls hatte er sich ein wenig entspannt. Die Frau half übrigens kein bißchen. Statt ein paar von Scheherazades tausendundeinen Tricks anzuwenden, die man laut den altgedienten Soldaten auf der ganzen Welt erwarten durfte, lag diese mehr als unansehnliche Frau einfach da und sah ihn böse an. Nach einer Weile von Johns' ziellosem Gejuckel sagte sie: »Fertig? Braucht schon lange.«

Als Ray den Kopf hob, um der Kleinen was zu erzählen, sah er Laffawiss schmächtigen Hintern hochgehen – was muß das für ein Anblick gewesen sein, dachte Johns, ein schwarzer und ein weißer Hintern im Unisonogalopp – verdammt, das haben wir jetzt von den Bürgerrechten. Doch dann fing Laffy mit derselben Leier an wie die Kleine, die Johns bumsen sollte. »He, Ray, bist du fertig? Hä?«

»Was? Ob ich fertig bin? Verdammt, Laffy, kein Schwein hat dir angeschafft, so schnell zu sein. Du bist ja wie ein Zwölfjähriger – zack, peng, danke, Mä'm.« Und das Ganze nur, um zu vertuschen, daß sich in dieser Umgebung bei Ray Johns nicht das geringste abspielen würde. Er lag vielmehr beschämt im Halbdunkel und grübelte, wieso er sich bloß in diesen Schlamassel hatte hineinziehen lassen.

»Bist du endlich fertig, Johns? Wir haben nicht die ganze Nacht. Nicht bloß, daß hier für Militär verboten ist, sondern in einer Dreiviertelstunde müssen wir wieder auf dem Stützpunkt sein.«

»Ach, scheiß drauf.« Johns sah zur Seite, wo Laffy sich inzwischen ganz von der Frau erhoben hatte. »Das ist mir alles wurscht. Ich hab noch nichts davon gehabt, zum Teufel.«

»He, fertig jetzt«, rief die schnaufende Frau unter Johns. »Du zahl lange Zeit, aber nicht ganze Nacht. Fertig jetzt.«

»Verdammt, ich bin aber noch nicht fertig. Mensch Laffy, schau, was du angerichtet hast. Jetzt schmeißt mich die Schnepfe runter, dabei hab ich noch nichts gekriegt für mein Geld.«

Laffawiss bemühte sich nach Kräften, ihm einen vielsagenden Blick zuzuwerfen, doch in dem Schummerlicht konnte Ray nicht erkennen, wieso er solche Grimassen schnitt. Also flüsterte Laffawiss ihm zu: »He, wir haben doch noch nicht bezahlt, du Blödmann. Wir ziehen uns an, und dann nichts wie ab. Dann wars ne kleine Freirunde, kapiert?«

»Für mich wars eh keine Runde, noch nicht mal 'n Halbkreis!«

»Fertig jetzt«, forderte die Frau wieder. »Lange Zeit fertig.«

Laffawiss zog sich die Hose hoch. Johns war buchstäblich von der Frau runtergeschubst worden, als diese einfach aufgestanden war. Laffy schnitt Johns Grimassen, er solle sich endlich wieder anziehen, damit sie abdüsen konnten. Johns zog noch nicht so recht, er fühlte sich immer noch übers Ohr gehauen, obwohl doch er und sein Kumpel sich gerade anschickten, die beiden Frauen (und deren Zuhälter) übers Ohr zu hauen. Doch dann stand die Frau, die Johns beschlafen hatte, vollends auf und fing an, mit ihrer Kollegin zu debattieren, die sich ebenfalls erhoben hatte. Jetzt sah Ray Johns sie deutlicher, und aus der Nähe im Profil bemerkte er, daß sie verkrüppelt war. Sie hatte einen starken Buckel. Johns lief ein Schauer über den Rücken, und er konnte nur noch seinen Kumpel anbrüllen, der schon halb aus der Tür war. »Laffy, du Arschloch, der Teufel soll dich holen, verdammt!«

Laffy packte seinen Kumpel am Ärmel und zog ihn mit. »Komm schon, verdammt, nix wie weg hier.«

Johns glaubte nicht im Ernst, daß Laffy tatsächlich abhauen wollte, nachdem sie die Frauen gevögelt hatten. Er dachte nicht im Traum daran, daß man sich das Zahlen schenken konnte, auch wenn nichts passiert war. Doch nun, von Laffawiss mitgezerrt, torkelte er plötzlich in das Vorderzimmer und an der verdutzten Alten vorbei, die blitzschnell ihren Besen hob, um die beiden flüchtenden Diebe aufzuhalten.

Die beiden Frauen aus dem Hinterzimmer kamen ebenfalls hereingestürzt, und zu dritt kreischten sie »Mein Geld ... *mi dinero, mi dinero ... maricon ... cholito negro!*«

Dann rief die Alte einen Männernamen. »Miguel ... *cabron* ... Miguel!« Laffy und Ray stürzten sich kopfüber in die

Dunkelheit. Laffawiss wußte in etwa, in welche Richtung er lief. Johns wußte überhaupt nichts, außer daß es stockdunkel war, und die drei Frauen sowie in Kürze ein erboster Zuhälter sie verfolgten.

So Hals über Kopf die verbotenen, stockdunklen Straßen von Aquadilla – nein, Mondongo – entlangzurennen, kam Ray Johns vollkommen absurd vor. Als ob er in einen Tom-und-Jerry-Cartoon verschleppt worden wäre. Laffy dagegen fand das aufregend; die schweißige Luft um ihn herum lachte förmlich, genauso wie seine schweißige Haut und die verschwitzte Uniform; er hatte seine Mütze in der Hand und rannte in seinem gebückten Groucho-Marx-Gang. Die drei Frauen waren bald weit abgehängt, und der Zuhälter lief auch kaum schneller. Die Schreie, *Mi dinero ... maricon ... cabron ...* und weitere unübersetzbare Obszönitäten drangen jedoch noch bis zu den beiden GIs auf ihrem fieberhaften Rückzug. Doch plötzlich tauchten aus der Dunkelheit Gestalten neben ihnen auf.

»Ach, du Scheiße!« brüllte Johns und legte noch mal einen Zahn zu. Laffawiss kicherte glatt, was Ray wirklich erboste, doch im Moment blieb keine Zeit für irgend etwas, außer zu rennen.

Durch das Fitneßtraining bei der Air Force blieben Laffawiss und Johns bei ihrer Flucht ungefähr auf gleicher Höhe, mit dem Unterschied, daß Laffy allmählich ein bißchen heftiger schnaufte. Johns hatte in der High-School und im College immer Leichtathletik gemacht und lief eigentlich ohne Anstrengung. Wenn er hätte stillsitzen müssen, hätte er vielleicht mehr Angst gehabt, aber während der Verfolgungsjagd sah er das Ganze eher unter sportlichem Aspekt, im Sinne von: »Du kriegst mich nie, du Sack ...«

Dann stürzten weiter vorn aus einer dunklen Gasse noch ein paar Männer, und plötzlich waren sie so gut wie umzingelt. Ray fuhr eine Hand durchs Gesicht, die seinen Kragen oder sonstwas fassen wollte, nach Laffy grapschte auch jemand, und dann versuchten die beiden nur noch, sich vor unzähligen Händen und blutrünstigen puertorikanischen Drohungen zu retten.

Johns fuhr herum, zog den Kopf ein, drosch mit den Armen

um sich, zerrte und wand sich aus Umklammerungen, und als ihn dann mehrere Boxhiebe streiften, riß er sich los und beschleunigte auf Lichtgeschwindigkeit. In der Dunkelheit war es fast unmöglich, die Gesichter der offenbar jungen Männer zu erkennen, die auf sie einprügelten. Hinter einer dunklen Ecke warf er im Laufen einen Blick zurück, doch da griff schon wieder eine Hand nach ihm, und er hechtete um die nächste Ecke.

Bei seinem Höllentempo raste er in der Finsternis blind in einen Müllhaufen, so daß Kisten, Dosen und Tüten umherflogen. Als er sich wieder aufgerappelt hatte, schnappte er sich einen Tonnendeckel und drosch damit im Laufen auf jeden bedrohlichen Schatten ein. Eigentlich wollte er nichts wie weg, dachte sich aber, er sollte lieber in einem großen Bogen zu der Stelle zurücklaufen, an der sie überfallen worden waren, um nach Laffy zu sehen. Dazu mußte er allerdings nicht nur einen Block umrunden, sondern aufgrund mehrerer Fehlversuche eine ganze Reihe. Und es kam ihm lange und weit vor, mit dem ständigen Gezeter hinter ihm. Einmal mußte er den Tonnendeckel gegen ein Grüppchen von Männern an einer Ecke schwingen. Im Vorbeilaufen war er sich gar nicht so sicher, ob sie ihn überhaupt verfolgt hatten – jetzt taten sie es jedenfalls. Er rannte immer weiter, in der Hoffnung, daß die Richtung noch stimmte.

An der Ecke zu der schmalen Straße, wo die Anwohner sie in die Enge getrieben hatten – zumindest sah es nach dieser Straße aus –, erschrak Johns gleich doppelt, denn da stand ein blauer Jeep der Militärpolizei mit dem drohend blinkenden Rotlicht auf dem Dach. Zwei Feldjäger, ein schwarzer und ein weißer, sprachen mit einer Gruppe von durcheinanderschreienden einheimischen Jugendlichen, und daneben stand die runzelige Alte und gab hier und da ihren Kommentar zum allgemeinen Gezeter.

Laffy lag an einer Hausmauer und drehte langsam den Kopf von links nach rechts. Man hatte ihn gründlich verkloppt. Johns zögerte einen Augenblick – wenn er sich vorwagte, war er dran . . . aber verdammt, es war eigentlich scheißegal. Irgendeine blöde Disziplinarstrafe . . . scheiß drauf. Mit diesem Gedanken trat er aus der Dunkelheit. Als er auftauchte, schrie die ganze Menge »*Vaya!*« und die Alte mußte ihn unbedingt anspucken.

Laffy konnte nur gottergeben hochschauen und herauspressen: »He, hat irgendeiner von euch traurigen Ärschen eine Zigarette?« Er machte sogar bittende Gesten in die Menge, die ihn am liebsten fertiggemacht hätte. »*Mira, dame un cigarillo, por favor.*« Sie brüllten wieder alle los.

Für Johns hatte Laffawiss ein mißglücktes Grinsen auf Lager. »He, Flieger, wo warst du denn, zum Teufel?«

Während die Feldjäger sich an Johns heranpirschten – hauptsächlich, damit die Menge sich wieder zerstreute, antwortete Ray: »Ich bin schnell heim zum Wichsen, das war ja der übelste Sex, den ich je hatte.« Und sie bemühten sich, wieder zu lachen.

Die beiden Freunde bekamen tatsächlich eine Disziplinarstrafe und mußten auf Geheiß des Feldwebels die beiden großen Baracken streichen, in denen das fliegende Personal des 73. Strategischen Bomberverbandes wohnte.

Ray und Laffy nahmen ihre Freundschaft wieder auf, nachdem sie beide aus dem Militärdienst ausgeschieden waren. Johns war vorzeitig entlassen worden, weil irgend jemand seinem Staffelkapitän in einem anonymen Brief geschrieben hatte, er sei Kommunist. Er protestierte nicht einmal. Laffy kam ein paar Monate früher raus, aufgrund einer Härtefallgeschichte, die er sich aus den Fingern gesaugt hatte.

Ironischerweise sahen sie sich zum letztenmal in New York, dem Ziel ihrer Tagträume in der Air Force. Auf der Ninth Avenue, Richtung Village, wurden sie von einem johlenden, flaschenwerfenden Mob weißer Jugendlicher angegriffen. Johns entkam wieder dank seiner schnellen Füße, rannte um ein paar Ecken, schnappte sich einen Tonnendeckel und lachte über die Parallelen zu damals. Als er diesmal wieder um die Ecke bog, war Laffy allerdings schon mit dem Krankenwagen abgeholt worden. Ein paar Tage später kamen zwei Typen, die sich als

Verwandte von Laffy ausgaben, bei Johns vorbei und hinterließen die seltsame Nachricht, sie seien »dagewesen«. Außerdem hatten sie aus unerfindlichen Gründen den Hausmeister gefragt, »welche Hautfarbe« Johns habe. Er sah sie jedoch nie wieder, genausowenig wie seinen alten Kriegskameraden.

Übersetzt von Christiane Buchner

BARBARA NEELY
Verschüttetes Salz

»Ich bin wieder da, Ma.«

Myrna drückte fest auf den Türknauf und schaute mit leerem Blick in Kennys große braune Augen und das sommersprossige Gesicht hoch, das ihrem so ähnlich war, daß sie beinahe hätten Zwillinge sein können. Aber er war größer als in ihrer Erinnerung. Massiver.

Er hatte ihr geschrieben, um mitzuteilen, daß er entlassen würde. Sie hatte seinen Brief nicht erwidert und gehofft, daß er daraufhin wegbleiben würde.

»Da bist du also.« Sie trat von der Tür zurück und tat so, als sähe sie nicht, daß er die Hand ausstreckte, um sie zu berühren.

Doch ein Teil von ihr war bei seinem Anblick zum Leben erwacht. Egal was sonst, sie war froh, daß man ihn im Gefängnis nicht zum Krüppel gemacht oder ermordet hatte. Zumindest wirkte er körperlich heil und gesund. Sie hoffte, das war ein Zeichen, daß er auch innerlich in Ordnung war.

Sie suchte nach etwas zu sagen, als sie mitten im Wohnzimmer einander gegenüberstanden und sich anstarrten. Eine Fliege, die verzweifelt nach draußen zu gelangen suchte, summte nervös am Fliegengitter.

»Ja, Mama, wie –«

»Ich mach dir was zu essen«, unterbrach Myrna. »Du mußt doch vollkommen ausgehungert sein nach einer anständigen Mahlzeit.« Sie eilte aus dem Zimmer, als brenne das Essen bereits an.

Einen Augenblick fühlte sie sich in ihrer eigenen Küche verloren. Der Tisch mit den verbeulten Blechbeinen, die grünweißen Baumwollvorhänge und die arg angeschlagene Kaffeekanne, sie alle wirkten irgendwie wie Fremde, die ihr bekannt vorkamen. Sie holte tief Luft und lehnte sich gegen die Rückenlehne eines Stuhls.

Anfangs war sie beim bloßen Wort zusammengezuckt. Sie konnte es nicht denken, geschweige denn sagen. Körperverletzung, Belästigung, Mißbrauch, alles außer Vergewaltigung. Jeder außer ihrem Sohn, ihrem intelligenten, lustigen Jungen, ihrem High-School-Abgänger.

Damals war sie sicher gewesen, daß es ein Komplott der Polizei war. Die machten so was. Das stand jeden Tag in der Zeitung. Oder das Mädchen wollte sich rächen, weil er kein Interesse an ihr gezeigt hatte. Kennys Geständnis setzte diesen Spekulationen ein Ende.

Sie hätte gern geglaubt, daß er aus Reue gestanden hatte. Aber sie wußte es besser. Er hatte schlicht die falsche Lüge gewählt. Wenn er gesagt hätte, daß er mit dem Mädchen zusammen gewesen sei, sie aber nicht vergewaltigt habe, wäre es ihm vielleicht gelungen, einen Fall zu konstruieren, den ihm jemand abgenommen hätte – obgleich sie nicht wußte, wie er die Wunde an ihrem Hals hätte erklären sollen, wo er ihr das Messer an die Kehle gehalten hatte, um sie in Schach zu halten. Statt dessen hatte er behauptet, ihr weder angeboten zu haben, sie von der Bar, in der sie arbeitete, nach Hause zu fahren, noch sie in seinem Auto gehabt zu haben. Myrna hatte er überzeugt. So komplett überzeugt, daß sie regelrecht in Ohnmacht gefallen war, als man sie mit dem von der Polizei mühelos gefundenen Sperma, den Fasern und dem Haar aus seinem Auto konfrontiert hatte, und mit der Aussage der Frau, die widerstrebend berichtete, daß sie gesehen hatte, wie Kenny Crystal Roberts in der Tatnacht in sein Auto komplimentiert hatte.

Erst da hatte Kenny gestanden. Er hatte gesagt, er habe dem Mädchen einen Gefallen tun wollen, indem er ihr anbot, sie nach Hause zu fahren. Sie habe ihn dann erst angemacht und dann abblitzen lassen, hatte er gesagt. »Ich hab den Kopf verloren«, hatte er gesagt.

»Ich kann nicht schlafen, ich habe Angst vorm Schlafen.« Das Mädchen hatte kaum hörbar geflüstert. Der ganze Gerichtssaal schien zu kippen, als alle sich vorbeugten. »Nacht für Nacht ist er mir im Kopf und zwingt mich, alles noch mal durchzumachen, immer noch mal und noch mal.«

War sie jetzt, da Kenny seine Zeit abgesessen hatte, davon erlöst? Oder zuckte sie noch immer unter Händen mit kurzen, dicken Fingern zusammen und weinte, wenn der erste September kam? Myrna tappte in der Küche herum wie eine uralte Frau mit wehen Füßen.

Nach Kennys Geständnis verbrachte Myrna Tage, die sich zu Wochen dehnten, damit, ihr Gedächtnis nach Erinnerungen zu durchwühlen und nach einer Begebenheit zu suchen, einer Eigenart oder einer Reihe von Erlebnissen, die zu erklären vermochten, warum er zu so etwas fähig gewesen war. Sie hatte sich bemüht, sein Verhalten mit den Umständen zu erklären: Kenny hatte zugesehen, wie sein Vater sie schlug. Sie waren bettelarm gewesen. Und als Kenny gerade sechs war, hatte sie endlich den Mut gefunden, Buddy zu verlassen und ihren Sohn allein großzuziehen. Was hatte sie eigentlich über Kindererziehung gewußt? Wieviel Schaden hatte sie womöglich durch Unwissenheit angerichtet, durch Ungeduld und das angestrengte Bemühen, das, was sie an ihrem eigenen Leben quälte, nicht an sich herankommen zu lassen?

Aber sie hörte auch immer wieder von anderen Jungen aus viel traurigeren Verhältnissen, deren Mütter so müde und so von Sorgen verzehrt waren, daß sie nur noch zuschlagen konnten. Und dennoch hatten diese Jungen es geschafft, erwachsen zu werden, ohne solches Unheil anzurichten wie Kenny. Die Sätze »ich hab den Kopf verloren« und »ich wollte dem Mädchen einen Gefallen tun« waren ihr im Kopf herumgegangen und hatten sie verhöhnt, so daß sie laut aufgestöhnt und die Leute um sich her erschreckt hatte.

Myrna schleppte sich durch die Küche und machte aus Eiern, Schinkenspeck, Milch und Margarine eine Mahlzeit. Anfangs hatte das Warum für Kennys Tat in ihrem Innern wie ein Bandwurm gelegen, der alle Kraft, alle Nahrung und ihre gesamte

Aufmerksamkeit verschlang. In den ersten paar Monaten, als er im Gefängnis war, hatte sie sich treu und brav gegen Geld von einem Nachbarn zu jedem Besuchstag den weiten Weg ins Gefängnis fahren lassen. Die Besuche machte sie ebenso sich selbst wie ihm zuliebe.

»Aber warum?« fragte sie ihn immer wieder, genauso wie sie es nach seinem Geständnis fast jeden Tag getan hatte.

Er sagte immer nur, daß er wisse, daß er Unrecht getan habe. Mit der Zeit war seine Antwort nur noch Schweigen – ein Schweigen, das ungebrochen blieb, auch bei Fragen wie: »Hättest du das Mädchen in Frieden gelassen, wenn ich gleich beim erstenmal, als dein Vater mich in deiner Gegenwart geschlagen hat, eine Schrotflinte gekauft und ihm das Hirn rausgepustet hätte?« und »Spürst du eigentlich einen besonderen Kitzel, wenn sich eine Frau wegen dir schämt, daß sie eine Frau ist?« und »War dies das erste Mal? Das zweite? Das letzte?«

Vielleicht war es das Beste zu schweigen, jetzt, nach so langer Zeit. Alles mögliche konnte passieren, wenn sie diesen vier Jahre alten Fragen erlaubte, aus ihrem Mund herauszurollen. Womöglich würde Kenny anfangen, sie zu befragen, würde sie fragen, was sie als Mutter dazu beigetragen hatte, daß er Lust hatte, eine Frau wie ein Stück Klopapier zu behandeln. Und was würde sie darauf sagen?

Eine Krankheit hatte schließlich dafür gesorgt, daß ihre Besuche bei ihm aufhörten. Den ersten Brief – eigentlich nur ein paar Zeilen – hatte sie geschrieben, um ihm mitzuteilen, daß sie mit Grippe im Bett lag. Davon hatte sie einen trockenen Husten behalten. Es dauerte fast zwei Monate, bis sie wieder bei Kräften war. Und da war ihr Briefwechsel bereits eingespielt. Briefe mit: Wie geht es dir? Mir geht es gut . . . Das Wetter ist . . . Die Druckerei ist . . . Das Kleid, das ich für Mrs. Rothstein genäht habe . . . waren soviel leichter zu handhaben als diese Besuche voll lastendem Schweigen. Und in einem Brief brauchte sie sich nicht vor dem Blickkontakt mit Kenny zu fürchten.

Jetzt stand Myrna da und starrte aus dem Küchenfenster, während Kenny Eier mit Schinken aß. Die frische Alltäglichkeit, mit der die Wäsche an der Leine flatterte, überraschte sie.

Ein Blatt schwebte in ihren kleinen betonierten Hof und landete auf einem Stiefmütterchen im Blumentopf. Draußen hatte sich nichts verändert, in der Welt war noch Frühling.

»Ich halte das nicht noch einmal aus«, sagte sie, stumm die Lippen bewegend, in den Wind.

»Komm, sprich mit mir, Ma«, rief ihr Sohn leise mit vollem Mund.

Myrna drehte sich um und sah ihn an. Er lächelte sie mit einem eigesprenkelten Lächeln an, das sie nicht zu erwidern vermochte. Sie hätte ihn gern gefragt, was er jetzt vorhabe, ob er schon Arbeit habe, ob er lange bleiben wolle. Aber sie fürchtete sich vor seinen Antworten und davor, wie sie wohl reagieren würde, wenn er sagte, daß er keine Arbeit habe, keine Pläne, keine Bleibe außer bei ihr und daß er sich nicht besonders verändert habe.

»Ich werd immer bei dir wohnen bleiben, Mama«, hatte er als Kind gesagt, »immer.« Damals hatte sie sich gewünscht, daß es stimmte, daß sie immer zusammenbleiben könnten, sie und ihr süßer, pausbäckiger Sohn. Jetzt machte ihr der Gedanke Angst.

»Bin gleich wieder da«, murmelte sie und huschte über den Flur ins Bad. Sie schob den Riegel so leise vor, daß es kaum zu hören war.

»Er ist mein Sohn!« fauchte sie der ausgemergelten Frau im Spiegel zu. Schweißperlen standen ihr auf der Oberlippe und glänzten am Haaransatz.

»Mein Sohn!« wiederholte sie flehend. Aber die Worte besaßen nicht die Macht der Erinnerung an Crystal Roberts, wie sie im Gerichtssaal gesessen hatte, mit hängenden Schultern, den Kopf gebeugt, als wäre sie diejenige, die sich zu schämen hätte. Ach wäre er nie geboren, wünschte Myrna, ehe sie die Wasserspülung betätigte und die Tür entriegelte.

In der Küche war Kenny an ihren Platz am Fenster getreten. Sein Geschirr stand unordentlich auf dem Tisch. Er hatte Salz verschüttet, und es lagen Krümel auf dem Fußboden.

»Ach, ist das gut, aus dem Fenster zu gucken, und was anderes zu sehen als Wachtürme und Knackis.« Kenny rekelte sich, rieb sich den Bauch und drehte sich zu ihr um.

»Es ist schön, dich zu sehen, Ma.« Seine Augen waren weich und glänzend.

Gott! stöhnte Myrna innerlich. Sie kehrte ihm den Rücken zu und fing an, sein schmutziges Geschirr an die Spüle zu tragen: zuerst den Teller, dann die Tasse, das Messer, die Gabel und den Löffel, um möglichst lange damit beschäftigt zu sein.

»Diese Wohnung hat nicht soviel Platz wie die alte«, sagte sie zu ihm, als sie das Spülwasser einlaufen ließ.

»Sie ist schön, Ma, sehr schön.«

Oh, lieber Gott, betete Myrna.

Kenny kam und lehnte sich rechts neben ihr an den Herd. Sie ließ ein Messer fallen und ließ das Spülwasser zu kalt werden.

»Hast du Dad gesehn?«

»Wo und warum sollte mir *der* wohl über den Weg laufen?« Sie bemühte sich, ihre Stimme eisig klingen zu lassen. Sie zitterte.

»Dachte bloß, du weißt vielleicht, wo er ist.« Kenny trat wieder ans Fenster.

Myrna mußte an den lähmenden Schock denken, als Buddys Faust sie in den Unterleib traf, und sie schrubbte Kennys Teller und Tasse mit einem Stück Stahlwolle, ehe sie beides mit kochendheißem Wasser abspülte.

»Vielleicht spring ich mal in' Bus und fahr rüber in die alte Nachbarschaft. Paar Leute von früher sehen, gucken, was sich verändert hat.«

Er lief hinter ihr auf und ab. Myrna spürte seine Unsicherheit und wurde zu ihrer Überraschung angesichts seines Unbehagens von Freude überschwemmt.

Als er fort war, machte sie sich ein großes Glas Gin mit Orangensaft und nahm es mit ins Wohnzimmer. Sie schaltete den Fernseher ein und setzte sich davor. Nach zwei Minuten hektischer, übertrieben bunter Werbespots stand sie auf und knipste den Apparat wieder aus. Draußen schrien sich Kinder bei einem Wettlauf gegenseitig ins Ziel. Ihr fiel ein, daß Kenny immer gern gelaufen war. Sie auch. Aber er hatte eine längere Kindheit gehabt als sie. Sie hatte schon mit zwölf als Kindermädchen

Geld verdienen müssen und mit sechzehn war sie schwanger und verheiratet. Sie mißgönnte ihm seine schöne Kinderzeit nicht. Bloß kam sie ihr jetzt so verschwendet vor.

Tränen liefen ihr über das Gesicht und versalzten ihren Drink. Tränen für die junge Myrna, die nicht begriffen hatte, daß sie einen Jungen großzog, der einer besonderen Fürsorge bedurft hätte, damit er nicht zu einem Mann heranwuchs, den sie lieber nicht gekannt hätte. Tränen für Kenny, der so verkorkst war, daß er imstande war, eine Frau zu vergewaltigen. Myrna trank ihren Gin aus, schrieb Kenny einen Zettel, daß er daran denken solle, ihr den Haustürschlüssel auf den Küchentisch zu legen, und ging ins Bett.

Natürlich war sie noch wach, als er nach Hause kam. Er stieß sich am Couchtisch, ließ das Wasser am Waschbecken im Bad lange laufen, dann war es still. Myrna lag in der dunklen blaugrauen Nacht wach und lauschte dem Brummen des Kühlschranks, dem Zischen des Boilers und dem Rumpeln der großen Lastwagen auf einer fernen Straße. Von *ihm* kam kein Geräusch, da, wo er, umgeben von ihrer Nähmaschine, Kleiderpuppe, Maßband und Stecknadeln, auf dem ausgeklappten Sofa lag.

Als der Schlaf endlich kam, brachte er Träume, in denen sie durch hell erleuchtete Straßen ging, Hand in Hand mit einem zwölfjährigen Jungen, der so aussah, sich so verhielt und redete wie Kenny, von dem sie aber mit Sicherheit wußte, daß er nicht ihr Sohn war, und gleichzeitig doch wußte, daß er niemand anders sein konnte.

Sie erwachte vom ohrenbetäubenden Läuten verschiedener Kirchenglocken. Es war spät. Zu spät, um noch in den Gottesdienst zu kommen. Sie drehte ihren Kopf zu dem Kruzifix um, das über ihrem Bett hing, und versuchte zu beten, das Gefühl schierer Schwerelosigkeit heraufzubeschwören, das sie in den Momenten überkam, wenn es ihr gelang, alle anderen Gedanken loszuwerden und sich ganz dem Gebet hinzugeben. Jetzt kam nichts als ein dumpfer Schmerz hinten in der Kehle.

Sie hatte angefangen, regelmäßig zur Kirche zu gehen, nachdem sie aufgehört hatte, Kenny zu besuchen. Seine Weigerung, auf ihre Fragen zu antworten, hatte ihr klargemacht, daß sie sich ihre Antworten anderswo suchen mußte. Sie hatte sich entschlossen, mit Pater Giles zu sprechen. Er war an der St. Markus Kirche gewesen, in dem Viertel, wo sie bis zu ihrem Umzug hierher gewohnt hatten. Er hatte Kenny heranwachsen sehen. Vielleicht war ihm etwas aufgefallen, vielleicht hatte er an dem Jungen oder an ihr irgend etwas bemerkt, das eine Erklärung bot für das, was sie nicht verstand.

»Es ist Gottes Wille, mein Kind – leg es in seine Hände«, hatte er gedrängt, und sie unbeholfen mit abgewandtem Blick am Arm getätschelt.

Myrna nahm seinen Rat rückhaltlos an. Es gelang ihr bald ziemlich meisterhaft, die in ihren Eingeweiden brodelnden Fragen mit »Sein Wille geschehe« oder »Mein Kreuz zu tragen« zur Ruhe zu bringen. In vielen Nächten hatte sie sich in den Schlaf gevaterunsert. Kennys unerklärliche Tat anzunehmen wurde zu einer Prüfung, die ihr von Gott auferlegt war. Sie bestand sie, indem sie mit anderen Frauen aus der Gemeinde Kranke besuchte, im Komitee für eine saubere Nachbarschaft mitarbeitete, alle sozialen Kontakte mit Männern mied. Und den Sex. Auf Bewerbungen schrieb sie »verwitwet« und erwähnte bei neuen Bekannten niemals einen Sohn. Sobald sie durch den Umzug von der stummen Anklage ihrer alten vier Wände befreit war, wurden Gebet und gute Werke zu einem Schutzschild, das sie von der Vergangenheit abschirmte.

Kennys Klopfen an der Tür versetzte sie mit einem Ruck wieder in die Gegenwart. Sie räusperte sich und zog die Decken glatt, bevor sie ihn hereinrief.

Kräftiger, duftender Dampf stieg von dem Kaffee auf, den er ihr gebracht hatte. Der Toast hatte gerade den richtigen Braunton, und sie war sicher, daß das gekochte Ei, wenn sie es aufschlug, gerade so weich war, wie sie es gernhatte. Es war nicht nur alles wunderschön zubereitet, es war auch ihr erstes Frühstück im Bett seit seiner Verhaftung. Myrna konnte weder die Tränen zurückhalten noch die Flut der Erinnerungen an die vielen Morgen, an denen er sich genauso mit einem Frühstückstablett über sie gebeugt hatte.

»Du bedienst den ganzen Tag Leute im Restaurant und sitzt die Nächte durch da und nähst für andere Leute. Du mußt auch mal bedient werden.«

Hatte er das tatsächlich gesagt, dieser Mann, als er noch ein Junge war? In ihrer Verwirrung kippte Myrna beinahe das Tablett um.

»Ich muß mir erstmal die Zähne putzen.« Sie wandte ihr Gesicht ab und griff nach ihrem Bademantel.

Aber ihren Augen im Spiegel des Medizinschranks konnte sie nicht ausweichen, Augen, die sie daran erinnerten, daß sie Kenny trotz seines Verbrechens immer noch liebte. Aber ihre Liebe brauchte seine Gegenwart nicht. Sie lebte nur aus Erinnerungen an ihn, die mehr als vier Jahre alt waren. Es war ebensosehr eine erinnerte wie eine lebendige Liebe. Aber Liebe war es trotzdem. Myrna preßte sich die geballte Faust an die Lippen und fragte sich, ob Liebe reichte. Sie blieb im Bad, bis sie hörte, daß er aus ihrem Schlafzimmer kam und im Wohnzimmer den Fernseher anmachte.

Als er wiederkam, um das Tablett abzuholen, sagte sie ihm, sie hätte Migräne und habe beschlossen, im Bett zu bleiben. Er war sofort voller Mitgefühl, holte ihr Aspirin und eine kalte Kompresse für die Stirn, erbot sich, ihr den Nacken und die Schläfen zu massieren, die Jalousien herunterzulassen, um die helle Morgensonne auszusperren. Myrna sagte ihm, sie wolle sich nur ausruhen.

Den ganzen Nachmittag blieb sie auf ihrem ungemachten Bett liegen, ließ den Blick an der Decke ruhen oder träge im Zimmer umherschweifen, ihre Gedanken wanderten über die Oberfläche ihres Lebens und bohrten in alten Wunden, die nach all diesen Jahren noch erstaunlich offen waren. Zunächst war da Buddy gewesen. Er hatte sie ihrer Rückständigkeit wegen ausgelacht und sie herumgestoßen, bis er sie und ihr gemeinsames Kind auf die Straße hinausgetrieben hatte. Aber ihn war sie wenigstens los. Dann war da sein Sohn. Ihr kleiner Junge. Er hatte eine junge Frau in sein Auto gelockt, um ihr dort einen großen Teil ihres Lebens zu ruinieren. Jetzt war er wiedergekommen, um in ihrer Küche Salz zu verschütten.

Ich bin wieder da, Ma, wiederdama, wiederdama. Seine Worte hallten in ihren Ohren wider und brachten ihr Herz zum Zittern. Ihre Nachbarn würden wissen wollen, wo er die ganze Zeit gewesen war und weshalb. Angst und Abscheu würde sich in ihre Gesichter und ihre Stimmen schleichen. In den Nächten würde sie lauschen. Warten.

Und sie würde mit der unverhüllten Realität leben müssen, daß ihr Sohn alle Wut und allen Ärger, den er gegenüber der Welt empfand, ausgerechnet an einer Frau ausgelassen hatte.

Einer Frau.

Einer wie mir, dachte sie, einer wie Großtante Faye oder Valerie, ihrer achtjährigen Nichte; wie Lucille, ihrer ältesten Freundin oder Dr. Ramsay, ihrer Zahnärztin. Einer Frau, wie all denen, die geholfen hatten, Kenny zu füttern, zu kleiden und zu versorgen; die ihr letztes gegeben hatten, um ihn nach Möglichkeit vor den Häßlichkeiten und Schrecken des Lebens zu schützen; die ihm das Radfahren beigebracht hatten und wie man sicher über die Straße geht. Alles Frauen. Von dem Tag an, als sie Buddy verlassen hatte, hatte nicht ein einziger Mann für Kenny einen Finger krumm gemacht. Nicht einer.

Vielleicht würde er es auch wieder tun, dachte sie. Bei dieser Vorstellung rollte Myrna sich auf ihrem Bett hin und her, als könnte sie ihren Gedanken tatsächlich entkommen. Sie hatte sich gestattet zu glauben, daß sie mit solchen Gedanken fertig war. Kaum hatte sie Kennys Tat als Gottes Wille akzeptiert, war ihr aufgegangen, daß ihre Erziehung nichts ausgerichtet hätte, wenn es Gottes unergründlichem Plan für ihn entsprach. Das war ein tröstlicher Gedanke, er beantwortete ihr die Frage, warum und wieso ihr vielgeliebter Sohn ein Vergewaltiger sein konnte. Er beantwortete die Frage nach dem Grad ihrer Verantwortung für Kennys Tat, indem er sie von jeder möglichen Schuld reinwusch. Er gestattete ihr, ihm zu vergeben. So hatte sie jedenfalls geglaubt.

Jetzt merkte sie, daß alle ihre Gebete, alle ihre sorgsamen Bemühungen bloß wie Decken waren, mit denen man versuchte, einen Waldbrand zu löschen. Es brauchte nur die kleine Brise, die aufkam, indem sie ihrem einzigen Kind die Tür öffnete, und schon verbrannten die Decken zu Asche und ließen ihre Wut frei – noch genauso wild und rasend wie am Tag seines Geständnisses.

Sie schloß die Augen und sah sich in heller Empörung ins Wohnzimmer stürzen und ihm Verwünschungen ins Gesicht schleudern, bis ihr die Stimme wegblieb. In ihren Mundwinkeln sammelte sich Schaum. Die Spucke flog und spritzte ihm ins Gesicht. Er wich vor ihr zurück, in seinen Augen stand Scham, als er sich vor Haß auf sich selbst Gesicht und Brust zerkratzte.

Doch noch während sie sich der Phantasie hingab, war ihr klar, daß Kenny ebensowenig durch Anschreien dazu gebracht werden konnte zu bereuen, wie von Crystal oder jeder anderen Frau Liebe zu erzwingen war. Und was konnte er denn tatsächlich sagen oder tun, um sie zufriedenzustellen? Die Antwort, die sie von ihm wirklich hören wollte, gab es nicht: Er konnte nicht wieder zu dem Sohn werden, der er vor jener Nacht vor vier Jahren gewesen war.

Genausowenig wie ich ihn so behandeln kann, als ob er derselbe Sohn wäre, dachte sie.

Und dieser Gedanke beruhigte sie. Sie lag reglos da und überlegte.

Als sie aufstand, zog sie ihren alten grünen Samsonite-Koffer hinten aus dem Wandschrank. Sie bewegte sich mit der schwebenden absichtslosen Anmut einer Frau, die weiß, was sie tut und sich dabei wohlfühlt. Ohne auch nur den Staub abzuwischen, ließ sie den Koffer aufs Bett fallen. Als sie den Deckel aufklappte, durchströmte der Geruch von Weggehen und Abschied das Zimmer und ließ ihren Puls schneller werden. Zum erstenmal seit zwei Tagen verzog sich ihr Mund zur Andeutung eines Lächelns.

Sie eilte zwischen Kommode und Wandschrank hin und her und holte ihre Lieblingssachen hervor: das zweiteilige Seidenstrickkleid, das sie im Ausverkauf gekauft hatte, ihre bequemen grauen Schuhe, die fliederfarbene Wolljacke, die sie sich selbst zum Geburtstag gestrickt, aber nie getragen hatte, die blaue und die schwarze Hose, die rote Crêpebluse, die sie sich passend dazu genäht hatte, und ihre beste Unterwäsche. Sie packte hastig, als ob ihr Bus oder ihre Bahn schon im Begriff standen, abzufahren.

Als sie ihre Kleider eingepackt hatte, sah Myrna sich im Zimmer nach anderen Dingen um, die sie noch brauchte. Sie nahm Kamm und Bürste und das Bild ihrer Mutter oben von der Frisierkommode, trat dann an die Wand links neben ihrem Bett und nahm das dort hängende polierte Kruzifix aus Holz und Metall herunter. Sie ließ die Finger über den schlanken, muskulösen Körper gleiten. Der arische Christus aus Gips schien sich in bittersüßen Qualen zu winden. Myrna starrte einen Augenblick lang auf das Kruzifix und hängte es dann wieder vorsichtig an die Wand.

Als sie sich angezogen hatte, setzte sie sich auf den harten Stuhl mit der geraden Lehne am Fenster, um ihren Plan durchzugehen. Kenny klopfte noch einige Male an die Tür, ehe sie ihn davon überzeugt hatte, daß Alleinsein das Beste für sie sei und sie am nächsten Morgen wieder wohlauf sein werde. Als es dunkel wurde, wartete sie auf die Stille des Schlafs und verließ dann leise das Zimmer. Sie setzte ihren Koffer an der Wohnungstür ab, schlich auf Zehenspitzen an Kenny vorbei, der auf dem Sofa schlief, und ging in die Küche. Beim Licht der Straßenlaterne in der kleinen Gasse hinter dem Haus schrieb sie ihm einen Brief und stellte ihn an die Zuckerdose.

Lieber Kenny,

es tut mir leid. Ich kann dir im Moment einfach keine Mutter sein. Ich komme in einer Woche wieder. Bitte sei bis dahin weg. Alles Liebe, Myrna.

Kenny zuckte und runzelte im Schlaf die Stirn, als die Wohnungstür zuschnappte.

Übersetzt von Karen Nölle-Fischer

DON BELTON

Meine Seele ist Zeuge

Come on up ... my castle's rockin'
– Blues

Die Nacht atmet einen Schatz von Sternen aus. Du sitzt im abgedunkelten Fond einer Limousine, die durch Upper East Side Manhattan kurvt. Draußen vor deinem Haus stehen lauter Reporter mit einem Kamerateam. Du bläst dir das Haar aus dem Gesicht und drehst es zu einem Knoten im Nacken. Du hüllst Gesicht und Kopf in einen schwarzen Tüllschleier. Dann setzt du die dunkle Brille auf. Der Wagen hält am überdachten Hauseingang. Du bist ein schimmernder Fleck, wie du so in die Glas-und-Marmor-Lobby schreitest und im Gästeaufzug nach oben schwebst. Die ganze Zeit blitzen deine Zähne unter dem Schleier.

Du hast zuviel Wodka an Bord der *Concorde* getrunken. Das Wohnzimmer ist ein Teufelchen in der Kiste. Statuen, Gemälde, Stiche und Spiegel springen dich an. Du setzt dich aufs Sofa, schlüpfst aus Satinschuhen. Du legst deinen Kopf zurück und schließt die Augen. Es tut gut, sich zu entspannen. Du spürst, wie sich die Muskeln um deine Augen entspannen. Deine Kiefer mit den perfekten Zähnen lassen locker. In einem anderen Zimmer klingelt ein Telephon, und dann hörst du das Surren von Papier, das automatisch durch ein Fax-Gerät gleitet. Du stehst da und durchschreitest das Wohnzimmer und dann die ganze Wohnung. Du hast jahrelang nicht mehr hier geschlafen. Es ist kaum zu glauben: Als du vor zehn Jahren die Wohnung gekauft hast, stelltest du dir vor, wie du in der friedlichen Bibliothek im Schein des brennenden Kamins Bücher lesen würdest. Du träumtest davon, sonntags morgens in dem wüsten-weiten Schlafzimmer die Seiten der *New York Times* auf dem Bett auszubreiten, Schluck für Schluck den Kaffee aus der Maschine zu trinken, Jazz-Alben anzuhören, die du mit Anfang zwanzig gesammelt hattest. Du sagtest, du sehntest dich nach einem Leben, das mit Büchern angefüllt war, deinen eigenen Kochkünsten und der Musik anderer Leute. Du glaubtest, mit der Zeit würde vielleicht ein Mann auftauchen, dessen Eigenschaften die deinen noch steigern würden, der deine verborgenen Qualitäten bewundern würde – der bleiben würde.

Aber jetzt logiert ein sechsköpfiges Team in der Wohnung, das deine Karriere in den Vereinigten Staaten managt. Es erstaunt dich, wie leicht dein Zuhause ein Hauptquartier geworden ist. Wie leicht du aufgehört hast, das »Ich« zu sein, um das du so hart gekämpft hast, und wie leicht du dich allmählich als »Wir« etabliert hast. Die Wohnung ist eine Requisite, ein Teil der Maschinerie, die dein Bild in Großformat in die Welt setzt.

Hier triffst du dich mit Reportern, wenn deine Alben herauskommen. Geschäftstreffen werden im Eßzimmer zwischen vergoldeten Spiegeln und venetianischem Glas abgehalten. Leibwächter spielen auch die Rolle der Kellner. Journalisten nippen an Champagner in einer Atmosphäre von Chintz und Ming-Dynastie-Pferden. Du hast eine private Zimmersuite mit einem Doppelbett, Fernsehgerät und Stereoanlage mit Fernbedienung; ein verspiegeltes Ankleidezimmer ist mit ungewöhnlichen Kleidungsstücken vollgestopft.

Computertelephone, neben dem Bett, an Sofa und Schreibtisch, im Badezimmer, blinken ununterbrochen. Das Badezimmer bietet Zahnbürsten mit Fischbeingriff, Hornkämme, exotische Zahnpasten und diverse Kopfschmerzmittel. Die Badewanne hat Sprudeldüsen und einen vierundzwanzig-karätigen goldenen Haltegriff. In der tiefen Wanne liegend, in einer Aura von Blumen, versetzt du dem Luffaschwamm auf deinen Hüften einen Stoß.

Du fühlst dich krank und voller Sehnsüchte.

Genau um halb acht läßt du herumliegende Schachteln, Gürtel, Puder und Schuhe zurück und tauchst aus deinen Zimmern auf, in einem kurzen schwarzen Kleid mit Quasten. Make-up schimmert wie Blütenstaub auf deinem Gesicht.

Der Koch ist angekommen und erfüllt die Wohnung mit den Düften von gegrilltem Salm und Rinderfilet à la Peregourdine. Im Wohnzimmer schenkst du dir ein Glas Wein ein. Frische Blumen sind schon im Überfluß angekommen, dichte Bouquets mit Lilien, Kamelien und Rosen, vierzig pro Strauß.

Du hältst inne zwischen zwei Welten, irgendwie hebst du ab, schwerelos, und wartest auf deine Verwandlung. Du bist noch nicht ganz angekommen. Du spürst noch immer die Bewegung des Flugzeugs. Dieser Tage scheint es fast, als wärst du ständig im Flugzeug. Du halbierst ein Valium und spülst es mit Wein hinunter.

Vor über zwanzig Jahren war dein Name ein Senkrechtstarter. Vor zwanzig Jahren warst du noch die erste Sängerin der Jewelettes, vier törichte Aschenputtel, die mit der Wehmut des Ghettos und gekünstelten Seufzern sangen. Schon bald saht ihr eher aus wie sepia-getönte Debütantinnen denn wie Mädchen aus dem Ghetto, mit dem kühlen Auftreten von Schneewittchen-Prinzessinnen aus Shaker Heights oder Grosse Pointe. Die Jewelettes: Frances Deal, Marie LaBerth, Lucinda Blood und Beryl Hopkins.

Du denkst: Wo sind die anderen Mädchen? Fort wie die Pelzmäntel, die Glanzperücken, die Traumhäuser und dicken Cadillac-Cabrios, die mit dem schnellen Geld der Neureichen gekauft wurden? Diese anderen Mädchen waren wie Funken von den Leuchtplakaten, die die Stücke in den alten Rhythm- and Soul-Revuen ankündigten.

Aber du bist noch immer beliebt, von der Woge des Erfolgs getragen wie von einem weichen Glissando. Du bist das Feuer, das alles verbrennt, was dir im Weg ist. Du übertriffst alles und jeden. Du übertriffst deine Musik, Idol und Sängerin zugleich, Bild und Sound zugleich. Der Sound ist eine Soul/Pop-Verführung mit eingebautem Schrei. In den 60er Jahren war es der Sound einer Frau, die um die Freiheit flehte, und das fesselte die Welt. Später wurde es der Sound einer Frau, die um eine Vision flehte. Noch immer geht deine leidenschaftliche Stimme um die Welt und sucht nach einer Heimat.

Eine Probepressung deines neuen Albums kam per Boten an,

als du gerade im Bad warst. Du legst die Platte auf den Plattenteller. Bald schüttelt dich der dumpfe Rhythmus bis ins Mark. Du lauschst dem Dschungelgemisch von Blasinstrumenten, Trommeln und Gitarren. Dann hörst du über allem deine eigene Stimme schweben, die Rhythmen dehnen, die Zeit schlängeln und winden.

Du hast aus deinen hohen Fenstern einen Rundblick über New York City. Du zündest dir eine Zigarette an. Du spürst ein Frösteln im Kreuz und kommst allmählich zu dir. Du bist hier.

New York hat sich verändert, seit du zum letztenmal in diesem Zimmer warst. Ein neues Gefühl ist über die Stadt gekommen. Dies erkennst du beim Plärren der Musik, und ein Muskel um dein linkes Auge zuckt. Du erfaßt diese Veränderung angesichts des stummen reglosen Panoramas um dich her. Die Stadt sieht anders aus, die Menschen sind andere. Du hast das Gefühl, daß deine Feinde Drähte ausgelegt haben, die dich zu Fall bringen sollen.

Das Wohnzimmer mit seinen Panoramafenstern auf ganz New York und die ganze Welt wird deine Bühne. Du betrachtest das Drama deines öffentlichen Lebens – Zeitschriftentitelphotos von dir, Industriepreise, Rekorde brechende Verkaufszahlen, deine wechselnden Hochzeiten und die Liebhaber, die in der Dunkelheit zu Seelenmördern werden.

Und jetzt dieses neue Album und eine Konzerttournee durch siebzehn Städte, PR-Termine, Hotelzimmer, Privatflugzeuge, Parties. Vergessen.

Du planst immer, das Rampenlicht zurückzuerobern und immer wieder zurückzuerobern. Dein Gebet lautet: *Verlaß mich nicht, eh ich dieser Generation Stärke und allen folgenden Macht bewiesen habe.* Und dein Gebet lautet: *Rette mich aus den Niederungen der Erde.*

Du nimmst die Schallplatte vom Plattenteller. Du kannst den Sound dieses neuen Albums nicht ausstehen. Das ganze Album klingt nach Spott mit irgend etwas Häßlichem, das in dem Klanggemisch heult.

Als die Produktionsverträge für das Album ausgearbeitet

wurden, sagtest du dem Produzenten: »Sorgen Sie für einen Hit. Das ist alles.«

Du meintest das nicht im Scherz.

Du nimmst Musik auf, die dir nicht mehr gefällt. Deine Musik ist nicht mehr Ausdruck deiner Stimmung. Du bist zur Simulantin geworden. Du lernst jedes Flüstern und Seufzen auswendig und gibst es perfekt wieder. Früher war deine Musik um Stimmen arrangiert. Du mußtest damals einfach singen, weil das einzige, was du hattest, um ein Publikum zu erreichen, der Klang war, den deine Seele in deinem Körper hervorbrachte. Du konntest dich nicht hinter Arrangements, Haute-couture-Kostümen und raffinierten Effekten verstecken. Es hätte dich das Leben gekostet, auf der Bühne des »Apollo« oder des »Uptown« zu stehen und etwas singen zu wollen, zu dem du nicht stehen konntest. Das schwarze Publikum dort hätte dich in Stücke gerissen.

Du kamst auf diese Bühnen, zerkratztest den Boden mit deinen Zweidollarstück-hohen Absätzen und versuchtest in einem zu engen, nach einem Simplicity-Schnittmuster genähten Kleid zu tanzen. Sie interessierten sich nicht für dein Lächeln oder den Schwung deiner leuchtend kastanienfarbenen Perücke. Sie waren voller Erwartung. Du warst nackt für sie. Sie waren nah genug, dir geradewegs in die Augen zu schauen, und sie waren bereit, dich zu tragen, aber du mußtest ihnen dein Herz offenbaren. Du hättest es dir mitten aus der Brust gerissen, wenn es darum ging, ein Gefühl aufzupeitschen. Sie baten um Vergebung für deine Seele, während du da oben warst. Dein Gesicht war verzerrt von dem tiefen Schmerz und der Liebe, die dich durchfluteten. Du hörtest nicht auf zu tanzen und zu singen, bis du durchdrungen warst von einer Macht, die die unendlichen Meereswellen hin und her wirft. Bis dir die Tränen übers Gesicht strömten und deine Hände den Segen der Erlösung und Blutvergebung spendeten.

Du wünschst, du könntest noch einmal jene Tränen weinen. Vielleicht würden sie die Jahre hinwegwaschen, die dich immer weiter von deinem Publikum und deinem Gesang entfernt haben. Heute spielst du um das große Geld. Dein Publikum schaut deinen Aufführungen zumeist auf riesigen Videoschirmen zu, die um die Arena aufgestellt sind, oder durch Ferngläser, oder es sieht dich nur als ein diffuses Licht mitten in einem dunklen Stadion.

Du bist eine strahlende Lichtquelle geworden.

Was deine Schallplatten betrifft, kommt deine Stimme heute in mißtönenden Melodien und computer-programmiertem Krach getarnt daher, damit selbst das Hirn erreicht wird, das auf die makabre Flamme einer Drogenpfeife fixiert ist.

Deine Stimme leidet unter der Belastung von Zigaretten und Isolation. Deine Stimme ist von deinem eigenen Zorn und Staunen gedämpft. Du vermagst in deinen Pop-Songs nicht mehr auszudrücken, was du erlebt und gesehen hast. Doch deine Schallplatten verkaufen sich noch immer, als wären sie von einem diabolischen Charme erfüllt.

Irgend etwas sticht dir in die Hand. Die Zigarette ist bis zum Fingerzwischenraum runtergebrannt. Du schnippst sie weg, als wäre sie eine Wespe. Es dauert einen Augenblick, ehe du merkst, daß es nur ein brennender Zigarettenstummel ist, und du hebst ihn vom Teppich auf.

Als du wegen der Zigarette auf dem Boden kniest, spürst du einen leichten Anfall von Übelkeit, dann Erschöpfung. Du stößt dir den Arm am Teetisch an und fällst mit einem Seufzer wieder auf die Seite. Dein Haar streicht dir übers Gesicht, als es zurückfällt. Du streckst dich auf dem Rücken aus, hältst dir den Magen, dann den Kopf. Dir ist heiß. Du hast das Gefühl, dein Kopf zerspringt gleich. Dein Gebet lautet: *Ich kann nicht hier sterben. Nicht jetzt. Nicht hier allein ohne jemanden, der mich liebt und mich kennt. Laß mich nicht sterben, eh ich in meinem sicheren Hafen bin.* Deine Augen rollen zurück und schauen an die Decke. Die Decke sieht so weit weg aus – eine stumme, grellweiße Welt über deinem Kopf.

Du befiehlst dir zu atmen. Du versuchst, dich auf deinen Atem zu konzentrieren. Du atmest kräftig und entschlossen durch, hörst, wie die Luft durch deinen Mund ein- und ausströmt, bis du ganz Atem bist, ganz Luft. Feuer und Schwefel fallen von Wänden und Decke. Zuerst fängt dein Gehirn Feuer.

Dann deine Haut. Du weinst und schwitzt. Dein Kopf pocht und zerbirst in brennende Asche. Dir ist so unerträglich heiß. Deine Kleider fangen Feuer an deiner Haut.

Dein Körper brennt und rollt über den Boden.

Du atmest weiter. Die ganze Zeit am Boden atmet deine Seele weiter und schaut zu.

Du erinnerst dich deiner selbst, als das Feuer verschwindet. Du bist erhaben, unabhängig, einzig und selbständig.

Niemand hat dein Geheimnis durchschaut.

Dann beginnen die Wasser deines Geistes loszubrechen. Du steigst über die Terrassen eines Berges hinab, um die Wellen zu grüßen. Du bist die Meer-Hexe, der Spiegel des Himmels.

Der Wind erfrischt dich, salbt dir Schultern, Hals und Gesicht. Der Wind bringt Düfte aus Afrika und der Karibik, aus Newark, Haiti und New Orleans – überall rauscht dein Volk mit seinen Gerüchen und Stimmen im Strom des Lebens. Sogar die Stimme ihres Lachens und der Geruch ihrer Angst. Gerüche ihres würzigen Essens und der Tanz ihrer Wiedergeburt. Der Wind ist erfüllt von ihren Stimmen, die miteinander flüstern.

Wenn die Wasser losbrechen, sprengen sie die Grenzen des Meeres. Sie nehmen die Küste ein. Und mit ihnen brechen die herrlichen Wasser deines Schmerzes los. Die Wasser werfen dich herum wie ein schlingerndes Schiff. Du schaukelst und schlingerst. Du wirfst dich herum. Du tauchst hinab. Du ertrinkst im Smaragdwasser. Smaragde und seltene Rubine sind im Schaum des Meeres. Die Smaragde sind dein Blutstolz und die Rubine deine Blutschuld. Du stürzt auf den Meeresboden.

Die Wucht des Sturzes erschüttert deinen Verstand und verschlägt deiner Seele den Atem. Du liegst stundenlang auf dem wäßrigen Boden, bewußtlos, Engel und Dämonen im Streit darum, dich fortzutragen.

Plötzlich kehrt der Atem in deinen Körper zurück, mit einem Summen, als würde eine ganze Stadt nach einem Stromausfall wieder Elektrizität haben.

Du erhebst dich einfach.

Langsam richtest du dich vom Boden auf und merkst, daß du wieder im Wohnzimmer bist.

Du bist die ganze Zeit in diesem Zimmer gewesen.

Du erhebst dich. Unfehlbar wie der Morgenstern. Deine Bewegungen sind anmutig abgestimmt wie die eines Drachens.

Du drehst dich um und hörst, wie der Gästeaufzug sich in einem entfernten Zimmer öffnet, als deine ersten Essensgäste ankommen.

Übersetzt von Barbara von Bechtolsheim

BECKY BIRTHA

Johnnieruth

Sommer. Abends. Dampfhitze is kein Ausdruck. Die ganze Stadt wien Badezimmer, wenn einer drinne is und sich duscht und die Tür zu hat. Kann keiner schlafen an som Abend. Sin alle draußen, auf ihren Treppenstufen am Sitzen oder schleppen die halbe Einrichtung raus aufm Gehweg – Küchenstühle, Klapptische – sogar die Fernseher schaffense raus.

Fraunsleute, hauptsächlich. Die erwachsnen Fraun bei mir rum sehn alle gleich aus. Sin alle dick – stämmig. Ham Mordsbusen und Mordshüften und fette Beine, und ham immer ausgelatschte Hausschuhe an und sone formlose, geblümte Dinger mit Knöpfe vorne runter. Außer Sonntag. Sonntag morgens verwandelnse sich alle in Modepuppen mit sone Mordshüte und lange Handschuhe und spillerige hohe Hacken und ihre Figurn ganz dünn in sone enge Hüfthalter – ahnt ja keiner, wiese die übrige Zeit aussehn.

Wie ich klein war, wolltich nich erwachsen wern, alles, bloß nich so aussehn wie diese Damen. Einmal hab ich Miz Jenkins weiter unten an der Straße sagen hörn, ihr wärs egal, dasse fett is, dann tät ihr Mann nämlich nich so eifersüchtig werden. Gäb mehr wie eine Art, wie man nen Mann halten kann, sachtse. Was ich bin, ich denk nich dran und will kein Mann halten. Hab sowieso nie kapiert, warum die so gefragt sin, wo ne Frau sich doch scheints nix von den' versprechen kann, als wie in eim fort Babys kriegen.

Wir ham genug Kinder in meim Viertel. Im Sommer dürfen sogar die klein Gören abends bis elf oder zwölf aufbleiben – spielen auf der Straße und krakeeln und toben rum –, sin scheints nich müde zu kriegen. Schert sich keiner drum, solange wiese sich nich zanken.

Ich – ich hock auf kein Stufen vor keim Haus mehr rum. An som heißen Abend hol ich mir mein Zehngangrad und bin weg.

Mach ich lieber wie alles andre auf der ganzen Welt. Den Wind im Gesicht spürn, wo mich kühlt wie ne Klimaanlage, und durch die Gegend schießen wien Schneeball. Mein Rad leicht wien Drachen. Ich krieg ganz schön Fahrt drauf.

Alle Burschen bei mir rum ham Zehngangräder. Paar Mädchen ham auch welche, aber die fahrn nich abends damit spazieren. Strampeln tagsüber bißchen rum, aber abends hokkense bloß vorm Haus rum, gucken den Hosenmätzen zu und nehm n Mund voll. Ich hab mir doch mein Peugeot nich als Konversationsgegenstand angeschafft.

Meine Mama hat was dagegen, wenn ich abends rumfahr. Wolltse neulich drauf aufmerksam machen, daß sie noch nie nix gesagt hat, wenn meine Brüder losziehn, und dabei is Vincent ein Jahr jünger wie ich. (Langston is auch bloß zwei Jahre älter, im Fall »Altsein« das Problem wär.) Se sach, »Das is was andres, Johnnieruth. Du bistn Mädchen.« Wüßt ja gern mal, wie irgendwer das merken will. Ich bin dünn wiene Messerschneide, und ich zieh nie was andres an als wie Bluejeans und ne Wrangler Jacke. Aber wenn ich ihr damit komm, fängtse bestimmt an, vonwegen ich soll mich mehr wiene junge Dame benehm, und vierzehn wär alt genug, daß ich mehr Wert auf mein Aussehn leg, und sie tät sich schäm, wennse zugeben muß, daß ich ihre Tochter bin. Ich sach ihr einfach, mein Rad fährt so schnell, daß mich kaum einer erkennen kann, und selbst wenners tät, könnter mich nich einholn. Mama beklagt sich bei ihren Freundinn, ich wär so wild, und sie tät nich fertig werden mit mir. Ich tät eh machen, was ich will, egal, was sie sach. Dabei weiß se ganz genau, ich mach kein Ärger.

Wie manche von den Jungs, wo ich weiß, se ham ihre Räder geklaut, aber so was hab ich nie gemacht. Ich war mein Geld am Sparen, seit ich denken kann, immer wenn ich aus irgendwem n Nickel oder n Dime hab rausquetschen könn.

Wie ich klein war, kam man schlecht an Geld ran. Einzichste, wose eim was gegeben ham, war Sonntag morgens, und dann mußtenwers in die Kollekte tun. Hat mir gar nich gepaßt. Hat mir eigentlich alles nich gepaßt, was mit Sonntagmorgen zu tun hat. Mußt immer sone Kleider mit Rüschen anziehn. Im Winter so glänziges glattes Zeug, was jedesmal n Geräusch macht, wemman sein Hintern auf diese harte alte Bänke n Zentimeter bewegt. Und im Sommer dies kratzige gestärkte Zeugs mit so kratzige Petticoats unten drunter. Mußt immer ne Handtasche mitnehmen und so glänzige Schuhe anziehn. Und die Kirche, wo wir immer hingegangen sin, war ganz weit weg, drüben an der Summit Avenue, und die ganze bescheuerte Nachbarschaft konnt ein ganz genau ankucken. Wenigstens warn die andern Kinder auch so angezogen. Die Jungs mein, se wärn fein raus, weilse lange Hosen anziehn dürfen, aber müssen doch weiße Hemden und Krawatten anziehn; un trotzdem dasse sone doofe Hüte aufsetzen müssen, könnse ihre Glatzköpfe nich verstekken, müssen ja in der Kirche n Hut abnehm.

Da war mal ein Sonntag, ich muß so um die acht gewesen sein. Bevor meine Schwester Corletta geborn war, das weiß ich noch gut, damals hab ich mich nämlich auf die Hinterbeine gestellt wegen dies ganze scheinheilige Getue. Jedenfalls war ich hinter Mama und Vincent her am Zuckeln, die Twenty-fifth-Street lang, wie ich auf einmal diese Dame gewahr werd. Ich habse bloß das eine Mal gesehn, aber ich kann mich noch genau erinnern, wiese ausgesehn hat. So was wie die hatt ich mein Lebtag noch nich gesehn. Ich merk gleich, die is nich von hier. Die ist wirklich spillerig. Aber auch wieder keine richtige junge Frau. Könnt so alt sein wie meine Mama. Aber die hier is bestimmt von niemand keine Mama. Und hat keine Sonntagssachen an. Bluejeans hatse an und n grobes blaues Männerhemd, wo n Zipfel von raushängt. Ihre Bluejeans ham Flicken, und trotzdem recktse ihr Kinn vor, wie wennse irgendsone afrikanische Fürstin wär. Hat auch keine glänzige Handtasche nich dabei. Sieht so aus, wie wenns ihr nix ausmachen tät, obse Geld dabei hat oder nich, oder ob wer merkt, daß sie keins hat. Hat auch keine Hausschuhe und keine Strümpfe und keine hohe Hacken nich an, weder noch.

Mama redt sonst immer mit allen Leuten, aber wiese an diese Dame vorbeigeht, tutse, wie wennsese nichmal nich gesehn hätt. Aber ich seh ganz genau hin, und die Dame kuck einfach zurück. Machtn komisches Gesicht, fast wie wennse mich von irgendwoher kennen tät. Wiese vorbei war, hab ich mich umdrehn müssen und nochmal hinkucken, trotzdem daß Mama sach, es is unhöflich. Und wißter was? Sie dreht sich auch um und kuck mich an. Und tut mich anlächeln, ganz breit.

Hab ja noch nich viel Ahnung gehabt zu der Zeit, aber damals is mir zum erstenmal der Gedanke gekomm, es muß auch ne andre Lebensart geben, als wie die Leute bei mir rum haben. Muß Gegenden geben, wo keiner was drauf geben tut, ob man Sonntag morgens fein angezogen is oder nich. So isses auch gekomm, daß ich mit Geldsparen angefang hab. Daß ich weggehn kann, irgendso wohin, wenn ich genug hab.

Nach ner Weile hab ich kapiert, es hat kein Zweck, auf Almosen warten, un hab mir überlegt, wie ich mir mein eignes Geld verdien kann. Hatt schon seit eh und je Besorgungen gemacht für andere – Briefe auf die Post bring für Grandma Whittaker und im Laden an der Ecke Zigaretten und Zeitungen holen für alle. Wie ich größer war, hab ich angefang mit Autowaschen im Sommer und mit Schneeschippen bei Leuten vorm Haus im Winter. Jetzt hab ich mir ne Runde zum Zeitungaustragen zugelegt. Is hier rum noch nie dagewesen, n Mädchen mit ner Zeitungsrunde, aber ich nehm an, ham inzwischen alle spitzgekriegt, daß ich nie sein wer wie die andern.

Mein Peugeot hab ich mir angeschafft, daß ich die Umgebung erkunden kann. Ich hab mir gedacht, ich fang lieber jetzt schon an und seh mich um, damit ich genau weiß, wo ich hinwill, wenn ich mal groß bin. Drum radel ich bei jeder Gelegenheit rum.

Letzten Sommer bin ich viel mit Jungs rumgefahrn. Manchmal sin wir zu acht oder zu zehnt mitnander durch die Straßen gegondelt. Mit einmal findt meine Mama, sie hat was dagegen, daß ich das mach. Sie sach, ich bin zu alt, daß ich mich noch so viel mit Jungs abgeben tu. (Mal sagense so, mal machen se sich wieder Sorgen, weil du dich nich bißchen mehr für Jungs interessiern tus. Nich grade logisch.) Ihr wärs lieber, wenn ich paar Freundinnen hätt, aber irgendwie passen die Sachen, was die Mädchen so machen, scheints nie zu mir. Ich hab immer gedacht, ich paß besser zu Jungs.

Aber dann hab ich gemerkt, daß Mama ausnahmsweise mal recht haben kann. Hat mir nich gefallen, wie die Jungs jetzt manchmal über Mädchen am Reden sin. Vonwegen wie irgendn Mädchen vom Hals abwärts is, und die ganze Zeit irgendwem mit Wörter an die Wäsche gehn und so. Trotzdem daß ich mit keins von diese Mädchen befreundet war, hats mir nich gefallen. Drum gurk ich jetzt meistens alleine rum. Und das paßt Mama auch wieder nich – man kanns ihr einfach nich recht machen.

Ein Junge, wo um die Ecke an der North Street wohnt, der Kenny Henderson, fing mal an, vonwegen ob ich mich nie einsam fühlen tät, weil er mich immer alleine sieht. Ob ich nich gern wen hätt für zum Ausgehn und so Zeug, sachter. Der hat mir grade noch gefehlt! Hätt ihn am liebsten ausgelacht. Klar, tu ich mich einsam fühln, ganz oft, aber das erzähl ich niemand. Und ich hab bisher noch kein kenngelernt, wo ich wirklich lieber mit zusammen wär als wie mit mir selber. Später mal. Wenn ich die Gegend gefunden hab, wo alle anders sin, find ich auch jemand, wo ich mich mit anfreunden kann. Und das wird kein dummer Junge nich sein.

Eine Gegend hab ich schon gefunden, wo ich mordsgerne hinfahr. Is gar nich mal so weit weg – mitm Rad –, aber is auf der andern Seite von der großen Avenue. Drum erzähl ich Mama und den allen nich, daß ich da hinfahr, weil die am liebsten hätten, daß ich irgendwo gleich um die Ecke wär. Aber is mir zu langweilig, unser Viertel. Alle Häuser sehn gleich aus – keine Verandas, keine Gärten, keine Bäume – nichmal keine Parks hier rum. Eine Straße sieht dermaßen ähnlich aus wie die andre, daß eim die Augen allein schon vom Hinkucken nach ner Weile wehtun. Und da fahr ich eben über die Summit Avenue rüber und dann den steilen Berg auf der andern Seite runter, und unten fahr ich scharf nach rechts und dann über die Eisenbahnbrücke rüber. Dann radel ich die Allee lang, da isses am schönsten, die ganzen großen Bäume wien Tunnel und im Gebüsch die Glühwürmchen am Leuchten. Wo die Allee zu Ende is, kommt man in den Stadtteil, wo Plaza heißt.

Is so was wien kleiner Park – die Gehwege ganz mit Backsteine gepflastert, und überall hamse Blumen angepflanzt. Dieselben, was meine Mama vorne, vorm Haus in som bemalten Autoreifen zieht, dasses wien Ziergarten aussehn soll – kommt mir bloß so vor, wie wenn die hier süßer riechen. Genau in der Mitte isn riesig hoher Springbrunnen, und die Straßenlampen sin so schön altmodisch. Diese Plaza is, glaub ich, die schönste Gegend, wo ich je gewesen bin.

Manchmal is dort was los. N Orchester Musik am Spielen oder irgend n Mann oder ne Frau am Singen. Einmal gabs ne Vorstellung, da ham paar Mädchen irgendsone fremde Tänze aufgeführt. Sahn aus, wie wennse ungefähr gleich alt wärn wie ich. Hatten sone raffinierte Kostüme an mit bunte Bänder n ganzen Rücken runter. Ich tät so was nich anziehn, aber sah wirklich hübsch aus, wennse am Tanzen warn.

Ich hab mir ne Bank in einer Ecke ausgekuckt, wo ich mich am liebsten hinsetz, und von wo ich so gut wie alles sehen kann, ohne daß wer merkt, daß ich da bin. Ich sitz gern bloß so da und denk nach, und ich tu die Leute gern beobachten. Abends komm immer ne Menge Leute hin – die Vorstellungen ankucken und so, oder einfach rumbummeln und sich abkühlen. Alle möglichen Leute.

Den ein Abend, wie ich drüben in der Ecke am Sitzen bin, wo ich mich immer hin verzieh, da stand sone Dame direkt neben meiner Bank. Die meiste Zeit standse mitm Rücken zu mir und hat nich gemerkt, daß ich da war, aber ich habse sehr gut sehn könn. Hatte son glänziges feuerrotes Hemd an und etwa ne Million Silberarmreifen. Hat mir irgendwie gefallen, wiese ausgesehen hat. Bißchen exotisch, wie wennse vielleicht aus Kalifornien oder von soner Insel käm. Irgendwie toll – wiese so dastand, aufrecht, die Arme verschränkt. Geht n Stückchen weit weg. Dreht sich um und kommt wieder zurück. Wie wennse auf jemand am Warten wär.

Dann seh ich son Typ rüberkomm. Habn heimlich den ganzen Weg über die Plaza mitn Augen verfolgt. Wirklich schick.

Hatn dreiteiligen Anzug an. Sone kleine Kappe schräg aufm Kopf. Sieht nach Leder aus. Kommt direkt auf diese Dame zu, was ich am Beobachten bin, und dann siehtsen auch und fängt zum Lächeln an, tut sich aber nich vom Fleck rührn, bis er ganz dicht bei ihr is. Ich will grade wegkucken, weil ich nich mitansehn kann, wenn Leute sich umarmen und küssen, aber auf einmal merk ich, es is gar kein Typ. Es is auch ne Dame.

Jetzt kann ich gar nich mehr wegkucken. Sie sin am Lächeln, wie wennse sich zehn Jahre nich mehr gesehn hätten. Dann kuck sich die im roten Hemd ganz schnell um – aber se kuck nicht direkt hinter sich – und zieht die andre nach hier hinten, wo ich sitz, und dann tunse sich umarmen und küssen – ganz lang. Ich weiß, jetzt solltich wirklich wegkucken, aber ich kann nich. Und ich weiß, sie wern mich sehn, wennse endlich die Augen aufmachen. Tunse auch.

Beidn verschlägts irngwie n Atem, se fahrn zurück, wie wenn ich n Ungeheuer wär, was eben von ganz tief hochgekommen is. Aber dann merkense, ich bin bloß n Mädchen, und sie kucken sich an – und fangen am Lachen! Dann drehnse sich einfach um und gehn weg, wie wenn nix dabei wär. Aber eh se weg sin, kuckense sich beide nochmal um und sehn, daß meine Augenmuskeln und meine Kiefermuskeln noch nich wieder richtig funktioniern. Und die eine Dame tut mir zuzwinkern. Und die andre sach, »Bis später.«

Ich kanns nich lassen, ich muß den beiden hinterherkucken, den ganzen Weg über die Plaza. Und dann auf einmal is mir, als müßt ich was machen, müßt mich bewegen.

Ich radel raus ausm Park und seh bloß zu, daß ich Fahrt draufkrieg. Weil – ich weiß gar nich, was ich denken soll. Die beiden Fraun am Küssen und dann, wiese ertappt werden, bloß am Lachen. Und da muß ich auch lachen, einfach so, ohne Grund. Ich segel die Allee lang und bin am Lachen wiene Irre, und dann sing ich aus vollem Hals. Und den ollen Berg zur Summit Avenue rauftrampeln geht leicht wie Aufzug fahrn.

Übersetzt von Barbara Henninges

DAVID BRADLEY
Fahrt nach Chaneysville

Manchmal kann man die Leitung hören, hören wie sie sich über die Meilen dehnt, unter ihrem eigenen Gewicht heult, vor Kälte weint, wie sie angesichts der Entfernung keucht, wie die Geisterstimmen der Gespräche anderer Leute in ihr summen. Man kann sie nicht immer hören – nur manchmal; wenn tiefe Nacht herrscht und das Geräusch der Telephonklingel unruhigen Schlaf zerreißt; wenn du zitternd daliegst und den kalten Kunststoffhörer fest ans Ohr gepreßt hältst. Dann, wenn dein rasselnder Atem leiser und dein trommelnder Herzschlag langsamer wird, kannst du die Leitung hören, wie sie heult, weint, keucht, summt, stöhnt, als wäre sie lebendig.

»John?« sagte sie. Sie hatte es schon mal gesagt, gleich nachdem sie es mir ausgerichtet hatte, aber da hatte ich nichts gesagt, nicht einmal zur Antwort gegrunzt, deshalb hatte ihre Stimme jetzt eine gewisse Schärfe. »John, hast du mich gehört?«

»Ich hab dich gehört«, sagte ich. Ich ließ es damit gut sein, blieb liegen und lauschte in die Leitung.

»Gut«, sagte sie schließlich. Mehr würde sie nicht sagen, das wußte ich.

»Wenn er wirklich so krank ist, sollte er sich ins Krankenhaus legen.«

»Dann komm und schaff ihn hin. Der Mann fragt nach *dir*, John; kommst du oder kommst du nicht?«

Ich lauschte in die Leitung.

»*John.*« Diesmal mit echter Schärfe.

»Sag ihm, morgen früh bin ich da«, sagte ich.

»Das kannst du ihm selber sagen«, sagte sie. »Ich geh da nicht rüber.«

»Wer ist denn bei ihm gewesen?« fragte ich, aber sie hatte schon aufgelegt.

Doch ich legte noch nicht auf. Noch nicht gleich. Statt dessen blieb ich zitternd liegen und lauschte in die leere Leitung.

Judith wachte auf, als ich den Kaffee kochte. Sie hatte trotz des Lärms, den ich beim Duschen, Rasieren und Packen gemacht hatte, weitergeschlafen – sie würde auch das Jüngste Gericht verschlafen, es sei denn Gabriels Posaune wäre von Kaffeeduft begleitet. Als sie in die Küche kam, rieb sie sich den Schlaf mit beiden Fäusten aus den Augen. Ihr Bademantel hing offen über einem abgetragenen Flanellnachthemd, das ein Stückchen Brust freigab, so zerrissen war es. Sie schob sich mit einem verdrießlichen Hüftschwung einen Stuhl vom Tisch, setzte sich drauf und ließ die Hände sinken, wobei sie mit der einen Hand den Morgenmantel festzog und mit der anderen nach dem Becher Kaffee griff, den ich ihr eingeschenkt hatte. Sie stürzte den Kaffee ohne Milch und Zucker runter. Ich setzte mich an die andere Tischseite, rührte Sahne in meinen Kaffee, nippte. Ich hatte ihn stark gemacht, um mich wachzuhalten. Er schmeckte mir gar nicht.

»Telephon«, sagte Judith. So redet sie immer, wenn sie noch nicht ganz wach ist: ein-Wort-Sätze, und gnade dir Gott, wenn du nicht dahinterkommst, was sie meint.

»Man glaubt allgemein, daß das Telephon von Alexander Graham Bell erfunden worden ist, einem nach Kanada ausgewanderten Schotten. Allerdings herrschen Zweifel darüber, wer wirklich der erste war – es experimentierten damals mehrere Leute mit ähnlichen Geräten. Bell war der erste, dem es gelang, ein erkennbares Geräusch zu übermitteln, das Schnarren einer Uhrfeder, irgendwann Anfang 1876, und den ersten ganzen Satz übermittelte er am 10. März 1876. Die entsprechenden Patente ließ er 1876 und 1877 registrieren.«

Judith trank noch einen großen Schluck Kaffee und sah mich mit leicht zusammengekniffenen Augen an.

»Der Ausbau des Telephonnetzes wurde in den USA und in Großbritannien durch die große Zahl der konkurrierenden Firmen verzögert, deren Netze inkompatibel waren und nur bestimmte Gebiete abdeckten. Dieses Problem löste man in England durch die allmähliche Verstaatlichung des Netzes und in Amerika durch die Einrichtung eines Monopols, das unter strenger staatlicher Kontrolle arbeitet. Das weist auf unterschiedliche ökonomische Denkweisen in den beiden Ländern hin, die auch heute noch existieren.«

Sie sah mich bloß an.

»Erheblich beschleunigt wurde der Ausbau des Telephonnetzes durch die Erfindung des elektromechanischen Wahlschalters von Almon B. Strowger, einem Unternehmer aus Kansas City, 1899.«

»John«, sagte sie.

»Ich wollte dich nicht aufwecken.«

»Wenn du mich nicht hättest wecken wollen, hättest du Nescafé gemacht.«

Ich seufzte. »Jack ist krank. Müßte ins Krankenhaus, will nicht. Will mich.« Ich merkte plötzlich, daß ich wie Judith redete, wenn sie noch nicht ganz wach ist.

»Jack?« fragte sie. »Der alte Mann mit den Geschichten?«

»Der alte Mann mit den Geschichten.«

»Also lebt er wirklich –«

Ich sah sie an. »Natürlich lebt er da. Was hast du denn gedacht, daß er den Winter in Florida verbringt?«

»Ich hab gedacht, du hast ihn dir ausgedacht.«

»Ich denk mir nichts aus«, sagte ich.

»Reg dich nicht auf, John«, sagte sie. »Das liegt nur an der Art, wie du über ihn geredet hast, da war er wie eine Legende. Ich hätte gedacht, daß er unverwüstlich wäre. Oder eine Lüge.«

»Ja«, sagte ich, »genau das ist er: eine alte, unverwüstliche Lüge. Die nicht ins Krankenhaus will.« Ich hob die Tasse an den Mund, mußte aber an die Toilette im Bus denken, und besann mich eines Besseren.

»John?« sagte sie.

»Was?«

»Mußt du fahren?«

»Er hat nach mir gefragt«, sagte ich.

Sie sah mich unverwandt an und sagte kein Wort.

»Ja«, sagte ich. »Ich muß.«

Dann stand ich auf und ging ins Wohnzimmer und öffnete den Schrank, in dem wir die alkoholischen Getränke haben. Es war nicht viel da: eine Flasche Dry Sack und eine Flasche Weinbrand, die Judith unbedingt für Besuch dahaben wollte, obwohl sie nie was trank und wir nie Leute einluden. Früher hatten wir mal einen ordentlichen Bourbonvorrat gehabt, 50,5prozentigen Wild Turkey, aber der war auf eine einzige Flasche geschrumpft, die schon so lange im Schrank stand, daß sie Staub angesetzt hatte. Ich holte die Flasche heraus und wischte den Staub ab.

Ich hörte, daß sie aus der Küche hinter mir herkam. Sie sagte nichts.

Ich langte nach hinten in den Schrank und tastete herum bis ich den Flachmann fand, ein wunderhübsches, antikes Stück aus Zinn, das ich mir mal selber geschenkt hatte. Er war ebenfalls eingestaubt.

»Willst du drüber reden?« fragte sie.

»Was gibt's dazu zu sagen?« fragte ich. Ich füllte den Flachmann voll.

»Ach«, sagte sie, »ich dachte bloß, daß dich vielleicht irgendwas bedrückt.«

»Wie kommst du darauf?« fragte ich.

»Du willst, daß ich nachbohr«, sagte sie. »Du willst, daß ich was dazu sage, daß du wieder anfängst zu trinken ...«

»Ich hab nie aufgehört«, sagte ich.

»Offiziell nicht. Aber du hast längst nicht mehr soviel getrunken. Und du willst, daß ich was Häßliches darüber sage, daß du wieder anfängst. Aber ich tu's nicht.«

»Hast du doch grad.«

Sie gab keine Antwort.

»Es wird kalt da oben in den Bergen«, sagte ich. Ich drehte mich um und sah sie an. »Du weißt nicht, wie kalt es da wird.«

Sie machte den Mund auf, um etwas zu sagen, und besann sich dann eines Besseren. Ich steckte mir den Flachmann in meine Gesäßtasche.

»Wir könnten drüber reden«, bot sie an. »Was immer es ist, das dir zu schaffen macht.«

»Mir macht nichts zu schaffen«, sagte ich, »außer daß ich um Mitternacht auf bin und nicht wieder ins Bett kann.« Ich guckte auf die Uhr. »Außerdem muß ich los.« Ich wandte mich von ihr ab und ging an den Wandschrank, um meinen Mantel zu holen. Sie kam hinterher.

»Eines Tages«, sagte sie, »wirst du mit mir reden. Und wenn es soweit ist, werde ich zuhören. Ich werde dir so verflucht genau zuhören, daß es wehtut.«

Ich sagte nichts; ich holte nur meinen dicken Mantel hervor und sah nach, ob ich meine pelzgefütterten Handschuhe und einen wollenen Schal und eine gestrickte Wollmütze in die Taschen gestopft hatte.

»John?« sagte sie.

»Jaa?«

»Soll ich mitkommen?«

»Was ist mit dem Krankenhaus?« fragte ich.

»Ich kann eine Vertretung finden. Es gibt weiß Gott genug Leute, die mir was schuldig sind. Ich komm morgen, wenn –«

»Nein«, sagte ich.

Sie sagte nichts.

Ich drehte mich um und sah sie an. »Du verstehst das nicht«, sagte ich. »Es ist nicht bloß wie ein Besuch bei Freunden ... Ich kann das nicht erklären.«

»Vergiß es«, sagte sie.

»Hör zu«, sagte ich. »Wenn du mir eine Hilfe sein willst, dann ruf für mich im Institut an. Sag ... sag, es handelt sich um einen Krankheitsfall in der Familie. Für die Vorlesung über Kolonialgeschichte finden sie ohne weiteres jemand – die ist erst Mittwoch. Das Seminar über den Sezessionskrieg kann allein zurechtkommen.«

»Na gut«, sagte sie. »Wie lange ... weißt du wahrscheinlich selber nicht.« Ihre Stimme klang plötzlich ausgesprochen besorgt, was mir sagte, daß ich ziemlich daneben sein mußte. Judith ist Psychiaterin; sie hat schon jede Menge kaputte Leute gesehen, und sie verschwendet nie übertriebene Sorge auf Fälle, die nicht kritisch sind.

Ich lächelte sie an. Es war ein gutes Lächeln, voller Zähne; es hätte die meisten Leute getäuscht. »Aber Schatz«, sagte ich, »ich fahr bloß eine Weile aufs Land, um einen kranken Freund zu besuchen. Nun, wie jeder, der sich mit Untreue zwischen Eheleuten auskennt, weiß, ist ein kranker Freund ein abgelutschter Euphemismus für ein williges Weib. Angesichts der Tatsache, daß wir nicht, wie man so schön sagt, gesetzlich getraut sind, handelt es sich zwar nicht um Ehebruch, aber –«

Judith stieß ein ganz und gar nicht druckfähiges Schimpfwort aus, drehte mich herum und schlang die Arme um mich. Ich spürte ihren Körper sich wie eine Schablone an meinen schmiegen. Ihre Hand glitt über mein Hemd, fand den Spalt an der Knopfleiste und schob sich hindurch bis an die Stelle unten an meinem Bauch, wo mir irgendwie nie warm genug ist. Ich ließ ihre Hand einen Augenblick da liegen, und dann machte ich einen Schritt vor und drehte mich um und nahm sie so fest in die Arme, wie ich konnte. Ich vergrub meine Nase in ihrem Haar, ließ meine Hände die Form ihres Rückens erkunden. Dann hielt ich die Hände still, und wir blieben einfach so stehen, regungslos, so regungslos, daß ich ihr Herz schlagen fühlen konnte, langsam, rhythmisch, regelmäßig. Und dann fühlte ich, wie mein eigener Herzschlag ruhiger wurde. Ich hob das Gesicht aus ihrem Haar und küßte sie. Sie trat einen Schritt zurück und machte mir mit gesenktem Kopf den Reißverschluß am Mantel zu.

»Halt dich warm«, sagte sie.

Der Schlüssel zum Verständnis einer Gesellschaft liegt in der Beobachtung und Analyse des Unbedeutenden und des Banalen. Denn eine der primären Funktionen gesellschaftlicher Institutionen besteht darin, die eigentliche Natur der Gesellschaft zu verschleiern, so daß die Individuen, die den Machtapparat bilden, sich unbelästigt durch die kleinen Nörgeleien des niederen Volkes der Konsolidierung und Vermehrung ihrer Macht widmen können. Gesellschaftliche Institutionen dienen sich gegenseitig als Feigenblätter für ihre Nacktheit – die Kirche rechtfertigt die Handlungen des Staates, der Staat das, was in den Schulen gelehrt wird, die Schulen die Wirtschaftsmagnate, die Wirtschaft die Erklärungen der Kirche. Wirklich durchgreifende Gesellschaften verschleiern die wahre Natur der Operationen, Motive und Ziele aller mit Ausnahme der unbedeutendsten Institutionen, wobei es einigen sogar gelingt, das Gesicht der Gemeindeverwaltung, des Gerichts, des Kultusministeriums und der Handelskammer zu prägen. Doch selbst die effizienteste Gesellschaft verliert an irgendeinem Punkt die Kontrolle; so gelingt es beispielsweise keiner Gesellschaft, die Natur ihrer hygienischen Einrichtungen zu vertuschen. Deshalb sehe man sich, wenn man die Kultur oder die Geschichte eines Volkes zu begreifen sucht, weder die religiösen Prinzipien noch die Regierungsform, weder die Schulcurricula noch die Betriebe an, sondern man betätige die Wasserspülung.

Amerika ist eine Klassengesellschaft, dem naiven Glauben illusionsverhafteter Verfechter der Gleichheit, den aufgeregten Bemühungen törichter Liberaler, den großen Sprüchen hirngeschädigter Politiker zum Trotz. Wer noch Zweifel hat, sehe sich die Toiletten der drei großen öffentlichen amerikanischen Verkehrsmittel für den Fernverkehr an: Flugzeug, Bahn und Bus.

Die Flughäfen Amerikas sind aus Kunststoff und Aluminium gebaut. Sie blitzen mittags in der Sonne und glühen nachts neonfarben. Man erreicht sie bequem mit dem Pkw, Taxi und der »Limousine«. Im Flughafen bekommt der Reisende fast jeden erdenklichen Service; zum Beispiel findet er meist mehrere Bars, wo es guten Bourbon gibt. Die Flugzeuge selbst sind sorgfältig gepflegt und gewartet und mit gut bezahltem, gut ausgebildetem Personal ausgestattet – Piloten (»Kapitäne«), ausgewählt nach Erfahrung und Zuverlässigkeit, Stewardessen, ausgewählt nach Freundlichkeit und Attraktivität. Üblich sind zwei Reiseklassen; in der einen gibt es alle Speisen und Getränke umsonst, in der anderen gibt es umsonst etwas zu essen, und alkoholische Getränke bekommt man zu einem angemessenen Preis. Fluggesellschaften haben Namen, die nach Internationalität schmecken: American, National, United, Trans World, Pan American. Ein Inlandticket kostet im Durchschnitt um die zweihundert Dollar, und gezahlt wird mit Vorliebe mit einer »Prestige«-Kreditkarte – American Express, Diners Club, zur Not mit der Carte Blanche. Die sanitären Anlagen sind sowohl im Flughafen als auch an Bord des Flugzeugs fast immer blitzsauber. Seife, Handtücher und Klopapier sind reichlich vorhanden und werden kostenlos gestellt; an Bord des Flugzeugs gibt es oft sogar umsonst Aftershave und Monatsbinden. Vor allem läßt sich das Wasser anstellen. Die Waschbecken laufen ab. Die Wasserspülung funktioniert. Und sollte das nicht der Fall sein, werden sie schnellstens repariert.

Die Bahnhöfe Amerikas sind aus Ziegelsteinen und Granit gebaut, rauchgeschwärzt und von der Luftverschmutzung in den Städten zerfressen. Ihre trüb erleuchteten, gähnenden Hallen raunen noch von vergangenem Glanz. Sie überspannen die uralte Grenze zwischen den sozialen Klassen – die legendären »Eisenbahnschienen«. Diese Bahnhöfe sind gleichermaßen gut mit dem Pkw und dem öffentlichen Nahverkehr zu erreichen. Sie verfügen selten über mehr als die notwendigsten Serviceeinrichtungen für den Reisenden; haben zum Beispiel selten mehr als eine Bar, und die ist auf den Geschmack der Pendler ausgerichtet – der Bourbon der Hausmarke ist eher billig. Die Züge sind selten sauber. Der Lokführer ist im Gegensatz zur quasimilitärischen Uniform des Piloten mit einem Flanell- oder Arbeitshemd bekleidet, und bei den Schaffnern, die Fahrkarten kontrollieren, anstatt die Fahrgäste zu bedienen, handelt es sich zumeist um ältere Herren; die ästhetische Wirkung ist insgesamt weniger ansprechend als bei Stewardessen im Flugzeug. Es gibt unterschiedliche Reiseklassen, aber worin die Unterschiede tatsächlich bestehen, ist einigermaßen unklar; Speisen und Getränke müssen, sofern sie überhaupt zu bekommen sind, in beiden Klassen bezahlt werden. Es gibt heute nur noch eine Bahngesellschaft, die Personen befördert, und die ist eigentlich graues Staatseigentum mit einem Namen, den sich nur das Kind eines Bürokraten ausgedacht haben kann, das zu klein oder zu dumm war, das Wort »track« richtig zu schreiben – Amtrak. Bevor die Regierung die Personenbeförderung übernommen hat, hatten die Namen der Gesellschaften einen regionalen Klang; sie hießen nicht United oder National, sondern New York Central oder Pennsylvania, und anstelle von Trans World oder Pan American gab es die Southern und die Baltimore & Ohio Linie. Eine Bahnkarte kostet durchschnittlich ungefähr sechzig Dollar, und gezahlt wird meist in bar. Wenn mit Kreditkarten bezahlt wird, dann zumeist mit den Karten der großen Banken (bei denen man in Raten abzahlen kann) und nicht mit Prestige-Karten (bei denen das nicht geht). Die sanitären Einrichtungen im Bahnverkehr sind etwas weniger kultiviert als die im Luftverkehr. Am Bahnhof gibt es gewöhnlich nur eine zentrale Toilette pro Geschlecht, und die wird alles andre als saubergehalten. Gestellt werden theoretisch nur die allernotwendigsten Dinge und praktisch nicht einmal die – ein erfahrener Reisender schaut nach, ob Handtücher da sind, bevor er sich die Hände naß macht. Zu jedem gegebenen Zeitpunkt funktionieren wohl die Hälfte der Klos, die andere Hälfte ist mit Exkrementen und Zigarettenkippen verstopft. Reparaturen lassen eher auf sich warten, als daß sie schnell ausgeführt werden. In jüngerer Zeit hat das erwachende Umweltbewußtsein einen günstigen Einfluß auf den Zustand der sanitären Einrichtungen an Bord der Züge gehabt; die neueren Züge haben Wasserklosetts nach dem Vorbild der Toiletten im Flugzeug. Bis vor gar nicht langer Zeit – noch im letzten Jahrzehnt – war es allerdings üblich, sich des Kots zu entledigen, indem man ihn durch ein Rohr unten am Waggon spülte, wo er zu Boden fiel und dort liegenblieb, bis er durch natürliche Zersetzung verschwand.

Die Busbahnhöfe Amerikas lauern üblicherweise in dem Stadtviertel, wo man am leichtesten an Pornos kommt. Wie die Flughäfen sind sie aus Kunststoff, aber deutlich billigerem Kunststoff gebaut. Man erreicht sie am ehesten mit öffentlichen Verkehrsmitteln oder »Zigeuner«-Taxis; außer in den größten und kleinsten Städten werden sie von gewöhnlichen Taxis gemieden. Serviceeinrichtungen für Reisende gibt es so gut wie gar nicht; anstelle einer Bar gibt es einen Imbiß mit Tresen, wo man (so es einem gelingt, die Aufmerksamkeit der geistesabwesenden Bedienung zu erregen, die gewöhnlich dem Geschlecht der Stewardessen angehört, und die äußere Erscheinung eines Bahnschaffners hat) normalerweise zwischen *Hot-dog-au-Fett* und *Zuckerwasser-on-the-Rocks* wählen kann. Die Busse sind manchmal in gutem Zustand, manchmal nicht, aber immer unbequem. Die Fahrer sehen aus wie pensionierte Trainingspartner von Schwergewichtsboxern, denen es nie gelungen ist und nie gelingen wird, zum Kampf aufgestellt zu werden. Es gibt nur eine einzige Reiseklasse – die vierte. An Bord bekommt man *nichts*; in der Toilette an Bord wird auf einem Schild davor gewarnt, das Wasser zu trinken. Die Busgesellschaften tragen lokale Namen (White River, Hudson Valley) oder die Namen der Besitzer (Martz, Bollman) oder Hundenamen. Eine Fahrkarte kostet durchschnittlich etwa fünfundzwanzig Dollar; die teuerste einfache Fahrkarte zum entferntesten Winkel der USA kostet nicht mehr als achtzig Dollar. Es wird bevorzugt in bar kassiert; wenn wie bei den größeren Busgesellschaften Kreditkarten angenommen werden, dann die Karten der Banken, niemals Prestige-Karten. Die sanitären Einrichtungen entsprechen den übrigen Gegebenheiten. Im Busbahnhof sind die Klos äußerst dürftig; meistens sind sie ganz oder teilweise wegen Reparaturarbeiten geschlossen, die so lange auf sich warten lassen und von so vergänglicher Wirkung sind, daß sie ein Gerücht zu sein scheinen. Die Einrichtung an Bord ist kaum besser. Das Klo, das nicht einmal mit einer Spülung versehen ist, ist nichts als eine Brille auf einem eckigen Metalltank; darunter kann der neugierige – oder vielleicht ist »krank« hier ein passenderes Adjektiv – Reisende die Exkremente der vorherigen Benutzer friedlich umherschwimmen sehen wie tropische Fische im Aquarium.

Die unterschiedlichen durch die sanitären Einrichtungen repräsentierten Zivilisationszustände spiegeln zwangsläufig den Klassenstatus wider, den die Gesellschaft im ganzen gesehen den Fahrgästen zuschreibt. Es ist demnach kein Zufall, daß Flugpassagiere für gewöhnlich gut angezogene Angestellte weißer Hautfarbe sind, während Bahnfahrende (abgesehen von

Pendlern) eher niedrigere Einkommen, billigere Sachen und eine dunklere Hautfarbe haben. Ein nach dem Zufallsprinzip ausgewählter Busreisender wird weitaus eher als ein Bahn- oder Flugzeugreisender ohne Arbeit oder teilzeit- oder geringfügig beschäftigt sein; ohne Kleider oder nur teilweise be- oder billig gekleidet sein; zahlungsunfähig oder nur geringfügig zahlungsfähig; unzurechnungsfähig oder nur teilweise zurechnungsfähig; nicht oder nur anteilsweise weiß sein.

Der Greyhound-Busbahnhof von Philadelphia liegt im Stadtzentrum, ein vorzeitig verfallendes, glücklicherweise unterirdisches Bauwerk, das seine Umgebung nicht verleugnen kann – die Pornofilme an der Straße, die Bowlinghalle auf der einen, den Burger King auf der anderen Seite. Ich stieg anderthalb Blocks vom Busbahnhof aus der U-Bahn, machte einen Spießrutenlauf vorbei an den Zumutungen, die mir Zigeunertaxifahrer, Penner und Huren anboten, und stellte mich in eine Schlange, um eine Fahrkarte in eine Stadt zu kaufen, die auf den meisten Landkarten, wenn überhaupt, nur als kleiner Punkt gekennzeichnet war, eine Stadt, die für ihren Reichtum an Motelzimmern bekannt war.

Leider wird der Ort trotz seiner Funktion als Kreisstadt und Gradmesser der westlichen Expansion nur zweimal am Tag direkt von Bussen angefahren. Wenn du es zu eilig hast, um auf einen davon zu warten, kannst du eine Fahrkarte kaufen und es darauf ankommen lassen, ob sich der Fahrer eines Expreßbusses durch ein Trinkgeld oder Betteln erweichen läßt, einen kurzen, nicht vorgesehenen Stopp auf der Autobahn einzulegen, und von da aus vier Meilen zu Fuß gehen. Ich hatte es eilig. Ich ließ es darauf ankommen. Die Fahrkarte kostete achtzehn Dollar und ein paar Cents.

Dreieinhalb Stunden später bohrte sich mein Bus ein mondhelles Stück Highway hinauf, das Dröhnen des Auspuffs wurde von den Felswänden verstärkt, die zu beiden Seiten der Straße aufragten. Abgesehen vom Bus, war die Schnellstraße leer; vier nackte Spuren, der Zement weiß wie Leukoplast auf den Wunden, die die Baumaschinen in die Berge gerissen hatten. Der Bus fuhr schnell, mit heftigen Bremsungen, wo es bergab ging, und in den Kurven schwankend. Der Fahrer war gut, und er kannte die Strecke; wir kamen schneller voran als im Fahrplan vorgesehen und hatten längst die Gegend erreicht, von wo an mir die Hügel vertraut waren, auch wenn man sie nur im Mondlicht sehen konnte. Nicht daß ich sie zu sehen brauchte; ich kannte die Strecke ebenfalls, konnte an den Kurven und den Unebenheiten erkennen, wo ich war. Ich wußte, daß der Fahrer gleich runterschalten und wir einen langen Berg hinaufkriechen würden und daß die Straße von unten bis oben pfeilgerade war und dann scharf nach rechts abknickte. Ich wußte, daß oben auf dem Kamm eben vor dem Knick ein dicker grauer Felsen kommen würde, der mit Namen und Daten vollgekritzelt war, ein billiges Monument des lokalen Bewußtseins: DAVID LIEBT ANNIE; JAHRGANG '61; MARGO UND DANNY; SCHLAGT DIE BISONS; TIEF IM HERZEN WEISST DU, DASS ER RECHT HAT; SKALPIERT DIE WARRIORS; DIESMAL NIXON WÄHLEN. Danach würde sich die Straße achtzehn Meilen lang wie eine verwundete Schlange auf und ab winden, und dann würde ich da sein, jedenfalls so nahe dran, wie der Bus mich bringen würde.

So lehnte ich mich auf meinem Sitz zurück und nahm noch einen Zug aus meinem Flachmann und guckte aus dem Fenster auf die kiefernschwarzen Berghänge und dachte darüber nach, was es mit dem Zuhause für eine merkwürdige Sache war: ein Ort, wo man hingehörte, und der einem gehört, auch wenn man ihn nicht besonders mag oder will, ein Ort, dem man nicht entkommt, auch wenn man noch so weit oder so schnell wegläuft; und darüber, wie merkwürdig es ist, dahin heimzukehren, und selbst wenn man den Ort gar nicht mag, ja haßt, an dem Punkt einen freudigen Stich zu spüren, wo man aus dem Fenster gucken kann und ohne zu überlegen weiß, wo man ist; wo jede Straßenbiegung etwas zu bedeuten und jeder Hügel einen Namen hat.

Vor uns fuhr ein Lastwagen um die Kurve und einen Augenblick tanzte sein Scheinwerferlicht in der Dunkelheit. Das Geräusch seines Dieselmotors war im Bus über dem Brummen des Motors zu hören, und ich dachte an die Nächte, als ich im Bett gelegen und zugehört hatte, wie die Laster auf den metallbeschlagenen Bremswegen des Highways, brüllend wie wilde unzufriedene Tiere, die steilen Hänge runterbretterten und mir versicherten, daß ich eines Tages dahin aufbrechen würde, wohin sie unterwegs waren, nämlich weg. Bill hatte dasselbe getan, er hatte auch dagelegen und auf die Laster gelauscht. Er hatte mir – allerdings erst Jahre später – erzählt, wie er Nacht für Nacht dagelegen und zum gespenstischen Klang der kreischenden Lastwagenreifen leise die Namen weit entfernter Städte gesungen hatte. Ich hatte es auf meine Art genauso gemacht: Ich fing immer mit der ersten Stadt nach Osten oder nach Westen auf der Schnellstraße an und ging von da aus weiter, indem ich die Namen der Ausfahrten einen nach dem andern vor mich hin sagte, als führe ich dran vorbei. Einmal bin ich bis nach New Jersey gekommen, ehe ich einschlief. Und ich weiß noch, daß ich, als Bill mir von seinem Spiel und ich ihm von meinem erzählte, sein Spiel soviel schöner fand, weil er wieder und wieder in Paris, Hongkong, Tokio und Peking gewesen war, während ich mich abstrampelte, um aus dem Staat herauszukommen. Später fragte ich mich, ob das unser Leben lang so weitergehen würde, daß er von Ort zu Ort flog, während ich mich kriechend fortbewegte und in jedem kleinen Ort Station machte. Ich hatte mit einiger Neugier darauf gewartet, ob es so kommen würde, und war in gewisser Weise bestätigt worden; er ist nach Vietnam geflogen und nicht wiedergekommen, und ich bin, obwohl ich ein paar Sprünge gemacht habe, bloß in Philadelphia gelandet. Und jetzt kam ich zurück, an kleinen Orten vorbei, deren unsägliche Namen ich alle kannte – Bloserville, Heberlig, Dry Run, Burnt Cabins, Wells Tannery, Defiance, Claylick, Plum Run, Buffalo Mills, Dott. Ich saß im Expreßbus, der ohne Halt zwischen Philly und Pittsburgh verkehrte, ich aber hielt hier und da.

Der Lastwagen verschwand hinter uns, ich sah sein Bild noch eine Weile vor mir, und der Bus rollte in ein Tal hinunter und über eine Brücke. Der Bach unter der Brücke hieß Brush Creek und würde um diese Jahreszeit wenig Wasser führen. Die Baumstümpfe würden sichtbar am Ufer emporragen und gurgelnde Vertiefungen in das träge Wasser bohren. Eine halbe Meile flußabwärts in der Nähe des toten Hickorygehölzes war die Stelle, wo ich zu meiner eigenen größten Überraschung meinen ersten Wels gefangen hatte. Der alte Jack hatte mir geholfen, den Köder am Angelhaken zu befestigen, und hatte mir gezeigt, wie man den Fisch vom Haken löst. Und dann hatte er sein Messer genommen und mir gezeigt, wie man den Fisch abschuppt und ausnimmt, und wir hatten ein Feuer gemacht und den Fisch mit Schweineschmalz in einer schwarzen Pfanne gebraten, die er mit dabeihatte. Er hat sich eine Menge Mühe gemacht, und es kann für ihn kaum eine richtige Mahlzeit gewesen sein – es war ein ziemlich kleiner Fisch –, aber er hat gesagt, daß der erste Wels, den ein Junge fange, etwas Besonderes sei, auch wenn er noch so klein sei.

Dann fuhr der Bus am Südhang eines Berges entlang – roher Fels auf der einen, leere Weite auf der anderen Seite. Ich war beinahe da. Ich trank den Flachmann leer, schraubte ihn zu, steckte ihn in die Tasche. Ich zog meinen Rucksack zu mir herüber, zog die Schnüre fest, kontrollierte die Knoten. Dann stand ich auf und begab mich nach vorne. Fünf Minuten später stand ich in der kalten, klaren Gebirgsluft zitternd am Straßenrand und sah zu, wie der Bus sich dröhnend in die Dunkelheit entfernte. Und dann ging ich zu Fuß weiter.

Übersetzt von Karen Nölle-Fischer

WESLEY BROWN

Ich war hier, aber bin verschwunden

1

Manchmal weiß man zuviel über einen Menschen. Manchmal weiß man längst nicht genug. Und manchmal spielt es keine Rolle, was man weiß. Faye sorgte immer dafür, daß ich mehr als genug über sie wußte! Wir lernten uns in der Wohnung eines gemeinsamen Freundes kennen, der in Esplanade Gardens wohnte, mit Blick auf den Harlem River. Als ich sie dann innerhalb derselben Wohnanlage nach Hause begleitete, bat ich sie um ihre Telephonnummer. Sie lehnte sich gegen die Glastür ihres Hauses und beobachtete mich im Lichte meines Wunsches. Ein Muskel in ihrem Gesicht ließ ihren Mundwinkel zucken, der ein spielerisches Gemisch von Irritation und Entzücken zeigte.

»Tyrone, wenn du mich um meine Nummer bittest, nehm ich an, du möchtest sie wählen und nicht bloß damit rumjonglieren. Also, wenn du mich wiedersehen willst, wart nicht zu lang mit dem Anrufen. Im übrigen habe ich einen neunjährigen Sohn namens Cecil.«

Die Irritation um ihre Mundwinkel machte einem Lächeln Platz.

Faye war nicht weniger direkt, als wir das erste Mal miteinander schliefen. Wenn ich die Grenze der Intimität mit einer Frau zum erstenmal überschreite, fühle ich mich nie ganz wohl. Es liegt nicht so sehr daran, daß ich Angst vor Zurückweisung habe, vielmehr möchte ich einfach wissen, was dabei herauskommt, wenn man sich gegenseitig physisch äußerst attraktiv findet. Weil ich nicht dabei ertappt werden möchte, wie ich an meinem eigenen chauvinistischen Schweinehund würge, reagiere ich übertrieben. Als wäre es etwas Schändliches, von der physischen Gegenwart einer Frau erregt zu sein. Aber wie ein Blues-Sänger einmal meinte: »Es mag ein Skandal sein, eine Schande ist es nicht!« Während dieser ersten Male mit einer Frau, wenn man sich der Lust hingibt, höre ich immer das Bedürfnis und die Angst vor dem Bedürfnis durch meinen Genuß sprechen.

Faye und ich bemühten uns in einem wilden Rausch ernsthaft und verlegen, einander mit Mund und Händen zu befriedigen, als sie sich losmachte, meine Hand nahm und mich vom Sofa in ihr Schlafzimmer führte. Wir streiften ab, was von unseren Kleidern noch übrig war, und sie fragte, ob ich Kondome da hätte. Ich sagte nein. Sie hörte auf, sich auszuziehen und verließ das Zimmer. Als sie zurückkam, stießen wir zischend und fluchend alle Zwänge von uns. Während ich mich ihrer Führung anvertraute, erinnerte ich sie daran, daß ich keinen Schutz hatte. Sie sagte, sie habe mich schon verstanden, weshalb sie das Zimmer verlassen hatte, um ihr Diaphragma einzusetzen.

»Du darfst nicht einschlafen, Tyrone«, sagte sie später. »Du mußt gehen, bevor Cecil aufwacht. Er würde nicht verstehen, warum du mit mir im Bett bist.« Faye setzte mich auch davon in Kenntnis, daß ich die Verantwortung für die möglichen Folgen unseres Vergnügens teilen müsse. Sie sagte, sie sei sich klar darüber, daß Präservative früher zwar einen schlechten Ruf hatten, meinte aber, daß wir uns da selber drum kümmern sollten. Natürlich hatte sie recht. Ich hatte nicht verantwortungsbewußt gehandelt. Aber irgend etwas an der Selbstgerechtigkeit, mit der sie darauf hinwies, störte mich.

Wir fingen an, uns häufiger zu sehen und kamen ziemlich gut miteinander aus. Ich bin mir nicht ganz sicher, warum. An dem Abend, als ich Faye kennenlernte, fand ich ihre ganze Art sofort sehr anziehend. Wenn sie sich bewegte, bewunderte ich, wie sie war. Das andere, weshalb wir vielleicht zueinander paßten, mag die Intimität unseres Schweigens gewesen sein. Oft, wenn Cecil abends endlich zusammengeklappt war, erschöpft von all den Tricks, mit denen er Fayes Aufmerksamkeit fesselte, brachte sie ihn ins Bett, und wir wechselten dann den Rest des Abends kein Wort mehr. Ich konnte verstehen, daß Faye die einzigen Stunden des Tages, die ihr gehörten, auskosten wollte. Gewöhnlich las sie, und ich arbeitete an meinen Unterrichtsvorbereitungen für die fünfte Klasse. Sie versicherte mir nie, daß ihr Schweigen nichts mit mir zu tun hatte, und das brauchte ich auch gar nicht.

Eines Samstags abends sollten Faye und ich zu einer Party gehen. Ich holte sie ab, und Cecil machte auf. Er und ich hatten uns während jener ersten Monate vorsichtig beschnuppert. Es war klar, daß er mich zunächst als Eindringling empfand, später dann konnte er meine Gegenwart tolerieren. Sein Mißtrauen war mir auf die Nerven gegangen. Ich drängte mich ihm nicht auf, außer einmal, als ich ein allzu begeistertes Interesse dafür zeigte, wie es bei ihm in der Schule lief. Er antwortete mit mehr als nur gelinder Feindseligkeit: »Ich dachte, du wärst hier, um meine Mutter zu besuchen!« Er hatte alles Recht, wütend über meine Vertraulichkeit zu sein, denn ich sah ihn damals als ein Hindernis und wollte ihn mit meiner Aufmerksamkeit bestechen. Daher war ich erstaunt, als er an jenem Abend anfing, mit mir zu reden.

»Was macht ihr heut abend?«

»Wir gehen zu einer Party.«

»Was macht ihr da?«

»Essen, tanzen und reden.«

»Ist das, wie man spielt, wenn man erwachsen ist?«

»Gewissermaßen.«

»Spielt ihr, wenn du und meine Mutter im Schlafzimmer seid mit der Tür zu?«

»Vermutlich könnte man sagen, daß wir manchmal spielen.«

»Was tut ihr denn?«

»Also, wir zeigen einander, wie sehr wir uns mögen.«

»Was meinst du mit ›zeigen‹?«

»Umarmen. Küssen. So was.«

»Wieso könnt ihr nicht einfach sagen, wie ihr euch mögt, statt zeigen?«

»Weil die Leute eher glauben, daß man sie mag, wenn man es ihnen zeigt, als wenn man es ihnen bloß sagt.«

»Mir sagst du oder zeigst du nie, wie sehr du mich magst.«

»Ich wußte nicht, daß dir das wichtig ist.«

»Ich dachte ja bloß.«

»Ich mag dich wirklich gern, Cecil.«

»Und wann zeigst du mir das?«

»Was machst du denn gern?«

»In den Zoo gehen und Baseball-Gucken. Und so.«

»Bist du sicher, du sagst das nicht nur, weil du es nicht gern hast, daß ich mit deiner Mutter soviel ausgehe?«

»Nee, ich will bloß auch 'n bißchen Spaß haben.«

»Hast du denn keinen Spaß mit deinen Freunden?«

»Klar, aber mit dir eben noch nicht, bisher.«

Faye kam ins Wohnzimmer. Ihrem Gesichtsausdruck nach zu schließen, hatte sie unser Gespräch mitangehört. Sie sagte ihm, sie wolle mit mir allein reden, und daß er gehen und fernsehen könne, bis die Babysitterin käme.

»Wieso grinst du?« fragte ich.

»Ihr beiden kommt ja gut klar miteinander.«

»Das habe ich bemerkt.«

»Gut, laß mich die erste sein, die dir sagt, falls du das nicht bemerkt hast, daß du und ich nicht so gut klarkommen.«

»Wo fehlt's denn?«

»Der Fakt, daß du das nicht weißt, ist Teil des Problems.«

»Faye, willst du einen Krimi draus machen oder willst du mir sagen, was los ist?«

»Hm . . ., ich mag deine Art, die Dinge zu verdrehen und so zu tun, als wär ich diejenige, die rücksichtslos gewesen ist.«

»Ich würde gern mehr Rücksicht zeigen, wenn du erst mal so rücksichtsvoll wärst, mir zu *sagen*, was los ist!«

»Tyrone, daß wir miteinander gehen, heißt nicht, daß du für Cecil und mich irgend etwas tun mußt. Das hab ich dir nie zugemutet. Aber wenn du in meinem Leben eine Rolle spielst, dann solltest du ein bißchen Gefühl für meine Situation haben. Immer wenn wir ausgehen, muß ich die Babysitterin für Cecil bezahlen, und wir gehen ja viel aus. Es sieht nicht so aus, als wär es dir je in den Sinn gekommen, anzubieten, die Sitterin zu bezahlen.«

Sie hatte recht, wie so oft, wenn es um mich ging. Aber was mich störte an Fayes ausgeprägter Fähigkeit, meine Versehen anzuprangern, war ihr ebenso großes Interesse daran, mir ein schlechtes Gewissen zu machen. Wie der Körper Keime braucht, um eine Immunität zu entwickeln, brauchte Faye meine Mängel, um sich vor meinen gewinnenden Eigenschaften zu schützen.

Ich hatte nichts dagegen, trotz meiner Fehler gebraucht zu werden, aber doch nicht wegen ihnen! Ich ärgerte mich über die Häufigkeit und die Zielsicherheit von Fayes Kritik. Statt für mich selbst einzustehen, begann ich, mich an ihren Suchaktionen betreffs meiner niederen Impulse zu beteiligen. Ich fing an, mich unnatürlich zu verhalten – bewußt Dinge nicht zu tun, die ich versprochen hatte. Faye war schockiert von meinem seltsamen Benehmen und sagte mir, es sei meiner unwürdig. Daraufhin wurde ihre beißende Kritik an mir kleinlich, was mich noch mehr ärgerte.

Als das Schuljahr zu Ende war, plante ich, einen Freund zu besuchen, der in San Francisco lebte. Ich erwähnte es beiläufig bei einem Telephongespräch mit Faye, und sofort entdeckte ich eine auffallende Veränderung in ihrer Stimme.

»Ich verstehe«, sagte sie. Ihrem Ton war anzumerken, daß sie verärgert war, weil ich ihr nicht vorgeschlagen hatte, mitzukommen. Ich war fast erleichtert, daß ich sie endlich in einer Weise verletzt hatte, die nicht forciert war. Allerdings fehlte in ihrer Stimme etwas, was sonst immer da war, wenn sie mich ins Gebet nahm. Beide Worte hatten diesen besonderen Ton und zum erstenmal hörte es sich so an, als habe sie sich mit dem abgefunden, was sie an mir ablehnte.

»Du meinst, du möchtest vielleicht mit?«

»Meine Situation ist anders als deine. Falls du es noch nicht bemerkt hast, es gibt noch andere Dinge, die ich berücksichtigen muß, ehe ich irgendwohin fahre, außer ob ich fahren will oder nicht!«

»Gut, vielleicht könnten wir –« Aber mein Satz wurde dadurch unterbrochen, daß Faye den Hörer aufknallte. Ich rief sie sofort zurück, aber sie ging nicht ans Telephon. Ich versuchte, sie am nächsten Tag bei der Arbeit anzurufen, aber wieder wollte sie nicht mit mir reden. An jenem Abend ging ich zu ihrer Wohnung, aber sie weigerte sich, die Tür aufzudrücken und mich reinzulassen. Früher war Faye bereit gewesen, mich auf das, was ich wollte, hinzuweisen, wahrscheinlich weil sie manchmal meine Absichten besser verstand als ich. Aber jetzt hatte ihre Kleinlichkeit, die ich noch dadurch unterstützt hatte, daß ich mich bewußt daneben benahm, sie bis zu einem Punkt erschöpft, wo sie, abgesehen von einem Akt der Härte überhaupt, nichts mehr an mir wahrnehmen konnte oder wollte.

So klar zu sehen, was mit uns passiert war und nichts daran ändern zu können, wurde unerträglich. Eines Tages fuhr ich nach der Schule nach Manhattan rein und stellte mich vor dem Gebäude auf, wo Faye arbeitete. Kurz nach fünf kam sie durch eine Drehtür und ging in die entgegengesetzte Richtung weg. Ich holte sie ein und redete auf sie ein, als wollte ich sie aus dem Schlaf wecken.

»Faye, ich möchte mit dir reden.«

»Du solltest versuchen zuzuhören. Wenn du das tätest, wüßtest du, daß ich dich nicht sehen will!«

»Aber eben das versteh ich nicht, Faye. Warum willst du mich nicht *sehen*? Ich meine *mich wirklich sehen*, wie früher?«

»Weil ich es satt habe, für dich zu beobachten. Ich wünschte, ich hätte dich nicht auf so vieles aufmerksam machen müssen!«

»Ich weiß«, sagte ich mit einer Stimme, in der einzig mitschwang, daß ich akzeptierte, was sie sagte. Mein ungeschminktes Zugeständnis brachte Mitgefühl in Fayes Gesicht, aber nur für einen Augenblick.

»Ich muß gehen«, sagte sie, und sie wandte sich von mir ab und mischte sich unter die Menschenmenge. Ich machte mir nicht die Mühe, ihr hinterherzugehen.

2

Ich hatte das Gefühl, ich schuldete mir die Reise nach Kalifornien, weil sie indirekt für meinen Bruch mit Faye verantwortlich war. Wie hätte ich mich besser an meine Unterlassungssünden erinnern können, als die Reise allein zu unternehmen?

Ich hatte Rudy fast fünf Jahre nicht mehr gesehen. Er hatte New York aus demselben Grund verlassen wie viele Leute, die ich kannte: Reizüberflutung. Wir waren nach dem College-Abschluß 1967 in einem Gemeindeprojekt tätig gewesen. Rudy hatte so unter der Stadt gelitten, daß er New York schließlich verließ, weil er ehrlich glaubte, daß Veränderung möglich sei, angefangen bei ihm selber. Er war viel sensibler als ich gegenüber der Selbstgerechtigkeit vieler Leute, mit denen wir arbeiteten, Leute, denen es wichtiger war, recht zu haben, als daß die Welt sich wandelte. Rudy, der zugab, sich nicht immer seiner Sache sicher zu sein, zahlte teuer dafür, daß er sich diesem Wandel nicht verschloß.

Ich war noch nie in Kalifornien gewesen, hatte aber genug darüber gehört, um auf dem Flug etwas zum Nachdenken zu haben. Die Leute hatten mir erzählt, daß es nicht nur die Zeitverschiebung von drei Stunden sei, die den Unterschied zwischen New York und Kalifornien ausmachte; es war das andere Zeitgefühl. In New York war die Zeit etwas außerhalb von dir. Man mußte mit ihr Schritt halten, um nicht den Kontakt zu sich selbst zu verlieren, wie jemand ohne Fernsehzeitschrift. In Kalifornien war die Zeit einfach da, ein steter Fixpunkt in der Landschaft, wie der San-Andreas-Graben, die Golden-Gate-Brücke und Johnny Carson.

Nach der Landung ging ich durch den riesigen Schlauch, der das Flugzeug mit dem Flughafengebäude verbindet, und in meiner Vorfreude hatte ich das Gefühl, daß meine Nerven mich durchbohren würden wie die Sprungfedern einer kaputten Matratze. Rudy hatte in keinem seiner Briefe erwähnt, daß Alex, die Frau, mit der er lebte, eine Weiße war, was mich überraschte, als ich es von einem gemeinsamen Freund hörte. Es paßte nicht zu Rudy – er hatte sich noch nie davor gescheut, zu seinen Entscheidungen zu stehen und im Zweifel den entsprechenden gesellschaftlichen Preis dafür zu zahlen ...

Ich sah sie, ehe sie mich sahen. Rudy wirkte dünner als ich ihn in Erinnerung hatte; seine Stirn war höher geworden, das Haar ergraut, zweifellos von den Sorgen, die ihn ursprünglich dazu gebracht hatten, nach Kalifornien zu gehen. Typisch, seine Reaktion auf den Tumult um ihn herum machte es ihm unmöglich, mich zu sehen. Die Frau neben Rudy, die wohl Alex sein mußte, hatte offenbar gesehen, wie ich sie anlächelte. Sie stubste ihn an, damit er in meine Richtung blicken sollte.

»Aaah, richtig! Richtig! Scheiße. Verdammt, Tyrone! Wahnsinn!«

»Ich sehe, du bist so wortgewandt wie immer.«

»Scheiße, klar! Wo du recht hast, hast du recht!«

Wir umarmten uns, aber es war peinlich, wie anfangs meistens, wenn man sich wiedersieht. »Hier, das is Alex.«

»Hallo. Schön, dich endlich kennenzulernen«, sagte sie und nahm meine Hand in ihre beiden. Ihr Körper war sehr lang – nicht so sehr groß als vielmehr ausgestreckt, ganz gedehnt, wie der einer Tänzerin.

Rudy und Alex hatten die untere Etage eines Zweifamilienhauses gemietet. Ich betrat eine Welt, die aus Erinnerungen an tausend Erlebnisse bestand: Poster, Weinflaschen, Treibholz, Bücher und Schallplatten, eine riesige Kabelspule, die als Tisch diente. Allerdings zeigte kein einziges Zimmer im Haus einen klaren Hinweis auf irgendeine Erfahrung von Rudy, die mir vertraut gewesen wäre. Gewiß, das Zusammenleben kann den Ausdruck dessen, was zwei Menschen als Individuen sind, verwischen. Aber ich fand nicht eine Stelle im Haus, die besonders von Rudy geprägt war. Ich fragte mich, ob von dem Menschen, den ich gekannt hatte, noch irgend etwas übrig war.

»Also, erzähl, was du so treibst«, sagte ich, als wir uns im Wohnzimmer zum Kaffee setzten.

»Jobmäßig arbeite ich in so einem Naturkost-Restaurant in Berkeley. Ansonsten haben Alex und ich nach Leuten gesucht, mit denen wir zusammensein können, ohne daß wir belästigt werden.«

»Gibt es denn so was?«

»Ja, und zwar hier«, sagte er und tippte sich mit einem Finger an die Schläfe. »Ich habe fast drei Jahre gebraucht, um innerlich dahin zu kommen, wo ich jetzt bin.«

»Und wo ist das?«

»Etwas so tun zu können, wie ich es will, bloß indem ich es denke.«

»Ich bin mir nicht so sicher, ob ich verstehe, was du meinst.«

»Es ist so wie damals, als ich aufgehört habe, Fleisch zu essen. Nach einer Weile hatte mein Körper kein Verlangen mehr danach. Dasselbe ist mit dem ganzen inneren Durcheinander passiert, das ich aus New York mitgebracht habe. Als ich aufgehört hatte, so viel Energie in das Nachdenken über Rassenkonflikt oder den betrüblichen Zustand der Welt im allgemeinen zu stecken, hat mich das alles nicht mehr gestört.«

»Bloß weil du eine gesunde Toleranz gegenüber den Dingen entwickelt hast, die du momentan nicht ändern kannst, heißt das doch nicht, daß die Welt irgendwie anders ist. Es ist doch bloß deine Einstellung, die sich geändert hat.«

»Aber wenn sich meine Einstellung gegenüber den Dingen geändert hat, angefangen mit dem, was ich meinem Körper zuführe, dann folgt daraus, daß Essensgewohnheiten der erste Schritt zu politischer Veränderung sind.«

»Aber ich sehe nicht, wie Essensgewohnheiten Einstellungen verändern können, die derart tief sitzen, daß sich die meisten Leute nicht mal darüber klar sind. Ist das nicht, was du immer gesagt hast – das Bewußtsein muß sich ändern, ehe wirkliche Veränderungen stattfinden können?«

»Stimmt. Das hab ich immer geglaubt. Aber ich bin zu dem Schluß gekommen, daß statt der Veränderung von Bewußtsein viel davon eliminiert werden muß!«

»Ich weiß nicht genau, ob ich dir folgen kann.«

»Ich meine, die meisten Dinge, die uns mitprägen, lassen sich eben nicht ändern. Zu viel wirkt da verstärkend. Daher haben Alex und ich und eine Menge anderer Leute, die wir kennen, einen Weg gefunden, unsere fehlerhaften Anteile, die wir eben nicht ändern können, auszuschalten.«

»Wie denn das?«

»Indem wir mit den Teilen unserer Vergangenheit, die unsere Defekte bewirkt haben, brechen.«

»Bin ich Teil dieser Vergangenheit?«

»Das kommt darauf an, ob du etwas davon mitgebracht hast.« Sein Ton war zwar nicht anklagend, aber sehr direkt. Er unterstellte, daß ich am besten beurteilen konnte, wo unsere gemeinsame Vergangenheit mich in seiner Gegenwart plazierte. Sein Ausdruck erinnerte mich an Faye vor ein paar Tagen, als ich ihr sagte, wieviel es uns gekostet hatte dahinzukommen, wo wir waren. Während ich bereit war, den Preis dafür zu zahlen, mit ihnen auf eine besondere Weise befreundet zu sein, vermittelte mir Rudys Blick, gleich dem von Faye, daß er nichts davon wissen wollte.

Ich drehte mich gerade rechtzeitig zu Alex um, um zu sehen, daß sie wie jemand reagierte, der Zeuge eines kleineren Versehens ist, das sich plötzlich in etwas Entsetzliches verwandelt.

»Hast du allmählich Hunger?« fragte Rudy.

»Deshalb bin ich ja bis hierher gekommen.«

»Also, wenn wir sicher gehen wollen, daß du gut ernährt wirst, fangen wir am besten mit dem Körper an.«

Wir gingen in dem Naturkost-Restaurant in Berkeley, wo Rudy arbeitete, essen. Sobald wir in der Öffentlichkeit waren, bemerkte ich, daß Rudy wieder so exzentrisch und einsilbig zu sprechen anfing wie auf dem Flughafen.

Am nächsten Morgen standen Rudy und ich gegen sechs auf, um zu joggen. Wir liefen durch den Golden-Gate-Park ans Meer. Der Anblick des Pazifik flößte mir mehr Ehrfurcht ein, als ich je am Atlantik gespürt hatte. Er erinnerte mich daran, daß die meisten Leute, die nach Amerika kamen oder gerieten, sich von Osten nach Westen bewegten. Wenn sie die Westküste erreichten, hatten sie vermutlich die psychologischen Eigenheiten der Nation weitgehend verinnerlicht. Vielleicht verkörpert die Westküste nicht nur die weiteste Völkerwanderung, sondern darüber hinaus alle Extreme der amerikanischen Psyche, die quer durch das Land geschleppt wurden. Mag sein, daß der Pazifik sich deshalb so bedrohlich aufbäumt, wenn seine Brandung das Festland leckt. Er hat über ein Jahrhundert Zeuge sein können, wozu die Expansion bis an seine Küste geführt hat.

Wir liefen noch eine Meile, ehe wir haltmachten und dann wieder umkehrten. »Siehst du das da?« fragte Rudy, indem er auf etwas zeigte, das auf die Zementmauer geschrieben war, die die Küste vor der hohen Brandung schützte. Etwa ein Meter hohe Buchstaben sagten ICH WAR HIER, ABER BIN VERSCHWUNDEN.

»Das hab ich geschrieben«, sagte er.

»Wann denn?« fragte ich.

»Etwa ein Jahr, nachdem ich hierhergekommen bin. Es gab da so einen Typ, mit dem ich mich angefreundet hatte, der Maler war. Er hatte so einen Auftrag, ein Bild von der Kreuzigung Christi zu malen und fragte mich, ob ich Modell für ihn stehen würde. Ich war gern dazu bereit. Das Geld kam mir gelegen, denn ich arbeitete ja nicht. Als ich mir das Bild anschaute, war ich entsetzt, weil es gar nicht ich war. Ich meine, es war mein Körper, ohne die Farbe. Und das Gesicht sah eher aus wie das von Max von Sydow.

Als ich ihn darauf hinwies, sagte er mir, daß er das Thema Rasse nicht in das Bild habe bringen wollen. Aber genau das hatte er getan, indem er mich als Modell gebrauchte und dann ein physisches Merkmal wegließ, das wesentlich für mich war! Ich war wütend. Er sagte mir, daß ich überreagiere. Ich sagte, ich wolle ihm nicht meine Vorstellung von Christus' Aussehen aufdrängen, aber wenn er doch wußte, was er wollte, hätte er sich eben jemanden holen sollen, der dem näherkam. Er sagte, das hätte ihn zu sehr eingeengt. Als Künstler sei es seine Aufgabe zu nehmen, was war und es zu etwas anderem zu machen Das sollte mir recht sein, aber als menschliches Wesen lehnte ich es ab, daß er nahm, was *ich* war, und mich zum Verschwinden brachte.«

Wir gingen weiter, und Rudy sprach noch immer, anscheinend brauchte oder erwartete er keinen Kommentar von mir. »Dieser Maler sagte, die Unterscheidung zwischen den Menschen unter dem Gesichtspunkt von Rasse sei eine mittelalterliche Vorstellung, und daß das Bewußtsein der Menschen auf eine amöbengleiche Phase zugehe, wo alles alles sein würde. Ich sagte, Sie meinen weiß. Er sagte, nein, worauf er hinauswolle, sei, daß die Plagen der Menschheit dadurch bekämpft werden müßten, daß deren Bedeutsamkeit reduziert werde. Er meinte, daß Lenny Bruce recht gehabt hatte, Worten wie *Neger* die Macht zu nehmen, indem er sie gebrauchte, als bedeuteten sie nichts.

Ich fragte ihn, wie man einem Verhalten die Macht nimmt. Er sagte: ›Indem man so tut, als gäbe es die Dinge, die sich am ehesten gegen Menschen wenden lassen, gar nicht mehr.‹ Ich war nicht so überzeugt. Da er es für richtig gehalten hatte, mein Schwarz-Sein zu eliminieren, was fing er mit seinem Weiß-Sein an? Wie stellte er sicher, daß die Vorteile, die es ihm brachte, auch verschwinden würden? Er sagte, daß er sich in den letzten paar Jahren aus Situationen herausgehalten habe, in denen Privilegien, die anderen schadeten, ausgenutzt wurden. Aber wir seien ja nicht allein auf der Welt, meinte ich. Was denn mit all den Menschen sei, die anderer Meinung sind und nichts verschwinden sehen wollen? ›Da kann man nicht viel machen‹, sagte er. ›Aber indem wir nicht darauf reagieren, wie andere uns sehen, nehmen wir ihnen die Macht über uns.‹«

Ohne mich auch nur einen Augenblick anzusehen, fuhr Rudy fort: »Er ließ mich da mit einer Menge zum Nachdenken zurück. Ich hatte mir fast mein ganzes Leben lang jede Regung von anderen zu Herzen genommen, und was hatte mir das gebracht außer einem Magengeschwür und einem intuitiven Verständnis für Ungerechtigkeit? – Und als ich dann eines Tages durch das Fillmore-Viertel ging, sah ich DU BIST WAS DU ISST an die Mauer eines Handball-Platzes geschmiert. Spontan ging ich zur Bibliothek und lieh mir ein paar Bücher über Menschen aus, die größenwahnsinnig waren. Die Biographien deckten die ganze Skala von Taras Bulba bis zu Richard Nixon ab. Ausnahmslos bestand da eine Korrelation zwischen Machtgier und Fleischessen. – Da beschloß ich, ein Experiment durchzuführen, indem ich meinem Körper Fleisch und alle unnatürlich angebauten Lebensmittel fernhielt, und ich stellte fest, daß ich aufhörte, zu begehren, worauf ich sonst immer Lust hatte. Als das passierte, war ich überzeugt, daß ich mir alles vom Leibe halten könnte, was ich nicht brauchte. Es spielte keine Rolle, daß diese Dinge in anderen vorhanden waren. Das eigentlich Wichtige war: Ich konnte sie bei mir eliminieren!«

Ich unterbrach Rudy nicht und ließ mich auch nicht auf eine Auseinandersetzung mit ihm über das Gesagte ein. In seinem fast entrückten Zustand schien er sich meiner Anwesenheit sowieso nicht bewußt zu sein.

Bald nachdem wir wieder nach Hause gekommen waren, ging Rudy zur Arbeit. Alex mußte erst später am Nachmittag zur Arbeit. Als wir allein im Wohnzimmer saßen und mexikanischen Kaffee tranken, hielt ich den Kaffeebecher hoch und spürte, wie mir die Hitze unter die Augenlider kroch. Alex legte ein Crosby-, Stills- und Nash-Album auf; die kreiselnde Harmonie ihrer Stimmen mischte sich mit dem starken Kaffeearoma und versetzte mich in Hochstimmung.

Ein gewisses Unbehagen zwischen uns brachte mich auf die Frage, ob wir die übliche Spannung zwischen Mann und Frau spürten, die allein zusammen sind. Nicht zu vergessen, ich war schwarz und sie war weiß und die Geliebte eines guten Freundes, der schwarz war, die Situation hatte also ihre psychosexuelle Würze.

Ich versuchte, meine eigene Anspannung etwas zu lockern, indem ich sie sehr genau anschaute, und dabei merkte ich, daß ich sie nicht besonders attraktiv fand.

»Hat Rudy viele schwarze Freunde?« fragte ich.

»Warum fragst du?«

»Ich habe das Gefühl, daß du dich in meiner Gegenwart nicht besonders wohl fühlst.«

»Wir haben uns doch gerade erst kennengelernt, und ich kenn dich gar nicht. Das hat nichts damit zu tun, daß du schwarz bist.«

»Fragst du dich je, wie es kommt, daß in einem Land, das so mit dem Thema Rasse beschäftigt ist, Leute sagen können, Rasse habe nichts mit irgendwas zu tun?«

»Also gut. Ich bin ein bißchen kribblig. Es hat Zeiten gegeben, als schwarze Kerle, die Rudy kennen, mich anmachen wollten, wenn er nicht da war. Ich hatte gehofft, das mit dir nicht durchmachen zu müssen.«

»Und hast du es schon mal mit einem von denen getrieben?« fragte ich bewußt brutal.

»Es ist doch immer das gleiche! Die meisten Schwarzen, die ich durch Rudy kennengelernt habe, haben versucht, mich rumzukriegen oder wollten wissen, ob ich es schon mal mit einem von seinen anderen Freunden getrieben habe. Ich hatte gehofft, du würdest mich in beiden Punkten enttäuschen.«

»Tut mir leid. So hab ich's nicht gemeint.«

»O doch, das hast du! Du scheinst mir von der Sorte, die genau das meint, was sie sagt! Also, ja, ich habe es einmal mit einem von Rudys Freunden getrieben. Er weiß das alles. Ich bin auch für mich damit ins Reine gekommen. Auch wenn ich mit einem Schwarzen lebe und andere Schwarze attraktiv finde, macht mich das noch längst nicht zu irgendeinem Flittchen, das wie verrückt hinter schwarzem Fleisch her ist! Wenn du zu den Schwarzen gehörst, die das Begehren oder die Angst einer Weißen brauchen, um ihr Ego aufzupeppen, ich bin nicht diejenige, die dich bedienen wird!«

Als Alex' Zorn verraucht und die letzten paar Takte der Musik verklungen waren, kam ich zu dem Schluß, daß ich sie wesentlich attraktiver fand, als ich ursprünglich gedacht hatte. »Wie hast du Rudy eigentlich kennengelernt?« fragte ich. Ihr Gesicht sah aus, als stricke sie einen Stoff der Erinnerung zusammen, und dann brach sie in heiseres Lachen aus. »Was ist da so lustig?«

»Hast du schon mal von der Lombard Street gehört?«

»Nein.«

»Also, das ist eine Straße, die wie die erste Talfahrt auf der Achterbahn auf Coney Island ist. Nur zweimal so lang. Es ist ein absoluter geometrischer Horror, diese Häuser zu sehen, die auf einer derart steilen Fläche gebaut sind. Man kommt sich vor wie in einem stehengebliebenen Erdrutsch. Dort hab ich Rudy kennengelernt. Er saß am Straßenrand, und ich ging vorbei. Er machte eine Bemerkung darüber, wie ähnlich Lombard Street seinem Leben sei und daß er sich frage, wie die Leute, die da wohnen, ihr Gleichgewicht halten können. Irgendwas war an der Art, wie er sprach, nicht daß sie merkwürdig oder so war. Bloß anders in einer Weise, die mich beeindruckte, obgleich er sich gar nicht darum bemühte.«

»Bist du aus Kalifornien?«

»Nein. Ich bin aus einem Ort namens Mexiko im Staat New York.«

»Wie lang bist du denn schon hier?«

»Etwa fünf Jahre.«

»Hat dein Leben dich zu denselben Schlüssen gebracht wie Rudy?«

»Weitgehend.«

»Wie weit ist denn das?«

»So weit, daß ich weiß, wann jemand tatsächlich etwas wissen will und wann er nur versucht, mich zu erniedrigen!«

»Du klingst ja schlachterfahren.«

»Bin ich, und mit Leuten, die da um vieles besser sind als du. Tut mir leid, Tyrone, wenn Rudy und ich für dich eine Enttäuschung sind, aber wir konnten ja nicht wissen, was du von uns hier wollen würdest.«

»Da hast du recht. Ich hab gerade mit einer Frau Schluß gemacht. Seither brauche ich besonders das Gefühl, daß die Verbindung zu Menschen, die ich mag, noch da ist. Also komm ich hierher, und Rudy redet davon, daß er ohne sein Bewußtsein von den Dingen, die wir gemeinsam erlebt haben, auskommt.«

»Du verstehst doch warum, nicht?«

»Natürlich, aber das hilft doch nicht.«

»Wenn du aus New York kommst, weißt du wohl nicht, wie es ist, in einem Ort ohne jede Anonymität aufzuwachsen – wo jeder alles weiß, oder zumindest reden die Leute so, als sei das der Fall. Deine privatesten Gedanken werden zum Thema öffentlicher Diskussion. Danach wollte ich an einem Ort sein, wo ich nicht quasi jeden kenne.«

»Also meinst du, was du nicht weißt, kann dir nicht wehtun?«

»So in etwa.«

»Das find ich komisch, wenn man bedenkt, mit wem du lebst.«

»Du meinst, weil Rudy schwarz ist?«

»Oh, also hast du das bemerkt!«

»Rudy hat nie sehr gut mit der Feindseligkeit umgehen können, die uns in der Öffentlichkeit entgegenschlägt. Du hast vermutlich bemerkt, wie anders er redet, wenn wir ausgehen.«

»Stimmt! Wie am Flughafen! Total zusammenhanglos. Ich dachte, es war, weil wir uns so lange nicht gesehen hatten.«

»Es ist tatsächlich so, wie Rudy da gesagt hat, daß er bestimmte Dinge aus seinem Bewußtsein eliminieren muß. Anders als du oder ich hat er sich nie ein ausreichend dickes Fell zugelegt. Die verbalen Angriffe, die er sich von Schwarzen gefallen lassen muß, insbesondere von schwarzen Frauen, sind der Grund, warum er in der Öffentlichkeit nicht sehr gut redet.«

»Wie nimmst du die Beschimpfungen hin?«

»Das ist es ja gerade. Ich nehm das alles hin, weil er es nicht kann. Ich versuch, es zu ignorieren. Ich habe nie schwarze Frauen herausgefordert, aber das spielt normalerweise keine Rolle. Einmal, als wir aus dem Kino nach Hause gingen, kam eine Gruppe von schwarzen Frauen an uns vorbei. Eine von ihnen stimmte eine Suada gegen Rudy an und sagte, daß sein Vergehen sei, mit *mir* zu gehen, weshalb er schuldig an dem ultimativen Vergehen sei – *sie* zu übergehen. Sie war ziemlich gemein, aber auf eine perverse Weise war ich davon beeindruckt, wie wortgewandt und kontrolliert ihre Gehässigkeit war. Als sie fertig war, wartete sie, als rechne sie damit, daß wir etwas sagen würden. Ich hatte keinerlei Absicht, etwas zu sagen, aber Rudy versuchte es. Und, weißt du, was passierte? Er fing an zu stottern und konnte nicht mehr als drei Worte auf die Reihe bringen. Wenn du den Gesichtsausdruck dieser Frau gesehen hättest. Als der Schock sich gelegt hatte, fing sie an zu lachen. Die eine, die das ganze angefangen hatte, schrie hinter uns her, daß sie sehe, warum Rudy und ich zusammenseien – da er schon mit Worten nicht gewandt war, mußte er es wohl wenigstens im Bett sein.«

»Wie löschst du denn so eine Erfahrung aus deinem Bewußtsein?« fragte ich.

»Also, wir sind Mitglied in einer Gruppe geworden, die das weitgehend minimieren kann.«

Ich entdeckte, daß »minimieren« in der Tat das Schlüsselwort war. Eines Abends, kurz nach meinem Gespräch mit Alex, nahmen Rudy und sie mich mit in ein Lokal, das Zentrum für Minimalistisches Leben hieß. Das Gebäude war karg mit Klapptischen und Stühlen möbliert. Die Wände waren nackt, abgesehen von gerahmten Schildern, die lauteten SORGEN UND NÖTE SIND ENTBEHRLICH und MINIMALISMUS IST DAS FEHLEN DESSEN OHNE DAS DU NIE GLAUBTEST LEBEN ZU KÖNNEN.

Wir setzten uns zu etwas, was sich eine »minimalistische Mahlzeit« nannte. Was immer es gewesen sein mag, es schmeckte wie eine Art Geisteressen und gab mir eine Ahnung von einer Mahlzeit, aber nicht den Genuß. Nachdem wir gegessen hatten, stand am anderen Tischende ein Mann auf und sagte, es sei jetzt Zeit, daß jeder von uns Zeugnis darüber ablege, wie wir in den letzten Wochen den Minimalismus praktiziert hätten. Rudy beugte sich herüber und setzte mich davon in Kenntnis, daß der Mann der Maler war, der ihn als Modell gebraucht hatte. Er war tatsächlich minimal und erinnerte mich an nichtssagende Fernsehshowmaster, deren Medienidentität genau nach dem Muster ihrer affigen Kleidung maßgeschneidert ist.

Einer nach dem anderen sprachen die Leute nun davon, wie sie noch mehr Zwist aus ihrem Leben eliminiert hatten und wie jeden Tag der krumme Stab der Erfahrung sich mehr zu einer geraden Schnur strecke. Es war wie eine Sitzung mit Oral Roberts ohne Handauflegen, was hieß, daß man mit Heilung nichts zu tun haben wollte. Von Narben zu reden, hätte das Zugeständnis bedeutet, daß es Wunden gab, die sich geschlossen, aber eine Spur von Schmerz hinterlassen hatten. Ich war derart verblüfft über diese emotionalen Krüppel, daß ich Rudys Stimme gar nicht hörte.

»Tyrone! Tyrone! Du bist dran!« Ich machte den Mund auf,

aber mir fehlten nicht nur die Worte, sondern auch die Gedanken, mit denen ich meine Worte hätte vergleichen können.

»Schon gut. Laß dir Zeit«, sagte der Maler. Wie passend, daß jemand, der die Farbe transzendiert hatte, sich so wohlwollend gegenüber meiner Unfähigkeit zeigte, die richtigen Worte zu finden. Ich schüttelte schließlich den Kopf und beschloß, diese Geste als mein Zeugnis dahingestellt sein zu lassen. Die Reaktion war ein kollektives Nicken der Zustimmung, als hätte ich soeben eine neue Höhe minimalistischen Ausdrucks erreicht. Als das Zeugnisablegen zu Ende war, kamen die Leute her, um mir zu danken, daß ich ihnen bewiesen hatte, daß die angemessenste Grabschrift für den Tod des Konflikts die war, noch nicht einmal darüber zu reden.

Meine Beziehung zu Rudy und Alex verschlechterte sich danach rapide. Ich konnte keinen von beiden in irgendein Gespräch verwickeln, außer über das unmittelbare Hier und Jetzt oder irgendeine minimalistische Spekulation über die Zukunft.

Am Abend, ehe ich nach New York zurückkehrte, überredete ich Rudy und Alex, mir die Lombard Street zu zeigen. Wir parkten in einer Straße in der Nähe und gingen den restlichen Weg zu Fuß. Als wir oben auf dem Hügel angekommen waren, blieben wir stehen. Es war schon erstaunlich! All diese Häuser standen so schief, als würden sie gleich in die Querstraße am Fuß des Hügels purzeln.

»Ich dachte, hierherzukommen würde euch an zu viel erinnern, worüber ihr nicht nachdenken wollt«, meinte ich zu ihnen.

»Deshalb sind wir ja gekommen«, sagte Alex. »Es erinnert uns an die unvorhersehbaren Gefahren, so daß wir, wenn schreckliche Dinge passieren, die wir nicht erwartet haben, nicht so betroffen davon sind.«

Ich hätte vieles sagen wollen, aber ich behielt es für mich und schaute auf das schiefe Schicksal der Lombard Street hinunter.

»Warum so finster, Tyrone«, fragte Rudy. »Tut's dir leid, daß du gekommen bist?«

»Nein.«

»Wir haben uns entschieden, wie wir leben wollen und was uns das wert ist.«

»Also, wenn euch ein ungestörtes Leben soviel wert ist, dann ist das vermutlich das einzige, was eine Rolle spielt. Aber ich glaube nicht, daß ich so leben könnte.«

»Wie lebst du denn dann, Tyrone?«

»Mit Schwierigkeiten eben.«

»Du meinst so«, sagte er und ergriff die Hand von Alex, und sie ergriff meine. Ehe ich wußte, wie mir geschah, liefen wir geradewegs die Lombard Street hinunter. Ich konnte nicht anders, als mit ihnen Schritt zu halten. Als wir unten ankamen, waren wir alle ziemlich außer Atem.

»Etwa so«, sagte Rudy und rang keuchend nach Luft.

»Etwa so ungefähr«, sagte ich.

»Dein Leben ist mir ein bißchen zu anstrengend.«

»Das Gefühl hab ich manchmal selber auch.«

»Was tust du denn dagegen?« fragte Alex.

»Ich versuche, nicht darüber nachzudenken.«

»Hört sich für mich wie schleichender Minimalismus an«, sagte sie, und zu meiner Überraschung hörte ich mich ihr zustimmen.

»*Schit*, klar! Da haste recht!«

3

Mein Flugzeug kam gegen zehn Uhr abends am Kennedy-Airport an. Ich rief Faye an, aber ein automatischer Anrufbeantworter setzte mich davon in Kenntnis, daß sich ihre Nummer geändert habe und nicht mehr im Telephonbuch stehe. Am nächsten Tag versuchte ich mehrmals, sie bei der Arbeit zu erreichen, aber die Art, wie die Frau, die den Hörer abnahm, mich abfertigte, gab mir zu verstehen, daß Faye ganz offensichtlich nicht mit mir reden wollte.

Eines Abends, kurz nach meiner Rückkehr, ging ich mit Freunden in eine Disco mitten in Manhattan. Die volle Tanzfläche sollte dadurch, daß eine ganze Wand verspiegelt war, noch dichter gedrängt wirken. Während ich mit einer der Frauen, mit denen ich gekommen war, tanzte, spürte ich sehr deutlich, wie mich die Musik in die »Zwei-und-Läufe« der Baßstimme hineinzog. Es war, als würde ich auf einer freundlichen Welle reiten. Außerdem bemerkte ich, daß viele Tänzer wesentlich mehr mit ihrem Spiegelbild beschäftigt waren als mit ihren Partnern. Ich beobachtete, wie ein Mann und eine Frau zitterten und durch die Aufmerksamkeit, die sie ihren Körpern mit den Händen schenkten, förmlich atmeten. Ich muß ebenso weit weg von mir gewesen sein wie andere in sich selbst versunken waren, denn ich hatte nur eine äußerst vage Erinnerung daran, wie ich zu tanzen aufgehört und mir den Brandy geholt hatte, den ich in der Hand hielt.

Wo war ich eigentlich in all dem? Faye, Rudy und Alex und die Leute auf der Tanzfläche, die sich ihren eigenen Orgasmus fabrizierten, hatten wenigstens ihre Entscheidung getroffen. Vielleicht war meine Einstellung die, erst dann zu wissen, was ich wollte, wenn ich sichergestellt hatte, daß ich es nicht bekommen konnte, nicht mal per Zufall.

»Möchtest du tanzen?« Ich drehte mich zu der Stimme um und fühlte mich unwohl. Eine Frau war beherzt auf eine Gruppe von Leuten zugegangen, die sie nicht kannte, und hatte einen der Männer, mich, zum Tanzen aufgefordert, ohne sich darum zu scheren, daß wir eine Gruppe und vermutlich in Paaren dawaren, und daß sie weiß und ich schwarz war.

Nach dem anfänglichen Schock sagte ich ja, ich fand nicht nur ihren Mumm sondern auch etwas in ihrem Gesicht attraktiv. Es zeigte mir, daß, selbst wenn sie mich für ein Exotikum hielt, sie Nerv genug hatte, abzuwarten, was wir daraus machen würden. Aus irgendeinem Grund ließen wir uns nicht auf die beziehungslose Show ein, zu der das Tanzen vielfach geworden ist. Statt dessen bogen sich unsere Hände und Arme und hielten sich fest, während wir uns dem Gerempel aussetzten. So unvertraut und ungeübt, wie wir miteinander waren, spürte ich allmählich durch unser Schieben und Drehen eine Verbindung, die bestimmte, was wir tun würden. Wir schauten nicht ein einziges Mal in den Spiegel, sondern verließen uns auf unseren

Gesichtsausdruck, um zu wissen, wie wir uns fühlten. Sie zeigte ein Selbstvertrauen, das nicht selbstbezogen war, und einen Stil, der nicht stilisiert war. Ich beobachtete, wie ihr kastanienbrauner Pferdeschwanz hin und her wippte, wenn sie sich auf Armeslänge von mir wegdrehte, dann spürte ich den kräftigen Druck ihres Beines, wenn sie aus der Hüfte heraus tanzte und ihr violettes Kleid in weitem Bogen schwang. Als sie wieder sprach, war ich schon ziemlich weg.

»Ich bin Madeline«, sagte sie.

»Ich bin Tyrone.«

»Die Leute, mit denen ich gekommen bin, wollen gehen«, sagte sie, »deshalb muß ich jetzt los. Es hat mir wirklich Spaß gemacht, mit dir zu tanzen.«

Ich ging zu den Leuten zurück, mit denen ich gekommen war. Ihre finsteren Blicke schienen neugierig zu fragen, warum ich es als Schwarzer offenbar – trotz allem – genossen hatte, mit einer Weißen zu tanzen. Ich hatte das Gefühl, daß sie ein Recht auf die Frage hatten, die sich ja immer stellt, wenn zwei Menschen einander attraktiv finden: ob wir mehr fasziniert von der Idee von jemandem sind als von dem Menschen selbst. Da ich sie nicht fragte, konnte ich nicht wissen, ob sie glaubten, daß ich eher ihr Weißsein als ihren Mumm attraktiv fand. Aber ich war bereit hinzunehmen, was immer sie meinten, wenn mein Vergnügen ein ungutes Licht auf die Solidarität unter Schwarzen werfen sollte.

Vielleicht hatten Rudy und Alex recht gehabt. Warum uns überhaupt dem Leben aussetzen, wenn wir die Verantwortung für das, was wir fühlen, nicht haben wollen? Mein ganzer Widerstand dagegen, wie sie in ihrem Leben Störung minimierten, war offensichtlich eigennützig. Ich wollte auf eine Art leben, die sie ablehnten. Und doch konnte ich es nicht mal genießen, mit einer Frau zu tanzen, ohne als eine Art perverser Händler in dem gefürchteten sexuellen Tauschgeschäft über die Rassengrenze hinweg angesehen zu werden.

Ich ging zur Bar hinüber, bestellte noch einen Brandy und hielt mich daran fest, während ich die Leute im Spiegel beobachtete. Allmählich kam ich zu meinem eigenen Spiegelbild und überlegte, wie die Menschen dazu kommen, daß ihnen ihr Leben gerade so viel wert ist wie ein Wegwerfartikel. Indem ich zugab, wie fraglos gerechtfertigt es ist, das Leben auszusperren, um Unbehagen zu vermeiden, wurde mein Spiegelbild brüchig und begann sich aufzulösen. Alles, was von mir übrig blieb, war eine schmale Mondsichel kurz vor der totalen Mondfinsternis. Aber kurz bevor ich entschwand, regten sich noch mal die Lebensgeister, die sich vom Risiko nährten. Ich merkte, daß ich mir die Schrecken des Lebens nicht ersparen würde.

Ich kniff mit zwei Fingern die Haut, die den Nasenrücken mit der Stirn verbindet, zusammen und schaute zurück in den Spiegel. Ich war wieder intakt, entstellt, aber erkennbar. Dieser Brandy muß es in sich gehabt haben, dachte ich. Aber als ich in den Schwenker schaute, war er kaum angerührt.

»Irgendwas nicht in Ordnung mit dem Drink?« fragte der Barkeeper.

»Ich wollte, das wäre es«, sagte ich. »Das würde die Dinge wesentlich vereinfachen.«

Übersetzt von Barbara von Bechtolsheim

OCTAVIA BUTLER
Wilde Zucht

Doro entdeckte die Frau ganz zufällig in einem seiner Zuchtdörfer, wo er sehen wollte, was davon noch übrig war. Das Dorf war ein freundlicher Ort mit Lehmmauern, umgeben von Grasland und vereinzelten Bäumen. Aber schon ehe er dort ankam, merkte Doro, daß es verlassen war. Vor ihm waren Sklavenhändler da gewesen. In wenigen Stunden hatten sie mit ihren Gewehren und ihrer Gier nach Macht das Werk von tausend Jahren zunichte gemacht. Die Dorfbewohner, die sie nicht vertrieben hatten, hatten sie abgeschlachtet. Doro fand Menschenknochen, Haare und Stückchen von vertrocknetem Fleisch, das den Aasgeiern entgangen war. Er stand über ein winziges Skelett gebeugt – die Knochen eines Kindes – und fragte sich, wohin die Überlebenden wohl verschleppt worden waren. In welches Land oder welche Kolonie der Neuen Welt? Wie weit würde er reisen müssen, um die Überreste jenes gesunden, kraftvollen Volkes zu finden?

Schließlich stolperte er aufgewühlt von dannen. Er ließ die Ruinen hinter sich, und er wußte nicht, und es war ihm auch gleichgültig, wohin er ging. Es war für ihn eine Frage des Stolzes, daß er die Seinen beschützte. Vielleicht nicht jeden einzelnen, aber die Gemeinschaft. Sie schenkten ihm Treue und Gehorsam, und er beschützte sie dafür.

Er hatte versagt.

Er wanderte südwestlich in Richtung Wald, so wie er gekommen war – allein, unbewaffnet, ohne Proviant –, und vertraute sich der Savanne und später dem Wald so leicht wie jedem anderen Terrain an. Er war schon oft umgekommen – durch

Krankheit, Tiere oder menschliche Feinde. Dies war ein rauhes Land. Und doch ging er weiter nach Südwesten, sich gedankenlos entfernend von dem Küstenstreifen, wo sein Schiff auf ihn wartete. Nach einer Weile merkte er, daß es nicht mehr sein Zorn über den Verlust seines Zuchtdorfes war, der ihn trieb. Es war etwas Neues – ein Impuls, ein Gefühl, wie ein geistiger Sog, der an ihm zog. Leicht hätte er dem widerstehen können, aber er ließ es.

Er spürte, daß etwas vor ihm lag, ganz nah. Er traute solchen Gefühlen.

Er war seit mehreren hundert Jahren nicht mehr so weit im Westen gewesen; daher konnte er sicher sein, daß, was auch immer, wen auch immer er finden würde, ihm neu wäre – neu und möglicherweise wertvoll. Er wanderte gespannt weiter.

Das Gefühl wurde präziser und stärker und löste sich in eine Art Zeichen auf, wie er es normalerweise nur von Menschen, die er kannte, zu bekommen erwartet hätte – Menschen wie seine verlorenen Dorfbewohner, die er jetzt aufspüren mußte, ehe sie gezwungen waren, ihren Samen mit Fremden zu vermischen und all ihre besonderen Eigenschaften, die er an ihnen schätzte, zu verwischen. Aber er ging weiter nach Südwesten und kam langsam seinem Ziel näher.

Anyanwus Augen und Ohren waren viel schärfer als die anderer Menschen. Sie hatte bewußt ihre Sensibilität geübt, nachdem sich zum erstenmal Männer an sie herangepirscht hatten, ihre Macheten parat, mit ganz klaren Absichten. Sie hatte an jenem schrecklichen Tag siebenmal töten müssen – sieben erschrokkene Männer, die davon auch hätten verschont bleiben können –, und sie selbst war dabei fast umgekommen, alles bloß, weil sie unbemerkt Menschen an sich hatte herankommen lassen. Nie wieder.

Im Augenblick spürte sie zum Beispiel genau, wie der einsame Eindringling da in ihrer Nähe durch den Busch schlich. Er hielt sich versteckt, bewegte sich wie Rauch auf sie zu, aber sie hörte ihn, folgte ihm mit den Ohren.

Ohne sich etwas anmerken zu lassen, arbeitete sie weiter im

Garten. Solange sie wußte, wo der Eindringling war, hatte sie keine Angst vor ihm. Vielleicht würde er den Mut verlieren und sich davonmachen. Einstweilen war Unkraut in ihren Cocoyams und zwischen den Kräutern. Die Kräuter waren nicht dieselben, die man üblicherweise bei den Ihren planzte oder sammelte. Nur sie allein zog sie als Heilmittel und gebrauchte sie, wenn man Kranke zu ihr brachte. Oft benötigte sie gar keine Arznei, aber das behielt sie für sich. Sie diente den Ihren, indem sie Schmerz und Krankheit linderte. Außerdem schenkte sie ihnen das Privileg, die Kunde von ihren Fähigkeiten an die Menschen in den umliegenden Dörfern weiterzugeben. Sie war ein Orakel. Eine Frau, durch die ein Gott sprach. Fremde zahlten reichlich für ihre Dienste. Sie zahlten an ihr Volk, und dann zahlte man an sie weiter. Das war gut so. Die Ihren merkten, daß sie von Anyanwus Gegenwart profitierten und ihre Fähigkeiten zu Recht fürchteten. So war sie im allgemeinen vor ihnen geschützt – und sie vor ihr. Aber ab und zu überwand doch einer seine Angst und fand einen Grund, um zu versuchen, ihrem langen Leben ein Ende zu machen.

Der Eindringling kam nah heran, aber noch immer ließ er sich nicht sehen. Kein Mensch mit ehrenhaften Absichten würde sich derart heimlich heranpirschen. Wer war das also? Ein Dieb? Ein Mörder? Jemand, der sie des Todes eines Stammesgenossen oder eines anderen Unglücks beschuldigte? In jeder ihrer verschiedenen Jugenden hatte man ihr mehrfach die Schuld für Unglück zugeschoben. Man hatte ihr Gift eingeflößt, um ihre Hexenkräfte zu testen. Jedesmal hatte sie bereitwillig den Test gemacht, weil sie wußte, daß sie niemanden verhext hatte – und weil sie wußte, daß kein normaler Mensch mit seiner dürftigen Kenntnis von Giften ihr etwas anhaben konnte. Sie hatte mehr Erfahrung mit Giften, hatte in ihrem langen Leben mehr Gift eingenommen, als sie alle sich das vorstellen konnten. Jedesmal, wenn sie einen Test bestanden hatte, hatten sich ihre Ankläger lächerlich gemacht und mußten dafür zahlen, daß sie sie zu Unrecht beschuldigt hatten. Mit zunehmendem Alter klagte man sie – in jedem ihrer Leben – seltener an, auch wenn noch nicht alle aufgehört hatten, sie für eine Hexe zu halten. Manche wollten die Dinge selber in die Hand nehmen und sie ungeachtet der Tests töten.

Der Eindringling kam schließlich auf den schmalen Pfad, um sich ihr ganz offen zu nähern – nun, da er sie genug ausspioniert hatte. Sie schaute auf, als bemerkte sie ihn erst jetzt.

Er war ein Fremder, ein edler Mann, größer als die meisten und in den Schultern breiter. Seine Haut war so dunkel wie ihre eigene, und sein Gesicht war breit und gutaussehend, der Mund lächelte leicht. Er war jung – nicht einmal dreißig, schätzte sie. Gewiß zu jung, um eine Gefahr für sie zu sein. Doch irgend etwas an ihm beunruhigte sie. Seine unerwartete Offenheit nach soviel Hinterhältigkeit vielleicht. Wer war er? Was wollte er?

Als er nah genug war, sprach er sie an, und seine Worte ließen sie verwirrt die Stirn runzeln. Die Worte waren fremdartig, ihr völlig unverständlich, und doch war etwas merkwürdig Vertrautes an ihnen – als müßte sie sie verstehen. Sie stand auf, eine ungewohnte Unruhe unterdrückend. »Wer bist du?« fragte sie.

Er hob seinen Kopf leicht, während sie sprach, schien zuzuhören.

»Wie können wir sprechen?« fragte sie. »Du kommst gewiß von weit her, wenn du so anders sprichst.«

»Sehr weit«, sagte er in ihrer Sprache. Sie verstand jetzt seine Worte, auch wenn er einen Akzent hatte, der sie daran erinnerte, wie man in alten Zeiten gesprochen hatte, als sie noch richtig jung war. Das mißfiel ihr. Alles an ihm war ihr unbehaglich.

»Du kannst also sprechen«, sagte sie.

»Ich versuche, mich zu erinnern. Ich habe schon lange nicht mehr in eurer Sprache gesprochen.« Er kam näher heran und starrte sie an. Schließlich lächelte er und schüttelte den Kopf. »Du bist doch mehr als bloß eine alte Frau«, sagte er. »Vielleicht bist du gar keine alte Frau.«

Sie zuckte verwirrt zurück. Wie konnte er denn wissen, wer sie war? Wie konnte er überhaupt eine Ahnung haben, ohne mehr als ihr Aussehen und ein paar Worte von ihr zu kennen? »Ich bin alt«, sagte sie, ihre Angst hinter Zorn verbergend. »Ich könnte die Mutter deiner Mutter sein!« Sie hätte eine Vorfahrin der Mutter seiner Mutter sein können. Aber das behielt sie für sich. »Wer bist du?« fragte sie fordernd.

»Ich könnte der Vater deiner Mutter sein«, sagte er.

Sie trat noch einen Schritt zurück, um ihre wachsende Furcht irgendwie zu beherrschen. Dieser Mann war mehr als er schien. Sie hätte seine Worte als Blödsinn abtun sollen, aber sie schienen soviel und sowenig wie ihre eigenen zu bedeuten.

»Sei ruhig«, sprach er. »Ich will dir nichts Böses.«

»Wer bist du?« wiederholte sie.

»Doro.«

»Doro?« Sie sprach das merkwürdige Wort noch zweimal aus. »Ist das ein Name?«

»Es ist mein Name. Bei uns bedeutet es Osten – die Richtung, in der die Sonne aufgeht.«

Sie legte eine Hand vor ihr Gesicht. »Das ist ein Trick«, sagte sie. »Da lacht jemand.«

»Du weißt es doch selbst genau. Wann hat dir zum letztenmal ein Trick Angst eingejagt?«

Daran konnte sie sich nicht mehr erinnern; da hatte er recht. Aber die Namen ... die Übereinstimmung war wie ein Zeichen. »Weißt du, wer ich bin?« fragte sie. »Wußtest du es, als du herkamst, oder ...«

»Ich bin deinetwegen hierhergekommen. Ich wußte von dir nur, daß du außergewöhnlich bist und daß du hier lebst. Ein Wissen um dich hat mich weit von meinem Weg abgebracht.«

»Wissen?«

»Ich hatte ein Gefühl ... Menschen wie du, die so anders sind, ziehen mich irgendwie an, rufen mich, sogar über große Entfernungen.«

»Ich hab dich nicht gerufen.«

»Es gibt dich, und du bist anders. Das hat gereicht, um mich anzuziehen. Jetzt sag mir, wer du bist.«

»Du bist bestimmt der einzige Mensch in diesem Land, der noch nicht von mir gehört hat. Ich bin Anyanwu.«

Er wiederholte ihren Namen und blickte verständnisvoll auf. Sonne, bedeutete ihr Name. Anyanwu: die Sonne. Er nickte. »Unsere Stämme haben sich um viele Jahre und große Entfernung verpaßt, Anyanwu, und doch haben sie uns irgendwie passende Namen gegeben.«

»Als sollten wir uns begegnen. Doro, welches ist dein Stamm?«

»Zu meiner Zeit hießen sie Kush. Ihr Land ist weit östlich von hier. Ich bin dort geboren, aber dann habe ich jahrelang nicht zu ihnen gehört. Ich habe sie etwa zwölfmal so lang wie du lebst nicht mehr gesehen. Als ich dreizehn Jahre alt war, wurde ich von ihnen getrennt. Jetzt ist mein Volk dasjenige, das mir ihre Treue erweist.

»Und nun meinst du, du weißt, wie alt ich bin«, sagte sie. »Das wissen nicht mal die Meinen.«

»Zweifellos bist du von Stadt zu Stadt gezogen, damit sie es leichter vergessen.«

Er schaute sich um und sah einen umgestürzten Baum in der Nähe. Er wollte sich darauf setzen. Anyanwu folgte ihm fast wider Willen. Sosehr dieser Mann sie verwirrte und beängstigte, er faszinierte sie auch. Es war schon so lange her, daß ihr etwas passierte, was noch nicht passiert war – nicht schon oft. Er begann wieder zu sprechen.

»Ich will mein Alter gar nicht verbergen«, sagte er, »und doch haben es bei uns manche lieber vergessen – denn sie können mich weder töten noch werden wie ich.«

Sie trat näher zu ihm und blickte auf ihn herab. Er erklärte sich ganz deutlich zu ihresgleichen – alt und mächtig. In all den Jahren hatte sie nicht einen einzigen Menschen gekannt, der ihr gleichkam. Sie hatte es schon längst aufgegeben, ihre Einsamkeit akzeptiert. Aber jetzt ...

»Sprich weiter«, sagte sie. »Es gibt viel zu erzählen.«

Er hatte sie beobachtet, ihr voller Neugier in die Augen geschaut, einer Neugier, die die meisten vor ihr zu verbergen suchten. Man sagte, ihre Augen seien wie Kinderaugen – das Weiße zu weiß, das Braun zu tief und klar. Keine Erwachsene und erst recht keine alte Frau sollte solche Augen haben, hieß es. Und sie wichen ihrem Blick aus. Doros Augen waren ganz gewöhnlich, aber manchmal schaute er sie an wie ein Kind. Er hatte keine Angst und wohl auch keine Scham.

Sie war erstaunt, als er ihre Hand nahm und sie zu sich auf den Baumstamm zog. Sie hätte seinen Griff leicht abschütteln können, aber sie unterließ es. »Ich bin heut von weither gekommen«, sprach er zu ihr. »Dieser Körper braucht Ruhe, wenn er mir weiter dienen soll.« Sie dachte darüber nach. *Dieser Körper braucht Ruhe.* Was für eine merkwürdige Art zu sprechen er hatte.

»Zum letztenmal war ich vor dreihundert Jahren in dieser Gegend«, sagte er. »Ich war auf der Suche nach einigen meiner Stammesmitglieder, die sich verirrt hatten, aber sie kamen um, ehe ich sie finden konnte. Euer Stamm war damals noch nicht hier, und du warst noch gar nicht auf der Welt. Das weiß ich, weil mich damals dein Anderssein nicht gerufen hat. Doch ich glaube, du bist die Frucht der Begegnung zwischen meinem und deinem Stamm.«

»Meinst du, daß ihr meine Stammesgenossen sein könntet?«

»Ja.« Er prüfte ihren Gesichtsausdruck sehr genau, vielleicht auf der Suche nach Ähnlichkeit. Die würde er nicht finden. Das Gesicht, das sie aufgesetzt hatte, war nicht ihr wahres Gesicht.

»Die Deinen haben den Niger überquert« – er zögerte, runzelte die Stirn und gab dann dem Fluß seinen richtigen Namen – »den Orumili. Als ich sie das letzte Mal gesehen habe, lebten sie auf der anderen Seite in Benin.«

»Wir haben ihn vor langer Zeit überquert«, sagte sie. »Kinder, die damals geboren wurden, sind längst alt oder gar nicht mehr am Leben. Vor der Wanderung waren wir Ado und Idu, Untertanen von Benin. Dann haben wir gegen Benin gekämpft und den Fluß nach Onitsha überquert, um ein freies Volk zu werden, unsere eigenen Herren.«

»Was ist mit dem Volk der Oze passiert, das vor euch hier war?«

»Einige davon sind fortgelaufen. Andere sind unsere Sklaven geworden.«

»Also seid ihr aus Benin vertrieben worden, dann habt ihr andere hier vertrieben – oder sie zu Sklaven gemacht.«

Anyanwu schaute weg, sprach steif. »Herr sein ist besser als Sklave sein.« Das hatte ihr Ehemann in Zeiten der Wanderung gesagt. Er hatte gesehen, wie er selbst zu Macht kam – er herrschte über ein großes Haus mit vielen Frauen, Kindern und Sklaven. Anyanwu hingegen war schon zweimal in ihrem Leben Sklavin gewesen und dem nur entkommen, indem sie ihre Identität vollkommen verändert und sich in einer anderen Stadt einen Mann gesucht hatte. Sie wußte, es gab Herren und Sklaven. So war es schon immer. Aber ihre eigene Erfahrung hatte sie gelehrt, die Sklaverei zu verabscheuen. In den letzten Jahren war es ihr sogar schwerer gefallen, eine gute Ehefrau zu sein, weil sich eine Frau so vor ihrem Mann verneigen und ihm untertan sein mußte. Da ging es ihr jetzt besser – als Priesterin, die mit der Stimme eines Gottes sprach und gefürchtet war, die Gehorsam erwarten konnte. Aber was war das? Sie war selbst eine Art Herrin geworden.

»Manchmal muß man Herr werden, um nicht Sklave zu werden«, sagte sie mit weicher Stimme.

»Ja«, stimmte er zu.

Sie richtete ihre Aufmerksamkeit bewußt auf das Neue, das er ihr zu denken gegeben hatte. Ihr Alter zum Beispiel. Er hatte recht. Sie war etwa dreihundert Jahre alt – etwas, was keiner der Ihren geglaubt hätte. Und er hatte noch etwas gesagt – etwas, was eine ihrer frühesten Erinnerungen wachrief. Als sie noch ein kleines Mädchen war, ging das Gerücht um, daß ihr Vater keine Kinder zeugen konnte, daß sie nicht nur die Tochter eines anderen, sondern gar eines durchreisenden Fremden wäre. Sie hatte ihre Mutter danach gefragt, und zum ersten- und letztenmal in ihrem Leben hatte ihre Mutter sie geschlagen. Seitdem hatte sie die Geschichte geglaubt. Aber sie hatte nie etwas über den Fremden erfahren können. Es wäre ihr gleichgültig gewesen – der Mann ihrer Mutter behauptete, er sei ihr Vater, und er war ein guter Mensch – aber sie hatte sich immer gefragt, ob das Volk des Fremden ihr ähnlicher war.

»Sind sie denn alle tot?« fragte sie Doro. »Diese ... Stammesgenossen von mir?«

»Ja.«

»Dann waren sie nicht wie ich.«

»Vielleicht wären sie es viele Generationen später gewesen. Du bist nicht nur ihr Kind. Deine Onitsha-Stammesgenossen müssen auf ihre Weise ungewöhnlich gewesen sein.«

Anyanwu nickte langsam. Ihr fielen verschiedene ungewöhnliche Dinge an ihrer Mutter ein. Die Frau hatte Format und Einfluß trotz des Geklatsches über sie. Ihr Mann gehörte einem höchst angesehenen Klan an, wohlbekannt für magische Fähigkeiten, aber in seinem Hause war es Anyanwus Mutter, die für die Magie zuständig war. Sie hatte höchst präzise prophetische Träume. Sie bereitete Arzneien zu, um Krankheiten zu heilen und den Stamm vor Unbill zu bewahren. Keine andere Frau war auf dem Markt eine bessere Händlerin. Sie schien ganz genau zu wissen, wie man handelte – als könne sie die Gedanken der anderen Frauen lesen. Sie wurde sehr wohlhabend.

Es hieß, daß Anyanwus Klan, dem Klan des Mannes ihrer Mutter, Leute angehörten, die ihr Aussehen verändern konnten, nach Belieben Tiergestalt annehmen konnten, aber derartige Merkwürdigkeiten hatte Anyanwu noch nicht bei ihnen erlebt. Ihre Mutter war es, bei der sie Merkwürdiges fand, eine Vertrautheit, ein Einfühlungsvermögen, die weit über das hinausgingen, was man zwischen Mutter und Tochter erwartet hätte. Sie und ihre Mutter hatten eine geistige Gemeinsamkeit gehabt, zu der wirklich ein Austausch von Gedanken und Gefühlen gehörte, auch wenn sie darauf bedacht waren, dies nicht vor anderen herauszukehren. Wenn Anyanwu Schmerzen hatte, wußte ihre Mutter, wenn sie auf einem entfernten Markt mit Handeln beschäftigt war, von den Schmerzen und kam nach Hause. Mit ihren eigenen Kindern und mit den drei Kindern ihrer Männer spürte Anyanwu nur einen vagen Hauch jener frühen Vertrautheit. Und in ihrem Klan, im Klan ihrer Mutter und auch bei anderen hatte sie jahrelang nach einem Hauch ihres eigenen Andersseins gesucht, ihrer Verwandlungsfähigkeit. Sie hatte viele Schauergeschichten gesammelt, aber keinen Menschen gefunden, der, wie sie selbst, diese Fähigkeit hatte. Bis jetzt nicht, womöglich. Sie schaute Doro an. Was spürte sie eigentlich bei ihm – was für eine Andersartigkeit? Sie hatte keine Gedanken mit ihm ausgetauscht, und doch erinnerte er sie irgendwie an ihre Mutter. Es war ein Hauch.

»Bist du ein Stammesgenosse von mir?« fragte sie.

»Nein«, sagte er. »Aber deine Stammesleute waren mir früher treu ergeben. Das ist nichts Geringes.«

»Bist du deshalb hergekommen, als ... als mein Anderssein solche Anziehungskraft auf dich ausgeübt hat?«

Er schüttelte den Kopf. »Ich wollte sehen, wer du bist.«

Sie runzelte die Stirn, plötzlich vorsichtig. »Ich bin ich selbst. Du siehst mich.«

»Wie du mich siehst. Meinst du, du siehst alles?«

Sie antwortete nicht.

»Lügen beleidigen mich, Anyanwu, und was ich an dir sehe, ist Lüge. Zeig mir, wer du wirklich bist.«

»Du wirst schon sehen!«

»Hast du Angst, dich mir zu zeigen?«

»... Nein.« Es war nicht Angst. Aber was sonst? Lebenslange Heimlichkeit, Selbstbeherrschung, nie vor anderen mit ihren Fähigkeiten zu spielen, sie nie als bloße Tricks zur Schau zu stellen, nie die Ihrigen oder andere das ganze Ausmaß ihrer Macht spüren zu lassen, außer wenn es um ihr Leben ging. Sollte sie jetzt ihre Gewohnheit nur brechen, weil dieser Fremde das von ihr verlangte? Er hatte viel geredet, aber was hatte er ihr eigentlich von sich selbst gezeigt? Nichts.

»Kann meine Heimlichkeit Lüge sein, wenn deine es nicht ist?« fragte sie.

»Meine ist es schon«, gestand er.

»Dann zeig mir, wer du bist. Schenk mir das Vertrauen, das du von mir verlangst.«

»Du hast mein Vertrauen, Anyanwu, aber zu wissen, wer ich bin, würde dir nur Angst machen.«

»Bin ich denn ein Kind?« fragte sie wütend. »Bist du meine Mutter, die mich vor der Wahrheit der Erwachsenen schützen muß?«

Er ließ sich nicht kränken. »Bei uns sind mir die meisten dankbar, daß ich sie gerade vor meiner Wahrheit schütze«.

»Das sagst du. Ich habe noch nichts dergleichen gesehen.«

Er stand auf, und sie stand ihm genau gegenüber, ihr kleiner, hutzeliger Körper völlig in seinem Schatten. Sie war kaum halb so groß wie er, aber es war nichts Neues für sie, größeren Menschen gegenüberzustehen und sie entweder mit Worten ihrem Willen zu beugen oder sie physisch zur Unterwerfung zu bringen. Sie hätte sich tatsächlich so groß wie ein Mann machen können, aber es war ihr lieber, die Menschen weiter mit ihrer kleinen Statur zu täuschen. Meistens nahm das den Fremden die Befangenheit, weil sie dadurch harmlos wirkte. Und mögliche Angreifer unterschätzten sie.

Doro starrte auf sie herab. »Manchmal lernen Kinder das Feuer nur fürchten, wenn sie sich verbrennen«, sagte er. »Komm mit mir in eins der Dörfer bei euch, Anyanwu. Dort will ich dir zeigen, was du zu sehen wünschst.«

»Was willst du tun?« fragte sie mißtrauisch.

»Ich will dich jemanden wählen lassen – einen Feind oder einen nutzlosen Menschen, den dein Volk loswerden sollte. Dann will ich ihn töten.«

»Töten!«

»Ich töte, Anyanwu. So erhalte ich mir meine Jugend, meine Kraft. Um dir zu zeigen, wer ich bin, kann ich nur eins tun, und das ist, einen Menschen töten und seinen Körper wie ein Kleidungsstück tragen.« Er atmete tief durch. »Dies ist nicht der Körper, in dem ich geboren wurde. Es ist nicht der zehnte, den ich trage, nicht der hundertste und nicht der tausendste. Dein Geschenk scheint ein sanftes zu sein. Ganz anders als meines.«

»Du bist ein Geist«, rief sie beunruhigt.

»Ich sagte dir, du bist ein Kind«, erwiderte er. »Siehst du, wie du dir Angst einjagen läßt?«

Er war wie ein Ogbanje, ein böser Kindergeist, der ein und derselben Mutter immer wieder geboren wird, nur um zu sterben und der Mutter Schmerzen zu bereiten. Eine von einem Ogbanje geplagte Frau konnte viele Geburten haben, ohne doch je ein lebendiges Kind zu behalten. Aber Doro war erwachsen. Er ging nicht im Schoß seiner Mutter aus und ein. Er wollte keinen Kinderkörper. Er wollte Männerkörper stehlen.

»Du bist ein Geist!« beharrte sie, ihre Stimme schrill vor

Angst. Die ganze Zeit fragte sich ein Teil von ihr, warum sie ihm so leicht glaubte. Sie kannte selber viele Tricks, viele schreckliche Lügen. Warum also reagierte sie jetzt wie ein völlig ahnungsloser Fremder, der ihr vorgeführt wurde und meinte, daß ein Gott durch sie sprach? Und doch glaubte sie, und sie hatte Angst. Dieser Mann war weitaus ungewöhnlicher als sie selber. Dieser Mann war kein Mensch.

Als er unerwartet ihren Arm leicht berührte, schrie sie auf.

Er gab einen Laut des Abscheus von sich. »Frau, wenn du mit deinem Geschrei die Deinen herholst, hab ich keine andere Wahl, als einige von ihnen zu töten.«

Sie stand wie erstarrt, glaubte auch dies. »Hast du unterwegs hierher jemanden getötet?« flüsterte sie.

»Nein. Ich hab mir deinetwegen große Mühe gegeben, niemanden zu töten. Ich dachte, du könntest hier Stammesgenossen haben.«

»Ganze Generationen. Söhne und deren Söhne und vielleicht gar deren Söhne.«

»Ich würde nicht einen deiner Söhne töten wollen.«

»Warum?« Sie war erleichtert, aber auch neugierig. »Was bedeuten sie dir?«

»Wie würdest du mich empfangen, wenn ich in der Haut einer deiner Söhne zu dir käme?«

Sie zuckte zurück, unfähig, sich dergleichen vorzustellen.

»Siehst du? Deine Kinder sollten ohnehin nicht vergeudet werden. Vielleicht sind sie gute –« Er sagte ein Wort in einer anderen Sprache. Sie hörte es ganz deutlich, aber es ergab für sie keinen Sinn. Das Wort lautete *Zucht*.

»Was heißt Zucht?« fragte sie.

»Menschen, die zu wertvoll sind, als daß sie versehentlich getötet werden dürften«, sagte er. Und dann mit weicherer Stimme: »Du mußt mir zeigen, wer du bist.«

»Wie könnten meine Söhne für dich von Wert sein?«

Er ließ seinen Blick eine Weile schweigend auf ihr ruhen und sprach dann mit derselben weichen Stimme. »Vielleicht muß ich zu ihnen gehen, Anyanwu. Vielleicht sind sie fügsamer als ihre Mutter.«

Sie konnte sich nicht erinnern, je derart freundlich bedroht worden zu sein – oder derart wirksam. Ihre Söhne ... »Komm«, flüsterte sie. »Hier ist es zu ungeschützt, um dir zu zeigen ...«

Mit heimlicher Erregung folgte Doro der kleinen, verhutzelten Frau zu ihrem winzigen Anwesen. Die Mauern ringsum – aus rotem Lehm und mindestens zwei Meter hoch – würden ihnen die Abgeschiedenheit bieten, die Anyanwu brauchte.

»Meine Söhne würden dir nichts nützen«, sagte sie unterwegs zu ihm.

»Es sind gute Männer, aber sie haben wenig Erfahrung.«

»Sie sind nicht wie du – keiner von ihnen?«

»Keiner.«

»Und deine Töchter?«

»Sie auch nicht. Ich habe sorgsam auf sie achtgegeben, bis sie zu ihren Ehemännern in die Städte gezogen sind. Sie sind wie meine Mutter. Sie haben großen Einfluß auf ihre Männer und auf andere Frauen, aber weiter nichts. Sie leben ihr Leben, und sie sterben.«

»Sie sterben ...?«

Sie öffnete die Holztür in der Mauer, führte ihn hindurch und verriegelte dann die Tür hinter ihm.

»Sie sterben«, sagte sie traurig. »Wie ihre Väter.«

»Vielleicht wenn deine Söhne und Töchter sich gegenseitig heiraten würden...«

»Abscheulich!« sagte sie erregt. »Wir sind hier doch keine Tiere, Doro!«

Er zuckte die Schultern. Die längste Zeit seines Lebens hatte er solche Einwände überhört und die Redner damit umgestimmt. Die Moral der Leute hielt selten Auseinandersetzungen mit ihm stand. Für den Augenblick aber nun Freundlichkeit. Diese Frau war wertvoll. Wenn sie auch nur halb so alt war, wie er meinte, wäre sie der älteste Mensch, dem er je begegnet war – und sie war noch immer rüstig. Sie stammte von einem Volk, das ihm sehr wichtig war, weil die Menschen dort ungewöhnlich lange lebten, widerstandsfähig gegen Krankheit waren und weil dort besondere Fähigkeiten gediehen. Menschen, die, wie so viele andere, Sklavenhändlern oder Stammesfeinden zum Opfer gefallen waren. So wenige waren noch am Leben. Dieser einen Überlebenden, dieser glücklichen kleinen Hybride durfte nichts zustoßen. Vor allem mußte sie vor Doro selbst geschützt werden. Er durfte sie nicht aus Wut oder durch ein Unglück töten – und in diesem Land passierte so leicht Unglück. Er mußte sie in eine seiner sicheren Zuchtstädte mitnehmen. Vielleicht konnte sie gar, außergewöhnlich wie sie war, noch Kinder gebären, und vielleicht würden diesmal mit den mächtigen Partnern, die er für sie finden konnte, ihre Kinder ihrer wert sein. Wenn nicht, gäbe es ja immer noch ihre bereits vorhandenen Kinder.

»Gibst du acht, Doro?« fragte sie. »Du wolltest das doch sehen.« Er schenkte ihr seine ganze Aufmerksamkeit, und sie begann sich die Hände zu reiben. Ihre Hände waren Vogelkrallen, langfingrig, faltig und knochig. Während er sie beobachtete, wurden sie allmählich runder, weich und jugendlich. Ihre Arme und Schultern wurden fülliger und ihre schlaffen Brüste hoben sich und wurden rund und fest. Ihre Hüften rundeten sich unter ihrem Kleid, so daß ihn danach verlangte, ihr das Kleid abzustreifen. Zuletzt berührte sie ihr Gesicht und glättete ihre Falten. Eine alte Narbe unter dem einen Auge verschwand. Die Haut wurde weich und straff und die Frau verblüffend schön. Wie sie schließlich vor ihm stand, sah sie wie kaum zwanzig aus. Sie räusperte sich und sprach mit einer sanften Jungmädchenstimme zu ihm.

»Ist das nun genug?«

Einen Augenblick vermochte er bloß, sie anzuschauen. »Bist das wirklich du, Anyanwu?«

»Wie ich bin. Wie ich es immer wäre, wenn ich nicht altern oder mich um anderer willen verwandeln würde. Diese Gestalt wächst mir ganz leicht wieder zu. Andere nehme ich nicht so leicht an.«

»Andere!«

»Dachtest du, ich könnte mich nur in eine verwandeln?« Sie begann ihren weichen Körper in eine andere Gestalt zu formen.

»Ich habe Tiergestalt angenommen, um meinen Leuten Angst einzujagen, wenn sie mich töten wollten«, sagte sie. »Ich verwandelte mich in einen Leoparden und spuckte sie an. Sie glauben dergleichen ja, aber wenn ihr Glaube sich dann als wahr erweist, paßt es ihnen nicht. Dann verwandelte ich mich in eine heilige Pythonschlange, und niemand wagte, mir etwas anzutun. Die Pythongestalt brachte mir Glück. Wir brauchten damals Regen für die Yam-Ernte, und gerade als ich eine Pythonschlange war, begann der Regen. Die Leute kamen zu dem Schluß, daß meine Zauberkräfte gut seien, und es dauerte lange, bis mich wieder jemand töten wollte.« Während sie so sprach, verwandelte sie sich in einen kleinen, muskulösen Mann.

Nun versuchte Doro tatsächlich, ihr das Kleid abzustreifen, mit langsamen Bewegungen, so daß sie verstand. Einen Augenblick lang spürte er ihre Kraft, als sie seine Hand ergriff und sie ohne besondere Anstrengung fast brach. Er beherrschte seine Überraschung und bemühte sich, keine Reaktion auf den Schmerz zu zeigen. Da band sie selber ihr Kleid auf und legte es ab. Ein paar Sekunden lang war er über diese gelassene Geste erstaunter als über ihren Körper, aber es konnte ihm nicht entgehen, daß sie sich vollkommen in einen Mann verwandelt hatte.

»Könntest du ein Kind annehmen?« fragte er.

»Später einmal. Nicht jetzt.«

»Hast du das schon mal getan?«

»Ja. Aber nur Mädchen.«

Er schüttelte lachend den Kopf. Die Frau übertraf alles, was er sich vorgestellt hatte. »Ich bin erstaunt, daß die Deinen dich am Leben gelassen haben«, sagte er.

»Meinst du, ich würde mich töten lassen?« fragte sie.

Er lachte wieder. »Was willst du denn tun, Anyanwu? Hier bei ihnen bleiben und jede neue Generation davon überzeugen, daß man dich am besten in Ruhe läßt – oder mit mir gehen?«

Sie band sich ihr Kleid wieder fest und schaute ihn dann an, ihre großen überklaren Augen blickten verdächtig freundlich aus ihrem jungen, männlichen Gesicht. »Möchtest du das denn?« fragte sie. »Daß ich mit dir gehe?«

»Ja.«

»Das also ist der wahre Grund, weshalb du hierhergekommen bist.«

Er meinte, Angst in ihrer Stimme zu hören, und seine pochende Hand bestätigte ihm, daß man ihr nicht ungebührlich Angst einjagen durfte. Sie hatte zuviel Macht. Sie könnte ihn wohlmöglich zwingen, sie zu töten. Jetzt war er aufrichtig.

»Ich habe mich hierherführen lassen, weil Menschen, die mir Treue geschworen hatten, als Sklaven verschleppt wurden«, sagte er. »Ich wollte sie aus ihrem Dorf holen und an einen sicheren Ort bringen, aber ich fand ... nur noch, was die Sklavenhändler übriggelassen hatten.

Ich ging fort, gleichgültig, wohin meine Füße mich trugen. Als sie mich hierhertrugen, war ich überrascht, und zum erstenmal seit vielen Tagen war ich zufrieden.«

»Scheinbar werden dir die Deinen oft genommen.«

»Nicht scheinbar, tatsächlich. Deshalb sammele ich sie alle an einem neuen Ort dichter um mich. Es wird für mich dann leichter sein, sie dort zu beschützen.«

»Ich habe mich immer selbst beschützt.«

»Das sehe ich. Du wirst mir sehr wertvoll sein. Ich glaube, du könntest andere genauso beschützen wie dich selbst.«

»Soll ich mein Volk verlassen, um dir zu helfen, deines zu beschützen?«

»Du solltest gehen, damit du endlich bei deinesgleichen sein kannst.«

»Mit einem, der Menschen tötet und sich in ihre Haut hüllt? Wir sind nicht von gleicher Art, Doro.«

Doro seufzte und schaute zu ihrem Haus hinüber – ein kleines rechteckiges Gebäude, dessen steil abfallendes Strohdach in einem kleinen Umkreis den Boden berührte. Die Wände waren aus demselben roten Lehm wie die Mauer des Anwesens. Er fragte sich verwundert, ob der rote Lehm aus dem gleichen Ton war, wie er es in indianischen Siedlungen im Südwesten des nordamerikanischen Kontinents gesehen hatte. Aber noch unmittelbarer fragte er sich, ob es in Anyanwus Haus Liegen und Essen und Wasser gab. Er war fast zu müde und zu hungrig, um weiter mit der Frau zu streiten.

»Ich hätte gern etwas zu essen, Anyanwu«, sagte er. »Dann hab ich die Kraft, dich von hier fortzulocken.«

Sie sah verblüfft aus und lachte dann, fast wider Willen. Ihm kam der Gedanke, daß sie vielleicht gar nicht wollte, daß er zum Essen blieb, und daß sie überhaupt nicht wollte, daß er dablieb. Sie glaubte, was er ihr erzählt hatte, und sie hatte Angst, er könnte sie fortlocken. Er sollte gehen, zumindest ein Teil von ihr wollte das. Gewiß, ein anderer Teil von ihr war fasziniert von ihm und fragte sich, was geschehen würde, wenn sie von zu Hause weggehen und mit diesem Fremden ziehen würde. In ihrer hellwachen, lebhaften Art neigte sie dazu, den Dingen auf den Grund zu gehen und nachzuforschen und dann ab und zu in Schwierigkeiten zu geraten.

»Wenigstens etwas von den Süßkartoffeln, Anyanwu«, sagte er lächelnd. »Ich hab heut noch nichts gegessen.« Er wußte, sie würde ihm etwas zu essen geben.

Wortlos ging sie in ein kleines Gebäude hinüber und kam mit zwei großen Süßkartoffeln zurück. Dann führte sie ihn in ihre Küche und gab ihm ein Fell, auf das er sich setzen konnte, denn er hatte nur einen Lendenschurz um. Noch immer in ihrer männlichen Gestalt teilte sie höflich eine Kolanuß und etwas Palmwein mit ihm.

Dann begann sie, das Essen zu bereiten. Außer den Süßkartoffeln gab es Gemüse, Räucherfisch und Palmöl. Sie entfachte aus den glühenden Kohlen in dem Steindreifuß, der ihr als Herd diente, ein Feuer und setzte dann einen Tontopf mit Wasser zum Kochen auf. Sie begann, die Süßkartoffeln zu schälen. Sie wollte sie zerschneiden und die Stücke kochen, bis sie zart genug waren für Mus, wie es die Ihren gern aßen. Vielleicht würde sie aus dem Gemüse, dem Öl und dem Fisch eine Suppe bereiten, aber das würde eine Weile dauern.

»Was treibst du?« fragte sie ihn, während sie hantierte, »Lebensmittel stehlen, wenn du Hunger hast?«

»Ja«, sagte er. Er stahl mehr als bloß Lebensmittel. Wenn niemand in der Nähe war, den er kannte, oder wenn er bei Bekannten war und sie ihn nicht willkommen hießen, nahm er sich einfach einen neuen kräftigen, jungen Körper. Kein

Mensch, auch keine Gruppe konnte ihn davon abhalten. Ihn konnte überhaupt niemand von irgend etwas abhalten.

»Ein Dieb«, sagte Anyanwu voll Abscheu, der ihm nicht ganz echt vorkam. »Du stiehlst, du tötest. Was treibst du sonst noch?«

»Ich bin ein Schöpfer«, sagte er gelassen. »Ich suche im ganzen Land nach Menschen, die etwas anders sind – oder sehr anders. Ich wähle sie aus, ich bringe sie in Gruppen zusammen, ich beginne, aus ihnen ein starkes neues Volk aufzubauen.«

Sie sah ihn überrascht an. »Das lassen sie zu – lassen zu, daß du sie ihrem Volk, ihren Familien wegnimmst?«

»Manche bringen ihre Familien mit. Viele haben gar keine Familie. Ihr Anderssein hat sie zu Außenseitern gemacht. Sie sind froh, mir folgen zu können.«

»Immer?«

»Oft genug«, sagte er.

»Was passiert, wenn man dir nicht folgt? Was passiert, wenn sie sagen: ›Es scheint, in unserem Stamm sterben zu viele, Doro. Wir bleiben hier, wo wir leben.‹?«

Er stand auf und ging zu dem Eingang ins Nebenzimmer, wo zwei harte aber einladende Lehmliegen in die Wand gebaut waren. Er mußte schlafen. Trotz seines jugendlichen, kräftigen Körpers, es war eben bloß ein gewöhnlicher Körper. Wenn er sorgsam damit umging – ihm genug Ruhe und Nahrung gab, ihm nichts zustoßen ließ –, würde er ihm noch ein paar Wochen dienen. Wenn er ihn aber zu sehr forderte, wie er in gefordert hatte, um zu Anyanwu zu kommen, würde er ihn wesentlich schneller verbrauchen. Er hielt seine Hände mit den Handflächen nach unten vor sich und war nicht überrascht, daß sie zitterten.

»Anyanwu, ich muß schlafen. Weck mich, wenn das Essen fertig ist.«

»Warte!«

Die Schärfe in ihrer Stimme ließ ihn innehalten, und er drehte sich um.

»Antworte«, sagte sie. »Was passiert, wenn man dir nicht folgt?«

War das alles? Er überhörte sie, bestieg eine der Liegen, legte sich auf die daraufliegende Matte und schloß die Augen. Er meinte, sie ins Zimmer kommen und wieder gehen zu hören, ehe er in den Schlaf glitt, aber er hörte nicht hin. Er hatte schon vor langer Zeit entdeckt, daß die Menschen viel kooperativer waren, wenn er sie Fragen wie die von Anyanwu selber beantworten ließ. Nur die Dummen mußten eigentlich seine Antwort hören, und diese Frau war nicht dumm.

Als sie ihn weckte, war das Haus erfüllt von Essensdüften, und er stand auf, hellwach und heißhungrig. Er setzte sich zu ihr, wusch sich geistesabwesend in einer Wasserschale, die sie ihm reichte, die Hände, und nahm mit den Fingern ein wenig von der zerstampften Süßkartoffel von seinem Teller auf und tauchte es dann in den Gemeinschaftstopf mit würziger Suppe. Das Essen war gut und nahrhaft, und eine Zeitlang war er ganz darauf konzentriert und beachtete Anyanwu gar nicht, außer daß er merkte, daß sie auch aß und offenbar keine Lust zum Reden hatte. Er erinnerte sich dunkel, daß es zwischen Händewaschen und Essen ein kleines religiöses Ritual gegeben hatte, als er das letzte Mal bei den Ihren gewesen war. Ein Opfer von Essen und Palmwein für die Götter. Er erkundigte sich danach, sobald er seinen gröbsten Hunger gestillt hatte.

Sie blickte ihn an. »Welche Götter erkennst du an?«

»Keine.«

»Und warum nicht?«

»Ich komme allein zurecht«, sagte er.

Sie nickte. »In mindestens zweierlei Hinsicht tust du das. Auch ich komme allein zurecht.«

Er lächelte ein wenig, aber er mußte sich doch fragen, wie schwer es sein würde, eine wilde Zuchtfrau auch nur teilweise zu zähmen, eine Frau, die dreihundert Jahre lang allein zurechtgekommen war.

Er könnte sie leicht dazu bringen, ihm zu folgen. Sie hatte Söhne, und um die war sie besorgt, also war sie verletzlich. Sie hingegen könnte ihn durchaus soweit bringen, daß er es bereuen würde, sie genommen zu haben – vor allem, weil sie zu wertvoll war, als daß er sie töten wollte, wenn er es nur irgend verhindern konnte.

»Um meines Volkes willen«, sagte sie, »erkenne ich die Götter an. Ich spreche als die Stimme eines Gottes. Um meiner selbst willen ... Im Laufe der Jahre habe ich gesehen, daß die Menschen sich ihre Götter und ihr Glück selbst schaffen müssen. Das Unglück kommt oder kommt nicht, so oder so.«

»Hier gehörst du jedenfalls nicht hin.«

Sie seufzte. »Alles endet immer damit. Ich bin hier zufrieden, Doro. Ich habe schon zehn Ehemänner gehabt, die mir gesagt haben, was ich tun soll. Warum solltest du da der elfte sein? Weil du mich tötest, wenn ich mich verweigere? Bekommen die Männer bei euch zu Hause so ihre Frauen – indem sie ihnen mit Mord drohen? Gut, vielleicht kannst du mich nicht töten. Vielleicht sollten wir das klären!«

Er ignorierte ihren Ausbruch, bemerkte aber, daß sie automatisch annahm, daß er sie zur Frau wollte. Sie nahm das ganz selbstverständlich an, vielleicht stimmte es auch. Er hatte sich schon gefragt, wessen Partnerin sie in seinem Volk zuerst werden sollte, aber jetzt wußte er, daß er sie sich selber nehmen würde – zumindest für eine Zeitlang. Er behielt oft die Mächtigsten seines Volkes ein paar Monate, vielleicht ein Jahr bei sich. Wenn es Kinder waren, lernten sie, ihn als Vater zu akzeptieren. Wenn es Männer waren, lernten sie, ihm als Herrn zu gehorchen. Wenn es Frauen waren, akzeptierten sie ihn am ehesten als Liebhaber oder Ehemann. Anyanwu war eine der attraktivsten Frauen, die er je gesehen hatte. Er hatte vorgehabt, an diesem Abend und an vielen weiteren Abenden mit ihr zu Bett zu gehen, bis er sie zu dem Zuchtdorf brachte, das er in der britischen Kolonie New York sammelte. Aber warum sollte das genug sein? Die Frau war ein seltener Fund. Er sprach mit weicher Stimme.

»Soll ich also versuchen, dich zu töten, Anyanwu? Warum? Würdest du mich denn töten, wenn du könntest?«

»Vielleicht kann ich es ja!«

»Bitte.« Er schaute sie mit einem Blick an, der ihre männliche Gestalt übersah. Ein Blick, der zu der Frau in ihrem Inneren sprach – so hoffte er zumindest. Es wäre viel angenehmer, wenn sie freiwillig zu ihm käme und nicht aus Angst.

Sie sagte nichts – als verwirre seine Milde sie. Genau dies hatte er gewollt.

»Wir würden gut zusammenpassen, Anyanwu. Hast du dir nie einen Mann gewünscht, der deiner würdig wäre?«

»Du hältst sehr viel von dir.«

»Und von dir – oder warum wäre ich sonst hier?«

»Ich habe Ehemänner gehabt, die große Macht hatten«, sagte sie. »Männer mit Rang und Namen, die Mut bewiesen haben, auch wenn sie nicht solch besondere Fähigkeiten hatten wie du. Ich habe Söhne, die Priester sind, wohlhabende Söhne, Männer von Stand. Warum sollte ich einen Ehemann wollen, der sich wie ein wildes Tier andere als Opfer aussucht?«

Er berührte seine Brust. »Dieser Mann wollte mich als sein Opfer. Er hat mich mit einer Machete angegriffen.«

Das bremste sie für einen Augenblick. Sie schauderte. »So bin ich geschlagen worden – fast mittenentzwei geschlagen.«

»Was hast du getan?«

»Ich ... ich habe mich selbst geheilt. Ich hätte nicht gedacht, daß ich so schnell gesund würde.«

»Ich meine, was hast du dem Mann angetan, der dich schlug?«

»Männer. Sieben an der Zahl wollten mich töten.«

»Was hast du getan, Anyanwu?«

Bei der Erinnerung schien sie zusammenzuschrumpfen. »Ich habe sie getötet«, flüsterte sie. »Anderen zur Warnung und weil ... weil ich wütend war.«

Doro saß da und beobachtete sie, sah die schmerzliche Erinnerung in ihren Augen. Er konnte sich nicht mehr entsinnen, wann er das letzte Mal Schmerz darüber empfunden hatte, einen Menschen zu töten. Wut vielleicht, wenn ein Mann von Macht und Vermögen arrogant wurde und vernichtet werden mußte – Wut über die Verschwendung. Aber nicht Schmerz.

»Siehst du?« sagte er weich. »Wie hast du sie getötet?«

»Mit den Händen.« Sie streckte sie vor sich, ganz gewöhnliche Hände, nicht einmal auffallend häßlich wie zuvor, als sie eine alte Frau gewesen war. »Ich war wütend«, wiederholte sie. »Seither gebe ich acht, daß ich nicht zu wütend werde.«

»Aber was hast du getan?«

»Warum willst du denn all die schändlichen Einzelheiten wissen?« fragte sie. »Ich habe sie getötet. Sie sind tot. Sie waren die Meinen, und ich habe sie getötet!«

»Wie kann es denn schändlich sein, jene zu töten, die dich töten wollten?«

Sie erwiderte nichts.

»Bestimmt sind jene sieben nicht die einzigen, die du getötet hast.«

Sie seufzte, blickte starr ins Feuer. »Ich versuche, ihnen Angst zu machen und nur zu töten, wenn es sein muß. Meistens haben sie schon Angst und lassen sich leicht vertreiben. Ich mache die meisten hier so reich, daß mir seit Jahren keiner von ihnen mehr den Tod wünscht.«

»Sag mir, wie du die sieben getötet hast.«

Sie stand auf und ging nach draußen. Es war inzwischen dunkel – eine tiefe, mondlose Dunkelheit, aber Doro hatte keinen Zweifel, daß Anyanwu sehen konnte, mit ihren Augen. Doch wo war sie hingegangen, und warum?

Sie kam zurück, setzte sich wieder und reichte ihm einen Stein. »Mach ihn kaputt«, sagte sie tonlos.

Es war ein richtiger Stein, nicht festgewordener Lehm, und auch wenn er ihn mit einem anderen Stein oder mit einem Metallwerkzeug hätte zerschlagen können, mit seinen Händen konnte er ihm nichts anhaben. So gab er ihn ihr zurück.

Und sie zerdrückte ihn mit einer Hand.

Er mußte die Frau einfach haben. Sie war wilde Zucht von der besten Art. Sie würde jede Linie, mit der er sie kreuzte, stärken, unermeßlich stärken.

»Komm mit mir, Anyanwu. Du gehörst zu mir, zu dem Volk, das ich sammle. Wir sind Menschen, zu denen du gehören wirst – nicht Menschen, denen du Angst machen oder die du bestechen mußt, damit sie dich am Leben lassen.«

»Ich bin bei den Meinen geboren«, sagte sie. »Ich gehöre zu ihnen.« Und sie betonte: »Du und ich, wir sind uns nicht ähnlich.«

»Wir sind einander ähnlicher als anderen. Wir brauchen uns

nicht voreinander zu verstecken.« Er sah ihren muskulösen jungen Männerkörper an. »Verwandel dich doch wieder in eine Frau, Anyanwu, und dann will ich dir zeigen, daß wir zusammengehören.«

Sie bemühte sich um ein mattes Lächeln. »Ich habe zehn Männern siebenundvierzig Kinder geboren«, sagte sie. »Was glaubst du, kannst du mir noch zeigen?«

»Wenn du mit mir kommst, kann ich dir vermutlich eines Tages Kinder zeigen, die du nicht begraben mußt.« Er hielt inne und sah, daß er jetzt ihre volle Aufmerksamkeit hatte. »Eine Mutter sollte nicht zusehen müssen, wie ihre Kinder alt werden und sterben«, fuhr er fort. »Wenn du lebst, sollten auch sie leben. Es ist die Schuld ihrer Väter, daß sie sterben. Laß mich dir Kinder schenken, die leben!«

Sie legte die Hände vors Gesicht, und einen Augenblick lang glaubte er, sie weine. Doch als er sie anschaute, waren ihre Augen trocken. »Kinder aus deinen gestohlenen Lenden?« flüsterte sie.

»Nicht diese Lenden.« Mit einer Geste auf seinen Körper fuhr er fort: »Dieser Mann war bloß ein Mann. Aber ich verspreche dir, wenn du mit mir kommst, werde ich dir Kinder deiner eigenen Art schenken.«

Dann herrschte lange Schweigen. Sie saß da und schaute wieder ins Feuer, vielleicht weil sie sich zu entscheiden versuchte. Schließlich sah sie ihn an, mit so forschendem Blick, daß ihm allmählich unbehaglich wurde. Sein Unbehagen erstaunte ihn selber. Er war eher daran gewöhnt, anderen Unbehagen zu bereiten. Und ihr prüfender Blick gefiel ihm nicht – als ob sie sich überlegte, ob sie ihn kaufen solle oder nicht. Wenn er sie lebendig gewänne, würde er ihr eines Tages Benehmen beibringen!

Erst als ihre Brüste wuchsen, war er sicher, daß er gewonnen hatte. Da stand er auf, und als die Verwandlung vollendet war, nahm er sie zu sich auf die Liege.

Übersetzt von Barbara von Bechtolsheim

XAM WILSON CARTIER

Muz und das Reich der Erinnerungen

Wie kommt es, daß ein radikaler Rückblick immer genau da ansetzt, wo du grad am meisten zu knacken hast und sich von da aus rückwärts durch dein verpfuschtes Leben frißt? Es ist halt das Standardverfahren; der Expreßreise mit dem Panoramablick auf die Vergangenheit entgeht niemand.

So befördert mich im Spirituosengeschäft von heute plötzlich ein Erinnerungsblitz in die Zeit, als ich noch verheiratet war, betrübt und zerknirscht, weil ich schon wieder blau bin, und das vor meinem Mann Charlie, meiner Mutter Muz und dem Küken Mia, die damals gerade vier war. Und zwar in St. Brew, bei vierzig Grad, im absoluten Hochsommer. Und ich hab mich den ganzen Tag mit meinen Bierdosen auf der hinteren Veranda verkrochen, damit Mia draußen spielen kann, wo es Hoffnung auf einen Windhauch gibt. Ich bin schon den ganzen Tag zu Hause, und ich bin nicht die einzige – wir sind alle da, hübsch nachbarlich voneinander abgezäunt mit unserem Bier auf Marken und unseren Wassermelonen – Studenten, Künstler, Rentner, Arbeitslose und eingesperrte Mütter wie ich, hoch explosives, feuergehärtetes Volk, soweit das Auge reicht.

Noch ehe der Tag ausgebrutzelt ist, hab ich die Nase so voll, daß ich Muz anschrei und damit den üblichen Selbstvorwurf- und Schuldrausch im Innern auslös, dann reiß ich Baby Mia an den Armen und schrei sie an, bis sie weint, weil ich auf Muz wütend bin und auf Charlie, der mal wieder lauthals seine Ich-Tarzan-Du-n-Stück-Mist-Nummer abzieht; dabei wär ich allemal lieber Cheetah als Jane – Cheetah *soll* ja bißchen schwer von Begriff sein und hat damit eine Entschuldigung für ihr dummes

Rumscharwenzeln und darf dann mit einem Affengrinsen abschieben. Charlie hat mir mit seinem Lohnscheck vor der Nase herumgefuchtelt und mir Weisheiten verklickert wie zum Beispiel: »Ich hab deine ewigen Kommentare satt. Laß dein Maul nicht so mit dir durchgehn, daß du mitm Arsch nicht hinterherkommst!«, was bei mir die maßgeschneiderte Reuenummer zur Erhaltung ehelicher Harmonie auslöst, weshalb ich lächle und ein Bier nach dem andern tanke. ... Das ist zum Beispiel typisch für mich, ich koche dem unterkühlten Charlie ein mitternächtliches Mahl, wenn er an den Tagen, wo er länger arbeitet, heimkommt. Und, jawoll, das ist wieder das Kind da über dem Herd, das ganz allein einen Früchtekuchen für Muz mühselig mit der Hand anrührt. Die Wut frißt an mir wie ein Mahlwerk, und ich weiß, was ich tu, und tu's trotzdem, wider besseres Wissen, ohne Rücksicht auf Verluste ... doch mal wieder die dumme, dumme Jane.

Zur Buße putz und scheuer ich den Fußboden in der Küche und im Bad, und zwar nach einem heimlichen Klaps von Charlie vorhin in der Küche, aber den hab ich verdient, fand ich damals, und Charlie hat bloß einmal zugeschlagen – er hat sich beherrscht, obwohl ich ihn so gereizt hatte.

Wie kommt es, daß ich mich mit dem Schmierseifenschaum der Reue und ein, zwei Bier, von meinen Sünden reinwasche, mich fühle wie nach der Beichte, und dann in Null Komma nix wieder rückfällig bin? Ich verachte mich, wenn ich nicht anders kann als trinken – ich hasse, was ich fühle, und hasse mein Verhalten, wenn mein Schatten sich abspaltet und die Bühne übernimmt, während mein besseres Ich verstohlen aus den Kulissen zuschaut und sieht, wie er meine besten, schillerndsten Seiten in den Vordergrund spielt. ... Ich verfluche dich, du schwerer Schatten unerbittlicher Selbstdarstellung, der du, immer, wenn mein innerer Druck auf Maximum steigt, selbstgeschaffene Zwänge um jeden Preis abreagieren mußt, – Alk hilft nie, und ich weiß das genau!

So denk ich vor mich hin, kau Gedanken über alte, häufig wiederholte Fehler derselben dämlichen Art durch, bis ich zur Förderung meiner Heilung von der Trübsinnigkeitssucht gewaltsam die mächtige Vision von der Überwindung der Trinkerei von ehedem heraufbeschwöre. Augenblicklich sehe ich Charlie vor mir, der mit seinem Talent, einem armen Schwein noch den letzten Tritt zu versetzen, wie aufs Stichwort da ist. Ich kann ihn immer noch vor mir sehen, kann nicht vergessen, wie, wie er – Sehn Sie? Er schleppt Baby Mia ins Bad, damit sie zugucken kann, wie ich Blut und Galle spucke, die bitteren Raten, die ich trotz der dicken Dosis Neuro-Stupid alle Stunde zahlen darf ...

Schau! Schau! Siehst du, wie Mami würgt?

So speit mich die üble Erinnerung wieder aus und befördert mich in den Strom des Hier und Jetzt, wo ich in diesem Spirituosengeschäft stehe und für Muz, die bei mir zu Besuch ist, ihren Flachmann Cutty Sark kaufe – der einzige Sinn und Zweck meiner Mission. *Werd Muz schon zeigen, wie gut ich zurechtkomm, jetzt wo ich allein nach San Fran gezogen bin.* ... Von hier am Tresen kann ich das Bier hinten im Kühlschrank an der Wand glitzern sehen, und schon bin ich, ehe ich mich recht versehe, vollkommen natürlich dahin unterwegs, wie alle rückfälligen Kreaturen. Na und? Und hol also ein paar Dosen Malzbräu. Das Zeug ist schließlich zu was gut – kuriert Blutstau und schwillt Schleimhäute ab. ... Fragen Sie die beiden Frauen in der Schlange am Tresen. Man muß die beiden Heldinnen bloß reden hören, schon weiß man genau, daß sie wissen, was sie hier wollen.

Erste Frau: »... zu hart!«

Zweite Frau: »War ich zu hart? ›Hör zu‹, hab ich zu George gesagt, ›unsere Beziehung, wenn du's so nennen willst – die war ja von Anfang an keine Klammerkiste für immer und alle Zeiten. Irgendwann mußte es doch mal vorbei sein, oder? Und jetzt ist die Zeit halt abgelaufen, so ist das eben, Schuld hat da keiner. Da mußte ich mich echt bremsen; fast hätte ich gesagt ›der Tanz‹ – ›der Tanz ist aus. Genau, du Idiot, die Party, der Tanz, der Swing, und damit dein lahmer Trip durch mein Leben‹ –«

»Weiß Gott!«

»Und als wir Schluß gemacht haben, war George immer noch

dran, ›Eh, nicht so schnell, Baby, wir müssen reden, nur nichts überstürzen‹.«

»Ach was?«

»Dabei weißt du doch auch, daß ich schon seit vier Jahren versuch, mit dem Chaot zu reden.«

»Mehr nich?«

»Und als dieser dämliche Egoist sich dazu durchringt zu versuchen, mich nochmal rumzukriegen – als er sich endlich nen Ruck gibt und angekrochen kommt, weil er ›nochmal reden‹ will – na, da stellt sich raus, daß wir zwei verschiedene Dialekte sprechen – nich richtig verschiedene Sprachen, aber da fehlt nich viel, eigentlich schlimmer, wenn man drüber nachdenkt. Du redest gleich, es hört sich fast gleich an, und da könnt ich dann die Wände hochgehen – weil nämlich auf alles, was du sagst, bloß ›Hallo? Hallo?‹ kommt. Kennst du das?«

»Aber klar.«

»Ich würd halt wirklich gerne wissen, wieso, wenn ein Mann und eine Frau sich ernsthaft zusammentun und sich gegenseitig respektieren – ich mein jetzt keine zufällige Geschichte und nichts wo'n Kind unterwegs ist oder sonst ne Zeitbombe tickt, sondern einfach nur freie Wahl, ein reifes Agreement zwischen zwei zurechnungsfähigen Verrückten – warum muß in dem Moment, wo man heiratet, der Countdown zur Hölle losgehen? Fünf, vier, drei, zwei ... *und beim nächsten Ton, liebe Freunde, verwandelt sich eure Beziehung in eine Kiste.* Wo, zum Teufel, liegt da bloß der Hund begraben?«

Ein Stück aus dem Familienpuzzle – Muz knackt an ihrem eigenen rum und überfällt mich gleich damit, als ich wieder im Auto bin. »Um deinetwillen hoffe ich«, sagt sie, »daß bei Mia in der Pubertät alles gut geht! Ich weiß, daß sie erst neun ist«, entgegnet sie auf meine hochgezogenen Augenbrauen und prescht weiter voran, »und ich weiß, daß du glaubst, es lägen Welten zwischen dem Bemuttern einer Neunjährigen und dem Bemuttern eines Teenagers. Aber glaub mir, die Pubertät ist bloß noch um die Ecke. Die erwischt dich eher, als du denkst!«

Als ich sehe, wie sie einen Augenblick die Schultern hängenläßt, muß ich daran denken, wie sie beim Morgengrauen mit Tränen in den Augen vor mir stand, am Tag nach Doubles Tod am Dreh- und Angelpunkt meiner Jugend, gerade da, wo ein Mädchen seinen Vater am nötigsten braucht. »Du bist alles, was ich habe«, sagte Muz damals. Und doch hätte ich bis dahin als Teenager, behauptete sie, fast meine ganze Energie darauf verwendet, ihr tagein, tagaus nichts als Kummer zu machen (»Da fehlen einem die Worte«, sagte sie bekümmert) mit meinen dauernden Katastrophen. Und dann kramte sie die wehmütigen Geschichtchen aus meiner befleckten Vergangenheit hervor, zum Beweis dafür, wie wenig es mir gelungen war, der Herausforderung des Erwachsenwerdens zu begegnen, handverlesene Episoden, sofort auf Abruf da, frisch aus ihrer Kiste erbärmlicher Erinnerungen, der kein Zahn der Zeit was anhaben konnte.

Als sie sich jetzt umdreht, um mich über den Autositz hinweg anzuschauen, sehe ich einen Moment direkt in das undurchsichtige Wollbraun von Muz' Augen und bin überrascht, daß da kein Funke Lebensfreude blitzt (wie bei Double), und schon schiebt sich die von Double so genannte gute alte Augapfel-Theorie aus meiner Kindheit vor meine coole Erwachsenenmattscheibe.

Nach Doubles Hypothese, die von Augen als Fenster der Seele handelte, klare Fenster, aus denen das innere Ich herausschaut und sich zeigt, ist eines der deutlichsten an den Augen ablesbare Zeichen das fehlende Vorhandensein jenes verräterischen Funkens in der Pupille, jenes Flämmchens, das von Zeit zu Zeit auflodert. Da Double bei seinen Forschungen Leute mit leuchtenden Augen aufgetan hatte, die *bon vivants* waren, ohne jenen Funken zu haben, kam er zu dem Schluß, daß der Funke im Auge durch Lebensfreude entstehe und nicht umgekehrt bei denen, die auf der Sonnenseite lebten. Als ich die glanzlose Muz von heute sehe, wird mein Inneres schlagartig von der Verbindung zwischen ihrem andauernden Kummer, ihrem hoffnungslos tödlichen Witwendasein, und meinem eigenen durchbohrt. Schließlich bin ich auch Witwe; sehe sich doch bloß einer meine traurige Ehe hier auf der Bahre an.

»Aber weißt du was?« hat Muz vor knapp einem Jahr zu mir gesagt, »ich denk immer wieder, wenn ich's dahin geschafft hätte« – nach Kansas City, Missouri, nämlich, wo Double auf Arbeitssuche hingezogen war – »wenn ich's geschafft hätte, ihn zu besuchen, bevor er starb, dann wäre er nicht gestorben. Ich weiß, daß er nicht richtig auf sich aufgepaßt hat, und ich hätte mich einfach zwingen müssen hinzufahren! Aber es war grad die Zeit, als die Fenster abgedichtet werden mußten – weißt du noch? – und alles im Haus wär feucht geworden, es hat doch den ganzen Winter gestürmt und geregnet, weißt noch? Aber ich hätt's schon schaffen können; ich hätte das tun sollen, was ich für richtig hielt, hätte meinem Instinkt folgen sollen, irgendwas hat mir *gesagt* –«

»Moment mal«, unterbrach ich, »hör mir jetzt mal zu. Und ich möchte, daß du dir über eins im klaren bist: Wenn es so aussieht, als würde ich nicht reagieren, wenn du mir so was erzählst, dann liegt das nicht daran, daß ich nichts empfinde oder so, sondern nur, daß ich mich bemühe, nicht gleich durchzuknallen. Ich mach eben dicht und halt, solange ich kann, den Dampf an; ich halt alle Räder an, bis ich mich denken höre –«

»Himmel, du bist meine Tochter!«

»– damit ich stillhalten kann, bis ich meinen Kopf zusammenhab –«

»– *genau* wie ich!«

»Was ich also sagen will –«

»Das machst du genauso wie ich, das hast du von mir!«

»Okay, dann laß mich jetzt –«

»Okay.«

»Was du nicht vergessen darfst, ist, daß wir nicht zu bestimmen haben, wann jemand stirbt –«

»Das walte Gott; das bestimmt der Herr allein!«

»Wir sind nicht diejenigen, die bestimmen, wann es Zeit ist, zu gehen; wir können keinen vor dem Tod retten, wenn seine Zeit gekommen ist. Wenn die Zeit gekommen ist, dann ist es soweit – und derjenige stirbt.«

»Das kauf ich dir ab! Weiter, du tust mir gut.«

»Außerdem war ihm das Leben schon eine ganze Weile sauer gewesen. Wir können der Göttin nicht in die Karten gucken, aber manchmal glaube ich schon, ich kann erkennen, was sie im Sinn hat –«

»Jetzt kommst du der Sache näher.«

»Seine Zeit war also gekommen. Außerdem ist Double auch noch da. Leute lösen sich nicht einfach in Nichts auf, wenn sie von uns gehen, sie gehen buchstäblich in eine neue Phase über wie alle anderen Dinge auf der Welt. Die Wellen bleiben immer die gleichen, wir haben immer noch den gleichen Dreck unter den Füßen – oder graben wir etwa nicht immer wieder altes Zeug von vor Tausenden von Jahren aus? Und wir sind die gleichen, bis hin zu unsern Körpern. Gott läßt nix verkommen –«

»Red weiter; ich bin ganz Ohr –«

»Auf dieser Welt wird alles weiterverwertet. Und alles bis ins kleinste Protoplasma läuft nach einem einzigen großen Plan. Sollen die Menschen da die große Ausnahme sein? Na, sag schon.«

»Verdammt noch mal! Du hilfst mir; du bist gut!«

»Hätt ich dir eher sagen können.«

»Ach, das wär mir nichts Neues gewesen. Wenn irgendwas auf mich zutrifft, dann, daß ich mit offenen Augen durch die Welt lauf. Mit entgeht so schnell nichts, was ich wissen will!«

Jetzt schweigt Muz; sie konzentriert sich auf die Szene, die rechts vor dem Autofenster abläuft, die Außenwelt, im Moment mit dem Blick auf die Pyramide des Spansamerica-Gebäudes im Herzen des Finanzdistrikts von San Fran, als sprechendes Beispiel aus Beton, wo man in den Neonfenstern sieht, wie die Büroangestellten zur Rolltreppe nach unten und aus dem Hauptportal eilen. Draußen vor der Eingangstür werden sie – ich kann es kommen sehen und fühle mich einen Moment wie Gott –, draußen vor dem Eingang zum Gebäude werden sie auf einen wartenden Schwarm von fußlahmen Mut- und Obdachlosen am Ende ihres langen harten Kampfes treffen. Diese Penner haben es den ganzen Tag mit Büroangestellten mit schmalen Brieftaschen zu tun gehabt, und die Hoffnung liegt schwer im leeren Hut, den die nackte Not hält. Zwei zerlumpte Männer humpeln zwischen den fliehenden Neun-bis-Fünflern umher, bettelnde Almosenempfänger, die mitten im Wirbelwind der Pendler ihren gemächlichen Trott beibehalten, aber es sieht sie niemand, natürlich nicht – wer sieht sich schon diese kaum mehr wandelnden Spiegel unserer Verzweiflung an, innere Wunde in äußerer Form?

So kurz vor der Hauptverkehrszeit kommen wir Sacramento Street bergauf kaum noch voran und arbeiten uns nur millimeterweise zum goldblitzenden Nob Hill vor, wo sich das Mark Hopkins Hotel von links diskret ins Bild schiebt und die St. Marys Kathedrale weiter oben rechts als vertrauter Markstein gerade eben zu erkennen ist. Als ich Muz' Rücken neben mir angucke, sehe ich sie vor mir, wie sie sich gestern abend am Flughafen kerzengerade hinstellte und sagte: »Sag Bescheid, wenn du den Witwenbuckel wieder siehst. ...«

Witwenbuckel? Ich hatte ihr nur gesagt, daß ihr Rücken in letzter Zeit gebeugt wirke, wenn sie entspannt dastand, aber ach ja, jetzt fällt mir ein, daß ich herzlos hinzugefügt hab: »und dann siehst du aus, als ob du gar keinen Hals hast. ...« Weshalb mußte ich das überhaupt sagen – immer hau ich zu, anstatt einfach den Kopf einzuziehen; nie lehne ich mich zurück und laß mir Zeit, auf natürliche Weise defensiv zu werden. Weshalb reagier ich auf Muz, ihre Bemerkungen und sogar ihre guten Ratschläge so empfindlich, wo sie doch so passend kommen und wie von Geisterhand die Stacheln am Draht der Zäune zwischen mir und meiner Zukunft fortzaubern.

Diese Frage drückt mir auf die Stimmung, und einen Moment sieht es aus, als würde ich ganz durchsacken; ich hangel verzweifelt nach einem letzten Rest Optimismus, ziehe mich bis an den Rand hoch und kann mich da einen Moment lang halten, aber dann rutsch ich ab, rutsche rückwärts und abwärts aus meiner Außenperspektive nach innen, wo ich mich als Achtjährige an Muz heranmache. Ich bringe klägliche, kindische Opfergaben und versuche, ihren Spielstopp, ihre mütterliche Unbeteiligtheit aufzuweichen, indem ich sie mit Pfefferminzstangen besteche, jede Woche eine, wenn ich, wie immer pünktlich, Taschengeld bekomme, und Muz legt sie stets beiseite, um sie wegzuschmeißen. Aber Mensch, ich nehme an, sie hat sich alle Mühe gegeben, immer aufs Praktische bedacht, die Nase am Boden. Außerdem hat Muz mir eine Menge gegeben, wofür ich dankbar bin: ihre Portion Familienfrechheit und ihre Art aufs Ganze zu gehen. Und was soll's auch, ich bin jetzt ein großes Mädchen, hübsch erwachsen und hübsch in meinem eigenen abgespaltenen Leben eingerichtet. Wieso schaffe ich es also nicht, ein für allemal unter diesem Mutter-Mutter-Scheibenkleister hervorzukriechen, der jedesmal hochkocht, wenn mir was gegen den Strich geht?

Ich weiß noch, wie ich, als ich Charlie verlassen hatte, weil ich Trost oder Nähe brauchte, oft mitten in der Nacht oder sonstwann den Drang verspürte, aufzuspringen und Muz anzurufen oder sogar Charlie selbst, um ehrlich zu sein. Zwei potentiell lähmende Anrufe, aber es war eine Zeit, wo ich Zeugen brauchte, deshalb konnte ich nicht wählerisch sein, weil ich es nämlich schon gar nicht aushielt, mit irgend jemand schönzureden, der nicht in die Saga meiner mißglückten Ehe eingeweiht war. Wenn ich damals Leute kennenlernte, war ich voll von markerschütternden Geschichten von Es-war-einmal, als meine Schauergeschichten bloß noch den Schaum oben auf meinem heilen Alltag bildeten. Als ich noch einen (Versager zum) Mann hatte, in einem früheren Leben. (Kaum zu glauben!) Es war einmal ein Ehepaar, wunderbar, er und sie, sie und er . . . und von beiden Seiten des Bettes hörte man die Geräusche der gleichen alptraumhaften Verfolgungsjagd.

Aber jetzt muß ich mich eigentlich nur dazu aufschwingen, Muz zuzugeben, wie sehr ich immer noch darunter leide, daß ich Charlie letztes Jahr verlassen hab; sie wird Verständnis haben, obwohl sie beim Anhören meiner Probleme nie vergleichbare Leiden aus ihrem eigenen Leben hervorkramt wie die meisten Leute, die ihre Leiden neben deine stellen, sozusagen als höfliche Geste, die gemeinsame Menschlichkeit zum Ausdruck bringen soll.

So zugeknöpft Muz auch sein mag – »Falls du es noch nicht gemerkt hast, das ist mein Privatleben«, war mal ihre gereizte Entgegnung auf meine Bitte um persönliche Auskünfte, die sie fest an sich gepreßt hielt –, sie ist durchaus bereit, mich, ihr einziges Kind, am Reichtum ihrer Erfahrungen teilhaben zu lassen, wenn die Zeit, ihrer maßgeblichen Meinung nach, dafür reif ist. Außerdem ist es nicht ihre Schuld, daß sie mit Auskünften sparsam ist; sie ist zur tödlichen Zeit der großen Wirtschaftskrise aufgewachsen, als totale Armut hinter der nächsten Mahlzeit oder der nächsten Entlassung winkte, wenn man aus Versehen Aufmerksamkeit auf die eigene Situation als Schwarze lenkte. Als es zu Haus keinen Platz zum Lernen gab und du endlich mit deinem Vater mit in den Country Club durftest, wo er einen Job hatte, hättest du dir lieber die Zunge abgebissen, als zu erwähnen, daß er sich mit zwei Stellen plagte, um dich und deine fünf jüngeren Geschwister 1936 aufs Lehrerseminar zu schicken, während alle Welt von Sozialhilfe lebte und sogar Weiße vor Verzweiflung nicht mehr wußten, wohin, was sie allerdings nicht davon abhielt, »Ober!« zu rufen. Wenn Opa dann auf ihren Ruf hin als Kellner erschien, stießen sie sich an (ist das der mit den College-Ambitionen?) und lächelten: »Hier!«. Und wenn Opa dann die Hand ausstreckte, gaben sie ihm eine offene Serviette voller Spucke und zerkautem Essen zum Wegschmeißen und beobachteten seinen stummen Rückzug, zuerst vom Tisch, dann aus dem Job, weil ihm die da oben aus irgendeinem rätselhaften Grund gekündigt hatten. . . .

Doch das letzte Mal, als ich wirklich mit Muz geredet hab, ich mein, mir wirklich alles von der Seele geredet hab, da hat Muz genau in dem Moment ihr Schweigen gebrochen, als ich es brauchte, weil ich nach meiner gescheiterten Ehe gerade mal wieder überlegte, ob es richtig gewesen war, von Charlie wegzugehen, wie ich das in untätigen Momenten freischwebender Ratlosigkeit immer mal zu tun pflegte. Damals, als meine Wunde noch frisch war, war das Bild, mit dem ich mir einredete, daß es das einzig Richtige gewesen war, Charlie zu verlassen, wenn ich überleben wollte, das Bild davon, wie die alten Pioniere früher Sachen von ihren Planwagen warfen, wenn die

Zeiten hart wurden und sie schneller vorankommen mußten, weil sie angegriffen wurden. Peng! Weg mit dem Herd. Knall! Adieu, du Truhe mit Küchengeräten!

Und dein Planwagen ist immer noch voller Ballast, sagte ich mir, als ich in meiner neuen Wohnung in San Fran meine Habseligkeiten auspackte und mich in einen Karton voller Andenken an mein altes Leben mit Charlie vertiefte, mit qualvollen Erinnerungen wie scheinbar harmlosen Schnappschußalben von unserem kurzen Glück. Guck mal, dachte ich bei einem Photo, hier lächeln wir beide in dem unmöglichen billigen Nachtklub in Ost-St. Lou, wo Charlie so blau war, daß er gestand, daß er mich über alles liebte. Und sieh mal einer an, hier ist Charlies Platte (wie ich sie unbeirrt weiter nannte, auch nachdem er sie mir zu einem Geburtstag geschenkt hatte, als er kein Geschenk für mich hatte und ich deshalb fürchterlich durchgedreht war) – hier ist Charlies Platte mit John Coltranes »My Favorite Things«, quälend rieselnder Hochgenuß von fließendem Jazz, getragen von einem Riff »Be Here Now. . .«

Oh, nein, und hier ist Charlies Flitterwochenglas, wir hatten von Muz und Double jeder eins bekommen – mit dem eingravierten Spruch: »Liebe ist das Lebenselixier.« (Mein Gott, wo ist das Gegenstück?) Und hier ist unser liebstes T-Shirt, wir haben es beide getragen. Ich kann nicht anders, ich muß dran riechen, um mir einzubilden, ich könnte mich von Charlies freundlichem Körpergeruch trösten lassen, dann kann ich nicht anders und muß so tun, als ob er mit im Zimmer ist und mir beim Auspacken hilft – er ist mein bester Freund, der Charlie, vielleicht hilft er mir übern Berg, hilft mir, hilft mir, über Charlie wegzukommen. . . .

Halt! Ich nehme das Hemd als Handtuch für meine Tränen, während ich die Andenken allesamt einsammle und in den Müllschlucker befördere, mit lautem Geklapper eins nach dem andern. Auf diese Weise werfe ich die dazugehörigen Erinnerungen rituell ab, oder rede mir das jedenfalls ein; nur eine Sache behalte ich – und bringe es nicht über mich, Charlies Trane wegzuwerfen, so daß »My Favorite Things« alles ist, was mir von meinen liebsten Sachen bleibt.

Ich muß daran denken, wie ich versucht hab einzugreifen, als Charlie sagte: »Ich füll meine Antragsformulare für das College-Stipendium selber aus«, was soviel hieß wie: »Laß mich in Ruhe«, und ich kann ihm nicht mal böse sein; in meinem Bestreben, für unser gemeinsames Wohl zu sorgen, gleich und gleich, Seite an Seite (wir werden soviel besser klarkommen, wenn Charlie seinen College-Abschluß hat, denke ich; das hilft ihm bestimmt, mit meinem angebornen Scharfsinn fertigzuwerden) – in meinem Feuereifer bin ich an den Punkt der Zickigkeit gelangt, wo ich Charlie unter die Nase reibe, daß er Vorschriften nie richtig liest, nämlich von oben nach unten: Er geht mit seinem Blick gleich auf die Mitte der Seite, überfliegt die untere Hälfte und wandert dann wieder nach oben. Also erkläre ich Charlie, daß ihm durch seine unkonventionelle Art zu lesen, die jedem normalen Datenerfassungsprozeß (eins, zwei ...) zuwiderläuft, wesentliche Informationen entgehen.

»Entweder du gehst in einem Schwung von oben durch, oder du wirst immer auf einem Bein hinken«, verkünde ich schnaubend zwischen zwei Schluck Bier. »Stimmts?« Und rattere gleich laut und im Brustton der Selbstgerechtigkeit weiter, obwohl ich genau weiß, daß Heiligenscheinstrahlen Krebs erzeugen. Es ist eine der Gelegenheiten, bei denen ich Muz in mir toben fühle und Double mit siller Kraft sagen hören kann: »Okay, ich gestehe alles! Führ mich zur Guillotine!« Ich komm bei so was nicht aus dem Piesacken raus, was einen Mann auf die Straße treibt und in die Arme einer fügsameren Partnerin, über die er sich um so leichter hinwegsetzen kann, wobei mich die Überlegung noch weiter in Rage bringt, so daß ich jede Logik vergesse und wieder an dem Ende der Spirale lande, wo ich nur noch rumzicke.

»Jedenfalls füll ich die verdammten Formulare selber aus«, sagte Charlie da. »Nein, laß-« sagt er mit einem warnenden Bleib-wo-du-bist-oder-Blick auf mich, weil ich trotzdem nach ihnen lange. Gescheitert ziehe ich die Hand zurück, nehme einen Schluck Bier und sehe durch den Nebel, wie ich mit Charlie rückwärts durch die Zeiten gewirbelt werde, um Muz und Doubles traute Szenen zum gleichen Thema noch einmal von vorne durchzuspielen. Muz und ich könnten als Duett auftreten, mit einem Lied für Charlie und für Double, bevor er starb: »Ich helf dir gern, aber ich hol mir den gerechten Lohn dafür!« Eine Zickenserenade für zwei gemarterte Flammen, als hätten sie's nicht schon schwer genug, ohne daß wir ihnen heiße Kohlen vor die Füße schmeißen.

Über heiße Kohlen gehen, echt hart das Leben, nie Zeit und Frieden genug, um Moos anzusetzen – dauernd bloß fruchtloser Zank und Streit! Unsere Männer immer gegen unsere Frauen. ... Jetzt kommts, was ich Muz darüber und über meine Rolle in diesen eingefleischten Untergrundkämpfen sagen werde: »Im Moment ... im Moment finden mich die meisten Männer kalt, wohl wegen meiner Tendenz, bei ihrem ersten Versuch, mich in den Arm zu nehmen, abzuhauen«, eingeschlossen einmal übrigens (was ich wohlweislich für mich behalten werde), wo ich nichts weiter anhab als ein dünnes durchsichtiges T-Shirt und hautenge Jeans – mehr Provokation denn durchgestylte Anmache. Ich begrüße einen prospektiven Verehrer, der die Arme ausstreckt, um mich zur Begrüßung zu umarmen, und das, wovor ich in Wirklichkeit zurückschrecke, ist die eindeutige Aussicht auf, ah, das wundervolle Gefühl, wenn seine Kraft tief in mir pulsiert, den würzigen Geschmack meiner Säfte auf seinen Lippen, ohne jede Aussicht auf Nahrung für mein hungriges Herz, in dem es immer noch so pocht wie dort unten, an meinem heißesten Punkt, nur leider nicht mehr im gleichen Rhythmus, nicht mehr synchron.

Aber Muz (hier ist das, was ich über das Problem sagen werde, das mir immer noch das Leben schwermacht) – Muz, siehst du, wie die Vergangenheit mich immer wieder einholt und mir die Gegenwart versaut? Seit ich mit Charlie gebrochen hab, kann ich anscheinend nicht mehr aus vollem Herzen lachen oder mich mal länger von ungezwungenem Übermut tragen lassen. Irgendwas hält mich zurück, irgendwas hat sich im Saum meines Glücks verfangen. Warte, laß mich das nochmal mit anderen Worten sagen. Weshalb muß ich in Momenten bevorstehenden Glücks, bei dem nichts an vergangene Leiden erinnert, unbedingt mein Hirn durchforsten? Es ist, als könnte ich

Glück pur nicht ertragen und müßte alte Traurigkeit hervorzerren, um es zu verwässern. Der größte Teil meines Wachstums liegt tief in der Vergangenheit vergraben; und das frische grüne Kraftbündel, das Fremde sehen (»He, alle mal hersehen! Ich bin endlich frei!«), ist bis jetzt nichts als ein oberflächlicher Trieb, der erst noch in die Tiefe wachsen muß. Hab ich recht? Muz, sag du es mir!

Übersetzt von Karen Nölle-Fischer

CAROLYN COLE
Emma

Meine letzten fünfzig Cents. Sie gibt mir keine Karte mehr. Sie will Schluß machen. Drum würd ich auch lieber mit Maria spielen. Die Erwachsenen haben zu schnell keine Lust mehr. Und wenn sie die Lust verlieren, dann fallen ihnen tausend Gründe ein, um ein schönes Spiel zu beenden. Maria hätte mir noch eine Karte gegeben. Und wenn sie meinen letzten Vierteldollar gewonnen hätte, dann hätte sie mir was geliehen. Das Spiel würde nie enden. Nie, erst wenn ein Erwachsener sagt: »Jetzt gehts aber ins Bett.« Maria hat gesagt, das ist Emmas Lieblingssatz.

Maria weiß viele Sachen, vor allem über Emma. Ich aber auch. Wir haben beschlossen, wir wollen genau wie Emma sein, wenn wir groß sind. Dann spielen wir mit den Kindern, lesen ihnen Geschichten vor und gehen mit ihnen zum Einkaufen und nach New Orleans. Auch wenn ihr Papa nicht will, daß sie mitgehen. Und wir lassen sie Verkleiden spielen mit unseren schönen roten Kleidern und den langen weißen Perlenketten. Aber nicht den ganz langen, die runter bis zur Taille hängen. Solche nicht. Nicht solche, wie die Dame am Bahnhof.

Wenn wir groß sind, dann gehen wir zum Essen aus und zu Partys. Dann ziehen wir lange schwarze Kleider an mit ganz weiten Röcken. So Röcke, die sich weit ausbreiten wie Schirme, wenn man sich dreht. Und dann ziehen wir auch viel glitzernden Schmuck an. Wir gehen nicht vor zehn Uhr abends von zu Hause weg. Und wenn wir heimkommen, ist es richtig spät – fast schon der nächste Tag. Im Haus ist es dann still und ganz, ganz dunkel. Die Kinder sind im Bett. Aber vergessen tun wir sie nicht. Wir schleichen auf Zehenspitzen in ihre Zimmer und küssen sie aufs Haar. Aber vorher gucken wir, ob sie auch fest schlafen. So macht Emma es.

Mir gefällt das lange schwarze Kleid. Es glänzt und riecht gut. Wenn Emma geht, klingt es wie raschliges Papier. Da muß ich an Geschenke denken. Sie bringt Maria und mir immer Geschenke mit, eingepackt in richtig schönes Papier. Aber nicht Weihnachtspapier. Maria und ich wollen immer dran denken, den Kindern Geschenke mitzubringen. Maria mag das lange schwarze Kleid auch. Sie sagt, so was zieht man nur abends an, so wie Emma. Die Dame am Bahnhof weiß das wahrscheinlich nicht.

Am nächsten Morgen rufen Maria und ich uns dann gegenseitig an und reden stundenlang über die neuesten Tänze und wie unsere Füße wehtun. Ich sag dann: »So toll, das Essen und der Wein.« Maria sagt: »Wir sollten das wirklich öfters tun.« Dann werfe ich den Kopf zurück und lache. Ich wickle mir eine Haarsträhne um die Finger, werde ganz ernst und frage Maria: »War ›sie‹ da?« – so wie Emma. Ich habe Maria gefragt, ob »sie« die Dame am Bahnhof bedeutet. Und plötzlich hatte Maria dann diesen gemeinen Blick, ganz grundlos. Sie hat die Lippen fest zusammengepreßt. »Du mußt versprechen, daß du es Emma nie erzählst, Dory, oder es geht dir schlecht.« Ich hab gefragt, wie denn. Als sie es nicht sagen wollte, hab ich gesagt, ich würde es Emma erzählen. Da hat sie meinen Arm gepackt und ihn mir umgedreht. »Ich brech ihn dir ab!« hat sie gebrüllt.

Manchmal verdreht sie mir den Arm so fest, daß ich schon gedacht hab, sie bricht ihn mir wirklich ab. Dann hab ich richtig laut geschrien, und sie hat losgelassen. Ich hab gewußt, daß sie mir den Arm nicht abbricht. Sie ist meine allerbeste Freundin auf der ganzen Welt. Aber manchmal hab ich auch einfach weitergeschrien, nur um zu sehen, wie laut ich schreien kann.

Einmal hab ich gehört, wie Emma geschrien hat. Mein Papa hat sich über sie aufgeregt. Da hat sie den Telephonhörer abgenommen. Dann hat sie ihn fallengelassen und ist einfach nur dagestanden und hat geschrien. Der Papa hat versucht, ihr den Mund zuzuhalten, so wie Maria es bei mir versucht. Aber sie hat ihn gebissen. Da hat er die Hand ganz schnell weggezogen.

Sie sind am Bettende gestanden und haben sich angestiert. Ich hab die Luft angehalten, weil ich gewußt hab, jetzt ist alles aus. Aber dann haben sie nur angefangen zu lachen wie verrückt. Gelacht haben sie und sich übers Bett gewälzt. Eines Tages beiß ich die Maria auch. Vielleicht denkt sie auch, daß es komisch ist. Bestimmt denkt sie, daß es komisch ist. Sie weiß, daß es nur ein Spiel ist. Sie hat mir schließlich von dem Spiel erzählt.

Maria hat gesagt, die Erwachsenen haben ein ganz besonderes Erwachsenenspiel. Das Spiel spielen sie auch mit der Dame am Bahnhof. Ich hab keine Ahnung, wie das Spiel geht. Ich weiß nur, daß ich auf Emmas Seite spielen will. Ich will nicht, daß sie das Spiel verliert. Sie ist doch meine Mama. Ich denk, es ist fair, daß ich in ihrer Mannschaft bin. Drum hab ich Maria eine Menge Fragen gestellt. Sie hat dann gesagt, was sie immer sagt: »Dory, du fragst zuviel. Du brauchst nur fair zu spielen. So, wie wenn wir Spades spielen. Da guckst du doch auch nicht einfach jemand in die Karten und posaunst raus, daß er den kleinen Joker hat, wenn der große Joker alle Karten sticht. Oder?« Ich hab nein gesagt. Aber wenn ich weiß, wer den kleinen Joker hat, kann ich ja meine anderen Karten gescheiter ausspielen. Das hab ich auch zu ihr gesagt. Aber sie hat nur drauf gesagt: »Schon recht, Dory, schon recht. Du machst ja sowieso, was du willst. Du bist ein verwöhntes Gör und willst immer alles nach deinem Kopf haben.« Es hat sich bei ihr nie nach ihr selber angehört, wenn sie so was gesagt hat. Sie hat sich wie eine Erwachsene angehört. Emma hat gesagt, Maria wird langsam erwachsen. Sie ist neun Jahre alt. Sie hat gesagt, so werd ich mich wahrscheinlich im nächsten Jahr auch anhören.

Gestern hat Maria versucht, ein Puzzle hinzukriegen. Sie kann es nicht leiden, wenn einer was zu ihr sagt, wenn sie sich mit einem Puzzle abmüht. Aber ich hab trotzdem immer weitergeredet und gebettelt, daß Maria Emma nur ein ganz klein bißchen was von der Dame am Bahnhof erzählt. Sie hat gesagt, wir könnten Emma ja gleich nach dem Mittagessen eine Andeutung machen. Aber als sie wiederkam, wollte sie Emma nichts sagen. Ich hab gewußt, daß es wegen ihrer Mama war. Da hat sie sowieso schon eine Wut gehabt. Ich mag es nicht, wenn sie ganz arg wütend auf mich wird. Sie wird immer wütend auf mich, wenn sie in Wirklichkeit eine Wut auf jemand andern hat. Mrs. Robinson muß irgendwas mit ihr angestellt haben, als sie zum Mittagessen daheim war. Sie macht immer irgendwas, damit Maria wütend wird. Am Samstag hat sie Maria das Haar zu so Kornährenzöpfchen geflochten. Maria haßt Kornährenzöpfchen. Das letzte Mal, als Maria Turnschuhe wollte, hat ihre Mama ihr Schleifchenschuhe gekauft. Mrs. Robinson ist irgendwie komisch. Einmal hab ich gehört, wie Emma Miss Watson erzählt hat, Mrs. Robinson hätte ein grünäugiges Monster. Ich weiß ja nicht, wo sie das hat, aber in das Haus geh ich nicht rüber. Ich glaub nicht, daß Maria was davon weiß. Ich glaub nicht, daß sie heimgehen würde, wenn sie es wüßte.

Ich hab gespürt, wie Emma mir unterm Tisch gegen das Bein getreten ist, aber nicht sehr fest. »Spielst du in diesem Leben noch weiter oder erst im nächsten?« hat sie mich gefragt. »Hä?« hab ich zurückgefragt. Sie hat die Karten hochgehalten und mir fast gezeigt, was sie in der Hand hat. »Mach das doch noch mal«, hab ich gesagt. Sie hat ein ulkiges Gesicht gemacht und die Karten an sich gedrückt wie ein kleines Mädchen. Sie hat sich die Haare zurückgestrichen und zur Uhr raufgeguckt. Ich hab gewußt, was sie als nächstes sagt. »Wir spielen schon eine ganze Stunde, Dory. Es ist schon spät. Ich denke, du bist müde. Du solltest jetzt wirklich ins Bett gehen.« Ich hab gebettelt: »Bitte, nur noch ein bißchen, Emma?« Huch, das war mir so rausgefahren. Ich hab mir den Mund zugehalten. »Was hast du grade zu mir gesagt, Dorian?« hat sie gefragt. Ich hab mich entschuldigt. Maria und ich nennen sie so, wenn wir Erwachsensein spielen. Sie hat ein bißchen gelächelt und nichts weiter gesagt. Dann war es wohl nicht so schlimm. Sie hat wieder auf die Uhr geschaut. Dann hat sie auf ihre Armbanduhr geschaut. Ich hab gewußt, daß sie auf ihn wartet. Ich hab überlegt, ob er wohl noch bei der Dame am Bahnhof ist. Ich kann das nicht leiden, wenn er uns so warten läßt. »Willst du was andres machen, Mami?« hab ich gefragt. Bevor sie geantwortet hat, hab ich gesagt: »Ich weiß, was wir machen können. Wir können Galgen spielen.« Sie hat den Kopf geschüttelt. »Monopoly?«

Wieder hat sie den Kopf geschüttelt. »Ich weiß was«, hab ich gesagt. »Komm, wir tanzen.« Ich bin auf den Stuhl gestiegen, um das Radio anzudrehen. Dabei hab ich die Zuckerdose umgestoßen. Sie hat sie grade noch erwischt, als sie vom Tisch runterrollte. Sie hat mich zurück auf meinen Stuhl gezogen. »Nein, wir wollen nicht tanzen«, hat sie gesagt. »Na gut, dann hier«, hab ich gesagt und hab das Buch über den Tisch geschoben. »Komm, wir lesen *Kleine Frauen* zu Ende.« Sie hat ein bißchen gelächelt. Ich glaub, daß sie es gerade tun wollte, aber dann haben wir gehört, wie Papas Auto in die Garage fuhr. Emma hat ihre Karten auf den Tisch geworfen und ist zur Hintertür gelaufen. Sie hat sich so gefreut, ihn zu sehen. Sie hat sich wie ein junges Hündchen benommen und ihm das Gesicht abgeschleckt und geküßt. Er hat sich auch irgendwie gefreut, sie zu sehen. Aber nicht so, wie er sich freut, wenn er die Dame auf dem Bahnhof sieht.

Jeden Abend bin ich auf der obersten Treppenstufe neben ihrer Tür gesessen. Manchmal hab ich gehört, wie er zur Mama gesagt hat, daß er sie liebt. Dann hat sie gefragt: »Nur mich?« Und der Papa hat dann gesagt: »Du bist die einzige Frau in meinem Leben, Emma.« Dann haben sie noch weitergeredet und das Bett hat ziemlich gequietscht. Dann hab ich sie nicht mehr reden hören und bin in mein Zimmer gegangen. Ich hab Maria davon erzählt. Sie hat gesagt: »Siehst du, hab ich dir doch gesagt, Dory. Das gehört alles zu dem Spiel dazu.« Ich hab zu ihr gesagt: »Pah, mir kommt das gar nicht wie ein Spiel vor. Mir gefällt das Spiel überhaupt nicht.« Ich denk halt nur, daß Emma wissen sollte, wer den kleinen Joker hat.

Am nächsten Morgen, als ich aufgewacht bin, ist Emma auf meinem Bett auf und nieder gehopst und hat gesungen. »Wach auf, mein Schlafmützchen.« Ich hab mich auf die Ellbogen gestützt, damit ich sehen konnte, ob die Sonne in Mr. Teddys Becher schien. Als mein Opa letzten Sommer hier war, hat er mich immer geneckt, daß ich zu lange im Bett bleiben würde. Er hat gesagt, Emma hätte das auch gemacht, als sie klein war. Mein Opa hat viele lustige Einfälle. Er hat Mr. Teddy auf meinen Schaukelstuhl gesetzt und ihm meinen gelben Becher an den Arm gebunden. »Schau her, Dory«, hat er gesagt, »wenn die Sonne hier in den Becher reinscheint, ist es zwölf Uhr. Dann müssen alle kleinen Mädchen aufgestanden sein.« »Warum?« hab ich gefragt. »Damit du nichts versäumst«, hat er zu mir gesagt. Als ich ihn gefragt hab, woher er denn wüßte, wann Mittag ist, hat er erzählt, daß er auf einem Bauernhof gewohnt hat und Bauern so was eben wissen. Mein Opa hat mir eine lange Geschichte von den Bauern erzählt. Da kam viel von Hühnern und früh Aufstehen drin vor.

Ich hab es Maria erzählt. Sie hat gestaunt, was ich alles kann. Mein Opa hat gesagt, Emma kann auch an der Sonne sehen, wie spät es ist. Das hat Maria gut gefallen. Und darum hat sie auch erlaubt, daß ich ihr beibringe, wie man an Mr. Teddys Becher die Zeit erkennt. Mein Opa hat gesagt, das ist unser kleines Spiel. Wir haben uns die Hand gegeben und alles. Ich mochte meinen Opa gern. Er ist immer in mein Zimmer gekommen und hat mit mir geredet. Mein Papa ist noch nie in mein Zimmer gekommen, nur, wenn er die Mama holen wollte. Ich hab meinen Opa jeden Tag umarmt, als er bei uns war. Sein grauer Schnurrbart hat mir ins Gesicht gestachelt, aber ich hab ihn nur noch mehr gedrückt. Er hat mich so weit hochgehoben, daß ich fast an die Lampe fassen konnte. Dann hat er mich auf mein Bett plumpsen lassen und ist dagestanden und hat aus dem Fenster geguckt. Manchmal hat er die Pfeife aus der Tasche genommen und in der Hand ausgeklopft. Er hat mir erzählt, daß es für Mr. Teddy eine gute Beschäftigung ist, den Becher zu halten. »Das ist komisch«, hab ich gesagt, »weil Mr. Teddy eine Beschäftigung braucht, und der Papa hat gesagt, du brauchst auch eine Beschäftigung.« Da hat er lachen müssen. Dann hat er was ganz Merkwürdiges gesagt. Er hat gesagt, der Papa sei für zwei beschäftigt. Dann hat er Emma zu mir gesagt. Der Opa hat einen seltsamen Blick gehabt, als er das sagte. »Ich bin nicht Emma«, hab ich zu ihm gesagt. »Ich bin Dory.« Er hat mich am Zopf gezogen und gesagt: »Für mich bist du ein und dieselbe, Dory.« Ich war nicht sicher, was er gemeint hat, aber mir gefällt, wenn er meint, daß ich so wie Emma bin.

In dem Sommer damals war es richtig schön. Der Papa kam

jeden Abend früh nach Hause. Er ist sogar einmal einen Tag von der Arbeit daheimgeblieben. Er hat einen blauen Arbeitsanzug angehabt, wie der Opa. Emma und ich haben auch Arbeitszeug angehabt. Wir haben das Grundstück hinterm Haus umgegraben und einen Garten angelegt. Da haben wir den ganzen Sommer drin gearbeitet und sind ganz dreckig geworden und haben viel gelacht. Maria hat auch im Garten mitgearbeitet. Mrs. Robinson ist nie rübergekommen, aber Emma hat ihr Gemüse rübergeschickt. Manchmal hat sie das Gemüse als Gemüseauflauf wieder zurückgeschickt. Mir hat das nicht so geschmeckt, aber Emma und mein Opa haben es gern gemocht. Da hab ich so getan, wie wenn es mir auch schmeckt. Als der Sommer fast vorbei war, ist mein Opa zurück auf seinen Bauernhof gegangen. Mein Papa hat ihn zum Flughafen gefahren, eines Morgens früh, bevor die Sonne in Mr. Teddys Becher schien. Emma ist mit mir und Maria auf der Treppe gesessen und hat zugeschaut, wie sie weggefahren sind. Sie hat angefangen zu weinen. Da haben Maria und ich auch geweint. Er hat mir gefehlt. Er hat alle in unserem Haus glücklich gemacht. Ich hab gar nicht mehr an die Dame auf dem Bahnhof gedacht. Ich glaub, der Papa hat auch gar nicht mehr an sie gedacht.

Einmal hat Maria zu mir gesagt, daß sie auf einem Bauernhof wohnen will, wenn sie erwachsen ist. »Ich hab gedacht, du willst wie Emma sein«, hab ich zu ihr gesagt. »Will ich auch«, hat sie gesagt. »Aber Emma wohnt doch hier. Du kannst nicht auf einem Bauernhof wohnen und wie Emma sein«, hab ich gesagt. Aber sie hat mir erklärt, daß sie so sein kann wie Emma, als sie noch auf einem Bauernhof gewohnt hat. Damals hat Maria Emma ja noch nicht mal gekannt. Ich hab sie gefragt, wie sie das machen will, aber sie hat gesagt, da soll ich mir nur keine Sorgen machen. Ich hab auch gar keine Zeit gehabt, mir Sorgen zu machen, weil Emma an die Tür kam und ganz schnell was von den neuen Schulkleidern und viel-zu-erledigen gesagt hat und wir sollten uns beeilen.

Mrs. Robinson saß schon im Auto, als wir zur Garage kamen. Es hat nicht lang gedauert, bis wir in der Stadt waren. Wir waren in vielen Geschäften. Emma hat mich alles Mögliche anprobieren lassen. Eine Weile hab ich Maria aus den Augen verloren. Wahrscheinlich hat Mrs. Robinson sie irgendwo auch eine Masse Sachen anprobieren lassen. Dann haben wir sie wiedergefunden und sind ins Einkaufszentrum gefahren. Maria und ich haben über unsere neuen Kleider geredet. Emma und Mrs. Robinson haben auch geredet. Ich wollte zuhören, aber sie haben so leise gesprochen. Außerdem hat Maria immer weitergeschwatzt. Als wir ins Einkaufszentrum kamen, sind Maria und ich zur Arkade gelaufen. Da haben wir Ms. Pac Man gespielt bis wir keine Spielmarken mehr hatten. »Was sollen wir jetzt machen?« hab ich Maria gefragt. Ich wußte, was Maria machen wollte. Wir haben es gleichzeitig gesagt. »Komm wir gehen zu ›Gino's‹ und essen mit Emma.« Und ich hab gesagt: »Und mit deiner Mama.«

Emma und Mrs. Robinson sind draußen vor »Gino's« gesessen und haben den Eisläufern zugeschaut. Maria wollte auch Schlittschuh laufen, aber ich wollte Rollschuh laufen. Als sie merkte, daß ich ihre Rollschuhe anstatt der Schlittschuhe ins Auto gepackt hatte, wurde sie ein bißchen böse. Sie hat immer wieder »dumme Göre« zu mir gesagt. Das hat mir nichts ausgemacht, Hauptsache daß sie mit mir zum Bahnhof zum Rollschuhlaufen ging. Mrs. Robinson und Emma haben mit zusammengesteckten Köpfen getuschelt. Das schwarze Haar von Emma und das rote von Mrs. Robinson hat hübsch ausgesehen. Es hat ausgesehen, wie wenn sie einen Kopf mit zwei verschiedenen Haarfarben hätten. Wie Jabo, der Clown in der Stadt.

Dann hat Maria gesagt: »Komm, wir spielen Emma und Ruby. Du kannst Ruby sein und ich bin Emma«, hat sie zu mir gesagt. Ich spiel gern Erwachsensein, aber ich mag nicht gern Marias Mama sein. Maria und ich haben uns wieder gestritten. Sie wollte, daß ich ihre Mama bin, weil ich klein bin wie ihre Mama. Kann ja sein, daß ich klein bin wie ihre Mama, aber anziehn tu ich mich wie meine Mami. Als ich das zu Maria gesagt hab, hat sie einfach drauf gesagt: »Dann könnte doch auch dein blöder Teddybär Emma sein, weil er auch wie sie angezogen ist.« Da bin ich wütend geworden, weil Mr. Teddy ein Junge ist. Ich habe Maria angeschrien. Sie ist wütend geworden und hat mich am Arm gepackt. Sie hat ihn ganz fest gequetscht. Ich hab geschrien, aber sie hat einfach nicht losgelassen. Da hab ich noch mal geschrien. Da hat sie probiert, mir mit der Hand den Mund zuzuhalten. Ich wollte schon reinbeißen, da hat ihre Mama sie von mir weggezerrt. Mrs. Robinson hat Maria auf einen Stuhl gedrückt. »Ich muß mich doch über euch zwei wundern«, hat sie gesagt, »so einen Lärm zu machen in der Öffentlichkeit.« Für mich hat es sich gar nicht angehört, wie wenn sie verwundert ist – sondern einfach nur endlos und langweilig. Kein Wunder, daß Maria Emma sein will, hab ich gedacht. Mrs. Robinson hat immer weitergeredet. Ich hab drauf gewartet, daß sie endlich aufhört, aber es hat ewig gedauert, und Maria hat fürchterliche Grimassen geschnitten. Mrs. Robinson hat einer Frau, die vorbeiging, zugewunken. Ich habe Maria zugeflüstert: »Na gut, du kannst Emma sein.« Maria hat gelächelt. Da hat Emma uns beide an der Hand gefaßt und hat gesagt: »Na, ist das nicht viel besser als streiten?« Mrs. Robinson hat gesagt: »Die sind beide unmöglich. Du müßtest eigentlich beide haben, Emma.« Emma hat gelächelt und uns zugezwinkert. »Maria würde auf der Stelle zusammenpacken und zu euch ziehen«, hat Mrs. Robinson gesagt. Emma hat gesagt: »Das wäre schön. Dory braucht eine Schwester, damit sie teilen lernt. Dann wird sie nicht verwöhnt.« Ich hab gesagt: »Ich bin nicht verwöhnt, Mami.« Sie hat mich am Zopf gezogen. »Du bist nicht sehr verwöhnt«, hat sie gesagt. Ich hab sie weggeschoben. Ich hab immer so getan, wie wenn ich es nicht mag, wenn sie das macht. Und dann hat sie es immer noch mal gemacht.

Die Bedienung kam an unsern Tisch. Ich hab schon die Hand gehoben, damit alle sehen, daß ich gewußt hab, was ich will. Maria hat meine andere Hand unterm Tisch gequetscht. Ich hab sie weggezogen und so getan, wie wenn ich nicht wüßte, was sie will. Dann hat sie mich gegen das Knie getreten. Da hab ich gewußt, was sie wollte. Ich hab ihr die Zunge rausgestreckt. Sie hat Emma angegrinst. »Bestellen Sie zuerst. Ich nehm genau das gleiche wie Sie.« Da hat Emma ein Eis mit heißer Karamelsoße und ein Glas Wasser bestellt. Mrs. Robinson hat gesagt: »Heißt das, daß wir zwei eine Schlankheitskur machen, Dory?« Ich habe gemurmelt: »Ich nehm's an.« Sie hat geeisten Erdbeer-Joghurt und einen Kaffee bestellt. Dann ist Mrs. Robinson auf die Toilette gegangen. Als Maria nicht hergeschaut hat, hat Emma mir ihr Eis reingelöffelt, meinen Kaffee getrunken und den gräßlichen Joghurt gegessen. Als Mrs. Robinson sich wieder gesetzt hat, hat sie mir zugelächelt. »Ich sehe, du magst Joghurt, Dory.« Ich hab zurückgelächelt und eine Grimasse gezogen, als sie grad nicht hergeschaut hat. Sie hat sich rübergebeugt und Emma gefragt: »Warum kriegst du nicht noch ein Kind?« Mama hat ein Gesicht gezogen und gesagt: »Du lieber Himmel, bloß nicht! Jack hat noch nicht mal Dory verkraftet. Über ein zweites Kind reden wir erst, wenn er die Sache mit Dory richtig auf die Reihe gekriegt hat.« Mrs. Robinson hat gesagt: »Das muß ja eine ziemliche Umstellung für ihn gewesen sein, vom tollen Spieler zum tollen Vater und Ehemann. Das ist schon eine ganz schöne Umstellung.« Emma hat gesagt: »Ich hab jetzt mehr an die Dinge gedacht, die wir als Paar aufgegeben haben.« Mrs. Robinson hat gesagt: »Ich seh überhaupt nicht, daß er etwas aufgegeben hat. Mir scheint eher, daß du alles aufgegeben hast.« Da hat Emma sich in ihrem Stuhl nach hinten gelehnt und Mrs. Robinson angeschaut, so wie sie mich immer anschaut, wenn sie etwas nicht versteht, was ich getan hab. Ich hab meine Mami angestarrt. Das hat ihr wahrscheinlich auch nicht gefallen. Sie hat in ihre Handtasche gelangt und mir ein Kartenspiel gegeben. »Spiel damit und hör auf, meine Gespräche mit anzuhören«, hat sie gesagt. Ich hab die Karten rüber zu Maria geschoben. Da hat sie das Gesicht aus ihrer Schale genommen und die Schachtel aufgemacht. Mrs. Robinson hat gesagt: »Ich könnte dir Dory mal abnehmen.« Emma hat gesagt: »Vielen Dank, aber wir brauchen auch unsere Zeit mit Dory. Außerdem kommt Mrs. Watson ja, wenn ich sie brauche.«

Meine Mami hat sich gebückt, um ihre Handtasche auf den Boden zu stellen. Mrs. Robinson hat dieses gräßliche Lächeln gelächelt. Als meine Mami sich wieder gradegesetzt hat, hat

Mrs. Robinson gesagt: »Weißt du, Emma, er ist ein sehr gut aussehender Mann.« Sie hat dabei gelächelt und einen Schluck Kaffee getrunken. »Und er verdient viel Geld«, hat sie hinzugefügt. Wieder hat sie gelächelt und noch einen Schluck Kaffee getrunken. Meine Mami hat den Kopf geschüttelt. »Ja, er sieht gut aus und er verdient gut.« Mrs. Robinson hat gesagt: »Männer mit Geld haben viele Vorteile.« Zum drittenmal hat sie gelächelt und die Tasse hochgehoben. Sie hat sie an Mamis Glas gehalten. »Prost auf Männer mit Geld«, hat sie gesagt. »Ich wollte, wir hätten alle einen.« Meine Mami hat ihr Glas so schnell zurückgezogen, daß sie das Wasser auf ihrem Schoß verschüttet hat. Mrs. Robinson hat gelächelt, als meine Mami versucht hat, sich das Wasser vom Kleid zu wischen. Sie hat einfach weitergeredet, so wie wenn nichts passiert wär. »Und auf die Damen ihrer Mußestunden«, hat sie gesagt. Meine Mami hat sich auf die Lippen gebissen, so wie Maria, wenn sie mir gleich den Arm umdrehen will. Lange Zeit hat sie Mrs. Robinson nur angeschaut. Dann hat sie gesagt: »Ich meine, wir sollten auf Staatskredite für Minderheiten trinken und auf Frauen, die sich abstrampeln, damit die Träume von Männern wahr werden. Oder noch besser«, hat sie gesagt, »trinken wir doch auf die ehrgeizigen Frauen, die den Männern alles Geld aus der Tasche ziehen.« Sie hat ihr Glas auf den Tisch geknallt. Mrs. Robinson hat aufgehört zu lächeln. Meine Mami hat mich angeschaut. Und ich hab die beiden angestarrt, mit offenem Mund. Vermutlich hat ihr das auch nicht gefallen. »Spiel mit den Karten«, hat sie gesagt. Sie hat nach oben geschaut, so, wie wenn sie mit Gott redet und hat gesagt: »Dieses Kind wird morgen jedes Wort hiervon wiederholen.« Ich hab Maria die Karten hingeschoben. Sie hat das Gesicht aus ihrer Schale genommen und die Schachtel aufgemacht. Mrs. Robinson hat noch mal gesagt. »Ich könnte dir doch Dory mal abnehmen, wenn du mehr mit deinem Mann ausgehen möchtest.« Emma hat gesagt: »Danke, aber es ist so, wie ich dir schon sagte, wir brauchen auch unsere Zeit mit Dory.« Maria hat mich in den Arm gekniffen. »Hörst du jetzt endlich auf, die anzustarren und spielst Karten mit mir?« Ich hab keine Lust zum Spielen gehabt.

Irgendwas ist hier vor sich gegangen. Emma ist langsam wütend geworden, und Mrs. Robinson hat ausgesehen, wie wenn sie genau das wollte.

Mrs. Robinson hat gesagt: »Emma, warum schickst du Dory nicht ins Internat oder nimmst dir eine Haushälterin?« Mami hat die Eisläufer angeschaut. Wahrscheinlich hat sie Mrs. Robinson gar nicht gehört. Deshalb hat Mrs. Robinson weitergeredet. »Ich würd das tun an deiner Stelle«, hat sie gesagt. »Ich würde Maria sofort ins Internat schicken.« Maria hat Mrs. Robinson ganz lang ziemlich wütend angeschaut. Da hast dus gehört, hab ich bei mir gedacht. Mrs. Robinson hat das aber anscheinend nichts ausgemacht. Sie hat einfach weitergeredet. »Du solltest lieber mit ihm gehen, deine Interessen wahren«, hat sie gesagt. »Ich fürchte, das ist nicht alles«, hat Mami langsam gesagt. »Das war absolut alles, als Frank mich verlassen hat«, hat Mrs. Robinson ärgerlich gesagt. »Jack ist ein Spieler, genau wie Frank«, hat sie noch weiter gesagt. »Solche Männer wollen keine Frauen mit Kindern. Warum gibst du das nicht zu? Und komm mir bloß nicht mit diesem Verantwortungsscheiß.« Meine und Marias Augen sind riesig groß geworden. Wir haben uns die Hand vor den Mund gehalten. Ooh! Mrs. Robinson hatte ein schlimmes Wort gesagt. Da hat Mami gesagt: »Jetzt reicht's aber, Ruby«, ganz laut. Da hat Mrs. Robinson ganz eingeschüchtert geguckt. Maria und ich sind ganz still dagesessen und haben getan, wie wenn wir die Karten zurück in die Schachtel tun. Schließlich hat Mami gesagt: »Komm her, Dory.« Sie hat die niedlichsten Schleifen in die Höhe gehalten, die ich je gesehen hatte. Sie sollten für die Schule sein, aber ich hab sie überredet, daß ich sie gleich tragen durfte. Maria hat auch ein Geschenk bekommen. Maria hat sie eine Schachtel mit Stirnbändern geschenkt, lauter verschiedene Farben, genau wie meine Schleifen. Es war so lustig, als Maria danke zu meiner Mami gesagt hat, weil sie sich versprochen hat und Emma gesagt hat. Ich hab das lustig gefunden, aber Mrs. Robinson hat angefangen, sie auszuschimpfen. Sie hätte noch endlos weitergeschimpft, aber meine Mama hat gesagt: »Ruby, bitte, laß uns doch keine große Sache draus machen.« Meine Mami hat den

Stuhl zurückgeschoben und ist aufgestanden. Sie hatte einen großen nassen Fleck auf ihrem rosa Kleid, da wo sie das Wasser verschüttet hatte. »Ich muß noch ein paar Sachen abholen und dann kann ich heimgehen und...« »... und was Trocknes anziehen.« Ich und Maria haben den Satz für sie zu Ende gesagt. Dann haben wir alle angefangen zu lachen, sogar Mrs. Robinson. Ich hab keine Lust mehr gehabt, in ihrer Nähe zu sein, drum hab ich gefragt, ob Maria und ich mit dem Bus zum alten Bahnhof fahren dürften zum Rollschuhlaufen. Meine Mami hat nein gesagt, aber Mrs. Robinson hat gesagt, sie fände es eine gute Idee. Meine Mama hat gesagt: »Ruby, da gehen alle möglichen Leute hin. Die schlimmsten.« Ich hab mich umgedreht, damit sie mir die Schleifen binden konnte. »Wieso magst du eigentlich den alten Bahnhof so, Dory?« hat sie gefragt. »Wieso willst du nicht, daß ich euch zu einem schönen sauberen Rollschuhplatz bringe?« Da hab ich gesagt: »Weil ich gern draußen Rollschuh laufe.« Und Maria hat gesagt: »Ich auch. Und ich mag den glatten Boden. Alle Kinder gehn dorthin, Mrs. York.« Und Mrs. Robinson hat gesagt: »Siehst du, du brauchst dir überhaupt keine Sorgen zu machen. »Okay, okay«, hat meine Mami gesagt, »wenn ihr alte baufällige Gebäude mögt und rostige Leitungen, kaputte Fensterscheiben und Farbe, die abblättert, dann nur zu.«

Mrs. Robinson wollte am Bahnhof vorbeikommen und uns abholen. Ich hab zu ihr gesagt, daß wir zu Fuß nach Hause gehen könnten. »Na schön, Dory, dann tu halt, was du willst.« Sie hat sich genau wie Maria angehört. Als wir unsere Rollschuhe aus dem Auto geholt hatten, haben sie mit uns gewartet bis der Bus kam. Ich und Maria haben Emma umarmt bevor wir eingestiegen sind, aber trotzdem bin ich nicht gern von ihr weggegangen. Ich hab immer wieder dran denken müssen, daß ich und Maria mit Mrs. Robinson gegen sie gewesen sind. Das hab ich gar nicht gewollt.

Ich hab aus dem Fenster geschaut und über meine Mama und meinen Papa nachgedacht. Ich wollte so schnell wie möglich erwachsen werden, damit ich Sachen so wie Maria verstehen kann. Ich hab Maria am Arm gestupst. Sie hat aufgehört, mit dem kleinen Kind auf der anderen Sitzreihe zu gurren und zu schnalzen. »Was ist ein Spieler, Maria?« hab ich sie gefragt. »Halt einer, der spielt, ein Kartenspieler oder ein Basketballspieler oder ein Klavierspieler oder so«, hat sie gesagt. Ich hab gefragt: »Bist du sicher, Maria?« Da hat sie mich nur so angeschaut. Ich hab ja nur geguckt, ob sie mir die Wahrheit sagt. Sie ist ja schon bald erwachsen. Und ich weiß, daß die Erwachsenen einem nicht alles erzählen. Und außerdem hab ich noch wissen wollen, was ein Internat ist und all das andere Zeug, über das ich meine Mami und Mrs. Robinson bei »Gino's« hatte reden hören. Ich hab mich wieder zum Fenster gedreht. Maria hat mit ihrem Gurren und Schnalzen zu dem Kind auf der anderen Seite vom Gang weitergemacht. Ich hab dran denken müssen, wie Mrs. Robinson versucht hat, meiner Mami zuzureden, noch ein Kind zu kriegen. Ich bin fast vom Sitz gefallen, weil ich versucht hab, das Baby in der anderen Reihe zu sehen. Es war in eine gelbe Decke eingepackt, und nur der Kopf hat rausgeguckt. Es hat ausgesehen wie eine Schildkröte. Ich bin auf meinem Sitz wieder nach hinten gerutscht. Ich kann Schildkröten nicht leiden.

Als wir zum Bahnhof kamen, haben Maria und ich unsere Rollschuhe angeschnallt und haben uns unter die anderen Kinder gemischt. Wir sind schnell gelaufen und haben uns an den Händen gehalten. Wir sind immer wieder um die hohen Masten rumgefahren, und da haben wir die Dame auf den Stufen sitzen sehen, in ihrem schwarzen Kleid und der langen weißen Perlenkette. Maria hat mich hinter einen alten Güterwagen gezogen. »Das ist sie«, hat sie geflüstert. »Ich weiß«, hab ich zurückgeflüstert. »Aber ich glaub, das Spiel ist vorbei, Maria. Mein Opa hat meinem Papa was erzählt, als er hier war, und da hat er die Dame ganz vergessen. Weißt du noch, wie er jeden Abend früh nach Hause kam? Ich hab dir doch erzählt, Maria, er hat gesagt, meine Mami ist die einzige Frau in seinem Leben.« Maria hat gelächelt. »Ich glaub auch nicht, daß er kommt.« Wir haben ihr zugeschaut, wie sie die eine Seite hoch ging und dann die andere wieder runter und sich immer umgesehen hat. Einmal hat sie uns fast dabei erwischt, wie wir sie beobachtet haben. Dann hat sie sich wieder auf die Stufen gesetzt. Wir haben zugeschaut, wie sie die Beine übergeschlagen hat und vor- und zurückgeschaukelt ist, wie wenn sie der Musik zuhören würde. Da haben wir Schritte gehört. Sie hat sie auch gehört. Ich hab die glänzenden schwarzen Schuhe und die graue Hose von meinem Papa gesehen. Da ist sie aufgesprungen und ist zu dem alten Wartesaal rübergelaufen. Sie hat meinem Papa die Arme um den Hals geworfen. Er hat sie so geküßt, wie wenn sie meine Mami wäre. Er hat sich mit ihr immer im Kreis gedreht, wie mit meiner Mami. Ich hab sein Parfüm durch den ganzen Bahnhof gerochen. Der Bahnhof war wie Mamis Zimmer, wenn Maria und ich zuviel Parfüm versprüht haben. Meine Mami hat immer gesagt: »Versprüht nicht zuviel, sonst wird euch übel.« Es war zuviel Parfüm. Es war einfach zu viel. Mir ist ganz schlecht geworden.

Ich hab Maria angeschaut. Sie ist mit der Hand auf dem Mund dagestanden. Dann hat sie gesagt: »Sie ist nicht so groß wie Emma.« Ich hab gesagt: »Sie hat auch nicht so schönes schwarzes Haar wie Emma.« Maria hat gesagt: »Sie hat auch keine so schönen weißen Zähne wie Emma. Noch nicht mal so ein schönes Lächeln wie Emma.« Ich hab gesagt: »Genaugenommen ist sie ziemlich dick. Sie kann nicht mal so schön gehen wie Emma.« Ein Güterzug ist vorbeigefahren und hat lang und laut getutet. Als der letzte Waggon vorbeigefahren war, sind Emma und Mrs. Robinson dort gestanden, wie wenn sie grad aus dem Zug ausgestiegen wären. Meine Mami kam zu mir übergelaufen, und ist mir durchs Haar gefahren und hat mir den Staub vom Kleid geklopft. »Schau dich nur mal an, Dory«, hat sie gesagt. »Fürchterlich, wie du aussiehst!« Mrs. Robinson hat meinen Papa und die Dame auf der anderen Seite gesehen. »Na, na na,« hat sie mit dem gleichen Lächeln im Gesicht wie bei »Gino's« gesagt. »Ich denke, da sieht gleich was noch fürchterlicher aus.« Sie hat auf meinen Papi und die Dame gezeigt. Meine Mami hat die beiden angeschaut. Sie ist dichter zu ihnen hingegangen und hat ausgesehen, wie wenn sie nicht ganz sicher ist, ob sie wirklich sind. Ich hab Mrs. Robinson angeschaut. Sie hat immer noch das ulkige Lächeln im Gesicht gehabt.

Da hat meine Mami laut aufgeschrien und ist weggelaufen. Mein Papa hat ihr hinterhergerufen, sie soll zurückkommen, aber sie ist ganz schnell weitergegangen und -gelaufen. Als sie an mir vorbeigekommen ist, hat sie mich fast umgerissen. Sie hat geweint, richtig heftig geweint. Ich hab versucht, sie einzuholen. Es war schwierig, mit den Rollschuhen an den Füßen zu laufen. Aber unten am Hügel, wo sie die Georgia Avenue hat überqueren wollen, hab ich sie eingeholt. Mein Papa kam hinter ihr her und hat sie am Arm gepackt. Sie hat sich von ihm losgerissen und ist auf die Straße gelaufen. Ich weiß gar nicht, was genau passiert ist. Danach bin ich auf der Straße gelegen. Über mir sind Leute gestanden und haben laut geredet. Rote Lichter haben geblinkt. Eine Frau hat geschrien: »O Gott!«, und ein verrückter Mann hat gebrüllt: »Ich hab sie nicht gesehen!« Ich bin auf die Knie hoch. Der Kopf hat mir wehgetan und Blut ist mir aus der Nase gelaufen. Ein Mann im weißen Kittel hat gesagt: »Schön stillhalten, kleines Mädchen. Gleich kommt Hilfe.« Ich hab keine Hilfe gebraucht. Ich hab nur meine Mami gebraucht. Meine Arme haben geblutet, aber sie haben nicht wehgetan. Ich bin aufgestanden und hab nach ihr gesucht. Meine Mami war da und ist auf dem Boden gelegen. Ihr Gesicht war voller Blut. Es hat gar nicht wie Mamis Gesicht ausgesehen. Die Männer vom Krankenhaus haben etwas mit ihr gemacht. Sie haben gesagt, sie machen sie wieder gesund. Aber sie haben es nicht gemacht. Mein Papa hat geweint und hat immer wieder ihren Namen gesagt. Mrs. Robinson hatte die Arme um seinen Rücken gelegt und hat ihn getätschelt und eine Menge Zeugs geredet. Aber wo war Maria? Ich hab Maria holen wollen, daß sie mir hilft. Da hat der Mann meine Mami ganz hart mit der Faust geschlagen. Ich hab einen ganz lauten Schrei gehört. Laut und lang, so wie ich meine Mami schon mal hatte schreien hören. Aber nicht nur so. Der Schrei ist immer näher gekommen und immer lauter geworden. Und da war es Maria. Sie hat die Arme um mich gelegt. Sie hat geschrien und gesagt: »Wir müssen was tun, Dory!« Ich und Maria, wir haben versucht, den Polizisten wegzuschieben, damit wir meiner Mami helfen können. Aber der Mann im weißen Kittel hat uns ganz unsanft fortgeschoben. »Nimm doch jemand mal diese Kinder weg!« hat er gebrüllt. Der Polizist hat mich hochgehoben. Ich hab viele Leute gesehen, die mich angeschaut haben – viele von denen hatte ich nie vorher gesehen. Ich hab Mamis Handtasche offen auf der Erde liegen sehen. Alles war auf der Straße verstreut. Überall sind meine Karten gelegen. Ich hab angefangen zu zählen und alle zu suchen. Die letzte hat neben Mamis Hand gelegen, der kleine Joker, ganz blutig. Sie hat dagelegen wie eine zerbrochene Puppe. Ich hab gewußt, daß wir nie wieder mit diesen Karten spielen würden.

Emma ist danach nie mehr heimgekommen. Ich wünschte, sie wäre wiedergekommen. Sie hat mir so gefehlt. Alles war anders in unserem Haus. Keiner außer Maria hat mit mir über irgendwas geredet. Sie hat alles mit mir gemacht, was Emma immer mit mir gemacht hat. Sie hat sogar Monopoly mit mir gespielt. Obwohl sie früher Monopoly nie hat leiden können. Manchmal hat sie Emmas Bild in der Diele lange angeschaut, ohne was zu sagen. Es war sehr einsam für mich und Maria, genauso wie damals, als der Opa weggefahren ist. Wir haben versucht, brav zu sein. Miss Watson hat gesagt, so hätte Emma uns gern gehabt, richtig brav, und daß wir keinen Ärger machen. Wir sind ja brav gewesen, aber für Mrs. Robinson konnten wir nie brav genug sein. Sie hat immer mit uns geschimpft. Immer war irgendwas falsch. Eines Tages hat sie Maria und mir erzählt, sie wollte uns so bald wie möglich loswerden. Sie hat mich ganz fest am Haar gezogen – nicht so wie Emma früher – sondern richtig fest. »Wenn du noch einmal was anstellst, dann schick ich dich weg«, hat sie immer wieder gesagt. Ich hab mir überlegt, wie sie mich wegschicken kann. Ich hab doch gar nicht in ihrem Haus gewohnt und sie ist auch nicht meine Mami.

Sie spielt auch das Spiel, das die Erwachsenen spielen. Ich hab es Miss Watson erzählt. Sie hat mit Mrs. Robinson geschimpft. Aber es ist egal, weil sie uns sowieso alle wegschickt, sogar Miss Watson. Mein Papi und Mrs. Robinson haben mich und Maria eines Morgens früh in den Zug gesetzt. Mrs. Robinson hat dieses gräßliche Lächeln gelächelt. Mein Papa hat überhaupt nicht zu mir und Maria hochgeschaut, auch nicht als er auf Wiedersehen gesagt hat. Maria hat mir erzählt, daß wir ins Saint Agnes House gehen, ein Internat auf dem Land. Maria hat mit Reden aufgehört. Sie hat aus dem Fenster gestarrt. Ich hab hingeguckt, wo sie hingeguckt hat. Mrs. Robinson und mein Papi haben sich geküßt. Ich hab Maria erzählt, daß ihre Mama in Emmas Bett war in der Nacht, wo ich es quietschen gehört hab. Es ist wegen mir, daß wir wegmußten. Ich hab Maria erzählt, daß ich es Miss Watson gesagt hab und daß die mit ihrer Mama geschimpft hat. »Es tut mir leid, Maria«, hab ich zu ihr gesagt. »Ich wär ja nicht in das Zimmer rein, aber ich hab gedacht, Emma wär heimgekommen.« Maria hat ganz lange nichts gesagt. Sie hat nur auf Bäume und Häuser gezeigt, die vorbeizogen, so wie wenn sie sie zählt. Ich hab nicht gewußt, was ich sagen soll, deshalb hab ich gar nichts gesagt. Maria hat mit Zählen oder Zeigen oder was es war aufgehört. »Es ist nicht deine Schuld«, hat sie gesagt. »Es sind nur die Erwachsenen und diese ganzen Spiele.« »Ich weiß nicht, ob ich erwachsen werden will«, hab ich gesagt. Maria hat geweint. Ich hab nicht gewußt, was ich tun soll, deshalb hab ich ihr die Hand gehalten, so wie Emma mir immer die Hand gehalten hat, wenn ich geweint hab. Maria hat mir erzählt, daß sie Angst hat, daß wir genauso sterben wie Emma. Aber ich hab zu Maria gesagt, das würden wir nicht, weil ich eine Menge über dieses Spiel gelernt hab. Wenn wir mit dem Spielen dran sind, dann spielen wir gescheiter. Maria hat gelächelt. Es war ein liebes Lächeln, so wie das von Emma. Es war schön, Maria wieder lächeln zu sehen. Sie hat gesagt, sie würde auf mich und Mr. Teddy aufpassen, und dann hab ich zu ihr gesagt, wenn wir nach Saint Agnes House kommen, darf sie Emma sein, als sie auf dem Bauernhof gewohnt hat.

Übersetzt von Helga Pfetsch

WANDA COLEMAN

Lonnies Vetter

Ich bin ja so froh, daß du wieder zu Hause bist. Ich war so allein. Niemand hier außer mir und dem Baby.

Ist ja gut. Ich bin doch jetzt da.

Ich hab so versucht, alles am Laufen zu halten. Aber die Nachbarn – dieser Lonnie und seine Sippschaft. Sie lächeln und sind nett zu dir, aber es sind nich deine Freunde, und es sind nich meine.

Wie meinst du das?

Als du weg warst, wollten sie mich mit ihrem Vetter verkuppeln.

Was?

Ich war so blöd. Ich dachte, sie meinten es freundschaftlich – dachte, sie würden nach mir schaun, weil du weg warst.

Sag bloß.

Sie wollten mir Ärger machen – daß ich was tu, was ich gar nich wollte.

Was ist denn passiert?

Du weißt, was sie von uns halten, oder?

Was meinst du damit?

Sie sehen, du hast ne schwarze Frau. Und du wohnst hier unten im Ghetto. Du mußt schon ziemlich blöd sein fürn Weißen. Das halten sie von dir. Von mir nehmen sie überhaupt bloß Notiz, weil ich mit dir bin.

Wir sind doch Freunde – Lonnie und ich.

Du bist der Hausverwalter, und sie sind die Mieter. Sie wohnen schon länger in diesem Haus als wir. Der Besitzer – der einzige Grund, warum er dich zum Hausverwalter gemacht hat, is weil du das einzige weiße Gesicht hier bist. Du bist eben billiger, als ne fremde Hilfe anzustellen. Und nem Schwarzen, dem traut er nich.

Was du da sagst, ist wirklich mies. Das glaub ich nicht.

Hör mir mal zu. Hör mal her. Sie wollten, daß ihr Vetter mir an die Wäsche geht. Uns fertigmachen. Kapiert?

Ich weiß nicht genau, ob ich kapiere.

Dummkopf.

Wein doch nicht. Schau mal, Schätzchen. Ich will dir ja zuhören. Erzähl mir, was sie mit dir gemacht haben.

Okay.

Sonntag wollt ich dir Schokokaramellen machen, für wenn du zurückkommst. Ich war dabei, den Kakao und das Zeug in der Küche vorzubereiten – gegen elf. Und das Baby is aufgewacht und fing zu schreien an. Ich hatte sein Bettchen drinnen im Wohnzimmer bei der Stereoanlage, und ich merk grad, daß es naß is, als es an der Tür klingelt.

Also lauf ich zur Tür. Draußen steht Lonnie, grinst mir ins Gesicht – tut freundlich. Er hält mich wohl für blöd, wie er so daherredet, warum ich nich das Baby mitbring und runterkomm und ihn und seine Frau besuch. Ich denk, es is kein Problem, schließlich is er ja verheiratet. Ich kenn sie zwar nicht, aber ich hab seine Frau gesehn, und sie ist eigentlich ganz annehmbar. Aber ich zöger, weil ich ja grad die Karamellen mach. Aber er sagt, ich soll doch bloß mal kurz kommen, weil er weiß, ich muß einsam sein, wo du weg bist. War ich ja auch. Also hab ich dem Baby was andres angezogen, es eingewickelt, ne Flasche und paar Windeln in die Tasche gesteckt und bin runter.

Er spielte einfach den guten Nachbar. Das wußt ich.

Sei still und laß mich erzählen.

Also, als ich da runterkomm, da ist dieses andre Paar da und sie tanzen, rauchen und trinken Bier und alles – amüsieren sich. Und dann machen sie mich mit diesem häßlichen alten Mann bekannt – er is ihr Vetter.

Wie heißt er?

Weiß ich nich. Hab ich vergessen. Aber an ihn werd ich mich mein Leben lang erinnern.

Was hat er mit dir gemacht – wenn überhaupt?

Er hat mich verzaubert. Er hat mich verhext.

Ach komm. Bockmist.

Hör doch zu.

Er hat dich verzaubert?

So was gibt es. Ob dus glaubst oder nich.

Wir sind doch im zwanzigsten Jahrhundert.

Läßt du mich mal zu Ende reden?

Also weiter.

Lonnies Frau, sie kommt rüber zu mir, säuselnd wegen dem Baby, fragt mich den üblichen Kram, als wär sie echt interessiert. Sie nimmt das Baby und legt es aufs Sofa an der Tür, wo ichs im Auge hab. Das heißt also, ich muß gegenüber auf der Couch direkt neben Lonnies Vetter sitzen. Ich denk mir noch nichts dabei. Ich sitz bloß da. Sie bieten mir 'n Bier an. Ich sag ihnen, ich trink nich, schon gar kein Bier, weil ich find, es schmeckt wie Kuhpisse. Und sie lachen. Also holt sie, Lonnies Frau, 'n paar Kirschen und sie macht mir 'n Drink mit ganz viel Kirschsaft drin, echt kalt auf Eis. Und es schmeckt gar nich so schlecht – wie Punsch mit nem Kick. Lonnies Freund – der andre Typ – er kommt rüber und fordert mich zum Tanzen auf.

Und was ist mit dem Vetter?

Kommt noch. Er, der Freund, fordert mich zum Tanzen auf. Wir sind alle am Tanzen, und die Frau von dem Freund, die tanzt auch, für sich allein an der Seite, so daß sie die 45er auf der Stereoanlage wechseln kann.

Was dann?

Dann merk ich, sein Vetter schaut zu mir rüber. Er läßt sich nichts anmerken, aber ich spür, wie seine Augen Füße kriegen und ganz über mich spazieren. Und sind komische, schwere Augen – mit so dicken Lidern. Sehn aus, wie wenn er verdammt nah dran is zu schlafen oder sonstwas.

Wie alt ist der Typ?

Ich weiß nich. Vierzig, vielleicht fünfzig. Viel älter als wir. So einer, der wie vom Land aussieht, aber er is es nicht. Er hatte so 'n schäbigen Panama mit Krempe an und Hosen mit Gürtel *und* Hosenträgern, wie wenn er gleich seine Hose verliert. Und die war khaki. Und er hatte 'n rosa Hemd an.

Hatte er einen Akzent?

Nein. Er redete normal wie wir. Und er war *echt* dunkel. Zwei-, dreimal so dunkel wie ich. So dunkel wie die Karamellen, die ich gemacht hab.

Und er hat dich bloß angeschaut?

Zuerst. Aber nach paar Platten hat Lonnie ihn vom Sofa hochgeschubst, damit er tanzt, und ich war seine Partnerin. Aber er hat mich nich angerührt. Wir haben bloß offen getanzt. Er hat bloß so getan, wie wenn er tanzt, um uns zum Lachen zu bringen, dann hat er sich wieder hingesetzt. Inzwischen hab ich mich gut amüsiert. Und ich war ganz von selbst ruhig und hab angefangen, mit ihm zu reden.

Zu reden über was?

Alles mögliche. Was er eben gefragt hat, oder was sich so ergeben hat. Du und ich. Das Wetter. Fernsehen und Kino. So was. Aber ich hab gemerkt, wie seine Augen an mir gezerrt haben, mich in sich reingesaugt haben. Mein Herz hat echt angefangen zu rasen. Mir war heiß, und unter den Armen war alles ganz klebrig. Und allmählich bin ich seinen Augen verfallen. Und dann hab ich versucht, meine Augen wieder loszubekommen, aber sie sind an seinen Lippen klebengeblieben. Er hatte echt dicke Lippen. Groß, dunkel und glatt. Und er is mir näher gerückt. Ich bin zurückgezuckt. Und er is mir vorsichtig noch näher gekommen. Und ich bin auf der Couch und weiß nich wohin, an die Lehne gedrückt, ganz zurückgelehnt. Aber gleichzeitig fühl ich mich tief zu ihm hingezogen. Ich sag nichts mehr. Ich hör zu. Er sagt nur, ich bin schön. Ich weiß gar nich, wie schön ich bin, sagt er. Und er hebt die Hand hoch und streicht mir die Haare zurück. Und da gehtn Gefühl durch mich wie ichs noch nie gehabt hab. In dem Moment, da hat er mich verzaubert.

Was für ein Gefühl war das?

Ich weiß nich. Wie, wenn ich gestanden hätte, wären mir die Beine weggeknickt. Er hat mir mit seiner andren Hand den Oberschenkel gestreichelt, und ich bin fast umgekippt.

Beschreib es.

Fast wie Hochspannung. Ich weiß nich. Aber ich hab gewußt,

daß wenn er mich weiter so berührt, würd er mich rumkriegen. Und könnt ich nich nein sagen.

Was dann?

Er hat mir den Arm um den Kopf gelegt und mich geküßt, mich an seine Brust gezogen.

Was dann? Komm, erzähl mir was für ein Gefühl das war. Hör auf zu weinen, Frau. Ich bin nicht wütend auf dich – Schätzchen, erzähl mir.

Ich schäm mich so.

Nicht doch. Wirklich nicht. Ich bin hier und ich hör zu.

Er hat mich bis in die Seele geküßt. Ich konnt mich nich losmachen. Ich hab ihn auch geküßt. Ich konnt nich anders. Ich war von ihm verzaubert. Als er mich losgelassen hat, ham mich alle angeschaut. Lonnie und seine Frau und das andere Paar – zu Salzsäulen erstarrt – wie wenn sie mich alle küssen würden. Wie Voodoo oder so. Ich hab mich echt komisch gefühlt. Son komisches Gefühl hatt ich noch nie. Ich konnt hören, was sie dachten. Ich bin wieder halbwegs zu mir gekommen. Ich hab gesagt, daß es spät wird und ich gehen muß und die Karamellen machen, die ich dir versprochen hab. Also hab ich das Baby genommen und bin schleunigst da raus, so schnell, daß ich seine kleinen Windeln und so vergessen hab. Ich bin wieder hochgerannt.

Und das ist alles?

Er is mir nach ein paar Minuten hinterhergekommen. Er hatte die Babytasche in der Hand.

Und du hast ihn reingelassen.

Ich wollts verhindern. Aber er hat mich nochmal verzaubert – ich war ja noch verzaubert. Er hat einfach durch die Fliegengittertür gegriffen, als ich die Tasche nehmen wollte, und hat meine Hand gepackt. Und es war seine Berührung – seine Berührung is wie Seide und seine Stimme is wie Seide. Schwarze Seide. Er stand einfach da in der Tür. Dann hat er mich an sich gezogen und angefangen, mich überall zu befühlen. Hände und Augen. Er hat mich umarmt, und ich konnt ihn fest durch seine Hose spüren. Da war ich völlig hin und weg von ihm.

Du hast es getan?

Ich wußte nich, daß ich so schwach bin. Ich schwörs, ich konnt nich anders. Er hatte mehr Kraft als ich. Gegen Zauber, da nützt Willen nichts.

Was dann?

Das Baby is aufgewacht und hat angefangen zu weinen. Ich bin rübergelaufen und hab es genommen und zwischen uns gehalten. Dann hab ich ihn das Baby halten lassen und hab angefangen, die Karamellen zu machen. Er wurd unruhig und hat gesagt, er würd runtergehen und was zu trinken holen, also soll ich bitte das Baby wieder nehmen. Kaum war er weg, hab ich alle Vorhänge zugezogen und die Tür abgeschlossen. Ich hab das Baby hier ins Schlafzimmer gebracht und den Fernseher so laut aufgedreht, daß ich die Klingel nich hören würd, wenn er zurückkäm. Später hab ich uns Essen gemacht. Ich und das Baby sind hier drinnen auf dem Bett eingeschlafen. Dann hast du uns aufgeweckt als du heut morgen reingekommen bist.

Und das ist alles? Alles?

Is das nich genug?

Du bist sicher, du hast dich nicht von ihm vögeln lassen?

Könnt ich nich. Ich liebe dich, Schatz. Das tun und mir dabei treu bleiben, könnt ich nich. Das weiß ich jetzt. Zauber oder nich.

Du hast dich nicht von ihm vögeln lassen.

Wegen dir. Dir und dem Baby. Außerdem, ich konnt Lonnie und seiner Meute nicht gönnen, daß ihr Vetter mich rumgekriegt hat. Die Vorstellung, daß sie hinter unserm Rücken über uns lachen, macht mich ganz verrückt. Sie hättens zu gern, daß sie uns hier rausschmeißen könnten. Son niederes Pack sind die.

Warum sollte ich glauben, daß du dich nicht von ihm hast vögeln lassen? Du hast es doch gewollt.

Diesen häßlichen alten Mann wollt ich nich. Er hat mich dazu gebracht, daß ich ihn will. So wirkt Zauber eben. Er war so häßlich, daß er schön war. Er ist die Art Mann, vor denen mich Mama Creole immer gewarnt hat. Die Sorte, die Frauen besser kennt als sie sich selber kennen.

Und er hat dich berührt – deine Brüste.

Er hat mir unter die Bluse gegriffen, – mein kleines weißes Top mit den Fledermausärmeln.

Hat er dich gleichzeitig geküßt?

Ja.

Was hat er sonst noch getan?

Ich will nich mehr drüber reden.

Aber ich will darüber reden. Ich will es noch mal hören. Alles.

Das war alles.

Ich hab ein Recht zu wissen, was er mit dir gemacht hat. Ich bin mir nicht sicher, ob du alles erzählst.

Aber ich hab alles erzählt.

Das war zu allgemein. Ich will Einzelheiten. Du hast gesagt, er war dunkler als du.

Ja. Fast violett-schwarz. Viel dunkler als Lonnie und seine Frau. Kaum zu glauben, daß sie blutsverwandt sind.

Seine Hände. Wie groß waren seine Hände? Größer als meine?

Warum? Hast du ihn schon mal gesehn?

Nein. Ich will es bloß wissen.

Falls du ihn wiedersiehst?

Hör auf mit den Ausflüchten und erzähl.

Ich mach keine Ausflüchte. Ich mach mir bloß Sorgen. Ja – seine Hände warn zwei-, dreimal so groß wie deine.

Und seine Lippen.

Dick. Sehr.

Hat er gerochen?

Ja, wenn ich mirs recht überleg.

Wonach?

Hab ich mir bis jetzt gar nich überlegt, – aber er hat nen echt starken Geruch gehabt. Wie ein Säufer. Bloß nich so schlecht. Irgendwie angenehm. Aber stark und irgendwie schal.

Und seine Augen. Wie waren die? Welche Farbe?

Schwarz-braun. Wie große alte Oliven, die in ner gelben Schüssel rumschwimmen. Man konnte die Adern sehn. Es warn Augen, die schon viel erlebt haben.

Wie war er gebaut? War er so groß wie ich?

Etwa einen halben Kopf kleiner. Und er war schlaksig. Aber echt kräftig. Wie ein Mann, der Erde umgräbt.

Und er hat dich geküßt.

Ja. Ich hab mich ganz schwach gefühlt, als er mich geküßt hat. Ich will das nich immer wieder erzählen.

Mit mir fühlst du dich nie wie mit ihm?

Das is nich dasselbe. Du bist mein Mann. Er hatte mich ja verzaubert. Ich liebe dich, und du liebst mich natürlich. Was er vorhatte, war nich gut.

Erzähl mir noch mal. Von Anfang an. Wort für Wort.

Nein.

Komm. Erzähl.

Bitte, zwing mich nich.

Komm, Schätzchen – beruhig dich. Ich hab dir doch verziehen. Ich glaub dir ja. Echt, ich verstehe. Solche Dinge passieren.

Wirklich? Oh, danke – *danke*.

Du hast gerade gesagt, du hast dich ganz schwach gefühlt, als er dich berührte.

Ich hatte solche Angst. Ich hatte Angst, du würdest wütend sein und mich verlassen. Ich hatte solche Angst, es dir zu erzählen. Aber ich mußte. Du mußtest ja wegen Lonnie und denen gewarnt sein, falls sie 'n andren Trick versuchen.

Nein, Schätzchen, ich verlaß dich nicht. Nicht wegen so was. Also mach dir keine Sorgen. Und mach dir keine Sorgen wegen Lonnie. Mit dem werd ich schon fertig. Jetzt erzähl noch mal, und fang da an, wie du dich gefühlt hast, als er dich zuerst berührt hat.

Ich will nich mehr darüber reden. Ich will vergessen, daß es je passiert is.

Schon gut. Ich will es hören. Von Anfang an. Als du ihn zuerst gesehen hast – Lonnies Vetter.

Du meinst, als er mir gesagt hat, wie schön ich bin, und mir das Haar gestreichelt hat.

Genau. Fang mal da an.

Meinst du das ernst?

Und dann hat er deinen Oberschenkel berührt. So?

Ungefähr. Aber es hat sich anders angefühlt, weil ich eben verzaubert war, du weißt doch.

Aber was genau hat er denn gemacht, daß du verzaubert warst? Was hat er gesagt?

Es war nich so sehr, was er gesagt hat, als was er nich gesagt hat. Warum schaust du mich so komisch an?

Schon gut, Schätzchen. Ist ja gut, wirklich. Erzähls mir langsam, wie in Zeitlupe. Mach die Augen zu und erzähl noch mal. Von Anfang an. Wo du dich so allein gefühlt hast – ich weg – bloß du hier und das Baby – und dann kommt Lonnie an die Tür. Und wenn du dahin kommst, wo er dich berührt, erzähl das ganz langsam. Jeden Augenblick, so daß ich mir vorstellen kann, was für ein Gefühl das war.

Was denn?

Komm, Schätzchen. Tus für mich.

Hör ich richtig, was du da sagst?

Sei nicht gekränkt. Vertrau mir, Baby – glaub mir. Du glaubst doch an Zauber. Gib mir deine Hand. So, jetzt. Fühl mal. Schau wie fest und gut sich das anfühlt. Und es gehört ganz und gar dir. Und wenn du mir die Geschichte noch mal erzählt hast, dann geb ich dir alles. Aber vorher will ich das Ganze noch mal hören. Und wein nicht, wenn du es erzählst. Erzähl, wie du es genossen hast.

Erzähl es genauso, wie es passiert ist.

Übersetzt von Barbara von Bechtolsheim

J. CALIFORNIA COOPER

Das Leben, das du lebst (ist vielleicht gar nicht dein eigenes)

Liebe, Ehe und Freundschaft sind mit das Wichtigste überhaupt im Leben ... wenn du nicht grade krank bist oder im Sterben liegst! Und da mußt du schon aufpassen, weiß Gott, verdammt gut aufpassen, weil, manchmal weißt du erst, daß du dich verrannt hast, wenn's eigentlich schon zu spät ist! Manchmal dauert es Jahre, bis du was merkst, und die ganzen Jahre sind schließlich Jahre von deinem Leben! Du mußt einfach aufpassen, was für ein Leben du führst, weil, vielleicht ist es ja gar nicht dein eigenes! Irgendeine Liebe, eine Ehe oder ein Freund haben dich auf den falschen Weg geführt, einfach, weil du ihnen vertraut hast!

Natürlich sprech ich hier von mir, aber ich sprech auch von meiner Freundin und Nachbarin Isobel. Und vielleicht auch von dir! Aber egal, wenn der Schuh nicht paßt, dann zieh ihn dir eben nicht an!

Ich fang am besten ganz vorne an. Also, Isobel und ich, wir sind zusammen in die gleiche Schule gegangen, nur daß ich in der Stadt gewohnt hab und sie von außerhalb kam. Wenn sie überhaupt kam. Ihr Papa hat sie immer von der Schule daheimbehalten wollen, damit sie auf seinem alten vergammelten Bauernhof arbeitet. Ein ungehobelter, untersetzter, schwerer Mann war das, ein Bär, mit grauen Haaren und roten Rändern um die Augen. Ich gebs ja zu, er hat selbst von früh bis spät geschuftet. Aber das war schließlich sein eigner freier Wille, und so hat er sein Leben gewollt. Seinen Kindern hat das Arbeiten an sich nichts ausgemacht, aber doch nicht die ganze Zeit! Er hat ihnen nie Geld gegeben, damit sie sich auch mal was leisten konnten, und das braucht schließlich jeder Mensch, wenn er die ganze Zeit schuften muß.

Sogar mit dem Essen hat er gegeizt. Selbst anbauen oder es gab nix! Und sogar seine Pferde und Kühe waren dünn. Keiner auf seinem Hof hat ihn leiden können. Seine Kinder – wenn er sie nicht eh schon rausgeschmissen hatte, weil sie faul waren – sind weg, sobald sie konnten, ob sie jetzt aus der Schule waren oder nicht!

So war zum Schluß nur noch Isobel da. Sie hat auf dem Feld gearbeitet und die ganze Hausarbeit gemacht, klein wie sie war. Ihre Mutter war kränklich. Ich denk, ich würd auch krank werden, wenn ich wüßte, daß dieser Mann da jeden Tag zu mir heimkäme!

Er hat alle Jungen verschreckt, die rauskamen und Isobel besuchen wollten. Entweder hat er sie sofort zum Arbeiten angestellt oder er hat gesagt, sie sollen sich nie wieder blicken lassen. Das weiß ich, weil einmal, wie wir beide vielleicht sechzehn und noch in der High-School waren, bin ich mit einem Jungen rausgefahren, der Angst hatte, allein zu gehen. Ich hab nie Angst gehabt, vor nichts . . . damals.

Ich hab gesehen, wie der Alte uns beobachtet und nur drauf wartet, bis wir zum Haus kommen. Isobel ist in der Tür gestanden, mit einem Topf in der Hand und einer Schürze um, weil sie grade die Schweine füttern wollte. Sie hat geguckt wie . . . ihr Gesicht kam mir wie lauter Scherben vor. Nicht weil sie den Jungen so gern gehabt hat, sondern weil sie jung sein wollte, und nicht alt wie ihr Vater. Wir sind gegangen.

Jetzt ich, ich bin ganz frei aufgewachsen im Haus von meinen Eltern, das voll von Kindern war, und jedes hat sich in dem Haus seine eigene Welt geschaffen. Bei uns in der Familie war das so, wenn meine Mama und mein Papa weg waren, um irgendwas zu besorgen, und wir derweil das Haus putzen sollten, dann haben wir Seifenwasser über den Küchenboden gegossen, Schlittschuhe angezogen und haben eine Schlittschuhparty gefeiert. Das war vielleicht lustig, ich kann dir sagen! Wenn dann Mama und Papa zurückkamen, nix wie weg mit den Schlittschuhen! Wir konnten putzen, Staub wischen und Geschirr spülen und die Betten machen, alles, bevor sie ins Haus kamen. Tja. Arm, das schon, aber glücklich!

Na ja, und dann wird man erwachsen, und man vergißt alle Leute und alles außer dem, was einen direkt selber angeht... So war das bei mir. Ich war längst erwachsen und schon zwölf Jahre verheiratet, als Isobel wieder in mein Leben trat. Da war sie selber schon so etwa sieben Jahre verheiratet.

Tolly, so hat ihr Mann geheißen, und der wieder war ein guter Freund von meinem Mann. Also, Tolly war Handlungsreisender. Er war auf den Bauernhof von Isobels Papa gekommen und hatte das Mädel unter der Stechuhr, in der sie immer noch ihre Karte abgestempelt hat, von ihrem Vater weggeklaut. Damals war sie vierundzwanzig und noch nicht verheiratet. Wir waren beide so um die einunddreißig, wie sie ins Haus neben mich und Gravy gezogen sind.

Ich hab mich riesig gefreut, daß ich eine alte Schulfreundin zur Nachbarin krieg. Grad um die Zeit war ich aus einem von diesen Damenclubs ausgetreten, wo sich nichts abspielt außer Wirbel machen, Klatsch weitertragen und nach den Nachbarn schielen. Nur nichts Gescheites anfangen! Sich nur treffen, damit man in die Häuser von den andern kommt und sieht, wie die wohnen! Solches Zeug. Meine beste Freundin war aus der Stadt weggezogen, und ich hatte noch keine neue, der ich trauen konnte. Meine Mama hat mal zu mir gesagt, eines Tages würde ich mich noch umschauen, da könnte ich meine Freundinnen an einer Hand abzählen, und manchmal sogar an einem Finger! Sie hat recht gehabt... mal wieder.

Eines Tages, kurz bevor Tolly und Isobel in ihr neues Haus gezogen sind, kam Tolly Gravy besuchen, und ich hab zu ihm gesagt: »Am Tag, wenn ihr umzieht, kommt ihr hierher zu uns zum Essen. Sag Isobel, sie braucht nicht kochen!«

Er hat mich angeschaut wie ein Auto. »Laß das lieber sein, Molly. Ich hätt es dir schon sagen sollen, aber ich hab es immer wieder aufgeschoben. Isobel kann dich nicht leiden..., auf den Tod nicht, und den Grund will sie nicht sagen.«

Ich bin aus allen Wolken gefallen. »Mich nicht leiden? Aber wieso denn?«

Er hat die Stirn in Falten gelegt und den Kopf geschüttelt. »Sie will mir's nicht sagen, warum. Sie hat sich nur fürchterlich aufgeregt, wie ich ihr erzählt hab, daß du unsere neue Nachbarin bist.«

So was war mir noch nie vorgekommen. »Aufgeregt?«

Er hat genickt. »Und wie. Sie wär um ein Haar nicht hergezogen! Es gibt nur grad keine andere Wohnung, die mir gefällt, und wo der Preis stimmt.«

Ich hab ein Weilchen nachgedacht. »Na gut, wenn ihr dann einzieht, dann werd ich ja rausfinden, was nicht stimmt! Ich wüßt wirklich nicht, was ich ihr angetan hab. Gefreut hab ich mich, daß ihr zwei so nah –«

Er ist mir ins Wort gefallen. »Mach dir bloß keine Hoffnungen! Isobel ist nicht recht gesund, und drum ist ganz schlecht auskommen mir ihr. Manchmal würd ich am liebsten alles hinschmeißen, aber wir sind ja verheiratet und ich bring das schon hin, wenn's sein muß, allein!«

Ich hab mich hingesetzt und überlegt. Die ganze Zeit, die wir ihn schon kannten, hätte ich nie gedacht, daß er in seiner Ehe Probleme hat.

Dann hat er sich an meinen Mann gewandt: »Mann, du hast's gut mit so einer Frau wie die Molly. Die Molly ist vernünftig. Meine Frau denkt immer, die ganze Welt lügt sie an!« Er hat sich wieder zu mir gedreht. »Wenn du ihr mal zufällig übern Weg läufst, dann erwähn bloß nicht meinen Namen. Die glaubt, jede Frau ist hinter mir her! Auf jeden Fall behauptet sie, du hast schon, wie ihr noch in der Schule wart, alle möglichen Lügen über sie erzählt.«

Ich hab nach Luft geschnappt, denn das hat überhaupt nicht gestimmt!

Er hat immer weitergeredet. »Sie hat mir ganz fürchterliche Sachen von dir erzählt! Aber ich weiß ja, was für ein Lügenmaul sie ist, drum hab ich gar nicht weiter zugehört.«

Gravy hat ihn mit einem komischen Stirnrunzeln angeguckt. Ich hab geschaut, wie wenn mich einer aus dem Flugzeug schubst.

Und zum Abschluß hat Tolly uns dann noch mit traurigem

Kopfschütteln erzählt: »Die geht ins Bett ... und wenn sie am Morgen aufsteht, dann ist das ganze Kopfkissen voll Blut. Der Mund blutet ihr vor lauter faulen Zähnen. Und Mundgeruch! Ganz schlimm! Und baden tut sie auch nicht. Ich muß sie in die Badewanne treiben! Und wir haben keine Kinder wie ihr, weil sie Kinder nicht leiden kann. Und Sex kann sie nicht ausstehen!« Er hat Gravy angeschaut. »Kämpfen muß ich um ein bißchen Liebe!«

Ach, hat der uns fürchterliche Sachen über seine eigene Frau erzählt!

Wie sie dann eingezogen sind, hab ich die Jalousien an der Seite vom Haus runtergelassen. Und, klingt doch verrückt, oder? – zwölf Jahre lang haben wir kaum ein Wort miteinander geredet! Zwölf Jahre lang!

Wenn ich zufällig mal rauskam zum Müll ausleeren oder so und sie über die Hecke gesehen hab, dann haben wir uns nur zugenickt und manchmal so getan, als ob wir uns gar nicht sehen. Auch auf dem Markt und ... eigentlich überall!

Manchmal bei Festen, wo wir alle waren, hab ich Isobel gesehen. Meistens ist sie in einer Ecke gesessen. Traurige Augen, Mund immer fest zu, und wenn sie geredet hat, hat sie die Hand davorgehalten. Was Tolly gesagt hat, schien also wahr zu sein.

Manchmal, wenn ich Probleme hatte, hab ich rübergeschaut und mir gewünscht, wir wären Freundinnen. Tolly war ungefähr vier Tage in der Woche fort. Und auch wenn er daheim war, sind sie nie fortgegangen oder haben Besuch gehabt. Drum hab ich gewußt, daß sie bestimmt manchmal einsam war. Aber wenn Tolly rüberkam, hat er mich jedesmal mit diesem oder jenem Wort dran erinnert, daß Isobel mich nicht leiden konnte ... auf den Tod nicht.

Die zwölf Jahre sind vergangen, und wir haben uns nie besucht. Ist das nicht blödsinnig?

Weil ich grad was von meinen Problemen gesagt hab: Nach außen hat es gar nicht so ausgesehen. Die ganzen Frauen haben immer gesagt, was für ein Glück ich mit einem Mann wie Gravy hätte. In Wahrheit muß ich jetzt so viele Sachen erzählen, die alle zur gleichen Zeit passiert sind, daß ich gar nicht weiß, wie ich anfangen soll.

Also, Gravy war schon ein guter Ehemann und hat auch gut für uns gesorgt. Unsere Kinder haben wir ordentlich erzogen. Der eine ist aufs College gegangen, die andre hat geheiratet. Und jetzt waren wir also allein daheim.

Die ganze Zeit, die wir verheiratet waren, hat er es immer mögen, wenn ich so bißchen schlampig ausgesehen hab. Hat gesagt, ich seh dadurch gemütlich und warm und fraulich aus. Er hat mich zum Essen genötigt, damit Fleisch auf meine Knochen kommt, bis man gar nicht mehr gesehen hat, daß Knochen drunter waren! Graues Haar hat ihm gefallen, und wie meins angefangen hat, grau zu werden, hat er nicht zugelassen, daß ich es färbe. Make-up hat er nicht leiden können, drum hab ich kaum eins getragen. Geschmeckt hat ihm nur, was ich gekocht hab, drum sind wir nie zum Essen fort, ich hab halt immer gekocht! Er hat bequeme Kleider an mir mögen, drum hatte ich lauter weite Kleider. Er hat nicht wollen, daß ich mir mein »hübsches Köpfchen« überanstrenge, drum hat er sich immer selber ums Geld gekümmert.

Dann hab ich eines Tages ganz zufällig in den Spiegel geschaut . . . und bin in Tränen ausgebrochen! Ich war eine fette, schlampig angezogene, grauhaarige, altaussehende Frau in Hausschuhen! Ich war dreiundvierzig und hab ausgesehen wie fünfundfünfzig! Ist ja nicht schlimm, fünfundfünfzig zu sein, wenn mans wirklich ist. Aber ich war ja noch lang nicht so weit! Ich hatte jahrelang immer in den Spiegel geschaut und mich auch drin gesehen. Es hat mir nicht gefallen, aber ich hab es verkraften können, wenn nur mein Mann glücklich dabei war. An dem einen Tag allerdings hab ich es nicht mehr verkraften können.

Das war der Tag, an dem ich Gravy im Park gesehen hab. An einem Sonntag. Er war weg, um was zu machen. Hat nicht gesagt, was. Ich bin im Park gesessen, auf einer kalten Bank, ganz allein. Und da sind sie spazierengegangen, und haben gelacht und sich an den Händen gehalten. Er hat ihr sogar immer mal wieder ein Küßchen gegeben, ihr die Arme um die Schultern gelegt und sie an seinen alten schlanken Körper gezogen. Kein graues Haar auf seinem Kopf, weil er immer gesagt hat, auf der Arbeit würd man denken, daß er alt wird. Er hat sich die Haare gefärbt. Nur meine haben ihm grau gefallen.

Laß michs erzählen, bitte! Sie war schlank. Sie hat keine Kartoffeln, Krapfen und Schweinekoteletts auf den Hüften draufgehabt! Sie hatte haufenweise Make-up im Gesicht. Volle Ladung würd ich sagen! Schwarzes Haar ohne ein Fädchen grau drin! Hohe Absätze und ein Kleid, das immer hochgewippt ist, daß man sehen konnte, was für schöne Unterwäsche sie anhatte. Und sie war halb so alt wie er! Und überhaupt nicht sein Typ! Und ich hab es ihr schon angesehen, daß sie bestimmt nicht kochen kann . . . und mit der ist er rumgezogen!

Dick wie ich war, bin ich hinter die Büsche gesprungen und hab zugeschaut wie sie langsam vorbeigeschlendert sind, mein ganzes Gewicht ist auf meinen armen gebeugten Knien gelegen. Den Krampf hab ich gekriegt. Wie er direkt vor mir war, hätt ich einen Tarzan-Schrei rauslassen können und auf ihn losgehen und Brei aus ihm machen.

Aber . . . ich hab sie vorbeigehen lassen. Ich hab nicht wollen, daß sie sieht, wie fürchterlich ich ausseh! Verrückt hab ich dazu noch ausgesehen, nicht nur häßlich.

Wie sie dann richtig vorbei waren, bin ich wie ein Affe aus den Büschen geschlichen, weil ich mich nicht so schnell hab aufrichten können. Ein paar Kinder haben mich aus den Büschen kommen sehen und bestimmt gedacht, ich wär da drinnen auf dem Klo gewesen, weil die haben was von »Überschwemmung« gesagt und sind fortgerannt und haben gelacht . . . über mich! Ich hab auf dem ganzen Heimweg geheult.

Meine Güte, gings mir schlecht. Es tut dir ja sogar schon weh, wenn dich einer kennenlernt und anhimmelt, und dann hörst du nach ein paar Tagen nichts mehr von ihm. Aber . . . dieser Mann hat mich vierundzwanzig Jahre lang angehimmelt gehabt! Und über mein Leben und mein Aussehen und meine Gedanken bestimmt! Und ich hab das zugelassen! Der Schmerz, der hat mir den ganzen Körper erfüllt und mir das Herz runter bis in die Zehen gedrückt, und ich hab mich heimschleppen müssen und einen Fuß vor den anderen zwingen. Heim? Das war ja kein Daheim mehr. Hab ich Schmerzen gelitten! Verstehst du das?

Und jetzt sag ich dir eins. Wenn du noch nicht bereit bist, deinen Mann zu verlassen oder zu verlieren, . . . dann spring ihm bloß nicht ins Gesicht, und sag nichts zu ihm! Wart erst mal, bis du deinen Kopf wieder beisammen hast! Wart erst mal, bis du dein Herz hast verstehen lassen . . . daß du auch ohne ihn zurechtkommen kannst und wirst. Sonst kannst du ihm ruhig erzählen, daß du weißt, was er treibt, und glauben, daß du gescheit bist, und er überführt! Aber er sagt dann vielleicht: »Na gut, wenn du es schon weißt, dann weißt du es eben! Ich geb sie nicht auf!« Und was machst du dann?

Ich sag dir, was ich getan hab. Aber wart, eins nach dem andern. Gravy ist heimgekommen, hat sich in seinen Lieblingsstuhl gesetzt und ferngeschaut und Pfeife geraucht. Ich hab ihn angestarrt und gewartet, daß er sieht, daß ich es weiß. Er hat mich aber nicht angeschaut, drum bin ich aufgestanden, hab die Hände in meine fetten Hüften gestemmt, die Nase weit aufgemacht und hab ihm erzählt, daß ich es weiß!

Gravy hat die Pfeife hingelegt, ruhiger wie ich ihn je in meinem Leben gesehen hab, hat den Fernseher ausgemacht, hat sich wieder hingesetzt, hat die Hände auf die Knie gelegt und hat zu mir gesagt . . . er will sich scheiden lassen.

Scheiden lassen?!

Ich hab das Gefühl gehabt, als hätt mich einer in Zement getaucht. Ich konnt mich nicht rühren. Ich konnt nicht sprechen. Ich konnte nichts, außer Gravy anstarren. Meine Gedanken sind über all unsere gemeinsamen Jahre geeilt. Die letzten Monate . . ., haben nach Anzeichen gesucht.

Alles war doch so . . . gemütlich gewesen.

Er hat zu mir gesagt: »Du hast dich gehenlassen. Ich komme mir alt vor neben dir. Du bist alt.«

Ich hab mir Antworten ausgedacht, aber mein Mund hat nicht funktionieren wollen. Und er hat weiter und weiter geredet.

»Ich hab ja nur das eine Leben, und das ist noch nicht vorbei.

Ich hab noch ein paar gute Jahre vor mir!« Er hat sich auf die Brust geklopft. »Ich brauch jemand, der mit mir Schritt hält. Du kannst das nicht. Du kannst doch nichts wie kochen und essen! Gesund bist du auch nicht! Das ganze Fett! Guck doch deine Kleider an! Guck doch deinen Kopf an! So eine faule Frau kann doch keinen Mann nicht halten! Du warst schon recht... aber... Ich muß einfach weg! Sags den Kindern.«

Mein Herz hat sich in meiner Brust rumgedreht. Ich war wie vom Blitz getroffen!

Er hat immer weitergeredet. »Wir verkaufen das Haus hier, und dann kann jeder von uns noch mal von vorn anfangen.«

Endlich haben meine Lippen sich bewegt. »Das Haus hier verkaufen? Mein Haus? Mein Zuhause?«

Seine Lippen haben sich bewegt. »Das ist doch kein Zuhause mehr. Ein Haus, sonst nichts.« Er ist beim Reden aufgestanden und hat mit dem Fuß aufgestampft. »Wir verkaufen es und teilen das Geld, und jeder geht seiner Wege.«

Ich hab innerlich gesagt: Dieses gemeine A-loch!

Dann hab ich zu ihm gesagt: »Du gemeines A-loch!«

Er ist einfach fort. »Hat doch alles keinen Sinn. Jetzt ist es zu spät für Kosenamen!«

Tja, anfangs hab ich ja gedacht gehabt, ich bin so schlau, aber das ist alles zum Fenster rausgeflogen. O je, ich hab all meinen Stolz verloren, meinen ganzen gesunden Menschenverstand. Stell dir vor, was ich getan hab.

Ich hab mich auf die Couch geschmissen und geheult und gebettelt, daß er an unsere gemeinsamen Jahre denkt, unsere Kinder, unser Zuhause, unsere Zukunft, seine Versprechen, unsere Träume. Ich hab geheult und gebettelt. Bin auf die Knie gefallen! Die Tränen sind geflossen, die Nase ist gelaufen, der Mund hat gesabbert, das Herz wollt mir stehenbleiben. Ich hab gekämpft wie ich nur konnte, hab alles benutzt, was mir eingefallen ist, um den Mann zu halten! Den Mann, der mich nicht wollen hat! Wenn ich gewartet hätte, bis ich wieder bei Sinnen war, hätt ich vielleicht mal drüber nachgedacht, wieso ich ihn so sehr hab wollen müssen? Schließlich war er nicht besser und nicht jünger wie ich! Ich hatte ihn doch schon vierundzwanzig

Jahre gehabt... vielleicht war das ja genug! Für ihn und für mich auch! Aber ich hab mir einfach nicht die Zeit genommen, um das zu denken. Ich hab nur geheult und gebettelt.

Ich hab mal eine alte Frau sagen hören: »Wenn dein Mann dich verprügeln oder verlassen will, dann geh und zieh dir die Unterhose aus, und dann geh wieder zu ihm, und schmeiß dich auf den Boden und mach die Beine breit! Dann läßt er es bleiben!« Also, immer haut das nicht hin! Jedenfalls läßt er es nicht immer so lange bleiben, wie du gern hättest! Gravy hat es vielleicht eine halbe Stunde bleiben lassen, dann war das auch vorbei. Und ich war wieder da, wo ich angefangen hatte.

Er ging. Ging irgendwohin. Und ich saß derweil in meinem Haus, das bald nicht mehr meins sein würde.

Dann hab ich um das Haus gekämpft, wie ich um ihn gekämpft hatte. Das stand ja für mein ganzes Leben! Es war alles, was ich hatte, außer meinen erwachsnen Kindern, und die waren weggezogen, um ihr eignes Leben zu führen und selbst Kinder zu haben und ihren eignen Ehepartner.

Ich war allein.

Gestern noch hatte ich eine Familie gehabt. Ein Zuhause. Ich hab gedacht, das ist der schlimmste Augenblick in meinem Leben. Aber siehst du, man weiß halt nie, was passiert, bis es dann passiert!

Und dann ist alles zur gleichen Zeit passiert! Noch bevor mein Haus verkauft wurde, ist Tolly gestorben, zwölf Jahre lang hatten sie da neben uns gewohnt. Herzanfall. Und dabei war er noch jung! Beweis ist, er hat den Anfall im Bett mit einer Siebzehnjährigen gehabt! Isobel war dreiundvierzig, wie ich. Jetzt war sie allein und ich war halb tot.

Ich hab beschlossen, einfach rüberzugehen, ob sie mich nun leiden konnte oder nicht! Ich hab einen Kuchen gebacken und bin zum Leichenschmaus gegangen. Vor Tollys Tod hat sie ausgesehen wie eine lebendige Leiche. Jetzt hat sie immer noch schlecht ausgesehen, aber nicht mehr so nervös. Sie hat eigentlich ganz gefaßt ausgesehen. So gefaßt, daß ich fast gewünscht hab, Gravy wär gestorben, statt sich scheiden zu lassen. Na egal. Sie hat mich angeschaut und Mund und Augen sind ihr aufgegangen. Ich hab den Kuchen so sanft hingeknallt, wie ich nur konnte, damit er nicht kaputtgeht, weißt du, und dann hab ich gesagt: »Ja, ich bins! Und ich tu, was man als Nachbarin tut, ob du mich leiden kannst oder nicht, und ob du ihn ißt oder nicht!« Dann hab ich mich umgedreht und wollte gehen, aber sie hat mich am Arm gepackt.

»Ob *ich* dich leiden kann?« hat sie gefragt.

Ich hab mich zu ihr umgedreht. »Genau! Ist mir doch egal, wenn du mich nicht leiden kannst. Ich finde dieses ganze Theater blödsinnig! Ich hab dir doch nie was getan!«

Sie hat richtig entgeistert ausgesehen. »Aber wieso . . . du kannst doch *mich* nicht leiden! *Du* wolltest doch nicht mehr meine Freundin sein! Tolly hat mir all die schlimmen Sachen erzählt, die du über mich gesagt hast!«

Jetzt war es an mir, entgeistert auszusehen . . . schon wieder! Man könnt sagen, daß ich an einem Punkt in meinem Leben war, wo in jeder Richtung ein Schock gewartet hat.

Ich hab nach Luft geschnappt. »Ich hab nie was Böses über dich gesagt! Ich hab deine Freundin sein wollen.«

Sie hat die Augen aufgerissen. »*Ich* hab doch deine Freundin sein wollen. Ich hab eine Freundin gebraucht! Ich hab doch nie jemand gehabt, außer Tolly.«

Wir haben uns in die Augen geschaut, bis uns aufging, daß Tolly diesen ganzen Schwindel von wegen keine Freundinnen sein ausgeheckt hatte.

Ja, und da sind wir wieder Freundinnen geworden. Sie hat mir erzählt, sie hieße jetzt Belle und hat gesagt: »Wer will denn schon I-so-bel heißen!« Und dann hat sie gesagt: »Jetzt bin ich ja frei, jetzt kann ich meinen Namen ändern, wenn ich will! Mein ganzes Leben ändern, wenn ich will! Jetzt!«

Ich hab eine Menge gelernt, was ich nicht gewußt hatte, einfach weil ich mir nicht die Zeit genommen hab, mal selber nachzudenken. Auf andere gehört hab, und ihre Worte für bare Münze genommen. Und ihnen vertraut hab, daß sie für mich denken!

Tolly hatte Belle das gleiche erzählt wie mir. Aber außerdem hat er sie seelisch ruiniert. So eine Gemeinheit. Hat ihr Sachen eingeredet, wie zum Beispiel, wenn sie redet und den Mund aufmacht, dann würde die Spucke von manchen Zähnen zu anderen rüber gehen und da hängenbleiben. Und so hat sie möglichst nie mit Leuten geredet.

Hat ihr alle möglichen gemeinen, brutalen Sachen erzählt. Jedesmal, wenn er allein einkaufen war, hat er ihr Geschichten erzählt, einer hätte seine Frau verprügelt, weil sie ihn angelogen hat! Oder es hätte jemand seine Frau umgebracht, weil sie gelogen hat. Wegen Heimlichkeiten. Jeden Tag hat er ihr solche Schauermärchen erzählt. Er ist aus dem Bett raus und hat ihr erzählt, die Scheißeflecken wären von ihr, weil sie sich den Hintern nicht richtig abwischt. Sie war so weit, daß sie fast jedesmal gebadet hat, wenn sie auf dem Klo war.

Er hat ihr eingeredet, keiner könne sie leiden. Alle würden ihr was vorlügen! Sie hätte einen schwachen Charakter. Sei zu dumm fürs Leben. Und häßlich dazu. Würde stinken. Wäre trampelig und hilflos. Würde immer alles verschlampen.

Einmal hatte er ihr zwei Jahre lang ihre Eheringe weggenommen. Und sie versteckt. Sie hat sie unten in einem Töpfchen Cold Cream gefunden. Hat ihr eingeredet, sie hätte sie reingetan. Sie wußte, daß das nicht gestimmt hat.

Er hat ihr erzählt, sie würde eine Therapie brauchen und hat sie in ganz, ganz heiße Bäder gesteckt, dann hat er das Wasser auslaufen lassen und eiskaltes Wasser über sie geschüttet und sie dabei in der Badewanne festgehalten. Er hat ihr Essen weggeschmissen, wei sie ihn angeblich vergiften wollte. Ihn! Hat sich beschwert, ihm wär übel, wenn er von ihrem Essen gegessen hatte. Und wenn sie mal grade gut miteinander auskamen und sie wo hinwollte, dann hat er sich angezogen, ist bis zur Tür gekommen und dann plötzlich krank geworden. Wenn sie in eine Show wollten, dann hat er gewartet, bis er in der Schlange fast am Kartenschalter war, und dann ist ihm plötzlich schlecht geworden. Wenn sie zusammen auf den Markt sind, dann hat er ihr vorgeworfen, sie hätte einen Mann angesprochen und umarmt, der überhaupt nie dort war. Er hat ihr nicht erlaubt Geld auszugeben, außer für die Hypothek, für Essen und für Versicherungen. Da hat sie massenweise Essen gekauft, die Hypotheken bezahlt und jede Menge Versicherungen abgeschlossen, weil sie ja sonst nichts durfte.

Er hat sie auch in keinen Club eintreten lassen. Das war vielleicht gar nicht so schlecht. Ich war damals in einem, aus dem ich unbedingt rausmußte. Davon erzähl ich dir gleich noch.

Er hat sie Hunderte, Tausende von Nächten wach gehalten, hat sie einfach nicht schlafen lassen! Hat sie gezwungen, ihm aus ihrer Vergangenheit zu erzählen, und dabei hatte sie doch gar keine. Direkt von ihrem Papa kam sie ja zu ihm. Das mußte er doch wissen. Er hat das auch gewußt! Krank war der, verrückt. Einer von den Verrückten, die rumlaufen und wie alle andern aussehen und ungeschoren davonkommen! Ich wette, er hat Gravy das mit den häßlichen blutenden Zähnen und dem schlechten Atem, ach, und all das, nur erzählt, um Gravy von ihr fernzuhalten, wenn er unterwegs war!

Keine Träne hab ich sie vergießen sehen.

Dieser schleimige Scheißkerl!

Na, du weißt ja. Du kennst dich ja mit so was aus.

Wir sind wieder Freundinnen geworden. Ich hab ihr geholfen, ihre Sachen zu ordnen und so. Sie hat gesagt: »Das Gefängnis hier verkauf ich.«

Ich hab gesagt: »Dein einziges Zuhause willst du verkaufen?« Entgeistert.

Sie hat gesagt: »Für Geld kriegst du ein neues Zuhause.«

Da drüber hab ich dann nachgedacht.

Sie hat gesagt: »Mit die schlimmsten Zeiten in meinem Leben hab ich hier verbracht. Zuerst war ich froh, wie ich aus dem Haus von meinem Vater fortkam. Jetzt bin ich froh, wenn ich aus dem Haus von Tolly fortkomm! Das nächste Haus, das ist mein eignes. In dem leb ich dann in Frieden.«

Da drüber hab ich dann nachgedacht.

Ich bin mit ihr zur Bank, um die ganzen Geldangelegenheiten zu regeln. Die Dame am Schalter hat das Wort *verstorben* gehört und hat voller Mitgefühl hochgeschaut. Aber Belle hat gelächelt, ein strahlendes glückliches Lächeln. Sie war die glücklichste Frau in der ganzen Bank.

Sie ist da vor der Dame gesessen, ein bißchen abgerissen, das

Haar aufgelöst, aber ordentlich. Nervenzusammenbruch im Abklingen, aber gerade noch erkennbar. Nägel abgekaut. Lippen aufgebissen. Graues Haar, das gesagt hat, daß sie älter ist, aber strahlende zukunftsuchende Augen, die gesagt haben, daß sie bereit ist. Meine Freundin!

Die Frau hatte wirklich jede Menge Versicherungen eingekauft! Im Wert von über hunderttausend Dollar. Versicherungen, um das Haus abzubezahlen, das Auto, mit dem sie gar nicht fahren konnte und dazu alle Möbel, für die noch Raten ausstanden. Das ist das einzig Gute, was er für sie getan hat, er hat sie Versicherungen abschließen lassen. Und sie hat sich das nicht zweimal sagen lassen!

Belle hat zugenommen und allmählich immer besser ausgesehen. Und sie ist zum Friseur gegangen und hat Kleider gekauft, ist zu Shows und in Nightclubs und Restaurants gegangen. Ich bin meistens mit. Ich war immer noch in meinen Clubs, einem Leseclub und einem Frauenclub. Aus dem Leseclub bin ich rausgegangen, weil sie wollten, daß wir Berichte schreiben über das, was wir lesen. Ich hab doch keine Berichte schreiben wollen! Ich hab doch nur in Frieden lesen wollen ... Bücher tauschen, essen, so was. Ich bin aus dem Club ausgetreten und hab mir dann halt meine Bücher selber gekauft.

Beide haben wir immer besser und gesünder ausgesehen, Belle und ich, und von Tag zu Tag sind wir ruhiger und gelassener geworden. Sie hat jetzt an Kursen teilgenommen, Malen und »Der richtige Musikgenuß«. Tolly hatte nicht gewollt, daß sie in die Abendschule ging. Sie hätte ja jemand kennenlernen können. Er hat sie immer ausgelacht und zu ihr gesagt: »Und womit willst du da deine Zeit verplempern? Den Leuten zeigen, wie ungeschickt und dumm du bist? Mädchen, schlag dir den Unsinn aus dem Kopf!« Er hat kleine Löcher in ihre Pläne gebohrt, und ihr Selbstbewußtsein ist einfach rausgetröpfelt. Die Unternehmungslust war ihr aber geblieben. Sie war die meistbeschäftigte Witwe, die ich je gesehen hab. Manche Leute drehen sich im Grab vielleicht um, aber Tolly, das weiß ich, der würd in seinem rotieren, wenn er sie sehen könnte!

Ich hab ihr zugeschaut, wie sie ihr eigenes Leben lebt, und

was ich gesehen hab, hat angefangen mir zu gefallen. Statt daheimzusitzen, falls Gravy vielleicht anruft, bin ich in einen Kurs zum Abnehmen gegangen, weil Belle gesagt hat, das wär gesünder und ich würd auch besser aussehen! Ich hab auch angefangen, zum Friseur zu gehen. Nicht um mir das Haar färben zu lassen – das braucht einfach zuviel Mühe auf die Dauer –, aber eine Naturwelle ist nichts als eine wüste Krause, wenn du sie nicht pflegst. Jetzt sind meine Haare in Form geschnitten und haben Strähnchen. Belle hat gelernt, wie man wenig Make-up richtig benützt und es mir auch gezeigt. Man soll nicht versuchen, was zu verstecken, sondern einfach nur rausholen, was man zu bieten hat!

Sie hat viel im Garten gearbeitet, und ich hab angefangen, ihr zu helfen. Wir haben frisches Gemüse gegessen und frisches Obst gekauft. Die Rippchen und den Schweinebauch haben wir abgesetzt, außer wenn wir mal besondere Lust drauf hatten. Mir haben sie nicht gefehlt! Mir ist aufgegangen, daß das ganze Fleisch mit Reis und Soße eigentlich immer für Soßen-Gravy war. Ich hab mir überlegt, was er wohl in letzter Zeit gegessen hat, aber das hab ich mir schnell aus dem Kopf geschlagen, weil ich zu meinem Kurs über Finanzplanung oder zum Schmuck-selber-Herstellen oder zur Selbsterfahrung mußte. Das einzige, wo ich dann nicht mehr hingegangen bin, war die Selbsterfahrung. Ich hab mich schon selber gekannt. Ich hab meine Stärke jeden Tag erfahren. Über meine Schwäche war ich weg.

Nachts hat mir schon ein Mann neben mir gefehlt, aber ich war so voll beschäftigt, daß sechs Monate vergangen waren, als ich mal hochgeschaut hab, und ich hatte kein einziges Mal mehr geweint.

Ich hab auch nicht mehr um das Haus gekämpft. Inzwischen hab ich gewollt, daß es verkauft wird. Auch um Gravy hab ich nicht mehr gekämpft. Ich war froh, daß er fort war. Meistens. Er hatte mir einen großen Gefallen damit getan, daß er mir mein Leben wiedergegeben hat. Kapierst du das? Er hat mir mein Leben gegeben und ich hab dagegen gekämpft! Mit ihm darum gekämpft, daß er es wieder nimmt! Es behält! Mich noch weiter benutzt! Mannomann.

Gravy hat es gemerkt, als er mal vorbeikam und nach dem Haus schauen wollte. Ihm ist viel an meinem neuen Ich aufgefallen. Er hat mir einen Klaps auf den Hintern gegeben. Ich hab nichts gesagt; er war schließlich mal mein Mann gewesen. Ich hab schön damit gewackelt, wie ich vor ihm zur Tür bin. Ich hab ihn rauskomplimentiert, weil ich in den Kurs hab müssen oder sonstwas. Oder mich vielleicht auch nur in aller Ruhe hinlegen und an meine neue Zukunft denken. Oder ein Bad nehmen und mir die Haut einölen und cremen für den nächsten Mann in meinem Leben, den ich vielleicht mal liebe . . . egal was! Worauf ich halt Lust gehabt hab! Jetzt sofort!

Ich hab gebetet, daß das Haus einen Käufer findet. Ich wollte mein Geld haben. Weil ich Pläne gehabt hab.

Belles Haus ist verkauft worden. Sie ist bei mir in die leerstehenden Zimmer gezogen, während sie was zum Kaufen gesucht hat.

Ich hab sie gefragt: »Kaufst du diesmal ein kleineres Haus? Du brauchst doch nicht viel Platz.«

Sie hat mich nachdenklich angeschaut. »Weißt du, ich hab da drüber nachgedacht. Ein Haus, das nagelt dich an einen Fleck fest, und du mußt dein Leben auf die Stelle und die Stadt einstellen, wo es steht. Ich brauch nicht viel Platz im Haus drin, aber ich brauch eine Menge Platz außenrum.«

Da drüber hab ich dann auch nachgedacht.

Bald drauf hat sie mir erzählt, daß sie fünf Morgen Land am Rand von einem See gekauft hat. Sie war dabei, sich ein Mobiles Heim zu kaufen, schön und geräumig und gemütlich. Und da dann zu wohnen, den See auf der einen Seite, Bäume auf der anderen und die Stadt in der Nähe, wenn sie dort was will.

Da drüber hab ich dann auch nachgedacht, und es hat mir gefallen, aber das hab ich mir nicht leisten können. Ich hab zu ihr gesagt: »Das gefällt mir. Das wird echt schön.«

Sie hat geantwortet: »Gut, dann komm doch mit!«

Ich weiß, daß ich traurig ausgesehn hab. »Mädchen, ich hab das Geld nicht so dicke. Das langt nicht für ein Grundstück und einen Wohnwagen. Du hast mehr wie hunderttausend Dollar; ich krieg allenfalls zwanzigtausend.«

Da sagt sie: »Ich kann doch eh nicht meine ganzen fünf Morgen bewohnen. Schaff dir einen Wohnwagen an und zieh auf mein Land!« Ich weiß, ich hab ein breites Lächeln im Gesicht gehabt, wie sie weitergeredet hat. »Noch besser: Ich kauf dir den Wohnwagen, weil du dein Geld noch zum Leben brauchst. Kauf du die Erde, die ich für den Garten brauch, weil ich mein Gemüse selber anbauen will!

Ich hab nur eine Sekunde nachgedacht. Ich hab ja wollen, daß das mein Leben ist. Also hab ich zu ihr gesagt: »Das Land gehört dir. Wenn ich die Erde kauf, dann kann ich die nicht mitnehmen, wenn ich je mal weggeh, also bleibt sie deine. Ich sag dir was: Ich kauf mir meinen Wohnwagen und zahl dir Miete für die Landbenutzung. Und wenn ich je umziehe, dann kannst du mein Heim billig kaufen.«

Sie hat gelacht: »Mädchen, das Land ist doch schon bezahlt. Ich brauch doch keine Miete für Land, das ohnehin da ist. Du bist meine Freundin! Die einzige, die ich hab.«

Ich war glücklich und hab gesagt: »Du bist auch meine einzige Freundin!« Ich war glücklich, weil Freunde so schwer zu finden sind. Die Leute zählen eher ihr Geld, als daß sie ihre Freunde zählen.

Dann ist sie ernst geworden. »Ich will allein sein. Will mir von keinem Mann, keiner Frau, keinem Kind und keinem Kegel mehr sagen lassen, was ich tun soll!«

Ich hab den Kopf geschüttelt. »Ich auch nicht! Herrgott noch mal!«

Sie hat weitergeredet: »Aber jeder Mensch braucht manchmal Gesellschaft. Halt du mich davon ab, daß ich so einsam werd, daß ich mich in das Straßengewühl stürze und was heimbring, was ich gar nicht will!«

Dann hab ich geredet. »Du hast mir den Anfang zu meinem neuen Leben gezeigt... die Kurse und alles!«

Sie war immer noch ernst: »Ich vertrau dir.«

Ich bin noch ernster geworden. »Ich vertrau dir auch.«

Sie hat weitergeredet. »Ich will versuchen, alles bar zu bezahlen. Abbezahlen! Ich will keinem was schulden!«

Ich hab gesagt: »Und unser Gemüse bauen wir selber an.«

Sie hat genickt. »Und in die Stadt fahren wir nur, wenn wir was brauchen oder wollen.«

Ich war ganz begeistert. »Was brauchen wir feine Kleider!«

Sie hat gelächelt. »Wir können von ganz wenig Geld leben ... und trotzdem geht es uns gut dabei! Und wir brauchen nicht arbeiten gehen und keinem den Arsch küssen, für nichts und wieder nichts!«

Ich hab laut rausgelacht. »Für nichts und wieder nichts!«

Und weißt du, was wir dann getan haben? Wir sind in die Stadt und haben Cowboyjeans und Stiefel und Hemden gekauft! Wir haben uns für unser Landleben eingekleidet. Heiß haben wir ausgesehen!

Dann war es schließlich Zeit für sie, zu gehen, alles war fertig. Sie ist mit einem Auto voller Farben und Leinwänden losgefahren. Ach, ich hab vergessen, dir zu erzählen, daß sie Auto fahren gelernt und ein kleines rotes Sportauto hatte. Sie hat eine dunkle Sonnenbrille aufgehabt und einen langen Schal um den Hals, der im Wind hinter ihr hergeflattert ist.

Einen Tag ist sie mir mal kurz, nur ganz kurz, traurig vorgekommen. Und ich bin mir auch traurig vorgekommen. Zwei ältere Frauen, die eine Zukunft suchen. Rumlaufen und tun, wie wenn wir glücklich wären. Ich hätte heulen können. Belle hat mich gesehen und hat gefragt warum, und ich habs ihr gesagt. Und dann hab ich wirklich losgeheult.

Sie hat mir die Hände auf die Schultern gelegt. »Molly? Du bist so um die fünfundvierzig Jahre alt.«

»Vierundvierzig«, hab ich sie verbessert und weitergeschluchzt.

Sie hat mich aber nicht ausgelacht. »Jetzt nimm mal an, du wirst achtzig Jahre?«

In meiner Brust hat sich was gehoben.

Sie hat weitergesprochen: »Was willst du denn mit den anderen fünfunddreißig Jahren anfangen? Und wie willst du die nennen, wenn nicht Zukunft?«

Die Tränen haben aufgehört.

Aber sie noch nicht. »Molly, hör zu, du bist meine Freundin. Aber zieh nicht da raus, weg von deinen ganzen Clubs und Leuten, wenn du dort traurig bist. Ich will keinen traurigen, deprimierten Jammerlappen als Nachbarin, daß sie mir meine schönen Tage verdirbt! Dann zieh nicht von hier weg!«

Ich hab gemerkt, daß sie das wirklich meint. Ich hab an meine Clubs denken müssen, in denen ich kaum jemand hab leiden können. Ich hab an meine leeren Tage voller Essen mit Gravy gedacht. Ich hab sogar an meine Kinder gedacht, die inzwischen ihre eigenen Familien haben. Ich hab ganz fest den Kopf geschüttelt. Ihn freigemacht. Scheiße!

Sie hat mich unverwandt angeschaut. »Wenn du auch nur ein bißchen denkst, daß du lieber hierbleiben würdest, dann bleib, bitte! Bis du alles kriegst, was du brauchst. Weil, wenn du dort rausziehst und dann was auszusetzen hast – ich will das nicht hören! Außer es ist, daß du krank bist oder so!«

Dann ist sie gegangen.

Schließlich ist auch mein Haus verkauft worden. Da bin ich zu dem Wohnwagenmann hingegangen und hab gesagt, ich bin soweit und hab ihm einen Scheck gegeben, und da war keine andere Unterschrift drauf außer meiner!

Dann hab ich mein letztes Club-Treffen gemacht, weil ich gewußt hab, daß ich mich mit denen nie wieder rumschlagen muß!

Ganz speziell eine Frau, Viola Prunebrough, die hat immer über mich geredet und gelacht. Das Treffen war extra für sie, aber die andern hatten es auch verdient.

In meinem Lektürekurs hatten wir Omar Khayyám gelesen, und da hab ich gelernt, daß man Essen in Weinblätter einwikkeln kann. Beim letzten Treffen vor diesem hatte ich ihnen das serviert, weil ich dachte, es wär was ganz Tolles. Und weil ich nicht gewußt hab, was man reintut, hab ich sie mit Kutteln gefüllt. Mir hat's geschmeckt. Aber Viola hat in der ganzen Stadt über mich geredet und gelacht. Hat mich vor allen Leuten lächerlich gemacht. Jetzt weißt du, warum ichs ihr heimzahlen wollte. Das ist gemein, aber so ist es halt.

Ich hab allen im Club den Tag gesagt, wann sie kommen sollen. Dann bin ich los und hab versucht, mir Haschisch zu beschaffen. War das schwer zu kriegen! Hab doch keinen gekannt, der das Zeug verkauft! Aber endlich hab ich welches gekriegt. Ein Viertelpfund! Wie ich das Essen für das Treffen vorbereitet hab, da hab ich das Zeug unter alles druntergemischt, was ich gekocht hab. Und ich hab einen riesigen Topf mit roten Bohnen aufgestellt. Kein Fleisch, kein Salz, keine Zwiebeln, kein gar nix. Sie einfach nur gekocht. Ich hatte da so einen Plan, verstehst du?

Und wie die Damen, alle fein zurechtgemacht zum Angeben, sich über mein gutes Essen hergemacht haben, da haben sie auf einmal ganz laut geredet und gelacht und sind rumgehüpft und haben dummes Zeug gesagt. Und haben gegessen und getrunken, was nur da war. Ich hab die Schüsseln grad so vom Tablett wegschnappen und mich mit dem Nachfüllen beeilen müssen, sonst hätten sie mir noch das Geschirr und die Möbel aufgegessen! Die niedlich geschminkten Lippen haben den Wein nur so reingekippt.

Dann hab ich zufällig paar Platten von Bobby Blubland aufgelegt. Mannomann, haben die Damen da mit den Fingern geschnipst, und sind rumgesprungen, haben mit dem Hintern und allem andern gewackelt. Haben getanzt, wie wenn sie sich jahrelang nicht mehr bewegt hätten! Ein paar haben so laut gesungen, daß sie Bobby Blubland übertönt haben. Die hätten mir einen Rausschmiß eingebracht, wenns nicht mein eigenes Haus gewesen wär. Und unsere Versammlung hatten wir auch noch nicht abgehalten!

Dann war das ganze Essen weg, außer den Bohnen. Die Frauen müssen noch einen Bärenhunger gehabt haben, weil B. B. King hat grad gesunden, aber wie ich mich umschau, haben mir sämtliche Frauen wie die Geier die Küche gestürmt und was zu essen gesucht, wo sie die Hand drauf legen konnten. Dieses Haschisch muß schon so was sein!

Sie haben sich über die Bohnen hergemacht und sie ratzeputz aufgegessen. Haben sie verschlungen, mit den Lippen geschmatzt und ohhh und ahhh gemacht, bis die letzte Bohne weg war. Ich habe gelacht, bis mir die Tränen kamen. Das waren mir vielleicht Damen! Bohnen an den Kleidern, in den Schuhen, bei einer sogar im Haar! Ich hätte mich schämen sollen, hab es aber nicht getan! Ich selber hab nichts gegessen. Dann sind ein paar schläfrig geworden. Die waren vielleicht voll! Nicht mal Lou Rawls hat sie mehr auf Trab gebracht. Ich hab gesagt, sie sollen jetzt lieber gehen, und dann hab ich für Violas Magen was zubereitet: eine Tasse heißen Tee mit ein bißchen Black Draught Abführmittel drin. Und dann hab ich sie schleunigst rauskomplimentiert. Ich hab gewußt, die kommt nicht zur Ruhe, wenn sie zu Haus ist! Für ihren Abgang hab ich Musik angemacht; sie wollte dableiben und reden und Leute umarmen und weinen zwischen den Rülpsern. Sie ist mit ihrem fetten Körper zur Tür rausgetänzelt, und da haben die Krämpfe schon angefangen, ihr die Bohnen im Magen umzudrehen. Dann waren alle fort. Und wie sie wieder zu sich kamen und mich fragen wollten, was ich da zusammengekocht hatte, da war ich auch schon fort!

Ich hab alles Material zusammengesucht, das ich zum Schmuckherstellen brauche. Ich hatte gemerkt, daß ich das sehr gut konnte. Die Leute haben alles, was ich gemacht hab, immer gern gekauft. Ich hab mir nebenbei so bißchen was damit verdienen wollen.

So bin ich dann umgezogen, in meinen neuen Zweizimmer-Wohnwagen mit kleinem Kamin. Ich wollte schon immer gern einen haben.

Wie ich das erste Mal rübergefahren bin, da war das Lachen auf meinem Gesicht so breit wie von hier bis dort! Ich hab laut rausgelacht, ein paarmal ... und dabei war doch keiner im Auto außer mir!

Wir haben uns beide eine kleine Sonnenveranda zum See raus bauen lassen. Hör nur. Fast jeden Morgen winken wir uns zu, wenn jede auf ihrer Veranda sitzt, und wir zuschaun, wie die Sonne vollends hochsteigt, und dabei unsern Kaffee oder Tee oder sonstwas trinken! Wenn es warm ist, nachdem die Sonne richtig hoch steht, geh ich immer schwimmen. Belle kommt meistens raus und stellt ihre Staffelei auf. Dann angle ich manchmal und fang das Mittagessen. Ich bring ihr was rüber, oder wenn bei ihr das Schild HEUT NICHT draußen hängt, dann tu ich es nicht!

Als nächstes leg ich mir vielleicht eine Musik auf, die ich jetzt richtig genießen kann, oder ich geh in mein Gästezimmer, das mein Arbeitszimmer ist, wenn meine Kinder nicht grad zu Besuch sind, und stelle Schmuck her, zum Verkaufen, wenn ich Lust hab. Oder ich arbeite im Garten, der vollgepflanzt und schön ist. Oder ich lese. Das Wichtige dran ist: Ich tue, was ich will und wann ich es will.

Manchmal sehe ich Belle tagelang nicht. Ich seh sie in der Ferne. Wir winken einander zu, aber reden nicht. Wir haben noch keinen Streit gehabt, außer darüber, wo die Zwiebeln, die Tomaten oder Kartoffeln gepflanzt werden sollen. Oder so ähnlich.

Ich sag dir, das Leben kann herrlich sein! Frieden kostet nicht so viel, wie die Leute glauben. Es hängt davon ab, was einer will. Nicht von Geld. Leute mit viel Geld leben noch lang nicht in Frieden, nur weil sie Geld haben. Ich bin schon mal einsam, aber traurig oder niedergeschlagen bin ich nie.

Irgendwann hat uns beiden ein Mann gefehlt. Aber wir haben keinen gekannt, der beim Rauskommen hier nicht alles kaputtgemacht hätte . . . auf irgendeine Art.

Und dann ist der Generator zusammengebrochen, und wir mußten den Kundendienst bestellen. Er kam. Ein kleines, dünnes, ziemlich häßliches Männchen mit O-Beinen und langsamem Gang. Einer von der lieben Art. Was immer du brauchst, er bringt es dir gern in Ordnung. Na ja, es gibt ja immer was, was ein bißchen in Ordnung gebracht gehört.

Der hat gut gearbeitet, aber bei der Arbeit hat er über nichts anderes geredet als Sex. Er hat erzählt, wie viele Frauen ihn lieben. Und wie es ihnen gefällt, wenn er sie liebt. Und was für ein Liebhaber er ist. Lauter so Zeug. Er hat aufgehört mit der Arbeit und nach einem Schraubenschlüssel oder Schraubenzieher oder Hammer gesucht, und dann hat er ins Leere geschaut und dir von der letzten wunderschönen Frau erzählt, die wegen ihm ihren Mann verlassen wollte, aber er nimmt keinem die Ehefrau weg! Oder von der Schwester, die sich die Kleider vom Leib gerissen hat mit den Worten: »Meine Schwester hat mir erzählt, was Sie mit ihr gemacht haben. Sie gehen hier nicht raus, bis Sie's mir genauso gemacht haben!«

Ich weiß ja nicht, ob er die ganze Zeit gelogen hat, aber er hat einem schon Vorstellungen in den Kopf gesetzt.

Einen Tag ist er wiedergekommen, da war schon alles repariert (und kein einziges Mal hatte sich jemand die Kleider vom Leib gerissen). Er ist zu Belle rübergegangen. Die hat ihm ihr Gewehr gezeigt und zu ihm gesagt: »Wenn ich Sie nicht bestelle, dann haben Sie nicht herzukommen! Das hier hab ich zum Benützen gekauft, und ich weiß, wie es geht. Wenn Sie hier Wind machen, geht gleich ein Gewitter los!« Da ist er gegangen und hat mit der Hand gewunken und gesagt, er hätt es ja nicht bös gemeint. Sie hat sich bedankt und die Tür zugemacht.

Es hatte die ganze Nacht geregnet gehabt, und die Blätter haben immer auf mein Dach getropft. Ich hab den Dampf zischen hören, wie manche auf mein Kaminholz fielen. Ich war aufgewacht, und statt daß ich Percy Faith oder sonstwas aufgelegt hätte, hab ich B. B. King gespielt. Wie der Herr Kundendienst an meinem Haus vorbei ist, hab ich durchs Fenster zu ihm gesagt, ich hätt was, was in Ordnung gebracht gehört! Und er ist reingekommen.

So ein Lügenbeutel! Nichts hat er können von allem, womit er geprahlt hat! Er hat nur bei mir im Bett liegen und eine Zigarette rauchen, einen Schluck Wein trinken und reden wollen. Da hab ich zu ihm gesagt: »Raus mit dir!«

Er ist gegangen und hat noch gesagt: »Ihr Frauen seid verrückt! Drum habt ihr auch keinen Mann!« Ich hab nur gelacht.

Er kommt immer noch und repariert den Generator, wenn wir ihn brauchen. Aber das ist auch alles!

Zu der Zeit hat sich die Einsamkeit bei Belle noch auf andre Art gezeigt. Weißt du, wenn man diesen vielen Platz und diese Schönheit hat, dann bringt einen das offenbar Gott näher. Belle hat sich entschlossen, ihn besser kennenzulernen.

So hat sie gesagt: »Ich weiß, die menschliche Spezies ist kein Versehen. Das wären ja schon drei Milliarden Versehen. Und es passiert auch kein neues Versehen so ganz von selbst! Nirgends!«

Ich hab angefangen, meine Meinung zu sagen, aber sie war noch nicht fertig.

»Und noch was«, hat sie weitergeredet. »Irgendwo muß doch eine Wahrheit sein. Manches von diesem Zeug muß doch gelogen sein! Wenn wir sterben und direkt in den Himmel kommen, wozu gibt es dann die Auferstehung? Wie soll denn der Jüngste Tag aussehen, wenn schon alle im Himmel sind? Und wenn alle zu Gott heimkehren, wer bleibt dann noch auf der großen, breiten Straße, die angeblich so voller Menschen ist, wie Jesus sagt?«

Das hat sich vernünftig angehört, und es war ein gutes, warmes Gefühl, darüber zu reden. Sie hat sich ein paar Bücher angeschafft und bald hat sie einen Bibelstundenmann hier draußen gehabt. Die beiden sind immer auf ihrer Veranda gesessen und haben studiert und gestritten und geredet, zwei oder drei Stunden jede Woche. Dann hat sie mir beigebracht, was sie gelernt hatte. Hat es mir sogar in der Bibel gezeigt! Mir hat es Spaß gemacht, und ich hab die Bücher sogar selber gelesen.

Bei einer von ihren Stadtfahrten in ihrem kleinen roten Sportwagen ist Belle Gravy begegnet. Er hat gesagt, er müßte mich unbedingt sehen. Da hat sie mich angerufen und hat ihn selber reden lassen, weil es ja meine Angelegenheit war, ihm meine Nummer zu geben. Ich hab zu ihm gesagt, er könnte rauskommen und reden.

Da ist er gekommen. Er ist eines Morgens früh in einem sehr großen, hübschen blauen Auto angefahren gekommen. Ich weiß, daß er so früh gekommen ist, weil er sehen wollte, ob jemand bei mir war. Aber nur ich war da . . . und Frieden. Ich hätte gedacht, ich würd nervös werden, war ich aber gar nicht.

Er kam zur Tür rein, den Kopf weit vorgereckt und hat rein- und umhergeschaut. Sein glänzender spitzer Schuh ist auf meinen schmalen Stufen gerutscht, und er ist auf ein Knie gefallen. Ich weiß, daß es weh getan hat und er am liebsten laut rausgeschrien hätte, aber er hat sich zusammengerissen und ist vollends hereingehumpelt.

Hat gesagt: »Verflucht noch mal, Molly, du mußt mit der Treppe was machen! Scheiße!«

Ich hab zu ihm gesagt: »Ich bin noch nie drauf ausgerutscht. Komm schon rein, setz dich. Möchtest du Kaffee?«

Er hat sich hingesetzt. »Ah ja, schenk mir von deinem guten Kaffee ein. Du machst den besten Kaffee auf der Welt!«

Während ich alles hergeholt hab, hab ich ihn angeschaut, wie er sich meine Wohnung angeschaut hat, mein Heim. In Wirklichkeit hab ich versucht, meine vierundzwanzig Jahre wiederzufinden, wie ich ihn so angeschaut hab. Ich will aber nicht von ihm erzählen. Er hat mich ja zu nichts gezwungen. Ich hab halt alles, was passiert ist, passieren lassen. Anders als Mala, seine Freundin. Und die Geschichte mit ihr vielleicht auch. Weißt ja noch, ich hab gebeten und gebettelt, daß ich bei ihm bleiben darf, auch wie ich schon gewußt hab, daß er sie hat!

Er hat sich natürlich verändert, waren ja ein paar Jährchen vergangen. Ich hab auf sein Haar geschaut. Er hat es einfach gelassen, und es war jetzt fast total grau. Er hat mich hinschauen sehen, und hat sich über den Kopf gestrichen und gesagt: »Mala mag das graue Haar, sagt, ich seh reifer damit aus.« Er hat ein tiefes, leeres, kratziges Lachen gelacht.

Meine Augen sind zufällig runter zu seinem Bauch gewandert, wie ich ihm die Serviette gegeben hab. Das hat er auch gesehen und gesagt: »Mala hat gesagt, sie mag gern einen runden gemütlichen Bauch. Das ist ein Zeichen von Zufriedenheit!«

Oder Verstopfung, hab ich bei mir gedacht.

Er hat in seinem Kaffee rumgerührt. »Sie mag so Hamburger und Würstchen und Schachteln voll Pralinen und Sahnetörtchen vom Bäcker gern. Sagt, das ganze Fleisch und die Soße ist zu schwer und ungesund.« Seine Stimme hat versucht, glücklich und jung zu klingen, aber sie kam empört raus. Er hat mich angeschaut. Schlank und gleichzeitig rundlich. Fleisch da, wo es hingehört, und gesund!

Ich bin dagesessen und hab die Beine übergeschlagen, dieselben, die er vierundzwanzig Jahre lang überhaupt nicht angeschaut hatte. Er hat geguckt und einen Schluck heißen Kaffee genommen. Der Kaffee war zu heiß, aber er konnte ihn nicht wieder ausspucken. Schließlich hat er ihn runtergeschluckt.

Ich hab gefragt: »Wie geht's Mala?«

Da hat er die Tasse abgesetzt. Hat mit einem überraschten Blick gesagt: »Ich bin ein bißchen krank gewesen, und weißt du was, sie ist böse auf mich gewesen! Wie wenn ich was dafür gekonnt hätte! So eine dumme kleine Operation!«

Ich hab gesagt: »Das gibts doch nicht!«

Er hat gesagt: »Genau!« Er hat einen zweiten Schluck Kaffee nehmen wollen, hat die Tasse dann aber wieder abgesetzt.

Ich hab gefragt: »Und, läufts besser jetzt, wo du wieder auf den Beinen bist?«

Er hat den Mund gespitzt und sich das wehe Knie gerieben. Hat gesagt: »Weiß nicht so recht. Sie ist vielleicht vor zwei Monaten von mir weg.« Er hat wütend ausgesehen. »Und weißt du was, der Richter will sie nicht dazu zwingen, das Haus, das ich gekauft hab, zu verkaufen! Weil sie zwei Kinder hat! Und die Kinder sind gar nicht von mir! Meine sind ja erwachsen und haben selber schon Häuser! Das sind Kinder von einem andern Mann und die wohnen in meinem Haus, in dem sie mich nicht mehr wohnen lassen will!«

Ich hab mich hochgesetzt. »Was ist denn passiert, um Gottes willen?«

Er hat ausgesehen, wie wenn er am liebsten losgeheult hätte. »Sie hat immer gesagt, ihr gefällt das graue Haar hier ... der Bauch und mein ... mein ... tschuldige Molly – wie ich im Bett war! Und dann hat sie mein graues Haar, meinen gemütlichen Bauch und meine Blähungen plötzlich satt gehabt, und wie ich morgens im Bad huste! Hat man so was schon gehört? Morgens muß der Mensch doch husten, damit die Kehle frei wird! Die ist verrückt! Das ist es! Verrückt!«

Ich hab mich zurückgelehnt. »Nicht zu fassen!«

Er war bereit, richtig loszulegen. »Ist das nicht eine Schande! Und ich hab den Mann gesehen – dieses Jüngelchen! Sie hat ihn in *mein* Haus kommen lassen, in der Dunkelheit. Ein junges Bürschchen! Dem könnt ich was erzählen, auf was der sich da einläßt! Eine Niete ist sie! Eine Lügnerin, ein arschklaffendes Miststück!«

Ich hab mich hochgesetzt. »Red nicht so in meinem Haus,

Gravy. Ich hab ganz besondere Schwingungen und eine besondere Atmosphäre in meinem Haus. FRIEDEN. Und den laß ich mir nicht stören.«

Er hat mich angeschaut, wie wenn ich grad gesagt hätte: »Los, wir steigen in meine Fliegende Untertasse und fliegen zum Jupiter!«

Aber ich werd dich nicht mit dem ganzen Kram langweilen, den er geredet hat. Es ist drauf hinausgelaufen, daß er und ich wieder zusammenkommen, »wie es immer hätte sein sollen«. Immerhin sei ich ja die Mutter von seinen Kindern. Ich würd ihm fehlen. Wie er zu dem Teil gekommen ist, daß er immer nur an mich gedacht hätte, sogar in ihren Armen, da hab ich ihm einen Blick zugeworfen, der ihm zu verstehen gab: »Jetzt trägst du aber zu dick auf!«

Gesagt hab ichs ihm nicht, aber gedacht hab ich ganz klar, für sechsundzwanzig Jahre Zukunft hat er ja nicht viel zu bieten außer grauem Haar, Bierbauch und einem blauen Auto. Ich hab immerhin ein Zuhause . . . mit Atmosphäre. Ich hab einen Ort, wo meine Kinder und Enkel hinkommen und den Sommer verbringen können. Ich seh gut aus. Weil ich gesund bin. Ich esse richtig. Und will auch nie im Leben wieder all dieses Scheißzeug kochen!

Das hab ich alles gar nicht sagen brauchen. Ich hab ihn nicht wollen. Nie mehr, niemals mehr in diesem Leben und auch in keinem anderen. Ich hab ihn nicht mehr geliebt.

Mich selbst hab ich geliebt.

Er hat versucht, mich zu umarmen und hat beim Gehen gesagt, er würd wiederkommen und mir was Hübsches mitbringen. Ich hab zu ihm gesagt: »Ruf aber erst an. Vielleicht hab ich ja zu tun.« Wie er fortgefahren ist, war er in seiner Verwirrung der traurigste Mann, den ich seit langem gesehen hatte.

Ich hab ihn nicht wiederkommen lassen. Er hatte ja die Freiheit gehabt zu wählen, und er hat gewählt.

Belle hat den Bibelstundenmann geheiratet. Sie hat zu mir gesagt: »Ist das nicht komisch? Die Leute stellen sich in Kneipen neben Leute mit lila Köpfen oder glattrasierten Schädeln oder sogar normal aussehende Menschen, wenn sie einen Partner suchen. Und warum heulen sie, wenn es schiefgeht? Wen haben sie denn dort erwartet? Moses vielleicht?« So redet sie. Dann sagt sie als nächstes: »Und wie gehts dir? Brauchst du was?« Das sagt sie zu mir. Meine Freundin!

Und mir gehts ehrlich gesagt gut! Ich hab ein paar Typen, mit denen geh ich manchmal weg. Mein selbstgemachter Schmuck verkauft sich so gut, daß ich mit dem Machen kaum hinterherkomme.

Wenn ich dran denk, daß ich dagegen gekämpft hab! Also, ich weiß nicht.

Ich hab keinen Mann, den ich heiraten will. Ach, zum Teufel, ich geh ja erst auf die fünfzig zu. Ich hab eine Zukunft, wenn ich richtig lebe. Ich hab Träume. Jetzt schwimme ich im See. Vielleicht probier ich es eines Tages im Meer!

Ich fühl mich schon manchmal einsam. Aber nicht ach so ei-heinsam.

Vielleicht heirate ich sogar eines Tages wieder. Das wäre auch schön. Nur daß ich diesmal weiß, was für einen Mann ich mir suchen würde! Weil ich ja jetzt mich gefunden hab!

Ich liebe mich jetzt selbst... und alles um mich... so sehr.

Ich weiß, wenn ich einen Mann hätte, dann hätt ich halt noch was zum Lieben. Aber glaub mir, ich komm schon klar!

Hörst du?

Übersetzt von Helga Pfetsch

STEVEN CORBIN

Upward Bound - Sommercollege

In dem Sommer zwischen meinem zweiten und dritten Highschooljahr bot sich mir die Gelegenheit, aufs College zu gehen. Im Rahmen von »Upward Bound«, einem einjährigen, staatlich finanzierten Programm zur Förderung begabter mittelloser Kinder aus den Ghettos der Städte, das ihnen einen Vorgeschmack auf das Collegeleben geben sollte. Schauplatz war Upper Montclair in New Jersey. Das Bildungsinstitut Montclair State College.

Aus meiner gewohnten Umgebung gerissen, wußte ich nicht recht, wie ich es fand, sechs Wochen von zu Hause fort zu sein. An eine harte, kriminelle, von schwerer Armut gezeichnete Nachbarschaft gewöhnt, waren mir die offene Weite des grünen Geländes, die sanften Hügelketten, die Beschaulichkeit fremd. Als ich auf dem Campus ankam, wäre ich am liebsten umgekehrt und gleich wieder nach Hause gefahren.

Stone Hall, wo die männlichen Studenten wohnten, war am nördlichen Ende des Campus gelegen – oder besser gesagt isoliert. Um zum Frühstück in die Freemann Hall zu kommen, war man gezwungen, das gesamte Collegegelände zu durchqueren. Mein Zimmer – zum Glück mußte ich es mit niemandem teilen – hatte ganze neun Quadratmeter. Es war kaum so groß, daß man sich bücken konnte. Aber es gehörte mir. Mir ganz allein. Verglichen mit dem engen Schlafzimmer, das ich zu Hause mit meinen zwei Brüdern teilte, war dies der Tadsch Mahal.

Obwohl es gerade der erste Tag war, vermittelte das durch die Gänge hallende Geplapper und Gelächter den Eindruck, das sich alle kannten. Ein vertrauter Fremdheitseffekt; ich gehörte nie irgendwo dazu. Als Kinder wunderten sich einige meiner Spielkameraden darüber, warum ich plötzlich mitten im Schlagballspiel abhaute, um zu Hause Bilder zu malen und Gedichte zu schreiben. Die männlichen Mitglieder meiner Familie fanden mich komisch, weil ich ihre Begeisterung für die verschiedenen Körperkontakt-Sportarten nicht teilte. Sie verstanden nicht, warum ich es nicht ertrug, wenn da welche an der zweiunddreißig-Yardlinie mit den Helmen zusammenkrachten oder sich im Boxring mit linken Haken die Unterkiefer zertrümmerten. Und da ich fünfzehneinhalb war – noch vier Monate bis zu meinem sechzehnten Geburtstag – fingen meine Altersgenossen an, Mutmaßungen darüber zu verbreiten, warum ich anscheinend kein Interesse an Weibern hatte. Warum ich nie darüber redete. Himmel, ich hatte noch nicht mal unter einen Rock geguckt.

Auf dem Weg über den Korridor im Wohnheim, der mir ewig lang vorkam, schielte ich verstohlen in einige Zimmer, in denen Studenten sich mit Hilfe von lauten, lebhaften Gesprächen, Lachen, Fluchen, Wasserbomben und Kissenschlachten anfreundeten. Ich war froh, daß ich ein Einzelzimmer hatte. Da ich mir meinen Zimmergenossen nicht selber aussuchen konnte, hatte ich keine Lust, mich überraschen zu lassen. Ich würde wahrscheinlich das Glück haben, mit einem Super-Quarterback zusammengesteckt zu werden, der sich die Ausklappbilder aus dem *Playboy* an die Wand pinnte und von mir womöglich mitten in der Nacht verlangte, daß ich mich dünne machte, damit er die Studentin vernaschen konnte, die er an der Aufsicht vorbei in sein Zimmer geschmuggelt hatte.

Schlicht gesagt, wußte ich nicht, ob ich die nächsten sechs Wochen überstehen würde.

Abend. Eine kühle Brise wehte sanft über das Collegegelände, die hohen Pinien flüsterten miteinander, knicksten, verbeugten und wiegten sich wie in einem Paarungstanz, und hier und da blinzelte das Sonnenlicht kurz durch das Nadelwerk. Die Sonne ging langsam unter, weit entfernt am östlichen Horizont warfen die Wolkenkratzer von New York dramatische orangerote Strahlen zurück.

Im Speisesaal beschloß Dr. Greene, der Leiter des Förderungsprogramms, gerade eine langatmige Willkommensansprache, in der er die Studenten, die zum erstenmal dabei waren, besonders erwähnte. Während ich meinen Blick durch den Raum schweifen ließ und die braunen, schwarzen und gelben Gesichter studierte, die, wie ich wußte, nie meine Freunde werden würden, fragte ich mich, was zum Teufel ich hier zu suchen hatte. Bisher war das, was mir an der Tatsache, meilenweit von zu Hause festzusitzen, am besten gefiel, die Cafeteria. Soviel man essen konnte. Ich war ein ewig ausgehungerter, dünner Teenager, dessen unersättlicher Appetit zu Hause oft ungestillt blieb. Meine Mutter, eine Fabrikarbeiterin, rackerte sich ab, um ihre drei heranwachsenden Söhne zu ernähren und einzukleiden, und obwohl wir immer drei Mahlzeiten am Tag aßen, bekam ich nie soviel, wie ich Hunger hatte. Dr. Greene erzählte uns, warum wir, die intellektuell begabten schwarzen und puertorikanischen und die zahlenmäßig geringeren asiatischen Studenten, ausgewählt worden waren, wobei er seinen Worten Nachdruck verlieh, indem er Angel Rodriguez, der im Herbst nach Harvard gehen würde, paternalistisch die Hände auf die Schultern legte.

Vor Langeweile ließ ich meine Gedanken zu meinem Zuhause in Jersey City wandern. Ich konnte meine Brüder, beide schlechte Esser, in der heißen, stickigen, kakerlakenverseuchten Küche schwitzen sehen, wie sie angeödet ihr Essen vertilgten, geistesabwesend mit ihren Haaren spielten, die Wangen hamstergleich aufgeblasen. In meiner Familie war ich der beste Esser – was hieß, daß ich alles aß. Hausschwein nannten sie mich. Meine jüngeren Brüder aßen längst nicht alles und trieben meine Mutter damit zum Wahnsinn.

Ihre Einstellung zum Essen war durch zwei grundlegende Weltanschauungen geprägt. Erstens war ihr als Kind der Weltwirtschaftskrise jede Verschwendung von Nahrungsmitteln zuwider. Zweitens verweigerte sie niemals einem hungrigen Menschen eine Mahlzeit. Bei uns zu Hause kamen wir nie zur Strafe hungrig ins Bett, egal, was wir getan hatten. »Weil«, wie sie und wie schon ihre Mutter zuvor, zu sagen pflegte, »alle

Menschen essen müssen, und Essen am Ende eh zu Scheiße wird.«

Bevor der Unterricht diese Woche losging, packten die Studenten noch schnell so viele Partys wie möglich in die Tage. Eröffnet wurde die Tanzsaison in der Chapin Hall, in der die Mädchen wohnten. Da spielten sie zum größten Teil Singles und wiegten die Nacht durch zu Shing-a-ling die Hüften. Ich hatte das Gefühl, isoliert in einer Seifenblase zu sitzen, von allem abgeschnitten am äußeren Rand des Kreises zu balancieren, obschon ich nur die Hand auszustrecken brauchte, um jemanden zu berühren. Von draußen auf der Veranda konnte ich durch die offenen Fenster dringendes und vom pinienwürzigen Wind getragenes Marihuana riechen und hoffte auf eine Einladung, am Joint zu ziehen.

Überraschenderweise schienen sich die Schwarzen und die Latinos untereinander zu mischen, ein für die territorialen Wohngegenden, aus denen wir stammten, untypisches Verhalten. Die Musik wechselte sogar zwischen dem weichen, melodiösen Soul der Temptations und dem rohen, schweißigen Funk von James Brown einerseits, und den blechernen, getrommelten Salsarhythmen eines Ray Baretto und Willi Colon andererseits. Die Puertorikaner – oder PRs, wie wir sie nannten – waren mit Feuereifer dabei, den Schwarzen ihre Tänze beizubringen: Mambo, Cha-cha und Méringue; ihr Eifer kam dem der Schwarzen gleich, die ganz wild darauf waren, ihre Tänze zu lernen.

Ich konnte mich nicht aufraffen.

Dabei konnte ich tanzen. Ich konnte sogar Mambo und Chacha. Ich war bloß verwöhnt, weil ich meine Wochenenden normalerweise mit ein paar Jungs aus meiner Leichtathletikmannschaft in Greenwich Village zubrachte. Wir hielten uns an Schwulenlokale, wo wir nie einen Ausweis vorzeigen mußten. Deshalb verspürte ich hier in Chapin Hall auf dem Montclair-State Campus beim Hören der langsamen, treibenden Salsarhythmen durchaus Lust zu tanzen. Ich wollte bloß nicht mit Mädchen tanzen. In den zwei Jahren High-School hatte mich bisher noch nichts dazu bringen können. Und ich hatte nicht vor, jetzt damit anzufangen. Ich kannte mich. Wußte, was ich wollte. Und es lief nicht in Rock und Strumpfhöschen herum. Beinahe alle gutaussehenden Typen auf der Tanzfläche schmissen sich auf alles, was Brüste hatte, während ich mich verloren und unnahbar in eine dunkle Ecke quetschte und mir vorstellte, daß sie sich statt dessen auf mich warfen.

Das kann einfach nichts werden, dachte ich immer wieder.

Und gerade als die Party aus war und wir uns der Hausordnung gemäß, die um dreiundzwanzig Uhr Bettruhe vorschrieb, auf den Weg in unsere verschiedenen Wohnhäuser machten, und ich mich bedauerte, weil ich schon wieder in soziale Umstände geraten war, in die ich nicht paßte, und allein Richtung Stone Hall marschierte, während alle anderen jemanden zu haben schienen, einen Freund, einen Zimmergenossen, einen Geliebten, mit dem sie reden konnten, und die warme Nachtluft vor Mücken, Glühwürmchen, zirpenden Grillen und frischem Pinienduft schwirrte, da geschah es plötzlich, als strahlte ein himmlischer Lichtkegel auf die Finsternis nieder.

Und ich sah *ihn*.

In den Duschen für die Männer herrschte großer Andrang.

Mit meinem Handtuch mußte ich in der Schlange darauf warten, daß eine Kabine leer wurde. Es war mir nicht wohl, im Adamskostüm vor einer Gruppe Männer zu stehen. Wenn ich mich auf der High-School zum Sport umzog, schützte und behütete ich mich immer, als ob ich unter dem Handtuch etwas unermeßlich Wertvolles hätte. Umgekehrt wurde es zu einem angenehmen Zeitvertreib, den anderen Jungen dabei zuzuschauen, wie sie ihre schlanken Leiber abseiften, ein Ritual, dem ich in den kommenden sechs Wochen allmorgendlich entgegenfiebern sollte. Sightseeing nannte ich es.

Ich trat unter die Dusche. Während ich die richtige Wassertemperatur einstellte, nahm ich mein Stück Seife, drehte mich um, guckte über die Schulter und stöhnte fast laut auf. Da war *er*. In der Kabine gegenüber entdeckte *er* – ich glaubte mitbekommen zu haben, daß jemand ihn Lorenzo genannt hatte –

mich, als ich die Seife verlor und beinahe über meine Füße fiel, als ich sie aufheben wollte. Ich versuchte, meine zitternden Hände zu beruhigen, mir mit der Seife über den Körper zu fahren und mich zu waschen, daß es schäumte, wie ich es schon tausendmal gemacht hatte. Immer wenn ich konnte, versuchte ich einen Blick auf ihn zu erhaschen, ohne daß es auffiel. Das hätte mir gerade noch gefehlt. Daß mein Geheimnis gelüftet wurde, mitten in einem Haufen hormonstrotzender, homophobischer, womöglich zum Schwulenklatschen neigender Teenager, die ich nicht kannte. Ich hatte den Eindruck, daß er mich ein paarmal erwischte, wie ich ihn anglotzte. Mein Blick begegnete seinem, und ich ließ meinen nach unten wandern, als ich dachte, daß er nicht mehr hinsah. Er muß es gemerkt haben, daß ich ihn beäugte. Mit einem Mal drehte er sich weg. Ich konnte nur noch seinen Hintern sehen und die kräftigen Waden seiner behaarten Beine. Er hatte ebenfalls seine Seife verloren. Ich nutzte die Gelegenheit, ihm zuzulächeln. Er erwiderte das Lächeln nicht. Und wenn mich nicht alles täuschte, warf er mir einen giftigen Blick zu. Den Was-zum-Teufel-gibts-da-zu-gukken,-du-Schwuchtel-Blick. Für die verbleibende Dauer der Dusche hielt ich mich zurück. Aber dann mußte ich ihn noch einmal anschauen. Als ich mich umdrehte, war er verschwunden. An seiner Stelle stand ein feister Bursche, der beim Waschen laut sang. Ohne mit der Wimper zu zucken, starrte er auf meine Nacktheit. Er drehte sich um, um die richtige Wärme einzustellen. Als er sich wieder zu mir wandte, war ich ebenfalls verschwunden.

Während des Unterrichts widmete ich mich Tagträumen von meiner Familie daheim. Wie es meinen Brüdern wohl während meiner Abwesenheit erging. Mein nächstjüngerer Bruder hatte in unserer drogenverseuchten Gegend sozusagen angefangen herumzuexperimentieren. Er hatte den Quantensprung von Appetitzüglern zum Heroin vollzogen. Mit fünfzehn drückte er jetzt Heroin oder fixte, wie es allgemein hieß. Ich machte mir größte Sorgen um ihn. Obwohl wir uns immer nahegestanden hatten und engste Vertraute gewesen waren – mir stand niemand näher als mein Bruder –, hatte ich mich verpflichtet gefühlt, meiner Mutter von seinen Drogen zu erzählen, aber meine Loyalität ihm gegenüber hatte mich bisher daran gehindert, den Mund aufzumachen. Er hatte mir versichert, daß er alles unter Kontrolle habe. Aber das hatten auch viele andere behauptet, die jetzt nicht mehr da waren, um was anderes zu erzählen. Die Jungs, mit denen ich mich abgab, waren auch nicht gerade das, wovon man einer Mutter in glühenden Briefen berichtete – vor allem nicht die Jungs aus meiner Leichtathletikmannschaft in der Schule, die mit mir am Wochenende durch die Schwulenkneipen von Greenwich Village zogen – aber die Gang um meinen Bruder war doch von einem ganz anderen Kaliber. Ich fühlte mich meinem Bruder sogar »überlegen«, weil ich gelegentlich Heroin »schnupfte«, während er es spritzte wie ein Junkie. Meiner Mutter – oder meinem Vater, der nicht bei uns lebte – davon zu erzählen, würde vielleicht die starken Bande unserer Männerfreundschaft zerstören. Und er könnte daraufhin meinen Eltern erzählen, daß ich mit Männern schlief.

Als Kind wußte ich schon in einem Alter über meine sexuelle Orientierung Bescheid, als die meisten Jungen noch nicht einmal ihren Namen schreiben konnten. Auch wenn ich sie weder preisgeben noch ihr nachgehen konnte, mal abgesehen von Pfänderspielen in den Jungenbanden aus unserer Nachbarschaft, habe ich mich deswegen nie geschämt oder Reue verspürt. Später, als Teenager, fühlte ich mich den Heteros sogar überlegen. Sie waren nicht so intelligent und nicht so kreativ und begabt wie ich. Sie kannten sich nicht so gut wie ich mich. Sie waren nicht so klug wie ich. Ich kannte mich in zwei Welten aus, sie nur in einer. Sie wußten buchstäblich nichts von Sensibilität – und wenn vereinzelt vielleicht doch, dann bestimmt nicht in der Gruppe. Sie konnten sich nicht so öffnen und offenbaren wie ich. Sie verstanden nichts von der Liebe. Ficken konnten sie natürlich. Aber richtig lieben konnten sie ihre Frauen nicht. Das wußte ich genau. Meine Freundinnen und meine Mutter und ihre Schwestern beschwerten sich dauernd darüber.

Für uns Schwule galt das nicht. Wir konnten stundenlang,

ohne zum Orgasmus zu kommen, in endlosem Vorspiel streicheln und liebkosen. Masters & Johnson haben dem Thema sogar eine Titelgeschichte in *Newsweek* gewidmet, in der sie die Ergebnisse ihrer Sexualstudien darlegten und mit Statistiken und Laborbefunden untermauerten.

Mein kleiner Bruder war noch so jung, daß ich keinen Anlaß zur Sorge sah. Noch nicht. Was er in ein paar Jahren, die genausoschnell verfliegen würden wie diese sechs Wochen am College, durchzumachen haben würde, konnte noch niemand sagen. Wenn er in unserer Gegend aufwuchs, mußte schon ein Wunder geschehen, damit er nicht mit harten Drogen in Berührung kam. In unserer Umgebung waren Drogen *die* Freizeitbeschäftigung schlechthin. Während die Bürgerkinder aus den Vororten ins Sommerlager fuhren oder ihre Ferien an der Küste von New Jersey verbrachten, fanden wir uns auf verlassenen Parkplätzen, oben auf Dächern und in leerstehenden Häusern ein, um heimlich mit Chemikalien herumzuprobieren, die uns an einem einzigen Nachmittag das Leben kosten konnten.

»Deine zehn Cents«, sagte mein Bruder, der Klugscheißer, als er den Hörer abnahm.

»Ich bin's, du Blödmann.«

»Yo!« sagte mein Bruder. Er krächzte heiser. Seine Stimme war heroinbelegt.

»Was läuft denn so?«

Ich stellte mir vor, wie er mit einer Nadel im Arm zusammengesackt im Bad in der Ecke lag und die verengten Pupillen nach hinten wegdrifteten, während Ma nebenan in der Küche das Abendessen kochte und annahm, daß er nur mal mußte.

»Du bist der, bei dem was läuft, Mann«, sagte mein Bruder. »Wie ist das College?«

»Ganz okay. Wo ist Ma?«

»Nicht da. Sie kommt nachher wieder.«

»Wie siehts zu Hause aus?«

»Genauso wie immer, Mann.«

»Warum ist deine Stimme so heiser?«

»Iss doch gar nicht –«

»Bist du?... Du weißt schon.«

»Was?«

»Du weißt schon.«

»Ja, ich bin high, wenn du das meinst. Ich machs nur ab und zu.«

Ich seufzte schwer in den Hörer. »Ich weiß nicht«, sagte ich geschlagen.

»Was weißt du nicht?« Seine Munterkeit schlug in Defensivität um.

»Ach, ich hab gerade gedacht ... was ist, wenn Mommy oder Daddy dahinterkommen –«

»Du meinst, was ist, wenn du es ihnen sagst, stimmts?«

»Na ja, manchmal stellt Ma mir Fragen über die Jungs mit denen du rumläufst –«

»Ja, und mich fragt sie, wieso du nie mit Mädchen ausgehst, und verpetz ich dich?«

»Aber an dem, was ich mach, kann ich nicht sterben.«

»Oh, doch. Und zwar, wenn ich Ma oder Daddy davon erzähl.«

Bei einem Schwarzweißdokumentarfilm über Malcolm X mit schlechter Bildqualität, den wir uns im Unterricht anschauten, sah ich mit offenem Mund zu, weil ich nicht aus dem Staunen kam, was das für eine seltene Gelegenheit war. Alles, was ich bis dahin über Malcolm X gesehen oder gehört hatte, war durch die bigotte amerikanische Presse entstellt, die ihn ständig fertigmachte und verunglimpfte. Aber Professor Maddox – ein Schwarzer, der sich einen Spaß draus machte, uns zu erklären, daß er mit Lester aus Alabama weder verwandt noch verschwägert sei – gab uns eine feierliche Einführung in die immensen Fortschritte, die die schwarze Bevölkerung dem Ermordeten zu verdanken hatte, vor allem was den Stolz, schwarz zu sein, betraf. Malcolm sei es zu verdanken, daß wir keine »Farbigen« oder »Neger« mehr seien, sondern endlich stolz, genau das zu sein, was wir sind: schwarz. Ich fand das faszinierend. Das könnte der Moment gewesen sein, in dem mir aufging, daß mir in diesem Upward-Bound-Programm tatsächlich besondere, ja alternative Kenntnisse vermittelt werden würden.

Alles, was ich tagaus tagein im Wohnheim zu hören kriegte, war Ficken. Ficken hier. Ficken da. Und trotzdem machten diese weiberbesessenen Halbstarken bei jeder sich bietenden Gelegenheit die dümmsten Streiche, die ich mir vorstellen konnte. Eines Tages kam es sogar zu einer Schlägerei zwischen zwei Zimmergenossen. Anscheinend hatte einer der beiden mitten in der Nacht einen Haufen Typen ins Zimmer gelassen, während sein Mitbewohner schlief. Einige der Typen wechselten sich dabei ab, ihm ihren erigierten Penis zwischen die Lippen zu schieben oder gegen seine Zähne zu drücken. Als er aufwachte, konnte ich den Krach bis in mein Zimmer im zweiten Stock hören, obwohl sich die Sache ein Stockwerk höher am anderen Ende des Korridors abspielte.

Mein Optimismus wurde erschüttert, als es auf dem Campus allgemein bekannt wurde, daß *er* – Lorenzo Gonzales –, ein Kubaner, unermüdlich einem süßen schwarzen Mädchen aus seiner High-School nachstellte, die keinen Hehl daraus machte, daß sie zu Hause einen anderen, »richtigen« Freund hatte. Mit Shorty, ihrem Verehrer aus Jersey City, ging sie richtig, und Lorenzo war nur ein Hobby, mit dem sie sich in ihrer freien Zeit amüsierte. Ich fand sie dumm, ja sogar grausam. Ich fragte mich, wie sie diesem Latino mit der schönen Hautfarbe, den nerzbraunen Augen und den dichten Augenbrauen, der so sexy war, eine Abfuhr erteilen konnte. Er betete sie an, und es war ihm gleich, wer es mitbekam. Ich bewunderte seine Hartnäckigkeit. Es gab Gerüchte, daß Berichte über seine Liaison mit Maxie bis zu Shortie vorgedrungen seien und daß eine Machtprobe unvermeidlich sein würde. Ich hoffte es. Das wäre die gerechte Strafe dafür, daß er sich mit einer abgab, die ihn nicht halb so sehr wollte wie ich.

Soviel Zeit wir im Unterricht verbrachten, lernten und Referate verfaßten, so viel Freizeitaktivitäten gab es. Jeder Anlaß zum Feiern wurde schamlos ausgenutzt, selbst wenn das nur hieß, daß man im Gemeinschaftsraum Platten hörte. Kaum anders als auf den Straßen und in den Schulen, die wir für sechs Wochen hinter uns gelassen hatten, waren Drogen häufig und ziemlich sichtbar im Umlauf. Unserem Status als intellektuell Begabten zum Trotz waren viele von uns nicht imstande, Gewohnheiten aus dem Ghetto, wie Marihuana, Amphetamine, Barbiturate, Kokain und Heroin, abzulegen. Von der Welt abgeschnitten, durften wir das Collegegelände nur in Begleitung einer Aufsichtsperson verlassen. Es war auch verboten, außerhalb der Besuchstage Fremde auf dem Campus oder auf unseren Zimmern zu empfangen. Was uns allerdings beides nicht daran hinderte, uns immer mal wieder hinauszuschleichen, um im nahegelegenen New York Drogen zu kaufen. Die Sperrstunde wurde ausgesprochen ernst genommen. Der Campuslegende zufolge war jemand mal eine Viertelstunde zu spät in seinem Wohnhaus aufgetaucht. Die Aufsicht rief seine Eltern an und verkündete, daß sie ihn innerhalb der nächsten Stunde in Jersey City abliefern würden. Eins-zwei-drei, war er verschwunden.

Als mein abartiger Sinn für Humor unter meinen Kommilitonen bekannt wurde, begann ich mich einer Beliebtheit zu erfreuen, mit der ich nicht gerechnet hatte. Die Leute waren ein ganzes Ende freundlicher, als ich es ihnen zugetraut hatte. Sich mit Mädchen anzufreunden, gelang im großen und ganzen mühelos. Mit ihnen kam man reibungsloser aus, man mußte ihnen weniger beweisen, und ich konnte mich natürlich geben. Mit den Typen würde ich mich genötigt fühlen, über die Yankees, die Knicks, die Mets, die Jets zu diskutieren. Und natürlich über die Weiber.

Es waren noch zwei so Typen wie ich da. Sie standen auch auf Jungs, das sah ich. Im Laufe der Wochen freundeten wir uns an. Aber wir ließen uns untereinander nie anmerken, was mit uns war. Als hätten wir einen Geheimcode, redeten wir immer drumherum. Wie ich, liefen sie weder den Mädchen nach noch redeten sie über sie. Wir redeten über alles, außer über Sport und Weiber.

Ich hätte sie gern eingeladen, mit mir und meinen Freunden im Village ins »Stonewall« oder ins »Bon Soir« zu kommen, wenn die sechs Wochen um waren. Doch ich hatte das

Gefühl, daß ich dadurch gegen die stillschweigende Abmachung verstieße, an die wir uns hielten. Deshalb sagte ich nichts.

Zu bestimmten Zeiten, vor allem freitags- und samstags abends, setzte ich mich oben auf einen Hügel bei Stone Hall, von dem aus ich über die sanften Hügel, die grünen Weiden und den New Jersey Turnpike schauen konnte. Dahinter leuchtete New York wie die Smaragdstadt aus dem *Zauberer von Oz*. So gut ich mich auch mit den Studenten von Upward Bound amüsierte, mit den Vergnügungen, die mir mit meinen Freunden im Village entgingen, konnte hier nichts konkurrieren. Ein Blick auf die Uhr genügte, und ich wußte genau, wo sie waren und was sie machten. Gegen acht stiegen sie am Path-Bahnhof an der Ninth Street aus, überquerten die Straße und gingen an »Trude Heller's« vorbei. Von da aus liefen sie zu »Nathan's«, Ecke Eighth Street und Sixth Avenue, dann weiter zum »Bon Soir«. Freitags und samstags ging mein Haufen offen auf Aufriß, machte gutaussehende Typen an und veranstaltete »Straßentheater« für die Touristenbusse voller Leute, die ihre Kameras zückten wie die Paparazzi. Gegen zwei Uhr früh holten sie sich bei »Nathan's« was zu essen. Zum Schluß gingen sie in der Pitts Street Schwimmen und so weiter oder ins »Stonewall« im Village oder ins »Bosco« in Harlem oder in eine der anderen Spätkneipen irgendwo zwischen Brooklyn und der Bronx.

Ich wurde Reporter bei der Zeitung. Unser Campus-Blatt hieß *Up*. Die Artikel waren durchschnittlich, die Gestaltung mittelmäßig. Ausgezeichnet waren die Zeichnungen. Sie waren von einem unglaublich talentierten Künstler, der alles andere in den Schatten stellte. Als ich mir den Namenszug näher betrachtete, las ich die Initialen L. G. War das die Möglichkeit? dachte ich. Auf meine Nachfrage ergab sich, daß Lorenzo Gonzales schon lange einen guten Ruf als Künstler genoß. Der Großteil der beeindruckenden Bilder im High-School-Jahrbuch war von ihm. Es gebe nichts und niemanden, was er nicht zeichnen konnte. Ich glaubte das unbesehen, denn ich konnte sein Talent ganz gut einschätzen, weil Zeichnen für mich als Kind eine der ersten künstlerischen Beschäftigungen gewesen war.

Ich bekam ihn nie wieder morgens zu meiner Lieblingszeit zu Gesicht, wenn ich nasse Leiber begaffte. Er ging entweder gerade wenn ich kam, oder umgekehrt, oder ich sah ihn überhaupt nicht in der Nähe der Duschen.

Dr. Green, seine Assistenten und die Aufsichtspersonen machten mit uns Ausflüge. Man bot uns kulturelle und künstlerische Ereignisse, die für uns als Schwarze, Latinos und Asiaten relevant waren. In den sechs Wochen fuhren wir mehrmals nach New York, um am Broadway ins Theater zu gehen und Stücke wie *Purlie Victorious* oder *Die beiden Veroneser* zu sehen. Wir zogen durch das Metropolitan- und das Guggenheim-Museum. Bekamen Rhythm & Blues- und Salsa-Konzerte in Madison Square Gardens zu hören, Liederabende und Opern in der Met. Sie fuhren mit uns nach Boston, damit wir James Earle Jones in *Othello* sahen. In Philadelphia, bei meinem ersten und einzigen Besuch dort, besichtigten wir am 4. Juli die Freiheitsglocke. Wir gingen oft ins Kino und in die Einkaufszentren, wo wir unser vom College gestelltes wöchentliches Taschengeld auf den Kopf hauten. Und einmal fuhren sie mit uns per Bus nach Washington, D. C., wo wir an einem Wochenende alle üblichen Besichtigungen der lilienweißen Gebäude absolvierten, in denen unsere Regierung untergebracht ist. Bis auf das, daß sie mir nicht gerade neu waren. Als ich klein war, fuhren meine Eltern einmal im Jahr nach Virginia, um die Familie meines Vaters zu besuchen. Dann kamen wir auf dem Hin- und Rückweg durch D. C. und verknipsten einen Diafilm nach dem andern auf den Stufen vorm Kapitol oder der Lincoln-Gedenkstätte.

»Wen findet ihr am sportlichsten?« fragte ich eines Abends meine engsten Freunde, als wir im Wohnhaus saßen, einen Joint rumgehen ließen und geräuschvoll die Luft durch unsere zusammengebissenen Zähne ausstießen.

»Was?«

»Ihr habt mich doch gehört.«

»Franklin«, sagte einer.

»Elijah«, sagte der andere.

»Und Lorenzo?« fragte ich.

»Ja, genau!«

»Lorenzo hatte ich ganz vergessen!«

Ihre zustimmenden Reaktionen auf Lorenzo riefen in mir etwas wach. Ich beschloß, der Sache nachzugehen.

»Und ...« sagte ich langsam und bedächtig, während ich mir die Lungen voll Marihuana pumpte, »findet ihr nicht auch, daß er der Schärfste ist?»

Blicke senkten sich, alles sah zu Boden. Im Zimmer war es plötzlich still. Ich war zu weit gegangen.

»Na?« Ich ging weiter.

»Was meinst du mit scharf?« fragte einer.

»Ach, komm schon, scharf ist scharf«, sagte ich. »Okay ... ich sag's als erster. Ich finde ... er ist der schärfste Typ auf dem ganzen Campus.«

Die Blicke hoben sich langsam wieder.

»Na ja ...«, sagte einer, der seinen Blick durchs Zimmer schweifen ließ, die Augen feucht, verschleiert und vom roten Panama glasig, »wenn du ihn scharf findest ... dann finde ich das auch.«

»Und Maxie Bryant?« fragte ich. »Seht ihr, wie sie mit ihm umgeht? Sind sie nicht ein fürchterliches Paar?«

»Er ist verrückt nach ihr. Ich verstehe das nicht«, sagte einer.

»Dumme Kuh«, sagte ein anderer.

»Dieses Gespräch bleibt unter uns, nicht?« sagte einer.

In Gedanken bezeichnete ich Lorenzo gern als meine »erste Liebe« (obwohl er nie ein Wort mit mir gesprochen hatte). Abgesehen davon, daß ich Anfang dieses Jahres eine Beziehung gehabt hatte. Eigentlich war Ramon Diaz – meine Freunde von der Leichtathletikgruppe zogen mich wegen meiner Vorliebe für Latinos schon auf – meine erste Liebe. Er war einundzwanzig, ich fünfzehn, obwohl ich gelogen habe und gesagt hab, daß ich sechzehn sei. Er war Puertorikaner aus Brooklyn und wohnte mit seinem Freund in der Nähe der Jay Street Boro Hall. Von dem Freund erfuhr ich erst, als ich emotional schon nicht mehr zurückkonnte. Trotzdem war er ein Schwein. Ich war bereit, »alles« für ihn zu tun. Das wußte er und nutzte mich weidlich aus.

Eines Nachts wurde ich von lautem Geflüster vor meiner Tür wach. Wer immer es war – die Stimme erkannte ich nicht –, stand draußen auf dem Korridor und erzählte einem zweiten, daß in diesem Zimmer ein Schwuler wohnte. Ich war überzeugt, daß es für meine Ohren bestimmt war. Als die Stimmen leiser wurden, und ich mich umdrehte, um wieder einzuschlafen, hörte ich etwas unter meiner Tür durchrollen. Ich sprang schnell auf, knipste das Licht an und sah einen blauweißen Knallkörper, dessen Zündschnur knisterte. Ein Blindgänger, er ist nicht losgegangen.

Ein paar Stunden später in derselben Nacht hörte ich, wie der Hausvater und die Aufsicht Türen aufbrachen. Sie durchsuchten die Zimmer nach illegalen Drogen. Einige Studenten waren flink genug, alles, was sie hatten, ins Klo zu werfen und abzuziehen. Wer nicht das Glück hatte, wurde festgenommen und mußte packen. Ich hatte ein paar Joints und ein oder zwei Zweidollar-Klarsichttüten mit Heroin – *deuce* hießen sie bei uns. Warum sie sich nicht die Mühe machten, mein Zimmer zu durchsuchen, weiß ich nicht. Ich hatte mir auch nicht erst die Mühe gemacht, meine Drogen ins Klo zu werfen.

Als die sechs Wochen allmählich dem Ende zugingen, machte ich ein bis zwei Entdeckungen. Kein Zweifel, ich wollte nach der High-School aufs College. Außerdem war in mir der Wunsch gewachsen, weiter weg von zu Hause zu studieren, ein Gedanke, der mir vor der Erfahrung in Montclair nie gekommen war.

Das alljährliche Abschlußbankett nahte – Upward Bounds Form des Studentenballs. Die Studenten machten sich fein, kauften Ansteckblumen für die Damen, verabredeten Rendezvous und gingen zu dem Festmahl, wo wir Auszeichnungen in Empfang nehmen, unseren letzten Abend zusammen feiern und voneinander Abschied nehmen würden.

Der Gedanke, wen ich mir als Tischdame einladen sollte, machte mir Kopfzerbrechen. Diese Form des Protokolls ging mir gegen den Strich. Schließlich fragte ich nach langem Nachdenken und ausgiebiger Negativ-Auslese ein Mädchen, mit dem ich leichtes Spiel haben würde.

Als ich Patrice fragte, sagte sie schon zu, bevor ich mit meinem Satz zu Ende war.

Ich überlegte, wie stolz mein Vater wohl auf meine Leistungen sein würde. Nach den ersten vier Wochen am Montclair State College wurde ich als einer der besten Studenten nominiert, über die in unserer Heimatstadt ein Zeitungsartikel erscheinen sollte. Alle Welt las *Jersey Journal*, und ich war sicher, daß Daddy den Artikel und mein Photo gesehen haben mußte. Es war vielleicht das erste Mal seit Jahren, daß er mich gesehen hatte, auf einem Photo oder auch sonst. Er wohnte ganze sieben Straßen von meiner Mutter, meinen Brüdern und mir entfernt. Aber die Scheidung zwischen ihm und meiner Mutter war aus irgendeinem verdrehten Grunde so bitter gewesen, daß er das auch an seinen Kindern ausließ. Keiner von uns hat je sein verabscheuungswürdiges Verhalten verstanden. Vor dem Bruch war er ein liebevoller Vater gewesen, so gut wie jeder andere.

Trotz seiner verhältnismäßig günstigen finanziellen Situation, seiner häufigen Angelfahrten nach Costa Rica und der Tatsache, daß er ein paarmal im Jahr mehrere tausend Dollar in der Lotterie gewann, gab er uns nie einen Penny. Schlimmer war, daß er obendrein ständig mit seinen Alimenten hinterherhinkte. Oft mußte meine Mutter ihn verklagen, um mickrige vierzig Dollar in der Woche zu bekommen. »Eine Schande iss das«, sagten meine Mutter und ihre Schwestern dazu immer, kopfschüttelnd und einträchtig mit der Zunge schnalzend. Während er in Seide und Mohair, in Sakkos mit seinem Monogramm und Designer-Hemden durch die Stadt lief, trugen seine drei Söhne Tag für Tag dieselben Hosen zur Schule, ihre Schuhe hatten Löcher in den Sohlen – vor allem meine –, und wir kriegten kaum etwas Neues, es sei denn zu Weihnachten oder zu Ostern. Und selbst dann nicht garantiert.

Mein Vater hatte meinen Ehrgeiz gepflegt. In der Grundschule hatte er mich ermuntert, glatte Einsen nach Hause zu bringen und mich überzeugt, daß ich aufs College gehen würde. *College*. Das Wort machte mir angst. Ich dachte, ja, klar bin ich schlau – das Wort, das man damals anstelle von intelligent oder begabt benutzte –, aber ich hatte meine Zweifel, daß ich das hatte, was man brauchte, um auf dem College durchzukommen. Das war außergewöhnlich. Mein Vater lebte nach bürgerlichen Werten, obwohl er in einer armen Gegend wohnte. Ich kenne keine anderen Väter in unserer Straße, auch keine Mütter, die ihren Kindern einschärften, daß sie das Zeug hätten, aufs College zu gehen.

Jetzt, da ich die Leistungen brachte, die mein Vater von mir erwartete, schien es ihn kaum zu interessieren. Nicht ein einziges Mal hat er mich angerufen, um mir zu gratulieren oder mir zu sagen, daß ich so weitermachen solle. Obwohl er mir nie Druck gemacht hat, Arzt oder Anwalt zu werden, hatte er mir immer klargemacht, daß er Bedeutendes von mir erwartete. Jetzt schienen ihm meine Leistungen keinen Pfifferling wert zu sein.

Ich wurde von einem leisen Klopfen an meinem Fenster wach. Erschrocken sah ich zu dem Fenster über meinem Bett hoch. Ich rieb mir die Augen, blinzelte mehrmals, traute ihnen aber auch dann nicht.

Lorenzo, das Gesicht vor Verzweiflung verzerrt, bat mich, ihn einzulassen. Ich hatte keine Ahnung, was er wollte. Oder was er mitten in der Nacht da draußen auf meinem Fenstersims machte. Konnte sein, daß ich mir die Szene bloß in einer meiner Romeo-und-Romeo-Romanzen ausgedacht hatte. Aber sein Gesichtsausdruck sagte etwas völlig anderes. Ich beeilte mich, mein Fenster zu öffnen, damit er hereinkrabbeln konnte.

Er sagte erstmal gar nichts, sondern keuchte nur atemlos. Dann legte er den Zeigefinger an die Lippen und machte »Schhh!«. Als er wieder Luft kriegte, erzählte er mir, daß er zu lange ausgeblieben sei. Er war nach New York gefahren, um Drogen zu kaufen, und versprach mir für meine Mühe eine Tüte voll umsonst. Noch ganz groggy nahm ich die Belohnung für meine Tat entgegen.

»Vielen Dank, Mann«, sagte er. »Wie heißt du noch?«

Ich wußte, er kannte meinen Namen. Und er wußte, daß ich scharf auf ihn war. Er wollte bloß auf Nummer sicher gehen.

»Du weißt, wie ich heiß«, entgegnete ich.

»Also, vielen Dank.«

»Jederzeit.«

»Hm«, sagte er und räusperte sich mit offensichtlichem Unbehagen, während er überlegte, was er noch sagen konnte. »Wen hast du denn morgen zum Festbankett eingeladen, Mann?«

»Patrice Jackson ... Und du?« Es war komisch, die Antwort schon zu wissen, bevor man die Frage stellte.

»Maxie«, sagte er, unruhig mit dem Kleingeld in seiner Tasche klimpernd.

»Ja, natürlich.«

»He, Mann, ich wußte gar nicht, daß du und Patrice was am Laufen habt.«

»Vielleicht, weil es da gar nichts zu wissen gibt.«

»Ach so ... Na ja, jedenfalls ist sie süß.«

»Ja, kann schon sein.«

»Ist spät«, sagte er mit einem Blick auf seine Armbanduhr, als ob er das nicht schon gewußt hätte, bevor er mich weckte. Er schlug sich mit der Hand an die Stirn. »Ich sollte wirklich gehen –«

»Gehst du fest mit Maxie?«

»Wieso?«

»Bloß so«, sagte ich, jetzt wegen meiner Neugier verlegen – wobei die Verlegenheit vom Argwohn in seinem Ton verursacht war. »Ich finde, ihr seid ein schönes Paar.«

»Also gut, Mann«, sagte er, zog sich die Schuhe aus, ging auf Zehenspitzen durch das Zimmer, öffnete die Tür und drehte sich um, um mir die Hand zu schütteln. Er schaute nach rechts und nach links, bevor er auf den Gang hinaustrat, und flüsterte: »Vielen Dank für deine Hilfe heute nacht. Wenn ich was für dich tun kann, Mann, brauchst du bloß zu sagen.«

Als er weg war, knipste ich das Licht aus und kletterte wieder ins Bett.

In der Dunkelheit, mit dem Rücken an den feuchtschwülen, verschwitzten Laken festgeklebt, masturbierte ich zum Sirren der Grillen und Summen der Mücken. Zum viertenmal an dem Tag. Jedesmal seinetwegen.

Beim Bankett achtete ich mehr auf Lorenzo als auf meine Tischdame. Zugegebenermaßen gaben er und Maxie ein attraktives Paar ab. Während Reden verlesen und Urkunden an die mit den besten Noten ausgehändigt wurden, dachte ich besorgt daran, daß ich Patrice wohl am Ende des Abends küssen mußte. Ich versuchte, mich dort am Tisch innerlich darauf vorzubereiten, und mir ging auf, daß ich noch nie ein Mädchen geküßt hatte. Würde sie damit rechnen, daß ich sie küßte? Würde sie meinen Kuß erwidern?

Meine Beiträge in der Campuszeitung wurden von Dr. Greene und Professor Maddox lobend erwähnt. Man bat mich, aufzustehen, und ich stand auf. Der ganze Saal brach in donnernden Applaus aus, was mich maßlos erstaunte. Ich hatte nicht gewußt, daß ich so beliebt war. In der Ferne sah ich Lorenzo am lautesten klatschen und mit den kleinen Fingern in den Mundwinkeln laut pfeifen. Sobald er mit Klatschen und Pfeifen fertig war, legte er seinen Arm um Maxies nackte Schultern, und ich spürte eine Woge der Eifersucht, die wieder verebbte.

Gegen Ende des Abends kam Lorenzo zu mir herüber, gab mir einen freundschaftlichen Klaps auf die Finger und wiederholte, wie dankbar er sei, daß ich ihn zu meinem Fenster reingelassen hatte. Anscheinend hatten zwei andere sich geweigert, weil sie Angst hatten, daß sie mit ihm fliegen würden, wenn sie erwischt wurden. »Schade, daß wir keine Gelegenheit gehabt haben, uns besser kennenzulernen«, sagte er.

Jammerschade, dachte ich.

Ich konnte nur mehr daran denken, daß ich Patrice würde küssen müssen. Reichte ein Küßchen? Auf die Wange oder auf den Mund? Erwartete sie einen Zungenkuß? Oder mehr? Daß sie irgend etwas erwartete, merkte ich an der Art, wie sie mich ständig ansah, und an ihrer Art und dem Ton, in dem sie mit mir redete. Ich hatte ihn noch nie gehört. Sie verhielt sich, als ob wir miteinander gingen. Sie hatte den ganzen Sommer keinen Freund gehabt. Vielleicht brauchte sie einen Begleiter zum Vorzeigen. Die ganze Woche lang hatten ihre Mitbewohnerin und ihre Freundinnen mich überall, wo sie mich trafen, ihretwegen aufgezogen – im Unterricht, in der Cafeteria, im Buchladen. Es klang, als hätte sie ihnen erzählt, wir wären verlobt.

Ich hatte Patrice in den vergangenen sechs Wochen als Kommilitonin und Bekannte gekannt. Wie andere Studenten auch, bedeutete sie mir soviel wie die Mücke, die mir am Abend zuvor ums Ohr gesummt war.

Doch in dieser letzten Woche waren mir ihre harmlosen Erwartungen zur Plage geworden. Ich war ihr deshalb böse. Aber ich tröstete mich mit meiner einzigen Möglichkeit. Kontrolle. Nimm es in die Hand, sagte ich mir. Sie ist das Mädchen, und sie erwartet von dir, daß du die Kontrolle übernimmst. Sie würde nehmen, was ich ihr gab. Und wenn es nur ein Händeschütteln war.

Als ich sie zur Chapin Hall begleitete, blieben wir auf der breiten Veranda stehen und sahen uns nervös in die Augen. Sie wollte offensichtlich einen Kuß von mir. Ich wußte nicht, was ich tun sollte und spielte mit dem Gedanken, ihr ein Küßchen auf die Wange zu drücken und in die pechschwarze Nacht zu verschwinden. Nach dem heutigen Abend brauchte ich sie nie wieder zu sehen, tröstete ich mich.

Ich schlang die Arme um sie, zog sie an mich und drückte ihr den Kuß auf den Mund, von dem ich annahm, daß sie den ganzen Abend drauf gewartet hatte.

Es war leichter, als ich dachte.

Ich stellte mir einfach vor, daß sie Lorenzo war.

Übersetzt von Karen Nölle-Fischer

SAMUEL R. DELANY

Sterne in meiner Tasche wie Sandkörner

»Natürlich wirst du ein Sklave sein«, sagte man ihm in aller Offenheit.

Seine großporige Stirn legte sich in Falten, die vollen Lippen öffneten sich (um seine sehr sehr grünen Augen blieb alles reglos) – ein Inbild des Nicht-Verstehens, in dessen Linien eine Vergangenheit zu lesen war, die ihn zur Unwissenheit verdammt hatte; eine Gegenwart, in der er nichts dazulernen konnte; eine Zukunft, die sich jeder Vorstellung verweigerte.

»Aber du wirst glücklich sein«, fuhr der Mann mit der Drahtantennen-Maske von der Mitte des ringförmigen Schreibtisches aus fort. »Auf jeden Fall glücklicher als jetzt.« Der Gesichtsausdruck hinter den rosa und grünen Plastik-Vierecken, die an beweglichen Drähten hin und her wippten, veränderte sich. »Junge, schau dich an! Häßlich wie die Nacht und so groß, daß es die Kinder auf der Straße mit der Angst kriegen. Den Gehirnschaden aus der Schwangerschaft können wir nicht beheben, auch wenn er noch so klein ist. Seit es eine Akte über dich gibt, bist du immer irgendwie in Schwierigkeiten gewesen: Heime, Pflegeeltern, Besserungsanstalten, Gefängnisse – und klargekommen bist du nirgends. Und sexuell . . . ?« Die Vierecke klackerten gegeneinander: Der Mann schüttelte den Kopf. »Hierzulande können deine diesbezüglichen Vorlieben nicht gerade von Vorteil für dich gewesen sein. Du bist eine Last, für dich selbst, für deine Stadt, für deinen Geosektor.« Die Vierecke senkten sich leicht: Der Mann beugte sich in seinem Sessel vor. »Aber das können wir alles ändern.«

Er rutschte in seinem Hängesitz zurück, einem edlen, unbequemen Modell. Mit abwesender und rätselhaft leerer Miene hob er seine klobige Hand und streckte einen Finger hoch, dick wie ein Besenstiel – diese Welt und ihre Technik brachten immer noch Drehbänke, Lasergeräte, Bomben und Besen hervor. Der Nagel war fast völlig abgekaut, genau wie die Nägel der anderen Finger einschließlich der Daumen. Diese Finger, die dicht nebeneinander von seiner Handfläche abstanden, schienen – ob er nun gerade damit in der Luft herumfuchtelte oder sie in seinem Schoß lagen – nicht nur zu grob und zu schwerfällig für jede feine Bewegung zu sein, sondern auch zu viele – obwohl es wirklich nur zehn waren. Sein Finger (nicht der Zeige-, sondern der Mittelfinger) fuhr wild und sinnlos durch die Luft. »Sie können mich ändern?« Die Stimme, die aus seiner neunzehn Jahre alten Kehle kam, war rauh wie die eines fünfzigjährigen Penners. »Sie können machen, daß ich so werde wie Sie? Klar, Mann! Machen Sie, daß ich Zahlen und das ganze Zeug kapiere und endlich lesen kann!« Genauso wild fuhr der Finger zurück an sein Pferde-Kinn: Ein mutierter Herpes-Virus hatte bis vor drei Jahren, als endlich ein wirksames Bakteriozin gefunden worden war, in Kombination mit einer geschlechtsgebundenen Gen-Anomalie, aus der normalen Pubertäts-Akne eine Krankheit gemacht, die die Gesichter der jungen Männer in den Slum-Vierteln jener Welt in rote Kraterlandschaften verwandelte. »Gut, ändern Sie mich! Machen Sie mich so wie Sie!«

Auf beiden Seiten eines rautenförmigen Plastikteils hoben sich die Mundwinkel. »Wir könnten schon.« Das Plastikteil pendelte im Atemstrom. »Aber dann wärst du ja nicht mehr du selbst!« Der Schein einer Hängelampe brach sich im Mosaik der Maskenteilchen und übersäte die nackten Arme des Mannes mit bunten Lichtflecken. »Wir werden eine Veränderung an deinem Denken vornehmen – an deinem Gehirn – eine sehr kleine Veränderung, viel kleiner als die, nach der du gerade verlangt hast. Wir werden diesen kleinen Wut-Knoten, den du mir da eben mit deinem Finger entgegengeschleudert hast, diese Wut, mit der du gerade dein eigenes Gesicht attackiert hast – diesen Knoten werden wir uns vornehmen und auflösen. Wenn wir fertig sind, werden vielleicht dreißig Gehirnzellen tot sein. Ungefähr sechstausend Synapsen werden kurzgeschlossen, so daß sie immer offen bleiben. Ungefähr noch mal tausend machen wir endgültig dicht. Die Drogen, die du dir garantiert in den letzten zwölf Monaten in den Magen, die Lungen und ins Blut gepumpt hast – von den letzten zwölf Jahren ganz zu schweigen –, haben mehr Verheerungen in deinen rund zehn Milliarden Synapsen angerichtet als unser Eingriff – hunderttausendmal mehr. Was wir vorhaben, wird sogar ganz nebenbei dazu führen, daß du gar keine Drogen mehr willst. Du wirst glücklich und zufrieden mit dir selbst sein, und mit den Aufgaben, die die Welt dir stellt. Schau dir die Welten an! Du mußt doch selbst sagen, daß unsere im Grunde gar nicht so miserabel ist.«

Er wußte nicht, was »miserabel« hieß. Und obwohl er schon gehört hatte, daß es noch andere Welten gab, andere Städte (außer den dreien, in deren Slums, Heimen und Gefängnissen er aufgewachsen war), andere Bezirke, andere Geosektoren, ja sogar Welten mit Wesen, die keine Menschen waren, konnte er das alles nur schwer glauben.

Hinter des Maske mit all den wippenden Plastikformen sagte der Mann: »Viele Männer, und erst recht Frauen, fassen diesen Entschluß ... ja, ich habe erst letzte Woche in einem Bericht gelesen, daß sich in unserer Welt dreimal mehr Frauen als Männer dafür entscheiden; dabei hatte ich selbst nie den Eindruck. Unter den Männern – und Frauen –, die den gleichen Schritt getan haben, vor dem du jetzt stehst, sind auch eine Reihe ganz besonderer Leute: Künstler, Wissenschaftler, Politiker, anerkannte Denker und Philosophen. Einige sehr Reiche und Mächtige haben sich entschlossen, das, was sie in der Welt erreicht haben, aufzugeben und in unser Institut zu kommen. Sie glauben offenbar, daß sie bei uns etwas lernen können. Und obwohl wir das sicher niemals selbst für uns in Anspruch nehmen würden – dafür ist unsere Methode viel zu simpel –, haben sie wohl recht damit.«

»Ich kann lernen«, brachte er heiser hervor; dabei rutschte er im Sitz zurück und sah zu Boden, denn die Tests, die er im Lauf der Jahre hatte machen müssen, ließen kaum Zweifel daran, daß dem nicht so war. Und die paar Male, als er einen dieser Orte betreten hatte, wo man von Büchern, Kassetten und Filmen fast erschlagen wurde, da hatten sie ihn rausgeschickt oder rausgeworfen, mit fast denselben Worten, die jetzt der Mann mit der Maske gebrauchte, nur viel ärgerlicher. »Ich könnte was lernen, wenn Sie es mir beibringen ...«

»Du hast betteln gelernt. Du hast stehlen gelernt. Und ich schätze, in den letzten ein, zwei Jahren hast du begriffen, daß Betteln für dich besser ist als Stehlen, weil du es einfach nicht lernst, dich beim Stehlen nicht erwischen zu lassen. Diese Einsicht kann dir hier nur nützen.« Wieder hoben sich die Mundwinkel.

Er beschloß, darin ein Lächeln zu sehen, und versuchte zurückzulächeln – ein Ausdruck, den sein grobgeschnittenes, langes Gesicht kaum je annahm, nicht mal für einen Moment.

»Wie gesagt, wir haben nicht vor, etwas daran zu ändern, wer du nun einmal bist. Wir wollen nur den kleinen Teil in dir ändern, der damit selbst so hoffnungslos unglücklich ist. Nun denn. Entscheidest du dich für das Glücklichsein? Du mußt nur ›ja‹ sagen.«

Er sagte: »Wird es ...«

»Deinen Willen zerstören? Oh, etwas so Billiges oder Primitives würden wir nicht machen. Wenn du *jetzt* schnell, schlau und geschickt entscheiden kannst, wirst du das hinterher noch genauso können. Du wirst nur keine neuen Arten von Entscheidungen treffen können – zumindest nicht ohne Anleitung.«

Er sagte: »Tut es weh ...?«

»Sag ›ja‹! Glaub mir, es ist schmerzlos – sowohl körperlich als auch seelisch. Und überhaupt: Warum bist du denn hergekommen?«

Er sagte: »Stimmt schon, klar. Darum bin ich ...«

»Sag ›ja‹. Wir brauchen das Wort auf Band, das eine Wort. Wir haben ein Tonband laufen. Sonst ist es gegen die Vorschriften.«

Das verwirrte ihn. »›Ja‹ ...? Aber darum wollte ich ...« Und er spürte, wie etwas Grauenhaftes aus ihm verschwand, oder etwas Gigantisches sich geschlagen gab; und dieses Verschwinden oder diese Niederlage war eine Erleichterung oder eine

Erlösung für ihn, und da er noch nie etwas derartig intensiv gefühlt hatte, war es fast dasselbe, als wäre überhaupt nichts passiert: kein überwältigendes Erlebnis; eher so, als würde etwas in seiner ganzen Tiefe sichtbar werden – oder abgeschnitten. Er fragte – denn die Frage hatte ihn nicht losgelassen und kam jetzt ungewollt ganz von allein heraus: »Wann wird es denn gemacht?«

»Wir haben es gerade gemacht.« (Er wollte es eigentlich gar nicht wissen). »Du hast natürlich gedacht«, lachte der Mann, »es würden Elektroden-Blitze aus der Decke schlagen und rings um deinen grindigen Schädel zucken – also, wir müssen dringend etwas gegen die Pilzkrankheit tun! Ja wirklich, bei einem Mann in deinem Alter! – Wir benutzen Mittelwellen-Gammalaser ... aber das sagt dir sowieso nichts. Wir machen jetzt einen Fingerabdruck von deinem Daumen.« Der Mann holte einen gelben Würfel aus dem Schreibtisch und hielt ihn ihm hin.

Er streckte den Arm aus, um seinen großen, wurstigen Daumen auf die durchsichtige Oberfläche zu drücken.

»Gut. Damit ist das RAT-Institut befugt, dich an ein Arbeitsprojekt zu verkaufen, das unserer Einschätzung nach sowohl rentabel als auch human ist. Mal sehen ...« Mit der anderen Hand holte der Mann noch mehr bunte Würfel hervor und warf sie klackend auf den Tisch. Die Vierecke vor seiner Maske kippten vor; er las die Zeichen auf den Würfeln: türkis, orange, violett. »Du bist sterilisiert worden, damals im Waisenhaus, mit ...« – er drehte einen Würfel um – »dreizehn Jahren ... offenbar so, daß man es wieder rückgängig machen kann, falls du oder irgend jemand anders das wünscht. Tja, auch wenn es nun mehr als unwahrscheinlich ist, daß du in der Richtung selbst etwas anfängst – man sollte nicht glauben, wie viele Leute für Sex immer noch Sklaven nehmen. Wir haben jedenfalls nichts unternommen, das dich unempfänglich dafür macht –, wenn man dieselbe Stimulierung anwendet, die du schon kennst. Aber das ist nicht mehr unsere Sache.« Die Vierecke kamen wieder hoch. Die vor den Augen (links rot und rechts grün) waren so durchsichtig, daß man sehen konnte, wie sich dahinter die Lider bewegten. »Du könntest nicht glücklicher sein als jetzt, oder?« (Die Stille, die ihn durchflutete, machte es überflüssig zu widersprechen; außerdem hatte er nie groß widersprochen, wenn ihm nur etwas mit dem nötigen Nachdruck gesagt wurde.) »Aber das muß ich dir nicht sagen. Das weißt du selbst. Bitte hier entlang ...«

Er stand auf.

Über dem Türbogen standen drei rätselhafte Wörter: RADIKALE ANGST-TILGUNG. Im Verlauf seiner Suche nach dem Institut war es ihm schließlich gelungen, die drei Wörter zu identifizieren, aber lesen konnte er sie eigentlich immer noch nicht; jedenfalls konnte er – wie ihm verschiedene Leute, als er sich zu dem Institut durchgefragt hatte, teils geduldig, teils ungeduldig erklärt hatten – nicht eines von ihnen richtig aussprechen, obwohl er sie nun schon unzählige Male gehört hatte.

Daran dachte er nicht, als er sich durch die Schwingtür in eine Waschhalle für mehrere hundert Personen schob, wo er nach neun Stunden Wartezeit zusammen mit fünfzehn oder zwanzig anderen geduscht wurde.

Drei Stunden später gab man ihm ein Hemd, das an den Schultern zu weit war, und Hosen, die im Schritt kniffen; beides wie immer lächerlich kurz für seine endlos langen Arme und Beine – er war fast zwei Meter zwanzig groß, und in seiner Welt waren zwei Meter zwar weder bei Frauen noch bei Männern eine Seltenheit, aber alle Schönen (und fast alle Berühmten) maßen höchstens einssiebzig.

Eine Stunde später stand er in einem engen Raum Schulter an Schulter in einer Reihe mit anderen, die zu zählen ihm nicht einfiel, und aß aus einem brusthohen Trog – ihm reichte er bis zur untersten Rippe. Mit Metallbechern schöpften sie lauwarme Brühe, tranken sie, schöpften neu, tranken, schöpften wieder. Einigen rann die Brühe am Kinn runter und sie wischten sie mit dem Ärmel ab. Er tat das nicht – denn sie hatten ihn so gelassen, wie er war, und früher hätte er es auch nicht getan.

Er schlief fünf Stunden in einem blauen Schlafsaal mit grünen, am Boden befestigten Plastikmatten: Sie waren in besserem Zustand als die in der Arrestanstalt, in der er noch vor drei Monaten gesessen hatte; seither hatte er nicht mehr drinnen geschlafen. Die Matten dort hatten aufgerissene Kanten gehabt und eine verdreckte, klumpige Füllung. Er sah die Matten hier, erinnerte sich an die anderen – aber einen Unterschied nahm er nicht wahr.

Drei Tage lang wurde er in einem Güterwaggon durch unterirdische Tunnel befördert; während dieser ganzen Zeit bekam er absolut nichts zu essen – ein Versehen, wie es schien –, dem fatalistischen Humor des Aufsehers vom anderen Ende des Zuges nach zu urteilen, der es bemerkte: »Hör mal, wenn sie nichts zu fressen kriegen, machen die Ratten schlapp.«

»Das war keine Absicht, Mann! Außerdem, ich denke, die halten's dreißig oder vierzig Tage lang ohne Essen aus und sind trotzdem ...«

»Du sollst arbeiten und nicht nachdenken. Jetzt gib ihnen was!«

Sechs Jahre lang arbeitete er als einer von zwölf Kurieren in einer Polarwüsten-Forschungsstation; gemäß den Anweisungen, die die Computeranlage in der Eingangshalle der Station ausspuckte, mußte er kleine Geräte, seitlich umgeschnallt, zu einer vierzehn Kilometer entfernten Informations-Außenstelle tragen und von dort Unterlagen und Bänder in einer dunkelgelben Leinentasche zurückbringen, über deren Klettverschluß eine Eidechse in blassem Braun-Gold abgebildet war.

Auf Anweisung der in der Station arbeitenden Männer und Frauen karrte er größere Maschinen zwischen der Station und den unterirdischen Kühlgruften hin und her, wo seine nackten Füße auf den überfrorenen Eisenstegen feuchte Spuren hinterließen, wo das Dröhnen einer Maschine am Ende eines Lager-Korridors jedesmal eine rötliche Lichtröhre neben den Sicherheitstüren aufflackern ließ, wenn ihr mechanisches Brummen plötzlich schneller oder langsamer wurde, und wo die Kabelstränge, die aus der mit Platten abgehängten Decke hervorquollen, auf ganzer Länge mit glitzernden, durchscheinenden Klumpen besetzt waren, die man »Eis« nannte. Das hatte mit Wasser zu tun, mehr wußte er nicht.

Einmal sollte er morgens um halb fünf einen Sonder-Transport durchführen und Schriftstücke bei der Nachrichtenstation abholen; aber der Mann, der ihm den Auftrag gab, war neu und wies in die falsche Richtung. Er wußte, daß sie nicht stimmte, aber er dachte, sie wollten eben, daß er dorthin ging. Also lief er sechs Stunden durch den Sand, während das sternenlose Schwarz des Himmels sich zuerst in ein streifiges Feuerrot mit Wolkenfetzen und dann in immer heller werdendes Orange verfärbte und es immer heißer wurde.

Und heißer.

Und heißer ...

Sie fanden ihn sitzend; seine Füße zuckten leicht, erst der eine, dann der andere, als wollten sie immer noch weitergehen, seine Augen waren zugeschwollen, seine Lippen grau von Sandstaub und aufgesprungen, das Blut in den Rissen zu Schwarz getrocknet, das Schwarz wieder grau von Staub; seine riesige Hand lag über der aufgeprägten Eidechse und schützte sie vor der Sonne ...

Sie waren natürlich wegen der Tasche gekommen. Sie hatte ein eingebautes Ortungssignal, mit dessen Hilfe man sie überall finden konnte, und vielleicht enthielt sie etwas, das noch gebraucht wurde. Als man am Morgen bemerkte, daß sie verschwunden war, hatte niemand genau sagen können, was eigentlich drin war.

Ihn nahmen sie auch mit zurück.

Er lag mit einem feuchten Lappen im Mund auf einer alten Plane im hinteren, sonnengeschützten Teil des Transporters. Alle paar Minuten zog jemand den Lappen heraus und machte ihn wieder naß, damit er weiter daran saugen konnte.

Niemand fragte ihn je, warum er in die falsche Richtung gelaufen war – obwohl er es hätte erklären können. Nach diesem Vorfall galt er einfach als ganz besonders dumm.

Sogar für eine Ratte.

Eines Nachts, während des dritten Jahres, fingen drei der Kuriere, die neben ihm im Sand schliefen, zu zittern an, erbrachen sich und rangen nach Luft. Nachdem er vier Stunden wachgelegen und dabei zugeschaut hatte, starben zwei von ihnen innerhalb weniger Minuten, eine halbe Stunde später der dritte.

Am nächsten Morgen verprügelte ihn die Stationsleiterin mit einem Stahlrohr: »Du hirnlose, verblödete, nutzlose ...! Warum bist du nicht reingekommen und hast jemanden geweckt! Du Idiot ...!«

Der stellvertretende Stationsleiter zog sie an ihrem weiten, ärmellosen Hemd zurück. »Hör auf damit! Es reicht!« (Was immer vor sechs Jahren mit ihm gemacht worden war – es hatte zwar bewirkt, daß Schmerzen keinerlei Anzeichen von Furcht oder Gegenwehr mehr auslösten, aber er fühlte sie nach wie vor.) »Die machen nur, was man ihnen sagt. Und der weiß doch nicht mal, was Q-Pest ist!«

»Und was denkt er, wozu wir alle hier sind und sie erforschen?! ... Ja, ja, ich weiß: Er denkt überhaupt nicht.« Vor ihrem Gesicht bebten und schaukelten und klapperten die Plastikteile. »Aber die drei hier haben mich sechsundsiebzig SI-Einheiten das Stück gekostet. Und die konnten sogar was.« (Er wußte inzwischen, daß er nur achtundzwanzig gekostet hatte.) »Warum hat's nicht ihn erwischt! Er ist schon länger hier als alle anderen. Man sollte meinen ...« Sie versetzte ihm unvermittelt noch einen Schlag, diesmal auf das Knie, und er stürzte auf den marmorierten Thermoplast-Boden, eine Hand an seinem blutenden Ohr, mit der anderen nach der schmerzenden Kniescheibe tastend.

»Jetzt hör' endlich auf! Laß ihn ...!«

»Ich möchte mal wissen, wie der Virus überhaupt zu den Ratten in den Käfig gekommen ist! Schließlich darf niemand ...« Sie drehte sich um, schleuderte das Rohr weg, das krachend gegen das Absperrgitter schlug, und marschierte davon. Der stellvertretende Stationsleiter schickte ihn eine Stunde später wieder an die Arbeit, wo er hörte, wie sich drei Männer draußen vor der Station unterhielten: »Habt ihr das gesehen, wie sie die verdammte Ratte fertiggemacht hat? Ich war hinten im Gang, als sie auf ihn eingedroschen hat.« (›Ratten‹ wurden die genannt, die beim Institut gewesen waren; ›Männer‹ nannte man alle anderen.) »Mit 'nem Stahlrohr! Ich dachte, sie bringt ihn um!«

»Warum müssen wir auch für 'ne Frau arbeiten. Daran liegt

es. Hat mir noch nie gepaßt, für 'ne verdammte Braut zu arbeiten.« (›Braut‹ sagten in dieser Welt die Männer, wenn sie unter sich waren und mit besonderer Wertschätzung oder besonderer Verachtung von einer Frau sprachen.) »Es ist einfach nicht richtig.«

»Du kennst doch unsern Boß. Die steht einfach unter Druck, die ganze Zeit schon. Ich hab schon Schlimmere erlebt.«

»Ja, ich weiß. Trotzdem, ich kann das nicht sehen, wie sie jemanden so fertigmacht – auch wenn's nur 'ne Ratte ist!« Sie redeten weiter und schüttelten dabei die Köpfe.

Die Plastik-Formen klimperten aneinander.

Er nahm die Arbeitshandschuhe aus dem Handschuhregal hinter den Hallentoren und zog sie an. Der Druckverband am rechten Ohr löste sich und behinderte seine Sicht. Der andere, am linken Bein, war zu straff gewickelt. Er rollte eine orange umrandete Tonne nach der anderen zur Hebebühne am Dreißig-Meter-Schlitten.

». . . sobald 'ne Braut auch nur ein bißchen Macht hat. Und dann bei 'ner verdammten Ratte . . .«

Er ging zurück zur nächsten Tonne und dachte dabei nicht: Sie reden über mich, als wäre ich unsichtbar. Statt dessen kippte er den Behälter an und sein Blick fiel auf die Frau, die die Verladung überwachte (es gab außer der Stationsleiterin nur zwei weitere Frauen in der Belegschaft, abgesehen von Ratten). Sie stand etwa zwei Meter von den Männern entfernt, in der Hand ein Bündel Schnüre. Auf jeder Schnur waren Dutzende von kleinen Würfeln aufgereiht, auf denen Verladung, Verpackung und Versandaufträge der Station verzeichnet waren. Sie hatte die Drahtmaske zur Seite gedreht, so daß das Gewirr von durchsichtigen und undurchsichtigen Plastikformen neben ihren Ohren baumelte.

Ihre grünen Augen waren zu sehen.

In ihrer faltigen Haut rund um die Augen (sie war keine junge Frau mehr, aber sie mußte einmal gut ausgesehen haben, denn sie war kaum ein Meter fünfzig groß) las er denselben Ausdruck, den sein eigenes Gesicht früher, vorher, ab und zu angenommen hatte. (Seit der Computer in der Eingangshalle jeden Morgen große Würfel mit Arbeitsanweisungen für ihn ausspuckte, die auf einer Seite ein Schriftsymbol trugen, auf der nächsten zur Erklärung eine einfache Bilddarstellung, und ansonsten unverständliche fremde Buchstabenfolgen, war er dabei, lesen zu lernen – denn sie hatten ihn so gelassen, wie er war, und er hatte ja gesagt, er könne lernen.) Den Ausdruck in ihrem Gesicht konnte er nicht entziffern.

»He du«, rief jemand vom anderen Ende des Schlittens, »guck lieber nach deiner Ladeliste . . .«

Jetzt dachte er: eine verdammte Braut . . . eine verdammte Ratte . . . Er sah, wie sie ihn ansah. Langsam hob sie die Arme. Antennen wippten, Würfel klickerten, Plastik stieß gegen Plastik, als sie die Maske wieder vor das Gesicht schob. Sie atmete aus, sehr langsam und ohne ein Geräusch. Dann wickelte sie die Würfelketten mit einer schnellen Bewegung um den Unterarm und wandte sich ab, um nach drei anderen Ratten zu sehen, die sich beim Hallentor mit einer Destillationsanlage abmühten.

Er setzte die Tonne in Bewegung.

Er war schon sechs Jahre dort, als ein hoher Beamter anreiste, um die Station zu inspizieren. Er bemerkte, daß auf den Rampen und in den Ecken der Hallen gekichert und getuschelt wurde, dachte sich aber nichts dabei. (»Mir egal, wie wichtig die aussehen. Hör du lieber auf mit dem Gerede, sonst fangen sie noch an, dich genauer anzuschauen.«) Einen Tag zuvor war die Stationsleiterin plötzlich von ihrem Posten zurückgetreten, und er hatte gehört, wie die Männer in den Gängen redeten, hinter ihrem Rot, Grün, Schwarz und Gelb: »Sie hat ihm gesagt, sie geht zurück in den Süden und läßt sich zu 'ner Ratte machen. Wie kann jemand, der es so weit gebracht hat, sich so was antun! Die muß wirklich verrückt sein. Ich hab schon immer gesagt, die spinnt – und wenn sie zehnmal die Leiterin ist.« Die eine der anderen beiden Frauen hatte die Station schon lange vorher verlassen.

In der Nacht wälzte er sich am Boden hin und her. Er wachte auf, als sich die Hintertür der Station öffnete, und er erkannte im gelben Licht eine Silhouette. (Innerhalb der Station waren während des heißen Polar-Winters die Flure immer durch gelbe

Lichtröhren beleuchtet.) Ein goldener Schutzanzug – wahrscheinlich war es Silber, das nur in dem warmen Licht wie Gold aussah –, eine hohe, zylindrische Maske, schwarz und mit einer Vielzahl von Aufnahme- und Projektionslinsen versehen, schwarze Stiefel mit zehn Zentimeter dicken Sohlen ...

Er wußte nicht, welche der Linsen in Funktion waren, und dachte auch nicht darüber nach.

»Na ja ...« Das kurze Lachen klang mechanisch und verzerrt. »Ich dachte, ich muß doch mal schauen ...«

Der Boden um ihn herum war in blaues Licht getaucht, das von einer der Linsen ausging. Der Lichtkegel reichte vom Fuß der Ratte, die links neben ihm schlief, bis zum blau beleuchteten Ellbogen der Ratte rechts von ihm.

»Ich frage immer beim Institut nach, bevor ich mich auf eine Expedition in eine dieser entlegenen Regionen einlasse. Eine Station zu schließen, die so fern von der Zivilisation ist, das macht nie Spaß. Trotzdem, man glaubt gar nicht, was es in einem Rattenkäfig zu entdecken gibt, wenn man nur richtig hinschaut. Zum Beispiel habe ich, bevor ich hergekommen bin, vom Institut erfahren, daß deine speziellen Vorlieben – ja, deine – gut zu meinen passen, so daß wir ein paar vergnügliche Stunden miteinander verbringen könnten.« Wieder das mechanische Lachen. »Aber ich fürchte, ich habe nicht damit gerechnet, daß, ...« – der Lichtkreis, der ihn umgab, wurde rot; sonst veränderte sich nichts – »daß du so aussiehst. Dein Gesicht ...! Ich werd' wohl einfach wieder auf mein Zimmer gehen. Und vielleicht meinen Aufenthalt hier um ein, zwei Tage verkürzen. Entschuldige die Störung. Schlaf weiter.« Die Gestalt in den hohen Schuhen verschwand unsicheren Schrittes durch die Tür und schloß sie hinter sich.

Er lag auf dem Rücken, erstaunt über die Wärme in seinem Bauch und in den Schenkeln, ein Kribbeln, das sofort wieder nachließ, als er darin das beinahe vergessene Gefühl der Erregung erkannte.

Er schlief ein. Und wachte davon auf, daß jemand leicht an seiner Schulter rüttelte. Er zwinkerte in das rötliche Licht des Morgengrauens. Eine dicke Sohle schaukelte ihn hin und her.

Darüber hörte er die mikrophonverzerrte Stimme: »Nun mal los. Zeit zum Aufstehen.« Der Maskierte rüttelte die nächste Ratte wach, aber vorsichtig – was man sonst vom morgendlichen Wecken nicht gerade sagen konnte. »Auf geht's. Alle Mann aufstehen. Na, ihr Ratten, was denkt ihr über euren neuen Job?« Die Gestalt klopfte einem weiblichen Kurier Sand von der Schulter.

»Denkt . . .?«

Er lachte. »Ihr könnt nämlich denken – nur daß es an Orten wie diesem nicht gerade gefördert wird.« Der Mann ging in seinem enganliegenden Metallic-Anzug zwischen den aufgescheuchten Ratten hin und her. Die zylindrische Maske drehte sich. Linsen wurden eingefahren, andere erschienen. Dann blieb er stehen. »Hat man euch denn gestern nicht gesagt, daß ihr alle verkauft worden seid?«

Eine Ratte sagte: »Nein. Man hat uns nichts gesagt.«

Die zylindrische Maske rotierte wieder. »Ich hasse es, wenn man Ratten so behandelt. Das muß doch nicht sein. Sie hätten es sagen können. Ich hasse das.« Das Licht in einer der Linsen wechselte von Dunkelrot zu Grün, aber unter dem streifigen Morgenhimmel fiel das kaum auf. »Ihr seid also verkauft worden, allesamt. Die meisten von euch kommen wieder nach Norden.«

Es war wieder eine unterirdische Verladestation mit Sandsteinwänden bis hoch zum Maschendraht unter der Decke. Der Maskierte war bei ihnen.

Er starrte unentwegt auf die Linsen an der Maske – er spürte nichts von der Erregung der letzten Nacht, erinnerte sich aber daran und überlegte, ob sie wohl wiederkommen würde. Das Wesen hinter der Maske schien nichts davon zu bemerken – bis der Motor aufheulte.

»Okay, rein mit euch. Hopp, hopp!« und die kleine Hand streckte sich und klopfte ihm freundlich auf die Schulter. »Tut mir leid, Ratte . . .« Dann schloß sich die Tür des Transporters hinter ihm und er stand mit den anderen im Dunkeln. (Eigentlich hätte es Licht geben sollen. Aber wahrscheinlich war es kaputt.) Als das Fahrzeug losfuhr, wäre er fast hingefallen.

Viele Stunden später schoß der Wagen plötzlich aus der Dunkelheit in bleiches, blendendes Blau. Er kniff die Augen gegen das gleißende Licht zusammen, versuchte, sie zu öffnen, schloß sie wieder, zwang sich erneut, sie zu öffnen und erkannte, daß das halbrunde Dach, die obere Hälfte der Seitenwände und ein großer Teil des Bodens durchsichtig waren.

Zwischen den Ringen, die alle paar Sekunden um den dahinrasenden Wagen zuckten, sah er Wolken und in der Tiefe darunter Felsen. An einigen Stellen flackerte etwas, als würde das Gestein brennen. Hunderte von Metern oder Hunderte von Kilometern vor ihnen lag ein Gebirgsmassiv, das näher kam und immer dunkler wurde.

Ringsum rote und braune Felsenklüfte. Einen Moment, bevor der Wagen in die Felswand hineinraste, konnte er die Öffnung, die ebenfalls von einem Ring umgeben war, erkennen.

Eine der Ratten im Wagen murmelte: »Wieder eine andere Welt . . .«

Sie tauchten ein: Dunkelheit.

In seiner Welt hatte er Städte und Sand gekannt. Aber diese Felsenschlucht mit den sich auftürmenden Wolken darüber gab ihm, ohne daß er es hätte erklären können, ein neues Bild von dem, was eine Welt war.

Am Ende der Fahrt wieder eine Station, wieder Duschen. Die Ratten wurden hier zu vielen Hunderten zusammengefaßt. Am Eingang der Halle mit langen Reihen von Duschköpfen an den Wänden stoppte ihn ein Aufseher kurz und sagte: »Wahnsinn! Du siehst ja aus! Dich haben sie wohl noch nie gewaschen, seit du beim Institut bist!« (Der Rattenkäfig hinter der Polar-Station war zwar monatlich desinfiziert und desodoriert worden, aber es gab keinen Wasseranschluß, um die Ratten zu waschen.) Nach dem Duschen wurde Kleidung ausgeteilt. (Die Kleidung, die er damals im Institut bekommen hatte, war auf der Polar-Station nach und nach in Stücke gegangen; erst nur an den engen Stellen, dann überall. Nacheinander waren Ärmel und Hosenbeine abgerissen; im letzten Jahr hatten dann er und die anderen Kuriere ihre Arbeit nackt verrichtet.) Er wurde wieder aus einem Trog gefüttert.

Unter Eisenträgern und Stromleitungen, hinter runden Fenstern, die zu den Seiten hin alles verzerrten, arbeitete er drei Wochen lang im Maschinenhof, bevor er den oft gebrauchten Namen »Muct« mit dem unbekannten Schriftzug in Verbindung brachte, der über den Toren, auf dem jeweils ersten Würfel der Instruktions-Ketten und als gelbes Emblem auf den braun und grün emaillierten Maschinen zu finden war. Er mußte von sieben Maschinen Ruß und verdrecktes Schmieröl entfernen, wovon seine Hände schwarz und seine Kleider starr vor Schmutz wurden. Im Gegensatz zur Polar-Station bekam er hier zweimal täglich zu essen; er wurde alle drei Tage gewaschen und seine Arbeitskleidung alle zwei Wochen gewechselt. Um ihn herum taten Tausende von Ratten Dienst für die große Stadt der Maschinen namens Muct.

Der Mann, der für ihn und zweiunddreißig andere Ratten zuständig war, erklärte ihm bei jeder Gelegenheit etwas zu den einzelnen Maschinen; er sprach ruhig, einfach und klar mit ihm und verlangte, daß er sich alles merkte – und was man ihm sagte, das tat er. Nach sechs Monaten konnte er zwei der Maschinen bedienen und vier weitere so gut reparieren, daß er den Aufseher oft drei oder vier Tage lang nicht sah.

Während er arbeitete, erschien der Mann manchmal zusammen mit einem anderen, der selbst zum Ratten-Anleiter ausgebildet wurde. »Wer sagt denn, die können nicht lernen? Schau dir zum Beispiel den hier an. Man muß nur wissen, wie man mit ihnen redet. Sie lernen sogar besser als richtige Menschen. Du sagst ihnen, was sie tun sollen, und sie machen's, fertig. Und sie behalten alles – wenn man es ihnen sagt. Du mußt eben wissen, wie's geht. Euch Neuen sag ich immer, wenn du 'ner Ratte sagst, sie soll scheißen gehen, dann mußt du ihr auch sagen, daß sie sich die Hosen runterzieht und hinterher wieder hoch, vergiß das bloß nicht! Sonst hat die Kleine nachher vollgeschissene Hosen.« (Die meisten Ratten in der Polar-Station und in Muct waren Frauen.) »Aber es hat eben nicht jeder die Geduld. Für 'ne Ratte braucht man Geduld. Ich bring jeder verdammten Ratte alles bei, was ein Mensch kann. Ich bring ihnen sogar Sachen bei, die du keiner verdammten Braut zutraust.

Einmal hab ich 'ner Ratte beigebracht, für mich zu kochen, so gut wie ein Mann.«

»Ich kenne auch Frauen, die gut kochen können.«

»Das sind doch Ausnahmen«, sagte der Ausbilder, »aber stell dir mal vor: eine Ratte.«

»Und was hast du ihr noch beigebracht?« Die Plastik-Vierecke zitterten.

Der Aufseher, der keine Maske trug (als sei er selbst eine Ratte), ging hinaus und grinste nur.

Wenn sie gerade nicht arbeiteten, lotste der Mann manchmal heimlich einige Ratten in seine Privaträume und ließ sie absonderliche Dinge tun. Er wurde deswegen von den anderen Aufsehern öfters aufgezogen und ab und zu auch angeschrieen. Manchmal witzelte oder schrie er zurück. Aber er machte trotzdem weiter. »Schließlich«, sagte er, »machen's doch alle. Sogar ein paar von den Bräuten. Ist doch nichts dabei. Heißt ja nicht, daß man euch Ratten nicht in Schach hält. Wozu ist 'ne verdammte Ratte denn sonst da? Ich hab noch nie gehört, daß sich eine von euch beschwert hat – stimmt's, Ratte?« Und er gehörte sowieso nicht zu den Ratten, die der Mann mit zu sich nahm.

Er hatte wieder eine Schlafmatte. Am Nachmittag oder in der Nacht, immer wenn seine Arbeitsgruppe frei hatte, saß er auf einer langen Bank und schaute sich auf einer Projektionswand Geschichten von Männern und Frauen an, die die beweglichen Masken trugen. Gegen Ende riß jedesmal ein Mann einer Frau die Maske herunter und die Frau verbarg ihr Gesicht und weinte. Wenn es der falsche Mann war, wurde er – oder auch die Frau – von einem Guten umgebracht.

Nachdem er schon einen Monat dort war, wurde der Lautsprecher repariert; von da an verstand er die Geschichten besser.

Drei Jahre lang arbeitete er und guckte Geschichten; dann kam eines Morgens der Aufseher und weckte ihn mit einem Tritt.

Er kam hoch und stützte sich auf die Ellbogen.

»Du bist verkauft worden.« Der Mann gab ihm noch einen Tritt, härter als alle, die er jemals bekommen hatte, so daß er wieder zurückfiel und sich von neuem aufstützen mußte. »Wie find'ste das? Nehmen dich mir weg und verkaufen dich. Und was hab' ich an Arbeit in dich gesteckt, du blöde Ratte! So behandelt man keinen Mann, verdammt noch mal. Und auch keine Ratte!«

Er dachte, der Mann würde ihn noch mal treten. Aber er tat es nicht.

»Sie sagen, sie brauchen da unten im Süden ein paar Ratten, die was können. Du konntest doch einen Dreck, als du herkamst. Du hattest von nichts 'ne Ahnung. Jetzt hast du was gelernt, womit du was anfangen kannst, und sie holen dich hier weg, weiß Gott wohin, damit du weiß Gott was für sie machst. Das ist nicht fair, wo ich mich so abgemüht hab, um dir was ins Hirn zu trichtern! Das ist nicht fair!«

Der Mann ging. Aber am selben Abend, nach der Arbeit, tauchte er wieder auf. »Komm mit.«

Also stand er von seiner Matte auf und folgte ihm.

Die Unterkunft des Mannes war nicht sehr groß. Die männliche Ratte und die fünf weiblichen Ratten, die sie auf dem Weg aufgesammelt hatten, ließen kaum Platz in dem vollgestellten Raum.

»Okay, zieht euch aus. Los, macht schon.« Der Mann war groß (fast so groß wie er selbst), und er legte ihm den Arm um die Schulter. »Das wird 'ne Abschiedsparty für unseren Freund hier. Er ist nämlich in den Süden verkauft worden. Morgen ist er weg – das ist verdammt schade. Und auch nicht fair. Also mal los. Zieht eure Klamotten aus. Legt sie da hin. Hier sind ein paar Masken. Die setzt ihr auf – nein, auf den Kopf, ihr Platthirne! Stellt euch nicht an, ihr kennt das doch schon. Und merkt es euch, für's nächste Mal. Rauf mit den Masken, dann könnt ihr euch mal 'ne Weile wie richtige Menschen fühlen.« Er kratzte sich am Ohr. »Das wird schon nichts schaden, wenn sich 'ne Ratte mal eine Weile wie 'ne richtige Braut fühlt – Verzeihung«, sagte er zu einer weiblichen Ratte, die ihren dreckigen Kittel fallengelassen hatte und auf ihrem Kopf das Gestell einer Drahtmaske zurechtrückte, an dem die Hälfte der Plastikteile fehlte, »oder wie ein Mann. Ich glaube ja, davon arbeiten sie besser. Das schadet ihnen gar nichts, egal, was geredet wird ...«

In dieser Nacht mußte er einige absonderliche Dinge tun. (»Ich will, daß du's genau so machst, wie auf den Partys früher, bevor du beim Institut warst. Haargenauso, klar? Nimm dir die da, oder die, wie du willst. Nur sie nicht, die gehört heute abend mir, verstanden? Außer sie hat was, worauf du ganz besonders stehst.«) Der Aufseher selbst setzte während des ganzen Abends keine Maske auf. Die meiste Zeit trieb er es mit einer der maskierten Frauen, während die männliche Ratte ihm die Schultern und den Hintern mit einem ausgefransten Stück Kupferdraht peitschte und ihn »Du kleine Ratte« nannte.

Viel hatte er nie auf solchen Partys gemacht, außer dazusitzen, in die Gegend zu schauen und an den Nägeln zu kauen. (Als Jugendlicher hatte er einige dieser Partys besucht.) Also tat er genau das. Nach einer halben Stunde schaute der Aufseher, dessen Schulterblätter inzwischen mit blutigen Striemen bedeckt waren, hoch und bemerkte ihn. »Okay«, sagte er, »ich will, daß du an dir rumspielst, bis du kommst. Und du auch« – womit eine weibliche Ratte gemeint war.

Also fing er an.

Es war ein ungewöhnliches und überraschendes und angenehmes Gefühl – er hatte nichts so Beeindruckendes mehr erlebt, seit dem Moment, als er bei der Radikalen Angst-Tilgung das Wort »Ja« gesagt hatte. Als der Aufseher ihn zurück zu seiner Schlafmatte schickte, war die weibliche Ratte noch nicht fertig.

Am nächsten Morgen holten ihn einige Frauen mit beigen Gesichtsmasken ab; wieder wurde er zu einer Station gebracht; wieder mußte er einen Waggon besteigen. Tage später stieg er in einer Station mit Sandsteinwänden und einer Maschendrahtdecke aus.

Von den Männern, die die sechs angelieferten Ratten abholten, erkannte er einen wieder – er untersuchte sie auf Leistenbrüche und schlechte Zähne –, und nach einigen Minuten erkannte auch der Mann ihn wieder. »Hey, der war vor sechs Jahren schon mal hier!« sagte er zu seinem Kollegen. »Ein Vollidiot. Der war total unfähig. Ich glaube, sie haben uns die falsche Ratte geschickt. Wir hatten Ratten bestellt, die so was Ähnliches wie hier schon mal gemacht haben. Aber was nützt uns eine, die schon mal hier war, aber zu nichts zu gebrauchen ist!«

»Was willst du machen? Ihn zurückschicken?«

»Ach was. Wir können ihn als Kurier nehmen. Das hat er vorher auch gemacht.«

Er arbeitete sieben Jahre lang in der wiedereröffneten Polar-Station und trug – ziemlich genau wie beim erstenmal – die Tasche zwischen Datenstation und Basis hin und her. Vieles war jetzt anders, zumindest in der ersten Zeit. Die Station hatte einen neuen Leiter. Er wußte nicht genau, woran sie jetzt forschten, die Q-Pest war es jedenfalls nicht mehr. Es gab jetzt eine Reihe von großen, spinnenartigen Instrumenten, die draußen im Sand hockten und ihre langen Arme hinauf in den orangefarbenen Himmel streckten. Und die Wand hinter dem Rattenkäfig war blau gestrichen worden.

Eine Zeitlang bekamen die Ratten in der Station jeden Monat frische Kleidung. Aber mit der Zeit wurde immer seltener gewaschen. Eines Morgens, nachdem ihre Kleidung drei Monate lang nicht gewechselt worden war, kam ein Mann zu ihrem Käfig heraus. »Okay. Zieht das aus. Wir machen's ab jetzt wie früher. Nackt ist immer noch besser, als in diesen Sachen herumzulaufen.« Danach wurde auch die Fütterung wieder auf einmal täglich umgestellt.

Er kam über den Sand an den Strommasten entlang auf die Station zu, sah den grünen Transportschlitten dort stehen, ging an den hohen, vom Sand verkratzten Kufen vorbei in die Eingangshalle und öffnete seine Leinentasche mit dem Eidechsen-Emblem, um die ovalen Datenbänder in den Annahme-Briefkasten zu werfen. Ungefähr eine Stunde später wurden er und drei weibliche Ratten in das Büro des Stationsleiters gerufen.

Er erinnerte sich vage, daß er vor Jahren schon einmal in dem Raum gewesen war und kübelweise alte Mitteilungs-Würfelketten und Schaumstoff-Verpackungsmaterial hinausgeschafft hatte. Jetzt waren die Wände blau, so wie die Rückseite des Rattenkäfigs.

Eine sehr große Frau saß auf einem Kissen auf dem schwarzgekachelten Fußboden, den einen Fuß, der in einer Sandale steckte, im untersten Fach des Schreibtisches. Mit der Ferse hatte sie einen Stapel bunter Würfel umgestoßen. Einige davon waren auf den Boden gefallen.

»Was Sie von mir wollen, ist verboten, das wissen Sie.«

Die Frau gab ein bellendes Geräusch von sich, aus dem ein Lachen wurde, das die Plastik-Vierecke zum Schaukeln gebracht hätte; aber aus irgendeinem Grund hatte sie ihre Maske abgenommen und auf die Fliesen geworfen, so daß die bunten Drahtantennen wirr durcheinanderlagen. »Meinen Sie, ich weiß das nicht? Meinen Sie, eine Braut wie ich würde hier reinkommen und nach so was fragen, wenn diese Station dreitausend Kilometer näher an der Zivilisation wäre?« Sie zog ihren Fuß aus dem Fach. Er fiel auf das Schwarz, zusammen mit drei leuchtend bunten Würfeln. Sie lächelte, als wisse sie, daß der jetzige Stationsleiter hinter seinen Plastikteilen zurücklächelte. »Was meinen Sie denn, was ich für 'ne Braut bin?«

»Ich meine –« Der Mann hustete. »Also ich weiß wirklich nicht, warum ich das mache. Es ist gegen die Vorschriften –«

»Ich wollte nur, daß Sie sie herbringen, damit ich sie mir ansehen kann.« Sie zog den Fuß an das Kissen heran und legte die Arme um die Knie.

»Und das hab ich gemacht.« Der Mann hustete von neuem. »Ich hab's gemacht. Da sind sie . . ., aber ich weiß nicht, warum ich es tue. Es ist gegen die Vorschriften, es ist verboten, und –«

»Ich sag Ihnen, warum Sie es tun.« Das Lächeln auf ihrem dunklen Gesicht wurde weicher. »In jedem dritten äquatorialen Geosektor ist die Wirtschaftslage desolat. Weder der Trend zur extremen Gelben, noch die Crazy-Gray-Rebellen, noch ein Wiedererstarken der Informationsfreiheits-Bewegung werden das Geld zur Unterstützung irgendeines Polar-Projektes, sei es Nord oder Süd, wieder zum Fließen bringen. Bevor ich reingekommen bin, hab ich mir angeschaut, in welchem Zustand die Rattenkäfige sind. Sternenglut und eisiges Magma! Ihr habt hier seit drei Jahren zu wenig Personal, und wenn einer weniger versorgt werden muß, könnt ihr nur froh sein – auch wenn es nur eine Ratte ist. Sie wissen das. Ich weiß das. Und darum werden Sie es tun –«

Er wußte nicht, warum sie nicht weitersprach, aber er nahm an, sie werde jetzt die Maske vom Boden aufheben und wieder aufsetzen; auf der Projektionswand in Muct hatten die Frauen nach einer bedeutungsvollen Pause auch immer die Maske wieder aufgesetzt. Aber das war vor Jahren gewesen, in einem anderen Teil der Welt.

Die Frau lächelte noch immer, das Gesicht immer noch unbedeckt.

Der maskierte Mann hinter dem Schreibtisch seufzte leise. Sein weißes Brusthaar bewegte sich leicht unter dem schmutzigen Netzhemd. »Ist das eine Frau!«

»Ist das eine Braut.« Sie warf den Kopf zurück, aber ihr dunkles, drahtiges Haar bewegte sich nicht. »Genau das sagen Sie doch, wenn ich weg bin. Sagen Sie es jetzt, zu mir.«

Hinter schaukelnden Teilchen hustete der Mann wieder. »Na ja, das sind Sie wohl.« Er stand auf und trat hinter dem Tisch hervor. »Eine Braut. Kein Zweifel. Diese hier kann ich Ihnen anbieten.«

Sie drehte sich auf dem Kissen um und kam auf die Knie. Ihr Gesicht hatte jetzt den Ausdruck höchster Konzentration, ein Ausdruck, den die Frauen in den Film-Geschichten nie angenommen hatten. In einer Sekunde war sie auf den Beinen. »Ich habe doch gesagt, daß mich nur Männliche interessieren.« Sie berührte ihr Kinn mit den Fingerspitzen und machte eine Bewegung, als würde sie sich kratzen. Sie war gut anderthalb Kopf größer als der Stationsleiter.

»Es gibt nun mal mehr Weibliche hier.« Der Mann zuckte mit den Schultern. »Diese hier könnten wir entbehren.«

»Jaja«, murmelte sie, als wisse sie das schon. Dann sagte sie: »Das bedeutet, daß eigentlich nur dieser hier für mich in Frage kommt. Sage mir«, – sie wandte sich ihm zu – »willst du mir folgen in fremde Gefilde und unbekannte Lande und für immer mein Sklave sein und stets tun, was ich dir befehle? Meinen

Launen und Begehren willig folgen, wie niedrig oder lüstern sie auch sein mögen ...«

Er wußte nicht, was »Begehren« hieß, und »lüstern« und auch einige der anderen Worte. »Ja ...?«

Der Leiter hustete wieder.

Die Frau warf ihm einen Blick über die Schulter zu und grinste. »Das war jetzt hauptsächlich für Ihr gutes Gewissen. Ich gebe zu, ich hatte ihn mir eigentlich etwas anders vorgestellt.« Sie drehte sich wieder um, streckte den Arm aus und berührte seine nackte Wange, dabei machte sie eine Miene, als müßte sie etwas enorm Wichtiges ansprechen, das ihm nicht bewußt war. »Aber du erfüllst den Zweck. Du mußt ja, nicht wahr? Es ist jetzt in dein Gehirn eingeschrieben, daß du das tust ... tust, was ich dir sage.« Sie ließ die Hand fallen; ein Finger streifte sein Schlüsselbein. »Wieviel wollen Sie für ihn?« Sie wandte sich dem Aufseher zu, stieg in ihren abgewetzten Sandalen über die heruntergefallenen Würfel und zog eine Rolle mit silberner Schnur aus ihrer Hosentasche, auf der in gleichmäßigen Abständen schwarze Perlen aufgereiht waren, an denen Würfel befestigt werden konnten. Sie fing an, die Schnur abzuwickeln und zählte dabei leise die Perlen mit.

Der Mann nannte einen Preis, der so weit über achtundzwanzig SI-Einheiten lag, daß er überzeugt war, sie meinten gar nicht ihn.

Die Frau wickelte Windung um Windung von der Silberschnur um ihre Faust und zählte. Schließlich zertrennte sie die Zahlschnur mit einem Ruck, streifte sie mit dem Daumen von ihrer Hand und legte das SI-Geld auf den Tisch. »Sie wissen genau, daß das ein Wucherpreis ist; das ist ja mehr, als jeder Schwarzmarkt-Sklavenhändler auf dem hinterletzten Basar am Äquator nehmen würde.« Sie lächelte noch immer.

»Sie wissen«, sagte der Mann, »daß ich das überhaupt nur mache, weil –«

»– weil Sie denken, daß Sie nicht erwischt werden.« Sie stopfte die restliche Zahlschnur wieder in die Tasche und bückte sich, um mit einer schwungvollen Armbewegung die Maske aufzuheben. »Ich mache es aus demselben Grund.« Die Plastikteile klimperten und klapperten an verworrenen Drähten. »Soll ich hinten mit ihm rausgehen? Das wäre unauffälliger.«

»Ja«, sagte der Aufseher. Dann sagte er: »Moment noch.« Er griff hinter den Schreibtisch, öffnete eine der unteren Schubladen und zog eine Leinentasche mit aufgeprägter Eidechse hervor. »Er kann seine Sachen hier reintun.« Er reichte ihr die Tasche.

»Danke.« Sie nahm sie und hängte sie sich über die Schulter. »So?«

»Ja«, antwortete der Mann. Er kam um den Schreibtisch herum und sammelte die Würfel auf, die sie umgestoßen hatte. Er kniete. »Durch den Hinterausgang. Ja, das wäre das beste.«

Übersetzt von Nani Schumann

WILLIAM DEMBY

Liebesgeschichte in Schwarz

1

»Miss Pariss? Miss *Mona* Pariss?«

»Wer sind Sie? Sie mein neuer Sozialarbeiter?«

»Nein, Ma'am – ich – ich bin Schriftsteller . . .«

Eilig trat ich von dem dreifach verketteten Spalt in der Tür zurück, durch den sie mich mit mißtrauischen, blitzschnell umherschießenden Blicken taxierte, und setzte das freundliche Lächeln eines Leichenbestatters auf, um sie und mich davon zu überzeugen, daß ich weder ein Verbrecher noch ein Polizist war – und das, obwohl es auf dem düsteren Treppenabsatz vor der Wohnung im vierten Stock ohne Fahrstuhl, wo die große alte Dame wohnte, so exotisch nach Grünkohl mit Schweineschmalz auf dem Feuer und so kräftig nach Räucherstäbchen stank, daß ich ein krampfhaftes Zucken in der Nase spürte.

»Wieso krieg ich von den Leuten unten im Sozialamt dauernd einen neuen Betreuer zugeteilt?« jammerte sie auf ihrer Seite der Tür ebenfalls ängstlich ein Stück zurückschlurfend, so daß ich einen flüchtigen Blick auf ein Kleidungsstück erhaschte, das wie ein zerlumpter orientalischer Hausmantel mit aufgestickten Drachen und giftigen Pflanzen aussah und um einen schlanken Leib gehüllt war wie eine übergroße Fahne um eine Leiche.

»Ich bin kein Sozialarbeiter, Miss Pariss«, wiederholte ich laut, weil ich dachte, sie sei vielleicht schwerhörig. »Ich bin Schriftsteller –«

»Ach, Sie sind einer von den Inspektoren vom Amt. Na, ich hab dem Staat nichts zu verbergen. Aber wo ist meine Miss Hollygreen – dieses nette Mädchen mit der weißen Haut und den roten Haaren, das mir das Telephon verschafft hat? Hab seit vor Weihnachten weder Haut noch Haar von ihr gesehen, und dabei hat sich meine Arthritis dermaßen verschlimmert ...«

»Miss Pariss«, sagte ich matt, »mich schickt die Zeitschrift *New Black Woman*. Ich soll sie interviewen, oder Sie zumindest um die Erlaubnis für ein solches Interview bitten –«

Nervös tastete ich in meiner Jackentasche nach dem Brief, den Gracie mir von ihrer Sekretärin hatte schreiben lassen. Er war sauber auf dickes Büttenpapier mit dem prätentiös eleganten Briefkopf der *New Black Woman* getippt und wirkte beeindruckend offiziell. Ich schob den blitzsauberen Brief durch den Türspalt, aber Miss Pariss trat nur einen weiteren Schritt zurück.

»Mich hat die Fürsorge schon interviewt«, sagte sie dem Brief ausweichend. »Dreimal – zweimal im Amt, wo sie mir nicht mal das Busgeld wiedergegeben haben, und einmal hat so ein pickelarschiger Typ in meiner Wohnung rumgeschnüffelt, ob er Ratten und Kakerlaken findet. Der hat so getan, als wär er ein Kammerjäger, wo ich an seiner dünnen schwarzen Krawatte und den billigen zweifarbigen Thom-McAn-Schuhen doch gleich erkannt hab, daß er ein Inspektor vom Sozialamt war, und dann trug er noch so einen schwarzen schmalkrempigen jüdischen Hut –«

»Bitte, Miss Pariss –!«

»Wo Sie das gerade sagen – woher kennen Sie meinen richtigen Namen von vor meiner Heirat? Woher kennen Sie meinen Bühnennamen? Sind Sie ein Detektiv vom FBI? Wenn ja, ich weiß nicht das geringste über den Nigger, den sie drüben in der Wohnung, zu Hackfleisch verarbeitet, gefunden haben. Mein Wahlspruch lautet ›Nichts Böses sehen, nichts Böses hören und nichts Böses reden ...‹ Ich bin eine gläubige Frau, und ich halt mich von allem Ärger so fern, als ob er stinkt, und der Ärger hält sich von mir fern, als ob ich stinke, wenn Sie die Ausdrucksweise entschuldigen wollen, so redet man eben im Showbusiness –«

»Lesen Sie doch bitte den Brief, Miss Pariss, der wird Ihnen alles erklären.«

Knochige, schwer mit zahlreichen, bunten Ringen beladene

Finger mit langen, lila lackierten Fingernägeln schnappten mir den Brief aus der Hand.

»Ich muß meine Lesebrille holen«, sagte sie, »bleiben Sie hübsch da stehen und relaxen Sie ein bißchen, während ich reingeh, um ihre Personalien zu kontrollieren.«

Abrupt und unwiderruflich knallte die Tür zu, es war das ächzende Geräusch von Schlüsseln zu hören, die sich im Schloß drehten, und ich blieb mit einem Gefühl von Demütigung und Ohnmacht einsam auf dem dunklen Treppenabsatz zurück. Die anfängliche Freude über den Auftrag hatte mich bereits verlassen, als ob der Gestank von Kohl und Schweineschmalz und Räucherstäbchen auf meine ohnehin mitgenommene Psyche wirkte wie Nervengas.

Ich steckte mir eine Zigarette an, sah auf die Uhr und überlegte dabei, daß ich, wenn ich dies in einer guten halben Stunde hinter mich brachte, immer noch pünktlich zu meinem ersten Kurs im Wintersemester erscheinen konnte. Als aber beinahe eine Viertelstunde vergangen war und noch immer kein Geräusch aus Miss Pariss' Wohnung drang, klopfte ich mit Nachdruck an die Tür – wie ein Detektiv im Film.

Immer noch kein Laut von drinnen. Doch in der plötzlichen Stille hörte ich jetzt unsichere Schritte auf den knarrenden Holzstufen, die offenbar die längst abgebröckelten Zementstufen ersetzt hatten, denn Miss Pariss wohnte in einem uralten Wohnhaus, das in den hundert Jahren seines Daseins zahllose Umbauten erlebt hatte.

Wenige Minuten darauf erschien auf dem Absatz ein hellhäutiger Schwarzer mit aufgedunsenen Backen und dem langsamen Gang eines Kellners, der ein Bein nachzieht und noch immer ein unsichtbares Tablett trägt. Er hatte eine fröhliche rot-schwarz-grüne Pudelmütze auf dem Kopf und einen fadenscheinigen Pastorengehrock an, der ihm und seiner schlaffen, gurkenförmigen Gestalt ein paar Nummern zu klein war. Unter dem Arm trug er einen handgeschnitzten Spazierstock mit einem grob gearbeiteten koptischen Kreuz am Knauf, und mit der freien Hand umarmte er eine Gallonenflasche roten Gallowein, die er sorgfältig auf dem schiefen Fußboden vor der Wohnung neben

Miss Pariss abstellte, um in seiner gestopft vollen Rocktasche ungeschickt nach seinen Schlüsseln zu wühlen. Anscheinend war er volltrunken, aber nach mehreren erfolglosen Versuchen, den Schlüssel ins Schloß zu stecken, fiel sein Blick plötzlich auf mich, er drehte sich um und kniff die blutunterlaufenen Augen argwöhnisch zusammen.

»Sie der neue Sozialarbeiter?« fragte er in einem piepsig kämpferischen Ton.

»Nein, der bin ich nicht – ich warte darauf, daß Miss Pariss ...«

»Miss Pariss? Sie meinn wohl Madam Sheba Smith – jedenfalls iss die nich da. Iss die ganze Woche weg. Ihre Schwester unten in Cedric, North Carolina, iss gestorben – außerdem hat der Kammerjäger ihre Wohnung schon inspiziert –«

»Aber ich habe gerade noch mit ihr gesprochen – ich warte darauf, daß sie die Tür wieder aufmacht –«

»Da müssen Sie wohl mit einem Gespenst gesprochen haben, weil sie noch nich wieder von der Beerdigung zurück iss. Ich dachte, Sie wärn der neue Fürsorgehelfer, weil das spiddelige weiße Mädchen das letzte Mal eine Woche vor Weihnachten da war, und dabei hat sie mir eine Kleiderzulage für Notfälle versprochen, wegen dem Feuer zu Thanksgiving, als sie mir den Strom abgedreht hatten, und ich Kerzen nehmen mußte ...«

Aus seinem Brustkorb pfiff es, als hätte er ein winziges Glokkenspiel eingebaut. Er vergaß mich prompt und begann, weil er endlich seine Schlüssel gefunden hatte, mit der ernsten Konzentration und Würde eines Nachtwächters bei der Bank nacheinander die drei Schlösser aufzuschließen.

Als die Tür hinter ihm ins Schloß fiel, steckte ich mir noch eine Zigarette an und beschloß, wenn Miss Pariss die Tür nicht innerhalb der nächsten paar Minuten aufmachte, zu gehen und die ganze Idee mit dem Interview an den Nagel zu hängen, ganz gleich was Gracie über den fehlenden »journalistischen Eifer« von Schriftstellern zu sagen haben würde. Genau die Worte hatte sie nämlich gewählt, als ich ihr zuerst angeboten hatte, einen »literarischen« Artikel für ihre neue Zeitschrift zu schreiben.

»Wir drucken keinen verwässerten, weißen, literarischen Pipifax«, entgegnete sie bissig. »Wir haben vor, die Erfahrungen der Schwarzen direkt und ohne intellektuellen Firlefanz darzustellen.«

Gracie mochte meine Romane nicht. Sie sagte, ich hätte zu lange in Europa gelebt.

»Wird Zeit, daß du dein Hirn aus der weißen Plastiktüte rausziehst!« lautete ihre Formulierung.

Vielleicht hatte sie ja recht. Jedenfalls stand ich hier wie ein Trottel in einer Giftwolke aus Kohl, Schweineschmalz und Räucherstäbchen herum und wartete darauf, daß Miss Pariss die Tür aufmachte. Und gerade als ich zum allerletztenmal klopfen wollte, sprang die Tür weit auf, und Miss Pariss erschien mit einem verschmitzten Lächeln in ihrem nußbraunen Gesicht.

Sie sah viel jünger aus, als ich erwartet hatte. Gracie hatte gesagt, ihre Nachforschungen hätten ergeben, daß sie mindestens vierundachtzig sein müsse. Aber in dem trüben Licht wirkte sie wie guterhaltene sechzig, und ihr wahres Alter, was immer es war, verriet sich in erster Linie durch die runzelige, verschrumpelte Haut an den langen, klauenhaften Händen, in denen sie noch immer das Empfehlungsschreiben hielt, als wäre es eine offizielle, vor Publikum zu verlesende Proklamation.

»Was für eine Zeitschrift ist diese *New Black Woman*?« wollte sie wissen. »Hab noch nie von so ner Zeitung gehört –«

»Ja – so was wie eine Modezeitschrift –« log ich, wobei ich mir nur allzu deutlich vorstellen konnte, wie Gracie getobt hätte, wenn sie mich gehört hätte.

»So was wie eine schwarze Ausgabe von *Vogue* –«

Miss Pariss' Blick wanderte wieder zu dem Schreiben, ihre Lippen bewegten sich beim Lesen, und dann betrachtete sie mich so ausgiebig, daß ich hustete und mich unfreiwillig am Kopf kratzte.

»Es ist eine neue Art Zeitschrift«, sagte ich mutlos. »Wie der Name sagt, will sie das neue Selbstbewußtsein der schwarzen Frau reflektieren. Vielleicht sollte ich hinzufügen, daß es ihr finanziell recht gut geht. Eigentlich hätte ich ein Exemplar mitbringen sollen, um es Ihnen zu zeigen –«

»Sie sind ein einmalig hübscher Kerl, selbst mit der Nase wie von einem Judenjungen – Sie sind doch nicht einer von den schwulen Tänzern da unten, die einen Nacht für Nacht mit ihrer Kammermusik aus der Stereoanlage wachhalten, oder?«

»Ich bin Schriftsteller, ich schreib Romane – und ich unterrichte am College –«

»Ja, reden tun Sie wie ein gebildeter Weißer. Diese Tänzer, das sind Homosexuelle, verstehen Sie, bei mir heißen sie bloß die komischen Homos. Nicht, daß ich was gegen sie hab, aber mir ist es lieber, meine schwarzen Männer benutzen den Vordereingang, wenn sie ihrem Trieb nachgehen, wie der liebe Herrgott es eingerichtet hat –«

»Das Interview, Miss Pariss? Ich fürchte, mir läuft die Zeit davon; ich habe ein Seminar, und heute ist Semesterbeginn. Ich hoffe, Sie fassen es nicht falsch auf, daß ich so dränge, aber was ist mit dem Interview?«

»Und Sie sind bestimmt keiner von der Fürsorge?«

»Bestimmt nicht, Ma'am – auch kein Detektiv – vielleicht wäre es besser, ich rufe Sie an wegen des Interviews –«

»Mein Telephon ist seit zwei Monaten abgestellt –«

»Aber Sie sind mit einem Interview einverstanden?«

»Ich bin mit gar nichts einverstanden –«

Sie betrachtete mich jetzt mit einer solchen Intensität, den Mund zu einem leichten, verschmitzt ironischen Lächeln verzogen, daß ich spürte, wie ich an den Händen schwitzte und anfing, sie mir nervös an den Seiten meiner Hose abzuwischen.

»Sie sind wirklich ein hübscher Kerl«, sagte sie unvermittelt, »und Sie sagen, Sie sind nicht einer von den komischen Homos von unten –«

Sie warf einen letzten Blick auf das Schreiben, las es Wort für Wort durch, faltete es sorgfältig zusammen und steckte sich dann beides, Schreiben und Kuvert, an den schlaffen Busen.

»Ich will Ihnen sagen, was ich tu –« sagte sie, die Stimme zu einem konspirativen Flüstern senkend. »Kommen Sie heute abend wieder, kurz bevor die ›Bill Cosby Show‹ losgeht. Unten an der Tür ist kein Schloß, aber wenn sie hier oben an *meine* Tür kommen, klopfen Sie dreimal, so –«

Und sie klopfte dreimal schnell, wie man Klopfzeichen gibt, an die Tür.

»Dann weiß ich, daß Sie es sind und nicht der versoffene Penner Reverend Grooms, der nebenan wohnt – der soll nämlich nicht wissen, daß ich schon wieder da bin –«

2

Pünktlich um fünf vor acht, als es Zeit für die »Bill Cosby Show« war, stand ich wieder auf dem dunklen Treppenabsatz vor der Tür zur Wohnung von Miss Pariss. Doch jetzt sorgten das fröhliche Gemurmel von Fernsehgeräten und der dröhnende Baß von Stereoanlagen von oben bis unten in dem tristen Treppenhaus dieses gefängnisartigen verfallenden Gebäudes an der West Side für eine weniger düstere Atmosphäre, und ich verspürte sogar die fast kindliche Euphorie des Aufbruchs zu einer geheimnisvollen Abenteuerreise. Zu meiner guten Laune trug außerdem bei, daß der erste Tag des Semesters ziemlich gut verlaufen war – und meine übliche Befangenheit einer sonoren Autorität gewichen war, zweifelsohne unter anderem dank meines flotten Dozentenlooks, durch ein Outfit, das ich zwei Tage zuvor mit Gracies Hilfe erstanden hatte (sie hatte sich immer darüber beschwert, daß ich in meinen pseudo-Elite-Uni-Klamotten wie ein Versicherungslehrling aussähe, der seinen Lehrvertrag nur durch die Quotenregelung für Minderheiten bekommen habe), bestehend aus einer Fliegerjacke in braunem Samt, einer Samthose mit Schlag und einem sehr teuren, taillierten Polyesterhemd mit einem aufgedruckten knallrot-grünen Eingeborenenmotiv. Nachdem ich mich einigermaßen schwülstig über die Wichtigkeit schriftstellerischer Ehrlichkeit ausgelassen hatte, hatte ich den Seminarteilnehmern einen kurzen Aufsatz über sich in der dritten Person aufgegeben – als beschrieben sie eine andere Person, mit der Betonung auf Ehrlichkeit statt Stil. Die Mehrzahl meiner Studenten sind Arbeiterkinder irischer oder italienischer Abstammung aus Staten Island und dem Bezirk Bay Ridge in Brooklyn, und für die meisten von ihnen ist es etwas einigermaßen Neues, einen mehr oder weniger jungen, lockeren schwarzen Professor zu haben, was mir natürlich mehr Autorität verleiht, durch die ich mir Pathos und Schwulst leisten kann, etwas, wobei ich mich als Dozent an einer Elite-Uni ungern hätte erwischen lassen. Aber als Schriftsteller und exotischer schwarzer Professor, der viele Jahre im Ausland verbracht hat, gehört dick Auftragen genauso zum Handwerk wie bei einem Stadtratspolitiker, und meine Studenten fahren voll drauf ab. Vor allem die schwarzen Studenten, die in meinen Seminaren allerdings dünn gesät sind, außer in dem Seminar über schwarze Literatur, wo fast nur schwarze Studenten sitzen. Am Ende der Stunde hatte ich keine Gelegenheit gehabt, mir alle Aufsätze, die mit verlegener Geste abgegeben worden waren, auch gleich anzusehen, aber ein Aufsatz, den ein dickes, schwarzes Mädchen schon nach einer Viertelstunde hektisch zuversichtlichen Gekritzels abgegeben hatte, war so kryptisch und merkwürdig, daß ich ihn mir dreimal durchlas, als der Seminarraum schon längst leer war.

(Diese Frau, einsfünfundsechzig, Gewicht normal, Riesenafro auf'm Kopf, Rock bis ungefähr eine Handbreit überm Knie. Hautfarbe mittelbraun. Mag dunkle Farben. Geht immer schnell. Trägt schwarzen Mantel vorne mit Goldknöpfen. Scheint sehr nett zu sein. Hat mal sehr aktiv Fußball, Basketball, Handball gespielt. Mag Kinder. Fängt was an, immer mit der Hoffnung, es auch zu Ende zu machen. Iss aber nur zu Gast in Ihrem Englischseminar. Macht immer Diät, nimmt aber nie mehr als paar Pfund ab. Regentage, das ist ihr Schönstes. Haßt Mathe. Würde aber gern Auto oder Flugzeug oder Laster fahren. Hat die Hoffnung, ihre Ausbildung abzuschließen und danach rumzureisen. Wünscht sich mindestens sechs oder sieben Kinder, wegen der Steuerfreibeträge. Mag morgens nich aufstehen und abends nich ins Bett. Das Seminar gefällt mir, aber ich bin nicht offiziell angemeldet. Vielen Dank, daß ich dabeisein darf.)

Was meinte sie mit: *Nicht offiziell angemeldet?* War sie ein Spion vom Dekan – oder noch schlimmer, eine Abgesandte der ultra-militanten Afro-Amerikanischen Studentenvereinigung, von denen mir schon mal welche vorgeworfen haben, ich sei ein Lackai der Weißen Bourgeoisie, bloß weil ich in Europa gelebt habe?

Doch jetzt klopfte ich dreimal, wie mir das Miss Pariss gezeigt hatte. Und diesmal öffnete sich die Tür weit, noch fast bevor ich mit Klopfen fertig war, und Miss Pariss winkte mich herein mit der nonchalant eleganten Geste einer Herzogin, die einen Botschafter begrüßt, der zu Besuch kommt.

»Treten Sie ein, Sir«, sagte sie, mit jetzt künstlich gehobenem, beinahe europäischem Akzent. »Sie sind absolut pünktlich – die ›Bill Cosby Show‹ soll in fünf Minuten anfangen.«

In der Eingangsdiele war es stockfinster, und es roch mittlerweile nur noch schwach nach Schweineschmalz und Kohl. Aber die überwältigend schwere Süße von Räucherstäbchen, die, nachdem Miss Pariss sorgfältig wieder abgeschlossen hatte, die muffige Luft erfüllte, vermittelte mir den merkwürdigen Eindruck, in eine Opiumhöhle geraten zu sein, wie damals in Macao – ein Eindruck, der durch die Boudoirlämpchen mit rosa Schirm verstärkt wurde, die im Wohnzimmer strategisch so verteilt waren, daß sie Romantik oder aber Trauerfeierstimmung verbreiteten, und durch die gespenstischen Schatten auf dem Fernsehschirm, der aufgrund eines technischen Fehlers, um den sich niemand scherte, vornehmlich in Gelb- und Grüntönen leuchtete.

»Nehmen Sie Platz, junger Mann«, sagte Miss Pariss liebenswürdig mit dem Ton und den Gebärden einer Gastgeberin im Werbefernsehen, »dort drüben auf dem Sofa vor dem Fernseher – Reverend Grooms, erhebe deinen fetten, faulen Arsch und hol unserem schreibenden Gast was zu trinken!«

Erst da erkannte ich die schattenhafte Gestalt in der hinteren Ecke des durchgesessenen Sofas als den seltsam gekleideten Mann, den ich auf dem Treppenabsatz getroffen hatte, als ich darauf wartete, daß Miss Pariss die Tür aufmachte. Wieder ertönte das verstimmte Pfeifkonzert in seiner Brust, und er warf mir einen bösen, grollenden Blick zu, als er seinen schlaffen Körper mühselig vom Sofa hievte und an einen runden Tisch mit fransengesäumtem, gelbem Samttischtuch humpelte, der genau in der Mitte des Zimmers stand und auf dem zwei Kerzen in Haltern wie auf einem Altar leuchteten, dazwischen zwei Gläser mit dem Konterfei von Martin Luther King und Bobby Kennedy, eine Plastikschale mit Eiswürfeln, ein Wasserkrug, eine riesige Dose mit gesalzenen Nüssen, eine frisch geöffnete Flasche Scotch mittlerer Preislage und eine fast halbleere Zweiliterflasche Gallo-Rotwein, zweifellos dieselbe, die Reverend Grooms im Arm gehalten hatte, als ich ihm zum erstenmal begegnet war. Jetzt trug Reverend Grooms einen fleckigen schwarzen Anzug mit weißem Stehkrägelchen darunter, das mindestens zwei Größen zu weit war und vom Hals abstand, denn trotz seiner wabbeligen Leibesfülle hatte er den seltsam dünnen Hals eines hormongepäppelten Truthahns.

Mißmutig mischte Reverend Grooms zwei Scotch. Er überreichte mir ungeschickt mein Glas zuerst und kippte es dabei beinahe aus.

»Du hättest unseren Gast fragen sollen, ob er seinen pur will«, sagte Miss Pariss, während sie sich in einem Sessel niederließ, über dessen Rücklehne als Kopfpolster das gestickte Bild eines afrikanischen Kriegers in der heroischen, muskelstarrenden Pose eines schwarzen Mister Amerika lag.

»Danke, das ist gut so«, sagte ich und rückte an den Rand des Sofas, soweit wie möglich von Reverend Grooms und vom grellen Schein des Fernsehers ab, weil mir von den gelb und grün flackernden Bildern schon schwindelig wurde.

»Na, ich hätte gern mehr Scotch in meinem, Reverend Grooms«, sagte Miss Pariss barsch. »Du brauchst mit *meinem* Scotch nicht zu geizen ...«

Reverend Grooms unterdrückte ein Murren, panschte mehr Scotch in Miss Pariss' Glas und überreichte es ihr mit so übertriebenem Respekt, daß ich unwillkürlich zu dem Schluß kam, er müsse ihr Butler sein. Er war gerade an den Tisch zurückgekehrt und füllte sich ein abgesprungenes Wasserglas mit Gallowein, wobei er innehielt, um über die Hälfte des Inhalts hinunterzustürzen, ehe er es noch einmal vollmachte, als Miss Pariss brüllte: »Die Nüsse, Reverend Grooms! Die Nüsse! Biete unserem Gast die gemischten Cocktailnüsse an –«

»Danke, ich habe eben erst gegessen«, sagte ich hastig. »Der Drink reicht vollkommen –«

»Ich möchte aber von den gemischten Cocktailnüssen. Reverend Grooms gönnt mir bloß wie üblich nichts – er weiß ganz genau, daß ich zu meinem *guten* Scotch immer Cocktailnüsse nehme – das verstärkt das Malt-Aroma – das habe ich in Edinburgh von einem Scotchhändler gelernt, der während einer meiner Europatourneen ein großer Bewunderer meiner Kunst war –«

»Ja, ich kann mir vorstellen, welche deiner Künste er bewundert hat –«

»Reverend Grooms, du hast ein Hirn, das Nacht für Nacht in der Kloake schwimmen geht – und du hast immer noch die Stirn, dich als Mann der Kirche zu bezeichnen!«

Reverend Grooms lehnte sich im Sofa zurück, lächelte verträumt und trank noch einen großen Schluck Wein.

»Alte, wir verpassen noch den Anfang der Show mit Lola Falana und ihren Tanzmädchen, die so hübsch rumhopsen – und die Trickfilme am Anfang will ich auch nicht verpassen –«

»›Alte‹ will ich von dir nicht hören – was bildest du dir überhaupt ein, vor unserem schreibenden Gast so vertraulich zu tun!«

»Wenn du weiter so viele Cocktailnüsse ißt, verwandelt sich dein Darm noch in eine Erdnußbutterwurst! Du hast doch sowieso schon Probleme mit deiner Verdauung –«

»Hol mir lieber endlich meine Nüsse, du scheinheiliger, versoffener Blindgänger!«

Mittlerweile flimmerte die »Bill Cosby Show« mit ihrem künstlich modernen Jargon und den superflotten Ghettowitzen und der phantastischen Gutenachterotik des Fernsehballetts über den Bildschirm. Die »Bill Cosby Show« ist meine absolute Lieblingsshow: Ich kann dabei am besten nachdenken und empfinde sie als besonders förderlich bei der Korrektur langweiliger Seminararbeiten. Aber an jenem Abend im eigentümlich obsessiven Beisein von Reverend Grooms und Miss Mona Pariss wanderte mein Blick immer wieder vom Bildschirm fort. In meinem Kopf drängten sich wirre Bedenken wegen des Interviews. Wie sollte ich an das Leben von Miss Mona Pariss herangehen? Humorvoll, nostalgisch, ehrfurchtsvoll – Josephine Bakers und Bessie Smiths Heiligkeit in einem? Doch mit einem Mal herrschte Totenstille im Raum, wie die plötzliche Stille in einer Kirche, wenn die Kollekte angesagt wird. Die Show war vorbei, der Fernseher aus.

Reverend Grooms brach das Schweigen, schüttelte den Kopf und lachte, krächzend vor Anerkennung.

»Dieser Bill Cosby verstehts wirklich ne Show hinzulegen! Auch wenn er bloß 'n kleiner Schwarzer aus Süd Philadelphia ist, behaupte ich, daß er ne bessre Show hinlegt als Johnny Carson! Und das iss so wahr wie Gottes Wort!«

Er war zum Tisch in der Mitte geschlurft und schenkte sich noch ein Glas Wein ein, das aufgedunsene, schiefe Gesicht zu einem Lächeln seligen Verdauens und vollkommener Triebbefriedigung entspannt.

»Du kannst jetzt gehen, Reverend Grooms!« verkündete Miss Pariss gebieterisch. »Und nimm die Weinpulle mit – ich kann den Gestank dieses billigen roten Latinofusels einfach nicht ertragen!«

So gescholten, zerschmolz Reverend Grooms' Gesicht zu einem mürrischen, formlosen Brei. Mit einem bösen Blick in meine Richtung, der mir die Schuld gab, wischte er sich trotzig die Lippen am Ärmel ab, klemmte sich die Weinflasche unter den Arm und bemühte sich, würdevoll zur Tür zu schreiten, die dicken Lippen in verletztem Schweigen fest zusammengekniffen. Als sich die Tür hinter ihm schloß, stand Miss Pariss zum erstenmal seit meiner Ankunft auf und schloß wiederum sorgfältig alle Schlösser ab. Dann drehte sie sich kokett lächelnd zu mir um und sagte mit einer förmlichen, aber niedlichen Kleinmädchenstimme: »Sollen wir denn jetzt mit dem Interview beginnen, Sir?«

Plötzlich ging mir auf, daß ich nicht daran gedacht hatte, einen Kassettenrekorder mitzubringen. Aus ihrer ersten Reaktion auf das vorgeschlagene Interview hatte ich natürlich geschlossen, daß ich an diesem Abend lediglich zu dem Zweck eingeladen worden war, in ausgedehnte Verhandlungen darüber einzutreten, ob sie sich überhaupt auf ein Interview einzulassen gedenke. Doch anscheinend hatte sie eine Entscheidung getroffen.

»Sollen wir mit dem Interview beginnen, Sir?« wiederholte sie, indem sie langsam aufstand, und die Hände auf den Hüften, auf mich zukam, mit dem langsamen, betonten, wiegenden Gang einer Nachtclubsängerin, die kokett ans Mikrophon tritt, wenn das Scheinwerferlicht auf sie gerichtet ist.

»Ja, ja, selbstverständlich«, stammelte ich, wobei ich einen Schritt rückwärts machte und fast eines der Boudoirlämpchen mit rosa Schirm umstieß, das auf einem wackeligen Ecktischchen stand.

»Aber ich fürchte, ich habe meinen Kassettenrekorder nicht mit. Sehen Sie, ich habe angenommen, Sie würden erstmal mit mir darüber reden wollen, an welche Art Interview die Zeitschrift denkt –«

»Macht nichts«, sagte sie, die Stimme zu einem heiser aufreizenden Flüstern gesenkt. »Ich bin sicher, daß das Interview absolut glattgeht. Deshalb kommen Sie doch bitte, wenn es Ihnen nichts ausmacht, mit ins andere Zimmer, wo wir es uns bequemer machen können –«

Damit nahm sie die Scotchflasche und unsere beiden Gläser und führte mich durch eine Tür mit einem schweren Vorhang in einen kurzen, unordentlichen Flur, von dem auf einer Seite eine winzige Küche abging, deren Eingang von einer überquellenden Mülltonne verstellt war, zu einer weiteren Tür, die ebenfalls mit einem schweren roten Samtvorhang verhängt war.

»Dies ist das Zimmer, in dem ich meditiere und meine Weissagungen mache«, sagte sie nonchalant, als ich hinter ihr durch den Vorhang trat und mich in einem riesigen Zimmer mit hoher Decke und handbemalten Balken befand, einem geräumigen Zimmer mit dicken Wänden, einem Kamin und einem verglasten Balkon, auf dem ein dichter Dschungel aus Pflanzen mit riesigen, üppigen wachsglänzenden Blättern wucherte.

Das Zimmer war mindestens doppelt so groß wie das Wohnzimmer, aus dem wir gerade gekommen waren. Selbst mit dem Himmelbett, das die Mitte des Zimmers beherrschte, wirkte es eher wie ein Tempel oder eine Friedhofskapelle als ein Schlafzimmer.

»Hier meditiere ich, mache meine Weissagungen und Gebetsübungen«, wiederholte sie, wie um zu betonen, daß die beiden Zimmer nicht nur unterschiedliche Funktionen hatten, sondern daß jeder der beiden Räume auch eine Persönlichkeitswandlung mit sich brachte.

Eine Deckenbeleuchtung gab es nicht, nur kleine elektrische Kerzen unter Heiligenfiguren aus Plastik, wie man sie in den puertorikanischen Zaubermedizinläden in meinem Wohnviertel an der West Side sieht, wobei allerdings alle Gesichter der Heiligen pechschwarz angemalt worden waren (das blonde Haar einer Heiligen jedoch widersinnigerweise leuchtend gelb belassen war).

Das gigantische Himmelbett, das die Mitte des Zimmers beherrschte, war ordentlich mit einem Bettüberwurf aus Damast bedeckt. Und auf beiden Seiten des Bettes standen zierliche Damenstühle, die ebenfalls bedeckt waren – mit billigen, roten Samtdeckchen. In einer Zimmerecke (mehr Möbel gab es nicht, was den Eindruck der Geräumigkeit einer Friedhofskapelle oder eines Tempels noch verstärkte) stand ein altmodischer Schreibtisch auf Rollen, auf dem sie die Scotchflasche und die beiden Gläser abstellte.

»Zu spät am Abend für Eis«, sagte Miss Pariss fröhlich, als sie zwei Gläser mit Scotch pur einschenkte und die beiden Martin-Luther-King-Robert-Kennedy-Andenkengläser beinahe zur Hälfte füllte.

Meine Aufmerksamkeit war von dem Fenster mit den geschlossenen Vorhängen zu der stockfleckigen Wand gegenüber gewandert, wo, wie in einer Galerie, eine unglaubliche Zahl gerahmter Plakate und verblichener Hochglanzphotos von Miss Pariss in vielen Phasen ihrer Karriere willkürlich verteilt hingen. Auf einer sehr großen, goldgerahmten Photographie, die auffällig im Zentrum des Ensembles plaziert war, saß sie auf einem gigantischen Schimmel und trug einen Schlapphut aus Kreppapier, ein eng tailliertes, langes Spitzenkleid und einen Sonnenschirm. Dem Anschein nach war sie noch nicht bereit, sich über die Photos und Plakate auszulassen, denn sie lief eilig zu mir herüber und stieß mich mit dem Scotchglas an den Arm.

»Jetzt entspannen wir uns und finden zu innerer Harmonie«, sagte sie mit abermals veränderter Stimme, diesmal kehlig und tief wie ein Orakel.

Dann nahm sie mich, ihr Glas in der freien Hand, fest an die Hand und führte mich zu einem der Stühle neben dem riesigen Himmelbett.

»Nehmen Sie Platz und machen Sie es sich bequem«, sagte sie, »während ich mich hinlege, damit ich meine Gedanken sammeln kann – meditieren oder weissagen hab ich noch nie im Stehen oder Sitzen machen können –«

Dabei starrte sie mich an, nicht einfach so, sondern mit halbgeschlossenen Augen, als starre sie mir direkt ins Hirn. Doch gleichzeitig sah sie mich an, wie eine sexuell erregte Frau einen Mann ansieht. Und das entnervte mich außerordentlich, gerade in dieser Hokuspokusatmosphäre. Ich nahm nervös einen tiefen Schluck aus meinem Glas und setzte zu einer Bemerkung über die Photographien an, um den Bann ihres Blickes zu brechen, als sie plötzlich loskicherte.

»Das ist ja genau wie bei einer Therapiesitzung vom Sozialamt! Da sitzen Sie mit Block und Stift, um alles aufzuschreiben, was ich sage, und ich lieg hier gemütlich und entspannt und sammle mich, um in meinen Erinnerungen zu kramen –«

Die Räucherstäbchen, die irgendwo im Zimmer brannten, und der Scotch taten ihre Wirkung, und ich fühlte mich, als ob ich unter Wasser oder in einem Traum dahintrieb. Um wieder Kontrolle über meine kritische Vernunft zu gewinnen, zwang ich mich, mich auf die Einzelheiten ihrer Erscheinung zu konzentrieren, aber ich war lediglich imstande zu registrieren, was für ein Kleid sie trug, so einschüchternd war die Intensität ihres Blicks. Es war eine Art Abendkleid aus verblichenem schwarzem Satin mit Fransen an der Brust und auf halber Höhe am Rock – ein Theaterkostüm aus längst vergangener Zeit, beschloß ich und versuchte, mir das zu merken.

»Gefällt Ihnen mein Kleid?« fragte sie und bedeckte züchtig

ihre Knie mit dem Rock, der hochgerutscht war, als sie sich hingelegt hatte.

»Ich find es ausgesprochen attraktiv«, sagte ich, »eine sehr originelle Kreation. Haben Sie es selbst genäht?«

Sie lachte so sehr, daß sie beinahe erstickte.

»Nein, natürlich hab ich es nicht genäht – Reverend Grooms hat es entworfen und auch selbst genäht. Der versoffene Penner hätte mit seinen Kleidern ein Vermögen machen können, wenn er nicht als Schwarzer geboren wäre und sich nicht darauf versteift hätte, das Wort Gottes unter die Leute zu bringen. Der alte Nigger entwirft schon seit über fünfzig Jahren meine Kleider! Und dabei ist er nicht mal ein komischer Homo!«

Sie sagte das mit so ernster Überzeugung und Zuneigung, daß ich mir im Geiste vornahm, die Beziehung zwischen Miss Pariss und Reverend Grooms mit neuen Augen zu betrachten und zu bewerten. Indes ging mir mit wachsendem Schrecken auf, daß ich mein sorgsam strukturiertes Konzept für dieses Interview vollkommen verwerfen mußte.

Denn schon an diesem Punkt war mit klar, daß es sich hier nicht um eine simple Geschichte aus dem Leben einer allzu lang vergessenen schwarzen Unterhaltungskünstlerin handelte. Wer immer diese Frau sein mochte, diese Geschichte war mit dem geheimnisvollen Balsam jenes Stoffes durchtränkt, aus dem die alten Mythen entstanden sind. Und vielleicht spürte sie die kalte Beklommenheit, die über mich gekommen war, denn sie sagte wieder mit ihrer normalen, flachsenden Stimme (wenn sie denn eine normale Stimme besaß): »Ich sag immer Meditierkleid oder Erinnerungskleid dazu – ich zieh es immer an zum Meditieren und für meine Weissagungen –«

»Dann sind Sie also mit dem Interview einverstanden?« fragte ich ein wenig zu eifrig und beugte mich unfreiwillig vor, als sollte ich nun eine Geschichte zu hören bekommen.

Es schien eine Ewigkeit zu vergehen, ohne daß Miss Pariss etwas sagte, und ich rutschte unruhig auf meiner Stuhlkante hin und her.

»Nun, da bin ich aber sehr froh«, sagte ich mit aufgesetzt munterer Stimme. »Ich denke, ich darf Ihnen ruhig verraten, daß die Herausgeberin der Zeitschrift meint, Ihre Lebensgeschichte sei für die Geschichte der Schwarzen so wichtig, daß man aus der Interviewserie wahrscheinlich sogar ein Buch machen wird.«

Miss Pariss sagte immer noch nichts und starrte mich weiter unverwandt an, was mich so nervös machte, daß ich einen großen Schluck aus meinem Glas nahm, obschon ich sehr wohl wußte, daß es leer war. Gleichzeitig begann ich, den Alkohol zu spüren, und meine Lider waren so schwer geworden, daß ich einen panischen Moment lang mit dem lächerlichen Gedanken spielte, daß sie mich vielleicht hypnotisierte.

Doch dann hörte ich sie mit einer piepsigen Sekretärinnenstimme, die über eine gestörte Ferngesprächsleitung in mein Bewußtsein zu dringen schien, sagen: »Jawohl, Kindchen – mit meinem Leben kann man Bände füllen. 'türlich trifft das auf jeden zu, aber mein Leben ist ein Roman, wie ihn das Leben selten schreibt! Ja, Kindchen, mein Leben ist ein Roman – eine Heiligenlegende, und das meine ich nicht als Gotteslästerung!«

Wieder eine lange Pause. Die weihrauchschwere Stille vibrierte mit dem manischen Baßrhythmus der Stereoanlagen auf der Etage unter uns.

»Schenk mir noch einen Scotch ein, junger Mann!« befahl sie beinahe ärgerlich.

Ich sprang auf, als hätte ich einen Peitschenhieb ins Genick bekommen und beeilte mich, ihr Glas zu füllen, das ich ihr wie ein Meßdiener feierlich überreichte.

»Schenk dir auch ein«, sagte sie, jetzt in mütterlichem und beschützendem Ton. »Wenn du meine Lebensgeschichte hören willst, mußt du eine ganze Weile zuhören, deshalb kommst du am besten gleich hier mit aufs Bett und streckst dich gemütlich neben mir aus –«

Und während ich mir mit zitternder Hand noch einmal einschenkte, stützte sie sich auf einen Ellbogen und rückte auf die entferntere Seite des gigantischen damastbedeckten Bettes.

»Also dann –«, sagte sie, als ich mich zaghaft neben ihr ausstreckte und mir auf die Lippen biß, um gegen das Gefühl anzugehen, daß ich kippte, weil mir vom vielen Alkohol schwindelig war. »Leg dich schön hin und entspann dich an Leib und Seele. Mensch, bist du ein hübsches Kerlchen, dafür daß du nicht einer von den komischen Homos von unten bist –«

»Sind nett und höflich, da laß ich nichts drauf kommen«, fügte sie nach einer nachdenklichen Pause hinzu. »Manchmal lade ich sie hierher ein und sag ihnen, was die Zukunft bringen wird, und erklär ihnen, wie man sich im Showgeschäft durchbeißt, wenn sie arbeitslos sind – also meistens, jetzt wo sie keine Farbigen mehr auf die Bühne holen, sondern bloß noch diese langhaarigen Weißen, die auf ihren Gitarren klimpern. Wald- und Wiesenmusik nannten wir das früher. Aber sie sind solche Muttersöhnchen, daß sie mir auf die Nerven gehen mit ihrem ewigen ›soll-ich-lieber-dies-tun‹ oder ›soll-ich-lieber-das-tun‹ oder ob ich ihnen mal eben einen Knopf an den Hosenstall nähen könnte. Ich fühl mich dann so alt, und wenn meine Haut vielleicht nicht mehr so jung ist wie früher, so strömt mir doch das Blut noch wie heißer Pfefferminztee durch die Adern, sobald ich nur ein bißchen Scotch intus habe. Herrgott, ja! Red mir bloß nicht von Geriatrie! Wenn ich Altenpflege nur von weitem rieche, braucht man mich nicht ins Grab zu tragen, dann befördere ich mich von alleine mit einem Kopfsprung hinein!«

Und sie lachte so heftig, daß ich dachte, sie hätte einen richtigen Anfall, aber schließlich raffte sie sich zusammen und bekam wieder Luft.

»Wenn du dir jetzt noch die Jacke ausziehst und es dir sozusagen hübsch gemütlich machst, dann könnten wir wohl mit deinem Interview da loslegen –«

Ich sprang flink vom Bett, überglücklich, etwas zu tun zu haben, das zugleich real und vertraut war und nicht aus einem Alptraum stammte, und wühlte in der Innentasche meiner Jacke nach meinem Block und einem Bleistift.

»Wo du gerade stehst«, sagte sie, »kannst du dich auch gleich ganz ausziehen –«

»Ich soll mich ausziehen?« stieß ich hervor und drehte mich um.

»Was ist, Sportsfreund? Du bist doch nicht etwa doch einer von den komischen Homos da unten? Verstehst du kein Englisch?«

»Sie wollen, daß ich mich ausziehe und zu Ihnen ins Bett komme?«

»Du hast gehört, was ich gesagt hab. Weißt du nicht, wovon ich rede?«

»Sie meinen, Sie wollen, daß ich – äh – mit – mit Ihnen ins Bett gehe, bevor ich Sie interviewen darf?«

Sie brach erneut in ihr hohes, durchdringendes Lachen aus.

»Du kannst ja Gedanken lesen, Sportsfreund.«

Mein eigenes gepreßtes Lachen war zugleich vorsichtig, unfreiwillig und gezwungen – Galgenhumor. Meine Gedanken waren vor Schock und erschrockener Ehrfurcht vollständig gelähmt.

»Aber, Miss Pariss«, stammelte ich, die Augen abwendend, meine Worte aber möglichst feinfühlig wählend.

»Aber, Miss Pariss –«, wiederholte ich unbeholfen. »Das ist – ja, lächerlich, ich meine, so hatte ich mir das eigentlich nicht gedacht –«

»Du willst sagen, daß du nicht mit mir ins Bett willst?«

»Ich möchte um keinen Preis den Eindruck erwecken, daß ich nicht mit Ihnen ins Bett will. Es ist nur, daß –«

»Bloß weil du ein hübscher junger Kerl bist, bist du dir zu gut, um mit mir ins Bett zu gehen, bloß weil du denkst, ich bin eine Seniorin oder ein Fall für die Geriatrie –«

»Glauben Sie mir, Miss Pariss. Wir kennen uns erst kurz, noch nicht einmal einen Tag – und trotzdem bin ich überzeugt, daß Sie die außergewöhnlichste Frau sind, die mir mein Lebtag begegnet ist –«

Doch schon als mir die Worte aus dem Mund flossen, wußte ich, daß ich lediglich die Worte probte, die ich vor Gracie am nächsten Tag wiederholen würde, wenn sie mir die unvermeidliche Frage stellte, wie das Interview wohl laufen würde. Schließlich hatte Gracie ihre Probleme mit den Redakteuren des blutjungen Blattes, und sie hatte mir bereits erzählt, daß es ihr außerordentlich schwerfalle, neue Ideen für Artikel zu entwikkeln, die zugleich »ein schwarzes Massenpublikum interessierten und provokativ« seien.

Und war's auch nur Gracies Mut und Vertrauen in mich zuliebe, so hatte ich keine andere Wahl, als das Interview durchzuziehen, egal um welchen Preis, was meine persönlichen Empfindlichkeiten betraf. Außerdem brauchte ich dringend das Geld.

Also begann ich mich mit den langsamen, theatralischen Bewegungen eines Stripteasetänzers zu entkleiden. Und als ich bei meinem Leopardenslip angekommen war (das Zimmer mittlerweile vollkommen dunkel bis auf eine einzige rosafarbene elektrische Kerze und einen schwarzgesichtigen Sankt Georg aus Plastik, der gerade den Drachen schlug), dröhnte ihre nunmehr tiefe Orakelstimme durch die Weihrauchschwaden, und sie gab den priesterlichen Befehl: »Zieh das aus! Zieh alles aus! Asche zu Asche, Staub zu Staub –«

Und als ich mich zaghaft auf die Bettkante setzte, nahm sie meine Hand und legte sie auf die rougerote Glätte ihrer eingefallenen Wange.

»Na, ist das nicht so weich wie ein Kinderpopo?« fragte sie sanft.

Mir war heiß und mein Blut pochte. Dann, nach einem scheinbar schier endlosen Moment mystischer Erwartung, dem vor der Erhebung der Hostie nicht unähnlich, schob sie mir ihre welke Hand zwischen die nackten Beine und stieß einen Jubelschrei aus.

»Er steht, Jungchen, er steht! Gelobt sei Gott im Himmel! Ich hab an dem komischen Knick in deinem linken Auge gleich gesehen, daß du ein ganz besonderer Fall bist. Dann mach dich jetzt bereit, die Wahrheit zu hören – die reine Wahrheit, die ganze Wahrheit, und nichts als die Wahrheit, direkt aus dem heiligen Buch des Lebens der Madam Mona Pariss Babu!«

Übersetzt von Karen Nölle-Fischer

MELVIN DIXON

Der Mann mit dem Bier

Es war Freitag abend und voll. Er stand allein vor dem Club und versuchte durchs Fenster zu sehen, wo sein Atem an der getönten Scheibe hängenblieb und man die Menschen nur als Auf und Ab verschwommener bunter Schemen wahrnahm. Er ging weg und kehrte zurück. Sein innerer Zweifel war genauso wirklich wie die Kälte draußen. Noch einmal näherte er sich dem Fenster, dann der Tür, schob dabei einen Uni-Schreibblock in die Manteltasche und hielt ihn dort fest. Vielleicht nächstes Wochenende, dachte er. Er spürte die Nachtluft im Nacken und dachte daran, daß es drinnen warm wäre. Zum drittenmal sagte er sich: ›Ich muß‹, doch die innere Stimme hatte Bedenken.

Was ist, wenn Mama dahinterkommt?
Die erfährt schon nichts davon.
Oder Larry?
Larry? Der ist doch weg.
Und sie erfährt bestimmt nichts davon?
Ich sag einfach keinem, wer ich bin.
Die kennen dich doch.
Ich geh trotzdem rein.
Nein, das tust du nicht.
Ich muß aber.
Hast du vergessen, was in der Bibel steht?
Ich geh trotzdem rein.

Ein lachendes Grüppchen irgendwo hinter ihm holte ihn wieder in die Wirklichkeit auf der Straße zurück. Plötzlich spürte er etwas Nasses am Hals. Der Luftzug auf seinem Schweiß brachte ihm eine kühle Leere zu Bewußtsein, die in seinem Inneren anwuchs. Aus dem Gelächter hinter ihm drangen reale Stimmen.

»Nee, nee, Herzchen, heut abend bin ich zu müde. Ihr spinnt ja sowieso ganz schön, also wirklich! Mich bei der Kälte aus dem Haus zu zerren. Hach! Allein die Rumsteherei mit euch Spinnern macht einen ja fertig. Nee, nee, also wirklich.«

»Tja, Schätzchen«, sagte die nächste Stimme, »dann gehen wir eben ohne dich. Ich bin die ganze Woche zu Haus gesessen und hab gewartet, daß der Typ anruft, das sag ich euch. Genau, die *ganze Woche,* und bis jetzt hat dieser Penner sich nicht gemeldet. Ich verschmachte für keinen mehr im stillen Kämmerlein, da könnt ihr Gift drauf nehmen. Nie wieder. Wegen so einem Kerl werd ich doch nicht vermodern.«

Eine dritte Stimme gesellte sich dazu. »Letzte Woche hast du noch gesagt, der ist es wert, daß man zehn Jahre auf ihn wartet.«

»Das war letzte Woche, mein Engel. Heut abend hab ich was Bessres vor. Auch andre Mütter haben schöne Söhne.«

»Huuuu! Denn man los!«

»Labert nicht soviel rum«, sagte die erste Stimme, »daß wir wenigstens noch zu einem vernünftigen Schluck kommen, bevor der Abend vorbei ist.«

Die Stimmen kamen auf ihn zu. Er trat schnell beiseite, erleichtert, daß die drei ihn nicht bemerkt hatten. Er sah zu, wie sich die rote Tür für die Neuankömmlinge öffnete, horchte, wie Klangfetzen schwarzen Nachtlebens auf die Straße drangen, und dann folgte er wortlos dem Dreiergespann nach drinnen.

It ain't easy, girls, it ain't easy
It ain't easy, girls, it ain't easy . . .

Er erkannte das Lied aus der Jukebox. Bei dem Rhythmus fühlte er sich gleich wohler in dem Kokon aus Rauch, Alkoholdunst, Musik und einsamen Menschen. Mehrere Köpfe drehten sich in seine Richtung, und er spürte einen dumpfen Schmerz in der

Brust. Nacheinander drehten sich die Köpfe wieder zu ihren Drinks, als sei er nicht derjenige, den sie erwartet hatten.

Während er ins Innere der Bar vordrang, überlegte er wieder, was sie wohl sagen würde, wenn sie ihn hier sehen könnte. Aber sie ist weit weg, dachte er. Weit weg. Ihre Stimme kehrte allerdings zu ihm zurück, und sofort wurden seine Beine steif.

Du bist doch Mamas kleiner Mann.
Ja, Mama.
Und so hübsch siehst du aus.
Ich weiß nicht ...
Doch doch.
Mama?
Heute gefällt es dir in der Kirche bestimmt. Singt der Jugendchor?
Ja.
Soll ich mich vorn hinsetzen, damit ich dein Solo höre?
Ich habe kein Solo.
Nicht?
Mama?
Ja. Ach, sitzt mein Hut gerade? Komm, mach mir schnell den Reißverschluß zu. Nicht, daß wir zu spät kommen.
Mama?
Was ist denn?
Mir ist nicht gut.
Das wird schon wieder. Reverend Jones predigt so schön, da wird dir richtig gut.
Mama?
Na, mach schon. Sonst kommen wir noch zu spät. Vorsicht, nicht stolpern.
Mama?

Auf dem ganzen Weg durch die Bar tanzten um ihn herum Farben in rosa Strick, maßgeschneidertem organgefarbenem Glitzerlycra und burgunderrotem Samt. Der Burgundersamt blies ihm eine billige Fahne über die spiegelnde Tanzfläche entgegen; eine tannengrüne Jacke und ein Paar hellgrüne Schuhe traten im Vordergrund in Aktion. Statt mitzumachen, ging er an den Tänzern, den leeren Bierflaschen, dem Zigarettenrauch vorbei und ließ sich in einer Nische neben der Tür zur hinteren Küche nieder.

›Bestell ein Bier. Das ist nicht so teuer‹, sagte er sich. ›Bei dem bißchen Kleingeld, das ich dabei habe.‹ Trink es langsam. Schluck für Schluck. Damit es lange hält.

Aber er fürchtete sich.

»Ein Ballantine, bitte.«

Keine Antwort.

Dann lauter, tiefer: »Ein Ballantine, bitte!«

»Kommt schon.« Die Antwort klang gereizt.

Er ging mit einem Glas und linkischen Schrittes an seinen Platz zurück, den braunen Flaschenhals an sich gedrückt. In dieser Bar hielt er es nicht den ganzen Abend aus, schoß es ihm durch den Kopf. Angst stieg in ihm hoch, und immer wieder kamen Stimmen – mit der Ermahnung, zu gehen. ›Nein, noch nicht‹, sagte er sich. Er versuchte, sich auf die Bar, das Ballantine und seinen Durst zu konzentrieren, doch da erwischte ihn die Stimme seines Vaters.

Willis! Was zum Teufel soll das? Wieso stehst du in der Küche und bäckst Kuchen? Und noch dazu mit der Schürze von deiner Mutter! Raus da mit dir, hilf mir lieber den Hof kehren.
Er hilft doch mir schon.
Unsinn, Sarah. Der Junge muß raus und Männerarbeit machen, wie die anderen Jungs in seinem Alter, und nicht in einer verdammten Küche versauern!
Wenn er einen Kuchen backen will, dann laß ihn doch.

Der erste Schluck Bier war so eiskalt, daß er ihm Kehle und Magen taub machte. Willis sah sich um und betrachtete die Reihen von lachenden Gesichtern, die Paare, die wenigen einzeln Stehenden, die dem Geschehen zusahen. Er überlegte, wie er sie ansprechen sollte. Was er tun sollte. Larry wüßte das vielleicht. Einmal hatte er ihn gefragt:

Larry, willst du mein Freund sein?

Und dann hatte er noch mal gefragt, aber da war Larry schon weg.

Willis?

Da rief jemand anderer.

Wwwwwwiiiiillllliiisssss. Komm nach Hause!

Wenn sie nach ihm rief, klang das nicht so wie bei seinem Vater, dessen Ton erst nach seinem geliebten Grünkohl und drei Tellern heißer Suppe freundlich wurde. Sein Vater vergaß oft Geburtstage, einmal sogar Weihnachten. Zwölf seiner eigenen Geburtstage waren übergangen worden, das wußte Willis noch genau. Das letzte Geschenk von seinem Vater hatte er mit sechs bekommen, ein Rennauto mit Batterie, das nach drei Tagen auseinanderfiel.

Sein Vater hatte seine Freunde immer vertrieben; Larry zum Beispiel, wenn sie zusammen Platten hörten, Comics lasen oder manchmal draußen Fangen spielten. Sie machten zuviel Lärm, meinte sein Vater, deshalb durfte Larry nie lang bleiben. Doch, Larry und er waren Freunde gewesen. Gute Freunde. Bis zu dem Tag.

Larry?
Mhm.
Wir sind immer noch Freunde, oder?
Klar. Gute Freunde. Logisch.

Larry. Das grüne Haus auf der anderen Straßenseite. Larry. Ein Jahr älter. Sie gingen in dieselbe Schule und putzten jahrelang im Zentrum zusammen für einen Quarter Schuhe, bis Willis vierzehn wurde und Larry einmal bei ihm übernachtete. Willis war verlegen. Larrys Hände waren kalt und rauh. Willis hatte warme Finger, und in dieser Nacht berührten sie sich, fummelten nervös und zitterten. Er mußte daran denken, was man immer über seine Hände gesagt hatte.

Sarah, was für kräftige, breite Hände dein Sohn doch hat.

Er hat früher Klavier gespielt.
Ach, wie schön.
Jeden Tag hat er geübt.
Ach, wie schön.

Und an Larry, der sein Freund war.

Na hör mal, Willis.
Du verstehst das doch, oder?
Nö, das glaub ich nicht.
Larry?
Mann, Willis, ich glaub nicht, daß wir noch befreundet sein können. Nicht auf die Art, verstehst du? Verstehst du?
Glaub schon.
Komm, schau nicht so, als würdest du gleich zu heulen anfangen.

Larry. Das Gesicht und die Stimme kamen zu plötzlich. Grell. Willis bemühte sich, die Erinnerung wegzuwischen. Er schluckte fest und konzentrierte sich auf die Wassertropfen, die sich auf der Bierflasche bildeten. Dann trank er noch einen Schluck und spülte sich damit das Zahnfleisch, bevor er ihn hinunterstürzte. Er blickte die Männer und die wenigen Frauen um sich herum an.

Sandy kam ihm in den Sinn, mit der zimtfarbenen Haut und den kurzen borstigen Haaren, Sandy, die so flink war, daß sie in der Mädchen-Leichtathletikmannschaft an der Eastern High mitlief. Damals bewegten sich eigentlich alle Mädchen wie Sportlerinnen, dachte er. Willis war mit ihr auf den Schulball der Unterstufe gegangen, wo sie gemeinsam aus der Flasche Calvert tranken, die L. B. unter seinem Jackett hereingeschmuggelt hatte. Damals schien alles bestens; er war mit Sandy zusammen. Er erinnerte sich, wie sich beim Tanzen ihr Körper warm an den seinen schmiegte. Am Morgen tranken sie den letzten Rest Whiskey.

Willis?
Ja.

Wieso trinkst du so viel?
Keine Ahnung.
Ich mag das nicht, wenn du soviel trinkst. Das ist nicht gut.
Auch recht.
Weißt du was? Ich finde, ich hab ganz schön Glück.
Wieso denn?
Bei mir in der Klasse sind alle Mädchen eifersüchtig, weil wir miteinander gehen.
Ach? Aber ich bin doch bloß mit dir auf den Schulball.
Außerdem mag ich dich, weil du nicht so bist wie die anderen Jungs. Du bist anders, irgendwie was Besonderes.

Ihre Stimme verschwand schnell aus seinem Kopf, als eine Gestalt auf seine Nische zukam. Er packte die Bierflasche fester und rutschte auf seiner Bank hin und her. Ein schwarzes Satinkleid, ein Schwung falscher Perlen um einen dicken braunen Hals, eine blonde aufgetürmte Perücke auf dem Kopf. Als Willis sah, daß es ein Mann war, zuckte er zusammen, starrte aber unverwandt hin. Der Mann schwebte vorüber wie ein Geist und nebelte ihn mit einer Parfümwolke ein. Aus dem Nebel starrte ihm ein wutverzerrtes Gesicht entgegen; ein imaginäres zwar, doch die Stimme klang bedrohlich.

Was hast du so lang da drin gemacht?
Mir die Zähne geputzt.
Du weißt doch, daß ich mich noch rasieren muß.
Entschuldigung.
Und duschen.
Entschuldige, Daddy.
He, komm mal her, Willis.
Ja?
Was ist das für eine schwarze Schmiere um deine Augen herum? Und das rote Zeugs auf den Backen?
Nichts.
Ach, nichts? Geh mir bloß aus den Augen, in so einem Aufzug.

Der Sommer nach der High-School war einsam gewesen, erinnerte sich Willis. Er setzte sich in den Park, beobachtete die Leute, fragte sich, warum sie auf seine Blicke nicht reagierten, warum sie den Zweifel in seinem Inneren nicht spürten. Er wollte jemanden fragen, irgend jemanden, ob er denn immer allein bleiben müsse. Oder konnte er den ständigen gequälten Blick seines Vaters doch ertragen? Sollte er von zu Hause weggehen? Aber wohin? Die leeren Gesichter der Vorübergehenden hatten sein Elend noch verstärkt, und er fragte sich, warum er überhaupt existierte. Wenn ihm die Bibelverse eingefallen wären, dann wäre die Leere vielleicht vergangen:

Der Herr ist mein Hirte, mir wird nichts mangeln.

Und Sandy?

Mir wird nichts mangeln. Er weidet mich auf einer grünen Aue und führet mich.

Sandy, ich liebe dich.

Er führet mich zum frischen Wasser. Mir wird nichts mangeln. Er erquicket meine Seele.

Sandy, wir können nicht mehr.

Er führet mich auf rechter Straße um seines Namens willen.

Wie empfände er wohl die Beerdigung seines Körpers? Und die Berührung, diese ständige Berührung? Wie ein Gefallener auf einem verlassenen Schlachtfeld ohne Blumen zu liegen, allein, wo über dem eigenen Körper das Gras gelb wächst und der Himmel droben leer ist? Leer.

Willis dachte an den letzten Sommer, als in der Nachbarschaft über nichts anderes geredet wurde als über die beiden Jungs, die man in einem Gebüsch in der Nähe des Teichs im Park beim Schmusen erwischt hatte.

Und ob ich schon wanderte ...

Die Bar war inzwischen überfüllt, und der Abend nahm seinen Lauf. Willis war in Gedanken bei der Beerdigung, für die er noch nicht bereit war.

... im finstern Tal, fürchte ich kein Unglück. Kein Unglück. Denn du bist bei mir; mir wird nichts mangeln ... er führet mich ... mir wird nichts mangeln.

Er spürte die harte, kirchenbankähnliche Lehne im Rücken, bloß der Altar fehlte noch. Beten konnte er nicht, aber zurückdenken. Und er dachte an das Schulkinderprogramm in seiner Kirche, an die Diakone, die ihm die Hand schüttelten, an die wackeren Kirchgängerinnen, die ihn abküßten, wenn er die Verse mit seiner glockenklaren Stimme vorgetragen hatte.

Plötzlich streifte eine Hand an seinem Oberschenkel entlang. Er wandte abrupt den Kopf und sah sich suchend in der Menge um. Hatte er sich die Berührung nur eingebildet? War es seine eigene Hand gewesen, die ihm so oft zwischen die Beine kroch und molk und molk, bis er sich erleichtert hatte, so daß er einschlafen konnte? Er sank wieder in die Kirchenbank-Nische, und der Psalm in seinem Innern wurde lauter und lauter.

Du bereitest vor mir einen Tisch im Angesicht meiner Feinde du salbest mein Haupt mit Öl und schenkest mir voll ein Gutes und Barmherzigkeit werden mir folgen mein Leben lang und ich werde bleiben im Hause des Herrn immerdar.

Die Reise in sein Inneres dauerte zu lang. »Faß mich nicht an!« Der Satz schnürte ihm die Kehle zu.

Reverend Jones predigt so schön. Hör auf deine Mutter. Tritt in die Kirche ein, mein Kind. Deine Mutter weiß Bescheid. Die Taufe wird dir Beistand leisten.

Die Kälte des Wassers hatte ihm die Brust eng werden lassen. Er tastete sich am Beckengrund entlang, bis er mit den Zehen keinen Halt mehr fand, verschränkte die Arme, als sei er tot, und tauchte unter. Als ihn der Pfarrer heraushob, prustete er das Wasser aus seinen geblähten Backen. Seine Mutter sah ihn und glaubte. Trotzdem wußte er keine Antwort, als sie ihn fragte:

Willis, warum siehst du die anderen Jungs so an?
Tu ich doch gar nicht, Mama.
Doch. Das tust du wohl.
Nein, Mama.
Sie haben dasselbe weiße Gewand an wie du, und sie haben dasselbe Ding wie du.

Ich weiß, Mama.
Sie sind genauso naß wie du.
Aber ich schau doch gar nicht. Ich schau ihnen nicht auf die Beine oder die Schenkel.
Hier, nimm das Handtuch und trockne dich gut ab.
Ich schau nicht hin.
Jetzt mach schnell, sonst erkältest du dich noch.

Was hatte der Pfarrer gesagt? Willis versuchte sich zu erinnern, als ein Mädchen in einem kurzen blauen Kleid an seine Nische getorkelt kam und sich neben ihm übergab. Willis wäre am liebsten aufgestanden, aber er kam nicht aus der Nische, und er fürchtete sich, sitzen zu bleiben. Die Tür zur Küche schwang auf, ein Mann kam heraus und zog das Mädchen weg. Der Pfarrer hatte gesagt, er wäre sicher.

Das Wasser der Gnade wird euch befreien. Übt Reue, Brüder, übt Reue!

Sein Bierglas fiel auf den Boden. Kaltes Naß sickerte an seinem Bein hinunter und tropfte ihm in den Schuh. Die Kälte kroch ihm in die Knochen. Es war ihm zu peinlich, um eine Serviette zu bitten, lieber ließ er die Nässe, wo sie war.

Schwarze Gestalten und Farben, die im Tanz zu verschwommenen Silhouetten verschmolzen, reizten ihn zum Lachen, also lachte er. Er faßte sich an das nasse Bein und mußte wieder lachen. Die Leute um ihn herum lachten, sangen bei der Musik mit und vertrauten sich gegenseitig Geheimnisse an. Willis' Geheimnis kannte keiner, aber man lachte trotzdem.

Dann eine Hand auf seiner Schulter. Eine Männerstimme. Willis hörte auf zu lachen, hörte auf zu atmen, hörte auf zu denken, hörte auf zu leben. Konnte nicht sterben. War das die Stimme seines Vaters?

Willis?
Ja, Daddy.
Sei stark, hörst du? Hörst du mich?

Nein, rühr dich nicht, dachte Willis. Halt die Hand fest. Aber er tat nichts, sagte nichts; er horchte.

»Tag.«

Es klang nicht wie sein Vater.

»Hallo, hab ich gesagt.«

Das war nicht die Stimme seines Vaters. Trotzdem hatte Willis Scheu, zu antworten. Nach einer kleinen Weile sagte er:

»Ach so, ich hab dich nicht richtig verstanden.«

»Darf ich mich zu dir setzen?«

»Nein, nein, da ist frei.«

»Du klingst so nervös.«

»Ich hatte gehofft, daß man das nicht merkt. Jedenfalls nicht so deutlich.«

»Möchtest du noch ein Bier?«

»Nein, danke.«

»Nein?«

»Ich hab noch was drin.«

»Bist du zum erstenmal hier?«

»Ja.«

»Ja?«

»Ich war eigentlich gerade auf dem Heimweg von ...«

»Ja?«

»Ähm, von der Uni. Wir hatten so eine Abendvorlesung ...«

»Noch auf der Schule, was? Das ist gut.«

Schule. Da war wieder die Stimme seiner Mutter.

Er war immer so ein guter Schüler. Sie kennen doch meinen Sohn, oder? Willis? Manchmal nennen sie ihn Willie, aber eigentlich heißt er Willis.

Der Mann gegenüber sah direkt in ihn hinein. »Gehst du gern in die Schule?« Und Willis graute noch bei der Erinnerung daran.

Ich geb dir einen Tritt in deinen Klapperarsch, daß du nicht mehr geradeaus gehen kannst, du Affe. Hörst du?
Was hast du denn, Jake?
Ich kann genauso eine Eins kriegen, du Blödmann. Kannst du dir in Arsch stecken, deine Eins. Du hast bei der Arbeit eh abgeschrieben.

Hab ich nicht. Und ich hab dir überhaupt nichts getan.
Komm nachher auf den Schulhof, dann zeig ich dir schon, wer der Schlauere von uns beiden ist.
Ich denk gar nicht dran.
Oh doch.

Willis betrachtete den Mann und hörte wieder zu. Er sah die glatte Haut, den sauber gestutzten Schnauzer, der sich beim Sprechen ruhig auf und ab bewegte, so ruhig wie die Augen, die wie Kohle aus dem braunen Gesicht leuchteten, aus dem Gesicht, das jetzt auf ihn zukam.

»Du machst bestimmt Naturwissenschaften im Hauptfach. Wirst wahrscheinlich Arzt, oder? Wir können schwarze Ärzte gebrauchen.«

»Nein.«

»Dann Anwalt? Du siehst aus wie ein Anwalt.«

»Ich interessiere mich für Musik.«

»Musik?«

»Und ich werde vielleicht Musiklehrer.« Während Willis das mit einem Lächeln sagte, vereinten sich die Stimmen in seinem Inneren zu einem Glockenklang, machten ihn steif, höhlten ihn aus und erlösten ihn von seinem Kummerlied.

Er ist mein Sohn. Ich war so stolz auf ihn beim Elternabend.
Larry, willst du mein Freund sein?
Im finstern Tal, tröste mich. Mir mangelt, mir mangelt.

Dann Stille. Stille in seinem Inneren und außen. Die Jukebox war verstummt. Schritte entfernten sich von der Tanzfläche. Der Zigarettenrauch stieg wieder auf und nebelte die Leute ein. Willis versenkte seinen Blick in das Gesicht vor ihm und suchte nach der Musik, in der sie sich begegnen könnten. Jetzt war er sicher, wenn auch nur für ein paar Stunden, bis die Stimmen wieder auf ihn einstürmten.

»Dein Glas ist leer«, sagte der Mann. »Komm, ich hol dir noch ein Bier.«

»Danke.«

»Was trinkst du – Schlitz?«

»Nein, Ballantine.«
»Ich heiße übrigens Jerome.«
»Und ich Willis.«

Übersetzt von Christiane Buchner

RITA DOVE

Das Vibraphon

Christie Philips studierte Musik mit Schwerpunkt Barock. Ihre Eltern wußten nicht, was sie davon halten sollten – für sie war Gospel die einzig ernsthafte Art von Musik, und wenn Christie nach Toledo zu ihnen kam, versuchten sie jedesmal, sie in ihre African Methodist Episcopal-Kirche an die Orgel zu schleifen.

Die Anforderung auf dem College, mindestens drei Instrumente beherrschen zu lernen, hatte Christie aufs Cembalo gebracht – und plötzlich befand sie sich mitten in der engen und doch grenzenlosen Welt der Alten Musik, wo Verzierungen sich zu Formen fortspannen, wo sich das Tempo den Stimmungen anpaßte.

Als Jerry Murdon sein Carnegie Hall-Debüt gab, ergatterte Christie noch eine Karte, obwohl das Konzert eigentlich ausverkauft war. Murdon war das junge Genie *par excellence* – Klavierstudium bei den besten Lehrern in Berkeley und dann an der Juillard, erster Preis beim Nationalen Bach-Wettbewerb für junge Interpreten, mehrjährige Erfahrung als Solist in Spoleto. Die Hälfte der weiblichen Studentenschaft an den führenden Musikhochschulen der Vereinigten Staaten lag ihm zu Füßen. »Murdon ist auf dem besten Wege«, schrieben die Kritiker gern, »einer der größten Pianisten unserer Zeit zu werden.«

In der Carnegie Hall stürmte er auf die Bühne, korrekt und gutaussehend, im Frack, den rötlichen Afro-Wuschelkopf wie ein Feuerwerk im Scheinwerferlicht, die Miene konzentriert und selbstbewußt. Er setzte sich, die langen Finger seiner gewölbten Hand verharrten vor der Bach-Sonate in D-Dur auf den

Tasten . . . es herrschte Stille. Eine Stille, die immer tiefer, immer frostiger wurde, je länger er spielte, denn in der vertrauten Musik schwang etwas Neues mit, wenn er sie spielte, etwas Schwungvolles, Schiefes. Verblüffte Stille, dann Pfiffe, und bei denen blieb es. Ehemänner gingen, ihre Frauen folgten langsamer nach, manche sogar unter Tränen. Jerry Murdon spielte weiter; das Konzert wurde mitgeschnitten, und die Toningenieure ließen, mehr aus makabrer Neugier denn aus Pflichtgefühl, die Bänder laufen.

Columbia weigerte sich, die Aufnahmen zu veröffentlichen; sie kauften sich aus dem Vertrag los, und Murdon produzierte mit dem Geld eine eigene Platte. Im Gedenken daran, daß Bach sich durch ständiges Notenschreiben bei Mondlicht die Augen verdorben hatte, nannte er sein Label Lunar Discs. Auf dem Cover saß Jerry Murdon mit wehenden Frackschößen und loderndem Afro am Klavier, rechts oben am sternenübersäten Himmel prangte ein Vollmond, und der Mann im Mond war Johann Sebastian Bach. Der Titel ergoß sich in Kobaltblau über den ganzen Himmel: *Klassik mit Soul und Seele: Murdon Plays Bach.*

Selbstverständlich kaufte Christie sich das Album. Die Platte wurde ein Renner. Es war der Bach des zwanzigsten Jahrhunderts – industrialisiert, anonym, trotzig, mit fabelhafter Technik gespielt.

Sie versuchte, bestimmte Passagen auf den Konservatoriumsklavieren nachzuspielen, gab jedoch jedesmal entmutigt wieder auf. Als Murdon auf seiner nächsten Platte zum E-Piano überwechselte, wechselte sie mit.

Fünf Jahre lang beherrschte Murdon die Jazzszene; immer verfremdeter wurden seine Bach-Interpretationen. Dann, plötzlich, gab es weder Konzerte noch Aufnahmen mehr. Seine Rivalen behaupteten, ihm seien die Ideen ausgegangen, die Klatschkolumnisten witterten schon das nächste Drogenopfer, im *Billboard* stand, man habe ihn irgendwo in Italien am Strand gesichtet. Es gab weder Bestätigungen noch Dementi in diesem Wust von Spekulationen; Murdon selbst – wo immer er sein mochte – schwieg, und schließlich ließ ihn die Öffentlichkeit, enttäuscht und auch ein wenig beleidigt, fallen. Nach kurzer Zeit war Jerry Murdon, *The King of Bach*, vergessen.

Inzwischen hatte Christie mit dem theoretischen Teil ihrer Dissertation begonnen, der Analyse ihrer eigenen Bearbeitung einer obskuren italienischen Barockoper für Cembalo, Viola da Gamba und Barockflöte. Der Komponist war tatsächlich höchst obskur, die meisten Quellen waren nicht verfügbar. Sie verlor den Schwung und den Mut; mehr aus Verzweiflung als in der Hoffnung, irgendwelches Material zu finden, bewarb sie sich schließlich für den Sommer um ein Forschungsstipendium an der Musikhochschule in Florenz – und erhielt es.

Florenz war wie ein Spaziergang durch ein Ölgemälde, eine der prallen Straßenszenen, die vor Farben und Lust an der eben entdeckten Welt der Perspektive strotzen. Sie hatte mehr als genügend Zeit, die auf sie wartenden Manuskripte zu entziffern; es war Mitte Oktober und tagsüber noch warm – was lag näher, als übers Wochenende wegzufahren?

Am Freitag nahm sie den Zug nach Pisa, machte die obligatorischen Schnappschüsse vom Turm und setzte sich dann in den Bus nach Viareggio. Viareggio war ein typisch italienischer Badeort – ein mit Bierdosen, Teer und Algen verdreckter Strand und parallel dazu die Promenade, eine breite Straße mit teuren Juweliergeschäften und knallig bunten Boutiquen.

Zum Schwimmen war es zu windig; der Strand war leer. Sie ging wieder Richtung Zentrum. Unmittelbar hinter der Strandpromenade begann ein Gewirr von kleineren und schmuddeligeren Straßen, in denen die Einheimischen wohnten und einkauften. Christie schlenderte auf der Suche nach einem gemütlichen kleinen Café durch die Gassen, als zwei Ecken weiter ein Schwarzer mit einem Hund auf die Straße trat – der ovale Kopf, der rötliche Afro und die Silhouette aus der Entfernung so vertraut . . .

Schon war er wieder fort. Sie beschleunigte ihren Schritt, doch die Straße, in die sie ihn vermeintlich hatte biegen sehen, war menschenleer. Verwirrt machte sie kehrt und steuerte auf die Stelle zu, an der er aufgetaucht war. Vor einer Musikalienhandlung blieb sie stehen.

Der kleine, rundliche Mann hinter der Theke sah sie mit einem teilnahmsvollen, zweifelnden Lächeln an. »*L'americano?*« wiederholte er und kratzte sich am Kopf.

»*Si*«, sagte sie. »Das ist doch ein Pianist, oder?«

»Paese«, gab er zur Antwort, ging mit ihr zur Tür und wies energisch Richtung bergauf.

Ein paarmal fragte sie noch eine alte Frau oder ein Schulkind nach dem Weg nach Paese, denn die Straße hatte die ärgerliche Angewohnheit, sich immer wieder in kleine Gäßchen zu verzweigen. Schließlich lag das letzte Stuckhaus hinter ihr, und die Straße führte steil nach oben in die Weinberge. Dort blieb sie stehen, um per Anhalter weiterzukommen.

Ein kirschroter Alfa Romeo hielt an, und ein nicht mehr junger Mann im knallengen Hemd kurbelte das Fenster herunter. »Ich fahr, wohin Sie wollen, Signorina!« Eine gute Viertelstunde lang hielt danach kein Auto an. Dann hatte sie Glück.

Ein ramponierter dreirädriger Lieferwagen bremste, und ein junger Mann mit weißer Latzhose und farbverkleckten Schuhen stieß die Tür auf. Er arbeite bei der neuen Villa, die am Rand von Paese gebaut werde, fahre jeden Tag Baumaterial hin, und einmal, so um diese Tageszeit, gegen drei oder vier, auch den schwarzen Amerikaner mit dem Hund ...

Der Straßenbelag war stellenweise kaputt, und eine Weile saßen sie schweigend nebeneinander, während der Lieferwagen durch die Schlaglöcher holperte. Am Ortseingang hielten sie an.

»Bis hierher fahre ich, Signorina.«

»Aber ... der Amerikaner?« stammelte sie.

»Den habe ich auch hier abgesetzt, Signorina. In Paese.« Er zögerte. »Sucht die Signorina den Amerikaner schon lange?« Sein Tonfall wurde teilnahmsvoll, beflissen.

»Eigentlich nicht; das heißt ...«

Seine enttäuschte Miene überraschte sie – was hatte er denn erwartet? Dann ging ihr ein Licht auf: In seinem Kopf braute sich bereits ein ausgefeiltes Melodram zusammen, ein dramatisches Szenario in Opernmoll. Sie verschluckte sich beim Einatmen, so daß ihr die Tränen in die Augen traten.

»Signorina!«

Er streckte die Hand aus, hielt sich dann aber zurück. Sie vergrub das Gesicht in den Händen.

»Signorina, bitte! Nicht weinen.«

Eine Hand tätschelte ihren Arm wie ein Kind seine Puppe.

»Nicht weinen«, sagte er noch einmal mit festerer Stimme und legte den ersten Gang ein. »Keine Sorge, Signorina, wir finden ihn schon.«

Er hielt auf dem Dorfplatz vor einer zerfallenden rosa Kirche, stieg aus und ging ins nahegelegene Café, wo ein Grüppchen alter Männer Domino spielte. Die Unterredung war kurz; er kehrte strahlend zurück. Sie durchquerten den Ort und fuhren auf der anderen Seite wieder hinaus, wo die Straße in einen Schotterweg überging, der noch weiter in die Berge hinaufführte. Nach zehnminütiger Fahrt durch Haarnadelkurven und kiefererschütternde Schlaglöcher hielten sie hinter einem angerosteten Fiat, der vor einem windschiefen Gartentor parkte, das mitten aus der üppigen Vegetation zu wachsen schien.

Es gab keine Klingel, keinen Briefkasten. Das Tor stand offen, dahinter sah man einen gepflasterten Weg, der sich zwischen Bäumen hindurchschlängelte. Christie trat durch das Tor. Ein berauschendes Gemisch aus Rosmarinduft und fauligen Oliven lag in der Luft. Der Weg schwenkte nach links.

Ein hellgrüner gepflegter Rasen, glatt wie ein gestärktes Tischtuch, üppige Blumenbeete mit einfachen Petunien und Tausendschön, umrahmt von weißen spitzen Zäunchen, sogar ein Rosenbusch.

Das Haus war weniger altjüngferlich; zweistöckig und blendend weiß gestrichen. Es war ungewöhnlich breit, und die gesamte Front wurde bis unters Dach von Fenstern beherrscht.

Dann kam sie aus dem Nichts. Die Musik. Klänge, der Freude und dem Licht abgerungen und dann durch Voltmeter gejagt, ein Geheul, das zuckte wie der Tod auf dem elektrischen Stuhl und schluchzte wie ein Wahnsinniger, Musik, die gellend die Luft zerriß, in der sie erklang, Schwingungen, die Christie den Atem raubten, ihn durchbeutelten und ihr wieder in die Brust zurückdrückten. Es war ein Klang, der den Garten in seiner unschuldigen Einfalt vorwurfsvoll aufleuchten ließ – wie eine Mahnung an eine verlorene Jugend oder eine verlorene Liebe, an irgend etwas, solange es nur verloren war ...

»Wenn es Sie stört, kann ich ausmachen.«

Er sah älter aus als vierzig, hatte sich einen – schwarzen – Bart wachsen lassen, und der rötliche Afro, sein Markenzeichen, hing ausgefranst über den abgetragenen Schalkragen seiner graumelierten Jacke. Leichter Bauchansatz. Eingesunkene Hüften, volle Lippen, die in dem hageren braunen Gesicht fast ordinär wirkten, Grübchen, die sich wie Narben in beide Wangen schnitten.

Er ging ins Haus zurück. Einen Augenblick später hatte der Terror ein Ende.

Er tauchte wieder auf. Wortlos führte er sie ins Haus.

Die Musik und sein Anblick, so plötzlich aus der Nähe und so verändert, hatten wie ein Betäubungsmittel gewirkt. Sie wußte nicht, was sie von der Situation halten sollte, doch Neugier und Abenteuerlust halfen, die kleinen Ängste, die sich melden wollten, zu verdrängen.

Sie betraten einen großen, hellen, luftigen Raum – ein ideales Atelier. Dort stapelten sich jedoch professionelle Bandmaschinen und Musikelektronik – Überspielgeräte, Schneidemaschinen und Verstärker. Wa-wa-Pedale lagen auf dem Boden herum wie vergiftete Feldmäuse und in jeder der vier Ecken wand sich ein eigenes Kabelgewirr.

Jerry Murdon ging durch den Raum, betätigte Schalter, stöpselte Kabel ein, regulierte Tonhöhen, kontrollierte Balancen. An einem Vibraphon in der Mitte des Zimmers blieb er stehen.

»Das Motiv«, sagte er und nahm die Schlegel. Sie erkannte das Orgelpräludium zur zweiundfünfzigsten Kantate: *Falsche Welt, dir trau' ich nicht.*

»Und hier ist es noch einmal.«

Er betätigte einen Schalter, und die Melodiestimme wehklagte verstärkt aus quadrophonischen Lautsprechern. Er betätigte noch einen Schalter, und dieselbe Melodie stieg, fast bis zur Unkenntlichkeit zerstückelt, vom Boden auf. Noch ein

Schalter und noch einer – und dann brach ein Klanggewitter über sie herein, Akkorde, die kreischten wie ein bremsender Zug, Verzierungen, die sich wie Bakterien vermehrten, alles unterlegt mit dem charakteristischen Wabern des Vibraphons, das seinen unerbittlichen Puls ihrem Herzschlag aufdrängte.

»Da sind sie, aus eins mach vierundzwanzig. Alle vom selben Ursprung. Wissen Sie noch, wo das Thema ist? Finden Sie das Thema wieder?«

»Mmm – nein.«

»Aber es ist noch da. Das merken Sie doch, oder? Horchen Sie nicht darauf, sondern versuchen Sie, es zu erfühlen.«

Sie nickte schwach. Er trat an die hintere Wand und zog einen Hebel. Die Musik verstummte.

»Sehen Sie diese Luke?« Er zeigte auf ein kleines Viereck über ihr in der Decke. »Dorthin geht alles. Kommen Sie.«

Er ging ihr nach oben voraus. Zuerst konnte sie nichts erkennen, da die Läden geschlossen waren, dann sah sie ein ungemachtes Bett und eine Aluminiumleiter, die mit Haken an der Wand befestigt war. Sie schreckte zusammen – etwas hatte geknurrt. Rote Augen glitzerten vom Kissen.

»Ruhig, Sebastian!«

Der Hund verstummte. Murdon kniete sich neben das Bett und öffnete die Falltür. Das Licht aus dem Atelier strömte herein.

»Nachts mache ich die Luke auf«, sagte er leise, »und lasse meine neueste Komposition herauf. Dann schlafe ich ein und träume die Variationen.« Er lächelte, so daß sein Gesicht plötzlich einen ganz jungen Zug bekam.

Christie blickte auf das gähnende Loch – es schien irgendwie auf sie zuzukommen. »Haben Sie nicht manchmal Angst, daß sie ...« – sie suchte nach dem richtigen Wort – »... seekrank werden?«

Er lachte. »Wegen des Waberns, meinen Sie? Das ist doch das Schöne daran. Im Rhythmus der Wellen zu schaukeln, sich in den Tonschwankungen treiben zu lassen, im Zentrum aller Dinge zu stehen, ohne irgendeinen Halt, außer dem eigenen Schwerpunkt.« Er klappte die Luke wieder zu.

»Möchten Sie einen Tee?«

Dieser Raum war viel kleiner. Er bot gerade Platz für einen Tisch – ein sechseckiges Möbel aus Mahagoni in orientalischem Stil – und zwei hohe Ledersessel, deren Rücken- und Armlehnen mit komplizierten Schnitzereien bedeckt waren.

»Setzen Sie sich – bin gleich wieder da.«

Sie setzte sich. Auf dem Tisch stand ein flaches Schälchen mit schwarzen Bonbons. Lakritze. Sie zählte sie.

Es waren genau vierundzwanzig.

Plötzlich beklommen, blickte sich Christie um. Die Fenster waren verhängt, schwere dunkelrote Stoffbahnen waren von oben bis unten so drapiert, daß der Raum, passend zum Tisch, sechseckig wirkte; Brokatdrachen kletterten an den Stoffbahnen hoch.

Jerry Murdon kam mit dem Teetablett wieder herein.

»Ich kriege nicht so oft Besuch, da muß ich Sie mißbrauchen.«

»Wie darf ich das verstehen?« fragte sie leichthin. Sie warf einen Blick auf das Tablett, das er zwischen ihnen abgestellt hatte: Zahnstocherspießchen mit geräucherten Austern, schwarze Oliven, Sesamringe, Käsewürfel, eine Flasche mit irgendeinem klaren Schnaps, Zigaretten.

Die Teekanne atmete beißenden Dampf aus – Jasmin.

»Sehen Sie«, sagte er und goß den Tee ein, »mir ist doch klar, daß sie nicht ohne Grund den weiten Weg hierher gemacht haben. Wahrscheinlich sind Sie eine verwöhnte kleine Amerikanerin, die es toll findet, sich mal anzusehen, wie der alte Murdon auf den Hund gekommen ist ...«

»Ich studiere Musik«, sagte sie lahm.

»Aha«, sagte er und lehnte sich zurück, »eine Musikstudentin. Bestimmt Klavier, oder?«

»Cembalo. Ich spiele in einem Barockensemble.«

»Viele Wege führen nach Rom«, sagte er kopfnickend. »Bach war natürlich der ehrlichste, reinste – aber Barock war immer noch besser als das, was danach kam. Beethoven, dieser Wahnsinnige, hat für mehr als ein Jahrhundert die klare Sicht verbaut. Möchten Sie einen Wodka?«

»Nein, danke.«

Er schenkte sich selbst einen ein. »So, dann erzählen Sie mal, warum Sie hier sind.«

»Ich forsche in Florenz.« Christie zögerte. »Es war gar nicht einfach, Sie zu finden.«

»Das kann ich mir vorstellen«, gab er zurück. »Deshalb sollen Sie ja auch nicht unbelohnt wieder fortgehen.«

Sie nahm sich eine Auster, um seinen Blick meiden zu können. Er genoß ihr Unbehagen und ließ sie zappeln. Sie dachte an ihre Dissertation, die in einer Pappschachtel in ihrem Zimmer in Florenz lag, dachte an die bleichen Sandwiches in der Trattoria, dachte an ihre erste Violine, an ihre erste Schallplatte mit Murdon als Mann im Mond auf der Hülle – doch keiner dieser Gedanken blieb ihr lange genug im Sinn, um als richtige Begründung zu gelten. Er hob sein Glas und stürzte den Wodka hinunter.

»Nur keine Bange«, sagte er mitleidig. »Sie sind eben wegen meiner Geschichte gekommen – warum ich verschwunden bin, wieso ich hier gelandet bin, die Story mit allem Drum und Dran, stimmt's?«

Sie nickte.

»Tja, dann ... nachdem Sie ein Fan von mir sind –« er warf ihr einen prüfenden Blick zu – »wissen Sie vielleicht noch, daß sich mein Stil im Lauf meiner Karriere dreimal geändert hat. Zuerst war da natürlich die klassische Perfektion des Jerry Murdon, des besten jungen Pianisten seiner Generation. Dann der Eklat in der Carnegie Hall, in mehr als einem Sinn mein eigentliches Debüt. Sehen Sie, ich wußte, was ich wollte, ich habe nur den richtigen Moment abgepaßt. Die Kollegen nannten mich einen Opportunisten, die Kritiker einen Bauernfänger. Können Sie sich an diesen Artikel erinnern?«

Er öffnete eine der Tischschubladen und holte einen Zeitungsausschnitt heraus. »Erst provoziert er uns mit seinen Zirkusmätzchen in der Carnegie Hall, und jetzt, wo ihm die Aufmerksamkeit sicher ist, legt er es systematisch darauf an, alles kurz und klein zu schlagen, was Bach je geschaffen hat. Wo in diesem kakophonischen Chaos, in diesem Bebop-Abklatsch, steckt denn noch der Geist des Mannes, der gesagt hat, er komponiere ›zur Ehre Gottes und zur Erquickung der Seele‹? Was Jerry Murdon tut, ist letztendlich Blasphemie.« Er legte den Ausschnitt beiseite. »Idioten«, murmelte er.

»Meine zweite Wende war in vieler Hinsicht dramatischer als die erste. Sie kam ein Jahr später, nur drei Monate nach meinem Riesenerfolg in Newport.« Er starrte sie mit seinen dunklen Augen an. »Ich spielte – wie soll ich das beschreiben? – weniger aufgeregt, melodischer. Ein *Downbeat*-Kritiker betitelte diese Phase mit ›The Golden Age of Murdon‹, und hier beginnt die eigentliche Geschichte. Und zwar, wie könnte es anders sein, mit einer Frau.

Sie hatte mich in der Carnegie Hall gehört und war überzeugt, ich sei ein Genie. Sie war groß, attraktiv, stammte aus einem italienisch-jüdischen Elternhaus und arbeitete als Textil-Designerin für die ganz Großen – Cardin und Blass. Ihr Glaube an mich war aufregend, und ihr unerschütterliches Vertrauen inspirierte mich nicht nur in musikalischer Hinsicht – ich fing an, andere Frauen zu treffen, obwohl ich bei Elizabeth eigentlich wunschlos glücklich war. Es war eine unvermeidliche Kettenreaktion: Gerade ihre bedingungslose Hingabe reizte mich zu immer neuen Affären. Ich war skrupellos, ich wollte, daß sie dahinterkommt. Aber sie hat nie etwas gemerkt – und sie war weiß Gott eine intelligente Frau – sie wollte einfach nichts merken. Manchmal kam ich um sieben Uhr morgens nach Hause, stank nach Martini und Parfüm, tischte ihr irgendein Märchen auf, von wegen, ich hätte mit der Band zusammen ein neues Stück erarbeitet, und sie nahm mir die Geschichte ab –, selbst wenn der Schlagzeuger am Abend zuvor bei ihr angerufen hatte, ob sie wüßte, wo ich bin.

Ich schockierte also keinen, höchstens mich selber. Wenn die Vorwürfe ausbleiben, schwindet der Reiz sehr schnell. Das Betrügen wurde zu zeitaufwendig und schließlich auch langweilig – also ließ ich es bleiben. Tusch. Das *Golden Age* bricht an.«

Er zündete sich eine Zigarette an. »Entgegen aller Pressegerüchte«, fügte er ironisch hinzu, »war ich nie besonders scharf auf Sex.«

Er zog den Rauch tief in die Lunge, lehnte sich zurück und stieß ihn langsam als dünnen grauen Strom wieder aus. »Wenn ich Musik mache, habe ich keine Zeit und keinen Platz für irgend etwas anderes. Mein Körper verschwindet. Eine Nebenerscheinung der Kreativität, könnte man sagen. Ich bin mir sogar sicher, daß man bei der entsprechenden Nachforschung herausfinden würde, daß Gott, der größte Künstler, keinen Penis hat.« Er grinste. »Was ist denn der schöpferische Akt sonst, wenn nicht ein göttlicher Akt? Und was soll ich mit dem jämmerlichen Gejuckel menschlicher Fasern und Säfte, wenn meine Musik ...« – er schnellte mit dem Oberkörper nach vorn – »wenn meine Musik unsterblich ist?«

Er lehnte sich zurück und bekam wieder den jungenhaften Gesichtsausdruck. Unschuldig. Ein Faun.

»Sexuelles Desinteresse ist bei Künstlern gar nicht selten. Dylan Thomas zum Beispiel vernachlässigte seine Frau – und alle übrigen Vertreterinnen der zweibeinigen Spezies –, wenn er in ein Gedicht vertieft war. Und wenn er dann endlich die letzte Zeile geschrieben hatte, fröstelnd und besoffen in seiner zugigen Kate in Wales, wenn der schöpferische Rausch noch glühte, wenn es dann in seinen Lenden kribbelte – glauben Sie, daß er dann an die holde Caitlin dachte, die einsam in ihrer beider Farmhaus auf dem Hügel saß? Meinen Sie, daß er an ein warmes Bett und zärtliches Liebesgeflüster gedacht hat?« Er machte eine effektvolle Pause. »Von wegen – er hat masturbiert.«

Entschlossen, sich ihre Schockiertheit nicht anmerken zu lassen, ihm diese Genugtuung nicht zu gönnen, setzte Christie eine unbewegte Miene auf. Er wandte sich plötzlich ab und schnitt eine Grimasse. Sie nippte vorsichtig an ihrem Tee.

»Ich hatte endlich, was jedes Genie braucht: ein Weib.«

»Sie haben sie also geheiratet?« fragte Christie naiv. Auf seinen triumphierenden Blick hin biß sie sich auf die Zunge.

»Ich meine nicht Standesamt und Trauring, sondern das Weib in seiner ganzen philosophischen Bedeutung – den Umstand, daß einem eine andere Seele als Maßstab dient, als Hintergrund, vor dem man seinen eigenen Fortschritt mißt – oder, wenn sie so wollen, seine Verirrungen. Das Zuhause, dem man den Rücken kehrt, die Hausschuhe, die man achtlos beiseite schiebt. Der Mensch, der bedingungslos an einen glaubt. Umgangssprachlich gesagt: ein Weib.«

Er hielt inne. »Das waren die Jahre des *cantabile.* Vier ganze Jahre, ein richtiges Quartett. Damals kriegte ich höchstes Lob von allen Seiten ...« – er holte noch mehr Zeitungsausschnitte aus der Schublade und breitete sie auf dem Tisch aus, Artikel aus *Jazz Monthly, Billboard, Downbeat* und der *Village Voice,* »... obwohl es bereits dem Ende zuging. Doch, da gab es schon Anzeichen. Ich war unzufrieden. Meine letzte Platte klang lustlos, aufgewärmt, und das wußte ich auch. Die dritte Phase brach an, eine Rückkehr zum *Prestissimo* meiner Post-Carnegie-Zeit, aber meine Technik hatte mehr Stil als ... tja, echte Brillanz oder Tiefe. Ich bekam Angst.

Dann stirbt ohne Vorwarnung eine Frau. Elizabeth findet in ihrem Briefkasten ein Schreiben des Anwalts, der den Nachlaß dieser Frau verwaltete. Ich hatte nicht gedacht, daß sie westlich der Alleghenies irgend jemanden kennt, aber da stand es schwarz auf weiß: eine fünfundsechzigjährige Frau, die in Phoenix, Arizona, an einem Asthmaanfall gestorben war. Elizabeth erbte – zwar kein beträchtliches Vermögen, aber immerhin ein interessantes, nämlich die gesamte persönliche Habe einer gewissen Mrs. Aaron R. Rosenblatt.«

»Ihrer Mutter?«

Er schnaubte. »Elizabeth war allein auf der Welt. Ihre Eltern waren schon lange tot. Noch Tee?«

Sie schüttelte den Kopf. »Jetzt hätte ich bitte gern einen Wodka.«

»Weiser Entschluß.«

Im Raum war es sehr still. Ob er schallisoliert war?

»Auf meine Fragen behauptete Elizabeth, sie sei bloß eine Bekannte gewesen, eine frühere Nachbarin aus Brooklyn, für die sie ab und zu eingekauft habe. Na gut, dachte ich mir, wieso nicht. Jetzt war ich einmal an der Reihe mit dem bedingungslosen Vertrauen.

Wir flogen nach Arizona. Elizabeth wollte eigentlich allein

hin, aber ich hatte sie davon überzeugt, daß es gewisse geschäftliche Einzelheiten gab – die Wohnungsauflösung zum Beispiel, oder die Entscheidung über das weitere Schicksal eines sechs Monate alten Mercedes Diesel –, bei denen zwei Köpfe mehr taugten als einer. Außerdem hatte ich gerade meine dritte Schallplatte aufgenommen, ›Murdons Requiem‹, und konnte Abwechslung gebrauchen. ›Ein bißchen Kakteensaft wird mir guttun‹, witzelte ich. Schließlich willigte sie zögernd ein. – Ich war noch nie ihm Südwesten der Staaten gewesen. Er beeindruckte mich mächtig – eine barbarische Landschaft, rauh und zum Weinen schön.«

Er blickte grimmig auf. »Unsere großartige Zivilisation mit ihren Autos und Wolkenkratzern« – jetzt lächelte er – »kam einem nur noch vor wie ein riesiges, kompliziertes Spielzeug. Mrs. Rosenblatts Appartementkomplex sah aus wie eine Batterie von Cornflakes-Schachteln, die einer als Bollwerk gegen einen Hurrikan hastig aufeinandergetürmt hatte. Wir fanden das entsprechende Gebäude, holten uns die Schlüssel vom Hausmeister und gingen hinein. Es war ein ganz gewöhnliches Appartement – Fertighauswände, Balkon, Einbauregale, Farbfernseher, Couchtisch mit Glasplatte. Auf den ersten Blick fanden wir wenig Brauchbares – höchstens die österreichische Spieluhr mit auswechselbaren Walzen. Elizabeth entdeckte einen Photoapparat mit einem halbverknipsten Film. . . .

Wir gingen in die Küche, blitzsauberes Resopal, Edelstahlspülbecken, die wie versunkene Spiegel blinkten. Eine untadelige Hausfrau, die nie von unangesagten Gästen in Verlegenheit gebracht werden konnte. In der Küche fiel das eine oder andere für uns ab – ein sehr guter altmodischer Fleischwolf, der gleiche, den meine Großmutter hatte, ein Waffeleisen, in dem man Waffeln mit ineinander verschlungenen Herzen backen konnte.

Dann weiter ins Schlafzimmer. Ein Frisiertisch mit den üblichen Flakons und Töpfchen, ein Schmuckkästchen mit einem Diamantring in einer überladenen Fassung. Im Wandschrank, hinter Polyester-Hosenanzügen und Baumwollkleidchen, ein sehr schöner Nerzmantel. Elizabeth wollte ihn nicht einmal anprobieren. ›Was hast du denn?‹ zog ich sie auf. ›Du wirst doch wohl nicht abergläubisch sein?‹ ›Ich mag keinen Nerz‹, blaffte sie mich an und ging aus dem Zimmer. Sie war sonst mir gegenüber noch nie ungehalten geworden.

Aber ich trug es mit Fassung.« Er durchbohrte Christie wieder mit Blicken. »Jetzt war ich mal dran, die Ehefrau zu spielen.

Ich machte mich also weiter an die Erkundung der Wohnung. Im Bad das Übliche: rosa Kacheln und Badesalzgeruch. Am Ende des Ganges ein Besenschrank – nicht weiter interessant – und daneben, gegenüber dem Bad, noch ein Zimmer. Die Tür war verschlossen, doch da der Schlüssel steckte, drehte ich ihn und öffnete sie.

Die Rolläden waren heruntergelassen. Ein schmales Bett, das aussah wie ein Feldbett, mit einer blauen, militärisch exakt zusammengefalteten Decke am Fußende, stand an der Seite, daneben ein Nachttisch ohne Nachttischlampe. An der gegenüberliegenden Wand ein Schreibtisch, ebenfalls ohne Lampe und ohne Spitzendeckchen oder irgendwelchen Krimskrams. Der Raum war so nackt und kahl, daß mir erst auffiel, wie lebendig diese ›ganz normale Wohnung‹ doch bis dahin gewesen war. Komisch, dachte ich mir, ein Gast würde sich hier doch kaum wohlfühlen – und da sah ich es plötzlich in einer Nische rechts gegenüber . . .«

Er verstummte und blickte gedankenverloren durch sie hindurch, mit einem Blick wie ihn der Pudel auf dem Bett hatte, eine Art von trübem Glanz in den Augen.

»Die Nische«, fuhr er leise, fast träumerisch fort, »war mit einem schweren schwarzen Tuch verhängt, darüber hing eine Neonröhre an der Wand.« Er blickte sie kurz an, dann wieder durch sie hindurch.

»Ich hob das Tuch hoch. Wie alles, was Mrs. Rosenblatt besaß, war auch das in perfekt gepflegtem Zustand – mit einem kleinen Unterschied: Man sah den glänzenden Stäben zwar an, daß sie täglich abgewischt wurden, auf dem Dämpfer lag kein Staubkorn, doch die Schlegel steckten nicht in ihrer Tasche, sondern lagen auf den Stäben, beide Paare. Als hätte jemand gerade aufgehört zu spielen. Das alles habe ich einfach automatisch registriert; zu einem Bild zusammengesetzt habe ich die Teile erst viel später, zu Hause in meinem New Yorker Studio.

Ich suchte das Kabel und steckte es ein. Die Scheiben in den Röhren begannen langsam zu kreisen. Ich hob den Dämpfer und nahm die Schlegel so in die Hand, daß sie Quarten bildeten. Als erstes eine C-Dur-Tonleiter – die Quarten klangen gut und der komische wabernde Ton des Vibraphons gefiel mir. Ich wollte gerade ein paar Akkorde ausprobieren, als Elizabeth im Wohnzimmer aufschrie ...

Jähe Stille, dann schnelle Schritte auf dem Flur. An der Tür blieb sie stehen, klammerte sich mit beiden Händen am Türpfosten fest und starrte mich entgeistert an, totenblaß. Dann fiel sie in Ohnmacht.

Als sie wieder zu sich kam, hatte ich sie ins Wohnzimmer getragen und die Erste-Hilfe-Kniffe angewendet, die man aus dem Kino so kennt – ein kaltes Tuch auf die Stirn, Cognac an die Lippen. Sie schlug die Augen auf und lächelte. Als ihr alles wieder einfiel, sprang sie hysterisch auf und wollte sofort das Haus verlassen. Ich fügte mich. Was hätte man sonst tun sollen? Wir stiegen ins Auto und fuhren aus dem Appartement-Dorf in die Wüste hinaus. Der Anblick der endlosen Gestrüppflächen und der wilden, magischen Berge schien sie zu beruhigen. Ich war auch innerlich ruhig, aber aus Verzweiflung. Etwas war mir verloren gegangen, das merkte ich deutlich, ich konnte nur nicht genau sagen, was. Wir fuhren fast eine Stunde, vermutlich im Kreis, denn dasselbe verfallene Haus tauchte in regelmäßigen Abständen immer wieder auf, eine eingestürzte Hütte mit einem Tupfer Hellgrün – ein Stoffetzen oder ein Bonbonpapier, das zwischen zwei Ziegelsteinen steckte. Ich sagte nichts; ich hatte nichts zu sagen.

Sie hatten sich in einem Jazzclub kennengelernt, in einem der unzähligen verräucherten Keller in Manhattan, wo sich die jungen Musiker ihre ersten Sporen verdienen müssen. Er spielte in einer kommerziellen Jazzband; er war viel besser als die anderen. Sie ging nach dem Auftritt hin und sagte ihm das. Sie kamen ins Gespräch. Er hieß Daniel Rosenblatt.«

Christie setzte sich auf dem harten Stuhl besser zurecht. Ihre

Unruhe mißdeutend schnaubte Jerry Murdon kurz und lachte auf.

»Ich weiß, das klingt nach typischer Romanze, und irgendwie war es das ja auch. Nach ein paar Monaten zogen sie zusammen. Er stellte sie seiner Mutter vor, die nicht erbaut war, bis sie erfuhr, daß Elizabeth auf dem Papier eigentlich Jüdin ist. Daraufhin fing die Mutter an, von Hochzeit zu reden, und zwar sieben Jahre lang. Sieben Jahre! Schließlich entschlossen sich die beiden, das Aufgebot zu bestellen – aber zuerst, sagten sie sich, fahren wir in die Flitterwochen. Wenn wir zurückkommen, erzählen wir es ihr ...

Wohin fährt ein junges Paar nach sieben Jahren fröhlicher wilder Ehe? Irgendwo in die Sonne, in den Süden, aber nicht auf die Bahamas, nicht nach Capri – nein, es sollte etwas ganz Besonderes sein. Da erinnerte sich Elizabeth an die andere Seite ihrer Verwandtschaft, die bäuerliche, und ihr fielen die Geschichten ihres Vaters und ihrer Großmutter wieder ein, vom Leben in den Bergen, von Wein und Oliven. So kamen sie auf Italien.«

Die Toskana, dachte Christie. Paese. *Hier.*

»Die Mutter wurde also händeringend auf dem Aussichtsbalkon am Flughafen stehengelassen, und los ging es nach Italien – morgens an den Strand, nachmittags durch die Berge und abends in die Restaurants, wo sie sich nach Herzenslust austobten, mit Saltimbocca, Cannelloni und Fritto Misto, Cappuccino zum Frühstück und abends Espresso.

Eines Abends bestellte Daniel zum Nachtisch eine Birne. Sie hatten keinerlei Grund zu Mißtrauen: Das Restaurant stand im Reiseführer und brüstete sich sogar mit zwei Sternen. Der Service war schnell und zuvorkommend, das Essen makellos. Wer hätte geahnt, daß das Obst an dem Abend zu flüchtig gewaschen worden war? Wer hätte gedacht, daß einer simplen ungewaschenen Birne ein so seltener Bazillus auf der rosigen Schale sitzen konnte? Im Zimmer klagte Daniel über Bauchschmerzen; eine Stunde später konnte er dann die Beine nicht mehr bewegen ...«

Murdon zündete sich noch eine Zigarette an, warf das Zündholz achtlos beiseite. »Sie rief den Krankenwagen und schaffte ihn so schnell wie möglich ins Krankenhaus. Die Bauchschmerzen hatten nachgelassen, aber von den Zehen bis zur Brust hatte er ein taubes Gefühl. Die Ärzte waren ratlos. ›Ein Virus‹ sagten sie mit einer hilflosen Geste. ›Wo soll man anfangen, davon gibt es Millionen in der Luft . . .‹ Am nächsten Morgen war Daniel Rosenblatt tot.«

Christie sah zu, wie die Zigarette zwischen Murdons Fingern unbeachtet abbrannte. Log er? War die ganze Geschichte nur erfunden, eine edle Allegorie auf seine verworrenen Ambitionen und ganz persönlichen Zweifel? Bei allem Pathos hatte die Geschichte einen kühlen Anstrich, eine gewisse Strukturiertheit, als ob er sie oft hatte Revue passieren lassen, sie korrigiert und ausgeschmückt hatte, während er im Dunkeln auf seinem Bett lag, und das verstärkte Crescendo und Decrescendo von vierundzwanzig Vibraphonen von unten heraufschallen ließ.

»Nachdem sie es mir erzählt hatte«, nahm Murdon fast mechanisch den Faden wieder auf, »ging es ihr besser, sie wurde richtig aufgekratzt. Mit verblüffendem Schwung packte sie die anliegenden Dinge an. Sie setzte sich mit dem Anwalt in Verbindung und übertrug ihm die Verwaltung der noch verbliebenen persönlichen Habe. Den Mercedes wollte sie behalten. Das Vibraphon, meinte sie, sollten wir mit nach Manhattan nehmen, da bekomme man mehr dafür. Sie beauftragte mich mit dem Verkauf.

In Manhattan war dann scheinbar wieder alles beim alten. Sie erwähnte Daniel Rosenblatt nie wieder, und ich fragte nie nach. Ich setzte eine Anzeige in die *Times*, stellte das Vibraphon in meinem Studio auf und wartete. Aber jedesmal, wenn ich die erwartungsvolle Miene eines möglichen Käufers sah, kam mir Elizabeths entsetztes Gesicht dazwischen – und dann verkaufte ich nicht. Wenn mir dieser Gesichtsausdruck kam, konnte ich auch nicht üben. Statt dessen saß ich nur da und starrte das Vibraphon an, mit seinen sechsunddreißig Metallstäben, seinen schwirrenden Klangsäulen. Ich verstand einfach nicht, warum sie mir nie von ihm erzählt hatte. Wir waren ein aufgeklärtes Paar, sie hatte überhaupt keinen Grund, wirklich nicht.

Nach zwei Wochen fragte mich Elizabeth, ob ich schon etwas

erreicht hätte. Ich sagte, am nächsten Tag käme jemand, der interessiert schiene. Am nächsten Vormittag hob ich dann dreitausend Dollar ab, gab ihr das Geld und sagte, der Käufer sei sehr zufrieden. Dann ging ich in eine Bar in SoHo und ließ mich vollaufen; übernachtet hab ich später in meinem Studio.«

Christie schwirrte der Kopf; ein dumpfer Schmerz im Takt ihres Herzschlags, ein ersticktes Jaulen – doch das war nicht ihr Herz, sondern der Pudel, der irgendwo hinten bellte.

»Ruhig, Sebastian!« rief Murdon.

Seine Hand zitterte, als er die Wodkaflasche nahm, und er hatte eine rauhe Stimme. »Ich habe mir selbst das Vibraphonspielen beigebracht«, sagte er. »Ich mußte einfach spielen, das war der einzige Ausweg. Ich wohnte im Studio. Wenn ich Hunger hatte, wärmte ich mir eine Dosensuppe auf, wenn ich nicht mehr konnte, schlief ich ein, wo ich war, mit den Schlegeln in der Hand.

Ich schlief, als sie klopfte. Es war am Spätnachmittag, das weiß ich noch, weil die Sonne schräg durchs Fenster kam und Stäbe aus Licht und Schatten auf den Boden malte. Sie verlangte eine Erklärung. Sie brach in Tränen aus. Sie sagte, ich müsse es verkaufen. Sie flehte mich an, nicht mehr zu spielen. ›Ich kann nicht aufhören‹, sagte ich. Das stimmte auch, aber sie glaubte mir nicht.«

Murdon riß eine Schublade auf, und Packen von Briefen, mit rotem Band zusammengebunden, fielen auf den Teppich.

»Das ist alles dasselbe«, sagte er, während er die Briefe zusammenraffte. »Variationen über ein Thema. Sie kann mich nicht in Frieden lassen, aber sie kann auch nicht zu mir kommen. Also schreibt sie mir. Meine Fanpost«, flüsterte er und starrte den Haufen an.

Plötzlich stand er auf. »Wenn Sie mich jetzt entschuldigen, ich habe noch zu arbeiten.«

Er warf sie hinaus. Schockiert und enttäuscht nahm Christie ihre Handtasche und folgte ihm nach unten. Er hielt ihr die Tür auf, die Miene zu einer verächtlichen Maske erstarrt.

»Alle gehen sie wieder, mit eingezogenem Schwanz«, sagte er. »Bilden Sie sich nichts ein, Sie sind nicht die erste, die Murdon in der wilden Toskana aufgespürt hat. Jeden Sommer taucht jemand auf, setzt sich hin und hört zu.«

Christie streckte ihm die Hand hin, doch er stand nur da, an die Tür gelehnt, den Blick fest auf einen Punkt hinter dem Baum gerichtet. »Es ist so seltsam«, sagte er. »Ich rede und rede, und ihr hört zu. Aber ihr erzählt es nie einer Menschenseele, keinen Mucks« – er verzog plötzlich das Gesicht – »so stark ist sein Zauber.«

Die Tür schloß sich. Christie drehte sich um und ging langsam den Weg hinunter. Hinter ihr erscholl wieder die Musik, dieses Gegurgel, dieses erstickte Schluchzen, ein Aufschrei gegen verschwendete Unschuld – schaudernd ließ sie den Blick über den Garten schweifen – die Suche nach der inneren Ruhe, die längst verloren war, ohne daß es irgend jemand gemerkt hätte.

Übersetzt von Christiane Buchner

GRACE EDWARDS-YEARWOOD

Im Schatten des Pfauen

Frieda hörte das Geräusch und ignorierte es. Als sie es abermals hörte, öffnete sie das Fenster und beugte sich hinaus. Das Geräusch war aus der Richtung der Avenue gekommen, es war schwach, kaum von den anderen, üblichen sommernächtlichen Geräuschen zu unterscheiden. Sie reckte sich, um besser sehen zu können, aber wie gewöhnlich versperrte ihr die Feuertreppe die Sicht.

Sie lauschte angestrengt nach den Geräuschen einer Fahrzeugkolonne. Vielleicht war es mal wieder ein Marsch für die Freiheit der Neger, den Paul Robeson organisiert hatte, oder Bürgermeister La Guardia machte wieder eine Tour durch Harlem wie neulich mit dem liberianischen Präsidenten. Aber die Kolonnen kamen immer über die Siebte Avenue, und außerdem war das Geräusch, der Lärm, diesmal anders.

Direkt unter sich bemerkte sie, daß die Rumhänger die besten Plätze auf den Stufen aufgegeben hatten und Fußgänger innehielten, und auf ein besonderes Signal zu horchen schienen. Auf der anderen Straßenseite wurden geblümte und gestreifte Vorhänge und Tüllgardinen aufgerissen, und in den Fenstern tauchten plötzlich Gesichter mit schreckgeweiteten Augen auf.

Sie dachte daran, nach draußen zu klettern, fragte sich aber, was Noel wohl sagen würde, wenn er hereinkam und sie in ihrem Zustand auf der Feuerleiter sah. In diesen Gedanken brach erneut das Geräusch ein, jetzt nicht mehr unterschwellig, sondern laut vom heißen Nachtwind getragen.

Es war dumpf und pulsierend, ein Dröhnen, das sich vor dem

rhythmischen Tritt einer marschierenden Truppe herwälzt. Es ergoß sich über die Avenue, dem Mob um einige Minuten voraus. Es verschlang Fußgänger und Rumhänger, saugte sie auf, so daß der Lärm und die Menschenmassen anschwollen.

Wortfetzen:

»Was?? Was iss los, Mann?«

»Bulle hat aufn G. I. geschossen ... draußen vorm Braddock!«

»Nee!«

»Ich lüg doch nicht.«

So etwas gab's in Chicago, in Texas und Alabama, wo ein Farbiger in Uniform sich wohl in einem Moment des patriotischen Rauschs vergessen kann und den Fehler dann teuer bezahlen muß. Aber dies war New York, Harlem. Wo die kollektive Wut Sicherheit bot.

»Mmm ... hmm! Da kann man sich auf was gefaßt machen heute nacht, das sag ich dir!«

Zuerst trafen die Ziegelsteine nur Straßenlaternen, und es regnete in der Dunkelheit Glas. Nahezu unsichtbar fluteten die Massen als eine massive schwarze Woge durch die breite Avenue. Dann verwandelten sich ihre vertrauten Embleme, die Besen und Mops, in Fackeln, die in der Schwärze gefährlich aufflackerten. Und dann kam das Klirren von schweren Scheiben. Schaufensterscheiben. Pfandhausscheiben.

Frieda horchte, dachte an Noel und trat vom Fenster zurück, an dem sie gehockt hatte.

»Bitte, laß ihm nichts passieren ... laß ihn nicht dabei sein, egal was da los ist ...«

Sie hatte sich Trostgebete schon vor Jahren abgewöhnt, aber ihre Lippen bewegten sich trotzdem, als sie die Treppe runterlief. Unten am Absatz blieb sie schwer atmend stehen und merkte, daß sie lange nicht mehr so schnell gerannt war. Sie setzte sich auf die dritte Stufe von unten und spürte wie die Luft ein- und ausströmte, ein und aus, in heftigen Stößen, die in der Nase brannten und ihr den Mund austrockneten.

... ruhig ... ruhig ... ganz ruhig ... nicht ... nicht aufregen ... jetzt nicht, jetzt nicht ...

Die Haustür sprang auf, und sie erkannte Sam und Dan, als sie von der dunklen Straße in den trüb erleuchteten Flur schlüpften. Sie kamen auf die Treppe zu, große, kräftige, gutaussehende junge Männer mit mehreren großen, schweren Kartons beladen. Trotz ihrer Größe bewegten sie sich mit der flinken, geräuschlosen Anmut von Straßenkatzen. Sie blieben stehen, als sie sie sahen.

»Frieda! Das ist nichts für dich, da draußen. Heute nacht jedenfalls nicht!«

Sam drehte sich zu seinem Zwillingsbruder um. »Was denkt sich die Kleine denn?«

»Er hat recht, Frieda. Da draußen gehts rund«, sagte Dan und suchte den schummrigen Flur nach einem Platz ab, an dem er seine Beute lassen konnte. Es würde eine lange Nacht werden, und er hatte nicht vor, die vier Treppen mehr als einmal hochzusteigen, egal wieviel er sich zusammenklaute.

Platz war nur in der schmalen Nische hinter der Treppe. Alles, was man dort abstellte, würde vom Eingang aus zu sehen sein, leichte Beute für jeden gemeinen Dieb, der keine Achtung vor der harten Arbeit anderer hatte.

»Teufel auch«, seufzte er, sich wieder Frieda zuwendend. »Hör zu, du kannst da nich raus, nich in deinem Zustand . . .« Frieda legte instinktiv eine Hand auf ihren dicken Bauch.

»Dan . . . ich wollte gar nicht . . . was ist los . . . habt ihr Noel gesehen?«

»Ham niemand gesehn, bloß überall Blut und Verletzte. Die Bullen schlagen zu, und wir schlagen zurück.«

»Aber warum? Was ist passiert . . .?«

»G. I. hat Blei gefressen«, sagte Dan, schon auf dem Weg die Treppe hoch, »hier, direkt wo er zu Hause ist. Nichtmal drüben in Übersee, wo ern Kriegsverletzter wär. Und ein Verwundetenabzeichen fürs ›Braddock‹ gibts nicht.«

Frieda staunte. Das Braddock-Restaurant war immer ein lebhaftes, überfülltes Lokal gewesen, wo die Leute stundenlang anstanden, um Miss Beryls westindische Küche zu probieren, aber Ärger hatte es da nie gegeben.

»Hör zu«, sagte Dan und blieb bei ihr stehen, »geh da nich

raus. Die trampeln dich platt, ob du schwanger bist oder nich. Da hast du keine Chance.«

»Außerdem«, sagte Sam, »gehen wir gleich wieder los. Gib uns eine Liste. Wir holen dir alles, was du willst . . .«

Frieda starrte mit großen Augen stumm zur Tür. Sie versuchte gleichzeitig, das eben Gehörte aufzunehmen und ein neues Geräusch zu deuten.

»Quäl dich nich, Kleine. Noel, dem passiert schon nix. Hör zu, gib deine Bestellung ab, solange es sich lohnt. Wir liefern frei Haus. Keine Anzahlung und keine monatlichen Raten. Nichtmal Montagekosten. Ein Wort, und schon ist alles da – Waschschüsseln, Kinderkörbe, Fläschchen, Besen, alles, was das Herz begehrt, für die hübsche kleine Mama . . .«

Seine Vertreternummer wurde von einem durchdringenden Schrei draußen unterbrochen, bei dem sie alle drei zusammenfuhren.

Eine Frau rannte und schrie: »Helft mir, ihn ins Krankenhaus zu bringen. Seine Hand ist fast ab!! Hilfe . . .!«

»Wer hat ihm denn gesagt, daß er das verfluchte Schaufenster mit der Faust einschlagen sollte?« schrie ein anderer zur Antwort. »Alle andern nehmen Mülltonnen, und dieser Nigger will King Kong spielen. Den sollte man verbluten lassen. Komm her . . . aber blute mir nicht das Auto voll, verflucht!«

Das Geschrei lief als langes, ununterbrochenes Geheul die Straße hinunter. Sam schüttelte den Kopf und ging hinter seinem Bruder her die Treppe hoch. Oben beugte er sich über das Geländer. »Mach dir keine Gedanken wegen Noel. Dem passiert nix. Rühr dich nicht vom Fleck. Da draußen ist die Hölle los. Rühr dich nicht vom Fleck.«

Sobald ihre Schritte verhallten, machte Frieda die Tür auf. Auf der Straße herrschte keine Kriegsverdunkelung mehr, sondern totale Finsternis. Nur die Lichter aus den Hausfluren zerschnitten die Nacht in regelmäßigen Abständen. Glassplitter bedeckten jeden Zentimeter Bürgersteig, und Leute, die in Richtung Avenue liefen, vollführten seltsame Arabesken, wenn sie durch die schummrigen gelben Lichtkegel rutschten und glitschten.

Sie trat von den Stufen am Eingang auf die Straße. Wo wollte sie hin? Wenn Noel nun aus einer anderen Richtung kam ... nein ... er kam immer von der Seite ... von der Avenue ... da bin ich sicher ... sicher ...

Sie hielt sich dicht an den Häusern und tastete sich langsam von Kellertreppengeländer zu Kellertreppengeländer vor. Das Tosen dauerte mittlerweile schon so lange an, daß sie das Gefühl hatte, es sei – als Hintergrundgeräusch – immer schon dagewesen. Abgesehen vom vergeblichen Heulen einer Alarmanlage und einem gelegentlichen Schrei, der die anderen übertönte, erinnerte sie der Lärm an den Wasserfall daheim im Süden.

Sie erinnerte sich an eine Nacht wie diese. Als ein andersgearteter Mob tobte. Dumpfe, schwitzende Gesichter, die in den Lauf einer Flinte stierten. Und zurückwichen, immer weiter zurück ...

Sie schüttelte den Kopf. ... Ruhig ... ruhig ... sowie ich Noel gefunden hab ... ruhig ... ruhig ...

An der Ecke versperrten ihr zwei Männer mit einer riesigen orangefarbenen Couch den Weg. »Sieh dich vor hier draußen, kleines Mädchen ...« Sie bugsierten ihre Last unter Grunzen und Stöhnen um sie herum und waren vorbei. Im Schlepptau hatten sie eine Frau mit einer Koffernähmaschine, die sie vorsichtig auf dem Kopf balancierte. Mit der Anmut einer Balletttänzerin schritt sie leichtfüßig über die Scherben und verschwand in der Dunkelheit.

Die Achte Avenue war vollkommen verwüstet. Fensterscheiben waren eingeschmissen, Schlösser und Gittertüren zu komplizierten Schnörkeln verbogen. Aus weggeworfenen Pappkartons ragten kaputte Möbelstücke, und mitten im Müll lagen ausgezogene Schaufensterpuppen ohne Kopf, die steifen Kunststoffgliedmaßen in anatomisch unmöglichen, obszönen Verrenkungen erstarrt.

Frieda schlich an Johnsons Metzgerei und Clarks Lebensmittelmarkt vorbei, wo sie bei jeder erdenklichen Gelegenheit einkaufte, weil die wundersam überreichlichen Lebensmittelauslagen sie beruhigten und sie nicht über den Krieg und Nichts-zu-essen und rote und blaue Lebensmittelmarken nachdenken mußte. Jetzt sahen beide Läden nebeneinander aus, als wären sie von einem gigantischen Staubsauger leergesaugt worden, selbst die Kühltruhen waren demoliert.

... wie konnte das geschehen ... sagen, jemand hätte auf einen Soldaten geschossen ... was hat er getan ... ist er tot ... was muß passiert sein, daß es so weit kommt ...

Sie konzentrierte sich auf die Verwüstung, um nicht an Noel zu denken, aber das war unmöglich. Irgendwie mischte sich beides. Ihr wurde kalt, während sie dastand und versuchte, zu denken und nicht zu denken.

Das Heulen einer Sirene über dem Tosen lenkte sie ab, und sie sah vier Straßen weiter den schwachen Schein in der Dunkelheit, zunächst klein, dann, Sekunden später lange rote Zungen, die vom Geschäft unten an der Hauswand nach oben sprangen, Fenster sprengten und Rahmen verbogen.

Frieda konnte von dort, wo sie stand, die Schreie hören. Die Flut, die von den Trümmern fortgeströmt war, stockte staunend. »Wer zum Teufel hat da Feuer gelegt?? Wissen die nicht, daß da oben über dem Laden Leute wohnen? Wer hat das Feuer gelegt?«

Die Fragen schossen aus der Dunkelheit, und die Flut brandete zurück. Leute rannten, ohne auf die Scherben zu achten, auf das Haus zu, als die Schreie der Eingeschlossenen das Tosen zu übertönen begannen.

Frieda war nun völlig durcheinander, der Schrecken, der ihr langsam den Rücken hinaufgekrochen war, lähmte sie jetzt vollständig.

»Was ist los? Was ist los?«

Sie bekam keine Antwort, und der Mob kam herbeigestürmt. Das heißt, sie hörte keine klare Antwort. Nur den hohlen Schrei, der sich aus der Dunkelheit löste, als sie wie Treibgut von der Flut, die sie umfing, mitgerissen wurde.

Nur wenige Straßen weiter fuhr die Linie »A« in die Station an der 145sten Straße ein, und Noel war wie üblich eingeschlafen. Er schlief, den Kopf nach hinten geworfen, aber der Rest seiner Einsachtzig war schützend zusammengerollt.

Al sah ihn an. Er begriff nicht, wie Noel sich so schnell an die Hektik von New York und, viel schlimmer, an das Quietschen der U-Bahn hatte gewöhnen können.

Verflucht, dachte er, der Typ iss nich mal n Jahr in der Stadt und find sich zurecht, als wär er hier geborn. Würd wahrscheinlich durchschlafen, wenn die Japaner angreifen. –

Er stieß Noel leicht mit dem Ellbogen an. »Aufstehn, Zähneputzen, Mann. Wir sind da.«

Noel war sofort voll da, obwohl seine Augen noch matt und verschlafen aussahen. Er erhob sich von seinem Sitz und unterdrückte das Bedürfnis, sich zu strecken. Einige Frauen in dem überfüllten Waggon blickten von ihrem Strickzeug oder ihren Zeitungen auf und setzten mit den Mundwinkeln, für den Fall daß er in ihre Richtung sehen sollte, zu einem Lächeln an. Aber Noel war zu müde, um darauf zu achten. Er gähnte und wartete ungeduldig, bis der Zug hielt.

»Sag mal«, fragte Al, »was willst du bloß machen, wenn meine Zahl kommt und ich nich mehr mitarbeite? Du würdst doch an manchen Abenden glatt bis zum Betriebshof durchfahren. . . .«

»Du kannst im Lotto gewinnen, soviel du willst«, entgegnete Noel, »aber die Arbeit gibst du nicht auf. Das ist das beste und regelmäßigste Geld, was du in deinem Leben zu sehen gekriegt hast.«

»Doch bloß wegen dem Krieg«, sagte Al, als sie sich mit der Menge zum Ausgang drängten, »bloß wegen dem Krieg. Und wie lange kann der dauern? Ein halbes Jahr? Wenns hoch kommt, eins? Bei Sam rollt jede Stunde eine B-24 vom Fließband. Und was haben diese Japsen zu bieten? Sind doch bloß ein kleiner Punkt im Meer, von dem noch nie einer was gehört hat. Wie lange können die sich schon halten? Dieser Krieg kann morgen schon aus sein, und dann, wo sitzen wir dann? – Noch tiefer im Dreck als vorher, das sag ich dir. . . . Mit ihrem ›Lobet den Herrn, ladet die Kanonen, dann bleiben wir frei‹ sind wir nicht gemeint, kannst mir glauben.«

Sie steuerten auf den Ausgang zu, und beide spürten die Last einer Zwölfstundenschicht, sechs Tage die Woche. Noel hörte bloß halb zu, während Al redete. Er war zu müde, um etwas zu entgegnen.

Er dachte: Das kommt dabei raus, wenn ein Mann zu lange Scheiße gefressen hat. Das vergißt er nie. Soll er andererseits ja auch nich . . . dann isser auf alles vorbereitet, was kommen kann . . . aber verdammt, er ist nicht der einzige, der schlimme Zeiten mitgemacht hat. . . .

Er wußte, was kam, und versuchte angestrengt, seine Gedanken in eine andere Richtung zu lenken. Er hatte sich das Versprechen gegeben, daß er, wenn Frieda und er heil entkommen waren, nur noch im Jetzt leben und nur noch an die Zukunft denken würde. Aber manchmal wachte Noel mitten in der Nacht, wenn der Verstand am wenigstens Kontrolle über den Körper besitzt, aus dem Tiefschlaf auf und saß kerzengerade im Bett, und die Arme und Beine zuckten ängstlich, weil er die Flammen sah, den entsetzlichen Gestank roch und versuchte, die Ohren vor den Schreien zu verschließen, die nicht verstummen wollten.

Manchmal weckte Frieda ihn. Und dann umschlangen sie sich stumm und blieben bis zum Morgengrauen so liegen.

. . . Ich bin müde, dachte er, ich bin einfach müde, das ist alles. Bin so voll Dreck, daß ich ne Tonne wiege. Sollte man nicht annehmen, daß eine Marinewerft so dreckig sein kann. Das steht nicht auf den Plakaten. Feind hört mit. Mach mit, zur Rettung der Demokratie. Scheiße. Sie haben die Frauen eingestellt, die alten Männer, sogar die Krüppel, und erst danach nehmen sie uns.

Geben uns die schlimmsten Dreckarbeiten, die noch übrig sind, und schwören bei Gott, daß sie uns einen Gefallen tun. Ach, zum Teufel mit ihnen. Das erste, was ich gleich tu, wenn ich nach Hause komm, iss ab in die Badewanne. Schön . . . warm . . . und Frieda muß mir den Rücken massieren.

Dabei war sein Rücken gar nicht das, was ihm zu schaffen machte. Er entspannte sich und sein Schritt wurde langsamer, als er sich vorstellte, wie ihre Hände ihn sanft und weich an Rücken, Hals und Schultern berührten und schließlich im warmen Seifenwasser zwischen seine Schenkel glitten.

... Herr im Himmel, werd ich froh sein, wenn das Baby endlich da iss ...

»Hey, Noel! Mann, du bist ja völlig weggetreten«, sagte Al, »wette, du hast kein Wort von dem gehört, was ich gesagt hab. Wenn ich gewußt hätte, daß der Traum so schön ist, hätt ich dich in der Bahn sitzen lassen. Wollte nicht stören.«

»Nee, Mann, nee. So ist das nich. Bin bloß in Gedanken«, sagte Noel. Er erinnerte sich nicht daran, wie er durch die Sperre oder am Schalter vorbeigekommen war. Sie waren an der Treppe, und er war überrascht, daß der Ausgang versperrt, von Menschen blockiert war.

»Was ist da los?« brüllte Al. »Los, macht vorwärts. Ich bin müde und will nach Haus.«

Al war klein und kräftig gebaut und hatte eine Narbe neben dem Ohr, über die er noch nie mit Noel gesprochen hatte. Sie waren beide vor weniger als einem Jahr mit demselben Bus in der Stadt angekommen, im selben Job und im selben Wohnhaus gelandet.

Noel wirkte ruhig und gelassen, und Al stand vor einem Rätsel, als er allmählich merkte, daß Noel nie lächelte und nie von Zuhause sprach, wo immer das war. Bei näherem Hinsehen ging ihm allerdings auf, daß er selber auch nur wenig redete.

»Na los«, brüllte Al noch einmal. »Was issn los da oben?«

»Wir machen so schnell wie wir können«, brüllte jemand zurück, »also halt verdammt noch mal die Luft an.«

Draußen auf der Avenue glotzten sie mit aufgerissenem Mund.

»Was zum Teufel ist denn hier los?«

»Sieht aus, als ob die Japsen zugeschlagen haben. ...«

»Mann, wo kommen denn bloß all die Leute her ...?«

»... und guck dir den Rauch an. ...«

Was los war, bekamen sie im Laufen mit – in konfusen unzusammenhängenden Kapiteln.

»... heißt, sie war bloß ne kleine Schlange.«

»Na und? Deshalb darf ein weißer Scheiß-Bulle sie noch lange nicht verdreschen. ...«

»Das ›Braddock‹ wird nie wieder wie früher.«

»Das kannste laut sagen. Da ham die Kleinholz draus gemacht. ...«

»... arme Miss Beryl ... so hart gearbeitet. ...«

»Der G. I. soll einer vom Stadtrand gewesen sein. Ex-Marinesoldat ...«

»Ach, du großer Gott. Kein Wunder, daß er so brutal war.«

»Hat dem Bullen sein Schlagstock genommen und ihm eins übergehaun. Die Typen von da draußen sind so ziemlich das Brutalste, was auf zwei Beinen rumläuft. ...«

»Lebt der noch? Hab gehört, er hat drei Kugeln abgekriegt. ...«

»Soll in Sydenham sein.«

»Nee, den Bullen hamse nach Sydenham gebracht. Der G. I. iss oben in Harlem.«

»Scheiße ... wenn der lebend in Harlem ankommt, dann hat ers geschafft. Weißt ja, wer beim Einliefern noch papp sagen kann, den bringen sie unter Garantie wieder auf die Beine.«

Die Menschenmenge strömte in alle Richtungen zugleich, und in dem dunklen Durcheinander bildeten sich alle ein, daß alles und jedes, was ihnen in die Quere kam, ein Todfeind war. Der schwere, nasse Geruch von Blut lag in der Luft und legte sich auf die Zunge.

»Hier bricht heut nacht die Hölle los. ...«

Al und Noel waren außer Atem, als sie zu dem brennenden Haus kamen. Die Hitze, die es abstrahlte, erfüllte die Straße. Alles war von Feuerwehren und meterweise verhedderten Schläuchen verstopft. Die Menschenmenge irrte, von den wenigen noch vorhandenen Polizisten unbehelligt, um die Brandstelle herum. Die Flammen hatten die dritte Etage erreicht, und eine nach der anderen wölbten sich die Fensterscheiben durch die große Hitze nach außen, zerbarsten und ließen Scherben aus heißem Glas unten auf die Menge regnen. Die Leute wichen für einen Augenblick zurück, gruppierten sich neu und drängten wieder nach vorne.

Noel zupfte Al am Ärmel. »Ich hau ab, Mann ... will sehn, was mit Frieda ist.«

Er drehte sich um und fiel fast über den kleinen Jungen, der direkt hinter ihm stand.

»Jim-Boy!«

»Bitte, Mister Noel ...« Der Rest ging im Tumult unter.

Noel bückte sich und nahm das Kind in den Arm. »Was machst du hier draußen in diesem Schlamassel?«

Zur Antwort klammerte sich der Kleine so fest an Noel, daß Noel seinen wilden Herzschlag fühlen, ja beinahe hören konnte.

Jim-Boy und Noel verband eine besondere Freundschaft, die im vergangenen Sommer begann, als Noel einen Ball zurückholte, den jemand zu weit geworfen hatte. »Vorsicht mit den Autos, Sonny«, hatte Noel gesagt, »die halten nicht für Kleinvieh, weißt du. ...«

»Heiß nicht Sonny, heiß Jonrobert, aber Grandma nennt mich Jim-Boy.«

»Jedenfalls ist es egal, wer dich wie nennt, wenn du hinter dem Ball herläufst und dich erwischt ein Auto verkehrt, dann hast du gar keinen Namen mehr, kapiert?«

Von da an saß Jim-Boy jeden Abend auf der Schwelle und wartete, das kleine, runde Gesicht dunkel und ausdruckslos, abgesehen von dem zitronengelben Fleck über dem Augenlid. Wenn Noel kam, lächelte Jim-Boy, winkte und verschwand ins Haus. Jetzt brannte das Haus.

»Wo iss deine Mama?«

»Unten im Süden, aber Grandma, ... die ... die ...«

»Wo iss deine Grandma –«

Der Junge zeigte auf das oberste Stockwerk. »– in ihrem Rollstuhl ...«

Noel konnte sich nicht dazu bringen, das Gebäude anzuschauen. Er konzentrierte sich statt dessen auf den zitternden Finger des Jungen und wehrte sich gegen den Drang loszurennen, Jim-Boy beiseitezuschieben und schreiend aus diesem Alptraum davonzulaufen.

Da ist das ganze noch einmal, dachte er. Nicht schon wieder.

Er hätte sich am liebsten auf den Fersen zurückgelehnt und gelacht und gebrüllt und Gott gefragt, wieso ein Mensch in seinem einem Leben so etwas gleich zweimal erleben kann.

Aber die Menschenmenge drängelte und hielt ihn in der ungünstigen gebückten Haltung fest. Er spürte das Herz des Jungen an seinem klopfen, und ungebeten war die Erinnerung an den Alptraum wieder da und löschte den Lärm und die Bilder der Gegenwart aus. Er hörte den Schrei seines Vaters fremd und erstickt hinter der Flammenwand.

... ich verfluche euch ... ich verfluche euch und ... eure Kindeskinder ... dann ging der Fluch in einen gurgelnden Schrei über, und dann war nichts mehr, nur das Knistern der Flammen. Und er, der sich unbemerkt zu spät auf die Bildfläche geschlichen hatte, ohne zu wissen, daß es sich um seinen eigenen Vater handelte, bis einer aus dem Mob lachte.

»Das hat er davon ... das hat er davon. Mit der Flinte rumzuwedeln ... So. Jetzt schnappen wir uns das nichtsnutzige Niggermädchen ...«

Das nichtsnutzige Niggermädchen. Frieda.

Die gelben Flammen peitschten gegen den Körper am Baum, bis der Mann nicht mehr aussah wie ein Mann und selbst der Baum in der Finsternis dunkelrot glühte.

... Daddy ... Daddy ... Daddy ... Er hatte die Augen zugemacht, um nicht zu schreien, und die Flammen sprangen orange gegen seine geschlossenen Lider.

... Daddy ... Daddy ... Daddy ...

»Noel! Um Himmelswillen, was hast du? Du drückst dem Kind noch die Luft ab!« Al schüttelte ihn, und Noel zwinkerte, bis er Jim-Boy wieder scharf sah. »Deine Grandma – die ist da drinnen und du hast nichts gesagt?«

»Doch, doch hab ich ... oh! ... Denen da ...« Das Kind zeigte auf die Feuerwehrleute, und seine vor Angst gepreßte Stimme wurde zu einem Flüstern.

Noel spürte den Druck in seiner eigenen Stimme und redete schnell. »Hör zu, Junge. Bist du sicher, daß sie keiner rausgeholt hat ...«

»Sie ist noch oben, Mister Noel, das weiß ich genau. . . .«

»In der obersten Etage?«

»Oberste Etage . . . gleich unterm Dach. Manchmal geh ich aufm Dach spielen, aber Grandma mag das nicht. Sie will, daß ich unten auf der Straße bin, wo sie mich sehen kann . . . aber das Dach . . .«

»Wie kommt man runter –«

»Übers Dach . . . hab ich doch gesagt –«

Al kam hinter Noel hergelaufen, als der sich einen Weg durch die Menge bahnte.

»Was hast du vor, Mann? Du kannst nichts machen . . . komm zurück!«

Noel drang in das Herz der Menge vor, und ein Feuerwehrmann an der Pumpe schrie: »Weg da!«

»Da ist noch ne Frau oben!« rief Noel. »Auf der obersten Etage!«

»Nee, sind alle raus«, entgegnete ein anderer Feuerwehrmann, »alle unterwegs, klauen . . .«

Das Lachen des Feuerwehrmanns war laut und hart, und ihre Bewegungen waren zwar durch jahrelange Routine eingespielt, aber extrem langsam. Noel stutzte verblüfft. Dann ging ihm auf, daß sie allesamt betrunken waren. Ohne einen weiteren Gedanken trat er aus der Menge vor, sprang über die herumliegenden Schläuche und sauste in das angrenzende Gebäude.

»Wo willst du hin, du verrückter Nigger??« brüllte ein anderer Feuerwehrmann hinter Noels verschwindender Gestalt her.

Al, der sich hinter Noel gehalten hatte, packte den Mann an der Gurgel und hob ihn vom Boden. »Zu wem hast du Nigger gesagt, du Wixer?«

Sein Arm schoß vor wie ein Kolben, und der Feuerwehrmann brach unter seinen Schlägen zusammen. Die Menge hörte das Wort, und mit einem ohrenbetäubenden Aufschrei stürmte sie nach vorn. Die übrigen Feuerwehrleute ergriffen Beile, Einreißhaken und Spitzhaken und scharten sich zur Verteidigung zu einem engen Kreis zusammen. Die wenigen anwesenden Polizisten stellten sich zu den Feuerwehrleuten.

»Zurück! Zurück oder wir eröffnen das Feuer!«

Der Befehl kam von einem Polizeisergeanten mit hochrotem Gesicht, der vor Angst plötzlich nüchtern und kopflos war. Drinnen war es schwarz vor Rauch. Noel erreichte den dritten Stock, schmiß ein Hinterfenster ein und beugte sich hinaus. Im fünften Stock stolperte er über Trümmer und verlor den Halt. Er fiel und krabbelte auf allen Vieren weiter bis zum Dach.

Die beiden Häuser waren durch eine heckenhohe Ziegelbarriere von einem Meter Höhe getrennt. Er schwang seine Beine drüber, und der Teer klebte im Gehen an seinen Sohlen fest.

»Treppe geht nicht«, sagte er laut vor sich hin, von der Ruhe in seiner Stimme überrascht. »Sie hat ihn auf der Straße gesehen, also muß sie vorne sein.«

Der Rauch war dicht und roch nach alten Teppichen. Er konnte nichts sehen, wußte aber, daß er den Sims erreicht hatte, als er den steilen Absatz unter dem Fuß spürte. Das Geländer an der Feuerleiter nach unten war warm. Mit dem Abstieg wurde das Metall heißer. Die ganze rechte Seite des Gebäudes stand jetzt in Flammen, und die Hitze traf Noel wie ein Hammer ins Gesicht und drückte ihm die Luft ab.

Plötzlich fühlte er sich erschöpft und wollte schon umdrehen, als ein lautes Brüllen aus der Menge unten aufstieg. Sie hatten ihn gesehen und riefen, weil sie nicht wußten, was er vorhatte, daß er runterkommen solle.

Al sah mit Tränen in den Augen nach oben. »Noel! Du verdammter Idiot! Noooeelll ...«

Der Name schwirrte durch die Menge.

»Noel «

»Wer ...?«

»Irgendein Idiot, der Noel heißt ...«

Das drang an das Ohr einer schwangeren jungen Frau, die in der Menge eingezwängt war.

Sie fing an zu schreien und sich nach vorne durchzukämpfen. Zwei große Männer, die den Rest um gut einen Kopf überragten, erblickten sie und boxten sich, ihren Namen rufend, vor.

Drinnen in dem brennenden Haus war die Hitze nicht halb so schlimm wie vorher draußen, dafür war der Rauch dichter. Noel brauchte nur ein paar Zentimeter zu kriechen, ehe er das Rad eines umgekippten Rollstuhls berührte. Daneben lag die Frau.

»Lady ...« Er flüsterte kaum hörbar. Er fragte sich, was er tun würde, wenn sie tot war. Trotzdem rausholen. Dalassen. Er konnte schneller sein, wenn er sie daließ. Er fragte sich, ob er es fertigbringen würde, noch einen Körper verbrennen zu lassen. Den Gestank wieder zu riechen. Und wer hatte diesmal schuld? Letztes Mal war es anders.

»Lady«, rief er noch einmal.

Unter großer Anstrengung legte er eine Hand auf ihre Brust. Seine Finger berührten eine doppelte Perlenkette, die sich in einem langsamen, qualvollen Rhythmus hob und senkte. Er fand ihre Schultern und zerrte sie in Richtung Fenster. So leicht wie sie sich bewegen ließ, konnte sie nicht mehr als einen Zentner wiegen.

Draußen auf der Feuerleiter sah er, daß er recht hatte. Wie eine zierliche graue Puppe hing sie in seinem Arm, sie hatte die Augen geschlossen, und der Atem ging flach, in unregelmäßigen Stößen.

Die Leiter war heißer geworden, und er wickelte sich den Saum ihres Kleides um die Hand, ehe er hinaufstieg. Auf dem Dach sanken seine Schuhe tiefer in den Teer ein, und er bemerkte, daß er an einigen Stellen schon Blasen warf.

Er schaffte es, bis in den zweiten Stock des Nebenhauses hinunter zu kommen, ehe die Flammen von der Seite her übersprangen und das Treppenhaus über ihm verschlangen. Die Hitze war so mächtig, daß er stolperte und die alte Frau beinahe aus seinem Arm rutschte. Er umklammerte ihre Schultern und zog sie wieder hoch.

Ein entsetzliches Prasseln und Tosen dröhnte ihm in den Ohren, und er rannte blind die letzte Treppe hinunter. Er wußte nicht, wo er war. Er spürte die Hitze hinter sich und um sich herum. Ein festes Band schnürte ihm die Brust ein und preßte ihm die Luft aus den Lungen.

Plötzlich spürte er einen Luftstrom. Durch den Rauch und die Tränen konnte er eine Tür und dahinter die Straße erkennen. Es war nur ein flüchtiger Blick, dann war er wieder blind vor Rauch. Er tastete sich mit der schieren Kraft seines Willens weiter vor.

Ein scharfes Auge bemerkte, daß der Arm des Polizeisergeanten zitterte.

»He, Schlappschwanz, gönn ihm doch ne Pause.«

»Vielleicht braucht er bißchen Hilfe ...«

»Der, der braucht gleich jede Menge Hilfe ...«

»Zurück, sage ich!!«

»... *zurück* lassen wir uns schon lange schubsen, Wixer. Ein Leben lang, wenn du's genau wissen willst ...«

Die Menge drängte ohne Angst näher. Der weiße Mann befand sich jetzt auf ihrem Territorium. Vertrauter Boden, unbekannte Situation. Seine durchnäßte, fleckige Uniform roch nach Angst, die ihm den Mund austrocknete, den Magen umdrehte und die Eier klein machte. Der Geruch strömte aus und drang bis zu denjenigen in der Menge, die am dichtesten bei ihm standen, und sie waren erstaunt. So und nicht anders hatten sie sich jede Minute eines jeden Tages in ihrem Leben gefühlt, wenn sie sich in unbekannten, gefährlichen Innenstadtgebieten abstrampeln mußten und zu ihrem Schutz nichts weiter hatten als eine dünne Kellnerschürze oder eine Portiersuniform.

Die Schreie und Drohungen verschmolzen zu einer dumpfen, unheilvollen Stille. Alle warteten darauf, aber niemand sah die Flasche aus der Dunkelheit fliegen, bis sie den Polizeisergeanten tatsächlich am Auge traf. Er ließ einen einzigen wilden Schuß los, ehe er zu Boden ging; die Menge, gierig vor Haß, nutzte den Moment aus und preschte schreiend vorwärts.

»Auf sie, auf sie ...«

Das Kreischen der Stimmen wurde so hoch, daß man es nicht mehr hören konnte.

Klappmesser und Rasiermesser blitzten auf, als Beile und Spitzhacken mit weit ausholenden, wütenden Schlägen geschwungen wurden. Die Kämpfenden strauchelten und grunzten und rutschten in ihrem eigenen Blut aus. Zwei Feuerwehrleute ergriffen einen Hochdruckschlauch und zielten wahllos auf alles, was sich bewegte.

Die gewaltige Wucht des Wasserstrahls traf Noel, als er aus dem Gebäude stolperte, die Flammen im Rücken. Er wurde mit Wucht getroffen und wieder in das Herz des Infernos zurückgestoßen, wo die Wand über ihm und seiner zarten Last einstürzte.

Frieda fiel schreiend zu Boden. Die Zwillinge sprangen über sie weg, rissen die beiden Männer vom Schlauch und schleuderten sie wie kleine Holzscheite in die Flammen. Sie sahen zu, wie die Flammen am Ölzeug leckten und die Körper darin in grotesken Windungen zuckten und krampften wie in einem Film, der zu schnell abläuft.

»Wir sollten sie gleich alle braten, die Scheißkerle ...«

»Später ... erstmal müssen wir die Kleine so schnell wie möglich ins Krankenhaus bringen.«

Auf halbem Weg zwischen der Szene auf der Straße und dem Krankenhaus machten die Zwillinge halt. Frieda hatte keinen Ton von sich gegeben – dazu war sie zu schwach –, aber sie hatte sich plötzlich zusammengekrümmt. Sie legten sie auf die mit Unrat übersäte Straße, aber noch ehe sie Hilfe holen konnten, hörten sie ein Weinen, das so leise war, daß sie es sich auch eingebildet haben konnten.

Die Zwillinge sahen einander an.

»Wie kann sie – wie kann jemand – ein Kind in dieses – dieses gottverfluchte Chaos bringen?« rief Sam.

Dan wandte sich von ihm ab und kniete neben Frieda nieder. Er wollte die Tränen seines Bruders nicht sehen. »Sie hats nicht gewußt, Mann. Sie hat einfach nicht gewußt, daß es so kommen würde. ...«

Übersetzt von Karen Nölle-Fischer

■ TREY ELLIS

Platitüden

1

Auf dem Digitalwecker rollen kleine Karten mit 7, 0, 0, weiß auf schwarz, über die 6, die 5 und die 9.

WAAA –

Aus. Waffelbraune Finger sind zwischen den zerwühlten Laken hervorgekrochen, die sich um seine Taille und zwischen seine Beinen geschlungen haben. Earles Finger hat auf den weißen Knopf am Wecker gedrückt, damit er sich ausklinkt und wieder in Normalposition kommt. Licht ergießt sich durch das Wohnungsfenster über die großen Blätter der Schefflera; es fließt an der Mustang P38 vorbei und an der vierstufigen Estes Saturn 5 Rakete (wobei eins mit der Nase nach unten, das andere mit der Nase nach oben zeigt, beide aber mit durchsichtiger Angelschnur an der Gardinenstange festgeknotet sind und einen Streif rotgefärbte Watteflammen ausstoßen). Zitternde Schatten tanzen auf der gegenüberliegenden Zimmerwand mit Earles Collegewimpel-Sammlung und der großen Weltkarte mit roten Voodoonadeln im Herzen aller Städte, die Earle in seinem Freisemester von Cal Tech oder M.I.T. oder einer vergleichbaren Uni aus bereisen wird. Er schält sein Gesicht von der mit Plastik bezogenen Matratze – ein Autoaufkleber, der von der Schutzfolie gelöst wird.

Earrrrrr-rle, gurrt eine allzu liebe Stimme draußen vor seiner Tür. Du mußt aaaaauf-wachen.

Oh-kaaaaay.

Sein Penis macht jetzt aus seiner Unterhose ein kleines weißes Zelt, deshalb geht Earle langsam in das Bad neben seinem Zimmer, tritt mehr auf der Stelle, als daß er vorankommt.

Durch die Pflanze, das Flugzeug und die Rakete sieht er sie, die Frau von 10A im anderen Flügel des Hauses, schon von ihren frühmorgendlichen Aerobics zurück. Sie macht sich an ihr Stretching zur Abkühlung vor der Dusche; sie trägt einen Sport-BH und eine Radlerhose aus Lycra, einen blonden Pferdeschwanz, ein Schweißband/Chronometer. Earle eilt zu seinem Bett, zieht einen kleinen Holzkeil unter seiner Matratze heraus, läuft eilig zur Tür, schiebt den Keil drunter (Mom! Sekunde, nicht mit Gewalt. Sie muß sich durch die Feuchtigkeit verzogen haben. Ja, verzogen, das würde er sagen, wenn es sein mußte). Hinter den großen Blättern versucht er mit seiner freien Hand den Deckel von der Zahnpasta abzuschrauben, indem er sie gegen das Waschbecken klemmt, um mehr Kraft zu haben. Als er sie endlich aufbekommt, quillt ihm versehentlich das Zeug auf die Finger. Er leckt das Gel ab, langt nach seiner Zahnbürste, macht sie naß und steckt sie in den Mund, bürstet. Da er jetzt nackt ist, kann niemand beweisen, wer von beiden der Spanner ist.

Bald sitzt Earle in der kleinen Küche und löffelt seinen Grießbrei.

Während seine Mutter ihn daran erinnert, daß sein Anzug für den Tanz von B'nai B'rith und NAACP heute Abend in der Copa aus der Reinigung zurück ist und am Haken an ihrem Schrank hängt, will ich mal erzählen, wie sie nicht aussieht:

Sie ist weder dick (ihre Brüste runden nicht den spitzenbesetzten Latz einer Schürze, die sie nie besessen hat), noch hat sie Goldzähne. Sie kann nicht singen, und sie wird nie »Mama« genannt (obwohl sie ihre Mutter noch heute so nennt). Sie übt keine einzige ehrenamtliche Tätigkeit aus und wird von niemandem, aber auch niemandem um ihre beidhändig geschlagene Rückhand beneidet.

... müßte jeden Moment hier sein. Ich hab ihm gesagt, daß wir in den Zoo wollen.

Ja, natürlich weiß ich, daß du sechzehn Jahre alt bist, du Schlaumeier, aber es gibt kein Gesetz, das Sechzehnjährigen verbietet, in den Zoo zu gehen. Früher bist du so gern in den

Zoo gegangen. Dein Vater und ich brauchten dich bloß ein Sekündchen aus den Augen zu lassen, und schon warst du auf dem Weg zum Affenhaus, bist auf und ab gesprungen und hast dich unter den Achseln gekratzt. Einmal bist du weggelaufen und hast einem Ballonverkäufer seinen Strauß Zooballons aus der Hand gerissen und warst schon einen halben Meter über dem Boden, ehe dein Vater dich wieder runterziehen konnte, weißt du noch?

Ah, das muß Solomon sein. Sei nett zu Mr. Levitt, auch wenn du beschließt, nicht mitzukommen, okay, Schatz?

Meine Liebe, du siehst aus wie eine Schönheitskönigin, du siehst immer aus wie eine Schönheitskönigin, weißt du das? Grad neulich hab ich zu dem Hauswart in einem meiner Häuser, einem faulen nichtsnutzigen Scheißkerl, aber er ist schon seit Jahren bei mir, zu dem hab ich gesagt, ich kenne eine Frau, die sieht aus wie eine Schönheitskönigin, sagt Mr. Levitt und dreht dabei die letzte Hälfte einer Zigarre zwischen Daumen und Zeigefinger, bevor er sie wieder seitlich zwischen die Zähne schiebt. Hey, Junge, wie sieht's aus?

Antworte ihm, Earle, gib Mr. Levitt eine Antwort.

Nach dem Zoo essen wir eine Kleinigkeit in diesem Viersterne-Laden, den ich in City Island kenne, du traust deinen Augen nicht, wenn du das Krabbensoufflé siehst, das sie da auf den Tisch bringen, wie ein Basketball so groß, danach, wer weiß? vielleicht ins Kino. Ich lade euch ein. Was sagt ihr dazu?

Ach, laß uns ohne ihn gehen, Sol. Wenn Earle seine Launen hat, ich sag's dir. Gestern hat er sogar die Schule geschwänzt. Manchmal weiß ich einfach nicht.

Solomon Levitt legt seinen Aktenkoffer flach auf den Eßtisch, fingert an den Rädchen des Nummernschlosses herum, schiebt dann mit den Daumen die Riegel nach außen, so daß die Schnappschlösser aufspringen. Schade, Sportsfreund, aber hier hast du ein kleines Geschenk. Deine Ma hat mir erzählt, daß du an diesem Elektronikzeug Spaß hast. Er überreicht Earle einen eingeschweißten Heathkit-Multitester zum Selbstbauen. Und hier sind zehn Dollar, für die Batterien zum Beispiel.

Als Earles Mutter sagt, Was sagst du da, sagt Earle, danke schön, Sir.

... und hab ich dir gesagt, daß du deine Grießbreischüssel ausspülen sollst, sagt seine Mutter schon von unten, vom Haustelephon des Pförtners aus. Du weißt, wie er an der Schüssel und am Löffel klebt, wenn man es nicht gleich macht, und die Geschirrspülmaschine backt es dann richtig fest. Versprich mir, daß du heute aus dem Haus gehst.

Es ist schön draußen, noch nicht zu heiß oder schwül ...

In der Beschreibung für den Multitester steht, daß Leute ab siebzehn für den Zusammenbau neunzehn Stunden oder mehr brauchen werden. Es ist jetzt zehn Uhr vormittags, und ich bin sicher, daß Earle vorhat, mit dem Baukasten längst fertig zu sein, bevor heut abend um neun das Tanzen losgeht.

2

Der Ruck, mit dem das Taxi hält, hebt Earle vom Sitz, als er die kleingefalteten Dollarscheine in den dafür vorgesehenen Geldschlitz stopft. Sie muß kommen, sagt Earle sich, während er erst einmal, dann nochmal nach dem Autotürgriff langt, ehe er ihn schließlich findet.

Dröhnende Bässe unterbrechen Earles Selbstgespräch. Ein Türsteher mit einem Klemmbrett in der Hand verstellt den Eingang zur Disco. Eine Gruppe hübscher, hellhäutiger junger schwarzer Frauen und teuer gekleideter junger weißer Männer schleudern dem Mann an der Tür ihre Namen entgegen. Sie verschwinden in der Dunkelheit, hinein in die dröhnende Musik. Earle sagt dem Klemmbrett deutlich seinen Namen, zweimal.

Da ist sie. Allein.

Eine Hosteß in einem kurzen, gestärkten roten Kleid und emotionsresistentem Make-up nähert sich und schlängelt sich zwischen ihm und ihr durch. Auf einem Tablett, das mit einem Riemen um ihren Hals befestigt ist, offeriert die Hosteß winzige Schriftrollen und verteilt sie dann:

Die Copa

Bei der Musik bleibt keiner sitzen.
Der Baß dröhnt durch, der Baß.
Auch wenn die Füße schwitzen,
der Puls läßt dich nicht los.

Rot kreuz und quer durch Blau,
sie treffen diese Tänzer, diese Punkte aus Licht,
sie finden die Köpfe genau,
alles drunter aber nicht.

Strobolampen, Blitze zucken.
Zack. Hell. Schwarz. Blitz.
Die Körper gleiten nicht, sie rucken.
Jeder Schritt ein schneller Schnitt.

Halsketten hängen ihm von der Brust,
ein starrer Wasserfall aus Gold.
Er schlängelt sich, schwebt in der Luft.
Die Hose kneift, ganz wie gewollt.

Ihr Minirock ist mehr ein Gurt,
ein schmales Ding aus Leder.
Daß er sie einschnürt, ist ihr schnurz,
so'n Schönen hat nicht jeder.

Bill DePopulaire

Drinnen im Club weiten sich Earles Pupillen mit den kleinen Wellen auf der Bowle, die im Rhythmus der Bässe in der Bowlenschale entstehen.

Eine jüdische Mutter mit einer Seidenblume an der Brust und einem bedrückenden Lächeln schöpft Flüssigkeit in Earles zwei Gläser und über seine Hand. In diesem Licht ist das Getränk schwarz, aber es schmeckt rot. Am Tisch mit den Horsd'œuvres bedient eine schwarze Frau.

Da ist sie wieder, sie tanzt mit ein paar Mädchen. Die verrückte Beleuchtung läßt ihr Haar dunkler erscheinen. Im Takt der Musik tanzt ein anderer junger Schwarzer auf Janey Rosebloom zu, Unterleib voran. Sie dreht sich zur Musik zu ihm um. Sie tanzen sich zu.

In der Toilette ist es warm und sauber und leer und still. Earle dreht an dem Griff, der den Riegel in den Spalt in der Kabinenwand schiebt, rüttelt an der Kabinentür, wischt den Sitz mit einem dicken Packen Klopapier ab und setzt sich hin. Die Kabinenwand ist mit gezackter Magic Marker Tinte gemustert (s. Tabelle 2.1), die zum Teil noch naß ist und kräftig riecht. Aber auch das hilft nichts, deshalb stößt Earle laut die Luft aus, reißt sich an den Haaren, knirscht mit den Zähnen und stampft mit den Füßen auf.

TABELLE 2.1

Wandschmierereien in der Toilette

Schokolade und Scheiße alles eine Farbe.

Vidi, Vici, Veni

Janey Rosebloom ist eine Heiße Nummer, und ich muß es wissen, Jack.

Der Toilettenwart, ein verhutzeltes Geschöpf, dessen Ebenholzhaut so faltig und runzlig ist wie ein uraltes nubisches Flußbett, das dereinst eine blühende Metropole gespeist hat, nickt in Richtung einer freien Kabine, und mehrere High-School-Jungs stellen sich blitzschnell davor auf.

Earle steht mittlerweile am Waschbecken und drückt sich neben einem Ätztyp nach dem andern die Pickel an der Stirn abwechselnd von links und rechts aus.

Hast du Mary/Naomi/Laraine gesehen. Die ist so unglaublich schön, noch hübscher als ihre Schwester, aber ich war dermaßen bescheuert, da sag ich, Hallo, Darryl, das ist Ramona – ach, nee, du bist Ramona und ich bin Darryl! Ich wär am liebsten tot umgefallen/Heather hat ihr Bein gut anderthalb Minuten an mich gepreßt, die muß wollen/zum Apotheker hab ich einfach gesagt, die sind für Mike, meinen großen Bruder. Man füllt die doch mit Wasser und wirft sie vom Dach, oder?

Earle gibt sich Mühe, würdevoll aus der Toilette zu schreiten. Als er sieht, daß Deborah sich in seiner unmittelbaren Nähe in

Pose wirft, bleibt Earle stehen und dreht sich um. He, foxy Baby, willst du mit mir tanzen, sagt er sich vor.

Z minus zehn Sekunden, Zeit läuft.

Earle bürstet sich die Fussel vom Revers.

Earle knurrt, läßt die Stimmbänder warmlaufen, um zu vermeiden, daß seine Stimme krächzt.

Z minus fünf.

Earle saugt einen Mundvoll Luft ein, um jedweden durch anaerobische Bakterien verursachten Mundgeruch zu beseitigen.

Earle fegt sich mit den Händen über den Kopf, um alle abstehenden Haarbüschel plattzubügeln.

He, Baby, ich kann mir nicht helfen, ich seh, daß du allein hier bist. Darf ich dich vielleicht zu einer kleinen Privatfete einladen? Ich hab ein böses Kraut da, schmalzt Jamil mit Goldkettchen und engen Jeans. Deborah lächelt, zieht ihn mit sich fort.

Earle hebt ein spitzes Stück Toast hoch und hält es schräg zur Tanzfläche hin – dem einzigen Licht im Raum. Er scheint die wahre Farbe des Aufstrichs aus den blauen, roten und Strobolampenfarben erraten zu wollen. Shawna erklärt ihm, daß er im Begriff steht, in ein Brot mit *pâté de foie gras*, Gänseleberpastete, zu beißen. Man stellt sie her, indem man Gänsen dicke hölzerne Röhren in den Hals schiebt und sie zwangsernährt, bis sie sich erbrechen, und ihnen dann das Erbrochene wieder eintrichtert. Earle fordert sie zum Tanzen auf. Sie sagt, sie möchte lieber Gänseleber essen. Earle würgt, und würgt gleich noch einmal, hält sich an ihrer Schulter fest.

Die Pastete bleibt zunächst samt Toast an seiner Nase hängen, dann gerät das Brot ins Wanken und fällt mit der bestrichenen Seite nach unten zu Boden. Im Gehen schmiert Shawna die verbleibenden feuchtgrauen Kleckse von ihren Fingern an der Wand ab, ihre Beine schlagen hinten und vorne durch die Schlitze in ihrem Kleid und rufen: Aufsicht, Aufsicht.

Die Ätztypen erblicken Shawna, erblicken Earle; fröhlich tauchen sie ihre Hände tief in den Haufen Leber ein und in die Schüssel daneben mit dem California Zwiebeldip.

3

Na, bis hierhin ist es mit Earles Geschichte ziemlich steil bergab gegangen, nicht wahr? Wenn Sie mich fragen, trägt sie groß und breit den Stempel »nicht zu verkaufen«. Aber wie ist es denn mit Mädchen, Frauen? Schwarze Frauen sollen sich doch *verkaufen*, behauptet jedenfalls ein Freund von mir, der im Verlag arbeitet.

4

Aus der Mädchenschule St. Rita strömen die jungen Frauen und kommen dann kleckerweise durch die mächtigen, reich verzierten gotischen Tore.

Mit ihren kurzen Schottenröcken, den langen Kniestrümpfen, den braunen Schnürschuhen, den gelben oder weißen Blusen sehen sie von ganz hier oben immer aus wie kleine Pralinen, eine delikate Mischung Trüffel, die auf der Zunge zergehen. In einer Vierergruppe, die Arm in Arm spaziert (etc.), ist die hübscheste dunkelbraun und zartbitter – Dorothy und Konsorten aus dem *Zauberer von Oz.* An der Ecke tauchen tief aus ihren Jackenärmeln, die weit bis über die Fingerspitzen reichen, Zigarettenschachteln auf und werden herumgereicht, Pferdeschwänze werden befreit und in Unordnung gebracht. Dorothy legt ihren *Barron's Guide to the PSAT* vor sich auf den Bürgersteig, indem sie sich mit geschlossenen Knien vorbeugt. Ihre Freundinnen beugen und strecken sich ebenfalls, pressen die Hände fest auf den Bürgersteig; strecken die Beine bis in die Zehenspitzen hoch über den Kopf. Offensichtlich sind sie Tänzerinnen.

Als die Limousine vorfährt, schnipsen sie ihre Zigaretten schnell auf die 90ste Straße West. Und obwohl er längst nicht mehr zu sehen ist, sehe ich, wie der lange Wagen an der 66sten hält, wo Dorothy ihren wohlhabenden Freundinnen ein Küßchen gibt, aus- und die Treppe in die U-Bahn hinab –, und schließlich in die beschmierte Bahn nach Uptown steigt.

5

Sie entsteigt dem U-Bahnschacht, und sie macht eine gute Figur. Sie wackelt nicht ordinär mit dem Hintern, sondern gerade so, daß es anmacht. Ihr Rock (dieser Rock! Ich kann mir nicht vorstellen, was bei der Nonne abgelaufen ist, die diesen Ultramini mit Schottenmuster als Uniform für alle katholischen Mädchen entworfen hat ... *Jetzt laß mal sehen, noch einen letzten Stich und ja! Wunderbar! Die Mutter Oberin wird so stolz auf mich sein. Er verdeckt ja beinahe sogar ihr Popochen. Jetzt werden die lieben süßen kleinen Schätzchen ganz gewiß in den Himmel kommen. Denn wie hat Vater Augustinus so richtig gelehrt: »Kein Mädchen kommt je in den Himmel rein, zeigt sie nicht reichlich nacktes Bein.«*) Ihr Rock ist einsame Spitze, heute nachmittag auf der Lenox Avenue. In Harlem.

Kindchen, beweg mal schnell deinen schwarzen Hintern von der Straße und hinter meine Kasse, wo du hingehörst, wird Dorothy von Darcelle, ihrer Mutter begrüßt. Sie neigt dazu, die strenggläubige hammerharte schwarze Alte rauszukehren, und ist unter der harten Schale schmusekätzchenweich.

Ma, hab ich dich je im Stich gelassen, fragt Dorothy.

Dorothy duckt sich hinter den gelben Kunststofftresen, steigt in den orangefarbenen Polyesteroverall und steht als Kassiererin wieder auf.

Darcelle schnalzt mit der Zunge, während sie die Tür des Kassenhäuschens aus dickem Plexiglas öffnet und eine Frau mit Haarnetz herausläßt. Zu ihrer Tochter sagt sie, während sie sie in das Häuschen einschließt: Und ich möchte dich zwischen den Kunden über deinen Büchern sehen. Ich werd ein Auge auf dich haben, Girl.

Danke, Sir, aber nein, ich habe erst *ganz* spät Feierabend, erklärt Dorothy einem Polizisten durch den Kreis der auf Mundhöhe in das Häuschen gebohrten Löcher. Meine *Mutter* braucht mich hier, und ich muß *jeden* Abend lernen. Sie mustert ihn, während sie ihm die Quittung abnimmt und sie auf die Nadel spießt, die so scharf ist, daß sie blitzt, wenn das Licht richtig fällt.

Ich hab nicht mehr geglaubt, daß diese Geburtstagsfeier noch hinhaut, sagt Darcelle zu Dorothy. Bist du mit den Hausarbeiten fertig? Weil ich dir nicht erst erklären muß, was passiert, wenn nicht. Komm raus aus dem Kasten und nimm dir was zu essen. Wir haben noch Rippchen. Sind gut heute.

Ja, Mamma, sagt Dorothy und klappt den Leitfaden für den College-Eignungstest bei Kapitel IV, Antonyme, zu. Darcelle schließt die Tür zur Kasse auf, und Mutter und Tochter holen die langen Eisenstangen mit Haken, die in der hinteren Ecke des Lokals lehnen, haken sie draußen in die schweren Stahlrolläden ein und rollen sie laut die Fenster runter. Das schmale Metalltörchen vor der Tür zum Restaurant macht Dorothy nur halb zu. Ihre Mutter schlüpft gebückt unter dem Stahl durch und sie hinterher. Drinnen schließt Dorothy die Tür hinter ihnen ab und läßt den Schlüssel im Schloß.

Mommy. Meinst du, ich könnte jetzt wieder in die Stadt? Julie hat ein paar Kids bei sich . . .

Darcelle geht in ihr Büro neben der Küche, zieht die oberste Schublade auf, taucht mit einer Hand hinein. Langsam schiebt sie das silberne Ende des Thermometers auf Dorothys zusammengepreßte Lippen zu.

Mama! Dorothys Kopf tanzt um das Thermometer. Ich bin nicht krank.

Du mußt krank sein, wenn du mich Montag abends in der Schulzeit fragst, ob du noch in die Stadt kannst.

Das ist nicht witzig. Du bist nicht witzig, Mutter. Bloß ein paar Freunde. Keine Jungs und nix. Bloß eine kleine Gruppe, die für die College-Eignungstests pauken will. Die Mädchen vom Tanzen.

Weiß Gott, wenn keine Jungs kämen, würdest du mich nicht Mommy nennen, weil du so gern loswillst. Du bist genauso schlimm wie Shawniqua, all das Geld, um sie nach Yale auf die Universität zu schicken, bloß damit sie sich mit so einem schmierigen Franzosen verloben kann. Außerdem holt Mr. Jefferson mich heute abend zum Kurs ab, deshalb brauche ich dich, um auf die Zwillinge aufzupassen. Er sagt, du sollst ihm bloß sagen, welche Größe du hast, und er besorgt dir so viele Fayvas, wie du willst. Ich kann nicht verstehen, was du gegen ihn hast.

Dann muß ich Julie anrufen und ihr sagen, daß meine gemeine Mutter mich nicht mit ihr üben lassen will. Dir ist das egal, ob ich im Test durchfall oder nicht.

Du kannst dieser reichen kleinen Ziege ausrichten, daß sie mich auf meinen dicken schwarzen Hintern küssen kann, das kannst du ihr sagen.

Mama, du kannst manchmal so ordinär sein. Dorothy öffnet den Reißverschluß an ihrem Overall, steigt aus und läßt die orangefarbene Polyesterschale schlaff über ihrem Stahlrohrstuhl vor dem Teller mit Rippchen hängen.

Darcelle reckt sich und greift hinter die Mehltüte, zieht die Sherryflasche, die sie zum Kochen da hat, hervor, wirft einen Blick in die Ecke, aus der Dorothy wieder hervorkommen wird und nimmt einen kräftigen Schluck.

6

Tief aus der Kehle, an den geöffneten Lippen vorbei, quälen sich krächzende, nasse Geräusche aus Darcelles Mund – ein Speichelabsauger, der einem beim Zahnarzt in den Mund gehängt wird. Um sie herum ist die Couch in der Schutzfolie eingesackt; die Hühneraugen an ihren Füßen, die schwer auf dem Couchtisch liegen, machen Beulen in ihren knielangen Nylonstrümpfen. In ihrer linken Hand baumelt die Fernbedienung für den Fernseher. Im Fernseher selbst leuchtet das Testbild. Das Rauschen/das Schnarchen der Mutter: harmelodisch.

Die Pumps an die Finger gehängt, geht Dorothy barfuß über den weißen Teppichboden. Die Wadenmuskeln spannen sich rund über den gestreckten Füßen, und der schwarze Mini schneidet an den Schenkeln ein. Die Töne aus der Kehle ihrer Mutter werden tiefer, als sie an ihrem losen Speichel leckt. Dorothy zuckt zusammen, bleibt stehen und beobachtet Darcelles Augenlider. Dorothy drückt fest gegen den Türknopf am Wohnungseingang, bevor sie dran dreht, vorsichtig gerade so weit dreht, bis das Schloß leise aufschnappt; dann holt sie tief Luft und drückt sich um die Tür herum.

7

Tut mir leid. Ich weiß nicht, was ich noch schreiben soll. Diese Geschichte quält sich genauso dahin. Es ist peinlich, vor aller Öffentlichkeit so offensichtlich zu stolpern, aber wahrscheinlich muß man manchmal einfach die alte Fahnenstange hochhalten, um zu sehen, wer noch grüßt. Eine Zeitlang lief es ja ganz gut, und dann war ich irgendwann wieder abgelenkt. Ich weiß nicht. Es ist fast zwanzig Jahre her, daß ich ein Teenager war, aber ich hab geglaubt, es würde mir alles wieder einfallen. Außerdem hab ich versucht, mich an meine Ex-Neffen und -Nichten zu erinnern (die Kinder der Schwester meiner Ex-Frau) – verspießte konsumbesessene Mißgeburten alle, wie sie da sind –, aber ich muß sie wohl ein für allemal aus meinem Gedächtnis verbannt haben. Ich schwöre, daß die Familie als Ganzes Stoff für einen historischen Roman von mindestens tausend Seiten bietet. Sommer in Marthas Vineyard, Schönheitsoperationen, Tennis, Psychiater, Golf, BMWs und die Bahamas. Wenn ich John Jakes wäre, würde ich mich beim Abschluß meines Fernsehvertrags vor Lachen kaum halten können.

Aber wie ihr seht, haben beide Handlungen – Earles wie Dorothys – ihre Probleme. Ganz offensichtlich brauche ich Hilfe, Leute. Wenn da draußen jemand von der Muse geküßt ist: bitte schreiben, um mir zu sagen, welche Geschichte euch besser gefällt, und was euch die liebsten (und am wenigsten lieben) Figuren, Witze, grammatikalischen Wendungen etc. sind. Ich verspreche ehrlich, alle Vorschläge einzubauen und das Schiff von hier an sicher in den Hafen zu lenken. Adressiert die Briefe einfach an:

»Wer soll das Opfer sein?«
c/o Dewayne Wellington
572 West 90th Street, Apt. 10E
New York, New York 10024

Ich höre mit dem Schreiben auf, bis ich von euch lieben Leuten höre. Zum Glück muß ich ohnehin eine Verschnaufpause einlegen. Die Rechnungen stapeln sich, deshalb gehe ich erst mal wieder zur Anwaltskanzlei Klein, Klein und Feldman, um für die Korrektur zu lesen. In den meisten Monaten komm ich gerade so durch, auch wenn es knapp wird, aber neuerdings hat Rosa Luxemburg diese unangenehme Herzgeschichte (zuviel Asche in der Fischplatte mit Käsestückchen), und es sieht aus, als müßte sie operiert werden. Trotzdem ist es längst nicht so erniedrigend, sich mit den Akten von Partnern, die schlappe 400 000 Umsatz im Jahr machen und fast zehn Jahre jünger sind als man selbst, die Augen zu ruinieren, wie ihr vielleicht glaubt. Joyce hat in Triest in einer Bank gearbeitet, Faulkner in Mississippi bei der Post, und Ellison hat Schuhe geputzt.

20. September, 1984

Verehrter Freak,

was ist das für eine kaputte Muse, die da im Vollrausch durch die Kammern Ihres hohlen Schädels eiert? Was mag das nur sein, das Ihnen solch perverse Perversionen aus der Feder lockt? Hat man Sie als Kind zu heiß gebadet? Hat man Ihnen nicht streng verboten, bei der Schulandacht an sich rumzuspielen?

Doch genug. Wenn ich mich weiter auf Ihren verdrehten und unzweifelhaft erbärmlichen Anfang einlasse, wallt in mir ein Widerwillen auf, der abscheulicher stinkt als jedes Chemie-Klo und jedes plattgefahrene Kleintier.

»Wer soll das Opfer sein?« fragen Sie so unnötig wie selbstgefällig. Meine Antwort wird so kurz und präzise ausfallen, wie es der Wirbelsturm meiner aufgebrachten Gedanken erlaubt.

Ich werde allerdings nicht mit dem Wort aufwarten, auf das Sie wahrscheinlich warten – »Sie selbst«. Mitnichten. Ich verlange, daß alle Frauen in Ihrer grotesken Menagerie »geopfert« werden sollen – im Sinne einer Befreiung aus ihrem jämmerlichen, verschwitzten Griff.

Nein, wir schwarzen Frauen brauchen die atavistischen Darstellungen Ihresgleichen nicht, vielen Dank

Isshee Ayam

P. S. So hätte der Anfang Ihres »Werkes« aussehen sollen:

Earle wachte auf, und der Tag war so frisch und neu wie Mamas handgestärkter, an der frischen Luft getrockneter Petticoat, ein riesiger, schlichter Unterrock von der Größe der religiösen Erweckungszelte, die Sommer für Sommer an der Route 49 in Lowndes County, Georgia, blühten. Ja, aus diesen breiten Baptistinnenschenkeln, Schenkel, in denen die langen Jahrhunderte der Ungerechtigkeit und der Erniedrigung bebten, Schenkel, in denen die Hoffnungen noch ungezeugter Generationen zuckten, Schenkel, in denen die Erregung frohlockender, bett-bumsender und anheimelnd duftender Liebesspiele zitterte – aus diesen Schenkeln erwachte Earle.

Übersetzt von Karen Nölle-Fischer

PERCIVAL L. EVERETT

Suder

Ich will schwer hoffen, daß sich Schwachsinnigkeit nicht von den Eltern auf die Kinder vererbt. Meine Mutter war nämlich absolut total komplett bescheuert. Als ich zehn war und mein Bruder Martin zwölf, haben meine Eltern uns mal in die Küche zitiert. Es war an einem dieser heißen North-Carolina-Sommertage, wo sogar die Fliegen träge surren. Daddy saß im Unterhemd am Tisch, und Ma hatte ihren Wollmantel mit dem Hundepelzkragen an. Der Schweiß tropfte ihr vom Gesicht. Daddy hielt ein großes Glas Eistee in der linken Hand und in der rechten ein Taschentuch.

»Setzt euch«, sagte Daddy.

Wir saßen bereits und sahen ihn ziemlich verdattert an.

»Ach so«, sagte er und kippte hastig einen Schluck Tee. »Jungs, ...« Pause.

Ma räusperte sich und setzte sich gerade. Ein Schweißtropfen hing ihr unter der Nasenspitze. »Euer Vater hat euch etwas Wichtiges zu sagen.«

Wir blickten wieder zu Daddy.

Daddy sah Ma gedankenverloren an; dann rastete er sozusagen wieder ein und sagte: »Jungs, eure Mutter spinnt.«

Wir blickten zu Ma, die fröhlich nickte.

»Hm?« Martin schüttelte den Kopf. »Das kapier ich nicht.«

»Doch«, sagte Ma. »Ich spinne.«

Martin und ich saßen da und starrten uns an. Wir starrten uns eine ganze Weile an, bis Ma schließlich aufstand und in den Garten hinausging. Daddy rieb sich mit dem Taschentuch die Stirn.

»Vielleicht liegt es an der Hitze«, sagte er.

»Wieso hat sie denn den Mantel an?« fragte ich.

Daddy sah mich an und wischte sich über den Nacken. »Sie spinnt eben.«

»Du bist doch Doktor, Daddy«, sagte Martin. »Bring sie wieder in Ordnung.«

»Ich kann ihr nicht helfen«, sagte Daddy. Er stand auf, ging zur Fliegentür und beobachtete Ma, die inzwischen im Garten Unkraut jätete. »Ich kann überhaupt nichts für sie tun.« Er lehnte am Türrahmen, nippte an seinem Tee und wischte sich Gesicht und Hals ab.

»Wieso hat sie denn den Mantel an«, fragte ich noch einmal.

»Vielleicht liegt es an der Hitze«, sagte Daddy, ohne Ma aus den Augen zu lassen. Dann drehte er sich zu uns um, nahm die Zeitung vom Küchenbord und ging hinaus.

»Was meinst du?« fragte Martin.

»Ich bin doch erst zehn.«

Martin stand auf, ging zur Tür und starrte Ma durch das Fliegengitter an.

Ich fing an zu weinen.

»Hör auf zu flennen«, sagte Martin.

»Unsere Mami spinnt«, schluchzte ich.

Er schaute wieder zu ihr hinaus und schniefte selber ein bißchen, aber ich sagte nichts.

Wir gingen zusammen zum Teich und warfen mit Steinen nach den Enten. Martin traf eine am Kopf, die daraufhin kreischend davonflatterte.

»Vielleicht könnten wir ihr irgendwas auf den Kopf hauen, daß sie wieder vernünftig wird«, schlug Martin vor.

»Meinst du echt?«

»Was weiß denn ich?« Martin hob den Kopf und starrte die Spatzen auf den Telephonleitungen an. »Hol mir mein Luftgewehr.«

»Ich will aber nicht.«

»Mach kein Theater, geh schon.«

Ich rannte nach Hause. Als ich in unser Zimmer kam, saß Ma

auf Martins Bett und blätterte in den Heften mit nackten Mädchen, die Martin unter seiner Matratze versteckte. Ich blieb wie angewurzelt stehen.

»Komm her, Craigie«, sagte sie und klopfte neben sich aufs Bett.

Ich setzte mich. Ich hatte Angst. Sie war nicht ganz dicht.

Sie legte mir den Arm um die Taille, zog mich an sich und kniff mich mit der freien Hand in die Backe. »Du bist ein braver Junge, Craig.«

Ich wollte aufstehen, aber sie hielt mich fest. »Ich muß Martin sein Luftgewehr bringen.«

»Siehst du das?« fragte sie und hielt mir ein paar zusammengeklebte Seiten hin. »Siehst du das? Dein Bruder ist ein schlimmer Junge.« Sie ließ das Heft fallen.

Von der bloßen Nähe ihres Mantels wurde mir heiß, ich schwitzte und es juckte mich überall.

»Wieso hast du denn einen Mantel an?«

»Ich hab doch keinen Mantel an, du Spinner.« Sie sah mich mit zusammengekniffenem Mund an. »Das nennt man Onanieren.«

Ich schaute sie nur an.

»Was er mit diesen Bildern macht ...« Sie fuhr sich mit der Faust über dem Schoß auf und ab. »Daß du mir das bloß nie machst. Davon wird man blind.«

Ich wollte wieder aufstehen, aber sie zog mich zurück. Dann fing sie an, mir das Hemd aufzuknöpfen. Ich faßte mit der Hand dazwischen und verschränkte die Arme über der Brust.

»Ab in die Badewanne«, sagte sie.

»Aber es ist doch erst nachmittag«, protestierte ich.

»Zieh dich aus!« fauchte sie mit zusammengebissenen Zähnen. Ihre Augen glitzerten ganz komisch.

»Aber ...«

»Keine Widerrede!«

Ich zog mich aus. Sie war nicht ganz dicht. Sie zog mich an der Hand ins Bad. »In die Wanne mit dir.«

Ich stieg in die Badewanne.

»Hinsetzen.«

Ich setzte mich, und sie fuhr mir mit einem trockenen Waschlappen über den Rücken.

»Ma«, sagte ich, »da ist doch kein Wasser drin.«

»Das Wasser ist überhaupt nicht zu heiß!« brüllte sie und stand auf. »Überhaupt nicht.« Dann ging sie hinaus.

Es war Sonntag, gleich nach der Kirche, und Martin und ich standen, noch in unseren taubenblauen Anzügen, unten am Teich. Martin versuchte, Vögel von der Telephonleitung abzuschießen, und ich beobachtete die Kaulquappen.

»Du«, sagte ich, »heute früh hat Ma eigentlich gar nicht so gesponnen.«

Martin wandte den Blick von seinen Zielscheiben und sah mich an. »Außer, daß alle die ersten drei Reihen freimachen sollten.«

Ich sah mein Spiegelbild im Teich und dachte über Ma nach.

»Treffer«, rief Martin. Er lief zu seinem Fang, ich hinterher. Wir beugten uns über den Spatz und beäugten das kleine rote Loch in seinem Kopf. »Volltreffer.«

Ich beobachtete sein Gesicht. Ohne ein weiteres Wort gingen wir zum Haus zurück und durch den Hintereingang in die Küche. Martins Schmuddelhefte lagen aufgeschlagen auf dem Küchentisch, die Plakate in der Mitte aufgeklappt.

»Nicht schon wieder«, seufzte Martin.

»Du Ferkel.« Ma strich sich ein paar schweißnasse Strähnen aus dem Gesicht. »Du onanierst.«

Martin machte kehrt und ging auf die Tür zu.

»Bleib gefälligst da!«

Martin blieb stehen und drehte sich wieder um.

Ma kam zu mir herüber und legte mir den Arm um die Schultern. »Wieso kannst du nicht so brav sein wie Craig?«

Martin seufzte noch einmal.

»Du bist eben wie dein Vater. Der ist jetzt unterwegs, und zwar Gott weiß wo. Der saubere Herr Doktor Suder. Angeblich sieht er nach, ob Sarah Harris schon ihr Baby kriegt, aber darauf fall ich nicht rein. Er ist nämlich bei dieser Lou Ann Narramore vom Drugstore unten.«

»Ist ja gar nicht wahr«, sagte Martin.

»Wieso kannst du nicht so brav sein wie dein Bruder hier?«

Martin warf mir mit vorgeschobener Unterlippe und aufgeplusterten Backen einen wütenden Blick zu. Er machte kehrt und ging hinaus.

»Du bist ein braver Junge, Craigie«, sagte Ma und drückte mich an sich. »Du bist nicht so wie dein Vater, sondern so wie ich. Wie deine Mutter, genau wie deine Mutter.«

Sie drückte mich noch fester; ich versuchte, mich loszumachen, verlor das Gleichgewicht und fiel nach hinten um. Als ich mich am Tisch wieder hochzog, fielen ein paar Hefte auf den Boden. Ma bückte sich, um sie wieder einzusammeln.

Während ich von oben auf die kahle Stelle an ihrem Hinterkopf sah, wo sie versucht hatte, sich zu rasieren, kam mir in den Sinn, was Martin gesagt hatte, wie man sie wieder zur Vernunft bringen könnte. Ich nahm eine Schüssel aus dem Geschirrständer und schlug sie ihr so fest auf den Kopf, daß sie zerbrach. Sie sackte vornüber. Ich schrie auf.

Martin kam angerannt und sah sie auf dem Boden liegen. »Was ist passiert?«

»Ich hab ihr eine Schüssel auf den Kopf gehauen.«

Martin kniete sich hin, nahm Mamas Kopf und legte ihn wieder hin. Er machte kurz die Augen zu. »Erzähl das bloß keinem Menschen.«

»Wie meinst du das?«

»Du darfst keinem erzählen, daß du ihr was draufgehaun hast.«

»Daddy muß ich es aber erzählen.«

»Nein. Wir sagen bloß, sie ist hingefallen. Einfach so. Von selber. Hörst du?«

»Ich weiß nicht recht.«

»Schau doch!« Er deutete auf Ma. »Sie ist völlig weg, vielleicht sogar tot. Willst du denn ins Gefängnis?«

»Nein!«

»Was erzählst du Daddy also?«

»Daß sie hingefallen ist. Einfach so, von selber.« Ich hielt inne. »Aber tot ist sie nicht, oder?«

Martin und ich standen am Fußende des Bettes, Daddy stand rechts neben Ma und hielt ihr die Hand. Die Vorhänge waren offen, und das Licht strömte ins Krankenhauszimmer, so daß es fast aussah, als hätte Ma einen Heiligenschein. Die alte Frau hinter dem Vorhang, mit dem der Raum abgeteilt wurde, stöhnte entsetzlich.

»Ach halt den Mund, du alte Hexe!« herrschte sie meine Mutter an.

»Schon gut, mein Liebes, ganz ruhig«, sagte Daddy.

Ma blickte an sich hinunter und über ihre Füße zu mir. »Komm her, Craigie.« Sie streckte die linke Hand aus.

Ich ging auf ihre linke Seite und nahm ihre Hand. Durchs Fenster brannte mir die Sonne auf den Rücken. Ich nahm den Verband an ihrem Kopf genauestens unter die Lupe.

»Craigie?«

»Ja?«

Sie warf erst Martin, dann Daddy einen Blick zu. »Ich möchte mit Craig allein sein.« Wieder schaute sie mich an.

Daddy und Martin gingen hinaus, und ich sah zu, wie sich die große Tür langsam hinter ihnen schloß.

»Craigie«, sagte Ma, »du bist ein braver Junge. Man muß im Leben sehr vorsichtig sein. Man kann keinem trauen. Trau keiner Menschenseele.«

»Ja, Mama.«

Sie verengte die Augen zu Schlitzen, und ich bekam Angst. »Dein Vater ist nämlich ganz schlimm, weißt du. Er hat was mit dieser Lou Ann Narramore vom Drugstore unten.«

»Nein, Mama.«

Sie setzte sich auf und beugte sich zu mir. Die Sonne hatte mir eingeheizt, ich war verschwitzt, hatte Angst und fühlte mich unwohl. »Doch, und ich will von dir kein Wort mehr dazu hören. Dein Daddy hat was mit ihr, und wir beide werden ihn erwischen. Du und ich. Hörst du?«

Ich nickte.

Daddy steckte den Kopf herein. »Craig, wir sollten allmählich nach Hause gehen.«

»Raus hier!« schrie Ma.

Daddys Kopf verschwand.

»Schon gut, Craigie.« Sie zog mich herunter und gab mir einen Kuß auf die Stirn. »Geh nur. Aber denk an das, was wir besprochen haben.« Sie strich mir übers Gesicht.

Ich nickte, wandte mich um und ging.

»Craigie!« Sie rief mich noch einmal zurück. »Dich lieb ich am meisten. Du warst eine Steißlage, hast Schwierigkeiten gemacht. Bei deiner Geburt wär ich beinah gestorben. Deshalb hab ich dich am liebsten. Du und ich, wir werden die beiden auf frischer Tat ertappen, deinen Vater und diese Lou Ann Narramore.« Sie ließ sich in die Kissen zurückfallen. »Vom Drugstore unten.«

Ich machte mich wieder auf den Weg.

»He, psssst!« rief die alte Frau in dem anderen Bett. Ich blieb stehen und sah sie an.

Sie winkte mich mit dem Finger zu sich. »Komm mal her, mein Kleiner.«

Zögernd trat ich zu ihr. Ihr Gesicht war schmerzverzerrt.

»Sieh dich doch mal um, ob du meine Tabletten findest. Es sind gelbe, gegen Schmerzen. Bitte, mein Kleiner.«

»Hm?«

»Deine Mutter hat mir die Tabletten weggenommen und sie versteckt. Ich weiß nicht warum, aber sie hat es getan. Und jetzt gibt mir die Schwester keine mehr. Bitte! Ich hab so schlimme Schmerzen.«

Ma riß den Vorhang auf und bellte: »Ab nach Hause mit dir, Craig!«

Ich rannte hinaus. Auf dem Korridor sah mich Daddy an und sagte: »Sie ist trotz allem deine Mutter.«

Ma blieb über Nacht im Krankenhaus. Am nächsten Tag aßen Martin und ich dann im Wohnzimmer und warteten darauf, daß Daddy sie wieder nach Hause brachte.

»Daddy meint, es kommt vielleicht von der Hitze, daß Ma so ist«, sagte Martin.

»Ich hab Angst, Martin.«

»Wieso du? Dich mag sie doch. Eigentlich müßte eher ich Angst haben.«

»Glaubst du, daß Daddy was mit Lou Ann Narramore hat?«

Martin überlegte. »Keine Ahnung. Glaub ich eigentlich nicht.«

Da ging die vordere Fliegentür auf, und Ma und Daddy kamen herein. Ma ging wortlos an uns vorbei in ihr Schlafzimmer. Als sie wieder herauskam, hatte sie den Mantel an.

»Abendessen«, sagte sie, »Abendessen, Abendessen ...« Sie ging in die Küche.

»Ma sagt, davon wird man blind«, sagte ich zu Martin, während ich zusah, wie sich das Bettuch über seiner Mitte auf und ab bewegte.

»Die spinnt«, sagte er. Er leuchtete mit der Taschenlampe auf das nächste offene Heft.

»Ich weiß nicht, ich hab das auch schon von anderen gehört. Reverend Austin hat Virgil Wallace erzählt, daß man davon Haare in der Handfläche kriegt.«

»Der spinnt auch«, sagte Martin.

»Wieso?«

»Weil er eben spinnt.«

»Nein, ich mein, wieso machst du das?« fragte ich.

»Weil es schön ist.«

»Aber wieso denn?«

Er hörte auf und machte die Taschenlampe aus. »Manchmal muß man einfach, das spürt man.«

»Virgil Wallace macht es dauernd, hinter der alten Schule. Ich hab ihn gesehen.«

»Wer ist bloß dieser Virgil Wallace?« Martin leuchtete mir direkt ins Gesicht.

Ich hielt mir den Arm vor. »Mach aus.«

Er knipste sie aus. »Wer ist das?«

»Den kennst du doch, der mit dem großen Kopf, der immer knallige Socken anhat.«

»Ach, du meinst Moe.«

»Moe?«

»Bei uns heißt er Moe.«

»Wieso?« fragte ich.

Martin gab keine Antwort. Wir schwiegen eine Weile, dann fing ein Hund an zu bellen.

»Das ist bestimmt der Jagdhund von Dr. Count«, sagte Martin.

»Hast du Lou Ann Narramore schon mal gesehen?« fragte ich.

»Ja.«

»Wie sieht sie aus? Ist sie hübsch?« Ich hob den Kopf und stützte mich auf, so daß sich mein Ellbogen ins Kissen bohrte.

»Doch«, sagte Martin. »Sie ist ganz dünn und hat große ... große ... he, für so was bist du noch zu klein.«

Ich sagte nichts, sondern schaute an ihm vorbei den Mond an. Der Hund hatte aufgehört zu bellen, die Nacht wurde ganz still. Dann fing Martin wieder an, und der Strahl der Taschenlampe wanderte von Bild zu Bild.

Am nächsten Morgen wachte ich früh auf, zog mich an und ging hinunter. Ich hatte Pläne, was ich am Teich alles machen wollte. Als ich in die Küche kam, stand Ma an der Anrichte, rührte in einer Schüssel und lief auf der Stelle. Sie trug ihren dicken Mantel und dazu nagelneue schwarze Basketballschuhe. Der Schweiß rann ihr übers Gesicht, und ihr Pelzkragen war teilweise ziemlich verfilzt.

»Was machst du da, Mama?«

»Ich laufe ... damit ich abnehme ... Lou Ann ... Narramore ... dünn ... abnehmen ...«

Ich machte kehrt.

»Wo gehst du ... hin?« fragte sie, immer noch im Laufen.

»An den Teich.«

Sie blieb stehen, sah mich an und wischte sich mit dem Handrücken die Stirn ab. »Sei vorsichtig.«

Am Teich lagen lauter tote, mit Luftgewehrkugeln durchlöcherte Spatzen herum. Ich weiß nicht, was über mich kam, aber ich fing an, sie aufzusammeln. Ich zog mir das T-Shirt-Ende vom Bauch weg und legte die Vögelchen in die Kuhle. Mit der

Ladung toter Spatzen im T-Shirt ging ich zum Haus zurück. Als mir Martin entgegenkam, duckte ich mich hinter einen Busch. Er ging an mir vorbei, Richtung Teich; er hatte sein Luftgewehr dabei. Ich rannte nach Hause und schaffte es, mich unbemerkt in unser Zimmer zu schleichen. Dort leerte ich die Vögel auf mein Bett und zählte sie. Es waren dreizehn. Ich nahm einen Spatz in die Hand und spielte eine Weile schweigend damit herum. Dann legte ich ihn wieder aufs Bett, holte aus dem Dielenschrank eine Hutschachtel, packte die Vögel hinein, machte den Deckel zu und schob sie unter mein Bett.

Ich legte mich aufs Bett und stellte mir vor, daß das Leben dieser Vögel durch die Bettfedern und die Matratze in mich übergehen würde.

Eine Weile später ging ich zum alten Schulhaus und traf Virgil Wallace. Er saß auf der Erde, mit dem Rücken am Pfosten eines alten Basketballkorbes, an dem der Ring fehlte. Virgil Wallace war ungefähr achtzehn, sehr lang und dünn. Er hatte ein Bein angewinkelt, das andere ausgestreckt, an dem einen eine knallrote Socke, am anderen eine knallgelbe. Er hatte eine Hand im Schoß, warf den Kopf zurück und schaute in den Himmel. Ich ging auf ihn zu. Er hatte Grind an der Kopfhaut.

»Virgil?« fragte ich. Ich stand schräg hinter ihm.

Er reagierte nicht.

Ich ging um ihn herum, stellte mich direkt vor ihn, so daß mein Blick auf die Hand in seinem Schoß fiel. Er hielt seinen Penis an der Eichel, und auf seiner Hand war eine milchige Flüssigkeit. »Virgil?«

Er sah mich an. Seine Augen waren halb geschlossen.

»Darf ich dich was fragen?«

Er nickte.

»Wieso machst du das?«

Er hielt seine Hand hoch, von der das Zeug tropfte. »Wegen dem hier.«

»Was ist das?«

Er schaute auf das Zeug an seiner Hand, und dann sagte er, ohne mich anzusehen: »Leben.« Er lachte laut auf. »Leben«, sagte er noch einmal, und dann blickte er mit einem schmalen

Grinsen um den Mund zu mir hoch. Er hielt mir die verschmierte Hand hin: ein Angebot.

Ich rannte nach Hause. Als ich in unser Zimmer kam, lief Martin dort gerade schnüffelnd auf und ab.

»Komm rein«, sagte er. »Riechst du was?«

Ich zog tief die Luft ein. »Nein«, log ich.

»Du hast ja gar nicht eingeatmet.«

»Hab ich wohl. Ich riech aber nichts. Ist wahrscheinlich deine Lippe.«

Martin ging kopfschüttelnd hinaus.

Ich zog die Hutschachtel unter dem Bett hervor und sah mir meine Vögel an. Ein paar Maden kringelten sich darin. Ich schmuggelte die Schachtel in die Garage und versteckte sie hinter ein paar Reifen in der Ecke.

Ma erfuhr nie, daß es ihr Jüngster war, der sie in der Küche k.o. geschlagen hatte, daher hielt sie es für eine Offenbarung des Allmächtigen. Sie dachte, es sei Gott gewesen, der sie zu Boden gestreckt hatte. Als sie aus dem Krankenhaus kam, erwähnte sie Gott zusehends häufiger, und mit der Zeit redete sie sogar ausgesprochen oft von ihm, allerdings hieß er bei ihr Max.

»Herrmax noch mal«, sagte sie, »du gehst jetzt mit zum Zahnarzt.«

Ich blickte sie nur verschüchtert an.

»Dieser Zahnarzt ist nämlich noch dazu ein guter Christ«, sagte sie, während sie sich mit dem Mantelärmel den Schweiß von der Stirn tupfte.

Martin muß etwas geahnt haben, denn er hatte sich rechtzeitig aus dem Staub gemacht, bevor Ma vom Zahnarzt anfing. Folglich fuhr ich mit Ma allein zu Dr. McCoy. Wir schwiegen die ganze Strecke. Das Wartezimmer war ganz in Weiß gehalten, an jeder Wand hing ein Jesusbild. Es warteten schon mehrere Kinder mit Müttern, alles Weiße. Die weißen Mütter starrten Ma in ihrem dicken Mantel und den schwarzen Basketballschuhen an. Wir setzten uns. Ma zog ein Taschentuch aus der Handtasche und betupfte sich die Nasenflügel.

Ein großer weißer Mann ganz in Weiß kam herein. Er hatte

ein blasses Gesicht, taubenblaue Augen und weißes Haar. Er faltete die Hände. »Lasset uns beten«, sagte er mit einer angenehmen Tenorstimme. Die Weißen senkten die Köpfe. Ich schaute Ma an, sie hatte ebenfalls den Kopf geneigt. »Vater unser im Himmel, schenk uns die Kraft, die Drangsal zu erdulden, die vor uns liegt. Gib uns eine ruhige Hand im Angesicht tiefer Karies, führe uns sicher durch üble Abszesse und laß uns brave Patienten sein, die stillsitzen, bis die Prozedur vorbei ist. Amen.«

»Amen«, murmelten die Anwesenden.

Der Zahnarzt deutete mit einem langen, krummen weißen Finger auf mich. Ma drückte mir die Hand in den Rücken und schob mich nach vorn. Ich folgte Dr. McCoy in einen weißen Gang, vorbei an weißen, weißgekleideten Krankenschwestern und in ein Behandlungszimmer, das abgesehen von den silbrig glänzenden Instrumenten ebenfalls ganz in Weiß gehalten war. Ich setzte mich auf den Stuhl, die Zahnarzthelferin legte mir eine Serviette um und gab mir ein Taschentuch in die Hand.

Ich blickte die Schwester an und sah, daß sie den Kopf gesenkt und die Augen geschlossen hielt. Der Zahnarzt hatte wieder die Hände gefaltet. »Lasset uns beten«, sagte er. »Lieber Gott, bitte mach, daß bei diesem kleinen Negerjungen alles gut geht.« Er schaltete die Lampe über meinem Gesicht ein und schaute mir in den Mund. Dann richtete er sich auf und stand kerzengerade. »Herr Gott im Himmel, dieser Junge hat ein Loch, das plombiert werden muß. Gib uns eine ruhige Hand.« Ich schaute die Zahnarzthelferin an, sie hatte ihre Augen immer noch zu. »Amen.« Dr. McCoy öffnete seine Augen, packte den Bohrer und ließ ihn ein paarmal aufsurren.

»Krieg ich keine Spritze?« fragte ich.

»Hier gibt es keine Spritzen, mein Kind. Wir sind eine fromme Zahnarztpraxis. Keine Spritzen.« Er griff mir in den Mund und drückte ihn auf, stopfte mir Watte in die Backen und hängte dieses Metallding ein, das meine Spucke aufsaugte. Dann fing er an zu bohren.

Ich machte die Augen zu. Es tat sehr weh, und er war nicht der Schnellste. Ich klammerte mich an den Armlehnen fest, bohrte die Fingernägel in den Plastikbezug. Dann stand er auf. Fertig. »Gott, wir danken dir.«

Die Zahnarzthelferin zog mir die Watte heraus. Ich keuchte.

»Trinkst du viel Cola?« fragte Dr. McCoy.

»Wie?«

»Cola ist sehr schlecht für die Zähne. Ich habe mal einen Zahn über Nacht in ein Glas Cola gelegt, und am nächsten Morgen war er zerfallen.«

Ich sah ihn bloß an.

»Trink lieber Milch, mein Junge. Viel Milch.«

Ich schaute aus dem Wohnzimmerfenster in den Vorgarten hinaus. Ma hockte in Startposition gebückt an der Einfahrt. Martin kam und stellte sich neben mich. Ma ging mit dem Hinterteil hoch, beugte sich vor und sauste los, durch den Vorgarten. Ihr Mantel blähte sich im Wind. Daddy kam dazu und stellte sich hinter uns.

»Was haltet ihr davon?« fragte Daddy.

Martin und ich drehten uns um.

»Ich möchte was mit euch besprechen.« Er hielt inne. »Meint ihr, daß eure Mutter in einem Krankenhaus besser aufgehoben wäre?«

Martin sah wieder aus dem Fenster.

»Sie ist aber doch nicht krank«, sagte ich.

»Nicht in so ein Krankenhaus«, sagte Martin.

»In die Irrenanstalt, meint ihr?« Ich riß die Augen auf.

Daddy nickte.

»Nein«, sagte ich. »Nein.« Mein Herz klopfte auf einmal furchtbar, und die Tränen stiegen mir in die Augen.

»Schon gut«, sagte Daddy beruhigend.

Dann kam Ma hereingestürmt. Sie war ganz verschwitzt, der Mantel war tropfnaß. Sie keuchte. »Um die ganze Stadt«, sagte sie. »Ich laufe um Fayetteville herum. Dreiundzwanzig Meilen.« Sie zog sich die Haare aus dem Gesicht. »Das schaff ich garantiert.«

Daddy stand, die Hände in die Seiten gestützt, in der Garage, blickte sich um und schnüffelte. Ich stand direkt davor an der Hausecke und beobachtete ihn. Martin bog mit dem Fahrrad von der Straße in unsere Einfahrt.

»Martin«, rief Daddy.

Mein Bruder sprang vom Rad und lief in die Garage.

»Riechst du hier was?«

Martin schnüffelte und runzelte die Stirn.

»Riecht irgendwie nach totem Tier«, sagte Daddy, »und das müssen wir finden.« Er hielt inne. »Also sucht mal.«

Wir suchten eine Weile, und dann fand Martin meine Hutschachtel mit den toten Spatzen. »Hier, Daddy«, rief Martin.

Daddy warf einen Blick auf die halb verwesten Vögel. »Halleluja. Mach den Deckel wieder drauf.« Er sah zur Haustür. »Wenn eure Mutter sie da hingestellt hat, dann sollten wir sie lassen, wo sie sind.«

»Ma?« fragte Martin.

»Mhm«, sagte Daddy. »Das ist doch was ziemlich Verrücktes, oder?«

Ich sagte nichts.

»Dann soll ich sie einfach wieder hinstellen?« fragte Martin.

»Ist wohl das beste.« Daddy kratzte sich am Kopf. »Ich leg ein Stück Kohle in die Schachtel, dann stinkt es nicht mehr so.«

Martin klemmte die Schachtel wieder hinter die Reifen.

»Eure Mutter muß ziemlich krank sein, wenn sie schon solche Sachen irgendwo deponiert. Ihr laßt mal schön die Finger davon.« Daddy ging aus der Garage und Martin folgte ihm.

Ich stand noch ziemlich lange da, schnüffelte den Gestank der toten Vögel und hatte Angst, weil ich dachte, ich wäre verrückt. Daddy hatte automatisch geglaubt, es seien Mas Vögel, er muß es also für verrückt halten, die Vögel in die Schachtel gelegt zu haben. Dabei hatte ich sie doch da reingetan, und deshalb hielt ich mich selber für verrückt.

Übersetzt von Christiane Buchner

ARTHUR FLOWERS

Mojo Blues

Die auslaufenden blauen Höhenzüge der Smoky Mountains in Tennessee schleppten sich träge neben der Landstraße dahin. Tucept war diese Strecke nach Nashville schon einmillionenmal gefahren, aber diesmal war die Landschaft neu und berauschend. Blauer Dunst über Höhenzügen mit Buschwäldern, trübe Seen und kristallblaue Bäche. Er fuhr langsam, weniger aus Vorsicht als um Zeit zu schinden. Er hatte sie nicht angerufen. Mal wieder eine Überraschung. Und wenn er derjenige war, dem eine Überraschung blühte? Wenn sie mit einem oder mehreren andern zusammen war? Beinahe erleichtert ging er in Gedanken das Szenario durch, zwang sie, sich zu entscheiden, er oder ich, oder die, entscheide dich, verdammt.

Er suchte in der Tasche nach dem ausgefransten Fetzen von einem Brief. Der letzte, den er vor seiner Abreise aus Nam von ihr gekriegt hat. Sie kamen nicht regelmäßig, wie am Anfang, als er dahin versetzt war. Er hatte sich angewöhnt, den letzten mit sich rumzuschleppen, ihn bei jeder sich bietenden Gelegenheit zu lesen und ihn zu hüten, bis der nächste kam und er den zerfledderten wegpacken konnte.

Und wenn sie nun einen anderen gefunden hatte? Das war der Gedanke, der ihn in Nam verfolgt hatte, wenn er in einem gottverlassenen Reisfeld lag und sich auszurechnen versuchte, wie spät es dort, in der Welt war, was Ruby wohl gerade machte, ob sie abends aus war, in der Schule, mit jemandem im Bett?

Als er in Nashville ankam, raste er durch die kleinen, gewundenen Straßen zum Campus der Tennessee State University. Die schmalen, verschlungenen Straßen von Nashville deprimierten ihn jedesmal. Studentenwohnungen oben auf dem Berg. Vor ihrer Tür zögerte er, holte Luft, klingelte.

Ein großer gutaussehender Typ machte auf. Es dauerte ein paar Sekunden bis Tucept den Mund aufkriegte.

Eeh, wohnt Ruby hier?

Ja.

Der Typ blieb abwartend stehen, groß, gut gebaut, hübscher Schmollmund, glatte braune Haut, ein Verbindungskäppi. Er stand mit der Besitzermiene eines Mannes in der Tür, der meint, daß der Lover einer Frau das Recht hat, sich in ihre Angelegenheiten einzumischen.

Ist sie da?

Wer will sie denn sprechen?

Tucept Highjohn, sagte Tucept lahm. Stimme rauh, Zähne zusammengebissen, sauer.

Moment.

Er machte die Tür zu. Tucept kochte. Er wäre am liebsten ins Auto gestiegen und nach Hause gefahren, aber er wollte verflucht sein, wenn er sich einfach davonschlich. Zum Teufel mit diesem Arschloch.

Ruby kam an die Tür und riß sie auf. Tucept! schrie sie. Sie gingen auf einander zu und fielen sich in die Arme. In Tucept wich die Spannung, als wäre eine überdehnte Feder gerissen.

Das Gefühl von ihrem Körper an seinem war himmlisch, und ihr Atem auf seiner Brust sandte ihm angenehme Schauer über den Rücken. Ruby, Ruby, war so lange nicht da. Bei ihr blieb ihm vor Freude die Luft weg, eine Wirkung, die sie auf ihn gehabt hatte, seitdem er sie als politischer Aktivist am College kennengelernt hatte, als sie im letzten Jahr auf der High-School war und er ihr Ideal von allem verkörperte, was das College bedeutete.

Er sah, wie der Typ zuguckte, und blendete ihn aus. Ihre Umarmung gehörte ihm. Ihre Hände auf seinem Kreuz zogen ihn an sich, und ihr Geruch stieg ihm in die Nase. Verdammt, fühlte sie sich gut an, so nah. Er konnte sie fühlen, ihre Brüste, ihre Hüften, ihre Beine an seinen; Strähnen von ihrem Haar kitzelten ihn an den Nasenlöchern. Er grinste. Er hatte sie über ein Jahr nicht in den Armen gehalten. Er konnte nicht glauben, daß es jetzt wirklich geschah. Endlich.

He, Baby, brachte er mühsam hervor, wie gehts dir?

Wie kommst du hierher? fragte sie schmollend. Du hast mir nichts gesagt, wieso bist du zu Hause, bist du krank?

Mir fehlt nichts, sagte er, ich fühl mich gut.

Sie gingen ins Wohnzimmer. Noch zwei Typen vorm Fernseher. Eine Studentenwohnung, ein Fernseher, Poster in Leuchtfarben und Lehrbücher. Lampenschirme aus weißer Spitze. Knallrote Sitzpolster auf beigem Teppich. Der stechende Geruch von Räucherstäbchen.

Ruby hatte einen Arm um seine Taille geschlungen und hielt ihn fest. Ach, Tucept, sagte sie, es ist so schön, dich zu sehen. Du hättest aber anrufen sollen.

Das ist Tucept Highjohn, verkündete sie allen. Das ist der, von dem ich euch erzählt hab.

Tucept, das ist Joe Dyer, den kennst du schon von der Tür, und das sind Sam und Ramon.

Er schüttelte den anderen Typen die Hand, Joe Dyer nickte ihm zu, und sie schüttelten sich die Hand, ohne ihre gegenseitige Feindseligkeit zu verhehlen.

Ruby schob ihn zur Couch und fragte ihn, ob er was trinken wolle.

Er wollte sie bloß anschauen. Klein, zierlich, ein Elfengesicht mit einem Vogelnestafro, glänzende, große Augen, die einen direkt ansahen, mit einem fragenden Blick. Kakaobraune Frau mit großen Augen und noch größeren Ideen. Er spürte eine Veränderung bei ihr, in der Art wie ihr Blick ihn mit einer neuen Direktheit traf.

Sie setzte sich neben ihn auf die Couch, und ihm fiel auf, daß er vorne auf der Kante hockte. Er lehnte sich zurück, wobei er sich plötzlich seiner Feldjacke und der schlappen Mütze bewußt wurde. Entspann dich, befahl er sich ärgerlich.

Auf dem kleinen Schwarzweißbildschirm berichtete ein Nachrichtensprecher von Nixons Truppenabzügen. Bilder aus Vietnam. Ruby starrte auf den Bildschirm. Er beobachtete sie verstohlen. Er wünschte diese Kerle würden gehen, vor allem dieser Dyer. Was der wohl für eine Rolle spielte. Tucept warf ihm einen Blick zu. Dyer hatte ihn fixiert. Hielt Tucepts Blick gerade so lange, daß es eine Herausforderung war.

Ruby streichelte seine Schulter.

Wie lange bist du schon da, Tucept? Warum hast du mich nicht angerufen?

Ich wollte dich überraschen.

Na, sagte sie lachend, na gut, überrascht bin ich.

Es war Tucept peinlich, dies alles vor den drei andern zu bereden. Warum sagt sie ihnen nicht, daß sie gehen sollen? Er hat sie ein Jahr nicht gesehen.

Was macht deine Familie? fragte sie.

Der gehts gut, und wie ist es hier oben auf dem Hill?

Wie solls hier sein, du kennst es doch, sagte sie. Der Hill ist schon okay.

He, Ruby, sagte Joe Dyer, hast du das von Kaulquappe gehört?

Sie lachten, ein Witz für Eingeweihte. Tucept lächelte unsicher. Er sollte einpacken und ne Fliege machen. Statt dessen blieb er unbeholfen sitzen, entschlossen den längeren Atem zu haben. Ruby stand auf, und dicke Nippel zeichneten erotische Muster auf ihre blaue Bluse. Tucept starrte die Brüder an, bis sie seinen Blick erwidern mußten. Sie schauten ihn an.

Ein Helikopter, *schluppschluppschluppte* über den Bildschirm. Vietnam. Tucepts Blick wurde von den Nachrichten angezogen.

Du kommst grade aus Vietnam, Mann, oder? fragte Joe Dyer.

Eine Falle, dachte Tucept und nickte langsam.

Wie wars denn, Mann? Erzähl mal.

Na ja, ein typischer Haus- und Gartenkrieg eben, murmelte er leise und zuckte mit den Achseln .

Joe Dyer beugte sich vor, das Gesicht scharf und hellwach. Er roch Blut.

Erzähl mir mehr, sagte er. Ich bin nicht hin, sie haben versucht, mich einzuziehen, aber ich habe ihnen gesagt, wo sie sich diesen weißen Scheiß hinstecken können.

Aber echt, sagte einer der Verbindungsbrüder. An die Namen erinnerte sich Tucept nicht.

Hat's ihnen immer gesagt, wenn sie's hören wollten, steuerte der andere bei.

Sie johlten und klatschten einander in die Hände, fünfmal, wie sie's immer machten.

Sag schon, forderte Joe ihn auf, wie wars?

Tucept zuckte noch mal mit den Achseln.

Wie im Fernsehen? fragte Ruby, die immer noch Nachrichten guckte. Der Sprecher nannte die Zahl der Toten.

Haben sie dich eingezogen? fragte Dyer.

Tucept überlegte, ob er lügen sollte. Nein, sagte er schließlich, ich hab mich freiwillig gemeldet.

Das war für Dyer ein gefundenes Fressen, er drehte seinen Stuhl so, daß er Tucept gegenübersaß. He, He, He, sagte er, Auf in den Kampf, Sergeant Fury und seine grölende Truppe.

Alle lachten.

Du hast dich freiwillig nach Vietnam gemeldet? fragte Dyer.

Ach, sagte Tucept, ich hab eigentlich weniger an Vietnam gedacht, als ich mich gemeldet hab.

Was gelogen war, er hatte in den Krieg gewollt.

Ach so, sagte Dyer, du hast gedacht, vielleicht finden sie für deinen schwarzen Arsch einen Platz im Pentagon. Klingt, als ob du damals überhaupt nicht gedacht hast.

Beschämt konnte Tucept nur die Achseln zucken.

Nun erzähl schon, Mann, sagte einer der Verbindungsbrüder. Mein bester Kumpel, der war in Vietnam, und der ist völlig kaputt zurückgekommen.

Ich hab gehört, für die Brüder wars ein komischer Trip, sagte Dyer.

Tucept verhaspelte sich. Wir, ah . . .

Er mußte an einen Blues denken, den Jethro eines Nachts auf Wache in einem Grenzbunker gesungen hatte.

Me 'n' my brothers, we had to throw down
We went to the war, we caught hell all around

And now I've learned to watch my brothers back
Ain't nothin we can't do if we bold and black
We learned how to throw down, we learned how to throw down
On Firebase Sin Loi

Wie sollte er das erklären? Wie ein Bruder den andern von hinten bewachte und warnte.

Ja, wißt ihr, wir haben gelernt, daß äh, die Brüder, daß die äh, wir haben zusammengehalten. Tucept stockte und vollendete lahm ... wir haben überlebt.

Moment mal, Mann, sagte Joe Dyer, willst du uns weismachen, daß du dich wie ein Mann gefühlt hast, weil du da drüben für die Weißen Soldat spielen durftest, ein Nigger, der für den weißen Mann Kanaken abknallt.

Tucept wurde rot. Fertigmachen den Wixer. Eine M 16 in sein Arschgesicht entleeren. Zugucken, wie es zu rotem Matsch zerspritzte.

Das habe ich nicht gesagt, sagte Tucept wütend, ich hab bloß ... scheiß drauf.

Er hatte nicht vor, weiter bei Dyer mitzuspielen. Er hatte nicht vor, offenen Auges in einen Hinterhalt zu tappen.

Ruby beugte sich vor, das Gesicht leuchtend vor plötzlicher Wißbegier.

Hast du je einen umgebracht, Tucept?

Ruby, Ruby, O Ruby ...

Tucept sah sie verständnislos an, ließ sich die Worte durch den Kopf gehen, tastete sie ab nach versteckten Fallen, Bambusspeeren und Minen, die einem Mann die Eier abreißen.

Dyer grinste. Aber klar doch, nicht Bruder? Ich hab gehört, einige Typen holen sich einen runter, wenn sie Kanaken abknallen dürfen.

Joe! sagte Ruby scharf.

Tucept zog sich aus dem Gespräch zurück, die Augen zusammengekniffen, das Gesicht zu, die Aufmerksamkeit auf den Fernsehschirm gerichtet. Als ob er sich den Film anschaute. Ruby spürte sein Unbehagen und wechselte das Thema wieder zu Kaulquappe, dem dummen Sexprotz. Der Bildschirm warf rastlose Schatten auf die im Dunkeln liegenden Gesichter, und sie redeten über das College, während Tucept goldene Erinnerungen guckte. Er wäre gern gegangen, war aber entschlossen, noch da zu sein, wenn diese Wixer gingen. Schließlich setzte Ruby sie vor die Tür. Die Verbindungsbrüder sagten zum Abschied noch mal: willkommen daheim. Tucept und Joe Dyer gaben sich keine Mühe, einen Schein von Höflichkeit zu wahren.

Sobald die Tür zugefallen war, herrschte er Ruby an. Fall mir ja nie wieder in den Rücken, Frau.

Seine Stimme klang häßlich und gefährlich.

Ruby war überrascht und brauchte einen Augenblick, ehe sie antwortete. Moment mal, sagte sie. Es tut mir leid, wenn deine Gefühle verletzt worden sind, aber es war nicht meine Schuld. Und Joes auch nicht.

Sie nahm den Wixer in Schutz. Soll sie mich doch am Arsch lecken.

Fickst du ihn? fragte er.

Sie zögerte nur einen Augenblick, aber mehr brauchte er nicht, um sein Urteil fertig zu haben.

Er ist ein Freund von mir, Tucept, und ja, ich gehe mit anderen Männern aus, sagte sie mit einer Stimme, die deutlich machte, daß sie tun und lassen konnte, was sie wollte.

Wie sieht es denn nun aus? beharrte er. Er oder ich?

Ach, hör auf, Tucept, sagte sie während sie aufstand und sich dann auf die Couch setzte, wo sie ihn nicht anzusehen brauchte. Es gibt kein du oder er, ich hab mit mir zu tun.

In ihrer Stimme schwang Zurechtweisung für ein aufsässiges Kind mit. Seine Stimme krächzte unheilverkündend, du sagst also, daß er dir wichtiger ist als ich.

Sie wurde sauer. Ach, bleib auf dem Teppich, Tucept.

Ich dachte, du gehörst zu mir, sagte er, ich dachte, du wartest auf mich.

Er hörte sich an wie ein Idiot und wußte es.

Ich bin bloß müde, Tucept, sagte sie ihm, das ist alles.

Sie hörte sich an, als hätte sie die Nase voll. Er war dabei, die

Geschichte zu vermasseln. Er fing sich, nickte und tat so, als wäre das wirklich alles, was los war. Ja, sagte er, ich glaube, ich bin auch müde. Er gähnte. Es war eine lange Fahrt.

Sie machte sich im Wohnzimmer zu schaffen, hob Dinge auf, legte sie zu Stapeln zusammen und packte sie weg.

Bleibst du oder fährst du wieder nach Memphis? fragte sie, ohne innezuhalten und ohne ihn anzusehen.

Sein Unsicherheitsradar meldete ihm, daß sie ihn aufforderte, nach Memphis zurückzufahren. Er war drauf und dran, mit gespielter Sicherheit zu gehen. Ein starker Abgang. Aber das kriegte er nicht hin. Das wärs dann nämlich, aus und vorbei, und er wollte sie. Er wollte mit ihr zusammensein, morgen und nächstes Jahr, für immer.

Ich fahre morgen früh, sagte er bestimmt und setzte lässig, als fiele es ihm erst hinterher ein, hinzu, wenns dir recht ist?

Nachts kam sie ins Bett in einem blauen Nachthemd, dick, Baumwolle, funktional. Sie lag stumm neben ihm, und ihr zögerndes Streicheln wandelte sich behutsam zu Leidenschaft.

Bald war ihre Handfläche Fieber auf seiner Haut, und auf seiner Zunge lag der Geschmack ihrer Erregung. Aber sein Schwanz blieb weich. Er merkte es. Panik schlich sich ein, als er dringende Botschaften flußabwärts schickte. Was zum Teufel war da unten los? Los, Leute , an die Arbeit. Jeder muß seinen Teil beitragen. Schweiß trat ihm auf die Stirn, und er nahm sich einen Moment, um ihn abzuwischen, als wäre das vielleicht die Lösung. Gott, sie dachte womöglich, daß das immer so war. Tucept konzentrierte sich auf einen harten Schwanz, spürte nicht einmal ein Zucken. Das verfluchte Ding fühlte sich an, als ob es sich ganz klein zusammenkringeln wollte. Er konzentrierte sich auf ihre festen Brüste, auf ihre enge Scheide. Nicht bei Ruby, nicht jetzt. Ihre warme, erhitzte Handfläche umkreiste seinen Schwanz.

Er spürte, wie der leidenschaftliche Druck ihrer Hand fragend nachließ. Er spürte, wie ihre festen Lippen seinen Kuß nicht mehr erwiderten. Ihre Augen öffneten sich, und sie sah zu ihm hinauf.

Er hätte gern eine einleuchtende Erklärung gegeben, aber was sollte er sagen; sein Schwanz sagte schon alles. Er hätte den Kerl am liebsten abgeschnitten; wozu war der noch gut?

Du willst nicht? fragte sie.

Ich will schon, sagte er mit einem Versuch, es leicht zu nehmen, aber mein Schwanz nicht.

Er rollte sich von ihr runter und legte sich, von seinem Versagen angewidert, neben sie. Vom Gefühl ihres warmen, noch wogenden Fleisches zum Wahnsinn getrieben, litt er stumme Qualen. Das war ihm noch nie passiert. Warum gerade jetzt, warum bei Ruby?

Mach dir keine Gedanken, sagte sie.

Ich weiß nicht, was los ist, sagte er, das ist mir noch nie passiert. Ich schwörs.

Er nahm den schlaffen Schwanz in die Hand und studierte ihn, als ob er so das Problem sehen könnte.

Mach dir keine Gedanken, wiederholte sie. Sie gab ihm einen Kuß auf die Wange und schlief ein. Er lag noch lange da und haderte mit der Welt, ehe er einschlafen konnte. Nichts lief richtig, dachte er in echter Verzweiflung. Wie oft hatte er an Ruby gedacht, an ihr Wiedersehen, wie viele Szenen hatte er sich ausgemalt. Seine Szenen waren prima gelaufen. Pervers war das Leben.

Er schlief ruhelos. Sie spürte das und wachte nachts auf. Eine runde braune Brust verlagerte sich sinnlich, als sie die Nachttischlampe anknipste. Sie studierte ihn im Lichtkreis der Lampe. Ihr verfilzter Afro warf schiefe Schatten auf seinen Rücken. Er lag auf dem Bauch, mit dem Gesicht zu ihr, die Lippen leicht geöffnet, Schweißperlen auf der Stirn.

Er zuckte und stöhnte, und sie beugte sich weiter zu ihm hinunter, um besser hören zu können.

Helikopter fielen aus einem bleiernen Himmel und spien schwarze Soldaten in ein matschiges, goldenes Reisfeld. Marionetten, gebückt tanzende Kasperpuppen, die zur Melodie von »Yankee Doodle Dandy« im Zeitlupentempo einschlagenden Kugeln auswichen. Ein Tanz an hauchdünnen Fäden, die man manchmal sieht, manchmal nicht. Sie bewegen deine Arme wie ruckende Windmühlenflügel und lassen deine Füße mit hohen Schritten tanzen, du ziehst und zerrst, tanzt aber weiter, was für ein Tanz.

Tucept drehte sich um, sein Kopf hinterließ einen feuchten Fleck auf dem Kissen. Sie runzelte die Stirn und legte eine Hand auf seinen Rücken. Seine Haut war feucht, das rhythmische Auf und Ab seiner tiefen Atemzüge ihrer Berührung angenehm. Ihre Hand streichelte seinen Rücken mit kleinen besorgten kreisenden Bewegungen. Tief in Gedanken runzelte sie die glatte Stirn. Solange er in Vietnam war, hatte sie ihn benutzt, um andere emotional auf Abstand zu halten, ihr Mann im Krieg. Sie hatte keine Gefühle für ihn gehegt. Einen Mann in Vietnam zu haben, ihr ferner Soldat, hatte einen gewissen romantischen Reiz gehabt. Aber jetzt war er wieder da, stellte Forderungen und war ein Problem. Na ja. Es war einfach nicht richtig, daß er so getan hatte, als sei sie ihm was schuldig. Als müsse sie ihn mögen. Sie horchte in sich hinein, um festzustellen, ob sie in sich ein Gefühl für ihn entdecken konnte, und zuckte die Achseln.

Sie hatte ihn mal gemocht, ihn sogar geliebt, aber seit sie auf dem Hill lebte, hatte sie auch schon andere geliebt.

Sieben kleine gelbe Marionetten in schwarzen Pyjamas und spitzen schwarzen Strohhüten marschieren in den goldhellen Todesstreifen. Sieben kleine Marionetten in schwarzen Pyjamas erzählen sich Witze und lachen und tanzen und singen. Tucept leert ein Magazin seiner M 16. Sie sterben lachend, zucken grotesk an plötzlich gekappten Fäden. Nachdem sie tot dagelegen haben, rappeln sie sich auf und klopfen sich lachend den Staub aus den Pyjamas. Ein Witz von Mattel. Mit einem Ruck der Fäden wieder in Position gezogen, geht das Ganze wieder von vorne los. Diesmal dürfen sie weiße Hüte aufsetzen. Diesmal werden die Amerikaner in den Hinterhalt gelockt. Tucepts Fäden bringen ihn mit einem Ruck auf den Weg. Tucept erzählt dem Mann hinter sich einen Witz. So marschieren sie in den Todesstreifen.

Die Muskeln auf seinem Rücken verspannten sich krampfartig, und sie zog rasch ihre Hand zurück. Auf seiner Stirn bildeten sich Furchen, die unruhig zuckten. Er stieß einen Schrei aus. Sie langte nach seiner Schulter. Bei der Berührung sprang er auf, warf einen Arm zur Seite und stieß sie zurück. Er schlug die Augen auf. Sie rutschte aus seiner Reichweite. Tucept registrierte die Bewegung und sah scharf hin. Er streckte sich wieder aus.

Was war los? fragte er.

Ein Traum? schlug sie vor.

Er gab keine Antwort. Sie merkte erst, daß er eingeschlafen war, als sie seinen Atem regelmäßiger werden hörte.

Am nächsten Morgen war ihr Gespräch wie Plastik, farblos trocken. Keiner von beiden sprach von der letzten Nacht, von irgendeiner Vergangenheit, irgendeiner Zukunft.

Kaffee?

Ja, bitte.

Wetterbericht sagt, es soll heute schön werden. Nicht zu kalt.

Gut.

Tucept betrachtete sie mit gewissem Bedauern. Er hatte sich alles verscherzt. Er hatte auch das letzte Fünkchen Vertrauen verspielt, und im grellen Morgenlicht konnte sein Versagen sie nur ärgerlich machen. Er sah, wie ihre Augen sich auf alles richteten, nur nicht auf ihn, und ihm ging auf, daß er sie gar nicht kannte. Ein Jahr der Träume von ihr in Vietnam hatte seine Vorstellung davon, wer sie war, über jedes menschliche Maß verfälscht.

Schließlich verkündete er, daß er gehen wolle. An der Tür zögerte er, mit dem Gefühl von Unsicherheit und unverwirklichter Hoffnung.

Sie hätte ihm gehören können, dachte er bitter. Alle seine Pläne waren kalt und schal geworden. Er kam sich mit seinen Träumen vor wie ein Idiot, es wollte ihm die Kehle zuschnüren, aber er blieb cool. Er schluckte den Kloß im Hals runter und zauberte ein schiefes Ist-doch-eine-Kleinigkeit-Lächeln auf sein Gesicht. Er betrachtete eingehend ihr Gesicht. In Nam hatte er den Wert klarer, gestochen scharfer Erinnerungen an Menschen schätzen gelernt, die man im Gedächtnis behalten wollte. Sie küßten sich und versprachen sich höflich, in Kontakt zu bleiben, komm bald mal wieder, auf jeden Fall, bitte.

Er fuhr mit Vollgas heim, das Pedal hart am Metall, rückte den Autos vor sich auf die Pelle, Stoßstange an Stoßstange, böse rotunterlaufene Augen als Herausforderung für Fahrer, die in den Rückspiegel guckten. Einmal wurde er beinahe aus der Kurve getragen, die Reifen kreischten, das Hinterteil des Toyota schwamm über die Fahrbahn. Er fuhr an den Straßenrand und beruhigte sich. Ans Auto gelehnt trat er Dreckklumpen vom schotterbedeckten Pflaster. Er würde so bald nicht wieder nach Nashville fahren. In einem Augenwinkel sammelte sich Flüssigkeit. Er wischte sie wütend fort, stieg wieder ein und fuhr nach Hause.

Übersetzt von Karen Nölle-Fischer

SANDRA HOLLIN FLOWERS

Ich hörte den Arzt reden

Nachdem mir der Polizist gesagt hatte, daß ich das Recht hätte, zu schweigen, beschloß ich, genau das zu tun.

Es würde die Dinge vereinfachen. In diesen letzten paar Tagen, seit Huey erschossen worden war, mußte ich einfach über Leute reden, die ich kannte, wenn sie wie Huey waren, ehe er so wurde wie bei seinem Tod. Aber mit wem sollte ich schon reden? Es gab Zeiten, als meine Freundinnen und ich uns gegenseitig alles über die Menschen in unserem Leben, die Männer in unserem Leben, erzählten. Mit zunehmendem Alter waren wir dann weniger geneigt, alles zu erzählen. Wir hatten unsere Gründe. Manche von uns erzählten gar nichts mehr. Und niemand kümmerte sich auch nur im geringsten um unerledigte Dinge aus der Vergangenheit. Es war schon schwer genug, mit der Gegenwart mitzuhalten, wer wollte sich da ernsthaft auf die Vergangenheit einlassen. Aber mir ist es ernst mit meiner Vergangenheit, und wenn ich darüber reden würde, müßte ich wahrscheinlich weinen und könnte gar nicht mehr aufhören, weil es Tränen für zwanzig Jahre wären. Dann müßte ich meinem Mann alles erzählen. Du kannst ja nicht mit einem Menschen leben, der dir dauernd sagt, du sollst *praktisch* sein, und ihm nicht sagen, warum du die ganze Zeit weinst.

Der Bulle hatte mich angehalten, weil ich die Cascade zu schnell gefahren war. »Ich hab keinen«, sagte ich zu ihm, als er mich nach meinem Führerschein fragte.

Was, wie ich fand, stimmte, weil ich offenbar meine Handtasche verloren hatte, als ich Rasool beerdigte. Oder was auch immer ich mit ihm gemacht habe. Rasool ist einer von denen, über die ich reden mußte. Ich versuchte, dem Bullen zu erklären, daß ich gerade einen Menschen umgebracht hatte und irgendwie durcheinander war.

Der Bulle: Okay, wo ist die Leiche?

Ich: Weiß ich nicht, ich kann mich nicht erinnern.

Der Bulle: Hmm. Und wie haben Sie ihn umgebracht?

Ich: Vermutlich hab ich ihn erschossen. So hat er Jamaal umgebracht, also hab ich ihn wahrscheinlich erschossen.

Alle wollen wissen, warum ich das alles zu dem Bullen gesagt habe. *Ich* will wissen, warum ich das alles zu dem Bullen gesagt habe. Soweit ich weiß, ist Rasool noch am Leben. Jamaal nicht, aber Rasool wahrscheinlich schon. Jamaal war der andere Mensch, über den ich reden wollte. Vor allem Rasool und Jamaal.

Ich stieg aus dem Wagen, wie der Bulle mir befohlen hatte. Machte den Kofferraum auf, ließ ihn ins Handschuhfach schauen, unter die Sitze, in die Türfächer. Aber als er mich wegen der Leibesvisitation anfaßte, versetzte ich ihm einen Tritt. Vermutlich gab es irgendeine Auseinandersetzung. Ich erinnere mich nicht mehr. Ich weiß nur soviel, daß er sagte, ich hätte das Recht zu schweigen, und dann per Funk einen Streifenwagen rief, der mich in Untersuchungshaft bringen sollte. Widerstand gegen die Staatsgewalt.

Alle möglichen Leute waren da in der Untersuchungshaft. Betrunkene, Halunken, Kranke, Drogensüchtige, Verrückte, Strichmädchen, Weinende. Die meisten, einschließlich der Bullen, waren – Tribut an den Teufel – Schwarze. Ich mußte auf einer Bank neben einer sitzen, die nach Moschusöl roch. Ich kann das Zeug nicht ausstehen. Dieser Geruch nach vergammeltem Fleisch ließ mich unter normalen Umständen pupsen. Aber das redete ich mir aus, weil es sinnlos war, daß wir beide da saßen und uns anstanken. Und wir mußten ja zusammensitzen. Offensichtlich saßen wir Schlange. Wenn ich versuchen würde aufzustehen, stellte ich mir vor, würde mich ein Bulle anbrüllen, also blieb ich einfach an meinem Platz und rutschte mit ihr die Bank entlang wie eine Zweier-Kolonne. Sie schien den feindseligen Teenager, der auf der anderen Seite neben ihr saß, nicht zu mögen, deshalb versuchte sie ein-, zweimal, mit mir ins Gespräch zu kommen. Doch offensichtlich war das Zeitverschwendung, für sie wie für mich. Aber wir verstanden uns, und was wir zu tun hatten. Jedesmal, wenn jemand weiter vorn in der Schlange zu einem Schreibtisch aufgerufen wurde, damit seine Personalien getippt wurden, rutschten wir beide schweigend weiter, so daß der Nächste auf die Bank paßte.

Schließlich wurde sie aufgerufen. Ich holte immer tiefer Luft, als der Moschusgeruch allmählich verflog. Dann war ich dran. Auch an dem Schreibtisch schwieg ich weiter, bis der Bulle schließlich sagte: »Sehn Sie mal, meine Liebe, ich kann Sie auch *ohne* Namen *festnehmen*, aber wenn Sie je wieder nach Hause wollen, müssen Sie einen haben.«

Wollte ich überhaupt *nach Hause*? *Wollte* ich nach Hause? Wollte *ich* nach Hause? Der Bulle stellte es mir frei. Ich wollte mir das genau überlegen, statt bloß zu tun, was man von mir erwartete. Ich dachte eine Weile darüber nach und kam zu dem Schluß, daß ich vermutlich wirklich nach Hause wollte, klar. Jedenfalls wollte ich nicht *dableiben*. Ich sagte dem Bullen, was er wissen wollte, und er sagte mir, was ich bereits wußte, eben daß ich nicht ohne Anwalt über die Umstände meiner Festnahme zu reden brauchte, und da mein Mann einer war, rief ich ihn an. Er war natürlich auf dem Tennisplatz. Ein paar von den Kindern sagten, sie würden ihn holen. Willkommene Ausrede, das Auto zu benutzen.

Der Bulle hatte gesagt, er müsse mir nicht unbedingt sein Telephon überlassen, aber da ich ganz offenbar nicht dahingehörte, tat er es doch. Er ließ mich an seinem Schreibtisch allein, also drehte ich mich zu seinem Stuhl um, hob den Hörer ab, und während ich wartete, daß ich durchkam, öffnete ich meine Akte. Das Bild war eigentlich recht gut. Ließ meinen Teint besser aussehen als ers tatsächlich ist. Unterstrich die Schokoladentöne besser. Mein Afro, noch vom Schnitt letzte Woche, war etwa drei Zentimeter lang und umrahmte mein Gesicht gerade richtig, die graue Strähne etwas links von der Mitte. Ich schaute genau in die Kamera, wie ich den Leuten in die Augen schaue, mit diesem festen »Na und«-Blick, mit dem meine Freunde mich immer aufziehen. Die Augenbrauen mußten gezupft werden, ich hatte die Stirn gerunzelt, was ich in letzter Zeit einfach nicht loswurde. Aber insgesamt war es kein schlechtes Bild. Ich meine, es gab schlechtere von mir.

Der Bulle war immer noch nicht zurück, als ich meinen Anruf zu Hause erledigt hatte, also begann ich durchzulesen, was er über mich getippt hatte. Der Name richtig buchstabiert, aber ich setzte mit Bleistift einen Akzent auf das erste A, damit sie die Betonung richtig machten. Sie würden es vermutlich trotzdem falsch aussprechen, wie die meisten Leute, und A-kilah statt Ah-kilah sagen. Das würde mir dann auf die Nerven gehen, denn ich redete ja nicht und konnte sie nicht korrigieren. Geburtsdatum, 13. November 1946, das stimmte. Gewicht 57. Ich fragte mich, ob ich das auf 60 ändern sollte und entschied mich dann dagegen. Größe 1,68. Ich weiß nicht. Das war bei der letzten ärztlichen Untersuchung. BESONDERE KENNZEICHEN war leer gelassen, also schrieb ich hinein: »Redet nicht«.

Ich wollte gerade mit dem Bericht des Beamten anfangen, der mich festgenommen hatte, als mein Bulle zurückkam und sagte: »Irgendwelche Einwände?«

Dann ließ er mich von einer Bullin über den Gang zur ärztlichen Untersuchung bringen, denn, wenn mein Mann mich nicht gegen eine Kaution rausholen würde – pah! –, und wenn ich bis zu meiner Anhörung in Untersuchungshaft bleiben müßte – pah! –, wollten sie mich nicht in eine Zelle stecken ohne sicher zu sein, daß ich nicht gleich krepieren würde oder ansteckend wäre.

Mein Mann war da, als die Untersuchung beendet war. Ich war so damit beschäftigt gewesen, zu schweigen und die ordentliche Unordnung der Untersuchungshaft zu beobachten, daß ich ihn völlig vergessen hatte, und wie er sich fühlen mußte. Aber als ich ihn am Ende des Flurs stehen sah, und die Bullin mich zu ihm brachte, da wurden mir verschiedene Dinge gleichzeitig klar. Erstmal ging mir auf, daß ich vor dem heutigen Tag noch gar keine Ahnung von seinem Berufsleben hatte, abgesehen von dem angeblichen Reiz, Anwalt zu sein. Ich meine, ich bin nie mit ihm ins Büro gegangen. Wie sollte ich also? Jetzt sah ich eine andere Seite an ihm, eine, die eher für als gegen ihn sprach. Er gehörte zu dieser ordentlichen Unordnung, ging da mit seinen Klienten ständig ein und aus. Er wußte etwas vom Leben, zu dem ich den Kontakt verloren hatte, und die Tatsache, daß er sich dem freiwillig weiter aussetzte, mußte man schon respektieren.

Dann wurde mir klar, daß ich nicht genau wußte, was ich persönlich eins zu eins ihm gegenüber empfand. Was mir meinen Zweifel offenbarte, war die Tatsache, daß ich, ohne mir den Kopf zu zerbrechen, wußte: Ich würde ihm gegenüber genauso schweigen wie gegenüber den Leuten in der Untersuchungshaft. Er würde verletzt sein. Und es war mir recht, wenn er sich verletzt fühlte. Was empfindest du für jemanden, wenn es dir recht ist, daß er sich verletzt fühlt? Vielleicht fühlst du dich selbst dadurch besser. Oder so schlecht, daß du dich gar nicht darum kümmern kannst, wie der andere sich fühlt. Während ich auf ihn zuging, sagte ich mir immer wieder: Du hast das Recht zu schweigen. Du hast das *Recht* zu schweigen. *Du* hast das Recht zu schweigen.

Zuletzt wurde mir klar, daß ich ihn noch immer attraktiv fand, obgleich da seit dem letzten Baby vor zwei Jahren reichlich Zweifel bestanden. Ich hatte dieses vierte Kind nicht gewollt. Und als ich feststellte, daß ich wieder schwanger war, mit beinahe vierzig, war es, als würde mir zum erstenmal klar, daß er, wenn ich nicht meinerseits vorsichtig war, die Macht hatte, mich zu schwängern oder zu befriedigen, ob ich das wollte oder nicht. Ich hatte mir die Eileiter abbinden lassen, ehe ich aus dem Krankenhaus kam. Es schien so, als hätte ich das zu seiner Bequemlichkeit getan, weil er sich weigerte, sich sterilisieren zu lassen. Danach zog ich mich zurück. Kaltgestellt im kältesten Sinne des Wortes. Aber jetzt stand er da am Ende des Gangs. Sexy und männlich und fit aussehend in seinen weißen Tennissachen, enganliegende Shorts, die die Aufmerksamkeit auf spielende Oberschenkelmuskeln lenkten, ein Jersey-Hemd, das Brust, Arme und Schultern betonte, die dunkle Haut neben dem Weiß glänzend, als hätte sich das Sonnenlicht darin gefangen, die silbrige Frische natürlich krauser Haare, die noch in seinen mittleren Jahren dick und sorgfältig, ja eitel glatt an die Kopfhaut gebürstet waren. Ich bemerkte wohlgefällig, daß ihn die Frauen anstarrten, weniger wohlgefällig, daß auch Männer das taten. Aber es war ja sein Körper und nicht meiner, eine Unterscheidung, die mir schwerfiel, als ich noch in einen Mann verliebt war, der auch in mich verliebt sein sollte. Ich hatte lang genug gegen diese Besitzansprüche und meine eigene Eitelkeit angekämpft, um wieder dieses Ich-habe-das-Recht-zu-Schweigen-Ritual aufzunehmen.

Er kam mit einem besorgten, fragenden Blick auf mich zu. Umarmte mich. Trat zurück und schaute mich an, schon mit einem Anflug von Kränkung im Gesicht. Er war nicht sauer, aber er war auch nicht glücklich. Man hatte ihm bestimmt gesagt, daß ich nicht redete. Selbst wenn er es nicht gewußt hätte, dort hätte er mich nicht ausgefragt. Er legte die Fünfhundert in bar als Kaution hin und bekam mich raus.

Auf dem Bürgersteig fragte er: »Was soll denn das alles?«

Ich sagte ihm, daß ich mir ein paar Gedanken machen müsse und eine Zeitlang mein Recht zu schweigen in Anspruch nehmen würde, und daß ich dankbar wäre, wenn er das den Kindern sagen, sich um ihre Angelegenheiten kümmern und dafür sorgen würde, daß er und sie meine Wünsche und meine Privatsphäre respektierten. Punkt. Schluß der Debatte.

Bei der Anhörung am nächsten Tag setzte der Richter den Gerichtstermin für zehn Tage später fest, damit mein Mann Zeit hatte, ein psychiatrisches Gutachten für mich einzuholen. Ich war nicht zu der Anhörung gegangen, weil mein Mann in seinem taxierenden Ton gesagt hatte, es sei weder notwendig noch ratsam, daß ich dabei sein würde, da meine Anwesenheit eher störend als hilfreich wäre. Da ich noch immer schwieg, fragte ich ihn natürlich nicht, was er in meinem Namen gesagt hatte, das einen Richter, der mich nie zu Gesicht bekommen hatte, dazu brachte, ein psychiatrisches Gutachten zu verlangen. Meiner Meinung nach war es mein Mann, der das psychiatrische Gutachten für mich wollte. Davon bin ich immer fester überzeugt, je länger ich hier in der Praxis dieses Kretins von einem Psychiater sitze und zuhöre, wie er und mein Mann über mich reden.

Mein Mann: Das nehm ich Ihnen nicht ab. Meine Frau sagt seit sechs Tagen kein Wort, und Sie können mir lediglich sagen, daß ihr Verhalten *nicht ungewöhnlich* ist? Teufel, Mann, diese Frau redet die *ganze* Zeit. Sie redet mit Leuten, die sie gar nicht kennt, in unserem Haus gibt es keine ruhige Minute, sie hängt am Telephon, sie ...

Der Psychiater: Ich sage ja nicht, daß es gerade für sie gewöhnlich ist, Mr. Styles. Aber was auch immer ihr zu schaffen macht ...

Mein Mann: Ich will Ihnen mal sagen, was ihr zu *schaffen* macht. *Sie hat der Polizei gesagt, daß sie jemanden umgebracht hat, verdammt.* Und daß der jemand anderen umgebracht hat. Die ganze letzte Woche, immer wenn wieder die Leiche eines Mannes auftaucht, ruft mich jemand an, um zu fragen, wo meine Frau um die und die Zeit war. Und Sie können bloß sagen, daß das *nicht ungewöhnlich* ist?

Der Psychiater: Diese Dinge brauchen Zeit.

Sie sagten eine Zeitlang gar nichts. Mein Mann konnte damit nicht sehr gut umgehen. Wenn man ihn in diesen letzten Tagen in der Praxis des Psychiaters so sah, wollte man nicht glauben, daß er Tag für Tag, manchmal wochenlang, in einem Gerichtssaal sitzen konnte, ohne sich ein Gefühl anmerken zu lassen. In diesen Tagen sahen seine Augen wie die eines Flüchtlings aus, seine Baßstimme kippte häufig aus seiner normalen Tonlage und erhob sich zu einem Knabensopran, er hatte sich angewöhnt, alle paar Minuten seinen Schnurrbart zu streicheln oder sich mit der Hand übers Haar zu fahren, und, was mich am meisten ärgerte, statt einfach dazusitzen, mit den Füßen flach am Boden oder in irgendeiner natürlichen Haltung, saß er nach vorn gebeugt auf dem Stuhl, die Fußgelenke so angewinkelt, daß das Gewicht auf seinem Fußballen ruhte, während die eine oder andere Ferse dauernd federte, als hätte er Muskelkrämpfe.

Er war hin- und hergerissen gewesen, ob er einen schwarzen Psychiater nehmen sollte oder einen weißen. Es gab in der Stadt nur zwei schwarze. Sie waren nicht eigentlich Freunde von uns, aber wir kannten sie flüchtig. Mein Mann befürchtete, daß, wenn wir zu einem von ihnen gehen würden, unsere Angelegenheit – meine Angelegenheit – auf der Straße enden würde. Andererseits meinte er, daß ein Weißer kulturell benachteiligt wäre, was hieße, daß er, mein Mann, die meisten Sitzungen damit zubringen müßte, ihm, dem Psychiater, die Erfahrungen der Schwarzen zu erklären. MEIN *Geld auszugeben,* sagte mein Mann, *um* SEINE *Zeit zu bezahlen, um ihm beizubringen, was er in der Schule hätte lernen sollen!* Dann schweifte er ab, wie immer, um mir einen Vortrag zu halten, als wäre ich eins der Kinder oder sonstwer, über den unterschwelligen Rassismus einer Gesellschaft, die trotz des offensichtlichen Gegenteils darauf bestand, daß die anglo-zentrische Sicht die Norm sei. Am ersten Tag oder so war es mir noch peinlich für ihn, daß ich zum Schweigen verpflichtet war und zu entscheiden versuchte, wie ich reagieren und mich verhalten sollte, während er sein Denken und Handeln erklärte und rechtfertigte. Aber er bestand darauf, alles zu erklären. Sagte, er werde sich ganz normal verhalten, damit ich wisse, daß, was auch immer mein Problem war, er für mich da sei. Er war immer »für mich da«, vermutlich mehr, als ich »für ihn da« war. Immer wenn »da sein« aufkam, wurde es mir ungemütlich. Ich wollte wissen, wo die Grenzen dieses »da« waren. Welches seine Grenzen waren, und was er für meine hielt. Nach einem Tag quälenden Zweifelns hatte er sich mit diesem lateinamerikanischen Psychiater abgefunden.

Genaugenommen war er Afro-Kubaner. Er sah schwarz genug aus, damit wir uns mit ihm identifizieren konnten. Aber er hörte sich weiß genug an, um eine gewisse Distanz auszustrahlen, also war mein Mann vermutlich zufrieden.

Ob er zufrieden war oder nicht, ich mochte diesen Psychiater. Mein Mann mußte ständig recht haben, weshalb er wahrscheinlich immer Erklärungen und Rechtfertigungen abgab. Und da er immer recht hatte, fuhr er die Leute oft an. »Mein Gott, Mann!« oder »Verdammt, Frau!« Und dann erzählte er einem, was Sache war. Die einzigen, mit denen er das nicht machte, außer seinen Eltern, waren Richter, obgleich er eine milde Variante für die Richter und seine Eltern parat hatte. Wenn er den Psychiater anfuhr, antwortete der Psychiater ihm meist wortlos. Richtete sein Rückgrat an der Stuhllehne auf. Verlagerte sein ganzes Gewicht charmant. Tippte seine Fingerspitzen zusammen. Drehte sich in seinem Riesenstuhl. Lächelte die ganze Zeit. Wenn mein Mann dann zu ihm durchdrang, räusperte sich der Psychiater und sagte etwas wie: »Nun, wie ich schon sagte ...«

Mein Mann: Meinen Sie, sie hat es getan? Einen Menschen umgebracht?

Der Psychiater: Ich werde darauf keine Antwort haben, bis sie sich entscheidet, wieder zu reden. Nach dem, was Sie mir berichtet haben, würde ich allerdings sagen, daß es nicht vollkommen ausgeschlossen ist.

Mein Mann: Sie meinen, sie ist gewalttätig? Also, sie hat eine gewalttätige Veranlagung?

Der Psychiater: Was ist eine gewalttätige Veranlagung?

Mein Mann: Weiß ich nicht.

Der Psychiater: Ich auch nicht. Hören Sie doch mit dieser Stichelei auf, Mr. Styles. Wenn ich schlaue Antworten für Sie habe, werde ich sie Ihnen geben. Morgen um dieselbe Zeit?

Der Psychiater stand auf. Mein Mann auch. Der Psychiater wandte sich mir mit ausgestreckter Hand zu. Seine Hände sahen weich aus, als würde er sie den ganzen Tag pflegen. Und maniküren. Jeden zweiten Tag, so wie sie aussahen.

»Möchten Sie die in den Abfall werfen?« fragte der Psychiater und nickte zu meiner Hand hin.

Ich hielt ein paar seiner Visitenkarten in der Hand. Fünf oder sechs. Jeden Tag, wenn der Psychiater und mein Mann zu reden anfingen, nahm ich mir eine von seinen Karten aus dem kleinen Ständer und fing an, Worte und Namen und Plätze darauf zu zeichnen und zu kritzeln, über die ich später dann nachdenken wollte. Wenn die Karte voll war, nahm ich mir eine neue. Dann noch eine. Je mehr der Psychiater meinen Mann zum Reden über mich brachte, umso mehr Karten brauchte ich.

Er sagte: »Hmm?« mit einer Geste zu den Karten.

Ich knüllte sie zusammen und steckte sie in meine Tasche.

Der Psychiater: Ich glaube, sie leidet an der Sechziger-Psychoneurose.

Das war am Mittwoch, der vierten Sitzung. Wir hatten uns seit Freitag jeden Tag mit dem Psychiater getroffen, außer Samstag und Sonntag, jeweils zwei Stunden.

Mein Mann: Sechziger-*was*?

Der Psychiater: Psychoneurose. Das könnte sehr wohl der erste dokumentierte Fall sein.

Mein Mann: Sie meinen, Sie haben sich das einfallen lassen.

Der Psychiater: Ich habe einem Symptomkomplex, den ich bei ihrer Frau sehe und den ich bei anderen Klienten in ihrem Alter gesehen habe, einen Namen gegeben.

Mein Mann seufzte und schaute aus dem Fenster, als sei er sehr müde. Mußte er ja. War weder auf dem Tennisplatz noch in seinem Büro gewesen, seit er mich rausgeholt hatte. Wenn er nicht mich nervte und zum Sprechen zu bringen versuchte, nervte er die Kinder und versuchte, sie zum Stillsein zu bringen. Ich griff nach einer Visitenkarte des Psychiaters, aber wo der Kartenständer gewesen war, lag ein Papierstapel, wie zerschnittenes Schreibmaschinenpapier. Schief geschnitten noch dazu. Ausgefranste Ränder hafteten aneinander, wo die Schere entlanggefahren war. Ich zog die Hand zurück und schaute den Psychiater an. Er tippte seine Finger zusammen, drehte sich und lächelte.

Mein Mann: Was soll das also heißen?

Der Psychiater: Um es etwas gängiger zu formulieren, es ist eine Art bürgerliche Parallele zu der post-traumatischen Störung, an der Vietnam-Veteranen leiden.

Mein Mann: Ich hab Ihnen doch gesagt, ich war nicht im Krieg.

Der Psychiater: Aber Sie wissen davon. Sie haben wahrscheinlich Bekannte, die daran leiden. Möglicherweise haben Sie solche Opfer schon vertreten.

Mein Mann: Okay, klar, schon gut. Jetzt hab ich also eine Frau, die an dergleichen leidet. Nur daß Sie sich das haben einfallen lassen. Was, zum Teufel, soll ich nun damit anfangen?

Der Psychiater: Wollen Sie nicht etwas darüber wissen, ehe sie anfangen . . .

Mein Mann: *Was* anfangen, Mann? Diese Frau ist jetzt seit zwei Wochen stumm. Wenn wir vor Gericht gehen . . .

Der Psychiater: Ich geh natürlich mit Ihnen.

Mein Mann: Vielleicht auch nicht. Augenblicklich hab ich den Eindruck, daß ich jemanden mit richtigen Antworten finden muß. Sie können sich ja bloß etwas einfallen lassen. Während ich vier Kinder zu Hause habe, die wissen wollen, warum ihre Mutter nicht mit ihnen oder mir redet. Mein Gott, Mann . . .

Während mein Mann den Psychiater anfuhr, schnappte ich mir etwas von dem ausgefransten Papier vom Schreibtisch. Gott, es fühlte sich gut an, dieses Papier in den Händen zu haben! Ich fing an zu zeichnen, einfach zu zeichnen. Pfauenfedern. Eine Tür mit schmiedeeisernen Gittern. Mein Mann bombardierte indessen den Psychiater: *Lieber Mann, ist Ihnen klar, wieviel Zeit mir das von meiner Arbeit stiehlt? Zeit ist Geld, und ich habe Kinder, die dieses Geld fürs College brauchen, weil meine Frau und ich keinen Anspruch auf finanzielle Unterstützung haben, und meine Kinder sollen nach dem College verflucht noch mal nicht bis zum Hals in Schulden aus Studiendarlehen stecken. Und, lieber Mann, haben Sie eine Vorstellung, auch nur die geringste Vorstellung, wie es dieser Tage bei uns zu Hause zugeht? Ich brauche etwas, wovon man schon mal gehört hat, was glaubhaft ist, etwas, was vor Gericht standhält und meine Frau wieder zu Verstand bringt.* Er sagte »Sechziger-Psychoneurose«. Ich schrieb das auf und fing an, ein Gewehr mit »Sechziger-Psychoneurose« als Gewehrlauf zu zeichnen.

Mein Mann polterte weiter, bis der Arzt ihm dazwischenfuhr.

Der Psychiater: Ich mache sie gar nicht zu einem Versuchskaninchen, Mr. Styles. Nach dem, was Sie mir gesagt haben, hat sie jedenfalls eine Störung, die mit den Sechziger Jahren zusammenhängt.

Mein Mann: Warum hab ich sie dann nicht? Wir sind doch praktisch gleichaltrig?

Der Psychiater: Ja, aber manchen Leuten haben die Sechziger nicht so viel bedeutet wie anderen. Wie eine Liebesaffäre. Eine Liebesaffäre bedeutet normalerweise für einen Teil auch mehr als für den anderen, stimmts? Und außerdem, was macht sie so sicher, daß Sie diese Neurose nicht haben?

Mein Mann: Ich rede, sie nicht.

Der Psychiater: Die Sprachlosigkeit ist schlicht und einfach ein Beweis für das fortgeschrittene Stadium ihres Falles. Sie hat schließlich auch bis letzte Woche geredet.

Mein Mann sagte nichts. Der Psychiater klappte einen Ordner auf, sah ein paar Seiten durch, zog ein Blatt heraus und begutachtete es einen Augenblick, während mein Mann, um Zurückhaltung bemüht, wie ein Vulkan qualmte. Der Psychiater legte das Blatt zur Seite und fing an zu reden, drehte sich dabei und tippte die Finger zusammen, während er von mir zu meinem Mann schaute. Er klang zufrieden. Begeistert.

Der Psychiater: Sehen Sie, ich habe in den letzten vier, fünf Jahren eine Reihe Klienten und Freunde gehabt, deren Verhalten dem ihrer Frau sehr ähnlich ist. Oh, sie haben nicht aufgehört zu reden. Ja, einer, für ein, zwei Sitzungen, aber weil er wütend auf mich war.

Mein Mann: Auf wen ist denn meine Frau wütend?

Der Psychiater: Also, ich habe nicht gesagt, daß Sprachverlust notwendigerweise ein Anzeichen von Wut ist. Wenn das auf sie zutrifft, weiß ich noch nicht, gegen wen sie sich richtet. Vielleicht gegen Sie, vielleicht gegen diesen Mann, den sie angeblich umgebracht hat, der, der selber jemanden umgebracht hat – was war nochmal der Name, den sie da dem Beamten bei der Festnahme angegeben hat? – Jamaal. Oder vielleicht ist sie wütend auf Jamaal und im Geiste war der Mord an dem anderen soviel wie der Mord an ihm.

Mein Mann: Also *meinen* Sie, daß sie jemanden umgebracht hat?

Der Psychiater: Das habe ich nicht gesagt. Schaun Sie mal, warum lassen Sie mich nicht meine Theorie darlegen und Ihnen erklären, wie ich vorgehen will.

Eine Handbewegung meines Mannes ermunterte ihn, weiterzumachen. Nach dem, was mein Mann ihm gesagt habe, so der Psychiater, zeigte ich die klassischen Symptome verdrängter Trauer über die verlorenen Sechziger. Verzerrte Wahrnehmung der Vergangenheit, wahrscheinlich schwankend zwischen Glorifizierung und Verdammung der Sechziger, ob ich nun tatsächlich über sie redete oder nicht. Das erklärte, was mein Mann für unerklärliche Depression und Wut hielt. Entfremdung von der Gegenwart. Als Beispiel erinnerte er meinen Mann daran, was er ihm über meine ungeheure Begeisterung für die Musik dieser Zeit erzählt hatte, eben daß ich nur so was hörte – im Auto, bei der Arbeit, wenn ich kochte und putzte.

Mein Mann: Jetzt mal im Ernst, Mann. Mit all diesen Oldies-Sendern? Es ist ja nicht so, daß sie nach diesem Zeug suchen muß.

Der Psychiater: Ja, ja, genau! Wem gehören denn Ihrer Meinung nach diese Sender und wer macht die Programme? Ihre – unsere – Altersgenossen.

Mein Mann: Und die sind auch krank?

Der Psychiater: Nicht notwendigerweise. Man könnte es Obsession nennen. Ich suche nach einem besseren Wort, weil Obsession nach Krankheit klingt, und ich möchte nicht implizieren, daß die ganze Generation krank ist. Aber sagen wir mal rein theoretisch, daß es eine Obsession ist. Also gut. Manche finden da kreative Wege, dieser Obsession Ausdruck zu verleihen. Oldies-Sender. Alben von Original-Sechziger-Songs oder Neufassungen bestimmter Songs. Fernseh-Serien und Filme über die Sechziger. Reklame zu Musik der Sechziger Jahre. Andere versuchen, mit ihrer Obsession fertigzuwerden und werden Abnehmer dieser Produkte. Manche Abnehmer, wie Ihre Frau, werden süchtig. In extremen Fällen werden sie verwirrt und ein gesellschaftlicher Störfaktor. Ziehen sich von der Realität zurück, phantasieren exzessiv.

Die ganze Zeit über hatte mein Mann herumgefummelt. Sich über den Schnurrbart gestrichen. Sein Haar geglättet. Mit der Ferse gefedert. Ich hatte auf einem neuen Blatt mit Schreiben und Zeichnen begonnen. Diese Sitzung hatte gerade eine Wendung zum Schlechteren genommen, was mich betraf. Woher hatte der Psychiater bloß dieses Zeug? Offensichtlich hatte mein Mann ohne mein Beisein mit ihm geredet, mit Spekulationen und Hypothesen, wie wenn er sich auf einen Fall vorbereitet. Das mußte es sein. Der Psychiater konnte so etwas Blödes gar nicht auf Grund der langweiligen Gespräche erfunden haben, die sie beide in *meiner* Gegenwart geführt hatten.

Der Psychiater war jetzt wirklich in Fahrt. Menschen, die an der Sechziger-Psychoneurose leiden wie ich, sagte er, haben ein ganz ähnliches Sechziger-Profil. Ihre soziale Lage hatte sie gelehrt, wie man am Rande der Vernichtung lebt. Gegen die Bedrohung hatten sie verschiedene Abwehrmechanismen entwickelt. In der weißen Kultur waren sie Blumenkinder und Friedensfanatiker und Hippies und Sozialisten. In der schwarzen Kultur waren sie Nationalisten oder, wenn sie unpolitisch waren, zogen sie sich auf Drogen oder alternative Lebensformen zurück. In allen Kulturen gab es solche, die das politische und gesellschaftliche Klima ausnutzten. Als Entschuldigung für Enthemmung. Vor allem in Kalifornien.

Ich warf meinem Mann einen Blick zu. Ja, er war mit seinen Spekulationen und Hypothesen beschäftigt. Er hatte sein ganzes Leben im Süden zugebracht und würde die Leute aus Kalifornien nie begreifen. Mein Mann schaute mich an. Zog die Augenbrauen hoch. Zuckte mit den Schultern. Ich nahm einen entsprechenden Gesichtsausdruck an und sagte: »Zum Teufel mit Euch!«

Der Psychiater hörte auf, sich zu drehen, beugte sich nach vorne, die Hände flach auf seinem Schreibtisch. Wollten Sie etwas sagen, Mrs. Styles?

Ich wandte mich wieder der Zeichnung zu, mit der ich gerade beschäftigt war. Ein Bruder mit wildem Afro, die Hände hinter dem Rücken gefesselt, starrte einen anderen Bruder an, der mit einem riesigen Handgewehr auf dessen Genitalien zielte.

Der Psychiater: Bin ich da auf der richtigen Spur, Mr. Styles?

Mein Mann: Vielleicht.

Der Psychiater: Gut, ich werde mir das Ganze vor unserer nächsten Sitzung noch einmal durch den Kopf gehen lassen. Faszinierend, nicht wahr?

Mein Mann war klug genug, nichts zu sagen.

Der Psychiater: Übrigens, ich überlege, ob ich den Richter bitte, die Anhörung auf einen späteren Termin zu verschieben. Ich denke, wir brauchen etwas mehr Zeit. Haben Sie etwas dagegen?

Mein Mann: Das kommt darauf an, was Sie mit der Zeit anfangen wollen.

Der Psychiater zögerte. Drehte sich weg. Schaute aus dem Fenster. Drehte sich wieder zurück.

Der Psychiater: Ich werde Ihre Kooperation brauchen, Mr. Styles. Sie müssen mir vertrauen, offen bleiben. Wären Sie einverstanden, wenn ich Ihre Frau zur Beobachtung in die Klinik einweise? Eine Privatklinik, selbstverständlich.

Er wollte mich ins Gefängnis haben.

Ich ging hinaus. Der kleine dicke Psychiater hatte sich zu weit nach rechts gedreht. Für wen hielt er sich eigentlich? Für wen hielt er *uns* eigentlich? Etwas derart Entwürdigendem würde mein Mann nie zustimmen, mich wie eine Verrückte zu behandeln. Ich ging einfach hinaus, mein Mann folgte mir auf dem Fuß und rief über seine Schulter: »Hören Sie auf, Mann, wir sind hier raus! Ich hole ein zweites Gutachten ein!«

Zwei Tage später brachte mich mein Mann in die Privatklinik des Psychiaters. An den Fenstern waren Gitter, und die Schwestern waren Sicherheitspersonal.

Übersetzt von Barbara von Bechtolsheim

BILL WILLIAMS FORDE

Morgen, Morgen

Von Kopf bis Fuß mit Zeitungspapier und Pappe umhüllt, ist Magdalena, auch als Miss Lady oder Twins Frau bekannt, eingeschlafen. Schlechte U-Bahnluft und lila Schmiere stören sie nicht, auch der bebende Boden und die Geräusche von Alligatoren wecken sie nicht. Gelegentlich funken und trompeten die ankommenden und abfahrenden Züge wie Elefanten auf Rollschuhen, aber Magdalenas Träume sind undurchdringlich. Manchmal ist sie überzeugt, daß sie über Kontinente aufgestiegen ist und das Zauberwasser entdeckt hat; im nächsten Moment glaubt sie, daß sie und nicht Maria die wahre Mutter Gottes ist. Dann segelt sie als albernes junges Mädchen in den silberblauen Himmel über den höchsten Punkt eines Riesenrads, von wo sie auf der Suche nach Blumen und dem bezaubernden Versprechen ihrer ersten Umarmung herabgleitet ... Sie beginnt erst, sich auf dem kalten, grauen Zement hin und her zu rollen, als die Blumen ihren zarten Duft verlieren und allmählich welken und wie Kinder weinen und plötzlich Blut und Eiter aus verdorrenden Knospen quellen lassen, während sie, während dieser neblige Teil von ihr – erstaunt darüber, wie grausam messerscharfe Knie sein können – merkt, wie sie jetzt noch höher über das Riesenrad hinausgeschleudert wird, so hoch, daß sie fast die glühende Sonne berühren kann. Doch auch wenn sie zurückschaudert und mit den Zähnen in die Zeitungen beißt und sogar den Zement bearbeitet, bezwingt der Feuerball ihren Schlaf nicht. Sie stöhnt weiter und rollt sich hin und her. Erst als die Sonne, auch sie sehnsüchtig nach Abenteuer und vielleicht sogar Liebe, ihren Finger ausstreckt und sich mitnehmen läßt von einem der lauten Graffiti-verschmierten Züge, von dessen dampfenden Rädern glitzernde Blitze zucken, während er über die Gleise rattert, schließlich den Bahnsteig erreicht und auf ihre Knie zujagt, erst da keucht sie und greift nach der Wand und blinzelt sich wach.

Ich muß gedöst haben, dachte sie entsetzt. Gerade als sie es nicht gewollt hatte – nicht an diesem wichtigen Abend – an diesem besonders wichtigen Abend – man hat ja nicht alle Tage Gelegenheit, seine schlimmsten Befürchtungen bestätigt zu finden ... Jemandem den Spiegel vorzuhalten und zu fordern: Wahrheit! Und würde die Wahrheit einen nicht befreien?

Aber kam sie zu spät? Sie meinte, sie sei viel zu spät, bis sie die Mundharmonika hörte. Eine zerrissene und doch eindringliche Melodie kam vom hintersten Ende des Bahnsteigs und konkurrierte mit dem rauhen Klang eines Saxophons, das irgendwo aus der wartenden Menschenmenge drang. Dann erspähte sie für einen Augenblick seinen weißen Hut, der aus dem Dunkel auftauchte. Zugleich grau und dann wieder gebrochen weiß und fast gelb und dann wieder weiß, gleichsam ohne Besitzer, schwebte er auf sie zu. Sie stützte sich auf einen Ellbogen und warf einen kurzen Blick hinüber, auf der Suche nach seinem Gesicht, aber sie konnte zunächst nur seine Lippen erkennen – schmal, weiß, nervös saugten sie an der goldenen Mundharmonika. Sein spitzes Kinn schien in seine langen, schlanken Finger überzugehen. Mit großen Schritten trottete er aus dem Halbdunkel, ein schäbiger grauer Mantel schlug um seine löchrigen Jeans und die abgeschabten Stiefel, und sie drehte ihr Gesicht zur Wand und versteckte sich hinter den Zeitungen. Erst als sie sicher war, daß seine Stiefel nicht mehr in ihre Richtung stapften, sah sie sich wieder um. Der Geruch welkender Blumen, der noch immer süßlich und verführerisch in der Luft hing, folgte ihm zu der Menschenmenge, in deren Mitte das Saxophon einen Schwall hinreißender Melodien anstimmte.

Sie machte es sich bequem, um ihn zu beobachten, darauf bedacht, nicht mit der Zeitung und der Pappe zu rascheln. Abgesehen von ihrem Herzklopfen, hatte sie das Gefühl, sich mit dem Zement vermischt zu haben. Er hatte seine Schritte verlangsamt und ließ seine Augen über die Menge wandern, über die Frauen vor allem, was sie nicht überraschte. Er begleitete mit seiner Harmonika das Saxophon, und jedesmal, wenn er ein paar witzige Töne blies, drehten sich ein paar Leute um und schauten ihn an und lächelten.

Er begutachtete Brüste, Hüften, Fesseln, wie ein verhungertes Tier schlich er verstohlen um die Frauen. Die späte Stunde hatte die Menge aus dem Theater in die U-Bahn entlassen. Aber wonach genau suchte er? fragte sie sich. Sie ließ ihre kalten Fingerspitzen an den Hals wandern und erinnerte sich, daß die Wahrheit einen nicht immer befreit, nicht immer . . . Suchte er nach einer älteren Frau? Einer jungen Frau? Einer ganz, ganz jungen Frau – Eurydike zum Beispiel? Als er nicht weit von einer jungen Frau entfernt innehielt – sie war kaum älter als ein Teenager –, legte sich ihr Panik auf die Brust, und für einen Augenblick bekam sie kaum Luft. Aber die junge Dame war anderweitig in Begleitung und wohl behütet, und er wandte sich ab. Auf seiner schmalen Stirn und den eckigen Wangen glänzte Enttäuschung.

Er umkreiste das Menschenknäuel noch einmal. Schon bald richtete er seine Aufmerksamkeit auf eine ältere Frau, und er schien sich eine Meinung zu bilden, und halb von ihrem Lager aufgerichtet, beruhigte sie sich etwas. Die Dame schien so alt, daß sie seine Mutter hätte sein können . . . Gut!

Er folgte der Frau in den letzten U-Bahnwaggon. Kurz bevor sich die Türen schlossen, sprang sie von Zeitungen und Pappe auf und schwang sich in den Zug, und zwar in den Waggon genau vor dem, in den er der Frau gefolgt war. Ihr zitterten die Knie, und das Herz raste ihr noch immer in der Brust, sie trat auf die Tür zu, die die beiden Wagen voneinander trennte. Während sie eine andere Perücke aufsetzte – statt des zerzausten kastanienbraunen, lila verschmierten Schopfes, eine saubere jugendlich aussehende, in prächtigem Erdbeerton mit feurigem Goldpony, der unwillkürlich ihre Finger zu Liebkosungen reizte –, spähte sie in den Wagen der beiden. Sie waren allein. Er saß in gebührendem Abstand von ihr, die schweigende Mundharmonika war um seinen Hals gebunden, während er unter seinem breiten weißen Hut nervös zu ihr hinüberspähte. Sonst rührte er sich nicht. Eine Sekunde lang war sie von Verwirrung gepackt – halb in der Hoffnung, sie hätte sich geirrt, er hätte sich geirrt, und daß auch diese Frau nicht seinen Träumen entsprach . . . Aber was wäre die Alternative gewesen? Eine Jüngere . . . viel jünger!

Gleichwohl war es ja von dieser hier ziemlich dumm, allein in einem Waggon zu fahren, dachte sie. So dumm, den Schritten von, von . . . zu trauen – sie verlor den Faden. Schweiß stand ihr auf den Augenlidern und vernebelte ihr die Sicht. Einen Augenblick schien die Frau jugendlich, fast mädchenhaft, wie sie da unter den flackernden Lampen saß und in ihr Theaterprogramm lächelte – Zur Sonne fliegend – weit über dem modrigen Geruch von verwelkenden Chrysanthemen und Geißblatt und Rosen – über Kontinente, wo sie das Zauberwasser gefunden hatte – aber stimmte das? Gott, was hatte sie sich gedacht? Zu dumm, allein in dem Waggon zu fahren – und den Schritten von Fremden zu trauen –, während du zusammengerollt auf Türschwellen lagst oder auf einsamen Treppen kauernd träumtest, oder wahrscheinlich traumlos dich den Schritten von Fremden anvertrautest, die alle Streichhölzer anzünden und dir die Flamme in die Augen werfen konnten – da hatte sie ihre Erfahrungen!

Sie strich sich über das üppige Erdbeerhaar, runzelte unsicher die Stirn. Sie konnte sich nicht immer auf ihre Gedanken verlassen – aber wer konnte das schon? Schweiß sammelte sich unter ihren Achseln. Sie drückte ihre Nase an das Glas. Umgeben von der grimmigen Graffitiwelt lächelte die Frau noch immer in ihr Theaterprogramm, zugleich jugendlich und älter – älter als sie selbst? Schlaffer als sie selbst? Der Zug ruckte und wurde langsamer. Ja, sie war eine gutaussehende Frau, das mußte sie zugeben – die das Theater liebte und vielleicht sogar das Alleinsein. Eine kultivierte, gute, anständige Frau mit einem schönen Zuhause irgendwo in der Stadt und vielleicht einer Familie. So eine gute Frau; brauchte sie doch weder ängstlich noch neidisch oder eifersüchtig zu sein, denn der Mann hatte sich noch nicht einmal gerührt. Verdacht war unberechtigt. Er konnte ein anständiger Mensch sein, kein falscher Hund – warum sollte sie sich also lächerlich machen, indem sie mit ihren grundlosen Verdächtigungen in dem Waggon blieb? Sie konnte aussteigen – die Bremsen quietschten wie trompetende Elefanten.

Jetzt, wo sie sich nicht mehr ganz sicher war, was sie ihn eigentlich gern tun sähe, und doch ziemlich sicher, daß er niemals aufstehen würde, da erhob er sich. Eine Hand blieb im Innern seines schäbigen grauen Mantels verborgen. Er näherte sich langsam der Frau, die jetzt ein Lächeln aufgesetzt hatte, schöner als der Mond, während sie die Seiten ihres Theaterprogramms umblätterte: Schauspieler, die auf der Bühne neu zum Leben erwachten, betörende Liebesworte, Tragödie, tränenreiches Ende. Im Augenblick war sie selbst eine Schauspielerin, genau wie der Mann, der in ihrem Traum auftrat.

Er lächelte, eine dünne weiße Grimasse, und doch nicht ohne einen gewissen Charme. Als sie aufsah, huschte ein silbernes Licht von seinem Mantel und umfaßte ihren Hals. Das Glück verschwand aus ihrem Gesicht, als der Zug ruckend zum Stehen kam, und der Mann zwang sie, an seiner Seite aus dem Wagen zu steigen, als seien sie ein Liebespaar.

Sie folgte ihnen nach draußen, zitternd vor Wut, aber auch aus einer schwindelerregenden Unentschlossenheit. Gerade als sie dachte, sie könnte sich auch irren – gerade als sie das dachte oder hoffte. Von der Berührung ihrer Erdbeerperücke plötzlich abgestoßen, drückte sie doch weiter ihre Finger in die feinen rotgoldenen Haare und folgte den beiden ins Halbdunkel. Deren Schritte tasteten sich weiter die Eisenleiter hinab in den Untergrund. Niemand hatte sich nach ihnen umgedreht. Sie stiegen jetzt immer tiefer unter die Erde, nur von der Dämmerung umhüllt, außer den vereinzelten Funken, die von den Gleisen über ihnen sprangen. Außer den dreien niemand weit und breit.

Sie ging das Risiko ein, ihnen dicht auf den Fersen zu bleiben und meinte sogar, zu hören, wie sie atmeten und wie die Frau immer wieder etwas murmelte wie: ». . . nein. Nein. Nicht! Helf mir doch wer, bitte . . . !« Sogar in der Angst eine feine, kultivierte Stimme. Empfindsam.

Ja, ich will helfen! dachte sie. Dann hörte sie, wie die eiskalte Stimme des Mannes zu ihr hinauftönte, ein grausamerer Ton, als sie ihm je zugetraut hätte: »Ist Ihnen Ihr Leben lieb?«

»Bitte nicht. Helf mir doch wer ...«

»Dann sein Sie still!«

Sie zitterte wieder und hielt sich an der Leiter fest, unentschlossen ins Dunkel hinabsteigend. Jetzt hatten sie die Unterführung unter der U-Bahn erreicht, die vielleicht vor Jahren mal ein U-Bahnschacht gewesen war, und die Züge oben waren nur noch entfernte Echos. Links floß Abwasser. Rechts ein Pfad, der auf direkterem Weg zum Fluß und somit zum Meer führte. Von oben gesehen, dachte sie, mochte es so aussehen, als ständen sie unter dem U-Bahnhof oder gar unter dem Rathaus, und weiter schlich sie durch die übelriechende Luft vorsichtig hinter ihnen her. Sie meinte, irgendwo da in der Dämmerwelt die krächzenden Laute streitender Alligatoren zu hören.

Wie vorherzusehen gewesen war, blieb er vor der steinernen Hauswand stehen, wo er wohnte. Stille wehte von den benachbarten Notunterkünften, von denen manche nur aus Pappstreifen, alten Matratzen und Lumpenbündeln bestanden, und hier und da flackerten ein paar Kerzen.

Niemand kam aus dem Haus, um zu sehen, was er da trieb, und er zerrte die Frau durch die steinerne Pforte. Sie folgte den beiden durch die Tür, ging wütend vorbei an den Raumteilern aus Aluminium und Bambus und weiter ins Wohnzimmer mit den geklauten Fernsehern und Videos und Plattenspielern und einem hellen Sofa und Postern von Andy Warhol und Picasso, die die rissigen Wände schmückten.

Er war unterdessen ins Schlafzimmer gegangen. Sie hielt den Atem an und rührte sich einen Augenblick lang nicht, der Geruch welkender Blumen stieg ihr in die Nase. Hinter dem Raumteiler schien es still. Sie wartete unentschlossen, spähte in die Küche, wo wohl Messer sein könnten, rührte sich aber noch immer nicht. Dann war wieder dieser leise, klägliche Schrei zu hören: »Bitte, nicht ...«

Dann das unterdrückte Geräusch eines Handgemenges, und dann die Frau, die in ihrer Wut kreischte: »Nicht, du Schwein!«

»Sein Sie still!«

Die erneute Stille, die nicht eigentlich Stille war, erstreckte sich über ganze dreißig Minuten; die Zeit war ihr bewußt, denn gelegentlich blickte sie auf die riesige gestohlene Uhr, die zwischen dem Bücherregal und der blauen Vase mit den künstlichen Blumen stand. Sie wartete noch immer, biß sich auf die Zunge und hatte das Gefühl, daß ihre herrliche Perücke ihren Kopf wie eine Eisenhand umklammerte. Wieder kam ihr in ihrer quälenden Unentschiedenheit der Gedanke an ein Messer in den Sinn, aber sie bezweifelte, daß sie eins benutzen würde. Eine Ratte, wuchtig wie eine Bulldogge, strich über den Teppich und huschte zur Tür hinaus. Dann vernahm sie noch einmal das Echo der brüchigen Stille ringsum. Nach einer Weile ging sie zittrig, ja unbeschreiblich erschöpft, in die Küche, drehte eine Flamme des Kochers auf und machte eine Tasse Kaffee heiß. Nach kaum fünf Minuten hörte sie, wie er die Frau aus dem Schlafzimmer und durch das Wohnzimmer zur Tür hinaus zerrte. Sie verbrannte sich mit dem siedendheißen Kaffee den Mund, und als sie sich über den Plastikmüllsack beugte, um auszuspucken, merkte sie, daß sie würgen mußte. Ihre Spucke war mit winzigen Blutflecken gesprenkelt.

Schließlich wischte sie sich den Mund ab und ging hinaus, versuchte, ihren Atem und ihre Wut zu beherrschen. Von den abscheulichen Gerüchen wurde ihr ganz übel. Sie ging ums Haus und nahm den glitschigen Weg und dann die Treppe zu den Abwässern, und da sah sie, wie er innehielt; wie er über der Frau stand, als sei er unentschlossen und verwirrt, so wie sie es zuvor gewesen war. Es hätte sie nicht überrascht, wenn er seine goldene Harmonika an die Lippen gesetzt und zu spielen begonnen hätte, aber er ließ es.

Angesichts des gurgelnden, gärigen Abwassers hielt sie sich gegen die Wand im Gleichgewicht und näherte sich ihm von hinten. Nachdem sie sich geräuspert und zu einem Anflug von Lächeln gezwungen hatte, war sie selber erstaunt, wie lässig der Ton in ihrer Stimme war. »Hallo«, sagte sie. »Was haben wir denn da?«

Er wirbelte herum, sein jugendliches, verblüfftes Gesicht

zuckte plötzlich gefährlich, dann lächelte er ihr unter seinem ungeheuren weißen Hut unsicher entgegen. Zögernd verkündete er dann unglücklich: »Diese Frau ist in die U-Bahn spaziert ... und ... und hinuntergestürzt ...«

»Oh«, sagte sie.

»Nicht besonders intelligent, vom Bahnsteig da oben runterzugehen und hier herumzuspazieren.«

Sie blickte forschend in die Dämmerung und versuchte, einen neutralen Ton beizubehalten. Sie konnte ihre Augen nicht von der Frau abwenden. – Aufsteigend zur Sonne. – Geruch welker Blumen. Zauberwasser –? Eine intelligente, empfindsame Frau, die das Theater – »Sie sieht verletzt aus«, sagte sie. »Echt schlimm. Schlimmer als verletzt ...«

»Ich hab sie so gefunden«, sagte er. »Genau hier.«

Eine Zeitlang sagte sie nichts, starrte ihn jetzt bloß wieder an, aber ohne zu lächeln, unfähig zu lächeln; dann sagte sie: »Jemand hat sie umgebracht. Irgend jemand. Sie ist nicht herumspaziert. Sie ist entführt worden. Jemand hat sie hier runtergezerrt und sie umgebracht ...«

Er war wieder unsicher; er hatte angefangen, sich in die Finger und sogar in die Handgelenke zu beißen, während er vor der Frau zurückzuckte. Er beäugte sie. Er mochte ihren Ton nicht. »Ja«, gestand er. »Schon möglich. Ich habe ... ich habe ... einen Mann in einem grauen Mantel gesehen ... Ich hab versucht ... sie zu retten.«

»In einem grauen Mantel?« sagte sie. »Du hast also einen grauen Mantel gesehen? Wie der, den du anhast?«

Er runzelte die Stirn und wich ihrem Blick aus. »Nein. Nein. Vielleicht war es ein blauer Mantel ...«

Wieder schaute sie auf die arme Frau hinab. Die zarten Finger des Lichts hatten sie in ein gespenstisches Blau getaucht. Was war mit ihrer Familie? Hatte sie Kinder? Auch wenn sie jetzt älter aussah, jedenfalls zu jung –

»Du hast es getan«, sagte sie schließlich müde. »Du geisteskrankes Schwein, du geisteskrankes!«

»Nein. Nein. Nein. Nein!« sagte er.

»Du brauchst dich gar nicht zu verstecken! Ich habs gesehn.

Diesmal hab ichs gesehn. Und dies ist das zweite, vielleicht sogar das dritte Mal, vielleicht sogar mehr ...«

»Nein. Nein. Nein.«

»Diesmal hab ichs gesehen.«

»Ein Mann in einem grauen Mantel; ich mein, nem blauen Mantel ...«

»Du bist der Mann im grauen Mantel!«

»Nein. Nein. Jetzt haßt du mich also –«

»Sollt ich das etwa nicht?« schrie sie fast. »Das zweite oder dritte oder vielleicht gar das vierte Mal!«

»Ich weiß nichts mehr von den andern. Auch von der hier weiß ich nichts.«

»Oh, du verdammtes Schwein.«

»Ich weiß nicht mehr ...«

»O Gott. Und du hättest ne Jüngere genommen, wenn du eine allein gefunden hättest!«

»Nimm das Messer«, sagte er und gab es ihr. Dann streifte er seinen schönen Hut ab und ließ sich auf seine Knie fallen und zwängte seine Arme um ihre Taille. »Bring mich um!«

Sie dehnte ihre Muskeln und atmete wieder und konnte wieder das Blut im Mund schmecken und die welken Blumen riechen. Sie sah auf seinen kahlen Kopf hinab, rund und weich wie ein Babykopf. Sie konnte sich sogar vorstellen, wie das Messer in seinen Hals glitt, aber sie schauderte und stieß ihn weg. »Weiß Gott, du verdienst es, zu ... Und wenn die hier jünger gewesen wäre, dann hätt ich vielleicht ... vielleicht ... Aber was ist mit mir? Ich hab Vertrauen in dich, mein ganzes Vertrauen. Und jetzt könnt ich hier unten allein zurückbleiben. Allein. Allein.«

Er blieb weinend auf seinen Knien – Schluchzer, deren Echo durch den Untergrund hallte –, aber sie bemerkte, daß er nicht zögerte, ihr das Messer aus der Hand zu nehmen und zurück in seinen Mantel zu stecken. »Und was tun wir jetzt?« fragte er.

»Wir?« sagte sie, ohne ihn anzusehen, aber sie spürte, wie sich ihre Augen mit Tränen füllten. »Nicht wir. Du! Wie immer, kümmer dich um deinen eigenen Dreck.«

Sie lag mit ihm im Bett. Manchmal meinte sie, sie könne die lila Schmiere riechen, die ihm von den Fingern tropfte. Sie schloß die Augen und lauschte seinem unregelmäßigen Atem, der ihr über die Brust wisperte. Früher, eigentlich noch gar nicht so lang her, hatte sie einen Kinderwagen durch den sonnendurchfluteten Stadtpark geschoben, zusammen mit anderen Müttern – zumindest hatte sie immer versucht, sich zu ihnen zu gesellen –, von denen ihr manche aus dem Weg gingen. Sie saß auf Bänken und fütterte die Tauben. Gleich wessen Kind in einem Kinderwagen unruhig wurde und quengelig losbrüllte, immer verspürte sie den Drang, es zu stillen und zu beruhigen. Warum ging man ihr denn aus dem Weg?

Jetzt sorgte sie für das Essen erwachsener Männer und Frauen – zumindest kochte sie –, und man schien dafür dankbar zu sein. Draußen in der Küche stand jeden Tag ein Topf rote Bohnen und Reis oder Spaghetti mit Hackfleisch oder manchmal Eintopf auf dem riesigen Kocher. Die Nachbarn schauten einfach so herein, und obwohl sie gar nicht darum bat, ließen sie schon mal ein Geschenk da – einen geklauten Staubsauger, einen Fernseher, ein Autoradio, ein halbes Rind oder gar einen Pelzmantel oder ein Schmuckstück. Sie hatten nur blasse Erinnerungen an ein Zuhause, und so war für manche Zuhause dort, wo sie gerade waren.

Während sie plötzlich in den Knien die Begierde nach seinem heißen Atem spürte, verweilte er wie immer auf ihrer Brust. Er zerrte an ihren Brustwarzen, bis ihr der Schmerz in den Schädel schoß, und sie krallte sich in die Laken. Er schien verblüfft wie ein Kind, als keine Milch kam, oder wollte er Blut? Ehe er die Beherrschung über seine zitternden Finger verlor, sprang er immer vom Bett und flüchtete sich ins Badezimmer oder in die Küche; wenn er zurückkam, roch er nach richtiger Milch oder nach Urin, manchmal nach beidem.

O Gott, küß mich! dachte sie. Stoß mir tief ins Herz. Aber er blieb erstarrt auf der anderen Seite der Welt, hätte ebensogut am Nordpol sein können. Was er bisher mit ihr geteilt hatte, war alles, was er zu teilen imstande war, das wußte sie, mehr hatte er nicht, hatte er auch nie gehabt. Wenn es ihm gelang, sich kurz zu erheben und seine Beine über ihre Hüften zu werfen, war das schon viel, und selbst dann hinterließ er nur eine flüchtige Erinnerung an seinen Bauch und seine Knie.

Gereizt öffnete sie die Augen und schaute an die Decke mit den Wasserflecken, wo gerade eine Kolonie von Wasserfliegen in Richtung Air-Conditioner unterwegs war. Der Duft von roten Bohnen und Reis zog von der Küche herein. Die Nachrichten plärrten oben aus dem Radio. Der Bürgermeister war bereit, eine Pressekonferenz zu geben. Man hatte irgendeinen neuen Präsidenten gewählt. Ein Mann war mit seiner Aktentasche von einem U-Bahnsteig gestoßen worden, und er hatte sich gefangen und war noch am Leben, aber ihm fehlte ein Arm ...

»Halt!« sagte sie scharf. »Schluß! Schluß jetzt! Du begreifst es nie ...«

»Oh, Miss Lady!«

»Du begreifst es nie. Schluß jetzt. Ich hab Hunger. Die andern kommen gleich.«

»Ich hab dir was mitgebracht. Echte Perlen, glaub ich.«

»Danke. Aber du mußt jetzt aufstehn. Die andern kommen gleich.«

Er packte sie an der Brust und fing wieder zu schluchzen an, und sie mußte sich zusammennehmen, damit sie ihn nicht schlug wie ein Kind, und statt dessen schob sie ihn im Bett zur Seite und kletterte über ihn. Hinter dem Vorhang in der Dusche schrubbte sie sich kräftig, vor allem was wie lila Schmiere aussah, die einfach nicht von der Haut gehen wollte, nicht weil es keine Seife gab, sondern weil das heiße Wasser immer wieder wegblieb. Als sie fertig war, in Trainingshose und zwei Röcken und Pullover wegen der Kälte, ihre Erdbeerperücke wieder auf dem Kopf, kamen gerade die ersten Nachbarn in die Küche.

»Zieh dich an«, befahl sie ihm. »Hör auf zu heulen. Und komm raus und begrüß die Gäste.«

Pickpocket und Bouncer machten sich bereits über die Töpfe her. Der Geruch von Fliegenspray, Ammoniak und Borsäure hatte die meisten Wasserfliegen und Schaben benommen gemacht und ihre Versuche, das Mahl zu teilen, vereitelt. Pickpokket, ein Skelett von einem Mann, mit Augen so groß wie

Scheinwerfer, und langen zarten Fingern hatte sich den Teller mit dampfendem Reis und Bohnen vollgehäuft. Er stopfte sich das kochendheiße Essen in den Hals.

»Miss Lady, da ham Se sich übertroffen! Als 'n Mann aus New Orleans darf ich sagen, Ihre Küche erinnert mich an den süßen Brei der Kindertage. Sogar Mama würd Ihnen da ein Kompliment machen!«

»Echt gut«, stimmte Bouncer zu, obgleich er das Essen noch gar nicht probiert hatte und gerade draufpustete. Wie sein Bruder Buddy war er ein großer, breitschultriger Mann mit Fäusten, so groß wie Schlagbohrer, und weder er noch sein Bruder ließen zu, daß jemand sie belästigte. Ihren Freund mochten sie allerdings nicht besonders.

»Wo is Millie?« fragte sie.

»Oben am Bahnhof«, sagte Bouncer. Er hatte eine tiefe, melodiöse Stimme, und bevor er in den Krieg ging, wollte er eigentlich Sänger werden. Obwohl seine Augen heftig zuckten und seine Lippen aussahen, als würde er essen, selbst wenn das gar nicht zutraf, hätte man nicht gemeint, daß er auf einem fernen Schlachtfeld verwundet worden war. »Manchmal hat sie schon Glück, selbst wenn sie bloß nen Quarter in ihre Büchse kriegt. Knickrig sind die Leute heutzutage.«

»Sie sollte runterkommen und n Happen essen. War sie das, die ich letzte Nacht wieder husten gehört habe?«

Die beiden Männer waren still. Sie wußten, dies war nicht gerade die Frage, auf die sie eine Antwort wollte. Ihre Augen schweiften zu dem Raumteiler, der das Schlafzimmer abtrennte, und Bouncer stopfte sich heißhungrig Bohnen und Reis in den Mund und schaute weg.

»Ich hab sie nicht gehört«, sagte Pickpocket. »Ich weiß, sie hat ne schlimme Erkältung, hat sie sich beim letzten Kälteeinbruch eingefangen, aber ich hab sie nicht husten gehört.«

Sie ging zu dem Kocher und löffelte sich eine bescheidene Portion auf den Teller. Der Dampf stieg auf, und ihr wurde ganz übel davon. Das Ketchup sah aus wie Blut. Sie war froh, daß sie nicht Hamburger gemacht hatte. Würzen, ihre Finger in –

»Wo is er?« fragte Bouncer. »Schläft er?«

»Ihm is nich gut«, sagte sie sofort. »Er hat letzte Nacht ne Prügelei gehabt. Heut früh is er zu Bloomingdale gegangen und hat was Gutes getan, hat mir n paar echte Perlen mitgebracht, aber auf dem Rückweg hat er nen Mann mit nem grauen Mantel getroffen und ne Prügelei gehabt ...«

Sie mieden ihren Blick.

Ihre Stimme wurde schriller. »Er hat ne Prügelei gehabt.«

»Sicher, Miss Lady«, sagte Bouncer.

Warum schauten sie sie nicht an? Was dachten sie? Hatte einer von ihnen oder hatten beide die Frau gesehen, die letzte Frau, die das Theater liebte, und die, wenn schon nicht jung, so doch gut aussah – und vielleicht auch die anderen? Hatten sie ihre Schreie mitten in der Nacht gehört?

Sie hielt sich den Bauch und schaute sich in dem Untergrundzuhause um, den neuen strahlenden Plastikstühlen, die um den Chromküchentisch mit der Glasplatte standen, die funkelnden Kupfertöpfe und -pfannen und -geräte, das blau-weiße Geschirr, das Kristallglas und der üppige Kühlschrank, vollgestopft mit gefrorenen Steaks und Hühnchen. Alles, wonach sie sich früher gesehnt hatte – auch wenn die Mikrowelle und der Ofen nicht mehr funktionierten, kaputtgegangen waren ... Und draußen im Wohnzimmer die Perserteppiche, die von einer Wand zur anderen wogten.

»Er sorgt gut für alles«, sagte sie. »Eh er hier runtergekommen ist, hab ich auf Pappe und Zeitungen geschlafen. Jeden Tag Hunger gehabt. Ich hatte eine Knieinfektion, wo ich hingefallen war, und ich mußte dringend zum Zahnarzt, aber ich hatte kein Geld. Jetzt ist für all das gesorgt. Ich hab sogar schon manchmal gedacht, ich könnt meine Kinder –«

»Oh, er sorgt wunderbar für alles«, gab Bouncer eilig zu.

»Wer lebt denn schon im Paradies?« fuhr sie hastig fort. »Ich kenn da niemanden – Ich hab jedenfalls kein son Paar gekannt, als ich oben verheiratet war.«

»Uff«, sagte Bouncer ausweichend und schluckte Bohnen und Reis hinunter. »Is schon richtig. Muß ja zu Hause ab und zu Streit und Meinungsverschiedenheiten geben. Nix geht glatt in diesem Leben.«

»Ich versteh«, sagte Pickpocket. »Ich war auch nie auf Rosen gebettet.«

»Aber er ... er ... also ... Miss Lady«, sagte Bouncer, beschloß dann aber, nichts weiter zu sagen, und ging an den Topf zurück; er häufte sich noch mal Bohnen und Reis auf den Teller, den er noch nicht leergegessen hatte.

Sie beobachtete ihre beiden Freunde. Warum schlichen sie dauernd um sie herum wie die Katze um den heißen Brei? Ein übertriebenes Schuldgefühl, ja Scham, stieg in ihr hoch. Sie ertappte sich plötzlich dabei, wie sie plapperte und sich entschuldigte.

»Bitte. Ich will Ihre Geschenke für mich ja nicht runtermachen – Ich weiß, was ich an dem Air-Conditioner und dem Staubsauger hab. Und Pickpocket, Sie können sich ja gar nicht vorstellen, wie begeistert ich von dem Pelzmantel war. Und ich hätte ihn bestimmt schon getragen, wenn ich ne Gelegenheit hätte –«

»Miss Lady. Miss Lady«, sagte Pickpocket. »Wir sin ja froh über alles, was wir für Sie tun können. Mir fehlt New Orleans ... Mir fehlt die Familie, die ich nich mehr hab. Wenn ich in Ihre Küche komm, hab ich das Gefühl, ich bin wieder zu Haus.«

»Bitte, nehmen Sie sich noch Bohnen und Reis«, drängte sie. »Soviel Sie wollen. Bouncer, hatten Sie genug? Tut mir leid, daß ich heut keine Nachspeise hab, aber als der Ofen den Geist aufgab und dann die Mikrowelle n Kurzschluß hatte, wußt ich nich, wie ich Pie oder Kuchen oder sonstwas machen sollte.«

»Keine Sorge«, sagte Bouncer. »Buddy is noch oben und schaut sich um. Is bloß ne Frage, für welche Marken er sich entscheidet.«

»Hmmmm. Hmmmm«, sagte Pickpocket. »Ihren Schokoladenkuchen und Kokosnußpie schmeck ich schon, Miss Lady!«

»Wenn ich bloß wüßte, wie man den Kartoffelpie von Ihrer Mutter macht, von dem Sie erzählt haben«, sagte sie voller Begeisterung, »dann würd ich den auch machen.« Einen Augenblick lang schienen alle wieder glücklich und zufrieden, und sie lächelte, und der Tag fühlte sich allmählich gut und normal an, aber Bouncer konnte sich nicht zusammennehmen, wollte einfach keine Ruhe geben. Sie sah die Frage aus seinem hungrigen Mund schlüpfen.

»Is die Polizei schon hinter ihm her?«

Sie wurde rot. »Wieso?«

»Schon gut, dachte bloß, ich hätte was in den Nachrichten gehört oder in der Zeitung gelesen, wo sie jemand suchen, von dem die Beschreibung genau zu ihm paßt . . .«

»Hab ich nichts von gehört. Auch nichts gelesen. In den Nachrichten war bloß vom Bürgermeister und dem neuen Präsidenten die Rede. Und dem Mann, den man auf die Zuggleise gestoßen hat.«

»Echt mies so was!« sagte Bouncer und schüttelte den Kopf. »N menschliches Wesen in ne U-Bahn zu schubsen. Hat man doch nix von. Hat nich mal erst die Aktentasche von dem Mann geangelt. Schwachsinnig, würd ich sagen.«

»Schwachsinnig. Schwachsinnig«, sagte Pickpocket. »So viele Schwachköppe, wo immer man hinsieht. So viele, die se aus der Klinik rausschmeißen, wenn se noch wie verrückt rumspinnen.«

»So viele«, stimmte Bouncer zu. »Ich bin froh, daß ich gut drauf bin, aber ich weiß nich mit Buddy . . .« Er schaute sie weiter mit seinen wild zuckenden Augen an. »Und ich hör, Ihr Freund war auch mal kurz in ner Klinik, nich, Miss Lady?«

Sie schaute auf ihren Teller und stocherte mit ihrer Gabel auf dem blau-weißen Geschirr herum. Der Geruch von Fliegenspray war plötzlich überwältigend. »Bloß n paar Monate«, sagte sie. »Als seine Mutter gestorben is. Als sie ins Bett ging und nich mehr aufgewacht is. Er hat der Polizei die Wahrheit darüber erzählt, aber sie haben ihm immer weiter mit Fragen zugesetzt – Da hat er ne Zeit schwache Nerven gehabt, kann ja jedem passieren. Also war er n paar Monate in der Klinik, wo sie ihn beobachtet und ihm geholfen haben . . .«

»Mit helfen bin ich mir da nich so sicher«, sagte Bouncer. »Se ham Buddy bloß gesagt, er soll seinen Kram packen und gehn.«

Zitternd öffnete sich der Aluminiumvorhang, und er erschien. Die Wangen grün und seine Fingernägel, die bis zu den Kuppen abgeknabbert waren, rot wie Ketchup. Die Harmonika baumelte an seinem Hals. Er roch noch immer nach Urin, wenn nicht nach Milch. Er drückte sich die Fäuste in die geröteten Augen und grinste alle jungenhaft an. »Was zu essen übrig?«

Schweigen empfing ihn. Er war fast so dünn wie Pickpocket, aber größer und jünger; jedenfalls einige Jahre jünger als sie selber. Seine überhellen Augen umwölkten sich unter der breiten Krempe seines weißen Hutes, angesichts des wenig begeisterten Empfangs.

»Komm rein, Twin«, sagte sie eilig. »Hab Essen für dich aufgehoben. Und auch für Millie und Buddy, wenn sies hier runter schaffen.«

»Irgendwas stimmt mit der Dusche nicht«, beklagte er sich. »Manchmal ist das Wasser heißer als n Dampfbad, und dann steht man plötzlich wie unter Eis.«

»Ich hab schon mal versucht, sie zu reparieren«, beschloß Pickpocket alle zu erinnern. »Aber ich bin schließlich kein Installateur.«

»Ich bin auch nicht sehr geschickt«, fiel Bouncer ein. »Buddy auch nicht. Vielleicht müssen wir uns oben irgendwo nen Installateur suchen und hier runterholen, damit er uns das Zeug repariert, mit dem wir nicht selber klarkommen.«

»Die meisten Installateure oben haben gute Jobs«, sagte Pickpocket. »Ham nie was mit uns zu tun. Also müssen wir uns mit Pfuschern zufriedengeben.«

»Also, ich hoff, keiner erwartet von mir, daß ich Rohre reparieren kann«, sagte Twin gereizt. »Und der Herd. Und der Ofen. Man kann nicht von mir erwarten, daß ich hier alles weiß und alles tu.«

»Gibt dir ja gar keiner die Schuld für die Dusche, Twin«, sagte sie hastig. »Oder den Ofen oder den Herd. Los. Setz dich. Nimm dir was zu essen. Jetzt seid mal alle nett miteinander, bitte.«

»Ich muß gehn«, sagte Bouncer. »Muß mein Pensum für den Tag erledigen.«

»Ich auch«, sagte Pickpocket. »Für die Stoßzeiten nach oben.

Der Bürgermeister soll heut am Rathaus reden. Das zieht nicht grad die Massen an, aber se ham irgendne Demo aufs Rathaus zu, und das sollte n paar Kunden mehr bringen.«

»Wenn du Buddy siehst oder Millie, sag ihnen, es is hier unten noch was auf dem Herd«, sagte sie.

»Kommste nich bald hoch?« sagte Bouncer und machte einen Schritt auf die Tür zu.

»Bald«, sagte sie. »Ihr könnt mich vermutlich alle im Park finden, wenn ich nicht komm und den Bürgermeister anseh und die Reden anhör.«

Bouncer und Pickpocket eilten nach draußen und hinterließen eine Wand von eisigem Schweigen. Twin setzte sich an den Tisch und hielt seinen Hut auf dem Schoß und leckte müßig mit der Zunge über seine Harmonika und wartete, daß sie ihn bediente. Plötzlich ergriff eine Welle des Zorns ihr Herz, und sie stand da und schaute auf seinen glänzenden Schädel. Statt zum Rathaus zu gehen, wo sie vielleicht Freunde treffen würde, die sie jahrelang nicht mehr gesehen hatte, oder in den Park, wo sie in ihren ärmeren Tagen Fremden die Hand hingestreckt hatte, kam ihr vage der Gedanke, daß sie heute mal bei der Polizei reinschauen sollte ... ihnen von Twin erzählen! Es irgend jemandem erzählen. Es jemandem erzählen, damit die Frau, die das Theater liebte, ihr nicht mehr im Kopf rumspukte. Aber wie gestern und an den Tagen davor nahm sie einen blau-weißen Teller und füllte ihn mit einer großzügigen Portion und schob ihn über den Tisch vor Twins melancholische Augen.

Übersetzt von Barbara von Bechtolsheim

ERNEST GAINES

Im Haus meines Vaters

Elijah hatte sein Tablett mit den Tassen und Gläsern beiseitegestellt, er stand jetzt in der Mitte des Raumes und klatschte in die Hände, damit es still wurde. Die Leute waren zu laut, um ihn zu hören, und er klatschte noch einmal und stampfte mit dem Fuß auf. Als alle ruhig waren, teilte er ihnen mit, daß Reverend Martin ein paar Worte an sie richten wolle. Die Leute drehten sich zu Phillip um, der schon von einer kleinen Gruppe umringt war.

Phillip Martin trug einen schwarzen Nadelstreifenanzug, ein hellgraues Hemd und eine rote Pünktchenkrawatte. Er war sechzig Jahre alt, etwas über einsachtzig groß und wog um die neunzig Kilo. In seinem dichten schwarzen Haar und dem dichten gepflegten Schnurrbart zeigte sich das erste Grau. Phillip war ein ausgesprochen gutaussehender Mann mit dunkelbrauner Haut, der von schwarzen und weißen Frauen gleichermaßen angehimmelt wurde. Die schwarzen Frauen äußerten ihre Bewunderung für ihn offen, die weißen Frauen nur Leuten gegenüber, denen sie vertrauen konnten. Es gab Gerüchte, daß er sich neben seiner Frau mit anderen einließ, aber er war ungeachtet der Tatsache, ob diese Gerüchte der Wahrheit entsprachen oder nicht, bei den meisten Leuten, die ihn kannten, hoch angesehen. Und seine Position als Kopf der Bürgerrechtsbewegung in der Gemeinde wurde nie von irgend jemandem in Frage gestellt.

Die Leute hatten begonnen, Phillip Beifall zu klatschen, und er hob die Hände, um sich Ruhe zu verschaffen. Shepherd, der hinten im Zimmer neben Virginias neuem Mieter stand, konnte die beiden großen Ringe an seinen Fingern sehen und seine goldene Armbanduhr. Die Leute hörten nicht auf zu klatschen, und Shepherd sah, wie das goldene Uhrenarmband im Licht blitzte, als Phillip seine erhobenen Hände schüttelte, damit es still wurde.

Phillip sagte seinen Zuhörern, daß er keine Rede halten, sondern sie nur daran erinnern wolle, daß das Komitee nächsten Freitag mit Albert Chenal zusammenkommen werde.

»Es hat uns Jahre gekostet, bis wir Mr. Chenal überhaupt soweit hatten, daß er Schwarze einstellte«, sagte er. »Jetzt, wo er sie einstellt, will er ihnen nichts bezahlen. Wenn wir Freitag da hoch gehen, machen wir eins klar. Entweder er zahlt den schwarzen Arbeitern dasselbe wie den weißen, oder wir blasen ihm den Marsch. Wir lassen eh mehr Geld in dem Laden als die Weißen – die Weißen fahrn nach Baton Rouge und New Orleans – einige fahrn sogar bis nach Norden oder ganz bis Europa. Die Schwarzen sind arm und haben nicht das Geld, um so durch die Gegend zu fahren; wir geben unsers hier in St. Adrienne aus. Deshalb wollen wir, daß unsre schwarzen Arbeiter den gleichen Lohn, die gleichen Rechte kriegen, oder wir machen den Laden dicht. Wir werden ja sehen, wie lange Chenal sich halten kann, wenn keine Schwarzen mehr in seinem Laden kaufen. Mr. Chenal –«

Elijah, der in der Mitte des Raums stand, führte den Applaus an. Er klatschte hoch über dem Kopf in die Hände und drehte sich einmal um die eigene Achse, damit andere ihn sahen und mit einstimmten. Phillip wartete, bis alles wieder still war.

»Aber Mr. Chenal wird uns auf die Probe stellen«, fuhr er fort. »So wahr ich hier stehe und zu euch spreche, wird Mr. Chenal uns auf die Probe stellen. Erstmal wird er uns ein paar Pennies anbieten. Wenn wir uns darauf nicht einlassen, dann vielleicht fünf Cents. Wenn wir uns darauf nicht einlassen, zehn. Wenn das auch nichts nützt, dann schmeißt er uns raus. Mal sehn, wie lange wir das in der Kälte aushalten. Vielleicht erinnert ihr euch, daß er das schon mal gemacht hat – nicht als es kalt war, als es heiß war. Er hat uns kleingekriegt, als es heiß war. Und dabei wißt ihr, wie wir Schwarzen die Hitze lieben – ach, wie geht es uns gut, wenn es heiß ist.«

Die Leute fingen an zu lachen, und Phillip hob die Hände.

»Was glaubt ihr, warum so viele von uns ausm Norden wieder nach Hause kommen?« fragte er. »Wegen dem warmen Wetter hier im guten alten Süden, warum wohl sonst. Und trotzdem haben wir uns am heißesten Tag von Mr. Chenal kleinkriegen lassen. Haben die Brosamen genommen, die er uns angeboten hat und haben klein beigegeben. Was wird er also jetzt tun, wo er weiß, wie Schwarze die Kälte hassen? Er wird uns wieder Brosamen anbieten, und wenn wir uns damit nicht zufriedengeben, wird er uns aus seinem Laden rausschmeißen. Und im Hinterkopf wird er sich sagen: Die können Kälte nicht aushalten. Zehn Minuten da draußen bei Eis und Schnee, und die laufen nach Haus und trinken Grog. Hi-hi-hi. Na, da täuscht sich Mr. Chenal, da täuscht er sich gründlich, denn wir können bei Kälte durchhalten.« Phillip warf einen Blick zur anderen Wand hinüber. »Was sagst du, Mills?«

Der große, grauhaarige Howard Mills, der dort angelehnt stand, reckte eine gewaltige Faust in die Luft. »Hab meinen Mantel diese Woche von der Reinigung geholt«, sagte er. »Und mir ein Paar neue Gummistiefel gekauft, für den Regen.«

Die Leute lachten über Howard Mills.

»Jonathan, wie isses mit dir?«

Jonathan, der neben Mills stand, reckte beide Fäuste hoch über den Kopf.

»Ich bin bereit, bis nächstes Jahr um diese Zeit zu marschieren«, sagte er. »Und ich hoffe, das gilt für jeden einzelnen hier im Raum.«

Die Leute applaudierten Jonathan. Phillip wartete, bis es still wurde.

»Armer Albert Chenal«, sagte er. »Armer, armer Albert Chenal. Ich hasse Albert Chenal nicht. Ich möchte, daß ihr für Albert Chenal betet. Betet morgen in der Kirche für Albert Chenal. Betet für Albert Chenal, wenn ihr heute abend schlafen geht. Denn es heißt, liebe deinen Nächsten wie dich selbst.«

Eine der beiden weißen Frauen im Raum applaudierte leise. Aber als niemand zur Unterstützung des Gebets für Albert Chenal mitklatschte, brach sie ihren Applaus abrupt ab.

Phillip fuhr fort. »Liebe ist das A und O. Verstehen, das A und O. Beharrlichkeit, das A und O. Morgen wieder aufstehn, nochmal probieren, das A und O. Den Druck nicht nachlassen, das A und O. Da gibts die da draußen, die Black Power schreien. Da sag ich, was ist Black Power anderes, als das, was wir auch so machen und was wir schon die ganzen Jahre versuchen? Dann sind da die, die in den Kneipen rumsitzen – die sind noch schlimmer als die Schreihälse aus der Black-Power-Bewegung –, die sagen ›Was solls? Da ändert sich doch nie was. He, Mr. Wrigley, nochn Drink.‹ Ich frag nochmal Bruder Mills. Was sagst du, Mills? Hat sich hier bei uns was verändert?«

Mills nickte mit dem grauen Kopf. »Jawohl, das hab ich am eignen Leib erlebt.«

»Jonathan?« sagte Phillip. »Du hast es auch erlebt. Na?«

»Ich hab Fortschritte gesehn. Aber wir haben noch einen langen Weg vor uns, einen langen Weg.«

»Amen«, sagte Phillip.

Aber Jonathan war nicht fertig. Er reckte beide Fäuste hoch und sah die Leute im Raum an. »Wir brauchen mehr Leute«, sagte er. »Mehr junge Leute. Mehr alte Leute. Wir brauchen die aus den Kneipen. Wir brauchen die Lehrer. Wir brauchen die, die für die Weißen arbeiten gehn, jeden Tag in ihrem Leben. Wir brauchen sie alle. Alle, alle, alle. Es gibt keinen Grund, nicht mitzumachen, keinen einzigen. Die Mauer bröckelt, wir müssen sie jetzt ganz einreißen.«

»Amen, amen«, sagte Phillip, während die Leute Jonathan applaudierten.

Jonathan wollte noch mehr sagen, aber Phillip bot ihm keine Chance weiterzureden.

»Ich rufe jetzt eine Schwester auf«, sagte Phillip. »Denkt dran, daß unsre Schwestern die ersten waren. Miss Daisy Bates, Miss Autherine Lucy und zahllose andre. Und da steht Schwester Claiborne da drüben, in alter Jugendfrische – hat sich hier was verändert, Schwester Claiborne?«

Eine kleine grauhaarige Frau ganz in Schwarz nickte Phillip zustimmend zu.

»Schwester Jackson?« sagte Phillip. »Fährt der Bus jetzt nicht auch hinten durch die Stadt? Und hat er nich sogar eine kleine Bank, wo du dich hinsetzen kannst, wenn du müde bist?«

Schwester Jackson, die ungefähr so alt war wie Schwester Claiborne, ebenfalls in Schwarz mit einer roten Ansteckblume, nickte wie Schwester Claiborne.

»Wenn ihr wissen wollt, was sich getan hat, müßt ihr nur unsre Schwestern hier fragen«, fuhr Phillip fort. »Schwester Aaron, hast du heute nicht das Recht mitzuwählen, wenn der Bürgermeister von St. Adrienne, der Gouverneur von Louisiana, der Präsident der Vereinigten Staaten gewählt wird?«

»Ja«, sagte Schwester Aaron. »Und ich werd auch für den ersten schwarzen Abgeordneten aus Louisiana stimmen, und das wird keinniemand anders sein als unser lieber Reverend Phillip J. Martin.«

Die Leute setzten zum Applaus an, und Phillip hob die Hände, um sich abermals Ruhe zu verschaffen. Die Leute ließen sich jedoch nicht aufhalten. Anthony McVay, der weiße Anwalt, der auf der einen Seite von Phillip stand, und Octavio Bacheron, ein weißer Apotheker, der auf der anderen stand, nahmen je eine seiner Hände und reckten sie hoch in die Luft. Und der Applaus war ohrenbetäubend.

Als sich die Dinge ein wenig beruhigt hatten, zog Howard Mills seinen Mantel an und verließ das Haus. Ungefähr ein Dutzend Leute gingen gleichzeitig mit ihm. Aber trotzdem blieb das große Wohnzimmer laut und voll. Die Hälfte der Leute standen auf der einen Seite des Zimmers um Phillip herum; die anderen waren in kleineren Gruppen über das ganze Haus verteilt. Virginias neuer Mieter stand jetzt woanders. Er war bei der Tür, die vom Wohnzimmer in den Flur führte. Aber auch wenn er sich von einer Stelle zur andern bewegte, ließ er Phillip Martin nicht einen Moment aus den Augen. Jedesmal wenn jemand sich zwischen sie stellte, änderte er wieder seine Position, ohne je näher zu treten, aber immer so, daß er Phillip im Blick hatte. Das machte er jedoch so diskret, daß nicht einmal Shepherd, der die meiste Zeit neben ihm stand, das geringste mitbekam. Beverly hatte sich zu ihnen gesellt, und sie und Shepherd bewegten sich mit Virginias Mieter durch den Raum.

Sie merkten nicht, daß er eine Absicht verfolgte. Sie hatten das Gefühl, daß sie die Plätze wechselten, weil die Menschenmenge sie hin und her schob.

In den letzten Minuten hatte Joyce Anne, Phillips zehnjährige Tochter, Klavier gespielt. Aber es war so laut im Zimmer, daß ihr niemand Beachtung schenkte, bis Crystal McVay, die Frau des Anwalts, sich aus der Gruppe um Phillip löste und sich zu dem Mädchen am Klavier umdrehte. Bald traten andere aus dem Zimmer hinzu. Elijah, der Joyce Anne unterrichtete, stand mit seinem Tablett voll Tassen und Gläsern hinter der Menge. Jedesmal, wenn sie ein schwieriges Stück gut spielte, schloß er die Augen und wiegte den Kopf hin und her. Aber wenn sie an eine Stelle kam, die ihr Probleme bereiten könnte, hielt er die Luft an und wartete. Wenn die Stelle dann vorbei und gut bewältigt war, seufzte er tief (und so laut, daß die andern es hörten), nickte und ging weiter mit dem Tablett durch die Menge.

Aber nicht alle am Klavier lauschten der Musik. Phillip Martin nicht. Er hörte weder der Musik noch den Leuten in seiner Nähe zu. Die letzten paar Minuten hatte er quer durch das Zimmer geschaut, wo Shepherd, Beverly und Virginias Mieter standen. Shepherd, dem es aufgefallen war, glaubte nicht, daß Phillip sie wirklich ansah. Sie standen an verschiedenen Enden des Zimmers, zwischen ihnen waren mindestens drei Dutzend Leute, er hätte seinen Blick also auf jeden in der Richtung gerichtet haben können. Trotzdem sah er nirgendwo anders hin. Und selbst, wenn ihn jemand ansprach oder am Arm berührte, widmete er ihm nur kurz seine Aufmerksamkeit und sah dann wieder herüber. Er wirkte verwirrt, konfus; auf seiner Stirn bildete sich eine tiefe Furche, und er hob eine Hand an die Schläfe, als ob er Kopfschmerzen hätte. Shepherd beobachtete ihn weiter, wie er sie beobachtete. Plötzlich wurde er sehr eifersüchtig. Er wußte, was der Reverend für einen Ruf als Schürzenjäger hatte. Vielleicht hatte er jetzt ein Auge auf Beverly geworfen. Shepherd wurde einen Moment wütend, dann überlegte er es sich anders und grinste Phillip zu, um ihn merken zu lassen, daß er wußte, was ihm durch den Kopf ging. Aber selbst wenn Phillip sein Grinsen gesehen haben sollte, ließ er sich nichts anmerken. Und guckte doch weiter in ihre Richtung. Wenn sich irgendwer dazwischenschob, reckte er den Hals, um sie besser sehen zu können. Shepherd erzählte Beverly, was er machte.

»Er ist ein gutaussehender Mann, nicht?« sagte sie.

»Ja«, sagte Shepherd. »Und wenn ich dich je in seiner Nähe erwische, setzt es was.«

»Wirklich?« neckte sie ihn.

»Wirklich«, betonte er.

Phillip merkte nicht, daß sie über ihn redeten, er merkte nicht einmal, daß sie ihn ansahen; und doch starrte er sie weiter an, weiterhin mit einem Ausdruck der Verwirrung im Gesicht.

Joyce Anne spielte die Schlußakkorde ihres dritten Liedes, und die Leute klatschten Beifall. Aber Phillip Martin hörte nichts davon. Er bahnte sich einen Weg aus der Menge und ging durch das Zimmer. Er hatte nur zwei, drei Schritte gemacht, als er plötzlich wankte und schwer zu Boden fiel.

Der Apotheker, Octave Bacheron, erreichte ihn als erster und befahl allen andern zurückzutreten. Aber die Leute traten nicht zurück, sie drängten sich näher. Schwester Aaron, die von Phillip während seiner kurzen Rede aufgerufen worden war, schrie, er sei vergiftet worden, und bald hatte es sich im ganzen Haus herumgesprochen, daß jemand ihn vergiftet habe. Die kleine Frau von Octave Bacheron, die schwerhörig war, fragte immer wieder, wer denn umgefallen sei. Die andere weiße Frau, die Frau des Anwalts, sagte ihr, daß es sich um Phillip handelte.

»Phillip betrunken?« fragte Phoebe Bacheron. »Phillip betrunken?« Sie war eine winzigkleine Frau, und sie mußte den Kopf in den Nacken legen, um zu den Leuten um sie her aufzusehen. »Phillip betrunken?« fragte sie. »Phillip betrunken?«

Keiner gab Antwort. Sie rückten näher, um sich Phillip auf dem Fußboden anzuschauen. Virginias neuer Mieter war mit allen anderen dabei. Seine rotunterlaufenen Augen wurden schmaler, sein Gesicht zitterte, als er auf ihn hinabstarrte. Einen Augenblick sah es so aus, als wollte er etwas sagen, vielleicht sogar schreien, aber er riß sich aus der Menge los und ging. Er war der einzige, der ging, aber in dem Trubel fiel das niemandem auf.

Alma, die zu Phillip geeilt war, als er fiel, kniete jetzt neben ihm und hielt seinen Kopf auf ihrem Schoß. Er hatte nur einen Augenblick das Bewußtsein verloren, wie ein Boxer, der einen harten Schlag ans Kinn bekommen hat, aber jetzt konnte er schon wieder Leute um sich herum erkennen, und er versuchte schnell, verzweifelt, sich aufzurichten. Octave Bacheron, der an seiner anderen Seite kniete, legte Phillip seine kleine weiße Hand auf die Brust und bat ihn, einen Moment stillzuliegen.

»Es geht schon«, sagte er zu Octave Bacheron. »Es geht schon«, sagte er zu Alma. Er sah zu all den Leuten hoch, die sich über ihn beugten. »Es geht schon, es geht schon«, sagte er zu ihnen.

»Nein«, sagte Octave Bacheron und drückte ihm die kleine weiße Hand auf die Brust. »Sei einen Augenblick still. Hör zu. Kannst du mich hören, Phillip? Sei still. Bleib einen Augenblick liegen.«

»Es geht schon«, sagte Phillip. Die Leute, die wie ein Baldachin über ihm standen, konnten Tränen in seinen Augen erkennen. »Es geht schon. Bitte laßt mich aufstehen. Ich muß aufstehen. Ich darf ihn nicht noch einmal verleugnen.«

Keiner wußte, wovon er redete. Keiner fragte ihn, wovon er redete.

»Dir ist nicht gut, Phillip«, sagte Octave Bacheron. »Hör zu, dir gehts nicht gut.«

»Alma?« sagte Phillip. »Alma, bitte«, bettelte er. »Ich lieg auf dem Boden. Ich lieg auf dem Boden.«

Octave Bacheron nickte Anthony zu, daß er mit ihm zusammen Phillip auf die Beine helfen sollte. Jonathan, der näher war, nahm Phillip beim Arm, aber Anthony schubste ihn rüde beiseite.

»Was tun Sie da?« fragte Jonathan ihn.

»Ihrem Pastor helfen«, erwiderte Anthony.

»Reichts nich für heute allmählich mit eurer Hilfe?« fragte Jonathan. »Deshalb liegt er doch bloß flach.«

»Paß auf, Jung«, sagte Anthony, »hüte deine Zunge.«

»Jung?« sagte Jonathan. »Jung?« er wandte sich zu den anderen im Raum. »Ihr habts alle gehört, oder? Jung heißt das jetzt. Jung heißt das jetzt wieder.«

»Bitte, Jonathan«, sagte Alma. »Bitte. Phillip liegt hier. Bitte.«

Jonathan und Anthony blitzten sich einen Augenblick böse an, dann wandte Anthony sich Phillip zu. Phillip sagte ihnen noch einmal, daß es ihm gut gehe und er wieder stehen könne. Aber die beiden Weißen bestanden darauf, ihm auf die Füße zu helfen, und sie zwangen ihn, sich auf sie zu stützen, als sie hinter Alma her über den Flur ins Schlafzimmer gingen. Elijah, Joyce Anne und eine weitere Frau folgten.

Die beiden weißen Frauen waren jetzt von allen allein gelassen. Die kleinere, Phoebe, weinte und fragte, warum Phillip zuviel getrunken habe. Warum er trinke? Ob er nicht wisse, daß Alkohol schädlich sei? Die andere weiße Frau versuchte gar nicht erst, Phoebe aufzuklären, sondern nahm sie in die Arme und tätschelte ihr die Schultern. Die übrigen Leute starrten auf die Tür und warteten auf Neuigkeiten aus dem Schlafzimmer.

Nach etwa zehn Minuten kam Octave Bacheron wieder nach vorne. Er berichtete den Leuten, daß er glaube, Phillip sei aus Erschöpfung umgefallen, daß er aber zur Sicherheit den Arzt anrufen wolle. Er sagte ihnen, daß er und Alma dankbar wären, wenn sie nicht das Gerücht verbreiten würden, daß Phillip vergiftet worden sei. Und daß er jetzt wünsche, daß sie sich alle ihre Mäntel holen und still nach Hause gehen mögen, weil ihr Pastor vor allem andern Ruhe brauche.

Der Arzt, ein kleiner, glattrasierter, glatzköpfiger Mann mit einem Trenchcoat über einem braunen Tweedanzug traf eine halbe Stunde später ein. Er hielt sich nur wenige Minuten im Schlafzimmer auf und stellte dann ein Rezept für zwei Fläschchen mit Tabletten aus. Elijah fuhr mit dem Apotheker in die Stadt und kam mit den Tabletten zurück.

Jetzt, als alle anderen weg waren, war es im Haus totenstill. Der Arzt sagte Alma, wobei er genau das wiederholte, was der Apotheker vorher gesagt hatte, daß Phillip in erster Linie Ruhe brauche – Ruhe und nochmals Ruhe. Alma, Elijah und Joyce

Anne setzten sich ins Wohnzimmer und redeten so leise miteinander, daß sie einander kaum hören konnten.

Aber es blieb nur einen kleinen Moment still und friedlich, dann fing das Telefon an zu klingeln. Elijah, der dem Telefon am nächsten saß, versuchte immer hinzukommen, bevor es zum zweitenmal klingelte. Alle wollten wissen, was der Arzt zu Phillip gesagt hatte. »Er ist erschöpft und braucht Ruhe«, berichtete Elijah ihnen. »Ansonsten geht es ihm gut. Gut. Gut. Er muß sich bloß ausruhen.« Dann hängte Elijah ein, und kaum hatte er sich hingesetzt, klingelte es wieder. Mehrere Leute hatten gehört, daß Phillip vergiftet worden sei. »Es ist nichts dergleichen«, versicherte Elijah ihnen. »Nichts dergleichen. So ein Gerücht können wir jetzt überhaupt nicht brauchen.« Virginia Colar rief aus dem Fremdenheim an. »Seid ihr sicher, daß es bloß Erschöpfung ist?« fragte sie. »Seid ihr sicher, daß er nicht vergiftet worden ist? Ihr wißt doch, wie diese Weißen sind. Denkt an Präsident Kennedy. Da wissen sie immer noch nicht, wers war – und schieben alles auf den armen Oswald. Denkt an King. Denkt an Long, nich?«

»Ich erinnere mich gut an alle drei«, entgegnete Elijah. »Aber Reverend Martin ist bloß erschöpft. Alle haben das gleiche gegessen. Alle haben den gleichen Eierpunsch getrunken, und den habe ich selbst zubereitet. Mr. Octave hat mit Reverend Martin aus einer Tasse getrunken. Ihm ist nichts passiert.«

»Und woher weißt du, daß es dieselbe Tasse war«, fragte Virginia. »Man muß die Weißen im Auge behalten. Die sin schnell, die. Können ne Tasse direkt vor deinen Augen austauschen, ohne daß du was siehst.«

»Es war ein und dieselbe Tasse«, sagte Elijah. »Reverend Martins kleine blau-weiße Porzellantasse aus Maison Blanche. Ich kenn die kleine Tasse in- und auswendig. Er trinkt jeden Tag aus derselben Tasse.«

»Da liegt ja der Hase im Pfeffer«, sagte Virginia. »Er trinkt immer aus derselben blau-weißen Tasse, und alle wissen das. Können die etwa nicht nach Maison Blanche fahren und noch so eine kleine blau-weiße Tasse besorgen?«

»Hör zu, Virginia, hör mal zu«, entgegnete Elijah. »Es war

seine kleine blau-weiße Tasse. Seine. Und jetzt gute Nacht. Ich seh dich morgen in der Kirche.«

Elijah blieb noch lange auf, um ans Telefon zu gehen, als Alma und Joyce Anne längst im Bett waren. Dann ging er gegen Mitternacht über den Flur in sein eigenes Zimmer. Er hatte ungefähr eine Stunde hellwach im Bett gelegen, als er hörte, wie Alma und Phillip sich auf dem Flur stritten. Phillip war aufgestanden und in sein Büro gegangen, und Alma versuchte, ihn da rauszuholen. Elijah hörte sie sagen, daß sie in die Küche gehe, um ihm ein Glas warme Milch zu machen, weil die Tabletten offenbar nichts nützten. Er hörte sie auf dem Weg in die Küche an seinem Zimmer vorbeikommen, und ein paar Minuten später wieder auf dem Rückweg. Abermals war es eine Stunde still, dann waren erneut Schritte zu hören. Elijah lauschte nach Almas Stimme, hörte sie aber nicht. Da rief er sie, rief leise: »Alma? Alma?« Als sie nicht antwortete, stand er auf und ging zu Phillips Büro und klopfte an. Im Büro war es still, und Elijah öffnete die Tür und ging hinein. Phillip saß im Dunkeln an seinem Schreibtisch, mit dem Gesicht zu den Vorhängen vorm Fenster.

»Ist was los?« fragte Elijah ihn.

»Ich denk über den Gottesdienst morgen nach«, sagte Phillip, ohne sich umzudrehen.

»Sie sollten im Bett liegen«, sagte Elijah. »Lassen Sie Jonathan morgen den Gottesdienst machen.«

»Es geht mir gut«, sagte Phillip, immer noch mit dem Gesicht zu den Vorhängen.

»Der Arzt sagt, Sie sollen im Bett bleiben«, sagte Elijah.

Phillip antwortete nicht.

»Reverend Martin, Sir?«

»Laß mich in Ruhe, ja?« sagte Phillip über die Schulter zu ihm. »Ich will hier bloß einen Augenblick sitzen und nachdenken.«

Elijah ging wieder in sein Zimmer und legte sich oben auf die Bettdecken, stand aber ein paar Minuten später schon wieder an der Bürotür und klopfte.

»Reverend Martin? Reverend Martin, Sir?«

Phillip Martin ging wieder ins Bett, aber er konnte nicht schlafen. Er lag stundenlang wach und lauschte auf das leise Schnarchen seiner Frau. Er bemühte sich, nicht über den jungen Burschen nachzudenken. Er wollte hier drinnen nicht über ihn nachdenken, weil er hier drinnen nicht klar genug denken konnte. Der einzige Ort, an dem er überhaupt denken konnte, war sein Büro, aber jedesmal wenn er sich da hinsetzte, kamen sie und holten ihn wieder raus. Er lag hellwach da und hoffte, daß der nächste Morgen sich ein bißchen ranhalten würde. Dann würden Alma, Elijah und Joyce Anne zur Kirche gehen, und er würde das ganze Haus für sich haben.

Phillip lag auf der Seite, mit dem Gesicht zur Wand. Er dachte über den Jungen nach. Aber nein, wie konnte es sein? Wenn jemand gewußt hätte, wer der Junge war, dann hätten sie es gestern zur Sprache gebracht.

Wieder sah er im Geiste, wie das dünne bärtige Gesicht des Jungen ihn quer durch das Zimmer beobachtete. Zuerst schenkte er ihm wenig Aufmerksamkeit, aber als er es jedesmal bemerkte, wenn er in seine Richtung schaute, fing er an, sich zu fragen, warum. Wer war er? Wie war er hereingekommen? Wer hatte ihn eingeladen? Er war sicher, daß er ihn noch nie gesehen hatte. Er sah immer wieder einen Moment fort, um eine Frage zu beantworten, aber wenn er wieder hinübersah, beobachtete ihn der Junge noch, als hätte die Zeit stillgestanden. Warum? fragte er sich. Warum? Wer ist er?

Dann erinnerte er sich, daß er von einem Fremden in St. Adrienne gehört hatte. Der Fremde hatte am ersten Abend, als er hier war, hinter seiner Kirchentür gesessen. Mehrere Leute hatten ihn am Haus vorbeigehen sehen. Ein oder zwei hatten ihn draußen auf der Straße gesehen, wie er das Haus beobachtete. Ja, und jetzt, da er sich dran erinnerte, fiel ihm ein, daß Elijah erwähnt hatte, ihn zur Party eingeladen zu haben. Aber warum hatte er dagestanden und ihn beobachtet? Warum?

Plötzlich ging es ihm auf. Selbst als er sich sagte, nein, das kann nicht sein, wußte er mit Gewißheit, daß es so war. Der Traum, den er ein bis zwei Nächte vor der Ankunft des Jungen gehabt hatte, war mehr als ein Traum gewesen; er war eine Vision, ein Omen, eine Warnung.

Phillip preßte sein Gesicht auf das Laken und versuchte, nicht weiter darüber nachzudenken. Über alles andere, aber nicht darüber. Über Chenal. Chenal würde kein leichter Brocken sein. Chenal wußte, daß die Leute Arbeit brauchten. Selbst wenn er ihnen nicht mal den Minimallohn zahlte, mußten sie für ihn arbeiten, weil es keine andere Arbeit gab. Phillip fragte sich, was er tun würde, wenn Chenal ihre Forderungen ablehnte. Vorm Laden demonstrieren? Ja. Und was noch? Aber angenommen Chenal entließ die Leute, die für ihn arbeiteten, was dann? Chenal würde irgendwann dichtmachen müssen, wenn die Leute den Laden lange genug boykottierten, aber wo sollten sie solange arbeiten?

Phillips Gedanken kehrten zu dem Jungen zurück. Warum? fragte er sich. Warum nach all diesen Jahren – warum? Und woher hat er gewußt, wo er mich finden würde? Hat sie ihn hergeschickt? Und wenn ja, wozu dieses Spiel? Wozu hinter der Kirchentür sitzen? Warum eine Woche lang durch die Straße gehen und das Haus beobachten? Ins Haus kommen, mich beobachten, aber nichts sagen – warum? Was will er? Was hat er vor? Er muß doch was im Sinn haben. Aber was?

Phillip Martin war müde und verwirrt. Er sah sich die beiden kleinen Arzneifläschchen und das Glas Wasser auf dem Nachttisch an. Er nahm eines der Fläschchen in die Hand, fing an, den Deckel aufzuschrauben, und schraubte ihn gleich wieder zu. Am liebsten hätte er alles auf den Boden gefegt, aber er wußte, daß Alma den Lärm hören und ins Zimmer kommen würde.

Übersetzt von Karen Nölle-Fischer

MARITA GOLDEN

Eine Frau nach Wunsch

Raschid

Sie erinnert mich an Lena, meine erste Frau. Sieht ihr sogar ähnlich und hat die gleiche feine Art. Aber Lena wollte ich, weil sie eine Frau war; Aische begehre ich, weil sie ein Kind ist. Ein Kind, das mich weder einfangen noch reinlegen kann. Das nicht weiß, wie kompliziert und unberechenbar die Liebe sein kann. Wie Aische hat Lena eine Offenheit in mir erzeugt, die nicht meiner eigentlichen Natur entspricht. Ich hab Lena Dinge erzählt, von denen ich nicht einmal wußte, daß ich sie empfand. Sie war fünf Jahre älter als ich. Schon mal verheiratet gewesen. Und ich hatte vor, ihr alles zu geben. Deshalb arbeitete ich in zwei Jobs, um genug Geld zusammenzukriegen, damit ich mir die Eisenwarenhandlungen einrichten konnte. Sie hat mich zweimal zum Vater gemacht, und ich war stolz, verband die Kinder allerdings nur mit Taufen und Geburtstagen. Ich arbeitete so viel, daß ich nur dann und wann mitbekam, wie Tage zu Jahren wurden, wenn ich ihnen bei den Hausarbeiten half oder bei ihnen hereinschaute, wenn ich nachts um zwei nach Hause kam oder abends beim Vorlesen einschlief.

Und als ich das Geld beisammen hatte und den ersten Laden aufmachte, da schaute ich mich um und hatte sie verloren. Ich war im Umgang mit den Kindern unsicher geworden. Sie fühlten sich in meiner Gegenwart unbehaglich, wußten nicht, was sie mit meiner Zuneigung anfangen sollten. Zweifelten meine Autorität an, während sie Lenas akzeptierten, weil sie immer dagewesen war. Und sie hatte Freunde, Interessen, war befördert worden, ohne daß ich davon erfahren hatte. Ich war zu müde gewesen, um mich danach zu erkundigen, zu besessen von meinem Geschäft, um mich dafür zu interessieren. Ich versuchte, eine Erklärung für die Leere zu finden, die dort entstanden war, wo früher Gefühle waren. Aber ich sah kein Vergehen, nur ihre Unzufriedenheit.

Einer meiner Bekannten aus der Zeit, als ich bei der Post gearbeitet hatte, war Muslim geworden. Ich war im großen und ganzen immer skeptisch gewesen, was Religionen betraf. Aber eines Tages ging ich aus Neugier mit Guy in den Gottesdienst und lernte seine Frau und seine Kinder kennen. Die Ehrfurcht seiner Frau vor ihm, die Gehorsamkeit der Kinder beeindruckten mich. Die Ordnung, die ich in seiner Familie wahrnahm, ließ das Chaos in meiner Familie umso größer erscheinen. Ich dachte, der Islam würde mir die Familie zurückbringen, die ich verloren hatte. Aber Lena wollte nicht. Verweigerte mir sogar die Erlaubnis, die Kinder mit in die Moschee zu nehmen. Ich trat dem Glauben trotzdem bei, und bald war es zwischen uns aus.

Nach unserer Trennung bin ich mehr als einmal bei ihr vorbeigegangen, um die Kinder zu besuchen, und dann die Nacht über geblieben. In ihren Armen liegend erzählte ich ihr Geheimnisse, die mehr von mir preisgaben als die, die ich ihr früher erzählte. Dann kam ich eines Tages zur Wohnung und erfuhr vom Hauswirt, daß sie umgezogen war. Was hatten mir all die Worte gebracht? All die Bitten und Beichten? Und seitdem ist die Einsamkeit Teil meines Lebens. Hat Einzug gehalten in diesem Haus und mich angestarrt, wenn ich abends allein in der Küche aß. Hat mich verhöhnt, wenn ich morgens losging oder abends in die Auffahrt einbog.

Ich hab gehört, wie dieses Haus mich auslachte, wenn es mich zuviel essen sah. Dann gespürt, wie sich Depressionen auf mich senkten und mir der Appetit auf alles verging, außer auf Traurigkeit. Das Haus hat mich auch beobachtet, wie einsilbig ich mit den Kindern war, die ich kaum mehr kannte, als sie mich wochenends noch besuchten, bevor Lena wieder geheiratet hat. Und deshalb nahm ich mir vor, daß es beim nächsten Mal nicht viele Worte geben sollte. Es sollten Besitz und Kontrolle herrschen und damit basta. Ich möchte, daß sich dieses Haus mit all den Dingen füllt, die mir verlorengegangen sind. Und diesmal werde ich sie hüten. Ich werde sie mir nicht wieder entgleiten lassen.

Aische

Anfangs haben wir viel miteinander geredet. Er bat mich, ihm von mir zu erzählen. Aber jetzt reden wir nicht mehr so oft. Es ist, als hätte er schon alles erfahren, was er wissen muß. Ich weiß, daß er kein ›Nein‹ dulden wird. Und er scheint in mich jetzt genausoviel Vertrauen zu haben wie in sich. Nach dem Gebet kommt er in den hinteren Teil der Moschee und sieht mich mit einem Blick an, der mich auffordert, zu ihm zu kommen und bei ihm zu stehen. Er drückt mir die Hand und will dann bloß, daß ich bei ihm bin. Als vervollständige sich, wenn wir so nebeneinanderstehen, ein Bild, das er von sich hat. Wir reden nicht mehr soviel wie früher, aber da ist ein Band zwischen uns, das Worte vielleicht überflüssig macht. Was wir so machen, sind ganz normale, einfache Sachen. Wir haben uns mit ein paar Leuten zu einem Arabischkurs im YMCA angemeldet. Wir studieren bei mir zusammen den Hadith. Und mittwochs treffen wir uns abends bei ihm zur Korangruppe. Ich komm früher und helfe ihm, die Erfrischungen vorzubereiten. Er verhält sich so, als hätten wir etwas sehr Wichtiges miteinander. Ich mich auch. Aber keiner von uns beiden weiß, wie er es benennen sollte.

Raschid

Ich hab Schwester Khadija erzählt, daß ich mich oft mit ihr verabrede. Und ich hab angedeutet, wie gern ich das Mädchen hab. Khadija ist eine der wenigen Frauen, von denen ich was halte. Sie hat Würde, und das ist heutzutage eine Seltenheit, selbst unter islamischen Frauen. Ich hab ihre Söhne mit in den Park genommen, ins Kino oder wenn ich was zu tun hatte, bloß damit sie mal mit einem Mann zusammen waren. Ich hab Abende bei ihr zu Hause verbracht und mich mit ihr über den Koran unterhalten und über die Leute aus der Moschee und über alles andere unter der Sonne. Ich dachte, wir seien Freunde. Deshalb war ich überrascht, als sie mir sagte, daß sie wegen mir und Aische Bedenken habe.

Ich saß bei ihr in der Küche und guckte zu, wie sie ihrer Tochter im Spülbecken die Haare wusch. Als ich es ihr erzählte, hat sie mich nicht mal angesehen, bloß gesagt: »Ich wußte, daß da was im Busch ist. Das weiß die ganze Moschee.«

»Und was hältst du davon?«

»Was spielt es für eine Rolle, was ich davon halte?«

»Hast recht. Es spielt keine Rolle, aber für mich eben doch.« Sie frottierte Amina die Haare und versuchte, meinem Blick auszuweichen, das merkte ich deutlich.

»Du kennst mich«, sagte ich, »ich mach, was ich will, aber ich bin einfach neugierig. Es ist nicht so, daß deine Bedenken mich groß beeinflussen werden.«

»Das hätte ich aber gern«, sagte sie, während sie Amina ein Handtuch um den Kopf wickelte und sie ins Schlafzimmer schickte. »Mir ist bloß irgendwie bange, das ist alles.«

»Bange? Du tust ja so, als wäre ich irgendein Verrückter, der ihr nichts zu bieten hat.«

»Beruhige dich . . . Raschid, beruhige dich.« Sie schenkte uns eine Tasse Tee ein und setzte sich mir gegenüber. Was mir an Khadija wirklich gefällt, ist, daß sie nicht klein beigibt. Sie steht zu ihrer Ansicht, ob sie recht hat oder nicht. Aber mir war schon klar, was kommen würde, und zum erstenmal, seitdem ich sie kannte, wünschte ich mir, daß ich sie umstimmen könnte.

»Du hast so viel mehr Erfahrung.« Endlich sah sie mich an. »Ich frag mich, ob du nicht womöglich zuviel von ihr verlangst. Mehr als sie geben kann.«

»Was will ich denn außer einer Frau und einer Familie. Nicht mehr allein sein.«

»Ich weiß, daß das für dich sehr einfach klingt. Aber je nachdem, wie sie das für dich erfüllen soll, kann das schwerer sein, als es aussieht.«

Ich stand auf und sah aus dem Fenster, bloß um ihrem strengen Blick auszuweichen.

»Ein Mann wie du, ich hab nie kapiert, warum du dich nie von einer andern Frau in der Moschee angezogen gefühlt hast. Du hast wie ein Mönch gelebt, nach allem, was ich seh.«

»Kannst du dir nicht vorstellen, daß ich Angst hatte? Angst davor, nach dem Herzen zu gehen, statt nach dem Verstand. Das hab ich beim erstenmal gemacht, und ich bezahl immer noch teuer genug dafür. Ich hab nie wieder eine Frau an mich rangelassen, weil ich keine kennengelernt hab, die ich zu meinen Bedingungen haben konnte.«

»Und Aische kannst du, wie du so schön sagst, zu deinen Bedingungen haben, meinst du?«

»Ja. Und wenn ich es nicht besser wüßte, wäre ich versucht zu sagen, du gönnst mir mein Glück nicht.«

»Doch. Es ist bloß so, daß ich auch will, daß Aische glücklich wird.«

»Und deshalb kann ich sie nicht . . .«

»Das sag ich gar nicht. Ich sage, daß du bereits beschlossen hast, was sie zu sein hat, wie sie werden muß, um dich zufriedenzustellen. Was machst du, wenn sie das nicht kann? Wenn sie eine andere sein will? Sie muß sich erst bewähren. Woher weißt du, daß sie dir eine Ehe versprechen kann, wie der Glaube sie verlangt?

»Sie ist fester im Glauben als viele Leute, die in der Moschee *leben.*«

»An ihrem Glauben hab ich keinen Zweifel. Ich weiß schlicht, daß sie noch wachsen muß, und das hat mit Allah gar nichts zu tun.«

»Alles hat mit Allah zu tun.«

»Du klingst wie ein Mann, der entschlossen ist, nicht zuzuhören.«

»Ich klinge wie ein Mann, der entschieden hat, was er will.«

»Vielleicht hast du recht. Vielleicht bleibt sie so, wie sie jetzt ist. Aber das wünsche ich weder ihr noch dir.«

»Ich hab sie übrigens noch nicht gebeten, meine Frau zu werden.«

»Was meinst du, was sie sagen wird?«

»Ist mir schon schwer genug gefallen, mit der Frage zu leben. Ich hab noch nicht den Mut gehabt, mir die Antwort auszudenken.«

Aische

Sein Haus ist groß. Zu groß für eine Person. Und dann spuken da auch noch die Geister von den Leuten herum, die früher mit ihm drin gewohnt haben. Es ist ein Haus, in dem gleichzeitig zu viel und zu wenig Leben geherrscht hat. Gestern abend, als alle nach der Korangruppe nach Hause gegangen waren, haben wir noch in der Küche gesessen und Tee getrunken. Ich hab mich umgesehen und über die drei Schlafzimmer und das Arbeitszimmer im ersten Stock nachgedacht und über den großen Garten vorne und hinten. Ich hab über den vielen Platz im Haus nachgedacht, und es ist mir mit einem Mal vorgekommen, als sei das vielleicht doch nicht so ein Segen.

Deshalb hab ich gefragt: »Wie ist es, allein in so einem großen Haus zu wohnen?«

»An manchen Tagen und Nächten ist es eine Freude, und manchmal macht es mich fast wahnsinnig.«

»Macht es was aus, daß du es selbst gebaut hast?«

»Deshalb bin ich so lange hiergeblieben. Es ist wie eine zweite Haut.«

»Ich hab noch nie in einem Haus gewohnt«, hab ich zu ihm gesagt. »Bloß in Wohnungen. Häuser kenn ich nur aus Zeitschriften oder vom Fernsehen. Meine Großmutter hat in Maryland ein Haus auf dem Land, aber das ist nichts Besonderes.«

»Ich hab schon dran gedacht auszuziehen. Aber ich hab zuviel reingesteckt«, sagte er. »Es hat mir zuviel bedeutet, es mit meinen eigenen Händen zu bauen. Es ist nicht bloß ein Haus, es ist alles, woran ich glaube. Alles, was ich bin.

»Würdest du es jemals verkaufen?«

»Nein. Auf keinen Fall. Ich würde es vermieten, aber es wird immer meins bleiben. Könntest du in so einem Haus leben?« fragte er mich.

»Allein oder mit jemand zusammen?«

»Könntest du mit mir in diesem Haus leben?«

»Im Moment wüßte ich nicht, wo ich lieber leben würde«, ich streckte die Hand aus, um seine zu berühren, aber er stand ganz schnell auf und ging zum Kühlschrank und lehnte sich mit verschränkten Armen dagegen. Er redete mit mir, guckte aber seine Schuhe an. Und er hielt um meine Hand an, als ob er mich um einen Gefallen bäte, der mir vielleicht ungelegen wäre. »Ich will eine Frau und eine Familie, die ich auf keinen Fall wieder verliere. Aber ich bin schon so lange allein, daß es nicht einfach sein wird, mit mir zu leben. Du bist so jung. Wenn ich dich anschau, hab ich unwillkürlich den Wunsch, noch mal von vorne anzufangen. Ganz von vorne. Und diesmal ohne Fehler.« Dann sah er mich endlich an und sagte: »Vielleicht hab ich deshalb solche Angst auch vor meinem eigenen Wunsch. Und davor, ob ich eine zweite Chance bekomme oder nicht.«

Aische

Von Liebe hat er nichts gesagt. Als ich es Mama erzählt hab, hat sie gesagt, Liebe sei nicht das Wichtigste in einer Ehe, sie sei nicht mal immer notwendig. Sie hat gesagt, das Wichtigste sei, daß man sich respektiert. Und außerdem hat sie gesagt: »Bloß weil er nichts davon gesagt hat, heißt das noch lange nicht, daß er dich nicht liebt.« Und dann: »Ich versteh ja nichts von eurer Religion und so. Aber er kommt mir vor wie ein anständiger Mann.« Das war ungefähr das, was ich von Mama erwartet hatte. Da blieb mir eigentlich nicht mehr viel zu überlegen; es war schon entschieden. Weil mir gefällt, was er aus seinem Leben gemacht hat. Und ich sehen will, was er aus meinem macht.

Gestern abend hat er mir mein Brautgeschenk gebracht. Ich hatte mir von ihm einen Ring, einen Gebetsteppich und einen

Koran gewünscht. Er hat alles in ein Paket eingewickelt mitgebracht und mir überreicht, während Mama dabeistand und uns zusah. Dann holte er ein zweites Päckchen aus der Tasche und öffnete es. Da waren drei goldene Armbänder drin. Er legte sie mir ums Handgelenk und sagte mir, ich sei schöner als jeder Schmuck und kostbarer als alle Juwelen, weil ich eine Frau sei, die sich dem Willen Allahs gebeugt habe. Ich spürte die Wärme seiner Hände und, obwohl wir nicht sehr dicht beieinander standen, sein Verlangen nach mir. Der Drang überkam ihn wie ein Fieberanfall, aber ehe er uns beide erfassen konnte, ließ er meine Hand los und sagte ganz leise: »Ich hab dich gleich zur Frau genommen, als ich dich zum erstenmal gesehen hab.«

Zu unserer Hochzeit kamen fast alle aus der Moschee. Mama hat mir ein wunderschönes langes Seidenkleid mit Spitzen genäht. Auch Crystal und Serena sind gekommen. Sie sahen aus, als könnten sie nicht recht glauben, was ich tat, aber als freuten sie sich trotzdem für mich. Nachdem der Imam von der Bedeutung der Ehe gesprochen hatte, legte er unsere Hände ineinander und bedeckte sie mit einem weißen Taschentuch. Da wußte ich, daß ich Raschids Frau bin. Da wußte ich, daß Allah meine Gebete erhört hatte.

Er sagte mir, daß meine Hände sich, wenn wir uns lieben, auf seiner Haut anfühlen wie Taubenfedern. Aber ich habe lange gebraucht, bis ich gelernt hatte, es ihm recht zu machen. Und ich lerne immer noch dazu. In den ersten paar Wochen nach der Hochzeit war ich nervös und schüchtern. Da mußte er mich an sich ziehen und meine Hände führen, über seinen Hals, die Brust, die Schenkel und zwischen seine Beine. Nach einer Weile wurde ich entspannter, und es ging ganz natürlich.

Ich habs gern, wenn wir die gleichen Dinge gleichzeitig miteinander machen. Und er schmeckt irgendwie komisch. Ich hab das noch nie mit jemand gemacht. Seine Haut ist warm und salzig an meinen Lippen, und sein Penis streift meine Zähne und bleibt auf meiner Zunge liegen. Und dann riecht er manchmal ein bißchen nach Desinfektionsmittel, und der Geruch steigt mir in die Nase. Seine Haare kitzeln mich in der Nase, während er härter und härter zustößt, gegen die Wände meines Mundes. Wenn er sehr erregt ist, knetet er mir mit seinen Händen die Kopfhaut und krallt sich in meine Locken. Er fängt an zu wimmern, und es hört sich an wie ein Baby, das gleich losweinen will. Ich würde ihm gern sagen, daß er mir wehtut, und genau dann zieht er sich raus und kommt in mir drin. Er bleibt eine Zeitlang auf mir liegen, atmet mir heiß und keuchend ins Ohr, spielt mit den Fingern in meinen Haaren. Dann rollt er sich auf seine Seite des Bettes und zieht mich an sich. Nur, um mich festzuhalten. Fast immer schlafe ich in seinen Armen ein.

Eines Abends hab ich ihm von Jessica erzählt. Wir lagen beide auf dem Rücken und starrten an die Decke. Die Dunkelheit und das, was wir grad gemacht hatten, brachte mich dazu, es ihm zu erzählen. Und als ich fertig war, sagte ich: »Ich hatte nicht damit gerechnet, daß ich traurig sein würde. Ich hatte nicht geglaubt, daß es so wehtun würde. Mir hat das Baby gefehlt wie einem eine Freundin fehlt und nicht wie eine Verheißung.« Er hielt meine Hand fest und sagte: »Wir werden selber Kinder kriegen. Kinder, die du lieben kannst und durch die ich niemals sterben werde.«

Raschid

Ich werde nie müde, sie anzusehen, wenn sie schwanger ist. Um den fünften Monat beginnt ihre Haut zu leuchten, und ihre Augen blitzen die ganze Zeit über. Wenn sie mein Kind in sich trägt, und ich mit ihr schlafe, birgt ihr Körper lauter Überraschungen. Er wird zum Körper der Frau, die sie eines Tages sein wird.

Ich bin jetzt eigentlich zum erstenmal richtig Vater. Bei Tameka und Tariq sind wir beide zusammen nachts aufgestanden, um sie zu füttern. Aische mit ihrer Brust, ich mit einem Fläschchen mit ihrer Milch. Zuerst war ich so erstaunt, daß wir Zwillinge bekamen, daß ich nicht wußte, wo ich anfangen sollte, welches Kind ich auf den Arm nehmen oder ansehen sollte. Im ersten Monat überließ ich Randolph die Geschäfte und blieb bei Aische zu Hause. Ich hatte so lange darauf gewartet, wieder Kinder im Haus zu haben, daß es mir nicht einmal was ausmachte, daß ich wochenlang nichts anderes zu riechen schien als schmutzige Windeln und saure Milch oder daß Carrie und ich das Haus in Ordnung hielten, während Aische sich um die Kleinen kümmerte. Das machte mir alles nicht das geringste aus. Weil mir selbst das bei den andern Kindern entgangen war. Ich wurde so gut, daß ich Windeln im Handumdrehn wechseln und die Kleinen sogar füttern konnte, ohne Angst zu haben, daß sie ersticken würden. Als sie anfingen zu krabbeln und alles mögliche anfaßten, sagte Aische ständig Nein und nahm ihnen die Sachen weg. Aber ich sagte ihr, sie solle ihnen ruhig im ganzen Haus freien Lauf lassen, solange sie nichts in die Finger bekämen, woran sie sich wehtun konnten. Und ich hab ihnen einfach zugesehen. Sie haben Zeitschriften aus den untersten Bücherregalen gezerrt und Mülleimer umgestoßen und jedesmal gequietscht, wenn sie etwas Neues entdeckten. Ich konnte meine Kinder vor meinen Augen wachsen sehen.

Es ist mir ziemlich gleich, ob dieses Kind ein Mädchen oder ein Junge wird. Alle behaupten von der Art, wie Aische es trägt, daß es ein Mädchen wird. Wenn das stimmt, dann soll sie mit einem Namen Rose heißen, nach meiner Mutter, damit sie deren Kraft erbt. Wir hatten nicht viel, als kleine Pächter in Macon, Georgia. Und es war ein Leben, bei dem man mit Sicherheit davon ausgehen konnte, daß man auch nie was haben würde. Aber meine Mutter brachte immer alte Zeitungen mit nach Haus, von den Leuten, bei denen sie arbeitete. Vor allem die *Saturday Evening Post*. Fast jeden Abend nach dem Essen guckten wir die Zeitung an, und die Bilder waren schöner als jedes Märchen. Mama sagte immer zu uns: »Bloß weil ihr eure Gesichter da nicht seht, heißt das noch lange nicht, daß solche Autos und Häuser und schönen Sachen nichts für euch sind. Auf euch warten lauter gute Dinge, ihr müßt sie euch bloß holen. Steht schon jetzt euer Name drauf.« Und sie mahnte: »Guckt immer weiter, als ihr sehen könnt.« Je älter ich werde, desto wichtiger werden mir Namen. Deshalb habe ich Aische gesagt, daß wir unseren Kindern je einen islamischen Namen geben werden und einen Namen, der aus der Familie stammt. Das sind die beiden wichtigsten Dinge, und wenn dir das eine oder das andere fehlt, hast du nicht viel, weder in diesem Leben noch im nächsten.

Aische

Die Häuser in unserer Straße sind alle gepflegt und gut gebaut. Die Rasenflächen sind ordentlich gemäht, und vor den meisten Garagen stehen zwei Autos, vor manchen sogar drei. Zu Weihnachten sind alle Häuser bis auf unseres mit Lichtern, Kränzen und Stechpalmenzweigen geschmückt. Kommt mir vor, als ob die Leute, die da wohnen, überrascht sind, daß sie wieder ein Jahr überstanden haben, und allen verkünden wollen, daß sie sich das kommende Jahr leisten können. Raschid kennt jeder, er wohnt schon so lange in der Gegend. Als wir jungverheiratet waren, blieben die anderen Frauen in der Straße einigermaßen auf Distanz. Sie starrten mich an und versuchten nicht einmal, ihre Neugier zu verbergen. Ich glaube, sie haben versucht rauszukriegen, wie jung ich wirklich bin. Als ich dann die Zwillinge kriegte, wurden sie freundlicher, blieben stehen, um sich mit mir zu unterhalten, wenn sie mir auf der Straße begegneten oder mich mit den Kindern im Zwillingsbuggy beim Einkaufen sahen. Kinder können scheint's jeden für sich gewinnen.

Einige von unseren Nachbarn stammen von den Inseln – Trinidad, Jamaika, Haiti. Ich habe Bilder davon gesehen, und ich kann mir nicht vorstellen, daß man da je weg will. Aber Raschid hat mir erklärt, daß die Inseln trotz ihrer Schönheit die Leute enttäuscht haben, indem sie ihnen ein mageres Leben aus zweiter Hand geschenkt haben. Wir waren in seinem Arbeitszimmer, und er hat mir auf seinem Globus die Karibik gezeigt. Er hat mir aus der Geschichte dieser Region erzählt, von Sklaverei und Zuckerrohr und von der britischen und der französischen Revolution. Und warum alle Leute auf Amerika kommen, wenn sie fliehen wollen.

Nachmittags lege ich die Zwillinge zum Mittagsschlaf ins Bett, und wenn sie eingeschlafen sind, schleiche ich auf Zehenspitzen wieder ins Zimmer und sehe sie mir im Schlaf an. Ich kann sie mir am besten anschauen, wenn sie schlafen. Ich seh dann Dinge, die ich nicht sehen kann, wenn sie lachen oder weinen. Im Schlaf wehren sie sich nicht. Und ich sehe sie mir nie lange oder scharf genug an, um sie ganz zu erkennen.

Heute ist Serena vorbeigekommen, um mir zu erzählen, daß sie nächsten Monat nach Afrika fährt und vielleicht eine Weile dort bleiben will. Sie hat gesagt, sie beneide mich, wie sie sich ausdrückte, weil »ich meine Grenzen eng gesteckt, in ihnen aber eine ganze Welt gefunden habe«. Sie klang aufgeregt und ein bißchen ängstlich. Ihre Stimme hatte etwas Hektisches, und sie redete unwahrscheinlich schnell, wie immer, wenn sie einen Plan hat oder sich was Bestimmtes in den Kopf gesetzt hat. Sie hat mir erzählt, daß das Center, wo sie arbeitete, zugemacht hat, und meinte, sie wäre wahrscheinlich auch gegangen, wenn die Gelder nicht gestrichen worden wären.

»Ich hatte das geschafft, wozu ich da angetreten war«, sagte sie. »Ich hab einigen Frauen, die eine Ausbildung und Arbeit brauchten, zu beidem verholfen, hab sie unterstützt und ihnen Mut gemacht, und ich habe ein paar Leute kennengelernt, die ich nie vergessen werde. Aber das hat mir nicht mehr gereicht. Ich wollte mehr tun. Ich bin gespannt, ob ich je eine Arbeit oder eine Aufgabe finde, die mir groß genug ist.« Sie hat erzählt, daß sie in Afrika Französisch und vielleicht Swahili lernen will und vielleicht für ein UNO-Projekt arbeiten und die Viktoria-Fälle sehen will. Vom bloßen Zuhören klopfte mir das Herz ein bißchen schneller, und ich mußte ohne Grund lächeln. Irgendwie, als ob ich alles machen könnte, was ich wollte.

Es war schön draußen, deshalb gingen wir mit den Kindern in den Garten und setzten sie auf die Schaukeln. Serena sah sich im Garten um, betrachtete die beiden riesigen Eichen und die mit Fliegengitter geschützte Terrasse. Die Luft roch nach Oktober – frisch und kalt und vielleicht sogar nach Schnee. »Es ist so perfekt hier«, sagte sie.

»Und für dich zu klein«, entgegnete ich.

»Manche Leute müssen alles zurücklassen, was sie kennen, um rauszufinden, wer sie sind«, sagte sie und gab Tariq auf seiner Schaukel tüchtig Schwung.

»Ich glaub nicht, daß man alles, was einen ausmacht, zurücklassen kann«, entgegnete ich ihr. »Vielleicht hast du es nicht mit in den Koffer gepackt, aber glaub mir, du hast es trotzdem dabei.« Serena sah mich mit einem Blick an, als habe sie von mir nicht erwartet, daß ich so was sag, und ich fuhr fort: »Manchmal lieg ich nachts immer noch da und hör, wie meine Mutter mir erklärt, warum ich aufs College gehen muß. Und mich mahnt, ich soll mir selber immer mehr vertrauen als jedem Mann. Und manchmal denke ich an Jessica, vor allem, wenn ich sehe, wie gesund die Zwillinge sind. Weißt du, daß ich sogar über den Jungen nachgedacht hab, der mir das Kind angehängt hat? Was der sich wohl gedacht hat, wo er ist, und ob er seinen Frieden gefunden hat, so wie ich. Die Vergangenheit läßt dich nicht los, gibt dich nie frei«, hab ich zu ihr gesagt. »Begegnen tust du ihr so oder so, ob du drüberstolperst oder sie wie ein Schatten auf dir liegt.« Ich gab Tameka Schwung und sagte: »Weißt du noch, wie ich dir damals in Winthrop erzählt hab, daß ich mich nicht mochte, so wie ich war und daß ich deshalb das Baby behalten wollte. Jetzt begreife ich, daß ich da noch so jung war, daß ich dachte, ich würde immer dasselbe Mädchen bleiben, das ich damals war.«

Wir ließen die Kinder noch ein paar Minuten schaukeln und gingen dann wieder ins Haus. Wir tranken heißen Apfelwein, und obwohl Serena von nichts anderem redete, als ihrer Abreise, war ich nicht traurig und hatte nicht das Gefühl, daß sie mir fehlen würde. Gegen vier Uhr verabschiedete sie sich, und ich kam nicht dahinter, warum ich in den Tagen danach so glücklich und so aufgeregt war. Es ging mir so gut, selbst dann, wenn ich daran dachte, daß ich sie lange nicht sehen würde. Dann ging mir auf, daß sie einen Funken ihrer Phantasie dagelassen hatte, ein bißchen Mut, von dem ich zehren konnte, solange sie weg war.

Wir haben das Baby Malika Rose getauft. Sie ist hier im Haus geboren, im selben Bett, in dem sie gezeugt wurde. Schwester Khadija ist Hebamme und hat mir während der Schwangerschaft Spezialtees verordnet, wenn mir was fehlte. Wir haben überhaupt keine Medizin oder Tabletten genommen. Diesmal hatte ich nicht das Gefühl, mich Leuten anvertrauen zu müssen, denen ich gleichgültig war, wie damals, als ich die Zwillinge im Krankenhaus gekriegt hab. Diesmal ist meine Kleine da geboren worden, wo sie leben wird. Raschid hat Tameka und Tariq zu meiner Mutter gebracht, als die Wehen kamen. Und als er wiederkam, hat er sich ins Schlafzimmer gesetzt, um zu sehen, wie sein Kind geboren wird. Bei diesem Baby wollte ich ein paarmal aufgeben, weil die Geburt so lange dauerte. Und es hat furchtbar wehgetan, weil wir alles ohne Medikamente gemacht haben.

Ich hab mich auf das konzentriert, was Schwester Khadija mir aufgegeben hatte, und zu Allah gebetet. Ich konnte sogar sehen, wie schön das Gesicht meines Babys werden würde, als ich es endlich sah. Aber es hat wehgetan. Ich konnte keinen großen Unterschied zwischen den einzelnen Wehen spüren, wenn sie kamen. Sie waren alle kräftig und lang. Gemeine Schmerzen, die sich in mich eingruben und nicht wieder loslassen wollten und mich alle Atemübungen vergessen ließen. Und ich wollte nicht weinen oder schreien, weil Raschid zusah, und ich wollte, daß er stolz auf mich ist. Und mich für stark hält. Er betrachtete mich mit einem Blick, in dem ich kein Gefühl erkennen konnte. Als ob er sich genauso bemühte, seine Gefühle unter Kontrolle zu halten wie ich.

Und dann hörten die Schmerzen eine Zeitlang auf, und da hab ich geweint, weil ich so müde war und das Gefühl hatte, mein Baby hält mich in meinen Schmerzen gefangen. Das einzige, was ich wirklich gut sehen und hören konnte, war die Uhr, und ich wußte, daß es schon seit fünfzehn Stunden versuchte, auf die Welt zu kommen. Raschid wischte mir mit einem feuchten Tuch die Stirn, und weil er mir dabei so nahe war, konnte ich ihn deutlicher sehen, und ich sah, daß er auch geweint hatte. Ich sah, daß ihm, selbst als er ein trockenes Handtuch über das

Kissen unter meinem Kopf breitete und versuchte, es mir bequemer zu machen, die Tränen über die Wangen liefen. Ich wußte, daß ich nichts sagen durfte. Ich hätte nicht einmal gewußt, was ich sagen sollte, wenn ich die Kraft gehabt hätte. Vielleicht hätte ich bloß Danke gesagt. Und als Schwester Khadija wieder ins Zimmer kam, waren meine Tränen getrocknet. Und ich war bereit, mein Kind auf die Welt zu bringen. Und zwei Stunden später hatte ich es geschafft.

Malika Rose ist ein gutes Kind. Sie schläft nachts durch und ist freundlich und ausgeglichen. Raschid hat mir Bilder von seiner Mutter gezeigt, und Malika hat ihre Augen. Sie ist nicht so wie manche Babys, die glotzen und glotzen, ohne daß man weiß, ob sie was sehen oder was sie angucken. Wenn Malika Rose dich ansieht, weißt du, daß sie dich sieht. Und ihr Blick wärmt dich irgendwie. Gleich nach der Geburt war sie sehr rund und pummelig. Hatte sogar ein Doppelkinn. Aber jetzt wird sie schlanker, und wir haben den Eindruck, daß sie groß werden wird. Malika Rose hat die Augen einer Hellseherin. Vielleicht wird sie mal eine.

Ich mag Kinder am liebsten als Babys. Dann sehe ich sie an und halte alles für möglich. Aber wenn sie älter werden, habe ich Angst um sie und bedaure sie wegen der vielen Dinge, die sie sich wünschen, aber nie bekommen werden, der vielen Dinge, die sie sich sehnlichst wünschen und die sie verlieren, bevor sie in Reichweite sind. Außerdem fühle ich mich bei einem Baby als Mutter sicherer als bei einem größeren Kind. Die Zwillinge werden nächstes Jahr vier. Sie gehen einer Kindheit entgegen, in der sich ständig alles verändert. Und sie sind so viele verschiedene Kinder auf einmal – immer grad wenn ich denke, jetzt kenne ich sie, werden sie plötzlich wieder zu Unbekannten.

Raschid

Ich habe sie neulich Abend gebeten, mir die Haare zu färben. Jedesmal wenn ich jetzt in den Spiegel sehe, sehe ich nichts als grau – in meinem Bart, meinem Schnurrbart, meinen Haaren. Sie hat mich gefragt, warum ich sie gefärbt haben wolle. Hat gesagt, sie finde sie wunderschön so. »Als ich so alt war wie du, fand ich graue Haare auch schön«, hab ich zu ihr gesagt. »Aber das war auf den Köpfen von andern Leuten.«

Sie hat gelacht und meine Haare angeschaut, als fände sie sie unwiderstehlich, und gesagt: »Ich muß bei den silbernen Strähnen an all das denken, was du schon getan und gesehen hast.«

»Alles, was ich im Spiegel sehe, sind Geschichten, die zu Ende gehen und Dinge, die ich wohl nie mehr tun werde«, sagte ich.

»Ich wollte dich, gerade weil du älter bist als ich«, sagte sie sehr ernst und aufgewühlt. »Weil ich dachte, daß du mir alles beibringen würdest, was du meiner Meinung nach wissen mußtest.«

In ihren Augen stand eine stille Bitte. Aber das hielt mich nicht davon ab, ihr zu sagen: »Ich weiß, was ich tu.«

»Du willst dir die Haare färben, weil sie dich an den Tod erinnern.«

»Das ist nicht wahr«, sagte ich beklommen, weil sie mich so durchschaute. »In erster Linie erinnern sie mich daran, wie es ist, hilflos und bedürftig und bemitleidenswert zu sein, wie mein Vater, als er alt wurde. Sie machen mich wütend, wie an dem Tag, als ich mit den Kindern im Park war und sich diese Frau neben mich setzt und damit anfängt, wie süß Tariq und Tameka sind, und dann sagt: ›Ich hab auch zwei Enkelkinder.‹ Wenn meine Haare gefärbt wären, hätte ich vielleicht nicht das Gefühl, daß du mit jedem Geburtstag mehr zur Frau wirst, während ich immer mehr von meiner Männlichkeit verliere.«

»Aber wie soll sich dadurch was ändern?«

»Ich werde mich fühlen, als ob ich vielleicht lange genug leben könnte, um die Kinder heranwachsen zu sehen. Als ob ich lange genug leben könnte, um dir das zu geben, was du dir wünschst *und* was du brauchst. Lange genug, damit wir ein Leben haben, nicht bloß ein Intermezzo.«

Ich weiß nicht, ob sie alles verstanden hat, was ich gesagt habe. Ich meine, so richtig verstanden. So tief, wie ich alles empfand, was ich zu ihr gesagt habe. Aber das muß sie wohl, denn sie ist aufgestanden und hat mir das Handtuch um die Schultern gelegt und angefangen, die Farbe einzumassieren. Ich war überrascht, mich all diese Dinge überhaupt sagen zu hören. Ich hatte ihr erzählt, was ich mir geschworen hatte, niemals einer Menschenseele zu erzählen. Aber weil sie meine Frau ist, hätte sie auch gewußt, was ich empfinde, ohne daß ich ein einziges Wort gesagt hätte.

Ich habe ihr die Zeichnungen gezeigt, die ich für das nächste Haus gemacht habe. Es wird noch ein bis zwei Jahre dauern, bis ich damit anfange, aber ich denk schon jetzt drüber nach. In diesem Haus werden die Zimmer knapp. Und wo wir noch ein Kind dazu haben wollen, werden wir mehr Platz brauchen. Ich sitze seit ein paar Monaten fast jeden Abend an den Zeichnungen. Dann sitz ich hier in meinem Arbeitszimmer und Aische sitzt da drüben in der Ecke und stillt Malika Rose oder häkelt vielleicht. Sie war gerade dabei, Malika Rose, die auf dem Rükken lag, in den Schlaf zu schaukeln, als ich sie bat, sich mal anzusehen, was ich gemacht hatte. Ich hab ihr erklärt, wo alles sein wird. Wir haben darüber geredet, wie viele Zimmer wir brauchen und auch wo ich es bauen will. Wir haben ein paar Stunden dagesessen und das alles beredet. Dann habe ich die Zeichnungen aufgerollt und ihr gesagt, daß ich ein Haus bauen werde, wo wir glücklich sein können. »Ich will bloß ein Haus, das groß genug ist, daß wir alle darin Platz zum Wachsen haben«, sagte sie. »Bau uns ein Haus, wo unsere Kinder zu den Menschen heranwachsen können, die wir uns wünschen«, sagte sie. »Bau uns ein Haus, wo du ihr Vater sein kannst und ihr Freund. Wo ich ihre Mutter sein kann, deine Frau, und alles andere, was ich sein muß.«

Dann sagte sie, sie sei müde und wolle ins Bett gehen. Es war nach Mitternacht. Ich sagte ihr, ich würde auch bald nach oben kommen. Aber als sie aus dem Zimmer war, blieb ich einfach sitzen. Vor Angst ins Bett zu gehen, vor Angst einzuschlafen, weil ich in letzter Zeit davon träume, daß ich plötzlich sterbe oder einen Herzschlag bekomme oder mitten in all dem, was ich wollte, schwer krank werde, und alles wieder verliere, bevor ich es wirklich mein eigen nennen kann.

Übersetzt von Karen Nölle-Fischer

PETER HARRIS

Der Vampir, der Gospels trinkt

»Psst ... siehst du den Typen? Jetzt gehts rund. Jetzt pirscht er sich gleich an die beiden ran.« Im Schein der Kinoleinwand verschluckte die Silhouette eine Handvoll Jujy Fruits.

»Schscht! Mann! *Ich kanns nicht ab, wenn mir einer den ganzen Film erzählt, bloß weil er ihn schon gesehn hat.«*

»Iss ja gut ... reg dich wieder ab. War doch bloß ne Bemerkung.«

Von hinten plärrt eine Stimme aus dem Dunkel: »He, du Blutsauger! Latsch dir bloß nicht auf den geilen Poncho!«

Das ganze Kino lacht, und als der Vampir sich dann in der linken Leinwandecke leise an das Pärchen ranpirscht, wird gejohlt, geklatscht und gepfiffen.

Er trägt einen dunkelgrünen Umhang, der sich bei jedem Schritt aufbläht, als ob er mitatmen würde. An seiner Brust baumelt an einer Halskette ein Goldkreuz. Er hat den üblichen Vampirgang: den Michael Jackson-Walk, die Samtpfotenschleiche, den Geistergleiter, verstehste, – Marke Förderband mit Kugellagern. Schnitt auf zwei Teenager – ein Mädchen und ein Junge – die an einer Bushaltestelle stehen. Natürlich hören sie ihn nicht. Und selbst wenn sie ihn gesehen hätten, wäre ihnen das Schreien vermutlich erst zwei, drei Herzschläge später eingefallen, weil sie zunächst seine ebenso hippe wie geschmackvolle Tracht bewundert hätten (kennt irgendwer nen Vampir, der sich nicht schweinegeil stylt? Schnitt auf Halbtotale Vampir von vorn.)

(Er trägt eine weinrote Anzughose mit messerscharfer Bügelfalte und ein bis oben zugeknöpftes hellbraunes Hemd, dazu eine Krawatte im Ton der Hose, die, sorgfältig geknotet und mit einer goldenen Krawattennadel festgepinnt, schnurgerade herunterhängt. Und der Umhang – tja, ist eben ein Umhang – muß aus Seide sein, vielleicht noch mit Samt dabei, aber jedenfalls irgendwas Edles, denn mit Polyamid, Polyacryl, Polyester oder sonstigen Pseudo-Scherzen gibt sich ein Vampir nicht ab. Seine Schuhe sind handgenäht, aus feinstem Glanzleder, sehr weich, und nach der jahrhundertelangen Anschleicherei an die Opfer richtig schön bequem. Die Kringellocken sind ringsum kurz geschoren, so daß das weinrote Barett perfekt sitzt. Der Bart ist kurz und gepflegt. Er hat ein ziemlich gutgeschnittenes Gesicht, so auf die imposante William-Marshall-Tour, allerdings mit leicht blutunterlaufenen, zu Schlitzen verengten Augen; und diese roten Augäpfel würden sogar das schmachtendste Opfer stutzig machen. Wie dem auch sei, der Vampir bleibt sowieso nur so lange stehen, bis er sein Abendessen taxiert und dem Publikum seine Garderobe gebührend präsentiert hat. Als das erledigt ist, pirscht er wieder weiter. Schnitt auf neue Einstellung Vampir von hinten, Richtung Pärchen.)

»Umdrehen, ihr Dämel, dreht euch doch um!« schreit ein Mädchen aus dem Publikum das junge Paar an, das sich innig küßt, als hätte es alle Zeit der Welt. »Zur Sache könnt ihr später kommen. Und vergeßt bloß den Bus, die kommen eh nie pünktlich.«

(Wie auf Kommando fängt der Vampir an zu grinsen, so daß man seine Eckzähne sieht, die selbstverständlich elfenbeinmäßig strahlen. Er bleibt stehen, geduckt wie eine Katze vor dem Sprung. Plötzlich ertönen im Hintergrund Gospelakkorde auf dem Klavier – ganz leise, wie an der Stelle in der Messe, wenn der Pfarrer die Neuzugänge in der Gemeinde zu sich bittet. Die Musik wird lauter, und dann setzt ein Chor ein – fünfzig Stimmen, zu einer einzigen verdichtet:)

Ohhh . . . wir finden keinen Frieden
wir finden keine Ruh
denn eine dunkle Macht
schnürt uns die Kehle zu.
Schnürt uns die Kehle zu.

Ohhh . . . wir finden keinen Frieden
wir finden keine Ruh
denn eine dunkle Macht
schnürt uns die Kehle zu.
Schnürt uns die Kehle zu.

Aus dem rechten Flügel der Sitzreihen ruft einer: »Das war das Paar – da kommt schon die Kirchenmusik.«

»Ran, Mann!« schreit ein anderer von gegenüber.

(Der Vampir geht wieder los, jeder Schritt wird vom Klavier untermalt. Der Chor raunt leise. Alle halten den Atem an. Der Vampir breitet seinen Umhang aus; im Schein der Straßenlaterne blinkt sein Kreuz auf. Schnitt auf Naheinstellung Paar. Sie blicken sich verstohlen um, ob jemand sie beim Küssen beobachtet hat. Hat tatsächlich einer. Ihre Augen weiten sich, die Münder öffnen sich entsetzt, aber sie schreien nicht, haben wohl selbst schon genügend Horrorfilme gesehen, um zu wissen, daß Schreien nichts hilft. Statt dessen hauen sie ab, sie wissen nämlich außerdem, daß keiner von beiden fromm genug ist, um dem Burschen mit irgendeinem Bravheitszauber beizukommen, im übrigen haben sie ja Augen im Kopf und sehen, daß dieser Typ schon selber ein Kreuz trägt und im Zweifelsfall wahrscheinlich Bibelzitate herunterleiern kann, samt Kapitel, Vers und Zeile.)

(Sie verlieren also keine Zeit mit Panik, sondern befolgen einen neuerlichen Rat des jungen Erzählers aus dem linken Sitzreihenblock und rennen los. Allein, es ist zu spät. Ein Schatten fällt über sie. Schnitt auf Naheinstellung Vampir. Er beschleunigt seinen Geistergleiterschritt zu einem Sprint und schnappt sich die beiden, bevor sie richtig Tempo bekommen; zugleich ruft der Typ in der ersten Reihe:)

»Wetten, der hätte die Telephonnummer von der Sister jetzt auch lieber verloren gehabt!«

(Schnitt auf ein Treffen unserer Helden: Candace Stallings, Anthropologin und Expertin für afrikanische Vampire, Shelby Holdin, Holz- und Metallbildhauer sowie Freund von Candace, der sich bereit erklärt hat, Pflöcke und scharfe Messer genau nach ihren Anweisungen anzufertigen, und schließlich Roger Dabney, Leiter der Abteilung Öffentlichkeitsarbeit bei der Polizei. Candace referiert über die Geschichte des Vampirkults in Afrika, dessen Anhänger eines Tages beschlossen zu untersuchen, wohin all die Schiffe mit den vielen Menschen fuhren. Sie gaben Sechaba, dem stärksten der gerade initiierten jungen Männer, den Auftrag, sich fangen und auf eines der Schiffe verschleppen zu lassen. Schnitt auf Naheinstellung Candace.)

CANDACE: Als er in der Fremde ankam, ließ er sich versklaven. Er lernte die neuen Sitten und Gebräuche seines Volkes und die der Menschen, die sich für seine Meister hielten.

(Kamera schwenkt über die Gesichter von Shelby und Roger. Schnitt zurück auf Candace.

CANDACE (ruhig): Sechaba amüsierte sich über den Glauben dieser Meister, daß man Vampire per Sonnenlicht und Kreuz umbringen könne. Er wurde selbst Pfarrer und fing an, ein Goldkreuz zu tragen, das er bis heute umhat.

(Schnitt auf Roger.)

ROGER (hysterisch): Wie können wir ihn dann unschädlich machen? Wenn wir ihm kein Kreuz vorhalten und seinen Sarg nicht bei Tageslicht öffnen können . . . woher wollen wir eigentlich wissen, daß er überhaupt schläft? Und wenn er nicht schläft, wie sollen wir ihm dann einen von Shelbys Pflöcken in die Brust rammen?

(Naheinstellung Candace.)

CANDACE (eindringlich): Deswegen ist Sechaba ja so gefährlich . . . Aber es gibt durchaus Mittel und Wege, um ihn zu vernichten. Vorhin habe ich gesagt, daß er Pfarrer wurde. Seine Botschaft, sich der Sklaverei zu widersetzen und auf Afrika zurückzubesinnen, schlug so ein, daß Hunderte, ja Tausende zu seinen Predigten pilgerten. Er lebte nicht schlecht, weder als Pfarrer noch als Vampir. Allerdings entwickelte er eine Leidenschaft für die Klänge seines Chores – eine regelrechte Sucht danach.

(Schnitt auf Kameraposition hinter Candace, mit Blick auf Roger und Shelby, die sich erstaunt ansehen. Statische Einstellung: Sie starren Candace an.)

CANDACE: Er wurde süchtig nach Gospelmusik. Sie hält ihn im wahrsten Sinne des Wortes bei Kräften, genauso wie das Blut, das er trinkt. Wenn er nicht mindestens einmal am Tag zu Gospelmusik meditiert, dann geht ihm die Kraft aus, und er muß vierundzwanzig Stunden schlafen. Wenn wir es irgendwie schaffen, ihn um seine Musik zu bringen, dann könnten wir ihn überwältigen und ihm Shelbys Messer ins Herz stoßen. Aber denkt daran, . . .

(Schwenk auf ihr Gesicht, als sie innehält.)

CANDACE: . . . daß wir sehr vorsichtig zu Werke gehen müssen, denn er hat, wo immer er haust, mit Sicherheit eine komplizierte Stereoanlage stehen, inklusive Notstromaggregat für eventuelle Stromausfälle – oder falls jemand, wie wir zum Beispiel, sein Geheimnis lüften und versuchen sollte, ihm seine Klänge zu rauben. . . .

»Psst . . . hey, du willst zwar nichts hören . . .«

»Das kannst du laut sagen.«

»Aber isser nich affenscharf? Da möcht man doch selber gleich Vampir sein. Mann, die Villa! Und der Sound! Der Typ hat Lautsprecher, das hältste ja im Kopf nich aus.«

»Ich weiß, ich weiß, ich bin doch nicht taub. Wehe, du erzählst mir, was als nächstes passiert!«

(Shirley Caesar erfüllt mit einer herzzerreißenden Version von »No Charge« den ganzen Raum. Kamera blickt von oben auf den Vampir, der in einem bequemen Lehnstuhl sitzt. Schnitt auf Naheinstellung von laufendem Tonbandgerät, dann auf Vampir mit geschlossenen Augen und heiterer Miene. Kamera schwenkt durch den Raum, verharrt kurz auf Originalen von Romare Bearden, Elizabeth Catlett, Varnette Honeywood, Jeff Donaldson, Skulpturen von Winnie Owens, Joyce Scott und Ed Love sowie Photographien von James Van Der Zee, Jean Moutoussamy-Ashe, Gordon Parks und Roy Lewis. Musik wird ausgeblendet. Schnitt: Vampir öffnet die Augen, benommenes, zufriedenes Lächeln. Er steht auf (Kamera fährt zurück), geht ans Tonband und schaltet ab (Kamera von hinten).

SECHABA: Hm . . . hm . . . hm . . .

(Dreht sich zur Kamera; Zoom.)

SECHABA (mit Nachdruck): Ich muß wirklich mal nach Chicago und dieser Frau sagen, wie sehr ich dieses Lied liebe.

(Abblende.)

(Ton: feuriges Gospel-Pianosolo. Tambourine und Orgel fallen ein, heizen das Tempo an. Kamera verfolgt von hoch oben, wie ein blauer Transporter einen Highway verläßt und eine kurvige Straße auf einen Hügel hinauffährt. In der Ferne steht ein Grüppchen von Kuppelbauten, umgeben von einer Steinmauer. Der Transporter bleibt etwa eine Meile vor den Kuppelbauten stehen. Schnitt aufs Wageninnere. Candace sitzt am Steuer, Shelby auf dem Beifahrersitz, Roger auf dem Notsitz dahinter. Candace stellt den Motor ab. Leise Klavieruntermalung. Schnitt auf alle drei, durchs rechte Fenster gesehen. Candace zu Shelby:)

CANDACE: So, dann gib mir mein Messer und Roger seins.

(Candace drückt sich das scharfe Messer flach an die rechte Wange und läßt es dort liegen.)

CANDACE: Sechaba ist heute morgen in der Stadt in der Kirche. Im Real Glory Pentecostal Temple findet dieses Wochenende ein Gospelfestival statt.

ROGER: Meine Männer sind schon dort, aber wie sollen sie ihn erkennen?

CANDACE: An seinem Goldkreuz. Er trägt es immer über der Kleidung.

ROGER: Na und? In der Kirche hat doch jeder ein Kreuz um.

CANDACE: Aber nicht jedes Kreuz funkelt, wenn die Musik lauter wird. Das Glitzern wird Ihren Männern auffallen, und dann sollen sie uns sofort über Funk Bescheid geben, damit wir jede seiner Bewegungen überwachen können, solange wir dabei sind, ihm die Stereoanlage zu zerlegen.)

(Schnitt auf den Real Glory Temple, wo die Stimmung bereits auf Hochtouren ist. Zwei Chöre stehen sich wiegend hinter der Kanzel und singen aus voller Kehle. Kamera schwenkt über die Gemeinde, bleibt auf einer blinkenden goldenen Stelle in der ersten Reihe stehen. Sechaba sitzt mit geschlossenen Augen da, auf dem Schoß einen Walkman. Er hebt die rechte Hand zur Bekennergeste.)

(Schnitt zurück auf unsere Helden draußen vor dem verschlossenen Tor. Kameraeinstellung von oben, über dem ganzen Gebäudekomplex. Das größte Kuppelgebäude steht auf einer weiten Rasenfläche, kleinere Kuppelbauten befinden sich rechts und links davon sowie dahinter. Schnitt auf Naheinstellung Rogers Hände am Schloß.)

ROGER (rüttelt am Schloß): Meine Männer sagen, er sitzt in der ersten Reihe und hängt an der Musik wie ein Säugling an der Mutterbrust.

(Er drückt gegen das Tor; es öffnet sich. Er geht durch, hinter ihm Candace und Shelby, der es wieder zumacht. Schnitt, Kamera von vorn, während sie auf die Kuppelbauten zugehen.)

SHELBY: Seit wann können Pressesprecher eigentlich Schlösser knacken?

ROGER: He, ich hab schließlich nicht schon von klein auf sechshundertzwanzig Anschläge pro Minute getippt. Meine Freunde von früher waren mit Schlüsseln an jeder Hand geboren.

SHELBY: Na, dann haben Sie sich Ihre Hände scheint's vom selben Schlosser machen lassen. Sag mal, Candace, nimmt Sechaba das Konzert nicht mit dem Walkman auf?

CANDACE: Doch, vermutlich schon. Aber wenn wir ihm seine Anlage hier auseinandernehmen und ein genügend großes Chaos hinterlassen, dann wird er so wütend, daß er von seinem Trip ganz schnell runterkommt, vor lauter Grübelei, wer ihm da auf die Schliche gekommen ist, und dann ...

ROGER: Und ich gedenke, den Laden so zu verwüsten, daß nicht mal Hattie McDaniel wieder Ordnung schaffen könnte – Bürgerkrieg bei den O'Haras wird ein Dreck dagegen sein.

CANDACE: Der Gedanke, wie er die Anlage wieder flottbekommt, versetzt ihn noch mehr in Panik. Wir brauchen Geduld, aber nach ein paar Stunden wird er so schwach sein, daß wir es mit ihm aufnehmen können. Probieren wir's als erstes in diesem kleinen Kuppelbau.

(Schnitt, Kamera auf den Kuppelbau rechts neben dem Haupthaus, der aus dem gleichen, aus Tansania importierten Stein besteht wie die Mauer. Das Gebäude hat eine Holztür und rote Schindeln auf dem Dach; runde Kirchenglasfenster sind gleichmäßig über die Wände verteilt. Es ist etwa so groß wie eine Doppelgarage. Schnitt, Kamera von vorn auf unsere Helden, die auf den Kuppelbau zugehen.)

SHELBY: Sieht aus wie seine Privatkapelle.

ROGER (sarkastisch): Sollen wir niederknien?

CANDACE: Sechaba ist nicht gerade der Papst.

SHELBY: Seht her, wie sein Haus gebaut ist, ganz im Stil seiner Heimat.

(Sie stehen vor der Tür; wieder öffnet Roger. Kamera blickt geradewegs in Sechabas Musikzimmer. Bildwinkel wird langsam weiter, während sie hineingehen. Äußerste Stille. Schnitt, Großaufnahme Gesichter.)

ROGER: Donnerwetter!

SHELBY: Wie kann jemand mit so einer Kunstsammlung Menschen das Blut aussaugen?

CANDACE: Das ist genau der Raum, den wir gesucht haben. Roger, machen Sie die Tür auf, aber bleiben Sie in Funkkontakt mit draußen.

(Roger schließt die Tür. Kamera fährt zurück, Naheinstellung alle drei.)

CANDACE: Roger, Sie übernehmen die Wände. Täfelung abreißen, Lautsprecher zertrümmern, Kabel herausreißen. Ich suche die Bänder, wickle sie ab und verbrenne sie in dem Kamin dort drüben. Shelby, du zerschlitzt die Bilder und Fotos . . .

(Schnitt auf Naheinstellung sprachloser Künstler.)

SHELBY: Candace! Das sind unschätzbare Werte!

(Schnitt auf Candace.)

CANDACE: Tut mir leid. Ich habe auch einen Sinn für Kunst, das weißt du, aber wir müssen alles vernichten, um Sechaba abzulenken und noch wütender zu machen. Wenn du das nicht fertigbringst, dann übernimm die Plattenspieler und die Tonbänder und überlaß die Kunstwerke mir. Wenn du natürlich lieber seine Sammlung bewunderst . . .

(Schnitt, Roger geht auf eine Wand zu. Er reißt eine Bearden-Collage herunter und kickt mit der Stiefelspitze ein Loch hinein.)

ROGER: Dann bewundern Sie das hier!

(Er dreht sich zu Shelby um.)

ROGER: Hören Sie, wir schreiben hier keine Seminararbeiten. Wir sind bei einem Vampir, nicht bei Kunstprofessor Sowieso.

(Er dreht sich um und fängt an, mit Hilfe eines Hammers, den er aus seiner Anoraktasche zieht, die Täfelung von der Wand zu reißen. Kamera bleibt kurz auf seinem Rücken. Schnitt, Shelby starrt ihn an. Schnitt, Candace, mit ernstem Gesicht. Kamera folgt Shelbys Blick zu den Regalen mit den Tonbandgeräten, Plattenspielern und Kassetten- und Tonbandstapeln.)

CANDACE (im Off): Na, denn los – die Chöre werden sicher bald heiser sein.

(Schnitt, Kamera von oben; sie reißen die Wandtäfelung ab, zertreten Kassetten, zerschlitzen Bilder (nur Candace und Roger), feuern Schallplatten an die Wand, trampeln auf Bandmaschinen herum, zerren Kabel aus der Wand, zermalmen mit dem Absatz Tonbänder.)

(Ein Orgelbaß wummert laut und langsam. Der Chor seufzt unisono auf der Eins und der Drei. Kamera blendet in den Real Glory Temple über, die Bilder überlagern sich: Roger, Candace und Shelby, die in Sechabas kostbarem Studio herumwüten, und das heitere Vampirgesicht, das im Takt mitnickt, während das Vorsängerquartett inbrünstig ein Solo schmettert, das sich mit der langsameren Musik auf dem Soundtrack vermischt. Schließlich löst sich die Szene in einem Shot auf das verwüstete Studio auf, von der Tür aus gesehen. Die Musik wird ausgeblendet. Als letztes hört man das Quartett im Real Glory Temple »Thank you, Jesus« und »Praise Him« stöhnen, dazu Händeklatschen und die frommen, begeisterten Zurufe der Gemeinde. Die Stimme des Pfarrers im Real Glory Temple überlagert die Szene in Sechabas Musikzimmer: »Und wenn wir auch nicht alle singen können, so können wir doch alle Amen sagen, wir alle können ja sagen: Ja! Ja! Ja! zu der guten Musik, die Gott durch uns macht . . . (Kamera schwenkt über den Scherbenhaufen im Studio) . . . Was für ein phantastischer Schluß für unsere

Feier. Wir möchten natürlich alle, die noch nicht zu uns gehören, dazu einladen, in den Real Glory Temple einzutreten. Bitte kommen Sie jetzt nach vorn, lassen Sie den Herrn die verschiedenen Teile in Ihnen wieder zu einem Ganzen zusammensetzen. Lassen Sie ihn, den Meister der Baumeister, einen geheiligten Tempel aus Ihnen machen ...«

(Abblende.)

(Kameraeinstellung Sechaba von hinten, vor der Tür zu seinem Musikzimmer. Dunkel. Chor singt leise im Hintergrund.)

»Dingdong ... die Avonberaterin!« schreit einer aus dem linken Block im Kino.

»Der braucht aber was Stärkeres als n Riechfläschchen, wenn er das Zimmer sieht.«

»Klar ... n Kipper zum Beispiel«, schlägt einer aus den hinteren Reihen vor.

(Sechaba öffnet die Tür. Die Kamera schwenkt über die Trümmer. Schnitt auf sein Gesicht; Großaufnahme. Seine Augen weiten sich vor Schreck. Er geht ins Zimmer, kontrolliert mit einem Blick die Regale und sieht die kurz und klein geschlagene Anlage. Er bückt sich und hebt eine Tonbandspule auf, an der verknäult das Band baumelt. Großaufnahme seiner zu Schlitzen verengten Augen. Der Chor beginnt leise zu stöhnen.)

SECHABA: Mein Gott!

»Jetzt beißt er gleich nen ganzen Kirchenchor«, witzelt eine tiefe Stimme aus dem Dunkel der Kinomitte.

SECHABA: Meine Musik ... wer wagt es, meine Musik zu entweihen?

(Der Vampir wirbelt herum. Er wimmert.)

SECHABA: Meine Bilder ... meine Skulpturen ... (Er stürzt auf die Tür zu, stolpert über den verbogenen Rahmen seines Verstärkers, fällt auf die Knie und umklammert mit gesenktem Kopf sein Goldkreuz.)

SECHABA: Wozu ist mein Volk denn noch fähig? Wie kommt es dazu, mein Haus zu verwüsten, Kunstwerke von unschätzbarem Wert zu vernichten und die Klänge zum Schweigen zu bringen, ohne die ich nicht leben kann? Ich verdiene zu leben! Ich verdiene es einfach!

(Schnitt auf Kameraeinstellung von der Tür aus. Sechaba blickt in die Kamera. Er steht auf und geht in die Abenddämmerung hinaus. Die Kamera folgt seinem Blick in den leuchtend roten Sonnenuntergang.)

SECHABA (in immer eindringlicherem Tonfall): Falls ihr da draußen seid, ihr, die ihr wie die Vandalen über meine Geschichte hergefallen seid, die ihr die heilige Verbindung zu meinen Ahnen gekappt habt ... Euch werde ich Schluck für Schluck genüßlich das Leben aussaugen!

(Sechaba geht auf sein Haupthaus zu.)

(Schnitt, Candace, Roger und Shelby kauern in der Nähe des Eingangstores im Gebüsch. Sie beobachten, wie der Vampir den großen Kuppelbau betritt.)

CANDACE: Ich hatte eigentlich gehofft, daß er zu schockiert und entsetzt ist, um heute abend noch auf die Jagd zu gehen. Roger, geben Sie Ihren Männern Bescheid, sie sollen anrücken, und zwar massiv, aber unauffällig.

ROGER (ins Walkie-talkie): Alle Einheiten vorrücken.

(Schnitt auf Hunderte von Polizisten, alle mit Holzpflöcken bewaffnet. Sie kommen durchs Tor und stellen sich vor dem Polizeisprecher, der Anthropologin und dem Künstler auf.

CANDACE (leise): Denken Sie daran, er ist zwar geschwächt, wird sich aber wehren. Wir brauchen keine Helden. Bleiben Sie in Fünfergruppen zusammen.

(Schnitt auf Polizistengesichter, dann wieder auf Candace.)

CANDACE: Es handelt sich um einen echten Vampir, der Ihnen bei der ersten Gelegenheit das Blut aussaugt. Wir sind hier nicht im Kino. Greifen Sie nur in der Gruppe an.

(Sie schleichen auf das Vampirhaus zu. Schnitt auf Naheinstellung Sechaba, der sie durch den Vorhangspalt anstarrt. Er hat einen Walkman-Kopfhörer auf.

»Zieht sich immer noch Gospels rein!« bemerkt ein Mädchen ziemlich weit vorn.

»Und Hunger kriegt er auch langsam«, kommt es von hinten.

»Klar, an dem Tonband hatter ja bloß rumgepickt«, erwidert sie.

»Da kommtse schon, die Hauptspeise, von ganz allein in die Mikrowelle getobt.«

(Die Kamera bleibt auf dem Vampirgesicht, während er mitanhört, wie die Cops seine Eingangstür eintreten. Er dreht sich um, Blick auf die Zimmertür. Kamera schwenkt mit. Sekunden später fliegt die Tür auf, und die ersten fünf Polizisten stürmen pflöckeschwingend auf ihn zu. Schnitt auf Sechabas Hände, die den Walkman an seinem Gürtel aufdrehen. Schnitt auf sein Gesicht. Er bleckt die Fänge, worauf zwei der Polizisten stehenbleiben. Sechaba packt sie und rammt sie in die drei anderen. Soundtrack ist schnell und wild. Der Vampir beißt flugs den Polizisten, den er in der Rechten festhält, worauf der in seiner Linken ohnmächtig wird. Sechaba läßt beide fallen und starrt die drei anderen entsetzten Cops vor sich an. Musik wird ruhiger, nur noch leise Klavierakkorde.)

CANDACE (aus dem Off): Schnappt euch den Walkman!

(Sechaba wirft einen Blick in ihre Richtung.)

SECHABA: Sie also? Woher wissen Sie . . . ?

(Er macht einen Schritt auf Candace zu, doch die Polizisten versperren ihm den Weg. Er bleibt stehen, die Cops ebenfalls, die Pflöcke drohend erhoben. Schnitt auf Candaces Gesicht, eingerahmt von den Polizistenschultern.)

CANDACE: Wie lange könntest du uns denn Widerstand leisten, Sechaba? Deine Kassette ist doch bald zu Ende, du bist bald erschöpft.

(Schnitt, Hand des Vampirs, die den Walkman leiser dreht.)

SECHABA: Moment, das habe ich nicht verstanden. Was sagten Sie?

CANDACE (augenverdrehend): Wie lang du uns wohl Widerstand leisten könntest, hab ich gesagt, du Dämlack! Wie lang deine Musik wohl reicht!

SECHABA (lächelt geheimnisvoll): Tja, das ist eben die Frage, was? Ihr glaubt doch nicht, daß mich diese Figuren hier lang genug festhalten können?

(Schnitt auf Roger.)

ROGER: Zur Sache jetzt endlich! Ich hab schließlich eine Deadline, sonst kommt meine Pressemeldung für die morgigen Zeitungen nicht mehr rechtzeitig.

(Schnitt auf Vampir.)

SECHABA: Möchten Sie dann vielleicht freiwillig als erster auf mich losgehen?

(Schnitt auf Roger, der schlotternd schweigt.)

(Schnitt auf Candace.)

SECHABA (aus dem Off): Dann haben wir also Zwangspause. Wer sind Sie, wenn ich fragen darf?

CANDACE: Sie dürfen. . . .

»Sei doch nicht so ekelhaft«, weist sie ein Mädchen von hinten ironisch zurecht.

CANDACE: Aber ich bin nicht dumm. Mein Name tut nichts zur Sache. Ich weiß jedoch, wie *Sie* heißen. Ich kenne Ihre Geheimnisse. Und ich habe vor, zu Ihrem schlimmsten Alptraum zu werden.

(Schnitt, Vampir, knurrend.)

SECHABA: *Alptraum*? Für mich?

(Er täuscht einen Schritt Richtung Candace vor. Die Musik donnert los. Die Polizisten, die Candace decken, fuchteln mit ihren Knüppeln. Sechaba wirbelt jedoch herum, packt die Pflöcke der beiden Polizisten hinter ihm, zerrt sie daran vor und faßt sie an den Jacken. Den einen Pflock schleudert er den Beamten vor Candace zwischen die Beine, mit dem anderen prügelt er auf die beiden ein, die jetzt vor ihm stehen, um sich zur Wand durchzukämpfen, wo er sich umdreht und den einen Polizisten als Schutzschild benutzt. Action und Musik setzen gleichzeitig aus. Großaufnahme: Gesichter des Cops und des Vampirs.)

SECHABA: Tritt vor, die du mein Alptraum sein willst! Sonst geht es ihm an den Kragen.

SHELBY (aus dem Off): Nicht, Candace, jetzt haben wir ihn. Er wird doch schwächer, hast du gesagt. Warte so lang.

(Die schweißnassen Augen des Polizisten flehen um Rettung.)

SECHABA: Genau, *Candace*! Wart's ab, bis ich schwächer

werde. Dann kannst du mir den Todesstoß verpassen. Du allein kennst doch alle meine Geheimnisse, oder?

(Schnitt auf Candace.)

CANDACE: Ich weiß jedenfalls genug. Den Rest erfahre ich, wenn du zu Staub zerfällst, und ich dir dabei zugucke.

(Sie tritt vor und steht nun Schulter an Schulter mit den Polizisten, die sie zuvor abgeschirmt hatten. Stille.)

(Schnitt auf Sechaba. Er reißt den Kopf des Polizisten zur Seite und starrt dessen Hals an.)

SECHABA (macht Anstalten zuzubeißen): Erfährst du *hierbei* auch etwas?

(Polizistengesicht in Großaufnahme. Er zittert wimmernd. Schnitt, man sieht seine rechte Hand, die am Hosenbund des Vampirs erfolgreich nach dem Walkman tastet, ihn wegreißt und so lange zerrt, bis der Kopfhörer Sechaba von den Ohren rutscht. Schnitt, Kamera auf Vampir, der die Augen aufreißt. Er läßt den Ordnungshüter los, um nach dem Kopfhörer zu angeln. Musik wird wieder dramatischer. Der Polizist fällt hin, rollt auf den Walkman zu, packt ihn und wirft ihn blind in die anmarschierenden Polizisten. Schnitt, Kamera auf Vampir, dem Angst, Wut und Verzweiflung im Gesicht stehen. Er packt noch einmal zwei Polizisten, wird aber rasch von anderen überwältigt, die sich ihm auf die Arme und Beine setzen und ihm einen Pflock quer in den Mund stopfen. Schnitt, Kamera auf Candace, wie sie über dem Vampir steht, der wild um sich schlägt, um die Polizisten abzuschütteln. Titelmusik wird leiser, Soloklavier im Hintergrund.)

CANDACE: Shelby, bring mir dein Messer.

(Schnitt auf Shelby, der mit wackeligen Knien auf die Anthropologin zugeht.)

SHELBY: Laß mich das Messer selbst benutzen. Ich habe es schließlich gemacht.

(Schnitt auf Candace.)

CANDACE: Wir sind aber hier nicht in der Biologiestunde, es geht nicht darum, einen Frosch zu sezieren. Du kannst doch noch nicht mal eine Vase zerteppern.

SHELBY (neben Candace; er starrt den Vampir mit einer Mischung aus Angst und Ekel fasziniert an): Er ist ja auch keine Statue. Sag mir bloß, was ich tun muß.

CANDACE: Wir müssen ihm beide Messer zugleich ins Herz stoßen. Zuvor jedoch . . . (Candace greift in die Jackentasche und holt ihrerseits einen Walkman und eine Kassette heraus. Sie legt die Kassette ein und drückt auf Play. Bevor man etwas hört, rasche Schnitte, nacheinander sind Shelby, Roger, Sechaba, vereinzelte Polizisten zu sehen, dann wieder Candace. Die Kamera verfolgt ihren Blick ins Gesicht des Vampirs, während aus dem Walkman ihre Stimme ertönt.)

CANDACES STIMME: Wer hätte keine Angst im Angesicht des Bösen? Wer wünschte sich nicht in die Geborgenheit der Kindheit zurück, oder in die Arme eines Geliebten? Wir stehen nun vor dem Bösen, vor einem Bösen, das so mächtig ist, daß es sich von Klängen nähren kann, die wir zu Ehren all dessen anstimmen, was uns heilig ist. Doch mit dieser Musik ist jetzt Schluß, statt dessen spielen wir ein starkes Gegengift, ein sehr starkes . . . nämlich Funk!

(Schnitt auf Naheinstellung Sechabas Gesicht; gleichzeitig dröhnt aus dem Walkman ein Hip-Hop-Baßriff zum Mitschnippen, darüber ein Rapper.)

Da sag ich ha, ha, ha
ein neuer Tag ist da
und den feiern wir
denn es gibt was Böses hier.

Nur keine Bange
das nehm' wir gleich in die Zange
Zombies komm' ins Verlies
wir sind die Monster MCs

Wir tun ja nichts lieber
als zu rappen wie die Deppen
wenn wir solln was wir wolln:
Nen Vampir abserviern
Nen Vampir abserviern.

(Schnitt auf Candace, die mit andächtig geschlossenen Augen im Takt den Kopf bewegt und mit den Schultern zuckt. Schnitt, Vampir, der sich bemüht, den Rap zu überschreien. Schnitt Candace und Shelby, Naheinstellung.)

CANDACE: Jetzt, Shelby ... jetzt!

(Sie holen aus und rammen dem Vampir ihre Messer in die Brust. Soundtrack: schwungvolle Gospel-Orgel, Tambourin, Schlagzeug, Kirchenchöre im fortissimo und dann leiser, so daß die Chöre aus dem Real Glory Temple drübergeblendet werden können. Schnitt auf Vampirgesicht, erst schmerzverzerrt, dann selig und zufrieden. Musik wird leiser, der Chor summt, die Orgel wummert. Candace blickt Shelby an.)

SHELBY: Ich dachte immer, du kannst Hip-Hop nicht ausstehen, Candace.

CANDACE (überlegt kurz, verzieht das Gesicht zu einem Grinsen): Platten kauf ich mir vielleicht nicht, aber wenn's bei einem Fest abgehen soll, so richtig *tödlich* abgehen, dann braucht man eben die richtige Musik.

(Kamera auf ihrem Grinsen, Hip-Hop-Stück lauter.)

»Wartets ab«, sagt einer ganz vorn, der unbedingt das letzte Wort haben muß, »im nächsten Film rappt er selber, der Vampir, wenn er erst mal bei nem anständigen Zahnarzt war.«

Gelächter im Saal. Die Lichter gehen an.

Übersetzt von Christiane Buchner

SAFIYA HENDERSON-HOLMES

Schnappschüsse von Grace

Erstes Bild: schwarzweiß, ein klein wenig unscharf

Ein weißes Zimmer, weiße Laken auf drei schmalen weißen Betten, ein schwarzer Frauenkörper auf dem dritten Bett, ein weißes Licht in einem schwarzen Fenster, ein langer schwarzer Arm, der sich einer weißen Decke entgegenreckt, ein langer weißer Schlauch läuft an dem langen schwarzen Arm entlang; kein Widerstand von der daran befindlichen schwarzen Hand. Die Hand ist geschwollen, die schwarzen Finger sind gekrümmt, als bäten sie darum herunterzudürfen. Ein schwarzes, ein klein wenig unscharfes Gesicht.

Zweites Bild: Farbe, Nahaufnahme

Grace ist fünf, groß, zimtbraun, schwarze Augen, Kopf voll dichtem schwarzem Haar. Grace betrachtet sich im Schlafzimmerspiegel ihrer Mama. Sie lächelt, streckt die Zunge heraus, bläst die Wangen auf, hebt die Arme über den Kopf, dreht sich, bleibt stehen, schüttelt sich, legt die Hände in die Taille, dreht sich, bleibt stehen, faßt den Saum ihrer Bluse an, hält ihn fest, dann hebt sie langsam, ganz unmerklich, die Bluse über den Nabel, langsam, spürt, wie der Florida-Wasser-Duft ihrer Mutter ihren Bauch berührt, langsam zu ihren Rippen hochsteigt. Grace lächelt, die Bluse ist oberhalb ihrer Brust, zwei vollkommen runde, vollkommen mahagonibraune Kreise schauen sie an. Grace berührt den linken, dann den rechten; sie kichert in die Hände und läuft vom Schlafzimmerspiegel ihrer Mama weg.

Drittes Bild: schwarzweiß, überbelichtet

Weiße Wände, schwarze Metalltüren, fünfzig schwarze Metallstühle in zehn ordentlichen Reihen. Eine hübsche schwarze Frau, schwarz gekleidet, weißer Spitzenschal um die Schultern, weiße perlenbesetzte Spange im schwarzen Haar, sitzt in der dritten Reihe, auf dem dritten Platz. Ab und zu schaut sie von ihrer Zeitung hoch und lächelt einen alten schwarzen weißgekleideten Mann an, der auf dem Platz neben ihr vor sich hinsummt.

»Nummer neunundzwanzig?«

Die hübsche schwarze Frau zieht den Schal fester um sich, öffnet die linke Hand, sieht auf eine gefaltete weiße Karte, die sie schon eine Stunde lang in der Hand hält.

»Nummer neunundzwanzig?«

Die hübsche schwarze Frau steht auf, geht, sich entschuldigend, an dem summenden schwarzen weißgekleideten Mann und einer schlafenden weißen schwarzgekleideten Frau vorbei.

»Nummer neunundzwanzig?«

»Ja.«

»Pflichtversichert bei Medicaid oder Medicare?«

»Nein.«

»Blue Cross oder Blue Shield?«

»Ähm, ich bin bei meinem Mann versichert und ...«

»Waren Sie schon mal hier?«

»Ähm, ja.«

»Haben Sie Ihre Klinikkarte?«

»Nein.«

»Wissen Sie die Nummer?«

»Tut mir leid, ich hatte eigentlich gar nicht vor, heute herzukommen.«

»Das kenne ich. Gehen Sie in die dritte Kabine links, dort kommt dann gleich ein Arzt zu Ihnen.«

»Die dritte Kabine?«

»Ja.«

»Gut, drei ist meine Glückszahl.«

»Sollten Sie im Lotto spielen.«

Viertes Bild: Farbe, Gruppenphoto

»Mama, krieg ich später auch mal so richtig große Titten wie du und Mrs. Warren?«

»Nimm nicht solche Wörter in den Mund, Grace, sag Brust.«

»Alle andern sagen Titten, Mama. Geraldine ihre Mama läßt sie Titten sagen und viel andres Zeug, solltest mal hören, was Geraldine über Mrs. Warren ihre Titten gesagt hat.«

»Grace, was hab ich eben gesagt, und halt jetzt den Kopf still, daß ich den Scheitel grade hinkrieg.«

»Geraldine hat gesagt, ihre Mama hat gesagt, Mrs. Warren hat früher eine ganz klitzekleine Brust gehabt, aber dann haben zu viele Männer dran genuckelt und sie zu groß gemacht.«

»Grace Bowman! Wenn du jetzt nicht auf der Stelle mit solchen Reden aufhörst, dann schlag ich dich mit dieser Bürste grün und blau, das schwör ich dir!«

»Ja, Mama, aber Mama, ich will keine richtig großen Brüste, die bis zu den Füßen runterhängen und so. Da könnte ich ja gar nicht schlafen, Mama.«

Fünftes Bild: Farbe, Gruppenphoto

Grace ist es heiß. Schweiß und Wassermelone mischen sich mit der Spucke und dem Bubblegum in ihrem Mund.

Gleich ist sie an der Schaukel dran. Grace wird mit Charlene schaukeln. Charlene ist dick, olivbraun, hat Silberdrähte an den Zähnen. Grace ist die einzige, die bereit ist, Charlene Schwung zu geben. Grace schafft das Gewicht.

»Du bist dran, Gee.«

Grace nimmt einen großen Bissen von der Wassermelone; sie ist süß, saftig, tropft ihr über die ganze Bluse. Jetzt ist ihr kühl. Ihre Freundinnen rufen sie Gee, ihre Mama ruft sie Grace, ihr Papa ist gestorben, bevor sie einen Namen bekam.

»Gee, du mußt bis weit über den Zaun schaukeln und mit dem Kopf die mittleren Zweige an dem großen Baum streifen. Paulette hats schon geschafft, und du mußt es auch schaffen, sonst gewinnt sie, und du mußt ihr einen Nickel für ein Eis geben.«

»Ich muß ihr gar nix geben.« Grace leckt sich die Lippen, wischt sich die Hände an der Bluse ab, spuckt aus, nimmt Charlenes Hand, und sie steigen auf die Schaukel.

»Fertig, Charlene?«

»Ähä, aber knöpfst du dir nich die Bluse zu?«

Grace beugt die Knie, die Schaukel schwingt, sie beugt die Knie wieder, stärker, kommt steiler hoch, dann ganz tief hinunter und wieder hinauf. Grace und Charlene sind ein Teil des Himmels. Graces Bluse bläht sich hinter ihr wie Flügel.

»He, Geeee!« von weit, weit fort.

Grace beugt, streckt, beugt, streckt.

»He, knöpf dir die Bluse zu, wir können deine Titten sehen!«

Grace hält die Schaukelketten ganz fest, blinzelt zu einem Meer deutender Finger und breit lachender Münder hinunter; sie wirft den Kopf zurück, beugt, streckt, beugt, schreit: »Eurer Mama ihre!« und fliegt davon.

Sechstes Bild: schwarzweiß, Paßbildgröße

Eine junge weiße Ärztin – weiß gekleidet, schwarzes Stethoskop und weiße Perlenkette um den Hals, schwarzen Stift in der Blusentasche, weißes Band im schwarzen Haar, in den weißen Händen einen schwarzen Ordner, ein Lächeln, das Lippenstift bräuchte, sich dann aber für bedeutungsvoll entscheidet – betritt ein kleines weißes Zimmer, in dem eine hübsche schwarze Frau sitzt, schwarz gekleidet, weißer Spitzenschal um die Schultern, weiße perlenbesetzte Haarspange im Haar.

»Ich bin Dr. Friedman, und Sie sind –«

»Grace, Grace Williams.«

»Großartig, dann hab ich die richtige Karte.«

»Dann kanns ja losgehen.« Die hübsche schwarze Frau sitzt auf einem weichen schwarzen Stuhl neben einem schwarzen Metallschreibtisch; der Stuhl hat eine hohe schräge Lehne, aber sie lehnt sich nicht an. Sie nimmt ihren Schal ab, faltet ihn auf dem Schoß zusammen, legt ihre Zeitung darauf, schlägt die Beine übereinander, läßt eine Fliege auf ihrem linken Handgelenk unbeachtet.

Die junge weiße Ärztin nimmt ihr Stethoskop ab, liest die weißen Papiere in der schwarzen Mappe, sitzt auf einem kleinen weißen Metallstuhl. »Dann waren Sie also vor einem Jahr schon mal hier?«

»Ja, ungefähr.«

»Hier steht, daß Sie im letzten Februar von Dr. Brewster untersucht worden sind.«

»Ja, im Februar.«

»Er wollte, daß Sie noch mal kommen, wegen einer Untersuchung.«

»Ja, zu einer Biopsie.«

»Genau. Aber Sie waren nicht noch mal da?«

»Ähm, nein.«

»Haben Sie sie woanders machen lassen?«

»Ähm, nein, nein.« Die hübsche schwarze Frau lehnt sich in dem weichen schwarzen Stuhl zurück und scheucht eine Fliege von den Augen.

Die junge weiße Ärztin klopft mit ihrem Stift auf den schwarzen Metallschreibtisch, legt ihr Stethoskop wieder um, steht auf, geht zu einem weißen Waschbecken hinüber, wäscht sich die Hände, dann jeden einzelnen Finger, schüttelt sie trocken. »Ein Jahr, hm. Irgendwelche Schmerzen? Beschwerden?«

»So ein dumpfer Schmerz, nur manchmal.«

»Absonderungen?«

»Wahrscheinlich sind es die Nerven, aber letzten Monat hab ich bemerkt, daß aus der linken bißchen was rausfloß. Ich weiß nicht.«

Siebtes Bild: Farbe

»Grace, mein Kleines, du sollst dich nicht schämen und brauchst keine Angst haben, das ist der Zyklus im Leben von Frauen, das hilft dich ausputzen.«

»Ich bin keine Frau, und dreckig bin ich auch nicht.«

»Sag nicht dreckig, Grace.«

»Aber ich bins doch wirklich nicht.«

»Herzchen, nicht wie Straßenschmutz, wie Schmutz innen im Körper, Grace, so, wie wenn du schmutziges Blut hast oder schmutzige Körpersäfte, ja, wie schmutzige Körpersäfte; diese Sache mit dem Körperzyklus kommt einfach wie ein großer Regen herunter und wäscht das ganze schlechte, schmutzige Blut weg, und das hält dich gesund.«

»Aber ich bin doch nicht krank, Mama. Und weißt du, manchmal sagst du doch zu mir, ich soll mir den Mund mit Seife auswaschen und dann tu ichs, und du sagst zu mir, ich soll mich da unten richtig gut waschen mit viel warmem Seifenwasser, das tu ich auch, Mama.«

»Ich weiß, Grace, aber das hier ist was ganz anderes.«

»Ich zieh jeden Tag eine frische Unterhose an, ich bin da unten nirgends krank oder dreckig, Mama, also brauch ichs nicht.«

»Du brauchst es, mein Herzkind.«

»Wie kommts dann, daß Charlene es nicht braucht?«

»Charlene braucht es auch, sie hat es nur noch nicht.«

»Gott, das ist aber nicht fair.«

»Du sollst den Namen des Herrn nicht mißbrauchen, Grace.«

»Tu ich doch gar nicht, Mama, ich mein doch wirklich: Lieber Gott, das ist nicht gerecht, daß ich blute und Charlene nicht, und ich erzähl es auch keinem ... Bitte, Mama, erzähl es keinem.«

Achtes Bild: schwarzweiß

Eine junge weiße weißgekleidete Ärztin untersucht die weiche schwarze Brust einer hübschen schwarzen schwarzgekleideten Frau. Die Ärztin umfaßt jede Brust mit der Hand, läßt ihre weißen Finger sanft um die weiche schwarze Brust wandern.

Die hübsche schwarze Frau folgt den Fingern der Ärztin mit dem Atem.

»Kann ich Sie etwas fragen?« Eine vollkommen weiße Perle liegt auf einer vollkommen schwarzen Brust.

»Ja.«

»Wieso sind Sie nicht wiedergekommen und haben sich um die Sache gekümmert?«

Die hübsche schwarze Frau hält den Atem an, dann atmet sie

aus. »Es gab viel zu tun in dem Jahr, Arbeit, meine Mutter war sehr krank.«

»Oh, tut mir leid, geht es ihr besser?« Die weißen Finger halten unter der linken Brust inne.

»Sie ist im August gestorben.«

»Das tut mir leid.« Die weißen Finger liegen still neben der weichen schwarzen Brust auf der linken Seite.

Neuntes Bild: Farbe, Blumen in einer Vase

Grace betrachtet sich im Schlafzimmerspiegel ihrer Mama, legt die Hände in die Taille, dreht sich nach links, nach rechts, läßt die Hände sinken, saugt Luft durch die Zähne und knöpft langsam ihre Bluse auf. »Mama? Mama? Ooooh, Mama, ich brauch wirklich ganz dringend einen BH.«

Zehntes Bild: Farbe, Vögel in einem Park

»Geraldine ihrer ist gepolstert, ich habs gesehen.«

»Meiner aber nicht, ich brauch keine Polster.«

»Ich auch nicht.«

»Behältst du deinen an beim Schlafen?«

»Mhm. Du?«

»Mhm. Meine Mama auch. Sie sagt, dann werden sie nie schlaff, und du siehst immer gut aus für deinen Mann.«

»Echt?«

»Mhm. Meine Mama hat sogar welche mit Drähten drin, die sind wirklich gut.«

»Drähte wo?«

»Direkt unter den Titten und an der Seite. Wenn meine Mama den anhat, dann aber! Da gehts steil nach oben.«

»Mein Gott, Charlene, was passiert denn, wenn eine schief wird oder größer als die andere oder so?«

»Ich weiß nicht.«

»Mein Gott, ich will aber auf keinen Fall schiefe Titten.«

»Ich auch nicht. Wie sollen wir denn da einen Mann finden?«

»Ich weiß nicht.«

»Unsre BHs mit was ausstopfen?«

»Hm, wahrscheinlich.«
»Genau!«

Elftes Bild: schwarzweiß

Ein weißes schmales Bett, ein schwarzer weiblicher Körper auf einem schmalen weißen Bett, ein weißes Tuch über dem schwarzen Körper, eine schwarze Brust entblößt. Sechs weiße Hände wandern sanft um die entblößte schwarze Brust, eine weiße Hand hält ein dünnes Messer, das Messer schneidet in die weiche schwarze Brust und läßt sie weinen.

Zwölftes Bild: Farbe

»Grace Louise! Mach, daß du ins Haus kommst, aber sofort!«
»Er hat angefangen!«
»Und wenn der Teufel persönlich angefangen hat! Du prügelst dich nicht mit Jungen herum! Los jetzt, komm rein!«
»Aber Mama, er ...«
»Kein aber. Am Ende boxt er dich noch in die Brust oder in den Magen und macht dich für dein Leben kaputt. Du kommst jetzt sofort rein!«

Dreizehntes Bild: schwarzweiß, überbelichtet

Eine weiche schwarze Brust weint, ihre Tränen sind eisig weiß, dick. Zwei weiße Hände fangen die Tränen in einer eisigen weißen Schale auf, stellen die Schale unter ein eisiges weißes Licht, untersuchen die Tränen mit der Spitze eines langen, glänzenden, schwarzen Stifts. Die weiche schwarze Brust weint immer noch.

Vierzehntes Bild: schwarzweiß

Eine junge weiße weißgekleidete Ärztin beugt sich über den Körper einer hübschen schwarzen schwarzgekleideten Frau auf einem schmalen weißen Bett. Die junge Ärztin streichelt der hübschen schwarzen Frau die Wange. »Mrs. Williams, Sie haben einen ziemlich großen Knoten in der linken Brust.«
Die hübsche schwarze Frau schließt die Augen. »Das hat man

mir schon letztes Jahr gesagt. Wahrscheinlich – wahrscheinlich habe ich das ganze Jahr gehofft, daß er verschwindet oder runter in meinen großen Zeh wandert oder so ähnlich.«

Die Ärztin setzt sich auf das schmale Bett. »Grace, Sie haben auch in der rechten Brust einen kleineren.«

»So, hat er also ein Kind bekommen?« Die hübsche schwarze Frau bedeckt ihr Gesicht mit ihrem weißen Spitzenschal. Die Ärztin hält ihre Hand.

Fünfzehntes Bild: Farbe, Hochglanz

»Wie seh ich aus, Mama?«

»O Grace, Herzchen, du siehst richtig wie ein Mannequin aus.«

»Mama, das ist das schönste Kleid, das du je genäht hast!« Grace dreht sich auf den Zehenspitzen vor ihrer Mama; zwei lila perlenbesetzte Spangen im Haar, ein Kleid aus lavendelfarbener Spitze, schwarze Lackschuhe, Perlenohrringe, Perlenkette. »Ich schwörs Mama, ich hab nie gedacht, daß ich so hübsch aussehen kann!«

»Du wirst das hübscheste Mädchen beim Abschlußball sein.«

»O Mama.«

»Und mir gefällt, wie der BH dich formt.«

»Ä-ham.«

»Manchmal haben wir fülligen Frauen Probleme mit der Paßform, aber diesmal haben wirs hingekriegt.«

Grace dreht sich auf den Zehenspitzen. »O Mama.«

»Paß nur schön auf, daß einer von diesen Photographier-Leuten ein paar gute Photos von dir macht. Ich stell mir eins auf meinen Frisiertisch, und wenn Leute zur Anprobe und so kommen, dann sehen sie dich, direkt neben den ganzen Garnrollen und sagen: »Donnerwetter, Gloria, du machst auch schöne Kinder!«

Sechzehntes Bild: schwarzweiß

Eine weiche schwarze Brust weint eisige Tränen auf ein weißes Tuch; die Tränen sind zahlreich, fallen auf ein schmales weißes Bett, dann auf einen glänzenden schwarzen Boden. Zwei weiße Hände heben die tränenreiche Brust hoch, eine dritte weiße Hand, die ein weißes Licht hält, dringt in die weiche schwarze Brust hinein, kommt heraus, dringt wieder mit einem dünnen weißen Messer ein. Das Messer dringt tief in die weiche Brust ein, sticht in die inneren Ränder. Viele eisige Tränen bedecken das dünne weiße Messer und die Hand, die Hand kommt heraus, dringt wieder mit einem winzigen weißen Strohhalm ein. Der Strohhalm saugt die eisigen weißen Tränen der weichen schwarzen Brust ab, legt sie in ein kleines weißes Glas, läßt die weinende Brust weit offen, legt ein Stück ihrer Nerven und Muskeln frei.

Siebzehntes Bild: Farbe

Grace ist sechzehn; sie hat einen Freund namens Ben. Ben ist siebzehn, kupferbraun, größer, hat mehr Muskeln an den Armen, mehr Zeit in den Augen, mehr Mumm in den Knochen als alle anderen jungen Männer, die Grace kennt. Ben ist erwachsen und Grace brät Hähnchen für ihn, backt Apfelkuchen, hat ihm sieben Hemden genäht, ihm drei Wollschals und zwei Wollmützen gestrickt. Grace liebt Ben.

Ben kauft Grace Rosen und schöne Perlen und Spangen für ihr Haar, hat ihr beigebracht, wie man pfeift, Darts wirft, einen Basketball auf einem Finger tanzen läßt. Er hat ihr drei Nähkästchen gemacht, drei Hocker, ein Bücherregal und ihr einen kleinen Holzkamm geschnitzt. Ben liebt Grace.

Eines Tages treffen sich Ben und Grace nach der Schule. Ben steckt Grace eine rote perlenbesetzte Spange ins Haar. Grace schenkt ihm einen Kuchen. Sie gehen drei Straßen weiter zum Haus von Bens älterem Bruder, steigen drei Treppen hoch zu einem Zimmer, das nach Pfirsichen duftet; eine mit einem gelben Laken bedeckte Matratze liegt auf dem Boden, ein rotes Radio steht, eine schwarze Bibel liegt auf einem blauen Glastisch, die Wände sind hellrosa, und die Fenster gehen auf einen Park hinaus.

»Das ist unser Zuhause, Grace.«

»Gut, Ben.«

Ben setzt sich auf die Matratze und streckt die Arme nach Grace aus. Grace verschränkt die Arme vor der Brust, sieht das rote Radio an, die schwarze Bibel, den blauen Glastisch, lächelt, setzt sich zwischen Bens Arme.

Ben küßt Grace auf den Nacken, oben auf jede Schulter, auf beide Ohrläppchen, Wangen, Lippen. Grace schließt die Augen. Bens Küsse finden Graces Brust, und der Duft von Pfirsichen ist überall.

Achtzehntes Bild: schwarzweiß, Stilleben

»Kommen Sie, ziehen Sie sich wieder an, und dann besprechen wir ein paar Dinge.«

»Schön, ich weiß jetzt, daß ich irgendwie unters Messer muß, das heißt, daß ich wieder Urlaub brauche. Der Fachbereichsleiter wird begeistert sein, und Sarah, die arme Sarah, sie ist die einzige, deren Stundenplan sich gut mit meinem ergänzt.«

»Ähm, Grace ...«

»Na ja, Marylin kann vielleicht auch was übernehmen, aber, ich weiß nicht, sie ist so komisch, seit ich diese winzige Beförderung bekommen habe.«

»Kann ich Ihnen helfen mit dem Reißverschluß?«

»Nein! Ich – ich schaff es schon, das ist mein Lieblingskleid, aber der Reißverschluß klemmt immer.«

Die hübsche schwarze Frau steckt ihre langen schwarzen Arme in die Ärmel eines schwarzen Kleids. »Vielleicht Harriet, aber sie versteht es nicht gut mit großen Klassen, und mir geht fürchterlich gegen den Strich, wie sie Biologie unterrichtet! Oh, halt mal, das hab ich noch nie laut ausgesprochen!«

»Grace, bitte, setzen wir uns und reden.«

»Wann müßte ich denn kommen? Könnten wir für das Dingsbums einen Termin am, sagen wir, Donnerstag machen, dann kann ich nach ein paar Tagen Ruhe am Montag wieder in die Schule.«

»Ich weiß, daß es da viel zu bedenken gibt, aber wir ...«

»O Gott! Bens Geburtstagsfest, und ich hab noch keinen Menschen angerufen.« Die hübsche schwarze Frau beißt sich auf die Lippen, geht zu einem schwarzen Stuhl und setzt sich.

»Und meine Tochter – äh, sie hat in drei Tagen Abschlußfeier im College. Ich kann wirklich nicht vorher kommen, nicht mal, wenn sie bösartig sind.« Die hübsche schwarze schwarzgekleidete Frau, weißer Spitzenschal um die Schultern, weiße perlenbesetzte Spange im Haar, sitzt auf einem Stuhl mit hoher Lehne und fährt das Spitzenmuster ihres weißen Schals mit den Fingern nach. »In der rechten hab ich nie was gespürt.«

»Grace, wir können die Biopsie gleich heute machen.«

»Meine Dissertation geht über Frauen und –«

»Grace.«

»O Gott, warum kann ich nicht einfach losschreien.«

Neunzehntes Bild: Farbe, Gruppenphoto, verblassende Schrift um einen schmalen weißen Rand

»Die schwarzen Menschen in diesem Land haben jedes Recht auf alle Vorteile dieses Landes«, schreit Grace in ein Megaphon. Ben und Charlene fordern Vorübergehende auf, sich in eine Streikpostenkette einzureihen. »Wir haben dieses Land gerodet, wahrscheinlich ist sogar dieser Flecken Erde, auf dem dieses Kaufhaus Jewels steht, von Leuten aus euren Familien gepflügt, bestellt und abgeerntet worden, vielleicht hat Mr. Jewels selbst daheim ein schwarzes Dienstmädchen gehabt, das für ihn und seine Familie gekocht und geputzt hat.« Grace bewegt sich in einer großen schwarzen Menschenmenge in Birmingham Alabama; sie wischt sich den Schweiß von den Lippen, vom Hals. Ben photographiert sie, küßt sie, gibt ihr einen Becher Wasser, klopft ihr auf den Rücken. »Dieses Kaufhaus Jewels hier brüstet sich damit, das Kaufhaus mit den meisten schwarzen Arbeitnehmern zu sein, aber der alte Jewels läßt nicht zu, daß ein einziger dieser schwarzen Arbeitnehmer sein Mittagessen in diesem Kaufhaus ißt, sich die Hände dort wäscht, das Telephon oder die Toilette benützt. Die schwarzen Arbeitnehmer von Jewels müssen für all das woandershin gehen. Und wir sind heute hier, um zu sagen, daß es so nicht bleiben kann!«

Polizisten mit Helmen, Waffen, Wasserschläuchen und Hunden umzingeln die große schwarze Menschenmenge.

Charlene macht Grace ein Zeichen, still zu sein.

Grace ruft: »Dieses Kaufhaus Jewels ist die Kloschüssel nicht wert, in die zu pinkeln es seinen Schwarzen verwehrt!«

Bellende Hunde, Geschrei, Blut bedecken Grace.

Zwanzigstes Bild: schwarzweiß

Eine weiche schwarze Brust mit freigelegten Nerven und Muskeln liegt auf einem weißen Laken. Eine weiße Hand mit einer langen dünnen schwarzen Nadel nähert sich der weichen schwarzen Brust, die Nadel findet einen Nerv und sticht hinein. Die Brust wird flach, eine weiße Hand, die eine lange weiße Schere hält, beginnt, die Haut der weichen schwarzen Brust abzuschneiden.

Einundzwanzigstes Bild: schwarzweiß

Eine hübsche schwarze Frau, schwarz gekleidet, weißer Spitzenschal um die Schultern, weiße perlenbesetzte Spange im Haar, sitzt auf einem schwarzen Stuhl in einem kleinen weißen Zimmer, fährt mit den Fingern das Spitzenmuster des Schals nach und fragt sich, wie viele Frauen wohl schon auf demselben Stuhl gesessen haben, im selben Zimmer, welche Hautfarbe sie hatten, welche Farben sie getragen haben, Alter, Körpergröße, Namen. »Grace, wir können die Untersuchung heute durchführen. Dann wissen wir doch, was los ist.« Eine junge weiße weißgekleidete Ärztin kaut an einem schwarzen Stift. »Also, ich werde die Gewebeprobe selbst ins Labor bringen und darauf warten, und vielleicht können Sie in ein paar Stunden schon wieder zu Hause sein.«

»Ein paar Stunden?«

»Dann wissen wir jedenfalls etwas, Grace.«

»Ja, heute.«

Zweiundzwanzigstes Bild: Farbe, überall Rosen

»Ben Williams, nimmst du diese Frau, Grace Bowman zum dir anvertrauten Weibe und willst du sie lieben und ehren und ihr die Treue halten in Freud und Leid, Reichtum und Armut, Gesundheit und Krankheit bis daß der Tod euch scheide?

»Ja.«

Dreiundzwanzigstes Bild: Farbe, noch mehr Rosen

»Mmmm, mag ich gern, mich hier direkt zwischen sie zu kuscheln.«

»Ja, sieht so aus.«

»Ich spür sie gern auf den Wangen und der Nase, so weich und warm.«

»Ich habs am liebsten, wenn du mit den Fingerspitzen ganz langsam drüberfährst, so wie ...«

»So?«

»Ja, besonders an der linken.«

Vierundzwanzigstes Bild: schwarzweiß

Eine hübsche schwarze schwarzgekleidete Frau sitzt allein in einem kleinen weißen Zimmer; sie hat die Beine übergeschlagen, die Hände im Schoß gefaltet. Sie sieht zu, wie die Wände sich bewegen und horcht auf ihren Atem, der ihr die Lippen austrocknet.

Fünfundzwanzigstes Bild: schwarzweiß

Die Haut einer weichen schwarzen Brust liegt auf einem weißen Tuch. Zwei weiße Hände, eine mit einem weißen Licht, die andere mit einem dünnen schwarzen Messer, umkreisen die weiche schwarze Brust. Die dünne schwarze Klinge beginnt, Muskel von Knochen zu schneiden.

Sechsundzwanzigstes Bild: Farbe, Schmetterlinge in einem Netz

»Los, Herzchen, du schaffst es, du kannst das doch, preß das Baby raus, los schon, los, wir wollen sehen, was du da drinnen versteckt hast.«

»Wunderbar, Grace!«

»Bin ich – o Gott, schon wieder eine! Aa-iiiiii!«

»Durchatmen, nicht schreien, einfach wegatmen.«

»Ja los, Herzchen, du kannst es. Los, egal was dabei rauskommt.«

»Ahhhhhhhh!«

»Pressen Sie mit der hier, Grace.«

»Los gehts, Herzchen.«

»Ahhhhhh!«

»Gut, Grace, noch einmal so pressen, und ich denk, Sie und Ihr Mann haben ein Kind!«

»O Gott. Aha, ah, ah, ah ahhhhh!«

»Los, Schätzchen, ooooo Grace, Liebchen, ich seh den Kopf!«

»Wunderbar, jetzt immer weiter pressen, Grace, lassen Sie das Baby nicht wieder reinrutschen. Weiterpressen, Grace, los, los, los, gut, hier kommt Ihr Baby!«

»Ben?«

»Ein Mädchen, Herzchen, ein hübsches, rundes, gesundes Mädchen, ganz in Ordnung, Grace.«

»Hier Grace, lassen Sie Ihr Baby trinken, und ich schau mal, was es da unten für Schaden gegeben hat, wenn überhaupt.«

»O Gott, meine Brüste sind größer als ihr Kopf!«

Siebenundzwanzigstes Bild: schwarzweiß

Unter dem Muskel einer weichen schwarzen Brust sind Reihen porzellanweißer Knochen, unter den Knochen ein schnell klopfendes Herz.

Achtundzwanzigstes Bild: schwarzweiß, unterbelichtet

Eine hübsche schwarze Frau, schwarz gekleidet, weißer Spitzenschal um die Schultern, sitzt auf einem schwarzen Stuhl in einem kleinen weißen Zimmer. Die Zimmerwände sind schon mehrmals um sie herumgewandert.

Eine junge weiße Ärztin – weiß gekleidet, ein schwarzes Stethoskop und weiße Perlen um den Hals, einen schwarzen Stift in der Blusentasche, weißes Band im schwarzen Haar, ihr Lächeln bräuchte Lippenstift, um einen dunklen Fleck zu verdecken – entringt sich statt dessen einen Seufzer, betritt das kleine weiße Zimmer, in dem die hübsche schwarze Frau sitzt. »Grace, ich habe die Ergebnisse, und es tut mir leid, die ...«

»Schschsch!« Die hübsche schwarze Frau steht auf, geht rasch zu einem weißen Waschbecken, macht den Mund weit auf und füllt das Waschbecken mit winzigen schwarzen Stückchen aus ihrem Innern.

Neunundzwanzigstes Bild: Farbe, Rosen in einer Vase

»Daddy schenkt den Leuten einfach gern Blumen.«

»Eines Tages geht er noch pleite, allein von den Rosen.«

»Wenn du glaubst, das hier ist viel, dann wart nur, bis du das Haus siehst, und bei der Abschlußfeier hab ich eine Einkaufstasche gebraucht, nur um Papas Blumen heimzutragen.«

»Schade, daß ich nicht zu deiner Abschlußfeier konnte!«

»Ach Mama, eine Abschlußfeier ist doch wie die andere.«

»Aber ich weiß, daß dein Vater ganz vorn gesessen ist und Massen Photos gemacht hat.«

»Ja, aber schade, daß ich keins von dir und mir hab.«

»Ach ja, schade? Dann sind manche Abschlußfeiern wohl doch ein bißchen anders.«

»Ja, wahrscheinlich.«

»Aisha, du weißt, was ich dich jetzt fragen will, also sei nicht gleich empört.«

»Aber Mama.«

»Und laß dein ›aber Mama‹. Hast du einen BH angehabt? Dein Vater wird von diesen Photos welche an seine Familie schicken, und du weißt doch, wie die sind.«

»Ich wette, du sitzt hier im Bett und machst dir die ganze Zeit darüber Gedanken.«

»Laß das mal meine Sache sein, worüber ich mir Gedanken mache. Hast du einen angehabt?«

»Ja, Mama, hab ich. Kannst du dich jetzt bitte mal entspannen?«

Dreißigstes Bild: schwarzweiß

Zwei weiche schwarze Brüste liegen auf einem weißen Tuch, die eine ist flach und still wie ein geschlossenes Auge, die andere voll und starrt ein weißes Licht in einem schwarzen Fenster an, als wolle sie es herausfordern, zum Kampf.

Übersetzt von Helga Pfetsch

Beherzt trug sie am nächsten Morgen den Ring an der rechten Hand in ihr Geschäft.

Er war auffällig wie ein Scheinwerfer, aber B. J., der sich über ihre Theke beugte und mit peinlicher Konzentration schrieb, bemerkte ihn nicht. Sie nahm den obersten Umschlag von dem fertigen Stapel links von ihm, drehte ihn um und betrachtete ihn kritisch. Er war in einer runden, klaren, kindlichen Handschrift ordentlich an Mrs. Edward Cosgrove in den Valley View Apartments adressiert.

»Das sind die Danksagungskarten«, sagte er, ohne durch seine dichten Wimpern hochzuschauen. »Sie sind alle fertig. Ich hab sie offen gelassen, falls Sie noch was draufschreiben wollen. Jetzt bin ich bei den Weihnachtskarten.«

»Weihnachtskarten?« fragte sie verblüfft, als habe sie dergleichen noch nie gehört.

Seine Hand griff blitzschnell in eine offene Kiste rechts von ihm, zog einen Umschlag heraus, schob ihr dann die Kiste zur Durchsicht hin.

B. J. hatte gut gewählt. Die Karte war weder grell noch geschmacklos, und sie war auch keineswegs billig. Sie zeigte ein goldenes Rebhuhn in einem Baum, von dem goldene Birnen tropften, und hatte etwas Üppiges und Anspruchsvolles an sich, aber doch nicht zu aufdringlich.

Auf der Innenseite war eine knappe Mitteilung: Grüße. Sonst nichts; nichts Religiöses, das die verschiedenen Glaubensrichtungen ihrer Kunden hätte verletzen können.

»Gefällt sie Ihnen?« fragte er, ohne aufzuschauen.

»Sehr. Ich selber hätte keine bessere aussuchen können.«

Ihre nächste Bemerkung war ein Überraschungsangriff. »Wieviel Geld haben Sie jetzt noch auf der Bank, B. J.?«

»Genug«, war seine ausweichende Antwort.

»Wieviel Geld hatten Sie denn, ehe ich ins Krankenhaus mußte?«

»He, gucken Sie doch bloß, wozu das führt, daß Sie all die Fragen stellen.« Er hielt einen verschmierten Umschlag hoch und zerriß ihn dann. »Jetzt muß ich ihn neu schreiben.«

Er versuchte, sie abzulenken, und das war ihr klar. »Hören Sie doch mal eine Minute mit Schreiben auf, B. J. Ich will mit Ihnen reden.«

»Ich muß die hier fertigbekommen, damit ich sie zur Post bringen kann. Wir haben schon den einundzwanzigsten Dezember«, murrte er.

»B. J., *die können warten*«, sagte sie in ihrem Jetzt-reichts-aber-Ton.

»Okay«, sagte er widerwillig und drehte sich auf dem Stuhl zu ihr hin.

»Ich habe Sie gefragt, wieviel Geld Sie noch auf der Bank haben, und wieviel Sie ausgegeben haben.«

»Ich weiß nicht genau. Ich hatte mal ne Menge. Jetzt hab ich vermutlich noch fünf oder sechs Dollar übrig. Die Karten haben zwölf-fünfzig gekostet. Zehn die Weihnachtskarten und zwei-fünfzig die Danksagungskarten. Ich hab sie von Ihrem Geld gekauft, aber wenn Sie sie zu teuer finden, sagen Sie, was ich hätte ausgeben sollen, und ich zahl die Differenz.«

»Ich meine nicht die Karten«, sagte sie, und ihr war klar, daß er dem Thema auswich. »Sie sind es wert, was auch immer sie gekostet haben. Ich frage mich, woher Sie das Geld hatten, das hier zu kaufen.«

Ihre Faust flog ihm derart plötzlich ins Gesicht, daß er sich duckte. Dann sah er den Diamanten. Sein Gesicht war wutverzerrt.

»Sie hatten versprochen, es nicht vor Weihnachten aufzumachen!«

»Sie sind ja an Weihnachten nicht da, erinnern Sie sich?«

»Ich weiß, da sind Sie sauer, Miss Lena. Mama Boggs und Papa Earl hätten Sie eingeladen, aber die befürchteten eine Absage von Ihnen. Die ham kein schönes Haus oder nichts Elegantes. Sie sind ne gebildete Dame der guten Gesellschaft, und die sind bloß gewöhnliche Leute.«

»Wir sind doch alle hier gewöhnliche Leute, B. J. Gewöhnliche Leute, die sich keine Diamanten leisten können.«

»Woher wissen Sie denn, daß es ein echter Diamant ist?«

»Weiß ich«, sagte sie ruhig. »Ich hab genug echten Schmuck gesehen, um ihn von falschem unterscheiden zu können. Wo haben Sie ihn her?«

»Ich hab ihn gekauft.«

»Wo?«

»Ich hab versprochen, es nicht zu sagen. Aber ich hab ihn von meinem eigenen Geld gekauft.«

»Das glaub ich Ihnen nicht. Beweisen Sie mir, daß ich mich irre. Zeigen Sie mir die Quittung.«

Er schüttelte den Kopf. »Kann ich nicht. Hab keine.«

»Natürlich nicht, weil Sie ihn nicht gekauft haben.«

»Ich hab ihn nicht in einem *Geschäft* gekauft!« rief er.

»Wo haben Sie ihn dann gekauft?«

Er schwieg.

»Ich glaub, Sie haben ihn geklaut, und Sie wissen, was ich vom Klauen halte. Wenn Sie mir nicht sofort sagen, wem Sie ihn geklaut haben, ruf ich die Polizei, und die werden Sie schon zum Sprechen bringen.«

Sein Gesicht, von schwarz zu aschgrau erblaßt, sah älter aus als damals, als sie ihn zum erstenmal gesehen hatte. Seine Stimme stockte. »Ich wollt Ihnen bloß was Schönes schenken, statt alten blöden Kram wie Parfum oder Modeschmuck. Aber das Pech ist, Sie trauen niemand. Vielleicht können Sie echten Schmuck erkennen, aber Sie können nicht erkennen, wenn Leute schwindeln und wenn sie aufrichtig sind.« Indem er zur Decke aufschaute, als wolle er einen unsichtbaren Dritten ansprechen, klagte er: »Ach, was hat's für'n Sinn, mit jemand zu reden, der doch nicht glaubt, was man sagt? Hat gar keinen Sinn. Überhaupt keinen Sinn.«

Er schien zu weinen, als er zur Tür hinausrannte, aber er bewegte sich so rasch, daß sie nicht ganz sicher sein konnte, ob sie feuchte Spuren auf seinen grauen Backen gesehen hatte. Sie folgte ihm mit seinem Hut und seiner Jacke. »Es ist kalt draußen, B. J.!« rief sie. »Kommen Sie zurück! Sie haben Ihre Jacke vergessen.«

Aber die Straße war leergefegt von Fußgängern und Verkehr und, da sie vom ersten Schnee des Winters weiß geworden war, auch unheimlich still. Niemand antwortete.

Also gut, den bin ich los, sagte sie zu sich. Er machte sowieso bloß Ärger.

Aber das Echo ihrer eigenen Strafpredigt, wie sie für ihn geklungen haben mußte, schallte ihr noch im Ohr. Schon jetzt kam sie ihr bombastisch, selbstgerecht, womöglich sogar äußerst unfair vor. Sie stand noch immer in der Tür und hielt töricht den Hut mit den Ohrklappen und die warme karierte Jacke in der Hand. Sie legte beides vorsichtig auf einen Sessel. Er würde deswegen wiederkommen, sagte sie sich, sobald sich sein Ärger gelegt hatte. Sie wollte sich für ihren Schwall von Anklagen entschuldigen und ihn nochmals bitten, diesmal freundlich, die Sache mit dem Ring zu erklären. Diesmal würde er mit der ganzen Wahrheit herausrücken, und sie würde ihm glauben. Sie drehte den Ring an ihrem Finger, als hätte er die Zauberkraft, ihn tatsächlich zurückzuholen.

Aber der Tag zog sich in die Länge, es wurde noch ruhiger, der Schnee fiel weiter, und B. J. tauchte nicht auf. Auch sonst niemand. Sie blickte auf den Kalender, sah bei ›Freitag‹ keinerlei Kritzeleien und schloß daraus, daß sie heute keine Verabredungen hatte. Also konnte sie ebensogut gehen.

Aber da *war* dieser Stapel Karten, der fertig gemacht und zur Post gebracht werden mußte. Mit einem Appell an ihre Selbstdisziplin, sie jetzt nicht zu verlassen wie zuvor B. J., setzte sie sich und wendete sich entschlossen der Aufgabe zu.

Fast sofort war ihr klar, daß sie B. J. brauchte. Sie breitete die Danksagungskarten aus und starrte darauf. Sie wußte nicht mehr, welche der Frauen ihr welches Geschenk mitgebracht hatte. Sie mußte sich mit einer allgemeinen Formulierung begnügen – »Vielen Dank für Ihre Aufmerksamkeit« –, die sie auf jede Karte schrieb, bevor sie ihre Unterschrift daruntersetzte.

Das Adressieren der Weihnachtskarten erforderte noch mehr Disziplin. Für sie war das immer die deprimierendste Pflicht gewesen, die sie sich vorstellen konnte, aber dieses Jahr fand sie es ganz besonders niederschmetternd. Ihr Widerwille machte das Ganze noch mühsamer. Als sie den letzten Umschlag zuklebte, wurde das Zimmer schon allmählich dunkel, und noch immer gab es keine Spur von B. J. Sie hatte gerade noch genug Zeit, die Karten zur Post zu bringen. Sie zog ihre Stiefel an, schloß das Geschäft ab und machte sich auf den Weg zum Postamt. Danach wollte sie direkt nach Hause gehen und erfreuliche Feiertagspläne machen. Sie wollte nicht noch eine Minute ihres Lebens damit vergeuden, hinter diesem verwahrlosten Kerl herzulaufen.

Aber anscheinend konnte sie allein nichts mehr genießen. Es war so klammheimlich passiert, sie hatte gar nicht gemerkt, daß sie sich allmählich an ständige Gesellschaft gewöhnt hatte, an lebhafte Fragen, die Antworten erforderten, an wache Ohren, die zuhörten, und an einen schnellen Verstand, der sogar reagierte, wenn sie zu sich selber sprach. Sie fühlte sich gar nicht mehr wohl in ihrer gemütlichen Wohnung, und ihre technischen Errungenschaften machten ihr keinen Spaß mehr. Der Fernseher und der Ofen in Augenhöhe starrten sie nebeneinander mit leeren, traurigen Idiotenaugen an. Gleich würde sie losheulen.

Sie wählte die Nummer des Krankenhauses und fragte nach Mamie. Mamie schien zum Lunch weg zu sein. Am Freitag vor Weihnachten waren immer alle zum Lunch weg. Immer, wenn man auf dieser Welt Leute brauchte, waren sie zum Lunch weg. Oder zum Einkaufen oder zum Feiern oder zum Huren oder zu sonstwas.

Als Miss Lena merkte, daß sie allmählich hysterisch wurde, nahm sie sich zusammen und fragte sich: Seit wann brauchte sie eigentlich jemanden? Die Leute waren doch bloß eine Plage. Wenn sie sie nicht auf Distanz hielt, würde sie sich noch an ihrer Idiotie anstecken.

Aber diese Philosophie, die das übrige Jahr funktionierte, würde ihr nicht helfen, durch die schrecklichen, künstlich fröhlichen Feiertage zu kommen. Sie rief Leroy zu Hause an. Er war gerade mit Packen fertig. »Kind, warum hast du mich nicht eher angerufen? Gestern abend noch hätte ich etwas für dich tun können, aber heute sind alle Flugzeuge ausgebucht. Ich hab gerade versucht, für einen anderen Freund von mir einen Platz zu bekommen. Tut mir leid, aber ich muß zum Flugplatz flitzen.«

Es sollte bedauernd und mitfühlend klingen, aber der Unterton von Hochstimmung in seiner Stimme war nicht zu überhören. In einer Stunde wäre er in der Luft, sein Flugzeug unterwegs zur Küste eines anderen Kontinents. Er schwelgte bereits in der Vorfreude auf eine Woche neuer Erlebnisse: andere Umgebung, anderes Klima, anderes Essen, neue Freunde.

Was die anderen sogenannten Freunde anging, die sich vor einigen Wochen in ihr Geschäft gedrängt hatten, wo waren die jetzt? Packten für die Flitterwochen, probten ihre Hochzeit oder waren damit beschäftigt, ihre sowieso schon gemütlichen Nester zu schmücken und mit Verpflegung zu versorgen. Kauften Geschenke, um sie wie Eichhörnchen in die Leere der Einsamkeit zu stopfen, die am 25. Dezember mehr weh tat als an jedem anderen Tag im Jahr. Diesen Hohlraum bis zum Rand zu füllen, würde garantieren, daß sie an diesem einen Tag von einem engen Kreis von Liebe und Dankbarkeit umschlossen wären, wie reserviert und gleichgültig dieser Kreis auch an allen anderen Tagen sein mochte. Zu jeder anderen Zeit konnten die Leute Einsamkeit, Gleichgültigkeit, sogar Feindseligkeit ertragen. Aber am 25. Dezember, da Glück quasi per Gesetz verordnet war, erschien sogar ein Kreis von Habgierigen besser als gar nichts. Wenn sie ihre verheirateten Freundinnen anrief, hätten die vielleicht Mitleid und würden an ihren Festtagstischen Platz für sie machen. Aber Miss Lena wollte kein Mitleid. Sie war zu stolz, um zuzugeben, daß sie verzweifelt war – es sei denn jemandem gegenüber, der womöglich genauso einsam war wie sie.

Sie wählte Mamies Nummer zu Hause und wunderbarerweise wurde abgehoben. Die rauhe, vertraute Stimme sagte: »Hallo«, in einem Ton, als habe sie beim dritten Klingeln »Scher dich zum Teufel« gesagt.

»Was machst du an den Feiertagen?« fragte Miss Lena.

»Versuchen durchzukommen, wie alle anderen einsamen alten Schachteln. Was denn sonst? Ich hab versucht, bis Neujahr durchzuarbeiten, aber sie brauchten mich nicht. Also muß ich eben hier sitzen und durchhalten. Sie brauchen mich allerdings nach dem Ersten. Da wird's immer mit den Selbstmordversuchen von Weihnachten voll. Ich muß bloß zehn Tage Geduld haben und versuchen, nicht einer davon zu sein.«

»Ich dachte, du sagtest mal, du hast Kinder.«

»*Erwachsene* Kinder, Süße! Die Jungens sind in Übersee beim Militär, und das Mädchen ist in Kalifornien. Sie würden doch nicht bis hierher fliegen, bloß um eine alte Dame zu besuchen.«

»Was ist mit deinem Freund?«

»An Weihnachten muß ein verheirateter Mann jede Minute mit seiner Familie verbringen. Und mich betrunken auf dem Trocknen sitzen lassen.« Sie lachte in sich hinein mit diesem köstlichen Humor, der nach Miss Lenas Überzeugung Mamie bestimmt immer davon abhalten würde, ein Faktor der Selbstmordstatistik zu werden. »Wenn ich auf dem Trocknen sitze, wie zum Teufel kann ich dann blau sein? Ich wünschte wirklich, ich könnte es mir leisten, die nächsten zehn Tage im Suff zu verbringen.«

»Wie wär's, wenn du dich in Gesellschaft betrinkst?«

»Mit wem?«

»Einer andren alten Schachtel. Mir.«

Mamie tat so, als zögere sie. »Du bist eigentlich nicht mein Typ.« Nach einer langen Pause war ein herzliches Kichern zu hören. »Aber du bist gut genug. Hör mal, nichts für ungut, ich wollte bloß sagen, daß mir ein Mann lieber wär. Du verstehst. Tatsache ist, ich würd heute abend mit King Kong ausgehen, oder eben mit *Mrs.* King Kong, aber keiner von beiden hat sich um mich bemüht. Du siehst besser aus als sie. Und benimmst dich auch besser. Bleib wo du bist. Ich komm rüber, sobald ich mich in Schale geworfen hab.«

Miss Lena hatte nicht vorgehabt, auszugehen, sondern nur Mamie die Gastlichkeit ihrer Wohnung und ihrer Essens- und Weinvorräte anzubieten. Aber um ihre Weihnachtsdepression in Schach zu halten, war sie zu fast allem bereit, sogar eine ihrer fundamentalsten Überlebensregeln zu mißachten: Bleib nach Einbruch der Dunkelheit immer zu Hause, vor allem an Wochenenden und Feiertagen.

»Zieh das Eleganteste an, was du im Schrank hast. Vielleicht können wir ausgehen und jemand aufreißen. Wenn nicht, sind wir wenigstens nicht zu alt für Träume.«

Miss Lena durchsuchte ihre Schränke nach etwas, was Mamies Erwartungen entsprechen würde. Obwohl viele ihrer gut sitzenden, maßgeschneiderten Geschäftskleider bunt waren, war sie sicher, daß keines passend wäre. »Elegant« hieß sexy, exzentrisch, auffallend, *Männern* auffallend.

Sie wühlte in der Kiste unten in ihrem Schrank, wo sie ihre Ausstellungsstücke aufbewahrte, und zog das lila Samtminikleid heraus und dazu passende Shorts, die den letzten Oktober in ihrem Fenster verbracht hatten. Ja, warum nicht? dachte sie leichtsinnig. Ihre Beine waren mindestens so gut wie die von Mrs. Lewis, wenn nicht besser. Mrs. Lewis hatte Kinder geboren und war außerdem ein Vierteljahrhundert älter. Sie hängte das Samt-Outfit ins Badezimmer und drehte die heiße Dusche voll auf, um die Falten herauszudampfen. Dann färbte sie wild begeistert eine Strumpfhose mit Traubensaft passend ein und trocknete sie unter der Haube ihres Föns.

All das war schon so wenig ihre Art, daß sie beschloß, aufs Ganze zu gehen. Sie schmierte sich lila Lidschatten auf die Augen und malte sich auch die Lippen lila an. Dann kippte sie das Gardenienparfüm über sich, das Miss Everett ihr geschenkt hatte. Als sie Mamie die Tür aufmachte, brachen beide spontan in Gelächter aus, als machten sie sich über sich selbst lustig. Mamies große, geschwollene Füße waren in Goldsandalen gezwängt, und ihr Körper sprengte die Säume eines orangefarbenen Satinschlauchs, der so glänzend war, daß er zu fluoreszieren schien. Ihre Brüste quollen aus dem tiefen runden Ausschnitt wie ein Paar schwimmende Kokosnüsse, und sie duftete wie ein Treibhaus voll Gardenien.

»Gott, Mädel, ich hoffe echt, wir finden irgendwas in Hosen, das schleunigst mit uns loszieht! Wenigstens riechen wir gleich. Aber – lila und orange! Ich hab noch nie im Leben Farben gesehen, die sich mehr beißen. – Ach, zum Teufel, wer sieht uns denn schon? Bei ›Susie's‹ ist es sowieso stockfinster.«

»Was ist ›Susie's‹?«

»Ein feines Plätzchen. Wird dir gefallen. Gehen wir.« Und so ging sie, eine weitere ihrer wesentlichen Überlebensregeln mißachtend: *Geh nie ohne männliche Begleitung in eine Bar. Und auch dann nur in eine feine Bar!*

»Susie's« entsprach Mamies Vorstellung von einer feinen Bar, aber nicht der von Miss Lena. Eigentlich konnte sie sich nicht beklagen, denn sie hatte Regel Nummer Eins gebrochen: *Suche nie so verzweifelt nach Gesellschaft, daß du deine Maßstäbe herunterschraubst.* Miss Lenas Maßstäbe duldeten keine laute Unterhaltung; eine Musikbox, die ebenso laut war, aber keines der anstößigen Worte übertönte; kaputte Linoleumböden mit gewellten Kanten, die eine gefährliche Unterlage für hohe Absätze waren; oder rutschige, schiefe Barhocker, die drohten, jeden Gast abzuwerfen. Nicht, daß ihr Maßstab sie überhaupt auf einem Barhocker sitzen ließ. Damen, meinte sie, saßen immer am Tisch. Weibliche Wesen, die auf Barhockern saßen, seien keine Damen, erklärte sie Mamie. Sie seien Frauen, die sich aufgabeln ließen.

»Also?« fragte Mamie fordernd. »Warum meinst du hab ich dich hierher gebracht?«

Als Mamie noch darauf hinwies, daß die meisten Nischen schon von Männern besetzt waren, die ihre zahlreichen Drinks ausschliefen, legte Miss Lena rasch ihre Damenhaftigkeit ab, kletterte auf einen wackeligen Hocker und schlang ihre lila bestrumpften Beine eng um den Sockel.

»Was trinken Sie?« fragte das junge, niedliche Barmädchen.

Miss Lena, die nie viel trank, sagte: »Ein Glas Weißwein.«

»Wir ham bloß Tokajer, Sherry und Muskateller.«

»Wir trinken beide Schampus«, erklärte Mamie gebieterisch.

Miss Lena griff zögernd nach ihrer Handtasche. Schampus war teuer.

»Ich hab nicht viel Geld bei mir, Mamie. Ich nehm nie viel Bargeld mit.«

»Sollste auch nicht. Steck die Brieftasche weg, du Dummchen. Ist dir nicht klar, daß die Männer da drüben uns zu unseren Drinks einladen?«

»Welche Männer, wo drüben?«

Mamie nickte mit ihrem üppigen Perückenkopf nach rechts. »Die beiden ganz hinten. Sie werden vermutlich gleich hier sein.«

»Genau davor hab ich Angst.«

»Angst? Warum? Erzähl mir nicht, daß ich mit einer vierundfünfzigjährigen Jungfrau losgezogen bin.«

»Nicht ganz«, sagte Miss Lena mit einem Lächeln. »Ich hab bloß die letzten zwanzig Jahre so gelebt.«

»Also, dann entspann dich mal und benimm dich wieder wie vierunddreißig. Weil so siehst du aus, und sie gucken sich schon die Augen aus im Kopf, seit du reingekommen bist. Das sind die Beine glaub ich. Die irren lila Beine.«

Während ihre Augen sich an das dämmrige Licht gewöhnten, erkannte Miss Lena die beiden Männer: Der eine war groß, breitschultrig und schmal in der Taille, der andere kleiner und unten genausobreit wie oben. Earl Junior und sein Vater. Den Gruß der beiden mit erhobenem Glas erwiderte sie und flüsterte: »Die kenn ich, Mamie.«

»Also, das hilft immer. Sie sehen gar nicht so schlecht aus. Sie ähneln einander. Sind das Brüder?«

»Vater und Sohn«, sagte Miss Lena.

»Nicht dein Ernst. Die sehen doch beide aus wie um die vierzig.«

»Es ist dunkel hier.«

»Nicht zu dunkel für sie, dich zu sehen. Wie alt sind sie denn dann?«

»So gut kenn ich sie auch nicht, aber ich würd sagen, einer ist Anfang dreißig, der andere Anfang fünfzig.«

»Verheiratet?«

Miss Lena zuckte die Schultern. »Ich glaub, der Vater ja. Von dem Sohn weiß ich's nicht.«

»Was soll's?« sagte Mamie gutgelaunt und schüttete ihren Sekt hinunter. »Sind Männer, stimmt's? Hör mal, Mädel, ich spiele, aber ich spiele fair. Sie haben dich zuerst gesehen, und du hast sie zuerst gekannt. Du kannst den jüngeren haben. Ich nehm den älteren.«

»Nimm sie beide«, sagte Miss Lena, zu spät. Papa Earl war auf den Hocker rechts von Mamie gerutscht, und sie hatte Miss Lena bereits den Rücken zugekehrt, um ihn zu begrüßen.

Und links von ihr schlang Earl Junior einen Arm um ihre Schultern, als hätte er mit dem Sekt für dieses Privileg bezahlt. Sie löste sich allerdings von seiner Berührung nicht etwa, weil sie sich abgestoßen fühlte. Sie löste sich, weil sie sich angezogen fühlte.

In dem Versuch, ihre beunruhigenden Gefühle zu verdrängen, die zu produzieren ihre Nerven vergessen zu haben schienen, erinnerte sie ihn daran, daß sie alt genug sei, um seine Mutter zu sein.

Er lachte leichthin und zeigte dabei einen Mund voll tadelloser, ebenmäßiger Zähne. Miss Lena wünschte, er hätte nicht gelächelt. Miss Lena fand tadelloses weißes Lächeln gegen dunkle Lippen fast unwiderstehlich. Schwarze Männer – und Frauen auch – mit lückenlosen Zähnen waren so selten.

»Ich hab schon eine Mutter«, sagte er. »Und Sie haben schon einen Sohn.«

»Ich wünschte, Sie hätten ein paar Zahnlücken«, murmelte sie und nippte nervös an ihrem Sekt.

»Was war das?« fragte er und beugte sich zu ihr.

»Ach nichts. Haben Sie ihn gesehen?«

»Wen?«

»Den Jungen, den Sie meinen Sohn nennen.«

»Oh, er war heut abend auf einen Sprung da, um nen Happen zu essen und einen Pullover zu holen, den er bei uns liegengelassen hatte. Aber dann mußte er schnell weg. Sagte, er komme später wieder.« Er kicherte. »Schlau für sein Alter. Ein richtiger kleiner Mann. Immer in Geschäften unterwegs. Ich seh, Sie tragen Ihren Ring.« Er streichelte ihr gefühlvoll die Hand und ließ seine Fingerspitze genau über dem Ring ruhen. »Der muß Ihnen ja gefallen. Bin ich froh.«

Plötzlich überrascht, riß sie ihre Hand zurück. »Hat er den von Ihnen?«

»Nicht ganz. He, warum so nervös?«

»Was heißt, ›nicht ganz‹?« fragte sie knapp.

»Sie haben Ihren Sekt ja kaum angerührt, meine Dame. Keine Sorge, es ist noch reichlich da. Wir haben eine ganze Flasche bestellt. Und wenn die leer ist, ist noch mehr in Susie's Eisschrank.«

Die waren also so richtig in Spendierlaune. Wie konnten sie sich das nur leisten? Vorsichtig nippte sie an ihrem Glas. Sie wollte nicht betrunken werden. Wenn sie je hellwach sein mußte, dann jetzt. Sobald sie das leere Glas absetzte, wurde es wieder wie von Zauberhand gefüllt.

Seine Finger streichelten jetzt ihre linke Hand und weckten Gefühle, die sie schon lange erloschen geglaubt hatte. »Sie sollten noch einen Ring für diese Hand haben.«

Schon nach ihrem ersten Glas drehte sich ihr alles im Kopf. Machte ihr dieser charmante Straßengangster etwa einen Heiratsantrag? In dem schummrigen Licht sah er gut aus; seine Narben unsichtbar, das Haar ordentlich gekämmt, die Augen klar und sprühend.

»Ich hätt schon gern einen«, sagte sie.

»Sie können ihn zum selben Preis haben wie er. Fünfundzwanzig Dollar.«

Trotz des Sekts wurde Miss Lena sofort hellwach, als hätte man ihr Eiswasser ins Gesicht geschüttet. Earl Junior warb gar nicht um sie. Sie war schön dumm gewesen, das zu glauben. Er setzte nur seinen beträchtlichen Charme ein, um sie zum Kauf zu überreden. Aber sie spielte mit ihrem Ring und tat so, als hätte man sie betrogen. Sie mußte herausfinden, in was B. J. da verwickelt war.

Earl Junior schien ihre Entrüstung zu spüren, da ihr Rücken plötzlich ganz steif wurde. Er begann, ihn zu streicheln. »Sie wissen, ich hab kein Interesse, Ihnen Schmuck zu verkaufen. Ein Mann in meinem Alter ist es leid, mit seinen Leuten zu wohnen. Er braucht vielmehr ein eigenes Plätzchen und seine eigene Frau.« Er ließ seine Fingerspitze ihre Wange entlanggleiten vom Ohrläppchen bis zum Kinn, als wolle er sie daran erinnern, daß auch sie jetzt eine gezeichnete Frau sei, und daß ihn ihr Äußeres nicht störe.

»Seine eigene *schöne*, kleine Frau.«

Jetzt, da sie wußte, daß seine Liebenswürdigkeiten rein kaufmännischer Natur waren, fiel es ihr etwas leichter, nicht auf ihn zu reagieren, aber nicht viel. »Ich verstehe nicht, wie diese Ringe so billig sein können. Sind sie geschmuggelt?«

Er lächelte wieder, und der ganze Raum wurde hell. »Muß ich diese Frage wirklich beantworten? Meine Eltern und ich, wir haben viele Freunde, die uns feine Dinge mitbringen. Und wir haben viele andere Freunde, die gern feine Dinge haben. Wir helfen bloß, daß die zueinanderfinden, das ist alles. Man könnte sagen, wir betreiben eine Art Einzelhandel.«

»Wo bekommen Ihre Freunde diese Dinge denn her?« beharrte sie.

»Warum stellen Sie so viele Fragen, schöne Frau? Ich stell nie solche Fragen. Ich nehm einfach die guten Dinge an, die mir aus heiterem Himmel in den Schoß fallen. Der Allmächtige sorgt dafür, und ich danke ihm.« Er erhob die Arme, um seine fromme Rede zu unterstreichen. »Es wird kalt draußen. Bräuchten Sie nicht einen schönen, warmen Pelzmantel?«

Miss Lena war sicher, daß der Allmächtige mit all dem nichts zu tun hatte. »Nein«, sagte sie und versuchte, nicht auf den warmen, beständigen Druck seiner Hand auf ihrem Rücken zu reagieren.

»Wenn nicht der Arm Ihres Liebhabers Sie umschlingt, wie jetzt meiner, könnten Sie sich in Ihren Pelz kuscheln und sich genauso wohl fühlen. Ich spreche nicht von etwas Billigem. Ich würde einer Frau der guten Gesellschaft wie Ihnen nie etwas Billiges anbieten. Ich rede von was Besonderem, etwas, was zu

Ihnen paßt. Also los. Welches ist Ihr Lieblingspelz? Zobel? Hermelin? Wie wär's mit einem schönen tiefschwarzen Nerz? Ich könnte einen nagelneuen für nur vierhundert Dollar bekommen.«

Er atmete ihr ins Ohr. Er fuhr ihr mit den Lippen übers Ohr. Statt sich darüber klar zu sein, daß das alles zum Verkaufsgespräch gehörte, reagierte sie wie jede Frau. Jetzt reicht's, beschloß Miss Lena. »Reden Sie von einem Mantel mit Ärmeln oder ohne?« fragte sie beherzt. Die Bemerkung ließ ihn zusammenfahren, aber er ließ sich nicht beirren. Er verstärkte nur den Druck seines Arms.

Sie stubste Mamie so heftig, daß Mamie fast von ihrem Hokker kippte.

»Hey, autsch! Was ist denn mit dir los?«

»Ich will gehen. Ich weiß ein feineres Lokal.«

»Wo ich gerade anfange, mich wohl zu fühlen«, brummte Mamie. Aber etwas in Miss Lenas Gesicht hielt sie von weiteren Einwänden ab. Sie sagte etwas zu Papa Earl, stopfte einen Gegenstand in ihre Handtasche, ließ sie zuschnappen und kletterte ungeschickt von ihrem Hocker.

»So früh wollen Sie schon gehen?« fragte Earl Junior mit einem gespielt niedergeschlagenen Gesichtsausdruck.

»Der Abend ist jung, und wir sind es auch. Wir sind später wieder da«, versprach Mamie mit einem Zwinkern und folgte Miss Lena auf die Straße.

Sie keuchte, als sie sie einholte. »Hey, warum so eilig? Was hat der goldige junge Typ denn gemacht, daß du so wütend bist?«

»Er wollte mir was verkaufen. Pelze. Was wollte sein Vater dir verkaufen?«

»Französisches Parfüm.« Mamie öffnete ihre Tasche und zeigte ihr einen Flacon aus mattiertem Glas, dann ließ sie die Tasche wieder zuschnappen. »Wir konnten uns aber nicht über den Preis einigen. Ich hab gesagt, ich zahle, wenn ich ihn wiederseh. Auf die Art kann ich sicher sein, *daß* ich ihn wiederseh.«

»Ich hoffe, das tust du nicht«, sagte Miss Lena grimmig.

»Ach, ich verstehe. Du hast gemeint, du bekommst all die Aufmerksamkeit gratis. Als du begriffen hast, daß es nicht gratis ist, bist du wütend geworden. Zu stolz, um dafür zu zahlen, stimmt's?«

»Du etwa nicht?«

»Manchmal. Aber manchmal bin ich nicht zu stolz«, gab Mamie kleinlaut zu.

Übersetzt von Barbara von Bechtolsheim

ANGELA JACKSON

Treemont Stone

Es war Halloween.

Geister wurden losgelassen, gingen in Materie über und stiegen Treppen. Fenster öffneten sich und Schleier wurden gelüftet. Äther-Kätzchen miauten tief in den rissigen Wänden. Gespenster kamen, aber meine Mutter bannte sie mit ihrem Lächeln. Und doch gab es bei uns im Haus eine Hexe. Wir hätten geschworen, daß sich in ihren Mundwinkeln und zwischen den tonlos murmelnden Lippen böse Zaubersprüche verbargen. Sie blickte uns mit großen, verständnislosen Augen an. Sie ritt auf keinem Besen – sie hatte mehr oder weniger einen auf dem Kopf.

Als wir an jenem Freitag aus der Schule kamen, war sie plötzlich da. Die abgenutzte Couch gegenüber der Haustür hatte gewartet, daß sie sich irgendwann daraufsetzen würde, irgendwann, zum Beispiel jetzt. Da saß sie nun, als sei sie schon immer mitten in der Kuhle gesessen, dort, wo die Kissen auseinanderklaffen. Und nie machte sie etwas, außer mit ihren Händen, die immer in Bewegung waren.

Ich verstand dieses Herumgefuchtel nicht. Ihre Hände brachten nichts zuwege. Aus ihnen sprach das Chaos.

Sie schob sich das blonde Haar aus dem Nacken, wo es lag wie die Mähne auf dem kräftigen Hals von Desdemona, dem Pferd des Wassermelonenmannes. Der Wassermelonenmann schlug seine Stute oft, weil sie ihm zu langsam war, zu bucklig, zu jämmerlich, und dann schlang er seinen Arm um ihren starken Hals und tätschelte ihr die verfilzte Fuchsmähne, die dem gekauften Schopf von Charlotte so ähnlich sah. Wenn Charlotte sich die schmutzigblonde Perücke aus der Stirn schob, quoll echtes schwarzes Haar hervor, an den Rändern abgesengt und von keinem ziependen Kamm geplagt. Sie hatte vermutlich Zöpfe; oft packte sie mit einem Dreifingergriff eine Strähne und zwirbelte, zerrte und zupfte daran, als gehörten ihre Hände nicht zu ihr und machten sich mit etwas Geheimnisvollem, Bedeutungsschwangerem zu schaffen. Dann lächelte Charlotte.

Als wir hereinkamen, sahen wir von der Tür aus ihre gespreizten Beine rittlings im Leeren – als ob sie irgendwas, irgendwen, umschließen wollten. Sie trug ein mattbraunes kurzes Kleid, und sie war sehr groß. Ihre Größe, ihr Auftreten und ihr hübsches hellhäutiges Gesicht mit dem verständnislosen Blick verschafften ihr Wochenendjobs als Photomodell, bisweilen auch als Mannequin auf drittklassigen Modenschauen.

Sie ignorierte uns immer, wenn wir in unseren blauen Trägerkleidchen mit den weißen Blusen hintereinander zur Tür hereinmarschierten. Und wir ignorierten sie, aus einer unerklärlichen kindischen Feindseligkeit heraus. Wie eine feindliche Armee marschierten wir auf die Küche zu. Ich murrte in den hinteren Reihen.

»Wetten, die stinkt«, sagte ich dann. »Gibs zu, Charlotte stinkt.«

Pearl gab mir zur Demonstration ihrer Reife einen Stoß.

»Wieso sagt sie dann, daß Littleson ihr die Unterhose geklaut hat?« fragte ich erbost. »Wieso sagt sie dann so was? Wer will schon der ihre Unterhosen?«

Pearl zwickte mich.

»Charlotte is nich ganz richtig im Kopf, weißt du doch.«

Mit finsterer Miene lugte ich wieder um die Ecke ins Wohnzimmer, wo Charlotte wie die Hindugöttin Kali dasaß, die Füße auf dem Sofakissen überkreuzt. Breitbeinig. Mit einem breiten Grinsen. Da rührte sich ein Witz in ihrem Inneren, ihre Augen leuchteten auf. Sie beugte sich vor, schlang sich die Arme um die Schultern und schaukelte vor und zurück. Lachte breit und machte die Beine noch breiter. Schaukelnd saß sie da und wiegte diesen Witz in ihrem Inneren.

»Sie tut die Füße auf Mamas Couch«, sagte ich bitter.

Pearl hatte das gepökelte Schweinefleisch für die Bohnen aufgesetzt. Ich mochte Bohnen mit Pökelfleisch für mein Leben gern, vor allem mit Mamas Geheimwürze gewürzt, aber an dem Abend wollte ich mir ausschließlich mit an der Tür erbeuteten Halloween-Naschereien den Bauch vollschlagen. Pearl stand also mit ihrer Schürze und der Miene unserer Mutter am Herd, doch mir war klar, daß ihre Würzerei nur Möchtegernkunst war, ein jämmerlicher Ersatz in duftender Verkleidung.

Ich hatte mich heldenhaft in die vollgestopfte Küchenkammer gewagt, um nach alten Schuhen für die kindische Maskerade zu stöbern. Charlotte freute sich im Wohnzimmer an ihrem Witz. Ich gab mir einen Ruck und ging in das kleine Kabuff, in dem ein Kätzchen unter einem Stiefelabsatz einen erbärmlichen Tod gestorben war. MySun, das gelbe Katzenkind, war unschuldig auf einem Lumpenhaufen umgekommen, auf dem die Katzengeschwister in unserer Küchenkammer wohnten. In der Kammer spukten natürlich ihre Schreie herum, deshalb hielt ich mir so gut es ging die Ohren zu, während ich eine Schachtel mit zerbeulten Schuhen durchwühlte.

Ich suchte ein Paar von Mamas hochhackigen Schuhen für Ernestine heraus; mir schnürten sie die Zehen ein. Madaddys Arbeitsstiefel mit den braunen Schlammfarbspritzern sollte Shirley kriegen, denn die Farbe paßte zu ihrer Jacke, die früher mal mir gehört hatte. Ich räumte die ganze Schachtel aus, fand aber nichts, was mir entsprochen hätte. Die Frauenschuhe (Honeybabes, Mamas, Pearls) waren alle zu klein. »Riesenfuß, Storchenbein, Krauskopf« nannte mich Sam Junior immer. Die Männerschuhe waren alle einzeln.

Beleidigt ging ich in die Küche. Pearl, die immer noch an Mamas Herd stand, drehte sich um, ein Sieb mit nassen, gescheckten Bohnen in der Hand. »Willst du die Schuh vielleicht da in der Kammer aufm Boden rumliegen lassen?«

»Schon möglich«, sagte ich und verzog mich.

Ich ging zu dem Kämmerchen im Zimmer neben dem, wo Charlotte zuvor gesessen hatte. Dort war sie nämlich nicht mehr. Ihretwegen kam ich jetzt kaum mehr in das Kämmerchen. Sie stand vor dem großen Spiegel, der außen an der Tür hing, und der Sprung im Spiegel lief ihr im Zickzack über den Bauch. Sie strich sich vergebens die blonden Fransen glatt. Ein böser Gedanke schoß mir durch den Kopf: »Die sieht aus wie eine Hexe, mit dieser Hexenperücke ...«

Ich versuchte, die Tür so weit aufzumachen, daß ich mich hineinquetschen konnte, aber sie machte sie wieder zu, damit ihr Spiegel richtig hing. Sie warf mir einen Blick zu, der besagte: Rühr dich bloß nicht vom Fleck. Ich blieb stehen und starrte sie an. Sie sah wieder in den Spiegel. Grinste sich an, tätschelte sich den Bauch und klatschte sich auf den Hintern, ungefähr so, wie man das bei einer prämierten Stute macht: ein schönes Stück Fleisch. Sie musterte mich kühl. »Du hoffst doch bestimmt, daß du später auch mal so schlank wirst wie ich und Photomodell werden kannst.«

Ich sagte nichts, schaute verdrossen und sann auf Mittel und Wege. Schob die Tür zentimeterweise auf. Charlotte lächelte ihrem Spiegelbild zu, das Make-up kalkig auf der hellbraunen Haut. »Wobei du natürlich trotz allem noch ne kleine Kaffeebohne wärst, Pearl.«

»Ich heiß nicht Pearl.«

Sie sah mich an, bemerkte aber noch immer keinen Unterschied. »Wirst wahrscheinlich n Pummel, so wie deine Mama bald einer ist. Hätte ne gute Figur haben können, deine Mama. Hätts zu was bringen können, wennse nich euch alle gekriegt hätte. Doch, doch, ich hab ma n Bild von ihr gesehen, die hatte so richtig lange, echt rote Haare, wie ne Indianerin. Die hätts zu was bringen können, hätt was aus sich machen können. Wennse nich euch alle gekriegt hätte.« Sie griff nach mir. Ich riß die Tür auf und sprang mit einem Satz ins Dunkel. In Sicherheit.

Ich wühlte nach der Schuhschachtel, ertastete darin Littlesons alte Stiefel. Dann zog ich an der Türschnur. Nichts rührte sich. Ich zog noch einmal. Charlotte lachte. Ich saß im Dunkeln fest.

Ich wartete einige Zeit regungslos. Dann zog ich ganz plötzlich. Die Tür flog auf, ich schlüpfte hinaus. Sie lachte immer noch. Hielt sich richtig den Bauch.

»Was solln das?« Ich war fuchsteufelswild. Sie hörte auf zu lachen und sah mich verständnislos an, die Hände immer noch fest um den Bauch. Im Spiegel war sie einfach mittendurchgebrochen, mitten durch die wachsende Wölbung an ihrer schlanken Taille.

Im Schönheitssalon bei Mrs. Wilson hatten sie über Charlotte und ihre Familie geredet. Es war der Tag vor Ostern. Ostern lag in diesem Jahr spät, aber ich war mit dem Haareschneiden trotzdem wieder spät dran. Mrs. Wilson schalt mich für meine Erbanlagen, ich hätte den Kopf ständig in Büchern vergraben und noch dazu voller Haare, die sich hoffnungslos sofort immer wieder kringelten. Mein Haar sei so weich, daß man es überhaupt nicht heiß genug bekäme, um richtige Locken quetschen zu können. Ich hätte einen Kopf voller Bücher und Bilder, mit einem Rahmen aus weichen, furchtbar widerspenstigen Muscheln.

Der heiße Haargeruch, Mrs. Wilsons Schweiß, die Dixie Peach-Frisiercreme und der hitzige, genüßlich ausgebreitete Klatsch machten mich schläfrig. In der trägen Hitze verpaßte ich den Anfang von Charlottes Geschichte.

Mrs. Wilsons Brille drückte ihr die Nasenflügel zusammen, so daß ihre Nase aussah wie eine niedrige Brücke mit einem Loch. Sie war nicht hübsch, obwohl ihr Haar ja immer so schön »gemacht«, sprich entkraust, war. Sie schlief allein im Hinterzimmer ihres Ladens. (Hatte es je einen Mr. Wilson gegeben?) Sie war eine Frau der Tat. Sie schaffte Ordnung auf den Köpfen der Frauen und Mädchen in der Nachbarschaft. Und sie schaffte Ordnung in den Herzen der Nachbarschaft, indem sie mit ihren Lockenstäben und Ausziehkämmen und Pomaden das unweigerlich immer wiederkehrende Chaos bändigte. Sie war die Verbindungsspeiche in einem Rad von Frauen. Leichtfertige Mannsbilder hüteten sich, den Fuß auf ihre Ladentreppe zu setzen. Anständige Männer grüßten und winkten ihr durch das große, mit künstlichem Frost besprühte Fenster zu. Sie kannte von sämtlichen Vorübergehenden die Vorgeschichte und den gerade anstehenden Klatsch.

An dem Tag vor Ostern also kam Otis Rucker, ein leichtfertiges Mannsbild, zu Mrs. Wilson in den Laden, tat wunder wie ritterlich und war mit einer Whiskeyfahne dekoriert. Er hatte seinen Blaumann an, den er bei seinen Gelegenheitsarbeiten trug; bei Mrs. Wilson sollte er ein klemmendes Schloß reparieren. Immer wieder fiel ihm ein Werkzeug aus der Hand. Wahrscheinlich hatte er vor Nervosität schwitzige Hände. Der Verbrecher schwitzt unter dem rechtschaffenen Auge. Für Mrs. Wilson stand nämlich fest, daß er verbrecherisch faul war. Sein Geklopfe holte mich fast aus meinem Dämmerzustand. Mit geschlossenen Augen hörte ich ihren Erwachsenenritualen zu: dem Geklapper der Lockenwickler und dem Geklirr seiner Hämmer und Schraubenzieher.

Mr. Rucker hatte irgendein Werkzeug vergessen. Als er hinausgegangen war, fing Mrs. Wilson an, über ihn, seine Frau Cynthia und ihre Tochter Charlotte zu tratschen.

»Der versäuft das Geld«, rügte Mrs. Wilson das leichtfertige Mannsbild. »Seine brave Frau rackert sich halb zu Tode für ihn, und das langbeinige Gör und er versaufen das Geld.« Hinter meinen geschlossenen Lidern sah ich die Bilder zu der Schelte und dem empörten Schweigen vor mir: flüssiges Geld in einem Schnapsglas, ein trinkender Mann, ein langbeiniges Mädchen und eine ausgemergelte, gramgebeugte Frau.

»Also, das Mädel sieht verteufelt gut aus, ist auf so ne tolle Schule gegangen, hat ihre Mutter ein Vermögen gekostet. Daß sie sich da vielleicht was angelt. Pah! Man braucht doch mehr Sicherheit. Sie ist zu verwöhnt. Zu hübsch und zu verwöhnt, so was kann nicht gutgehn. Das laßt euch gesagt sein.«

Ließ ich mir.

Mit Mrs. Wilsons Warnung vor drohendem Unheil im Ohr schlief ich wieder ein. Die Zutaten für eine Tragödie brodelten nun in einem großen Topf, versetzt mit mehreren Schuß Mr. Rucker. Das Umrühren würde die Zeit besorgen. Die Zeit hat ihre eigene Methode.

Dann hatte ein Ereignis ein langbeiniges Mädchen namens Charlotte dazu gebracht, bei seiner Freundin Trost und Unterschlupf zu suchen, bei meiner ältesten Schwester Honore Grace nämlich, genannt Honeybabe: Cynthia, Charlottes Mutter, war gestorben.

Sie hat sich zu Tode gearbeitet, hieß es bei den Frauen. Ich erfuhr es im Laden, als ich das Grillhuhn brachte, nach dem Mrs. Wilson Jeannie und mich geschickt hatte. Mrs. Wilson sagte zu Miss Rose, daß Mrs. Rucker heimgegangen sei. Jeannie sagte zu mir, sie habe gar nicht gemerkt, daß Mrs. Rucker vorhin dagewesen sei. Mrs. Wilson schlug mit einem großen schwarzen Kamm nach uns beiden und schickte uns hinaus.

Eine Woche vor Halloween, als Charlotte schon zwei Wochen bei uns wohnte, als ihre Anwesenheit wie eine purpurne Aura auf Littleson und mir und der gleichmütigen Pearl lastete, da klebten wir Etiketten auf die Zutaten für Charlottes Geschichte. Auf den Etiketten standen fromme Wörter wie *Mann, Frau, Mangel, Not* und *Sex*.

Mr. Rucker stattete uns zusammen mit einem Freund einen Besuch ab. Miss Rose und Mama saßen im Wohnzimmer, Mama in Madaddys großem Sessel, Miss Rose auf der Couch, auf der Charlotte sonst immer saß. Charlotte hatte sich in der Toilette eingeschlossen und heulte sich unter der unnützen blonden Perücke die Augen aus. Mr. Rucker sagte zu meiner Mutter, sie solle »jetz ma lieber der Charlotte ihrne Sachen« packen, »weil ichse nämich mitnehm.«

Meine Mutter antwortete in ihrem vornehmsten Tonfall, den sie sich ansonsten für den Versicherungsvertreter und sonstige Weiße aufspart. Ihr Mann komme bald nach Hause, sagte sie, wenn die beiden also vielleicht die Güte hätten zu warten und dann mit ihm sprächen. Eine Weile ging es hin und her, Mr. Rucker schimpfte, Charlotte sei schließlich sein eigen Fleisch und Blut, und Miss Rose schimpfte zurück, dann sei es eben höchste Zeit für einen Aderlaß. Mama und Miss Rose sahen die beiden Männer an wie einen stinkenden Viehwagen auf dem Weg zum Schlachthof.

Angesichts der geballten weiblichen Verachtung ganz im Stile der toten Cynthia, schob Mr. Rucker seinen Begleiter vor, damit der eine wortgewaltige Barriere zwischen sich und solch erbittertem Widerstand errichte.

Mr. Ruckers Freund trug einen alten grauen Anzug mit spekkigem Hosenboden, hielt einen abgeschmierten grauen Hut in der Hand und gab Mama eine Visitenkarte, die sie laut vorlas und dann an Miss Rose weiterreichte: Reverend Doctor Tobias Jessuah Hill, Spirituelle und Metaphysische Beratung, Psychologischer Arzt.

»Meine sehr verehrten Damen«, hob er an, »gestatten Sie mir, daß ich mich vorstelle. Ich heiße Tobias Hill – Reverend Doctor Tobias Hill. Wie Sie aus meiner Karte ersehen können, bin ich Psychologischer Arzt und Philosophenkollege von Mr. Rucker. Miss Charlotte Rucker steht unter meiner medizinischen Obhut.«

Littleson zerrte mich von der Tür weg. »Ich hör nix«, sagte er.

»Ich war aber zuerst da.« Littleson und ich fochten um den Platz.

»Du kapierst ja eh nich worums geht. Da erklär ichs dir lieber, Maggie.« Er beugte sich weit ins Wohnzimmer, um für mich mit zu schauen. Ich spähte über seinen Rücken. Pearl stand mitten im Getümmel, neben Mama und so unauffällig wie möglich. Sie drehte den Kopf von einem Erwachsenenmund zum anderen, wie die Zuschauer bei einem Tennismatch. Nichts, aber auch gar nichts sollte ihr entgehen. Mich lenkte mein Neid so ab, daß ich einen Teil des Schlagabtausches verpaßte. Die Stimmen waren lauter geworden, bestimmt hörte Charlotte sie bis in die Toilette.

Dr. Hill setzte meiner Mutter auseinander, was Charlotte fehlte, und was er ihr verordnete.

»Sie braucht nen Mann!« platzte er heraus. Pearl riß die Augen auf.

»Wie sagten Sie?« fragte Mama fassungslos. Miss Rose hustete.

»Neunzehn isse und hatse noch keiner rangenomm.«

»Und Sie beabsichtigen, sie zu ›erkennen‹?« fragte Mama in gefährlich unschuldigem Tonfall.

»Wir suchen beizeiten nen passenden Mann für das Mädel aus. Sobald einer sich als geeignet erweist, gnä Frau«, erwiderte er.

Meine Mutter nickte in Mr. Ruckers Richtung. »War der betrunkene Kerl, mit dem er seine eigene Tochter in ein Zimmer gesperrt hat, auf irgendeine Weise geeignet?« fragte sie leise. »Wenn er der war, den Charlotte braucht, warum hat sie ihm dann das Gesicht zerkratzt und die Schlafzimmertür eingetreten, um ihm zu entkommen?«

»Seit dem plötzlichen Ableben ihrer Mutter ist das Mädchen hysterisch ...« begann Dr. Hill zu erklären.

»Ganz recht«, schnitt meine Mutter ihm das Wort ab. »Sie war richtiggehend hysterisch, als sie hierherkam. Mitten in der Nacht hat sie an unsere Tür geklopft. Deshalb muß sie erst mal eine Weile bei verläßlichen Menschen sein, vor allem bei anderen Frauen. Bißchen Ruhe kann sie außerdem gebrauchen.«

»Nen Mann brauchtse!« polterte der Arzt. Worauf Miss Rose sich von der durchgesessenen Couch erhob. Auf dem Weg in die Küche kam sie an Littleson und mir vorbei. Ich dachte, sie wollte Charlotte trösten, damit sie nicht mehr solche Angst hatte.

Auf dem Rückweg durch die Diele zwinkerte sie uns von der Tür aus zu. Sie hatte einen Reisigbesen in der Hand. Littleson fragte sie, ob sie unser Haus ausfegen wollte. Sie lächelte. »Allerdings, mein Schatz.«

Wie eine leibhaftige Hexe betrat sie das Wohnzimmer. Mama betete gerade die Vernunftargumente herunter. »Außerdem ist Charlotte inzwischen erwachsen, wenn mich nicht alles täuscht, da kannse das alles selber entscheiden.«

Dann ging der Aufruhr los. Otis Rucker boxte in die Luft, der Psychologische Arzt warf mit mindestens fünfsilbigen Wörtern um sich, was keinen Sinn, aber beträchtlichen Lärm machte. Körperlich bedroht hat uns keiner der beiden Männer, das wäre sonst unserem Vater, Sam Grace, zu Ohren gekommen.

Es fielen schauderhafte Worte; die ganze Szene war schauderhaft. Mitten drin stand besenschwingend Miss Rose. Sie fegte die beiden zur Haustür hinaus und die Treppe hinunter auf die Straße. Vom Fenster aus sahen wir zu, wie der speckige Hosenboden von Dr. Hill in der Dämmerung verschwand.

Charlotte blieb den ganzen Abend in der Toilette. Ich fand die

Aufregung herrlich – die Rituale, die wegen ihr abliefen, die verbotenen Wörter um sie herum ... Doch daran konnte man sich länger halten, länger, als ich mein Wasser halten konnte. Ich haßte Charlotte. Ich mußte zu unseren Nachbarn hinunter und dort auf die Toilette gehen.

Littleson war mein allerbester Freund. Wobei ich inzwischen allerdings glaube, daß ich für ihn nie so was Besonderes gewesen bin. Oder tue ich ihm da unrecht? Eddie war damals sein spezieller Kumpel. Sie hingen wie die Kletten aneinander, spannen akrobatische Intrigen. Das war nie meine Stärke. Waren Littleson und ich früher unzertrennlich gewesen, so wurde er nun immer unnahbarer. Ich verlor meinen Bruder an die Welt der verschworenen Männerkameradschaft. Folglich machte ich mich damals mit Ernee und Shir, meinen beiden nächstjüngeren Schwestern, zum Halloween-Abend auf.

Jede von uns hatte sich mit einer Collage aus männlichem und weiblichem Zubehör verkleidet. Die beiden Kleinen schnatterten aufgeregt und schwangen die noch leeren Tüten. Ich war eher einsilbig; ich kam mir genauso zusammengewürfelt vor wie mein Kostüm.

Draußen war alles herbstlich, die Bäume machten sich für Halloween bereit. Die Blätter welkten spröde, fielen leuchtend orange und braun zu Boden, nur damit wir in fremden Stiefeln durchstapfen konnten. »Steig in die Schuhe eines andern ... und was passiert mit dir?« Bedrückt, fast feindselig, wollte ich mich der Jahreszeit nicht fügen.

Ich sehnte mich nach dem Sommer zurück, dem verrückten Sommer mit seinem abgestandenen Schweiß und unseren nassen Kindergesichtern – naß von den Wassermelonenschlachten, bei denen man die Gesichter seiner Feinde mit dem abgenagten Weiß dieser sommerlichen Früchte einrieb. Im Sommer waren wir müde vom Herumtoben und vom Werwolfspielen, bei dem Littleson immer das Monster war, weil er zwei lange Eckzähne hatte. Er konnte beim Nachbarhaus seitlich vom Verandageländer seinem Opfer direkt auf den Rücken springen. Wie ein echter Werwolf eben.

Ab und zu bekam ich Angst, Littleson habe sich vielleicht wirklich in einen Werwolf verwandelt, – Mond hin oder her –, wie Larry Tolbert oder Lon Chaney, jr. Er kratzte, biß und packte einen wie ein richtiger Werwolf. Am liebsten war mir, wenn er das alles mit Jeannie machte. Dann wiegte ich mich in der Sicherheit meiner Rolle als Zigeunerin, die dem gequälten Wolfsmenschen mit einem Zaubersingsang Trost zuspricht.

Wenn Littleson die anderen Kinder wieder einmal übel zugerichtet hatte, legte er sich zur Strafe auf dem Hof in die pralle Sommersonne, um selber Qualen auszustehen. Dann kam die Zigeunerin, schlug das Kreuzzeichen über ihn und murmelte einen Spruch, den ich halb aufgeschnappt, zum Großteil aber selbst erfunden hatte. Die Arme um ihn geschlungen, raunte ich: »Dein Weg ist dornenreich, mein Sohn. Ein Wolf bricht keine Rosen und suchet doch nach Speise. Staub zu Staub. Asche zu Asche. Eins zum anderen. So wie der Fluß ins Meer fließt, so wirst auch du, mein Sohn, deinen Frieden finden.«

Dann war der Fluch für eine Weile aufgehoben, und wir konnten uns anderen, weniger schmerzhaften Spielen widmen.

Nicht immer war ich Littlesons Trost, die Rettung aus seinem Vollmondverhängnis. Einmal steckte uns allen eine riesige Sonne in den Gliedern. Wir wurden träge und zu müde für Monster. Doch eigentlich war der Sommertag wie geschaffen für Streiche. Helles Gelächter lag in der Luft, und ich überlegte, was ich tun sollte, denn die Sonne riet einem zu etwas Spannendem, Frechem, dazu, »was ganz Verbotenes anzustellen«. Versteht ihr? Mich ritt also der Teufel, und ich suchte nach einem verbotenen Ritual, das ich vollziehen könnte. Fürs erste kritzelte ich mit Kreide das Schlimme Wort an die nächstbeste Garagentür. Danach verspürte ich so etwas wie Genugtuung wegen dieser bösen Tat. Littleson war so schnell zur Stelle wie mein Gewissen. Ich mußte Wasser und einen Lumpen holen und das Schlimme Wort wieder wegwischen.

Es ging nicht gut ab. Ich heulte vor Wut und Scham. »Du altes Angeberaas, das hab ich jetzt nur machen müssen, daß du dir wunder wie brav vorkommen kannst. Mach dich nur weiter so wichtig, wirstes schon nötig haben.« Mit kurzen heftigen Bewegungen wischte ich an dem *M* herum, das ganz abging; vom *ö* blieb ein schwacher Rest sichtbar. Am *s* scheuerte ich wie besessen herum, und beim letzten Buchstaben rief uns Mama zum Abendessen, also ließ ich ihn stehen. Das *e* sieht man jetzt noch, und es erinnert mich immer daran, wie Littleson mit spitzen Lehrerinnenlippen fragte: »Was soll das überhaupt heißen, Maggie?« Während er mit einem Nonnenfinger auf meine Sünde zeigte. »Keine Ahnung«, sagte ich.

»Blöde Gans«, keifte er. »Hab ich mir doch gedacht, daß du das gar nich weißt, also waschs wieder ab. Aber plötzlich.« Scham in den Augen. Trotz im Mund.

Als Pearl wollte, daß ich die Schuhe in der Küchenkammer aufhebe, hatte ich sie ignoriert. In Zeitlupe räumte ich die Stiefel und Schuhe in die Schachtel, damit sie nur nicht dachte, ich würde ihr gehorchen.

Genauso ignorierte ich ihre pseudomütterlichen Ermahnungen, als wir auf unsere Halloween-Tour von Haustür zu Haustür loszogen. Seid wieder da, bevor es dunkel wird, paßt auf, wenn ihr über die Straße geht, nehmt keine angebrochenen Schokoladeriegel an, seid vorsichtig bei Äpfeln, da können Rasierklingen drin versteckt sein.

»Wie soll einer son Trumm von Rasierklinge in nen Apfel kriegen, ohne daß mas sieht?« fragte ich voller Empörung.

Ernee und Shir waren spät aus der Schule gekommen, da Schwester Veronica und Schwester Irene es in ihre jungen, noch formbaren Köpfe kriegen wollten, daß Halloween ein heidnischer Brauch war, dem sie nicht huldigen sollten. Statt auf Plünderzüge zu gehen, sollten sie früh ihre Kerze ausblasen und an Allerheiligen morgens zur Messe gehen. Sie hatten mir beim Kostümanziehen erzählt, was die Nonnen alles gesagt hatten, dazu verzogen sie die Gesichter so säuerlich wie Schwester Irene. Ich strich ihnen weiße Schuhcreme ins Gesicht; wie Alabasterheilige sahen sie aus. Sie waren fast noch Wickelkinder.

Pearl schrie uns, über das Verandageländer gelehnt, Ermahnungen nach, versuchte, Mamas Tonfall hinzukriegen. Damit Mama stolz auf sie war, wenn sie von der Arbeit kam.

»Ich bin doch nich blöd«, murmelte ich.

Littleson fand, er sei zu alt für *Trick or Treat*. Im Vorjahr hatten ihn die Frauen, die uns die Tür öffneten, mit mißbilligenden Blicken gemustert und ihm höchstens ab und zu ein kleines Bonbon in die Tüte gelegt. Die großen Schokoladeriegel gaben sie den Allerkleinsten, die so etwas noch gar nicht essen konnten. Littleson weigerte sich, je wieder betteln zu gehen.

Wir trafen ihn, Eddie und Leave-ma-be an der Ecke von unserem Block. Ich fragte Leave-ma-be, ob es Jeannie wieder besser gehe. Er knurrte. Was sie denn habe, fragte ich ihn. »Müßtest du doch wissen«, antwortete er. Sie begleiteten uns ein Stück.

Ernee und Shir stolperten in ihren viel zu großen Schuhen voraus, ich ging in der Mitte, die drei Beschützer bildeten das Schlußlicht. In dieser Formation knöpften wir uns unsere Opfer vor. Ernee und Shir gingen an die verschlossene Tür und erbeuteten mit ihren Kulleraugen das Zuckerzeug. Mein Lohn kam je nach Laune. Die Jungs warteten in verächtlicher Entfernung.

Im Weggehen überlegten wir immer schon, bei welcher Gelegenheit wir die Süßigkeiten aufessen wollten. An einer Wohnungstür verteilte eine Frau lächelnd Äpfel. Wieder auf der Straße, nahm ich den meinen unter die Lupe. Littleson spielte sich auf.

»Den darfst aber nich essen. Könntne Rasierklinge drin sein.«

»Da is überhaupt keine Rasierklinge drin, Blödmann.«

»Aber dreckig sinse, also darfstse nich essen.«

Ich erklärte ihm, daß ich von nun an ganz gern selber auf mich aufpassen würde. Dann ließen uns Eddie, Leave-ma-be und er allein; in einer Stunde wollten wir uns wieder alle an der Ecke treffen. Sie rannten die schmale, schwach beleuchtete Straße entlang.

Im Schein der Straßenlaterne Mr. Rucker. Er saß auf einem Hydranten, und der Whiskey saß ihm im Genick. Sein Overall war zerknautscht und verdreckt. Als wir an ihm vorbeikamen, sagte er: »Wos meine Tochter? Seid ihr nich von denen, wo sie ham?«

Wir schnitten ihm Grimassen und flitzten um die Ecke. Man

konnte ihn riechen – ekelhaft. Er stank, und Charlotte war nicht bei Trost. Ich erklärte Ernee und Shir die Logik. »Miss Rose hat gesagt, Mr. Rucker hat Charlotte in den Wahnsinn getrieben. Da isse jetzt und bald kriegtse nen Nervenzusammenbruch. Deshalb hat sie auch ne blonde Perücke und lacht immer so in sich rein.«

Mr. Rucker schrie uns nach, wir sollten herkommen, er habe Süßigkeiten für uns.

Nach einer Stunde gingen wir nur noch im Halloween-Gang, einem Altweibergang, seitlich gebeugt wegen der schweren süßen Last.

Der Mond war voll und rund, durchsichtig wie ein teurer Porzellanteller, weiß wie der Schädel eines toten Kätzchens.

Die Nacht war wie ein grauer, spinnwebenfeiner Schleier, der über das verlebte Gesicht einer Städterin fiel. Wir waren Kinder, der Städterin frivol aufgemalt, wie zimtfarbener Lippenstift und Rouge.

Ein paar Jungs kamen uns entgegen, in Gangsterkluft, mit ausgebeulten Hosen, Baseballkappen und Schmuddelpullovern. Und das war keine Verkleidung.

»Her mit dem Süßstoff, Luder.«

»Her mit dem Plunder, sonst gibts Prügel.«

Ich umklammerte meinen Schirm, der mir allerdings recht dünn und zerbrechlich vorkam. Sie waren zu dritt.

Einer von ihnen hatte Bindehautentzündung. Dafür war er schon reichlich alt, dachte ich, so was hatten doch nur Kleinkinder.

Ernee und Shir waren richtige Stadtkinder. Sie bissen die Zähne zusammen und gingen in Boxerstellung, in ihren Schlabbergewändern. Ich stand heulend da und machte mir fast in die Hosen.

Einer der Jungs packte mich, und dann ging das Gezerre los. Sechs Paar Hände an einer Halloween-Tüte.

Ernestine brüllte los: »Hilfe! Hilfe! Pollezei! Pollezei!«

Und Shirley keifte: »Laß se los, du dumme Ziege.« Und ich war zu beschäftigt, um ihr zu erklären, daß man dumme Ziege nur zu Mädchen sagt.

»Hilfe! Hilfe! Pollezei, Pollezei! Tut diese Männer da einsperrn!«

»Überfall! Überfall! Hilfe! Hilfe!

Littleson, Eddie und Leave-ma-be tauchten hinter dem Tränenschleier in meinen Augen auf wie die Kavallerie. Rettermusik.

Alles hing schief, erstarrt. Die Gangsterjungs ließen von mir ab und grinsten scheinheilig. Pause.

Littleson hatte denselben Blick wie damals, als Mama wollte, daß er den Mülleimer ausleert, Junior aber eigentlich damit an der Reihe war, und Mama sagte, der Müll würde ja schon zur Küchentür rausquellen, du gehst mir nicht ins Bett, bis der Müll nicht ausgeleert ist, und Littleson die ganze Nacht auf der Wohnzimmercouch saß, mit verschränkten Armen und versteinertem Gesicht, weil er ja nicht an der Reihe war. So sah er also die Gangster an.

»Her damit«, sagte die Bindehaut grinsend.

»Da!« sagte Littleson, während er mich am Arm hinter sich herzerrte, und mein anderer Arm den Regenschirm ausfahren ließ.

Wir rauften so heftig, daß der Porzellanmond kaputtging oder zumindest einen Schmierfilm bekam. Ernee und Shir droschen mit eingezogenen Köpfen blind um sich. Eine Tüte platzte auf, ein Krapfen kollerte den Bürgersteig entlang, und die Gangsterjungs wichen zurück. Geschlagen.

Vielleicht wollten sie gar nicht unsere Süßigkeiten. Vielleicht wollten sie unseren Spaß, unsere Harmlosigkeit, unsere Freude, unsere Unschuld.

Ernee, Shir und ich waren müde. Shir hatte angefangen zu wimmern. Littleson verfiel in einen angeberischen Gangsterschritt. Mit Eddie und Leave-ma-be ging er noch einmal die große Attacke durch.

»Mann, die hättn die Mädels ganz schön eingeseift.«

»Genau eh, die Mädels warn ja am Flitzen . . .«

Ich war den ganzen Heimweg still; der Vorfall hatte neues Salz in meine Wunden gestreut. Was eigentlich als kleine Abwechslung gedacht war, rieb mir jetzt die Knochen auf.

Ernee, Shir und ich mußten bei uns vor dem Haus warten. Mama rief uns alle rauf. »Littleson auch«, sagte sie.

»Hat Mama gesagt«, sagte ich, irgendwie befriedigt.

Littleson und ich lagen auf Mamas und Madaddys Bett, auf Mamas guter grüner Tagesdecke. Ich hatte mich mit allem möglichen Zeugs vollgestopft. Littleson hatte die ganzen Äpfel weggeworfen.

Littleson las Zeitung. Ich hatte ein Nancy Drew-Buch gelesen, bis sie sich mit ihren achtzehn Jahren ihrem Vater auf den Schoß gesetzt hatte, ihm einen Kuß auf die Backe drückte und rief: »Du bist Klasse, Dad!« Weil er ihr gerade einen Sportwagen geschenkt hatte. Ich feuerte das Buch an die Heizung. Ich verstand nicht, warum ich gar so wütend war und grübelte noch darüber nach, als Littleson den Kopf hob, mir einen Blick zuwarf und dann den Kopf wieder in seine aufgeschlagene Doppelseite steckte.

Er sah mich noch einmal an. Ich hatte das Kinn aufgestützt. Er deutete auf die Seite, in die er sich vertieft hatte.

»Was isn das?«

Ich beugte mich hinüber, es war eine Anzeige für eine Pakkung Geheimdinger – »Damenbinden«. Jeannie hatte schon welche. Sie hatte mir erzählt, ihr Bauch würde sich anfühlen, als hätte einer mit dem Schraubenzieher darin herumgefuhrwerkt, und der nächste hätte in ihrem Körper einen blutigen Ritus mit ekelhaften Gerüchen vollzogen.

»Was is das?« hatte ich sie gefragt.

»Ein Geheimnis«, sagte sie. Ich dürfe es keinesfalls einem Mann verraten, sonst würde ich einen Fluch auf mich ziehen und ein Baby kriegen. Deshalb hatte ich natürlich Angst, Littleson könnte durch mich dahinterkommen.

»Weiß ich nich. Weiß nich, was das is.«

Littleson kniff die Augen leicht zusammen und preßte die Lippen aufeinander. Ich sollte merken, daß er mißtrauisch war.

Mit schräggelegtem Kopf vertiefte er sich dann wieder in die Zeitung, beobachtete meine schuldbewußte Miene aber weiter aus den Augenwinkeln.

Um Littlesons bohrendem Blick zu entfliehen, durchstreifte ich auf der Suche nach einer anderen Beschäftigung das Haus. Schließlich entschloß ich mich zum Malen auf dem Altpapier, das mir meine Mutter immer aufhob.

Im Bad standen Honeybabe und Charlotte. Honeybabe hatte ein zitronengelbes Kleid mit ausgestelltem Rock an, Charlotte das braune Kleid, das sie seit ihrem Einzug bei uns immer trug. Nicht einmal Mama konnte sie davon abbringen. Es war ein weites Wollkleid; zur Arbeit und zum Ausgehen, wie eben an diesem Freitagabend, zog sie das dazupassende kurze Jäckchen darüber.

Honeybabe bearbeitete ihr Gesicht mit dem Augenbrauenstift: Sie zog die Brauen nach, umrahmte die Lider und malte einen frei erfundenen Leberfleck ganz oben auf die rechte Wange.

Charlotte, die größer war als Honeybabe, stand hinter ihr vor dem Spiegel und stäubte sich blaßrosa Puder ins Gesicht, und zwar mit unruhiger, ungeschickter Hand, so daß eine hurenhafte Kriegsbemalung herauskam. Die Lippen waren schief nachgezeichnet, der Lippenstift verschmiert.

Sie kicherte. Ihr Mund ging wie eine Maschine. Ich staunte. Versteckte mich hinter der Tür.

Charlotte hielt hinter Honeybabes Kopf einen Monolog im Spiegel.

»Ich kanns nich ausstehen, wenn was häßlich und stinkig is. So wie diese ganzen Afrikaner.«

Honeybabe zog ironisch eine bemalte Braue hoch und schnaubte.

Sie kämmte sich das Haar straff zurück, quetschte Wellen hinein und zerzupfte es an den Schläfen ein wenig. Sie blieb stumm.

»Die ham alle so weiße Zähnchen, als obse dauernd die vom Grillen übrigen Knochen abnagen würden.« Charlotte lachte. Honeybabe, die sich gerade mit ihrem orangefarbenen Lippenstift schminkte, lächelte knapp.

»Die sin so schwarz, daß se wahrscheinlich abfärben. Die ham sone Power, da geht gleich im ganzen Zimmer das Licht an.«

»Und Haare hamse wie Stahlwolle. ... Frederico dagegen, der sieht wenigstens aus wien Mensch. Der hat schöne Haare. Richtige Locken.« Sie stellte sich näher an den Spiegel.

»Frederico? Du meinst Fred Bates?« fragte Honeybabe. »Der und schöne Haare? Da lachen ja die Hühner.«

Charlotte bürstete sich lachend die Perücke. »Du bist ja bloß eifersüchtig. Frederico wird nämlich mal reich, sagt er. Und ich mit. Ich bring ihm nämlich Glück.«

»Soso. Wie siehtn dann Pech aus?«

»Du bist ja bloß eifersüchtig.«

»Hättste wohl gerne, daß auf dich wer eifersüchtig is.«

»Hast du natürlich nich nötig, haste ja deine kleinen Buschneger für.«

»Charlotte«, sagte Honeybabe in einem Ton, daß Charlotte sich lieber vorsah, »Charlotte, wenn dir meine Afrikaner zu häßlich sind, dann bleib doch da. Dann lassense ihr häßliches Geld eben stecken. Aber Fred Frederico Bates, schöne Haare hin oder her und Photomodellagentur hin oder her, der macht so schnell keinen berühmt, außer als Trottel.«

»Das werdn wir ja sehn.« Charlotte strich sich das Kleid über den Hüften glatt.

»Allerdings. Du wirst schon noch merken, daß du mit dem Typen einen Dreck hast.«

»Wir werden sehn.«

»Genau. Vielleicht müßtest du aber mal schneller schaun. Beschrei's am besten, dann spuck ich dir drauf.«

Charlotte fing an zu summen. Sie klopfte sich das Kleid überm Bauch zurecht, mit einem unsicheren, verdutzten Ausdruck im Gesicht, den nur ich sehen konnte.

Und dann lachte sie ohne ersichtlichen Grund los. Lachte und lachte.

Honeybabe stand vornübergebeugt da und strich sich die Seidenstrümpfe an den Waden glatt. Ihre strammen Beine seien ihr höchster Trumpf, sagte sie immer.

Honeybabe lachte, und es klang wie das leise Klirren eines Amulettarmbands. Charlottes Stimme war wie ein Echo, von dem man nicht wußte, woher es kam, oder vielmehr wie der Widerhall des Geräuschs von Dingen, die für immer zerbrachen. Sie trug ein Parfüm, das so intensiv roch wie Weihrauch. Mir wurde schwindlig, und ich ging ein Stück von ihr weg.

Mama ermahnte Honey, nicht zu lange auszubleiben, sie wisse ja, wie ihr Vater nun mal sei. Honeybabe zischte Mama ihr Alter ins Gesicht, wie das Achtzehnjährige nun mal tun.

Littleson spielte auf dem Wohnzimmertisch Krieg. Er schob seine Soldaten ins Kanonenfeuer und wieder heraus, den Panzern in die Quere und wieder aus der Schußlinie. Dabei faselte er irgend etwas von »Amphibienfahrzeuge«, der Ausdruck gefiel ihm nämlich, er streichelte ihm den Gaumen und löste ihm die Stotterzunge.

Pearl las einen Krimi vor, das heißt, den anderen – ich hörte nur mit halbem Ohr hin. Wir standen uns gegenseitig im Weg, als die Afrikaner kamen, und ebenso, als sie wieder gingen.

Sie trugen Anzüge und sprachen mit englischem Akzent, manche Silben wie mit duftenden Gewürzen versetzt. Ich schloß die Augen und ließ mich von ihren Melodien verzaubern. Wenn ich sie öffnete, sah ich Honey Schulter an Schulter mit Wally und Charlotte als bunten Baum, der einen blassen Schatten über Charles Adubas dunklen Haarschopf warf.

In einer Rauchwolke rauschten sie ab. Ich stand auf der Treppe und sog die Abgase ein. Honey hatte gemerkt, daß ich ihnen bis draußen nachgelaufen war, und endlich versprochen, mir etwas mitzubringen, wenn ich brav sei.

Mein Vater ist ein Mensch, der glaubt, daß nicht sein kann, was nicht sein darf. Ich lag bei Littleson im Bett, folglich mußten wir unter unserem Deckenberg auch schlafen.

Mama hätte an meiner Stellung unter der Decke und an unserem Atemrhythmus – Littlesons leise und tief, meiner schnell und unregelmäßig – erkannt, daß ich hellwach war und mit der Taschenlampe Trixie Belden las.

Mein Vater glaubt dagegen, daß, was existiert, auch lebt. Er kennt keine Nuancen, außer seinen eigenen. Er schloß also die Tür zum Elternschlafzimmer, zufrieden, daß bis auf Honeybabes Verbleib der aller seiner Kinder bekannt war, das andere aushäusige Kind war eine Fremde, unverständlich und absurd in ihrem Schmerz.

Ich hörte seine Schritte, und wie er Mama über Honeybabes Abwesenheit regelrecht verhörte. Mamas Antworten klangen schläfrig und ein wenig ungehalten. Dann kam das Haus zur Ruhe, bis auf die Geräusche von Bettlatten und Matratzenfedern, die kläglich und immer unvermittelt aufjaulten, wie das der Geist eines Katzenkindes tun würde.

Ich gab das Lesen auf und fiel in einen unruhigen Schlaf, in dem ein Katzenkindergeist mir in den Nerven herumspukte.

Mein Gesicht war im Mond vor dem Fenster; ich schlief am Fußende des Bettes. Littleson bohrte mir seine Füße in die Brust. Meine Brust war immer noch einfach eine Brust, wie seine auch.

Am Tag zuvor hatte ich der Übung halber vor dem Spiegel einen BH angezogen. Mama kam herein und sagte, immer mit der Ruhe, Kind, das kommt noch früh genug.

Meine Brust war also bloß, und meine Kehle trocken. Ich trank die Spucke in meinem Mund.

Ich mußte durch die Dunkelheit. In der Woche davor hatte sich ein Werwolf, den ich auf der Kommode gesehen hatte, bloß als Berg frischer Wäsche, von der Leine abgenommen und achtlos aufgetürmt, entpuppt. Als ich am Spiegel vorbeiging, blinzelten mir Augen zu. Das Untier, zu dem sie gehörten, sah ich allerdings nicht. Kannte ich es? Es lauerte jedenfalls, bereit zum Sprung, und die Küche war meilenweit weg. Ich mußte durch meine tückische Phantasie hindurch.

Ich hörte Honeybabe und Charlotte in der Küche. Die Ofentür klappte herunter. Honeybabe wärmte sich also die Füße im Ofen. Littleson hatte mal gesagt, der Ofen sei wie ein Löwenmaul, und einmal hat er sogar den Kopf hineingesteckt. Die Bleche hat er zuvor rausgenommen. Der Ofen fauchte, und als er mit dem Kopf richtig drin steckte, hat ihn Mama erwischt und herausgerissen. Ob er vollends den Verstand verloren habe, fragte sie ihn, mit dem Kopf in den undichten Ofen zu gehen?

Honeybabe wärmte sich die Füße, dabei ging pausenlos ihr

Mundwerk. Charlotte stelzte auf und ab, so daß sich ihre Pfennigabsätze ins Linoleum bohrten. Ich kannse nich ausstehen, das olle Stinktier. Hoffentlich stolpertse über die Ritze vorm Spülbecken und haut sich die Lippe auf. Findet sich eh so schön.

Jetzt redete Charlotte. Hitzig und gehässig.

»Ich tu nicht in der Öffentlichkeit mit nem Mann Händchen halten. Was hat dir der Kerl eigentlich ins Ohr geflüstert? Ich laß mir doch nich von so einem Kerl ins Ohr flüstern, so von ganz nah.«

»Ach Charlotte, stell dich nich so an. Sie waren doch bloß nett.«

Charlotte schnaubte.

»Nett! Der mit seiner Negerschweißhand auf meim Knie. Krieg schließlich kein Geld von dem.«

»Kriegst du von Federico Geld?«

»Von Frederico krieg ich was anderes.«

»War er bei der Beerdigung von deiner Mutter?«

»Über meine Mutter will ich nicht reden.«

»Ich red doch gar nich über deine Mutter, Charlotte. Ich will dir nur klarmachen, daß der Kerl nich mal vor deiner Mutter Achtung hat. Wie soll er vor dir dann welche haben? Der hat sichn Dreck um dich gekümmert, wie du ihn gebraucht hast. Das mußt du doch mal klar sehn.« Honeybabes Armreifen klirrten, ihr Stuhl scharrte, sie rückte näher an Charlotte heran.

Charlotte lachte und lachte. »Ich will was Hübsches, Honey. Was Hübsches. Mein Daddy, wo ich wohne, da isses so häßlich. So häßlich. Ich bin hübsch. Ich bin für die hübschen Sachen gemacht, und ich will hübsche Sachen machen. Hübsche Kleider anziehn.« Sie hat sich die Perücke mit langen, verzweifelten Gesten auf dem Kopf zurechtgezerrt.

Plötzlich gab sie Honeybabe einen Schubs. Sie schrie zwar nicht in dem nachtschlafenden Haus, doch ihre Stimme hätte Gläser zum Bersten bringen können. »Ich bin ein braves Mädchen. Ich bin noch Jungfrau. Ich bin ein braves Mädchen, ein braves Mädchen. Meine Mama hat mich so erzogen, daß ich brav werd. Die Männer achten mich. Ich bin ein braves Mädchen.«

Komisch, ich versteckte mich zitternd im Dunkeln. Honeybabe stürmte an mir vorbei – wütend, voller Mitleid und zugleich gewiß, daß das vergeblich war. Dann stand Charlotte allein in der Küche. An mein Wasser dachte ich überhaupt nicht mehr, horchte statt dessen, wie sie sich in der Küche zu schaffen machte. Sie kletterte auf die Heizung neben dem Herd. Die Ofentür stand immer noch offen. Die Heizung verbrannte ihr wohl den Po, deshalb stieg sie wieder herunter.

Wasser lief. Ich horchte. Wie sie sich bemühte, nächtliche Schluchzer hinunterzuschlucken.

Ich hörte ihren nächtlichen Schluchzern zu, und ihre Lippen stießen aneinander wie nasses Glas, die Lippen, die riefen, die sich bewegten, als ob sie sich an irgend etwas festklammerten, als ob sie flehten, einen Gott anriefen, einen Gott mit einer Opferschale voller salziger Bitten zu beschwichtigen suchten.

Ich hörte ihr zu, und dann sagte sie: »Gott. Jesus.« Dann: »Hab Erbarmen.«

Die Stimme kam gequält von innen heraus, wie das Aufheulen des gelben Katzenkindes, als Onkel Blackstrap seinen großen Stiefel erst aufsetzte und dann anhob, so daß er etwas von MySuns Gedärmen auf ihrem gelben Wachsmalkreidenfell verschmierte. MySun hatte gespielt, sich mit dem Bauch nach oben herumgerollt, ganz wunderschön und jung und klein.

»MySun, MySun«, stöhnte sie mit ihrer Katzenkinderstimme. Littleson und ich schrieen. Onkel Blackstrap wollte uns unser Kind wegnehmen, und die anderen Kätzchen weinten. Littleson und ich wollten MySun bis in alle Ewigkeit auf dem Arm halten und nie mehr loslassen, und MySun weinte von ganz innen heraus, aus ihrem zerquetschten Bauch, sie weinte so lang, so lang, bis Mama nach Hause kam, sie nahm und ihr einen Wattebausch mit irgendeiner Essenz vors Gesicht hielt. MySun, MySun.

Wir nannten Onkel Blackstrap einen Mörder; er ging an einen ruhigen Ort und weinte in seine schwieligen Hände. Ganz leise, so wie Charlotte jetzt. So wie Erwachsene weinen.

Ich hatte das Wasser vergessen. Jetzt lief es mir übers Gesicht.

Charlotte schaukelte weinend vor und zurück. Wiegte das Pantheon in ihrem Kopf. Und besänftigte die rohe Gottheit in ihrem Bauch, denn die war winzig und gekrümmt wie eine Garnele.

Über Pomadentöpfen und heißen Lockenscheren sollte Mrs. Wilson einen tragischen Mythos fortspinnen. Jahrelang geschah das so. Noch als die Jahre auf Charlottes hübschem Gesicht Ziernarben hinterlassen hatten. Die Garnele entkrümmte sich und mußte sich angaffen lassen, entwickelte sich zu einem Lieblingswitz, dem Treppenwitz über eine stadtbekannte Jungfrau. Ich sollte anfangen, ein Schälchen Blut zu verlieren und meinen Mund mit gedeckten, zarten Farben nachzumalen.

Ich war sehr müde.

Ich ließ Charlotte allein. Ging ohne Angst durch meine Phantasie.

Littleson. Er merkte nichts. Ich nahm die Zusatzdecke vom Fußende des Bettes und deckte das Bein zu, das aus seiner Dekkenwurst lugte. Inner Nacht wirds nämlich manchmal recht kalt, wißt ihr.

»Hm?« machte er und hob den Kopf. Seine Augen waren wie zwei in Tinte getauchte Perlen.

»Wieso bistn du auf, Maggie?« fragte Littleson, aber ne Antwort wollter gar nich. Er war schlafblind, vermummte sich noch fester in den Decken. Und ich sah lediglich das Mondlicht, das auf seinen versteckspielenden Körper fiel.

»Du bistn Junge, Littleson«, erklärte ich ihm, als ob das irgend ein Zauber wär, der eben weh tut, aber das hat er gar nich gehört.

Ich öffnete die Tür einen Spalt, doch da fuhr er hoch wie Jesus bei der Auferstehung.

»Wo gehstn hin, Maggie?«

Zu antworten hatte keinen Sinn, dem Mond entkam ich ja doch nicht. Er hatte sich im ganzen Zimmer breitgemacht, hatte die Dunkelheit zerrissen. Ein Schälchen aus meinem Leben gemacht. Also ging ich und machte hinter mir die Tür zu. Mit meiner Decke auf dem Arm. Im stockdunklen Flur suchte ich das Zimmer, in dem Pearl schlief. Pearl, die es nicht ausstehen kann, wenn ich im Dunkeln noch lese.

Übersetzt von Christiane Buchner

CHARLES JOHNSON

China

> Wenn ein Mann auf dem Schlachtfeld tausend Mann besiegt, und ein anderer besiegt sich selbst, so ist dieser der größere Sieger.
>
> *Dharmapada*

Evelyns Kummer mit ihrem Mann Rudolph begann eines Abends Anfang März – an einem trüben noch winterlichen Abend in Seattle –, als er nach einem schweren Mahl aus Schweinshaxen und Kartoffelpüree über Kurzatmigkeit klagte, vielleicht eine Allergie gegen irgendwas, das sie an sein Essen getan hatte, oder gegen die ersten wilden Blumen, die in der Umgebung sprossen. Sie schlug vor, den Abend nicht zu Hause zu verbringen, sondern ins Kino zu gehen. Er war vierundfünfzig, seit dreiunddreißig Jahren Postbote, hatte zu hohen Blutdruck, ein Lungenemphysem, Plattfüße und, wie Evelyn ihrer Freundin Shelberdine Lewis erzählte, eine nagende Angst, Krebs zu haben. Je älter er wurde, um so schwerer wurde es, mit ihm zu leben. Er verbot ihr, sein Essen zu salzen und den Lincoln schneller als im Kriechtempo zu fahren und ihm mit den Fingern an der Innenseite seiner Schenkel entlangzufahren, wenn sie in Reverend William Merrills Kirche saßen, weil alles, selbst Sex oder zu lautes Lachen – und Rudolph meinte das ernst – zu Herzversagen führen könnte.

Deshalb suchte sie für ihren Kinobesuch am Samstagabend einen friedlichen Film aus, ein gemäßigt albernes Lustspiel, das laut einer Rezension in der *Seattle Times* nur für leises Kichern und nasales Schnaufen taugte, eine verhaltene Satire, bei der Rudolph die Augen zufielen, während er im dunklen, halbleeren Kino butterfreies Popcorn in sich hineinschaufelte. Evelyns Füßte pappten an klebrigen Flüssigkeiten auf dem Fußboden fest. Ein Mann in der letzten Reihe lachte immer an den falschen Stellen. Sie behielt das Popcorn auf dem Schoß, obwohl sie das ungesalzene Zeug nicht ausstehen konnte und nichts davon aß, und stöhnte, wenn Rudolph zu ihr herübergrapschte, um seine Finger in den Becher zu schieben.

Sie verfolgte die Handlung so gut sie konnte, aber gelegentlich überzogen sich ihre Augen, und sie sah nur noch weiß. Sie hatte immer mal wieder diese Anfälle von Blindheit. Ihre Sehnerven versagten; die Netzhäute rissen wie weiches Seidenpapier. Dann wurde die Welt zu einer Leinwand, über die sich von unten links in der Ecke zur Mitte hin Schneegestöber ausbreitete, dem plötzlichen Schock gleich, den ein leerer Rahmen in einer Diaserie auslöst. Eines Tages, das war ihr klar, würde der Schnee vor ihren Augen bleiben. Ewiger Winter: die Augen weiß wie ihr Spazierstock. Sie tastete über die zerbrochene Oberfläche, wartete darauf, daß das Eis vor ihren Augen taute und lauschte dem Film, den sie nicht sehen konnte. Das einzige, was sie über ihr Leiden hinwegtröstete, war das Bewußtsein, daß Rudolph viel schlimmer dran war als sie.

Er nickte während des Films immer wieder ein (sie stieß ihn gelegentlich an oder kniff ihn ins Bein), dann richtete er sich plötzlich wieder hellwach im Sitz auf, als der Film zu Ende war und eine Vorschau auf einen Film kam, der »demnächst in diesem Kino« laufen sollte. Wohl so eine Art Gladiatorenfilm, dachte Evelyn blinzelnd, offensichtlich ziemlicher Schund. Das Rachemotiv der Handlung diente als ziemlich armselige Entschuldigung dafür, daß chinesische oder japanische Schauspieler (sie konnte diese Asiaten nicht auseinanderhalten) mit Händen und Füßen in der Luft herumfuchtelten, es mit fünfzig kostümierten Komparsen zugleich aufnahmen und allen Gesetzen der Schwerkraft zum Trotz sieben Meter weite Sprünge durch die Luft machten. Rudolph blieb der Mund offen stehen.

»Können Leute wirklich so springen?« Er wandte den Blick nicht von der Leinwand, redete aber aus dem rechten Mundwinkel mit ihr. »Kann man so weit springen?«

»Das ist ein Film«, seufzte Evelyn. »Ein *schlechter* Film.«

Er nickte und fragte noch einmal: »Können die das?«

»Ach, Rudolph, herrje!« Sie erhob sich und wollte gehen, ihr Sitz klappte laut hoch. »Die springen von Trampolins! Du kannst sie in der Ecke sehen, da! – wenn du die Augen aufmachst!«

Er sah sie tatsächlich, als Evelyn ihm den Kopf zur linken unteren Ecke der Leinwand drehte, und es kam ihr vor, als sähe ihr Mann enttäuscht aus – und zwar so ähnlich wie an dem Nachmittag, als Dr. Guylee ihm gesagt hatte, daß er sich eine extrasystolische Herzrhythmusstörung zugezogen habe, ein schwaches, stöhnendes Geräusch, jedesmal wenn das Herz zur Ruhe kam. Er sagte nichts weiter, stand auf, als die Vorschau zu Ende war – an seinem Hosenboden klebte Kaugummi –, quälte sich mit Evelyns Hilfe in den schweren Mantel und folgte ihr über den langen, mit Teppich ausgelegten Gang durch den Ausgang des Coronet Theaters zu ihrem Auto. Er blieb stumm, während sie auf dem Heimweg schnatterte und ihn daran erinnerte, daß er nicht die ganze Nacht aufbleiben und in seiner Werkstatt im Keller herumfuhrwerken konnte, weil sie beide am Abend darauf zur Erweckungsversammlung in die Kirche mußten.

Rudolph ging jedoch nicht mit zur Erweckungsversammlung. Er klagte nach dem Mittagessen über ein leichtes Flattern in der Brust, das er sinnfälligerweise immer spürte, wenn in der Mount Zion Baptist Church Erweckungsversammlungen abgehalten wurden, so daß sie allein ging und sich neben ihre Freundin Shelberdine, eine Kosmetikerin, setzte. Shelberdine war einundvierzig; Evelyn zweiundfünfzig. An jenem Abend trug Evelyn strahlendweiße Handschuhe, braune Stützstrümpfe gegen ihre geschwollenen Knöchel und ein weißes Kleid, das ihre braune Hautfarbe hübsch herausstrich, das schönste Zedernbraun, hatte Rudolph gesagt, als sie vor fünfunddreißig Jahren in North Carolina miteinander gingen. Aber damals hatte Evelyn zu ihren Verabredungen einen karierten Rock und einen Mantel im gleichen Muster getragen. Mit ihrem tiefschwarzen Haar, das hinten im Nacken mit einem einfachen Holzkamm gehalten wurde, sah sie aus, als hätte sie mit ihrer strengen Schönheit Andrew Wyeths Modell für *Day of the Fair* sein können. Rudolph, so erinnerte sie sich, hatte schwarze Anzüge getragen, schwarze Krawatten, schwarze spitze Schuhe, aber weiße Handschuhe hatte er ebenfalls getragen, weil er ein oberer Saaldiener war – dadurch war er ihr zuerst aufgefallen. Er war einer von vier jungen Männern, die wie Geistliche (oder wie Schwarzdrosseln) gekleidet waren. Die linke Hand ins Kreuz gelegt, in der rechten einen silbernen Teller für die Kollekte, marschierten sie fast militärisch korrekt durch die Gänge: christliche Soldaten, hatte sie gedacht, die Krone schwarzer Männlichkeit. Und um seine Aufmerksamkeit zu erregen, hatte sie nicht ihren weißen Umschlag oder ihre Münzen auf den Teller gelegt, sondern ein Briefchen, auf dem stand: »Du hast ein schönes Lächeln.« Bei aller Unschuld ganz schön gewagt, meinte Evelyns Mutter – mit einem Halbstarken wie Rudolph Lee Jackson zu flirten, aber er hatte wirklich hübsche tigerhafte Zähne. Das Lächeln eines Herzensbrechers sagten die Leute, wie alle Söhne der Jacksonfamilie: das Lächeln eines Herzensbrechers und schönes Haar, über das er nur einmal mit der Hand streichen mußte, um Quo-Vadis-Locken hervorzuzaubern, die angenehm nach Pomade dufteten.

Und natürlich war Rudolph nicht auf den Kopf gefallen. Jedenfalls nicht total. Er tat, als die kleine weißgetünchte Kirche sich leerte, so, als wäre nichts Außergewöhnliches vorgefallen. Er stand als jüngster Sohn zwischen Mutter und Vater und hörte sich stumm an, wie der alte Diakon Adcock bemerkte: »Oh, wie kräftig er geworden ist«, was eine Lüge war. Rudolph war der schwächlichste der Jackson-Söhne, ein blasser, frommer Stubenhocker, dessen Eltern bei seiner Geburt weit über vierzig gewesen waren. Seine Brüder spielten Fußball und gingen zur Marine: Rudolph ging in der Bibel auf, war untauglich und hoffte, zum Moody Bible Institute zugelassen zu werden, falls er je das Geld dafür zusammenkratzen konnte. Evelyn merkte, daß Rudolph genau wußte, wo in der Menge sie sich aufhielt, daß er sie fühlen konnte, als sie und ihre Schwester Debbie darauf warteten, daß ihr Vater mit dem DeSoto – dem ganzen

Stolz der Familie – an der Treppe vorfuhr. Als die Menge sich verlief, schlenderte er mit seinem gemächlichen Ministrantenschritt zu ihr herüber, stellte sich vor und faltete ihr Briefchen auseinander.

»Warst du das?« fragte er. »Es gehört sich nicht, mit dem Geld des Herrn zu spielen, weißt du.«

»Ich spiel aber gern«, sagte sie.

»Ach, ja?« Er sah die Leute nie direkt an. Sie nahm an, daß Rudolph Angst vor Frauen hatte. Oder um genau zu sein, daß die mächtigen Empfindungen, die sie in ihm auslösten, ihm angst machten. Er war ein Wichser, wenn sie je einen gesehen hatte. »Du bist Joe Montgomerys Tochter, oder?«

»Vielleicht«, neckte Evelyn ihn.

Er steckte den Zettel in die Hosentasche und malte mit der Spitze seines Schuhs Striche in den Sand. »Und, Miss Spaßvogel, was erwartest du dir davon, daß du während der Kollekte deine Spielchen treibst?«

Sie wartete, bis er wieder wegguckte, und sagte erst, als sein schweifender Blick dem ihren wieder begegnete, mit ihrer honigsüßesten, weichsten Stimme: »*Dich.*«

Vorne war der stattliche Pfarrer Merrill mit seiner Predigt fertig. Evelyn neigte den Kopf leicht und lächelte in Erinnerung; ihre Hand wanderte nach links, um Rudolph sacht übers Bein zu streichen; dann fiel ihr ein, daß sie neben Shelberdine saß, und sie legte die Hand nach vorne auf die Lehne des nächsten Sitzes. In ihrem Gebet bat sie um Gesundheit für Rudolph, allerdings hauptsächlich um ihretwillen, zur Vorbeugung gegen ihre Angst, daß, da ihre kinderlosen Jahre wie im Fluge vergangen waren, sie womöglich eines Tages nach Hause kommen und ihn auf dem Boden liegen finden könnte, wie sie ihren Vater gefunden hatte – mit dem Bauch nach oben, einen Arm im Fallen nach hinten verdreht, die Finger in die Brust gekrallt. Mit Rudolph war es von dem Moment an bergab gegangen, beschloß Evelyn, als er keine Zulassung zum Moody Bible Institute bekommen hatte. 1956 waren sie nach Seattle gezogen – sein Bruder Ely war in der Nähe stationiert und erzählte, daß Boeing schwarze Männer einstellte. Rudolph nahmen sie allerdings nicht. Er hatte immer mal wieder Schwierigkeiten mit den Nieren, bis er seine Stellung bei der Post bekam. Ihm wurde schwindelig, wenn er sich bückte. Leber, Herz und Lungen waren langsam schwächer geworden, während sein Bauch runder wurde, aber das war alles nicht so schlimm, wie das, was er sein »Problem« nannte. Jedesmal wenn er sah, daß Evelyn sich auszog, schrumpfte sein Schwanz auf die Größe eines Bleistiftradiergummis zusammen. Oder wenn Evelyn, wie sie es gewohnheitsmäßig beim Reden machte, ihn am Arm berührte. War sie die Ursache dieses Problems? Schön, sie wußte, daß sie nicht mehr gerade einen erfreulichen Anblick bot. Sie hatte zu viel Bonbonpapier von innen betrachtet. Evelyn hatte nichts, was einen Mann dazu bringen konnte, sich keuchend auf sie zu werfen und sie vollständig angezogen auf die Couch zu zerren, wie es Rudolph einst vor vielen Jahren getan hatte, – aber gehörte Sex nicht auch zu den Dingen, die man mit dem Alter sein ließ? Es hatte ihr ohnehin nie so recht gefallen. Und außerdem hatte er oralen Sex gewollt, was Evelyn – wenn sie auch nichts anderes kannte – als häßlich und unhygienisch empfand – das war doch nichts für den Mund. Sie blickte unter dem Rand ihres Frühlingshutes hervor, vorbei an der Kanzel, vorbei am Chor aus schwarzen und braunen Gesichtern auf die gemarterte Schönheit eines weißen bärtigen Tischlers, der am Kreuz hing, und dieses zeitlose Bild erfüllte sie mit dem tröstlichen Gefühl, daß Leiden unvermeidbar, der Verlust der Vitalität unabwendbar, vielleicht sogar etwas Gutes war und daß sie sich innerlich darauf vorbereiten mußte – jawohl –, daß sie eines Morgens die Schlafzimmertür aufmachen und ihren Rudolph mit dem Gesicht nach unten in seinen Frühstückshaferflocken finden würde. Er würde vor ihr sterben, das spürte sie instinktiv.

Und so kehrte Evelyn nach dem Gottesdienst, einem Glas Sanka und einem Stück Fleischpastete unten im hell erleuchteten Keller der Kirche mit Shelberdine nach Hause zurück, um ihrem Mann zu erzählen, wie schön die Griffin-Töchter an diesem Tag gesungen hätten, und daß ihr Nachbar Rod Kenner erlöst worden sei, und um sich zur Not Rudolphs Befürchtung anzuhören, daß der Knoten an seiner Schulter womöglich das frühe Anzeichen einer neuen schlimmen Krankheit sei. Wie sich herausstellte, fand Evelyn das kleine Nur-Dach-Haus abgesehen von ihrer Katze Mr. Miller leer vor. Sie guckte in sein Schlafzimmer. Kein Rudolph. Das unnatürlich stille Haus machte Evelyn unruhig, und sie stieg, obwohl sie es vor Schmerzen kaum aushalten konnte, die zwanzig Stufen in den Keller hinunter, um in der Werkstatt nachzusehen, wo aber nur elektrische Werkzeuge, Bretter und die Zeichnungen durcheinanderlagen, die ihr Mann brauchte, um Schränke und Bücherregale zu bauen. Kein Rudolph.

Angsterfüllt rief Evelyn in allen acht Krankenhäusern in Seattle an, aber keines davon hatte einen Rudolph Lee Jackson auf seiner Liste. Nach ihrem letzten Anruf war es auf der sternenbesetzten Uhr im Wohnzimmer halb eins. Als sie den Hörer des Wandtelephons einhängte, spürte sie einen wohlbekannten Schmerz im Unterleib. Mal wieder ein Anfall von Durchfall, wohl von der Fleischpastete. Sie lief eilig ins Bad, zog sich den Rock hoch und die Unterhose bis zu den Knöcheln herunter, ließ aber die Tür weit offen, was sie unmöglich machen konnte, wenn Rudolph zu Hause war. Eigentlich war es ganz schön, ihn nicht am Hals zu haben, ein bißchen, als wäre er bereits tot. Dabei war das das Letzte, was Evelyn wollte, und sie wollte auch nicht einschlafen, als sie sich an ihr ausgebeultes Kopfende lehnte, und tat es doch, sie nickte ein und träumte, bis irgend etwas ihr Gewicht auf der von der Wand abgewandten Bettseite nach unten zog.

»Evelyn«, sagte Rudolph, »guck dir das mal an.« Sie blinzelte, um wach zu werden, und stierte mit zusammengekniffenen Augen auf das Titelbild einer Illustrieten mit dem Namen *Kung-Fu für Insider*, die Rudolph ihr unter die Nase hielt. Auf dem Bild stand ein Mann O-beinig da, eine Hand unter die Achsel geklemmt, die andere direkt auf Evelyns Nase gerichtet.

»Rudolph«, sie fegte die Illustrierte beiseite und warf einen Blick über den unordentlichen Nachtschrank und dann auf die elektrische Uhr neben dem Wasserglas von McDonald's, ihren Zäpfchen und den Liebesromanen. »Es ist schon Morgen!« Jetzt war sie wütend. Zumindest halbwegs. »Wo warst du?«

Ihr Mann holte keuchend Luft, daß ihm die Lungen pfiffen. Er rollte die Zeitung zu einer Röhre zusammen und schlug sich damit, während er antwortete, auf die linke Handfläche. »Der Film, für den wir die Ankündigung gesehen haben? Weißt du noch – er hieß *Die fünf Finger des Todes*. Den hab ich mir angeguckt und dann einen, der *Tiefschlag* hieß.«

»Wunderbar.« Evelyn machte einen spitzen Mund. »Ich rufe alle Krankenhäuser an, und du sitzt im Kino und guckst dir zwei Hongkong-Filme hintereinander an.«

»Hör zu«, sagte Rudolph. »Du begreifst das nicht.« Er wirkte in dem Augenblick, als ob er genauso wenig begreife. »Es war eine Filmpremiere aus Seattle. Der ganze Nordwesten ist voller Kämpfer. Das hat irgendwie mit den vielen Asiaten hier draußen zu tun. Vor der Vorführung sind vier Studenten aus einem Kwoon in Chinatown auf die Bühne gekommen –«

»Was fürn Ding?« fragte Evelyn.

»Ein Kwoon – das ist ein Ort, an dem man das Kämpfen lernt, eine Meditationsstätte.« Er sah sie an, war aber, wie Evelyn merkte, in Wirklichkeit noch von etwas ganz anderem in Anspruch genommen, das sie nicht miterlebt hatte. »Sie haben eine Vorführung gemacht, um Mitglieder zu werben. Sie haben Bretter und Mauersteine durchgehauen, Evelyn. Sie haben Kata und Kumite gemacht, wie sie's genannt haben, und ...« Er hielt inne, um Luft zu holen. »So was Schönes hab ich noch nie gesehen. Ich bin erst so spät gekommen, weil ich nach dem Film mit ihnen reden wollte.«

Evelyn schluckte argwöhnisch eine Valium und wartete.

»Ich hab mich zu einem Kurs angemeldet«, sagte er.

Sie warf einen eisigen Blick, erst auf Rudolph, dann auf seine Illustrierte und sagte mit der Stimme, die sie vor fünf Jahren gebraucht hatte, als er die Ferien in Overvolta verbringen wollte, oder davor, als er ein britisches Auto kaufen wollte, von dem sie wußte, daß sie es sich nicht leisten konnten: »Du bist *vierundfünfzig*, Rudolph.«

»Ich weiß.«

»Du bist nicht Muhammed Ali.«

»Ich weiß«, sagte er.

»Du bist auch kein Bruce Lee. Willst du Bruce Lee sein? Weißt du, wo der jetzt ist, Rudolph? Er ist tot – tot und hier in Seattle oben auf Capitol Hill begraben.«

Seine Schultern sackten in sich zusammen. Stumm fing Rudolph an, sich auszuziehen, er drehte ihr seinen fleischigen Rücken zu und schlüpfte in die Pyjamahose, bevor er das Hemd auszog, um seinen dürren Unterleib vor ihren Blicken zu schützen. Er nahm die Illustrierte wieder auf, sagte »Tut mir leid, wenn du dir meinetwegen Sorgen gemacht hast«, und ging keuchend nach oben in sein Schlafzimmer. Evelyn knipste die pilzförmige Lampe auf ihrem Nachtschrank aus. Sie lag auf der Seite, lauschte seinen langsamen Schritten auf der Treppe und hörte dann oben das Ächzen seiner Matratze – sein Schlafzimmer lag direkt über ihrem –, aber sein Licht hörte sie ihn nicht ausknipsen. Von Zeit zu Zeit hörte sie am Quietschen der Sprungfedern, daß er sein Gewicht verlagerte. Sie nahm an, daß er die blöde Illustrierte studierte; dann wurde sie müde und überließ diesen unmöglichen Kerl dem lieben Gott. *Die Dornenvögel* aufgeklappt auf dem Schoß, schlief Evelyn wieder ein.

Beim Frühstück am nächsten Morgen reagierte Rudolph auf jede Erwähnung des Kurses stumm wie ein Fisch. Er gab ihr wie immer einen Kuß auf die Stirn, bevor er zur Arbeit ging, und sagte schlicht, daß er vielleicht später nach Hause kommen werde. Die Treppe zu seinem Schlafzimmer hochzusteigen, tat Evelyn weh, aber sie schleppte sich, obwohl sie auf jeder Stufe verschnaufen mußte, hinauf und setzte sich dann auf seine Bettkante, um sein *Kung-Fu für Insider* zu studieren. Es enthielt Artikel über den unbewaffneten Kampf, Weichfilter-Aufnahmen von gefährlich aussehenden Männern in komischen Anzügen, Parabeln über legendäre Zen-Meister, ein Interview mit einem Bernie Bernheim, der mit siebenundfünfzig angefangen hatte, Karate zu lernen, und mit einundsechzig den schwarzen Gürtel bekommen hatte, und Seiten über Seiten mit Anzeigen für exotische Waffen aus dem Fernen Osten: Nunchakus, Shurikens, Sai-Schwerter, Tonfas, Bos-Trainingsbirnen aller Art und eine Holzpuppe, die wie ein Mann geformt war und Mook Jong genannt wurde, und Gewichte. Rudolph hatte sie alle mit einem Kreis markiert. Er hatte das Bestellformular auf der letzten Seite herausgerissen. Die Gesamtkosten für die Sachen, die er markiert hatte – Evelyn zählte sie wütend zusammen und rundete dabei die Summen ab –, beliefen sich auf achthundert Dollar.

Zwei Minuten später hatte sie Shelberdine an der Strippe.

»Warte, bis er es wieder satt hat«, sagte ihre Freundin. »Hast du mir nicht erzählt, daß Rudolph was mit den Bandscheiben hat?«

Evelyns Nase war von Tränen verstopft.

»Warum macht er das? Glaubst du, es liegt an mir?«

»Nein, an seinem Problem«, sagte Shelberdine. »Er will seine Männlichkeit wiederhaben. Vor seinem Tod war das bei Arthur auch so. Irgendwer im Werk hat ihm erzählt, er würde sie wiedergewinnen, wenn er Zwanzigmetersprints machte. Er ist um den See gelaufen, bis er Krämpfe kriegte.«

Evelyn fühlte, wie ihr etwas die Brust zuschnürte. »Du glaubst doch nicht, daß er sich wehtun wird, oder?«

»Natürlich nicht.«

»Glaubst, daß er *mir* wehtun will?«

Evelyns Freundin versicherte ihr, daß alle Männer in der Midlife-crisis solche Ticks entwickelten. Als Evelyn darauf entgegnete, daß sie dachte, die Midlife-crisis setze so um vierzig ein, sagte Shelberdine: »Schatz, ich will dir nicht zu nahe treten, aber Rudolph war schon immer ein bißchen langsamer als andere«, und Evelyn pflichtete ihr bei. Sie würde abwarten, bis er von selber über diese Sache hinwegkam, bis die Natur ihn besiegte und er sich wie jeder vernünftige Mensch mit dem körperlichen Abbau, mit der brutalen Tatsache des Verfalls abfand, die nur dadurch zu mildern war, daß man *mit* jemandem zusammen verfiel, damit tröstete sich jedes schwarze Paar, wenn es mit dem Älterwerden weise genug wurde, langsamer zu treten.

Anfangs wurde ihre Geduld belohnt. Rudolph kam von seiner ersten Stunde gebückt heimgekrochen, konnte kaum stehen und befürchtete, er habe sich irgend etwas endgültig zerrissen. Er ließ sich mit dem Gesicht nach unten auf das Sofa im Wohnzimmer fallen, die Füße auf dem Boden. Sie half ihm seinen Pyjama anziehen und massierte Ben-Gay in seine Gesäßmuskeln ein. Evelyn hatte ihren Mann noch nie den Tränen so nahe gesehen.

»Ich *kann* keine Liegestütze«, stöhnte er. »Und kein Bauchmuskeltraining. Ich bin so steif – ich kenne meinen Körper überhaupt nicht.« Er hob den Kopf und bat mit einem kläglichen Ausdruck in den Augen: »Ruf Dr. Guylee an. Melde mich für Donnerstag an, okay?«

»Ja, Schatz.« Evelyn verbarg ihr Lächeln mit einer Hand. »Du mußt dich nicht so hart rannehmen.«

Da richtete er sich mit nacktem Oberkörper auf, so daß sein Bauch über die Pyjamahose quoll. »Genau das heißt es. *Kung-fu* ist chinesisch für ›harte Arbeit‹. Evelyn«, – er senkte die Stimme – »ich glaube nicht, daß ich in meinem Leben je wirklich hart gearbeitet habe. Nicht so, daß ich wirklich *alles* geben mußte. Leib und Seele, Fleisch und Geist. Ich habe immer das Gefühl gehabt ...« Er sah an sich hinunter und ließ die dunklen Hände zwischen den Beinen baumeln. »Ich hab mich noch nie mit ganzer Kraft eingesetzt, für nix und niemand. Die Welt hat mich nicht gelassen. Sie läßt nicht zu, daß ich mich ganz ins Spiel bringe. Verstehst du mich? Alle meine Jobs, alles, was ich bisher gemacht hab, hat mich nur zu einem Teil in Anspruch genommen. Es war immer so, als habe es, auch nach getaner Arbeit, noch soviel von mir gegeben, was brachlag. Das Gefühl kommt mir auch manchmal in der Kirche.« Er legte sich wieder hin und redete jetzt in die Sofapolster. »Manchmal kommt mir das Gefühl mit dir.«

Ihre Hand stockte auf seiner Schulter. Sie war nicht sicher, daß sie ihn richtig verstanden hatte, seine Stimme war so gedämpft. »Daß ich dich nie ganz in Anspruch genommen hab?«

Rudolph nickte und rieb sich den rechten Knöchel, wo er sich an einer Trainingsbirne die Haut aufgeschürft hatte. »Ein Teil von mir ist immer unberücksichtigt geblieben. Du hast nie versucht, alles an mir zu berühren, alles zu nehmen. Vielleicht kannst du's nicht. Vielleicht kann das niemand. Aber manchmal kriege ich das Gefühl, daß der nicht beanspruchte Teil – das ungelebte Leben – verdirbt, daß man Krebs kriegen kann, weil es wie Obst herumliegt und vergammelt.« Rudolph schüttelte den Kopf; er hatte zuviel gesagt und war sich dessen bewußt, hatte es vielleicht nicht mal so ausgedrückt, wie er sich im Innern fühlte. Er erhob sich steif. »Verlang bitte nicht von mir, daß ich mit dem Training aufhör.« Seine Augenbrauen zogen sich über der Nase zusammen. »Wenn ich aufhör, geh ich drauf.«

Evelyn schraubte das Ben-Gay wieder zu. Sie streckte die Hand aus, und Rudolph ergriff sie. Die Adern auf seinem Handrücken waren krankhaft geschwollen, dick wie Kuchenteig. Beim Einkaufen auf dem Markt hatte sie mal monströse, wie Hände geformte Plastikhandschuhe im Schaufenster eines Scherzartikelladens gesehen. So sah seine Hand aus. Sie gehörte an Lon Chaneys Arm. Ihre Stimme zitterte ein wenig vor Angst. »Ich rufe morgen früh bei Dr. Guylee an.«

Evelyn wußte, was sein Kummer war, oder meinte es jedenfalls zu wissen. Er war nie mit den unangenehmen Seiten des Lebens fertiggeworden. Rudolph war einigen Leuten immer zu ernst gewesen, schon in South Carolina. Das war merkwürdigerweise gerade das gewesen, was sie angezogen hatte: Rudolphs Neigung mit zusammengezogenen Brauen zuzuhören, als ob es um sein Leben ginge, wenn ihr Pfarrer in Hodges, um seiner Predigt mehr Flair zu verleihen, Marc Aurels »Lebe den Göttern gemäß« zitierte, oder wie es ihn später in Seattle erregt hatte, wenn Reverend Merrill Prediger 9, Vers 10 las: »Alles, was dir vor die Hände kommt, es zu tun mit deiner Kraft, das tu.« Es war Evelyn klar, daß er es nicht wirklich so meinte. Man konnte nichts auf der Welt so ernst nehmen; deshalb war dies doch die Welt. Und außerdem hatte Reverend Merrill, wie die ganze Mount Zion Gemeinde wußte, eine Schwäche für besonders hellhäutige Chormädchen und Gin und beschwerte sich ständig, daß sein Gehalt zu klein sei, um damit seine Familie zu ernähren. Die Leute machten Kompromisse, nickten bei spirituellen Binsenweisheiten – jenen hochernsten Versen aus der Bibel, die nahezu übermenschliches Pflichtgefühl und Selbstverleugnung verlangten – und setzten sich lachend über ihre Verfehlungen wie Faulheit, Neid und andere Todsünden hinweg. Das war es doch, was das Leben so angenehm *menschlich* machte: die angeborene Unfähigkeit des Menschen, Perfektion zu erreichen. Alle Menschen drückten von Natur aus bei sich selber ein Auge zu. Nur ihr Rudolph nicht.

Selbstverständlich beklagte er sich selten. Es lag nicht in seiner Natur, sich zu beklagen, wenn er auf der Suche nach »Göttern« bloß Schutt und Asche fand. Was erwartete er denn? fragte Evelyn sich. Der Mensch war böse – das hatte sie ihm tausendmal gesagt – oder wenn nicht böse, dann bis oben hin voller Fehler. Alles, was schiefgehen konnte, ging schief; so hieß doch ein Gesetz. Aber dafür gab es das Lachen und Liebende, die sich am Abgrund umklammerten; es gab Romane – wunderbare Geschichten darüber, wie der Lauf der Dinge sein sollte – und die Verheißung auf Vollkommenheit im Jenseits. Ihr Rudolph saß da und hörte zu, wenn sie die Dinge so darlegte, und er nickte, weil er wußte, daß er mit seiner beständigen Sehnsucht nach Vollkommenheit im Hier und Jetzt bestenfalls in der Minderzahl war. Er behielt seine Unzufriedenheit für sich, aber gelegentlich erhaschte Evelyn in seinen Augen einen Blick, jenen fernen, gequälten Ausdruck, in dem stand: *Und das soll alles sein?* Sie sah diesen Blick nach ihrer ersten Fehlgeburt und nach der zweiten; sah ihn, als er aufhörte, Stellenanzeigen zu lesen und sich damit abfand, daß die Post die Erfüllung seines Potentials auf dem Arbeitsmarkt bedeutete. Und von vierzig an war er immer da, dieser Ausdruck, und kein neuer, überschwenglich gelobter Roman aus dem Buch-des-Monats-Klub, kein Kinofilm im Fernsehen, kein Gottesdienst und keine Mahlzeit, die sie für ihn kochte, konnte ihn aus Rudolphs Augen wischen. So war er jedenfalls, bis er jenen Kampfsportfilm gesehen hatte. Das verheiße nichts Gutes, beschloß Evelyn, sondern sei eine gefährliche Vision. Und sie witterte darin etwas, was ihr womöglich zum Verhängnis werden konnte. Was, vermochte sie nicht zu sagen, aber sie kannte ihren Rudolph besser als er sich selber kannte. Er würde den Fehler – die Zeitverschwendung – in seinem neuen Hobby schon erkennen, und sie war sicher, daß er wieder auf den richtigen Weg finden würde.

In den Wochen und Monaten, die folgten, wartete Evelyn darauf, daß ihr Mann die weiße Fahne hißte. Es kam kein solches Zeichen. Es wurde schlimmer mit ihm. Er kochte sich sein Essen selbst, bezeichnete ihre schweren traditionellen Südstaaten-Gerichte als »zu säurehaltig«, ernährte sich von frischem Gemüse, Tang, Nüssen und Obst, um seinen Körper »alkalischer« zu machen, und fastete sonntags. Er bestellte Bücher über etwas, das »Die Shaolin Schule« und »Meditation« hieß, aus einem Laden in Kalifornien, und als seine Ausrüstung mit United Parcel Service von Dolan's Sports in New Jersey ankam, bestellte er gleich mehr – bestürzt las Evelyn die Liste – Expander für die Beinarbeit, Makiwara-Polster, Schutzschilde, Knochen, Holzschwerter, Schutzhandschuhe, einen hohen Spiegel (ach, du lieber Himmel), damit er seine Haltung korrigieren konnte, und alle möglichen Schutzvorrichtungen. Um seinen Kopfschutz und die Handschuhe richtig einsetzen zu lernen, brauchte er jedoch, wie er meinte, einen Kampfpartner – Gegner – sagte er wörtlich, um sich instinktive »Kampfstrategien« einzuüben, um zu lernen »auszufließen« und »die Lücke« zwischen sich und dem Feind zu schließen, durch seine Bewegungen einen negativen Raum zu schaffen, in dem der andere neutralisiert werde.

»Na«, murrte Evelyn, »wenn du einen Sandsack suchst, brauchst du *mich* nicht anzuschauen.«

Er saß ihr gegenüber am Frühstückstisch und machte dynamische Spannungsübungen, während sie in einer neuen Zeitschrift las, die *Du und dein Ich* hieß. »Hab ich dir schon mal erzählt, was ein schwarzer Gürtel ist?«

»Ja.«

»Bei Sifu Chan gibt es keine Gürtel als Rangabzeichen. Sie wurden vor siebzig Jahren eingeführt, weil die Westler zu ungeduldig waren und sichtbare Zeichen brauchten und so.«

»Das hast du schon erzählt«, sagte Evelyn.

»Ursprünglich bekam man nur einen weißen Gürtel. Als Symbol für die Unschuld. Jungfräulichkeit.« Sein Gesicht war ungeheuer ernst, wie das eines Priesters. »Bei der Arbeit wurde er allmählich dunkler, schmutziger, braun. Dann schwarz. Dann warst du Meister. Wenn du weitermachtest, franste er aus, die Fäden lösten sich, und das Weiß schien wieder durch.«

»Rudolph, das hab ich alles schon mal gehört!« Evelyn nahm ihre Zeitschrift und ging ins Schlafzimmer. Die Beine unter den Decken angezogen, rief sie von dort: »Ich laß mich nicht zu deinem Sandsack machen!«

Also brachte er Freunde aus dem Kwoon mit, Freunde, mit denen sie nichts zu tun haben wollte. Sie hatten etwas Beunruhigendes. Einige waren Straßenkämpfer. Jung. Sie trugen ärmellose T-Shirts und Motorradjacken. Wenn sie vorne auf der Veranda mehrere Sechserpacks Rainierbier ausgetrunken hatten, warfen sie die zerbeulten leeren Dosen nebenan in Rod Kenners Garten. Zusammen wogen zwei von Rudolphs neuen Freunden – Truck und Tuco – eine Vierteltonne. Evelyn versteckte ein Nudelholz unter ihrem Kissen, wenn sie kamen, war sich aber bewußt, daß sie das gleich mit ihr fressen konnten. Ein paar von seinen neuen Freunden studierten aber auch an der Universität von Washington. Truck, ein Vietnamese, der erst zwei Jahre in Amerika war, hatte vor, sich an der Polizeihochschule zu bewerben, wenn seine Lehrzeit abgeschlossen war; und der aus Puerto Rico stammende Tuco war schon so lange ein Kämpfer, wie er eine Faust machen konnte; aber ein zarter junger Mann, der Andrea hieß und einen blauen Gürtel trug, studierte Schauspiel am Theaterseminar der Universität. Sein Training im Kwoon machte er, wie er sagte, weniger zur Selbstverteidigung als um seine Bewegungen auf der Bühne verstehen zu lernen – beispielsweise wie man auf der Bühne überzeugend vor Wut explodierte. Zu ihrem Entsetzen merkte Evelyn, daß ihr Mann diese Männer mochte. Und daß sie ihn mochten. Sie unterschieden sich durch Einkommen, Herkunft und Religion, aber durch irgend etwas, was, hätte sie nicht sagen können, wirkten sie an den Abenden auf der Veranda nach dem Training wie aus einem Guß. Sie nannten Rudolph den »großen Bruder« oder weniger respektvoll »Paps«.

Sein Sifu, ein kleiner, geschmeidig wirkender junger Mann mit Namen Douglas Chan, der nach Evelyns Ansicht keine Neunzehn sein konnte, saß wie der Dalai Lama in ihrer kleinen Küche, als wäre er der Herr des Hauses, und trank ihren Tee, den Rudolph mit einem Schuß Ginseng aus Korea würzte. Ihr Mann gab Chan für seine Zigaretten Feuer, als wäre er Präsident Carter, der den einfachen Mann mit seinem Besuch beehrt. Er empfahl Rudolph, T'ai Chi zu lernen, sogenannte weiche Kampfsportarten, Ki, und etwas, das er Tao nannte. Er empfahl ihm außerdem, sich mit den drei Newtonschen Axiomen zu befassen und sie beim Kumite auf seinen eigenen Körper anzuwenden. Was ihr von Chan am deutlichsten in Erinnerung blieb, waren seine Handgelenkschützer, Zierwaffen mit drei Riemen, die im schwarzen Leder auf Hochglanz polierte Speichen hatten wie die von Steve Reeves in einem Herkulesfilm, den sie gesehen hatte. Mit einer Stimme, die sie als mädchenhaft empfand, sprach er davon, wie man am besten Augen ausstach oder dem Gegner einen Leistenbruch zufügte, von Übungen, die Todesstoß mit Relais und Dim Mak hießen, und alles mit der gleichen Beiläufigkeit, mit der sie und Shelberdine über die Sonderangebote bei Thriftway redeten. Und dann zogen sie ihre Kluft an, der jungenhafte Sifu, der wie ein rauher Bruder des Mahara-ji ausah, und ihr dicker Mann; sie gingen nach hinten in den Garten, schoben die Alu-Gartenmöbel beiseite und droschen eine halbe Stunde aufeinander ein. Genauer gesagt, bekam Rudolph jede Menge Hakentritte, blitzschnelle Rückhandschläge und Fußfeger ab, so daß er wochenlang über und über mit blauen Flecken bedeckt war. Jeder vernünftige Mann wäre so klug gewesen, sich ins Schwedische Krankenhaus zu begeben, und zwar subito. Rudolph, der nie als besonders klug gegolten hatte, trainierte weiter, nachdem Sifu Chan gegangen war, und übte seine Flying Kicks, indem er aus einem Loch von gut einem Meter Tiefe, das er an ihrem Sturmzaun ausgehoben hatte, auf die ebene Erde sprang.

Evelyn knabberte an einem Van-de-Kamps-Kuchen von Safeway – sie naschte dieser Tage ständig –, beobachtete ihn, bis es dämmrig wurde, vom Küchenfenster aus und brachte ihm dann die Ben-Gay Salbe, ein kaltes Bier und Franzbranntwein auf einem Tablett nach draußen. Sie dachte, daß er es brauchen würde. Statt dessen lehnte Rudolph, der unter der ausladenden Zeder im Garten Streckübungen machte, höflich ab, schob das Tablett beiseite und rieb sich mit Dit-Da-Jow ein, »Eisenwein«, der roch wie die offene Tür einer Opiumfabrik an einem heißen Sommertag. Doch diese uralte Tinktur heile nicht nur sofort seine Wunden (behauptete Rudolph), sondern wirke außerdem noch vorbeugend gegen Arthritis. Sie fühlte sich versucht auszuprobieren, ob sie gut gegen Hirnschaden war, indem sie sie Rudolph in die Ohren goß, aber allem Anschein nach machte er es gar nicht so verkehrt. Dr. Guylee war hingerissen; er sagte, Rudolphs Muskeltonus, was immer das war, habe sich verbessert. Sein Herz und sein Blutkreislauf seien kräftiger. Auch seine Erektionen waren hervorragend – oder emporragend –, obwohl er in letzter Zeit keinerlei Neigung zum Sex verspürte. Selbst Evelyn konnte im Licht der Dämmerung leichte Veränderungen an Rudolphs Oberkörper erkennen, wenn er sich streckte: Auf seinen Schultern kräuselten sich Muskeln wie kleine Lichtkugeln; über seinen Bauch liefen larvenartige Ströme. Die Sprache seines sich neu entwickelnden Körpers war ihr unverständlich. Er war auch nicht immer so. Nach einer kalten Dusche und etwas Schlaf schrumpften seine Muskeln wieder etwas. Nur nach dem Training, dem Gewichtheben weitete sich sein Körper wie ein aufgehender Brotteig und wurde auf eine Weise rund, die den weichen, ihr vertrauten Rudolph-Leib vergessen ließ. Dieser neue Leib hatte die Konturen der Silhouetten auf den Diagrammen beim Arzt: der Körper, wie Gott ihn sich gedacht haben mußte. Schweißglänzend nahmen seine Muskeln die Eigenschaften der Gewichte an, die er so unermüdlich stemmte. Sie hatten auch eine tiefe Tragik, weil ihre neue Schönheit erdgebunden war. Sie würde mit der Welt vergehen. Du bist häßlich, sagten seine neuen Muskeln Evelyn; alt und häßlich. Seine Selbstbestrafung machte Evelyn schwer zu schaffen. Sie fürchtete sich vor seinen harten, kalten Gewichten. Sie haßte sie. Doch sie wollte sie auch. Sie hatten eine gewisse klösterliche Schönheit. Sie dachte: Er macht dies alles, um mir weh zu tun. Sie fragte sich: Wie fühlt es sich an, stark zu sein? War geistreicher Zynismus – ja Komik überhaupt – ein Nebenprodukt dicker Bäuche, schwacher Nerven, schlechter Haltung? Ihr einziger Schutz gegen die dummen Hanteln und seine neuen Freunde war wie üblich ihre spitze Südstaatenzunge: »Das sind alles Homos, stimmts?«

Rudolph schaute verträumt in ihre Richtung. Er sagte, in der Zeit nach dem Training fühle er sich immer, als gäbe es keinen Abstand zwischen ihm und dem, was er sah. Sein Gesicht war ausdruckslos, die Augen – wie Rauch. In diesem angenehmen Zustand sah er (wie er sagte), ohne zu urteilen. Ohne Urteil gab es keine Unterscheidungen. Ohne Unterscheidung kein Begehren. Ohne Begehren . . .

Er lächelte ihr zu, ohne sie direkt anzusehen. »Wer?«

»Die Leute in deinem Kwoon.« Evelyn verschränkte die Arme. »Ich hab irgendwo gelesen, daß die meisten Bodybuilder homosexuell sind.«

Er verweigerte jede Antwort.

»Wenn sie nicht schwul sind, dann sollte ich vielleicht auch anfangen zu trainieren. Dir tut's doch gut, nicht?« Ihre Stimme wurde scharf. »Denn das sagst du doch, nicht? Daß du und deine Freunde besser sind als alle andern?«

Rudolph senkte den Kopf. Er holte lang und tief Luft. In letzter Zeit beschränkten sich seine Reaktionen auf sie darauf, daß er sich still die Lungen mit frischer Luft vollpumpte.

»Du solltest das tun, was du tun mußt, Evelyn. Du brauchst nicht das zu tun, was andere machen.« Er stand auf, berührte die Zehen mit den Fingerspitzen und legte die Stirn an die durchgedrückten Knie, was Evelyn rein physikalisch für unmöglich gehalten hätte und als tendenziell obszön empfand.

Es war ein Alptraum, ihm Abend für Abend nach dem Essen zuzusehen. Er lief im Haus mit Everlast-Gewichten an den Beinen herum, versuchte Liegestütze auf den Fingerspitzen und den Handgelenken und stand, während sie versuchte die »Jeffersons« zu sehen, vor dem flimmernden Bildschirm bereit und konterte jeden Szenenwechsel und jede neue Einstellung mit einem Schlag, um seine Reaktionsfähigkeit zu verbessern. Es nahm ihr den Spaß am Fernsehen, wenn er das machte – da hatte sie es lieber, wenn er im Sessel neben ihr einschlief wie früher. Aber was Evelyn wirklich angst machte, war sein »Nichtstun«. Dann saß er breit im perfekten Lotussitz auf ihrer vorderen Veranda und meditierte, während Mr. Miller selig auf seinem Schoß kuschelte, ein Bodhisattva mitten zwischen den Zimmerpflanzen, die sie an die Sonne gestellt hatte. Seinem Anblick nach zu urteilen, hätte man ihn für tot halten können. Das Ganze roch nach Selbsthypnose. Nach Evelyns Ansicht atmete er zu langsam – nur drei Atemzüge in der Minute, behauptete er. Er trug sein Gi voller Blut- und Schweißflecken, die schwieligen Hände auf den Knien, die Zeigefinger jeder Hand leicht an den Daumen gelegt, die Augen fest verschlossen.

In seinem achten Monat im Kwoon stand sie einmal da und beobachtete ihn beim Meditieren. Sie bestaunte die lebhaften Veränderungen in seinem Körperbau, die grimmige Härte, wo früher fröhliches Fett saß, die beunruhigende Ruhe seiner Haltung, wo Rudolph früher in der Kirche keine fünf Minuten still sitzen konnte, ohne zappelig zu werden. Jetzt saß er eine Dreiviertelstunde am Tag im Zazen, eine Viertelstunde nach dem Aufwachen, eine Viertelstunde (sagte er) in der Mittagspause bei der Post, eine Viertelstunde vor dem Zubettgehen. Er sagte, er brauche diesen Rückzug (wie sie seine affektierten Ausdrücke haßte) ähnlich wie die notwendigen Pausen in der Musik: »Eine Stille, die ihn bereitmachte, Geschäftigkeit und Lärm zu ertragen.« Er habe früher nie geatmet, sagte er ihr. Nicht ein einziges Mal. Nicht bis in die Fußsohlen. Er habe nie so geatmet und sich so leer gepustet wie jetzt, da er sich vorstellte auf dem Grund des Lake Washington zu sitzen: er, Rudolph Lee Jackson, im Zentrum des Kosmos, denn wenn der Kosmos unendlich war, lag jeder Punkt, an dem er sich befand, in der Mitte und verschob sich mit ihm. (Diese Aussage entstammte, das wußte Evelyn, Douglas Chans Hirn. Kein schwarzer Priester, der den Namen verdiente, würde so reden.) Er sagte ihr, daß er im Zazen auf dem Grund des Sees daran arbeitete, seine Gedanken dazu zu erziehen, sich auf einen Punkt zu konzentrieren; jeden

Gedanken, jedes Gefühl, das ihn überkam, sah er als zerbrechliche Blase, die er leidenschaftslos von allen Seiten betrachten konnte; dann ließ er sie sachte an die Oberfläche schweben, und bald – wenn er tiefer in die Strudel seines Innern versank, in die große Leere – schwand sogar das Bild seiner selbst auf dem Grund des Sees.

Evelyn unterdrückte einen Schrei.

War sie eine von Rudolphs Blasen, etwas, von dem er sich lösen mußte? Auf der Veranda beobachtete Evelyn ihn mit zusammengekniffenen Augen von einem von Wind und Wetter verwitterten Stuhl aus, das Kinn auf die linke Faust gestützt. Sie schnippte mit den Fingern ihrer rechten Hand, direkt unter seiner Nase. Nichts. Sie klopfte ihm mit den Fingerknöcheln leicht an die Stirn. Nichts. (Schwindler, dachte sie.) Er saß weitere fünf Minuten da und atmete, saß und atmete und öffnete dann die Augen, als hätte er so lange geschlafen wie Rip Van Winkle. »Es ist schon dunkel«, sagte er erstaunt. Als er sich hingesetzt hatte, war gerade die Dämmerung hereingebrochen. Evelyn ging etwas Neues auf: Er erlebte Zeit nicht wie sie, nicht mal mehr das. Die Dinge, das sah sie nun, liefen für ihn langsamer; sie mußte ihm wie eine Frau vorkommen, die im Zeitraffer steckengeblieben war. Sie fragte: »Was siehst du, wenn du da reingehst?«

Rudolph rieb sich die Augen. »Nichts.«

»Warum machst du's denn bloß? Die Welt ist hier draußen!«

Er schien außerstande zu sein, es ihr zu sagen, als wäre die Frage ohne jeden Sinn. Sein Blick richtete sich wie der eines Kindes nach oben auf ihr Gesicht. »Nichts ist manchmal friedlich. Die Leere ist voll. Ich hab keine Angst mehr davor.«

»Du machst dich leer?« fragte sie. »Von mir auch?«

»Ja.«

Evelyns Hand schoß hoch und legte sich auf ihr Gesicht. Sie ging mit einem Winseln auf ihn los. Rudolph erhob sich so schnell, daß Mr. Miller von seinem Schoß geschleudert wurde, und fiel dann mit Wucht wieder auf seinen Hintern; der Lotussitz schnitt das Blut zu seinem Unterkörper ab – wodurch sein

Gehirn besser durchblutet werde, behauptete er –, und es dauerte immer ein paar Sekunden, bis er wieder aufstehen konnte. Er langte hoch, zog ihre Hand zu sich herunter und streichelte sie.

»Was hab ich getan?«

»Das ist es«, schluchzte Evelyn. »Ich weiß nicht, was du tust.« Sie nahm den Saum ihres Bademantels, schneuzte sich und sah ihn dann aus tränenblinden Augen an. »Und du weißt es auch nicht. Ich wünschte, du hättest den Film nie gesehen. Ich hab all deine Hanteln und Trainingsgeschichten satt – ich hab sie bis hier, hörst du? Rudolph, ich will dich wieder so haben, wie du warst: *krank*.« Kaum war das raus, da tat es Evelyn schon leid. Aber sie hatte keinen Schaden angerichtet. Sie erkannte, daß Rudolph nichts fehlte; alles, eingeschlossen Evelyn, erfüllte ihn mit Begeisterung, war aber, soweit es ihn betraf, nichts weiter als ein Schatten in einer Scheingeschichte. Er war jetzt viel demütiger, geduldiger, aber er hatte die Verbindung zu allem verloren, was sie als normal und menschlich empfand: Schwäche, Angst, Schuldgefühle, Selbstzweifel, all die Dinge, die der Welt Substanz verliehen und Leuten Antrieb gaben. Sie *wollte* doch, daß er sie begehrte. Nein, wollte sie nicht. Nicht, wenn es oralen Sex bedeutete. Evelyn wußte in Wirklichkeit nicht mehr, was sie wollte. Sie hatte plötzlich das Gefühl, als könnte sie sich vor seinen Augen auflösen. »Rudolph, wenn du ›ganz leer‹ bist, wie du sagst, dann kannst du nicht wissen, wer – oder was – mit dir redet. Wenn du sagen würdest, daß du betest, dann könnte ich das verstehen. Dann würde Gott mit dir reden. Aber so ...« Sie schlug sich mit der Faust vier-, fünfmal auf den Oberschenkel. »Es könnten *böse* Geister sein, weißt du! Böse Geister gibt es, Rudolph. Es könnte der Teufel sein.«

Rudolph dachte eine Sekunde nach. Sein Brustkorb senkte sich nach einem weiteren langen Atemzug. »Evelyn, es wird sich komisch anhören, aber ich glaube nicht an den Teufel.«

Evelyn schluckte. So weit war es also gekommen.

»Oder an Gott – es sei denn, wir wären Götter.«

Sie merkte, daß er sich alle Mühe gab, seine Worte sorgfältig zu wählen, aus Angst sie zu kränken. Seitdem er sich dem Kwoon angeschlossen hatte und das Töten trainierte, schien er besonders darauf bedacht zu sein, ihre effektivste Waffe zu meiden: die trockene, spitze Bemerkung, die verbale Abfuhr, die direkte, Ich-zerstörende Breitseite. Ach, er wurde regelrecht zum Heiligen. Manchmal hätte sie ihm am liebsten eine runtergehauen.

»Was ist, das ist, und damit Schluß«, sagte er. »Mehr weiß ich nicht. Anstatt mich darum zu sorgen, ob es gut oder schlecht ist, Gott oder Teufel, will ich bloß still sein, an mir arbeiten und mich so wenig wie möglich in die Dinge einmischen. Evelyn«, fragte er unvermittelt, »wie kann es *zwei* Dinge geben?« Seine Brauen kräuselten sich; er kaute auf der Lippe. »Du hältst das, was ich sage, für böse, nicht?«

»Nein, ich finde es komisch! Rudolph, du bist nicht in China aufgewachsen«, sagte sie. »In China kriegen die keine Luft! Das habe ich heute in den Nachrichten gesehen. Sie heizen mit Braunkohle, die in die Atmosphäre entweicht und sauren Regen erzeugt. Die laufen da drüben mit Mund- und Nasenschutz rum, solchen, wie wir sie uns gekauft haben, als Mount St. Helens ausgebrochen ist. Sie fahren alle Fahrrad, herrje! Die wollen das haben, was wir haben.« Evelyn hörte Rod Kenner auf seine Veranda mit den Fliegenfenstern herauskommen, vielleicht, um von seinem Schaukelstuhl aus zuzuhören. Sie senkte die Stimme ein bißchen. »Du bist in Hodges, South Carolina, aufgewachsen, genau wie ich, in einer ordentlichen schwarzen Kirche, wie es sich gehört. Wenn du mal in China gewesen wärst, würde ich dich vielleicht verstehen.«

»Ich soll nur sein können, was ich schon gewesen bin?« er fragte das leise, aber seine Stimme zitterte. »Nur was ich in Hodges war?«

»Du kannst kein Chinese werden.«

»Ich will kein Chinese werden!« Bei dem Gedanken mußte Rudolph lächeln und den Kopf schütteln. Weil sie nichts verstand, und weil er nicht mehr weiter reden mochte, trat er gut einen Meter von ihr zurück und reckte und streckte sich dabei, immer reckte er sich. »Ich will nur sein, was ich sein kann, also nicht der größte Kämpfer auf der Welt, sondern nur der Kämpfer, zu dem *ich* das Zeug habe. Weiß Gott, wahrscheinlich werde ich diesen Sonntag im Turnier eingeseift.« Ehe sie antworten konnte, fuhr er fort: »Doug hat mich gefragt, ob ich an diesem Wochenende bei den Vollkontaktkämpfen gegen ein paar Leute aus dem Kwoon antreten möchte. Ich muß.« Er öffnete die Fliegentür. »Ich werd's tun.«

»Die bringen dich um – das weißt du doch, Rudolph.« Sie grub die Fingernägel in ihren Bademantel, dann grub sie diesen in ihn: »Du weißt, daß du nie sehr stark warst. Vor sechs Monaten konntest du mir nicht mal ein Glas Gurken aufmachen.«

Er schien sie nicht zu hören. »Ich hab dir eine Karte gekauft.« Er hielt die Fliegentür auf, weil er darauf wartete, daß sie mit hereinkam. »Ich kann besser kämpfen, wenn du da bist.«

Sie verbrachte den überwiegenden Teil der Woche morgens bei Shelberdine und abends in Reverend Merrills Kirche, wo sie betete, um sich zu reinigen, und zumeist allein in der ersten Reihe saß, damit sie zu Hause nicht hören mußte, wie Rudolph in dem muffigen Keller Selbstgespräche führte, wenn er Lochstanzen glatthämmerte, im Garten eine halbe Stunde Seilspringen oder Schattenboxen zur Vorbereitung auf einen Kampf machte, der durch seine neuen Muskeln unumgänglich geworden war. Sie hatte einen Dummkopf geheiratet, das war klar, und wenn er erwartete, daß sie im Kingdome auf einer Bank saß, während ein ebenso dummer Schläger ihm den Rest seines Hirns zu Brei schlug, wahrscheinlich noch knapp ein Teelöffel voll – dann war er schiefgewickelt. Wie konnte er die Welt nur für »vollkommen« halten? Wie er behauptete. Es gab Armut, Arbeitslosigkeit, pro Minute starben einundzwanzig Kinder, Tag für Tag, jahrein, jahraus an Unterernährung, zwanzig waren in Atlanta ermordet worden; es gab sechzigtausend Atomwaffen auf der Welt, was entsetzlich war, wo Seattle so dicht bei Boeing lag; im Weißen Haus herrschten Republikaner vom Rechtsaußen-Flügel: Lauter gute Gründe, fand Evelyn, um »negativ und lebensverneinend« zu sein, wie Rudolph sich ausdrücken würde. Es war fast eine Sünde, Harmonie in dieser irdischen Hölle zu sehen, und sie betete in einem Wutanfall, daß Gott ihm die Schulter ausrenken, ihn durch eine unbedeutende Verletzung demütigen, ihn nach Hause holen und ihn daran erinnern sollte, daß der Leib eitel sei, ein Verstoß gegen jeden Vers der Bibel. Aber Evelyn konnte ihre Gedanken nicht so lange festhalten, wie er. Nicht länger als ein paar Sekunden. Ihre Gedanken kamen nie zur Ruhe, standen nie still und konnten sich schließlich Sonntagmorgen, als sie auf Shelberdines Sofa aufwachte, nicht von der Vorstellung losreißen, daß ihr Rudolph vor Hunderten von gleichgültigen Zuschauern tot dalag und Sanitäter ihm, in dem Versuch, ihn am Leben zu halten, so auf der Brust herumtrommelten, daß sie ihm die Rippen brachen.

Sie rief von Shelberdine aus ein Taxi, und traf im Dauerregen, den die Bewohner der Nordweststaaten so lieben, mittags am Kingdome ein. Es ist schon vorbei, dachte Evelyn, während sie die Wendeltreppe zu ihrem Platz hinaufstieg und ihren nassen Schirm zumachte. Sie hörte Jubel, Buhrufe, eine asiatische Stimme mit einem schweren Akzent über das Mikrophon. Das Turnier hatte um zehn angefangen, lange genug her, daß ihr Mann wahrscheinlich längst im Harborview-Krankenhaus in der Notaufnahme lag, aber sie mußte es mit eigenen Augen sehen. Zunächst, als sie durch die Menschenmenge zu ihrem Sitz hinunterging, hörte sie nur die – sie suchte nach dem richtigen Wort und wußte es plötzlich wieder – die Kiais, »Kampfschreie«. Sie stiegen aus dem riesigen Parkett der Sporthalle auf, denn die Wettkämpfe liefen in drei Ringen gleichzeitig. Sie kam sich vor wie im Zirkus. Es roch wie in einem Umkleideraum. Hier standen sich zwei Kinder Zeh an Zeh gegenüber, bis einer dem anderen einen direkten Fußstoß versetzte, daß er fünf Meter weit flog. Dort waren zwei schlanke, muskulöse Frauen mit schwarzen Gürteln wie zu einem eleganten Ballett miteinander verhakt, das sie wie beim Tanzen oder bei einem Schachspiel immer in Bewegung hielt. Sie hatten irgendwie Verstand, diese Frauen – das spürte sie sofort –, ein Gefühl für Raum und ihren Platz darin. (Evelyn haßte sie auf Anhieb.) Und im entferntesten Ring sah, oder fühlte sie vielmehr, Rudolph, den

Allerältesten in der Arena, der bei den erwachsenen Männern kämpfte und mit einem anderen weißen Gürtel im Ring stand, nicht mit einem jungen Burschen, der ihm vielleicht weh tun würde – der andere Mann war in den mittleren Jahren, bekam schon graue Haare und war wohl nur wenige Jahre jünger als Rudolph –, aber sie kämpften nichtsdestotrotz.

Und doch sah Evelyn nicht eigentlich ihn, als sie sich hinsetzte. Die Akustik im Kingdome verwirbelte den Lärm der Massen zu einem Fluß der Stimmen, der mit einem Mal eine Wirkung auf sie ausübte wie das Steigen und Fallen der Stimmen im Gottesdienst. Das verfehlte nicht die Wirkung auf die Stimmung, in der sie Rudolph zuschaute. Sie fragte sich: Wer sind diese Leute? Sie hielt die Luft an, als ihr Mann, sich im Abstand zu seinem Gegner verschätzend, mit einem Schritt zur Seite schwungvoll zu einem Halbkreisfußstoß ausholte – und sie hörte, wie das Gi seines Gegners wie ein Schuß aus einer Pistole knallte, als jener ihm in die Parade fuhr. Sie beugte sich vor und umklammerte die riesige Handtasche auf ihrem Schoß fest, als Rudolph sich erholte und sich aus der Todeszone wieder in die neutrale Zone zurückzog und dann seine Strategie gründlich überdachte. Dies war nicht der Mann, mit dem sie zwanzig Jahre lang geschlafen hatte. Nicht ihr hypochondrischer Rudolph, der sich ausruhen und sich kaltes Wasser über die Handgelenke laufen lassen mußte, sobald er von den Eingangsstufen zum Zaun gelaufen war, um die *Seattle Times* reinzuholen. Sie kannte ihn nicht, hatte ihn vielleicht nie gekannt und würde ihn nun auch nie mehr kennenlernen, denn der Mann auf dem Boden, der schweißtriefende Mann, der sich zur Vorbereitung eines Flying Kick auf die Ferse seines Standbeins zurückrollte – war er immer noch so dumm sich einzubilden, daß er fliegen konnte? –, würde sie überleben; er würde mit einer Hand auf ihrem Grabstein gesund und munter dastehen und sie sich in einer Luftblase vorstellen, und das war gut so, dachte sie völlig aufgelöst schluchzend, es war in Ordnung, daß Rudolph nach einem Besuch an ihrem nassen Grab nach Hause gehen würde, um ihr Schlafzimmer auszuräumen, die Tablettenschachteln und die Taschenbücher rauszuschmeißen, ihre Fenster aufzureißen, um den sauren Modergeruch hinauszulassen, und dann die Habseligkeiten einer jüngeren Frau auf den Fußboden zu räumen, der dunkle Flecken hatte, wo ihr Farbfernseher, ihr Nachttopf aus Porzellan und ihre uralte Nähmaschine gestanden hatten. Und dann stand Evelyn auf den Füßen, ohne recht zu wissen, warum, aber die Menge war plötzlich aufgestanden, um zu klatschen, und Evelyn klatschte mit, wenn auch nur für einen Moment indem sie instinktiv ihre behandschuhten Hände aneinanderschlug, bis sie nach ihrer momentanen Blindheit wieder sehen konnte und ihren Mann erblickte, den Postboten, fünf Meter über dem Boden, wie er seinen Gegner mit einem perfekten Flying Kick zu Boden streckte, so daß ein japanischer Schiedsrichter, der wie Oddjob aussah, »ippon« rief – ein Punkt – und der Kampf im entferntesten Ring, in ihr selbst, ja vielleicht in der ganzen Welt vorüber war.

Übersetzt von Karen Nölle-Fischer

GAYL JONES

Evas Mann

Die Polizei kam und hat Arsen im Glas gefunden, aber da war ich schon fort. Die Hotelbesitzerin hat ihn gefunden. Sie ist rein, um ihm die Sonntagszeitung zu bringen und weil sie die Rechnung bezahlt haben wollte. Angeblich hat sie so anhaltend geschrien, daß das ganze Haus aufgewacht ist. Es hat jetzt einen schlechten Ruf, besonders das Zimmer. Ich habe gehört, daß die Leute hingehen und es anschauen und sehen wollen, wo das Verbrechen passiert ist. In einer dieser Polizeizeitschriften ist sogar ein Artikel drüber gestanden. So sind die Leute halt. Ich habe den Artikel nie gesehen. Zuerst hab ich mich aufgeregt, als ich erfuhr, daß ein Bild von ihm drin war, eins, auf dem man sah, was ich getan habe. Es hat mir nicht so viel ausgemacht, daß eins von mir drin war. Elvira hat gesagt, sie hätten auch ein Bild von mir drin und mein Haar sei ganz wirr und sie hätten mich wie eine Wilde aussehen lassen.

Elvira ist die Frau, die mit mir in der Zelle hier unten in der Gefängnispsychiatrie sitzt. Sie darf mehr raus als ich, weil sie sagen, sie kann sich besser kontrollieren. Nicht daß ich was getan hätte, seit ich hier drin bin. Wegen dem, was ich vorher getan hab, darum halten sie mich hier drinnen. Wie sie mich ansehen. Sie lassen mich nicht mit den anderen Frauen raus. Wenn Elvira rausgeht, dann liest sie Zeitung und kommt zurück und erzählt mir, was drinsteht. Sie wollte mir den Artikel mitbringen, aber man hat sie nicht gelassen. Zuerst wollte ich ihn sehen, aber als sie ihn dann in der Unterhose reingeschmuggelt hat, mochte ich ihn nicht mehr anschauen. Ich hab gesagt, sie soll ihn zerreißen und im Klo runterspülen.

»Weißt du, die haben gedacht, durch dich kriegt das Hotel einen schlechten Ruf«, sagte sie. »Ich mein, so einen schlechten Ruf, daß keiner mehr kommt und dort übernachten will. Aber jetzt stellt sich raus, daß es doch komische Leute auf der Welt gibt.«

»Wie meinst du das?« Ich hab die Stirn gerunzelt.

»Ich mein, da gibts Leute, die gehen dahin, nur daß sie da übernachten können, wo es passiert ist, und bringen ihre Huren gleich mit rauf. Schlafen im gleichen Bett, wo du ihn umgebracht hast. Es gibt Leute, die denken, du wärst eine. Eine Hure.«

Ich hab weiter die Stirn gerunzelt.

»*Ich* sag das doch nicht.«

Ich lag auf meinem Bett und starrte an die Decke. Es haben auch Leute behauptet, ich hätte es getan, weil ich von seiner Frau erfuhr. Das haben sie vor Gericht zu behaupten versucht, weil das die leichteste Antwort war, die sie kriegen konnten. Ich hab seine Frau ja gesehen. Ich hab sie nicht sehen wollen, weil ich nicht wußte, was für ein Gefühl ich dabei hätte. Sie ist nur einmal während dem Prozeß reingekommen, um mich zu sehen. Sie war eine magere, abgearbeitete Frau mit einem schwarzen Hut auf. Aus irgendeinem Grund hatte ich erwartet, daß sie eine stattliche, gutaussehende Frau ist. Sie hat kein Wort gesagt. Sie ist einfach nur vor der Zelle gestanden und hat mich angestarrt und ich hab zurückgestarrt. Das einzige, was ich immer wieder dachte, war, wie er *sie* wohl behandelt hat. Weil es für mich aussah, als wenn er ihr schlimmer mitgespielt hätte als mir. Jedenfalls, wenn es ihr innerlich genauso dreckig ging, wie sie nach außen aussah. Sie ist bestimmt an die fünfzehn Minuten da gestanden, dann ist sie gegangen. Sie hat überhaupt nichts in den Augen gehabt – keinen Haß und nichts. Oder wenn sie was gehabt hat, hab ich es nicht sehen können. Als sie wegging, hab ich mir überlegt, was sie wohl in meinen gesehen hat.

Jetzt noch kommen Leute rein und fragen, wie es passiert ist. Ich soll es immer wieder erzählen. Ich meine, nicht nur die Psychiater, sondern auch Leute von Zeitungen und so. Die lesen irgendwo was drüber oder hören was und wollen es im Bewußtsein wach halten. Erst hab ich mit keinem reden wollen. Den ganzen Prozeß durch hab ich mit keinem reden wollen. Aber dann, als ich hierher kam, da hab ich angefangen zu reden. Ich erzähle denen so viel, daß ich es selbst gar nicht mehr klar hinbringe. Ich erzähl denen Sachen, die haben gar nichts mit meiner Tat zu tun, aber die sagen, das wollen sie auch hören. Die wollen hören, was zwischen meiner Mutter und meinem Vater gewesen ist, nicht nur, was zwischen mir und dem Mann gewesen ist. Einer ist hier reingekommen und wollte sogar was über meine Großmutter und meinen Großvater wissen. Ich merke das, wenn ich Sachen nicht mehr richtig hinbringe, und ich sag ihnen, daß ich es nicht mehr richtig hinbringe, aber die sagen es ist schon recht, ich soll weiterreden. Manchmal glauben die aber auch, ich lüge sie an. Ich sage zu ihnen, daß nicht ich lüge, sondern meine Erinnerung. Das glaube ich aber selber nicht, weil die Vergangenheit mir genauso schwerfällt wie die Gegenwart, aber trotzdem sage ich es. Sie sagen, sie wollen mir helfen. Ich bin dreiundvierzig Jahre alt, und bis jetzt hab ich noch nichts von ihrer Hilfe gesehen.

Ich war achtunddreißig, als es passiert ist. Mir kommt es nicht wie vor fünf Jahren vor, aber so ist es. Mir kommt es nicht mal wie vor fünf Monaten vor. Ich schmecke den Kohl noch, den ich gegessen hab. Ich bin in der Kneipe gesessen und hab Kohl und Wurst gegessen und Bier getrunken und zugehört, wie die Frau auf der Bühne Blues gesungen hat. Das war damals im Staat New York. Ich hab schon in Kentucky gewohnt. Ich hab auch schon in New York City gewohnt. Ich bin in West Virginia und New Orleans gewesen. Ich war grade von New Mexiko zurückgekommen. Ich bin einfach auf und davon nach New Mexiko, nachdem ich in Wheeling entlassen worden war. In Connecticut gibts Tabakfarmen. Da bin ich auch schon gewesen. Ich bin nicht viel rumgereist, bis ich verheiratet war, und wie das dann fehlgeschlagen ist, da hab ich mir gesagt, dann bleib ich halt allein. Als Frau allein sein ist leichter an verschiedenen Orten als immer am gleichen. Es war schon lang her, daß ich überhaupt mit einem Mann geredet hatte. . . Der Kohl war gut, schön fettig. Die haben die Wurst drin gleich mitgekocht. Ich bin in der dunkelsten Ecke gesessen. Ich hab ihn gesehen, bevor er mich gesehen hat. Großer, dunkelhäutiger, gutaussehender Mann. Hat mich bißchen dran erinnert wie mein Mann vielleicht ausgesehen hat, als er jung war. Ich hab ihn nicht jung gekannt. Er war schon alt, als ich ihn gekannt hab. Aber vielleicht hab ich deshalb gewollt, daß er rüberkommt – ich meine, weil er mich an einen Mann erinnert hat, mit dem ich früher verheiratet war. Er hat mich aber nur an ihn erinnert, bis er an den Tisch kam, weil danach war er nur noch er selber. Er hatte sich nach einem Sitzplatz umgeschaut, und dann, als er mich gesehen hat, kam er rüber, dahin wo ich saß.

»Allein?« hat er gefragt.

Ich hab gleich gemerkt, daß er vom Süden kam. Ich bin vom Süden. Ich hab es mir schon halb gedacht, bevor er den Mund aufgemacht hat.

»Nicht, wenn du dich hersetzt«, hab ich gesagt.

Er hat den Stuhl zurückgezogen und hat sich hingesetzt. Ich war aufgeregt, aber ich hab versucht, es nicht zu zeigen.

»Wie heißt du?« hat er gefragt.

»Medina. Eva Medina.«

»Ist Medina der Nachname?«

»Nää. Der mittlere.«

»Du hast keine Angst vor mir, oder?«

»Nää.«

»Ich heiß Davis. Wo bist du her?«

»Da wo der Zug mich herbringt.«

»Was machst du?«

»Jetzt grad nichts.«

»Ist schwer an dich ranzukommen, weißt du das?«

»So schwer nicht.«

Ich hab an den Händen geschwitzt. Eine Hand hab ich unter den Tisch geschoben, mit der anderen die Gabel gehalten. Gegessen hab ich nicht.

»Und jetzt bist du unterwegs?« hat er gefragt.

Ich hab gesagt: »Nää, jetzt bin ich hier.«

Er hat gelacht. Die Bluessängerin kam wieder auf die Bühne.

Es war eine kleine schmale Bühne dicht bei den Tischen. Er hat mit Reden aufgehört und wir haben zugehört. Sie hat »The Evil Mama Blues« und »Stingaree Man«, »See See Rider« und »Wild Women Don't Get the Blues« gesungen. Während sie sang, hat er rüber zu mir geschaut und gesagt: »Die ist gut, stimmts?« Ich hab genickt. Sie hat immer noch gesungen, als er wieder zu reden angefangen hat. Er hat gesagt, er ist von irgendwo unten in Kentucky. Er hat was mit Pferden zu tun. Er hätte sein Leben lang was mit Pferden gearbeitet. Die Pferde hätten ihn hierher in den Norden gebracht.

Ich hab ihm nicht erzählt, daß ich mich mit Männern, die mit Pferden zu tun haben, auskenne und daß ich drei Jahre meines Lebens in Kentucky zugebracht hab. Ich hab ihn weiterreden lassen.

»Ich hab in der Zeitung die Anzeige gesehen, die Leute haben einen gesucht, der ihnen ein paar Pferde rauf nach New Hampshire bringt, also hab ichs gemacht. Und jetzt bin ich schon ein Jahr nicht mehr daheim gewesen. Verfolgst du die Rennen?«

»Nää.«

»Ich setz selber nicht auf Pferde«, fuhr er fort. »Das letzte Mal, wie ich auf ein Pferd gesetzt hab, hab ich nur lumpige hundertachtzig Dollar gewonnen. Das ist doch kein Geld. Weißt du, ich hab Geld heimschicken wollen, aber dann hab ich nichts gehabt wie den Lohnscheck und hundertachtzig Dollar, aber weißt du, das ist ja gar nichts. Wenn du Geld heimschickst, dann willst du ja nicht nur so einen Geschmack davon schicken, verstehst du? Dann wartest du doch, bis du richtig Geld hast.«

»Ich weiß, was du meinst«, hab ich gesagt.

»They call it the devil blues«, hat die Frau gesungen, jetzt leise. Davis hat sich umgedreht. »Die ist echt gut«, hat er gesagt, dann hat er mich angeschaut. »Eins kann ich dir auf den Kopf zusagen«, hat er gesagt. »Du hast es schon lang nicht mehr gemacht, stimmts?«

Ich war nicht ganz sicher, ob er das wirklich gesagt hatte, aber er hatte es gesagt. Ich hab nichts zur Antwort gewußt.

Er hat mich angeguckt. »Brauchst nichts sagen. Ich kann in deinen Augen lesen.«

»So?«

»Mhm, drum bin ich rübergekommen.«

»Da hast du doch meine Augen nicht gesehen.«

Er nickte. »Doch.«

Die Bedienung kam und hat ihn gefragt, ob er was essen will.

»Das gleiche«, hat er gesagt und auf meinen Teller gezeigt. »Aber keinen Senf auf die Wurst.«

Als die Bedienung ging, hat er mir erzählt, Senf würde für ihn immer wie Kacke aussehen, Babykacke, und dann lächelte er und sagte, er hofft, daß er mir nicht den Appetit verdorben hat.

»Ich hab einen starken Magen.«

»Denk ich mir«, hat er gesagt. Dann hat er mich aufmerksam angesehen. »Eine Frau wie du. Was für Sachen machst du mit dir selber?« hat er gefragt.

Ich hab nichts gesagt, dann hab ich gesagt: »Nichts, was du nicht kennst.«

Er hat gelacht. »Eine wüste, scharfe Alte, hm? Mich hat eine alte Frau eingeweiht. Alt für mich damals. Sie war neununddreißig, und ich war vierzehn, und sie hat nebenan gewohnt, und sie hat mich eingeweiht.«

Ich war still. »Ich hätt gedacht, du hast dich selber eingeweiht«, hab ich schließlich gesagt.

»Du bist auch eine von den Zähen, stimmts? Ich weiß, daß du dich selber eingeweiht hast.«

Ich hab ihm keine Antwort gegeben. Ich mußte an einen Jungen denken, der mir einen dreckigen Eisstiel in meine Muschi gesteckt hat und mich dann seinen Schwanz fühlen ließ, und das war, wie wenn man einen Löwenzahnstengel zusammendrückt.

»Ich hab angefangen wie alle andern«, hab ich ihm erzählt. »Ich hab die Beine breit gemacht. Meine Mutter hat gesagt, wenn du es zum erstenmal gemacht hast, dann bist du nicht zufrieden bis du es wieder gemacht hast.«

»Und bist du schon mal zufrieden gewesen?«

»Was glaubst du?«

»Komm, wir gehen.«

»Wohin?«

»Komm mit zu mir.«

»Ich bin heut nicht gut. Ich blute.«

»Dann warten wir.«

Seine Hand ist mir übers Haar gefahren, und er hat sein Essen gegessen, dann hat er gezahlt, und wir sind gegangen.

Was Elvira gesagt hat, wofür die Leute mich halten, das hat Davis wahrscheinlich auch gedacht. Komisch, wie einen jemand an jemand anderen erinnern kann, den man nicht gern hatte oder jedenfalls am Schluß nicht mehr gern hatte oder gar gefürchtet hat – fürchten ist ein besseres Wort –, aber... Ich hatte schon lange nichts mehr zu einem Mann gesagt. Und noch nie hatte ich zu einem gesagt setz dich her. Wahrscheinlich hat er gedacht, ich würde immer in der dunklen Ecke sitzen, damit die Männer... Stimmt, die sind schon immer hergekommen. »Scheiße, du Zicke. Was bleibst du nicht daheim, wenn du nicht willst, daß ein Mann dich anspricht.« »Wo kommst du her, Süße?« »Verflucht, ich weiß doch, daß du eine Zunge im Mund hast. Hab doch noch nie eine getroffen, die keine Zunge im Mund hatte.« Und damals, als ich da an der Ecke stand, und der Mann mit dem Auto ganz dicht an den Bordstein ranfuhr und die Tür aufmachte. Ich stand nur da und hab ihn angeguckt und da hat er die Tür zugeschlagen und fuhr ganz schnell um die Ecke. »Verflucht, so ein eiskaltes Luder wie dich hab ich doch mein Lebtag noch nicht gesehen.« »Wenn du nicht willst, daß einer was zu dir sagt, dann solltest du lieber...«

»Na, einsam?«

»Nää.«

»Willste mitfahren?«

»Nää.«

»Hast Angst, ich will was von dir, hm? Ich will nix von dir. Hab doch nur gefragt, ob du mitfahren willst. Scheiße.«

Das war, als die Busse streikten.

»Verflucht, so ein eiskaltes Luder wie dich hab ich doch mein Lebtag noch nicht gesehen.«

»Bist du einsam?«

»Nää.«

»Wieso bist du so kalt?«

»Du bist ein gemeines Luder. Du heißt nicht Eva, Schlange heißt du. Ich hab überhaupt nix gemacht, ich hab doch nur...«

Bevor Elvira gegangen ist, um den Artikel im Klo runterzuspülen, wollte sie mir das Bild zeigen, das von mir drin war. Sie hat es so hingefaltet, daß ich den oberen Teil von meinem wilden Kopf sehen konnte. Dann hat sie die Zeitung in ihre Unterhose gestopft und hat gerufen, daß sie austreten muß. Er wollte nicht, daß ich mir das Haar kämme. Hat mir meinen Kamm weggenommen und ihn in seine Tasche gesteckt.

»Für was willst du dir denn das Haar kämmen. Sieht dich doch keiner außer mir.«

»Ich will nicht, daß du mich die ganze Zeit so siehst.«

»Ach was.«

Ich hab ihn angeguckt. Ich weiß nur noch, daß ich ihn angeguckt hab. Gesagt hab ich nichts.

Ich erzähle dem Psychiater, was ich noch weiß. Er sagt zu mir, ich könnte eingebildete Erinnerungen nicht von wahren unterscheiden.

»Du weißt doch, was ich zu dir gesagt hab«, sagt Elvira von ihrem Bett her.

Ich guck weiter an die Decke.

»Der erste Mann, nachdem du rauskommst. Der erste Mann, der dir unrecht tut.«

»Vielleicht laß ich keinen Mann mehr nah genug ran zum Unrecht tun.«

Sie hat laut gelacht. Ich hab rüber zu ihren Fußknöcheln geschaut.

Ich saß auf dem Bett und hab ihn beobachtet. Jetzt waren wir in seinem Hotelzimmer. Ich hatte die Schuhe ausgezogen und die Füße auf dem Bett. Die Arme hatte ich um die Knie gelegt.

»Was ist?« hat er gefragt.

»Nach heut nacht bin ich wieder in Ordnung. Es ist immer die ersten paar Tage, da hab ich Bauchschmerzen, dann bin ich wieder in Ordnung.«

»Hast du nichts zum Nehmen?«

»Nää.«

Er hat in seine Tasche gelangt und mir ein Blechröllchen Aspirin rübergeworfen. Auf dem Nachttisch hatte er einen Krug mit Wasser. Da waren kleine Bläschen drin. Ich hab bißchen was in ein Glas gegossen. Ich gab ihm die Aspirin zurück, aber er hat gesagt, ich soll sie auf den Tisch legen, vielleicht brauch ich sie noch mal.

Er hat mich angeschaut und dann kam er und hat mir mit der Hand über die Stirn gestrichen. »Deine Stirn ist wie Butter«, hat er gesagt.

Ich hab nichts gesagt. Ich mochte es nie, wenn jemand mich am Kopf angefaßt hat, aber ihn hab ich gelassen. Ich hab nach oben gefaßt und sein Handgelenk berührt.

»Wie lang?« hat er gefragt.

»Drei Tage«, hab ich gesagt.

»Die ist doch bloß eine Hure«, hat Elvira von einer der Frauen in der Psychiatrie-Abteilung gesagt.

»Die sieht nicht so aus«, hab ich gesagt.

»Keine sieht so aus«, hat sie gesagt.

»Ich hab nur eine Hure gekannt«, hab ich gesagt. »Eine Frau, die hat im gleichen Haus mit uns gewohnt.«

»Hat sie ausgesehen wie eine?«

»Nää. Meine Mama hat gesagt, sie ist eine.«

Elvira hat gelacht.

»Wenn du einmal die Beine aufmachst, hat Miss Billie gesagt, dann kannst du sie einfach nicht mehr zumachen.«

»Was sagst du?« hat Elvira gefragt.

»Ich hab gesagt, was die Leute gesagt haben, wie ich ein kleines Mädchen war.«

Sie hat gefragt, was, und ich habe es ihr gesagt.

Sie hat mich scharf angeguckt. »Und was ist, wenn du sie einmal zugemacht hast?« fragte sie.

Ich saß da und hab die Beine aneinandergedrückt und die Knie festgehalten. Ich hatte einen langen Rock an.

»Du siehst aus wie ein Löwe«, hat Davis gesagt.

Er stand am Tisch und hat Zwiebeln geschält. Er wollte mir seinen Lieblingssalat machen, hat er gesagt. Tomaten, Zwiebeln, Gurken, grüner Salat, hartgekochte Eier. Manchmal Schinken- und Käsestückchen, wenn er Schinken und Käse hatte. Heute hatte er keinen Schinken und keinen Käse.

»Du siehst aus wie ein Löwe, das ganze Haar.«

»Die männlichen Löwen haben das viele Haar.«

»Dann siehst du aus wie ein männlicher Löwe«, hat er gesagt und dabei gelacht. »Eva Medusa ist ein Löwe.«

»Medina«, hab ich gesagt.

»Medina«, hat er gesagt. »Wie bist du zu so einem Namen gekommen.«

»Es war der Name von meiner Großmutter.«

»Wie ist die zu dem Namen gekommen?«

»Ich weiß nicht. Ich glaub, einmal sind Zigeuner bei ihrem Haus vorbeigekommen und einer von denen hat Medina geheißen und ihre Mama hat gedacht, es ist ein hübscher Name.«

»Au.«

Die Zwiebeln haben ihm Tränen in die Augen getrieben. Er hat sie mit dem Ärmel weggewischt.

»Ich weiß nicht, ob das wahr ist oder nicht. Das hat man mir erzählt.«

»Wenn man es dir erzählt hat, dann stimmt es.«

»Ich kann was helfen«, hab ich gesagt.

»Nää, du hast doch noch Bauchschmerzen, oder?«

»Ja.«

Elvira hat gelacht. »Wenn du sie einmal zumachst, bleiben sie dann immer zu?« hat sie gefragt.

Ich hab an die Decke gestarrt.

»Ich hab mal einen Mann gekannt«, sagte Elvira. »Der hat jede Frau, die er hatte, wahnsinnig gemacht. Ich mein jetzt nicht leicht wahnsinnig, ich mein richtig wahnsinnig. Manche hat er in den Selbstmord getrieben und so, und auch wie die Frauen gewußt haben, was er mit den anderen Frauen gemacht hatte, wollten sie ihn immer noch. Ich nehm an, sie haben gedacht, daß er sie schon nicht drankriegt, daß sie halt anders wären. Und gut ausgesehen hat er auch. Aber jede, die mit ihm gegangen ist, ist total kaputtgegangen. Der hat jede Frau kaputtgemacht, mit der er gegangen ist. So denk ich mir das bei dem Nigger, den du gehabt hast. Drum hast du ihn auch umgebracht, weil...«

»Halt den Mund.«

»Oder vielleicht bist du so eine Frau. Bringst du jeden Mann um, mit dem du gehst?«

Ich hab sie angestarrt.

Ich hatte einen Rock mit einem Gummi in der Taille an. Er hat mir die Hand in den Schlüpfer geschoben, bis er den Rand der Binde fühlte.

»Manche Frauen ziehen die an, damit sie nichts machen müssen.«

»Ich wär nicht hier, wenn ich nichts machen wollte.«

»So, jetzt muß ich nur noch Essig drantun«, hat er gesagt und ist zurück an seinen Salat gegangen. »Wenn der Essig an die Eier kommt, dann riecht es wie ... der Geruch von einer Frau.«

»Was hast du sagen wollen?«

Er antwortete nicht. Er hatte eine Tüte voller Pappteller. Er nahm zwei raus und zwei Plastikgabeln. Er hat sich einen Teller voll aufgetan und mir auch. Ich bin auf dem Bett geblieben, hab aber die Füße auf den Boden gestellt. Er hat mir den Teller auf den Schoß gestellt. Er hat sich neben mich aufs Bett gesetzt. Den Salat und die Zwiebeln hat er mit den Fingern gegessen und die Ei- und Tomaten- und Gurkenstückchen mit der Gabel.

»Ei ist das gleiche wie eine Frau innendrin hat«, sagte er. »Drum riechts auch so. Es riecht nach Ficken.«

Ich hab die Stirn gerunzelt.

Er hat gesagt. »Tschuldige.« Er hat ein bißchen von meinem Ei auf seine Gabel getan und mir ein Stückchen Tomate von seinem Teller gegeben.

»Du trägst keine Ohrringe«, sagte er.

»Nää.«

»Die meisten Frauen, die aussehen wie du, tragen Ohrringe.«

»Was soll das heißen?«

Er hat nicht geantwortet.

Davis hat das meiste von seinem Ei aufgespart und es zum Schluß gegessen, dann hat er meinen Teller und seinen zusammengeknickt und sie in die Tüte gesteckt, die er als Mülleimer benützte.

»Das war gut«, hab ich gesagt.

»Wird ewig dauern, bis das Zimmer gelüftet ist«, hat er gesagt, dann hat er mir den Arm um die Taille gelegt und mich geküßt.

Das Licht schien von der Decke. Davis hat gesagt, ich sei hübsch. Er hat mein Kinn in die Hand genommen. »Du bist so hübsch«, sagte er. »Komm leg dich zu mir aufs Bett. Ich mach nichts.«

Aber seine Hände haben in meinem Bauch Schwingungen bewirkt. Ich hab gespürt, daß ich ihn schon wollte.

»Wer bist du? Wo kommst du her?« hat er leichthin gefragt, als er ausgestreckt neben mir lag. Er hatte die Hose ausgezogen. Ich hatte nur noch den Schlüpfer an, den Monatsschlüpfer mit dem Plastikstreifen im Zwickel. Ich hatte trotzdem noch Angst, daß ich Flecken auf die Decke mache, deshalb hat er mir ein Handtuch untergelegt. Er strich mir über die Oberschenkel.

»Manchmal frag ich mich das auch«, hab ich gesagt.

Er sagte, er könnte Parfüm und Menstruation riechen. Er sagte, daß er es nicht gern riecht. Ich hab ihn auf den Mund geküßt.

»Ich hab den ganzen Eiergeruch draußen, und jetzt stinkst du mir das Zimmer wieder voll.« Er hat gelacht.

Ich hab zurückgelacht.

»Wenn es wenigstens ein andrer Geruch wär...«, hat er gesagt.

Ich hab mich im Bett aufgesetzt und hab angefangen zu singen, das Lied vom Bleiben bis es an der Zeit ist, zu gehen. Er hat gesagt, das Lied würde ihm gefallen. Ich habe mich wieder neben ihn gelegt, und mich unter den Brüsten gekratzt. Ich merkte, daß er gern daran gesaugt hätte, aber er hat es nicht getan. Ich hab gesagt, er soll näher rankommen, weil das gut gegen die Bauchschmerzen wär.

»Das ganze Blut«, hat er gesagt. »Ich kann mir nicht helfen, ich hab es immer für was Ekliges gehalten, sogar bei...«

»Was ist denn?«

Er wurde an meinem Bauch steif.

Elvira fragte: »Und was ist, wenn du sie zumachst? Bleiben sie dann zu?«

Ich hab sie gefragt, ob sie noch eine Zigarette hat. Sie wollte sie mir anzünden, aber ich sagte, ich würde sie selber anzünden. Sie wollte sie in ihrem Mund anzünden und mir dann in meinen stecken.

Ich habe normalerweise nicht geraucht, aber hin und wieder nahm ich gern eine Zigarette, einfach um etwas zu tun zu haben. Erst wollten sie Elvira keine Zigaretten geben, aber dann, als es besser mit ihr ging, haben sie ihr Zigaretten erlaubt.

»Mhm, die haben gedacht ich wär zu verrückt, um meine eigenen Zigaretten zu haben«, sagte sie und steckte sie in die Tasche von ihrem Kleid zurück.

Dann fragte sie noch einmal, ob man, wenn man die Beine einmal zumacht, sie dann zusammenlassen würde. Ich hab sie gefragt, was sie glaubt.

Er war steif an meinem Bauch. »Ich bin nie wegen einer Frau in Schwierigkeiten gekommen«, hat er gesagt. »Ich kenn Männer, die bringen jemand um, wegen einer Frau. Ich hab noch nicht mal wegen einer Frau eine Schlägerei angefangen.«

»Was würdest du denn machen, sie einfach gehen lassen?« hab ich gefragt.

»Ja, ich würd sie einfach gehen lassen. Wenn sie gehen wollte, würd ich sie gehen lassen.« Er fing an zu lachen und kniff mich in die Taille. »Aber wenn sie nicht gehen wollte, dann wär es was anderes. Wenn ein Mann versuchen würde, sie wo mit hinzunehmen und sie nicht gehen will, das wär was anderes.«

»Ich hab mal einen Mann gekannt, der einen andern Mann wegen einer Frau umgebracht hat.«

»Warst du die Frau?«

»Nää. Ich hab sie nicht gekannt. Ich hab nur den Mann gekannt... Mein Cousin hat mir erzählt, wie der Mann einen andern Mann umgebracht hat, und sie ihn sieben Jahre in den Knast gesteckt haben. Er hat ihn im gleichen Restaurant umgebracht, wo wir immer hin sind. Er hat gesagt, sie würden ihn nicht mal mehr in das Restaurant lassen. Er konnte von draußen reinlinsen oder jemand schicken und sich was holen lassen, aber rein durfte er nicht. Alfonso – das ist mein Cousin – Alfonso hat gesagt, es wär alles wegen seinem Temperament gewesen. Alfonso hat gesagt, er würde Leute, die er mag, nicht belästigen. Alfonso hat gesagt, er würde mich nicht belästigen.«

»Und er hat keinen wegen dir umgebracht?« hat Davis gefragt.

Ich habe nichts gesagt.

»Alfonso hat gesagt, er wär kein böser Mann gewesen, er hätte nur ein böses Temperament gehabt«, sagte ich schließlich.

»Scheiß Alfonso. Ich spür, daß du mich jetzt willst, stimmts? Ich riech, daß du mich willst.«

»Ich kann jetzt nicht, Davis.«

Er ist von mir weggerückt.

»Ich würd gern, aber dann krieg ich nachher Schmerzen, wenn ich nicht warte.«

»Mhm, bei manchen Frauen ist das so«, hat er gesagt.

Übersetzt von Helga Pfetsch

WILLIAM MELVIN KELLEY

Heimwehblues

Schwitzend ersteigt H. L. Mencken einen steilen felsigen Berg auf einer Insel in der Karibik. Mehrere dunkelbraune Jungen (elf Jahre alt), die mit einem Palmenzweig und einem abgewetzten roten Ball Cricket spielen, halten inne, um H. L. Mencken zu beobachten. Er ruft sie zu sich her, um ihnen Fragen zu stellen. Öffnet seinen Aktenkoffer und holt ein Photo heraus. Ein Dreadlocksjunge zeigt auf eine Gruppe Holzhäuser mit Zinkdach. Zum Dank gibt H. L. Mencken jedem Jungen ein kleines Probefläschchen Bourbon. Alle bis auf den Dreadlocksjungen kippen das Zeug. Sogleich fährt in jedes unschuldige Gesicht Aggression. Sie fangen an zu kämpfen. Einer schlägt einem anderen den Palmenzweigschläger auf den Kopf. Es fließt Blut.

Schwitzend trottet H. L. Mencken zu den Zinkdachhäusern. Eine alte Frau (schmal und schwarz) auf einem Verandaschaukelstuhl behält ihn dabei im Auge. Sie näht weiter. Sagt was über die Schulter. H. L. Mencken trottet näher heran. Ein mittelbrauner, mittelgroßer Dreadlocksmann kommt seitlich um das Haus der alten Frau herum, beschattet die Augen, betrachtet H. L. Mencken einen Moment, geht wieder zurück ums Haus.

Ein Rudel Dreadlocksmänner sitzt im Schatten niedriger Bäume, die Männer spielen Domino, rauchen aus riesigen Ziegenhornpfeifen Cannabis sativa (indischen Hanf). Der Rauch hüllt sie fast ein. Hinter ihnen wogt und schimmert ein Morgen Cannabis in der gleißenden Sonne. Der erste Dreadlocksmann durchdringt die Rauchwolke.

Eine Pfeife macht die Runde, gelangt zu Clive Fairchild (gespielt von Richard Pryor, *dreader* als *dread,* barfuß, in Badehose und T-Shirt). Der erste Dreadlocksmann stupst Clive Fairchild an, der die Pfeife weiterraucht.

H. L. Mencken kommt um das Haus herum, nähert sich den Männern. »Wohnt auf diesem ... ähm ... Feld Clive Fairchild?«

Clive Fairchild steht auf und bedeutet H. L. Mencken, ihm zu folgen. Sie drücken sich zwischen zwei Hütten durch, steigen über einen Zinkzaun und betreten eine Einzimmerhütte auf Pfählen. Ein Bett, ein Tisch, ein Stuhl. An der Wand ein Photo von Haile Selassie und eines von Clive Fairchild neben einer riesigen Austernschale. Auf dem Tisch eine Bibel, auf dem Bett eine gewaltige Plastiktüte voller Cannabis, auf dem Stuhl eine schwarze Katze. Clive Fairchild setzt sich aufs Bett und macht sich daran, einen fünfzehn Zentimeter langen Joint zu drehen.

H. L. Mencken setzt sich auf einen Stuhl. Katze rührt sich nicht. Teilt sich den Stuhl mit schwarzer Katze. »Sind Sie wirklich *der* Clive Fairchild?«

»Habben vielleicht Mr. Kitzel erwartet?« Clive Fairchild zündet den Joint an, reicht ihn H. L. Mencken.

»Aber wie –«

Schnitt auf riesige, geschlossene Auster, die im blauen, blauen Meer treibt. In der Ferne arbeitet sich ein mit sechs Dreadlocksmännern besetztes hochseetüchtiges Ruderboot darauf zu. Es kommt näher. Boot und Auster treffen zusammen. Mühsam zerren sie die Auster (Durchmesser ein Meter fünfzig) in ihr Boot. Sie versuchen, sie zu öffnen. Ihre Messer und Kurzsäbel brechen. Sie rudern die Auster an Land, tragen sie den steilen, felsigen Berg hoch zum Dorf. Sonne geht am Horizont unter. Plötzlich Nacht.

Rasch sammeln sie trockenes Holz für ein großes Feuer und bringen es zum Lodern. Drei Mann tragen die Auster und legen sie oben auf das Feuer. Allmählich strömt Dampf aus der Auster, gähnend öffnet sie sich langsam.

Clive Fairchild (Richard Pryor, eine Windel an wie ein Baby, kahlgeschoren) setzt sich in der Schale auf. (Durch technische

Tricks wirkt er von Kopf bis Fuß ganze siebenundvierzig Zentimeter groß.) Er reckt sich, steht auf, steigt aus der Austernschale. Macht ein paar Babyschrittchen von der Schale und vom Feuer weg. Fängt an zu wachsen, wächst, bis die Windel kaum noch seine Klunker bedeckt. Hört auf zu wachsen, als er Mannesgröße erreicht hat.

Allgemeiner Tumult und Poltern bricht ab. Dann Trampeln mit viel Gebrüll, Menge verschwindet in Häuser und auf Bäume und in schattige Durchgänge. Bis auf einen winzigen, furchtlosen Dreadlocksmann. Er stellt sich dem großen, bewindelten Fremden.

Dread Nyah: »Kommt diesa Mann direkt vom Vater?«

»Scheiß, nee, Arschgesicht«, antwortet Clive Fairchild verächtlich. »Noch nie natürliche Geburt gesehn?«

Dread Nyah ist hartnäckig: »Dann ist der Mann aus Fleisch und Blut wie ich, eh?«

Clive Fairchild saugt an der Zunge, reckt die Augen zum sternenbesäten Himmel. »Seh ich für dich etwa wien arschgesichtiger Kürbis aus?«

»Nee, der Mann sieht aus wien Mensch, stimmt. Aber warum spricht der Mann dann nicht wien Mensch? Der Mann nuschelt so komisch.«

Erkennen leuchtet in Clive Fairchilds Gesicht auf. Seine Hand geht zu dem Knopf in seinem Bauch, dem glatten schwarzen, in seinen Nabel eingesenkten Knopf. Er drückt auf den Knopf. In Erwartung einer Antwort trommeln seine Finger planlos auf seinen Bauch. »Wo stecken die denn wieder?«

Clive Fairchilds Stirn fängt an zu glühen. Wird hell. Ein kleiner viereckiger Bildschirm erscheint.

Auf kleinem viereckigem Bildschirm erscheint Top Supreme Commodore (Redd Foxx im Raumanzug und auf hundertzwanzig Jahre alt gemacht) hinter einem Pult.

Clive Fairchild: »9–2–1–7–2 an Top Supreme Commodore, Sir. Hier angekommen. Alles in Ordnung, bis auf die Kälte hier. Brauche Temperaturangleichung. Und ihr Arschgesichter habt mich verflucht so programmiert, daß ich Arschgesicht die falsche arschgesichtige Sprache sprech.«

Top Supreme Commodore verspricht, sein Computerprogramm anzugleichen. Von nun an wird Clive Fairchild automatisch in der Sprache antworten, in der er angesprochen wird. T. S. C. blendet sich aus. Bildschirm verschwindet langsam. Clive Fairschilds Stirn wird wieder normal.

Dread Nyah hat sich nicht von der Stelle gerührt. »Netter Trick, was der Mann mit dem Fernseh-Portable da vorn im Kopf macht. Kann Mann mir zeigen, wie ich das auch krieg?«

Clive Fairchilds Augen funkeln. »Das, Bruda, und nochn ganzen Haufen mehr.« Er legt Dread Nyah den Arm um die Schultern. Sie schlendern in den Schatten. Ihren Silhouetten in dunklem Durchgang hinterher. Vorbei an Licht im Fenster. (Mit technischen Mitteln.) Man sieht, wie Clive Fairchilds Gesicht sich verändert. (Linke Gesichtshälfte wie Richard Pryor. Rechte Hälfte wie O. J. Simpson.) Wieder dunkel. Weiteres Fenster mit Laterne. (Im Augenblick ersetzt O. J. Simpson Richard Pryor als Clive Fairchild.)

Schnitt auf Clive Fairchild (O. J. Simpson dreader als dread, in Badehose und T-Shirt), wie er im Sonnenuntergang einen schönen Strand entlangschlendert. Eine Viertelmeile draußen prächtige Yacht vor Anker. Geräusch eines Frauenlachens über dem glatten, stillen Sonnenuntergangsmeer. Clive Fairchild bleibt stehen, lauscht, lächelt, schlendert weiter. Dann Schreie überm Wasser. »Hilfe!« Blase blubbert. Eine Frau ertrinkt.

Clive Fairchild zerreißt die Stille des Meeres, schwimmt auf die blubbernden Schreie zu. Haischnell durch stilles Wasser.

Von der Brücke der Yacht aus beobachtet Sir Noel Coward (eine Zigarette in Spitze paffend) den schwimmenden Dreadlocksmann durch ein Fernrohr, wendet seine Aufmerksamkeit der ertrinkenden Frau zu.

Sir Noel Coward: »Wette einen Wochenlohn, daß er sie nicht rechtzeitig erreicht, Desmond!«

Desmond (gespielt von Sidney Poitier mit Hitler-Schnäuzer, weißem Jackett und schwarzer Hose) tritt mit einem Aschenbecher vor. »Topp, *mein Herr*!«

Herabhängende blonde Locken, Blasen im Wasser. Treibende Brüste. Eine Hand greift Luft, versinkt. Clive Fairchild kracht ins Bild, taucht. Stilles Wasser. Wasser klatscht. Clive Fairchild spuckt Mundvoll, lächelt. (Filmmusik, beschwingt.) Clive Fairchild kommt an die Oberfläche, zieht Miss Hübsches Junges Ding an langem blondem Haar.

Sir Noel Coward zu Desmond: »Ach, na ja, dann werfen wir ihnen mal ein Tau zu, mein Lieber.«

Desmond springt los, wirft Rettungsring. Clive Fairchild packt Ring. Desmond zieht sie durch das dunkelgrüne Meer zur Yacht. Läßt Steigleiter herab. Clive Fairchild trägt Miss Hübsches Junges Ding an Bord, legt sie an Deck ab. Ihre Brüste hängen seitlich herab. Ein großer roter Hummer hat sie am großen Zeh.

Miss Hübsches Junges Ding wirkt t. o. t. Clive Fairchild kniet nieder, um sie Mund-zu-Mund zu beatmen. Großaufnahme von Gesicht von Miss Hübsches Junges Ding (gespielt von Donna Summer mit platinblonder Perücke).

Miss Hübsches Junges Ding kommt langsam zu sich. Clive Fairchild und Desmond klatschen einander afro-amerikanisch kunstvoll die Hand ab. Lachen mit rosa Zungen.

Miss Hübsches usw. schlägt die Augen auf. »Es stimmt doch, was Mammi alles über den Himmel gesagt hat.«

Sir Noel Coward ruft von der Brücke herab. »Werde allmählich ein wenig einsam hier, Freunde.«

»Heute zum Abendessen Hummer, *mein Herr.*« Desmond bricht Hummerschere auf.

Clive Fairchild hebt Miss Hübsch hoch und trägt sie unter Deck. Desmond packt den roten Hummer (unübersehbar Gummi) in Eis und kommt nach, entdeckt, daß sie schon angefangen haben, voll aufeinander zu wirken. Laken wippt unter Puffen und Knuffen auf und nieder.

»Himmel. Himmel. Himmel«, wiederholt Miss Hübsch.

Desmond tippt Clive Fairchild auf die Schulter. »Sie werden in der Kapitänskajüte erwartet, mein lieber Schwarzer.«

Schnitt auf Clive Fairchild (O. J. Simpson in geliehenen weißen Bermudas und Sporthemd), wie er durch Gang geht, stehenbleibt, an Tür klopft, wartet. Tür öffnet. Über hohe Schwelle in Kapitänskajüte tritt.

Sir Noel Coward schaut von Requisitenpapieren auf. »Hoffe, Sie sind mit Ihrer Unterkunft zufrieden, Fairchild. Vermutlich fragen Sie sich, warum ich das alles für Sie gemacht habe.«

Sir Noel Coward enthüllt seinen Plan. Um das amerikanische Volk nämlich mit dem Virus zu infizieren, sich minderwertig zu fühlen, damit es darum bettelt, die Republik abzuschaffen, und bittet, Ihrer Majestät Empire und Commonwealth wieder beitreten zu dürfen. »Schließlich waren wir von Anfang an das Denken Amerikas. Wir haben ihnen Tom Paine rübergeschickt. Charles Chaplin. Bob Hope. Cary Grant. Richard Burton. Die Beatles. Shirley Bassey.« Summt ein paar Takte von Harrisons »Something«. »Die Waffe, die wir einsetzen werden, ist Korruption. Tod, bevor der Gestank einsetzt. Wir werden schlüssig beweisen, daß auch der letzte Amerikaner einen Preis hat. Den amerikanischen Geist ein für alle Mal brechen! Welche Reserven an billiger Arbeitskraft für das Mutterland!« Kichert zynisch, wirft die Lippen auf.

Fairchild stellt notwendige blöde Frage. »Und was hat Ihr megalomanischer Plan denn da mit meiner Wenigkeit, dem bescheidenen Dreadlock, zu tun?«

Sir Noel Coward hebt eine Augenbraue. »Ich brauche einen furchtlosen Mann. Einen Mann, der nichts zu verlieren hat. Einen existenziellen Krieger. Einen superlativen Verkäufer, mein Lieber. Sie sind genau rechtzeitig in mein Leben getreten. Aber als erstes müssen wir Sie ein wenig aufpolieren.«

Schnitt auf Totale, wie Fairchild Cambridge Common in Richtung Harvard Square überquert. Fairchild (Archivaufnahmen von O. J. Simpson), wie er das Spielfeld auf und ab fintet und sprintet. Tausende jubeln wie wild. Cheerleader schlenkern ihre Titten, machen Freudensprünge. Yalies niedergeschlagen.

Halbtotale auf Fairchild, wie er in der Widener Library studiert. Dann im Seminar die Hand hebt und eifrig antwortet. Fairchild (in Ve. Ri. Tas-Sweatshirt und Hose, A. Di. Das-Trainingsschuhen) auf der Soldier's Track-Aschenbahn seine Runden dreht. Chefbahntrainer von Harvard (gespielt von uraltem Gary Cooper in Baseball-Hose und rotbrauner Jacke) mit Stoppuhr, erstaunt nickend. Nahaufnahme von Stoppuhr, dem Symbol der Zeit, die dem Leben Handschellen verpaßt, wird zu Nahaufnahme von Rollenende des Collegezeugnisses. Fairchild in Hut und Umhang. Tritt vor und schüttelt Universitätspräsidenten (gespielt von T. S. Eliot in akademischem Talar, Kneifer und pro.-Keds, die unter seinem Umhang hervorlugen) die Hand. Fairschild auf seiner Bude in Winthrop House, wie er seine Sammlung Designer-Suspensorien und radikaler Literatur einpackt.

Sir Noel Coward schaut zu. Rittlings auf einem Schreibtischstuhl sitzend, die Gamaschen blitzen, die Ellbogen sind auf die Rückenlehne gestützt. »So stolz auf Sie, mein Lieber.«

Desmond (Sidney Poitier mit Hitler-Schnäuzer und Anzug von Brook Bros. und Fliege mit Zwei-Birnchen-Beleuchtung) nimmt Monokel aus linkem Auge. »Aber hat er denn die Wege des Bösen gelernt? Schließlich ist das College nicht das Leben.«

Die drei Männer drehen sich nach vorn und nicken ernst.

Schnitt auf Washington, D. C. (Montage). Washington Monument. Männer mit Aktenkoffern. Jefferson Memorial. Männer mit Aktentaschen. Der steinerne Abraham Lincoln hoch auf seinem Thron. Männer mit Attaché-Koffern. Das Gebäude des Obersten Gerichtshofes. Männer mit Aktentaschen, die Stufen hinaufgehend. Der Dom des Kongreßgebäudes. Senatskammer. Senator Daniel Webster erhebt sich hinter seinem kleinen schwarzen Schulpult, um darum zu bitten, daß der Senator dieser großen Zustände uns öffne, um diese Zeichen wohl zu vernehmen, denn wie der Himmel, tief erfüllt vom Geist rückhaltsloser Überlegung auf allen Seiten, in dieser Stunde unerreichter in unserer Ä.r.a. gewiß. Alle nicken gedankenschwer. Rückwärtszoom zeigt Senatskammer als Spiel auf Tisch. Halbtotale von Sir Noel Coward, wie er durch Fernrohr auf Weißes Haus schaut. Sir Noel Coward nimmt Fernrohr vom Auge. Nahaufnahme von schwarzem Ring um Sir Noel Cowards Auge.

Fairchild und Desmond klatschen einander afro-amerikanisch kunstvoll die Hand ab. Lachen mit rosa Zungen.

Sir Noel Coward erblickt sich im Spiegel und fängt Edward-

Kennedy-mäßig langsam an zu kochen. »Ich finde das nicht im mindesten. Ich hätte mich und das Geld leicht bei zwei anderen Bongos als euch engagieren und mir eine Menge geistiger Er.-Schöp.Fung ersparen können.«

Desmond nimmt Haltung an, knallt Absätze glänzender schwarzer Schaftstiefel zusammen. »Natürlich hat er recht, Fairchild. Zeit für Schwarze, Linke und Faschisten, ernst zu machen.«

Fairchild zu Desmond: »Und was sind Sie, Desmond, Linker oder Faschist? Das weiß ich nie so genau.«

Desmond zu Sir Noel Coward: »Kennt uns nicht besonders gut, was?« Zu Fairchild: »Mein lieber Schwarzer, die Welt ist in zwei Lager aufgeteilt, die einen haben die Peitschen, die anderen die Schaufeln. Ich bin eine Peitsche. Manchmal eine linke Peitsche. Manchmal eine Faschistenpeitsche. Aber immer eine Peitsche.«

Fairchild zu Desmond: »Und dürfte ich fragen, wie Frauen in dieses Schema passen?«

Desmond zu Fairchild: »Na, Frauen sind die geborenen Schaufeln!« Schaltet seine Zwei-Birnchen-Fliege an.

(Kate Millet, Eleanor Holmes Norton und Bella Abzug, atemberaubend als Dancehall-Girls aufgemacht, nur noch Busen und Turnüren auf Pfennigabsätzen, kommen in die obere linke Ecke der Leinwand gesaust. Sie zischen und buhen und johlen: »Zzzzssss! Buuuuuuuh! Öwöwöwöwö!«)

Sir Noel Coward zu uns allen: »Meine Herren, meine Herren. Setzen wir uns doch um die Planungstischrequisite und planen unseren Feldzug. New York wird schwieriger zu erobern sein als Washington. Alle Besten, Jüngsten und Stärksten sind da versammelt. Die Crème.«

Desmond nimmt eine Jimmy-Durante-Abgang-Haltung ein, die Augen leuchten. »Machen Sie die Crème sauer, Clive Fairchild. Das wird für mich doch das Größte sein, durch die Korridore der Macht zu schreiten! In meinen schwarzen kniehohen Stiefeln und meinem wehenden Trenchcoat. Mann, bin ich scharf drauf, da einen loszumachen!«

Fairchild verächtlich: »Ihr Peitschen seid doch alle gleich.

Theatralisch! Machen wir voran! Ich hab auch noch anderes zu tun.«

Sir Noel Coward zu Fairchild: »Na gut, mein Lieber, gibt's denn etwas Neues aus Ihrem Labor?« Legt Fairchild Arm um die Schultern, führt ihn vom Tisch zum Ledersofa.

Schnitt auf Clive Fairchild, der auf den Stufen zum Harvard Club steht und mit Teddy Roosevelt plaudert. Wie ein Mann drehen sie sich um und schauen nach Westen zur Vierundvierzigsten Straße. Totale von Ralph Waldo Emerson. Er lächelt, winkt, beschleunigt seine Schritte. Als sie zusammentreffen, geben sie einander reihum die Hand und betreten das Clubhaus, steigen eine Wendeltreppe zu einem Zimmer in einem Obergeschoß hinauf. Fairchilds Gesicht durchläuft in einem Mosaik rascher mikroskopischer Nahaufnahmen individueller Merkmale (Pryors Mund, Simpsons rechtes Ohr, Pryors linkes Auge, Simpsons Nase) eine Veränderung, wobei er sich mit jedem Schritt, den die drei Männer die Treppe hinaufgehen, von O. J. Simpson in R. Pryor verwandelt. Der Wandel vollzieht sich so glatt und fein, daß weder Teddy Roosevelt noch Ralph Waldo Emerson ihn bemerken.

Sie gelangen in das obere Zimmer. Sie treten ein. Clive Fairchild schließt die Tür hinter ihnen. Sie setzen sich um einen runden Tisch. Fairchild legt seinen Aktenkoffer auf den Tisch. Zwei Schlösser springen auf. Fairchild hebt den Deckel. Nahaufnahme auf Kofferinhalt. Klebriges, harziges, borkenbraunes Cannabis.

Teddy Roosevelt und Ralph Waldo Emerson seufzen, nicken zustimmend, die Augen leuchten. Fairchild legt vor jeden Mann eine Handvoll hin. Alle ziehen sie ihr Bambu-Papier hervor und machen sich daran, zu säubern und zu drehen. Fairchild benutzt Brotpapier, das man nur in Kingston bekommt, und baut sich einen gigantischen Joint. Die drei Männer zünden sie an. Nehmen tiefe Züge. Werden ordentlich aufgeladen. Als Emerson Henry Ward Beecher nachmacht, kringeln sich alle. Teddy Roosevelt setzt sich mit einer verdammt guten Geschichte übers Jagen in den Dakotas in Szene. Fairchild beobachtet.

Ralph Waldo Emerson zu allen: »Einer meiner vielen Protegés baut so einen Hanf in den Wäldern bei Walden Pond an, ist aber nicht so gut getrocknet.«

Teddy Roosevelt, den Joint zwischen die Zähne geklemmt, schlägt sich mit der Faust in die Hand. »Prima Dope! San Juan Gold kommt da nicht mit!«

Fairchild zu beiden: »Werft ihr auch Pillen ein?«

Sie antworten eifrig zustimmend. Fairchild langt in die Jakkettasche seines Anzugs und zieht ein großes Sortiment Pillen hervor. Nahaufnahme von Fairchilds pillenüberhäuftem Handteller. Zoom auf Großaufnahme einer seltsamen Pille. Eine winzige nackte Frau mumienartig in der durchsichtigen Pille eingeschlossen.

Teddy Roosevelt zeigt an der seltsamen, sargähnlichen Pille Interesse.

Fairchild warnt Teddy Roosevelt: »Sie nehmen die nicht, Sir. Die nimmt Sie.«

Teddy Roosevelt beharrt darauf. Fairchild legt die winzige Pille auf den Eichentisch. Er entdeckt eine Karaffe Wasser und kippt ein wenig in ein Glas, geht zum Tisch zurück. Gießt ein paar Tropfen auf die Pille.

Fairchild zu allen: »Normalerweise macht man das in der Badewanne.«

Seltsame Pille fängt an, sich aufzulösen, wobei die Gestalt darin wächst, die Form von Miss Hübsches Junges Ding annimmt, die auf Eichentisch hingestreckt ist wie Elsa Lanchester in *Frankensteins Braut*. Miss Hübsches Junges Ding zwinkert. Setzt sich auf. (Discomusik schwillt dahinter an.) Steht auf dem Tisch auf. Fängt an rumzuhotten. Im Laden wird's lustig.

Teddy Roosevelt zieht aus einer großen Innentasche eine Champagner-Magnum und trinkt sprudelnd aus Miss Hübschs Glaspumps. Ralph Waldo Emerson zieht massenweise viktorianische Kleider aus und schwört, Thoreau zu übertrumpfen und fünf Jahre am Waldon Pond zu verbringen. Teddy Roosevelt fragt, ob er ein paar Partypillen mit nach Hause nehmen dürfe. Fairchild flüsterte Teddy Roosevelt etwas ins Ohr. Ralph Waldo Emerson, mit Schuhen, aber ohne Socken, Boxershorts, aber ohne Hemd, stopft sich die Jackentaschen voll mit Cannabis und zieht ab. (Discomusik wird ausgeblendet.) Teddy Roosevelt dreht sich ein paar Joints für den Nachhauseweg, rückt Krawatte gerade. Fairchild reicht ihm große Flasche mit Pillen. Nahaufnahme Flasche. Alle Pillen, jede Pille mit schlafender Prinzessin darin, blonde, brünette, rothaarige, ein paar östliche, ein paar hispanische, ein paar Negerinnen. Für Stunden Funnylingus uninterruptus. Teddy Roosevelt geht. Bild von Miss Hübsches Junges Ding verblaßt allmählich, wobei sie klagend, wie verirrt, nach Fairchild ruft. »Fairchild? Fairchild? Wo sind Sie?«

Fairchild zu verblassendem Bild: »Schnauze, Hexe. Du hast gesagt, ich soll dich im Showbiz unterbringen!« Bild verschwindet.

Clive Fairchild sitzt auf einem offiziellen schwarzen Harvard-Stuhl. Lehnt sich zurück. Denkt nach. Fummelt an den Knöpfen seines Knopfkragenhemdes und drückt den Knopf in seinem Nabel, drückt sich tiefer in den harten Stuhl. Stirn fängt an zu glühen. Lichtviereck erscheint, wird klarer. Acht-Zentimeter-Vollfarbfernsehschirm.

Nahaufnahme Fernsehschirm. Top Supreme Commodore sitzt hinter Schreibtsich, lächelt gütig. »Bin ja so froh, daß Sie mich zu Hause angetroffen haben, 9–2–1–7–2. Hoffentlich machen Sie dieses Gespräch auch kurz und bündig. Ich habe Karten für eine Thru-Time-Theatervorstellung der Originalproduktion von Ira Aldrige als Othello. Deshalb haben sie mich auch mit meiner britischen Stimme angetroffen.«

Fairchild, wie in Gedanken mit sich selber redend: »Ach, ich hatte nicht die Absicht ...«

Top Supreme Commodore, beruhigend: »Nein, nein, 9–2. Es stört Sie doch nicht, daß ich Sie so vertraulich anrede, oder? Nein, fahren Sie fort.«

Fairchild: »Es ist die Mission, Sir. Bißchen schlimm. Ist mir alles zu schwierig. Ich mag keine Sachen, die ich tun muß, Sir.«

Top Supreme Commodore: »Was zum Beispiel? Ich habe Ihre Aktivitäten nicht sehr genau verfolgt.«

Fairchild: »Ich bin einem bösen Mann begegnet, Sir. Ich mußte die gemeinsten Dinge tun. Betreffend einiger Differenzen, die diese Spezies hat. Eigentlich primitives politisches Zeug. Na ja –«

»Sie schockieren mich, 9–2!« Bild von Top Supreme Commodore leuchtet heller in Fairchilds Stirn. »Und, wenn ich das sagen darf, enttäuschen mich. Wir haben Sie auf eine delikate Mission von universeller Bedeutung geschickt, und Sie heulen mir hier was über so einen kleinlichen Stammeskram vor. Das ist unerträglicher Unsinn! Tun Sie Ihre Arbeit, 9–2! Tun Sie Ihre Arbeit. Erledigen Sie Ihre Mission und kehren Sie zur Basis zurück! Gute Nacht!«

Bildschirm in Fairchilds Stirn geht abrupt aus, Zimmer ist nun dunkel. Nahaufnahme von Clive Fairchilds Gesicht. Augen tränennaß. Eine Träne rinnt. Nahaufnahme von Träne. Schimmert. Verblaßt.

Übersetzt von Eike Schönfeld

RANDALL KENAN

Geistererscheinung

29. April 1984, 11.30 Uhr

... Was werden?

Zunächst war Horace sicher, daß er sich in ein Kaninchen verwandeln würde. Aber dann doch nicht. Obwohl sie flink waren wie Kiesel, die über einen Teich springen, waren sie doch verletzlich, gerieten leicht in die Fänge eines Fuchses oder die Klauen eines Falken. Eichhörnchen gingen zu leicht in Fallen. Und obwohl Mäuse und Ratten von wunderbarer Kleinheit waren, so waren sie denn doch kleiner, als er sein wollte. Schlangen wurden zu leicht die Köpfe zertreten, und er mochte die Vorstellung nicht, daß er mit dem ganzen Körper durch Zweige und Fäkalien und Speichel rutschte. Hunden mangelte es an der körperlichen Anmut, die er brauchte. Mehr als alles andere wollte er Anmut. Wenn er sich schon der Mühe unterzog, sich zu verwandeln, dann konnte er das auch haben. Schmetterlinge waren zu zerbrechlich, Spielbälle des Windes. Katzen hatten eine Unabhängigkeit, der er gern zuschaute, die grazile, weiche, gleitende Bewegung der großen Katzen Afrikas, doch er konnte sich nicht vorstellen, sich in etwas zu verwandeln, das nicht in das sumpfige Waldland des Südostens von North Carolina paßte. Er mußte hier bleiben.

Nein, um die Wahrheit zu sagen, was er mehr als alles andere wollte, das wurde ihm nun klar, war fliegen. Ein Vogel. Das hatte er schon vorher gewußt, doch er verspürte die Notwendigkeit, sich niederzusetzen und die Möglichkeiten zu erwägen. Ein Auswahlritual, um es real zu machen. Ein Vogel.

Mit diesem Gedanken erhob er sich, in seinem Magen brodelte es vor Aufregung. Ein Vogel. Und nun die Wahl der

Gattung. Der Spezies. Des Geschlechts. Er wußte genau, welches Buch in der Schulbibliothek er dafür bräuchte; er wußte, in welchem Regal es stand, und konnte das Buch an seiner exakten Stelle stehen sehen, jetzt, ein bißchen schräg zwischen einem Band über Geräte zum Vogelfüttern, den noch nie jemand angerührt hatte, und einer Abhandlung über Eiersammeln; er konnte den exakten Winkel sehen, in dem es stehen würde. Hatte ihn denn nicht die Bibliothekarin, Mrs. Stokes, immer damit aufgezogen, daß er die Bücherei besser kannte, als sie es jemals würde? Und hatte sie nicht recht?

Er saß auf der Mauer am Ende des Schulhofes, auf der anderen Seite des Footballplatzes, hinter der Turnhalle, hinter dem Schulhauptgebäude. Er hatte allein sein wollen, um ungestört nachdenken zu können. Doch nun gab ihm die Erkenntnis, wie er den Rest seiner ihm zugemessenen Tage auf Erden verbringen würde, Auftrieb. Nicht als gequälter Mensch, sondern als Vogel, frei, über den Getreidefeldern und Tabakfluren – auf denen er Jahrzehnte, so erschien es jedenfalls seinen sechzehn Jahren, geschuftet hatte – Sturzflüge zu machen und darin einzutauchen, darüber hinwegzusausen und hindurchzufegen. Nicht länger würde er von menschlichen Gesetzen und menschlichen Regeln, über die er beständig gestolpert und sich geärgert hatte, gebunden sein. Jetzt war seine Chance gekommen, denn er war auf eine Passage von einem alten Mystiker, einem Mönch, einem Mann Gottes, gestoßen und hatte seine Erlösung gefunden. Es schien so vollkommen einfach, daß er sich wunderte, warum es noch keiner vor ihm entdeckt hatte. Doch wie sollte man das wissen? Plötzlich verschwindet der arme alte Jeremiah oder die arme alte Julia. Alle sind verzweifelt, alle machen sich Sorgen. Man sucht. Man wartet. Schließlich wird die vermißte Person für tot erklärt. Und das doofe Volk macht sich wieder an die Arbeit und erkennt nicht, daß sich die alte Julia in einen Aal verwandelt hat und auf dem Grund des tiefen blauen Meeres schwamm, um zu sehen, was sie sehen konnte. Es heißt, es gebe keine moralischen Gesetze, die besagen: Man muß ein Mensch bleiben. Und das würde er auch nicht bleiben.

Seine Vormittagspause war um. Die anderen Schüler drängelten zurück in die dritte Stunde. Er aber entschied sich zu schwänzen. Was machte es schon? In ein paar Tagen würde er in ein Wesen der Lüfte verwandelt. Er könnte an seiner Physikstunde vorbeischweben und Mrs. Hedgeson zuhören, wie sie ihren monotonen Vortrag über Elektronen hielt; er konnte sich aufs Fenstersims hocken und zusehen, wie die Schüler eingelegte Frösche sezierten; hören, wie sie sich in Spanisch verhaspelten; über das Schulorchester gleiten, während es seine schwierigen Manöver auf dem Footballplatz übte und dabei auf seinen schimmernden Instrumenten trötete. Ganz unbehindert, ungebunden und frei.

Wie er durch die Aula ging, wurde ihm bewußt, daß er ja keinen Aulapaß hatte, und daß der Stellvertretende Direktor kommen und ihn verlangen könnte. Aber nein. Er war doch Horace Thomas Cross, die Große Schwarze Hoffnung, wie sein Freund John Anthony ihn genannt hatte. Der Einser-Junge. War es einmal jedenfalls. Wo die meisten Schüler beiseite genommen und streng ermahnt wurden, blieb er unbehelligt. In Gedanken konnte er sehen, wie seine Cousine Ann ihr Zimtlächeln aufsetzte, und sie mit ihrer kleinen, kratzigen Stimme sagen hören: Weißt du's denn noch nicht, Horace? Du bist der Erwählte Nigger.

Die Bücherei war leer bis auf die alte Mrs. Stokes, die bei den Karteikarten stand und ihm zulächelte, ihm wissend zunickte. Wenn sie nur wüßte – ihre grauen Haare würden weiß werden. Er ging geradewegs genau in den richtigen Gang, zu dem richtigen Regal, wählte das richtige Buch aus und ging damit an einen Tisch am Ende der Bücherei, auch wenn er der einzige andere Mensch in dem großen Raum war. Er saß an einem Fenster mit Blick über den langen, abfallenden Rasen, frühlingsgrün, der zu dichten Kiefernwäldern hinabging.

Es war ein riesiges Buch. Weißes Leinen mit eleganter goldener Schrift: *Enzyklopädie nordamerikanischer Vögel*, ein Buch, das er seit der Grundschule kannte, mit seinen scharfen Photographien und sauberen Diagrammen und seinen Definitionen über Definitionen über Definitionen. Weil es ein Nachschlagewerk war, konnte er es nicht ausleihen, und so saß er stundenlang da und las über Zugstraßen, den Gebrauch der Schwanzfedern, die Reifezeit von Eiern ...

Als er das Buch aufschlug, spürte er, wie ihm das Blut in den Kopf schoß, und die ersten Farbtafeln kurbelten seine Einbildungskraft an wie eine Lokomotive; Möwen, Kraniche, Eulen, Störche, Truthähne, Adler. Immer schneller blätterte er durch das Buch. Welcher Vogel? Sperling, Zaunkönig, Eichelhäher. Nein, *größer.* Stockente, Moorhuhn, Fasan. *Größer.* Gans, Schwan, Kormoran. *Größer.* Weißer Reiher, Graureiher, Kondor. Die Seiten flogen; sein Herz schlug schneller; in seinen Gedanken wirbelte es von Möglichkeiten. Rabe, Saatkrähe, Amsel, Krähe ...

Er schlug das Buch zu, als ihm bewußt wurde, daß er das Buch wie ein Irrer durchgeblättert hatte. Mrs. Stokes schaute rasch und verblüfft auf und warf ihm dann ihr kurzes, wissendes Lächeln zu.

Er schloß die Augen und dachte an die einzige Art, wie er seine Entscheidung fällen konnte. Er dachte über das Land nach: die Sojabohnenfelder, die das Haus seines Großvaters umgaben, die Wälder, die die Felder umgaben, die hohen, massigen amerikanischen Kiefern. Er dachte an die Meilen und Abermeilen Highways, Asphalt, über Maultierpfade gegossen, die sich in die Landschaft North Carolinas geätzt hatten, an den Strand, sandweiß, das Meer, ein trübes Stampfen, an den Schaum, die Gischt, weiß, den Geruch nach Fisch und moderndem Holz. Er dachte an die Winter, der Waldboden ein Teppich trockener Blätter, braun-schwarzer Flickenteppich. Er dachte an den Himmel, kein blauer Bilderbuchhimmel mit ein paar dünnen Wölkchen, sondern ein Sturmhimmel, schwarz und böse, voller Wind und Haß. Gottes Zorn, Donner, prasselnder Regen. Er dachte an Häuser, neue und alte, aus Ziegel und Holz, hohe und niedrige, die Dächer voll Mehltau und schwarz, Schornsteine, Blitzableiter, Antennen. Er versuchte, wie ein Vogel zu denken, wie *der* Vogel, der einzige Vogel, der er werden könnte. Und wenn er ein Kaninchen sah, das durch ein braunes Raigrasfeld sauste, flitzte, und wenn er sah, wie sich Klauen in das weiche, braune Fell senkten, dann wußte er es.

Doch er hatte es schon vorher gewußt, war sich dessen bewußt geworden, als er auf den Pakt stieß, den der alte Mönch mit dem Teufel in dem Buch schloß, daß er, sollte er sich unwiderruflich, bedingungslos verwandeln, einen rotschwänzigen Falken wählen würde. Er öffnete das Buch bei der Familie der Falken – hielt beim Adler inne, wußte jedoch, der war zu kitschig, zu auffällig, in North Carolina zu wenig heimisch – und blätterte weiter zum Bild seines zukünftigen Ichs. Unwillkürlich mußte er lächeln. Das Tier hockte auf einem Zaunpfahl, die Flügel zum Hals hochgereckt, die Augen mordgierig. Viele Male hatte er den kraftvollen Flug des Vogels bewundert, wie er gleich einem Bussard seine Runden übers Feld drehte, aber nicht gleich einem Bussard, denn die Ratte oder das Kaninchen oder der Waschbär, den er jagte, war nicht tot – noch nicht. Klauen würden das zappelnde Geschöpf fester als ein Schraubstock packen, das kleine Herz würde in Sechzehnteln schlagen, noch mehr erregt von den flatternden Flügeln, die die Luft gleich einem Hammer schlugen und die Sonne wie Armageddon verhüllten. Dann das Durchstoßen des Genicks, der Schwall heißen, klebrigen Blutes. Der Geschmack roten Fleisches. Er empfand einen Anflug von Mitgefühl für das kleine Säugetier, dessen Schwanz in den gewaltsamen Zuckungen des Todesbanns gefangen war, aber dennoch war er davon gefesselt.

Er wandte sich um und schaute auf die Wälder und seufzte, das Seufzen eines alten Mannes, von resignierter Entschlossenheit und unausweichlicher Schlußfolgerung. Ein Seufzer, zu alt für einen Sechzehnjährigen. Er stand auf und stellte das Buch zurück. Die Klingel ertönte, verkündete das Ende der dritten Stunde. Er dachte, daß er nie wieder den Gang zu diesem Regal entlanggehen würde; keinen dieser Bände würde er wieder lesen. Er gestattete sich anzuschwellen. Nicht vor Trauer, sondern vor Stolz. Er hatte den Fluchtweg entdeckt, von dem sie alle nicht wußten. Wieder schenkte Mrs. Stokes ihm ihr wissendes Nicken. Er zwinkerte ihr zu und schaute nicht zurück.

Er saß noch die restlichen Stunden ab, schrieb nicht mit, hörte nicht zu, saß da eher der Form halber, wie zum Abschied. Niemand störte ihn. Er hatte bemerkt, daß man sich während der letzten Wochen von ihm ferngehalten, sich hinter seinem Rükken zugeflüstert hatte, daß er sich komisch benehme. Doch das machte nichts. Bald würde alles vorbei sein.

Im Frieden mit sich fuhr er mit dem Bus nach Hause. Jetzt war das Lauftraining vorbei. Bis zu den Sommerferien waren es nur noch zwei Wochen, doch das Training hätte er ohnehin geschwänzt. Er lehnte sich zurück und schaute den andern Schülern bei ihren Balgereien und Faxen zu, die Mädchen in ihren Klatsch vertieft, die Jungen prahlend und armdrückend und Karten spielend. Durchs Fenster betrachtete er das Land, das Land, über das er sich bald erheben würde. Bald, sehr bald.

Wie er so aus dem Fenster schaute, spürte er, wie eine Welle des Zweifels kurz in ihm aufwallte. War er denn wahnsinnig geworden? Irgendwie hinter den Schleier klaren Denkens gerutscht und in ein tiefes, unstetes Land der Phantasie gedriftet? Allein bei dem Gedanken schauderte es ihn. Natürlich war er nicht verrückt, sagte er sich; sein Denken war sehr rational, vertraut mit Wissenschaft und Mathematik. Doch er glaubte auch an eine unsichtbare Welt voller Erzengel und Propheten und Leute, die von den Toten auferstehen, eine Welt, die man ihm von der Wiege an gepredigt hatte, und eine Welt, an die ebenso fest zu glauben wie an die Schwerkraft und den Stundenplan er nicht umhin konnte. Die beiden einander widersprechenden Welten waren in seinem Denken kein Widerspruch. Im Augenblick war es nicht die Welt der Ziffern und Dezimalstellen, die er benötigte, sondern die Welt eines Messias und der Wunder. Einen Glauben, nicht Tatsachen brauchte er, Zauber, nicht Zahlen, Erlösung, nicht Wissenschaft. Der Glaube würde ihn erretten, nicht nur der Glaube, sondern der Glaube an den Glauben. Wie Daniel, wie Isaac, wie die Frau am Brunnen. Ich bin gesund, dachte er und glättete alle krausen Gedanken und packte die Furcht am Kragen. Er hatte keine Alternative, sagte er sich immer wieder. Keinen anderen Ausweg.

Als er nach Hause kam, ging er direkt auf sein Zimmer und schloß die Tür. Sein Großvater war zwar nicht da, doch er wollte nicht das Risiko eingehen, sich in die Karten schauen zu lassen.

In seinem Zimmer, im ganzen Haus roch es nach hartem Kiefernholz und dem anhaltenden Geruch von Farbe und Fußbodenlack, von Fensterrahmen aus Zypressenholz und stark geölten Eichenmöbeln und dem Staub, der in den Vorhängen hing, der Bauernhausstaub vom Feldweg und den Feldern – aber mehr als alles andere war da der beständige Geruch von Kiefernholz. Herzkiefer, nannten es die Alten. Das härteste, was es gibt. Besser als Eiche. Ein einundsiebzigjähriger Geruch, den der Großvater sein ganzes Leben lang gerochen hatte, durch die vielen Schichten alter weißer Farbe, durch die gut gestrichenen Fußböden, durch den Staub hindurch. Für ihn war es der Geruch des Gebetes, der Geruch der Geburt, der Geruch von Gelächter, der Geruch von Tränen, Tanz, Schweiß, der Geruch von Arbeit, Sex, Tod.

An den weißen Wänden in seinem Zimmer hingen seine vielen Freunde. Über dem Bett war der Hexer – der Beschwörer, der Oberste Zauberer. Seine Augen waren von einem rätselhaften Blau, durchdringend und allwissend. Über seinen Augen hing ein dichter Schopf schwarzer Haare, der seine Männlichkeit zeigte; die Haare an den Schläfen waren schneeweiß, sie zeigten seine Weisheit. Seinen großen roten Umhang hatte der Wind erfaßt, er blähte ihn so dramatisch wie ein Donnerschlag. Seine Haltung – man sah, daß er sich gerade daran machte, einen Zauber auszubringen, denn seine Hände waren von einem elektrisch-blauen Glühen umgeben – ähnelte der eines zum Sprung ansetzenden Tigers. Sein Körper war sehr muskulös und schlank, bekleidet mit hautengen blauen Leggings und einem blauen Kasack mit einem ägyptischen Henkelkreuz auf der Brust. Ein riesiges Amulett hing an einer Kette um seinen Hals; ein halb offenes Auge spähte hindurch.

An den anderen Wänden hingen ein riesiger grüner Monstermann, animalisch grinsend und so muskelbepackt, daß er wie ein grüner Klumpen wirkte, mit riesigen bloßen Füßen, angetan nur mit einer zerrissenen violetten Hose; eine Frau, die ein goldenes Lasso wirbelte und einen Büstenhalter in der Form eines Adlers trug und auf einem gläsernen Flugzeug durch die Luft sauste; ein Wikinger mit langen gelben Haaren und prallen

Muskeln, der einen Hammer, groß wie er selbst, schwang, und aus seinen eisblauen Augen zuckte eine ernste Warnung; ein Mann mit einer mitternachtsblauen Kapuze mit spitzen, katzenartigen Ohren und dazu einem mitternachtsblauen Umhang, der sich noch mehr als der des Zauberers blähte, und auf der Brust das Emblem einer Fledermaus. Da hingen Poster mit kleinen Wesen mit Haaren an den Füßen, dick wie Teppiche; sie hatten runde Bäuche und rauchten riesige Pfeifen. Es gab Zeichnungen von Raumschiffen und Schaubilder von Kampfsternen, Sternkarten und Sterndiagramme, eine Namensliste von Dämonen und Bilder von Greifen, Kraken und Gorgonen. ...

Papiere lagen im Zimmer verstreut; auf Bett, auf Fußboden, auf Schreibtisch, auf Kommode und Nachttisch. Und die Bücher. Bücher, aufgestapelt, offen und mit Lesezeichen versehen. Alte Bücher, neue Bücher. Bunt und düster. Halbgelesene Bücher, die aufgeschlagen herumlagen. Junge, sagte sein Großvater immer, verärgert und böse, kannst du denn dein Zimmer nicht besser in Ordnung halten? Was machst du denn, wenn sie dich in die Armee stecken? Dort gibt's nicht solche Dummheiten. Doch die Einsen und Einsen mit Stern in seinen Schulberichten dämpften die Befehle seines Großvaters – Mach dein Zimmer sauber, Junge – zu bloßem Gebrummel, sanftem Tadel, mißbilligendem Kopfschütteln.

In der Schulbücherei durfte Horace, wie jeder andere Schüler auch, nur drei Bücher auf einmal ausleihen. Und so war er auch bei der Bezirksbücherei in Crosstown und der Stadtbücherei in Sutton eingetragen. Dann gab es noch die Buchclubs: der Book-of-the-Month-Club, der History Book Club, der Science Fiction Book Club ... Er lieh sich Bücher bei seinen Lehrern, bei seinen Freunden. Wenn er in größere Städte kam – Wilmington, Kinston, Goldsboro –, kaufte er noch mehr Bücher, meistens Taschenbücher. Die meisten hatte er gelesen, manche mehr als einmal; bei den anderen, die meisten Sachbücher, las er nur die Abschnitte, die ihn am meisten interessierten, von altchinesischer Geschichte über Schiffbau zu Biographien berühmter Geschäftsleute und großer Wissenschaftler. Doch das war früher gewesen; jetzt konzentrierte er sich auf das Okkulte.

Im Zimmer verstreut lagen Bücher mit Titeln wie *Schwarze Magie / Weiße Magie, Die Geheime Kunst, Hexen, Voodoo, Essay über die Dunklen Künste, Religionen der Dritten Welt, Eine Geschichte der Magie, Magier in der Bibel, Gray's Index zum Bizarren und Ungewöhnlichen, Dämonenüberlieferungen.* In einem dieser Bücher hatte er den Schlüssel gefunden, und über Wochen hin hatte er alles wieder und wieder nachgeschlagen, Querverweise gesucht, seine Fakten verglichen, gesammelt und den vollkommenen Zauberspruch vervollkommnet. Für ihn war sein Zimmer nicht das Schlafzimmer eines High-School-Jungen in einem alten Bauernhaus an einem Pfad mitten im Wald, sondern die abgeschiedene und mysteriöse Höhle eines Zauberlehrlings, der auf der Schwelle zum Reich einer wahren Mystik stand. Die Wände waren nicht aus Holz; sie waren aus altem und angeschlagenem Stein. Die Bücher waren keine Taschenbücher und nicht von der Bücherei; es waren Pergamentrollen und modrige Wälzer.

Einfachheit. Allein die Einfachheit riß ihn mit. Allein die Vorstellung, daß das Martyrium gar keines war – nicht für jene, die lasen und nachdachten und ohne Furcht waren. Er schaute auf die Liste vor ihm. Von weitem sah sie wie eine Einkaufsliste aus, doch wenn man sie las, war sie doch sehr ausgefallen. Was für einen Kuchen konnte man aus Katzenurin und dem ganzen Kopf eines Kolibris backen? Die Liste war lang und kompliziert, jede Zutat erforderte besondere Sorgfalt und zuweilen eine findige Methode des Sammelns. Er hatte einen guten Monat gebraucht, um die Liste zusammenzustellen. Wie fängt man den schalen Atem einer siebzig Jahre alten Hexe ein? Wo konnte er nur den gemahlenen Zahn eines Leviathan finden? Doch nach einigen Vergleichen und Gegenkontrollen mit ähnlichen Rezepten und Riten war er sicher, daß es auch ging, wenn er den Atem durch abgeschnittene Fingernägel ersetzte. Und den Zahn eines echten Seeungeheuers durch den eines Hais. Bei allen Ingredienzien war er zuversichtlich, daß sie ihre Wirkung tun würden, nur bei einer nicht: die stärkste Ingredienz war der Leichnam eines Babys, das nicht älter als drei sein durfte. Er konnte sich nicht entscheiden, ob das »Baby« ein menschliches sein mußte oder auch jede andere Art von Säugling sein konnte. Diese Sorge hatte ihm viele schlaflose Nächte bereitet und viele dunkle Träume, in denen er nach Mitternacht in ein Haus schlich und heimlich einen Säugling entführte, der ihm traurig in die Augen sah und unschuldig und still in seliger Zufriedenheit am Daumen lutschte. In dem Traum sang er dem Kind vor, sang: *Scht, kleines Baby, wein doch nicht,* während er es unter einem Kissen mit Gänsefedern erstickte, bis der bleiche Tod kam, und wenn er dann das Kissen im matten Schein der Sterne wieder abnahm, starrte ihn das Kind immer noch an, die Augen nun ein wenig verwirrt, unkoordiniert, und aus dem noch immer lächelnden, leicht geöffneten Mund rann frischer Sabber. Aus diesem Traum erwachte er dann mit einem Stöhnen in der Kehle, kalte Schweißperlen standen ihm auf der Stirn, die Furcht vor dem Zorn des einen wahren Gottes hämmerte in seiner Brust, in dem verzweifelten Bemühen zu entfliehen. Doch es wäre Wahnsinn, solch eine schreckliche Sünde zu begehen, um seine Freiheit zu erlangen. Denn war nicht dieses Eintauchen, Untertauchen, Ertrinken in der Magie ein Versuch, vor jener Sünde zu fliehen, die er bestimmt begehen würde, wenn er ein Mensch blieb?

Voller Zuversicht, daß sein Zauberspruch funktionieren würde, nahm er also die Sackleinentasche mit all den machtvollen Talismanen seiner Befreiung darin und verließ das Zimmer, ging über den Kiefernholzboden zur Hintertür hinaus. Hinterm Haus, jenseits des Rasens, wuchsen Apfelbäume, die schon die Mutter seines Großvaters als Baumsetzlinge gepflanzt hatte, bevor das Haus gebaut war. Der Großteil des Hofes war ein Hühnerpferch gewesen, in dem die Erde von ihrem Scharren bloßlag. Doch als seine Großmutter starb, beschloß sein Großvater, die Hühner abzuschaffen und Gras auf der Erde wachsen zu lassen. Nun mähte er das Gras einmal die Woche, von Mai bis fast in den Oktober hinein, Gras, das mit jedem Sommerregen grüner und kräftiger wurde.

Die Apfelbäume trugen blaßgrüne Früchte, die zu dieser Jahreszeit nicht größer als sein Daumen waren. Im August waren sie dann ein wenig kleiner als seine Faust und rot wie das Rot von Rosen. Mostäpfel nannten die Leute sie, sauer und klein waren sie, nur für Apfelkuchen und als Backobst geeignet. Im Juli pflückte er dann hin und wieder einen ab, wobei er sich daran erinnerte, wie er als kleiner Junge immer streng ermahnt wurde: Junge, von den grünen Äpfeln kriegst du Bauchweh. Wirst krank davon wie'n Hund. Aber er aß sie trotzdem. Und hatte wie durch ein Wunder nie das Grüne-Apfel-Bauchweh bekommen. Er mochte den herben und sauren Geschmack so gern, der ihm wie eine Zitrone den Mund zusammenzog, die Konsistenz des weißen Fleisches innen, sogar das knackige Knirschen, wenn man hineinbiß. Bei diesen Gedanken überschwemmte ihn eine Welle der Traurigkeit, denn ihm wurde bewußt, daß Vögel eigentlich nicht in einen Apfel beißen können; sie picken. Und nur Hühner picken in die Äpfel auf dem Hof. Aber er würde sich an Eichhörnchen und Kaninchen gütlich tun – für eine wirkliche Chance auf das ewige Leben würde er grüne Äpfel darangeben.

Es dämmerte. Die Tage wurden wieder länger, er hatte also Zeit für die Vorbereitungen; er wußte, sein Großvater würde erst sehr spät wiederkommen. Am Tag davor hatte er den Scheiterhaufen errichtet. Eine Metallplatte für die Ingredienzien. Ein paar Scheite altes Kiefernholz, das stark Terpentin abgab. Eiche und Hickory. Ein wenig Teer, weil ein Zauberspruch Pech erforderte. Dann breitete er den Sack über den Scheiterhaufen und hakte seine grausigen Ingredienzien auf der Liste ab. Die Plastiktüte mit dem Kadaver eines Kätzchens, das er getötet hatte, war prall vor Flüssigkeit, die Haare des Tieres waren verfilzt, schwarz und strähnig. Dann setzte er das Ganze mit einem Universalstreichholz in Brand. Es brannte langsam an, doch nach einer Weile – er hatte auch etwas Stroh dazwischengesteckt – leckten und spien und furzten und funkten die Flammen auf eine Art, die ihn erregte. Der schwarze Rauch von dem Teer kräuselte sich zwischen den Apfelbäumen empor und tanzte hoch in der Luft.

Er begann einen Singsang mit archaischen Wörtern, von deren Bedeutung er kaum eine Ahnung hatte, die aber, wie er vermutete, machtvoll sein müßten, Wörter, die er aus verschiedenen Riten und Ritualen aus ähnlichen Beschwörungen und Handlungen hoher Hexerei zusammengespleißt hatte. Die Wörter klangen deutsch und französisch und lateinisch und griechisch, und da er außer seinem High-School-Spanisch keine andere Sprache richtig gut konnte, schuf er sich für seinen Singsang einen besonderen Akzent, den er sich als eine Kreuzung zwischen Hochdeutsch und Französisch vorstellte. Und mitten in seinem Singsang traf ihn der Gestank der brennenden Katze wie ein Schlag ins Gesicht – ein grüner, widerlicher Gestank nach Eingeweiden und Haar und getrocknetem Urin und Fäkalien. Doch während er von den üblen Dämpfen hustete, fuhr er mit der Rezitation in seinem eleganten Akzent fort.

Als er den Singsang zum dritten Mal beendet hatte – eine Handlung, die die Asche heiligen und ihn vor dem Dämon, den er herbeirufen würde, schützen sollte – übergab er das Papier mit dem Singsang und das Papier mit der Liste dem Feuer und trat hinter einen Apfelbaum und würgte in heftigen Spasmen, die ihm die Tränen in die Augen trieben. Matt ging er zu dem Wasserhahn im Pumpenhaus, der oben auf der Pumpe saß, wo seine Großmutter einst das Wasser mit einem Holzeimer aus dem Brunnen heraufgezogen hatte. Das Wasser war noch immer brunnenfrisch und brunnenbitter und schmeckte stark nach Eisen. Zuerst spülte er sich den Mund aus, dann trank er in tiefen Zügen von dem frischen und bitteren Wasser und wusch sich schließlich in seiner Kühle das Gesicht. Er saß auf der hinteren Treppe und sah zu, wie das Feuer immer niedriger wurde. Am Himmel, der anfangs hoch und blau, mit weißen Wolken gestreift gewesen war, ballten sich nun Wolken in der Farbe von Teerrauch. Aus Furcht davor, was die sich auftürmenden Wolken für einen wahren Mystiker bedeuten konnten, begann sein Magen, sich zusammenzuknoten.

Ungefähr eine Stunde später, als das Feuer lediglich noch aus Kohlen bestand, die vor Hitze knackten, machte er sich daran, die schwelende Asche aufzuhäufen, damit sie in der Stunde seiner Verwandlung bereit war. Er ging ins Haus, in sein Zimmer und fing an aufzuräumen, so ordentlich wie noch nie. Er stapelte die Bücher sauber auf, heftete die Papiere ab, faltete seine

Sachen zusammen und legte sie in eine Schublade. Um die ausgeliehenen Bücher machte er sich keine Gedanken, denn die würden alle Teil seines Verschwindens sein. Er war nun aufgeregt und ruhelos. Er überlegte, ob er seinem Großvater eine Nachricht hinterlassen sollte: Lieber Granddaddy, ich habe mich verwandelt. Ich werde dich in der Ekstase sehen. Nein, lieber nicht, sein Großvater würde das als komischen und eigenartigen Scherz ansehen. Es würde ihn nur völlig verwirren, und dann, wenn sein Enkel tatsächlich spurlos verschwand, würde er seltsame und bizarre Sachen denken, weil er keine Kenntnis von der strahlenden, wunderbaren Wahrheit hatte.

Er ging wieder zu dem Aschehaufen hinaus, der nun ganz weiß und weniger heiß war. Er fachte die Glut noch einmal an und ging wieder hinein, um die letzte Etappe seiner Beschwörung zu vollziehen. Während er draußen war, war sein Großvater zurückgekommen. Er fragte ihn, warum er das Essen nicht angerührt habe, das seine Tante dagelassen hatte. Horace klagte, er sei nicht hungrig, und ging in sein ordentliches Zimmer und legte sich im Dunkeln hin; er wußte, daß er nicht einschlafen würde. Er stellte den Wecker auf Viertel vor zwölf. Dann stand plötzlich sein Großvater in der Tür und fragte: Was hast du denn da verbrannt, Junge? Riecht ja, als hättest du Reifen oder so was verbrannt. Er sagte seinem Großvater: Bloß ein paar alte Bretter, die mir immer im Weg waren, wenn ich das Gras gemäht hab. Sein Großvater stand eine Weile schweigend da und spähte, eine Silhouette vor dem Licht aus der Küche, ins Dunkel. Anstatt zu fragen, was Horace eigentlich erwartet hatte, ob er denn krank sei, machte der alte Mann kehrt und ging wieder in die Küche. Horace hörte, wie sein Großvater seinen einen Teller abwusch: wie die Wasserrohre klonkten, wie das Wasser spritzte, wie ein Teller zum Trocknen auf das Gestell gesetzt wurde, wie die Kühlschranktür auf und wieder zu ging. Er hörte, wie das Licht ausging – denn er hatte die Augen geschlossen –, und das Geräusch der Metallkette, die wie ein Pendel gegen die hohle Glühbirne klirrte; dann waren er und das Haus in einer einzigen dunklen samtenen Stille eingeschlossen. Er horchte, wie sein Großvater auf die Veranda hinaustrat.

wo er sich in seinen Schaukelstuhl setzte und schaukelte, wobei die Bretter der Holzveranda in einem langsamen Rhythmus ächzten. Hätte der Arzt nicht dafür gesorgt, daß sein Großvater das Tabakkauen aufgab, dann hätte er bestimmt das Platschen von Saft, makellos gezielt, auf dem Azaleenbusch gehört.

Grillen und Frösche und Zikaden zirpten im Takt von tausend winzigen Herzen. Eine Turteltaube gurrte in einiger Entfernung im Wald, und er dachte nicht an Vögel und Sich-Emporschwingen und Freiheit wie zuvor, sondern an sein Menschsein, sein Fleisch, sein Blut, sein bald dahingegangenes, bald verändertes Leben. Er erwog die tiefe Stille namens Tod und wie sehr sie sich von seiner tristen Einsamkeit hier, jetzt, auf seinem Bett, umgeben von dünnen Geräuschen und weicher Schwärze, unterschied.

Nach etwa einer Stunde hörte sein Großvater auf zu schaukeln und ging ins Haus. Die Fliegentür schlug laut hinter ihm zu. Also, sagte sein Großvater, gute Nacht. Nach einer Pause fragte sein Großvater, ob alles in Ordnung sei. Schnell, zu schnell, sagte Horace, ja, in einer Stimme, die beinahe verstört war. Sein Großvater sagte nichts mehr, schlurfte leise zu seinem Zimmer, ohne Licht zu machen. Horace hörte, wie der alte Mann sich entkleidete, den Schlafanzug anzog – er war sicher, daß es der hellblaue Schlafanzug war, den er im Sommer trug, der, den seine Tanten mit zu viel Stärke bügelten – und sich langsam ins Bett legte. Dann ging das Licht an, und er hörte das Rascheln vom Dünndruckpapier eines Buches. Er wußte, daß es die Bibel war, die sein Großvater auf dem Nachttisch liegen hatte, denn das war das einzige Buch, das sein Großvater überhaupt las, außer dem *Lady's Birthday Almanac* (und das war eigentlich eine Zeitschrift). Wenig später kam das Buch wieder auf den Nachttisch, das Licht ging aus, und sein Großvater tat einen langen Seufzer, fast ein Ton der Enttäuschung. Dann waren wieder nur die anderen Geräusche da, die natürliche, kleine Musik der Nacht.

Er schaute nicht auf den Wecker – wenngleich er, um genau zu sein, schon vorher einen verstohlenen Blick darauf geworfen hatte, um zu sehen, ob er auch ging. Er ging. Und so lag er einfach reglos da und dachte an weiße Asche. Einmal stand sein Großvater auf, um auf die Toilette zu gehen. Geräusche des Hauses, die sich wieder legten, Geräusche, die er einmal – und zuweilen noch immer – für Geister gehalten hatte, die umherstreiften. Doch bald war es Zeit, und fünf Minuten, bevor der Wecker losging, stand er auf, holte die Kerze aus der Kommode und ging leise zur Vordertür hinaus.

Die Kerze war eine ganz normale weiße, doch hatte er sie vergangenen Sonntag vor dem Gottesdienst unter die Kanzel gelegt und sie danach wieder herausgeschmuggelt, er war also zuversichtlich, daß sie hinlänglich gesegnet war. Kaum war er draußen, riß er ein Streichholz an und entzündete die Kerze. Ihr Licht war schwach, aber doch stark genug, um seine an das Dunkel gewöhnten Augen zu blenden. Ein Luftzug spielte mit der Flamme und blies sie schließlich aus. Er steckte die Kerze in die Tasche und machte sich ans Werk.

Wenngleich der Mond nicht voll war – die Rituale erforderten keinen Vollmond –, lugte doch ein ansehnlicher Halbmond durch die dicken Wolken, um seine Tätigkeit zu beleuchten. Die Asche war nun nur noch warm; ganz in der Mitte glomm es noch schwach. Mit einer Kelle rührte er in der Mitte des Haufens, und nachdem er eine beträchtliche Menge von der Pulvermischung hatte, die er seiner Meinung nach brauchte, trug er eine Schaufel voll in die ungefähre Mitte zwischen den Apfelbäumen und machte sich daran, ein Muster auf den Boden zu zeichnen. Es war ein kompliziertes und gezacktes Muster, eine Kombination aus dem Europäischen Kreis der Macht und einer Indianerfigur, die er für einen Hopi hielt. Nach elf Gängen mit der Kelle war er sicher, daß die Zeichnung vollständig war. Der Wind wehte kräftig, doch er nahm seine Heftigkeit kaum wahr. Schließlich setzte er sich mitten in die Zeichnung hinein – sorgfältig darauf achtend, nicht auf die Asche zu treten – und entzündete die Kerze erneut, wobei er den Wind mit seinem Körper abhielt.

Es war nach zwölf, dessen war er sich sicher. Die Zeit, da die Dämonen am freiesten über die Erde gingen. Er versuchte, seine Gedanken von allem außer dem Namen des Heiligen Dämons zu befreien, dem der gute Mönch in der Geschichte entgegentrat und ihn zwang, ihm zu Willen zu sein – den großen und wilden Dämon, der dieses kümmerliche Kind normalerweise zertreten würde. Doch er war bereit, bewaffnet nicht mit der Rüstung der Rechtschaffenheit und dem Schild der Wahrheit, sondern mit dem Geheimwissen, das seiner festen Überzeugung nach das mächtigere war. Es hatte den Dämon einmal an die Kette gelegt, und er wollte verdammt sein, wenn ihm dies nicht ein weiteres Mal gelang.

Der Wind wurde stürmisch, was er als Zeichen dafür nahm, daß sein Zauberbann wirkte. Etwas Asche wehte ihm ins Gesicht, doch er konzentrierte, konzentrierte, konzentrierte sich auf den Namen der Namen. Knieend begann er, den schrecklichen Namen laut zu wiederholen, und seine Brust hämmerte, als sollte sein Herz herausspringen und davonlaufen. Als die Wolken die Mondsichel verdeckten, war das für ihn Seine Sinistre Erscheinung. Während er den Namen des Dämons weitersang, die Augen vor Angst weit aufgerissen, überlegte er in einem Winkel seines Gehirns, wie der Dämon wohl aussehen würde. Groß, vielleicht größer als die Apfelbäume, größer sogar noch als die Kiefern. Rot und wild, mit riesigen gelben Zähnen und einem übelriechenden Atem. Doch nein, das war ja ein großer Dämon, ein Mitglied des Hohen Rates Satans, des Inneren Kreises. Vielleicht würde er die Gestalt eines Zentauren annehmen, eines gigantischen feurigen Vogels; womöglich würde er sogar als Schlange oder als ein wolliges Tier erscheinen. Oder gar in Menschengestalt, als Teufel wie der, über den Reverend Hezekiah gepredigt hatte, nicht mit Hörnern und Mistgabel, sondern im weißen Anzug, mit schönem Gesicht und weißen Zähnen, lächelnd, wie man es vom Teufel ja kennt.

Er sang. Der Name wurde ein Mantra, verlor jegliche Bedeutung; es war ein schöner Name mit angenehmen Vokalen und einem ausländischen Klang. Er wiederholte und wiederholte und wiederholte ihn. Die starke Furcht, die in seinem Magen gekauert hatte, verging langsam, und zum erstenmal gestattete er sich nun den Gedanken, wie albern das alles war, wie töricht und unreif und verzweifelt und unmöglich und wahnsinnig; daß es gar keinen Mönch gab, der ein Dorf rettete, indem er einen Dämon an die Kette legte und ihn erst wieder freiließ, wenn er ihm zu Willen war; daß es ja eigentlich gar keine Dämonen gab, die nach Mitternacht oder überhaupt zu irgendeiner anderen Zeit über die Erde gingen; daß er, wenn es denn so etwas wie Dämonen gab, nicht die leiseste Ahnung hatte, wie er sie dazu zwingen sollte, ihn zu verwandeln, oder auch nur, wie er sie darum ersuchen sollte; wie all diejenigen, die verschwanden, entweder tatsächlich weggelaufen oder einfach gestorben waren – so wie er es tun würde.

Dann, zunächst wie ein sanfter Kuß, hier, da, leicht, aber unmißverständlich. Regen. Bald goß es in Strömen. Wasser und Wasser. Die Kerze war schon lange erloschen. Nun saß er da, das Wasser durchnäßte ihn, rann ihm in Augen und Mund. Ein Streich, erkannte er, das ist doch ein ausgemachter Streich, den er da sich selber gespielt hatte. Er war sechzehn Jahre alt und draußen in einem Regenguß in den frühen Morgenstunden und rief alte Dämonen herbei, um sich vor – wovor? – sich selbst zu retten? Er merkte, daß er weinte; heiße Tränen brannten in seinen Augen. Er zitterte und sank nieder und streckte sich schließlich breit auf der nassen Erde aus, kalt, nicht von der klirrenden Kälte des Winters, sondern von einer Oberflächenkühle, wie wenn man im Juli nach Einbruch der Dunkelheit im Ozean schwimmt.

Er merkte nicht, wie der Regen aufhörte oder wie die Wolke über dem Halbmond dahinzog. Er lag einfach nur da, naß und zitternd; selbst die Schluchzer waren versiegt und ließen ihn mit einem leeren Gefühl der Erschöpfung und Verwirrung zurück. Er fühlte sich plötzlich wie einer, der in einen Brunnen fällt und weiß, daß tagelang niemand zur Rettung kommen wird. Die Angst vor einer schrecklichen, unausweichlichen, bekannten Zukunft.

Eine Stimme. Wo? In seinem Kopf? In seiner Seele? Es war die Stimme eines Chors, einer Schar wie die Schar, die Jesus auf Erden willkommen hieß in jener sternenbesäten Nacht in Bethlehem, und gleichzeitig die Stimme eines runzligen alten Mannes, von Schmerzen gequält, und gar die Stimme von Schmerz und Pein und Trauer selbst, und die Stimme von Lust und Haß und kriegsgeschundenen Ebenen, über die der Wind pfiff und die durch die Bäume wisperte, die Stimme der Weisheit, alt und allwissend, und die Stimme der Torheit, Unwissenheit und kindlichen Seligkeit.

Die Stimme sagte: Komm.

Der Himmel, nun der klassische Frühlingshimmel nach einem kurzen Wolkenbruch, wirkte höher, breiter, reiner. Die Frösche, jetzt glücklich und naß, sangen freudige und rauhe Lieder. Er lächelte und griff in den Schlamm, in den durchnäßten Rasen, in dem die Asche sich aufgelöst hatte, und schmierte sich damit mit der gleichen Bewegung das Gesicht voll, als müsse er sich wieder mit dem Gefühl des Berührens vertraut machen. Wieder lächelte er, das Gesicht so leer wie seine Seele. Die Stimme sagte, erhebe dich, und er erhob sich, zog sich splitternackt aus, wie die Stimme ihm sagte, riß sich die Kleider vom Leib, als stünde er in Flammen, wälzte sich wie ein Schwein in der Asche, mit unschuldiger Hingabe.

Die Stimme sagte ihm, er solle ins Haus gehen und das Gewehr seines Großvaters holen. Er tat es und drehte sich um und wartete auf die Stimme in seinem Kopf, starrte über die sternenbeschienenen Felder zum Wald hin. Die Stimme sagte nur: Geh. Er tat es, sein Körper mit klumpiger Holzasche und Schlamm gesprenkelt, die Haut kühl, aber nicht kalt, lauschend, lauschend nach der Stimme, die ihm nun als seine einzige Rettung erschien. Rettung? War es nur das? Jenseits aller Hoffnung, allen Glaubens? Nur um auf irgendeine Art zu überleben. Um zu leben.

Sah er die tieffliegende Eule oder eher die rennende Waldratte, wie sie direkt vor seinem nackten Fuß in eine Rinne sauste? Seine Gedanken waren auf spirituelle Dinge gerichtet. Denn es war so, wie die Prediger es die ganzen Jahre seines Lebens warnend gepredigt hatten: Es gibt elende, böse Geister, die Besitz von uns ergreifen und uns zu unnatürlichen Handlungen zwingen. Es war ihm nun klar: Genau von solch einem bösen Geist war er besessen gewesen, und der Regen war ein

Zeichen, das bewies, daß er nicht gereinigt werden konnte. Warum noch weiterkämpfen? sagte sein Gehirn.

Und so lauschte er auf die Stimme, die Stimme, die alt und jung war und gemein und gut. Er legte allen Glauben in diese Stimme. Die Stimme sagte, marschiere, und er marschierte, umgeben von Kobolden und Wichteln und bösen Feen und Wargs – Anomalien wie er selbst, wild und ungezähmt, die mit höllischer Freude darüber, daß er sein verhängnisvolles, wunderbares Schicksal annahm, um ihn herumtollten, und er war glücklich, ach, so glücklich, wie er das Gewehr gleich einem kühlen Phallus in der Hand wiegte, glücklich zum erstenmal nach so vielen, vielen Monaten, denn er wußte, die Stimme würde sich seiner annehmen und ihn lehren und ihn retten, und da war ein Gefühl, tief und lüstern und gefährlich, und er genoß diese Empfindung und alles, was gut tat, und er marschierte an der Spitze seiner teuflischen Mannschaft, lauschte nach den Befehlen der einen Stimme, der einzigen Stimme, die sagte: Geh, und er ging, umringt von Teufeln, die Starkbier soffen, während sie durch die Felder dahinmarschierten, die auf den Ästen der Bäume herumtanzten und auf der Oberfläche von Strömen, alles im Schein des Halbmondes, und Unzucht trieben und in Balgereien, heftiger als Hahnenkämpfe, Blut fließen ließen, einander mit Exkrementen beschmierten, hüpften und anfaßten und bissen, Gotteslästerungen und Blasphemien schrien, alles unter Jubel und lautem Gelächter, und er lächelte und fiel darin ein, denn das war seine Rettung, der Weg zum endgültigen Frieden, und während er dahinmarschierte, sich des Gewehres bewußt, das er fest in der Hand hielt, froh, frei zu sein, wenn *frei* das Wort war, mit dem er seine Gefühle beschreiben konnte, begann er zu überlegen – wenngleich es dafür viel, viel zu spät war –, während er die Straße entlangschritt, irgendwo in dem kleinen Winkel seines Gehirns, der noch gesund war, sinnierte er: Vielleicht hätte ich statt eines Kätzchens doch ein Baby nehmen sollen.

Übersetzt von Eike Schönfeld

JOHN McCLUSKEY

Lush Life

Dayton, Ohio

Hinter dem Tanzpalast wurden die ersten Autotüren zugeknallt, Motoren starteten, und von irgendwoher – einem Hinterhof, einer Gasse – bellten Hunde. Der Bus der Band war in einer abgedunkelten Ecke des Parkplatzes abgestellt. Leer, war er zu dieser Stunde ein stummes und massiges Depot. Über die ganze Seite war in schrägen, knallroten Buchstaben aufgemalt: EARL FERGUSON AND AMERICA'S GREATEST BAND.

Plötzlich schwang die Hintertür des Tanzpalastes auf und lautes Gelächter quoll auf einem dicken Kissen aus Zigarettenqualm heraus. Anderen voraus liefen schnellen Schrittes zwei Männer im Anzug – der größere in Plaid, der andere in Streifen –, redend, rauchend. Sie blieben vor einem Kabrio stehen, einem dunkelroten Buick, auf dessen Segeltuchdach schon der Tau sproß. Andere Männer, alle von der Band, kamen zu zweit oder zu dritt heran, schlugen einander auf den Rücken, lachten über den einen oder anderen Witz, schlenderten dann zum Bus hin. Im Licht über der Hintertür spielten Motten.

Der kleinere Mann, Billy Cox, nahm die Brille ab, hauchte die Gläser zweimal an, putzte sie dann mit seinem gepunkteten Seidentuch. Er streckte Tommy, dem Bassisten, der gerade herankam, die Hand entgegen.

»Ich sag mal, ›Auf ein Neues in Cleveland‹«, sagte Tommy. »Aber nach einem Abend wie heute werden wir schwer zu kämpfen haben, um uns von der Stadt hier loszueisen. Hab ich recht, Billy C.?«

Tommy lachte, zeigte seinen Goldzahn und tätschelte seine makellose Frisur. Mehr als einmal hatte es geheißen, daß er Eiswasser schwitze. Bei seinem trockenen Gesicht, dem Sitz der Haare, der Krawatte, die nach drei Stunden härtester Arbeit noch immer gerade saß, konnte daran kein Zweifel bestehen.

Tommy redete wieder, nun aber ernst, breitbeinig und mit großer Geste. »Daß ihr beiden mir aber nicht in irgendeinem verdammten Graben landet.« Sein üblicher Abschiedsgruß verebbte in einem Gackern. Billy winkte ihm nach.

Billy und Earl Ferguson fuhren mit dem Scoutwagen die Nacht durch zum nächsten Gig. Die ganze Nacht würden sie dem Bus wenigstens eine Stunde voraussein. Wenn der Bus dann auf denselben Hotelparkplatz einbog und die Männer zum Vorschein kamen, wie benommen von einem unruhigen Schlaf in dem lauten Bus, würden sie schon frühstücken und fast eingeschlafen sein.

Von einem Wagen in der Nähe erhellte das kehlige Lachen einer Frau die Nacht. Sie drehten sich um und sahen Pretty Norace, wie er sich in einen Wagen beugte, auf der Beifahrerseite, sich den hinteren Haaransatz glattstrich und den Rumpf bei seiner Anmache wiegte.

»Ey, lüg mir nichts vor!« ertönte ihre Stimme. Auch sie spielte mit ihren Haarspitzen; sie waren leuchtend rot gefärbt und glühten in dem Licht. Ihre Freundin vom Fahrersitz hatte vielleicht nichts Besseres zu tun, als sich zu ihr rüberzulehnen, zuzuhören und zu frotzeln, das Gesicht rund wie der Mond.

Heimlich wie ein Taschendieb und mit einem langsam breiter werdenden Grinsen ging Poo zur Fahrerseite herum und flüsterte etwas. Die Fahrerin prallte zurück, schenkte ihm dann lächelnd ihre ganze Aufmerksamkeit. Eine Hand an der Kehle, leckte sie sich über die Lippen, versprühte ein Lächeln.

Im Takt schüttelten Billy und Earl den Kopf, als sie dabei zusahen. Billy fuhr mit einer Hand sein Revers entlang, zog die Zigarette aus dem Mundwinkel. »Da werden sich einige 'ne lange Nacht mit machen.«

Earl nickte. »Da werden ein paar Schlimmis wieder spät zum Bus kommen und 'ne ganze Menge Quatsch machen, Mann.«

Ja, einige würden die Deadline des Busses kippen, bei einer Mitternachtsparty reinschauen, einer lächelnden Frau nach Hause folgen. Allerdings waren die Regeln einfach: Verpaßte man den Bus und konnte am nächsten Tag nicht proben, zahlte man fünfzig Dollar Strafe. Verpaßte man den Gig, weil man den Bus oder Zug verpaßt hatte, war man draußen. Das setzte man aufs Spiel, wenn man das Abenteuer suchte, das die Eintönigkeit langer Fahrten im Bus unterbrach. Man konnte Storys mitbringen, die in dem ganzen überhitzten und verqualmten Bus glucksendes Gelächter auslösten.

Autos rollten vom Parkplatz, hupten anerkennend, wenn die Fahrer an Leuten von der Band vorbeikamen. Earl verbeugte sich langsam und winkte weit ausholend zu seinen Männern hin, von denen einige noch aus der Hintertür des Tanzpalastes herauskamen. Dann umarmte er Billy, verzog das Gesicht und zeigte auf Billys Brust, als wollte er ihm dort die ganze Anerkennung für einen phantastischen Abend aufdrücken. Schließlich hatten sie Basie und Ellington zur Perfektion gebracht. Ihre eigenen Stücke waren wahre Wunder gewesen. Von Anfang an war das Publikum dabei gewesen und hatte getanzt und getanzt, mit wippenden Köpfen und zuckenden Schultern, jedes Solo bejubelt. Die Tänzer hatten auf der Stufenleiter jeder Melodie ihren Spaß; eng umschlungen mahlten sie zu den Verheißungen jeder Ballade langsam mit den Hüften. Jetzt dankten sie der Band erneut mit Getute ihrer Hupen, mit Rufen und Winken.

Eine Stunde später würde dann der Bus abfahren, das ganze Equipment wäre gepackt und unten verstaut. Dann würde er langsam vom Parkplatz rollen. Einige der Männer würden schon schnarchen. In den Außenbezirken der Stadt würde ihn vielleicht ein Wagen einholen, Reifen würden quietschen, wenn der Wagen stockend zum Stehen kam. Einer der Männer – für gewöhnlich McTee oder »Rabbit« Ousley, wie es der Mythos wollte, – würde aussteigen und einer grinsenden Frau am Steuer eine Kußhand zuwerfen und wie ein breitbeiniger Eroberer in den Bus steigen. Die Tür des Busses würde sich hinter ihm schließen und seine Storys vor jeglicher Überprüfung und vor der langen, langen Nacht abschotten.

Doch es war der Buick mit Earl und Billy, der als erster abfuhr. Sie fuhren vor diesen Triumphgeschichten ab, vor den glatten Lügen von schneller und wilder Liebe in einem zugigen Hinterzimmer oder Geschichten von einer jungen Ehefrau, die »Schnell, lauf!« wisperte, und das Hasten zum Fenster, wenn der Schlüssel des Ehemannes unten ins Schloß glitt. Ja, vor all dem rollten Earl und Billy vom Parkplatz und machten sich auf die Reise, erst langsam, als hätten sie jede Menge Zeit.

Noch lange vor dem Stadtrand würden sie sich mit Zigaretten versorgt haben, klar, und in einem magischen Lokal in einer Seitenstraße, wo die Jukebox quäkte und der Geruch von Brathähnchen ihnen an der Tür mit dem Guckloch entgegenschlug, würden ihren Kaffee in Deckelgläsern geholt haben, stark gezuckerten Kaffee mit viel Sahne, und dazu dampfende Hähnchen-Sandwiches, sauber in Wachspapier eingewickelt.

Ältere Frauen, die beim sonntäglichen Abendessen in der Kirche doppelte Schicht schoben, lächelten und wischten sich dann die Hände an der Schürze ab. Fanden sie lieb, diese guten und verlorenen Söhne mit ihren geglätteten Haaren. Dann, auf dem Weg zur Tür, würden Billy und Earl von wahnwitzig schönen Frauen gegrüßt werden, deren heisere Stimmen spätnächtliche Ausgelassenheit säumte. Billy und Earl würden abwechselnd witzeln und einander wegzerren, dann, draußen, lachend, wieder ins Auto steigen, um sich auf die Reise durch die Nacht zu machen.

Während der ersten Minuten, die Lichter von Dayton wurden dünner, volle Parkplätze und eine Rollschuhbahn als Vorposten, waren sie schweigsam, bis sie dann eine nervöse Energie überfiel. Es war jenes verstörende Bad aus Erschöpfung und Hochgefühl, das im Genick kribbelte und das nach einem Auftritt so vertraut war. Earl saß am Steuer, und so begannen sie, nacheinander »Take the A-Train«, »One O'Clock Jump« und ihr eigenes tolles gemeinsames Stück »October Mellow« zu summen und zu scatten. So fuhren sie eine Weile dahin. Mit abgerissenem Atem sangen sie, bis sie in Gelächter ausbrachen. Dann machte vielleicht das Radio weiter, und meistens wäre es ein Rauschen und Pfeifen, oder, ganz schwach, ein spätes Gospelkonzert mit seinen steigenden und fallenden Harmonien, wie ein in den Wind geworfener Choral. Vereinzelt rauschten Autos auf der anderen Spur vorbei, zurück nach Dayton. Sie überholten einen Sattelschlepper, der unter seiner Last ächzte, einen, zwei kompakte Fords, dann lehnten sie sich zurück. Das erste Kapitel der Nacht war mit dem Geräusch des Motors, den Lichtfetzen abgeschlossen, lag nun hinter ihnen.

Plötzlich schoß im Licht der Schweinwerfer wie ein Baum ein Schild hoch und verkündete die Stadtgrenze von Springfield.

Billy fing an zu nicken, als beantwortete er eine uralte Frage. »In Springfield gibt's mehr gute Frauen als in zwei St. Louis' oder fünf New Orleans'. Das sag ich dir.«

»Aufwachen, Billy. Zeig mir 'ne Stadt mit besseren Frauen als in St. Louis oder New Orleans oder Harlem – glaubst du, ich laß Harlem dabei aus? – zeig mir so 'ne Stadt, und du hast'n schnellen Hunderter in der Hand und ich bin im Himmel. Ich mein's ernst.«

Billy schnaubte, richtete sich auf und schüttelte den Kopf. »Ich schlaf ja wohl kaum. Da reicht mir die Erinnerung. Das letzte Mal bin ich 1952 hier durchgekommen, aber ich kann die Tochter von 'nem Prediger anrufen, jetzt gleich – braune Haut und so groß – ja, noch um diese Zeit. Herrgott, die wär so gut, daß du und ich, wir beide einen Berg raufrennen und uns einen abjodeln würden.«

Dann blies Earl einen Rauchring und sah zu, wie er hochstieg; vielleicht legte er sich wie ein Heiligenschein um den Rückspiegel. »Na gut, jetzt nehm ich's dir mal so ab, aber wenn wir hier nochmal durchkommen, dann will ich unbedingt anhalten und nachsehen, ob die Frauen hier wirklich so hübsch sind, wie du sagst.«

»Die sind hübsch, die Mamas sind hübsch, die Großmamas sind hübsch ...«

Earl stieß sein hohes Lachen aus. »Du wirst von Tag zu Tag verrückter, Billy Cox.« Er trat aufs Gas, schleuderte sie tiefer in die Sitze.

Earl ließ es bei sechzig gut sein und begnügte sich minutenlang damit, den regelmäßigen Takt der Reifen auf den Quernähten im Pflaster zu genießen – *pa-pum, pa-pum, pa-pum.* Erst auf dem nächsten Straßenstück, zehn Meilen hinter Springfield, merkten sie richtig, wie flach die Gegend war. Im Dunkeln gab es keine fernen Hügel, die Konturen, Abwechslung oder Perspektive versprachen. Felder zur linken? Wälder zur rechten? Etwa eine Minute lang waren sie still. Wieder brauste knisternde Musik, brauste aus dem Radio und verlor sich.

»Wie findest du die Arbeit von dem Neuen heut abend?« fragte Billy.

»Wer, ›Big City‹? Nicht schlecht. Gar nicht so schlecht.« Earl schnippte mit den Fingern. »Er swingt jetzt mehr. Eigentlich treibt er die ganzen Trompeten an, Big Joe eingeschlossen. Zu dem kannst du dir gratulieren, du hast ihn eingekauft. Ich weiß noch, wie du immer gesagt hast, der könnte die schönsten Balladen spielen, sich in so was wie Strayhorns ›Daydream‹ so leicht reinkuscheln wie 'ne Katze in'n Bett.«

Billy nickte und sah zum Seitenfenster hinaus. »Gleich beim erstenmal, als ich ihn hörte, wußte ich, der hat's drauf. Sein Problem war, daß er sich zu lange in Kansas City mit dieser kleinen Jive-Band rumgetrieben und bloß vorsichtige Musik gespielt hat. Manchmal weiß man eben nicht, wie er dann echt drauf ist – bloß schnell oder langsam, bloß hart oder weich, bloß fies oder zum Lachen süßlich. Das weiß man eben nie. Aber ich hatte so ein Gefühl, weißt du, was ich meine? Hatte das Gefühl, wenn wir den da rausholen, ihn ein bißchen rumspinnen lassen, daß der dann alles zusammen sein könnte, daß er dann bringen könnte, was ein Stück von ihm verlangt.«

Earl schnippte eine Kippe aus dem Fenster. Er erinnerte sich an den Abend, als er den jungen Harold getroffen hatte. Die Band machte gerade Pause, und Harold kam langsam, mit gesenktem Kopf hochgelaufen. Der Trompeter war in seinem zu engen Anzug nervös gewesen. Earl hatte Billy später anvertraut, er habe ausgesehen wie einer, der direkt vom Acker gekommen sei, und daß er, wenn er bei der Band mitmachen wolle, erst mal lernen müsse, wie man sich anzieht, wie man die Farben von Krawatte und Anzug kombiniert, wie man Schuhe putzt. Wenn man bei Ferguson einsteigt, steigt man bei Klasse ein. Stil ist wichtiger als Sound. Es war der Gang, die Art, wie man während der Soli von anderen dasaß, wie man den Abend anging. Earl hatte ihm prompt den Spitznamen »Big City« verpaßt.

»Er sagte, dir zu begegnen, sei wie Gott zu begegnen«, hatte Billy am nächsten Morgen bei Bratkartoffeln und lauwarmem Kaffee gesagt.

Earl lächelte jetzt. Gut, er war kein Gott. Aber er wußte, daß er unter den Bandleadern, die mit ihrer Gruppe durch die Lande zogen, einer der besten war. Ebenso wußte er, daß der leise Billy Cox, fünf Jahre jünger, der beste Komponist im Geschäft war, Punkt. Gemeinsam lief es bei ihnen wie am Schnürchen. Nur wenige woben einen Sound so zusammen wie sie, nur wenige schafften es, daß zwölf Stimmen zwölf widerborstiger Persönlichkeiten wie eine einzige schreien oder stöhnen konnten. Und dazu kam noch der Markensound: die perfekte Mischung aus Blech und Rohrblatt. Basie mochte die stärkeren Rohrbläser von der Gewalt eines melodischen Hurrikans haben, Ellington seine Blechbläser mit Biß und unvergleichlicher Klarheit. Sie jedoch hatten die Mischung. Gleich bei den ersten Tönen wußte man, das ist Earl Fergusons Band und sonst keine. Hin und wieder gingen Musiker weg, um sich anderen Karawanen, die quer durch den Kontinent zogen, anzuschließen, doch der Sound, ihr Mix, blieb erhalten.

Die verstreuten Lichter Springfields lagen nun weit hinter ihnen, verschmolzen im Rückspiegel zu einem trüben elektrischen Schimmer. Und außerhalb der Stadt gab es nur gelegentlich ein Licht an der State Route 42, ein, zwei Veranden, Lichter, die schmale, verwitterte und hölzerne Vorderseiten badeten, Holzschaukeln, zu dieser Zeit vollkommen reglos. Fest verschlossene Läden, dahinter Schweigen. Beide versuchten sie, sich die Häuserfronten um Mittag vorzustellen – Kinder, die die Verandaschaukel anstießen? Wäsche, die an einer Leine hinter dem Haus hervorflatterte? Plötzlich wieder weg, verschwommen, ein Punkt, dann aus.

Aus einer Tasche hatte Billy ein Streichholzbriefchen gezogen. Auf der Innenseite waren ein paar Akkordsequenzen hingeworfen. Dann zog er einen kleinen linierten Block unterm Sitz hervor, zeichnete rasch einen Baßschlüssel und fing an zu summen.

»Hast du was im Kopf?« fragte Earl.

»Ich glaub, ja. Na, bißchen was Kleines, so was wie helles Licht, Frühling und so.«

Earl schlug mit der flachen Hand sachte aufs Lenkrad. »Tu noch den federnden Gang einer kleinen Frau dazu, und ich könnt mich dran gewöhnen.«

»Na, dann hilf mir mal. Diesmal nimmst du die Frau – enger gelber Rock, ja? –, und ich nehm das Licht, das Licht von Mitte Mai, und wenn's nicht paßt, dann merken wir das schon.«

»Genau. Was hast du bis jetzt?«

Billy gab keine Antwort. Er hielt sich einen Finger ans Ohr, starrte von dem Streichholzbriefchen auf den Block. Earl ließ ihn machen. Man unterbricht nicht, wenn die Idee noch so frisch ist.

Meistens brachten Billy und Earl Gegensätze oder zumindest unerwartete Kombinationen zusammen. Eine der beliebtesten Nummern der Band, ein Blues, war das Ergebnis von Billys Meditationen über die intensiv parfümierten Arme einer großen, massigen Frau, Arme, die einen Mann fest umschlungen hielten, der ihr kurzes Auflachen mit Freude verwechselte. Dazu hatte Earl die Erinnerung an eine Regennacht und ein langes, leises, vom Wind getragenes Seufzen gegeben, etwas, das vom Ende einer Gasse kam. Von diesen Bildern nahmen sie nur die Farben und Geräusche, und erst später, als das Stück durcharrangiert war, kamen Geruch und Feeling noch dazu. Es hatte noch weitere Songs gegeben, die die Kontraste, die Unterschiede auflösten, etwa zwischen dem Dröhnen eines fernen Zuges und einem leeren Glas Gin, am Rand eine Lippenstiftspur, Fingerabdrücke darauf. Zwischen dem Wimmern eines Babys und einem Mann, der grinsend seinen Supergewinn einer Nacht am Pokertisch zählte, leuchtend rot bemalten Fingernägeln, die den Arm eines Liebhabers leicht hinabtippten, und der Kälte einer einsamen Wohnung. Wie sehr spürten das alles auch die tanzenden Paare, jene, die flüsterten und einander eng wie eine zweite Haut umschlungen hielten, jene, die unermüdlich umherhüpften und -wirbelten? Oder hörten sie etwas völlig anderes aus diesen Rhythmen heraus, etwas ganz eigenes?

Earl und Billy hatten darüber oft geredet. Sie waren zu dem Schluß gelangt, daß es genügte, Träume in Kontexte zu setzen, jene zu stärken, die zuhörten und tanzten. Und dann gab es noch die Momente, magisch, lebendig, wenn der Tanzpalast, der Nacht entrissen, sich wie ein Zirkuszelt eine halbe Meile unterm Himmel drehte.

Billy begann zu pfeifen und sich auf den Schenkel zu schlagen. Dann summte er laut das Fragment eines Songs.

Earl nickte. »Schön. Ich höre schon, wie Slick Harry loslegt, Ousley dicht unter ihm mit dem Altsax. In Triolen? Mal sehen, bring das noch mal, ganz schnell.«

Erneut summte Billy, und Earl fiel mit den hohen Triolen ein, nervöse Flügel, die sich im Faden der Melodie verfingen, hoben das Stück zum Licht empor. Sie hielten inne, und Billy, der nun lächelte, arbeitete schnell, ein entfesselter Zeichner, fügte ein, zwei weitere Zeilen hinzu, strich etwas aus, kritzelte Noten hin. Er schaute auf, um den Scheinwerferlichtern zu folgen, dann hinaus in das Dunkel und wieder auf die Seite.

»Hör mal.« Billy trug ihm die nächsten Zeilen vor, b-s dominierten, wobei sie einen harschen Kontrapunkt zu den ersten beiden Zeilen boten und den Song einen Moment lang aus etwas Zart-Spielerischem herausrissen. Er kratzte sich am Kinn und nickte. Zeigte in die Dunkelheit.

»Das hab ich bis jetzt.« Und er sang die Zeile mit kräftiger Tenorstimme, seine Melodie schien die Noten aus der letzten Zeile zu verdoppeln, wenngleich sich der Rhythmus nicht veränderte. Es war etwas in der Art, wie Art Tatum es mit »Tea for Two« oder etwas ähnlich Einfachem machen würde. Der Song ging rasch über von einem lyrischen Genießen zu einer Fang-mich-doch-Geschwindigkeit.

»Jetzt paß auf«, sagte Earl, »sonst denken sie noch, wir wärn auch solche Bebopper.« Er kicherte. Die Frau in seinem Kopf ging schneller, der Verkehr um sie herum nahm zu, die Straßen sandten grelle Geräusche aus. Das wären eventuell die Trompeten. Die Umgebung spielte herein. Posaunen und Tenorsaxophone deuteten in den tiefsten Oktaven ihre Möglichkeiten an.

Earl kam mit einer eigenen Zeile. Seine Frau ging schnell die Treppen eines Wohnblocks hoch. Hinein. Ganz gewöhnliche Sequenz, ohne jede Überraschungen. Doch was es auch hervorrief, es verwehte. War weg. Dann sagte er: »Okay, lassen wir mal meins. Bleiben wir bei dem, was du hast.«

Billy zuckte die Achseln und zeichnete ein neues Notensystem, warf dann einen kurzen Blick auf das Streichholzbriefchen. Er ließ einen langen, leisen Pfiff los. »Und jetzt kommen wir zur Bridge. Dann brauchen wir aber auch ein Klavier, Earl. Ich wette, das nächste ist bestimmt so ein altes ramponiertes Ding in einer Dorfkirche hier in der Gegend. Oder eins, das in einem von diesen Farmhäusern im Wohnzimmer steht und auf dem die Farmerstochter ›Jingle Bells‹ spielt, nachdem sie die Eier reingebracht hat.«

In ihrem Gelächter lagen die hippe, arrogante Stadt, die heißen Kneipen, wo es zu Prügeleien kommen konnte und Bierflaschen flogen, während der Pianist sich einen abwippte und herumspann, den Takt auf einem zerkratzten, windschiefen Klavier hielt, dessen Tasten bei den höchsten und tiefsten Oktaven schon klebrig waren.

Dann erzählte der Earl of Ferguson die Geschichte von einer Klaviersuche, Jahre, bevor Billy zur Band gestoßen war. Es waren noch zwei andere im Auto, eine knappe Stunde östlich von St. Louis, als das Rätsel einer Akkordsequenz sie mit der Gewalt eines heftigen Magenkrampfes überfiel. Als er ein einzelnes Licht in der Wildnis leuchten sah, eine kleine Neonreklame, die noch über einer Tür leuchtete, ließ er anhalten. Während er hintrabte, sah Earl, wie die Reklame ausging. Er hämmerte an die Tür, die Angeln ächzten unter jedem Schlag. Dem drehte keiner eine Reklame vor der Nase aus. Die Tür ging auf, und heraus trat ein finster aussehender, rothaariger Farmer im Overall, ein Mann, groß genug, um den Türrahmen auszufüllen.

»Ich sag zu dem Riesen: ›Schnell, ich muß zu Ihrem Klavier‹. Nicht: ›Ich muß dringend mal aufs Klo‹ oder: ›Ich muß schnell mal telephonieren‹, sondern: ›Ich muß schnell mal an Ihr Klavier.‹« Er schüttelte den Kopf, während er lachte.

»Der Riese wankte auf seinen Absätzen, als hätte ich ihm eine vor die Brust gegeben. Er machte gerade soviel Platz, daß ich vorbeischlüpfen konnte, und tatsächlich stand da ein kleines mitgenommenes Klavier in einer Ecke.

P. M. war klug genug, dem Mann anzubieten, etwas von seinem guten Whiskey zu kaufen, während ich dasitze und versuche, auf den guten Akkord zu kommen. P. M. war immer ziemlich vernünftig. Die meisten versuchen ja, sich zu erinnern, was gerade war, aber Past war immer schon bei dem, was als nächstes kommt. Da fällt mir ein, daß du P. M. ja gar nicht gekannt hast. Die Jungs nannten ihn Past Midnight, weil er so dunkle Haut hatte. Der Schatten eines Schatten. Dann nannten sie ihn Past, und als dann Rabbit auftauchte, nannten sie ihn P. M., und das blieb hängen. Sein richtiger Name war Wiley Reed, und er war einer der besten Altsaxophonspieler der Welt.«

Er hielt inne und warf einen Blick aus dem Seitenfenster. »Na, jedenfalls hat er ihm an dem Abend gezeigt, was Klasse ist. Der Riese guckte sich erst ganz mißtrauisch um. Schließlich hatte er ja keinen Schimmer, wer wir waren, er wußte nicht, wie viele noch draußen darauf warteten, hereinzustürzen und den Laden auf den Kopf zu stellen. Aber dann wurde er lockerer und holte seinen Schlüsselwust raus und ging zu seinem Schrank. Ich spiel einfach los, weil das der größte Song meines Lebens ist, piepegal, ob es in einem Haus an der Landstraße im hintersten Plumb Nelly ist. Ich fluche auch, Billy, weil mir dieser Song so an die Nieren geht, verstehst du? Er ließ mich einfach nicht los. Ich wollte bloß, daß ich die Bridge schaffe. Ich dachte, alles übrige würde dann schon kommen, wenn ich wieder im Wagen sitze.

Na ja, P. M. und der Mann plaudern ein bißchen, und Leon versucht, bei jedem auf clever zu machen und ihnen ein paar Päckchen Old Golds abzuluchsen. Ich krieg das alles mit, weißt du, und schleiche mich an was Handfestes und Ach-so-Süßes ran, und höre, wie der große Typ fort und fort mährt, daß er nach Hause will, weil seine Frau schon denkt, er würde um die neue Serviererin rumschnüffeln – an den Teil erinnere ich mich so deutlich, wie ich hier sitze – als *peng!* Leon einen Wandschrank aufmacht und ein Mop und ein Krug schwarzgebrannter Whiskey rausfallen, und da steht eine Frau drin und will sich grad die Bluse zuknöpfen. Sie kreischt los, als hätt sie den Butzemann gesehen. Jetzt bricht die Hölle los. Als nächstes weicht Leon zurück und erzählt der Frau, er habe nichts Böses im Sinn, er wolle bloß versuchen, ein paar Zigaretten zu kriegen, lügt er, hihi. Der Große kommt angerannt und sagt, wir müssen jetzt unseren Whiskey nehmen und verschwinden, Song hin oder her. Ich seh nach oben, und da kommen zwei Weiße die Treppe runtergerannt, einer hat paar Karten in der Hand. Der andere läuft zum Telephon, als wollt er einen Überfall melden. Und von außen sah das Ganze aus, als wär's so 'ne kleine Pinte an der Straße, aber drinnen geht alle mögliche Scheiße ab. Na ja, ich hab die Akkorde gefunden, die ich brauchte, hab alles noch mal schnell durchgespielt und dann den Jungs gesagt, sie sollen den Abflug machen. Wenn schon keine Ehefrau oder kein Ehemann kommt und in dem Laden rumballert, dann konnte ja der Sheriff wegen nächtlichen Glücksspiels eine Razzia veranstalten. Wir wären in jedem Fall die Dummen gewesen.«

Nun lachte Earl. Es hatte angefangen, leicht zu regnen, als er seine Geschichte beendet hatte. Die Scheibenwischer klackten rhythmisch; das Poltern der Straße war wie eine Verzierung: *batschu-tschu, batschu-tschu.*

»Man weiß nie, wann man den Sound richtig hingekriegt hat. Zu früh, und er ist noch roh. Zu spät, und die Frucht ist verfault.« Earl hustete. »Gar nicht, dann tut man sich was Schlimmes an.«

Quer über den Highway schoß ein Kaninchen auf sie zu und schlug einen Haken. Earl war nur wenig ausgewichen, setzte den Wagen dann wieder gerade, ohne vom Gas zu gehen.

»Hätten uns fast'n totes Kaninchen geholt.«

Billy antwortete nicht. Er tippte mit dem Bleistift auf den

Block. Geradeaus und weiter östlich würden sie den Lichterschein von Columbus sehen. Danach hätten sie noch weitere drei Stunden nach Cleveland bis zum Frühstück im Majestic Hotel in der Carnegie Avenue. Vielleicht wartete da schon der eine oder andere Sänger, um sein Glück mit der Band zu versuchen. Wer weiß? Jemand – ein anderer Billy, eine neue Sassy Sarah – könnte es schaffen und mit ihnen nach New York zurückfahren, das Leben auf immer verändert. Eine junge Frau, hübscher, als ihr je klar würde, würde sonst Rindfleischeintopf oder Spareribs in einem kleinen verrauchten Lokal an der Cedar Avenue servieren, während ihr Noten durch den Kopf gingen oder Gedanken an eine kränkliche Mutter und zwei Kinder, die sie und ihr Mann versuchten durchzubringen. Wie oft hatten Billy und Earl das erlebt, wie oft hatten sie die Hoffnung gehört, den Schweiß auf der Oberlippe sprießen sehen, den Drang, dem nächtlichen Einerlei zu entfliehen. Das war alles das Übliche. Alle waren sie dagewesen, waren in Kleidern eingeschlafen, die nach Zigarettenqualm rochen, die Welt ein Ort der langsamen Morgen, an denen der Verkehr erwachte und eine Tür knallte, ein Baby weinte, und ein »O verdammt, wieder so ein beschissener Morgen, aber irgendwie übersteh ich das auch noch.«

Es rumpelte unter dem Wagen. »Jetzt hast du aber wirklich was niedergebügelt, Sportsfreund.«

»Ist ja alles mögliche heut nacht unterwegs«, sagte Earl. »Die mögen die warme Straße. Waschbären, Opossums, Schlangen, Kühe.«

»Kühe?«

»Ja, Kühe.« Billy hatte sich eine Zigarette angezündet. Earl tippte ans Ende der frischen, die er sich gerade in den Mund gesteckt hatte, und Billy langte rüber, um sie ihm anzuzünden. »Danke. Erzähl mir nicht, daß du die Kuh vergessen hast, die wir auf der Straße nach Saratoga Springs gedetscht haben.«

Ja, ja, Billy erinnerte sich. »Die Kuh muß geglaubt haben, wir wären der Midnight Special, bei dem Lärm, den ich gemacht habe, um sie von der Straße zu scheuchen. War wahrscheinlich bloß mal vom nächsten Feld weg, um bißchen Action zu erleben.« Der Wagen hatte sie am Knie erwischt, wonach sie sich aufgerappelt und, im Rückspiegel sichtbar, in die Dunkelheit verzogen hatte.

Lange Augenblicke waren sie stumm. Nach der Musik, nach Stunden konnten sich neue Gedanken durchkämpfen. War anfangs eine Leichtigkeit da, konnte sie in den dunkelsten Stunden vor dem Morgengrauen jähe Panik überfallen. Plötzlich konnte das Schweigen beklemmend werden. Sie konnten es gemeinsam spüren, wie eine Kälte, die ihnen in die Knochen kroch. Denn nun klappte Billy das Ausstellfenster an seiner Seite zu und kurbelte das Fenster drei Zentimeter weiter hoch.

In einer Kleinstadt westlich von Columbus kamen sie an einer Kneipe vorbei, das einsame Licht an jener Strecke. Ein Mann hinter einer Theke – weiße Schürze, weißes T-Shirt – wischte die Theke und redete mit einem Gast. Er unterbrach seine Tätigkeit, um etwas zu betonen, der Kopf bewegte sich von rechts nach links. Der Gast nickte. Ein anderer stand an einem Tisch am Fenster und tunkte einen Doughnut. Mit der freien Hand winkte er, als der Wagen vorbeifuhr. Überrascht hupte Earl einmal und drehte sich dann um, um zurückzublicken.

»Das da hinten erinnert mich an was.«

»Hm?«

»Der Mann, der da gewinkt hat. Hast du ihn nicht gesehen? Steht da und winkt uns zu und wahrscheinlich auch jedem anderen Wagen, der da so spät vorbeikommt.«

»Sag jetzt nicht, daß du was essen willst«, sagte Billy. »Mensch, Earl, ich hab gedacht, die Hühnersandwiches und der Früchtekuchen –«

»Nein, nein. Daran denk ich nicht. Hatte mal einen in der Band, der hieß Boonie, ist Jahre her, lange bevor du dazugekommen bist. Boonie spielte vielleicht 'ne Posaune, das kann ich dir sagen. Der konnte auch noch Trompete und Kornett spielen. Hätt vermutlich auch noch Tuba gespielt, wenn ich ihn drum gebeten hätte. Wie du, war er ein Meister der Kannen. Jedenfalls, da ist was passiert – könnte schlechter Gin gewesen sein oder irgendwas andres, das wird keiner mehr erfahren. Der ist einfach ausgerastet, und eines Morgens haben sie ihn an einer Straßenkreuzung aufgegriffen, hat da die Leute angepöbelt und

Stein und Bein geschworen, er sei der Gouverneur von Afrika. Erst haben sie ihn ins Gefängnis gesteckt und dann in die Klapsmühle. Haben ihn nicht lange dabehalten, sechs, sieben Monate vielleicht.

Ich ging ihn besuchen, irgendwo ganz auf dem Land, weißt ja, Billy, wo sie die Dinger hinstellen. Na ja, gleich hinterm Tor war so ein Mann, und der hat mir zugewinkt, als ich reinkam, und als ich dann mit Boonie spazierenging, hat er mir noch ein paarmal zugewinkt. Erst hab ich gedacht, er wär bloß einer vom Personal, weil er sich überall rumtrieb. Aber dann seh ich, daß er die gleichen Klamotten wie Boonie anhat. Und er lächelt einfach weiter, weißt du? Als ich dann ging, war er wieder am Tor und winkte. Hab nicht lange gebraucht, bis ich raus hatte, daß das einzige, was der zu tun hatte, war, allem was neu war und sich bewegte, zuzuwinken. Wie der Mann da, der in die Nacht gewinkt hat.«

Billy warf ihm nur einen Blick zu und schaute dann wieder auf seinen Notizblock. Earl schüttelte den Kopf und kicherte. »Gouverneur von Afrika, was sagt man dazu? Boonie hatte aber noch Glück damit, wo er landete. Nachdem er wieder rauskam, ist er nie wieder ganz klar geworden. Hat ein bißchen rumgejobbt und sich dann schließlich ausgeklinkt. Hat sich einen Job in einer Gießerei besorgt und seine Blagen in Detroit aufgezogen. Andere hatten nicht soviel Glück.«

Earl blickte nach vorn auf weitere Lichter, die durch den Regen zu erkennen waren. Er kannte einige, die ins Krankenhaus gingen und nie wieder auftauchten. Und viele, zu viele, starben, bevor sie fünfzig waren. Erst letzten März war der junge »Bird« Parker in New York gestorben, noch keine fünfunddreißig. Er, dessen Noten einen wie Sternschnuppen überraschten. So eine Musik zu spielen, konnte so riskant sein, wie in einer Stahlküche oder einem Kohlebergwerk zu arbeiten. Aber hatte man denn die Wahl? Was konnte er daran ändern, der Leader von einigen wenigen? Vielleicht nur, ihnen ein paar Sachen vorzuleben. Neuerdings beschränkte er sich auf einen großen Longdrink am Abend – ein Teil Scotch und drei Teile Wasser – aus einem überdimensionalen Kaffeepott. Bald würde er auch weniger rauchen. Ansonsten heiligte für ihn der Zweck die Mittel: Man brauchte einen klaren Kopf und einen gesunden Körper, um die Musik zu spielen, für die er lebte.

Ihr Gespräch über die Arbeit und Frauen – der unvollendete Song flirrte ihnen noch immer durch den Kopf – brachte sie bis weit jenseits des Lichtscheins von Columbus. Als Kaffee und Sandwiches alle waren, hatten sie noch jeder drei Zigaretten und schätzten, daß zwischen Columbus und Cleveland nichts offen hatte. Billy übernahm das Steuer. Ungefähr zwanzig Meilen nördlich von Columbus näherten sie sich einem liegengebliebenen Auto am Straßenrand. Die Motorhaube stand offen, und in den Schwaden der Schweinwerfer kniete ein Mann – sehr jung, dünn, weiß – am Hinterrad.

»Fahr weiter, Billy. Dem Bauer wird schon einer helfen.«

Billy machte langsamer. »Na, Earl, es könnte ja nicht schaden . . .«

Earl starrte ihn ernst an. »Bist du wohl doof? Der Junge könnte vom Klan sein, ja? Weißt du nicht mehr, was mit der Purnell Band erst letzten Monat unten in Tennessee passiert ist? Na, erinnerst du dich? Sind von 'ner Bande Rednecks verprügelt worden, einem haben sie die Nase kaputtgeschlagen, und dann landen sie noch im Knast wegen Landfriedensbruch und weil sie sich als Band ausgegeben hätten. Nein, dem sollen seine eigenen Leute helfen.«

Billy hielt am Straßenrand. »Ist doch bloß ein Junge, Earl.«

»Dann geh ohne mich.« Er sah Billy nach und tastete dann rasch unter seinen Sitz.

Billy näherte sich dem Wagen, und Earl hörte ihn fragen: »Brauchen Sie Hilfe?«

»Und ob«, sagte der Junge laut. »Wenn Sie 'n Wagenheber dabei hätten, ging's blitzschnell.«

Earl hatte unter seinem Sitz im Buick die in ein Tuch eingewickelte Pistole gefunden. Er öffnete das Handschuhfach und legte sie hinein, nahm das Tuch ab und ließ die kleine Tür offen. Er begann, den neuen Song langsam zu summen, leise, sah zu, wie sein Freund, der lächelnde Billy, der vertrauensvolle Billy, einem Fremden half.

Billy holte den Wagenheber aus ihrem Kofferraum und baute ihn zusammen. Er konnte bei dem Jungen Alkohol riechen, und als er sich aufrichtete, sah er im Wagen ein Mädchen einen Schluck aus einer Flasche nehmen. Beide konnten nicht älter als achtzehn sein. Sie versuchte, etwas zu summen, es ging schief, sie versuchte es erneut.

»Ich Idiot, hier ohne Wagenheber«, sagte der Junge. Billy nickte bloß, als sie den Wagenheber unter den Rahmen setzten.

Der Junge rief das Mädchen aus dem Wagen, und sie stellte sich schüchtern daneben, hielt mit beiden Händen den Kragen ihres leichten Mantels hoch.

»Ihr Freund da, nicht auf dem Damm?« fragte der Junge.

»Der braucht keine Bewegung«, sagte Billy. »Und sie? Alles klar mit ihr?«

Der Junge blickte überrascht auf, lächelte dann. »Ja, alles klar. Die braucht auch keine Bewegung.« Er beugte sich näher zu Billy heran, als sie den Reifen abnahmen und sich daranmachten, den Ersatzreifen draufzusetzen. »Die und ich, wir hatten nämlich grade 'n bißchen Bewegung.« Dann lachte er. »Jippie!«

Der Reifen saß nun, und der Junge zog die Muttern fest. »Ganz netten Wagen haben Sie da. Sind Sie Bestattungsunternehmer oder Prediger?«

»Nein, keines von beiden. Ich bin Musiker.«

Der Junge pfiff leise. »Als Musiker verdient man das Geld für so'n Wagen? Ich muß mir doch bißchen Musik lernen. Und Sie reisen viel und sehn die Großstadtfrauen und so?«

»Klar.«

Der Junge blickte zu dem Mädchen hin und sagte laut: »Aber da fährt man dann um die halbe Welt und findet trotzdem nicht so 'ne Süße wie meine Josie da.«

Ihre Haare mußten mal wieder gekämmt werden, ihr Kleid war zerknittert und ihre Schuhe waren alt und durchgelaufen. Sie war keine Schönheit und betrunken. Morgens sang sie vielleicht im Chor einer kleinen Kirche und abends backte sie dann zum Stakkato der Radionachrichten Plätzchen. Billy klappte den Wagenheber zusammen und wandte sich zum Gehen.

»Ist sie nicht die niedlichste Schnecke, die einem über den Weg laufen kann?«

»Ich weiß, wie's für Sie ist, Sportsfreund. Ich hab genau so 'ne niedliche in New York.«

Billy ging und winkte ihm, den Rücken zugewandt, zu. Er knallte den Kofferraumdeckel zu und setzte sich ans Steuer. Er fuhr wieder auf den Highway.

Earl pfiff. »Geht's dir jetzt besser?« fragte er, ohne aufzublikken.

»Was soll das denn?« Billy zeigte auf die Waffe.

»Ich dachte, reinigst sie mal. Ist seit einem Jahr nicht mehr gereinigt worden.« Dann: »Mein Daddy hat mir mal gesagt, daß man, um durch die Welt zu kommen, mehr braucht als ein Lächeln und ein gutes Herz. Hat mir manchmal gesagt, du kannst einem die Hand hinstrecken und kriegst sie abgehackt.«

Billy zitterte. »Versteck sie, Earl. Bitte.«

»Schon gut, schon gut. Und während du da hinten den guten Samariter mit Jethro gespielt hast, hab ich den Song fertiggeschrieben. Hör zu, Junge.«

Earl summte den Anfangsakkord, dehnte die Note, ging dann durch den hellen Nachmittag der Melodie, wiederholte die Zeile in dem matter werdenden Licht des frühen Abends. Bald erhob sich der Song zu seiner Bridge, eine lebhafte goldene Treppe, auf der er kurz verharrte. Dann die Rückkehr zur Anfangslinie, die neue Möglichkeiten andeutete: der Geruch eines Kiefernwaldes nach einem Regen, auch eine Wiese, reglos am Rand, ein, zwei Rehe. Dann war da eine Straße, sie glänzte, eine kleine Ölspur fing trübe Regenbogen ein, und das Lachen einer Fremden wie eine hell klingende Münze, die sich zu ihren Füßen drehte. Ja, das alles.

Die kleine, stolze Frau, deren Hüften sich an gelber Wolle rieben, war Earl verborgen geblieben. Sicher würde sie wiederkommen und durch einen anderen Song laufen, einem anderen Rhythmus entgegen. Denn nun hatte sie Earl auf Billys erste Gedanken angesetzt. Die Stimmung dafür geschaffen. Gemeinsam summten sie den ganzen Song, wurden schneller, dann wieder langsamer. Jedesmal probierten sie andere Harmonien aus – hier der Baß stärker, da die Posaunen höher. Und als dann die Hügel bei Medina Gestalt annahmen, waren die meisten Teile schon durchgearbeitet.

»Fertig«, sagte Billy endlich. Erleichtert schlug er aufs Lenkrad.

»Ist hübsch«, sagte Earl.

»Meinst du, die Leute mögen es?«

Earl gähnte und schaute aus dem Fenster. Vielleicht konnte er noch zwanzig Minuten Schlaf finden, bevor sie den Stadtrand erreichten. »Du machst dir zu viel Gedanken, Billy. Natürlich mögen sie's. Die haben ja gar keine Wahl. Wir haben unser Bestes gegeben. Heute nachmittag gehen wir das Ding durch, dann nochmal in Pittsburgh und haben es dann vielleicht bis Philly auf der Reihe. Hörst du denn nicht schon ›Big Citys‹ Solo?« Er lehnte sich zurück und schloß die Augen.

Autos, Bäume, frisch abgeerntete Felder – Ausbrüche matter Farben. Plakate im Dreißig-Meter-Abstand, eine Rasierschaum-Werbung erregte plötzlich Billys Aufmerksamkeit. THE BIG BLUE TUBE'S / JUST LIKE LOUISE / YOU GET A THRILL / FROM EVERY SQUEEZE. Er lachte laut auf und begann dann zu pfeifen. Dann schoß der Wagen in einen dünnen Nebelstreifen. Billy beugte sich vor, den Kopf fast an der Windschutzscheibe. Dann erstarrte er.

»Earl, wach auf. Ich muß dir was sagen.«

»Laß mal. Sag's mir bei Futter und Kaffee.« Earl hielt die Augen geschlossen.

»Nein, das kann nicht warten. Es ist da in Dayton passiert. Ich hab mich grade dran erinnert. Weißt du, in der zweiten Pause. Also, da bin ich kurz raus, bißchen frische Luft schnappen, rauchen, du verstehst schon. Ein paar Leute kommen vorbei und sagen mir, wie sehr ihnen gefällt, was wir spielen, ich red also 'n bißchen mit denen, und da seh ich die Frau – klein, rote Perücke, steht bißchen abseits. Immer wieder sieht sie rüber, als wolle sie herkommen und etwas sagen. Aber sie wartet, bis keiner mehr da ist, und läuft dann ganz schnell her. Etwas an ihr erinnert mich an einen Vogel, der hüpft, dann stehenbleibt und weiterhüpft. Sie sagt mir, die Musik gefalle ihr echt, daß einige der Songs sie richtig packten . . .«

Earl öffnete ein Auge. »Ja, und sie will bloß so 'nen süßen kleinen Kerl wie dich mit nach Hause nehmen, damit er ihr immerzu Musik macht.«

»Nein, nein, nein. Nicht so was, aber kannst mir glauben, daß ich drauf gehofft hab, daß was abläuft.«

Die Stirn noch immer an der Windschutzscheibe, suchte Billy nach Worten, wedelte mit einer Hand, als wollte er ein Auto anhalten. »Nein, sie lächelt, lächelt aber auch wieder nicht, wenn du verstehst, was ich meine. Wir reden über alles mögliche, dann kommt sie auf das zu sprechen, was sie mir wohl eigentlich sagen wollte. Sie erzählt mir von ihrem Baby. Sie erzählt mir, wie sie einmal ihr Baby hat schreien hören und vom Bügeln aufgesprungen ist und es im Nebenzimmer gelegen und geblutet hat. Es war auf einen Stock oder ein Glas oder so was gefallen, hatte sich am Bauch geschnitten, und überall lief Blut. Sie sagte, der Bauch von ihrem Sohn sei dünn, wie ein Ballon, er würd aber nicht nachgeben, wenn man draufdrückt. Sie legt die Hand drauf, sagte sie, und kann jeden Herzschlag spüren. Jedesmal, wenn das Herz schlug, spritzte mehr Blut zwischen ihren Fingern raus. Sie schreit um Hilfe, schreit nach den Nachbarn, schreit und schreit. Auch sie wär voller Blut gewesen, sagt sie, aber das hätt sie erst später gesehen. Dann konnt sie ihrem Kind bloß noch sagen, es soll nicht sterben, und auf den dünnen Bauch drücken. Und beten und beten, auch noch, als er schon im Rettungswagen war. Sie sagt mir, das Baby wär alles, was sie auf der Welt hat.«

Billy schüttelte langsam den Kopf. »Was sollt ich dazu sagen? Da geh ich bloß mal kurz an die frische Luft auf 'ne kurze Lucky Strike. Und sie kommt mir mit dieser Geschichte, wo mich doch interessiert, ob meine Schuhe glänzen, meine Fassade noch hält oder ob mich eine langbeinige Frau zu sich nach Haus abschleppen will. Ich faßte sie an der Schulter, mehr konnte ich nicht tun. Sie sagte, daß das Baby lebt, und dann zeigte sie so ein blödes Lächeln. Dann ging sie.«

Earl hatte die Augen zu. Er wedelte mit der Hand, als wollte er eine Fliege von der Stirn scheuchen. »Das liegt an der Musik, die wir spielen, Billy. Die öffnet die Leute, macht, daß sie Geheimnisse preisgeben. Einiges besser als Whiskey oder Dope. Sie bringt dich nicht um, und du kannst sie nicht verplempern. Du kannst sie am nächsten Tag irgendwo anders pfeifen. Du kannst sie Fremden leihen, und die danken dir dann dafür.«

Dann zuckte er die Achseln. »Das hält uns doch auch die ganze Nacht durch aufrecht.«

Der Nebel lichtete sich, Billy lehnte sich zurück, nickte und fing wieder an zu pfeifen. Nicht mehr lange, dann würden sie die gigantischen Mühlen sehen, die Qualm in den grauen Morgen pusteten. In Lakewood würde Billy näher an den grauen und glasigen Erie rankommen. Dann würde er beschleunigen und zur Ostseite hinsteuern, durch eine Welt, die vor ihren Fenstern ans Licht drängte. Schließlich würden sie die Carnegie Avenue erreichen und sich durch den frühen Kirchenverkehr fädeln. Sie würden das Majestic Hotel finden, frühstücken und versuchen zu schlafen, zwei Magier vor der Band.

Übersetzt von Eike Schönfeld

COLLEEN McELROY

Schwester Detroit

Als Buel Gatewood seinen Gran Turismo Hawk kaufte, hatten die Leute in der Gegend von Troost Avenue und Prospect Boulevard noch nicht gelernt, über Vietnam zu reden. Schließlich war Bubba Wentworth gerade erst aus Korea zurückgekommen und die Veteranenbetreuung hatte ihm zu einem Job bei Swift Packing House verholfen. Grace Moton erholte sich noch davon, daß sie ihren Bruder hatte begraben müssen, der in einem Grenzscharmützel an der Berliner Mauer erschossen worden war. »Blöde Mauer, wenn die nicht mal Gewehrkugeln abhält«, hatte Grace geweint. Und André Clayton, dieser Waschlappen, hatte sich an eine weiße Uni im Osten begeben, um die Entscheidung des Supreme Court zur Rassenintegration zu testen.

Buel Gatewood hingegen hatte einen ansehnlichen Teil mehrerer Löhne hingeblättert, in der festen Gewißheit, daß er mit seinem 3400 Dollar teuren Studebaker Hawk, Luxusversion, auf Jahre hinaus den tollsten Schlitten im ganzen Viertel besitzen würde. Eins war richtig an dieser Vorstellung: Er würde auf jeden Fall für mindestens fünf Jahre die höchste Abzahlungsrate im ganzen Block für sein Auto blechen müssen.

Natürlich gab es keinen Zweifel daran, daß Buels Hawk ein Superding war. Kühler und Zierleisten chromblitzend, schwarz wie ein Gangsterauto, aber haarscharf der richtige Untersatz für einen tollen Hengst wie Buel. »Wenn ein Auto Hawk heißt, dann muß es einfach gut sein«, hatte Buel gesagt. »So heißt doch auch der Wind, der in Chicago vom See her bläst: Habicht! Der Wind sagt: Aufgepaßt, ich bin der Habicht und ich komm und pack dich. Und jetzt hab ich einen Habicht, also aufgepaßt!«

In dem Auto ließ Buel DeJohn Washingtons 54er Coupé de Ville glatt stehen und den Merc Meteor, den sein Bruder Calvin besaß, alt aussehen. Der Ford V8, den Roger Payton mit der Begründung gekauft hatte, nur jemand, der in einer Tankstelle arbeite, könne sich so einen Spritsäufer leisten, war für Buel, trotz des abnehmbaren Hard Tops, gar kein Thema. »Ich rechne ja andern ihre Fehler nicht nach«, hatte er gesagt, aber wenn es nach Buel ging, dann war an Roger und den anderen fast alles falsch. Im Gegensatz zu Calvin hatte Buel einen High-School-Abschluß und brauchte nicht in »Rooster's Tavern« an der Bar zu stehen. Brauchte auch nicht wie DeJohn bei Swift Packing Kuhmist zu schaufeln oder wie Roger in einer Tankstelle Limo und Grillkohle zu verkaufen. Er hatte einen gutbezahlten Job bei Arbor Industrial Services, und kaum hatte er seinen Hawk gekauft, da gewöhnte er sich daran, der Konkurrenz davonzusausen. Der Konkurrenzkampf konzentrierte sich vollständig auf Buel und seinen Tourismo Hawk.

In dem Jahr brachte der Detroiter Autosalon den Freedom groß raus. Stoßstange an Stoßstange auf einer sich drehenden Scheibe. Die Öffentlichkeit war fasziniert von so viel glänzendem vorbeiwirbelndem Metall. Die Menge hätte mal in Buels Gegend kommen sollen, wo Autos Besitzer und Passanten gleichermaßen blendeten. Der Verkehr auf dem Brush Creek Boulevard, dem Blue Parkway oder The Paseo hätte allein schon gereicht, um Detroit weltberühmt zu machen, aber durch den zusätzlichen Fernverkehr zwischen Kansas und Missouri, zwischen der Innenstadt und den Vororten, zwischen den Habenden und den Habenichtsen, brachte das Bedürfnis nach einem größeren und besseren fahrbaren Untersatz die Leute unaufhörlich zum Kauf neuer Autos: Mustangs, Barracudas, Cougars, Mercs, Caddies oder Falcons, heiße Flitzer oder Klapperkisten, ohne Extras vom Band oder auf den Besitzer zugeschnittene Spezialanfertigungen.

Autos gehörten einfach zur Nachbarschaft, sie waren das Statussymbol dafür, es geschafft zu haben, auf Rädern. Autos waren des schwarzen Mannes Aktien, seine rollenden Immobilien, seine Materie gewordene Kapitalanlage. Was die Stadt an Verbindungen nicht mittels Straßen bot, das machte sie dank quer durch die Stadt geschnittener Autobahnen erreichbar, die einen Schwanz von billigen Motels, Gebrauchtwagenausstellungen und Striplokalen am einen und das Swift Packing House und die Brücke hinüber nach Kansas am anderen Ende hinter sich herzogen. Jede vom Stadtzentrum ausgehende Straße ermöglichte die mühelose Zufahrt zu einem State Highway, wenn auch diese Bequemlichkeit nur bei denen Beachtung fand, die die Stadt zu fliehen oder die Staatsgrenze zu überschreiten genötigt waren.

Immobilienmakler in den ausgewählten Bezirken der Innenstadt, die gerade für weiße Bewohner aufgewertet wurden, nannten diese Autobahnen »Das Lichtermeer«. Die Leute in Buels Gegend nannten sie »Die Rennbahn«, und versuchten davon abgesehen, die ganze Angelegenheit zu ignorieren, es sei denn, sie hatten unseligerweise einen Grund, aus der Stadt zu verschwinden.

Manchmal träumten Buel und seine Freunde vage davon, in einer heißen Maschine ihrer Wahl Kilometer zu fressen, aber André war der einzige, der einen raschen Abgang gen Osten schaffte, und als er die Stadt verlassen hatte, da war er, jedenfalls für Buel und den Rest der Abschlußklasse 62 der Technical High-School, einfach vom Erdboden verschwunden. Mochte André sich in Luft aufgelöst haben, der Brush Creek, der Swope Parkway und die Pershing Road waren und blieben immer da. Und wenn Autos aus der Gegend der Troost und des Prospect sich auf der Straße begegneten, dann hupten ihre Besitzer als Zeichen des Erkennens.

Hätte damals, 1964, jemand Buel, DeJohn, Roger und Calvin photographiert, dann hätte er den zufriedenen Ausdruck auf den vier Gesichtern bemerken können. Damals schien alles, was sie sich vornahmen, leicht, vor allem, wenn sie innerhalb der Grenzen der ihnen bekannten Welt blieben, diesseits von Orten, die sie mit einer Tankfüllung erreichen konnten. Sie konnten sich nichts vorstellen, was sie weiter als bis zu diesem Punkt treiben könnte, und unterzogen sich gar nicht erst der Mühe einer solchen Vorstellung. Das sollte erst später kommen. Für den Augenblick genügte es, auf den Sonntag nachmittag zu warten, wenn Buel oder einer der anderen sagte: »Los, wir zeigen jetzt mal der Polente den Auspuff und lassen die Schweine aufsitzen.«

An schönen Tagen, wenn Hitze und Feuchtigkeit sich die Waage hielten, wenn kein Schnee von den Ebenen in Kansas herüberwehte oder Winde gen Norden nach Chicago peitschten, dann hieß es für die Männer »raus auf die Straße«, mit Autos, die blitzsauber waren, von den Fischaugenrücklichtern und dem Spoilertrim bis zu den spiegelnden Dächern und Kühlern. Ihre einzige Sorge war der hier und da auftauchende Polizist, der sie zu erwischen drohte, wenn sie an einer Anzeigentafel vorbeisausten oder mit Raketengeschwindigkeit über die Staatsgrenze bretterten. Wenn Fräulein von Swift die Röcke über dem Intercity Viaduct hob, und sie den ranzigen Gestank schmutzigen Fleisches rochen, wußten sie, daß sie nach Westen fuhren. Und wenn am Highway 40 die Texte auf einer Anzeigentafel nach der anderen verschwammen wie unter dem blinkenden Neonlicht einer Disco-Tanzfläche, dann fuhren sie nach Osten.

Für die Frauen dagegen waren die Autos die Ausrede, die ihren Männern half, so launenhaft zu bleiben wie die Tornados, die gelegentlich durch das Herz der Stadt wirbelten, Winde, die hier durch Wohnzimmer tanzten und alles fortrissen, was eine Familie sich von einem erbärmlichen Lohn zusammengespart hatte, und dort mitten auf den Straßen Kehrtwendungen machten als folgten sie Verkehrsregeln. Für die Frauen waren diese Autos nur eine andere Art, sie von zu Haus zu einer Putzstelle zu transportieren – »das verbindende Glied zwischen Miss Ann und dem mörderischen Fußboden«, wie Autherine Franklin zu sagen pflegte –, denn für die Frauen waren die Autos zum Anschauen und Bezahlen da, aber niemals zum Selberfahren.

Anna Ruth Gatewood erinnerte sich an Familiengeschichten über ihre Tante Charzell, die 1927 ganz allein einen Packard nach Oklahoma City gefahren hatte. »Es ging nur, weil sie sich als Mann verkleidete und sowieso so hellhäutig war, daß sie glatt für einen Honkie durchging.« Aber Anna Ruths Familie hatte schwere Zeiten durchgemacht, und es gab keine Packards für Frauen, wenn die Männer sich kaum lang genug in einem Job hielten, um ein einziges Auto zu unterhalten.

Sogar wenn irgend ein alter Narr wie Dennis Frasier in Pension ging und ein neues Auto kaufte, und dann das alte für Besorgungen behielt, das neue für den Kirchgang, dann war es eher unwahrscheinlich, daß Frauen das Steuer übernahmen: Luann Frasier schob vor, sie sei zu alt, Nona Payton sagte, ihre Kinder machten sie zu nervös, und Autherine Franklin erzählte aller Welt, sie sei zu müde, um noch irgendwas zu tun, wenn sie den lieben langen Tag lang draußen in den Vororten Miss Anns Fußböden geschrubbt habe.

Als Buel seinen Hawk GT kaufte, erzählte Anna Ruth überall herum, daß Buel niemals auch nur einen Pieps von Autokaufen gesagt hatte, und wenn er was gesagt hätte, dann hätte sie doch Fahrstunden genommen, bevor er den Kaufvertrag unterschrieb.

»Er ist einfach damit angekommen«, sagte sie. »Kam vors Haus gefahren wie ein King und dann den Weg hochgelaufen, wie wenn er gerade aus dem Prospect-Bus ausgestiegen wär und von der Arbeit heimkäme, so wie immer.«

Anna Ruth zufolge hatte Buel sich aufs Sofa gesetzt, die Zeitung genommen und die Sportseite aufgefaltet, genau wie immer. Nachdem er schon eine Viertelstunde im Haus war, ging Anna Ruth ans Fenster, um zu sehen, was der Menschenauflauf auf der Straße zu bedeuten hatte.

Und da sah sie einen glänzendschwarzen Studebaker Hawk, umringt von der halben Nachbarschaft aus der College Street.

Zuerst brachte Anna Ruth das Auto gar nicht mit Buel in Verbindung. Sie sah ja nur das Autodach, einen glänzenden Flecken schwarzen Metalls, eine Pfütze glänzender Farbe, die aussah wie die Teerschicht, die Straßenarbeiter jeden Frühling in die Ritzen am Brush Creek Boulevard gossen. Zuerst konnte sie nicht mal erkennen, was für eine Marke es war.

»Hat ausgesehen wie so ein Beerdigungsauto«, sagte sie später. »Als erstes, wie ich das Auto gesehen hab, ist mir das Wort *Tod* in den Sinn gekommen. Wenn ich mir ein Auto kaufen würde und soviel Geld dafür ausgeben, dann hätte ich mir eins in Rosa gekauft, was Helles und Hübsches, so wie die Zuckerwattetüten, die man im Sommer drüben im Swope Park kaufen kann. Aber das Ding hat ausgesehen, als wär einer aufgebahrt worden und der Bestattungsunternehmer wär vorgefahren.«

»Der wenn mein Mann wär,« sagte Autherine Franklin, »von dem würd ich mir die Autoschlüssel geben lassen. Drum hab ich auch nicht vor, diesen Taugenichts von DeJohn Washington zu heiraten. Auf Männer kannst du dich doch einfach nicht verlassen.«

Anna Ruth hätte fast zu Autherine gesagt, sie würde sich nur auf Männer und sonst niemand verlassen, aber dann hielt sie doch den Mund. Alle Welt wußte, daß Autherine ein lockerer Vogel war, und daß sie und DeJohn deshalb nicht heirateten. Aber wenn man Autherine das andeutete, dann sprang sie einem ins Gesicht, und weil Autherine, neben Nona Payton, ihre beste Freundin war, war Anna Ruth gescheit genug, nicht wegen nichts und wieder nichts einen Streit vom Zaun zu brechen.

»Ich hab schon dran gedacht, rüber zum YWCA zu gehen«, sagte Nona. »Hab gehört, da kann jeder Fahrstunden nehmen.«

»Hör mal, Roger läßt dich doch kein Geld dafür ausgeben, nur damit du fahren lernst«, sagten Autherine und Anna Ruth wie aus einem Munde.

Dann lehnten sich beide zurück und lachten über ihre Scharfsichtigkeit. Es war tröstlich, einen Teil der Welt ganz klar zu sehen, und die drei waren schon so lange Freundinnen, daß sie jeweils die Welt der anderen ganz klar sahen, auch wenn das für die eigene nicht zutraf.

Welches Ereignis dann aber ihre eigene Welt verändern sollte, das zeigte sich erst, als Buel schon fast ein Jahr im Besitz seines Autos war. Während dieser Zeit hatten er und Anna Ruth sich mehr oder weniger in eine Routine eingefahren, ein gereiztes Gezanke, vermischt mit knallharter Liebe, das der Welt zeigte, daß sie noch immer Frischvermählte waren. Und immer noch nahm Anna Ruth jeden Morgen den Prospect-Bus zur Plaza, wo sie als Lageristin für Damenoberbekleidung arbeitete. Und jeden Morgen fuhr Buel seinen Hawk bis zu der Straße nördlich von Arbor Industrial, parkte dort und ging den restlichen Weg zu Fuß, aus Angst, daß einer seiner Chefs das Auto sehen und denken könnte, er wolle sich als großer Mäck aufspielen.

»Ich hab nicht die Geduld, dir Autofahren beizubringen«, erklärte Buel. »Gibt auch gar keinen Grund, warum eine Frau Auto fahren muß. Frauen sind zu nervös. Außerdem hast du ja mich, und ich kann für dich fahren.« Er lachte und tätschelte ihr den Hintern, damit sie die Auto-Idee vergessen sollte.

Gleichgültig, wie oft sie sich über die Logik ihres Fahrenlernens stritten oder wie oft Anna Ruth anbot, ihm bei der wöchentlichen Autowäsche zu helfen, in dem Studebaker saß sie immer nur sonntags. Und auch dann wurde sie nur zur Kirche hingefahren. Wie sie heimkam, war ihre Sache, weil sonntags Buel und seine Freunde zu »Rooster's« gingen, um sich dort jede Sportübertragung anzuhören, die im Radio kam. Anna Ruth kannte die Jahreszeiten besser von den Sportarten als vom Wetter her: Football im Herbst, Basketball im späten Winter, Leichtathletik im Frühling und Baseball den ganzen Sommer über. Im Notfall hörten die Jungs sich sogar die Golf- oder Tennisübertragungen an, und alles nur, um bei ihrer fest vereinbarten Verabredung bleiben zu können: nach der Kirche »Rooster's«, dann auf die Interstate oder den Highway 40 und bis spät am Sonntag abend in einen der Bag- and-Bottle-Clubs. Bis auf gelegentliche Besuche im Haus der jeweiligen Eltern, hatte in den zwei Jahren seit dem High-School-Abgang, wenig diese Gewohnheit der Jungen durchkreuzt.

Keine von Anna Ruths Klagen konnten Buel nach der Kirche von »Rooster's« abhalten.

Buel sagte: »Anna Ruth, du müßtest das doch toll finden, wenn ich dich direkt vor die Kirche fahre und dir vor der Nase des Pfarrers aus diesem Kuscheltier hier helfe.«

»Ich fänd es noch viel toller, wenn ich das Kuscheltier hier ganz allein fahren würde«, sagte sie.

Und Nona sagte: »Ist das nun nicht wieder typisch Mann? Nur weil er dich zur Kirche fahren kann, glaubt er, du mußt überglücklich sein, wenn er wegfährt und dich den ganzen Abend allein läßt.«

»Was glaubst du wohl, wie die früher die ganzen Sklaven bei der Stange gehalten haben?« fragte Autherine. »Die haben ihnen weisgemacht, Gott hätte gewollt, daß sie Sklaven sind, das wars. Ihnen einen Haufen Unsinn über Gott und die Kirche eingetrichtert. Drum mag ich auch in keine Kirche gehen. Wenn ich wirklich mit Gott reden will, dann knie ich mich einfach hin und rede los.«

»Herzchen, wenn du auf den Knien liegst, dann hört dich höchstens Ajax oder Meister Proper«, lachte Nona.

»Nona Pettigrew Payton, wir sind seit der zweiten Klasse Freundinnen«, schnauzte Autherine, »aber wenn du nicht dein loses Maul hältst, dann mach ich aus dir eine tote Freundin.«

»Seid doch still«, sagte Anna Ruth. »Es war doch gar nicht so gemeint. Still jetzt, ihr beiden. Mir kommts vor, wie wenn ich mein halbes Leben nur immer hab zuhören müssen, wie ihr zwei euch gegenseitig anschnauzt.«

Autherine war bereit, den Streit noch ein Stück weiter auf die Spitze zu treiben, aber Nona folgte Anna Ruths Rat.

»Ach, komm schon«, sagte Nona zu Autherine. »Du weißt doch, daß ich das nicht bös gemeint hab. Los, wir gehen rüber zu »Bishop's« und holen uns ein Fischbrötchen mit scharfer Louisiana-Soße drauf.«

»Oho, jetzt gehts aber los«, rief Autherine und hängte sich bei Anna Ruth und Nona ein.

In ihrem besten Sonntagsstaat verließen sie die Kirche und marschierten in Richtung »Bishop's«.

Ein Stück ihres Wegs führte sie zwei Querstraßen weit den Brush Creek Boulevard hinunter. Die Bäume, die die vierspurige Straße säumten, raschelten im Wind, und Abfall, der sich im Kielwasser der Autos angesammelt hatte, wirbelte das Bachbett entlang, das den Verkehrsstrom in zwei Fahrbahnen auf beiden Seiten einer Betonabgrenzung teilte. Der Bach selbst war mit Beton abgedeckt, vor Jahren schon von der Pendergast-

Lobby zugepflastert, die die Zementfabrik am Ort besaß. Jetzt ähnelte er einem Überlauf für einen Damm, nur daß er flach war, wie die übrige Landschaft auch; Teile von aufgeschnittenen Abwasserrohren, lagen über eine gewundene Meile weit herum, die sich bis zur Stadtmitte erstreckte. Und er war entweder voll oder leer. In Trockenzeiten tröpfelte nur ein dünnes Rinnsal durch den Schlamm, der in der Mitte, wo die Betonteile nicht ganz dicht aneinanderschlossen, hochstieg. In den nassen Jahreszeiten dagegen bot der Bach der Umgebung plötzliche Springfluten. Zu solchen Zeiten konnte das Überqueren der Straße tödlich sein, und mehr als ein Mensch war schon urplötzlich vom Ertrinken bedroht gewesen, während der Rest der Stadt strohtrocken dalag.

Immerhin hatte der Bach seine Vorteile, wie wenige auch immer. Er teilte den Verkehrsstrom, der sich den dichtbefahrenen Boulevard hinauf- und hinunterschob, und die Bäume ließen Wind aufkommen, so daß die Abgase nicht in der Luft standen wie auf dem Blue Parkway, The Paseo und anderen Durchgangsstraßen. Und im Winter, wenn die Schneefälle zu Eis gefroren, benützten die in der Nähe wohnenden Kinder den Bach als Tummelplatz, während im Sommer mit schwerem Duft erfüllte warme Lüfte von den Bäumen kamen und wilde Blumen in den Betonritzen am Bachrand blühten.

Es war ein strenger Marsch, dieses Stück zu Fuß zurückzulegen, aber Anna Ruth und ihre Freundinnen wußten, welch beschwingten Anblick sie boten, wenn sie lachend den Weg zu »Bishop's« dahinstöckelten. Manchen Sonntag war ihr Gang von einem Chor von Autohupen begleitet, die das Wohlgefallen ihrer Eigentümer über die drei flotten Damen ausdrückten. Autherines Interesse richtete sich mehr darauf, wer hinter dem Lenkrad eines vorbeifahrenden Bonneville oder eines zweifarbigen Barracuda oder eines fischschwänzigen Plymouth saß. Anna Ruth war damit beschäftigt, die Frauen zu zählen, die das Oldsmobile oder den Falcon oder Fleetwing ihres Alten steuerten. Nur Nona interessierte sich dafür, wieviel Geld für die Finanzierung des Brush Creek Projekts hinausgeschmissen worden war.

Aber Nona war schon immer die Wissensdurstige in der Gruppe gewesen. Schon als Kind hatte Monopoly sie mehr gereizt als Mikado oder Jacks. Und in der High-School hatte sie zusätzlich zu ihrer Ausbildung zur Chefsekretärin noch einen Kurs in Technischem Zeichnen belegt. Auch jetzt besuchte sie noch die Abendschule, in dem Bemühen, sich in ihrem Job beim erfolgreichsten schwarzen Zahnarzt der Stadt von der Sprechstundenhilfe zur Buchhalterin hochzuarbeiten. Nona hatte mehr Spaß am Lesen als am Tanzen, und Nona hatte eine Karte für die Stadtbücherei, die sie mindestens einmal im Monat benützte. Deshalb galt Nona auch als der kluge Kopf der Gruppe.

»So hoch wie du die Nase trägst, hast du hier in der Tech nichts zu suchen«, hatte Autherine an einem Frühlingstag nach dem Schreibmaschinenkurs zu ihr gesagt. »Eigentlich gehörst du nach Richmond, da kannst du diese Football-Pullover anziehen und zur Prom gehen.«

Aber Richmond wollte Roger Payton nicht haben, und mehr als alles sonst auf der Welt wollte Nona Pettigrew mit Roger Payton zusammensein. Wahrscheinlich hatte auch Nona die Idee zu heiraten in Anna Ruth Simpsons Kopf gesetzt. Anna Ruth hatte Buel wohl gern, aber sie hatte nie viel weiter als bis zur nächsten Verabredung mit ihm gedacht. Nona hatte ihre Pläne mit Roger Payton, und als sie Autherine und Anna Ruth nach der besten Methode befragte, Roger diese Pläne beizubringen, ergriff das Heiratsfieber auch Anna Ruth. Zu dritt hatten sie gekichert und ein Komplott ausgeheckt, und drei Monate nach Rogers und Buels Abschlußprüfung hatte es eine Doppelhochzeit gegeben, mit Autherine und DeJohn als Trauzeugen für beide Paare.

Sobald sie verheiratet war, hatte Anna Ruth sich wieder damit zufriedengegeben, nicht über den laufenden Tag hinauszudenken, aber Nona umging einfach Rogers mittelwestlich geprägte Vorstellung davon, wie eine Ehefrau zu sein hatte, und schrieb sich in der Abendschule ein. Im Sommer 1964 hatte sie sich schon fast selbst überzeugt, daß sie einen Fahrkurs brauchte, zusätzlich zu den Buchhaltungskursen, die sie besuchte, während Roger in der Tankstelle Nachtdienst hatte, und im Frühjahr hätte sie sich dazu angemeldet, wenn das Land nicht mit Johnsons Resolution zum Golf-von-Tonkin konfrontiert worden wäre.

Urplötzlich kämpften die Vereinigten Staaten in Vietnam, und Roger Payton war einer der ersten Männer in der Nachbarschaft, die eingezogen wurden. Innerhalb von sechs Monaten steckten sie alle in Uniform, und in dem sechs Quadratmeilen großen Gebiet zwischen dem Prospect und der Troost lernten die Familien Namen von Orten auszusprechen, die sogar Präsident Johnson nur mühsam über die Lippen brachte: Phan Rang, Chu Yang Sin, Quang Ngai, Dong Hoi.

Wie alle anderen, waren auch die Frauen auf die Wucht von Vietnam überhaupt nicht vorbereitet, aber Autherine schien am schwersten von ihnen allen von der Nachricht getroffen, daß ihr Freund in den Krieg mußte. Sie betrachtete es als einen Affront gegen die schwarze Bevölkerung, und noch nachdem sie DeJohn beim Packen seiner Kleider und beim Verkauf seines Autos geholfen hatte, predigte sie gegen seine Teilnahme an den Kriegsspielchen des Weißen Mannes.

»In die Kirche gehen und in den Krieg ziehen, das ist alles, was die Schwarzen dürfen«, rief sie. »Wir sollten unsern eigenen Staat gründen. Laß das doch die Weißen unter sich ausfechten.«

Und in ihren Tränen und ihrem Aufbegehren, ihrer Weigerung weiter in die Kirche oder ins Kino zu gehen oder sich auch nur die Haare zu plätten, als Protest gegen die weiße Ungerechtigkeit, in alledem sahen Anna Ruth und Nona schon die Revolutionärin, die sie innerhalb der nächsten drei Jahre werden sollte. Mit Beginn des Jahres 1965 machten Nona und Anna Ruth sich allerdings mehr Gedanken über die spärlicher werdenden Briefe von ihren Männern.

Am Brush Creek entlangzugehen war jetzt ein Problem, egal zu welcher Jahreszeit. Sie achteten nicht auf die Autos, die ihnen hinterherhupten, sondern versuchten sich vorzustellen, was für eine Landschaft ihre Männer an einem Ort namens Vietnam wohl sahen, einem kleinen Fleckchen auf der Landkarte, das sie mit Nonas Hilfe eines Tages in der Bibliothek identifiziert hatten. Jede von ihnen suchte sich jetzt etwas, um sich zu beschäftigen, besonders abends, und Nona, die jetzt jeden Kurs besuchen konnte, den sie wollte, ohne ihn vor Roger geheimhalten zu müssen, meldete sich endlich zum Fahrkurs an.

»Ich werd ihn informieren«, sagte sie zu Autherine. »Ich werd Roger alles über den Fahrkurs mitteilen, wenn ich nächstes Mal von ihm höre, aber ich will ihn ja nicht vor vollendete Tatsachen stellen, bis ich sicher bin, daß er meine anderen Briefe bekommen hat. Ich hab seit letzten September nichts mehr von ihm gehört, und jetzt haben wir Januar.«

»Ich hab im November einen Brief von Buel bekommen. Stand drin, daß er in Rogers und DeJohns Kompanie verlegt wurde, aber seither hab ich auch nichts mehr von ihm gehört.«

»DeJohn schreibt ja nicht viel, aber ich hätt eigentlich schon mal von ihm hören müssen. Als letztes hab ich gehört, daß sie sie weiter nach Norden verlegt haben.«

»Also, so wie ich die Jungs kenne, haben die sich schwarz irgendwie Alkohol beschafft und stellen die Stadt auf den Kopf«, lachte Anna Ruth.

Die anderen lachten mit, aber keine glaubte, was sie sagte. Die Nachrichten waren voller Berichte von Kriegsopfern; B. L. Jeffersons Sohn war auf einem Zerstörer im Südchinesischen Meer gefallen, und die Andersons, drüben in der Bales Street, hatten einen Sohn und zwei Neffen verloren. Und bald wußte jeder noch einen neuen Namen, der auf der Liste der Vermißten stand. Im Juni wurden die Namen Roger Payton, Buel Ray Gatewood und Calvin Gatewood auf diese Liste gesetzt. Und es war noch immer Juni, als DeJohns Mutter Autherine erzählte, sie habe einen Brief vom Kriegsministerium bekommen, in dem stand, daß DeJohn gefallen sei.

»Diese Arschlöscher können nicht mal das Wort *tot* aussprechen«, schrie sie. »Nur so einen Scheiß von Verlusten und Vermißten. Wie wenn wir einfach nur um die Ecke gehen bräuchten, und da würden sie dann grinsend rumstehen. So eine Idiotie, sag ich euch, das ist vielleicht eine Idiotie!«

»Ich glaub es einfach nicht, daß Roger tot ist«, sagte Nona. »Roger würde nicht einfach so sterben, das würd er mir nicht antun.«

»Schätzchen, Roger tut das doch nicht dir an«, knurrte Autherine. »Onkel Sam, dem tut er das an. Er ist im Kampf für den Weißen Mann gestorben. Er ist genauso gestorben wie DeJohn und Buel und Calvin.«

»Ich glaub nicht, daß Buel tot ist«, sagte Anna Ruth mit ausdrucksloser Stimme. »Ich glaub's einfach nicht.«

»Und Roger kann auch nicht tot sein«, weinte Nona »Schaut, er hat doch nicht mal sein Auto verkauft.« Sie deutete auf den Ford, der vor dem Haus am Bordstein geparkt war. »Er hat das Auto dort stehen lassen. Ich mein, der geht doch nicht einfach fort und läßt das Auto da stehen.«

»Ich seh nichts als ein Auto«, sagte Autherine. »Ich seh nichts als das Auto da draußen, das im Regen verrottet. Sitzt doch keiner drin. Roger sitzt nicht in seinem Auto und Buel nicht in seinem. Genausogut hätten sie die Autos doch verkaufen können. Hätten doch genausogut tun können, was DeJohn getan hat, den Scheiß verkaufen. Und wenn ihr auch nur einen Funken Verstand habt, dann macht ihr das.«

»Ich verkauf das Auto nicht, bis Roger heimkommt und mir persönlich sagt, ich soll es verkaufen.«

»Dann steht das Auto noch da bis die Hölle gefriert«, sagte Autherine böse.

Aber Nona beendete ihren Fahrkurs, und sonntags lud sie Autherine, wenn die nicht gerade ein Treffen der Black Panthers hatte, zu einer Spritztour ein, und die beiden brausten dann in Roger Paytons Ford Skyliner den Blue Parkway, The Paseo, das Interstate Viaduct und den Highway 40 entlang. Einsamkeit, das waren für Nona diese Sonntagsfahrten, mit denen sie versuchte, die Ausflüge nachzuahmen, die Roger unternommen hatte, Buel und die anderen im Schlepptau. Nur daß Nona neben sich auf dem Beifahrersitz die Black-Nationalist-Doktrinen verkündende Autherine sitzen hatte. Anna Ruth weigerte sich mitzukommen.

Anna Ruth sagte, sonntags hätte sie zuviel zu tun. Sie müsse sich drum kümmern, daß Buels Hawk seine wöchentliche Politur bekomme, erzählte sie ihnen. Und sie mußte zu Treffen in der Kirche, wo sie dem Frauenkreis half, Regierungsadressen herauszufinden, damit die Damen an das Kriegsministerium schreiben konnten und darum bitten, ihre Männer heimzuschicken.

Nona und Autherine fuhren sonntags immer an Anna Ruths Haus in der College Street vorbei, aber jeden Sonntag hatte Anna Ruth zuviel zu tun, um mitzufahren. Den ganzen Sommer über schien Anna Ruth zu beschäftigt, um überhaupt Zeit für sie zu haben. Im Herbst fiel Nona und Autherine auf, daß Anna Ruth mit dem Autopolieren gar nicht mehr bis zum Wochenende wartete. Oft sahen sie sie schon mittwochs oder freitags oder samstags die Weißwandreifen abwaschen, das Chrom polieren und das Auto wachsen, nur um das ganze am Sonntag schon wieder zu tun. Und Anna Ruth zog sich mehr und mehr in eine Art unruhige Stummheit zurück, die eher wie ein Schrei als ein Schweigen war.

Und im frühen Dezember, vier Monate nach den Aufständen in Watts, als die von der Prärie wehenden Winde mit kleinen Eiskristallen geladen schienen und die kahlen Äste der Bäume am Brush Creek Boulevard in der dünnen Luft knackten, ergriff Anna Ruth die Gelegenheit beim Schopfe und nahm das Steuer von Buel Ray Gatewoods Gran Turismo Hawk in die Hand.

Es schien so natürlich, auf den Fahrersitz zu gleiten. Monatelang hatte sie die Sitzpolster und den Boden mit einer Kleiderbürste abgebürstet, damit der Staub das Gewebe nicht fraß. Monatelang hatte sie das Lenkrad, die Windschutzscheibe und das Armaturenbrett poliert. Und von Zeit zu Zeit hatte sie, auf Anordnung von Buel, den Motor angelassen und im Leerlauf warmlaufen lassen. Aber an dem Tag hatte sie die Schaltung auf Drive gestellt, die Bremse gelöst und war langsam vom Bordstein losgefahren.

Bevor die Polente sie entdeckte, war sie schon auf dem Brush Creek. Es war drei Uhr, als der Bulle sie an die Seite winkte, und sie den Standgang einlegte und geduldig wartete.

Es überraschte sie ein wenig, daß sie keine Angst hatte. Nicht daß sie gewußt hätte, was sie sagen sollte, aber sie hatte das rasche Herzklopfen gespürt, an das sie sich von jenem Tag her erinnerte, als sie Buel soweit hatte, daß er sie fragte, ob sie ihn heiraten wolle oder als sie, ein paar Tage später, zum erstenmal mit ihm schlief. Im Rückspiegel sah sie zu, wie der Bulle sein Motorrad abstellte, dann wartete sie, bis er an die Scheibe klopfte, und kurbelte erst dann das Fenster herunter.

»Das Auto gehört meinem Mann. Er ist in der Armee in Vietnam«, erklärte sie, als er sie nach ihrem Führerschein fragte. »Er ist vermißt, deshalb kümmere ich mich um sein Auto bis er zurückkommt.«

Der Polizist zuckte nicht mit der Wimper. »Ich muß Ihnen den Schlüssel abnehmen«, sagte er. »Jetzt stellen Sie die Kiste mal brav am Bordstein ab und geben mir den Schlüssel.«

»Das ist keine Kiste«, fuhr Anna Ruth ihn an. »Das ist ein Gran Turismo Hawk, und er gehört meinem Mann. Er ist in Vietnam. Vermißt...«

»Wir haben zweihunderttausend Jungs in Vietnam, und keiner hat sein Auto mitgenommen. Sie haben keine Fahrerlaubnis für das Ding, also stellen Sie es ab. Dieses Auto ist beschlagnahmt.«

Der Polizist ging nach hinten, um die Nummer aufzuschreiben, und Anna Ruth beugte sich vor und ließ den Motor an. Sie gab den 255 PS volle Pulle, und der Motor heulte auf.

»He, he, junge Frau«, sagte der Bulle. »Nu ma keine Geschichten. Nun fahren Sie mal schön an die Seite.«

Anna Ruth schaltete von Stand auf Drive und dann, im gleichen Atemzug, in den Rückwärtsgang. Der Motor reagierte, als sei er halb verhungert nach Zuwendung. In einer einzigen glatten, plötzlichen Bewegung fegte Anna Ruth das Motorrad des Polizisten beiseite, und wenn der Bulle nicht einen Satz nach hinten gemacht hätte, hätte sie ihn auch noch erwischt. Dann haute sie den Vorwärtsgang rein und raste den Brush Creek hinunter. Sie war schon vier Querstraßen weiter, als der Bulle endlich aufhörte, sich die Mütze vors Knie zu schlagen und »Verdammte Scheiße!« zu brüllen.

Passanten rissen Mund und Augen auf und ein paar, die in

Richtung »Bishop's« oder »Maxine's Bar-b-que« fuhren, machten Freunde auf den Anblick aufmerksam. »Die Polente ist angeschmiert worden!« riefen sie, und die Neuigkeit verbreitete sich wie ein Buschfeuer die Straße hinauf und hinunter. Unglückseligerweise hatte Anna Ruth das Funkgerät des Bullen heil gelassen.

Aber das kümmerte sie im Augenblick kein bißchen. Als der Bulle endlich merkte, daß er Hilfe rufen konnte, schlingerte Anna Ruth zwischen den geparkten Autos am Boulevard hin und her. Ihr Fuß schien auf dem Gaspedal festgewachsen, und als sie in The Paseo einbog, kam sie in der eisigen Kurve ins Schleudern und drehte sich zweimal um sich selbst, bevor sie in Richtung Norden weiterfuhr, fünf verstümmelte Autos mitten auf der Straße hinter sich lassend. Der Polizeiruf erreichte die Streifenwagen um 15.18 Uhr. Um 15.20 wurde sie auf The Paseo entdeckt, und zwei Autos nahmen die Verfolgung auf.

Irgendwo auf dieser Durchgangsstraße fand Anna Ruth ihren Rhythmus, und das gelegentliche Krachen von Metall, wenn sie gegen ein geparktes Auto stieß oder fast einen Fahrer streifte, der ihr nicht schnell genug auswich, ließ sie nicht mehr die Luft anhalten. Als sie Polente hinter sich sah, bog sie bei der Plymouth von The Paseo ab und kam dann später über die Linwood wieder drauf. Die Schneepflüge hatten zu ihren Gunsten gearbeitet. Genaugenommen war das Wetter überhaupt zu ihren Gunsten. Es war ein düsterer Tag, aber kalt und klar, so kalt, daß an diesem Sonntag keiner draußen war, der nicht unbedingt mußte. So kalt, daß sich noch kein Schneematsch auf der Fahrbahn gebildet hatte und die Asche, die die Räumfahrzeuge gestreut hatten, noch auf dem Eis lag. Trotz der Verwüstung, die sie verursacht hatte, war der Weg vor ihr größtenteils frei. Hinter ihr dagegen folgte ein Strom von Polizeiautos.

Sie hatte beschlossen, auf das Interstate Viaduct Richtung Kansas zuzuhalten, aber von überall her begann Polente einzufallen, und sie mußte immer wieder ihre Hauptrichtung, über The Paseo kreuzen, und zwar hin und zurück. Einmal, als sie parallel zu The Paseo auf der Troost fuhr, sah sie zwei Polizeiwagen auf sich zukommen. Die Einheiten hinter ihr wußten, daß sie sie in die Enge getrieben hatten, aber Anna Ruth riß das Lenkrad herum und schoß mit einem einzigen wilden offenen Schwung in die entgegengesetzte Richtung und schlängelte sich zwischen den Autos durch, die sie verfolgt hatten.

Drei Autos verkeilten sich ineinander, um einen Frontalzusammenstoß mit Anna Ruths Hawk zu vermeiden.

Als der Polizist, der das zweite Auto fuhr, sich aus dem Wrack herausarbeitete, blickte er Anna Ruths sich entfernenden Rücklichtern nach und schüttelte den Kopf in widerwilliger Bewunderung. »Verdammt noch mal, das Luder kann fahren«, sagte er.

Aber das Glück, das Anna Ruth wenig Verkehr auf frisch gepflügten Straßen beschert hatte, war im Begriff, sie im Stich zu lassen. Nach allem, was man hört, hatte die Polizei zwölf Einheiten mobil gemacht, als Anna Ruth die letzte Runde ihrer Odyssee erreichte. Nach allem, was man hört, hatte Anna Ruth The Paseo in voller Länge, vom Brush Creek bis zur Kreuzung am Viaduct hin und zurück hinter sich gebracht, als die Polente ihr die Ausweichroute abschnitt. Und als sie nun wieder in ihr eigenes Viertel kam, und eben bevor eine Kolonne von Streifenwagen ihr die Straße verstellte und sie auf den Rasen der Technical High-School zwang, da hatte sie eine Spur von mehr als zwanzig kaputten Autos hinter sich gelassen.

Auf diesen beiden letzten Meilen jedoch hatte Anna Ruth eine Gruppe von anspornenden Zuschauern gefunden. Zwischen der Troost und dem Prospect säumten die Menschen die Straße und schrien ihr zu, wohin sie der Polente ausweichen konnte. Und gelegentlich versperrten sie den Bullen den Weg, indem sie mit Schrottautos, die irgendwo abgestellt waren, die Straße blockierten. Jungen warfen Steine und übten schon mal für die Unruhen, die sich schon bald in der Stadt erheben sollten. Und alte Männer, die gerade von ihrem Sonntagnachmittagsschläfchen aufstanden, vermerkten den Tag als einen Wendepunkt.

Nona holte Autherine in dem Augenblick ein, als Anna Ruth vom Brush Creek in die Euclid einbog. Autherine hatte geholfen, im Schulkeller Plakate für ein Panther-Treffen zu schreiben, und als Nona an die Tür trommelte und sie rief, hatte sie sich gerade in einem Streit mit einem Mit-Panther über die Ursachen der Revolution heißgeredet. Die Nachricht von Anna Ruths Aufstand beseitigte jäh ihr Bedürfnis, den Mann zu überzeugen.

Die beiden Frauen kamen gerade die Treppe des Schulhauses heruntergelaufen, als Anna Ruth um die Ecke bog. Am andern Ende hatte die Polizei mehrere große Einsatzfahrzeuge geparkt. Hinter ihr kam eine Phalanx von Streifenwagen mit heulenden Sirenen und flackernden Blaulichtern auf sie zugerast.

Vielleicht hätte sie es geschafft, wäre nicht gerade in diesem Augenblick der alte Frasier rückwärts aus seiner Einfahrt herausgefahren. Frasier hatte den Lärm gehört, und sein Nachbar Charleston Davis hatte ihm erzählt, eine Verrückte mache den Brush Creek unsicher. Das war ein Anblick, den der alte Mann sich auf keinen Fall entgehen lassen wollte. Er konnte ja nicht ahnen, daß Anna Ruth einen Umweg vom Brush Creek genommen hatte und sich auf dem Blue Parkway einen neuen Weg nach Norden suchte. Vorsichtig manövrierte er seinen großen Pontiac aus seiner Einfahrt, Anna Ruth direkt in den Weg.

Sogar von der Treppe aus erkannten Nona und Autherine, daß Anna Ruth eigentlich keine Wahl zwischen dem alten Frasier und dem tief verschneiten Schulrasen hatte.

»Scheiße! Ich war schon halb in Kansas, Nona«, flüsterte Anna Ruth, nachdem die Polizei sie aus dem kaputten Studebaker gezogen hatte. »Schon halb dort, und ganz allein gefahren.«

Nona machte schsch, hielt ihr den Kopf und wiegte sie sanft bis die Rettungssanitäter die Tragbahre bereit hatten.

»Buel wird stocksauer sein«, sagte Anna Ruth. »Wenn Buel heimkommt und sieht, daß ich sein Auto kaputtgefahren hab, dann wird er mir den Arsch versohlen.«

»Mach dir da mal keine Sorgen«, sagte Nona zu ihr. »Bis Buel herkommt, bringen wir alles wieder in Ordnung.«

Autherine schaute zu, wie die Bullen versuchten, Anna Ruth

Handschellen anzulegen, während die Sanitäter sie auf die Tragbahre legten. »So eine Idiotie«, rief Autherine. »Idiotie ist das!«

Die Leute, die in der Gegend um die Troost und den Prospect wohnten, konnten ihr nur zustimmen.

Übersetzt von Helga Pfetsch

NATHANIEL MACKEY

Aus Djbot Baghostus' Lauf

27.VIII.81

Lieber Engel des Staubes,

danke für Deinen Brief. Er ist vor ein paar Tagen angekommen. Leider muß ich sagen, daß er mich nicht bei bester Gesundheit angetroffen hat. Ich liege im Bett, und das seit vier Tagen, und kriege die ganze Wucht einer neuen Angriffswelle zersprungener Kaurimuscheln ab. Ich kann nicht mit Sicherheit sagen, was die Ursache des ganzen ist, aber ich habe den Verdacht, daß Djamilaa und Tante Nancys Vortrag eine nicht unwesentliche Rolle gespielt haben. Wie auch immer, sie sind mir nach wie vor ein Rätsel. So sehr jedenfalls, daß ich mir nicht mehr die Mühe mache, deswegen zum Arzt zu gehen.

Allerdings hatte ich die Gelegenheit, während der letzten Tage einige Überlegungen anzustellen und etwas Selbstanalyse zu betreiben: Eine Bemerkung meiner Mutter neulich hat das ausgelöst. Wir telephonierten gerade, ich erzählte ihr von den letzten Attacken, der mißlichen Lage, in die sie mich gebracht haben, der Benommenheit, den Trancen und so weiter, als sie sagte: »Das kommt von der ganzen Musik, von den vielen Platten, die du dir die ganzen Jahre lang gekauft hast.« Ich lachte. »Nein, im Ernst«, fuhr sie fort, »die ganzen Platten, die sich immer drehen, die haben dich schwindlig gemacht.« Ich lachte wieder, meine einzige Verteidigung. Es war das alte Lied, mit dem sie mir immer gekommen ist, seit ich klein war. Wie ich Dir vielleicht schon gesagt habe, hatte meine Mutter nie richtig verstanden, daß ich Musiker wurde. Was sie betraf, konnte eigentlich nichts undurchführbarer sein. Ich erinnere mich an Augenblicke als Kind, wenn ich eine Platte kaufte und damit ins Haus schleichen mußte, sonst hätte sie sich darüber aufgeregt, daß ich »gutes Geld zum Fenster rausschmeiße«.

Trotzdem nehme ich das Lied inzwischen ernster, als mein Lachen vorgab. Es machte mich nachdenklich. Sind die Attakken ein selbstverurteilender Schuldspruch, den die Musik befördert und nährt, wenn auch nur als Anlaß für eine Begnadigung? Sind ein selbsverschuldeter Schuldspruch und eine selbstverwandelnde Verurteilung lediglich symbolische Hälften eines selbstlaufenden Martyriums? Schlage ich mich selbst nieder, damit man mir wieder aufhelfen kann?

Jemand, den ich mal gelesen habe, sagte etwas über die Notwendigkeit, ein Inventar von Spuren aufzustellen. Wo könnte man eher damit anfangen, so dachte ich, als bei den Scheiben, die ich ins Haus geschmuggelt habe? Wir nennen sie Schallplatten. Es sind Erinnerungen.

Während der letzten paar Tage habe ich so eine Platte gehört, Miles' »Seven Steps to Heaven«, eine der ersten, die ich gekauft habe. Ich höre sie unwillkürlich als eine Quelle von Eindrücken, die vor langer Zeit auf mich gewirkt haben, sich in meinem vielleicht allzu empfänglichen Herzen (törichten Herzen) niedergelassen haben (schwache Hoffnung, schwacher Himmel). Der Titel eines der Stücke auf dem Cover, übrigens mein Lieblingsstück, ist mir richtig entgegengesprungen: »I Fall in Love Too Easily«. Das war's. Ein vollständiger Satz. Und das war wirklich eines der Stücke, die mich so gemacht haben.

Und die anderen Titel, auch wenn es nur Fragmente oder Phrasen waren, hatten ebenfalls eine verurteilende Wirkung. »So Near So Far« gab mir eine ziemlich passende Beschreibung des schwachen Himmels, für den es meinen Appetit weckte. Es war eine alte dialektische Geschichte: Möglichkeit, paradoxerweise aus Verbot geboren. Da setzte dann nicht nur der Schwindel ein, eine schwärmerische Benommenheit und Unzufriedenheit, sondern der vom Himmel gesandte Taumel verwandelte sich in ein trübes kompensatorisches Stolzieren. Die trübblaue Erde selbst wurde durch die zerbrechliche Leiter, für die man sie hielt, noch blauer. Wenn Du mir nicht glaubst, dann hör Dir den »Basin Street Blues« an.

Ungeachtet des Liedes meiner Mutter akzeptiere ich das alles, sogar die Kratzer und die Kerben, die Stellen auf der Platte, wo die Nadel springt. Geräusche, die an den Abrieb der Zeit gemahnen, das mögen sie durchaus sein, doch ich höre sie als wacklige, schwärmerische Sprossen einer diskontinuierlichen Leiter – schwärmerische Sprünge oder Ellipsen (Quantenkloß im Hals), ausgeteilt von einem Himmel voller Schmuggelware, in dem ein Laden eröffnet wurde.

Herzlich, N.

30. VIII. 81
VORWARNENDER TRAUM VON POST-ROMANTISCHEM STAND DER NEUEN DRUMMERIN DJEANNINE (DURCHSICHTIGE SCHULE DER HARTEN SCHLÄGE)

Djeannine überragte, die Sonne im Rücken, die Spitze des Berges überlebensgroß. Das Sonnenlicht zog ihr das weiße Baumwollkleid aus, das sie trug, wob dafür ein durchsichtiges Netz, das meine Aufmerksamkeit erregte und mich fesselte. Ich lag auf der Wiese am Fuß des Berges auf dem Rücken, Beine und Füße zeigten auf den Gipfel, auf dem Djeannine stand, ich hatte die Füße so angezogen, daß meine Fersen sich meinen Hüften zuwandten, während meine Knie fast so hoch wie Djeannine ragten, die, so schien es, teils dazwischen, teils darüber stand.

Unter ihrem weißen Baumwollkleid trug sie nichts. Kein Hemdchen, keinen BH, keinen Slip. Das Sonnenlicht war, nachdem es ihr das Kleid ausgezogen hatte, ein weiteres Nichts, so ungreifbar da, daß es ein flüchtiges, weitreichendes Rendezvous (Trance und Transparenz, Tücke und Wiedergutmachung) in den Blick rückte. Ich lag da, besessen und durchdrungen von Schatten, trunken vom Blick auf Schattenrißbeine und dem Röntgenhauch eines imaginären Moschus.

Die Duftwellen (teils statischer Tanz), in denen ich gefangen war, bewirkten, daß Djeannines Kleid wogte. Das wogende Kleid wurde größer und größer, ein ungeheures Zelt, das von einem scharfen, strafenden Gefühl wunderbar verfügbarer »Teile« gehalten wurde. Der Stoß aus einer Kontrabaßposaune[1] kam wie aus heiterem Himmel, kam, als wollte er das Wogen von Djeannines weißem Kleid einfangen und gleichzeitig betonen.

Befreit von Neigung fand das Licht seine Stimme in einer transparenten Gleichung: Bläserbegleitung beschwor eherne Beine.

Was als Stoß begann, lief in eine weiche, beharrliche Totenklage aus, teils Schnurren, teils Knurren, teils Gebet, getragen von einem, wie ich nun hören konnte, Posaunenchor (sechs Spieler, von denen jeder auftritt, als hätte er oder sie ein Gespenst gesehen). Spektralführer, elegische Mahnung und knöcherne Begleitung, alles in einem; der Chor hob mich vom Boden, stellte mich auf die Füße und brachte mich auf den Weg zum Gipfel, auf dem Djeannine stand.

Je näher ich kam, desto mehr erwies sich der Berg als eine Mischung aus einem Zirkuszelt und einem Erweckungsgemeindezelt, vor dem, statt auf dessen Spitze, Djeannine stand. Da ich nun nicht mehr auf dem Rücken lag, fühlte sich die Erde für mich neu an, ich war wie neu geboren. Die Posaunen entsprachen meinem Bedürfnis nach einer Investitur, indem sie die »Hymn to the Dawning Age« vorstellten, die ich mit dem Saum von Djeannines anderem, durchsichtigem Netz und ihrem wogenden Kleid, alles in einem, vermengte.

Direkt vor dem Großzelt, dem Erweckungszelt, als das sich ihr wogendes Kleid erwies, stand Djeannine an einem Stand und verkaufte Küsse[2] und eine Sorte harte Bonbons, bekannt als Kashmir Hustendrops[3]. Ich näherte mich ihr; ich hatte eine neue Hose an. Ich sah, daß sie nun, nachdem sie ihr weißes

1 Charles Mingus, *The Black Saint and the Sinner Lady* (Impulse! AS-35), Seite 1, Stück 1: »Solo Dancer«.

2 Eddie Jefferson, *The Main Man (Inner City IC 1033), Seite 1, Stück 1: »Jeannine«.*

3 Eli Mohammad Shera and Ensemble, *Folksongs of Kashmir* (Lyrichord LLST 7260), Seite 2, Stück 1: »Sufi Love Song«.

Baumwollkleid losgeworden war, eine dunkelblaue Bluse trug, wobei die Vorderseite des Standes einen Blick auf das, was sie von der Taille abwärts trug, verwehrte. Ich reichte ihr eine Dollarnote, doch sie gab sie mir zurück und sagte, daß es nichts koste. Ich beugte mich über den Tresen des Standes, schloß die Augen und harrte des leichten, flüchtigen Drucks, den, wie ich erwartete, ihre Lippen auf den meinen verursachen würden.

Tatsächlich fing es auch so an – ein leichter, flüchtiger Druck. Doch plötzlich schob Djeannine mir die Zunge zwischen die Lippen. Der Kuß wurde feuchter, ihre Zunge unternehmungslustiger, kühn, begierig darauf drängend, daß meine Zunge in gleicher Weise antwortete.

Mein Mund füllte sich mit einer nach Minze schmeckenden Flüssigkeit[4], die nun aus Djeannines Mund strömte (ein bißchen wie süßer nordafrikanischer Tee[5], nur nicht so heiß). Als sie den Kuß beendete und sich zurückzog, öffnete ich die Augen, den Mund zum Überfließen voll mit der nach Minze schmeckenden Flüssigkeit. Mein Blick begegnete dem ihren.

Nachdem der Blickkontakt hergestellt war, schloß ich wieder die Augen, genoß die Flüssigkeit, die meine Zunge, Zähne, die Innenwangen und das Zahnfleisch streichelte. Ganz leicht nur biß sie in die Innenseite meines Mundes. Ich hatte das Gefühl, als sei mein Kopf bis zur Durchsichtigkeit klar geworden, als habe ein Mentholstrom Haare, Haut und Schädel in Kristall verwandelt.[6] Eine hellseherische Brise blies mir ins Gesicht.

Ein unfreiwilliges Grunzen, das nach Peepshow-Freuden klang, entwich meiner Kehle. Ich öffnete die Augen wieder, als Djeannine hinter ihrem Stand hervortrat. Sie trug einen Rock, der wie ihre Bluse dunkelblau war. Extrovertiertes Naivchen und rauhbeiniger Wildfang in einem, so trat sie von dem Stand weg und schlug ein Rad. Ihr Rock fiel ihr über die Schenkel

4 The Clovers, *Their Greatest Recordings* (Atco SD 33–374), Seite 2, Stück 3: »One Mint Julep«.

5 »The Quintet«, *Jazz at Massey Hall* (Fantasy 86003), Seite 2, Stück 3: »A Night in Tunisia«.

6 Coleman Hawkins, *The Hawk Flies* (Milestone M-47015), Seite 2, Stück 2: »You Go to My Head«.

herab und über die Taille, als sie auf dem Kopf stand. Ich erhaschte einen Blick auf ihre Schenkel, ein bißchen Schamhaar und den verstärkten Schritt ihres blendend weißen Höschens. Vor dem blendenden Weiß mußte ich wieder die Augen schließen. Ohne zu wissen, warum, schluckte ich die nach Minze schmeckende Flüssigkeit. Als ich die Augen öffnete, war sie wieder auf den Beinen.

Die nach Minze schmeckende Flüssigkeit zeitigte bald eine andere Wirkung. *Pfefferminzspucke*, das war's, merkte ich, obwohl, je länger ich überlegte, desto egaler war *Pfefferminz*. Wie ein Kaugummi, der seinen Geschmack verliert, schien die nach Minze schmeckende Flüssigkeit nichts weiter als Röntgenspucke, nach Spucke schmeckende Spucke gewesen zu sein. Mir war übel.

Mein Magen begann sich zu drehen, aber nichts kam hoch. Ein Schwall Leere und Luft brach aus meinem Mund und krümmte mich. Ich schaute auf meine Beine und sah durch das Fleisch die Knochen darunter. Ich blickte auf und sah, wie Djeannine wieder hinter ihren Stand trat und unter die Theke langte. Das letzte, was ich sah, bevor ich aufwachte, war, wie sie mir mit der rechten Hand eine Schachtel mit Kashmir Hustendrops anbot.

Lieber Engel des Staubes,

ich beginne mit dem Obigen als einem Zeichen seiner Wirkung. Vor einer halben Stunde bin ich aufgewacht, unfähig, an etwas anderes zu denken oder wieder einzuschlafen, davon besessen, es zu Papier zu bringen. Woher ich wußte, daß die Frau Djeannine hieß, kann ich gar nicht sagen. Sie stellte sich nicht vor, und auch auf andere Weise wurde ihr Name nicht mitgeteilt. Anscheinend war es so, daß ich ihn im Traum zwangsläufig wußte, daß Träumen dasselbe war wie Wissen, daß Dortsein ein Gedrängtsein, ein Durchdrungensein, ein Besessensein von einer epiphanischen Klarheit, einer durchsichtigen Ipseïtät, einer namensgleichen Gewißheit war, aus der sich, wie man es auch drehte und wendete, *Djeannine* ergab. Dort zu sein, hieß nicht nur, Djeannines Namen zu nennen, sondern auch zu wissen, ohne zu wissen warum, daß er mit *D* anfing. Und zu wissen, daß man das mit solcher Gewißheit wußte, hieß auch zu wissen, daß Djeannine die Drummerin war, nach der die Band gesucht hatte. Es war, als wäre einem eine solche Ipseïtät oder Gewißheit (namensgleicher Traum, genetische Trommel) irgendwie schon seit langem ins Blut geschlagen worden.

Vermutlich sollte ich sogleich betonen, daß wir, seit wir vor drei Wochen beschlossen hatten, daß der neue Drummer eine Frau sein sollte, wenig Glück hatten, geeignete Kandidatinnen aufzutreiben. Wir ließen zwei Frauen vorspielen, die beide aus Gründen, auf die ich nicht weiter eingehen möchte, nichts waren. Wir suchen noch immer, wenngleich die Tage, die ich nun im Bett liege, die Suche etwas verlangsamt haben. (Übrigens geht's mir jetzt besser. Schon einen Tag, nachdem ich das geschrieben hatte, war ich auf.)

Wie ich schon sagte, wußte ich in dem Traum, daß ich einen Blick auf die Frau, nach der wir suchten, erhaschen würde. Ich weiß, das kann sich natürlich gut als eine leere Projektion erweisen, obwohl ja einige der Zeichen, die mir im Traum wieder vorgespielt wurden, kaum zu übersehen waren. (Du wird bemerkt haben, daß ich einige der augenfälligeren als Fußnoten angegeben habe.) Dennoch war ich mir, als ich aufwachte, noch sicherer, daß unsere neue Drummerin Djeannine sein würde, daß das, was ich gesehen hatte, keine solipsistische Scheibe war, sondern eine echte Vision.

Komisch ist aber, daß ich mich nicht mehr erinnern kann, wie Djeannine aussah. Ich weiß noch, was sie anhatte, kann mir aber kein Bild von ihrem Gesicht machen.

Gut ist immerhin, daß ich nun den Namen der Frau kenne, die einmal unsere Drummerin sein soll. Jetzt wissen wir, worauf wir achten müssen.

Herzlich, N.

Lieber Engel des Staubes,

ich hatte nicht erwartet, daß ich so schnell wieder schreiben würde, doch es gibt eine neue Entwicklung hinsichtlich Djeannines. Penguin und ich waren heute nachmittag bei Lambert, um ihm bei seinem Wagen zu helfen. Wir kamen auf die Band und unsere Suche nach einer Drummerin zu sprechen, und natürlich konnte ich es mir nicht verkneifen, von meinem Traum zu erzählen. »Wir sind nicht weit davon entfernt, sie zu finden«, sagte ich ihnen. »Ich habe ihren Namen in einem Traum erfahren, den ich neulich nacht hatte.« Beide blickten sie von dem neuen Heizungsschlauch auf, den sie gerade einbauten, und warfen mir einen verblüfften, halb-ungläubigen Blick zu, dessen gläubige Hälfte drängte: »Los. Erzähl uns davon.«

Also erzählte ich ihnen den Traum, wiederholte ihn ziemlich wortwörtlich, wie ich ihn Dir gestern geschrieben habe. Die wörtlichen Entsprechungen, die zu finden ich mich so sehr bemüht hatte, waren so unauslöschlich in meine Erinnerung eingeätzt oder geritzt, daß sie einer Art Diktat unmittelbar nach dem Ereignis gleichkamen, einem unverwischbaren Text, an den meine nun unwillentliche Zunge untrennbar gefesselt war. Lambert und Penguin hörten mit zunehmend gespannter Aufmerksamkeit zu, sahen mich mit einer immer beunruhigteren, halb-belustigten Mischung aus Skepsis und Glauben an. Und als ich zu der Stelle kam, wo das Licht seine Stimme in einer transparenten Gleichung findet, platzten sie beide unisono (genau in dem Moment, als auch ich es sagte), heraus: »Bläserbegleitung beschwor eherne Beine.«

»Woher wißt ihr das?« unterbrach ich meinen Traumbericht, nur um im Bruchteil der Sekunde des Fragens zu registrieren, daß sie beide das einander ebenfalls gefragt hatten. »Woher weißt du das?« Die Frage hing wie ein dreifältiges Echo in der Luft.

Eine Weile standen wir da und starrten einander an. Jeder von uns hatte eine Dose Bier, aus der wir während der Arbeit an dem Wagen hin und wieder getrunken hatten. Dann nahm Penguin nicht nur einen Schluck, sondern brach auch das Schweigen, indem er meinte, ich solle den Traum weitererzählen. Was ich tat. Doch als ich zu der Stelle mit dem Großzelt und dem Stand kam, in dem Djeannine Küsse und Kashmir Hustendrops verkaufte, unterbrach er mich. Er bat mich, zu abzubrechen, und fuhr dann genau da fort, wo ich aufgehört hatte, artikulierte die Worte, die ich im Begriff war auszusprechen, als läse er sie von dem Brief ab, den ich Dir gestern geschrieben habe: »Ich näherte mich ihr; ich hatte eine neue Hose an. Ich sah, daß sie nun, nachdem sie ihr weißes Baumwollkleid losgeworden war, eine dunkelblaue Bluse trug, wobei die Vorderseite des Standes einen Blick auf das, was sie von der Taille abwärts trug, verwehrte. Ich reichte ihr eine Dollarnote, doch sie gab sie mir zurück und sagte, daß es nichts koste. Ich beugte mich über den Tresen des Standes, schloß die Augen und harrte des leichten, flüchtigen Drucks, den, wie ich erwartete, ihre Lippen auf den meinen verursachen würden.«

Du kannst Dir meinen Schock und meine Überraschung vorstellen. Auch Lambert sah schockiert und überrascht aus, doch was er dann tat, schockierte und überraschte mich noch mehr. Es schockierte und überraschte auch Penguin, denn was tat er? Er unterbrach Penguin ebenso, wie Penguin mich unterbrochen hatte, nahm ihm die Worte aus dem Mund, als läse er aus demselben unverwischbaren Text. »Tatsächlich«, sagte er, »fing es auch so an – ein leichter, flüchtiger Druck. Doch plötzlich schob Djeannine mir die Zunge zwischen die Lippen. Der Kuß wurde feuchter, ihre Zunge abenteuerlustiger, kühn, begierig darauf drängend, daß meine Zunge in gleicher Weise antwortete ...«

Inzwischen dürfte Dir sicher klar geworden sein, was da passiert war. Etwa zur selben Zeit, als ich Lambert unterbrach, um ihn zu fragen, ob das ein Witz sein solle und ob sie meine Post gelesen hätten, murmelte Penguin: »Mein Gott, wir müssen denselben Traum gehabt haben.« Warum mir das nicht eingefallen war, kann ich nicht sagen, doch Lambert und Penguin fuhren beide mit der Erklärung fort, daß sie vorgestern nacht ebenfalls von Djeannine geträumt hätten. Obwohl, im Gegensatz zu mir, keiner von ihnen aufgestanden war, um den Traum aufzuschreiben, stimmte der kollektive Text, der sich mir innerlich eingeätzt und eingeritzt hatte, vollkommen mit dem überein, was ich Dir gestern schrieb. Wir alle hatten es gleichzeitig geträumt und kannten es jetzt auswendig.

Der einzige Unterschied war, daß Penguin, als Djeannine ihm die Schachtel Hustendrops anbot, nicht aufwachte, sondern weiterträumte, anders als Lambert und ich. Er nahm sie an, öffnete sie und nahm ein Bonbon heraus, das er, wie er uns erzählte, in den Mund steckte, (»ein Zuckerstückchen und Zahnausbeißer in einem«, so beschrieb er es). Er lutschte es eine Weile und versuchte dann, es zu kauen, brach sich dabei aber einen Zahn ab. Und dann war er aufgewacht.

Es dauerte eine Weile, bis wir Penguins verlängertes Ende kapiert hatten, auch wenn es eine unmittelbare ernüchternde Wirkung hatte. Als er seinen Bericht abgeschlossen hatte, stand er da, ohne zu reden, und starrte in die Ferne. Lambert und ich nahmen jeder einen Schluck Bier. Inzwischen war es Spätnachmittag geworden, der sich zum Sonnenuntergang neigte, kupferne Strahlen drangen durch die Bäume hinter Lamberts Werkstatt, Streifen durchsichtiger Sonne. Und in dieses Licht starrte Penguin. Er hatte den schwer erkämpften Blick des Überlebenden aufgesetzt, und auch er nahm nun noch einen Schluck Bier, verzog das Gesicht, als schluckte er eine Pille (unförmige Pastille, schwer erkämpfte Lektion, bittere Wahrheit). So absorbiert und entrückt und nachdenklich versunken war er durch die Stimmung, die ihn überfallen hatte, daß Lambert und ich ihn sich selbst überließen, indem wir von dem Licht wegsahen.

»Der gleiche Geschmack wie Rost«, hörten wir ihn flüstern, worauf wir uns beide umdrehten und wieder in seine Richtung blickten.

»Wie bitte?« fragte Lambert.

»Der gleiche Geschmack wie Rost«, wiederholte er, nun deutlicher und lauter, ohne jedoch unseren Blick aufzunehmen. Er starrte weiter dorthin, wie verzückt von dem kupfernen Licht. »Ich habe Rost auf Djeannines mechanischen Lippen geschmeckt«, führte er aus, »der gleiche Geschmack, den ich von Louisiana in Erinnerung habe, als ich ein kleiner Junge war.« Er verstummte und rieb sich die Augen, als sei er eben aufgewacht, starrte wieder vor sich hin und fuhr dann fort, redete in kurzen abgehackten Fetzen, als laste ein Druck auf ihm. »Meine erste Freundin. Unser allererster Kuß. Sie hieß Jeannie. Jeannie Bolton. Wie müssen so etwa neun gewesen sein. Als wir uns das erste Mal küßten, stand ich auf einem Kasten vor ihrem Schlafzimmerfenster. Es war in der Dämmerung.« Er brach ab, nahm wieder einen Schluck und fuhr fort. Das kupferne Licht hielt seinen Blick noch immer im Bann. »Immer wenn die Sonne unterging, mußte sie rein. Ihre Eltern wollten, daß sie da war, bevor es dunkel wurde. Aber sie ging dann auf ihr Zimmer und kam ans Fenster, vor dem ich dann auf einem Kasten stand. Wir redeten bis zum Abendessen. Das erste Mal, als ich sie zu einem Kuß überredete, hatte sie zu große Angst, um das Fliegengitter wegzunehmen. Wir küßten uns, die Lippen dagegengedrückt. Es war ein altes Fliegengitter, von jahrelanger Feuchtigkeit und Regen rostig. Ich machte den Fehler, den Mund aufzumachen und mit der Zunge dranzugehen.« Wieder brach er ab und nahm einen Schluck Bier, als wollte er Rost von der Zungenspitze spülen. Er schluckte und starrte in die kupfernen Streifen. »Der Geschmack ist nie weggegangen.«

Lambert und ich schauten einander an, und Penguin stand schweigend da. Beide wußten wir nicht gleich, wie wir auf das, was er gesagt hatte, reagieren, was wir von seiner kurzen monologisierenden Gleichung von Scheinromanze mit unbotmäßigem Rost halten sollten. Daß die Liebe vorzeitig vergangen oder alt geworden war, bevor sie überhaupt begann, erschien mir als der verfrühte, post-romantische Punkt, das Eintrommeln, wofür Jeannie Penguins Prototyp war. Djeannine und Jeannie, wollte ich sagen, ist Traummädchen und bittere Wahrheit zugleich. Ich versuchte zu sprechen, merkte jedoch, daß nun präventiver Rost meine Zunge überzog. Ich nahm einen weiteren Schluck von dem nunmehr obligatorischen Bier, brachte es kaum hinunter. Präventiver Rost hatte auch meinen Rachen und meine Kehle infiltriert. Noch ein paar Sekunden, und mein ritueller Schluck wäre zu spät gekommen.

Auch Lambert nahm noch einen Schluck. Auch ihm schien

das Schlucken schwerzufallen. Präventiver Rost, so schloß ich, hatte auch ihn befallen. Um diese Zeit jedoch brachten sie ein Stück im Radio, das ihm die Zunge zu lösen schien. Das Radio hatte die ganze Zeit im Hintergrund gespielt, doch als das Titelstück aus einem Album von Art Blakey aus den frühen Sechzigern, »Ugetsu«, kam, erregte es merklich Lamberts Aufmerksamkeit. Notwendigerweise erregte es auch die meine und die Penguins. Das heißt, Freddie Hubbards Eingangsthema bewirkte ein vereinheitlichtes Feld oder Gefühl, worin die Kupferkomponente des Blechs ein fester Bestandteil nicht nur der kupfernen Strahlen der Sonne war, sondern auch des leuchtenden Gebräus, des kupfernen Bieres, das wir alle tranken. Freddies Kanne war sowohl ein Messingrohr wie eine Messinglampe, die Wunderlampe, in der unser kollektives Traummädchen Djeannine wohnte.

»Der Geist der Liebe«, sagte Lambert, als verkündete er eine Erscheinung und proklamierte eine Wahrheit, und seine Zunge war nun frei von dem Impromptu-Rost, der sich vorübergehend breitgemacht hatte. Sein Ton war teils prophetisch, teils professoral. »*Ugetsu*. Das ist japanisch«, machte er uns aufmerksam. »Es bedeutet Phantasie. Hat einer von euch mal den Film gesehen?« Ich schüttelte den Kopf, und Penguin sagte nein. Wir hatten ihn beide nicht gesehen, doch das war eigentlich ohne Bedeutung. »Er handelt von einem Mann, der sich in einen Geist verliebt«, fügte Lambert hinzu. Er verstummte, schien in Gedanken verloren.

»Tun wir das nicht alle?« warf Penguin ein, als er sich uns zuwandte, nun viel mehr bei uns als zuvor, als er sein alternatives Ende mit dem abgebrochenen Zahn und die rostverwandte Geschichte von seinem und Jeannies erstem Kuß erzählt hatte.

»Eigentlich nicht«, antwortete Lambert, der jetzt auch nicht mehr in Gedanken verloren war. »Darüber ist mehr als ein Kopf gekratzt und mancher Bart gezupft worden.« Er nahm einen Schluck und machte sich dann an einen ausgedehnten Vortrag, dessen zentrale Behauptung war, Djeannine sei »weniger post-, als vielmehr präromantisch, der afro-antizipatorische Geschmack von Enttäuschung, der afro-unvermeidliche Schlag auf den Hinterkopf«. Er bemerkte den Mangel romantischer Konzepte von Liebe in den meisten afrikanischen Kulturen, womit die dominierende Rolle der Trommel in den meisten afrikanischen Musikstilen Hand in Hand gehe. Beides sei alles andere als unverwandt, behauptete er, und zitierte an der Stelle Leadbellys berühmte Zeile: »Der Blues ist ein Gefühl, und wenn es einen trifft, ist das wirklich das Wahre.« Dem Wort »trifft« gab er eine ganz besondere Betonung. Auf dem Knall, dem Hieb, dem Treffer zu beharren, hieß, eine stoische Epistemologie der harten Schläge zu befördern. Der Knall, der Hieb, der Treffer hatten mit dem perkussiven, nüchternen Charakter und der Krux der Erfahrung (harte Wahrheit) zu tun. »Daher ist Djeannine«, sagte er und sah mich an, als hätte er meine Gedanken gelesen, »Traummädchen wie Drummerin, Drummerin wie bittere Wahrheit.«

»Beide Male unwiderstehlich«, konnte ich nicht umhin zu sagen. Meine Zunge war nun locker, seit langem frei von Stegreif-Rost. »Träumen löst den Treffer aus.«

Ich nahm einen Schluck. Ebenso Lambert und Penguin. »Freut mich, daß du das gesagt hast«, sagte Lambert; er hatte mich wieder angeschaut. »Ich stimme dir völlig zu. Djeannine ist ein Auslöser, der Traum, den wir an den Himmel binden, die im Himmel geschlossene Verbindung. Ich würde sogar noch etwas weitergehen. Ihr kennt doch beide die Geschichten von Wagadu. Erinnert euch doch bitte mal an die von der Trommel, mit der sich die Dschinns davonmachen und die sie an den Himmel binden. Könnte denn Djeannine, das frage ich mich, die kodierte, selbstbelastende Art unseres Traumes sein, wie wir aus außerirdischem Dieb und gestohlener Trommel eins machen? Mit anderen Worten, könnte Djeannine also ein Dschinn sein?«

»Aber die Trommel war eine Kriegstrommel«, warf Penguin ein.

»Meine Rede«, antwortete Lambert sogleich. »Ist denn nicht Krieg, Differenz, Unzufriedenheit (nenn es, wie du willst) der Vorstellung von Himmel eingeboren? Stellt uns der Himmel denn nicht in Gegensatz zum Wirklichen? Stellt er uns denn nicht so hin?«

»Auf mehr als eine Art an den Himmel gebunden«, hörte ich mich murmeln. Bevor es mir bewußt wurde, waren die Worte aus meinem Mund. Als nächstes hörte ich mich Eddie Jefferson zitieren, eine Zeile aus »Jeannine«: »Es war Liebe, verloren an steigende Kosten.« Ich wiederholte sie ein-, zweimal, indem ich ein Spiel begann, wo »an den Himmel gebunden« mit Inflation zu tun hatte. Auch ich sprach nun mit teils prophetischer, teils professoraler Stimme, als habe Lamberts Tonfall auf meinen abgefärbt. Ich nahm einen Schluck in der Hoffnung, den Einfluß wegzuspülen, doch Lamberts ansteckendes prophetisch-professorales Gehabe erwies sich als hartnäckiger denn Penguins vermittelnder Rost. Ungeachtet des rituellen Schlucks, weigerte er sich wegzugehen. Ich legte eine umgekehrte emotionale Leiter (»Verlorene Liebe«) an, die in wachsendem ökonomischem Martyrium (»steigender Preis«) wurzelte, redete weiter über eine Festungsformation, eine Belagerungsmentalität, eine emotionale Herzlosigkeit, die durch ökonomische Tiefschläge ausgelöst und verstärkt wurde. »Fort Knocks«, sagte ich sogar dazu.

Es war, als hätte ich mir ins Fäustchen gehickst. Penguin lachte und Lambert grinste über meinen prophetisch-professoralen Witz, mein prophetisch-professorales Wortspiel und meine Klage in einem. »Fort Knocks« brachte einen willkommenen Ton der Leichtigkeit in einen ansonsten deprimierenden Vortrag. Ja, es brach sogar die Macht von Lamberts ansteckendem prophetisch-professoralem Gehabe. Ich hustete, nahm einen schleimlösenden Schluck und hustete wieder, wonach mein Hals endlich frei war von der schlagwörtlichen Tendenz, für deren erwarteten Trübsinn ich ebenso Opfer wie Vehikel geworden war. Unwillkürlich mußte ich an Donald Byrds Aufnahme von »Jeannine« denken. Pepper Adams repetitive Durchbrechung der Auftaktnoten von Byrds Solo mit seinem sicheren, schleimlösenden Bariton sah ich nun als einen möglichen Vorläufer des befreienden Hustens, der meinen Hals gelöst hatte. Es war gut, den apokalyptischen Schleim endlich los zu sein.

»Fort Knocks«, lachte Lambert. »Darauf trinke ich einen.« Er ging hinein und kam mit drei weiteren Dosen Bier wieder heraus.

Als Lambert zurückkam, sagte Penguin gerade zu mir: »Aber jetzt mal im Ernst, findest du nicht, daß Djeannine einen Wunsch nach Verbesserung eines unedlen Metalls verkörpert, eine Alchemisierung der Schlagerbanalität von der Sorte, wie sie, sagen wir, Newks Versionen von ›Three Little Words‹ ausgelöst hat?«

Lambert schaltete sich ein, bevor ich etwas sagen konnte, reichte jedem von uns ein Bier, wobei er grinsend drängte: »So gern ich diese Frage verfolgen würde, muß ich euch doch daran erinnern, daß die Heizung wartet und die Karre auch noch getunt werden muß. Belassen wir es doch vorerst bei einem afro-dienlichen, erprobten und wahren Ende.« Er hielt inne, sah, daß wir warteten, zog den Ringverschluß von seiner Bierdose ab und setzte hinzu: »Dann trat ich auf ein Stück Blech, und es verbog sich. So ging die Geschichte.«

Wir lachten alle drei. Penguin und ich machten unser Bier auf. Wir stießen mit unseren Dosen an und tranken auf Lamberts formelhaftes Ende. Dann machten wir weiter mit der Arbeit an dem Wagen.

Natürlich blieb noch abzuwarten, ob Tante Nancy und Djamilaa auch von Djeannine geträumt hatten. Wir versuchten, sie anzurufen, als wir mit dem Tunen fertig waren, erwischten aber keine von beiden, wir müssen also bis morgen zur Probe warten, um es herauszufinden.

Ich sag Dir Bescheid, wie es weitergeht.

Herzlich, N.

Übersetzt von Eike Schönfeld

TERRY McMILLAN

Ma' Dear

(für Estelle Ragsdale)

Letztes Jahr ham mich die Lebenshaltungskosten fast erdrückt, und ich hatt keine Lust mehr, ein Loch mit dem anderen zu stopfen, da hab ich drei Zimmer vermietet. Zwei von meinen Mieterinnen sind Pflegeschwestern, was bei ihren Patienten wohnen und bloß die Wochenenden hier sind. Selbst dann reden sie nicht viel mit mir, höchstens wenn sie die Miete zahlen kommen. Die eine ist von Trinidad und die andre von Jamaika. Kündigen jeden Winter ihre Stellen, packen zwei oder drei alte Holzfässer mit was weiß ich was voll, schickense per Schiff nach Hause und fliegen mitm Flugzeug hinterher. Im Frühling kommen sie zurück und fangen wieder von vorne an. Und dann ist da noch das kleine College-Mädchen, die Juanita, was behauptet, sie tut auf Architektur studieren. Kommt mir so vor, wie wenn das immer Männerarbeit wär gewesen, aber ich sag nichts. Ist ja erwachsen.

Ich bin zweiundsiebzig. War die letzten zweiundreißig Jahre Witwe gewesen. Nicht daß ich mir dermaßen viel Einsamkeit ausgesucht hätt, hat bloß kein andrer Jessie nicht ersetzen können, das ist alles. Hat er auch gewußt. Und ich habs auch gewußt. Er ist auf den Eisenbahnschienen gestürzt, wie er unterwegs war, frisch gepflückten Mais und Okra holen, daß ich uns Succotash-Eintopf kochen kann, und dabei hat er sich den Kopf ganz übel angeschlagen und ist nicht wieder zu sich gekomm. Ich hab mir kein Leben mit keim andern Mann vorstellen können, obwohl ich mich umgekuckt hab nach paar Jahren Alleinsein in diesem großen alten Haus und Hin- und Hergehn von einem Zimmer ins andre und keiner da für zum Reden oder

Bekochen oder Reinemachen, und auch sonst nicht viel Gesellschaft.

Ich hab ihn ne halbe Ewigkeit vermißt, und dann hab ich gedacht, ich könnt ein finden, genauso wie er, wirklich und wahrhaftig wie er, aber war nicht. Ne Weile bin ich mit Esther Davis' Ex-Mann Whimpy ausgegangen, aber der ist nicht ganz richtig. Hat zu viel schwarzgebrannten Fusel getrunken und fing dann immer am Auspacken vom Ersten Weltkrieg, vonwegen wie wacker daß er gekämpft hätt und kein Respekt und kein Funken Anerkennung nicht gekriegt für seine Heldentaten. Einzichste Krieg, was Whimpy mitgemacht hat, war mit mir, weil ich ihn nicht um mich hab habn wolln. Gab schauerlich an, er hätt Schwergewichtsweltmeister werden könn. Dabei wog er bloß um die hundertvierzig Pfund und war kleiner wie ich.

Mit Chester Rutledge hätts fast geklappt, abgesehn davon, daß er langweilig war, fiel ihm nämlich nie nix Gescheites ein zum Drüberreden; hat immer behauptet, er tät an nix andres denken wie bloß an mich. Hat gemeint, in seinen Gedanken könnt man lesen wie innem Buch. Dabei lief er bloß immer rum wie ne lebende Leiche, und die übrige Zeit war er im Zementwerk am Schuften. Wollt mir unbedingt seinen Wochenlohn geben, hab ich ihm zuliebe auch ne Weile genommen, aber wie ich nix mehr von ihm hab wissen wolln, hab ich auch sein Geld nicht mehr genommen. Er ist mir zu doll auf den Wecker gegangen, und da hab ich ihm sagen müssen, ich hätt lieber nen Mann mit ohne Geld aber mit nem fixen Köpfchen, daß ich weiß, ist wenigstens irgendwas lebendig an ihm. Er war schwer gekränkt und hat mich beschimpft, aber wir sind immer noch Freunde bis zum heutigen Tag. Ist jetzt im Heim, weißt du, und ich tu'n regelmäßig besuchen. Bring ihm Zeitschriften mit und tu ihm sein Horoskop und die Comics aus der Zeitung ausschneiden und gebse'm zu lesen, immer schön der Reihe nach.

Big Bill Ronsonville wollt mir einreden, ich hätt lieber ihn anstatt Jessie heiraten sollen, aber konnter mich nicht von überzeugen. War bloß drauf aus und wollt mich überall mit seinen schmutzigbraunen großen Pfoten angrapschen, ohne zu fragen, und war bloß immer am Lächeln und hat mich mit sein riesigen

Goldzahn angefunkelt und gesagt, wie spendabel, daß ich wär, »spendabel« war nämlich ein neues Wort, was er eben erst gelernt gehabt hat. Wollt andauernd abends mit mir spazierenfahrn, ganz weit draußen am Smith Creek, wos weiter nix gibt als wie schwarze Wassergräben, Riesenmücken, laute Grillen, Glühwürmchen und freilaufende Schweine, und dann hat er den Motor abgestellt. Sein Atem hat nach Whiskey gestunken, trotzdem daß er beteuert und auf die Bibel geschworen hat, er tät kein Schnaps nicht trinken. Außerdem warn seine Hände viel zu schwer und zu hart, taten mir weh, und manchmal hat ich rote Flecke am Körper wie Knutschflecke. Hab ihm schließlich gesagt, ich wär zu leicht für ihn und tät nen kleinern, sanftern Mann brauchen, und er hat gesagt, er wüßt genau, was ich mein.

Wenn du die Wahrheit wissen willst, nach ihm hat ich nicht mehr viel im Sinn mit Männern, nicht so wie früher. Habse alle aus den Augen verlorn, die wo plötzlich hingegangen und gestorben sind oder wo eh nix zuwege gebracht ham, auch wennse noch am Leben warn. Und weil auch sonst keiner Jessie das Wasser hat reichen können, bin ich eben alle diese Jahre für mich allein geblieben.

Mein Leben ist gar nicht so schlecht jetzt, weil ich mich daran gewöhnt hab, daß ich allein bin, und weil ich zuseh, daß mirs gut geht. Ab und zu tu ich noch immer war Schönes unternehmen. Ich geh in den Park und sitz stundenlang da, wenns Wetter gut ist, und kuck zu, was die Leute machen, und tu vertrauliche Gespräche belauschen. Wenn sie nicht zu schnell vorbeifahrn, zähl ich Autonummern zusammen, daß ich geistig rege bleib. Da krieg ichn genauen Überblick, wie viele Leute daß von außerhalb auf Besuch kommen. Inzwischen kann ich beinah alle Bundesstaaten an der Farbe erraten. Einmal oder zweimal im Monat geh ich mittwochs in die Vormittagsvorstellung ins Kino, vorausgesetzt es ist keine lange Schlange von Senioren da, die können nämlich so was von langsam sein; verpaßt man den halben Film mit Warten, bis die sich ausmährn mit Kleingeld zählen und Popcorn kaufen.

Manchmal, wenn ich im Park sitz, tu ich den Tauben alte

Maisbrotkrümel füttern, und dann überleg ich mir, wies später mal sein wird, wenn man nicht mehr zukuckt, wie der Schnee vom Himmel runterfällt, wenn man nicht mehr sieht, wie die Blätter an den Bäumen rauskommen, wenn man keine Automotoren nicht mehr hört und keine Werkssirenen und kein Babygeschrei, und wenn ich mir abends nicht mehr die Haare bürsten tu und nicht mehr mein Lipton's trink und nicht mehr früh ins Bett gehn kann.

Aber im Augenblick tut mich das, ehrlich gesagt, gar nicht *so* sehr belemmern. Was mich belemmert, das ist meine Sozialarbeiterin. Will mich angeblich morgen besuchen kommen, weil meine neugierige Nachbarin, die Clarabelle, draußen mal zwei große Lastwagen gesehen hat, einen gleich hinterm andern, und da hatse sich gefragt, was ich da krieg, was so neu und so groß is, daß ich Laster dazu brauch. Meine Mama hat mir immer gesagt, manchmal tät man vor lauter Bäumen den Wald nicht sehn. Die Clarabelle ist drauf aus, daß sie mir eins auswischt, seitdem daß ich im letzten Frühjahr die neue Holzverkleidung ans Haus drangekriegt hab. Hab den letzten Rest von dem Geld von Jessies Lebensversicherung dafür aufgebraucht, weil das Dach dermaßen undicht gewesen war und das Holz am Vermodern und die Farbe am Abblättern, daß es ausgesehn hat, wie wenn ne böse alte Hexe drin wohnt. Danach wars wie neu, und Clarabelle konnts nicht mit ansehn, daß das Haus von ner alten Frau besser aussieht wie ihrs. Sie weiß, daß ich Zimmer vermietet gehabt hab, und jetzt tut meine Sozialarbeiterin auf einmal, als müßtse mich unbedingt besuchen und kucken, wies mir geht, dabei willse bloß rauskriegen, was ich so treib. Und Clarabelle ist bei ihr im Büro am Arbeiten.

In Wirklichkeit war nämlich mein Boiler kaputtgegangen, und sie sind gekommen, mir nen neuen einbauen. Zwei Tage lang wärn wir ummen Haar erfroren hier drinne. Tja, ich hatt nen Batzen Kleingeld auf der Bank, aber wie die mir gesagt ham, es tät zweitausend Dollar kosten, wenn ichs wieder warm haben will, da hab ich geheult. Ich hatt achthundertzweinsechzig Dollar auf der Bank; dreihundert davon hatt ich grade für die Couch hier ausgegeben, was ich im Sonderangebot gekriegt hab; die war in dem andern Lastwagen drin. Nach zwanzig Jahren warn die Sprungfedern hin, und ich hab mir überlegt, es wär an der Zeit, daß ich mal ne neue kauf, ich bin nämlich nicht der Mensch, der gern in armseligen Verhältnissen lebt, auch nicht in meinem Alter. Und zweihundert hatt ich für den Busausflug mit meiner Kirchengemeinde diesen Sommer gedacht.

Jessies Schwester Willamae hat für mich ein Darlehn aufgenommen, daß ich den Boiler kaufen kann, und ich hab keine Ahnung, wie lang ich brauch, bis ich ihr das zurückzahl. Sie verlangt von mir bloß fünfzehn oder zwanzig im Monat, je nachdem. Wahrscheinlich bin ich tot, bisses auf Null runter is.

Meine Bank hat mir den Kredit für den Boiler nicht geben wollen, dabei schickense mir beinah jede Woche Briefe und wolln mich überreden, daß ich noch mal Geld auf mein Haus aufnehmen soll. Müssen mich für senil halten oder was. Auf ihrm besten Briefpapier schreibense mir. Sagen, ich tät doch in die Jahre kommen, und ob ich nicht gern mal die Reise machen will, was ich mir immer verkniffen hab, weil kein Geld übrig war. Welche Reise denn? Erzählen mir, wenn ich noch mal Geld auf mein Haus aufnehmen tät, mehr, wie ich Schulden hab, nämlich rund dreitausend, dann hätt ich genug Geld übrig, daß ich fahren kann, wohin ich will. Wie komm ich dazu und finanzier mein Haus nochmal neu für vierzehneinhalb Prozent, wo ich jetzt viereinhalb zahl? So dumm bin ich nicht. Erzähln mir was vonwegen träumen und von klarem blauen Wasser, von Palmen und orangnen Sonnenuntergängen. Letzte Nacht hab ich geträumt, ich wär aufm Rücken am Schwimmen zwischen hohen blauen Wellen und hätt mirn Strohhut in die Stirn geschoben und wär unter nem Sonnenschirm eingeschlafen. Die ham mich da drauf gebracht. Und dann fragense mich, was ich mach, im Fall, daß ich heute sterben muß? Die ham mir überhaupt erst den ganzen Sterbequatsch in den Kopf gesetzt. Wär mir nie so schwer auf der Seele gelegen, wenn die mich nicht andauernd dran erinnert hätten. Wer denn mein Haus abbezahlen tät? Ob ich kein schlechtes Gewissen hätt, wenn ich meiner Familie sone Bürde hinterlassen tät? Welche Familie meinen die eigentlich? Ich weiß nich mal nich, wo meine Leute überhaupt abgeblieben sind.

Ich will niemand was vormachen. Altsein ist nicht leicht. Aber ich beschwer mich auch nicht, ich hab nämlich gelernt, wie ich meine Rente strecken kann. Meine Mieterinnen zahlen die Raten fürs Haus, und ich zahl die Steuern. Preise für Heizöl sind himmelhoch. Für meine Arztrechnungen kommt Medicaid auf. Ich hab n Brief gekriegt, wose mir drin schreiben, ich soll Essensmarken beantragen. Die Sozialarbeiterin kam nachkukken, ob ich ne richtige Küche hab. Wie sie gesehn hat, daß ich nen Herd und n Spülbecken und nen Kühlschrank hab, hats ihr nicht ins Konzept gepaßt, daß mein Haus beinah abgezahlt ist, und hat getan, als tät sie einfach wissen, ich hätt gelogen vonwegen Mieter. »Sind Sie sicher, daß Sie hier alleine wohnen?« hat sie mich gefragt. »Ich bin ganz sicher«, hab ich gesagt. Zentimeter für Zentimeter hat sie bei mir Kisten und Kasten durchsucht, ob ich auch ja nicht die gleichen Lebensmittel zweimal hab, was der todsichere Beweis gewesen wär. Ich hatt alles im Keller versteckt, in der Waschmaschine und im Wäschetrockner. Ein Glück, daß beide Schwestern damals auf den Inseln gewesen warn, und daß Juanita grade bei irgend nem jungen Mann zu Besuch war, was in Washington, D.C. wohnt.

Seitdem sie hier war und son Aufstand gemacht hat, hab ich wieder und wieder bei ihr im Büro antanzen müssen. Ham mich alle möglichen Formulare ausfüllen lassen und trotzdem meine Lebensmittelmarken einbehalten. Ich hatt langsam die Nase voll davon, immer wieder die gleichen Fragen zum Beantworten und hab denen schließlich gesagt, sie können ihre olln Lebensmittelmarken selber behalten. Ich brauch niemand anbetteln, daß ich zu essen hab. Ich weiß schon, wie ichs anstellen muß, daß ichs gemütlich hab und sauber und genug zu essen. Ich komm zurecht und kauf meine Lebensmittelvorräte und meine Kosmetiksachen, und ab und zu leist ich mir ne Extrawurst wie Kartoffelchips, Eiskrem oder vielleicht mal n Schweinekotelett.

Wie ich jung war, hat meine Mama mir beigebracht, man soll immer nahrhafte Sachen essen, egal, wie arm man is, das tät

Leib und Seele zusammenhalten. Lern Vorräte halten, hat sie zu mir gesagt. Drum heb ich alle meine leeren Margarinebecher auf, und da drin tu ich weißen Reis verwahren, und Erbsen und Karotten (mein Lieblingsgemüse), oder meine Steckrüben ausm Garten. Ich kann einen Garten in Schuß halten, wenn meine Arthritis nicht am Mucken is. Und Wasser ist das A und O. Ich trink ne Menge, wie der Arzt gesagt hat, aber ich schummel auch oder tu Oreo-Kekse und Salzcracker essen. Machen ordentlich satt. Und wenn mir danach ist, auch Teilchen, selbstgebackne Mürbteigteilchen, die eß ich mit Alga Sirup, wenn ich welchen krieg im Laden, und das hält den ganzen Tag vor.

Früher mal, da hab ich mich dumm und dämlich gesorgt, ich könnt zunehmen und Pickel kriegen im Gesicht von zu viel Süßigkeiten, und überall an Hüften und Oberschenkeln würd sich Orangenhaut breitmachen. Dabei wollt ich mir in Wirklichkeit Jessie angeln, auch wenn ichs damals noch nicht gewußt hab. Ich war bloß am Kokettiern und am Flirten und wollt ausprobieren, ob ich Beachtung krieg. Ganz zufällig hatt ich Dusel und hab seine alle abgekriegt. Hab ihn mir gefangen, wie wenn er ne Spinne gewesen wär und ich die Spinnwebe.

Herrgott, was hab ich nicht alles angestellt, daß ich flott und proper aussah. Hab mir die Haare machen gelassen, schön fest auf Wickler gedreht, eine Reihe hinter der anderen, und hab sie stundenlang nicht ausgekämmt, bis sie ausgekühlt waren, nachdem daß Connie Curtis sie mir für n Dollar und n Budweiser gelegt gehabt hat. Den Dollar hab ich immer von meinen Extra-Ersparnissen genommen, was ich unterm Plattenspieler im Wohnzimmer versteckt hab. Warn wirklich toll früher, meine Haare: lang und dick und schwarz, bis über die Schultern, und die Mannsbilder ham immer gesagt, »Mädchen, da hasde aber mal ne Mordsmähne auf deine Schultern, mußde da nich schwitzen am Nacken?« Aber ich hab nicht dran gedacht zu antworten, bin bloß rot geworden und hab gelächelt und bin weitergegangen und hab mir mächtig Mühe gegeben, daß ich nicht mit dem Hinterteil wackel, Mama hat mir nämlich gesagt, es wär zu dick für mein Alter, und ich soll aufpassen, sonst tät ich erwachsne Mannsbilder anlocken. Paah! Hat mir trotzdem

Spaß gemacht, und ich kam mir wunder wie hübsch vor, wie was ganz Besondres, wie wenn ich Zauberkraft hätt.

Ist allerdings nicht mehr ganz, wasses mal war. Ich kuck mich im Spiegel an und seh Falten, jede Menge, und meine Haut sieht aus, wie wenn alles drauf und dran gewesen wär und hätt nach meinen Zehen runterfließen wollen und hätt sichs noch mal anders überlegt und haltgemacht und sich wabbelig und schlabberig um meine dicken Knochen rumgelegt. Und wenn schon, früher ham mir die Mannsbilder immer gesagt, wie sexy daß ich wäre, mit meinen hohen Backenknochen, ham mir immer erzählt, ich tät so geschwollen aussehn, wie wenn ich schwanger wär, aber war bloß ich selber, gesund und kugelrund. Meine Zähne warn damals sogar strahlend weiß und schön regelmäßig. Sind auch jetzt nicht so schlecht, sind nämlich keine davon meine eigenen. Dabei war ich in meinem ganzen Leben bloß zweimal beim Zahnarzt gewesen, und das kam, weil ich Ostersonntag solche Schmerzen gehabt hab, daß er keine Zeit gehabt hat für kein Röntgen, und da hattern direkt rausgerissen, weil meine Mama ihm gesagt hat, er soll machen, was er kann, daß ich Ruhe geb. Zweite Mal war das letzte Mal, und das war weil die ganze obere Reihe und die dicken ganz hinten unten mir so doll wehgetan haben, daß der Zahnarzt sie alle rausgerissen hat, daß ich mich nicht länger damit rumplagen muß.

Versteh mich nicht falsch. Ich tu nicht meiner Jugend nachtrauern. Ich hab gemacht, was ich lustig war, und noch mehr wie das. Ich hab feste geliebt. Aber nehmt mal Jessies Nichte Thelma. So ein Jammer. Erst sechsundzwanzig und, glaub ich, nicht über die zehnte Klasse rausgekommen, hat drei Kinder von verschiednen Männern, keinen Ehemann und lebt auf Stütze. Wenn man sie reden hört, gibts hier rum nix wie bloß Lumpenhunde. Ich weiß, manche von den Männern hier rum sind nicht mal keinen Pisspott wert, aber sind noch lange nicht alle Lumpenhunde. Irgendwo auf dieser Welt sind bestimmt paar junge Jessies am Rumschwirrn. Meine Mama hat mir immer gesagt, man muß was zum Herschenken haben, wemman was zurückkriegen will. Thelma hat lange Fingernägel.

Ich hab selber keine Kinder gekriegt. Nicht weil ich keine

hätt haben wollen oder haben können, es war bloß, daß Jessie nicht so viel auf Lager gehabt hat, konnt mir nicht die Säfte geben, was ich gebraucht hätt für kleine Babys zum Machen. Ich hab mich damit abgefunden, hab ihn ja für mich alleine haben wollen, auch wenn er mir keinen Nachwuchs nicht hat bescheren könn. Er hat mich durchaus befriedigt, voll und ganz befriedigt, wenn du mir nicht übelnimmmst, daß ich mich wiederhol.

Ich versteh Thelma nicht, versteh überhaupt viele von diesen jungen Leuten nicht. Ich tu sie mir immer ankucken, auf der Straße und im Fernsehn. Ich hör Sachen, was sie sich selber antun tun, wenn ich im Frisiersalon unter der Trockenhaube sitz. (Einmal im Monat geh ich zum Frisör, weils mir dann vorkommt, wie wenn noch nicht alles zu spät is. Sie macht mir Henna drauf, daß das Silber nen Goldton kriegt.) Kanns mir nicht leisten, aber ich tu mir ja eh kaum mal nen Luxus leisten. Wenn Samstag is, und ich hab Lust auf nen kleinen Schaufensterbummel, dann laß ich mir auch Make-up draufmachen. Hab das Flirten noch nicht verlernt, und manchmal machen mir die Männer sogar schöne Augen. Tut gut, in meinem Alter angekuckt und bewundert werden. Ich geb mir auch mächtig Mühe, daß ich in Form bleib. Werktags mach ich jeden Morgen um halb sechs Gymnastik vorm Fernseher, wenn mir die Knochen nicht wehtun beim Dehnen.

Aber, wie gesagt, Thelma und diese jungen Leute sehn nicht gesund aus und ham immer so schlechte Laune. Ich sehse mir genau an, auf der Straße, im Zug, wenn ich zum Arzt geh. Ich kuck ihnen in die Augen, und die sind rot oder braun, dabei sollten sie weiß sein wie Milch, und Tränensäcke ham sie, dicker und schwerer wie meine, und ich hab allerhand hinter mir. Es heißt, sie täten alle möglichen Drogen nehmen, und ich versteh nicht, wieso die das ganze Zeugs nötig ham, bloß daß sie über die Runden kommen. Nach allem, was man so hört, macht denen das angeblich viel Spaß und läßt ihr Bewußtsein verschwinden oder macht, daß sie die Sachen, was sie eigentlich spüren sollten, nicht mehr spüren.

Mein je, wie ich jung war, ham wir Sarsaparilla getrunken und gabs nicht mal keinen Wein oder sonstwelchen Alkohol in keinem Laden zum Kaufen. Diese jungen Leute sind grade mal achtzehn oder zwanzig und kaufen alles, was einen aufpulvert. Habse vorm Laden sitzen sehn, wiese in einem Zug ne ganze Flasche ausgetrunken ham. Mädchen auch.

Wär uns nicht im Traum eingefallen, uns so aufführn, schon gar nicht an keiner Straßenecke. Wir warn junge Damen und junge Herrn mit Selbstachtung im Leib. Und wir ham auch nicht sone komischen verdrehten Zigaretten geraucht, so schief und krumm, mit ohne Filter, was nach verbranntem Dreck riechen. Ich frag mich, Ma'Dear, sag ich, was ist los mit dieser Jugend? Können lesen und schreiben und rechnen, ham die High-School zu Ende gemacht, gehn ins College und kriegen Buchstaben hinter ihre Namen, aber jeden Tag hör ich Nachbarn, was sich beschwern, einer von ihren Sprößlingen hätt das Studium geschmissen.

Gott, was hätt ich nicht dafür gegeben, daß ich die High-School hätt zu Ende machen können und wär imstande und könnt nen kompletten Satz schreiben oder wär womöglich aufs College gegangen. Wär wahrscheints Innenarchitektin geworden. Ich weiß, da hamse jetzt son vornehmes Wort dafür, Wohnraumdesigner, aber kommt auf selbe raus. Ich nehm an, das kommt, weil ich meine Umgebung so gern behaglich machen tu, richtig schön sogar, daß ich mir im eigenen Haus vorkomm wie auf Besuch. Und Farbsinn hab ich schon seit eh und je gehabt. Die Leute ham immer gesagt, »Hazel, für jemand, was so arm ist wie ne Kirchenmaus, hast du mehr Geschmack punkto Plünn wie diese Rockefellers!« War auch immer wie wild am Nähen. Hab den abgewetzten Sessel und die Stühle von meiner Mama bezogen. Hab ihr ne Bettdecke und passende Kissenbezüge genäht. Hab nie mehr wie zwei verschiedene Muster mitnander vermischt. Wird eim ja schwindlig sonst.

Wär das nicht ne feine Sache, Innenarchitektin sein? Die richtigen Wörter für Sachen lernen und Markennamen in Katalogen erkennen, den Leuten meine Visitenkarte geben und ein

Jackenkleid anhaben und weiße Handschuhe. »Ja, ich habe das Eigenheim von den Hartleys und den Cunninghams eingerichtet. Was für eine schöne Aufgabe. Und so reizende Leute, einfach reizend«, hätt ich gesagt. Hätt diesen reichen Leutchen schon erzähln können, was sie in ihrem Schlafzimmer, in ihrem Wohnzimmer und speziell in ihrer Küche brauchen. So viele von denen wissen noch immer nicht, was sie damit anfangen solln.

Aber, wie ich vorher schon gesagt hab, eh ich den Faden verloren hab, manche von diesen jungen Leuten wissen nicht zu schätzen, was sie haben. Und sie ham nicht soviel Ahnung wie wir früher. Wir ham noch gewußt, was es heißt, frisches Gemüse ausm Garten essen und selber anbaun und ernten. Was es heißt, in die Kirche gehn und aufrichtig sein und glauben. Einer dem andern vertrauen. Die Haustür offen lassen. Wir ham gewußt, was Hunger ist und was es heißt, jedes Jahr wieder der Dumme sein, wenn die Ernte nicht eingebracht hat, was wir gerechnet hatten. Wir ham alle mitnander gelitten, nicht jeder für sich. Können nix mehr aushalten, diese jungen Leutchen, nicht mal ein kleines Weilchen. Hörse immer jammern im Zug, vonwegen sie können sich keinen Club Med nicht leisten und keine neuen Schallplatten, keine Cowboystiefel oder sone Brooke Shields-Calvin Klein Bluejeans, was man im Fernsehn sieht. Sind über lauter Unsinn am Jammern. Tun die überhaupt Bücher lesen, woses doch beigebracht gekriegt ham, das tät ich gerne mal wissen? Tun die Sachen lernen und sich dann gut überlegen, was se damit anfangen sollen?

Und diese jungen Mädchen mit dem ganzen dicken Make-up, was die sich ins Gesicht schmieren, und mit sone hohen Hacken, wose kaum drin laufen könn. Wolln wunder wie schick sein. Ich hab auch hohe Hacken getragen, nicht daß du meinst, und Seidenstrümpfe dazu, aber wenigstens konnt ich drin laufen. Jessie hat damals ein Auto gehabt. Hat mich immer abgeholt, und ich bin die Stufen vorm Haus runtergestiegen, ganz vorsichtig, wie wenn ich grade eben den Miss-Amerika-Schönheitswettbewerb gewonnen hätt, immer eine Stufe auf einmal, und hab mich in seinen blitzblanken schwarzen Ford reingleiten lassen. Die ganzen Nachbarn ham durch die Vorhänge gespickelt, weil ich wirklich und wahrhaftig mit meinem festen Feund in nem echten Automobil losgefahren bin.

Wenn Jessie jetzt hier wär, hätt ich jemand zum Reden. Jemand, wo meine Haut anfaßt. Tät mir wahrscheinlich mitn Fingern durch die Haare fahrn wie früher; tät mir n Kuß auf die Nase geben und mich da kitzeln, wo ich immer so lachen muß. Hab das zu gern gehabt, wenn er mich geküßt hat. War mir so leicht im Kopf und hat mir geschmeichelt, wie wenn ich wunder wie kostbar wär. Hab mich manchmal hinsetzen müssen, daß ich mich wieder einkrieg.

Wenn er da wär, hätt ichn wahrscheinlich inzwischen in drei Damespielen geschlagen, und er wär sich am Revanchiern. Aber weil heute Donnerstag ist, tät ich da drüben am Fenster stehn und drauf warten, daß er von der Arbeit nach Hause kommt, und wenn ich langsam müde wär oder die Sonne mir in die Augen käm, tät ich die Beschläge von seinen Wing-Tip-Schuhen die Verandastufen vorne raufkommen hören. Manchmal tu ich sogar jetzt noch nach ihm Ausschau halten, aber ich weiß, er kommt nicht mehr wieder. Nicht daß er nicht käm, wenn er könnt, wohlgemerkt, er hat mir nämlich immer gesagt, ich würd ihm son Gefühl geben, wie wenn ihm ein Blitz das Herz anzünden tät.

Versteh mich nicht falsch. Ich hab Freunde, trotzdem daß ne Menge davon tot sind oder Röhrchen aus der Nasen zu hängen ham oder kreuz und quer durchn Körper zu liegen. Manche sind im Altersheim. Gott sei Dank, daß ich nicht in so ein Ding eingesperrt bin. So alt werd ich nie und nimmer. Solln mich lieber lebend begraben, wenn ichs doch tu. Ich will keine Last nicht sein für niemand, und ich halts nicht aus, wenn ich zu lange mit ner Menge kranke Leute zusammensein muß.

Ich tu Gunther und Chester besuchen, wenn ich kann, und Vivian, mit der ich aufgewachsen bin, aber kaum daß ich durch diese langen Korridore geh, krieg ich Depression'. Liegen alle so schlaff und hilflos da rum und sin an die Decke am Glotzen, wie wennse tatsächlich was ankucken täten, oder sitzen steif in ihren

Schaukelstühlen, daß es einen jammert, und kucken Fernsehn und wissen die meiste Zeit nicht mal nicht, was sie überhaupt am Kucken sind. Lachen, wenns gar nix zu lachen gibt. Warten drauf, daß es dunkel wird, damit sie wissen, wann Zeit ist zum Schlafengehen. Ihre Verwandten kommen so gut wie nie zu Besuch, bloß Leute wie ich. Whimpy versteht kein Wort, was ich sag, und da bin ich immer dankbar, daß ich nicht mehr abgebaut hab, wie ich hab.

Manchmal sitzenwer aufm Sonnenbalkon und sind am Schaukeln wie die Irren; reden stundenlang kein Wort mitnander. Aber letztes Mal hat Gunther mir von seinem Enkelsohn erzählt, was an die Stanford University aufgenommen ist, und noch ein anderer an eine Universität in Michigan. Hab ihn gefragt, wo Stanford wär, und er hat gesagt, er weiß nicht. »Spielt doch keine Rolle«, hat er gesagt. »Is eine von diese hochgestochne Schulen für reiche neunmalschlaue Weiße«, hat er gesagt. »Einzig Wichtige is, daß mein schwarzer Enkelsohn n Stipendium dafür gekriegt hat, und das heißt, er kann hingehn und brauch kein Dime dafür bezahlen.« Ich hab ihm gesagt, ich weiß auch, was ein Stipendium ist. Bin doch nicht blöd. Gunther sagt, sein Enkel tät mindestens vier Jahre lang dortbleiben oder so, und bis dahin wär er Fachmann.

»Fachmann für was?« hab ich gefragt. »Was tut's, Ma'Dear, er wird Fachmann sein für wasser gelernt hat, egal was.« Vivian fing am Nuscheln, wie sie uns hat reden hören, ist nämlich noch immer gern der Mittelpunkt. War mit neunzehn Miss Springfield Gardens. Jetzt kann sie den Gedanken nicht ertragen, daß sie alt ist und runzlig. Fing am Quasseln, wose überall schon gewesen ist, hat sogar die Landschaft beschrieben, wie wenn sie ein Photo am Ankucken wär. Dabei ist sie ihr Lebtag nie weiter von hier weggekommen als wie zweiundzwanzig Meilen nach Norden, und zwar genau in dies Altersheim.

Wie gesagt, und das ist jetzt das letzte Mal, daß ich davon anfang. Macht mir nix aus, daß ich alt bin, bloß manchmal kann ich die viele Einsamkeit nicht gebrauchen. Man kann eben nicht alles alleine machen und trotzdem genauso viel Spaß haben, wie wenn jemand dabei wär und alles mitmachen tät. Drum tu ich die Bibel lesen, wenn mir mal längere Zeit mulmig ist oder ich nen Melancholischen hab, das beruhigt mich dann. Ich tu meine Purpurwinden gießen und meine Amaryllis. Ich tu Kinder hüten bei Thelma, aber nur ab und zu, sie will mir nämlich die Kinder nicht zu lange anvertrauen. Sie ruft mich hauptsächlich feiertags an und an meinem Geburtstag. Sie ist die einzige, was meinen Geburtstag nicht vergessen tut: den neunzehnten August. Hat mir erzählt, ich wär n Löwe, und ich hätt Feuer im Blut. Kannse schon recht haben, weil ab und zu vergeh ich fast vor Lust, daß Jessie mich mal wieder richtig in seinen Armen nudeln tät.

Wie dem auch sei, wird langsam spät, aber ich bin nicht müde. Ich fühl mich ziemlich wohl. Die olle Sozialarbeiterin meint, sie kriegt die Wahrheit schon aus mir raus. Die kann mich nicht bange machen. Geht die überhaupt nix an, daß ich außer meiner Rente noch Geld einnehm. Was stelln die sich eigentlich vor, wie ein Mensch heutzutage von dreihundertneunundsechzig Dollar im Monat leben soll, das tät ich gern mal wissen. Jedesmal, wenn ich zur Haustür rausgeh, kost mich das mindestens zwei Dollar. Ich wett, die verdient Tausende und hat Kreditkarten die Hülle und Fülle. Hat vermutlich n Ferienhaus auf der Insel und geht jeden Januar nach Florida. Wenn die dahinterkommt wieviel Miete, daß ich krieg, tät mir die Regierung für jede zwei Dollars, was ich verdient hab, einen Dollar abnehmen. Am besten, ich beweg meinen Hintern nach oben und räum denen ihre Schreibtische ab. Ich kann den ganzen Krempel von den Schwestern aufm Dachboden verstecken; kommen ja erst nächsten Monat wieder. Juanita lebt ausm Koffer, seitdem daß sie hier ist, und wenn die Frau wissen will, was drin ist, werd ich ihr sagen, alte Bettlaken und Kopfkissenbezüge und Erinnerungen.

Wenn ichs recht bedenk, werd ich mir erstmal n Schaumbad genehmigen und mir den Oberkörper mit Talkum pudern, dann mach ich mir ne Tasse heißen Lipton's und tu mir die Fingernägel farblos lackieren, meine Hände fühln sich nämlich schön ruhig an heute. Ich kann morgen früh um fünf aufstehn und dann den ganzen andern Kram machen; kommt eh immer zu spät, die Sozialarbeiterin. Wennse wieder weg ist, und wenns nicht zu doll am Schneien ist, geh ich ins Museum und kuck mir die neuen Bilder im linken Flügel an. Wennse ankommt, tu ich so, wie wenn ich ne einsame alte Witwe wär, was ganz alleine innem großen alten Haus vor sich hinlebt und bloß dasitzt und am Warten is, daß sie stirbt.

Übersetzt von Barbara Henninges

JAMES ALAN McPHERSON

Ein Laib Brot

Es war eine jener obszönen Situationen, für die meisten banal, für ein paar arme Leute, die ihr Leben gewöhnlich außerhalb der Vorstellung ihrer Mitbürger verbringen, jedoch von Bedeutung. Ein Kaufmann namens Harold Green wurde auf frischer Tat ertappt, wie er einer Gruppe von Leuten die gleichen Waren verkaufte, die er in anderen Filialen in besseren Gegenden zu einem niedrigeren Preis verkaufte. Das hatte er viele Jahre lang getan, und zunächst konnte er die Empörung, mit der er überschüttet wurde, nicht verstehen. Er handele nur aus Gewohnheit, beteuerte er, und habe persönlich nichts gegen die Leute, die er bediene. Sie seien seine Nachbarn. Viele habe er in schweren Zeiten anschreiben lassen. Doch mittels eines rätselhaften Zugangs zu einer Fernsehstation hatten die armen Leute jetzt die Macht, den Kaufmann in großem Stil anzuprangern. Greens Kinder sahen nun am Montag in den Abendnachrichten, wie vor dem Geschäft ihres Vaters Demonstranten auf und ab gingen.

Niemand konnte bezweifeln, daß der Kaufmann die Leute übervorteilt hatte. Der Reporter in den Nachrichten hatte angewidert das Gesicht verzogen, als er die Zahlen vorlas. Seine Miene sagte: »Es ist mein Job, Nachrichten zu bringen, aber manchmal muß selbst ich mich davon distanzieren, um meine Ehre zu schützen.« Das wenigstens war der Eindruck, den die Kinder des Kaufmanns vom Fernsehen mitnahmen. Ihr Vater war nicht namentlich genannt worden, doch man hatte eine Großaufnahme seines Ladens gezeigt, vor dem wütende Schwarze und ein paar empörte Weiße in Dreiergruppen umhermarschierten. Auch sein Name war in Großaufnahme gezeigt worden. Als sie das gesehen hatten, waren sie nicht mehr in der Stimmung, sich Zeichentrickfilme anzusehen. Am Eßtisch, verstört durch das Schweigen seiner Kinder, fühlte sich Harold Green bemüßigt zu sagen: »Ich bin kein unehrlicher Mensch.« Dann schämte er sich. Die Kinder, ein Junge und seine ältere Schwester, verließen sofort den Tisch und ließen Green mit seiner Frau allein. »Ruth, ich bin nicht unehrlich«, wiederholte er ihr gegenüber.

Ruth Green sagte nichts. Sie wußte, im Gegensatz zu ihrem Mann, daß die empörten Leute auch vor der Schule demonstriert hatten, auf die ihre Kinder gingen. Sie hatten gedroht, jeden Tag wiederzukommen, bis Green seine Preise senke. Als sie zu Hause anriefen, um das zu erzählen, hatte sie versprochen, mit ihm darüber zu reden. Da sie ihm das nicht sagen konnte, wartete sie auf ein Stichwort. Sie schaute ihren Mann über den Tisch hinweg an.

»Ich habe die Welt nicht erschaffen«, fing Green an, wobei er sogleich die Ernsthaftigkeit in ihrem Blick erkannte. »Mein Vater kam in dieses Land mit nichts als seinem Hemd. Er wurde so lange ausgebeutet, wie er sich nicht selbst helfen konnte. Er protestierte oder demonstrierte nicht. Er schuf sich eine Situation, in der er nach den Regeln spielen konnte, die er gelernt hatte.« Er wartete darauf, daß seine Frau ihm antwortete, und als sie dies nicht tat, nahm er einen erneuten Anlauf. »Ich habe diese Welt nicht erschaffen«, wiederholte er. »Ich gehe darauf nur meinen Weg. Leute wie die da, die wissen nicht genug, um nicht ausgebeutet zu werden. Wenn ich es nicht täte, dann täte es ein Grieche, ein Chinese, vielleicht ein Araber oder einer ihresgleichen, der geschäftstüchtig ist. Glaub mir, ich komme mit denen klar. Da ist etwas in ihrer Art, was sie nicht die Geduld aufbringen läßt, ein Geschäft wie meines zu führen. Wenn ich zumachen würde, dann würde ein anderer tun, was zu tun ist, das kannst du mir glauben.«

Doch Ruth Green dachte nicht daran, daß er den Laden schließen sollte. In Gedanken war sie bei anderen Dingen. Ihre Kinder hatten geweint, als sie frühzeitig von der Schule gekommen waren. Sie empfand nichts weiter für die Demonstranten, aber sie mochte es nicht, wenn ihre Kinder weinten. »An einem Tag in dieser Woche«, sagte sie zu ihrem Mann, »wirst du den Kunden acht Stunden lang alles, was sie bei dir kaufen wollen, umsonst geben. Es wird keine Werbung dafür geben, nur das, was sie durch Mundpropaganda weitergeben. Egal, was sie zu dir sagen, egal, was sie nehmen, du wirst still sein.« Sie schaute tief in ihn hinein, forschte nach dem, was, wie sie wußte, in ihm war. »Wenn du dich weigerst, wirst du deine Kinder und mich das letzte Mal gesehen haben.«

Ihr Mann knurrte. Dann beugte er sich zu ihr hin. »Ich werde nicht klein beigeben«, sagte er. »Ich werde *nichts* geben!«

»Wir werden ja sehen«, sagte seine Frau.

Die schwarzen Demonstranten hatten in der Mehrzahl anfangs Angst vor der Gewagtheit ihres Unternehmens gehabt. Es waren Bauern, die innerlich schon lange vor ihrem Schicksal als Opfer kapituliert hatten. Keiner von ihnen hatte zuvor daran gedacht, sich dagegen zu wehren. Doch als sie sich nun im Fernsehen sahen, erkannten sie kaum die Gesichter, die sie unter den hochgehobenen Transparenten und Plakaten sahen. Statt daß die Gesichter die Duldsamkeit widergaben, die sie alle spürten, blickten sie alle wütend. Besonders die Nahaufnahmen sahen furchteinflößend aus. Mehrere der ersten Demonstranten, Hausangestellte, die in den Vororten arbeiteten, berichteten, daß ihre Arbeitgeber, nachdem sie die Aktivitäten in den Nachmittagsnachrichten gesehen hatten, sie schon mit neuem Respekt behandelten. Eine Frau telephonierte, während der Wetterbericht noch lief, in der ganzen Nachbarschaft herum, daß ihr Arbeitgeber ihr genau an dem Tag einen neuen Porzellanteller für ihre Mahlzeiten gegeben habe. Die Pappteller, auf denen zuvor alle Mahlzeiten serviert worden waren, habe man in den Mülleimer geworfen. Eine der Angerufenen, eine Frau mittleren Alters, die für ihre Schüchternheit und Ängstlichkeit bekannt war, entgegnete, ihr Mann, ein Walzblecharbeiter, sei erst vor wenigen Stunden von seinem Vorarbeiter, einem Weißen mit leidenschaftlichem Haß auf alles Farbige, mit »Mister«

angeredet worden. Sie fügte die Geschichte einer Nachbarin aus der Straße hinzu, einer Witwe namens Murphy, die anfangs gezögert hatte, sich der Demonstration anzuschließen; diese Frau beharre nun darauf, daß sie täglich stattfinden müsse. Gespräche wie diese zirkulierten bei denjenigen, die mitgeholfen hatten, dies zu einem Thema zu machen. Als die Nachricht ihres Sieges anderen zu Ohren kam, die nicht daran teilgenommen hatten, bekamen sie die ganze Nacht durch Anrufe von Fremden, die den Sieg bestätigt wissen wollten, Rat anboten und Unterstützung versprachen. Solche Fremde hörten zu und erzählten dann von sich aus Geschichten von Demütigungen, die ihnen von städtischen Angestellten, Polizisten und anderen Kaufleuten zugefügt worden waren. Auf diese Weise wurde die Gemeinde binnen Stunden noch aufgebrachter und ruheloser, als sie es schon zur Zeit der ersten Demonstration gewesen war.

Bald merkte der Mann, der den Stein ins Rollen gebracht hatte, daß er ein Held war. Er hieß Nelson Reed, und er war sein ganzes Leben lang als Fließbandarbeiter beschäftigt gewesen. Er war ein solider Ehemann, Vater dreier Kinder und ein Diakon in der Baptistenkirche. Sein ganzes Leben lang hatte er auf Gott vertraut und war gut zurechtgekommen. Doch nun kapitulierte etwas in ihm vor der Realität, die plötzlich in den Blick geriet. »Ich hatte unrecht«, sagte er Leuten, die ihn anriefen. »Das einzige, was wichtig ist auf der Welt, ist *Geld*. Und wann haben Sie das letzte Mal ein Bild von Jesus auf einem Dollarschein gesehen?« Dieser Satz, den er beständig wiederholte, löste bei einigen Anrufern ein nervöses Lachen aus, nicht jedoch ohne eine gewisse Zustimmung, daß die Dinge wohl tatsächlich so standen. Viele sagten, sie hätten es schon immer gewußt. Andere meinten, dies sei sicher richtig, doch es sei eine Sache, ohne Geld zu leben, und eine andere, ohne Glauben zu leben. Aber dennoch lachten die meisten Anrufer und sagten: »Sie haben recht. Sie *wissen*, daß ich weiß, daß Sie recht haben. Aber ist es denn nicht die Wahrheit?« Nur einige wenige, darunter Nelson Reeds Frau, sagten nichts und sahen sehr traurig aus.

Warum sie jedoch traurig aussahen, das wollten sie nicht sagen. Und jeder, der ihre besorgten Gesichter beobachtete, mußte sich auf seine Intuition verlassen. Man weiß, daß Reeds Frau Betty alle Geschehnisse an der Fülle ihrer eigenen Erfahrung maß. Sie war skeptisch gegenüber allem. Nachdem sie einige Jahre mit einem Jazz-Musiker in wilder Ehe gelebt hatte, war sie zur Kirche gekommen und hatte die Religion angenommen, als sie Nelson Reed heiratete. Doch obwohl sie nicht mehr vollkommen an die Welt glaubte, hatte sie Gott gleichwohl nicht vollständig angenommen. Es war etwas an der Art von Christus' schnellem Aufstieg, das sie immer gestört hatte, und etwas in dem Blut und der Rache des Alten Testaments, das heiter stimmte und erfrischend wirkte. Doch diese Gedanken hatte sie noch nie jemandem mitgeteilt, schon gar nicht ihrem Mann. Stattdessen lächelte sie leer, wenn andere große Glaubenserfahrungen bekundeten, blieb stumm, wenn Freunde glühend von ihren Überzeugungen sprachen. Die Präsenz dieses Vakuums in ihr trug zu dem Rätsel ihrer Person bei; man sagte, sie sei schön, wenn auch nicht äußerlich. Vielleicht lächelte sie jetzt nur nicht, um sich diese innere Schönheit zu bewahren, und schaute äußerst traurig, wenn sie ihrem Mann am Telephon zuhörte.

Nelson Reed hatte keinen Grund, traurig zu sein. Im Lauf der Tage schien er immer energetischer und redseliger zu werden. Am Dienstag nach der ersten Demonstration wurde er von einem Alderman eingeladen, um in einer lokalen Fernsehtalkshow seine Geschichte zu erzählen. Er schwitzte heftig unter den heißen weißen Lichtern und versuchte, philosophisch zu sein. »Wie ich sehe«, sagte der Gastgeber zu ihm, »sind Sie über diese ausbeuterische Behandlung nicht wütend. Was, Mr. Reed, ist der Quell Ihrer Ruhe?« Der Fließbandarbeiter blickte unbeeindruckt in die Kamera und sagte: »Ich hab immer an die *Gerechtigkeit*, groß geschrieben, geglaubt. Schon als Baby hat man mich in dem Glauben erzogen, daß Gott macht, daß keiner *zu* weit geht. Sehn Sie, für *mich* hat Gott die Verantwortung über alles Großgeschriebene im Alphabet dieser Welt. In der Schrift heißt es: Er ist Alpha und Omega, der Erste und der Letzte. Er ist ja doch der *einzige* Großschreiber, wo's gibt.«

Reed und der Alderman lachten beide. »Wenn aber der *Mensch* anfängt, alles groß zu schreiben, dann wird er *gierig*. Er schreibt *Freude* klein und *Gerechtigkeit* noch kleiner. Er schreibt *Gier* ganz groß und das *Böse* ganz groß. Ja, und sobald er damit anfängt, *Gott* klein zu schreiben, dann kann man was Entsprechendes erwarten. Der Erlöser schreibt dann eben auch *Hölle* ganz groß und handelt entsprechend. Und genau das tu ich, mach den Halsabschneidern das Leben zur *HÖLLE*, großgeschrieben.« Der Talkmaster lachte zusammen mit Nelson Reed und dem Alderman. Nach der Aufzeichnung tranken sie im Hinterraum des Studios Kaffee und redeten über den traurigen Zustand der Welt.

Drei Tage, bevor er in die Forderung seiner Frau einwilligen sollte, sah Green, der Kaufmann, diese Talkshow zu Hause im Fernsehen. Die Worte Nelson Reeds ließen ihn erschauern. Obwohl Reed versucht hatte, philosophisch zu sein, sah Green die Aussage nicht in diesem Licht. Statt dessen sah er einen unversöhnlich wirkenden Schwarzen zwischen einem ehrgeizigen Alderman und einem selbstgefälligen Talkmaster. Er sah sie behaglich über das Wesen des Bösen plaudern. Der Kameramann hatte zumeist Nahaufnahmen gemacht, und Green konnte Nelson Reeds Mundstellung sehen. Die Farbe von Reeds Gesicht war zum Verrücktwerden. Als seine Kinder in sein Zimmer kamen, war der Kaufmann schweißgebadet. Bevor er noch überlegen konnte, hatte er sie angebrüllt und den Aus-Knopf des Fernsehers gedrückt. Schreiend rannten die Kinder aus dem Zimmer. Ruth Green kam aus der Küche hereingestürzt. Sie wußte, warum er so erregt war, denn er hatte einen Anruf wegen der Show erhalten, doch sie schützte Unwissen vor und sagte nichts. Vor der Schule ihrer Kinder war an dem Tag eine Demonstration gewesen, ebenso wie am Tag davor. Doch beiden Kindern war noch immer verboten, mit ihrem Vater darüber zu reden.

»Wo haben die bloß diese Macht her«, sagte Green zu seiner Frau. »Noch vor zwei Tagen hätte sich kein Mensch darüber aufgeregt. Jetzt werde ich überall, selbst in meinem eigenen

Haus, als Schurke verdammt. Was besitze ich denn? Eine Fluglinie? Einen Multikonzern? Halb Südamerika? *Nein!* Ich besitze drei Geschäfte, von denen eines zufällig in einer Gegend steht, in der Leute wohnen, die mich Geld kosten, ihn zu halten.« Er seufzte und setzte sich auf dem Sofa auf, die dicklichen Beine weit von sich gestreckt. »Ein Taxifahrer hat eine Uhr, die beim Fahren klickt. Ich zahle zusätzlich für die Versicherung, für Eisengitter, dafür, daß Kunden und Angestellte bei mir klauen. Da klickt nichts. Aber wenn ich ein bißchen was auf meine Preise draufschlage, klickt plötzlich alles. Aber bei anderen. Wann hat es schon mal so eine Welt gegeben?« Er preßte beide Handflächen an die Schläfen, deutete damit ein Geräuschbombardement auf sein Gehirn an.

Diese Bewegung löste bei Ruth Green keine Reaktion aus. Sie blieb an der Tür stehen und schaute ihn unverwandt an. Sie sagte: »Um dich zu schützen, würde ich bis nach der Verschenkaktion am Samstag kein Frischfleisch mehr kaufen. Auch würde ich es den Angestellten erst sagen, wenn der erste Kunde des Tages zur Kasse kommt. Aber ich würde dir dringend raten, Sicherheitsleute hinzustellen, damit du wie gewöhnlich Punkt halb acht zumachen kannst.« Sie wollte noch viel mehr sagen, tat es aber nicht. Statt dessen beobachtete sie ihn. Er schaute auf den leeren Bildschirm, die Handflächen noch immer auf die Ohren gepreßt. »Für den Fall, daß du wieder hören willst«, fuhr sie in gewichtigem Ton fort, »vor zwei Tagen sagte ich, und ich sag's jetzt noch mal, wenn du das nicht tust, dann wirst du deine Kinder auf Jahre hin nicht mehr sehen.«

Er drehte den Kopf und schaute zu ihr hoch. »Welche Farbe haben diese Leute?« fragte er.

»Schwarz«, sagte seine Frau.

»Und wie heißen meine Kinder?«

»Green.«

Der Kaufmann lächelte. »Da hast du deine Antwort«, sagte er zu seiner Frau. »Grün ist die einzige Farbe, die mich interessiert.«

Seine Frau lächelte nicht. »Ungenügend«, sagte sie.

»Die Welt ist verrückt«, stöhnte er. »Aber es ist für mich eine

Frage der Gesundheit, nicht klein beizugeben. Ich werde nicht klein beigeben.« Er legte ein Bein über das andere und drückte eine Hand fest aufs Knie. »*Ich werde nicht klein beigeben*«, sagte er.

»Wir werden ja sehen«, sagte seine Frau.

Nach dem Fernsehinterview wurde Nelson Reed der anerkannte Führer der verstimmten Nachbarn. Anfangs trafen sich einige von ihnen in der Küche in seinem Haus; dann, als der Platz für neugierige Neuankömmlinge nicht mehr ausreichte, wurde am Donnerstag eine Massenveranstaltung in einem stillgelegten Kino abgehalten. Seine Frau und seine drei Kinder saßen in der ersten Reihe. Dahinter saßen die Witwe Murphy, Lloyd Dukes, Tyrone Brown, Les Jones – diejenigen, die beim ersten Demonstrationszug mit ihm gegangen waren. Dahinter saßen Leute, die gelegentlich in dem Laden kauften, Leute, die am Rand des Viertels wohnten, Leute aus anderen Vierteln, die gekommen waren, um sich das Problem näher zu betrachten, sowie einige, die bloß neugierig waren. In den mittleren Reihen saßen Leute aus den Vororten, die die Talkshow gesehen hatten und deren Empörung über den Kaufmann sich als weit stärker erwies als ihre Furcht vor Schwarzen. In den hinteren Reihen drängten sich alternde Linke alter Schule, ernste Studenten, zynische junge Schwarze mit wütendem Groll, der sich durch unspezifische Gesten ausdrückte. Sozialwissenschaftler lehnten an den Wänden oder kauerten hinten bei den Türen mit Tonbandgeräten. Sie wirkten distanziert und heiter wie Buchmacher beim Pferderennen. Hier und da hatte sich in dieser buntgemischten Menge auch ein Politiker aufgebaut, heftig Hände schüttelnd und älteren Leuten sanft die Hand auf die Schulter drückend. Andere Besucher verteilten Flugblätter, Buttons, Hochglanzbilder von Männern, die eine gute Sache unterstützten, bekannte und unbekannte. Es herrschte ein Stimmengewirr, eine Mischung aus scharfen und spielerischen, empörten und ehrerbietigen Tönen, was der Versammlung eine geheimnisvolle unterschwellige Energie verlieh.

Nelson Reed sprach von einem Podium auf der Bühne aus, er

stand vor einer vergilbten, zerfetzten Leinwand, die einstmals die Bilder von Matinee-Idolen zurückgeworfen hatte. »Es macht mir nichts, wenn ich sag, daß ich schon immer ein Trottel war«, erzählte er der Menge. »Mein ganzes Leben bin ich auf die Worte Jesu reingefallen. Weil ich von Natur aus doof bin, bin ich nie so *vernünftig* gewesen, was Besseres zu lernen. Sogar am heutigen Tag, wo die ganze Welt sagt, falsch ist richtig und oben ist unten, bin ich so blöd, daß ich *immer noch* glaub, was im Guten Buch steht ...«

Aus dem Publikum, besonders aus den vorderen Reihen, ertönte ein Chor: »Predige!«

»Ich hab keinen Zweifel«, fuhr er in einem tiefen Bariton fort, »daß wahr ist, was im Guten Buch geschrieben steht: ›Die letzten werden die ersten sein, und die ersten werden die letzten sein.‹ Ich weiß nicht, wie's bei euch ist, aber ich war *immer* der letzte. Ich hab nie der erste sein wollen, aber manchmal könnt man meinen, daß es mit der Welt so schlecht wird, daß die, wo am Baum des Lebens festhalten, als einzigste noch übrig sind, wenn Gott beginnt, tote Blätter von den Zweigen zu blasen.«

»Jetzt predigst du«, rief jemand.

Im hinteren Teil des Kinos schrie ein weißer Student betreten »Amen«.

Nelson Reed begann auf der Bühne auf und ab zu gehen, um den größeren Teil seiner nervösen Energie zu beschäftigen. Für diejenigen im Publikum jedoch, die nun an jedem seiner Worte hingen, sah es aus, als mache er sich wichtig. »Mein ganzes Leben lang«, sagte er, »habe ich behauptet, ein Mann zu sein, ohne mir das Recht zu verdienen, mich so zu nennen. Wißt ihr, der *Durchschnitts*mann ist eigentlich kein Mann. Der Durchschnittsmann ist ein *Stiefellecker*. Ja, der *Durchschnitts*mann würde *davonlaufen*, wenn er sich einem Widersacher allein Aug in Aug gegenübersehen würde. Das habe ich *zu oft* in meinem Leben getan! Aber *jetzt nicht mehr*. Lieber *einmal* ein Mann sein als *niemals*. Ich sag euch heut abend, durchschnittlich sein, da ist was falsch dran. Ich *habe die Absicht aufzustehen!* Und wenn so ein Durchschnittsmann, der eigentlich kein Mann ist, aufsteht, dann passieren zwei Sachen: *einmal*, er geht von dem ganzen Gewicht, das man ihm aufgeladen hat, kaputt, und *zum zweiten*, es tut ihm ganz schön weh. Aber grad durch den Schmerz fallen die Sachen an die richtige Stelle. Das, und daß man diese oberschlauen Aasgeier fest am Schlafittchen packt, damit man sie schütteln kann und sagen: ›*Schluß jetzt.*‹ Wenn ihr das tut, dann tut das manchem weh, aber *dann seid ihr nicht mehr durchschnittlich* …«

»*Schluß* jetzt!« wiederholten einige in den vorderen Reihen.

»Ich sag *Schluß jetzt!*« schrie Nelson Reed.

»*Schluß jetzt! Schluß jetzt! Schluß jetzt!*« Der Sprechchor rauschte durch die Menge wie der rhythmische Herbstwind in einem Baum, der die Blätter verliert.

Dann lachten und schwatzten die Leute jubelnd.

Was den Kaufmann betraf, so hatte er nach dem Abend mit dem Fernsehinterview begonnen, Pläne zu schmieden. Ohne daß seine Frau es wußte, zog er sich mehrere Male mit seinem Schwager zurück, einem Versicherungsvertreter, und heckte eine Marschrichtung aus. Er hatte nicht die Absicht, der Menge Steaks vorzuwerfen. »Warum sollte ich auch, Tommy?« fragte er den Bruder seiner Frau, einen schmalen, kahlköpfigen Mann namens Thomas. »Ich betrüge keinen. Ich habe nie jemanden betrogen. Die Geschäfte, die ich mache, sind immer einwandfrei. Warum soll ich also bezahlen?«

»Genau«, sagte der Schwager, während er auf einem kalten Zigarillo kaute. »Die Welt ist verrückt geworden. Als nächstes sagen sie noch, daß die Leute in meinem Geschäft verantwortlich sind, daß man länger lebt. Ich hab rausgefunden, daß die Leute, die sich weigern, an den Tod zu glauben, sich auch weigern, an die Härten des Lebens zu glauben. Ich verkaufe ganz gut damit, daß ich sage, der Tod ist ein langes Glück. Ich zeig den Leuten die Realitäten des Lebens und vergleiche das mit einem Begräbnis in Würde *und* dem Versprechen, daß ein Bündel für jeden lieben Verwandten auf die hohe Kante kommt. Wenn sie sich dann genau im Leben umschauen, kaufen sie in der Regel.«

»Na, und?« fragte Green. Thomas war auf der Universität gewesen und hatte einen Hang zur Philosophie.

»Na, und?« antwortete Thomas. »Du mußt kämpfen und den Leuten die Wirklichkeit sowohl deiner wie deren Situation zeigen. Wie wär's, wenn du zu einem ihrer Treffen gingst und ihnen deine Kalkulation in Dollar und Cent an einer Tafel vorrechnest? Erkläre ihnen deine Unkosten, deine Versicherungsbeiträge, die ganzen Zusatzausgaben. Wenn du sie mit Respekt behandelst, verstehen sie es vielleicht.«

Green runzelte die Stirn. »Das würde ich nie tun«, sagte er. »Damit würde ich ja eine gewisse Schuld eingestehen.«

Der Schwager lächelte, aber nur mit einem Mundwinkel. »Hast du denn etwas, weswegen du dich schuldig fühlen müßtest?«

Der Kaufmann schaute ihn unwirsch an. »*Nichts!*« sagte er mit großem Nachdruck.

»Na, und?« sagte Thomas.

Dieses erste Treffen zwischen dem Kaufmann und seinem Schwager fand am Donnerstag in einer überfüllten Bar statt.

Beim zweiten Treffen in einer Imbißkneipe vereinbarten sie, daß der Kaufmann ein privates Gespräch mit dem Anführer der Gruppe, Nelson Reed, führen solle. Das Treffen, bei dem das vereinbart wurde, fand Freitag nachmittag statt. Nachdem er diesen Rat von Thomas angenommen hatte, fand sich der Kaufmann damit ab, Nelson Reed in möglichst begrenztem Rahmen die wirtschaftliche Struktur seiner Kalkulation zu erklären. Er versprach, keine Information zu unterdrücken. Er würde ihm alles erklären: Inventar, Handelsspanne, Verkaufsposten, Inflation, Bilanz, Sonderposten, Unkosten und jenen rätselhaften Posten namens Profit. Über jenen letzten Posten, der am schwierigsten zu erklären sein würde, diskutierten Green und der Schwager mehrere Stunden lang. Zunächst waren sie sich darin einig, daß einer nicht umsonst arbeiten sollte, dann, daß es unethisch sei, andere rücksichtslos auszubeuten. Ausgehend von diesen Parametern steckten sie ein Gebiet zwischen fünfzehn und vierzig Prozent ab und waren sich darin einig, daß irgendwo zwischen diesen Grenzen die Höhe des Ertrages lag, den man als fair bezeichnen konnte. Das war einfach, doch dann brachte Thomas den Faktor der besonderen Umstände ein. Er stellte zur Diskussion, ob die Tatsache, daß man eine riskante Gegend bediene, Profite rechtfertige, die sich mehr der Vierzigprozentgrenze der Skala näherten. Green war unsicher. Thomas lächelte. »Ich hab hier einen Fall, der eine Analogie aufzeigt«, sagte er und leckte seinen Zigarillo. »Ich hab in der Zeitung gelesen, daß eine Familie einen elektrischen Ofen verkaufen will. Ich ruf dort an, und der Mann sagt, fünfzig Dollar. Ich frag, ob ich vorbeikommen und mir das Ding ansehen kann. Als ich komme, sehe ich, daß sie arm sind, schon einen neuen Ofen gekauft und installiert haben und den alten für fünfzig Dollar verkaufen wollen, weil er weg soll. Der elektrische Ofen ist in gutem Zustand, viel mehr als fünfzig Dollar wert. Aber weil ich sehe, was ich sehe, biete ich fünfundvierzig.«

Aus irgendeinem Grund schrieb Green diese Zahl auf die Rückseite des Kassenbons für den Kaffee, den sie tranken.

Der Schwager lächelte. Er kaute auf seinem Zigarillo. »Der Mann willigt in die fünfundvierzig Dollar ein, sagt, er hat kein anderes Angebot. Ich seh mir den Ofen noch einmal an und entdecke einen Rostfleck. Ich sag, ich geb ihm vierzig Dollar. Er willigt ein unter der Bedingung, daß ich ihn selber abtransportiere. Ich sage, ich transportiere ihn ab, wenn er auf dreißig runtergeht. Du siehst natürlich, worauf ich hinaus will.«

Der Kaufmann nickte. »Die Umstände seiner Lage, sein Bedürfnis, den Ofen schnell loszuwerden, bringen ihn in eine Situation, in der er wenig Spielraum zum Feilschen hat?«

»Ja«, antwortete Thomas. »Und? Ist das ethisch, Harry?«

Harold Green runzelte die Stirn. Er hatte seinen Schwager nie gemocht, und jetzt hielt er den Versicherungsagenten für gewieft. »Aber«, antwortete er, »der Mann *muß* doch gar nicht verkaufen! Er hat doch die Wahl, auf weitere Anrufe zu warten. Der Käufer ist doch nicht dran schuld, daß es der Verkäufer eilig hat. Der Käufer hat das Recht, das, was er will, zu einem möglichst niedrigen Preis zu kriegen. So sind die Regeln. So waren die Regeln *immer*. Und das Umgekehrte trifft auch auf den Verkäufer zu.«

»Ja«, sagte Thomas und nahm einen Schluck Kaffee aus seinem Styroporbecher. »Aber mal angenommen, der Besitzer war, abgesehen davon, daß er es eilig hatte, auch ein Seelchen. So Leute gibt's schließlich viele.« Er lächelte. »Angenommen, das Geld war ihm nicht so wichtig?«

»Dann«, antwortete Green, ist dein Beispiel akademisch. »Dann reden wir nicht über das wirkliche Leben. Der eine lebt dem Kodex entsprechend, der andere nicht. Wer ist schon so frei, um darüber zu urteilen?« Er lachte. »Jetzt siehst du's«, sagte er zu seinem Schwager. »Da steht viel mehr auf dem Spiel als ein paar Dollar. Wenn dieser eine Käufer verurteilt werden soll, dann muß man auch die meisten Menschen in der Geschichte verurteilen. Eine Überprüfung der Geschichte hält die einzige Antwort auf deine Frage bereit. Diese Regel wird's auch morgen noch geben, lange, nachdem es diejenigen, die sie nicht befolgen, nicht mehr gibt.«

Bis in den späten Nachmittag hinein setzten sie sich heftig auseinander, wobei der Schwager entschieden auf seiner Sicht der Sache beharrte. Als sie sich kurz vor fünf Uhr trennten, waren sie zu keinem Ergebnis gekommen.

Auch bei dem Treffen zwischen Green und Nelson Reed kam es kaum zu einem Ergebnis. Als der Kaufmann ihn am frühen Abend telephonisch zu Hause erreichte, war der Anführer der Gruppe zunächst kühl zu ihm, willigte schließlich aber ein, sich mit seinem Widersacher in einem nahegelegenen Drugstore bei einem Kaffee zu unterhalten. Sie trafen sich an der Lunchtheke, gaben sich verlegen die Hand und redeten einige Minuten lang übers Wetter. Dann zog der Kaufmann zwei graue Hauptbücher aus seiner Aktentasche. »Sie haben jahrelang bei mir eingekauft«, sagte er zu dem Mann. »Soweit ich mich erinnere, habe ich Sie immer gut bedient. Und so weit ist es jetzt zwischen uns gekommen.« Er schob die Bücher über die Theke, bis sie Nelson Reeds Arm berührten.

Reed schlug das obere Buch auf und blätterte mit dem Daumen durch die dicken grünen Seiten. Er schaute sich die Zahlen nicht näher an. »Ich weiß nur eines«, sagte er. »Drüben bei Ihnen kostet mich eine Dose Suppe fünfundfünfzig Cent, und zwei Meilen weiter in Ihrem anderen Laden für die Weißen verlangen sie neunundreißig Cent.« Er sagte dies mit der ruhigen Kraft einer empörten Seele. Etwas Herablassendes, darin eine Spur Mitleid, schlich sich in seinen Blick.

Der Kaufmann trommelte mit den Fingern auf den Ladentisch. Er drehte den Kopf und schaute weg, auf die Regale mit Kosmetika, Abführmitteln, Zahnpasta. Sein Blick blieb an einem Plakat mit den apfelroten Lippen und milchweißen Zähnen einer Frau hängen. Das übrige Gesicht fehlte.

»Hat doch keinen Sinn, Verstecken zu spielen«, sagte Nelson Reed wie zu einem Kind. »*Ich* weiß, Sie sind im Unrecht, *Sie* wissen, Sie sind im Unrecht, und wenn ich aufgehört habe, weiß *jeder in der ganzen Stadt*, daß Sie im Unrecht sind. Gott *mag* die Häßlichen nicht.« Er schloß die Augen und umklammerte die Kaffeetasse. Dann wandte er plötzlich den Kopf und schaute den Kaufmann direkt an. »Mann, warum wollen Sie die Leute nur so *übers Ohr hauen?*« fragte er. »Wir sind doch auch Menschen, so wie Sie.«

»Bei *Gott*!« rief Green aus und schaute Nelson Reed mitten ins Gesicht. »Bei Gott!« sagte er nochmal. »*Ich bin kein böser Mensch*!« Diese letzten Worte klangen eher wie ein Stöhnen, als er die Rachenmuskeln anspannte, um die Lautstärke seiner Stimme zu senken. Er zuckte mit der linken Schulter, wie um den Sitz seines Mantelärmels zu korrigieren oder ein lästiges Gewicht abzuschütteln. Dann spähte er den Ladentisch entlang. Niemand sah her. Am Ende des Ladentisches reinigte die Bedienung die Kaffeemaschine. »Sehen Sie sich bitte diese Zahlen an«, sagte er zu Reed.

Der Mann dachte nicht daran. Sein Blick blieb unverwandt auf das Gesicht des Kaufmanns gerichtet.

»Na, schön«, sagte Green. »Dann nicht. Dann sage ich Ihnen, was in diesen Büchern steht, wenn Sie wollen, glauben Sie's mir. Ich arbeite zwölf Stunden am Tag, ein Tag in der Woche frei, führe mein Geschäft in drei Läden. Ich bin nicht reich. In einem Laden, dem in der, wie Sie es nennen, weißen Gegend, komme ich geradeso auf meine Kosten, indem ich alten Damen herzhaft zulache und Feinschmeckerkram anbiete in der Hoffnung, mir einen Ruf als Qualitätsgeschäft aufzubauen. Die beiden Verkäufer dort betrügen mich; ich kann nichts dagegen tun. In meinem Geschäft muß man zu allen freundlich sein. Der zweite Laden ist am andern Ende der Stadt in einem Viertel, das ähnlich arm wie das hier ist. Ich komm selten dahin. Die Profite lohnen das Benzin nicht. Ich schreibe den Verlust dort bei anderem Eigentum ab.« Er hielt inne. »Wissen Sie, was abschreiben ist?« fragte er Nelson Reed.

»Nö«, sagte der Mann.

Harold Green lachte. »Was macht das schon?« sagte er in einem Ton, als sei das eher für ihn selbst bestimmt. »In dieser Gegend mache ich Profit, zugegeben, wenn auch nicht so viel, wie Sie denken. Aber ich mache hier nicht Profit, weil die Leute Schwarze sind. Ich mache hier Profit, weil man hier Profit machen kann. Ich investiere hier mehr in Fenstergitter, Verlust durch Diebstahl, Versicherungen, Ausschuß; es steht mir einfach zu, hier mehr Gewinn als in den anderen Läden zu machen.« Fast beschwörend schaute er auf den Mann, der neben ihm saß. »Akzeptieren Sie das nicht als Recht eines Geschäftsmannes?«

Reed grunzte. »Wie kommt Kuhscheiße aufs Dach?«

Wieder lachte Green. Verlegen würgte er seinen Kaffee hinunter, als hätte er es eilig zu gehen. Doch seine Bewegungen wurden langsamer, als er die Kaffeetasse auf der blauen Untertasse absetzte. »Versetzen Sie sich doch mal in *meine* Lage«, sagte er zögernd mit erhobener Stimme. »Wenn *Sie* meinen Laden im Viertel hätten, welche Position würden *Sie* einnehmen? Sagen wir, auf einer Profitskala von fünfzehn bis vierzig Prozent, wo würden Sie da die Grenze ziehen?«

Nelson Reed dachte nach. Er trank von seinem Kaffee und schien die Flüssigkeit zu kauen. »Fünfzehn bis vierzig?« wiederholte er.

»Ja.«

»Ich gehe regelmäßig in die Kirche«, sagte er. »Eher fünfzehn als vierzig.«

»Wieviel genau?«

Reed überlegte. »In der Kirche gibt man den Zehnten.«

»Im Restaurant gibt man fünfzehn Prozent Trinkgeld«, sagte der Kaufmann schnell.

»Na gut«, sagte Reed. »Über fünfzehn.«

»Wieviel drüber?«

Nelson Reed überlegte.

»Zwanzig, dreißig, fünfunddreißig?« sang Green und rückte näher zu Reed hin. Noch immer überlegte der Mann.

»Vierzig? Vielleicht sogar fünfundvierzig oder fünfzig?« hauchte der Kaufmann Reed ins Ohr. »Im Supermarkt haben sie nämlich feinere Möglichkeiten, solche Kunststückchen zu machen.«

Reed fegte die Kaffeetasse mit dem rechten Handrücken weg. Die braune Flüssigkeit schoß über den Ladentisch und machte die Bücher naß. »*Verdammt*!« schrie er.

Verblüfft erhob sich Green von seinem Hocker.

Nelson Reed zitterte. »Ich bin nicht *Sie*«, sagte er in einem tiefen Bariton. »Und der *Supermarkt* bin ich auch nicht. Ich bin bloß 'n armer Mann, der *zu* hart arbeitet, um zusehen zu wollen, wie ihm das Geld wie Regenwasser durch die Finger rinnt. Ich weiß bloß, Sie haben mich *betrogen*, Sie haben alle im Viertel *betrogen*, und wir haben uns jetzt zusammengeschlossen, um uns ein bißchen davon *wiederzuholen*!« Dann stand er auf und fixierte den Kaufmann. »Mein Daddy war Farmpächter drunten in Mississippi und hat im Genossenschaftsladen eingekauft. Als er starb, hat er ihnen 23 Jahre geschuldet. Ich hab fünf davon abbezahlt und bin dann hierher weggelaufen. Jetzt bin ich Diakon in der Baptistenkirche. Ich zieh meine Kinder groß, wie mein Daddy mich großgezogen hat, und leg mich mit niemand an. Und jetzt merk ich nach meiner ganzen Weglauferei, daß die genau *den Genossenschaftsladen* aus Mississippi rausgenommen und hier auf uns draufgesetzt haben! Also, mein Daddy war ein *Kämpfer*, und wenn er denen nicht die ganzen Jahre geschuldet hätte, dann hätt er ziemlichen Ärger gemacht. Ich, ich bin immer noch das Kind von meinem Vater, dazu hab ich längere Betriebszugehörigkeit in meiner Gewerkschaft. Ich bin ein freier Mann. Junge, das kann ich Ihnen sagen, *ich mach noch ziemlichen Ärger*!«

Harold Green langte nach einer Papierserviette, um den Kaffee, der in die Bücher drang, aufzuwischen.

Nelson Reed warf einen Dollar auf die Bücher und ging.

»Ich werde es *nicht* tun!« sagte Harold Green am selben Abend zu seiner Frau. Sie waren im Badezimmer. Über das Waschbekken gebeugt, wusch sie sich die Haare, ein Handtuch um den Hals. Der Kaufmann stand in der Tür und schaute zu ihr hinein. »Ich werde mich morgen nicht bankrott machen«, sagte er.

»Ich habe mir auch Gedanken darüber gemacht«, sagte Ruth und schüttelte die nassen Haare. »Du wirst es tun, Harry.«

»Warum sollte ich?« fragte er. »Du gehst ja doch nicht. Du weißt doch, daß du geblufft hast. Ich habe jetzt so lange gewartet, daß du dich wieder beruhigst. Morgen ist Samstag. Es war eine harte Woche. Heute abend wollen wir doch realistisch sein.«

»Natürlich wirst du es tun«, sagte Ruth Green. Sie sagte es, als würde sie sagen: »Nimm doch noch einen Toast.« Sie sagte: »Du wirst es tun, weil du sehen willst, wie deine Kinder groß werden.«

»Und aus welchem Grund?« fragte er.

Sie zog sich das Handtuch enger um den Hals. »Weil du im Grunde ein moralischer Mensch bist.«

Er grinste schmerzlich. »Und wenn schon, warum soll ich das *denen* beweisen?«

»Nicht denen«, sagte Ruth, hielt in ihren Bewegungen inne und sah in den Spiegel. »Denen doch nicht. Keineswegs. Die haben damit überhaupt nichts zu tun.«

»Und wem dann?« fragte er und trat von der Tür ins Zimmer. »Wem sonst soll ich etwas beweisen?«

Seine Frau weinte. Aber ihr ganzes Gesicht war naß. Die Tränen rannen ihr lautlos übers Gesicht.

»Wem dann?« fragte Harold Green.

Es war fast elf Uhr, und die Kinder waren im Bett. Auch sie hatten geweint, als sie aus der Schule nach Hause kamen. Ruth Green sagte: »Dir selbst, Harry. Der Liebe, die in deinem Herzen wohnt.«

Die ganze Nacht dachte der Kaufmann darüber nach.

Auch Nelson Reed schlief in jener Nacht wenig. Als er von dem Drugstore nach Hause kam, erzählte er seiner Frau von dem Gespräch, so weit er sich erinnern konnte. Anfangs hatte er über die Unterredung zwischen ihm und dem Kaufmann gescherzt, doch als weitere Einzelheiten in sein Bewußtsein zurückkehrten, wurde er ernst und dann verbittert. »Der hat gesagt, ich soll mich mal in *seine* Lage versetzen«, sagte Reed zu seiner Frau. »Hat der nicht Nerven? Ich hab in meinem ganzen Leben noch keinen übers Ohr gehauen. Mein ganzes Leben lang hab ich nach den Prinzipien der Bibel gelebt. Ich bin Kirchendekan. Mein ganzes Leben lang hab ich für andere gearbeitet, nicht mal das Haus, in dem ich leb, gehört mir.« Er lief in der Küche auf und ab, die großen Arme locker an den Seiten schlenkernd. Betty Reed saß am Tisch und schaute ihm zu. »Das ist doch eine ganz miese Arschtreterwelt«, sagte er. »Das schwör ich bei Gott! Mein ganzes Leben lang hab ich prinzipiengetreu gelebt und hab keinen Cent auf der Bank. Betty«, unvermittelt wandte er sich ihr zu, »hältst du mich denn nicht für einen Trottel?«

»Mr. Reed«, sagte sie. »Gehn wir ins Bett.«

Doch er ging nicht ins Bett. Statt dessen holte er sich den kleinen Bourbon aus dem Schränkchen unter der Spüle und goß sich einen Schluck ein. Seine Frau wollte nicht mittrinken. Reed leerte das Glas und dann noch eines, wobei er wieder anfing, in der Küche auf und ab zu laufen. Er schlug sich mit den Händen gegen die Seiten. »Ich halt mich für einen Trottel«, sagte er. »Keinen Cent auf der Bank, keinen Topf zum Reinpinkeln und keine Wand, ums drüberzukippen, und dieser *Halsabschneider* da sagt, ich soll mich mal in *seine* Schuhe stellen. Verflucht, ich kann mir nicht mal die *Schuhe* leisten, die der anhat.« Er blieb stehen und sah seine Frau an.

»Mr. Reed«, flüsterte sie. »Morgen ist keine Arbeit. Gehn wir ins Bett.«

Nelson Reed lachte, die Bitterkeit in seiner Stimme schokkierte seine Frau. »Den *Teufel* tu ich!« sagte er.

Er schritt zu dem gelben Telephon an der Wand neben der Spüle und fing an zu wählen. Als erstes wollte er Lloyd Dukes anrufen, einen Nachbarn zwei Straßen weiter und einer seiner Stellvertreter in der Organisation. Dukes war nicht zu Hause. Der zweite Anruf ging an McElroy's Bar, 65. Ecke Carroll, wo Stanley Harper, ein weiterer Stellvertreter, als Barmann arbeitete. Und Harper verbreitete dann bei den Leuten an der Bar die Nachricht, daß die Organisation am nächsten Vormittag vor dem Laden des Kaufmanns demonstrieren werde. Und die ganze Nacht hindurch wurde Betty Reed in ihrem Schlafzimmer von Anrufen geweckt; sie kamen von Lester Jones, Nat Lucas, Tyrone Brown, der Witwe namens Murphy, und alle vereinbarten sie, wann sie als Gruppe vor dem Laden, der Harold Green gehörte, marschieren würden. Bettys Herz schlug laut unter der Decke, als sie die Bitterkeit und Wut in der Stimme ihres Mannes hörte. Mehrmals, als sie ihn sich als Trottel bezeichnen hörte, drückte sie sich das Kissen auf die Augen und weinte.

Der Kaufmann öffnete an diesem Samstagmorgen später als gewöhnlich, aber es war immer noch so früh, daß er als einer der ersten im Viertel unterwegs war. Er parkte seinen Wagen einen Block vom Laden entfernt und schlenderte zur Arbeit. Kein Vogel sang. Der Himmel in der Gegend war nicht blau. Er war smogverhangen und grau, und es schien, als werde es gleich regnen. Die Straße war wie immer mit Dosen, Zeitungen, Glasscherben übersät. Wie immer quollen die Mülleimer über. Der Morgenwind klebte ein Zeitungsblatt spielerisch um einen verrosteten Mülleimer. Aus irgendeinem Grund löste er das Papier mit dem rechten Fuß ab und blieb stehen, um ihm nachzusehen, wie es auf die Straße wehte und dann den Block entlang. Diese Bewegung tat ihm gut. Er pfiff, während er die Gitter entriegelte, die die Fenster und die Tür seines Ladens sicherten. Als er die Vordertür aufgeschlossen hatte, trat er rasch ein und drückte einen Schalter rechts vom Türstock, bevor der schrille Ton der Alarmanlage ihm die Laune verderben konnte. Dann schaltete er die Lichter an. Alles war so, wie er es am Abend zuvor zurückgelassen hatte. Seine beiden Angestellten hatte er bereits angerufen und ihnen den Tag freigegeben. Er beschäftigte sich mit den üblichen Dingen – Milch und Gemüse aus dem Kühlraum holen, Wechselgeld in die Kasse tun –, ohne dabei an die Schweigsamkeit seiner Frau, den Blick ihrer Augen zu denken; es war gerade eine Stunde her, seit er aus dem Haus gegangen war.

Der erste Kunde an diesem Tag war Mrs. Nelson Reed. Sie kam gegen 9.30 Uhr und ging ziellos im Laden umher. Er sah ihr von der Kasse aus nach. Sie schien unentschlossen, was sie kaufen sollte. Im Mittelgang warf sie ihm immer wieder Blicke zu. Argwöhnisch geworden, sagte er schließlich: »Kann ich Ihnen behilflich sein, Mrs. Reed?« Sie zuckte unter seinen Worten zusammen, als sei sie dabei ertappt worden, wie ihr ein verschlagener Gedanke durch den Kopf ging. Rasch langte sie ins Regal, nahm einen Laib Vollkornweizenbrot heraus und ging damit zum Ladentisch. Sie schaute ihn an und lächelte. Das Lächeln war breit, schüchtern, jenes seltene Lächeln, das man bei jungfräulichen Mädchen sieht, wenn sie einander ihre erste Liebe gestehen. Betty Reed war eine Frau um fünfundvierzig. Aus irgendeinem Grund, den er nicht begriff, berührte ihn diese Geste. Als sie einen Dollar aus dem Geldbeutel zog und auf den Ladentisch legte, übernahm ein Impuls von irgendeiner Stelle in seinem Gehirn, die er nicht lokalisieren konnte, die Kontrolle über seine Zunge. »Gratis«, sagte er zu Betty Reed. Sie hielt inne und schob ihm dann mit einer festen und entschlossenen Bewegung ihres Armes den Dollar hin. »Gratis«, hörte er sich nachdrücklich sagen, wobei er die rechte gespreizte Hand ausstreckte und ihrer Bewegung mit großer Absolutheit begegnete. Sie ergriff den Laib Brot und verließ den Laden.

Der nächste Kunde, ein kleines Mädchen, kam erst weit nach 10.30 Uhr und suchte sich im Gestell neben dem Ladentisch einen Schokoriegel aus. »Gratis«, sagte Green heiter. Das kleine Mädchen ließ den Riegel auf dem Ladentisch liegen und rannte aus dem Laden.

Um 11.15 Uhr kam ein Penner; er sah so verzweifelt aus, daß er auch seine Seele verkauft hätte. Der Kaufmann schaute ihn nur kurz an. Dann ging er zum Weintresen und suchte eine Zweiliterflasche mittelteuren Rotwein aus. Er hielt dem Penner die Flasche vor den Bauch, wobei der säuerliche Atem des Mannes ihm ins Gesicht schlug. »Gratis«, sagte der Kaufmann. »Aber sie dürfen ihn nicht hier drin trinken.«

Er fühlte sich mit der Welt in Einklang und sah dem Penner durchs Fenster zu, wie er den Wein kippte und sich dabei schuldbewußt umschaute.

Um 11.25 Uhr trafen die Demonstranten ein.

Zwei Dutzend Leute, Männer und Frauen, junge und alte, drängten sich auf dem Gehweg vor seinem Laden. Ihre Schilder, Plakate und Stimmen denunzierten ihn als Parasiten. Der Kaufmann lächelte innerlich. Er fühlte sich unbeschwert und wild, als stünde er unter Drogen. Er eilte zur Fleischtheke, zog eine lange Rolle braunes Einwickelpapier aus dem Regal und riß mit einer schnellen Bewegung seines Körpers, die einem Tanzschritt ähnelte, den er in seiner Jugend eifrig geübt hatte, sauber ein Stück davon ab. Er legte das Papier auf das Hackbrett und schrieb mit schwarzem Filzstift in riesigen Lettern das Wort GRATIS darauf. Damit ging er dann zum Schaufenster und klebte es mit etlichen Streifen Scotch Tape daran fest. Er lachte wild. »Gratis!« schrie er hinter dem braunen Papier hervor. »Gratis! Gratis! Gratis! Gratis! Gratis! Gratis!« Er rannte zur Tür, steckte den Kopf hinaus und brüllte die verwirrte Menge an: »*Gratis!*« Dann rannte er wieder zurück zum Ladentisch und stellte sich dahinter wie ein Soldat in Habtachtstellung auf.

Langsam kamen sie herein.

Nelson Reed trat als erster ein, schob den rechten Fuß über die schmutzigen Fliesen, als sei er hinter einem sich dahinschlängelnden Wurm her. Die anderen folgten: Lloyd Duke, ein Plakat hinter sich herziehend, Mr. und Mrs. Tyrone Brown, Stanley Harper, die Fäuste geballt, Lester Jones mit dreien seiner Kinder, Nat Lucas, verlegen und abwesend, eine Gruppe Penner, mehrere schüchterne Nonnen, ironisch lächelnde Teenager und ein paar Studenten. Die Nachhut bildete ein bärtiger Sozialwissenschaftler, der ein Aufnahmegerät an die Brust gedrückt hielt. »Gratis!« kreischte der Kaufmann. Er warf die Arme in die Luft, mit einer Geste, die den gesamten Laden umfaßte oder auch von sich stieß. »*Alles gratis*!« schrie er. Er grinste mit der Würde eines Wahnsinnigen.

Die Penner griffen als erste zu. Binnen Sekunden hatten sie die Weinregale leergeräumt. Dann rannten sie davon und ließen hinter sich Weinflaschen auf die Fliesen fallen. Die anderen, die in die Flüssigkeit traten, verschmierten sie rasch zu einer klebrigen, blutähnlichen Konsistenz. Die jungen Männer schnappten sich Zigaretten, Frühstücksfleisch und Bier. Einer von ihnen war so weitsichtig, sich eine Tüte vom Ladentisch zu sichern, während die andern sich schnell die Arme volluden und Kartons und abgepackten Aufschnitt umarmten wie verlorengeglaubte Freunde. Die Studenten machten sich nun auch daran, weniger aus Gier als um der erregenden Erfahrung willen. Die Nonnen wichen zur Tür zurück. Die Älteren dagegen, Männer und Frauen, standen zunächst wie vom Donner gerührt auf dem weinverschmierten Boden. Dann schrie Stanley Harper, der Barmann: »Der Mann hat *gratis* gesagt, ihr habt's alle gehört.« Er hielt inne. »Haben Sie nicht *gratis* gesagt?« rief er dem Kaufmann zu.

»Ich hab gratis gesagt«, antwortete Harold Green mit hämmernden Schläfen.

Jubel brauste auf. Die Älteren griffen nun auch zu, als hätten die geheimen Lüste eines langen Lebens plötzlich das Kommando über ihre Arme und Augen übernommen. Sie rafften Toilettenpapier, Aufschnitt, Pickles, Sardinen, Schachteln mit Rosinen, Gewürzgläschen, Huhn ohne Knochen in Konservendosen, glitschige Dosen Olivenöl. Hier lud sich einer, Lester Jones, mehrere Salatköpfe auf, während ihm seine Frau aus einem anderen Gang zurief, er solle den Kleinkram lassen und sich auf die Feinschmeckerabteilung konzentrieren. Sie selbst nahm importierte Sardinen, Weizencracker, Flaschen mit kandierten Pickles, Hering, Anchovis, importierte Oliven, französische Waffeln, eine alte, angerostete Dose Leberpastete, die versehentlich aus dem Bestand eines anderen Ladens stammte. Andere packten sich die Arme voll mit Reinigungsmitteln, Schinken, Schoko-Corn-flakes, ganzen Hühnern mit hängenden Hintern, mit Räucherwürsten und Salami, die wie eingedrückte Fußbälle aussahen, mit gelben und weißen Käseecken, geschrumpelten Zwiebeln und Paprika. Mrs. Tyrone Brown hängte sich ein Gebinde Peperoni um den Hals und schien sogleich an Würde zu gewinnen, ganz wie ein Mensch von edler Abkunft, der nun im Besitz eines lange gesuchten Edelsteins ist. Eine andere Frau, die Witwe Murphy, stopfte sich, eine halb gekaute Zitrone im Mund haltend, Tomaten in den Busen. Die Unternehmungslustigeren balgten sich verzweifelt um drei rostige Einkaufswagen, und die Sieger rollten sie dann durch die schmalen Gänge, füllten sie mit massigen Waren – Bier im Sechserpack, Säcke Zucker, Mehl, Glasflaschen mit Sirup, Toilettenreiniger, Zuckerplätzchen, Pflaumen-, Apfel- und Tomatensaft –, während andere versuchten, ihnen die Wagen wegzuschnappen. Es gab mehrere Rangeleien und viel Gefluche. Der Kaufmann stand hinter seinem Ladentisch, summte und tippte in seine Kasse wie ein Verrückter.

Nelson Reed, der als erster im Laden gewesen war, folgte den Nonnen mit leeren Händen hinaus.

In weniger als einer halben Stunde hatten die anderen den Laden leergeräumt und verschwanden nun in viele Richtungen blockauf, blockab. Doch es kamen noch mehr, diejenigen, die zu spät davon gehört hatten. Bald blieben nur der Kaufmann und der Sozialwissenschaftler übrig; letzterer hatte sich an der Tür aufgestellt, wo sein Bandgerät aufsaugte, was an Geräuschen übrig war. Dann stahl auch er sich davon.

Um 12.10 Uhr lehnte sich der Kaufmann gegen den Ladentisch und versuchte, wieder einigermaßen zur Ruhe zu kommen. Er war kein Mann, der dazu neigte, während der Arbeit zu trinken, dennoch nahm er nun einen großen Schluck aus einer Weinflasche, einer staubigen Flasche, die er unter dem Weinregal hervorgeholt hatte, und die von den Pennern irgendwie übersehen worden war. Etwas erholt, begann er sich zu überlegen, was er als nächstes tun sollte, da fiel sein Blick auf eine Gestalt an der Tür. Nelson Reed stand da und betrachtete ihn.

»Alles weg«, sagte Harold Green. »Mein Freund, Mr. Reed, es ist nichts mehr da.« Noch immer stand der Mann an der Tür und schaute in den Laden.

Der Kaufmann wedelte mit den Armen vor dem leeren Raum. In keiner einzigen Vitrine war noch etwas zu sehen.

»Alles weg«, sagte er wieder, als redete er mit einem dummen Kind. »Nichts mehr zu holen. Sie, mein Freund, sind für die zweite Ladung zu spät gekommen. Ich bin abgeräumt.«

Nelson Reed trat in den Laden und schritt auf den Ladentisch zu. Er ging durch weinbeflecktes Mehl, Salatblätter, rote, grüne und blaue Etiketten, größere und kleinere Glasscherben. Er ging zum Ladentisch.

»Den ganzen Tag«, lachte der Kaufmann, jetzt nicht mehr so hysterisch, »den ganzen Tag habe ich keinen Cent Profit gemacht. Der ganze Tag war ein Verlust. Der Laden hier, wie die andern auch, läßt mich *bluten.*« Mit einer Geste unbekümmerten Verlustes schwenkte er die Arme herum. »Verstehen Sie jetzt?« sagte er. »Wollen Sie sich jetzt meine Schuhe anziehen? Ich habe hier nichts mehr. Kommen Sie, Mr. Reed, wäre es denn so schlecht, in meinen Schuhen?«

»Mr. Green«, sagte Reed kalt. »Meine Frau hat hier heute morgen einen Laib Brot gekauft. Sie hat vergessen, ihn zu bezahlen. Ich bin selbst gekommen, um Ihnen Ihr Geld zu geben.«

»Ach«, sagte der Kaufmann.

»Ich glaube, es war braunes Brot. Ist das nicht teurer als weißes?«

Die beiden Männer schauten voneinander weg, aber nicht auf etwas Bestimmtes im Laden.

»In meinem Laden, ja«, sagte Harold Green. Er tippte den Betrag mit der beiläufigsten Bewegung seiner Finger ein. Der Betrag lautete 55 Cent.

Nelson Reed hielt ihm einen Dollar hin.

»Und zwei Cent Steuer«, sagte der Kaufmann.

Der Mann hielt ihm seinen Dollar hin.

»Schließlich«, sagte Harold Green, »schließlich stehen wir alle, Mr. Reed, in der Schuld der Regierung.«

Er tippte wieder etwas in die Kasse ein. Der Betrag lautete 57 Cent.

Nelson Reed hielt ihm seinen Dollar hin.

Übersetzt von Eike Schönfeld

CLARENCE MAJOR
Zeiten warn das

Wie Juneboy wollt ich eigentlich gar nich zu Renees Abendgesellschaft gehn. Diese ganze geschniegelte Politikerleute machen mich nervös. Ich bin bloß ne einfache Person mitm gesunden Menschenverstand, was mit beide Beine auf der Erde steht, und außerdem versteh ich rein gar nix von dies ganze hochgestochne Gerede, was die drauf haben. Jeremiah, mein Ältester, der is allerdings mit denen zugange, seitdem er aufm College war. Solltst ihn mal großmächtig daherreden hören mit diese hohe Tiere. 'Türlich bin ich stolz auf ihn, aber er sollt seine arme alte Momma weiß Gott nich in Situationen reinziehn, was für sie garantiert irgendwann peinlich wern. Und der arme Juneboy, der wollt doch bloß bißchen Fernsehn gucken.

Ich weiß, ich bin manchmal zu hart mit Renee. Das Mädchen is bloß dermaßen verwöhnt, und manche Sachen, was sie macht, gehn mir einfach gegen den Strich. Hat scheints nix andres im Kopf wie Nerzmäntel und Brillanten und schicke Autos und Riesenfernseher und Gott weiß was. Wollt mir vor paar Jahre ein von ihre gebrauchte Nerzmäntel schenken. Kindchen, du hättst mich hören solln, wie ich losgelegt hab. Renee, hab ich gesagt, es is ja so aufmerksam von dir, Liebchen, und du weißt, ich bin dir wirklich verbundn für das Angebot, aber meine Freunde würden denken, ich wär nich mehr ganz bei Trost, wenn die mich in som teuern Mantel sehn. Alle, die ich kenn, wissen, ich kann mir Nerz nich leisten. Könnten mein, ich hättn geklaut oder was. Da is sie rot geworden wien überreifer Apfel. Is wieso eins von diese rote Menschenkinders, weiß du, mit Sommersprossen und sone graue Katzenaugen und die ganze rote Zottelmähne, was sie eh nie mit zurande kommt.

Wär ihr jedenfalls nie und nimmer eingefallen, sich vonnem Partyservice für rund fünfhundert Dollar n Festessen kommen lassen für die Negerschickeria von Atlanta ohne irgendn Hintergedanke, wie für sie was dabei rausspringt. Das Menschenkind is nich imstande und tut irgendwas für irgend jemand, außer für sich selber, nich mal für Geld. Sieht man schon da dran, wie sie mit ihre eigne Kinder umgeht. Klein Curtis und Jane und Jo, die tun mir so leid, daß ich manchmal einfach losheulen muß. Materiell ham sie alles, was sie brauchen, und ham noch nie ein einzigen Tag hungern müssen wie viele von die Kinder hier rum, aber das Wichtigste ham sie nich – ne treu sorgende Mutter. Also ich, wie ich die meinigen großgezogen hab, ich hab nie zugelassen, daß DeSoto und Jeremiah mir frech komm und abends lange aufbleiben, wie sie ihre Kinder erlauben tut. Habse Curtis sogar Bier geben sehn, da war er knapp ein Jahr alt.

Sie wollten, daß ich und Juneboy gegen sechs drüben wärn, ham sie gesagt. War n Freitagabend, und Jeremiah hatte sich n Vertreter besorgt, wo in seine Kirche, was die First Christ Church drüben an der Decatur Street is, die Predigt für ihn hat halten sollen. Er hat noch nie seine Predigt ausfallen lassen, wenn nich irgendwas wirklich Wichtiges dazwischengekommen is, oder wenn er selber krank im Bett gelegen is. Wie ichn gefragt hab, warum sie die Party nich n andern Abernd machen können, kommt er mir bloß und erzählt was, vonwegen Freitag wär für Renee die beste Zeit. Muß scheints alles nach ihrm Kopf gehn.

Ich hab Juneboy gesagt, er tät sich besser umziehen, und dann hab ich meine beste Perücke aus der Hutschachtel unter mein Bett geholt. Is blond, aber mitm Stich ins Rote. Wie ich jung war, warn meine Haare so, deshalb sieht sie richtig natürlich aus an mir. DeSoto sagt, ich seh so jung aus damit, daß ich seine Schwester sein könnt. Ich genier mich jedenfalls nich, ne Perücke zum tragen, wie manche von die Damens in der Kirche, was ich so kenn. Schließlich sagt der gütige Herr nirgendwo in der Heiligen Schrift, es wär ne Sünde, daß man sich anhübschen tut, wenn man kann. Den Sommer vor zwei Jahren, wie ich in

Chicago war, Esther besuchen, sagt sie zu mir, »Annie Eliza, nimm das häßliche Ding vom Kopf, damit siehsde aus wie eins von diesen Straßenflittchen da.«

Ich hab ihr gesagt, sie hätt mir noch nie zu sagen gehabt, was ich tun und lassen soll, und mit dreiundsechzig bräuchtse mir erst recht nich mehr damit kommen. Ich hab sie früher immer gewindelt, und da tu ich sie dran erinnern, wenn sie mir frech kommt. Daß se weiß, wo sie hingehört. Ich hab meine Perücke überallhin in Chicago getragen und mich so flott rausgeputzt, wie ich lustig war.

Ich bin vorm Spiegel gestanden und hab mir die Perücke aufgesetzt. Ich hab gehört, wie Juneboy im Badezimmer Wasser ins Waschbecken gelassen hat. Auf mein Wecker aufm Nachttisch wars halb sechs. Zu Jeremiahs Haus konnten wir in fünfzehn Minuten gehen. Sein Haus wars größte und hübscheste im ganzen Viertel und lag paar hundert Meter innem sogenannten Cul de Sac drin. Is n französisches Wort. Soll Sackgasse heißen. Jeremiah hat das Ding vor fünf Jahren von der letzten weißen Familie gekauft, was ausm Viertel weggezogen is. Hundertfünfzigtausend Dollars hat er bezahlt dafür, aber das Ding is nich dermaßen viel Geld wert, wenn du mich frägst. Is weiß Gott kein Haus auf diese gute Erde keine hundertfünfzigtausend Dollars wert. Schon, es is groß und hat so viele Zimmer, daß man sie gar nich alle zählen kann, ohne daß man schwindlig wird, und sind flauschige Teppiche und riesige Fernseher in sämtliche Schlafzimmer drin und antike Möbel überall. Der ganze Kasten is von sonem piekfein Innenarchitekt eingerichtet worden, wo ihnen mehr Geld abgenommen hat, wie die meisten Leute hier rum im ganzen Leben verdienen, aber ich tät dir keine hundert Dollar dafür geben. War wieso nich Jeremiah sein Geld. Die ganzen Kirchendamens, die ham das Haus gekauft. Ich hab noch nie so viele Damens erlebt, was in ein und denselben gewöhnlichen Sterblichen verliebt sind!

Es war n warmer Frühlingsabend und Juneboy und ich sind zu Fuß zu Jeremiah rübergegangen. Ich hatt mir bißchen Sorgen gemacht wegen Juneboy sein Äußres, ich mein, er auf diese große Party mit so hochvornehme Leute. Ich wollt nich, daß er unsre Seite von der Familie blamiert, weißt du. Esthers Kinder hatten nie die Voraussetzungen wie meine Jungs. Hatten kein richtigen Vater. Ich mein, sie sind irgendwie mal hier, mal da großgezogen worden, zuerst von ihrm Nichtsnutz von Vater und seine verrückte Schwestern und von unsre Momma. Dann is Esther mit ihnen nach Chicago gezogen, aber sie hat die ganze Zeit arbeiten müssen. Ham keine ordentliche Kinderstube mitgekriegt. Is aber die einzige Art, wie Kinder Manieren lernen. Ich will Esther keine Vorwürfe machen. Sie hat weiß Gott alles menschenmögliche getan, aber sie war erst sechzehn, wie sie mit Juneboy schwanger geworden is. Wie der Junge drei war, kam Lauren auf die Welt. Dieser nichtsnutzige Glückspieler von Mann. Hab nie erfahrn, ob Scoop sein richtiger Name war oder nich. Hat sich nich angehört wie kein anständiger Name, was man kennt. Jedenfalls war ich froh, wie ich Juneboy so fein angezogen vor mir gesehn hab, mit nem schön Tweedjackett und lange Hosen. Dacht mir, wir könnten den Abend einigermaßen überstehn ohne Blamage.

Unterwegs sind wir annem Haus vorbeigekommen mit ner Auffahrt, durch die konnt man mein Hinterhof im Mondschein liegen sehen. Juneboy war grade am Erzählen, daß er sich noch an die Zeit a'innern kann, wo er und meine Jungs immer hinterm Haus mitnander gespielt ham, wiese klein waren. Weil er größer war als Jeremiah, sagt er, hätt er Jeremiah immer eingesperrt als den Bösen, und er hätt Jeremiah vor dem alten Baum stehn lassen, wie wenner dran gefesselt wär. DeSoto hätt ihm immer dabei helfen müssen, daß Jeremiah schön da stehnbleibt. Ich habn gefragt, was Jeremiah eigentlich ausgefressen hätt, und Juneboy hat bloß gelacht und gesagt, wär doch bloß n Spiel gewesen, aber beim Spielen hätt Jeremiah eben immer den Bösen abgegeben, verstehst du. Ich konnt mich nicht mehr dran a'innern, daß sie so was gespielt ham. Aber ich hab noch gewußt, daß DeSoto immer auf Jeremiah am Rumhacken war, und ich hab andauernd mit DeSoto gezankt, weil er Jeremiah das Leben so schwer gemacht hat.

Die Auffahrt bei Jeremiah war voll mit Cadillacs und Mercedesse, und die ganze Straße war auf beide Seiten vollgeparkt. Vier von die Cadillacs warn von Jeremiah. Er sach immer, se täten der Kirche und Gott gehören, aber ich hab weder die Kirche noch den lieben Gott jemals damit rumfahrn gesehn. Mein Sohn is ein gerissner Hund, kann ich dir flüstern! Wir konnten sehn, daß alle Lichter im Haus an warn. Ich hab Juneboy gesagt, was fürn Jammer es is, daß das Mädel so verschwenderisch is. Er hat bloß gelächelt. Wie wir die lange kurvige Auffahrt raufgegangen sind, hab ich Juneboy erzählt, wie Renee früher das Dienstmädchen, was zweimal die Woche kam, ganztags angestellt hat für die Kinder zum Füttern, weil sie zu faul war und nich vor zwölf ausm Bett kam. Das war damals, bevor der Jüngste, klein Jo, mit Laufen angefangen hat. Gott sei Dank hat Jeremiah ausnahmsweise mal n Machtwort gesprochen! Er hat dem Mädel gesagt, wenn sie ganztags jemand zum Babyfüttern braucht, dann sollse sich n Job besorgen und den Service selber bezahlen. Aber er hat das Mädchen nich unter der Fuchtel, wie sichs gehört. Is doch bloß eine von diese Nigger-Gören, was verwöhnt sind bis zum Gehtnichmehr, und, Kindchen, die is so in sich selber verliebt, daß sie ihr eignen Gestank nich riecht. Und alles bloß, weil sie ne Wright is. Du weiß ja, die Wrights sin eine von die größte und reichste Negerfamilien, was in Atlanta in der Politik mitmischen. Mein Junge wird immer zu ihre große Versammlungen eingeladen, und die meisten von denen gehn in seine Kirche, wennse sich überhaupt aufraffen und den Herrn loben. Ich hab Juneboy auf die Klingel drücken lassen, daß ich die Überraschung in sein Gesicht sehn kann, wenn er die ganzen Glocken da drinne Musik machen hört, wie wenn Engel vom Himmel runterkämen. Aber ob dus glaubst oder nich, der arme Junge, der hat soviel Schick noch nie erlebt und hat nich mal nich Obacht gegeben wie höfliche Leute mit ordentliche Manieren. Ich hab die Glocken da drinne so schön Musik machen hören und hab bloß dem Herrgott gedankt, dasses wenigstens einer von meine Jungs auf diese Welt zu was gebracht hat.

Klein Curtis hat uns aufgemacht.

Gleich als erstes hab ich Renees große Klappe gehört – dabei war sie ganz hinten in der Küche. War nich das erste Mal, daß Renee sone Party Service-Geschichte gemacht hat. Ihre Küche war voll mit sone Leute von diese Party-Firma. Wie ich Klein Curtis (was nach Bibbs Bruder genannt is) gefragt hab, ob er Grandma nich n dicken Kuß geben will, sagt er, er will kein Kuß von mir. Is so männlich, der Junge, genau wie sein Vater, wie der klein war. Dann isser irgendwohin gerannt, mit seine Panzer und Krieg der Sterne spielen. (Wie ich DeSoto großgezogen hab, hatt ich die größte Mühe, daß ich die Gören von das ganze sündige Spielzeug fernhalt wie Cowboypistolen und diesen ganzen ollen gewalttätigen Krempel.) Sah so aus, wie wenn alle Fernseher im ganzen Haus an wärn, jeder auf nem andern Kanal, und der Plattenspieler im Wohnzimmer war auch an. Das isses, was ich nich leiden kann, wenn ich da hinkomm: Immer so viel Durcheinander.

Dann kam Klein Jane, niedlich wiese is, durch den Flur gelaufen, uns entgegen. Habse in die Arme genommen und ihrn Kuß gegeben. Sie hat gesagt, der Bürgermeister wär im Salon, und die Kinder wärn seine Haare am Kämmen und seinen Bauch am Kitzeln.

Und wirklich und wahaftich, im Salon saß unser Bürgermeister, Doktor George Watkins-Jones, klein und fett und schwarz wie eh und je, in sein üblichen dunkelblauen Nadelstreifenanzug gezwängt, halb im Liegen auf der Couch, vor dem riesigen Fernsehbildschirm. Drei von seine Enkels hatten ihn in der Mache – ham ihn am Schlips gezogen, sein Hemd aufgeknöpft, und alle mögliche dusslige Fragen gestellt, und er tat die ganze Zeit, wie wenn er sich am Konzentrieren wär auf was grade im Fernsehn lief. Ich hab mich nachen Fernsehen umgekuckt, und da war er, der Herr Bürgermeister persönlich, da oben aufm Bildschirm.

Ich hab gesagt, »Guten Abend, Herr Bürgermeister«, aber er hat mich gar nich gehört. Ich glaub, er hat nich mal in meine Richtung gekuckt, bis er seine Wenichkeit nich mehr im Fernsehen gesehn hat. Wie die Pepsi-Werbung drankam, hat er mich angekuckt und die Hand gehoben zur Begrüßung. Hab ich noch nie leiden können, diese lässige Art zu grüßen, bei niemand.

Find ich respektlos. Ich hab George schon gekannt, eh er Bürgermeister war, und hab ihn seither viele Male gesehn, an die zehn- oder fünfzehnmal, meistens hier bei Jeremiah oder in der Kirche oder bei eine von diese Abendgesellschaften, was sie drüben im Haus von Lee Anne und Kongreßmitglied Fred Wright immer geben. Ich hab »Guten Abend, Herr Bürgermeister« zu ihm gesagt, und er hat mich Annie Eliza genannt wie immer.

»Herr Bürgermeister«, hab ich gesagt, »dies is Doktor Adam North, mein Neffe – meiner jüngsten Schwester ihr Ältester.« Juneboy ging rüber wien echter Gentleman und hat dem Bürgermeister die Hand geschüttelt, aber der Bürgermeister is nich aufgestanden.

Ich hab Jane aufn Boden runtergelassen, weil sie am Rumhampeln gefangen hat, und sie is weggelaufen, nach der Küche.

Da kam DeSoto ausm Eßzimmer rüber, noch immer in Polizeiuniform, und hat mich auf die Backe geküßt, wie ich grade drauf und dran war und wollt meine müden Knochen aufm Lehnstuhl ausruhn (wo Renee letzte Weihnachten Rotwein drauf verschüttet hat). Ich hab den mißtrauischen Blick bemerkt, mit dem der Bürgermeister Juneboy am Mustern war. Mir kam der Gedanke, der Bürgermeister könnt sich sorgen, daß Juneboy ihn ermorden will. Kam mir komisch vor, und ich hab lachen müssen. Dem Bürgermeister sein Leibwächter war nirgends zu sehn, und das war schon merkwürdig.

So lange wie DeSoto zwischen mir und dem Bildschirm stand und mitm Zahnstocher in seine Zähne am Stochern war (ne schlechte Angewohnheit, was er seit der High-School hat), hab ich getan, wie wenn ich Fernsehn am Kucken wär – dabei hab ichs gar nich sehn können – bloß daß der Bürgermeister nich denkt, ich tät achtgeben, was er zu Juneboy sagt. Er hat Juneboy gefragt, was er so macht, und Juneboy hat ihm schön manierlich über die Untersuchungen erzählt, was er, wie er sagt, über Sichelzellenanämie machen soll. Der Bürgermeister tat richtig interessiert und hat Juneboy über alles ausgefragt, und Juneboy hat geredet wien Wasserfall, wie wenn er alles wissen tät über diese Negerkrankheit. Kam mit große Wörter, Wörter wie *Hämoglobin*. Juneboy hat dem Bürgermeister erzählt, irgend sone Organisation hätt ihm ein Stipendium gegeben, was so viel is wie Geld, und hat dem Bürgermeister mitgeteilt, er wär dabei und tät ein Jahr im Krankenhaus von der Howard University verbringen und sein Geld von die Stipendiumleute ausgeben. Dann hat der Bürgermeister Juneboy von sonem Vetter erzählt, wo Sichelzellen im But hat, und mir kams so vor, wie wenn der Bürgermeister Sichelzellen im Blut nich so schlimm fand wie diese Sache, was Sichelzellenanämie heißt. Und Juneboy hat ihm recht gegeben. Dann hat der Bürgermeister wissen wollen, wo Juneboy normalerweise wohnt. »Normalerweise« hat er gesagt. Juneboy hat ihm erzählt, er tät innere Medizin unterrichten an der Yale University. Mußt ich in mich reingrinsen.

Dann hat der Bürgermeister wissen wolln, ob Juneboy verheiratet wär und Kinder hätt, und ich hab gehört, wie Juneboy gesagt hat, er wär geschieden und hätt zwei Söhne, was die Wahrheit is. Hättsde sehn solln, was der Bürgermeister für ein Gesicht gemacht hat. Er is ein gottesfürchtiger Familienvater mit viele Enkelkinder, zwei Söhne und drei Töchter, und wird dir jeder sagen, daß unser Bürgermeister keine Zeit übrig hat für Leute, was sich scheiden lassen. Wie wenn die das Leben irgenwie nich ernst genug nehmen täten. Er hat seine olle rote Affenäuglein zugekniffen und diese tiefe Falte zwischen seine Augenbrauen gerunzelt, und man hat gemerkt, wie er hinter sein verkniffnen Mund mitn Zähnen am Knirschen war. Er hat eins von die Kinder, was ihm im Gesicht am Fummeln war, bißchen beiseite geschoben. Hat zu Juneboy gesagt: »Hört sich ja an, als hättest du dein Leben schon jetzt verpfuscht, junger Mann. Ich bewundere die Forschungsarbeit über Sichelzellenanämie, die du leistest, aber was wir schwarzen Menschen brauchen, das sind starke schwarze Familien, die zusammenhalten.« Der Bürgermeister hat gar nich wieder aufgehört, kann ich dir sagen, und hat dem Jungen die Leviten gelesen, so dermaßen, daß mir der arme Juneboy leid getan hat. Bürgermeister Jones hat gesagt, es wär ne Sünde und ne Schande, ne Frau mit zwei kleine Kinder verlassen. Juneboy kam ins Schwitzen, wie er hat erklären wolln, daß eigentlich seine Frau ihn verlassen hat. Der Bürgermeister hat überhaupt nich hingehört, hat bloß weiter auf den jungen Mann eingepredigt, vonwegen was gut wär für Neger. (Er hat nich Neger gesagt. Er hat Schwarze gesagt, aber ich kann das Wort Schwarze nich leiden, habs noch nie leiden können. Nenn mich ruhig altmodisch, wenn du willst, is mir gleich. Damals in'n Sechzigern, wie die jungen Leute alle damit angefangen und *schwarz* gesagt ham, hab ich ne Zeitlang versucht, mich dran zu gewöhnen, aber das Wort hat sich auf meine Zunge nie richtig angefühlt, weil, siehst du, meine Generation, wir ham *schwarz* immer fürn schlimmes Wort gehalten. Damals in'n Dreißigern oder Vierzigern, wo ich aufgewachsen bin, wenn man da jemand schwarz genannt hat, hat man ihn ganz fürchterlich beleidigt.

DeSoto is wieder rausgegangen, wie er reingekommen war, und aus irgend nem Grund hat das scheints den Bann gebrochen. Der Bürgermeister hat aufgehört mit Reden und hat bloß noch nach der Türöffnung gestarrt, wo DeSoto rausgegangen war. Die Minute, wo DeSoto ausm Zimmer raus war, hat er n Kopf nochmal ins Zimmer gesteckt und gesagt, »Komm mal her, Mama, ich möcht mit dir reden.«

Wir sind ins Eßzimmer gegangen, und DeSoto hat mich am Arm genommen und mich in die Ecke neben dem Schrank gezogen. Manieren wie son Filmganove, die hatter sich um die Zeit angewöhnt, wo er bei der Polizei angefangen hat. Hab ich nie leiden können. Ich hab gesagt, »DeSoto, ich bin deine Mutter. Zerr mich nich am Arm, wie wenn ich irgend son junges Ding wär, was du irgendwo auf der Straße kennengelernt hast.«

»Tut mir leid, Mama. Habs nicht böse gemeint.« Und hat mich so hinreißend angegrinst wie immer. »Ich möcht bloß mit dir über –«, und hat mitm Kopf nachm Salon genickt, »den Mann da reden. Is mir egal, ob er der Bürgermeister is, er hat nich das Recht, daß er Juneboy so zusammenstaucht. Juneboy is unser Gast. Mein Vetter ersten Grades!«

Ich hab DeSoto gesagt, er soll sich beruhigen.

»Es is ne Gemeinheit, Mama!«

»Ich weiß, ich weiß. Aber du mußt zugeben, der Bürgermeister hat recht vonwegen Scheidung. Der Bürgermeister will nix als wie mit Juneboy ein offnes Christenwort reden. Weiß der Himmel, wahrscheinlich hat Juneboy kein Fuß mehr in keine Kirche gesetzt, seitdem er klein war, wo Esther ihn und Lauren noch geschickt hat –«

»Mama!«

Dann hab ich die Türglocke gehört und wie die Kinder den Hausflur vorgelaufen sind und wie die Tür aufgegangen is und Reverend Baldrige-Hawkins fette Lache. Dann is Jeremiah ausm Untergeschoß raufgekommen, wo er ne Bar hat und n Billardtisch und diese ganzen Videospiele. Hat mir n Kuß auf die Backe gegeben und schon jetzt nach Alkohol gestunken. Kam mir vor, wie wenn alles auf einmal passiert. Schon wieder ging die Haustür, und ein ganzer Pulk Leute kam rein.

Ich hätt mich am liebsten in irgend nem Winkel versteckt.

War alles da an diesem Abend, was Rang und Namen hat. Drüben im Salon beim Bürgermeister waren seine Frau un diese alte Bürgerrechtlerin Margy Jeanne Wright, was immer im Fernsehn in'n Nachrichten kommt und davon redet, was in unsre Stadt alles faul is. Mir is Michelle lieber, die was Schauspielerin werden will – is außerdem hübscher. Hat nich son Pferdegebiß wie ihre Schwester Margy und ihr Bruder Ellsworth. Ellsworth stand im Eßzimmer und hat mit Stadträtin Sandra Valerie Wright geredet. Bestimmt irgendne Strategie am Planen, wie die das nennen. Sie is andauernd davon am Reden, daß sie die Leute politisch mobilisieren will. Hört sich für mich an wie Kommunistengerede, aber die Leute sagen, sie wär hoch angesehen. Stadtrat Cherokee »Jimmy« Barnswell hatte irgendne junge Biene dabei mit sonem ganz kurzen Kleid, was ihr grade mal halbwegs über die Oberschenkel ging. War unentwegt am Lächeln, durch das ganze Make-up durch, was sie sich ins Gesicht gekleistert hatte. Sah aus wie jemand, der sich für ne Gruselfete verkleidet hat. Der Herr Stadtrat war scheints mit mein Sohn Jeremiah in eine von diese geschäftliche Besprechungen vertieft. Dem Bürgermeister seine Töchter – Rosa, Ruby und Lena – sind bloß durchs Haus gewandert wie nervöse Tiger innem Käfig.

Und Renee? Die war mit der Küchenhilfe am Zanken und am Rumkommandieren beim Tischdecken und hat die Kinder mit Salznüsse und so Zeugs von eim Zimmer ins andre geschickt. Diese Wrights, weißt du, das is Renees Verwandtschaft. Der große alte Mann, der Kongreßabgeordnete Mitch Wright, der is schon in'n Sechzigern gestorben – von ein Herzanfall niedergestreckt, wie er grade zu ner Gruppe von Bürgerrechtlern gesprochen hat. Aber die Leute können sich noch gut an ihn a'innern, und ich hab gehört, er tät jetzt in'n Geschichtsbüchern drinstehn, und seine Enkelkinder, die Kinder von Michelle und Margy und Ellsworth, müssen jetzt auch über ihn nachlesen, auf der gleichen Seite, wose über den großen Dr. Martin Luther King lesen.

Na ja, ich bin bißchen durchs Haus spaziert, hab n Blick riskiert auf diese Leute, aber dann hab ich mich ziemlich bald in meine Ecke auf den alten Stuhl neben dem weißen Telephon verzogen, und Jeremiahs alter siamesischer Kater, French John, kam an und hat sichs auf mein Schoß gemütlich gemacht, wie wenn ich sein angestammter Schlafplatz wär. Hab mir nie was aus Katzen gemacht, aber die hams scheints immer auf mich abgesehen.

Wie ich mich grade hinsetz, wer hätte das gedacht, kommt der Herr Kongreßabgeordnete Wright rüber und spricht mich an. Hab ich mich gefühlt. Sieht ja so was von gut aus mit seine schöne Augen und diese hellbraune Haut. Hat auch schöne ebenmäßige Zähne. Gut in Form fürn Mann in seinem Alter. Paßt auf, daß er kein Übergewicht kriegt. Und tut die Haare nicht lang tragen, wie manche von diese modische Leute, was unbedingt wie Filmstars aussehn wollen! Es heißt, Fred wär n guter Freund von Jimmy Carter. Also, das is mal ein Mann nach meinem Geschmack! Jedenfalls hat Fred mich gefragt, wies mir geht, was meine Arthritis macht. Ich hab ihm nich erzählt, wie schlimm, daß es damit die letzte Zeit geworden is, ich will nämlich den Leuten nich die Ohren volljammern mit meine Wehwehchen wie Esther, was meine Schwester is. Kind, gewöhn dir das bloß nicht an, dieses ewige Gejammer! Drum hab ich Fred nur erzählt, daß es mir für son altes Mädchen, was ich bin, ganz erträglich geht, und hab gelacht, und da hat er auch gelacht. Dann hab ich gemerkt, daß er auf meine Perücke am Schielen is, und da is mir ganz mulmig geworden. Vielleicht saß se ja schief oder was, und, Kindchen, ich kann dir sagen, ich wollt bloß noch weg und ins Badezimmer, in'n Spiegel kucken und nachsehen. Wie ich seine hübsche Frau, die Lee Anne, näherkommen sah, dacht ich, meine Chance is gekommen, und bin aufgesprungen und auf sie zugegangen und hab ihr paar Minuten lang erzählt, wie hübsch, daß sie is – und sie is wirklich so niedlich wie nur was mit ihre große braune Augen und dies wunder-wunderschöne Lächeln. Ich hab ihr gesagt, was fürn gut aussehendes Paar, daß sie beide abgeben, dann hab ich mich entschuldigt und hab die Katze abgesetzt und bin den Flur hinter zum nächsten Badezimmer gegangen. Aber die Tür war abgeschlossen, da bin ich weitergegangen und die geschwungene Treppe rauf in eins da oben.

Ich hab die Tür abgeschlossen. Die Perücke saß richtig, aber da ging mir auf, daß mein Hüfthalter zu eng war, und daß mir deshalb ungemütlich war. Hab gewußt, daß ich in letzter Zeit zugenommen gehabt hab, aber ich hatt mich monatelang nich mehr in das Ding reingezwängt, und jetzt hats mich fast umgebracht, und da hab ich beschlossen, ich ziehs auf der Stelle aus und verstecks im Wäschepuff, in der Schmutzwäsche von'n Kindern. Konnts ja am nächsten Tag wieder abholen. Also, Mädchen, das war vielleicht komisch, wie ich versucht hab, mich aus dies gottserbärmliche Dings rauszupellen. Ich hab über mich selber lachen müssen, mitten im Badezimmer. Hab gezogen und gezogen und gezogen. Hab dran gerissen und gezerrt. Aber das Dings wollt nich runterkommen. Ich konnt mir nich mehr vorstellen, wie ich überhaupt da reingekommen war. Na ja, weißt du, ich krieg leicht Schwellungen. Hängt mit meine Arthritisgeschichte zusammen, nehm ich an. Abends schwell ich stärker an wie tagsüber. Und ich hatt das Ding angezogen, wie noch Tag war.

Etwa nach – ach, Mist – nach ner geschlagnen halben Stunde hatt ich das olle Dings über die Hüften runter und habs in den Wäschepuff gesteckt. Is mir ja peinlich, das zum erzählen, aber die Minute, wo ich wieder zur Party, oder vielmehr auf mein Stuhl nach unten zurückgehn wollt, bin ich gestolpert und ans Waschbecken gestoßen, und da is mir mein Gebiß rausgefallen. Ein Glück, isses nich zerbrochen. Du mußt wissen, ich hatts nämlich erst so etwa eine Woche getragen. Ganz neu angefertigt für mich, aber hatt mich noch nich dran gewöhnt. Muß den Mund offen gehabt haben, und da isses mir einfach ausm Mund rausgeplumpst und ins Waschbecken rein. Wie ich gesehn hab, dasses nich kaputt war, hab ich so ein Lachkrampf gekriegt über mich alten Trottel, daß ich gedacht hab, mein Herz setzt aus und ich muß sterben.

Übersetzt von Barbara Henninges

PAULE MARSHALL

Loblied auf die Witwe

1

Mit einer Kraft, die sie aus dem Entschluß zog, den sie soeben, mitten in der Nacht, gefaßt hatte, drückte Avey Johnson den Koffer über den Kleidern, die darin gehäuft waren, zu und ließ das Schloß einschnappen. Darauf achtend, nicht zu viel Lärm zu machen, hob sie sodann die schwere Reisetasche von der Couch auf den Fußboden und zerrte sie mit lautloser Mühe, ihre große Gestalt fast zu einem U gekrümmt, über den dicken Teppichboden zur Tür auf der anderen Seite der Kabine

Dort wartete schon gepackt ein Siebzig-Zentimeter-Pullman-Koffer. Rasch stellte sie die Reisetasche daneben, um nach einer Pause, in der sie einen nervösen Blick hinter sich warf, zu einem langen, unterteilten Schrank zu schleichen, der den Rest der Wand neben der Tür ausfüllte.

Aus dem Stauraum unten zog sie einen weiteren Koffer hervor. Ihre Bewegungen ein Flüstern, erhob sie sich und machte sich daran, mit der freien Hand so viele Kleider, wie sie in dem Koffer verstauen konnte, von den Bügeln zu nehmen. Binnen Sekunden waren ihre Arme voll, dann hatte sie sich auch schon umgedreht und strebte rasch zurück durch den matthellen Raum, bewegte sich wie eine Frau, die halb so alt war wie sie. Ihr Schatten an Wänden und Decke mühte sich, Schritt zu halten.

Drüben bei der Couch, der Koffer stand offen auf dem Bettüberwurf, machte sie mit den Kleidern kurzen Prozeß, stopfte sie kreuz und quer in den Koffer, ohne eine Spur jener Akkuratesse und Ordnung, die ihr Markenzeichen waren. Eine Minute später war sie wieder am Wandschrank, griff blind hinein und packte, was ihr in der Dunkelheit in die Hände kam. Dann, geräuschlos wie ein Langfinger, hastete sie wieder zurück zur Couch, die Arme erneut vollgeladen.

Schweiß begann, sich auf ihrer Stirn zu sammeln, trotz der Klimaanlage in der Kabine. Sie blieb nicht stehen, um ihn abzuwischen. Durch den entschlossenen Blick auf ihrem Gesicht hatte sich ihre Unterlippe vorgeschoben, wodurch der Überfluß an nacktem Rosa auf der Innenseite, den sie immer verborgen hielt, entblößt wurde. Sie ließ die Lippe, wie sie war. Die Rückenschmerzen, unter denen sie gelegentlich litt, drohten von dem ganzen Bücken und Schleppen wieder aufzuflammen. Sie ignorierte sie. Überhaupt war sie in gewisser Weise gar nicht ganz bei sich. Von dem Augenblick an, als sie vor weniger als einer Stunde in Panik aufgewacht und zu dem gewagten Entschluß gelangt war, hatten sich ihre Gedanken verabschiedet und sich an der Eingangsluke nahe der Wasserlinie, fünf Decks tiefer aufgestellt. Während sie rasch auf bloßen Füßen in der Kabine umherhuschte, ihre Habe aus Schrank und Schubladen verschwinden ließ, hatten ihre Gedanken einen Sprung voraus in die Zeit, zum Spätvormittag, gemacht, wenn das Schiff im nächsten Hafen angelegt haben würde. Die riesige Tür in dem Stahlblech würde dann zur Seite geschoben werden, und zusammen mit den anderen Passagieren, die auf einen Tagesausflug an Land gehen würden, würde sie vom Dampfer aus die wartende Barkasse besteigen. Zum letztenmal. Und ohne auch nur einen Blick zurück.

Avey Johnsons zwei Reisebegleiterinnen, mit denen sie die große Luxuskabine teilte, schliefen in dem Raum auf der anderen Seite einer Trennwand, die zum sogenannten Wohnbereich hin oben mit schmalen, regalähnlichen Öffnungen und einer langen Kommode unten versehen war. Um nicht zu riskieren, sie aufzuwecken, hatte sie die Leuchten im Wohnbereich, wo sie auf Kreuzfahrten gern schlief, weil sie da mehr für sich war, nicht eingeschaltet.

Um etwas Licht zu haben, hatte sie die Gardinen vor dem Panoramafenster des Bullauges beiseitegezogen und begnügte sich mit dem Widerschein der Deckbeleuchtung draußen, dazu mit dem schwachen Schimmer des Nachtlichts, das durch die Trennwand hindurchfilterte und das die Frau, Thomasina Moore, immer im Schlafzimmer anließ wie ein Kind, das sich im Dunkeln fürchtet. Der bleiche Satinschimmer des Nachthemdes, das sie anhatte, trug zu dem bißchen Helligkeit bei, ebenso wie die feine Aureole, die, ihr unbewußt, ihre dunkle Haut schon von jeher abgegeben hatte.

Als sie zurück zur Couch huschte, stieß Avey mit dem Fuß an einen Stuhl. Rasch unterdrückte sie ihren Aufschrei, schüttelte den Schmerz ab und ging weiter. Wann war sie zuletzt barfuß im Haus gegangen? Sie hielt einen Moment inne, die Kleider, die sie gleich in den Koffer werfen wollte, hingen über ihren Armen. Halsey Street? War es schon so lange her? Damals hatte die junge Frau, deren dickköpfige Art und große Gefühle Avey Johnson schon längst abgelegt hatte, an die – mit ihren hochgesteckten Vierziger-Jahre-Haaren und ihrer Pomadenfrisur und den vamphaften Stöckelschuhen – allein zu denken, ihr peinlich war, die Schuhe von sich geschleudert, kaum daß sie von der Arbeit nach Hause gekommen war, die Strümpfe ausgezogen und sich mit nackten Füßen darangemacht, abzustauben und aufzuräumen. Die Töpfe in der winzigen Küche. Die 78er auf dem Plattenspieler im Wohnzimmer: Coleman Hawkins, Lester Young, The Count, The Duke. Musik, mit der sie Jay an die Tür locken konnte. Befreit von den Stöckeln, hatte sich ihr Körper immer in seine ihm gemäße Achse zurückgebracht gefühlt. Und der Hartholzfußboden, den Jay, als sie eingezogen waren, von ochsenblutfarbenen Lackschichten befreit und erdbraun gebeizt hatte, der Boden, unter »Cottontail« und »Lester Leaps In« bebend, war wie ein reicher Nährboden, dem sie entsprungen war und zu dem sie immer zur Erquickung zurück konnte.

Avey Johnson hatte seit Jahrzehnten nicht mehr an den Fußboden gedacht.

Eine untere Schublade in der Kommode unterhalb der Trennwand, wo ihre Unterwäsche verstaut war, klemmte. Sie faßte sie mit beiden Händen und versuchte, sie wieder auf ihre Schienen zu ruckeln, wobei sie in ihrer Hast vorübergehend den Lärm vergaß, den sie dabei machte, bis sie hörte, wie ihre Freundin

Clarice sich massig im Schlaf umdrehte. Arme Clarice. Immer, wenn sie sich in dem schmalen Bett umdrehte, klang es, als würde sie mit jemandem ringen, der ebenso groß war wie sie. Gleich darauf folgte ein weiteres Geräusch vom anderen Bett, wie das Klopfen in einem Heizkörper, wenn der Dampfdruck steigt, als Thomasina Moore, in ihrem Schlaf gestört, ein ominöses implodierendes Klacken am Gaumen von sich gab.

Ihre Hände erstarrten auf der Schublade. Sie war die letzte, die sie wecken wollte, bevor alles vorüber war! Kaum atmend, verharrte sie über die Kommode gebeugt, schwitzend, der Rükken tat ihr weh, sie hielt sich steif, nur einmal warf sie einen ängstlichen Blick über die Schulter – etwas, wobei sie sich seit gestern wiederholt ertappt hatte.

Erst als die beiden im Schlafraum wieder einige Zeit ruhig gewesen waren, versuchte sie es noch einmal mit der Schublade. Geschickt wie ein Einbrecher setzte sie die Schublade zurück auf ihre Schienen, zog sie ohne einen Laut heraus und eilte gleich darauf mit der Fülle ihrer Unterwäsche, die sie zusammengerafft hatte, wieder zur Couch, die Schublade hinter sich offen lassend.

Röcke, Blusen und Sommerkleider waren erledigt. Die Pullover und Stolen, die sie sich umwarf, wenn es an Deck fröstlig wurde, waren schludrig weggepackt. In die falsche Tasche gestopft waren die Hemdkleider aus Leinen, die sie auf Landausflügen trug, im Gegensatz zu den Shorts und langen Hosen, die die anderen Frauen ihres Alters an Bord bevorzugten, ungeachtet ihres Umfangs. Ihre Schuhe waren in einem eigens dafür vorgesehenen Caddy. Ihre Hüte in der Hutschachtel. Und die letzten Teile ihrer Unterwäsche hatte sie soeben verstaut. Nun blieben nur noch ihre Ensembles und Abendkleider. Sie war beim letzten von sechs Koffern angekommen.

»Aber warum denn sechs, Mutter? Wozu muß man denn, wenn man bei Verstand ist, so viel Zeug mitnehmen, bloß weil man zwei Wochen wegfährt?« – So Marion, Avey Johnsons Jüngste, an dem Vormittag vor drei Jahren, als sie gekommen war, um ihre Mutter anläßlich ihrer ersten Kreuzfahrt zum Kai zu bringen. Als Marion das Haus betrat, war sie beim Anblick des halben Dutzends Koffer, die sauber unten im Flur aufgereiht waren, wie angewurzelt stehengeblieben, war ewig dagestanden und hatte sie angestarrt, hatte versucht, ihre Frustration zu verbergen, es aber nicht geschafft. Als sie endlich den Blick hob, konnte sie sich, ihrer Miene nach zu urteilen, nur mit Mühe davon abhalten, ihre Mutter an den Schultern zu packen und zu rütteln, wie sie es vielleicht mit einem ihrer Schüler in der kleinen Gemeindeschule in einer Kirche in Brooklyn getan hätte, an der sie arbeitete. Damit sie wieder zu Verstand kam. Um das Gesicht herum, in dem Jays Züge deutlich wiederzuerkennen waren, türmten sich ihre Haare wie eine Regenwolke, die ihre Drohung wahrmachen wollte. Und die geräuschvolle Halskette aus Kaurimuscheln und Bernstein, die sie ihr von ihrer letzten Reise aus Togo mitgebracht hatte, machte mit ihrem Rasseln bei jedem Atemzug ihre wütende Verzweiflung hörbar.

»Warum gehst du denn überhaupt auf so eine sinnlose Kreuzfahrt mit einem Haufen Weißer, das frag ich mich. Was soll denn das? Fällt dir für deine Ferien denn nichts Besseres ein? Und seit wann läßt du dir von Thomasina Moore sagen, wie du sie verbringen sollst? Du magst die Frau doch nicht mal. Was zum Teufel ist bloß in dich gefahren?«

Avey Johnsons Mutter hätte Marion schon längst eine runtergehauen, wäre sie ihre Tochter gewesen – ganz gleich, ob sie achtundzwanzig und schon verheiratet und wieder geschieden war. Sie hätte eine harte Hand erhoben und ihr mit einem Schlag, von dem ihr die Ohren geklingelt hätten, ihren Platz zugewiesen. »Mädchen, wie kommst du denn dazu, *so* mit mir zu reden?«

Und die Avey Johnson von vor dreißig, vierzig Jahren hätte es genauso getan. Damals war sie immer schnell dabei gewesen, ihr Mißfallen zu zeigen, ihre Unterlippe wölbte sich vor und entblößte den bedrohlichen Streifen Rosa, und dann schossen ihr die Worte nur so heraus. Doch einem solchen hitzigen Verhalten war sie entwachsen, und mit den Jahren hatte sie eine besondere Schweigsamkeit entwickelt, um damit Marion und ihresgleichen zu begegnen. Bei ihrer Tochter tat sie einfach so, als wäre nichts Unfreundliches gesagt worden, als wäre Marion noch immer, was sie einmal gewesen war, das höflichste und folgsamste ihrer Kinder.

»Letzten Sommer hab ich dich gebeten, diese Reise nach Brasilien zu machen und ein Jahr davor die nach Ghana ...« Die Stimme hing erbarmungslos an ihrem Ohr, während sie die letzten hastigen Schritte zwischen Schrank und Couch machte. »Und alles, was ich von dir als Antwort gekriegt hab, war entweder ›mal sehen‹ oder dein aufreizendes Schweigen. Und jetzt bist du ganz versessen darauf, so eine lächerliche Kreuzfahrt mitzumachen. Hättest du dir nicht noch was Banaleres ausdenken können?«

Banal? Einen Augenblick lang, bevor sie sich wieder im Griff hatte, hätte das Wort den Fels ihrer Gelassenheit beinahe ins Wanken gebracht. Wußte Marion denn, daß das einzige in ihrem Leben, das auch nur entfernt an eine Kreuzfahrt erinnerte, die jährliche Bootsfahrt den Hudson flußaufwärts zum Bear Mountain war, als sie noch ein Kind war? Was wußte sie denn schon?

»... Warum kannst du dir denn nicht mal ein bißchen was einfallen lassen, Herrgott noch mal, ein bißchen unabhängig sein und irgendwo allein hinfahren. Lern mal was!«

Marion war das einzige von Avey Johnsons drei Kindern gewesen, das gegen die Reise gewesen war. Sis, die älteste, hatte Avey bei ihrem wöchentlichen Anruf aus Los Angeles dazu gedrängt und sie daran erinnert, daß sie und ihr Mann, ein Systemprogrammierer bei Lockheed (der einzige seiner Hautfarbe in seiner Abteilung), im vergangenen Jahr mit ihren beiden Jungen nach Hawaii gesegelt waren und es genossen hatten.

Annawilda, damals in ihrem Praktischen Jahr am Meharry Hospital, hatte ihr geschrieben, das sei genau das richtige für sie, und hinzugefügt: »Das bringt dich auf andere Gedanken.« Das war 1974 gewesen, und ihr Mann, Jerome Johnson, war erst gut ein Jahr davor gestorben.

Und wie sich herausgestellt hatte, hatten sie recht und unrecht gehabt. Denn jedwede Zweifel, die Marion bei Avey Johnson hätte säen können, verflogen in dem Moment, als sie die *Bianca Pride*, den hohen Bug der Sonne zugeneigt, an ihrem Liegeplatz an der West Fortieth Street, und den Fluß gesehen hatte, die Flaggen und Wimpel, die an allen Spitzen flatterten. All der blendendweiße Stahl! Der Rumpf schien geradewegs nach New Jersey hinüber zu reichen. Die Genauigkeit und die Gewalt der Linien! Die Schiffsturbinen, hatte sie in der Broschüre, die man ihr vor der Abreise zugeschickt hatte, gelesen, erzeugten so viel Wärme und Licht, um eine Stadt von der Größe Albanys zu versorgen! Und auf einer Gruppenführung durch die Brücke auf jener ersten Fahrt hatte sie den riesigen Ferranti-Computer gesehen, der alle Operationen an Bord steuerte. Ergriffen und ehrfurchtsvoll war ihre Gruppe vor dem Pult mit seinen ganzen Tastaturen, Schaltern und Bildschirmen der Fernsehüberwachungsanlage gestanden.

Dem konnte man nicht widerstehen! Kaum hatte Thomasina Moore eine Wiederholungsfahrt im nächsten Jahr vorgeschlagen, hatte sie auch schon eingewilligt. Und als Marion ihre Entschlossenheit sah, behielt sie ihre Einwände für sich. Ihre Augen hatten die letzten beiden Male, als sie sie zum Kai fuhr, sorgsam die Koffer übersehen, und auf dem Weg nach Manhattan hatte sie nur von ihren Schülern geredet, von denen die meisten von öffentlichen Schulen als schwer erziehbar abgewiesen worden waren. Ihre »liebsten Aussätzigen« nannte Marion sie, nach einem Gedicht, dessen Lektüre sie ihrer Mutter beständig aufdrängte.

Das letzte der Abendkleider lag da, wo sie es soeben oben auf den letzten Haufen Kleider in den Faltsack geworfen hatte. Diese Kleider hatten ihr letztes Diner im Versailles Room geschmückt; sie hatten ihrem letzten Captain's Ball beigewohnt. Als verschlösse sie ein Grab, zog Avey Johnson den Reißverschluß der langen Lasche darüber zu und klappte, noch immer fiebrig hantierend, als würde sie verfolgt, das Behältnis zusammen, schnallte die beiden Hälften zusammen und schleifte sie Sekunden später durch die Kabine zu den andern Koffern.

Der Packmarathon war zu Ende. Auf einem Sessel am Fenster lagen die Sachen, die sie hastig zum Anziehen beiseitegelegt hatte. Auch ihre Koffer und dazu der Schuhkoffer und die Hutschachtel, standen versammelt bei der Tür, bereit für den Steward. Einen ängstlichen Blick über die Schulter werfend, ging sie sogleich zu ihnen hinüber, ohne sich auch nur einen Augenblick zu gönnen, den Rücken auszuruhen oder sich den Schweiß von der Stirn zu wischen – oder sich ruhig und rational, wie es eigentlich ihre Art war, zu überlegen, was nun als nächstes kam.

Draußen wurde der Schein der Deckbeleuchtung allmählich von einem perlgrauen Licht aufgesogen, das aus dem aufklarenden Himmel herabfilterte und sich wie Nebel vom Meer aufkräuselte. Und das Meer selbst war eine weite, silbrig getönte Metallplatte geworden, die schon draußen am Horizont das feine Mauve und Rosa und Blaßgelb des Tages reflektierte.

Inmitten der knospenden Farben lag der Dampfer – riesig, schnittig, herrschaftlich, gleich einem Gletscher in den warmen Gewässern der Karibik. Am Ende der langen Nachtfahrt war er zur Ruhe gekommen und hatte kurze Zeit zuvor auf dieselbe geschmeidige und geräuschlose Art, in der er sich übers Meer bewegt hatte, den Anker geworfen.

Von seinen Decks aus konnte man die schwache, nahezu substanzlose Form einer Insel jenseits des silbrigen Wassergrabens des Hafens erkennen. Der nächste Anlaufhafen.

Avey Johnson war rechtzeitig fertig geworden.

2

»Was machst du denn hier, um diese Zeit und schon angezogen?«

Ein graues Augenpaar spähte mit der unbewegten Wachsamkeit eines Vogels durch den schmalen Spalt in der Trennwand. Sie waren wie die Augen im Türschlitz einer Mondscheinkneipe.

Sekunden später trat, mit einem hauchzarten, berüschten Negligé angetan, das wie für eine Braut gemacht schien (es hatte sogar eine kurze Schleppe) Thomasina Moore neugierig um die Trennwand herum in den Wohnbereich.

Sie war eine Frau Anfang siebzig, mit dünnen Zügen, einer gefurchten, hektischen Stirn, mit, wie sie einstmals genannt wurden, »guten Haaren«, die mit einem Haarnetz überdeckt waren, und mit den ersten Anzeichen eines Witwenbuckels auf den Schultern: Das Alter begann, den ehemals zierlichen Schwung ihres Rückens zu verwerfen. Dennoch konnte sie noch immer – prahlte sie gern – die Beine genauso hoch werfen wie damals in den zwanziger Jahren, als sie in der Chorus Line des Cotton Club gestanden hatte. (Jedenfalls behauptete sie, es sei der Cotton Club gewesen. Was wahr sein mochte. Sie hatte die dafür benötigte Hautfarbe: ein Schwarz, das das Fast-Weiß einer blanchierten Mandel oder besten Elfenbeins hatte. Eine Farbe, heilig – denn war sie keine Zeugin? – wie auch profan: *»Er zwang meine Mutter meine Mutter / Spät / Nachts einmal / Wie nennen sie mich?«*).

Fast stieß sie gegen die Koffer an der Tür.

»Und was machen deine Koffer da an der Tür? Was geht hier vor?«

Avey Johnson, die auf der anderen Seite des Wohnbereichs aus dem Fenster schaute, wandte sich nicht gleich zu ihr um. Nachdem sie rasch geduscht und sich angezogen hatte, hatte sie die Zeit bis zum Morgen damit verbracht, die Insel zu beobachten, wie sie in dem zunehmenden Licht allmählich Form annahm. Eine dunkle Masse Küstenhügel mit einer noch dunkleren Folie Berge dahinter hatte sich als erstes abgezeichnet. Dann, als die Sonne ganz aufgegangen war und die Hügel einen nach dem anderen erleuchtet hatte, wie ein Ministrant die Kerzen in der Kirche anzündet, war die Stadt in ihren Konturen sichtbar geworden: ein hübsches Hafenstädtchen mit rotgeziegelten Pastellhäusern, die sich zum Hafen hinabdrängten und wie dicke Vögel an den Hügelflanken hockten.

Sie hatte den Anblick als Linderung, als Beruhigung empfunden. Die Stadt, die Hügel, die Berge in der Ferne, die Morgensonne, alles, so schien es, applaudierte nicht nur ihrem Entschluß, sondern versicherte ihr auch, daß es später auch noch eine Maschine nach New York mit einem Platz für sie geben würde.

So daß sie, als sie sich zu Thomasina Moore umdrehte, nachdem sie sie fast eine Minute hatte warten lassen, kaum das Bedürfnis verspürte, sich gegen die Tirade zu wappnen, die, wie sie wußte, folgen würde. Es war sogar so, als hätte sie die Frau schon ausreden lassen und wäre gegangen. Ein Teil von ihr war schon an Bord der Barkasse gegangen und glitt nun rasch über das morgendliche Meer auf die Insel und das wartende Flugzeug zu.

Sie habe sich entschieden, sagte sie, die Kreuzfahrt abzukürzen und nach Hause zu fahren. Sie hielt ihren Blick auf mittlerer Entfernung.

»Du hast dich zu *was* entschieden? Was sagst du da?«

Sie wußte, daß es für sie wie ein Schock sein mußte, daß sie sie so aus heiterem Himmel verließ, doch es ging nicht anders. Sie hatte den Aufschrei der Frau überhört. An der Kreuzfahrt selbst hatte es, so dachte sie, nicht gelegen. Auch war sie nicht krank, wenngleich sie sich während der letzten Tage nicht wie sonst gefühlt hatte.

Es gab nichts, das sie hätte benennen können. Sie war einfach mitten in der Nacht aufgewacht und hatte beschlossen, daß sie den Rest ihrer Ferien lieber zu Hause verbringen wollte. Es ergab keinerlei Sinn, das wußte sie, doch ihr Entschluß stand fest. Wenn sie Glück hatte, dann würde sie noch heute einen Flug bekommen ...

Während sie das alles sagte, die Worte knapp und endgültig, ging Thomasina Moore langsam durch den Wohnbereich auf sie zu, ihr sprachloser Blick nahm den entleerten Schrank und die Schubladen auf, die alle klaffend weit offen waren. Mitten im Raum blieb sie stockend stehen und musterte wie ein Kind, dem der Mund vor Ungläubigkeit offensteht, das hochelegante Twinset, das Avey Johnson anhatte, die stilvollen, aber auch konservativen Pumps an ihren Füßen und den Strohhut, den sie schon aufhatte, dessen breite Krempe herabschwang, um den Großteil ihres Gesichtes zu verbergen.

Die Handtasche, die sie auf einen Stuhl neben sich gestellt hatte, zog ebenfalls den erschütterten Blick der Frau an – eine hübsche Tasche aus marineblauem Stroh, die das gedämpft beige und marineblaue Muster ihres Kleides vervollkommnete, und darüber drapiert ein Paar Sommernetzhandschuhe mit einem Kristallknopf am Handgelenk.

Daran blieb ihr Blick nun hängen, und ewig lange starrte sie auf die Knöpfe, als wären es für sie winzige Kristallkugeln, die ihr sagen konnten, ob sie richtig hörte. Bis sie endlich mit einem Ton, der einer verwirrten Stummen glich, die sich verzweifelt zu sprechen bemühte, den Kopf über die Schulter zurückwarf und zum Schlafzimmer hin rief: »Clarice! Clarice! Komm sofort hier raus! *Clarice* ...!«

Sie rief noch nach Clarice, als diese, sich verschlafen einen Morgenmantel um den Leib ziehend, schon hinter der Trennwand erschienen war.

Mit ihren achtundfünfzig war Clarice sechs Jahre jünger als Avey Johnson und damit die jüngste der drei Frauen. Wo sich ihre Gesichtsknochen durch ihr Fleisch drückten, war ihre Haut – schwarz mit einer Beigabe Pflaumenblau, die von Jahrhunderten Sonnenschein kündete – glatt wie die eines Mädchens. Dennoch wirkte sie mit ihren Sorgenfalten, die sich tief um ihren Mund eingegraben hatten, und dem niedergeschlagenen, beladenen Ausdruck, den sie nie völlig ablegte, auch nicht bei den seltenen Gelegenheiten, wenn sie lachte, so alt oder gar älter als Thomasina.

»Hast du das gehört?«

»Nein«, sagte sie, noch immer mit dem Morgenmantel beschäftigt. »Was ist denn passiert?«

Clarice fragte zwar, aber eigentlich wollte sie es gar nicht wissen. Mit einem einzigen verzagten Blick durchs Zimmer hatte sie schon die Koffer an der Tür bemerkt, die geplünderten Schubladen und den ausgeräumten Schrank und ihre beiden Freundinnen, die eine erregt und nahezu wütend mitten im Raum, die andere ruhig und in ihr spezielles einschüchterndes Schweigen gehüllt am Bullauge; und sie hatte sich schon in das Schlimmste ergeben.

»Was meinst du, was ist passiert? Die da geht, das ist passiert. Läßt einfach die Kreuzfahrt sausen. Ihr ist plötzlich eingefallen, daß sie den Rest ihrer Ferien lieber zu Hause verbringen will, und fliegt heut noch zurück. Einfach so. Ohne einen Ton zu sagen. Hast du so was schon mal gehört ...?«

»Stimmt das, Avey ...?« Clarices widerstrebener Blick suchte die hochgewachsene Gestalt am andern Ende des Raumes.

»Was meinst du, ob das stimmt?« Thomasinas Ton war scharf geworden. »Siehst du denn nicht die ganzen gepackten Koffer da neben dir? Siehst du nicht, wie sie sich angezogen hat? Hut, Handschuhe und alles. Glaubst du denn, sie hätte sich so aufgedonnert, wenn sie bloß mit uns anderen heute Sightseeing machen würde? Sie geht, ich sag's dir doch. Haut nach ganzen fünf Tagen von der Kreuzfahrt ab und nimmt das Flugzeug nach Hause!«

Der Schock darüber saß noch so tief, daß sie wieder sprachlos wurde, und in der kleinen aufgeladenen Stille, die ihre Stimme hinterlassen hatte, versuchte Clarice, Avey Johnson zu fragen, was denn schiefgelaufen sei. Ob etwas an Bord passiert sei? Oder ob sie sich etwas eingefangen habe? Ob sie sich etwa krank fühle ...?«

»Findest ... du ..., sie ... sieht ... krank ... aus?« Ihre Fahnen, wie Thomasina es nannte, waren oben: Wut wie eine Batterie Flaggen, die in einem starken Sturm alle auf einmal aufgezogen werden. (»Paß auf, du kriegst meine Fahnen nicht hoch«, warnte sie immer. Oder: »Die Weißen hier versuchen wohl, meine Fahnen hochzukriegen« – das auf ihrer ersten Kreuzfahrt, als man ihnen im Speisesaal einen Tisch zugewiesen hatte, der ihrer Meinung nach zu nah am Kücheneingang stand. Prompt hatte sie sich einen anderen geben lassen.)

»Findest du, sie sieht krank aus, frag ich dich?« Obwohl sie wütend war, war ihre Stimme eher leise: Trotz ihres Ärgers dachte sie noch an den Gang gleich hinter der Tür. »Der fehlt überhaupt nichts. Und wenn sie sagt, ihr wär die letzten Tage nicht wie sonst gewesen: na, wo tut's denn weh? Was hat sie für Klagen? Wenn sie krank wär, dann wär sie zum Arzt gegangen, oder? Dazu ist der ja schließlich da. Nein, mit so einer Entschuldigung hält sie mich nicht zum Narren.«

Plötzlich wurden die grauen Augen mit ihrer unbewegten

Intensität schmal, wurden schärfer, argwöhnischer. »Aber ich hätt's wissen müssen, daß da was im Busche war, so wie die sich gestern benommen hat. Den ganzen Tag für sich gewesen. Erst zum Abendessen rausgekommen und dann kaum das Essen auf ihrem Teller angerührt. Kaum mit jemand geredet. Ich hätt's wissen müssen, daß da was war. Und jetzt am frühen Morgen ist sie angezogen, bereit, ganz vom Schiff zu gehen. Einfach so, ganz plötzlich! Und ohne ein einziges Wort, warum! ›Nichts, was ich benennen könnte.‹ Was glaubt die wohl, wen sie hier auf den Arm nimmt? Man hat doch einen Grund, wenn man so was macht. Nein, bei dem Quatsch da steckt doch was dahinter. Was ganz Tiefes. Die kann mich nicht zum Narren halten!«

Am Kai der kleinen Pastellstadt würde ein Taxi auf sie warten. Oder es würde eins kommen, gerade wenn sie aus der Barkasse stieg. Der Fahrer würde ihr sagen, daß, ja, daß heute ein Flugzeug nach New York gehe, nonstop, das in Kürze planmäßig abfliege. Nein, es sei unwahrscheinlich, daß es ausgebucht sei, da es ja Mai und Nebensaison sei. Sie bekomme bestimmt einen Platz. Der Flugplatz würde nur ein kurzes Stück entfernt sein, auf einer weiten, sicheren Ebene zwischen den Hügeln, die ans Meer grenzen, und den Bergen, die sie in der Ferne hatte erkennen können. Sie würden mit reichlich Zeit bis zum Abflug dort ankommen.

». . . Und was ist mit dem Geld? Hast du etwa gehört, daß sie was über das ganze Geld gesagt hätt, das sie dadurch verlieren wird?« Mit diesen Worten drehte Thomasina Moore sich zu Clarice hin, wobei die Heftigkeit der Bewegung eine Wolke parfümierten Staubes von dem Brautnegligé aufwirbelte und das Tageslicht in der Kabine, das erst eine Stunde alt war, wie eine verbrauchte Glühbirne flackern ließ.

»Ob du's gehört hast, frag ich!«

Clarice, gegen den hohen Holzpfeiler der Trennwand gelehnt, schüttelte benommen den Kopf. Sie hatte die für sie typische Haltung eingenommen, wenn es Ärger gab, die Augen gesenkt, die dicken Schultern herabhängend, den beladenen Blick, der ihr Gesicht um Jahre älter machte. Es war ein Blick, der Jahrzehnte zurückging, von den endlosen Schwierigkeiten mit ihrem Mann bis zur Trennung herrührte, von der langen und anstrengenden Krankheit ihrer Mutter und ihrem Tod und ihrer Enttäuschung über ihren einzigen Sohn, der plötzlich, nachdem er jahrelang ein erstklassiger Student gewesen war, von dem vornehmlich weißen College abging, das er besucht hatte. Mit jeder Krise hatte sie zugenommen, mit jedem neuen Leid hatte das Fett metastasiert. Und nun hatte sich unter dem Morgenmantel, den sie endlich um sich herumgezogen hatte, das Fleisch mit dem gesprungenen Herzen in der Mitte geöffnet, um diese neueste Tragödie aufzunehmen. Denn war nicht sie, Clarice, für das, was da geschah, irgendwie verantwortlich? War es nicht auf gewisse Weise ihre Schuld? Ihre Lahmheit, ihr wucherndes Fleisch, ihr Schwarzsein ...

»Läßt die fünfzehnhundert Dollar, die sie für die Kreuzfahrt ausgegeben hat, sausen und geht hin und legt noch mehr für einen Heimflug drauf! Ist die denn noch bei Verstand, sag mir das mal! Die muß doch völlig verrückt geworden sein. ... Ja, genau! Sie hat einfach den Verstand verloren ...!«

Das zerfurchte Gesicht von der Farbe alten Elfenbeins reckte sich vor, als die Frau versuchte, die Geisteskrankheit unter der herabgezogenen Hutkrempe zu überrumpeln. Statt dessen kam ihr die Unterlippe entgegen, die Avey Johnson vorgewölbt gelassen hatte, so daß der scharfe Streifen nacktes Rosa noch sichtbar war, und auch der Ausdruck in ihren Augen, der deutlich machte, daß sie die Kabine und das Schiff verlassen würde und schon ganz woanders unterwegs war.

»Muß wohl«, murmelte sie, während sie sich zurückzog, »ihren Baumwollpflückerverstand verloren haben.«

Der Taxifahrer hatte recht behalten. Das Flugzeug war ganz und gar nicht ausgebucht. Sie hatte die drei Plätze in ihrer Reihe ganz für sich. Sie hatten schon Reisehöhe erreicht, so daß, als sie hinabsah, als einziges noch das dunstige, undifferenzierte Blau des Meeres unter ihr zu sehen war. Und wie sie nun so dahinflog, war alles wieder gut geworden. Sie ertappte sich nicht mehr dabei, wie sie den kleinen, ängstlichen Blick über die Schulter warf, und das merkwürdige, unangenehme Gefühl in ihrem Magen, das sie während der letzten zwei Tage geplagt hatte, war weg. Im Gang nahm die Stewardeß die Bestellungen für die Getränke vor dem Lunch auf. Zur Feier des Tages würde sie sich ein Gläschen Weißwein gönnen.

»›. . . Wenn ich Glück habe, krieg ich vielleicht noch heute einen Flug.‹« Die Worte, laut und tief gesprochen, waren eine schneidende Parodie auf Avey Johnson. »Hör sie dir doch bloß an! Wer hat ihr denn gesagt, daß sie heut noch einen Flieger nach New York kriegt? Wer hat ihr denn garantiert, daß gleich einer abgeht? Na, manche von den kleinen Inseln hier kriegen ein Flugzeug vielleicht zwei-, dreimal pro Woche zu sehen, und das kann überall hingehen. Die könnt tagelang festsitzen. Und dann womöglich in einem Kaff, das noch nicht mal ein ordentliches Hotel hat. Die endet noch in irgendeinem Loch, wo die Moskitos sie bei lebendigem Leib fressen und wo das Essen – oder was man da so Essen nennt – nicht mal für Schweine taugt.

Und das Wasser kann sie gleich vergessen! Erinnerst du dich noch an das Dorf, wo wir letztes Jahr durchkamen?« Mit derselben heftigen Bewegung, die das Licht hatte flackern lassen, fuhr sie wieder halb zu Clarice herum. »Cartarena oder Cartarana oder wie das noch geheißen hat . . .« (Es war Cartagena in Kolumbien gewesen, wo die Frau sie zu Avey Johnsons Empörung im Stich gelassen hatte, um in einem Karnevalszug mitzutanzen, den sie sich zusammen mit den anderen Passagieren der *Bianca Pride* angesehen hatten. War mit einem Pulk von Fremden losgezogen, um ihre knochigen Hüften zu den Trommeln zu schwenken. Mit ihrem kleinen Buckel wie ein Leierkastenaffe, der ihr auf der Schulter hockt und um Pennies bettelt. Und die anderen Passagiere schauten zu. Lachende weiße Gesichter! Applaudierende weiße Hände! Nie war Avey Johnson so beschämt gewesen. Und sie war zurückgekommen, die Frau, hatte stolz gelacht, der Overall, den sie anhatte, war unter den Armen durchgeschwitzt, und in ihrem Lachen, in ihrem geröteten Gesicht war etwas von dem beineschlenkernden und -schleudernden jungen Chorus Girl gewesen, das sie einmal war. »Junge, Junge, haben mir die Trommeln eingeheizt! Wo gibt's hier Wasser?«)

»... Erinnerst du dich noch an das Wasser, das sie mir da zu trinken gegeben haben? Da konnte man das Ungeziefer klar wie der Tag drin rumschwimmen sehen. Ach, soll sie doch allein nach Essen und Trinken rumrennen. Die kommt mit total *aufgerissenem* Magen wieder zurück!«

»Eine Freundin von mir ist mal für eine Woche nach Mexiko und hat dann zwei Monate im Krankenhaus gelegen, als sie wieder zurückkam, bloß weil sie da ein Glas Wasser getrunken hat ...«

Die Fahrt vom Kennedy zu ihrem kleinen Teil von North White Plains war zu Ende. Der Flughafenwagen hatte sie vor ihrer Tür abgesetzt und war weitergefahren. Zuvor hatte der Fahrer ihr noch geholfen, die Koffer in den Flur zu tragen. Sie konnte sie durch den Bogen zum Eßzimmer sehen, wo sie sich für einen Augenblick in dem einladenden Dunkel an den großen ovalen Tisch gesetzt hatte. Wo das Licht aus dem Flur auf die polierte Oberfläche des Tisches fiel, glühte das Kirschholz wie ein aufgeschichtetes Feuer, das ihre Rückkehr abgewartet hatte. Das Kaffeeservice drüben auf dem Buffett auf seinem ziselierten Tablett mit den Füßchen war im Halbdunkel eine Studie in Silber und Schwarz. Alles war so, wie sie es zurückgelassen hatte: ihr besonderes Kristall im Porzellanschrank, ihre Silbersachen – alle achtzig Teile – in ihrem filzausgeschlagenen Kasten. Das Eßzimmer, das war ihr Lieblingszimmer. Sie hatte das Haus zu Recht nicht verkauft, obwohl sie Jerome Johnson versprochen hatte, es zu tun, und wozu Marion sie immer drängte. (Marion zufolge hatte das Haus seinen Zweck erfüllt.) Später würde sie sich eine Tasse Tee machen und sie hier am Tisch im Dämmerlicht trinken.

»... Packt ihre Sachen mitten in der Nacht wie so'n Dieb ... kein Grund ... keine Erklärung ... das gute Geld weg ... muß verrückt sein ... tagelang kein Flugzeug ... kommt in alle möglichen Schwierigkeiten ...«

Von dem Tosen ihrer Wut erfaßt, war Thomasina Moore nun außerstande, sich zu bremsen.

»... Da wollten wir drei doch zusammen reisen, und die steht einfach auf und geht und macht uns beiden den Rest der Reise kaputt. Und dann noch die ganze Zeit, die ich da reingesteckt hab, damit auch alles richtig wird!« (Was stimmte. Die Frau nahm sich fast das ganze Jahr, um die Kreuzfahrt zu planen – die sie jedes Jahr zu einer anderen Inselgruppe führte. Sie hatte die Zeit dazu, da sie seit ihren Showbusiness-Tagen nicht mehr gearbeitet hatte. Ihr toter Mann, ein Zahnarzt, der von ihrer Hautfarbe angetan gewesen war, hatte sie schamlos verwöhnt und sie behandelt, als wäre sie die Kinder, die sie nie gehabt hatten.)

»... Kein anständiger Mensch würde so was tun. Und wenn man sich's recht überlegt, ist sie auch nicht besser als ein Penner auf der 125sten Straße, egal, was sie für ein Getue macht. Aber mich hat sie nie für dumm verkauft. O nein, da gibt's noch eine Negerin, die sie nicht hat zum Narren halten können. Ich hab gleich gewußt, ihr Getue ist nichts als Fassade. Ich hab immer gewußt, daß so was an ihr dran ist, daß sie so was Gemeines und Mieses macht. Ich hab's gewußt! Und deshalb –« schrie sie, ihre unterdrückte Wut auf neuen Höhen, die Luft tief in die knochigen Schächte ihres Halses eingesogen, die Augen verkrampft, »deshalb hab ich's einmal gesagt und ich sag's tausendmal: Es ... kommt ... nichts ... dabei ... raus ... wenn ... man ... irgendwohin ... mit ... *Niggern* ... fährt! Die machen immer alles kaputt!«

Gemächlich bückte Avey Johnson sich und nahm erst die Handschuhe und dann die Tasche von dem Stuhl neben ihr auf. Zu ihrer Überraschung merkte sie, daß sie lächelte. Ein kleines schwaches, erfreutes, sich selbst beglückwünschendes Lächeln, als hätte die Frau statt der Beschimpfungen etwas Schmeichelhaftes gesagt.

Es ergab keinen Sinn. Doch da war das Lächeln, seine Wärme stahl sich ihr übers Gesicht, sein sanfter Zug löste die Anspannung von der eingesogenen Lippe, die über die Jahre hin ein permanenter Teil ihres Ausdrucks gewesen war. Um das Lächeln zu verbergen, war sie gezwungen, länger als notwendig über dem Stuhl gebückt zu verharren.

Dann, die Handtasche am Arm und die Handschuhe in der Hand, ging sie um die noch immer schäumende Gestalt mitten im Raum herum: »... da steckt was Tiefes hinter diesem Quatsch. Da erzählt mir keiner was. ...« Sie machte einen weiten Bogen um sie herum, wie sie es vielleicht bei einer leicht gestörten Pennerin getan hätte, die auf der Straße in der Stadt über sich selber herzieht.

Ihr gemächlicher Schritt führte sie hinüber zu Clarice an der Trennwand. Sie hatte die Absicht gehabt, sich bei ihrer Freundin gesondert zu entschuldigen. Hatte sagen wollen, die Stimme gesenkt, Thomasina Moore den Rücken gekehrt, es sei falsch von ihr, auf diese Art wegzugehen, doch daß sie hoffe, Clarice werde es ihr nicht übelnehmen. Nur sei es so, daß etwas – sie könne nicht sagen, was – während der letzten zwei Tage über sie gekommen sei. Sie könne es nicht erklären. Sie könne keinen Sinn darin sehen. Jedenfalls würden sie sich wieder bei der Arbeit sehen, wenn die Ferien vorüber seien und alles wieder normal laufen werde. (Sie arbeiteten beide im Staatlichen Kraftfahrzeugamt, Avey Johnson als Abteilungsleiterin und Clarice als Inspektorin.) Am ersten Arbeitstag würden sie sich was gönnen und in dem Fischrestaurant in der Nähe ihrer Arbeit Mittagessen gehen.

Während sie den Raum durchquerte, hatte sie vorgehabt, etwas dergleichen zu sagen, Clarice zu versichern, daß es keinesfalls ihre Schuld sei. Doch kaum war sie bei ihrer Freundin angekommen und hatte von nahem die vertrauten, beladenen, herabhängenden Schultern und den Ausdruck stummer Hinnahme auf ihrem Gesicht gesehen, versagte die Zunge ihren Dienst. Zum erstenmal in den zwanzig Jahren, die sie sich nun kannten, ängstigte sie etwas an Clarice und stieß sie gleichzeitig ab. Sie merkte, wie sie vor ihr wie vor etwas Ansteckendem zurückweichen oder ein Zeichen machen wollte (hätte sie eines gewußt), um einen gefährlichen Fluch abzuwehren. Gleichzeitig drängte es ihre Hand zu dem gesenkten Kopf, ihn anzuheben, hochzudrücken. Sie wollte Clarice anbrüllen, wie ihr Vater es bei ihr vor langer Zeit getan hatte, wenn sie sich so gehen ließ. »Halt den Rücken gerade, Mädchen!«

Statt dessen sagte sie nur, während sie schnell davonging: »Ich gehe jetzt meine Abreise mit dem Zahlmeister regeln.

Dann komme ich mit dem Steward wegen meiner Sachen wieder.«

Binnen Sekunden war sie um die Koffer herum zur Tür gegangen, öffnete und schloß sie eilig vor der Stimme, die noch immer cholerisch und unentwegt mitten im Raum weiterschimpfte.

»... kein Grund ... keine Erklärung ... versucht, die Leute für dumm zu verkaufen ...!«

Übersetzt von Eike Schönfeld

MARY MONROE

Zwischen Himmel und Erde

Dicht mit Wäldern aus graublauen Zypressen, Tulpenbäumen und Magnolien bestanden, liegt das Gebiet, das wir als Florida kennen, eitel zwischen kristallklaren südlichen Gewässern. Langstielige Feldblumen wiegen sich sanft in der Sommerbrise, und an den Bäumen hängen feuchte Flechten, die aussehen, als wären sie vom Himmel gefallen. An den Ufern entlang dem Tamiami Trail durch Floridas Everglades sonnen sich Alligatoren, jederzeit bereit, bei der kleinsten Störung ins trübe Wasser zu gleiten.

Maureen Montgomery wurde an einem schwülen Juliabend während der Hundstage, jener faulen Zeit zwischen Anfang Juli und Anfang September, wenn das drückende Sommerwetter in die nördliche Hemisphäre vordringt, unweit der Everglades in Silo geboren. Es war an dem Tag so warm, daß die Alligatoren, dem Genuß hingegeben, träge in Reih und Glied an den Ufern des Sumpfes lagen und warteten.

Mitten im Sumpf stand eine primitive Hütte. Drinnen, auf einem Sofa im Wohnzimmer, ruhte eine Frau, deren Taillenumfang fast ihre Körperlänge übertraf. Es war Ruby Montgomery, die dort in ihrem langen formlosen Flanellmorgenrock auf der Seite lag und langsam das zwölfte Bier des Tages schlürfte, eine schwarze Frau von dreißig Jahren mit einem runden Gesicht, kleinen braunen Augen, schweren schwarzen Augenbrauen und vollen Lippen. Und mit einer Nase, die zu breit war, als daß man sie hübsch nennen konnte.

In ihrem Haus roch es nach Kohl mit Schweinefleisch. Das schwache Licht warf riesige, verzerrte Schatten auf die Wohnzimmerwände. Die Möbel waren billig und abgenutzt, aber gefällig arrangiert, denn Ordnung und Gottesfürchtigkeit gehörten in den Südstaaten zur Tradition. Ein blitzblankes Heim, sei es auch noch so arm und bescheiden, würde dem Herrgott bestimmt Freude machen, so predigte man es dort von den Kanzeln. Ruby bemühte sich, den Erwartungen des lieben Gottes gerecht zu werden, jedenfalls meistens.

Draußen bellte ein auf Waschbären abgerichtetes Hunderudel im Chor gegen das liebliche Zwitschern einer bemerkenswert hübschen Schar kleiner Vögel an: Spottdrosseln, Blauhäher, Spechte. Oben am Himmel machte ein Truthahngeier mit breiten Schwingen ein pfeifendes, sausendes Geräusch. In nicht allzu weiter Ferne brüllte ein Panther in einem einsamen Sumpf jämmerlich in der heißen Floridasonne. Hinter dem Urwald aus Fächerpalmen im Norden trollte ein kleiner schwarzer Bär auf der Suche nach seinem Weibchen im dichten Heidelbeergestrüpp umher.

Der Tag neigte sich seinem dramatischen Ende zu. Schon trennte nur noch ein roter Streifen Sonnenlicht den Horizont vom Himmel, und die Dunkelheit senkte sich schnell. Ein großer Waldkauz, der nächtliche König des Waldes, hockte unruhig oben auf einem flechtenbehangenen Baum vor Rubys baufälliger Hütte, einer Hütte, die fast vollständig hinter einem Jasmingebüsch verschwand. Der Waldkauz umkreiste die Hütte zweimal, kehrte dann widerwillig auf den Baum mit den Flechten zurück und wartete.

Das Klopfen an der Haustür war zunächst leise. Ruby richtete sich, vom Lärm der Tiere draußen gereizt, auf dem Sofa auf. Das Klopfen machte sie noch ärgerlicher.

»Virgil!« schrie sie.

Es kam keine Antwort. Ruby wartete eine ganze Minute, ehe sie wieder etwas sagte.

»Wo dieser dumme Junge wohl wieder ist«, sagte sie vor sich hin. Sie kippte den Rest Bier hinunter, leerte die Dose bis zum letzten Tropfen, um sicher zu sein, daß ihr kein Schluck der kostbaren Flüssigkeit entging, und wischte sich die leberfarbenen Lippen am Saum ihres Morgenrocks ab. »Uumph ... wo hab ich denn meine Zähne gelassen«, murmelte sie und sah sich dabei im Zimmer um. Vorsichtig hob sie einen Mayonnaisedekkel vom Fußboden auf. Darauf lagen verkehrt herum zwei Reihen matter falscher Zähne mit rosa Gaumen. Ruby betrachtete die Zähne, sah sie sich lange an, ehe sie sich unbeholfen beide Gebißplatten in den Mund schob. Sie biß die Zähne zusammen und kaute rhythmisch, bis das Gebiß richtig saß. »So«, sagte sie, als wäre sie stolz auf ihre Leistung.

»Virgil!« brüllte Ruby wieder und sah sich dabei im Zimmer um. Sie faßte sich an die Brust, wo sie immer ein Kreuz und ein Klappmesser trug.

Ein zarter, hellhäutiger Junge von elf Jahren mit grauen Augen und welligen schwarzen Haaren erschien in der Tür zwischen Wohnzimmer und Küche. Er war ein halbwegs hübsches Kind mit einer kleinen Nase und schmalen Lippen. Sein vierekkiges, ärgerliches Gesicht war mit dunkelbraunen Sommersprossen übersät.

»Was willst du nun schon wieder, Mama Ruby? Kaum hab ich mich mal hingesetzt, scheuchst du mich schon wieder auf. Virgil, hol mir ein Bier. Virgil, stell am Fernseher ein anderes Programm ein. Virgil, hol mir ein Bier –«

»Halt den Mund, Kind«, befahl Ruby, wobei sie sich auf den Schenkel klatschte und dazu entschieden mit dem Fuß aufstampfte.

»Ja, Ma'am«, murmelte Virgil. Seine Jeanslatzhose hing ihm viel zu lose um die schlanke Gestalt. Er trug keine Schuhe, und seine langen, staubigen Füße waren hart und reptilartig, mit fast zwei Zentimeter langen, krummen Fußnägeln.

»Iss jemand an der Tür, Süßer. Geh hin. Ich bin zu müde, um aufzustehn.«

»Mama Ruby, ich bin genauso müde. Und ich bin nicht dein Sklave«, winselte Virgil. »Du scheuchst mich schon die ganze Zeit.«

»Geh an die Tür, Kind.«

»Aber Mama Ruby –«

»Ist wahrscheinlich wieder der alte Geldeintreiber vom Kaufmann. Oder der Süßwarenfritze, dem wir den Erdnußkrokant nicht bezahlt haben. Könnte sogar Old Man Parker sein, der seine Miete kassieren will, die wir nicht haben.«

»Könnte fast jeder sein, Mama Ruby. Du kennst dich doch«, sagte Virgil.

Ruby schwieg einen Augenblick still und dachte über das nach, was ihr Sohn gesagt hatte, als wäre es eine überraschende Offenbarung. Sie sah ihn an und seufzte, zuckte die gewaltigen Achseln und schüttelte langsam den Kopf.

»Gelobt sei Jesus Christus.« Ruby setzte die leere Bierdose auf den Fußboden und erhob sich unter großen Mühen vom Sofa. Virgil lief quer durch das Zimmer, um sie zu stützen. Er nahm sie beim Arm, um ihr Halt zu geben und fiel dabei beinahe selber um, denn auch mit jahrelanger Übung war es kein Pappenstiel, dieser elephantösen Frau auf die Beine zu helfen. Dem Jungen taten die Arme weh, und er stöhnte auf.

»Sei meiner Seele gnädig«, sagte er, die Anstrengung verfluchend.

»Vielen Dank, mein Sohn.« Ruby strich den Morgenrock über ihren Schenkeln glatt. »Geh jetzt an die Tür. Sag demjenigen, der da ist, ich bin zur Kirche oder so was. Ich bin furchtbar müde, und ich will heut abend kein Mensch mehr sehen.« Ruby watschelte flink durch das Zimmer in die Küche. Virgil kicherte und trat auf Zehenspitzen vorne an das Fenster. Er zog den Vorhang zurück und linste hinaus.

»Mama Ruby, ich kann niemand sehen!« rief er über die Schulter.

Es klopfte wieder und wieder, jetzt lauter.

»Wer ist denn da, Virgil?« brüllte Ruby aus der Küche und guckte vorsichtig hinter einem großen weißen Schrank hervor, der neben dem Spülbecken stand. »Frag mal, wer da ist, Kind!«

»Wer ist denn da?« rief Virgil Richtung Tür.

»Ich bins, Ihr.« Es war das weinerliche Stimmchen eines kleinen Mädchens.

»Bist du von allen guten Geistern verlassen! Was willst du so spät noch, Alice Mae? Ich bin grad erst von euch weggegangen. Was willst du denn jetzt, Ärger?«

»Wenn sie Ärger sucht, dann ist sie hier richtig!« brüllte

Ruby auf dem Weg zurück ins Wohnzimmer. Sie baute sich mit verschränkten Armen mitten im Zimmer auf.

»Meine Mama sagt, ich soll Mama Ruby holen. Sie ist so krank. Der Teufel hat ihr was geschickt, was kein Doktor heilen kann«, sagte die Stimme draußen.

»Wirklich wahr?« fragte Virgil. Er schob das Fenster weit genug hoch, um den Kopf hinauszustrecken.

»Meine Mama leidet wie ein Hund. Sie sagt, was sie hat, würde sie nicht mal Judas wünschen. Sie braucht Mama Ruby. Ich glaub, sie will uns sterben«, entgegnete Alice Mae.

»Komm schon rein, Süße«, sagte Virgil. »Komm rein, bevor die Mücken dich bei lebendigem Leib auffressen.« Er machte das Fenster zu und ging die Tür aufmachen. Ein winziges schwarzes Mädchen von vier Jahren, mit heller Haut und dikkem kastanienbraunem Haar stand schüchtern auf der Veranda. Alice Mae hatte den Daumen im Mund, und man sah, daß sie geweint hatte. Über ihr sandbedecktes Gesicht zogen sich Tränenspuren, und die Nase war rot und lief.

»Nimm den Daumen raus, Kind! Willst du später mal Lippen wie ein Goldfisch haben?« grölte Virgil und stampfte dabei mit dem Fuß auf. »Was?«

»Nein«, sagte das Kind und nahm den Daumen aus dem Mund. Die Kleine trug einen schmutzigen Kittel aus einem Mehlsack und ein Paar Männertennisschuhe. Sie war mager, aber ungewöhnlich hübsch. Sie hatte eine Adlernase und schmale Lippen. Sie hatte große, hellblaue Augen mit langen dichten schwarzen Wimpern, die ihrem Gesicht etwas Engelhaftes gaben. Ihr Vater war ein irischer Lebensmittelhändler aus Miami, bei dem ihre Mutter mal in Zahlungsschwierigkeiten geraten war.

»Komm rein und sag dein Gelobt sei Jesus Christus«, sagte Ruby.

Alice Mae kam hereingestolpert. Sowie sie nahe genug war, beugte Ruby sich hinunter und wischte ihr mit dem Saum ihres Morgenrocks die Nase. »Und jetzt sag Gelobt sei Jesus Christus, wie ich es dir gesagt hab.«

»Gelobt sei Jesus Christus«, seufzte Alice Mae mechanisch.

»Gott segne dich. Du mußt jeden Tag Dank sagen und den Herrn loben. Dann kommst du auch inn Himmel. Also, was hat deine Mama? Ihr Baby will bald kommen, nicht?« sagte Ruby. »Wußte ich doch, daß es heute soweit sein würde!«

»Ja, Ma'am«, stimmte Alice Mae heftig nickend zu. Sie beobachtete aufmerksam, wie Ruby über den Fußboden lief und in ein Paar ausgelatschte, flache braune Mokassins schlüpfte, die ziemlich weit hinten im Zimmer standen. Der ganze Boden bebte, wenn Ruby drüberlief. Virgil hatte jetzt das Sofa okkupiert und lässig ein Bein über die Lehne gelegt.

»Nimm dein Bein von der Lehne auf meiner guten Couch, Kind«, brummte Ruby mit einem bösen Blick. Sie seufzte und wischte sich die Fussel vom Morgenrock, während Virgil stumm gehorchte. Sie zog ein rotes Halstuch aus der Rocktasche und band es sich ordentlich um ihr dickes krauses schwarzes Haar. »Junge, such mir meine Zähne.«

»Ach du großer Gott, Mama Ruby! Die Zähne hast du schon im Mund«, sagte Virgil. Ruby betastete das Innere ihres Mundes mit einem Finger.

»Oh.«

»Mama Ruby, kann ich mit deinen Zähnen spielen?« fragte Alice Mae.

»Was sagst du da? Kind, du bist wohl wahnsinnig geworden! Meine Zähne sind kein Spielzeug!« brüllte Ruby, daß das Kind es mit der Angst bekam. Alice Mae drehte sich schnell zu Virgil um, dessen Blicke hin- und herschossen.

»Aber Virgil läßt mich da immer mit spielen, wenn du betrunken bist und sie dir rausfallen«, sagte Alice Mae.

Ruby schnappte nach Luft und lief mit erhobener Faust durchs Zimmer. Sie fuhr Virgil mit den Fingerknöcheln hart über die Wange.

»Aaarrrhhh!« schrie er und sprang vom Sofa.

»Von jetzt an werden meine Zähne in Ruh gelassen«, mahnte Ruby und drohte mit dem Zeigefinger. Virgil liefen Tränen über das Gesicht, er wimmerte leise und rieb sich die Wange.

»Ja, Ma'am«, murmelte er. Er drehte sich zu Alice Mae um und strafte sie mit einem vernichtenden Blick.

»Und du wirst Alice Mae kein Härchen krümmen, dafür, daß sie es mir gesagt hat. Das klar?«

»Ja, Mama Ruby«, kam matt die Antwort.

»Mama Ruby, habt ihr noch Erdnüsse?« erkundigte sich Alice Mae.

»In der Speisekammer, Häschen. In der Schüssel mit den Pekan- und den Paranüssen«, erwiderte Ruby. Sie bückte sich, um einen Besen aufzuheben und damit eine Henne aus dem Wohnzimmer in die Küche zu scheuchen. »Virgil«, fuhr sie auf dem Weg aus der Tür fort, »paß du auf die Töpfe auf dem Herd auf. Laß bloß den Kohl und das Pökelfleisch nicht anbrennen. Und Alice Mae behältst du am besten hier. Sie wird bloß im Weg sein, wenn ich mich um ihre Mama kümmere, wo all die andern Kinder schon da sind. Hast du gehört, Junge?« Statt einer Antwort winkte er Ruby hinterher, als sie aus dem Haus und von der Veranda eilte. Ihre großen, schweren Füße bohrten sich in den Sand, als sie durch den Garten zu dem schmalen Pfad wankte, der an die andere Seite des Bayou führte, wo Othella Johnson wohnte, Alice Maes Mutter und Rubys beste Freundin.

»Nun komm, Othella ... es ist beinahe da ... so ist gut ... so ist gut. Ich kann den Kopf sehen. Ho hee!« rief Ruby aus. Sie trat einen Schritt vom Bett zurück, auf dem Othella sich in Schmerzen wand.

»Mama Ruby, leg mir deine heilenden Hände auf – hilf mir!« bettelte Othella.

»Laß meine heilenden Hände aus dem Spiel. Das ist Natur, was du durchmachst. Meine heilenden Hände sind für besondere Gelegenheiten. Und hab ich dir nicht erst heute nachmittag die Hand aufgelegt?« Ruby wedelte hoch über dem Kopf mit den Händen.

»Reiß dich lieber zusammen und bring dieses Kind zur Welt, damit ich wieder nach Hause komm. Ich hab Kohl und Schweinefleisch auf dem Herd stehen. Wenn ich mein dummen Jungen zu lange allein laß, brennt der mir noch das Haus ab.«

»Oh, Mama Ruby, ich halt diese Schmerzen nicht aus!«

»Halt den Mund, Othella«, grunzte Ruby und schlug Othella sanft mit den Handflächen auf die Wangen.

Othella rang nach Luft und zitterte heftig. Ihre Beine waren gespreizt und sie krallte die Finger in die Innenseite ihrer Schenkel.

»Oh, Mama Ruby, tu bitte was! Hol mir einen Schluck Gin! Ruf eine Kräuterfrau! Tu was!«

»Hab ich dir nicht gesagt, du sollst still sein!« Ruby stemmte die Hände in die Hüften und sah böse auf die verzweifelte Frau hinunter. »He, Colette, bring mir noch ein Bier, Süße!« rief Ruby über die Schulter. Binnen weniger Sekunden kam ein schlankes dunkelbraunes, acht Jahre altes Mädchen mit unzähligen Zöpfen an die Schlafzimmertür und reichte Ruby eine Dose Bier. Ruby schnappte sie sich und trank gierig. Das Mädchen verschwand so leise und so flink, wie es gekommen war.

»Aaaarrrhhh!« schrie Othella und drückte ihr Kreuz zu einer fast unmenschlichen Brücke durch.

»Verflucht!« sagte Ruby. »Colette, bring mir ein Spucknapf.« Wieder erschien das Mädchen in der Tür. Sie reichte Ruby einen Spucknapf und verschwand. Ruby spie in den Spucknapf, setzte ihn dann auf dem Boden ab und trank weiter von ihrem Bier. Sobald sie es ausgetrunken hatte, stellte sie die Dose zu dem Spucknapf neben fünf weiteren leeren Bierdosen auf den Fußboden.

Sie wischte sich die Lippen am Saum ihres Morgenrocks ab, seufzte, und sah Othella dabei mitleidig an. Ruby nahm ein schlaffes blaues Handtuch, das sie sich um die Schulter gelegt hatte und beugte sich über das Bett, um Othella den Schweiß vom Gesicht zu wischen. Danach wischte sie sich das eigene Gesicht mit dem Handtuch ab.

Plötzlich kamen Othellas Kinder ins Zimmer und machten sich dort zu schaffen.

»Stirbt Mama diesmal?« fragte die neunjährige Babette. Sie war Othellas Ebenbild, mit dem gleichen braunen Hautton und seidigen schwarzen Haaren.

»Nee«, brummte Ruby.

»Mama Ruby, wo hast du den Morgenrock her?« fragte der

sechsjährige Job. Er war ein Kind mit tiefbrauner Haut und katzenhaften Augen.

»Von einem Flohmarktstand vor einem Haus in Tampa. Warum?«

»So einen hab ich noch nie gesehn«, erwiderte der Junge schüchtern. Die andern Kinder kicherten.

»Mama Ruby, was ist mit deinen Füßen passiert?« fragte Colette. »Wieso sind die so groß und platt?«

»Schluß jetzt mit den dummen Fragen. Clyde, geh du mir eine Schüssel Wasser holen«, bellte sie. Clyde war der älteste.

»Ja, Ma'am«, antwortete er und schoß aus dem Zimmer. Er war sofort wieder da und reichte Ruby eine Backschüssel, die fast bis an den Rand mit frischem Quellwasser gefüllt war. Sie nahm die Schüssel und tauchte eine Ecke des Handtuchs ein. Die Kinder stellten sich in einer Schlange auf und glotzten Ruby an, während sie sich mit dem Handtuch das Gesicht, den Hals und die Hände abwischte. Dann trank sie schnell die ganze Schüssel aus. Die Kinder kicherten.

»Macht, daß ihr rauskommt!« befahl Ruby. »Raus auf die Veranda!«

»Aber da sind die Mücken! Und gleich gibts Regen!« jammerte eines der Kinder.

»Raus hab ich gesagt!« brüllte Ruby. Sie warf die Schüssel in die Menge, und die kichernde Schar floh in die Nacht hinaus. Das Knallen der Haustür wurde von Geburtsschreien übertönt. Der Schmerz war so übermächtig geworden, daß Othella ohnmächtig wurde. Ruby schüttelte den Kopf, fluchte leise und ging dann aus dem Zimmer.

»Sag bloß nicht, da ist kein Bier mehr«, seufzte Ruby. Sie war jetzt in Othellas Küche und durchsuchte panisch den Kühlschrank. Sie hatte sämtliche Dosen im Haus leergetrunken. Als Ruby das aufging, wurde ihr angst und bange. Sie knallte den Kühlschrank zu und lief auf die Veranda hinaus. Die Kinder fingen im Garten Glühwürmchen.

»Clyde, lauf mal mit Colette zum alten Hamilton unten an der Straße und sag ihm, er soll mir ein paar Bier schicken«, schrie Ruby.

Die Kinder kicherten wieder und liefen alle zusammen die dunkle Straße zum nächsten Schwarzhändler hinunter. Ruby legte die Hand an die Stirn und sah ihnen nach, bis sie außer Sichtweite waren; dann lächelte sie, ging wieder ins Schlafzimmer und setzte sich ans Fußende von Othellas Bett.

Erst zwei Stunden und sechs Bier später kam Othella wieder zu sich. Ruby setzte ihre letzte leere Dose unten bei den andern ab. Othella sah zu Ruby auf, die ein finsteres Gesicht machte und die Arme verschränkt hatte.

Eine Petroleumlampe, die mit kleiner Flamme brannte, stand auf einer Melonenkiste neben dem durchgelegenen Bett. Neben der Lampe lag eine abgegriffene Billig-Illustrierte mit aufreizendem Cover. Unter dem Heft lag eine zerfledderte Bibel.

Zehn Minuten später kam das Baby, ein wunderhübsches, braunes Mädchen mit Grübchen in den Wangen und dichtem schwarzen Haar, ganz nach Rubys Herzen.

»Sie war wunderhübsch«, berichtete Ruby Othella und biß sich dabei auf die Lippe, um die Tränen zurückzuhalten. »Es war ein Mädchen.«

»*War*«, sagte Othella sich aufrichtend. »Was ist los? Wo ist sie? Wieso hat sie nicht geweint, als sie rauskam?«

»Othella, du hast doch noch all die andern Kinder –«

»Ruby Jean, wo ist mein Baby, das ich grad zur Welt gebracht hab?« jammerte Othella und versuchte, aus dem Bett zu steigen.

»Bleib liegen, sonst platzt dir ne Ader im Gehirn!« warnte Ruby. Mit sanftem Druck gegen die Schultern zwang sie Othella, sich wieder auf den Rücken zu legen.

»Wo's mein Kind?«

»Othella, du hast ein totes Kind zur Welt gebracht«, sagte Ruby.

Die Frauen sahen sich an, und jede las in den Augen der anderen die Enttäuschung.

»Tot, hm? Mein Baby ist tot angekommen, wirklich wahr?«

»Toter geht's nicht.«

»Mama Ruby, was meinst du ist diesmal passiert? Meinst du, ich bin verhext worden?«

Ruby schüttelte den Kopf.

»Das war niemand anders als der Teufel. Das Mistvieh hat es schon seit Monaten auf uns abgesehen. Seit unserer Rettung.«

Othella sah Ruby ins Gesicht und runzelte die Stirn.

»Aber wir werden doch mindestens einmal im Jahr gerettet. Trotz allen unseren Rückfällen und so. Meinst du, der Teufel ist hinter uns her, weil wir schon so lange auf ihn fluchen?«

»Wahrscheinlich. Ich hab wohl zuviel Macht, und da funkt Satan dazwischen. Wie ein Blitz. Ja, genau. Satan fragt sich, wieso er mich nicht klein kriegt. Er versucht durch dich an mich ranzukommen.«

»Der Herr erbarme sich unser! Was sollen wir tun?«

»Dasselbe wie immer. Ich werd ihm die Seele aus dem Leib prügeln. Heute abend werde ich mich niederknien und beten, wie ich noch nie gebetet habe. Wenn ich mit ihm fertig bin, schreit Satan in einer fremden Sprache nach seiner Großmutter. Uns dies Kind tot zu schicken!«

»Wo ist sie? Wo ist mein totes kleines Mädchen, Mama Ruby?«

»In der Küche auf dem Brett neben dem Kühlschrank. Sie war ein winzigkleines Ding. Kann nicht mehr als ein, zwei Pfund gewogen haben.«

»Bestimmt?«

»Bestimmt.«

»Na so was.« Othella hielt inne und schloß die Augen. Sie rieb sich das Gesicht und sah dann wieder zu Ruby auf. »Mama Ruby . . . stimmt das, was die Leute über dich sagen?«

»Was?« fragte Ruby erschrocken. Sie erhob sich von ihrem Platz und entfernte sich ein Stück vom Bett.

»Die Leute sagen, mit deinen heilenden Händen kannst du alles unter der Sonne wieder gesund machen. Ich hab selbst gesehen, wie du den Krupp aus meinem Joe rausgerieben hast«, flüsterte Othella. »Du hast Bruder Hamilton sein krummes Bein wieder gerade gemacht, das im Krieg krumm geworden ist. Du hast meine Seele gerettet. Du hast eine Rose auf einem Bett aus Stein gezogen, das hab ich selbst gesehn.«

»Ja, ich bin gesegnet.« Ruby zuckte die Achseln mit gespielter Bescheidenheit. »Ich prahl da nicht mit. Bloß manchmal.«

»Ohne Fehl. Du bist ohne Fehl und Tadel, Mama Ruby. Wenn es jemals jemand gegeben hat, der andern helfen kann, dann bist du das. Was glaubst du denn, warum ich dich als meine beste Freundin haben wollte, als wir noch in der Sandkiste gespielt haben und gerade erst laufen konnten?«

»Du warst eben schlau, nehme ich an. Verflixt. Ich hab nie bestritten, daß du dein Kopf benutzen kannst wie ne Weiße.«

»Dann mußt du mir helfen. Du mußt machen, was du kannst mit meinem toten –«

»Das hab ich schon versucht! Ich hab dem toten Kind schon zweimal die Hand aufgelegt, und es hat nichts geholfen. Es ist einfach tot.«

»Du meinst, nicht mal *du* kannst ihr wieder Leben einhauchen? *Du*, der Lieblingsnigger des Herrn?«

»Und dem Teufel sein Sündenbock! Hast du vergessen, wie Satan hinter meiner Seele her ist? Du weißt doch, wie ich mich seit Jahren abquäle, um diesen gemeinen schwarzen Schißhund loszuwerden. Verflixt. Das ist ein Tauziehen zwischen Jesus und diesem Affen, seit ich das Licht der Welt erblickt hab. Und bloß, um mich zu befreien.«

»Ich hab nur gedacht –«

»Ich kann alles, was ich mir in den Kopf setze . . . solange der gemeine, feige, schwarze Hund Satan mir nicht dazwischenfunkt. Wie gesagt, ich hab versucht, das tote Kind mit meinen Händen wieder lebendig zu machen, aber Satan hat gesagt: ›Die nicht‹.«

Othella blinkerte, um die Tränen zurückzuhalten.

»Mein armes kleines totes Mädchen«, murmelte sie. Sie schloß die Augen und schüttelte traurig den Kopf. Plötzlich sah sie Ruby wieder an. »War sie hübsch? War mein totes kleines Mädchen so hübsch wie meine anderen Töchter?«

»Makellos. Sie hatte deine Haare. Haut braun wie Paranuß.«

»Und du konntest sie nicht retten? Ich hab irgendwie gedacht, du kannst alles, was du dir in den Kopf setzt. Wo du einen heißen Draht zum Himmel hast und so . . .«

»Ja, aber manchmal unterbricht der Teufel die Leitung.«

»Ach so.«

Ruby sah, wie Othella die Beine aus dem Bett schwang.

»Wo willst du hin, Othella?«

»Ich will in die Küche und mir mein totes Kind anschauen.«

»Nicht, keinen Schritt wirst zu machen! Willst du dir einen Schlag holen? Ich hol dir das Kind, daß du es anschauen kannst!« Ruby entfernte sich eilig aus dem Schlafzimmer und kam einen Augenblick später mit dem Baby im Arm zurück, das in ein ausgeblichenes grünes Handtuch gewickelt war.

»Laß sie mich sehen«, murmelte Othella hustend.

»Ein wahrer Engel«, sagte Ruby und schlug das Handtuch auf. Sie wischte sich am Ärmel ihres Morgenrocks die Tränen ab, während Othella eindringlich das Gesicht des Kindes studierte.

»Makellos«, stellte Othella fest und wandte den Kopf ab. »Bring sie weg.«

»Willst du sie nicht ein einziges Mal in den Arm nehmen?«

»Nee«, sagte Othella, und wandte sich wieder dem Kind zu. Othella war müde und wollte bald allein sein. Sie wollte weinen. Ihr voriges Kind war ebenfalls tot geboren. »Ich hätte meine Seligkeit dafür gegeben, daß dieses Kind lebt. Wahrhaftig, das hätte ich getan. Mama Ruby, bitte kümmer du dich um alles, für mich. Die Beerdigung und so. Wie du das mit meinem andern Kind gemacht hast.« Othella ließ sich aufs Bett sinken und atmete schwer, dankbar, daß die schwere Prüfung überstanden war. »Zu begreifen ist das nicht. Daß sie tot geboren ist. Sie kam mir im Bauch so gesund vor. Hat so viel getreten und sich gedreht und bewegt. Ich hab sogar von ihr geträumt. Ein böser Traum. Ich hab geträumt, sie war ein glückliches kleines Mädchen, das mir jemand weggenommen hat. Der Tod oder so.«

»Das war bloß der Teufel, der dir mitgeteilt hat, daß er sie tot zur Welt kommen lassen würde. Ich hab dir doch gesagt, daß Satan ein gemeiner, feiger schwarzer Hund ist! Er ist derjenige, der schuld hat, daß ich so groß bin wie ein Cadillac!« entgegnete

Ruby und hob eins ihrer schweren Beine, damit Othella es sich ansehen konnte.

Othella betrachtete Rubys Bein und nickte.

»Was ist mitm Bier?«

»Was soll damit sein?« Ruby stellte ihr Bein wieder ab. »Ich wünschte, ich bräuchte nicht soviel zu trinken.«

»Das auch der Teufel? Ist der auch schuld, daß du soviel trinkst?«

Ruby seufzte und schüttelte langsam den Kopf.

»Ich bin Alkoholikerin«, gestand sie.

Sie schwiegen und sahen sich wieder das Baby an.

»Othella, erlaub mir, diesem einen Namen zu geben.«

Othella ließ ihren Blick von dem Baby zu Ruby wandern, dann wieder zurück.

»Wir haben dem letzten, das tot geboren wurde, keinen Namen gegeben. Warum willst du einen guten Namen auf ein totes Kind verschwenden?«

»Ach ... es ist nur ... mit diesem ist das was anderes. Das andre war ein Junge. Du weißt selbst, wie sehr ich mir ein kleines Mädchen gewünscht hab. Wir könnten so tun, als ob dies meins war. Weißt du, als ob ich sie geboren hätt.« Ruby lächelte schief, während sie auf Othellas Antwort wartete.

»Mama Ruby, das kann ich nicht machen! Das tut kein Christenmensch.«

»Braucht doch keiner außer mir und dir von zu wissen.«

»Gott wird es wissen. Und Satan. Satan wartet doch bloß drauf, daß wir wieder rückfällig werden, damit er mich und dich wieder in die Mangel nehmen kann.«

Ruby ließ die Luft aus ihrer Lunge und starrte an die Decke.

»Ich will bloß ... ich will bloß eine Tochter haben«, rief sie.

»Erbarmen«, flüsterte Othella und sah zu, wie Ruby die Tränen über die Wangen und auf die Brust rannen.

»Erlaub mir, ihr einen Namen zu geben und so zu tun, als ob sie meins ist«, bettelte Ruby und sah Othella dabei in die Augen. Ruby preßte das Kind an sich und wiegte es in den Armen. »Bitte, Othella.«

»Hör auf, verrückt zu spielen, Ruby! Und fütter meine Kinder ab, bevor du nach Hause gehst. Hast du gehört?«

»Du wirst mir erlauben, dem Kind einen Namen zu geben. Das klar?« sagte Ruby mit leiser Stimme und machte Othella angst.

»Ich ... ich ... weiß nicht. Hm ... Mama Ruby, bitte geh in meine Küche und such was, daß die Kinder was zu schlucken haben. Buttermilch und Maisbrot. Oder Teekuchen mit Melasse. Meinetwegen Hafergrütze.

»Othella, das hier ist kein Spiel ... Erlaub mir, diesem Kind einen Namen zu geben und so zu tun, als ob es meins wär!«

»Herrje, das ist genau das, was du als Kind immer gesagt hast, wenn du meine Mädchenpuppen haben wolltest. Kurz bevor du mir dann mit der Faust auf dem Kopf rumgetrommelt hast ... ah ... ah ... wenn es dir so viel bedeutet, kannst du ihr einen Namen geben, Ruby.«

Ruby machte große Augen und lächelte.

»Ich werd sie nach Miss Mo'reen taufen«, sagte Ruby.

»Hoffentlich wirst du damit glücklich. Schreib Miss Mo'reen man einen Brief und erzähl ihr, daß ein Totgeborenes ihren Namen hat! Miss Mo'reen hat mit ihrer Spielbank genug zu tun. Glaubst du, sie gibt was drauf, daß ein totes Kind nach ihr heißt?«

»Ist mir egal, ob Miss Mo'reen sich was draus macht oder nicht. Ist mir egal, wenn sich niemand was draus macht. Ich kann sagen, ich hab ein kleines Mädchen gekriegt, das ich Mo'reen getauft hab«, entgegnete Ruby und tanzte mit dem Baby im Arm durch das Zimmer.

Othella schüttelte den Kopf und lachte.

»Okay. Zeit, daß du aufhörst, dich wie die Verrückte aufzuführen, die du bist. Mach meinen Kindern was zu essen und geh nach Haus, damit ich Ruhe krieg. Sag Clyde, er soll dir einen Schuhkarton ausm Schrank holen, in dem du das Kind begraben kannst.«

Sobald Ruby das Essen auf dem Küchentisch und die lauten Kinder ordentlich drumherum plaziert hatte, verließ sie Othellas Haus.

Draußen war es dunkel. Glühwürmchen wiesen Ruby den Weg, als sie über den Bayou zu ihrer Hütte zurückkehrte. Sie blieb stehen und blickte, den Schuhkarton mit Mo'reen an die Brust gedrückt, zum leuchtenden Mond auf. Sie küßte den Schuhkarton und dankte Gott, daß sie nun doch noch zu ihrer eigenen Tochter gekommen war, quasi.

Draußen vor ihrem Haus sprach Ruby mit Mo'reen.

»Du bist mein, mein kleines Mädchen. Ich hab gebetet, daß ich dich kriege, und ich hab dich gekriegt.«

Virgil erschien am Wohnzimmerfenster und riß es auf.

»Mama Ruby, was machst du da draußen im Dunkeln? Was redest du da?« fragte er.

Ehe Ruby antworten konnte, kam Virgil mit einer Petroleumlampe auf die Veranda hinaus. Alice Mae kam hinter ihm her.

»Was hast du da, Mama Ruby? Mit wem redest du?« fragte Virgil und hielt die Lampe hoch.

»Wer, ich? Hmm? Ach ... Ich hab mit den räudigen Jagdhunden geredet, die mir im Weg rumliegen! Husch! Husch! Raus aus meinem Garten.« Die beiden schlafenden Hunde ignorierten sie.

Virgil sah sie mißtrauisch an.

»Das waren keine Jagdhunde, mit denen du eben geredet hast ...«

»Ich hab Selbstgespräche geführt«, log Ruby aufgebracht.

»Mama Ruby, Virgil hat mir einen Löffel auf den Kopf gehaun, weil ich dir erzählt hab, daß er mich mit deinen Zähnen spielen läßt«, klagte Alice Mae. »Ich hab schon eine Beule am Kopf.«

»Ich geb's ihm wieder, Alice Mae«, sagte Ruby ruhig, anders als sonst. Das machte Virgil noch mißtrauischer.

»Mama Ruby, was hast du – ach, Mist!« fluchte er. Er streckte Ruby seine Lampe entgegen und sah, daß sie einen Schuhkarton im Arm hatte. Das konnte nur eines heißen. »Noch ein totes Kind, dann muß ich schon wieder die halbe Nacht aufbleiben und ein Grab buddeln!«

»Ist das genug, Mama Ruby?« fragte Virgil, indem er ihr einen Arm voll Zeitungen entgegenstreckte. Sie standen in Rubys kühler, trüb beleuchteter Küche an einem Tisch, der mit Tellern und Töpfen beladen war. Sie hatten den Kohl gegessen, den Virgil fertiggekocht hatte, während Ruby bei Othella war. Brotkrümel, leere Teller, Bierdosen und diverse Knochen waren über den Tisch verstreut.

»Jaah. So klein wie dies Kind ist, werden wir nicht viel Papier brauchen, um sie einzuwickeln«, erwiderte Ruby. Sie nahm Virgil die Zeitungen ab und sah ihn an, ihre Augen funkelten hektisch. Er sah zu ihr auf und biß sich auf die Unterlippe.

»Was ist jetzt mit dir los? Du stehst da und guckst mich an, als wäre ich was Gutes zu essen«, murmelte er.

»Ich hab gedacht, ich hätte was gehört. Wie wenn jemand weint«, antwortete Ruby flüsternd.

»Ach, gar nichts hast du gehört«, Virgil fuchtelte ihr mit der Hand vorm Gesicht herum. »Und beeil dich jetzt mal langsam. Du hast dieses Baby schon eine ganze Stunde hier rumliegen.«

»Hast du Alice Mae ganz bis nach Hause gebracht?«

»Ich hab sie bis zur Lichtung gebracht«, erwiderte Virgil.

»Du solltest die Kleine ganz nach Hause bringen, Kind! Willst du, daß sie von irgendeinem Irren überfallen wird?«

»Mama Ruby, alle sagen, die einzige Irre in Silo bist du«, entgegnete Virgil ernst, die Hände in die Hüften gestemmt.

Ruby sah weg und dachte über das nach, was Virgil gesagt hatte. Dann drehte sie sich wieder zu ihm um und gab ihm einen Klaps mit der Zeitung.

»Junge, ich hab doch jemanden weinen hören. Geh mal raus und guck auf der Veranda hinten nach, ob du Alice Mae draußen siehst. Hörst du?«

»Ja, Ma'am.«

Virgil ging an die Küchentür und riß sie wütend auf, während Ruby zu ihm hinsah. Er streckte den Kopf hinaus und sah sich schnell um. Überzeugt, daß hinten auf der Veranda niemand war, knallte er die Tür wieder zu und kam zu Ruby zurück.

»Ist niemand da draußen. Du hörst Gespenster, Mama Ruby.«

»Ich weiß ganz genau, daß ich was gehört hab. Hat gestöhnt und geächzt.«

Virgil sah Ruby nachdenklich an.

»Das war wahrscheinlich dein Gewissen«, schlug er vor. Ruby klatschte ihm noch mal die Zeitung um die Ohren. Er lachte bloß und schnitt ihr eine Grimasse, als sie zu dem Brett an der Wand hinüberging, wo das Baby lag.

Virgil folgte Ruby und trat ihr dabei auf die Fersen. Sie drehte sich um, um ihm noch eins mit der Zeitung zu geben, aber er ließ sich auf die Knie fallen und lenkte sie ab, indem er sie am Saum ihres Morgenrocks festhielt.

»Steh vom Fußboden auf, Kind! Wir haben zu tun!«

Virgil sprang auf und stellte sich neben Ruby, als sie sich über das Brett beugte.

»Wo sollen wir dieses hier begraben, Mama Ruby?«

»Unten im Bayou, denk ich. Da unten, wo wir den alten Quälgeist vom Finanzamt begraben haben, der hier letzten Monat rumgeschnüffelt hat und mir Fragen über mich und einen gestohlenen Steuerscheck gestellt hat...«

»Oh, Mama Ruby, ein Wunder, daß nie jemand gekommen ist, und nach dem alten Mann gefragt hat.«

»Ach, da ist schon einer gekommen. Noch so'n armer Weißer mit ner unausstehlichen Art. Und mit denselben Fragen. Der hat mich auch nach dem gefragt, der vor ihm da war.«

»Hmmm. Ich hab nicht gewußt, daß noch so ein Beamter gekommen ist, um dich zu nerven.«

»Morgen früh... zeig ich dir, wo *der* begraben ist...« Ruby schloß die Augen und schüttelte den Kopf. »Ich leb hier draußen im Sumpf friedlich vor mich hin. Führe ein gottgefälliges Leben. Ich weiß nicht, warum die hierherkommen, um mich zu nerven. Ich tue niemand was zu leide... wenn sie mich in Frieden lassen. Das geht doch mit dem Teufel zu.« Ruby öffnete die Augen und betrachtete das Kind.

»Wieso soll das Baby nicht an dieselbe Stelle kommen, wo all die andern Totgeborenen begraben sind? Das andere tote Kind von Othella, das tote Kind von Anna Simpson. All die andern toten Kinder, die du zur Welt gebracht hast.«

»Weil ich dies noch heute nacht los sein will. Die Hundstage. Wenn wir das Kind die ganze Nacht draußen liegen lassen, platzt es uns noch auf. Weißt du noch, wie Othella und ich letzten Sommer in den Hundstagen vergessen haben, daß wir ein totes Karnickel im Hühnerstall hatten? Weißt du noch, wie es in der Hitze angeschwollen und aufgeplatzt ist? Ich weiß, daß du keinen Wert darauf legst, die Überreste vonnem aufgeplatzten Baby wegzuschaffen.« Ruby sah Virgil an und rümpfte die Nase.

»Ach du lieber Gott, bloß nicht! Gibt nichts Schlimmeres als aufgeplatzte, angegammelte Menschen. Weißt du noch, wie der Mann versucht hat, Othella zu vergewaltigen und wir ihn in den Hühnerstall gelegt haben?«

»Jaah. Genau wie bei dem Karnickel. Den haben wir auch vergessen. Der Mistkerl ist so was von aufgeplatzt. Wochenlang haben wir den Gestank nicht aus dem Wald gekriegt.

Gott sei Dank war das in der Jahreszeit, als alle blühte. Die Luft duftete nur so nach Flieder, Magnolien, Löwenzahn und Lilien«, erinnerte sich Ruby.

». . . Mama Ruby . . . hast du schon mal . . . ich mein . . . also, was ich fragen will, denkst du jemals über die Leute nach, die wir gestraft haben? Ich meine, ich lieg manchmal nachts im Bett und denk drüber nach. Früher hab ich davon geträumt, daß die Toten bei uns spuken kommen«, sagte Virgil.

Ruby schüttelte den Kopf und tappte mit dem bloßen Fuß auf den Boden.

»Junge, ich hab nichts getan, was unser lieber Herr Jesus nicht selber getan hätte.«

Virgil schnappte nach Luft und trat einen Schritt zurück.

»Aber, Mama Ruby –«

»Aber was?« fragte Ruby mit hochgezogenen Augenbrauen.

»Nichts . . .«

»Warum guckst du mich denn so komisch an, Kind?«

»Ich glaub, ich weiß längst noch nicht genug über Jesus, hmm?«

»Scheinbar nicht. Hör mir mal zu, Kind. Ich behalte Jesus

immer und überall in meinem Herzen. Mein Leben lang schon. Weil ich so erzogen bin. Ich weiß, daß ich Fehler hab, niemand iss vollkommen außer Jesus, aber ich richte mich nach Gottes Wort, bis aufs letzte i-Tüpfelchen.«

»Weißt du noch, wie wir mal aus Miami zurückgekommen sind und dieser Latino uns mitgenommen hat?«

»Der, der mit nach Haus gekommen ist und mein ganzes Bier ausgesoffen hat und dann noch glaubte, daß er mich vergewaltigen kann?«

»Dich vergewaltigen? Ich wußte nicht, daß er dich vergewaltigen wollte! Hat er wirklich versucht, dich zu vergewaltigen, Mama Ruby?«

»Nein, aber er wollte. Warum hätten wir ihn sonst in den Sumpf geschleppt? Du und ich und Othella und Clyde.«

»Ach so. Ich weiß nicht mehr, als was du mir erzählt hast. Du hast mir und Clyde einfach befohlen, ihm die Taschen leerzumachen und ein Loch zu graben. Find, wir hätten ihn auch nach Miami zurückschicken können. So blau wie der war. Den Latino hab ich irgendwie gemocht. Mir war der recht. Hat mir sogar einen Vierteldollar geschenkt. Clyde auch.« Virgil senkte den Kopf und starrte zu Boden. »Manchmal, Mama Ruby, manchmal denke ich. Was ist, wenn – was hast du, Mama Ruby?« Virgil brach ab, weil Ruby heftig schluchzte. »Warum weinst du?«

Ruby holte ein Taschentuch aus der Tasche in ihrem Morgenrock und fing noch heftiger an zu weinen. Sie wischte sich kräftig die Augen und die Nase.

»Ich hab alles getan, was ich konnte, um dir eine christliche Mama zu sein. Nie hätte ich mir träumen lassen, daß mein eigener Sohn an mir zweifelt. Mein Junge, ich tu das, was mir der Herr eingibt. Ich hab nie Hand an jemand gelegt, der nicht selber schuld war. Dieser Latino, der war tot besser dran. Der konnte doch nicht mehr Englisch als ein einjähriges Kind. Sag du mir... was hätt irgend jemand an dem haben können?«

»Ja, aber die andern Latinos, die sprechen Latino. Hab sie schon dabei gesehen. Außerdem hat der Mann erzählt, daß er irgendwo eine Frau und ein paar Kinder hat. Irgendwie ist das nicht richtig, daß er sich so umbringen lassen mußte, einfach so. Was hatte er denn getan?«

»Immerhin war er ein Vergewaltiger«, fauchte Ruby. »Wieviel Gründe brauchten wir denn noch?«

»Ach . . . laß uns das Thema wechseln, Mama Ruby. Mir wird kalt, wenn wir über die Leute reden, die wir gestraft haben.«

Ruby steckte das Taschentuch wieder in die Tasche und räusperte sich.

»Weißt du was, Mama Ruby, zu schade, daß wir so weit von der Stadt leben. Es wäre schön, das Baby einbalsamieren zu lassen oder so.« Virgil berührte das Kind.

»Wir haben keine Zeit für so offiziellen Kram. Meinst du, wir wärn Weiße oder was? Wir werden dieses Kind begraben, sobald ich es eingewickelt hab. Armes kleines Ding. Der süßeste kleine Leckerbissen, den ich je gesehen hab.«

»Wirklich wahr. Ist mir gleich aufgefallen, als du den Schuhkarton aufgemacht hast.«

Ruby wickelte das Kind ein und sang ein Spiritual dazu. Fertig gewickelt sah das Paket aus wie ein kleiner Brotlaib. Als Ruby das Paket auf den Küchentisch legte, fiel Virgil eine bunte Reklame für Drachen ins Auge.

Ruby wackelte über den Fußboden an ihren Kühlschrank und holte sich eine Dose Bier. Sie zermalmte so wütend eine Kakerlake auf dem Boden, daß die losen Dielen sich hoben und sich mit Weh und Ach wieder an die richtige Stelle senkten.

»Wo ist mein Dosenöffner, Virgil?« brüllte sie.

»Weiß ich nicht. Du bist die einzige, die ihn benutzt, du mußt dich selber drum kümmern, daß du immer weißt, wo du ihn hast.« Virgil sagte das, ohne von der Zeitung aufzublicken. »Mama Ruby, kann ich zehn Cent haben, um mir einen von den Drachen hier zu kaufen?« Er hob das sauber geschnürte Paket auf, während Ruby ihren Dosenöffner suchte. Um die Anzeige besser lesen zu können, fing Virgil an, die Zeitung, in der das Kind lag, abzuwickeln.

»Was machst du denn schon wieder, Kind?« rief Ruby. Eilig lief sie wieder durch die Küche und gab Virgil eine Kopfnuß.

»Auuuaaa!« schrie er.

»Sag mir, was du mit dem Kind vorhast!«

»Ich wickel sie gleich wieder ein! Ich wollte bloß die Drachen besser sehen! Hau mich bloß nicht wieder auf den Kopf, Mama Ruby! Mist! Ich hab so viele Beulen am Kopf, weil du mich dauernd piesackst! Wenn du das noch mal machst, dann werd ich dir was lernen, was du so schnell nicht vergißt!«

Diesmal drosch Ruby mit beiden Händen auf den Kopf des Jungen ein.

»Auuuaaaa!« heulte er zitternd und wedelte mit den Armen. »Ehrlich! Ich bin nicht mehr frech zu dir, Mama Ruby! Laß meinen Kopf los!«

Ruby wandte ihre Aufmerksamkeit von Virgil ab und wieder dem Kind zu. Sie fing still an, es wieder einzuwickeln. Plötzlich erstarrte sie, die Augen traten vor, und der Mund klappte auf.

»Was ist nu los, Mama Ruby?«

»Virgil, die Kleine hat sich gerade bewegt! Sie ist nicht tot!«

Übersetzt von Karen Nölle-Fischer

GLORIA NAYLOR

Mama Day

Du hast dir mit einem Plastikstrohhalm in den Zähnen herumgestochert – ich weiß, ich weiß, es war eigentlich kein Strohhalm, es war ein Kaffeerührstäbchen. Aber George, seien wir ehrlich, diese Dinger haben zwei kleine Öffnungen, durch die man vielleicht auch Flüssigkeit saugen könnte, wenn man unbedingt wollte, also darf ich es wohl mit Recht einen Strohhalm nennen, schließlich hat sich eine Bruchbude wie dieses Café an der Third Avenue ja auch nicht geschämt, es Kaffeerührstäbchen zu nennen, dabei konnte man das Zeug, das sie einem in die Tasse gossen, sicher nicht als Kaffee bezeichnen. Bei derartigen Lokalen war immer alles ein bißchen mehr oder ein bißchen weniger als es sein sollte. Mich hat das immer irritiert: Die Vitrinen aus rostfreiem Stahl waren allzu sauber, und ist dir jemals aufgefallen, daß die Kuchen und Pasteten da drin beim Schneiden nie krümelten und aus den Netzmelonen und Honigmelonen nie Saft rauskam? Die Formica-Tischplatten waren etwas zu glitschig für die Ellbogen, und der Geruch dieser roten Vinylsitze – immer rotes Vinyl – sickerte in den Geschmack des Essens rein, das warm ankam, wenn es ein warmes Gericht war, und wenn es ein kaltes Gericht war, kam es auch warm an. Ich schwörs dir, einmal hab ich warmes Pistazieneis gekriegt, und das war steinhart. Derartige Lokale waren in New York zur Fließbandabfütterung da, und das funktionierte – nichts lud dort drinnen zum Verweilen ein. Vor allem, wenn an der Untertasse gleich die Rechnung klebte – wer hätte schon Lust, eine zweite Tasse Kaffee zu verlangen, wenn er da rumsitzen und zugucken muß, wie sich ein großer fettiger Daumenabdruck langsam über das hinten aufgedruckte »Thank You« ausbreitet?

Vermutlich hast du dir das Stäbchen für den Kaffee geholt, weil du den Teelöffel schon für die Suppe genommen hattest. Ich hab gesehen, wie dir die Kellnerin das Mittwochsmenü brachte, und das bedeutete Erbsensuppe, die man rasch in Angriff nehmen mußte, bevor sie klumpig wurde. Also hast du keine zwanzigminütige Wartezeit wegen eines Suppenlöffels riskiert, sondern den Teelöffel genommen, und dann war nichts mehr für den Kaffee da, als der mit der Rechnung kam. Und offenbar hast du gewußt, daß du mit dem »Bin inner Min-uute wieder da, Baby« unserer netten Kellnerin verdammt warst zu deinem Finger, einem Plastikstäbchen oder Kaffee pur. Und du hast eine Menge Zucker und Milch genommen. Der Typ beherrscht die Kunst, mit Erfolg an der Third Avenue essen zu gehen, hab ich gedacht. Wenn auf der Mittagskarte nichts über sechs Dollar steht, heißt es, runter mit den Ansprüchen, wenn man ohne Magengeschwür an die Arbeit zurückwill.

Und für mich stand außer Zweifel, daß du nach diesem Essen in ein Büro oder so was ähnliches zurückgehen würdest. Das lag nicht nur an dem kurzärmeligen blauen Hemd mit Schlips; du hast mit einer gewissen Ungezwungenheit und Zielstrebigkeit gegessen, die mit jedem Bissen von dem zähen Roastbeef da verkündete: *hat Arbeit*. Sechs Monate auf Arbeitssuche hatten mich zu einer Expertin darin gemacht, die Leute zu erkennen, die sich wie ich beeilten, um in irgendeinem Vorzimmer von wasweißich auf eine Chance zu warten, durch die inneren Türen zu gelangen und beweisen zu dürfen, daß man zwei Worte pro Minute tippen kann und sich beim Beantworten kniffliger Fragen nach dem zweiten Vornamen und dem Geburtsdatum nicht die Bluse vollsabbert.

Damals im August hatte ich das schon zu einer Wissenschaft kultiviert, auch wenn die Leute hier sagen würden, daß ich ein bißchen mit Mama Days Zweitem Gesicht begabt war. Mit dem Zweiten Gesicht hatte das nichts zu tun: In dem Jahr wurden im März allmählich die Mäntel abgelegt, und der April war so, daß man in den Nebenstraßen schon dem Gespucke aus den Klimaanlagen ausweichen mußte, da sprang es mir im Hochsommer nur so in die Augen – die wie aus dem Ei gepellten Modepuppen auf jeder Avenue, deren Kleider noch scharfe Kanten hatten, weil der Stoff den ganzen Morgen in einem gleichbleibend temperierten Kasten im Kühlen gewesen war. Oder die Aktentasche, die bei einem Typ so ausgewogen neben dem Schenkel baumelte, daß man sah, da sind nicht nur leere Fächer und seine Turnhosen drin. Und als Frau wußte ich bei Haaren wohl immer Bescheid: Man hält den Kopf anders, wenn er allwöchentlich gehätschelt, der Nacken zur Entspannung verkrampfter Muskeln massiert wird, »damit die Stufen auch richtig fallen, meine Liebe«. Die Blondinen mit ihrem Pagenschnitt, meine Ebenbilder mit Michael-Jackson-Locken, diese Asiatinnen, die praktisch gar nichts mit ihren Haaren tun mußten, um blendend auszusehen, also trugen sie's gekräuselt oder kurz geschnitten, weil dann jeder wußte, sie haben die fünfunddreißig Dollar pro Woche, damit es weiter so aussieht. Yeah, diese Leute hatten allesamt einen Job. Und in der U-Bahn brauchte man abends zur Hauptverkehrszeit eindeutig kein Zweites Gesicht: all die Baumwollhemden – immer kariert oder bunt – mit offenem Kragen und eingetrockneten Schweißrändern unter den Achseln bei Mitfahrern, die das Privileg eines Sitzplatzes genossen, ehe der IRT Richtung Norden in Midtown hielt, weil diese Männer in den Fabriken, in den Lagerhäusern und an den Frachtkais weiter unten an der Delancey Street oder in East New York oder Brooklyn ihre Arbeit getan hatten.

Die dazwischen dagegen verlangten etwas mehr Aufmerksamkeit: Da mußtest du rausfinden, in welcher mit dem richtigen Gewicht schwingenden Aktentasche bloß pfundweise Lebensläufe stecken, oder bei welchem Gucci-Taschenkalender die Kleinanzeigen fein säuberlich ausgeschnitten und auf die Seiten geklebt sind, damit du denkst, die wird da erwartet, wo die hingeht, statt daß man bloß erwartet, daß sie wartet. Ich muß zugeben, die Taschenkalendermasche setzte etwas Originalität und Stil voraus. Die Sorte wußte, daß du dich mit einer beim letzten Teil aufgeschlagenen Zeitung total verraten hast. Und ich weiß auch nicht, wem die anderen was vormachen wollten, die so taten, als würden sie die Schlagzeilen und die Leitartikelseite überfliegen, ehe sie an die Anzeigen gingen und dann endlich das Papier verkrumpelten und ein, zwei Zentimeter näher ans Gesicht schoben. Wenn sonst nichts half, konnte ich mir nur noch ihren Gang anschauen – entweder zu entschlossen oder zu zögerlich durch irgendeine Drehtür an der Sixth Avenue. Keiner bleibt gern in seinem Elend allein, und genau deshalb war ich in diesem erdrückenden August in New York auf der Straße. Die falschen Fuffziger hingen mir langsam zum Halse raus, und wenn ich einen erkannte, ging es mir selbst etwas besser. Ich war wenigstens echt: Ich hatte keinen Job, und ich brauchte einen – dringend. Wenn dein Arbeitslosengeld eine kürzere Lebenserwartung hat als eine Tsetsefliege, und du weißt, daß Zeitarbeitsvermittlungen kaum die Miete abdecken, und alle Hauseingänge um den Times Square sind schon von sehr entschlossen aussehenden Damen besetzt, dann geht jede Maskerade den Bach runter. Da bettelt man seine Freunde alle zwei Tage um einen neuen Tip an, schlägt die Zeitung gleich bei den Anzeigen auf und bestellt eine Tasse Kräutertee und den Salat des Hauses. Hauptsache, die Rechnung bleibt unter zwei Dollar und man kriegt einen Tisch in der Nähe der Klimaanlage.

Während du dein Mittagessen aufgegessen hast und nun bemüht warst, das Roastbeef unauffällig zwischen deinen Zähnen rauszufieseln, blieben mir noch zwanzig Minuten bis zum nächsten Viehauftrieb. Ich sollte zu der Herde gehören, die zwischen eins und drei beim Ingenieurbüro Andrews & Stein durchgeschoben wurde. Und hätte ich nicht geschwollene Füße gehabt, weil ich mir unterm Tisch die hochhackigen Schuhe abgestreift hatte, wäre ich vielleicht rübergegangen und hätte dir einen von den Zahnstochern mit Pfefferminzgeschmack angeboten, die ich immer bei mir trug. Mit meiner Zahnstocherschachtel hatte ich in Restaurants schon einige Bekanntschaften gemacht: Es war eine idiotensichere Methode, ein Gespräch anzuknüpfen, sobald ich einmal heraus hatte, was jemand bestellt und wie er es ißt. Wie ein Mann kaut, kann dir eine Menge darüber erzählen, wie er sich schließlich als Liebhaber anstellen wird. Lach nicht –

Fleisch ist Fleisch. Und du hattest diesen drei Scheiben Roastbeef da eine Aufmerksamkeit geschenkt, die sie nicht verdienten, daher hab ich tatsächlich mit dem Gedanken gespielt, für dich könnte sich die Quälerei lohnen, mich in meine Schuhe zu zwängen. Du hattest hübsche Zähne und starke, stumpfe Finger, und deine Fingernägel waren sauber, aber Gott sei Dank nicht manikürt. Ich hatte schon versucht, mir vorzustellen, womit du dein Geld verdienst. Die Zusammenstellung von kurzärmeligem farbigem Hemd und Strickkrawatte konnte auf alles hindeuten, vom Wachmann bis hin zum exzentrischen Vizepräsidenten. Egal, wer lieber zu einem Plastikstäbchen griff als in das offene Tellerchen mit Zahnstochern an der Kasse, wo sich Ohrenschmalzkrümel und Fett von hundert Grabschfingern ansammelten, der hatte zumindest Verstand, wenn nicht gar Hochachtung vor den Feinheiten des guten Tons.

Aber als du an mir vorbeigegangen bist, hab ich dich und den Gedanken aufgegeben. Meine Zahnstocher hatten mir im letzten Monat bereits zwei Verabredungen verschafft: einen totalen Kotzbrocken und einen halben Kotzbrocken. Ich hätte darauf setzen können, daß ich auf dem aufsteigenden Ast war und du nur ein Viertelkotzbrocken sein würdest. Aber trotzdem, wenn man in einem Café an der Third Avenue einen Viertelkotzbrocken kennenlernte, dann hatte das in der Regel zu bedeuten, daß der meinte, ich würde einen kostenlosen Vortrag über das Paarungsverhalten der Usambaraveilchen im Botanischen Garten und ein Essen beim Griechen – *Nischen* aus rotem Vinyl – für einen Schritt nach vorn halten. Soviel hatte dieses Mädchen aus dem Süden schon gelernt: Es gab eindeutig einen Zusammenhang zwischen dem Ort, wo man in New York einen Typ kennenlernt, und wohin er einen ausführt. Also, man ließ sich in so einer Nische beim Griechen ansprechen, und es sprang ein Essen in einem Spezialitätenlokal mittlerer Güte dabei heraus: mexikanisch, chinesisch, süditalienisch, richtige Tischdecken, aber mit einer Glasplatte abgedeckt, und vielleicht noch Karten für ein Off-Broadway Theater. Und wenn man in einem *solchen* Lokal jemanden aufgabelte, wurde man zu Spezialitäten erster Ordnung ausgeführt: norditalienisch, französisch, russisch oder sonstwie europäisch, mit Kellnern statt Kellnerinnen, und zu Balkonplätzen am Broadway. Restaurants an der East Side, Jazzclubs im Village und Sperrsitze im Lincoln Center waren drin, wenn man mit der Klientel ausging, die im Maxwell's Plum oder in einer Singles Bar *oberhalb* der 59sten an der East Side und *unterhalb* der 96sten an der West Side zur Verfügung stand.

Den Aufstieg in die Bar-Szene hatte ich nie geschafft, weil ich nicht trank und keine Drei-fünfzig für ein Sodawasser zahlen wollte, bis der Langweiler des Abends wieder auftaucht. Freundinnen von mir haben gesagt, auf die Art kommt in Null Komma nichts eine Rechnung von achtzehn Dollar zustande, und dann zieht man glücklich mit einem rosa Viertelkotzbrokken ab, der meint, weil du eine schwarze Frau bist, ist nächste Woche wieder ein Essen in einem Spezialitätenlokal mittlerer Ordnung angesagt. Und wenn es ein brauner Viertelkotzbrokken war, dann hatte der bis kurz vor Schluß gewartet und wollte dir deinen letzten Drink spendieren. Und wenn du dich nicht gebührend dankbar zeigtest für eine Hand auf deinem Schenkel und eine Einladung in sein Tor zum Paradies, drei Treppen ohne Aufzug, wurde dir deutlich zu verstehen gegeben, daß deine negative Haltung genau der Grund war, wieso er dort eigentlich in erster Linie nach weißen Mädchen Ausschau halten wollte.

Hört sich garstig an, nicht? Tja, das waren auch garstige Zeiten für eine alleinstehende Frau in deiner Stadt da. Das ganze hatte etwas so verzweifelt Trauriges an sich – besonders für meine Freundinnen. Weißt du, Selma ist immerzu in diese schicken Singles Bars gegangen, weil sie sich in den Kopf gesetzt hatte, nur dort könnte man »gewisse« schwarze Männer kennenlernen. Die hat sie dann auch kennengelernt, diejenigen, die ganz sicher nicht nach ihr Ausschau gehalten hatten. Dann hat sie ausgerechnet im Central Park diesen Arzt aufgetan. Nicht irgendeinen Feld-Wald-und-Wiesen-Arzt, einen Neurochirurgen von der Park Avenue. Drei Monate später hat er schon was von Heiraten gesagt, und sie hat ein Mordstamtam vor uns gemacht, in Zukunft würde sie nur noch mit Chanel No. 5 duschen und gummierte Dollarscheine als Duschvorhang benutzen – was du dir nur denken kannst. Und das Traurige war gar nicht mal, was dann rauskam – ich meine, es war schon unheimlich genug, als er ihr schließlich erzählte, er wolle eine Geschlechtsumwandlung vornehmen lassen, warte aber auf die richtige Frau, die bereit sei, sich mit ihm zusammen operieren zu lassen, denn es falle ihm nicht im Traum ein, mit einem Mann zu schlafen – auch nach der Operation nicht; unheimlicher – und viel trauriger – als das alles, George, war, daß sie ernsthaft überlegte, ob sie mit ihm nach Dänemark gehen und es machen sollte. Darum will ich dir eins sagen, meine Zahnstocher, auch wenn das nur eine ganz kleine Geste war, haben mir geholfen, mich aus dem ganzen Wahnsinn rauszuhalten.

Ich verließ schließlich das Café und spürte alles dahinwelken, was in meinem Leinenkostüm und den Haaren an Leben erblüht sein mochte. Wie konnte es nur so heiß werden in der Third Avenue, wo die Häuser doch die Sonne abhielten? Als ich sieben Jahre zuvor nach New York gekommen war, hatte ich mich gefragt, ob man wirklich so hohe Gebäude braucht. Anscheinend hielt sich nie jemand länger darin auf; alle waren draußen auf dem Trottoir und in Bewegung, Bewegung, Bewegung – und wohin? In meinem ersten Monat wollte ich das unbedingt herausfinden. Einmal bin ich einer Frau nachgelaufen: Sie hatte eine Bienenkorbfrisur mit Straßspangen seitlich am Kopf, passend zu den Straßsteinen an ihrer getönten Katzenaugenbrille. Sie hatte an beiden Händen nur die Daumennägel mit Glanzlack lackiert, und sie waren so lang, daß sie sich eingedreht hatten wie Haken. Ich hab mir gedacht, die ist so komisch, daß es überhaupt nicht auffällt, wenn ich ihr nachgehe. Wir fingen an der 53sten Ecke Sixth Avenue beim Sheraton an, gingen bis zur Eighth Avenue nach Westen und bogen dann nach rechts ab, und da blieb sie an einem koreanischen Obststand stehen, kaufte sich eine Kiwi und schälte sie im Weitergehen mit den Daumennägeln ab. Am Columbus Circle hab ich sie aus den Augen verloren; sie warf die geschälte Kiwi ungegessen in einen Abfalleimer und nahm die Rolltreppe zur U-Bahn runter. Während sie runterfuhr, kam eine andere Frau mit zwei proppenvollen Plastiktüten die Rolltreppe hoch. Die führte mich den Broadway lang bis da, wo er an der 63sten auf die Columbus

Avenue trifft, und setzte sich, die Tüten zwischen den Knien, auf eine von diesen Bänken, die da auf dem Grünstreifen stehen. Sie schlug andauernd mit den Hacken an die Taschen, und es klang so, als hätte sie lose Töpfe und Pfannen da drin. In dem Moment, als sie sich hinsetzte, stand ein so richtig vornehm aussehender Typ, mit Tweedjackett und grauen Koteletten, von der Bank auf, ging in einen Blumenladen auf der anderen Seite der Columbus Avenue, kam mit leeren Händen wieder raus, und ich folgte ihm downtown zurück zum Circle, bis wir am Eingang des Central Park waren. Er ging langsamer, drehte sich um, guckte mir direkt ins Gesicht und lächelte. Da hab ich gesehen, daß sein Hosenstall vorne von riesigen Windelsicherheitsnadeln zusammengehalten wurde – du weißt schon, wie man sie früher hatte, mit so rosa Kaninchenknöpfen dran. Ich hätte nie geglaubt, daß jemand auf meine Central-Park-Geschichte noch eins draufsetzen könnte, bis Selma dort ihren Neurochirurgen kennengelernt hat. Nach dem Typ hab ich aufgegeben – ich war mittlerweile sowieso schon fix und fertig. Das Gehen war mir zuwider, fast so zuwider wie die U-Bahn. Eine Stadt, die ihre halbe Einwohnerschaft die halbe Zeit im Untergrund hält, hat etwas Heuchlerisches an sich: Man kann allmählich glauben, es sei viel mehr Platz da, als eigentlich da ist – zum Leben, zum Arbeiten. Und mit beidem hatte ich Schwierigkeiten, den endlosen Kleinanzeigen in der *Times* vom Sonntag zum Trotz. Weißt du, da hat allein schon die Rubrik Stellenangebote mehr Seiten als das Telephonbuch hier in Willow Springs. Aber es hat ein Weilchen gedauert, bis ich dahinterkam, daß sich der Rassismus in New York ebenso im Untergrund bewegt wie der Großteil der Menschen.

Mama Day und Grandma hatten mir erzählt, daß die Kleinanzeigen und Wohnungsangebote in den Zeitungen früher einmal – sogar im Norden – deutlich »Farbig« oder »Weiß« angaben. Es muß wunderbar einfach gewesen sein, damals auf Stellensuche zu gehen. Man ersparte sich eine Menge Bein- und Kopfarbeit. Und wie ich mich nach diesen Zeiten zurücksehnte, wenn ich mir straßauf, straßab den Arsch aufgerissen hab. Das hab ich auch einmal auf so einer Party, die Selma immer für ihre gewissen Leute gab, durchblicken lassen. Man hätte meinen können, ich hätte verkündet, daß sie in Wirklichkeit einheimischen Wein tränken, so still ist es geworden. Einer von ihren gewissen Leuten war so entsetzt, daß ihm die Stimme zitterte. »Du meinst, du willst die Rassentrennung wiederhaben?« Ich hab ihn angesehen, als hätte er sie nicht mehr alle – wo war sie denn hin? Ich wollte nur die Klarheit wiederhaben – das würde mir eine Menge U-Bahnfahrgeld sparen. So mußte ich mich mit Anzeigen rumschlagen, die *Gleiche Chancen für alle* oder gar nichts angaben – die hätten genausogut *Farbige können sich bewerben* oder *Versuch dein Glück* angeben können. Und wenn ich auf Nummer Sicher gehen wollte, dann waren das gleiche Chancen, was zu sein? oder was zu verdienen? Und hier setzte dann die Kopfarbeit ein.

Wie bei der Anzeige, der ich an dem Nachmittag nachgehen wollte: ein Zehnzeiler in der Montagszeitung mit einer Büroleiterstelle. Eine ausführliche Arbeitsplatzbeschreibung, so daß kein Platz blieb für das Versprechen von Chancengleichheit, selbst wenn es sie gab. Am Sonntag hatten sie nicht inseriert, denn das hatte ich nachgeprüft. Sie wollten nicht zwischen den ganzspaltigen und halbspaltigen Anzeigen der Agenturen untergehen. Ein kleiner Laden offenbar. Ingenieurbüro Andrews & Stein: Das war zumindest halb jüdisch, und das hieß liberal – vielleicht. Aber vielleicht wollten sie auch nur ihre eigenen Leute. Bevor ich nach New York kam, hatte ich noch nie einen jüdischen Menschen gesehen, außer im Fernsehen. Ich hatte gehört, daß sie zur Vetternwirtschaft neigen, und da ich aus Willow Springs kam, wär ich damit zurechtgekommen. *Die Bezahlung ist der Position angemessen:* Das konnte alles mögliche bedeuten, je nachdem, ob sie sich an Burger King maßen oder an IBM. *Einstellungstermin 1. September:* Das gab den Ausschlag, während alle anderen Fragen in der Schwebe blieben. Sollte ich den Job bekommen, konnte ich Mitte August immer noch nach Hause fahren. Selbst wenn ich ihn nicht bekommen sollte, würde ich nach Hause fahren. Daß ich von Willow Springs weggegangen war, konnten Mama Day und Grandma mir verzeihen, daß ich wegblieb aber nicht.

Ich kam bei der Adresse an und fand genau das vor, was ich befürchtet hatte. Ein sechsstöckiges Bürogebäude – eine billige Gegend, soweit man in New York von billig sprechen konnte. Andrews & Stein war Eingang 511. Der Aufzug wie auch das altehrwürdige Marmorfoyer und der kastanienbraune gemusterte Teppichboden im fünften Stock waren abgenutzt, doch gut gepflegt. Trübe beleuchtete Flure, um Energiekosten zu sparen, und getünchte Wände, die aussahen, als müßten sie spätestens nächsten Monat frisch gestrichen werden. Ich konnte deutlich sehen, daß der ganze Bau von einem hingebungsvollen Hausmeister zusammengehalten wurde, der wahrscheinlich kurz vor dem Ruhestand war. Nein, nein, wenn diese Leute mich einstellen wollten, dann für einen Apfel und ein Ei. Ein Unternehmen, das sich hier einmietete, rückte höchstens für Mr. Steins hirnlose Nichte oder Mr. Andrews neuestes Betthäschen ein anständiges Gehalt raus. Na, jetzt bist du mal da, Cocoa, dachte ich, nun zieh die Sache auch durch.

Die Kirschvanille, die den Türsummer für mich betätigte, war nicht weiter verwunderlich, aber vielleicht gab es noch Hoffnung. Wenn eine kleine, liberale Firma sich eine Karamelcreme in den Glaskäfig am Empfang setzte, gab es hinten im Büro selten noch mehr davon. Sie stellen dich vorne zur Schau und legen sich dann beruhigt schlafen, weil sie meinen, sie hätten den Geist von Martin Luther King gebannt. Drei andere Frauen waren vor mir gekommen, und dazu noch ein sehr, sehr schwuler Orientale. Mein Gott, von denen gab es nicht viele – wenigstens nicht in meinen Kreisen. Alle vier hatten bereits ein Klemmbrett und waren dabei, eine Seite lange – hektographierte – Bewerbungsbögen auszufüllen. Kirschvanille war ziemlich nett. Sie entschuldigte sich, daß es keinen Sitzplatz mehr gab, und meinte, wenn ich nichts zum Unterlegen dabei hätte, müsse ich warten, bis ein Klemmbrett frei wird. Ein ganz, ganz kleiner Laden. Aber sie verspritzte nicht diese schmierige Höflichkeit, die gewöhnlich benutzt wird, um dich sachte aus jeder Aussicht auf den Job gleiten zu lassen. Eine Frau, die da saß und einen Bewerbungsbogen ausfüllte, war tatsächlich Lakritz. Ihr Haar war üppig gewellt und glänzte wie Lackleder, und selbst aus der Nähe konnte ich nicht erkennen, wo bei ihr das Haar aufhörte und die Haut anfing. Und sie hatte den Körper und den Mut dazu, ein Danskin-Top zu tragen, das so enganliegend wie rot war. Ich nehme an, diese Dame wollte sagen: Mich siehst du schon aus einer Meile Entfernung kommen, ob es dir gefällt oder nicht. Ich möchte wetten, einer Menge Männer hat es gefallen. Falls man eine Nachfolgerin für Mr. Andrews Pipimädchen suchte, war ihr der Job sicher. Und mich musterte sie auf eine Art – wobei sie geringschätzig über meinen ausgebleichten Teint und das schlappe Leinenkostüm hinwegging –, daß ich am liebsten meine kümmerliche Brust rausgestreckt hätte, aber dann hätte man meine nicht vorhandenen Hüften gesehen. Vergiß es, dachte ich, du stehst ohne Titten, ohne Hintern und ohne Farbe da. Also tröste dich mit der Einbildung, daß sie sich in der Adresse geirrt hat und sich hier für den falschen Job bewirbt. Wieso kommt man sonst zu einem Vorstellungsgespräch in einem Aufzug, der um so besser aussieht, je nasser er ist, wenn man nicht Rettungsschwimmer werden will? Die zwei anderen Frauen konnte ich gleich vergessen – Milkshakes. Eine hatte ihren Lebenslauf auf unterschiedlich getöntes pastellfarbenes Papier getippt und ging jetzt die Bögen durch, wahrscheinlich, um herauszufinden, welcher am besten zur Büroeinrichtung paßte. Die andere hatte ihren Sozialversicherungsausweis vergessen und wollte wissen, ob sie wegen der Nummer zu Hause anrufen könne. Wenn man zu blöd ist, sie auswendig zu lernen, dann ist das eine Sache, aber wenn man nicht so viel Verstand hat, daß man sitzen bleibt und den Mund hält, ist das schon mehr als schwachsinnig. Egal, ob sich hinter Andrews & Stein die amerikanische Nazi-Partei verbarg, sie hatte jedenfalls keine Chance. Daher waren die einzigen ernsthaften Konkurrenten in dem ganzen Haufen ich, Lacklederhaar und Kumquat.

Ich erbte das Klemmbrett von der, die ihren Sozialversicherungsausweis vergessen hatte, und sie war, immer noch von dieser verdammten Nummer brabbelnd, rein und wieder raus, ehe ich noch bei »Bildungsgang« angelangt war. Nach der High-School waren da bloß zwei Jahre Wirtschaftsfachschule in

Atlanta zu verzeichnen – aber ich hatte als Klassenbeste abgeschlossen. Im Grunde kam es bei so einem Job auf die Berufserfahrung an. In einem solchen Laden machte man sich keine Gedanken darum, wie man beruflich vorankam – die ganzen Kästen und Aktenschränke, die sich hinter der Empfangsdame türmten –, hier ging es nur darum, mit der Arbeit voranzukommen.

Ein Job für sieben Jahre machte sich sehr gut – mit einer Gehaltserhöhung von fünfzig Prozent. Aufgaben: vielgestaltig, und im Laufe der Zeit immer komplexer werdend. Die Versicherungsgesellschaft war einfach eingegangen, mehr nicht. Wäre ich geblieben, wäre ich wahrscheinlich zur Bevollmächtigten Versicherungsagentin aufgestiegen – aber ich hab dieses Büro wahrhaftig geleitet. Zwölf Sekretärinnen, fünfunddreißig Vertreter, sechs Schadenssachbearbeiter und ein gieriger Präsident, dem sein Verstand nicht sagte, er solle die Finger davon lassen, die Hälfte aller Häuser in der South Bronx zu versichern – und sei es für die dreifache Prämie bei Feuer- und Wasserschaden. Die Gauner von Hausbesitzern haben ordentlich abgesahnt, und ich bin jedesmal zusammengezuckt, wenn ich jemand mit einem Feuerzeug gesehen habe. Ich war bei Hobbys angelangt – was mich immer ärgerte; was geht die deine Freizeit an? –, da wurde Lacklederhaar reingerufen. Sie erhob sich wie eine Frau, die weiß, daß sie besser aussieht, wenn sie endlich in voller Größe zu sehen ist. Was die wohl bei außerberuflichen Aktivitäten eingetragen hat, überlegte ich. Ich seufzte und schlug die Beine übereinander. Ich würde lange warten müssen. Nach zwanzig Minuten lächelte Kumquat mitfühlend zu mir rüber – wenigstens wußten wir beide, daß er absolut keinen Trumpf mehr in der Hand hatte.

Bei der Empfangsdame leuchtete der Sprechanlagenknopf auf, und als sie auflegte, nickte sie dem Orientalen zu.

»Mr. Andrews Vorstellungsgespräch dauert noch, daher werden Sie mit Mr. Stein sprechen müssen. Gehen Sie einfach mit Ihrem Bewerbungsbogen zur zweiten Tür links, Mr. Weisman.«

Er grinste mir noch einmal zu, und ich spürte, wie mein Leinenkostüm bei der schwachen Klimaanlage den letzten Rest an

Frische einbüßte. Mein Gott, ich wollte nach Hause – und zwar dorthin, wo ich zu Hause war. Bei allen Problemen, die Willow Springs hatte, man machte sich doch nichts vor, wenn eine Sache faul war.

Na ja, Weisman war ziemlich schnell wieder draußen. Ich sagte mir zum tausendsten Mal, jetzt wundere ich mich in New York über gar nichts mehr. Wahrscheinlich war Stein Antisemit. Wieder vergingen zehn Minuten, und ich saß immer noch da und wurde allmählich richtig sauer. Konnte Mr. Stein nicht auch mit mir sprechen? Nein, sie habe gerade ein Ferngespräch von einem Kunden durchgestellt, aber Mr. Andrews sei bald für mich frei. Da hatte ich ernsthafte Zweifel. Der versuchte da drinnen, Lackleder klarzumachen, daß sie zwar der Meinung sein mochte, sie würde sich auf eine Stelle als Rettungsschwimmerin bewerben, aber für jemand mit ihren Anlagen würde sich schon ein Plätzchen finden. Als sie herausgelodert kam, gab ich ihr nicht die Genugtuung meiner halbstündigen Warterei – ich las eifrig die Banderole an meiner Kaugummipackung, da ich die Zeitung vor dem Eintreten weggeschmissen hatte. Das Ding war unwiderruflich bei den Anzeigen verkrumpelt, meine Tasche war zu klein, um sie darin zu verstecken, und bei einem Vorstellungsgespräch wollte man schließlich nie so ganz verzweifelt aussehen. Und es gab noch nicht mal irgendwelche alten Nummern von *Popular Mechanics* oder so im Warteraum – unterste Preisklasse und sonst gar nichts.

Endlich wurde ich mit dem Summer in das Allerheiligste geholt und wanderte ohne ein Fitzelchen Hoffnung an überquellenden Aktenschränken vorbei durch eine weitere Tür, die in einen unvermutet ausgedehnten Verbund kleinerer Büros führte. Ich ging in das dritte links, wie geheißen, und da warst du: blaues Hemd, Strickkrawatte, hübsche Zähne und alles. Als ich mich hinsetzte und die Beine übereinanderschlug und dabei durch die geflochtene Tasche hindurch spürte, wie sich die Schachtel mit Pfefferminzzahnstochern an meinen Schenkel drückte, lächelte ich zum erstenmal an diesem Tag aufrichtig.

Bis du an jenem Nachmittag in mein Büro kamst, hätte ich mich nie als abergläubisch bezeichnet. Alles andere als das. Wenn man an Schicksal oder Vorsehung glaubt, muß man glauben, daß es eine Zukunft gibt, und ich bin ohne Zukunft groß geworden. Die einzige Alternative war, überhaupt nicht groß zu werden. Unsere Erzieher im Jungenheim Wallace P. Andrews verlangten unerbittlich, wir sollten lernen, in uns selbst zu investieren. »Kümmert euch nicht um ungelegte Eier, Jungs«, hat Chip immer gesagt, wobei er rechts unten an seiner Backe herumkaute und ausspuckte, als hätte er da noch den Tabakpriem drin, den Mrs. Jackson ihn vor uns nicht kauen ließ. Und sie würde ich bis an mein Lebensende im Ohr haben, das wußte ich. »Nur die Gegenwart hat einen Wert, *Sir.*« Selbst damals sah ich sie vor mir, wie sie einem das Gesicht verzerrte, wenn sie ein Kind am Kinn packte, das heulte, weil seine letzte Pflegefamilie ein Reinfall war, oder weil es in der Schule damit aufgezogen wurde, daß es keine Mutter hatte. Sie langte sogar rauf und krallte sich in muskelbepackte Halbwüchsige, die Ausreden für ein schlechtes Zeugnis vorbringen wollten. In der Unterlippe spürte ich noch den Schmerz von dem unbarmherzigen Griff mit Daumen und Zeigefinger, der sich in den Unterkiefer bohrte – »Nur die Gegenwart hat einen Wert, *Sir.*«

Wahrscheinlich waren sie nicht sehr liebevoll, sie und Chip – nicht einmal liebenswert, wenn man es recht bedenkt. Aber sie hingen an ihrem Job, wenn auch nicht an jedem einzelnen von uns. Und Mrs. Jackson sah es als Teil ihrer Aufgabe an, dafür zu sorgen, daß dieser wüste Haufen von Nichtsnutzen – zu nichts nütze in anderer Leute Spielplan und daher weggeworfen – sich zumindest respektvoll angesprochen fühlte. Es waren so viele Jungen, und die Gesichter wechselten ständig, sie wurde langsam alt und konnte sich nie an unsere Namen erinnern und versuchte auch gar nicht, das zu verbergen. Wir waren allesamt ärmer als arm, meistens Schwarze oder Puertoricaner, also war das höchstwahrscheinlich das erste und letzte Mal in unserem Leben, daß irgend jemand uns mit »Sir« anredete. Und wenn es nichts half, daß sie mit uns redete und uns die Haut vom Kinn zwickte, war sie sich nicht zu schade, den nämlichen Worten mit einem braunen Lederriemen Geltung zu verschaffen – einem Männergürtel, von dem die Schnalle entfernt worden war. Wir haben uns immer gefragt, woher sie wohl einen Männergürtel hatte. Bei Mrs. Jackson sieht man mit einem Blick, daß sie nie eine Mrs. gewesen ist, haben die älteren Jungen immer gesagt. Und sollte sie sich vor tausend Jahren doch mal einen armen Trottel geschnappt haben, hat der ihn bei ihr bestimmt nicht so weit hochgekriegt, daß er sich die Hose aufmachen mußte. Aber das sagte man nur, wenn sie sicher außer Hörweite war, nachdem sie einen auf den Rücken oder die Arme geschlagen hatte. Sie ließ diesen Gürtel immer mit einer eiskalten Präzision runtersausen, die erschreckender war als die Schmerzen, die sie einem antat, und sie ließ ihn exakt zehnmal runtersausen – für jede Silbe einmal: »Nur die Gegenwart hat einen Wert, *Sir.*«

Kein Junge wurde je oberhalb des Halses oder vorne unterhalb der Taille angefaßt. Und wer mit gebrochenen Armen oder Zigarettenbrandnarben in der Leistengegend zu Wallace P. Andrews kam, den hat sie – ungeachtet seines Benehmens – überhaupt nie geschlagen. Für den gab es kein Abendessen und auch kein Frühstück am nächsten Morgen und nicht einmal Mittagessen, wenn sie meinte, er hätte das verdient. Bernie Sinclair ist dadurch einmal in Ohnmacht gefallen, und als er im Krankenzimmer aufwachte, stand sie über ihm und erklärte, er sei über das Abendbrot hinaus bewußtlos geblieben, von dem sie ihn *auch noch* ausgeschlossen hätte, wenn er nicht ohnmächtig geworden wäre.

Grausam? Nein, ich würde es beherrscht nennen. Bernie hatte ihr ins Gesicht gespuckt. Und sie hatte keine Miene verzogen, weder als es bei der Hygienekontrolle passierte, noch als sie im Krankenzimmer über ihm stand. Als Bernie zu uns kam, war ihm die Hälfte der Zähne ausgeschlagen, und er haßte es, sich die andere Hälfte zu putzen. Sie war die übliche Morgenreihe der Jungen unter zwölf abgeschritten und hatte Fingernägel und hinter den Ohren kontrolliert und die Morgenstreckung machen lassen (Hände über den Kopf, Beine breit, Knie gebeugt, und hüpfen), um zu ermitteln, ob sich jemand unter den Achselhöhlen oder im Schritt nicht gewaschen hatte. Bernie wollte den Mund nicht für sie aufmachen und bekam seine tägliche Aufzählung der Tatsachen (sie *belehrte* einen nie, sie nannte es eine Aufzählung simpler Tatsachen): Wenn ihm aufgrund mangelnder Körperpflege seine restlichen Zähne verrotteten, mußte der Zahnarzt ihm statt einer Teilprothese eine Vollprothese anpassen. Und es würde doppelt so lange dauern, bis sie das dann erforderliche doppelte Geld vom Staat bewilligt bekäme. Demzufolge würde er in der Schule doppelt so lange gehänselt werden und in der Cafeteria auf weiche Nahrung angewiesen sein. Sie sagte das so, wie sie alles tat – langsam, deutlich und emotionslos. Zum zweitenmal beugte sie sich vor und befahl ihm, den Mund aufzumachen. Er tat es und schickte ihr eine Ladung Spucke an die rechte Wange. Selbst Joey Santiago hat es geschüttelt – mit seiner ganzen Größe von ein Meter zweiundachtzig und seinen fast zweihundert Pfund. Mrs. Jackson aber zuckte nicht mit der Wimper. Sie holte das bestickte Taschentuch heraus, das sie in ihrem hochgekrempelten Blusenärmel hatte, und wischte sich das Gesicht ab, während sie eine weitere Reihe von Tatsachen aufzählte: Sie hatte es ihm zweimal gesagt, sie sagte nie einem Kind mehr als zweimal, was es zu tun hatte – das waren die in Wallace P. Andrews herrschenden Regeln. Kein Mittagessen, kein Abendbrot, und von seinen Diensten wurde ihm nichts erlassen. Darum ist er wohl auch ohnmächtig geworden, kein Essen bei der heißen Sonne und dann unseren Garten jäten – und noch dazu die Angst davor, was sie ihm tatsächlich antun würde dafür, daß er sie angespuckt hatte. Er war noch neu und begriff nicht, daß sie überhaupt nichts tun würde.

Unsere Wut interessierte sie nicht, unsere Verletztheiten und Enttäuschungen darüber, was das Leben uns angetan hatte. Das alles würde die Welt draußen auch nicht die Bohne interessieren, also konnten wir in Wallace P. Andrews schon mal anfangen, das zu lernen. Es gab nur Regeln und Tatsachen. Mrs. Jacksons Welt da draußen auf Staten Island hatte Regeln, die man womöglich als unfair bezeichnen könnte, aber sie waren konsequent. Und bei Verstößen gegen diese Regeln hatten wir die Garantie, daß sie uns, egal wie sie es anstellen mußte, *spü-*

ren lassen würde, daß wir die Verantwortung trugen für das, was wir taten – und zwar nur für das. Und merkwürdigerweise begriffen wir, daß diese Strafen eine Verbesserung unserer Lage darstellten: Bevor wir hierherkamen, hatte man uns geschlagen und hungern lassen, bloß weil wir auf der Welt waren.

Und sie war die einzige von der ganzen Belegschaft, die uns anfassen durfte. Selbst Chip, der als »Guter Bulle« den Gegenspieler zu ihrem »Bösen Bullen« darstellte – manchmal brauchte man eine Schulter zum Ausheulen –, konnte nur zur Disziplin raten. Es muß wohl schwierig gewesen sein mit sechzig Jungen, manche Kinder habe ich einen Schlafsaalaufseher oder Werkstattleiter richtiggehend provozieren sehen, und trotzdem hat der nie Hand an sie gelegt. Ihre Regeln waren allen bekannt, und es war klar, daß diese Männer Angst vor ihr hatten. Begriffen hab ich das nie, auch nicht bei dem Gerücht, das die Runde machte und das Joey Santiago beschwören wollte. Joey war ein notorischer Lügner, aber er war der Älteste da, als ich dort war. Und der hat gesagt, ein paar Jahre zuvor hätten sie einen Schlafsaalaufseher gehabt, der sich immer in die Zimmer reinschlich, wo wir die »Gummidecken-Jockeys« – Kinder unter acht – hatten, und sie ins Badezimmer mitnahm. Wenn er mit ihnen fertig war, sind sie immer auf der Toilette eingeschlafen, wo er sie sitzen ließ, bis der After zu bluten aufhörte. Einmal kamen Mrs. Jackson und Chip nachts rüber und erwischten ihn dabei, und sie hat den Jungen gesagt, daß sie die Polizei holen werde. Sie brachten ihn in das alte Stuckhaus auf dem Gelände, wo sie wohnte. Der Polizeiwagen ist nie gekommen, aber bei ihr im Keller blieb das Licht an. Und Joey hat geschworen, man hätte den Mann die ganze Nacht schreien gehört, obwohl ihre Fenster alle verriegelt waren. Es war so laut, daß sogar die Älteren in den anderen Schlafsälen davon aufgewacht sind. Der Mann wurde nie wieder gesehen, und sie waren schlau genug, Mrs. Jackson nicht zu befragen, als sie rüberkam und eigenhändig seine Sachen packte. Und als Chip am nächsten Morgen einen neuen Rosengarten für Mrs. Jackson umgrub, wollte er absolut nichts darüber sagen, was da passiert war, außer »Kümmert euch nicht um ungelegte Eier, Jungs«. Jeder von der

Belegschaft und jeder Junge, der zu Wallace P. Andrews kam, hat dieses Gerücht gehört und ist irgendwie hingegangen und hat sich diese Rosen in ihrer Gartenecke angeschaut. Ich kann dir nur eins sagen, sie waren unwahrscheinlich groß und schön. Und im Sommer, wenn der Wind abends von Osten wehte, war ihr Duft so stark, daß er einen im Schlaf einhüllte.

Manche meinten, ich sei ihr Liebling. Ich gehörte zu den wenigen, die da vom Kindergarten an aufgewachsen waren, und sie konnte mich nicht so bestrafen wie die anderen, weil ich einen angeborenen Herzfehler hatte. Daher hat sie mir die Bücher weggenommen, weil sie wußte, daß ich lieber auf das Essen verzichtet hätte und es mir sogar lieber gewesen wäre, sie hätte ihren Riemen genommen. Einmal habe ich sie darum angefleht, denn ich habe gesagt, ich sterbe, wenn ich eine ganze Woche lang warten muß, bevor ich rausfinde, wie der Graf von Monte Christo aus dem Kerker entkommen ist. Sie hat gesagt, das ist der richtige Tod für kleine Jungen, die in der Matheprüfung beim Schummeln erwischt werden. Aber Bruchrechnen ist schwer, und ich wollte am Ende des Schuljahrs eine gute Note haben. Aha, ich machte mir also Sorgen um das *Ende* des Schuljahrs? Na, dann würde sie mir die Bücher für *zwei* Wochen wegnehmen. »Nur die Gegenwart hat einen Wert, *Sir.*«

Und die Disziplin, die sie für uns alle maßgeschneidert hatte, besagte, ob ihr wollt oder nicht, die Gegenwart seid ihr selbst. Und was hatten wir denn, außer uns selbst? Wir hatten eine Vergangenheit, die man lieber heute als morgen vergaß, und keinerlei Garantie auf eine Zukunft. Und wir durften uns nie einbilden, etwas anderes sei der Fall, denn sie zählte uns häufig die Tatsachen des Lebens auf: Ich bin nicht eure Mutter. Ich werde dafür bezahlt, daß ich dieses Heim leite. Ihr habt keine Mutter und keinen Vater. Ihr seid hier nicht zu Hause. Ihr seid hier aber auch nicht im Gefängnis – das ist ein staatliches Kinderheim. Es ist auch kein Schuttabladeplatz für Verbrecher, minderwertige Menschen oder anderer Leute Müll, ihr seid nämlich keine Verbrecher, minderwertige Menschen oder Müll – ihr seid Jungen. Hier wird man nicht gefoltert, ausgebeutet und vergewaltigt. Das ist ein staatliches Kinderheim. Hier habt ihr ein sauberes Zimmer, anständiges Essen und Kleider für alle Jahreszeiten, denn es ist ein Kinderheim. Es gibt eine Bibliothek, in der ihr nach der Schule drei Stunden lang lernt – und zur Schule geht ihr ganz bestimmt, denn ihr seid Jungen. Wenn ihr achtzehn seid, dann sagt der Staat, jetzt seid ihr ein Mann. Und wenn ihr ein Mann seid, dann kommt ihr hier raus und könnt hingehen, wo ihr wollt, und machen, was ihr wollt. Aber bis ihr ein Mann seid, bleibt ihr hier.

Ja, das waren die Tatsachen des Lebens in Wallace P. Andrews. Und das waren ihre Methoden. Sollte sich je ein Junge bei den Aufsichtsbehörden über eine Bestrafung beschwert haben, ist doch nie etwas passiert. Ich glaube, im Grunde hat sie ihnen Geld gespart. Wir haben unser Essen zum großen Teil selbst angebaut und eingekocht, unsere Schlafsäle selbst gestrichen, die meisten Möbel selbst gebaut und sogar Vorhänge und Überdecken genäht. Und wer bei ihr herauskam, fiel auch nicht dem Staat zur Last. Ich weiß von keinem, der drogenabhängig, ein kleiner Dieb oder asozial geworden wäre. Ich denke, das liegt daran, daß wir absolut ohne Illusionen über uns und die Welt aufwuchsen. Die meisten von uns gingen danach aufs College oder in einen Beruf. Nein, das war kein Ort, der viele Dichter oder Künstler hervorgebracht hätte – wer zeichnen konnte, wurde technischer Zeichner, und den Musikalischen brachte man bei, wie man ein Klavier stimmt. Wenn sie Fehler machte bei der Planung unserer Karrieren, dann aus Vorsicht. Sicher, die Künste warteten nur auf arme schwarze Kinder, die man zu großen Träumen ermuntert hatte, aber die Todeszellen auch.

Im Nachhinein sehe ich schon, wie leicht es für sie gewesen wäre, uns da einfach rumsitzen zu lassen, bis wir das Entlassungsalter erreicht hatten. Älter wird man mit der Zeit von selbst, aber wer wird so schon erwachsen? Und ich wäre nicht erwachsen geworden, wenn ich meine Zeit damit verschwendet hätte, einer Familie nachzuweinen, die mir nicht gegeben war, oder an eine Zukunft zu glauben, die ich nicht hatte. Als ich von Wallace P. Andrews entlassen wurde, hatte ich das, was ich sehen konnte: meinen Kopf und meine zwei Hände, und ich hatte jeden Tag Zeit, etwas damit anzufangen. Jeden einzelnen Tag, so bin ich da herangegangen – jeden einzelnen Augenblick, manchmal, wenn es hart auf hart kam. Ich hab mir zwar oft den Kopf zerbrochen, wie ich mir Essen, Materialien und Bücher kaufen sollte, aber ich habe immer einen kühlen Kopf behalten. Kein Glücksbringer, kein Kruzifix – nicht einmal ein Lotterielos. Ich konnte mir weder den Dollar noch die Träume leisten, während ich mir mein Studium in Columbia erarbeitet habe. Bis du in mein Büro kamst, hatte ich also alles, was ich war – was ich allen Widrigkeiten zum Trotz geworden war – dem zu verdanken, daß ich mit beiden Beinen fest auf der Erde stand. Wie sollte ich die *Tatsache*, daß ich dich zum zweitenmal an dem Tag sah, mit dem *Gefühl* in Einklang bringen, das ich beim erstenmal gehabt hatte? Nicht dem Gefühl, das ich mir einredete, sondern dem, das ich tatsächlich hatte.

Sieh mal, ich konnte doch unmöglich leugnen, daß du da vor mir saßest, und ich konnte auch nicht mehr leugnen, daß ich wußte, du würdest in meiner Zukunft eine Rolle spielen. Was da in einem unerfaßbar kurzen Moment wahrgenommen – und weggeschoben – wurde, war jetzt wie ein bizarres Photo, das sich vor meinen Augen entwickelte. Ich gehe in dem Café an dir vorbei, dein Kopf ist über die zusammengefaltete Zeitung gebeugt, und kleine Strähnen deines rötlichbraunen Haars haben sich aus den Haarklemmen gelöst und liegen in deiner Nackenbeuge. Das Gefühl ist so stark, daß ich mich beherrschen muß, um nicht stehenzubleiben: Diesen Nacken werde ich wiedersehen. Sie nicht, die Frau nicht, aber die Haut mit einem Farbton zwischen Bernstein und Sahne, die sich über den mageren Knochen spannt. Das war das Gefühl, das ich tatsächlich hatte, während das Gefühl, durch das ich es rasch ersetzte, hieß: *Diese Frau habe ich schon einmal gesehen.* Das ist erfaßbar; es dauerte den Bruchteil einer Sekunde. Doch ein Blick zur Seite auf deine hohen Wangenknochen, das spitze Kinn, das schmale Profil, und ich wußte, ich hatte mich geirrt. Ich hatte dich noch nicht einmal gesehen, als du da drei Tische weiter beim Mittagessen saßest. An deine Kellnerin aber konnte ich mich gut erinnern. Die dunkelbraunen Arme und der volle Busen, durch den ihre Uniform vorne schier zu platzen drohte, um eine nicht vorhandene Taille gebundene Schürzenbänder, die sich an Hüften schmiegten, von denen sich nur sagen ließ, daß sie das Paradies auf Erden verhießen – diese Frau hatte ich gesehen. Und du mußt auch dagewesen sein, wenn sie deine Bestellung aufnahm und dir brachte, was du da gegessen hast, und Tatsache ist, ich habe dich überhaupt nicht gesehen. Nicht als ich aufstand, in der Hosentasche nach Kleingeld suchte, an den zwei Tischen zwischen uns vorbeiging, und dich da nicht sah – bis sich der Nacken über die Zeitung beugte. Und es hätte alles so ein wunderbarer Zufall sein können, als du das erste Mal in mein Büro kamst, ein natürlicher Eisbrecher für das Vorstellungsgespräch, ich habe das nämlich immer gehaßt, andere beurteilen zu müssen. Ich hätte den abschließenden Eindruck von erschöpftem Zusammengesunkensein, die aufgeschlagenen Stellenanzeigen und die unter dem Tisch abgestreiften Schuhe zur Sprache bringen können. Eine Frau, die Arbeit sucht; fünf Straßen weiter suchten wir eine Büroleiterin. Die Vorstellungsgespräche am Nachmittag fingen um eins an, und es war zwölf Uhr fünfundvierzig. *Und stellen Sie sich mal vor, Miss Day, als ich an Ihnen vorbeiging, dachte ich noch, wäre das nicht komisch, wenn ich sie noch einmal wiedersehe?* Nur daß es erschreckend war, als du dich hingesetzt hast und dir dann aus einer nervösen Angewohnheit heraus mit der Hand über die Nackenbeuge gefahren bist, wobei du ein paar lose Haare hochgeschoben und mich Knall auf Fall in eine Konfrontation mit dem Schicksal gestoßen hast. Als du das unbewußt tatest, muß ich ausgesehen haben, als hätte mir jemand ein Messer in den Bauch gerammt, denn so habe ich es empfunden.

Du hast gesagt, nennen Sie mich George. Und ich dachte, o Gott, das wird wieder so eine »Wir-sind-doch-gute-Kumpel-Posse«. Wenn so ein Clown mit Vornamen angeredet werden will, kannst du wetten, daß er dir in neun von zehn Fällen den Job nicht geben will. Und sie können sich damit trösten, daß sie sich schließlich sämtliche Beine ausgerissen haben, um »nett« zu sein. Und in dem Fall hast du mir den Wind aus den Segeln genommen, als der Augenblick da war, meine Zahnstocher hervorzuholen und *Mr. Andrews* daran zu erinnern, wo ich ihn schon mal gesehen hatte. Doch wenn wir George und Ophelia waren, – bla, bla, bla –, hätten meine Pfefferminzzahnstocher nur Öl in das Feuer gegossen, das diesen Job in Rauch aufgehen ließ. Diese Vorstellungsgespräche von Karamelbonbon zu Karamelbonbon hatten sowieso immer ihre Tücken. Da gibt es die Machtfreaks, die wollen, daß man vor ihrer Wichtigkeit auf dem Boden kriecht. Die meinen, wenn sie das von den anderen Bonbons nicht kriegen, kommt es sonst bestimmt nirgends her. Oder die Jünger der freien Marktwirtschaft mit dem Jesuskomplex: Sie wurden ans Kreuz geschlagen und sind ohne Anti-Diskriminierungsprogramm wieder auferstanden, also kannst du das auch. Aber unser Gespräch konnte ich nicht einordnen. Du hast ausgesehen, als hättest du geradezu Angst vor mir und wolltest mich so schnell wie möglich wieder aus dem Büro raushaben. Und ich wußte, der schnellste Weg war diese Masche mit »Nennen Sie mich George«. Ich beschloß, Feuer mit Feuer zu bekämpfen.

»Und ich höre auf den Namen Cocoa. Ich glaube, wir sollten jetzt lieber anfangen, denn wenn ich die Stelle bekomme und mich hier jemand Ophelia nennt, bin ich bestimmt so in meine Arbeit vertieft, daß ich es gar nicht merke. Ich habe durchaus Zweifel, ob ich bei meinem letzten Job so schnell aufgestiegen wäre – bei einer Gehaltserhöhung von fünfzig Prozent –, wenn die zwölf Sekretärinnen, fünfunddreißig Vertreter und sechs Schadenssachbearbeiter in dem Büro, das ich so gut wie selbständig geleitet habe, mich Ophelia genannt hätten. Wie ich die Sache sehe, hätte ich meine Überstunden dort zum größten Teil damit verbracht, herauszufinden, mit wem sie wohl reden.«

So, jetzt hatte ichs dir gegeben. Und das hast du auch gemerkt, denn jetzt hast du endlich gelächelt. Und nun hast du dir meine Bewerbung mal richtig angeschaut.

»Dann haben Sie diesen Spitznamen also von Ihrer letzten Stelle – Omega Home Insurance?«

»Nein, den habe ich von Kindheit an – im Süden sagt man Kosename dazu. Ich habe ihn von meiner Großmutter und Großtante, den beiden Frauen, die mir auch die Ausbildung an der Wirtschaftsfachschule in Atlanta ermöglicht haben, wo ich am Ende als Klassenbeste abschloß – Einsen in Statistik, Maschinenschreiben und Buchhaltung. Zwei plus in –«

»Das ist ja spannend. Wie kommt man zu so einem Kosenamen?«

»Sie überlegen halt, was wohl passen würde.«

»Deshalb heißt ein Kind mit einer Hautfarbe wie Buttercreme dann Cocoa. Das sehe ich ein, daß das paßt.«

Ich wollte dir das Grinsen aus dem Gesicht schlagen. »Es paßt, aber dazu müßten Sie meine Familie und meinen Heimatort verstehen.«

»Willow Springs, nicht wahr? Das liegt doch in Georgia?«

»Nein, eigentlich liegt das in gar keinem Staat. Aber das ist eine lange Geschichte. Und ich will ja nicht unhöflich sein, Mr. Andrews, aber ich würde wirklich gern über meine Referenzen für die Arbeit hier sprechen. Wo ich geboren wurde und welche Namen ich bekommen habe, darauf hatte ich keinerlei Einfluß. Aber was ich in meinem Leben *selbst* in die Hand nehmen konnte, das habe ich gut gemacht. Und danach würde ich in den wenigen Minuten, die ich von ihrer Zeit noch in Anspruch nehmen kann, gern beurteilt werden.«

Da ist mit deinem Gesicht etwas vorgegangen. Ich hatte irgendwo einen wunden Punkt getroffen und habe mich verflucht, weil ich jetzt bestimmt endgültig alles kaputtgemacht hatte. Daß ich wußte, du würdest noch lange an mich denken, wenn du mich erst mal aus deinem Büro rausgeschmissen hattest, war nur ein schwacher Trost.

»Es würde mir nicht im Traum einfallen, einen Menschen nach etwas anderem zu beurteilen, Miss Day. Und ich habe es ehrlich gemeint, als ich sagte, nennen Sie mich George.«

Na toll, jetzt war ich *aufwärts*degradiert zu Miss Day. Der Mann da war echt wütend, und daß er mir wieder mit seinem George kam, war wohl nur die endgültige Bestätigung. Aber andererseits hatte er auch gesagt *Ich habe es ehrlich gemeint,* und das heißt, er kennt den ganzen Mummenschanz und will mir versichern, daß er mir meine Worte nicht übelnimmt. Ach, wer soll sich in dem Scheiß nur auskennen.

»Und Sie ...« Auf einmal war ich alles furchtbar leid – dich, das ganze Spiel. »Rufen Sie mich einfach an, wenn Sie sich entschieden haben. Ich bin wirklich auf diese Stelle angewiesen, und wenn Sie sich meine Referenzen ansehen, werden Sie feststellen, daß ich den Anforderungen mehr als gewachsen bin.«

»Schön. Und unter dieser Nummer hier sind Sie zu erreichen?«

»Ja, aber die nächsten zwei Wochen bin ich nicht da. Wenn es Ihnen nichts ausmacht, könnten Sie mir ein Kärtchen schicken, oder ich rufe sie an, wenn ich zurück bin, der Job fängt ja nicht vor dem Ersten an.«

Du hast die Stirn gerunzelt, aber gesagt war gesagt. Klar, der denkt jetzt, wie dringend ist jemand auf einen Job angewiesen, wenn er noch in Urlaub geht?

»Aber wir treffen übermorgen unsere endgültige Entscheidung. Der oder die Betreffende fängt am Montag an.«

»In der Anzeige hieß es, am Ersten.«

»Das stimmt, aber unsere jetzige Büroleiterin hat uns heute morgen erklärt, daß sie früher als geplant gehen muß. Und sie muß ihre Nachfolgekraft einarbeiten. Sie glauben gar nicht, was hier alles los ist, und wenn wir da jemand unvorbereitet anfangen lassen – also, das wäre weder der neuen Kraft noch uns gegenüber fair. Und wir haben uns gedacht, wer die Stelle bekommt, ist vielleicht froh, wenn er vor September anfangen kann. Ich weiß ja, wie schwierig es im Moment da draußen aussieht – die meisten suchen schon lange.«

Herr des Himmels, jetzt brauchten wir nur noch Orgelmusik und eine langsame Abblende auf meinen entschwindenden Rücken, während sich aus dem Sandwirbel vor der Felsenküste allmählich das Wort ENDE herausbildet. Oh yeah, wenn Sie nicht vorgestern anfangen wollen, gibt es einen Haufen andere, die wollen.

»Ich verstehe, und ich hätte Ihre Zeit nicht in Anspruch genommen, wenn ich gewußt hätte, daß man sofort anfangen soll. Ich muß jeden August nach Hause fahren. Bisher war das nie ein Problem, weil ich ja sieben Jahre lang dieselbe Stelle hatte. Sehen Sie, meine Großmutter ist dreiundachtzig, und da wir im vergangenen Jahr meine Cousine und ihre Familie verloren haben, ist außer mir kein Enkelkind mehr da.«

Wenn du gedacht hast, das sei eine billige Retourkutsche, tut es mir leid. Mir war inzwischen schon alles egal.

»Die ganze Familie? Das ist wirklich furchtbar – wie ist das geschehen?«

»Haben Sie von dem Brand in Linden Hills vorige Weihnachten gelesen? Nun, das waren meine Cousine Willa und ihr Mann und ihr Sohn. Es hat uns alle sehr mitgenommen.«

»Ja, ich habe davon gelesen. Das war wahrhaftig eine grauenvolle Angelegenheit – und ausgerechnet zu Weihnachten.«

Mein Gott, wie du geguckt hast. Du hast es wirklich so gemeint. Das würde als das merkwürdigste Vorstellungsgespräch, das ich je erlebt hatte, ins Guinness Buch der Rekorde eingehen.

»Sie verstehen also, warum ich nach Willow Springs fahre.«

»Aber natürlich. Und Sie müssen verstehen, warum ein in Frage kommender Bewerber Montag anfangen müßte.«

»Ja, sicher.«

So hatten wir uns denn zu einem Paar äußerst verständnisvoller Menschen entwickelt, als die Lichter im Zuschauerraum aufleuchteten und der Vorhang vor der Bühne zugezogen wurde. Wir standen von unseren Plätzen auf und gaben uns die Hand. War das nun Einbildung – haben seine Finger ein ganz klein wenig verweilt? War es denkbar, daß bei meiner überragenden Qualifikation niemand anders daherkommen würde, und sie würden mir den Job ...? Als ich wieder am Empfang war, sank mir der Mut. Auf dem Weg zur Vorhalle mußte ich mich durch das gesamte Eiscremesortiment von Baskin-Robbins durcharbeiten.

Du hattest Mumm, Ophelia, und das hab ich bei Frauen immer bewundert. Du hattest ja recht, als du mir ohne Umschweife zu verstehen gabst, daß ich meine Nase in Angelegenheiten stecke, die mich nichts angehen, und ich habe mich die ganze Zeit gehaßt dabei. Ich hatte selbst immer großen Wert auf meine

Privatsphäre gelegt, und daß du jetzt in einer Situation warst, wo du Fragen beantworten mußtest, die an eine Verletzung deiner Privatsphäre grenzten, machte es nur noch unfairer, was ich da tat. Wenn es dir ein Trost ist, der saure Nachgeschmack von mißbrauchter Macht war mir unangenehm. Aber ich habe nach einem Zusammenhang gesucht, einer rationalen Erklärung. Ich konnte dieses Gespräch nur durchstehen, indem ich mir selbst etwas darüber vormachte, was in dem Café wirklich geschehen war: Als ich an deinem gebeugten Nacken vorbeiging, war ich stehengeblieben, weil ich dich schon irgendwo gesehen hatte, und mir nicht mehr einfiel, wo – das war alles.

Deinen Typ hatte ich auf jeden Fall schon gesehen, und mit einigen von ihnen hatte ich sogar geschlafen – diesen zu aufgeweckten, zu abgestumpften farbigen Mädchen. Ein paar waren in Columbia, aber noch mehr kamen von Barnard auf der anderen Straßenseite. Sie machten keinen Hehl aus ihrem Plan, sich einen Mann zu angeln, der – wie sagte man damals noch? – ein Ziel vor Augen hatte. Tja, mein Ziel nach den Vorlesungen war das Hilton, wo ich als Zimmerkellner arbeitete. Das war nicht so glanzvoll wie ein Hiwi-Job in der Bibliothek oder in der Fachbereichsverwaltung, wurde aber weitaus besser bezahlt, wenn man die Trinkgelder mit einrechnete. Wenn nicht viel los war, ließ mein Chef mich lesen, und sonntags hatte ich frei. Aber das war nicht der richtige Tag, weißt du. Die mit dem Ziel vor Augen hatten allesamt schon die Mädchen zu den Verbindungsbällen am Freitag- und Samstagabend ausgeführt, wo sie ihre Designer-Garderobe zur Schau stellen konnten. Um mit mir in den Park zu gehen oder in meinem Zimmer zu sitzen und zu lernen, brauchten sie nur ein Paar Jeans. Ich war zu ernsthaft, zu langweilig. George kann sich nicht richtig amüsieren, hieß es immer, er ist so still. Wahrscheinlich war ich das auch, aber worüber hätte ich denn im Ernst mit ihnen reden können? Sie hätten mich für verrückt erklärt, wenn ich ihnen erzählt hätte, daß es zu den schönsten Anblicken der Welt gehört, sie auf dem Campus wie dunkle Edelsteine um mich herumschwärmen zu sehen.

Ja, ich gehörte zu jenen Stillen, die sie für schön hielten, selbst mit ihrem blankgeputzten Eisengitter um das Herz. Ich habe genau verstanden, wovor sie sich schützen wollten, und ich wollte ihnen helfen, diesen Panzer noch schöner glänzen zu lassen, wollte gerne die Schulter sein, an der sie sich ausweinen konnten, wenn es allzu schlimm wurde – hätten sie mich nur ins Vertrauen gezogen. Aber damals wollten sie mich nicht. Jahre später sollte ich sie dann kennenlernen, auf Partys und bei Dinnereinladungen, als das Eisen ihnen etwas zu gute Dienste geleistet hatte. Sie waren erfolgreich, und sie waren allein: Die Männer mit dem Ziel vor Augen hatten, sei es aus Neigung oder mangels Masse, recht viele von ihnen sitzenlassen. Sie waren nicht mehr leichtsinnig, sondern verletzt und mißtrauisch. Und da ich nun erwachsen war, hatte ich viel mehr Bedenken, mein Glück zu versuchen und Zugang zu einem solchen Herzen zu gewinnen. Oft wollte ich hingehen und eine seidenumhüllte Schulter schütteln, die da meinte, es sei ihr gutes Recht, dieses abgedroschene alte Lied zu singen, man könnte einfach keine anständigen schwarzen Männer kennenlernen. Sie hatte doch *mich* kennengelernt. Aber ich wäre zu stolz gewesen, ihr das vor Augen zu führen.

Ja, ich kannte deinen Typ gut. Und du hast dagesessen und dich in Gedanken überschlagen, weil du mich austricksen wolltest und felsenfest überzeugt warst, mich und das Spiel voll im Griff zu haben. Gib ihm, was er haben will. Ich hab dich reingelegt, nicht wahr. Du solltest einfach nur du selbst sein, mehr wollte ich nicht. Und ich habe mich gefragt, ob es schon zu spät war, ob sieben Jahre in New York ausgereicht hatten, daß du das aufgegeben hast, wie du auch deinen Südstaatenakzent aufgeben wolltest. Es hat mich amüsiert, wie deine Zunge und deine Lippen unbedingt scharf artikulieren wollten, und dann hat dein Tonfall dich in der Lücke zwischen zwei Wörtern erwischt – »schnell aufgestiegen«, »Ausbildung an«. Da ist am Ende des ersten Wortes ungewollt die Musik durchgedrungen und hat die nachfolgenden Vokale nur so eine halbe Note höher klingen lassen. Deshalb wollte ich auch, daß du mich George nennst. Der Südstaatler ist noch nicht geboren, der diesen Namen in weniger als zwei Silben rausbringt. Und so durfte ich mir in diesen kurzen Sekunden vorstellen, wie du einmal gewesen sein mußt: weicher, langsamer – offen. Es beschwor Bilder von jasminduftenden Nächten herauf, man bringt mir warmes Gebäck mit Honig auf geblümten Porzellantellern, während du zu meinen Füßen sitzt und deine Wange an mein Knie reibst. Ja, lach nur, du hast jedes Recht dazu. Ich war nie im Süden, und daß ich ein paarmal zum Super Bowl nach Miami gefahren bin, zählte ja nicht – diese Stadt war ein feuchtes und pastellfarbenes New York. Daher hatte ich die gleichen mystischen Vorstellungen von den Frauen aus dem Süden wie du von den Männern aus dem Norden. Doch Tatsache war, du wurdest du selbst, wenn du meinen Namen sagtest.

Und Tatsache war auch, daß ich dir diesen Job auf keinen Fall geben würde. Und deine feste Absicht, wieder nach Willow Springs zu fahren, hat mir mein schlechtes Gewissen deswegen ein wenig erleichtert. Wir würden auch anderen qualifizierten Bewerbern absagen – und es ist nie eine Frage der höchsten Qualifikation, so etwas gibt es gar nicht. Es geht darum, ob sie zu uns »passen« oder nicht. Und wo hätte ich dich denn einordnen sollen? Ich hatte mit einunddreißig meinen Platz im Leben bereits gefunden. Mein Ingenieursgrad, der zunehmende Erfolg von Andrews & Stein ließen nicht den leisesten Zweifel daran, daß es nichts brachte, an Daumendrücken, zerbrochene Spiegel und verschüttetes Salz zu glauben – an ein Zucken in den Eingeweiden mitten in einem Café an der Third Avenue. Manche Dinge tut man eben, oder man tut sie nicht. Und bei dir, Ophelia, hieß es »Tu's nicht«. Laß dich nicht auf eine Frau ein, die die Macht hat, deine ganze Existenz umzukrempeln, indem sie sich einfach mit der Hand über den Nacken fährt.

Übersetzt von Gertraude Krueger

RICHARD PERRY

Familienangelegenheiten

Drei Menschen kamen zu Carla an die Haustür, alle in der letzten Januarwoche. Der eine war ein Puppenvertreter auf dem Nachhauseweg nach Albany, der sein Soll für den Monat nicht erfüllt hatte. Drei Tage später überbrachten zwei Schwestern von der Erlöser-Kirchengemeinde die halbjährliche Einladung, die Ewigkeit im Himmel zu verbringen.

Die Schwestern waren zwar Heilige, jedoch nicht unschuldig. Sie kannten Carlas Vergangenheit. Ihr zweimal im Jahr einen Besuch abzustatten, war gleichbedeutend mit den Anforderungen einer dreißigtägigen Fastenzeit, zwei Rituale, die eine solche Strafe waren, daß die Verantwortung dafür in der Gemeinde nach dem Rotationsprinzip vergeben wurde. Damals, während des Zweiten Weltkrieges, hatte Carla angefangen, über Leute, denen ihre Seele wichtiger war als sie selbst, kaltes Wasser zu schütten, und einmal war sie splitternackt an der Tür erschienen, ein Anblick, der zwei männlichen Heiligen einen Sommer lang schmutzige Träume bescherte. Damals begannen die Leute auch zu glauben, was sie schon immer gesagt hatten: daß Carla mit dem Teufel auf du und du stand, daß dessen Geist mit ihr das Bett teilte. Diese neue Gewißheit leitete sich von den zusammenhanglosen Reden der traumtrunkenen Brüder ab, die behaupteten, Carlas Brüste seien vollkommen und ihr Körper sei fettfrei. Niemand kannte die Gründe für vollkommene Brüste. Aber man mußte nicht gläubig werden, um zu wissen, daß diejenigen, mit denen der Teufel schlief, kein nennenswertes Fett am Körper hatten.

Auch wußte jeder, wie schwierig es war, die Seele einer Frau wiederzugewinnen, mit der der Teufel was Kleines laufen hat. Nichtsdestoweniger überreichten die Heiligen regelmäßig ihre Einladung auch Carla, ungeachtet aller Mühen oder des Ergebnisses. Ihre Beharrlichkeit wurde von der Tiefe ihres Glaubens und von dem Gerücht angetrieben, daß, sollte Carla dazu bewegt werden, den Herrn zu suchen, diejenigen, die Werkzeuge bei dem Wunder waren, eine Segnung erhalten würden, die aus einer Kalifornienreise bestehen sollte. Niemand wußte so genau, wo das Gerücht seinen Ausgang genommen hatte, doch war es gegen eine Korrektur ebenso gefeit wie ihre Gewißheit von den Fähigkeiten des Teufels im Bett.

Als Carla die Tür öffnete, war sie enttäuscht. Sie hatte gewußt, daß es nicht Bradley Douglas sein würde; wenn er seinen Anfall überwunden hatte, würde er sich wie gewöhnlich an der Hintertür zeigen. Doch sie hatte sich die Hoffnung gestattet, daß die Frau Max sein würde. Die Enttäuschung machte sie unsicher. Sie wich dem Blick der Frau aus, schaute an ihr vorbei in den schneebedeckten Hof.

»Tochter? Hast du an deine Erlösung gedacht?«

»Erst heute morgen«, sagte Carla. »Ich war auf den Knien und putzte den Rand weg, den Phoenix in der Badewanne hinterlassen hatte.«

»Denke über die Ewigkeit nach. Denke daran, wie du auf Wolken liegst und Milch und Honig trinkst.«

»Milch und Honig mag ich nicht. Milch und Whiskey wär' nicht schlecht. Aber von Milch und Honig krieg ich die Renneritis.«

Die Frau links von Carla, die braune mit den wäßrigen Augen, schniefte.

»Wenn Sie sich nicht die Nase putzen«, sagte Carla, »rotzen Sie sich noch in Ihren Schal.«

Die Schals waren nicht gleich; der von der mit dem auberginefarbenen Gesicht war ein dunkleres Blau. Die Frauen, sanftäugig und gütig, starrten Carla an, die wiederum zurückstarrte, steif vor plötzlicher Hilflosigkeit. Die Hilflosigkeit kam von der Erkenntnis, daß Grobheiten sie nicht retten würden. Diese Frauen waren vom Glauben und der Verheißung Kaliforniens gestärkt. Kein Fluch, keine unanständige Handlung (zu der sie ohnehin keine Kraft hatte) würde sie zum Gehen bewegen, ehe sie dazu bereit waren. Und ihr war kalt; der trübe Januartag steckte ihr in den Knochen.

»Gott läßt sich nicht verspotten, meine Tochter. Wollen Sie am Sonntag in die Kirche kommen? Wollen Sie glauben, daß es nichts gibt, was Gott nicht kann?« Ohne eine Antwort abzuwarten, begannen sie zu beten, laut und unisono. »Vater unser, der du bist im Himmel...«

Carla schloß fest die Tür.

Den Vertreter jedoch hatte sie in die Küche gebeten. Sie gab ihm starken Kaffee mit einer Prise Zimt, schaute sich pflichtschuldigst seine Puppen an, ging dann die Tür ihres Sohnes verriegeln, damit er sie nicht stören konnte, wenn er aufwachte. Sie ging mit dem Vertreter ins Wohnzimmer, fegte die Bücher und Zeitschriften weg, schüttelte effektvoll das Kleid, unter dem sie nackt war, von den Schultern, trat aus dem Stoff zu ihren Füßen. Während sie ihren Körper entblößte, hielt sie die Augen unverwandt auf seinem Gesicht, Augen, die so stumpf waren, daß sie den Vertreter, wäre er nicht fassungslos über sein Glück gewesen, dazu gebracht hätten, angesichts des Mangels an Gefühlen in ihren Augen zu zögern. Doch nicht die Augen waren es, zu denen er sich hingezogen fühlte, sondern der Schwung der nußbraunen Schultern, der und die vollkommenen Brüste, der üppige Wuchs dort, wo die Schenkel unterhalb des Bauches zusammentrafen. Dann drehte sie sich langsam um, und er sah auf ihrem Rücken das viele vernarbte Fleisch von den Schulterblättern hinab bis knapp oberhalb der Schienbeine, lüstern und schockierend auf der Kehrseite all dieser Schönheit. Als sie ihm behutsam aus den Kleidern half, fragte er nach den Narben. Sie sagte, es sei in Korea passiert, eine Handgranate, und als er diese Lüge nicht glauben wollte, packte sie ihn auf eine Weise, daß er die Augen schloß, stieß ihn auf den Rücken und bestieg ihn. Die Hände auf seinen Schultern, suchte sie nach einem Rhythmus, bei dem es passieren würde, sah dabei nicht auf sein Gesicht, sondern auf die Höhlung, die seine milchweiße Brust teilte, die schwarzen Härchen, die sich um seine Brustwarzen ringelten. Eine Konzentration aufbietend, mit der alte Frauen eine Nadel einfädeln, sammelte sie alles, was an Erregung auch nur verfügbar war, mühte sich, es zu bündeln. Als ihr das nicht gelang, dachte sie an Nachmittagsschläfchen, die durch einen plötzlichen Sturm unterbrochen wurden, an Mückenschwärme im Sonnenlicht, an Bäume, die Schatten warfen, tiefer als schwarz. Doch nichts davon konnte sie reizen, und so spielte sie ihren letzten Trumpf aus, die Erinnerung an den Nachmittag vor dreiundzwanzig Jahren, als sie in das nicht verschlossene Badezimmer platzte, wo Max in den Spiegel starrte, seinen Penis in der Hand. Wie er sich hochgereckt hatte und anschwoll, als ihre Blicke sich trafen. Berauscht von der Entdeckung ihrer Macht, sich der Erlösung von einem Elend bewußt, das sie sich nicht eingestanden hatte, war sie näher gekommen, hatte eine Hand ausgestreckt, sein Fleisch berührt. Sein Blick verdüsterte sich.

»Nicht«, sagte er. »Du bist meine Schwester.«

»Ach«, hatte sie geantwortet, mit einem Lächeln, das eher alt denn verschlagen wirkte, »tatsächlich?«

Doch nicht einmal diese Erinnerung, die sie, wenn sie für sich war, unfehlbar erregte, konnte diese nicht eben packende Situation aufheizen. Sie tröstete sich mit dem Gedanken, daß der Mann unter ihr zwar kein Vollblut war, aber immer noch ein Hengst, auf dem sie reiten konnte. Ihre Frustration niederkämpfend, sog sie alle Lust, die sie bekommen konnte, aus den mageren Schenkeln des Vertreters.

Als er ging, stotterte er. Carla starrte auf das Gefühl in ihrer Hand. Es war grün, gallertartig, und es bedeutete, daß sie wieder einmal nur an der Oberfläche befriedigt worden war. Die tiefe Stelle in ihr war unberührt geblieben. Sie hatte nicht die Zeit, die unvermeidliche Frage zu stellen: »Wann wird das jemals geschehen?« Ihr Sohn hämmerte gegen die verschlossene Zimmertür und quengelte, daß sie ihn rauslassen solle.

Der Mann, der im August bei ihr an der Tür stand, ließ ihr Herz vor Anziehung und mit einer Ahnung, daß ihr Leben in Gefahr war, höher schlagen. Er kam am frühen Nachmittag, an einem

Donnerstag, und seine Anwesenheit und das Wissen ihres Herzens waren so unerwartet, daß sie keine Zeit hatte, ihn zu prüfen oder sich auf seinen Weggang vorzubereiten. Doch das Gefühl war fesselnd, unübersehbar wie eine Leuchtreklame auf einer Wiese – dieser Mann würde ihr, wenn sie es zuließe, das Leben nehmen.

In ihrer Verwirrung faßte sie sich mit der Hand an den Hals, nahm zur Kenntnis, daß ihr Gesicht genau in den Schwung seines Nackens und der Schulter passen würde. Er war schlank, nicht viel größer als sie. Es schien ihn nicht zu stören, daß sie ihn bisher nur angeschaut hatte; ja, er schien sich geduldig ihrer Untersuchung darzubieten. Er trug eine hellblaue Hose, schwarze Sneakers und ein weißes Hemd mit offenem Kragen. Er sagte, er heiße Tracy Jackson, er werde aber kurz Trace genannt. Er sei Reverend Broadlooms Neffe, und er habe auf der Fahrt zum Grand Canyon in Kingston Zwischenstation gemacht. Er sei in Florida aufgewachsen und habe immer wissen wollen, wie sich trockene Luft anfühlt, und sehen wollen, ob er am Rand des größten Lochs des Universums stehen und hinabblicken konnte, ohne schwindlig zu werden. Von Beruf Koch, jobbe er nun als Caddie. Beim Abendessen gestern sei Carlas Name genannt worden, und Trace sei neugierig gewesen, und daher habe er vorbeigeschaut, um sich selbst zu überzeugen.

Er sagte dies in gemessenem Ton, eher einen halben Takt schneller als zu langsam. Noch immer hatte Carla nichts gesagt. Trace warf einen Blick an ihr vorbei ins Wohnzimmer, wo die heruntergelassenen Jalousien die Sonne abhielten und die Bücher und Zeitschriften, so viel wie in einer kleineren Bibliothek, überall verstreut in dem Dunkel ringsum lagen.

»Lesen viel, wie?«

Sie überhörte die Frage. »Was haben Sie über mich gehört? Was für menschenfreundliche, christliche Dinge haben sie Ihnen erzählt?«

Seine Augen waren fest, ein gewöhnliches Braun. »Daß Sie mit Ihrem Sohn ganz allein in einem Zweifamilienhaus wohnen. Daß der Vater Ihres Kindes Max ist, ein predigender Weißer mit blonden Haaren und unterschiedlichen Augen. Ihr erstes Haus wurde niedergebrannt, wobei zwei Ihrer Brüder umgekommen sind. Manche sagen, Max hätt's getan. Ihr Sohn ist schwachsinnig. Sie selbst sind nicht ganz richtig im Kopf, aber auch wenn Sie nicht mehr die Jüngste sind, gehören Sie zum Feinsten, was Kingstons Straßen zu bieten haben.«

Carla starrte ihn an. Grüne Pflanzen erblühten in seinem Lächeln. Sie begann, sich auf seinen Weggang vorzubereiten.

»Was haben Sie noch gehört?«

»Der Rest«, räumte er ein, »ist nicht so schmeichelhaft. Sie sagen, Sie hätten was Kleines mit dem Teufel laufen. Daß Sie den Namen des Herrn mißbrauchen und mit weißen Männern schlafen.«

»Und?«

»Was, und?«

»Sind Sie denn nicht entrüstet?«

Er zuckte die Achseln. Das war elegant. »Ist mir ziemlich gleich. Sie sind nicht meine Frau und auch nicht mein Kind.«

»Haben Sie sich das alles selber zurechtgelegt?«

»Selbst ist der Mann. Aber bloß um sicherzugehen«, grinste er, »hab ich mir'n Weißen gefragt, bevor ich reingeschaut hab.«

»Kommen Sie rein«, sagte Carla.

Sie räumte Bücher vom Sofa, bat ihn, sich zu setzen. Sie selbst setzte sich in einen Sessel schräg gegenüber, warf einen verstohlenen Blick auf den Winkel, wo seine Schenkel zusammenliefen. Cool schlug er die Beine übereinander. Er hatte kleine Füße. Sie stellte ihn sich als Tänzer vor: Balance, Muskeln, Anmut.

»Wo ist Phenus?«

»Phoenix«, sagte sie. »Die Leute sind zu faul, um seinen Namen richtig zu sagen.« Sogleich bedauerte sie die Bemerkung. Es klang, als beschuldigte sie ihn, als sagte sie, daß auch er zu faul dazu sei, dieser Mann, der Tänzer hätte sein sollen. Doch Trace grunzte nur, ohne Urteil im Ton.

»Der Vogel, der immer wieder geboren wird«, sagte er. »Aus der Asche.«

»Das wissen Sie?«

»Hab mal auf einem Schiff namens *Phoenix* gekocht. Das haben sie nach einem Brand wieder aufgebaut.«

»Die meisten glauben, er heißt so nach einer Stadt in Arizona. Na ja, um Ihre Frage zu beantworten, er schläft.«

»M-hm.«

Sie konnte seine Augen nicht sehen, nicht einmal, ob er schielte. Das Schweigen war laut. Es war komisch mit dem Schweigen; sie hätte gesagt, sie sei es gewöhnt. Abgesehen von dem Gegrunze und Gewimmer ihres Kindes und hin und wieder einem Mann, den sie ins Zentrum ihres Verlangens zog, hatte sie in diesem Haus mit Schweigen gelebt, seit ihr Bruder Willis gegangen war. Selbst ihr Verhältnis zu Bradley war durch Schweigen gekennzeichnet. Doch das Schweigen war betreten, mißbilligend.

»Wie lange haben Sie also vor, in Kingston zu bleiben?«

»Weiß nicht. Wahrscheinlich, bis ich wieder weiterwill. Der Grand Canyon geht wohl nicht so schnell woanders hin.«

»Glaub ich auch. Ich war noch nie am Grand Canyon. War überhaupt noch nirgends außer Albany. Wir haben das Capitol besichtigt.« Sie blickte hinab auf ihre im Schoß gefalteten Hände, nahm zum erstenmal an dem Tag wahr, was sie anhatte: einen Overall von ihrem Vater, am rechten Knie aufgeschlitzt, eines von Willis' Unterhemden. Füße nackt. Es gab nichts zu sagen, außer sie sagte, wie umwerfend sie aussah. Sie war dumm, er würde gehen, gelangweilt. Ob er Tee trinke, wie es so sei als Caddie? Ob auch Schwarze Golf spielten?

Während sie sich noch überlegte, welche dieser Fragen sie stellen sollte, sagte sie: »Wolln Sie ihn sehen?« Sie zwinkerte; das hatte sie eigentlich nicht sagen wollen.

»Wie bitte?«

»Phoenix. Wolln Sie ihn sehen?«

Trace nahm das Bein herunter. »Na schön.«

Phoenix schlief auf dem Rücken, die Decke reichte ihm bis zum Nabel. Er war groß, wenigstens eins achtzig, schätzte Trace, hellbraune Locken, Haut ziemlich hell. Schweiß perlte auf seinen Lippen, glasierte die Haut auf seiner muskulösen Brust. Er war einer der schönsten Menschen, männlich wie weiblich, die Trace jemals gesehen hatte, was manche Frauen »todesmäßig« schön nannten, und man konnte sich nur schwer vorstellen, daß mit ihm etwas nicht stimmte, daß er beispielsweise nicht aufwachen und dann übers Wetter reden würde. Ein Ventilator brummte in dem Fenster an der Wand gegenüber, und Trace rieb sich das Kinn, dachte, es sei an der Zeit zu lächeln und etwas Passendes zu flüstern. Carla sah ihn an, legte einen Finger an die Lippen.

Im Flur sagte Trace: »Der Junge sieht gut aus.«

Carla warf ihm einen scharfen Blick zu. In seiner Stimme lag eine Zärtlichkeit, die sie gemeinhin nicht mit Männern in Verbindung brachte. Als sie die Treppe runterging, fragte sie sich, ob er schwach war. Sie spürte seine Blicke im Rücken, stellte sich vor, wie es sein würde, wenn er sie unten auf die Knie zog, mit der Zunge ihren Hals entlangfuhr. Wie traurig, wenn er schwach wäre. Als könnte die Sonne alles klären, ging sie zu den Wohnzimmerfenstern, ließ die Jalousien hoch. Das Licht beschien das Durcheinander, entzündete weitere Fragen. Wann er wohl gehen würde? Warum sie ihm so schnell angeboten hatte, ihm ihren Sohn zu zeigen? Warum war es, als gestatte sie ihm damit einen Blick in sich hinein, auf die unberührte Stelle?

»Sieht nicht so aus«, sagte Trace, »als wäre was nicht in Ordnung mit ihm. Ist er schon damit geboren?«

»Alles, was die Ärzte sagen konnten, war, wahrscheinlich. Ich hab erst nach dem Brand etwas bemerkt. Er hat immer noch Angst vor Feuer ...« Sie glitt weg, erinnerte sich an ihre Bemühungen, ihren Sohn dem Schwachsinn zu entreißen. Wenn es mit Entschlossenheit ging, so folgerte sie, dann ging es auch. Doch mit Entschlossenheit ging es nicht.

»Ich muß jetzt los«, sagte Trace.

Sie drehte sich um, stellte sich dem Augenblick, auf den sie sich vorbereitet hatte. »Ach.«

»Aber morgen geh ich fischen. Wollen Sie mit?«

»Fischen?«

»Da wirft man eine Schnur mit einem Haken ...«

»Ich weiß«, schnappte sie, »was fischen ist.«

»Und?«

»Ich kann nicht. Hab niemand, der auf Phoenix aufpaßt.«

»Nehmen Sie ihn doch mit.«

»Er war noch nie fischen.«

»Und?«

Herrgott. Phoenix mitnehmen? »Ich weiß nicht... wann denn?«

»Um sechs.«

»Morgens?«

»Schon mal Grapefruit gegessen?«

»*Grape*fruit?« Sie wich von ihm zurück, verwirrt, als hätte er sie gefragt, ob er für immer bleiben könne.

»Sie lassen sich« – er lächelte – »so von dem Gewöhnlichen überraschen. Fischen –, daß es ein sechs Uhr morgens gibt –, Grapefruit...«

»Wollen Sie mich provozieren?«

»Ja, Ma'am.«

»Sechs Uhr«, sagte Carla. »Aber pünktlich.«

»Und wenn nicht, was dann? Legen Sie mich dann übers Knie?«

Dahin, dachte sie, wollte ich dich eigentlich nicht legen. Da sie nicht sagen konnte, was sie dachte, mußte sie sich etwas ausdenken, etwas Cleveres, das ihn wieder zum Lächeln bringen würde. Es ging nicht. Wenn sie nichts sagte, dann hörte das Spiel auf; dann würde er gehen.

»Sie hätten Tänzer werden müssen«, platzte sie heraus. »Hätten –« und verstummte, als sie erkannte, daß sich seine Augen verändert hatten, schmal vor Verblüffung geworden waren, was für sie wie Enttäuschung und Ungläubigkeit aussah.

»Also, ich sag mal vielen Dank«, sagte er. Er glaubte nicht, daß sie dumm war. Sie war so erleichtert, daß sie sein Weggehen erst wieder erlitt, als er fort war.

Doch dann war es da, in der Pause, die darauf folgte, als er die Tür hinter seinem hübschen Rücken zuzog und mit seinem blauen Buick davonfuhr, das und das Gefühl, daß ihr Leben in Gefahr war. Um zu sehen, wie das Gefühl reagieren würde, stellte sie sich vor, sie hätte die Begegnung geträumt und Trace wäre gar nicht dagewesen. Nach einer halben Minute gestand sie ihr Scheitern ein, nicht, weil sie es sich nicht vorstellen konnte, sondern weil sie es nicht wollte. Da waren noch all die Einzelheiten, die von seinem Besuch zurückgeblieben waren – seine Füße, das Lächeln, das sie stärkte – und keine einzige erklärte das Gefühl, daß dieser Mann, der Tänzer hätte sein sollen, ihr das Leben nehmen würde.

Sie trug das Gefühl mit in die Küche, bot es dem Licht dar, das durch das Fenster über der Spüle hereinfiel und den Tisch beschien und eine Form zurückließ, deren Namen sie kannte, an den sie sich jedoch nicht erinnern konnte. Aber gleich, wie sie das Gefühl hielt, egal, aus welchem Blickwinkel, die Geschichte war immer dieselbe. Trace würde ihr, wenn sie es zuließ, das Leben nehmen. Dann würde er gehen.

Sie setzte Teewasser auf, hockte sich an den Tisch, trommelte mit den Fingern auf das Trapez des Sonnenlichts, erinnerte sich ohne einen Anlaß, für den sie eine sinnvolle Erklärung gefunden hätte, an den Morgen nach dem Begräbnis ihres Vaters, als sie in die Leere kurz vor Morgengrauen hinein erwacht war. Als sich ihre Augen in den dunklen Raum hinein öffneten, hatte sie sich gegen die Trauer gewappnet, die während der letzten Tage alle Wachstunden in dem regelmäßigen Peitschen ihres Herzens verbracht hatte.

Welch eine Ansammlung von Abschieden! Im Verlauf dreier Jahre hatte sie ihre Brüder verloren, war Max verschwunden. Dann, bevor sie sich wieder aufrappeln konnte, verlor ihr Vater weitgehend das Augenlicht und den ihm noch verbliebenen Verstand und ließ sein Krankenbett in die Mansarde hochschaffen. Er sagte, er brauche Raum und Zurückgezogenheit für den Krieg, den er zu führen gedenke, wenn der Tod komme, und daß die anderen unbewohnten Zimmer vor Möbel überquollen und der Keller zu feucht sei. Also taten sie ihm den Gefallen, denn das soll man für einen gestörten Verwandten schließlich tun, wenn er im Sterben liegt. Am Bett sitzen und die Hand halten, sicherstellen, daß immer eine Zahnbürste in Reichweite ist, damit er sich den Kohlegeschmack von dem gegarten Fleisch seines Sohnes aus dem Mund spülen kann. Versprechen, daß, obwohl man Max nicht gefunden habe, er wieder auftauchen werde, gesund und munter, um die Taufe seines ungeborenen Sohnes vorzunehmen. Und vor allem, dazusein, um ihn davon abzuhalten, die ihm noch verbliebene Kraft zu vergeuden, ihm zu bedeuten, daß das schwindende Licht im Mansardenfenster nicht der Schatten des Todes sei, sondern nichts Bedrohlicheres als der Vorbote von Regen oder Einbruch der Nacht.

Trotz ihrer Wachsamkeit war er allein, als er starb. Er hatte gebrüllt, ein donnernder Ton der Herausforderung und Wut, und dann hatte er die Lampe zertrümmert, damit der Tod, der sehr gut sehen konnte, im Dunkeln ringen müßte. Als Carla dann aus der Küche in die Mansarde gestürmt war, war er schon nicht mehr.

Sie war vom Tod ihres Vaters zerschmettert gewesen und hatte noch nicht einmal damit begonnen, die Trümmer wieder zusammenzufügen, als ihre Mutter ein Jahr darauf verschied, geschwollene Brüste verspritzten winzige cremefarbene Geysire, als wäre der Tod nicht der erwachsene Mann, gegen den ihr Vater gekämpft hatte, sondern ein Säugling, ganz ähnlich dem sechs Monate alten, den ihre Mutter zurückließ. Und sie, Carla, gerade neunzehn Jahre alt, was hatte sie getan, daß sie das verdiente, warum stand sie unter solch einem Fluch? Verzagt, wurde sie allmählich von ihrem eigenen Tod besessen, suchte nach ihm unterm Bett, im Souterrain, wirbelte herum, um ihn beim Bügeln in dem Raum zu erhaschen, der hinter ihr gähnte. Eine Zeitlang überlegte sie, ob sie ihn durch eigene Hand herbeiführen sollte. In dieser Überlegung entdeckte sie ihre Angst. Was wäre, wenn der Tod kein Nicht-Sein war, sondern ein Sein, gekennzeichnet durch helle Lichter und Alleinsein? Oder schlimmer noch, was wäre, wenn der Tod ein Land war, in das die Menschen, die sie liebte, am Nachmittag kamen, um ihre Sehnsucht wegzufegen, die Nacht über blieben und im Dunst vor Sonnenaufgang wieder gingen? Das war der eine Grund, weswegen sie aufhörte, darüber nachzudenken, ob sie sich das

Leben nehmen sollte; der andere war, daß es zwei Kinder aufzuziehen galt – Phoenix, ihren Sohn, und Willis, ihren Bruder –, in dieser Aufgabe fand sie einen Quell der Ablenkung.

Da war sie also, allein in einem Zweifamilienhaus, nur noch die Kinder, das eine schwachsinnig, das andere schiffsbegeistert. Das war Willis, der, als er groß geworden war, zur Marine ging, was niemanden überraschte. Jedenfalls hatte sie die beiden aufgezogen, ihren Bruder und ihren Sohn, hatte sie bei Masern und Windpocken gepflegt, Krupp und Fieber, hatte Willis morgens zur Schule gebracht, sich mit seinen Hausaufgaben abgemüht, den Juniorenbaseball hindurchgebangt. Und wie schnell es vorübergegangen, wie bald aus Knabenfleisch Männerfleisch geworden war, unter den Achseln und auf dem Bauch die Haare gesprossen waren, die Stimme in den Keller gerutscht war, unübersehbarer Beweis, daß Willis gehen würde. Natürlich hatte sie immer schon gewußt, daß er gehen würde. Schon mit Beginn der Erziehung zur Sauberkeit hatte ihr sein Weggang im Nacken gegessen. Während sie ihm die Scheiße aus der Unterhose wusch und die Flecken zwischen den kleinen Arschbacken abwischte, während sie am Klorand hockte und darauf wartete, daß er seinen Darm entspannte, war das einzige Unangenehme, woran sie dachte, daß er eines Tages weggehen würde. Jeder kleine Initiationsritus – das erste Mal Haareschneiden, seine Entdeckung der Schiffe – heftete eine weitere Mahnung an ihr Herz: Willis wird dich verlassen.

Und er verließ sie, und sie sagte sich, daß das Leben eben so sei, daß jeder, den man liebte, wegging, bevor die Zeit gekommen war, manche starben, manche verschwanden, manche, weil sie Schiffe liebten und zur Marine gingen. Außer Phoenix. Phoenix ging nirgendwo hin.

Carla riß sich vom Tisch los, schaltete den Kessel ab, ging aus der Küche ins Wohnzimmer und wieder zurück. Nachdem ihr Vater gestorben war, hatte sie den Anwalt, den er sich auf Vorschuß gehalten hatte, aufgesucht. Der Anlageplan war schon ausgearbeitet: Obligationen, zwanzig Jahre Rente. Fast die Hälfte des Versicherungsgeldes von 60 000 Dollar ging auf Sparkonten, da ihr Vater dachte, daß die Banken zu Carlas Lebzeiten nicht noch einmal zusammenbrechen würden. Das Haus war abbezahlt, und es war genügend Geld da, um ein bescheidenes Leben ohne Arbeit führen zu können, obwohl sie, als Willis in die Schule kam, dann doch arbeitete. Die Kombination aus alleinstehender hübscher Frau und beträchtlicher Erbschaft lockte die Verehrer in Scharen an. Mit mehreren schlief Carla, doch als keiner es schaffte, sie zum Orgasmus zu bringen, wurde ihr klar, daß sie nach Max keinen mehr wollte, jedenfalls nicht zum Heiraten. Dieses löste in der Christus-der-Erlöser-Kirchengemeinde Protest aus, wo doch die Weisheit vorherrschte, daß eine Frau den Schutz des Mannes brauche und daß es besser sei zu heiraten als zu brennen. Nun, sagte Carla zu Reverend Broadloom, sie wolle nicht heiraten; als Schutz habe sie die Flinte ihres Vaters und Riegel an allen Türen und Fenstern. Was das Brennen anging, so sei sie schon einmal abgebrannt und habe es überlebt, und falls er von einem anderen Feuer spreche, so wisse sie, wie sie es auszutreten habe. Reverend Broadloom war einer jener Männer, die glaubten, man müsse seinem Rat, erbeten oder nicht, folgen, sonst hätte er seine Zeit verschwendet. Er verschwendete nicht gern Zeit. Dies sagte er Carla, und nachdem sie ihm angedeutet hatte, wo er sich sein Nicht-gern hinstecken könne, ließ sie sich lieber nicht mehr in der Kirche blicken. Anfangs war ihr die fehlende Gesellschaft gleichgültig, doch mit der Zeit vermißte sie sie und meinte, auch wenn sie diejenige war, die nicht mehr hinging, daß die Gemeinde sie im Stich gelassen habe.

Während dieser ganzen Zeit kamen in einem Rhythmus, den noch kein Schlagzeuger entdeckt hatte, keine schlanken Finger Baßgitarre oder Banjo entlockt hatten, die Blitze, die flüchtigen Episoden der Hoffnung, die andeuteten, daß ihr Leben nicht immer so bleiben würde, daß eines Tages alles anders würde. Das lenkte ihre Aufmerksamkeit immer auf die Kinder, und sie redete unablässig mit ihnen, dem einen, das sie verstand, dem andern, das sie nicht verstand. Sie erklärte ihnen Wind und Sterne, warum alles Lebende der Sonne entgegenwuchs. Oder sie las ihnen vor, und als sie die Gleichförmigkeit der Kinderbücher satt hatte, begann sie, ihre eigenen derben Geschichten auszuschmücken – wie Bradley Douglas seine Fähigkeit zu sprechen aufgegeben hatte, die Jahre in Kingston, da das Brot nicht aufging. Mit zunehmendem Alter schwand Willis' Interesse; mitten in ihren Geschichten schlich er sich davon, um mit Schiffen zu spielen, doch sie begann, sich vorzustellen, daß Phoenix in einer tieferen Stille zuhörte. Immer wieder erzählte sie ihrem Kind die Geschichte seines Vaters, dem schönen Jungen mit den blonden Haaren und den unterschiedlichen Augen, der verschwunden war, aber versprochen hatte, wiederzukommen. Sie hatte versprochen zu warten. Sie hatte das Versprechen gehalten.

Und nun war in ihrem Leben dieser Mann, der aus Florida gekommen war, zu dem sie sich sofort hingezogen fühlte, von dem sie sofort bedroht war. Die Bedrohung, entschied sie, kam daher, daß sie den Betrug erwog. Was würde sie sagen, wenn Max am Morgen eintreffen würde? Wie würde sie es erklären, daß sie nach all den Jahren, in denen sie zugelassen hatte, daß das Warten im Mittelpunkt ihres Lebens stand, dieses Warten weggeworfen hatte, wegen eines Lächelns und kleiner Füße? Sie sagte sich, sie sollte es eine Weile lang beiseitelegen. Sie müsse ja keine längerfristigen Entscheidungen treffen. In der Zwischenzeit sollte sie versuchen, den Schock zu genießen, von einem Mann besucht worden zu sein, der sich so anmutig bewegte, der versprochen hatte, sie am Morgen zum Fischen mitzunehmen.

Übersetzt von Eike Schönfeld

DARRYL PINCKNEY

Linder Abendwind

Manhattan kochte in jenem Zweihundertjahr-Sommer, und diejenigen ohne Klimaanlage, diejenigen, die sich keine Zuflucht in Kinos oder Bars kaufen konnten, trieb es hinaus auf die Straße. Bis tief in die sternenbedeckte Nacht hinein, aus den drückenden Querstraßen und den brausenden Avenues brandend, kam der Lärm von Kassettenhymnen, aufheulenden Motorrädern, berstenden Flaschen, Hunden, Hupen, läufigen Katzen, Tütenfrauen, die heilig wurden, und Kindern, die am Durchdrehen waren.

Ich fing ein neues Leben an. Ich war noch immer in der Upper West Side, doch jegliche Adressenänderung innerhalb der 34,2 Quadratkilometer Manhattans war damals, als ich es noch nicht besser wußte, ein Fanfarenstoß zu einem Neubeginn. Zwei Zimmer also mit splittrigem Weichholzfußboden und Wänden in der schmuddeligen schmutzig-weißen Farbe von Jockey-Unterhosen nach einem Pfadfinderlager; zwei Zimmer in der West 95sten Straße Nr. 262, in einem kleinen, heruntergekommenen Bau mit nur zwei Wohnungen, die Zimmer darin von Mietenstabilisierung geweiht.

Die alten Backsteine speicherten die gemeine Hitze, die Sonne fiel in Streifen ins Zimmer und ließ den rauchigen Staub aufleuchten, der in der Luft hing. Die Rohre leckten, die Türen waren verzogen, Spinnweben bildeten komplizierte Muster in den Ecken. Herd und Kühlschrank weigerten sich an Tagen, die keine Primzahlen waren, zu funktionieren. Morgens fiel Farbe von der Decke wie Abfall, der von einer Überführung nachlässig auf den Verkehr hinabgeworden wurde. Die Kacheln im Bad hatten sich aufgeworfen, und die Risse im Putz ähnelten den Fjordkonturen auf einer Landkarte von Norwegen. Kakerlaken? O ja, die totemischen Guerillas der städtischen Heimstatt gab es auch.

Nichts davon war wichtig. Ich packte Kisten mit Secondhand- und überfälligen Bibliotheksbüchern aus, streichelte schmutzige Umschläge mit zerfledderten Briefen darin, stieß mir das Schienbein an Milchkästen mit geschwärzten Töpfen, angelaufenem Besteck und abgesplitterten Limoges-Tellern. In dem neuen asketischen Leben, so glaubte ich, würde ich nicht viel brauchen. Ich war nicht dafür geschaffen, mir die perfekte Küche für die richtige Art von Dinnerparty zu halten, war der Aufgabe nicht gewachsen, jenen faszinierenden Druck für das schimmernde, strahlendweiße Vestibül auszugraben. Der Telephonirrsinn nachmittags um fünf war für mich erledigt – dieses Anrufen und Anrufen, bis man den anderen zu Hause erwischte, während das Eis in einer Schale auf dem Secondhandtisch schmilzt. Und die Nächte des breiten Bettes, der Matratze, die genügend Platz für den Nahkampf zu zweit bietet, waren endgültig vorbei. Die Schäbigkeit, in die ich geschliddert war, barg die Aussicht auf einen reinigenden, mönchischen Ablauf.

Mein hinteres Fenster ging hinaus auf ein Gäßchen, Pomander Walk, mit einer Reihe zweistöckiger Häuser im Pseudo-Tudor-Stil. Die Läden und Türen waren blau, grün und rot gestrichen. Die Hecken waren sauber und ordentlich. Kästen mit Winden vervollständigten das Bild. Ein eigenartiger Anblick, unerwartet, anachronistisch, ich hielt es für ein subversives Nest gegen die Tyrannei des Gitters und des Turms. Doch die Ansprüche des Pomander Walk waren bescheiden, ebenso seine Ausmaße – die bloße Kleininszenierung einer Gasse, die von Nord nach Süd verlief, von der 95sten zur 94sten Straße. Daß es sie noch gab, hatte möglicherweise etwas damit zu tun, daß sie mitten im Block verlief, nicht zu viel Platz einnahm und in Familienbesitz war.

Eine kleine Straße in dem Londoner Vorort Chiswick wurde in dem Stück *Pomander Walk*, uraufgeführt 1911, gefeiert. Ich hatte gehört, daß ein irisch-amerikanischer Restaurateur davon so angetan war, daß er den Bühnenbildner herüberholte, damit der ihm bei der Nachbildung der Kulisse half. Und das bekam er auch – eine Kulisse. Sie wurde 1921 erbaut, ein recht spätes, unhistorisch klingendes Datum. Als der Pomander Walk fertig war, war das Land unmittelbar westlich davon noch jungfräulich, unentwickelt. Die Bewohner hatten eine klare Sicht auf dicke Baumwipfel unten am Hudson-River. Vielleicht kam das damals den Idealen der City Beautiful-Periode stimmungsmäßig so nahe wie der Harmonie von Hampstead Way oder Bedford Park. Vielleicht auch nicht. Es war eine Illusion, angeregt von einem willkürlichen Chiswick, nicht von der Vision, eines utopischen Pendlerdorfs, der ein Architekt sich hingab.

Ich war enttäuscht, als ich erfuhr, daß der Pomander Walk schon immer aus Wohnungen bestanden hatte. Ich hatte gedacht, daß jedes Gebäude ursprünglich ein Haus gewesen sei und man sie, wie jene in Belgravia, verschandelt habe, aufgeteilt, gedemütigt von dem hohen Preis, gut zu leben. Der Pomander Walk beherbergte die Annehmlichkeiten hoher Decken, »geplant für und zuerst bewohnt von Theaterleuten«, wie der *WPA Guide to New York City* 1939 berichtete. In den zwanziger Jahren, so die Überlieferung, waren es Zweitwohnungen für Leute wie die Gish Sisters, Katherine Hepburn und Dutch Schultz. Alkoholschmuggler schmissen anstößige Partys, auf denen sich die Gäste weigerten, ihren Homburg abzulegen.

Der Pomander Walk hatte schon bessere Tage gesehen. Die Pförtnerhäuschen waren leer. Das Hausmeisterpersonal war auf zwei unerreichbare Polen reduziert worden, die Wohnungen selbst befanden sich in unterschiedlichen Stadien des Verfalls, und hinter den wackeren Fassaden, in den Passagen zwischen den Gruften der West End Avenue und den billigen Kleiderläden des Broadway, waren Feuerleitern, grimmig wie Galgen, und Berge von Müll, durch die kalkweiße Ratten huschten. Das war in den Tagen vor der Luxussanierung – wo ist der Luxus? –, vor den rücksichtslosen Sanierungen, die ganze Viertel in ein Labyrinth aus Glas, Chrom, blankem Ziegel, polierter heller Eiche und gierigen Farnen verwandelte.

Der Pomander Walk war, so wie er umzingelt war, zwangsläufig zu einer Art Festung geworden, wie die Enklaven der frühchristlichen Kaufleute in den moslemischen Häfen der Levante. Der Pomander Walk kämpfte gegen den Stil der ihn umdrängenden Blocks an. Hohe Eisentore zu beiden Enden der Gasse, an den Stufen, die zu den Straßen hinabführten, kündeten von einer anderen Klasse. »Nicht betreten«. »Privatbesitz«. Ein abblätternder roter Hahn hielt über dem Haupteingang Wacht. Die Felder, die bis zum Hudson hinabgereicht hatten, gab es schon lange nicht mehr. Eingekeilt zwischen verdrossenen konventionellen Bauten, wirkte der Pomander Walk wie eine Einfügung von unglaublicher Schrulligkeit und rief einem Rem Kohlhaas' Wort aus *Delirious New York* in Erinnerung: »Realitätsknappheit«.

Während meiner freien Stunden nährte ich meine Neugier auf die Bewohner dieser pastoralen, prätentiösen, anglophilen Phantasie. Die Mieter waren zumeist Frauen. Ich stellte sie mir als Witwen vor, die von einer Rente lebten oder davon, was ihre Männer noch hatten beiseitelegen können, und daß darunter ein paar Geschiedene eingestreut seien von der Sorte, die keinen besonderen Wert darauf legt, sich über eine achtbare Stelle bei einer obskuren Kunstgalerie zu definieren. An jenen heißen Nachmittagen pflegten sie, bevor sie, wie ich vermutete, ihre verheirateten Söhne an der Küste von Jersey besuchten, die elektrischen Ventilatoren zu verlassen und sich auf den Stufen einzufinden. Sie saßen auf Zeitungen, Kissen oder Liegestühlen mit ihren Cocktails. Zuweilen kamen große, festliche Sonnenschirme zum Vorschein.

Die Frauen kamen gut aus mit den blonden oder fast blonden Schauspielern und Tänzern, die als einander bekriegende Paare in einigen der kleineren Wohnungen lebten. Wenn die Künstler in engen Shorts auf ein bißchen Sonne herauskamen, verbündeten sie sich mit den Frauen, um Eindringlinge davon abzuhalten, sich hier umzusehen. Nein, sagten sie, es gibt hier keine freien Wohnungen, und die Warteliste ist ellenlang. Verteidiger des Glaubens. Ich ließ den ausgefransten Vorhang vor meinem hinteren Fenster zugezogen, nachdem ein paar Touristen, wie

Nichtmieter hier genannt wurden, an die Gitterstäbe getreten waren und, als sie mich, einen Schwarzen, der sich mit einer Thunfischdose abmühte, sahen, gefragt hatten: »Sind Sie der Hausmeister?«

Früher war ich einmal krankhaft empfindlich gegenüber jener Impertinenz, die aus der Soziologie entsteht. Taxifahrer hielten im Dunkeln nicht mehr an, weiße Mädchen joggten, um meinem Schatten vorauszubleiben, den die gelben Straßenlampen ihnen auf die Fersen warfen. Ein Teil von mir machte ihnen keinen Vorwurf, doch das meiste von mir war verletzt. In der U-Bahn hatte ich Requisiten dabei – den neuesten *Semiotext*, ein stattliches Buch der Frankfurter Schule –, damit die *mit Arbeit* sich keine falschen Vorstellungen oder, was zutreffender war, die üblichen Vorstellungen von mir machten. Ich wollte nicht, daß sie mich für irgendeinen jungen schwarzen Prolo hielten, wobei ich genau das war, einer, der mal wieder zum Friseur mußte und Flicken auf die Jeans brauchte. In jenem Sommer habe ich das überwunden. Ich erinnerte mich an einen Gentleman der alten Schule, der nach Johns Hopkins und Columbia sagte, sein einziger Ehrgeiz sei es nun, in die Unterschicht abzusinken. Als ich ihn kannte, war ihm dies gelungen, und diese freundliche Antiquität lebte in seinen letzten Tagen unter harmlosen Betrunkenen auf einem Rangierbahnhof in Norfolk, Virginia. Ich beschloß, dasselbe zu tun, als wäre ich, weg von Mama und Papa, irgendwo anders gewesen.

Tatsächlich war ich schon eine Zeitlang abgesunken. Erste Station auf dem Weg abwärts: eine Buchhandlung. Nicht die Supermarktvariante, wo Frauen Bestellungen über zwei Meter Bücher durchtelephonierten, die Besonderheiten bei Höhe und Farbe wiederholend, den Titeln gegenüber völlig gleichgültig. Keine dieser neuen Boutiquen, wo hektischer Pariser Slang über dem üblichen Gemurmel hüpfte. Sondern eine »benutzte« Buchhandlung, einer dieser Läden, wo Einsamkeit und Staub dem geistigen Wohlbefinden des Besitzers zusetzten, ganz ähnlich wie die Gesundheitsrisiken, die Kohlenflöze für die Bergarbeiter darstellten. In jenem Sommer gab der Besitzer auf, er konnte die Miete nicht mehr bezahlen, er weinte offen während der Versteigerung seines Lagers. Nächste Station: Aushilfsjob (sausen lassen). Kellner (gefeuert). Telephonverkäufer (Mission unmöglich). Dann entdeckte ich meine Berufung – Faktotum. Die Anonymität des häuslichen Dienstes paßte gut zu der paranoiden Eitelkeit, eine neue Nummer zu haben, die nicht im Telephonbuch stand.

Ich hätte meine Dienste im *Westsider* anzeigen sollen. Dennoch bekam ich mit Glück ein paar Aufträge. Unter meinen Kunden befand sich eine exaltierte Bohemienne vom oberen Riverside Drive. Ich verbrachte fast den ganzen Tag damit, nach ihren Spontan-Séancen sauberzumachen. Zwei Vormittage pro Woche arbeitete ich für eine feministische Psychologin, die in einem der Bienenkörbe mit Blick über das Lincoln Center wohnte. Ich ging mit ihrem ekligen Afghanen Gassi, der oft von Hundetranquilizern duselig war, laugte den riesigen Rollschreibtisch ab, den sie nicht vom Land angeschleppt hatte, sondern aus der Amsterdam Avenue. Ich durfte nicht Radio hören, und als Vergeltung rührte ich das Mittagessen aus Tofu und Karottensaft, das sie mir immer auf den Resopaltresen stellte, nicht an. Dann nach Chelsea, wo ich für einen heimlichtuerischen, jünglichen Geschäftsmann die Wäsche für die chemische Reinigung abholte. Seine Post bestand zumeist aus letzten Mahnungen von Con Ed, Ma Bell und Inkassogesellschaften in anderen Staaten. Ich war mir sicher, daß man mir folgte, wenn ich eines seiner Pakete zu den dubiosen Fabrikverkaufsstellen brachte, mit denen er zu tun hatte. Ich ließ mir meinen Lohn in bar auszahlen.

Eines strahlenden Morgens rief eine Bekannte an, um mir zu sagen, sie kenne eine Frau, die schon in die Jahre gekommen sei und eine Hilfe brauche. Das einzige, was Djuna Barnes von ihrem Helfer verlange, sei, daß er keinen Bart trage. Ich rasierte mich, schnitt mir die Haare und angelte mir trotz der Hitze Jackett und Krawatte, da ich in dem Glauben erzogen worden war, daß man nur ordentlich angezogen war, wenn man sich unbequem fühlte. Ich war so zerstreut, daß ich verschiedene Socken anzog.

Miss Barnes wohnte im West Village, gleich nördlich der alten Frauenhaftanstalt, in einer Sackgasse namens Patchin Place. Im Schatten eines Ailanthus, eines Stadtbaums, der zuerst in Indien wuchs und von dem man zu Zeiten der Pest glaubte, er absorbiere »schlechte Luft« (weshalb er auch »Götterfarn« genannt wird), waren die limonengrünen Anwesen vom Patchin Place einst die Heimat von Dreiser, John Reed, E. E. Cummings, Jane Bowles und John Mayfield gewesen. Durch die Sprechanlage von Nr. 5 kam eine tiefe, melodiöse Stimme, und nach einer besorgniserregenden Befragung wurde ich hereingesummt. Ich fand die giftgrüne Tür mit dem »Bitte nicht stören«-Schild, und nach einer weiteren Befragung öffnete sie sich langsam.

Das Heim dieses »Genies mit wenig Talent«, wie T. S. Eliot über Miss Barnes gesagt hatte, war unmenschlich beengt – ein winziges rotkehlcheneifarbenes Zimmer mit weißem Stuck. Die Küche war ein Kabäuschen, in dem der Kühlschrank hinter Lamellentüren in einer kleinen Pantry brummte, die vollgestopft war mit Bügelbrett, Staubsauger, Schachteln mit verblichenenen *cartes d'identité*, Tischwäsche und, zu der Annahme führte mich meine Begehrlichkeit, gehorteten Kostümzeichnungen von Tchelitchew. Große Abenteuer, dessen war ich sicher, harrten meiner in diesem Durcheinander – Nippessachen auf dem Kaminsims und den Beistelltischen, zur Wand gedrehte Bilderrahmen auf dem Fußboden, Schuhkartons unter dem dicken Ohrensessel. Zu beiden Seiten des Kamins waren Bücherregale. Ihr niedriges, schmales Bett stieß an eines davon an. Zwei schlichte Holzschreibtische beherrschten den dunklen Raum. Stapel Briefe und Papiere hatten sich wie Stalagmiten darauf angesammelt. Peinlich genau beschriftete Umschläge, vor »Notizen zu Mr. Eliot«, »Notizen zu Mr. Joyce« warnend, ruhten neben einer Reiseschreibmaschine. Die leere Seite in dem Bedienungshandbuch der Olivetti war vergilbt.

Die dröhnende Stimme täuschte. Miss Barnes war eingefallen, schwächlich. Das Drehgestell mit Medikamenten auf dem Nachttisch war so groß, daß für Radio, Brille und Telephon kaum Platz blieb. Ihre einleitenden Bemerkungen waren kurz.

Sie gab mir eins drauf, daß es mich überhaupt gab. »Sehen Sie zu, daß Sie nicht alt werden. Je länger es einen gibt, desto mehr Ärger hat man.« Miss Barnes war schon so lange alt gewesen, daß sie sich als warnendes Beispiel betrachtete. Am ersten Tag meiner Anstellung sagte sie mir, ich solle zusehen, daß ich nie heirate, nie erblinde, mich nie operieren lasse, man mir nie Salz, Zucker, Tee oder Sherry verbiete, und vor allem, daß ich nie so blöd sein soll, ein Buch zu schreiben.

Doch sie hatte so eine hypnotische Lebendigkeit, es gab Augenblicke, in denen die Glut der Koketterie aufflackerte. Die dünnen weißen Haare waren zurückgekämmt und wurden von zwei zierlichen Kämmen gehalten. Sie trug einen marrokanischen, goldbesetzten Morgenmantel, undurchsichtige weiße Strümpfe und rote Lackstöckel. Ihre Augen funkelten wie Opale in einem flachen Teich, und ihre Haut war bleich wie Mondlicht. Ihr Mund war mit einem feuchten Pink bemalt, ihr Kinn ragte vor, ihre Haltung war trotzig, ärgerlich, neugierig. Die große, elegante Exzentrikerin der Photographien von Berenice Abbott und Man Ray lebte irgendwo in der stolzen Einsiedlerin weiter, die ihr Vergrößerungsglas, ihre geschwollenen Knöchel, überstrapazierten Lungen, verkalkten Arterien und ihr fehlerhaftes Kurzzeitgedächtnis verfluchte. »Verdammt, verdammt, verdammt«, brummelte sie.

Meine Inauguralarbeit war, den Luftbefeuchter nachzufüllen. Unter ihrem Adlerblick war diese Aufgabe alles andere als einfach. Ihre Hände flogen an ihre Ohren. »Das ist viel zu viel Wasser. Das geht nicht.« Als nächstes wollte Miss Barnes, daß ich nach einem fleckenfreien Exemplar von »Creatures in an Alphabet« grub. Hier und da steckten verstreute Seiten, die ihr nicht sauber genug waren. Sie entschied sich für eine Version des Gedichtes, zog sich aufs Bett zurück und machte sich daran, die Widmung auszustreichen. »Das geht nicht. Der hat mein Bild ruiniert.« Die Erklärung, wie eine wohlmeinende Seele ein Porträt beschmutzt hatte bei dem Versuch, es abzuwaschen, wich abrupt einer Klage über moderne Federn, die nichts mehr taugten. Ich gab ihr meinen Bic, sagte, sie könne ihn behalten. »Ach, danke. Wollen sie mich etwa unterstützen?« Sie sank in die Kissen und lachte, trocken, kläglich, wie man über einen privaten Witz lachen würde.

Wie durch Hexerei wurde aus dem Lachen ein quälender Husten. Sie griff sich einen Packen Papiertaschentücher und hustete, hustete. Ich versuchte, ihr zu helfen – Wasser? Eine Pille? Sie hielt die Hand als Zeichen zu schweigen hoch. Das Bellen ließ nach. Eine Zeitlang saß sie mit gesenktem Kopf da, die Fäuste im Schoß. Dann schaute sie sich um, wie enttäuscht, daß sie noch immer am selben Ort war. Einen Schwindelanfall befürchtend, bat sie mich, ihr ihre schwarze Handtasche zu bringen. Sie kramte die lederne Geldbörse hervor, aus der sie langsam fünf Eindollarscheine zog. Sie legte sie wie einen Fächer aufs Bett und gebot mir, »mich davonzumachen«. Sie stieß die Seiten von »Creatures in an Alphabet« von sich wie eine Patientin, die versucht, ein Tablett mit Wackelpudding und dünnen Sandwiches aus dem Blickfeld zu schieben. Miss Barnes war müde. Die Bitte um eine frische Abschrift dieses Gedichtes war eine symbolische Geste – sie war keine tätige Schriftstellerin mehr. Immerhin hat sie eine Klimaanlage, dachte ich, als ich das warme Tor zur Straße schloß und ein Streichholz an die Zigarette hielt, die ich in ihrer Gegenwart nicht rauchen durfte.

Ich lernte, nicht anzurufen und mich nicht von selbst zu melden: Miss Barnes wandte sich von mir ab mit der Höflichkeit eines Mandarins. Ich ging hin, wenn ich gerufen wurde, was nicht oft vorkam. Traf ich zu früh ein, deutete sie an, daß der Eifer der Jugend unelegant sei, kam ich zu spät, keuchend, stellte sie rundweg fest, daß die Jugend hoffnungslos mit sich selbst beschäftigt sei. Miss Barnes fand meinen Vornamen Darryl mit seinem zeitgenössischen Blechnapfklang lächerlich und meinen Nachnamen mit seinem Vorkriegsecho nur mit Mühe annehmbar. Ich mußte zugeben, daß er die Dämlichkeit eines erfundenen Namens hatte. »Delmore Schwartz, was für ein schöner Name!« soll Delmore Schwartz ausgerufen haben.

Ich ging auf den Markt – »Was soll eine alte Frau essen, Mr. Pinckney, das frage ich Sie« –, um Bananen, Ginger Ale, Mokkaeis, Brötchen und Pflaumen zu kaufen. »Nicht die roten, die schwarzen. Wenn sie gut sind, haben sie weiße Flecken.« Ich rannte in die Eisenwarenhandlung, kaufte ein Pestizid und rannte wieder zurück, um es gegen eine Marke umzutauschen, gegen die sie nicht allergisch war. Ich ging zum Schuster und dann noch einmal, um ihre schwarzen Stöckel noch mehr weiten zu lassen. »Ich hab's vergessen. Sie sind jung. Es macht Ihnen ja nichts aus, die Treppen rauf und runter zu rennen, oder?« Und natürlich war vor der Apotheke eine Schlange.

»Seit fünf Jahren habe ich dieses Zimmer nicht mehr verlassen. Sie denken sicher, ich geh schon die Wände hoch, wie?«

»Ja.«

»Tu ich auch.«

Miss Barnes neigte doch ein wenig zum Dramatischen, und ich fand, daß sie das Ausmaß ihrer Isolation übertrieb. Sie hatte einen Bruder in Pennsylvania, einen Neffen oder so etwas in Hoboken. Ihr treuer »Boy«, ein Osteuropäer in den Sechzigern, kam regelmäßig, um Fußboden und Wände zu wischen. Ich hatte gehört, daß zwei ältere Herrschaften, ihr Arzt und ihr Anwalt, noch immer die Treppe erstiegen, um ihr ihre Aufwartung zu machen. Es gab romantische Gerüchte – eines wollte es, daß eine Erbin der Firma, die die amerikanische Münzanstalt mit Papier belieferte, zuweilen aus einem großen Auto stieg, um die Freundin ihrer im Ausland verbrachten Jugend zu besuchen. Ich hoffte, das Radio sei ihr ein Trost, daß es ihr Zimmer mit Musik erfüllte, mit Stimmen, doch wenn ich da war, während der Geschäftsstunden, sozusagen, lief es nie.

Über große Ereignisse war sie einigermaßen informiert, und bei literarischem Klatsch schien sie auf dem laufenden zu sein. Das *TLS* lagerte in einem Korb wie Brennholz, die hellblauen Banderolen unversehrt. Wenn sie über die Außenwelt nicht allzuviel zu sagen hatte, nun ja, so hatte sie doch lange gelebt. Die Art, wie die meisten von uns ihr tägliches Leben durchbrachten, war für sie pure Torheit. »Was für Toren die Jungen sind.« Bestimmt schaffte Miss Barnes es, eine Menge Streitereien telephonisch zu erledigen. Sie hatte einen kampfeslustigen, prozeßsüchtigen Zug, vielleicht ein Nebenprodukt der Sehnsucht danach, festen Halt zu haben, allein zurechtzukommen. Rechte und Genehmigungen waren ihr zur Obsession geworden, sie nahmen den Raum ein, der einstmals vom Gestalten besetzt war. Sie schickte mich weg, bevor sie die Nummer eines arglosen Verlegers wählte.

Es war unanständig, zu neugierig zu sein. Viele hatte sie verbannt. Einen ehemaligen Helfer nannte sie »dumm wie ein Telephonmast«. Sie schäumte gegen einen unternehmungslustigen Menschen, der sich in ihr Vertrauen eingeschmeichelt hatte, »mit beiden Beinen« in ihr Testament gelangt war und dann kartonweise Kostbarkeiten eingepackt hatte. Sie behauptete, gnadenlos übers Ohr gehauen worden zu sein, bis hin zu den Löffeln mit Monogramm, das jedoch gab mir zu denken, da sie den Verkauf ihrer Papiere offenbar als Diebstahl ansah. Was die Bewunderer anging, jene Pilger und Möchtegern-Biographen, die ihr »eine geknickte Rose von irgendeinem Grab« brachten, erklärte sie, diese wollten, daß sie in der 42sten Straße einen Kopfstand mache, so daß man ihre Unterwäsche sah. Einige Anhänger hätten ihre nachlassende Sehkraft ausgenutzt, um das eine oder andere Souvenir hinauszuschmuggeln. Sie beklagte sich darüber, daß eine Buchhandlung in der Gegend ohne ihre Zustimmung den Namen benutzt habe, den ihr Vater sich für *sie* ausgedacht habe, und daß der Besitzer, als sie dort angerufen hatte, um zu protestieren, einfach aufgelegt habe.

Pessimismus trug Miss Barnes ebenso hoheitsvoll wie einen Tweedanzug, und vielleicht hatte eine frühe Laufbahn als Reporterin sie gelehrt, von dem »harten, kapriziösen Star« nicht allzuviel zu erwarten. Am Ende landete alles und jeder auf dem kleinsten gemeinsamen Nenner. »Liebe ist die erste Lüge; Weisheit die letzte.« Das eine Mal, als ich so töricht war, aus ihrem Werk zu zitieren, sah sie mich an, als hätte ich den Verstand verloren. »Bin ich denn schwerhörig?« kreischte sie, »oder nuscheln Sie?« Das war ein Bruch, die Möglichkeit, die sie nicht gehört hatte. »Sie sind schüchtern, nicht? Tun Sie so, als seien Sie's nicht.« Ich wollte anders sein, einer, der nicht nach den Cafés, den Partys fragte, nach Peggy Guggenheim oder ihrem Porträt von Alice Rohrer über dem Kamin.

Ihre Zurückgezogenheit war ebenso eine Form des Selbstschutzes wie eine Folge ihres Alters. Selbst wenn sie vom Temperament her in der Lage gewesen wäre, wie Myrna Loy wegzugehen und alles den Aasgeiern zu überlassen, war es zu spät. Wenn Miss Barnes in Fahrt war, sich wegen eines Mißstands in Rage geredet hatte, dann schien sich ihre zierliche Gestalt auszudehnen und den ganzen Raum einzunehmen. Die kraftvolle Stimme drängte mich in eine Ecke; Worte flogen wie Pfeile. Ich hatte den Eindruck, daß die ungeschickte Arbeit des Schlossers für etwas Größeres stand, daß es lediglich eine Gelegenheit war, Wut abzulassen. Ich nickte und nickte, als sie auf die Kratzer um den neuen Zylinder in der Tür herum zeigte. »Sie sollen nicht schon wieder ›Ach, wirklich‹ sagen, Mr. Pinckney.« Dann das unvermeidliche Zusammensacken, der kratzende Husten. Ich stand sehr still da, wie ein Tier, das darauf wartete, daß der Jäger weitergeht.

Ihre Art hatte ihre Ursache in dem untergründigen Feuer körperlicher Schmerzen. Einmal schickte sie mich wenige Minuten, nachdem ich mich zur Tür hereingedrückt hatte, wieder weg, weil es ihr offensichtlich ziemlich mies ging. Auch wenn Miss Barnes, wie die meisten Alten, über ihre Beschwerden klagte – »Ich kriege keine Luft und werde blind. Verdammt.« –, so wollte sie doch nicht, daß Fremde ihre geheimen Kämpfe sahen. Sie drapierte fünf Dollar auf dem Bett und entschuldigte sich dafür, daß sie mir den Sonntag kaputtgemacht habe. Ich sagte ihr, daß ich ihr Werk bewundere, daß es zu meinen wenigen Freuden gehöre, zu ihr zu kommen. »Sie sind wahnsinnig. Sie sind vollkommen wahnsinnig. Na ja, da können wir eben nichts machen.« Ich lehnte das Geld ab. Miss Barnes trennte sich nicht leicht von Bargeld. In ihrem Leben war sie mehr als einmal pleite und aufgeschmissen gewesen. Meinen Lohn betrachtete sie als maßlos großzügig, eine Spende an den, sagen wir, United Negro College Fund, weil der Dollar für sie noch den Vorkriegswert hatte. Sie bestand darauf, mir etwas für die Post mitzugeben, damit ich das Gefühl hätte, meinen Lohn verdient zu haben. »Ich war mal wie Sie. Hab das Geld nicht genommen. War ja auch egal.« Sie wackelte mit dem Zeigefinger. »Mach Geld. Stopf's dir in die Stiefel, wie Shakespeare sagte.« Ich hörte, wie hinter mir die Riegel vor die Tür geschoben wurden.

Der Sommer entfaltete sich wie ein triefendes Tuch, und meine Kunden machten sich, mit Ausnahme von Miss Barnes, locker davon. Ich lebte von einem verfrühten Geburtstagsgeschenk von Zuhause, schaffte es aber irgendwie, mit der Miete in Rückstand zu geraten. Ich versicherte meinen Eltern, daß ich Klinken putzte, meinen Lebenslauf herumschickte, wobei ich erneut unter Beweis stellte, daß, wenn man seine Kinder unter Druck setzt, sie einen anlügen. Die Tage verdampften wie verschüttetes Wasser auf sengendem Pflaster. Der Tiefpunkt war gar nicht so schlecht, und wenn sich das Absinken als nicht ganz so befreiend erwies, wie ich gehofft hatte, so war es doch nicht ganz ohne Trost. Die Nachmittage, an denen ich in feuchten U-Bahnwagen vom Pomander Walk zum Patchin Place fuhr, rissen mich aus meiner Dumpfheit. Die Möglichkeit, Miss Barnes zu sehen, erschien mir als ein Omen – aber wofür?

Der Ruhm war für sie kein großer Trost. Sie war nicht reich, konnte ihren Namen für nichts Besonderes einsetzen, und so behandelte sie ihren Ruf als einen Witz – über sich vor allem. »Das Buch wird Ihnen vielleicht gefallen, nicht aber das alte Mädchen.« Da sie ein Sonderling war, eine Überlebende, war sie eine, die einen Großteil ihres Lebens evakuiert hatte und auf die Spuren achtete, die man achtlos für die Detektive zurückläßt. »Denken Sie nur, ich habe neun Jahre in Paris gelebt und nicht ein Wort Französisch gelernt.« Ihre Erinnerungen, diejenigen, die sie mitteilte, hatten das Wesen von Konventionsdramen. Auch wenn sie von intimen Dingen redete, war etwas Unpersönliches daran, und ich fragte mich, wie viele Besucher sie hatten sagen hören, daß sie nie lesbisch gewesen sei, daß sie die »nassen Muskeln«, die man, um Frauen zu lieben, lieben müsse, nie habe ausstehen können, oder, daß sie viel zu feige sei, um sich das Leben zu nehmen.

Ein Witz, ja, aber nicht ganz. »Nein, räumen Sie das nicht weg. Ich bin eine eitle Frau. Ich will sie in meiner Nähe haben.«

Miss Barnes meinte die Übersetzungen, die diversen Ausgaben von *Nightwood* und *Ryder*. Ich ordnete gerade das Bücherregal: nicht, daß das nötig gewesen wäre. Sie war immun gegen Veränderungen: Dag Hammarskjölds *Markings* mit Widmung mußte bleiben, wo es schon immer gewesen war, auch eine rote Taschenbuchausgabe von Dante war zufrieden, wo sie war. »Mr. Eliot lernte Italienisch, nur um dieses Gedicht lesen zu können. Er muß es gemocht haben, glauben Sie nicht?«

Ich rettete ein Taschenbuch, eine Biograhie von Natalie Barney, das unters Bett gerutscht war. »Zeigen Sie mal her. Rémy de Gourmont nannte sie ›die Amazone der Liebe‹, und darüber ist sie nie hinweggekommen. Das bleibt man, so sieht man dann mal aus«, sagte sie, während sie durch das Vergrößerungsglas auf ein Photo spähte, das Barney gegen Ende ihres Lebens zeigte. Ich brach das Versprechen, das ich mir gegeben hatte, und fragte nach Colette. »Ja, ich kannte diese alberne blauhaarige Frau.« Ich wurde übermütig und erzählte Miss Barnes von einer Nacht in der Oper, wo ich als Student, frisch vom Schiff, Janet Flanner vorgestellt wurde. Ich erwähnte Miss Flanner gegenüber, daß auch ich aus Indiana sei, worauf sie, meinen Aufzug, einen hellbraunen Polyesteranzug, rote glänzende Krawatte und Plateauschuhe, in Augenschein nehmend, antwortete: »Ich war seit 1921 nicht mehr dort – und ich würde Ihnen raten, dasselbe zu tun.« Miss Barnes verzog kein Miene: »Oft wußte sie, wovon sie sprach.« Ich entdeckte noch ein weiteres *Nightwood*. »Manchmal frage ich mich: ›Habe ich das geschrieben? Wie habe ich das nur geschafft?‹ Tun Sie es, solange Sie noch jung sind, Mr. Pinckney. Legen Sie Ihre ganze Leidenschaft hinein.« Sie lächelte.

Doch das war genug, keine Silbe mehr. Die Regale mußten gewischt werden und dann die Fenster. Da stand ich also, klammerte mich an der Feuerleiter fest, während Miss Barnes mir immer aufs neue sagte, was für eine Sauerei ich da machen würde. Sie beugte sich aufs Fensterbrett, reichte mir Bouquets aus Papiertüchern, zeigte auf die Fussel und das Seifenwasser, das noch in den Ecken war. Sie weigerte sich rundweg, meinen Vorschlag, etwa in einen Schwamm zu investieren, überhaupt nur anzuhören. »Fallen Sie mir nicht in den Judasbaum.« Sie tastete sich zurück zum Bett, um sich auf einen neuerlichen Hustenanfall vorzubereiten.

Auf den Brettern der Bücherregale waren rätselhafte kleine Phiolen, feierlich wie Votivkerzen. Sie sagte, sie enthielten Sauerstoff. Auf mich wirkten sie wie trübe, leere Flaschen. Ich mußte sie waschen, alle vierundzwanzig. Ein Deckel verklemmte sich im Abfluß. »Jetzt haben wir den Salat.« Ich mühte mich, ihn mit einer Schere herauszubekommen. »Ach, da haben wir jetzt den Salat«, wiederholte sie, an der Badezimmertür schwankend, während sie in den Kragen eines rosa, satinartigen Morgenrockes hineinjammerte. »Nehmen Sie den Müll mit hinunter, dann können Sie gehen.« Das Traurige war die Erkenntnis, daß ich tatsächlich nichts für sie tun konnte.

Als ich auf die glänzende Idee kam, für ihre Pillenflottille – oft klagte sie über Kopfschmerzen, daß sie nicht wisse, was sie wann zu nehmen habe – ein Flußdiagramm zu konstruieren, war sie beleidigt. Ich dagegen sagte, daß viele der Medikamente aus dem Handel genommen und einige der Röhrchen leer seien, daß es ein Wunder sei, wenn sie in diesem Tohuwabohu überhaupt etwas finde. Wir veranstalteten ein Tauziehen um eine Schachtel Opiumsuppositorien, denen sie einzig ihren Frieden verdankte. Ich hielt ihr einen kleinen Vortrag über Verstopfung, so wie man zuweilen herablassend mit älteren Leuten redet, daß ich ihr nicht helfen könne, wenn sie mich nicht lasse. »Ich weiß, woran ich bin, vielen Dank, Mr. Pinckney!«

Miss Barnes gebot mir, eine Seidenbluse im Waschbecken auszuwaschen. Ich sagte, nein. Sie fing damit an, sie verstehe nicht, warum Schwarze so empfindlich geworden seien, verbesserte sich und sagte, sie verstehe nicht, warum junge Männer so alberne Vorstellungen darüber hätten, was sie für Frauenarbeit hielten. Doch ich wußte, was sie meinte, wußte es von der Art her, wie sie das »Nee« von Neger verschluckt hatte, jenes verachtete Wort ihrer Generation, wußte es von dem sanften Erröten her, das sich wie Tinte über die Falten ihres Gesichts ergoß. Ich erinnere mich nicht mehr, was ich sagte, aber die fünf Dollar auf dem blauen Überwurf, wie Miss Barnes sich darüberbeugte, ihr Morgenmantel leicht hochgerutscht, wie sie langsam die Handflächen gegeneinanderschlug, sehe ich noch immer vor mir. Ich blieb an der Tür stehen – einer Entschuldigung wegen? –, doch sie war zu alt, um etwas zurückzunehmen. Sie begegnete meinem Starren mit einem ganz eigenen Blick, einem Flackern der Verwirrung, dann hart wie eine Steinplatte. Ich ging hinaus.

Ich kehrte wieder zurück in mein Zwischendeck am Ende des Pomander Walk. Familien steckten sich den öligen Fluß entlang ihr Territorium ab, um Schiffe zu beobachten, Paare wanderten mit Decken und Bier zum Feuerwerk, doch ich hatte anderes vor. Bei Einbruch der Dunkelheit, als Dudelsäcke zum Gedenken an den Marsch der Königin über die Wall Street zur Trinity Church im Pomander Walk erschollen, hatte das Mißverständnis mit Miss Barnes für mich die Größe eines Ereignisses angenommen.

In einer vorwurfsvollen, selbstgerechten Laune beschloß ich, es *ihnen* allen zu zeigen, die Sünden der westlichen Literatur, wie ich es nannte, aufzudecken. Ich legte mir die in Gift getauchten Federn zurecht, die steifen, militanten Karteikarten. Ich drehte die Flamme unter dem Topf mit bitterem Bustelo auf und machte mich wie einer von der Bürgerwehr oder ein Kopfgeldjäger auf die Suche nach *denen*. Hemingway sollte mir für den Niggerboxer in Wien in *Fiesta* bezahlen. Fitzgerald sollte wegen des Cadillacs voller Nigger, die mit den Augen rollten, als sie sich auf dem Highway neben Gatsby schoben, bloßgestellt werden.

Dashiell Hammett wollte ich mir wegen »darkie town« schnappen, auch Evelyn Waugh, Ronald Firbank, sogar Carl Van Vechten. Es war mir ernst – keine Julia Peterkin, Fannie Hurst oder Dubose Heyward. Ich wollte mich an die Dilseys und Joe Christmases halten. Wenn Conrad dran glauben mußte, dann mußte es eben sein, auch Céline für seine Szenen in Little Togo. Schweiß tropfte mir von der Nase auf die Karteikarten. Das Lachen, das auf der Straße brodelte, trug zu meinem Gefühl bei, eine einsame Mission zu verfolgen.

Ich erwachte in Kleidern, entschlossen, den armen Hart Crane wegen »Black Tambourine« zu prügeln. Nicht einmal William Carlos Williams sollte davonkommen. Auch Rimbaud mit seinen falschen Niggern sollte dran glauben. Sünden gab es überall: Katherine Mansfield sprach in einem Brief von einer Frau von »der Sorte, die mit Negern geht«. Shaw kriegte auch was ab, und Sartre wollte ich ein paar Takte zur Aura des Textes *Schwarzer Orpheus* sagen. Wie konnte Daniel Deronda sich nur herablassen, Caliban zu verteidigen!

Doch um Mittag war ich mir dank einer Unterzuckerung nicht mehr sicher, ob es wichtig war, daß Virginia Woolf 1925 einem Schwarzen begegnet war, schmierig in seinem Schwalbenschwanz und Bowler, dessen Hände sie an die eines Affen erinnert hatten? Wie weit würde ich zurückgehen müssen, bis zu Puschkins Ibrahim oder zu dem schwarzen Widder, der das weiße Mutterschaf deckte? Und zu welchem Zweck? Roussels *Impressions d'Afrique* fanden nicht mal auf der Erde statt, nicht wirklich. Dinesens Farm war echt, na und? Was geschehen war, war geschehen, auch wenn das meiste des »Schauerhorrors« alles andere als vorüber war. »Laß sie doch reden. Du weißt, wie du heißt«, sagte mein Großvater immer. Ich schmiß die Karteikarten weg. Das Motiv für meine Notizen war recht erbärmlich: Nachdem ich Miss Barnes verlassen hatte, war ich so tief gesunken, daß ich zu beweisen versuchte, an mir sei mehr dran, als sie glaubte.

Das Absinken, ein Faktotum, ein Teil der Straße um mich herum zu sein, beinhaltete mehr, als ich gedacht hatte. Ich mußte mich nur der Oberfläche der Dinge nähern, um das zu entdecken, wie ein Kind, das der Hitze des Küchenherds zu nahe kommt. Da ich im Rückstand war, hatte ich Angst, jemandem aus dem Pomander Walk zu begegnen. Ich hatte nicht den Nerv, die Hausmeister zu bitten, den Wasserhahn zu reparieren. Ich verkaufte ein paar Wälzer, um das Licht am Brennen zu halten. Der Vorhang vor meinem hinteren Fenster blieb zu. Was ich an Berührung mit der Außenwelt hatte, erhielt ich von dem Blick auf die 95ste Straße aus meinen vorderen Fenstern. Dort saß ich denn auch an meinen mittellosen Sommerabenden, beobachtete, wie die Älteren von gegenüber mich aus ihren Gefängnissen heraus betrachteten. Es gab da einen Parkplatz, der zu einer Filiale der Heilsarmee gehörte. Täglich schleppten sich die Angestellten von dort zu ihren gräßlichen Pflichten, und abends tauschten sie dann noch ihren Klatsch mit der Nachtschicht aus, bevor sie sich davonmachten. Sonntags kamen manchmal pflichtschuldige Familien, um ihre Erzeuger in schnieken Limousinen zu nutzlosen Ausflügen zu rollen.

Es war eine Straße, auf der alles passieren konnte und viel passierte. Manchmal jagten mir die wütenden Stimmen nach Mitternacht einen Schrecken ein, als würde eine Frau oder eine Nutte am Fuß meines Bettes verprügelt. Ich gab es auf, die Polizei zu rufen, und gewöhnte mich daran. Das erklärte die allgemeine Furcht des Pomander Walk vor einer Invasion. Die 95ste Straße zwischen Riverside Drive und Central Park West war ein Niemandsland, eine Zone fremder Zungen und Sozialwohnungsbunker. Es gab genug Geschichten, wie Vandalen Efeu von der Wand rupften, wie einer Frau die Handtasche von einem leichtfüßigen Phantom weggerissen wurde, das noch keine fünfzehn sein konnte. Der durchdringende Schrei »*Motherfuckers! All y'all motherfuckers is gonna die!*« genügte, um jedes Licht im Pomander Walk aufflammen zu lassen, als wäre ein Pfiff ertönt, der die lokale Miliz alarmierte.

Das Gebäude direkt mir gegenüber hatte einen ganz fragwürdigen Ruf. Es war ein Haus mit Einzimmer-Apartments, eine recht dunkle, düstere, in einen Hang gebaute Angelegenheit. Mir fiel auf, daß die Fußgänger die Straße zu meiner Seite überquerten, nur um sich nicht der Seuche auszusetzen, die dort auf sie lauerte. In einem der Räume im Erdgeschoß residierte ein Scheckbüro, und nach der Anzahl der Männer, die dort im Unterhemd ein und aus gingen, verdreckte Papiertüten schwangen, aus denen Wein- und Bierflaschen ragten, vermutete ich, daß es irgendwo da drin auch ein Wettbüro gab. Diese Männer mit fehlenden Zähnen und glänzenden Haaren, die auf der Straße auf und ab tigerten und ihre Chancen in jenem knackigen Hochspannungsspanisch diskutierten, gaben zusammen mit den

Dragqueens, die sich ebenfalls vor diesem Haus versammelten, ein seltsames Tableau ab.

Die Dragqueens waren unmöglich zu übersehen, unmöglich zu überhören. Sie trieben sich vor dem Eingang herum, tanzten komplizierte Schritte zu Musikfetzen, die aus Autoradios kamen. Die meisten von ihnen waren im »kleinen Fummel« – Hot pants, Clogs, improvisierte rückenfreie Tops, die Haare glatt nach hinten gekämmt. Einige erschienen in Perücken, Lockenwicklern, schwarzen Bademänteln, goldenen Pantoffeln. Sie hielten Zigaretten in der Hand, More Menthol oder Kool, die sie sich genau einteilten. Sie ratschten, warteten, spielten Whist, »Nigger Bridge«. Sie zogen junge Mütter auf, die Kinderwagen schoben und Zabar's-Tüten und Heliumballons balancierten; sie zischten breitschultrigen Kerlen zu, die in Harvard- oder Columbia-T-Shirts die Straße entlangbummelten. »Honey, geh lieber nach Haus und zieh dir den Outfit da aus. Bei dem Grün, da läuft dir noch der Mann davon.« Oder: »Komm doch mal her, Süßer, dann zeig ich dir was.«

Manchmal ließ einer von ihnen ohne ersichtlichen Grund, er stand einfach bloß da, einen langen, hohen Schrei los – »Auuuuu« – und sah sich dann bei allen andern auf der Straße um. Das nervte besonders die Leute, die vor dem Repertoirekino Schlange standen, um sich einen Fassbinder oder Fellini anzusehen. Ebenso verunsichernd für das Viertel war ihre hinterfotzige Freundlichkeit: »Wie geht's denn so, Baby? Okay. Mach weiter so. Sag nichts, Miss Thing. Du kriegst eh keinen ab.«

Ich beobachtete die Leute von dem Apartmenthaus jeden Tag, während die Knospen an dem Gingko, der schräg vor meinem Fenster heraufwuchs, eine nach der andern abfielen und die Tauben sich durch den Müll aus Frankfurter-Brötchen, Hamburger-Packungen und Pizzarändern wühlten. Einige der Apartmenthausbewohner erkannte ich bei dem kubanischen Tabakhändler, dem puertorikanischen Waschsalon, dem koreanischen Lebensmittelgeschäft, der jemenitischen Bodega, dem Hippiedopeladen, dem Sikh-Zeitungsstand wieder. Ich betrachtete sie mit einer Art Neid. Eines abends hing ich an der Ecke herum, doch keiner kam mir nahe. Vielleicht hielten sie mich für einen Drogenbullen. Dabei war es vollkommen normal, über die Straße zu gehen und ein Ad-hoc-Remake serviert zu bekommen, wie ein Taxi in einen Kombi gerast oder drei Block weiter ein Fenster gelöscht worden war.

Natürlich schloß ich keine Freundschaften, egal, wie schnell einige der Dragqueens und Jugendlichen ins Persönliche rutschten. Gerede über die Vorgänge auf dem Broadway oder im Park glitten unausweichlich in atemlose, nötigende Bitten ab, ihnen etwas zu leihen, obwohl ich ihnen sagte, ich hätte mein Sparschwein kaputtschlagen müssen, um Zigaretten holen zu können. Der Besitzer des Pomander Bookshop mit seiner leisen Stimme nahm mich beiseite, um mich zu warnen. Mehr als ein Unschuldiger sei aus diesem Apartmenthaus ohne Uhr, Brieftasche oder Hose geflüchtet. Drei »Brüder« forderten mich auf, mit hochzukommen, um einen Deal zu besprechen. In meinem Kopf gingen die Alarmglocken los. Ich erinnerte mich, wie ich als Kind von drei Klassenkameraden aufgefordert wurde, ihrem Club beizutreten. Sie führten mich zu einer Garage und prügelten mich windelweich. In der Erinnerung daran ging ich bis zur Eingangshalle mit, murmelte eine Entschuldigung und haute ab. Ihre Fragen nach dem Pomander Walk waren mir immer unheimlich gewesen.

Es fällt mir schwer, mir das trübe, unfertige Denken in Erinnerung zu rufen, das mich zu jenen unbeholfenen Gesten Richtung Integration in das brachte, was ich als die Kehrseite des Lebens ansah, schwer, die Albernheit meines vorsichtigen Herumgeschleiches zu tarnen. Einmal wurde spät abends eine junge Frau von zwei Kids überfallen. Ich hörte sie schreien, sah, wie sie sich zu Boden warf und um sich schlug. Die Kids kamen nicht an ihre Handtasche heran. Als ich dann über die Straße rannte, waren schon andere da. Das wär's, ächzte sie, sie gehe wieder zurück nach Baton Rouge. Einmal stolperte ich in einer quälenden Morgendämmerung mit etwas Kleingeld für einen Doughnut in den Dunst hinaus. Die Kreuzung Broadway – 95ste Straße war von Streifenwagen blockiert. Zuckende Lichter peitschten über die Gesichter der tristen Schaulustigen. Es hatte eine Schießerei gegeben. Ein hübscher Hispanier in Handschellen wurde zum Rettungswagen gezerrt, vermutlich, um von dem Opfer identifiziert zu werden. Seine Hemdschöße flatterten wie Signalflaggen. Ein Polizist drückte den Kopf des »Übeltäters« nieder, als er ihn hinten in einen Streifenwagen am Straßenrand stieß. Der Kopf des Mannes sackte auf seine glatte Brust und nickte langsam, rhythmisch. Wer hatte noch gesagt, der Mann, der das Verbrechen beging, sei nicht derselbe wie der im Zeugenstand?

Die Gewalt war willkürlich. Ich war in einer Menge, die entsetzt zusah, wie die Polizisten, die herbeigerufen worden waren, um einen Kampf zu beenden, einen schwarzen Jugendlichen schlugen, bis ihm dunkles Blut aus Kopf und Mund quoll und sein Shantunghemd durchnäßte. Zu meiner Scham war es ein schwarzer Cop, der seinen Stock mit größter Hingabe einsetzte. Man befahl uns, weiterzugehen, wir taten es nicht, man hetzte uns, und die Hochspannung der Angst, die uns ergriff, war nicht zu vergleichen mit jener während der politischen Demonstrationen aus einer anderen Zeit.

Kurz darauf rief ich zu Hause an. Es schien, als packte ich mehr als nur meine Klamotten. Ich trug das ganze Gepäck meiner Jugend an die Ecke. Als der Taxifahrer langsam heranfuhr, um mich genauer anzusehen, dachte ich, daß ich diesen ganzen Ballast dalassen könnte, wie die Gepäckstücke ohne Schildchen, die endlos auf dem Förderband kreisen. Smog machte den Sonnenuntergang atemberaubend, pfirsichfarben und mauve wie die melancholischen Seelandschaften der Haager Schule. Auf dem Weg zum La Guardia, irgendwo vor der Mautkabine feststekkend, verspürte ich, in Vorfreude auf mein vorausbezahltes Tikket, zusammen mit dem Balsam der professionellen Höflichkeit des Wächters, einen Wind. Er kam wie ein Verzeihen, jener linde Abendwind, die erste vielversprechende Liebkosung des Hochsommers. Der nachfolgende Sturm verzögerte meinen Abflug.

Übersetzt von Eike Schönfeld

CONNIE PORTER

Voodoo

In der Kammer unter der Treppe in All-Bright Court 79 B liegt das Albino-Mädchen und träumt. Sie träumt, daß hinten in der schrägen Kammer eine Tür ist, eine kleine Tür. Da kommt ein schwarzer Junge durch die Tür. Er ist klein, wie er so hereinkommt, aber in der Kammer ist er dann groß und sitzt mit hochgezogenen Knien da. Der Junge ist gekommen, um dem Albino-Mädchen Farbe zu bringen. Er hat einen kleinen Malkasten mit Wasserfarben mitgebracht.

Er macht den Kasten auf und malt ihren weichen, dicken weißen Körper an. Der Junge malt mit kurzen, schnellen Strichen, die sich anfühlen, als würde eine Katzenzunge sie ablecken. Er mischt die Farben und malt das Mädchen schwarz an. Er verbraucht alle Farben, um sie ganz schwarz zu machen.

Dann darf das Mädchen hinaus. Sie kann sich sehen lassen. Der Wind streicht über sie, und die Sonne scheint. Das Licht tut ihren Augen nicht weh. Alle haben sie lieb. Ihre Mutter und ihr Vater haben sie lieb. Der Junge hat sie lieb, und sie und der Junge tanzen. Irgend etwas ist an dem Tanz, so daß sich Regen sammelt. Er fällt wie eine Strafe herab und wäscht die Farbe ab. Der Regen macht sie wieder häßlich, und sie läuft nach drinnen. Sie versteckt sich in der Kammer, und der Junge kommt hinter ihr her. Er sagt ihr, er wolle wieder Farbe mitbringen. Er werde zu Hause Wachsmalkreiden holen.

»Die lassen sich nicht abwaschen«, sagt er.

Und der Junge macht sich wieder klein und verschwindet durch die kleine Tür. Aber ehe der schwarze Junge zurückkommen kann, wacht das farblose Mädchen auf.

Sie wacht auf und merkt, daß die Tür hinten in der Kammer verschwunden ist, und daß sie geschlafen hat. Sie hat sich in der Kammer versteckt und geschlafen, weil niemand sie lieb hat. Ihre Eltern hassen sie. Dieses Kind ist eine Strafe. Es ist ein Zauber, den ihre Großmutter ausgeheckt hat.

»Sie heckt nen Zauber aus«, sagte Zenas Mutter, als Zena ihr von Greenes Freundlichkeit erzählte.

»Sie hat doch noch nie mit dir geredet. Warum also jetzt?« fragte ihre Mutter.

»Weil ich ein Kind von Karo bekomme. Es ist ihr Enkelkind«, sagte Zena.

»Da bin ich nich so sicher, ob das nich auch'n Zauber is.«

»O Mama«, sagte Zena.

»Komm mir nich mit ›O Mama‹. Du bist zu jung, um dich zu erinnern, wie Greene damals hier raufgekommen is. Das war im selben Sommer wo die Fledermäuse gekommen sin.«

Es war im Jahr 1964, als Greene und ihre sechs Kinder aus Florida raufkamen. Sie tauchten einfach mit ihrem verstaubten gelben Lieferwagen in All-Bright Court auf. Keiner kannte sie, und sie waren kaum eine Woche da, als die Fledermäuse kamen.

In der Dämmerung wirkten sie wie Schatten, zuerst ein paar, dann Hunderte. Aber im blassen Licht des Sichelmondes wurden es Fledermäuse. Ein ungepflegter Junge führte eine Gruppe Jungen bei der Jagd an. Mit Baseball-Schlägern und Stöcken konnten sie ein paar von den Fledermäusen, die sie vom Hauptschwarm isoliert hatten, erledigen. Niemand hatte je zuvor etwas Derartiges gesehen, und als eine der Frauen das Greene gegenüber erwähnte, sagte sie: »Ich würde gern eine von den Fledermäusen da zu fassen kriegen. Ich könnt eine von den Fledermäusen da brauchen.«

Und das reichte. »Was will se denn mit ner Fledermaus?« war am nächsten Morgen die Frage, die von den Frauen überall in All-Bright Court gestellt wurde.

»Und wo kommen die Fledermäuse denn aus heiterem Himmel her?«

»Meinste, sie hat sie gerufen?«

»Und was wollte sie eigentlich mit ner Fledermaus?«

»Was meinste! Sie hat's mit Voodoo.«

»Wenn die heute abend wiederkommen, sag bloß deinem Sohn, daß er die Fledermäuse in Ruh lassen soll, hörste? Er soll für sie keine Fledermäuse fangen.«

»Und he, Mensch, haste ihre Zähne gesehn? Alles Gold. Wenn man ihr in' Mund guckt, hat man das Gefühl, in'ne Grube zu fallen.«

Greenes Zähne hatten alle Goldkronen, und keine von den Frauen wußte, wie sie sich die leisten konnte. Obwohl sie einen silbernen Ehering trug, war kein Ehemann mit ihr nach Norden gekommen. Aber Greene hatte keine Probleme, Männer anzuziehen.

»Provinz-Nigger«, nannten die Frauen Greene. Von den Männern sagten sie: »Nur ein Provinz-Nigger kann ihren Mund schön finden.«

Aber das hinderte einige der Ehemänner nicht daran, durch ihre Hintertür ein und aus zu gehen. Sie kamen, um den Reichtum ihres Mundes zu erforschen. Sie gingen und kannten die Geheimnisse unter ihrer Zunge. Diese Männer hinterließen vier weitere Kinder, und Greene band ihnen Beutelchen mit Teufelsdreck um den Hals.

Alle ihre Kinder trugen diese Beutelchen, einschließlich derer, die von Florida heraufgekommen waren. Die Beutelchen und Schnüre wurden schwarz und fettig und stanken nach Knoblauch, aber Greenes Kinder wurden offenbar nie krank.

Niemand konnte sich erinnern, daß sie je Windpocken, Masern, Keuchhusten, Mumps oder auch nur eine Erkältung bekommen hätten. Die meisten Kinder hielten sich von ihnen fern, weil die Beutelchen so stanken, nur Zena nicht.

Sie kam Karo nah. Sie tanzte mit ihm. Sie hielt ihm die Hand, und dann sprang der Funke über. Zena war es, die Karo damals, 1966, überredete, das stinkende, schmutzige Beutelchen vom Hals zu nehmen.

»Das is doch blöd«, sagte Zena. »Es schützt dich nich richtig vor Bazillen. Das is echt Provinz. Weißte, die Schulschwester sagt, ihr werdet alle nich krank, weil keiner in eure Nähe kommt. Warum nimmstes nich einfach ab?« fragte Zena.

Dies und Zenas Lächeln reichte, daß Karo die Schnur zerriß und das Beutelchen wegwarf.

Er sagte seiner Mutter, die Schnur sei gerissen und er hätte das Beutelchen draußen verloren. Greene sagte nichts. Karo war ja sowieso fast zwölf. Da brauchte er es nicht mehr. Aber als er zu Bett ging, saß Greene an seinem Bettrand und schob ihm die Augenlider hoch und sah auf dem Augenhintergrund, daß da Zena tanzte.

Greene hatte nichts gegen Zena. Sie war nie gemein zu ihr, aber nett war sie auch wieder nicht. Manchmal war Zena in Greenes Haus, so wie Luft, so als wär sie schon immer dagewesen. Und Greene redete nie mit ihr. Wie konnte man denn auch mit Luft reden?

Greene hatte zehn Kinder und die Ehemänner anderer Frauen zu versorgen. Sie hatte keine Zeit, Zena zu beachten. Meistens war sie müde. Aber es war nicht die Müdigkeit in ihren Augen. Es war der Böse Blick. Wegen ihr waren die Abflüsse häufiger verstopft. Wegen ihr waren die Winter härter, und die Flüsse stiegen im Frühjahr höher. Sie konnte Flechte und Räude auf die Kopfhaut der Kinder bringen. Sie konnte sogar Ehemänner dazu bringen, ihren Frauen nicht mehr treu zu sein, und sich statt dessen den Schatz bei ihr zu suchen. Man warf Greene vor, daß sie eine Provinz-Niggerin war, die eben nicht anders konnte. Ihre Kritiker wußten Bescheid, weil sie nämlich selber Provinz-Nigger waren.

Sie waren alle aus dem Süden, und die meisten kamen vom Land. Sie behaupteten, aus Birmingham, Fayetteville, Jacksonville, Jackson, New Orleans zu sein. Aber eigentlich waren sie aus Plain Dealing, Zenith, Goshen, Acme, Gopher. Sie kamen aus winzigen Flecken auf der Landkarte. Sie kannten das Leben auf dem Land. Sie hatten Zauber gesehen, sie hatten Felder verdörren, Fluten ansteigen, Mißgeburten im Mutterleib heranreifen sehen. Und dann waren da die Fledermäuse.

Die Fledermäuse waren mit Greene gekommen. Sie waren

nur in jener Nacht gekommen, und danach nie wieder. Das war nicht zu übersehen.

Zenas Mutter konnte ihre Tochter nicht von Karo fernhalten, also warnte sie sie vor Greene.

»Du bleibst aus ihrem Haus, hörste?« sagte ihre Mutter. »Und ißt nichts, was sie kocht. Ich mein gar nichts. Man kann ja nie wissen, was sie da reinkocht.«

Zena und Karo heirateten 1972. Sie war schwanger, und obgleich Karo erst achtzehn war, gab Greene ihre Einwilligung zur Hochzeit. Er ging fort, zur Marine.

Und im fünften Monat wurde Zena krank. Eine Woche lang war ihr Magen nicht in Ordnung, und ihr Urin wurde dunkel. Über die Iris ihrer Augen glitt etwas Milchiges, etwas Weißliches. Es glitt ganz langsam darüber, wie eine dünne Wolke über einen windstillen Nachthimmel. Als Zena zwei Tage krank war, gestand sie ihrer Mutter, daß sie bei Greene gegessen hatte. Sie hatte Kartoffelsalat und Kohl gegessen.

»Sie heckt nen Zauber aus. Ich sag dir, sie hat was mit dem Baby vor. Sie hat was gemacht, um das Baby zu zeichnen«, sagte Zenas Mutter.

»Das is verrückt, Mama. Das is'n Haufen Provinzgewäsch.«

Aber seit ihrem Essen bei Greene fühlte sich Zena nicht mehr wohl. Sie war immer müde, und ein Unwohlsein, eine kalte Blässe zog von Zenas Augen bis in ihren Bauch. Das Baby schien das aufzufangen. Es machte das Baby ganz ruhig.

Der Arzt in der Klinik sagte, es sei alles in Ordnung, aber die Geburt des Kindes bewies, daß der Arzt sich irrte.

Es war ein dickes weißes Baby mit weißen Haaren und rosa Lippen. Die ganze Farbe war von ihm abgewaschen.

Karo war auf See gewesen, als das Baby geboren wurde, und als er nach Hause kam und die Kleine sah, wollte er sie nicht einmal anfassen. Er weigerte sich, sie auf den Arm zu nehmen. Das Kind war häßlich, und Zena hielt es im Haus versteckt. Beide Familien mieden das Kind, aber Greene war einmal zu ihm rübergekommen.

Sie kam, um ein Teufelsdreck-Beutelchen für das Kind zu

bringen. Sie band es dem Baby um den Hals und sagte zu Zena: »Ich weiß, was diese Leute über mich sagen, aber 's stimmt nich. Ich bin keine Zauberin. Nur wie willst du das den Leuten beibringen? Die Leute glauben, was sie wollen.« So viel hatte Greene noch nie zu ihr gesagt, und ehe sie Zenas Haus verließ, wiederholte sie: »Die Leute glauben, was sie wollen.«

Zena nahm dem Baby das Beutelchen vom Hals und warf es weg, und das Baby hielt sie versteckt.

Dem Zeitungsjungen allerdings gelang es einmal, dieses völlig weiße Kind zu sehen. Er hat es ganz hinten in der Dunkelheit des nachmittäglichen Hauses gesehen, wie seine milchigen blauen Augen ihn anstarrten. Es ist nie an die Tür gekommen, sondern hat nur dagesessen und vor sich hingestarrt, als er die Tür aufmachte und die Zeitung auf den Boden legte.

Als das farblose Mädchen heute nach dem Mittagsschlaf aufwacht und merkt, daß die Tür hinten in der Kammer verschwunden ist, geht es und setzt sich in die kühle Dunkelheit des Wohnzimmers. Und als es den Zeitungsjungen die Verandatreppen hochkommen hört, kommt es an die Tür.

Er macht die Fliegengittertür auf und starrt das Kind an. Er starrt auf seine weiße Haut, sein wolliges weißes Haar, seine vollen rosa Lippen. Er lächelt es an und überreicht ihm die Zeitung. Auch wenn er nicht aus der Kammer gekommen ist, denkt das Mädchen, daß er der schwarze Junge aus seinem Traum sei. Seine milchigen blauen Augen bewegen sich schneller, während es den Jungen zu fixieren versucht. Aber die strahlende Nachmittagssonne blendet es, und der Junge wird zu einem Schatten.

»Hast du die Wachsmalkreiden?«

Der Junge ist verwirrt, und noch ehe er antworten kann, ist die Mutter des Mädchens da. Sie schwebt über ihm, wie Luft. Und sie schlägt das Kind. Sie wirft es zu Boden. Die Zeitungsseiten breiten sich über das Kind, und die Tür knallt.

»Ich hab dir doch gesagt, du sollst nich an die Tür. Niemand will dich sehn. Es kommt sowieso kein Besuch für dich«, sagt ihre Mutter. Man hat fast den Eindruck, als tue es ihr weh, mit diesem Kind zu sprechen, als spucke sie mit jedem Wort Sand aus.

Der Junge sieht das Mädchen aufstehen und den rosa Handabdruck der Mutter im Gesicht des Kindes. Ehe er die Veranda verläßt, sieht er, wie das Mädchen von der Tür wegläuft und in der Kammer unter der Treppe verschwindet.

Übersetzt von Barbara von Bechtolsheim

ISHMAEL REED

Die Schrecklichen Drei

Präsident Jesse Hatch hatte drei Wochen lang versucht, ein Treffen mit Reverend Jones zu arrangieren, seit das Auktionshaus Pedigree die Existenz eines Briefes enthüllt hatte, den der verstorbene Admiral Matthews geschrieben hatte; Gerüchten zufolge werde, sollte der Brief zur Veröffentlichung gelangen, ein Sonderstaatsanwalt eingesetzt, um das Durcheinander zu entwirren und Anklagen zu erheben. Im Oval Office, das Hatch selten sah, tigerte Hatch auf und ab, die Krawatte gelöst, zerdrückte eine Zigarettenkippe nach der anderen im Aschenbecher, und führte sich überhaupt ziemlich mackermäßig auf, wie Bogart im *Malteser Falken*. Jones äußerte seine Verärgerung über Hatch, indem er verächtlich auf den Aschenbecher starrte. Hatch kapierte. Er machte die Zigarette aus. Reverend Jones hörte geduldig zu. »Verflucht noch mal, dieser Sonderstaatsanwalt versucht, uns in den Knast zu bringen, und das einzige, was dir dazu einfällt, ist Beten.«

»Keine Sorge, Jesse, das geht vorbei. Wir haben einen, der sich verhaften läßt. Wenn der Kongreß Ärger macht, werfen wir ihm ein Stück Fleisch vor. Koscheres Fleisch.«

»Ich kann dir nicht folgen«, sagte Hatch, schon etwas ruhiger.

»Sieh's mal so, Jesse. Krantz hat keine Familie, er kommt mit der Presse nicht zurecht, und er ist Jude. Wer hätte denn sonst so einen Namen? Auch wenn er konvertiert ist – ich selbst habe ihn getauft –, ist er doch im Herzen immer noch Jude. Wir können ja sagen, daß er es für Israel getan hat oder so was. Damit zeigen wir doch den Arabern, daß wir unparteiisch sind, und besänftigen gleichzeitig die christliche Mehrheit. Wir kriegen die öffentliche Meinung auf unsere Seite. Schieben wir's dem Kommunismus in die Schuhe. Das läuft immer. Sagen wir, daß Krantz irgendeiner weltweiten kommunistischen Verschwörung angehört hat, die mit Satanisten und Antichristen auf einer Linie war. Zudem habe ich allmählich so meine Zweifel wegen Krantz. Ständig hing er beim Admiral rum. Klapperte Atom-U-Boote mit ihm ab. Und dann noch was. Es sind jetzt fast vier Jahre, seit ich ihn nach Washington gebracht habe. Er ist kein bißchen gealtert.«

»Das ist mir auch schon aufgefallen. Und Krantz mag sowieso keiner. Er hat fast so viele Feinde wie du, ich meine . . .«

»Denk nicht weiter drüber nach, Hatch. Ich weiß, ich habe Feinde in der Hauptstadt, aber diese Stadt war schlimmer als Sodom und Gomorrha, als ich herkam. Ausschweifende Partys mit Presse und Politikern, Frauengeschichten, Männergeschichten, jede nur mögliche Sünde, die man sich vorstellen kann, wurde am hellichten Tag begangen. Jetzt treiben die Marines die Leute zusammen und schicken sie zur Sonntagsschule. Das Konversionsgesetz – wenn mein Gericht es für verfassungsgemäß erklärt – wird die Ungläubigen aus dem Land jagen. Sie werden zum Christentum konvertieren müssen oder gehen. Ich habe dafür gesorgt, daß die Kongreßabgeordneten ihre Nester aufgaben, wo sie sich immer mit ihren Geliebten trafen, die sind also sauber. Die Washingtoner Hostessen sind sauer, weil wir nicht, weder ich noch mein Kabinett, zu ihren Partys gehen. Die Redskins hassen mich, weil ich den Regierungsangestellten verbiete, zum Football zu gehen, einem Sport, der meiner Überzeugung nach heidnische Wurzeln hat. Lucy Artemis ist sauer auf mich, weil ich alle Wahrsager aus der Stadt jage und damit ihr Multimillionen-Dollar-Geschäft kaputtmache. Die Shriners sind sauer, weil ich sie dabei erwischt habe, wie sie Gelder aus dem Fonds für verkrüppelte Kinder abgezweigt haben; der Miss America-Wettbewerb ist sauer, weil ich darauf bestanden habe, daß die Teilnehmerinnen kosmetische Operationen seinlassen, und Coca-Cola ist sauer, weil ich aufgedeckt habe, daß Classic Coke nicht an die Spitze gegangen ist. Verdammt, wenn mich hier einer abknallen würde, dann hätte die ganze Stadt ein Motiv dafür, aber die kriegen mich nicht, da können die alles versuchen, die kriegen mich nicht. Ich rauche nicht, ich trinke nicht, und anders als die vom Wettbewerb, weiß ich, wie ich meine Hosen anbehalte. Glaubst du, ich laß mich von denen kriegen, wie sie Nixon und Reagan gekriegt haben? Der hat uns am schlimmsten betrogen. Hat sich 1987 und 1988 bei den Russen eingeschmeichelt, bloß weil seine Frau den Friedensnobelpreis wollte. Hast doch gesehen, was aus denen geworden ist, als sie aus Washington weg sind, oder? Von den kalifornischen Country Club-Republikanern sind sie geschnitten worden. Von ihren früheren Anhängern, den Autohändlern und Inhabern von Bierkonzessionen, lächerlich gemacht. Es gab sogar Zeiten, da konnten sie nicht mal zu ihrem Lieblings-Mexikaner gehen, ohne daß Leute vom Essen aufstanden und gingen. Die weigerten sich sogar, mit ihnen in der Öffentlichkeit zusammen gesehen zu werden. Wenn man den Wegen des Herrn folgt, Hatch, wird man von den Agenten des Antichrist umzingelt.« Hatch dachte einen Augenblick nach. Ließ sich das alles durch den Kopf gehen. Jones hatte eine Art, seine Worte zu ölen, daß sie sich einem ohne die geringste Reibung ins Hirn schlichen. Damit sie leicht aufzunehmen waren. Hatch fingerte an den Aufschlägen seines Nadelstreifenanzugs, während der Prediger ihn anlächelte. Beide trugen sie Barbie-Nadelstreifen. Manche Insider sagten, der Prediger sei in schlechter Verfassung, rede mit Leuten, die gar nicht im Zimmer seien. Ein Geheimdienst-Offizier, bei dem er Rat suchte. Manche behaupteten sogar, ein mysteriöser Schnüffler aus Hollywood führe verdeckte Operationen für ihn durch. Doch an jenem Morgen gab es keine derartigen Anzeichen. Der Prediger hatte vorausgedacht.

»Schade, daß so ein Patzer auf der Grundlage fehlerhafter Erkenntnisse gemacht wurde.«

»Was meinst du, Reverend?«

»Die Nigerianer hatten die Bombe gar nicht. Die Leute bei der CIA dachten, diese Operation Yoruban, die sie in ihren Überseemitteilungen immer erwähnten, hätte etwas mit einer Waffe zu tun. Hatte sie nicht. Wir versuchen immer noch rauszufinden, was das bedeutete. Das einzige Problem ist, wenn die Surps rauskriegen, daß es einen Plan gab, Miami und New York zu zerstören, dann müssen wir denen einiges erklären.« Jones lehnte sich auf seinen Stuhl zurück. Er sah auf die Uhr und gähnte. Und so lachte der Admiral als letzter. Sein Hausmädchen hatte den Brief in einem Papierkorb entdeckt. Gut, daß Krantz die Backup-Archive vernichtet hat, dachte er.

»Es ist wohl besser, wenn ich jetzt gehe, Reverend. Nachdem wir jetzt geredet haben, geht's mir wieder besser.« Reverend Jones erhob sich und schüttelte dem Präsidenten die Hand. Als Hatch ging, drehte er sich zu Reverend Jones um und sagte: »Ich bin froh, daß ich in Ihrer Mannschaft bin, Reverend Jones.« Reverend Jones runzelte die Stirn. »In der Mannschaft des Herrn, Hatch. Der Mannschaft des Herrn.«

Es war zehn Grad unter Null, und durch den Windkältefaktor war es wie zwanzig unter Null (der amerikanische Lebensstandard lag noch ein paar Grad darunter), und überall, wohin man in den Städten des Landes blickte, zog der Mob herum, suchte unter Mülleimerdeckeln und in der Schlange vor der Wohlfahrtssuppe und in den Obdachlosenheimen nach Nahrung; das war eine amerikanische Lebensart geworden. In Washington waren Autos in Schneewehen liegengeblieben. Banken, Flughäfen und Schulen waren geschlossen. Ebenso auch die Bundesbehörden, doch das hielt die Trauernden, in Mäntel eingemummt, nicht davon ab, der Beisetzung des pensionierten Konteradmirals Matthews, einer der vier, die das Weiße Haus Jesse Hatchs beherrschten, beizuwohnen. Sie hatten an Macht gewonnen, nachdem der frühere Präsident, Dean Clift, der ehemalige Dressman, nach dem Skandal, bekannt als Die Schrecklichen Zwei, aus dem Amt entfernt worden war.

Admiral Matthews war Teil der unsichtbaren Regierung gewesen, die nach dem Clift-Debakel die Staatsgeschäfte weiterführte, unterstützt von Reverend Clement Jones, einem Glaubensheiler und Fernsehprediger, Robert Krantz, dem Pressechef des Weißen Hauses, ein ehemaliger Fernsehproduzent, und einem Mann, bekannt als Bierkönig, der während der Schrecklichen Zwei in eine Auseinandersetzung mit Indianern in Colorado über die Rechte auf Wasser verwickelt war, das, so die Indianer, aus einer heiligen Quelle floß. Der Bierkönig war plötzlich von der Bildfläche verschwunden, und das FBI suchte ihn noch immer. Wenngleich Admiral Matthews die Administration mit einer festen Hand an der Spitze ausgestattet hatte, war es Krantz gewesen, der die Anordnungen ausführte. Er war derjenige, der sich drehte und wendete, der mauerte und mauschelte. Durch seine glatten Trickserien war der Skandal der Schrecklichen Zwei letztlich auf die hinteren Seiten der Zeitungen geschoben worden, und als die Wahlen nahten, meinten die Experten, daß Präsident Hatch einen rauschenden Sieg verbuchen werde, da sein einzig möglicher Rivale Dean Clift sei, der nur noch über eine kleine, wenngleich entschlossene Anhängerschar verfüge.

Reverend Jones, der »geistliche Führer« der Regierung, haßte Admiral Matthews, weil der Admiral Zigaretten rauchte, nicht in die Kirche ging und mit einem ehemaligen Chorus-Girl verheiratet war. Obwohl er Krantz in die Regierung gebracht hatte, neidete er ihm die enge Verbindung, die dieser mit Admiral Matthews entwickelt hatte. Admiral Matthews und Krantz waren wie Vater und Sohn gewesen, wo doch er, Jones, Krantz vor dem sicheren Tod unter den Rädern eines stürmischen Sportwagens gerettet hatte, ein Vorfall, der Reverend Jones' Gospelstunde Millionen zugeführt hatte. Reverend Jones konnte machen, was kein anderer weißer Prediger in Amerika machen konnte, und obwohl ihm seine Kirche Millionen eingebracht hatte, mied Jones den verschwenderischen Lebensstil, dem sich seine Kollegen ergaben, und lief meist im gleichen Polyesteranzug herum und fuhr mit einem 1958er Studebaker durch die Straßen Washingtons. Er ging selten nach Hause, wo alle Bedürfnisse seiner Frau vom Hauspersonal befriedigt wurden, und wo sie die Tage damit zubrachte, Aquarelle von stets derselben Landschaft zu malen. Derselbe Baum. Dieselbe Wolke. Und derselbe Blumengarten. Sie hatte Hunderte Bilder von derselben Szene gemalt. Die Bilder füllten die drei Schlafzimmer oben, die Garagen und das Souterrain. Manchmal malte sie ununterbrochen drei Tage lang, ohne etwas zu essen. Auf diese Weise war sie beschäftigt, und der Reverend meinte, es sei eine gute Therapie.

Bei der Beisetzung des Admirals saß Jones neben der Witwe, ignorierte sie jedoch. Seine Frau saß auf seiner anderen Seite, ein zitternder Haufen zerbrechlicher Knochen. Adler und Flaggen wurden allgegenwärtig, darunter auch jene, die zu den Marines gehörten. Sie führten die Feierlichkeiten an, marschierten langsam den Mittelgang entlang, vor dem Sarg des Admirals. Nachdem der Sarg vor der Kirche aufgebaut worden war, las der Pfarrer das Bittgebet. Weil es in der Kirche so kalt war, wurde nun mehr als üblich gehustet. Es klang hohl in der riesigen Kirche. Einige Lieder wurden gesungen. Und dann kündigte der Pfarrer den Reverend Jones an, der zur Kanzel strebte, unverwüstlich wie ein VW-Käfer. Die Zahl der Medienvertreter übertraf die der Trauergäste, und Reverend Jones begann, sich das Gesicht mit einem Taschentuch abzutupfen, so heiß waren die Schweinwerfer, selbst in der kalten Kirche.

Langsam begann er, die Geschichte von Abraham zu erzählen und wie der alte Patriarch, als er fertig war und seine Arbeit getan hatte, bereit war für seine Reise ins Gelobte Land. Der Reverend berichtete, wie die Angehörigen des Stammes des Alten, die Frauen und die Männer und die kleinen Kinder, wie sie alle vor Abraham gestanden hatten und wie Gott versprochen hatte, er werde ein Oberhaupt auswählen, um Abraham zu ersetzen. Der Prediger mit der vertrauten quengeligen Stimme, die Millionen auf die Hilflosen aufmerksam gemacht hatte, verglich Abraham mit Admiral Matthews, und wenngleich er sich selbst nicht als Matthews Nachfolger bezeichnete, bat er die Kirche doch um ihre Gebete, wenn er Amerika durch die große Flutwelle führte, die vor ihm liege. Nachdem Jones in Fahrt gekommen war, fing er an, hinter der Kanzel auf und ab zu gehen und über die Kanzel zu schlittern, wie James Brown. Er hüpfte wie Al Green. Er machte das »m-hm . . . m-hm . . .m« der alten schwarzen Prediger. Seine Stimme war rauh, und er fing an, der nötigen Emphase wegen zu schreien, wie Jesse Jackson. Er wußte, wie man kreischt und im Falsett oooooooooooo wie Little Richard macht, und dann nahm seine Stimme jenes bebende Timbre an, das dem größten schwarzen Prediger aller Zeiten, Reverend E. Franklin, eigen ist. Sogar einige dieser Frauen, die die Stützen der Washingtoner Gesellschaft waren, die Reverend Jones haßten, Frauen, die eine Menge Zeit unter dem Haartrockner, bei der Zubereitung des Mittagessens verbrachten, Frauen, die ganze Tage mit Kleiderkaufen verbrachten, zuckten krampfartig, wobei sich ihr Bauch in Falten legte. Ein paar »kolabierten« sogar und mußten zu den wartenden Rettungswagen geleitet werden, die immer bereit standen, wenn Reverend Jones predigte.

Eine amerikanische Legende: Colonel Tom Parker soll gesagt haben, wenn er einen Weißen finden könnte, der wie ein Schwarzer Rock'n'Roll singen könnte, dann würde er Millionen Dollar machen. Elvis Presley wurde erfunden. Man könnte auch sagen, wenn ein weißer Prediger gefunden werden könnte, der wie einer der großen Beförderer der mündlichen Tradition, wie ein schwarzer Prediger predigen könnte, würde er Amerika beherrschen. Man sagte, Reverend Jones sei dieser Prediger. Nichts von diesem erbärmlichen, jammerigen Jimmy Swaggart-Kram. Nichts von dieser schlappen Fulton Sheen-Kristallkathedralen-Laschheit. Nichts von diesen Jim Bakker-Charlie McCarthy-Machenschaften, den diversen Vergnügungsparks, der definitiv neuen Zurschaustellung von Reichtum.

Wenn er im Fernsehen war, predigte Reverend Jones seine Gospelstunde in einer texanischen Kirche, die nicht mehr als zweihundertfünzig Menschen faßte, doch wie er es schaffte, daß die alten Schwestern auf ihre Baßtrommeln schlugen und gegen ihre Tambourine klatschten, konnte man meinen, Gottes eigene Philharmoniker seien in der alten Kirche am Werk, wo die Lautsprecher Jones' Botschaft zu den Tausenden hinausschmetterten, die draußen standen. Am Schluß von Reverend Jones' Predigt brauchte die Kirche kein Feuer mehr, denn sie war erwärmt vom Geist des Herrn. Vom Geiste Jesu. »Denn wenn ihr Jesus habt, dann braucht ihr keine teure Heizung, keinen Ofen, keinen nuklearen Brennstoff, keine Sonnenenergie, wenn ihr Jesus habt, dann habt ihr all die Wärme, die ihr braucht. Jesus schlägt zu wie eine Atombombe«, schrie Jones den Trauergästen zu. Die Leute fingen an, die Mäntel abzulegen. Das kam nun einer echten Predigt am nächsten, seit er in Dean Clifts Administration aufgenommen worden war. Er wollte sich nicht dem Vorwurf aussetzen, Religion mit Politik zu vermengen, eine Anklage, die man erhob, als er Teil des inneren Kreises wurde, dessen Fassade Clift war, und so überschrieb er sein geistliches Multimillionenamt einem jungen Prediger namens Reverend John der Eroberer, nach der Vision, die er in einem Motel in Riverside, Kalifornien, hatte, als Jesus ihm in Gestalt eines Empfangsangestellten erschien und ihn bat, nach Washington zu gehen und Amerika vor dem Urschleim zu retten, vor dem Satanskult und vor Prince. Vor Hip hop, Funk, Astrologie usw.

Der Salat hatte Flecken in der Farbe von Sojasoße, und die Tomaten wurden schon schwarz. Das Roastbeef war dünn geschnitten, trocken und weiß. Krantz war auf vielen solchen Essen gewesen. Immer der gleiche blöde Schokoladenpudding. Einige der momentanen Helden, die über die Fernsehschirme der Nation geflimmert waren, saßen auf dem Podium. Carson Richards, Wall Street-Spekulant und Junk Bond-Süchtiger, ehemaliger Zuhälter, den die Neuen Christen als ein Beispiel hervorhoben, wie ein Surp in einer amerikanischen Gesellschaft, die von Jesse Hatchs Administration und der Neuen Christen-Mehrheit im Kongreß regiert wurde, noch immer aufsteigen konnte. Neben ihm saß Ted Bare, der Skinhead, der berühmt wurde, nachdem er einen Surp in Brand gesteckt hatte, als dieser in schmutzige Decken gehüllt unter einer Autobahn in Santa Cruz schlief. Er nahm seine Boston Red Sox-Baseballmütze nicht ab; er trug Turnschuhe und eine rot-weiß-blaue Baskettballjacke. Krantz trug die Uniform der Neuen Christen, Barbie-schwarzweiße Nadelstreifen, nach dem Anzug, den Klaus Barbie bei seinem Prozeß in Lyon getragen hatte. Reverend Jones sah Hitler als ein mißverstandenes Genie, eine Art

Ritter des Christentums, der den Westen gerettet, die freie Welt gegen die mongolischen Horden und den asiatischen Tod verteidigt hatte. Er verlangte, daß die Mitglieder seiner Mannschaft die Barbie-Kleidung trugen. Sie fragten nicht, warum, da sie Reverend Jones treu ergeben waren. Er diskutierte die Hitlerschen Ideen nie mit seinem Team und teilte sie nur mit seinen Vertrauten Heinrich und Joe Beowulf, einem Superhelden-Roboter, den Towers Bradhurst, der Hollywood-Produzent, ihm geliehen hatte.

Krantz verbarg erfolgreich seine roten Augen mit Murine-Tropfen; er hatte sich hastig in dem Wagen, der ihn zum Hotel gebracht hatte, rasiert, und hatte das ziemlich überzeugend geschafft, nur einige wenige Haare hatte er übersehen; man sah ihm nicht an, daß er im Anzug geschlafen hatte oder daß sein Hemd durchnäßt war und ihm die Hände zitterten. William Manchester berichtete, daß in der Nacht vor seiner Ermordung in Dallas (die Schreckliche Eine) Präsident Kennedy die Hände gezittert hätten, als er vor einer Gruppe höhnischer Rinderzüchter eine Rede hielt. Die Crew, die ihn getötet hatte, war noch immer in der Geheimregierung; Krantz wußte es, denn er hatte sich mit ihnen in abgelegenen Hotels und auf Flughafentoiletten getroffen, als er ihnen den Auftrag von der Colorado-Gang gab, wie der Innere Kreis genannt wurde. Würden sie ihn töten? Hatten sie Admiral Matthews getötet? Matthews hatte recht gehabt, aber er war nicht blöd gewesen. Er hatte gegen die versponnenen Vorschläge, die der Bierkönig und Reverend Jones gemacht hatten, immer sein Veto eingelegt. Sein plötzlicher Tod war ein Schock, weil es keine Anzeichen einer Krankheit gegeben hatte. Er und Krantz hatten am Abend zuvor einem Essen im Presseclub beigewohnt, und der Admiral war sogar ziemlich hart rangenommen worden.

Krantz konnten sie natürlich nicht töten, würden es jedoch versuchen, wenn er die Mission aufdeckte. Er hielt lange genug in seinen Gedanken inne, um seinen Namen erwähnt zu hören. Die Einführung, die seine hervorragende Laufbahn als Fernsehproduzent der Seifenoper *Kummer und Sorgen* erwähnte sowie die oft erzählte Geschichte, wie Reverend Jones ihn vor einem

Autounfall bewahrt und ihn auf wunderbare Weise vor den Rädern weggerissen hatte – eine Geschichte, die bei jeder Wiederholung weitere Ausschmückungen erfuhr –, wurde von stehenden Ovationen begleitet, als Krantz ans Mikrophon trat, um seine Rede zu halten. Er machte einen Scherz über das Washingtoner Wetter. Beide Flughäfen waren geschlossen, und die Hotellichter, die im Augenblick zwar an waren, drohten auszugehen. Er machte einen Scherz über das Postamt, dem bürokratischen Lieblingsprügelknaben aller. Und darüber, wie er in einer der langen Weihnachtsschlangen gestanden und die Frau vor ihm sich darüber beklagte habe, daß sie die Gebühren für ein Geschenk habe bezahlen müssen und daß die Gebühren den Wert des Geschenkes überschritten hätten. Dann kam er zu seiner Rede. Es war die Rede, die er schon tausendmal gehalten hatte, über die schreckliche Zeit vor der Administration von Jesse Hatch und Reverend Jones. Darüber, wie Surps in Laufschuhen und Kappen fast die Städte in ihre Gewalt gebracht hätten. Darüber, wie die ganze Welt über die Vereinigten Staaten lachte, wegen des Ausverkaufs, den dieser Linke, Ronald Reagan, mit den Russen veranstaltet hatte, den sie das Zweite Jalta nannten. Einige Rechte, er eingeschlossen, hatten sogar gesagt, daß Reagan, krank und schwach und unter der Anleitung eines Astrologen aus San Francisco, in Reikjavik eine mündliche Absprache mit Gorbatschow getroffen habe, eine, die auf Kapitulation hinauslaufe. Er redete davon, wie die Administrationen danach gezögert hätten, bis zur Wahl von General Walter Scott, dem Helden von Dominica, den er als »einen Lichtstrahl im tiefsten Keller« bezeichnete. Und wie, gerade als man glaubte, die Schrecklichen, die mit der Ermordung J. F. Ks. begonnen hatten, seien am Ende, General Scott an einer Erkältung gestorben sei, die er sich am Inaugurationstag zugezogen habe. Und wie Dean Clift vereidigt worden sei, die Politik General Scotts fortzuführen, nur um »einen Anflug nervöser Erschöpfung zu erleiden, wobei er sagte, er sei vom Heiligen Nikolaus besucht worden«. Wie gewöhnlich lachte das Publikum an dieser Stelle. »Das ist kein Witz, meine Damen und Herren«, sagte er. »Es war nicht lustig, als er mich, Admiral

Matthews, Reverend Jones und den Bierkönig beschuldigte, an einer Art Geheimoperation beteiligt zu sein, womit er drei der größten Patrioten beschmutzte, die dieses Land jemals gekannt hat.« Das Publikum erhob sich und gab ihm stehende Ovationen, die übliche Reaktion auf diese Stelle, bis Krantz sie bat, wieder Platz zu nehmen. Er tupfte sich dramatisch die Stirn ab, der Hotelgenerator sei zu heiß. Sagte, wir vier befänden uns in einer Art Phantasiewelt, die nur in unseren Köpfen existierte, eine Operation Zwei Vögel, eine Art verdeckte Operation, zu der seiner Meinung nach einige Neppkünstler, freiberufliche Waffenhändler, alle möglichen zwielichtigen Berater und Betrüger gehörten. Kein Wunder, daß die Leute ihn mit der Zeit Präsident Seltsam nannten.

»Na ja, meine Damen und Herren, den Rest kennen Sie ja, wie die Nationen noch einen Schrecklichen zu erdulden hatten. Wieder ein Präsident, der in seinem Amt zum Krüppel wurde. Und Sie wissen doch, wie sehr wir Dean und seine reizende Frau Elizabeth mochten. Doch wenn ich jetzt darauf zurückblicke, dann sandte uns der Herr vielleicht ein Zeichen, als Elizabeth vom Weihnachtsbaum erschlagen wurde. Jene furchtbare Nacht führte zu Clifts Sturz, und ich bin überzeugt, daß seine eigenartige Schilderung im Fernsehen angeblicher Missetaten des Admirals, Reverend Jones', des Bierkönigs und von mir ein Ergebnis des verzweifelten Zustandes des jungen Mannes war. Das jedenfalls dachte ich damals, doch unlängst, meine Damen und Herren, haben wir erfahren, daß einige der wilden Gerüchte, die über seine Administration in Umlauf waren, stimmten. Die P. C. P.- und Angeldust-Partys im Weißen Haus, wo sich unbekleidete junge Männer und Frauen von der Heavymetalmusik der Boy Gonorrhea und Frequent Urination unterhalten ließen. Sie spielten die Musik der Hölle. Dieses Paar hatte das Haus in eine Lasterhöhle des Satans verwandelt, meine Damen und Herren. Und als wir Dean Clift die Mitteilung überbrachten, daß er aus dem Amt entfernt werden sollte, war er gerade mit dem Aufstellen eines bizarren Weihnachtsbaums beschäftigt, das Reverend Jones, nicht nur der größte Stabschef der Geschichte, sondern auch ein großer Bibelgelehrter,

Autorität bei Milton und zehn Jahre Mitglied des Englischen Seminars am Queens College – bevor er nach Texas zurücksiedelte –, als zu den heidnischen Riten der Saturnalien gehörend identifizierte. Es war nicht der Schmerz, meine Damen und Herren, es war irgendein abenteuerliches Halluzinogen, das ihn zu dieser Rede veranlaßt hatte. Nachdem wir ihn los waren, übernahm Jesse Hatch, ein wahrer Patriot, die Amtsgeschäfte und konnte – mit seinen persönlichen Beratern – das Land wieder in Schwung bringen.

Wir versuchten, die Wellen der Ungläubigen zurückzuweisen, die in Flüchtlingsschiffen über die Grenze nach Florida eindrangen; wir versuchten, Spanisch zu verbieten, und jetzt spricht es offenbar jeder; wir dachten, die asiatischen Amerikaner würden den anderen ein Beispiel sein, doch sie erwiesen sich als ebenso betrügerisch und verschlagen wie ihre Vorfahren, die in den Schriften des kalifornischen Propheten Jack London beschrieben sind, der vor der Gelben Gefahr warnte. Sie machten Millionen Dollar mit Drogengeschäften und kauften mit den Profiten die Vereinigten Staaten auf. Und wer braucht sie denn, meine Damen und Herren? Wer braucht die Gelben, die Braunen, die Roten und die Schwarzen, es sei denn sie dienen unserer westlichen Art, bewahren unsere Werte, wie Carson Richards? Wenn sie das nicht tun, sind es Surps. Der Abfall der Geschichte, der treibende Müll der Äonen.« Das Publikum war still, als Krantz ans Ende seiner Rede kam. »Und nun, meine Damen und Herren, versucht Clift wieder, die Macht zurückzugewinnen, die der Herr ihm genommen sehen wollte. Er wendet sich gegen die Entscheidung, die ihn des Amtes enthob, obwohl alles legal war.

Wir hatten die Mehrheit der wichtigsten Beamten aus den Exekutivabteilungen und Vizepräsident Hatch veranlaßt, dem Kongreß einen Brief zu schreiben, in dem Präsident Clift als unfähig bezeichnet wird, die Pflichten seines Amtes wahrzunehmen. Und wie Sie wissen, bestätigte das Berufungsgericht die Entscheidung des untergeordneten Gerichtes. Und ich verspreche Ihnen, daß der Oberste Gerichtshof mit dem Vorsitzenden Obersten Richter Nola Payne ebenso verfahren wird, meine

Damen und Herren, und dann wollen wir hoffen, daß Dean Clift zur Vernunft kommt und sich hinter Jesse Hatch und den größten Stabschef der Geschichte im Weißen Haus, Reverend Clement Jones, stellt.« Das Publikum erhob sich und klatschte, bis die Hände wund wurden. Krantz wurde von allen Seiten bedrängt, so daß man ihm eine Gasse bahnen mußte, damit er vom Podium zu der wartenden Limousine hinter dem Hotel gelangen konnte, wobei er unterwegs Würdenträgern die Hand schüttelte. Reporter waren mit Fragen hinter ihm her. *Mr. Krantz, stimmt es, daß Reverend Jones im Oval Office stundenlang geredet hat, um eine Freundschaft vorzugaukeln? Hierher, Mr. Krantz. Bob, sind Sie nicht beunruhigt wegen der näheren Umstände von Admiral Matthews Tod, haben Sie keinen Verdacht? Mr. Krantz, stimmt es, daß Sie das Weiße Haus verlassen, um einen Botschaftsposten anzutreten?* Krantz beantwortete keine dieser Fragen. Er wies den Fahrer an, ihn zum Weißen Haus zu bringen.

Übersetzt von Eike Schönfeld

FATIMA SHAIK

Vor dem Echo

Kein Morgenlicht dringt in den Sumpf. Sogar der Sonnenaufgang ist dunkel. Dennoch schreitet die Zeit voran, aus Nacht wird Tag.

Ein Bild von diesem Sumpfland trügt. Träge Ströme fließen unter einer Morastdecke zusammen, so daß es den Anschein hat, als sei das Wasser Land. An hundert Bäumen hängt ein einziges Netz aus Moos. Der Blitz schlägt viele Male in denselben Baumstumpf.

Die Menschen fahren in Zügen durch die Ausläufer des Sumpfes, auf Gleisen, die sich an das letzte bißchen festen Boden klammern. Vor ihren Fenstern sind Landschaften, die die Farben der Erde in sämtlichen Schattierungen spiegeln. Sonnenuntergänge in leuchtendem Orange umgeben die Menschen wie in einem Flugzeug der Himmel. An grauen, dunstigen Morgen fahren sie durch einen Traum, der keinen Anfang und kein Ende hat. Doch die Zeit ist endlich, das wissen diese Menschen. Sie werden erwartet – um Mitternacht in Memphis, im Morgengrauen in New Orleans.

Tief im Sumpf gibt es Verabredungen nur zwischen den Tieren. Vögel sammeln sich hoch oben in den Bäumen. Waschbären treten ihre letzte geräuschvolle Futtertour über jemandes Veranda an, bevor er aufwacht. Fische springen überall plätschernd aus dem Wasser, obwohl sie nicht sehen können, wie der Morgen kommt und das Bild des Tages allmählich kräftiger malt, so wie sich dunkelgraue Wäsche in der Lauge langsam hellgrau färbt und von der Zinkwanne abhebt.

Joan blickte von der Veranda aus in den Sumpf, den sie von

klein auf kannte: vor ihr in dem verschleierten Licht die Umrisse vieler Bäume, unten und ringsum die lebhaften Geräusche der erwachenden Natur. Zwischen ihren beiden Händen, auf den hochgestellten Knien, dampfte eine Tasse Kaffee.

Aus reiner Gewohnheit war Joan früh aufgestanden. Wenn sie im Bett geblieben wäre, hätten sich ihre Knochen sonderbar angefühlt. Damit sie nicht eigentümlich schmerzten und steif wurden, stand sie auf, sobald sich ihr die Feuchtigkeit des Morgens aufs Gesicht legte. Sie roch den Morgen, da hatte die beißende Luft etwas weniger Abgestandenes.

Gewöhnlich drang der Geruch von fauligem Holz und toten Fischen in ihr Haus. Dort mischte er sich mit muffigem Moosgeruch, der immerhin eine Abwechslung bot, wenn Joan das Gesicht nah an ihr Kissen oder an die Matratze hielt.

Das Haus war auf drei Seiten von Wasser umgeben. Joan suchte als erstes nach ihrem Spiegelbild, als sie auf die Veranda trat, die wie ein Steg auf Stelzen vorstand. Sie sah sich jedoch nicht, das Wasser war noch zu trüb, der Morgen zu früh.

»Es ist heute genauso wie damals, vor dem Erlöser, vor den Worten in der Bibel«, sprach Joan laut in die Dunkelheit hinein und sann darüber nach, daß sich seit Anbeginn wenig verändert hatte.

In letzter Zeit hatte Joan viel geträumt und nachgedacht, weil sie so viel allein war. Ihr Leben mußte sich streng nach der Länge der Tage und je nach Jahreszeit nach der Fülle oder Knappheit von Nahrungsmitteln richten. »So ist das für jeden«, versöhnte Joan sich mit ihrer Existenz – die sei genauso wie die aller übrigen Menschen auf der Welt. Vielleicht war sie ein wenig besser dran als viele andere, weil sie mit der Natur so im Einklang stand. Alles, was sie brauchte, hatte sie im Haus oder fand es im Wasser.

Ihre Vorstellungen unterschieden sich kaum von denen der wenigen anderen Menschen, die noch im Sumpf wohnten. Wenn die Fische sprangen, die Austern in ihrem Salzbett fett wurden und die Tiere ihren Winterpelz bekamen, dann ging es den Leuten gut und sie waren stolz darauf, im Exil geblieben zu sein, wie das schon ihre Vorväter getan hatten, in Stämmen aus Kanada.

Joan verstand nichts von Geschichte und dachte auch nicht darüber nach, denn sie war noch jung. Ihr Leben fand in der Gegenwart statt. Selbst die Bibel, die sie las, sprach – mochte sie auch vor Hunderten von Jahren geschrieben worden sein – unmittelbar zu ihr.

Joan lebte bei ihrem Großvater, dessen Sitten sie ganz selbstverständlich für eine moderne Lebensweise hielt. Sie jagte und fischte, hielt das Haus instand und knüpfte Krabbennetze; sie trank selbstgemachten Wein und rauchte – oder kaute manchmal – Pfeifentabak. Nur ganz selten kam ihr der Gedanke, daß andere junge Frauen womöglich nicht so lebten wie sie, doch kaum hatte sie das erwogen, tat sie es auch schon wieder ab.

Wenn Joan morgens auf der Veranda saß, erwartete sie gar nichts. Jetzt aber hätte sie gern das Brummen des Außenborders gehört, mit dem sich das Kommen des Doktors ankündigen würde. Joans Großvater war krank.

Was Krankheiten anbelangte, glich Joan ebenfalls den Sumpfbewohnern, die das Leiden zu persönlich nahmen. Sie hielten es für eigenes Versagen oder für Liebesentzug des Schöpfers. Mit daran lag es, daß nur wenige Menschen so abgeschieden lebten. Nicht viele waren solch einem leidenschaftlichen Verhältnis zum Unsichtbaren gewachsen.

In Zeiten der Bedrängnis wünschte Joan sich Eltern, doch die existierten für sie lediglich wie die dunklen Stellen jenseits der Bäume. Auf der großen, leeren Lichtung wollte Joan Frieden spüren und den Trost des Nichts. So stellte sie sich Geborgenheit vor. Ihre Mutter sei gestorben, als sie noch ganz klein war, sagte ihr Großvater. Ihren Vater hätten sie nicht gekannt.

Die Frau in dem Laden, zu dem Joan im Einbaum fuhr, drängte sie, mehr über ihre Eltern in Erfahrung zu bringen, doch Joan erklärte: »Es interessiert mich nicht.« Die Frau wollte sie überreden: »Aber wenn du sie doch finden könntest? Willst du denn nichts über sie wissen?« »*Non*«, sagte Joan. Das war ihre Lüge.

Als Joan klein war, hatte sie versucht, von ihrem Großvater

Genaueres zu erfahren. Doch der sagte, ihre Mutter sei eben einfach eine Tochter gewesen, wie alle anderen auch. Sonst wußte er nichts. »Wie könnte ich mehr herausfinden? Wen könnte ich fragen?« überlegte Joan bedrückt. Doch es gab niemanden. Und die Sorge machte die Tage im Sumpf zäh und schwerfällig. Sobald sie den Eindruck hatte, ihr Alleinsein sei durch irgendein Versehen verursacht und nicht durch Gottes Willen, litt sie. Der Gedanke, irgend etwas hätte sich anders zutragen sollen, tat weh. Lediglich nicht daran zu denken, schien ein Ausweg, das merkte Joan schon sehr früh. Nur dann konnte sie Trost in ihrem Tagesablauf finden, der darin bestand, sich um das Haus, den Hund und den Großvater zu kümmern.

Weiter wagte Joan sich mit ihrer Neugier nicht, genausowenig wie sie nachts die Veranda verlassen hätte. Andere Tiere sahen in der Dunkelheit besser; die übernahmen dann die Herrschaft über Wasser und Land. Joan hörte sie nur draußen und vermutete von den Lauten her, daß sie in Rudeln rannten oder zu Paaren tanzten, und daß sie selbst, sollte sie ihnen bei Tageslicht begegnen, wohl schleunigst flüchten müßte.

Sie hatte das Gefühl, die Finsternis gestatte den Tieren, zu empfangen und sich zu vermehren. Die Finsternis hatte Gott zu seiner Zeit dazu beflügelt, die Welt zu erschaffen. Joans Finsternis war still und steckte voller Rätsel. Sie ließ die Zeit vor ihr und die Zeit ihres Ursprungs im Dunkeln.

Joan hörte das Boot des Doktors schon von weitem – zehn Minuten, bevor er vor dem Haus anlegte. Er reichte ihr seine Tasche und stieg aus seinem schaukelnden Kahn auf die Stufen, die von ihrem Haus zum Wasser hinunterführten.

»Wie geht's, wie steht's?« begrüßte er sie mit derselben Floskel, die bei seinen Patienten üblich war, obwohl diese sich doch damit brüsteten, daß er »eine Bildung« habe. Sie hielten sich seinen Erfolg zugute, da er nach seiner Ausbildung in der Ferne zu ihnen zurückgekehrt war. Sie gaben voreinander damit an, daß er zwischen beiden Welten hin- und herpendeln konnte, zwischen den »gescheiten Leuten« und »uns«.

Joans Großvater lag nun immer im Bett, das durch einen Vorhang vom Rest des Hauses abgetrennt war. Sie hörte, wie sein Atem laut pfeifend ging, als schlafe ein Erkälteter, nur, daß er eben nicht schlief. Manchmal starrte er einfach geradeaus zur Tür, und seine Augen verdrehten sich zur Decke. Joan hatte Angst.

Beim letztenmal war der Großvater nicht aufgewacht, als der Arzt ihm den Puls gefühlt und das kalte glänzende Ding über sein Herz gehalten hatte. Der Arzt ließ Joan erst bei dem alten Mann horchen, dann bei ihr selbst und dann bei ihm. »Da siehst du es selber. So leid es mir tut, aber wenn ich ehrlich sein soll: Es geht ihm nicht besonders.« Joan drückte ihrem Großvater den Gegenstand fest an die Rippen, um das schwache, nicht ganz rhythmische Geraschel und Geflatter zu hören, das klang, wie wenn die Wäsche an der Leine im Wind gegen die Hauswand schlägt.

Ihr eigenes Herz hörte sich dagegen an wie das Getrappel nackter Füße auf den Holzplanken der Veranda. Und der Doktor – obwohl er viel älter war als Joan, wenn auch jünger als ihr Großvater –, dessen Herzschlag erinnerte an den auf die Bohlen peitschenden Schwanz des Hundes, wenn das Tier ins Freie gelassen werden wollte.

Als der Arzt wieder fort war, führte Joan Selbstgespräche über die Bibel und las dem Hund daraus vor. Sie wickelte ein Stück Trockenfisch aus dem Papier, nahm aus dem Büschel, das an der Decke hing, ein paar Blätter und kochte eine dünne Suppe, die sie dem alten Mann einzuflößen versuchte. Das meiste versabberte er jedoch. Sie trank seinen Teller leer und ließ dem Hund noch einen Schluck. Dann setzte sie sich neben dem Bett des alten Mannes auf den Boden. Und hielt ihm die Hand, was er nicht mehr gestattet hatte, seit sie ein kleines Mädchen gewesen war. Inzwischen war sie sechzehn.

Joan hatte gemerkt, daß ihr Großvater alterte, als sein dichtes Haar dünner wurde, dann grau statt schwarz, dann weiß und schließlich gelb. Auch ging er immer langsamer. Doch da sie nicht viele Strecken zu Fuß zurücklegten, machte sie sich nichts daraus.

Ein paar Jahre zuvor war sie zu ihrem Sommerbadeplatz am Fluß im Landesinneren gerannt, und er konnte nicht mithalten. Doch mit zunehmendem Alter forderte sie ihn nicht mehr so oft heraus; sie gingen einfach langsamer dorthin, eigentlich im Alte-Leute-Tempo.

Sie war jung und sie war hübsch, das sah sie im Spiegel der Wasseroberfläche, sobald genügend Licht in die dumpfe Hitze fiel und die Finsternis vertrieb. Doch sie machte sich nicht unbedingt etwas aus sich. Sie wusch Töpfe, Kleider und sich selbst mit derselben Seife vom Krämer. Sie wechselte ihre Jeans nicht allzu häufig und wuchs aus ihrem einen Paar guter Schuhe heraus, während sie noch in der weißen Schachtel lagen, die der Postbote gebracht hatte.

Trotzdem sagte ihr die Frau von dem Laden, zu dem Joan in ihrem Einbaum fuhr, öfter etwas Nettes. Und ein paar Leute, die sie von ganz früher kannten, als ihr Großvater noch auf die Feste in der Umgebung ging, machten ihr Komplimente: »Jetzt blüht sie auf.« Das tat sie auch, mit runden Wangen, die neuerdings verlegen erröteten wie zartrosa Wasserlilien. Und Joan fühlte sich als etwas Außergewöhnliches. Die Sumpfblumen gediehen und vermehrten sich wohl in der Hitze und Finsternis, doch sie war die einzige junge Frau weit und breit.

Sie saß allein neben dem Bett ihres Großvaters auf dem Boden und bemühte sich, gleichzeitig mit ihm tief einzuatmen. Zunächst dachte sie, das helfe. Doch er merkte nichts davon, während sie nur seine Beschwerden hautnah spürte.

Am ersten Tag, an dem ihr Großvater nicht mehr aufstehen konnte, fuhr Joan im Einbaum die zwei Stunden zum Laden, von dem aus sie den Doktor anrief. Gemeinsam beratschlagten sie, ob man ihn in die nächste Stadt ins Krankenhaus bringen solle. »Wir könnten ihn schon irgendwie mit dem Boot hinschaffen, aber wozu ihn quälen?« sagte der Doktor. »Du bist jetzt erwachsen.« Der Arzt hielt inne, damit das Gesagte an Gewicht gewann. »Du mußt damit fertigwerden, du ganz allein. Wenn er nicht wieder zu sich kommt, wenn er stirbt, dann packst du deine Sachen und kommst zu mir.«

Joan hörte auf ihn, denn ihr Großvater hatte immer gesagt:

»Wenn irgendwas passiert, dann geh zum Doktor.« Der Arzt war nicht nur ein Freund ihres Großvaters, sondern auch der Mensch, der am nächsten wohnte und bei dem man Rat suchen konnte. Der Pfarrer, der Sheriff und der Lehrer lebten und arbeiteten nahe beieinander in einer Gegend, die von Hochland umgeben war; es sei praktischer, wenn sie gemeinsam verfügbar seien, meinten sie. Das galt allerdings nur für die Leute, die überhaupt zu einem von ihnen kamen.

Seit dem Tag, an dem Joan den Arzt angerufen hatte, hatte ihr Großvater keinen Drang zum Sprechen mehr und lag die meiste Zeit da wie ein kleines Kind, beziehungsweise, wie Joan sich eines vorstellte. Immer wieder schlief er ein, und wenn er wach war, starrte er vor sich hin, während sich seine Augen immer trüber verschleierten. Hin und wieder sabberte er und näßte die Bettlaken.

Joan spürte, daß er bald sterben und sie ihn begraben würde. Sie sah sich im Geiste im Boot von dem Begräbnis wegpaddeln. Wenn ihr solche Bilder kamen, traf das Gesehene oft ein.

Von klein auf hatte Joan klare Bilder im Geiste gesehen, wenn sie sich stark konzentrierte. Manchmal gab ihr auch – schneller als die Bilder – eine Stimme Ratschläge. Die Stimme konnte ebenfalls Ereignisse voraussagen. Einmal, als sie mit ihrem Großvater auf der Jagd war, hatte die Stimme gesagt: »Schau dort hinüber«, und sie hatte einen Hirsch gesehen. Ein anderes Mal hatte die Stimme gesagt: »Bleib stehen.« Um ein Haar wäre sie an eine Schlange gestoßen, die von einem Ast herunterhing.

Joan erzählte ihrem Großvater von diesen Erfahrungen, doch der meinte nur, sie habe eben einen guten Instinkt – so wie die Tiere vorher wissen, wenn ein Sturm kommt, wie sich jeden Winter die Vögel aus dem Norden in den Seen versammeln oder die Fische morgens und abends ans Ufer kommen. Joan habe einen besonderen Sinn für die Natur, meinte ihr Großvater, und Joan stimmte ihm einfach zu. Sie verschwieg, daß sie oft im voraus wußte, was er sagen würde, oder was er zum Abendessen wollte. Sonst hätte er sie noch für respektlos gehalten.

Im übrigen bestärkte die Bibel Joan in der Ansicht, daß alles möglich sei. Propheten hatten Gesichte, Dämonen ergriffen von Menschen Besitz und mußten ausgetrieben werden. Joan fühlte sich in ihren besonderen Fähigkeiten geborgen und sicher. Sie halfen ihr. Sie bestätigten, daß ihr Großvater womöglich bald starb.

Der alte Mann rief nach Joan. Sie stand auf und wischte ihm mit einem warmen, feuchten Lappen das Gesicht ab. Seine Haut war rauh und rissig wie ein Stück alter Rinde. Der Mund stand offen, so daß man sah, wie sich die Spucke in einer Wangentasche sammelte. Sie hob seinen Kopf, damit er einen Schluck Wasser trinken konnte, doch sein Gesicht kippte seitlich weg, und die Flüssigkeit rann ihm aus dem Mund wie aus einer umgestoßenen Tasse.

Die Frau von dem Laden wollte, daß Joan dorthin zog, wo sie jede Woche hinpaddelte, um Vorräte zu holen. »Du bist doch noch ein Kind«, sagte die Frau hinter der Ladentheke. »Du könntest mir eine Tochter sein, ja?« Doch Joan schüttelte den Kopf, packte die Konserven in eine kleine Ledertasche und hängte sie sich über die Schulter. Der Hund wartete auf dem Steg vor dem Laden neben dem Boot.

Joan wußte nicht, wohin. Doch einfach wegrudern schien für den Anfang nicht schlecht. Sie hatte die Leiche ihres Großvaters in ein Laken gewickelt und ins Boot gelegt. Er war leicht, wie ein kleines Tier. Sie schloß die Haustür mit dem Reißverschluß aus umgebogenen Nägeln, der den Fliegendraht festhielt, wenn es bei heftigen Regenfällen stürmte.

Zusammen mit dem Leichnam ihres Großvaters lud sie vier leere kleine Kanister ins Boot, in denen ihr Großvater den Wein aufbewahrt hatte. Es waren nicht allzu viele davon im Haus; er hatte nicht häufig getrunken, nur zu besonderen Anlässen. Der eine Kanister war noch halbvoll.

Wie während der ganzen Zeit seiner Krankheit, mehr als einen Monat, eigentlich wie schon ihr ganzes Leben lang, ging sie bedächtig und methodisch vor. Wenn Gefühle in ihr hochstiegen, erstickte sie sie. Sie zuckte längst nicht mehr zusammen, wenn man ein Kaninchen häuten und ausnehmen mußte. Sie konnte fasziniert und sonst ohne Regungen zusehen, wenn ein Schildkrötenkopf auf dem Küchentisch weiterpulsierte. Sie hatte sich die Angst verbissen, als es ihrem Großvater zusehends schlechter ging und sie sich immer neuen Pflichten gegenübersah, hatte ihn wieder und wieder gesäubert und nachts seine Erstickungsanfälle mitangehört.

Joan war stark. Ihr Großvater hatte ihr einmal erzählt, ihr Name komme von der französischen Heiligen, die freiwillig in einen Krieg gezogen und verbrannt worden war. Als er starb, begrub sie ihn also so, wie es bei ihnen üblich war. Sie ruderte das Boot weit in den Sumpf und füllte die Weinkanister, indem sie sie unter Wasser drückte. Durch das Daumenloch, an denen man sie anhob, fädelte sie eine Schnur, die sie am Körper ihres toten Großvaters festknotete. Dann schob sie alles über Bord. Der Sumpf schlug sanft über ihrem Großvater zusammen, und während er immer tiefer sank, sagte sie Gebete auf, um sich ins Gedächtnis zu rufen, daß sein Geist schon in der vorhergehenden Nacht davongegangen war und sie jetzt nur noch seine Hülle versenkte.

Aber dann begann Joan zu weinen und mit Worten aus der Bibel zu beten. Und bald wirbelte alles in ihrem Kopf durcheinander, so daß selbst der Hund im Heck sie verwundert ansah. Ihr Schluchzen hallte übers Wasser weit in die dunklen, leeren Sümpfe. Und als sie verstummte, tat die Natur es ihr gleich. Doch deren Frieden spürte sie nicht mehr. Inmitten der zeitlosen, immergleichen Finsternis fühlte Joan sich mit einemmal anders. Sie und der Hund gehörten nicht mehr dazu.

Übersetzt von Christiane Buchner

NTOZAKE SHANGE

Betsey Brown

»Gottverdammich, Greer! Verstehst du eigentlich jemals irgendwas, was ich dir sag?«

Jane blickte auf ihr Hochzeitsbild, seidenmatt, ihr einfältiges junges Gesicht von einer Patina von dreizehn Jahren verschleiert. Am liebsten hätte sie ihm die vergoldeten Leisten von dem verdammten Ding ins Hirn gerammt, so wie er Skalpelle benutzte, um Kugeln aus den Raufbolden rauszuholen, die ihm so am Herzen lagen.

»Hast du gehört? Wo warst du, als ich dich gebraucht hab? Ich! Jane, deine Frau! Nicht irgendwelche nichtsnutzigen, siechen, einfaltspinsligen stinkenden Nigga, die zu doof sind, die verdammte Klinik zu finden! Hörst du mir zu? Ich red mit dir!«

Greer blickte von dem *Digest for Surgical Procedures* auf und nickte. Jane erstarrte. Sie hielt den Atem an und begann noch mal von vorne. Ein letztes Mal würde sie versuchen, ihm das einigermaßen anständig beizubringen.

»Wo warst du, als die Polizei die Kinder nach Hause gebracht hat? Is dir eigentlich klar, was ihnen geblüht hat? Wo warst du, verdammich! Gib mir Antwort!«

Jane nahm sein Stethoskop und warf es nach ihm. Greer fing es mit der linken Hand auf und las einfach weiter.

»Ich war bei den Johnsons. Er hat nach der Entlassung aus der Klinik wieder geblutet, und ich wollte nach ihm sehen. Er ist ein alter Mann, Jane, er kann nicht aufstehen und auf einem Bein in die Klinik rennen.«

»Aber deine Kinder könnten womöglich im Gefängnis sein

oder tot sein, bloß wegen diesem armen Mr. Johnson, der so viele Vergünstigungen kriegt, daß er nicht mehr weiß, wie Geld aussieht.«

Jane ging ums Bett herum zu Greer und zog ihm den *Digest* aus den Händen. »Hat Mr. Johnson dir diesmal was bezahlt? Oder bisde so ein Engel, daßde deine Dienste verschenken kannst? Für wen hältst du dich eigentlich, für den Heiligen Franziskus? Ich hab einen Stall voll Kinder, und die brauchen Kleider und Schuhe und Zahnbehandlung und Brillen und Tanzunterricht und Essen und einen Vater. Und wo ist ihr Herr Vater? Tja, der besucht Mr. Johnson! Mr. Johnson wohnt nicht hier, Greer. Wir wohnen hier mit fünf Kindern und meiner geliebten Mutter, die völlig recht hat, wenn sie sagt, daß unsre Rasse sich entschieden bessern muß!«

Jane begann, mit dem *Digest* auf die Frisierkommode einzuschlagen. Als sie daran ging, ihn in Stücke zu reißen, erhob Greer sich, schloß sie seelenruhig in die Arme und sagte, »Die Jungs sind doch in Ordnung, oder?« Jane antwortete nicht. »Meinst du nicht auch, die Polizei wird die Finger von ihnen lassen, wenn sie sich anständig benehmen?« Jane sagte nichts. »Kuck mal, Liebling, sie sind doch nicht im Gefängnis. Charlie hat sich bloß einen kleinen Spaß erlaubt.«

»Charlie hat sich einen Spaß erlaubt, ach was? Wir sind hier aber in St. Louis, Missouri, mein Lieber. Frag mal Chuck Berry, wieviel Spaß die Polizei Schwarzen erlaubt, wenns um weiße Mädchen geht.« Jane schnappte nach Greers gelöster Krawatte und zog sie ihm vom Hals.

»Ich sags dir zum letztenmal. Ich kann diesen Haushalt nicht führen und gleichzeitig Vater und Mutter spielen. Gut, ich weiß, du bist Arzt und hast eine öffentliche Verantwortung, aber wenn du diesen Haushalt nicht an die erste Stelle in deinem Leben stellst, dann wirst du dein blaues Wunder erleben, das schwör ich bei Gott.«

Greer kannte diese Gemütsverfassung bei Jane. Ihm war unverständlich, warum sie nicht begriff, daß er sich halb zu Tode rackerte, um die Familie haargenau so zu versorgen, wie Jane es wünschte. Sie begriff nicht, daß arme Farbige im Krankenhaus keine ordentliche medizinische Betreuung bekamen, und daß er sich mit den Hausbesuchen bei ihnen einen Patientenstamm für die eigene Praxis aufbaute. Verdammt, dachte Greer, für eine so intelligente Frau besaß Jane wenig Weitblick.

»Ich bin nach Hause gekommen, so schnell es ging.« Mit diesen Worten nahm Greer Jane die Krawatte aus der Hand und griff nach der jüngsten Ausgabe von *MD Magazine*.

Jane setzte sich an ihren Frisiertisch und starrte Greer zornig an. Dieser Mann hatte die Stirn zu lesen, wo ihre Söhne von der Südstaatenpolizei belangt worden waren. Eine Frechheit! Was für einen Armleuchter sie geheiratet hatte! Was sollte sie bloß tun? Sie nahm die Sandblattfeilen aus der obersten linken Schublade und begann, sich die Nägel zu feilen. Sie wollte Bridge spielen, aber vorher würde sie sich einen Scotch mit Soda genehmigen und eine Patience legen, mit so hübschen Händen, wie sie eine Frau mit dermaßen vielen Problemen nur irgend haben konnte. Kein Wort fiel mehr zwischen ihnen, jedenfalls keines, das ausgesprochen worden wäre, kein Wort, das irgendein anderer verstanden hätte.

Betsey glaubte zu verstehen. Sie glaubte zu wissen, wo das Problem lag: Sie waren einfach zu viele. Zu viele Kinder. Zu wild. Zu viel Krach. Zu aufreibend für die zarte Konstitution ihrer Mutter. Mama war eben nicht dafür geschaffen, sich um einen Haufen Rabauken wie Sharon und die ganze Meute zu kümmern, allen voran Charlie, der schon oben im Norden aus verschiedenen Schulen rausgeflogen war. Nein, Betsey wußte, wenn ihre Eltern stritten, waren meistens die Kinder schuld. Und dann war da die Sache mit den Weißen und dem Geld. Weiße und Geld schienen Hand in Hand zu gehen. Wann immer ein Schwarzer das eine erwähnte, war das andere nicht weit, als wären die Weißen hingegangen und hätten das ganze Geld genommen und würden es vor den Schwarzen verstecken, wie sie die schönen Häuser für sich behielten und die guten Schulen und die Restaurants und Motels. Ganz für sich allein.

»Du hast nich gewonnen«, kreischte Charlie die Hintertreppe hinunter. Der Basketball prallte von einer Wand zur anderen durchs Treppenhaus, bis ganz nach unten.

»Betsey! Kuckst du mal nach, was los ist?« rief Jane müde von ihrer Maniküre und ihrem Highball.

»Hat er wohl!«

»Hat er nich.« Margot und Sharon begannen, miteinander über die Frage zu rangeln, ob Allard gewonnen hatte oder nicht, obwohl es sie offenkundig nichts anging.

»Was hat er nich?« schrie Betsey von ihrer Terrasse, wohin sie sich vor dem Chaos geflüchtet hatte, ins Haus.

»Betsey! Hab ich dich nicht gebeten, nach diesen Gören zu kucken?« Jane sprang gereizt auf. »Betsey, wo steckst du denn?«

»Das is nich deiner.« Margot versuchte, Sharon den Gummiball und die dazugehörigen Jacks wegzunehmen.

»Wer hat den Ball die Treppe runtergeworfen?« brüllte Vida nach oben.

»Weiß ich nich, Grandma«, brüllte Betsey nach unten.

»Na, dann komm hierher und hol ihn. Er gehört jedenfalls nicht in die Küche.«

»Grandma, ich hab mit dem Ball nix zu tun!«

»Ich sags Mama. Zieh du mich ja nich nochmal an den Haaren, hörsde?«

»Gib ihn mir zurück.«

»Ich denk nich dran.«

»Allard, tu die Streichhölzer weg! Wo hast du Feuer gemacht?« Betsey lief hinter Allard her, der im dritten Stock bloß ein kleines Feuerchen angezündet hatte, um sich an Charlie zu rächen, der immer so ein gemeiner Grobian war. Bis Betsey das Feuer gelöscht hatte, war im zweiten Stock der Teufel los.

»Ich sags Mama. Du hast mir mein Kleid zerrissen.«

»Wennde das tust, schlag ich dir ein von deinen Raffzähne raus!«

»Wo is mein Basketball?«

»Ich sags Mama.«

»Mama, Mama, sag ihr, sie soll aufhörn.«

»Mama, sag ihr sie soll aufhörn.«

»Mama, Allard hat sich wieder paar Streichhölzer stibitzt, aber is alles in Ornung.«

»Sharon, hör auf, sag ich.«

»Du tust meim Arm weh!«

»Mama, komm und helf mir bitte«, rief Margot.

»Mama, is nich wahr, was sie über mich sagt«, jammerte Sharon.

»Mama, ich hab ja gar kein großes Feuer gemacht«, erklärte Allard.

»Tante Jane, sag Grandma, sie soll mir meinen Basketball wiedergeben.«

»Mama, bitte! Komm und helf mir.«

Jane schloß die Tür ihres Zimmers und spielte gegen sich selber Patience. Greer war eingeschlafen. Er hatte zweimal hintereinander Nachtdienst gehabt. Betsey ging auf ihre Terrasse, um in ihrem Wolkenkuckucksheim ein bißchen frische Luft zu schnappen. Die Kinder machten einfach weiter, wie Kinder eben sind. Janes Gedanken schweiften zu ihrem Ehegelöbnis, »in guten und in schlechten Tagen«. Über Wahnsinn oder Weiße war nichts darin vorgekommen.

Betsey holte tief Luft, denn der Süden mochte voll sein von häßlichen Dingen, aber die Luft hatte nichts davon. Die Luft bedeutete Blüten, Blätter und himmlische Räume, wenn man sich hoch genug befand, um auf einen robusten Zweig seiner ureigensten Eiche zu gelangen. Wenn sie zur Mitte des Baums hinauskletterte, dachte Betsey, würde sie ein Vogel sein und den Vogelgesang eines farbigen Kindes singen, das Blueslied eines farbigen Kindes oder einen wilden hüpfenden Ragtimesong. Von der Mitte ihres Baums aus, wo sie garantiert keiner vermutete, lauschte Betsey andächtig ihrer Stadt, ob sie ihr etwas vorsang, so daß sie ihr erwidern konnte. Wie jeder weiß, kann jedes farbige Kind singen, besonders eines aus einer Flußstadt. Ein sehnsuchtsvoller, blues-seliger, sacht schwankender Traum von einem Ort wie ihr Wolkenkuckucksheim würde bestimmt auf ihre erstbeste Melodie antworten.

Von ihrem luftigen Ausguck aus erblickte Betsey durch die Abertausende von Blättern etwas, das in ihren Augen aussah wie eine Frau, die dringend neue Kleider und einen Koffer brauchte. Wo gab es das, daß man seine Habseligkeiten in zwei

Einkaufstüten mit sich herumschleppte und gleichzeitig einen Hut mit fünf verschiedenfarbigen Blumen darauf trug? Dazu sang die Frau einen frechen Mississippi-Song:

hmmm hmm, hmm hmm, hmm ah

tja, mein Name is Bernice & ich komm von weit her
von Arkansas rauf & ich bleib jetzt hier
ich hab keine Freunde & ich hab bloß mich
aber St. Louis läßt mich bestimmt nich im Stich

hmmm hmm, hmm hmm, hmm hmm, ah

Es gibt paar junge Burschen von Welt
mit prima Jobs und ganz nett Geld
schmiern sich Pomade in die Haare
& bewegen sich wie das Licht
ich werd mir son Knaben aus St. Louis anlachen
dann schmeiß ich mich in meine besten Sachen
& mitm klein bißchen Glück
angel ich mir son pfundiges Goldstück

hmmm hmm, hmm hmm, hmm hmm, hmm ah

Ich werds den Weißen in Arkansas zeigen
daß ne gute Frau schon kriegt, was sie will
wie se will und wose will / hmmm hmm, hmm hmm

Mein Name is Bernice & ich komm von weit her
& aus St. Louis kriegen mich keine zehn Pferde mehr weg

Das Lied kam daher, als wärs nicht gewöhnt, Schuhe an den Füßen zu tragen. Die Lippen, verschwommen wie ihre hingenuschelten Verse, verliefen sich konturenlos in platte picklige Wangen, und unter dem Hut kuckte eine Kraushaarmähne hervor, die mit der Lockenschere glattgezogen gehörte. Ne Type für sich, diese Bernice. Besaß die ländliche Würde von Leuten, die zu früh mit harter Arbeit Bekanntschaft gemacht haben und sie zu spät wieder losgeworden sind. Die Kindergeräusche aus dem großen ollen Haus erfreuten ihr Herz.

»Ich hab gesagt, du sollst mir meine Jacks wiedergeben!«

»Keine Ballspiele unterm Kronleuchter, hörst du mich, du Stück Lumpenpack aus dem Norden! Bloß weil du mein Enkel bist, kannsde dir das nicht erlauben.«

»Mama, Mama, komm bitte mal und kuck, was Sharon macht.«

»Jane, du komms am besten ma aus deim Zimmer und kuckst nach diesen Kinderchen, eh se dein Haus aufn Kopf stellen.«

Bernice kam vom Straßenrand die Stufen heraufgewatschelt, warf einen Blick auf Betsey in ihrem Baum, holte tief Luft und summte ihr Lied. Den ganzen Tag war sie schon auf Stellensuche in diesem wohlhabenden schwarzen Viertel umhergelaufen, und sie war entschlossen, in St. Louis zu bleiben. Sie würde sich in dieser Familie nützlich machen. So etwas wie sie fehlte hier nämlich, jemand, der ein Auge hatte auf diese pampigen, unartigen Blagen. Unverdrossen marschierte Bernice weiter, die Stufen hinauf zur Haustür, im Takt mit den Kieksern und den Schreien, die durch die Fliegengitter vor Fenstern und Türen in sämtlichen Stockwerken schwappten. Konnte scheints kein Kind da drinnen anständig reden. Alle am Kreischen und Brüllen, als ob sie draußen aufm Bauernhof wären. Bernice drückte auf die Klingel.

»Mama, da is wer an der Tür.«

»Mama, da is ne farbige Frau an der Tür.«

»Mama, da is ne fette Dame an der Tür.«

»Jane, du hast Besuch.«

»Tante Jane, da is was an der Tür.«

Jane band sich den Bademantel fester um die Taille und warf einen Blick auf Greer, der in seinen Kleidern schlief. Diese verdammten grünen Chirurgenklamotten auf ihrem frischen Bettzeug. Aber das war der Mann, den sie geheiratet hatte. Sie beugte sich vor und gab ihm einen hingehauchten Kuß, liebkoste ihn lange, wo der Abendschatten sich auf seinem Kinn zu zeigen begann.

»Jane, nu aber, da is jemand für dich!«

Als Jane endlich an der Haustür anlangte, war sie von sämtlichen Gören umlagert wie die Frau aus dem Kinderreim, die in einem Schuh lebt und sich vor lauter Kindern nicht zu helfen weiß. Es war zum Davonlaufen. Sie hatte Mühe, die Haustür zu öffnen, so viele Füße drängten sich dagegen. Vor ihr stand eine gedrungene, resolute Frau vom Lande mit einem höchst eigentümlichen Hut auf dem Kopf.

»Guten Abend Ma'am.«

»Ja, Sie wünschen? Ich bin Mrs. Brown.«

»Ja, Ma'am, Mrs. Brown. Ich seh, Sie ham paar Kinnerchens, un da hab ich gedacht, Sie könntn bißchen Hi'fe gebrauchen. Ich bin Mädchen für alles. Ich bin von Arkansas hier raufgekomm, daß ich mir vabessern tu. Ich tät die Kinnerchen vasorgen und se was zu Essen machen und Haare kämmen und so.«

Jane lächelte und dachte, die Ratschlüsse des Herrn sind unerforschlich.

»Na, dann kommen Sie mal rein, Miss – äh ...«

»Bernice Calhoun is mein Name, Ma'am.«

»Gut, Miss Calhoun, kommen Sie bitte rein. Das hier ist Allard. Hier ist Sharon. Das da ist Margot. Und mein Neffe Charles. Ach, ich wüßte gern mal, wo Betsey ist. Mama, hast du Betsey gesehn?« rief Jane.

»Nein, hab ich nicht«, antwortete Vida aus der Küche.

»Miss Calhoun, haben sie schon mit Kindern gearbeitet?«

»Und ob, Ma'am, in Arkansas.«

»Haben Sie Empfehlungen, die Sie mir zeigen könnten?«

»Na, ich kann Sie die Namen von die Familien sagen, was ich für gearbeitet hab, die könnten sie anrufen. Aber da unten im Süden nehmses nich so genau, drum hab ich nix Geschriebnes zum Vorzeigen.«

»Ach, du liebes bißchen.« Jane seufzte. »Miss Calhoun, ich nehm an, das beste ist, sie geben mir die Namen und Anschriften ihrer früheren Arbeitgeber. Denen werde ich dann schreiben. Bis ich von den Leuten höre, können Sie probehalber hier arbeiten.«

»Ach, das is aber schön, Ma'am.«

Vida näherte sich, um Jane mitzuteilen, sie habe keine Ahnung, wo Betsey stecke. Aber sie hielt inne und fragte, »Wer ist denn das?«

»Ach, Mama, das ist Bernice Calhoun, sie wird ein bißchen bei uns bleiben und mit den Kindern helfen. Ist das nicht wunderbar? Miss Calhoun, das ist meine Mutter, Mrs. Murray.«

Vida warf einen einzigen Blick auf Bernice und kehrte kopfschüttelnd in die Küche zurück, wenig erbaut von dem, was ihre Rasse zu bieten hatte.

»Ich kann im Augenblick nicht sagen, wo Betsey steckt, Bernice, aber sie ist meine älteste Tochter und wird Ihnen eine große Stütze sein.«

Bernice schürzte die Lippen. Das war der Augenblick, sich bei Mrs. Brown gut einzuführen. Ihr zu zeigen, was für ein scharfes Auge sie für Kinnerchens hatte.

»Könntse vielleicht das da draußen sein, oben in dem Baum, Ma'am?«

Jane fuhr der Schreck in die Glieder. Sie vergaß alles um sich her und lief hinaus, ans Ende der vorderen Veranda. Direkt über ihrem Kopf, inmitten eines riesigen Baums, hockte ihre Tochter.

»Betsey, du kommst augenblicklich da runter! Wie willst du denn mit gutem Beispiel vorangehen, wenn du dich benimmst wie ein Esel? Komm runter von da oben, und zwar sofort! Hörst du mich, Elizabeth!«

Wenn Jane Betsey »Elizabeth« nannte, wurde es ernst. Betsey warf Bernice Calhoun, die gar nicht merkte, was sie angerichtet hatte, einen vernichtenden Blick zu. Jane Honig ums Maul zu schmieren würde ihr schlecht bekommen. Jane war die Hälfte der Zeit nicht zu Hause, aber Betsey Brown war zu Hause. Und jetzt war Betsey Brown mehr als böse, weil so ein blöder dahergelaufener Mississippi-Song ihr geheiligtes Versteck verraten hatte. Und schuld war, daß ihre Mama sie Elizabeth nannte.

»Bin schon da, Mutter. Tur mir so leid. Ich weiß auch nich, was in mich gefahren ist«, flötete Betsey, aber sie konnte Jane nichts vormachen. »Ich möcht den Besuch kennenlernen. Ich komm sofort.«

Jane sah verblüfft zu, wie ihre Tochter sich an den Ästen entlang zum Terrassengeländer hangelte und durchs Fenster ins Haus verschwand. Im Handumdrehen war sie da.

»Tag, ich heiße Elizabeth Brown. Wie geht es Ihnen?«

Jane war wieder stolz auf ihre Tochter. Bernice dachte, sie hätte eine Freundin gewonnen.

»Betsey, wie gesagt, das ist Miss Calhoun.«

»Ach, Ma'am, die Kinnerchen könn mich Bernice nennen.«

»Ich hab Bernice gesagt, daß du ihr mit den Kindern und dem Haushalt helfen würdest. Zeig ihr ihr Zimmer im dritten Stock und sag ihr Bescheid über die Gegend hier und über die Hausarbeiten der Kinder.«

Betsey nahm Bernice an der Hand. Charlie hob widerwillig Bernices Papiertüten auf, die mit Gott weiß was angefüllt waren, und dann zockelten sie über die Hintertreppe ins oberste Stockwerk. Jane widerstrebte es, eine Schwarze im Keller unterzubringen. Den Kindern widerstrebte es, jemanden anzuerkennen, der sie ständig verpetzen würde. Betsey hatte so ihre Pläne mit Miss Calhoun.

»Ich hoffe, Sie werden sich bei uns sehr wohl fühlen, Bernice. Die Mädchen sind sehr helle, und Allard macht nie Ärger, und Charlie is schon so gut wie erwachsen.«

«Ich dank auch schön, 'Liz'beth.«

»Äh, Betsey wär in Ordnung, Bernice, wenns Ihnen nix ausmacht.«

»Also, dann sag ich noch mal, dank auch schön, Miss Betsey.«

Betsey machte hinterm Rücken das Geheimzeichen, eine Faust mit zwei ausgestreckten Fingern, um anzuzeigen, daß eine Kinderversammlung im Keller fällig war. Für wen hielt diese Bernice sich eigentlich, so mir nichts, dir nichts Geheimnisse auszuplaudern? Bis Bernice gekommen war, hatte Jane nicht mal gewußt, daß der Baum bis über die Veranda reichte. Das mußte Bernice bezahlen, dafür würde Betsey sorgen. Junge, Junge, würde die bezahlen. Angeführt von Charlie, der den Basketball die Stufen hinunterdribbelte, strebte die Schar im Gänsemarsch schnurstracks den Eingeweiden des Hauses zu.

Bernice ahnte nichts davon, als sie die schiefen, krummen Mansardendecken ihrer neuen Unterkunft musterte. Jane ahnte nichts davon, als sie sich oben über den Fliedersträuchern hinter der verschlossenen Tür ihres Zimmers an Greer kuschelte. Nur die Kinder im dunkelsten, engsten Winkel des Kellers wußten, was Bernice blühte. Vida in der Küche über ihrem Hühnerfrikassee konnte nur an ihren Frank denken, und wie sehr er es gemocht hatte, wenn das Fleisch über dem Reis und den Zwiebeln von den Knochen fiel. Und selbst wenn die Erwachsenen geahnt hätten, was im Keller vor sich ging, hätte keiner von ihnen irgend etwas tun können.

Der Keller war ein Geheimnis für sich. Es gab Räume, die in andere Räume führten und von dort wieder zurück zum ersten. Es gab Verschläge, die bis ganz hinter an die unverputzten Fundamente des Hauses reichten, so daß es roch, als käme die Erde geradewegs herein. Es gab Räume, in denen man spiritistische Sitzungen abhalten oder Katzen beim Werfen zusehen konnte. Winkel, in denen man gespielte Versöhnungen und Träume flüstern konnte. Es roch nach ungezählten Menschen, die jahrelang im Dunkeln hier gehaust hatten, und hier war auch der Lieblingstreffpunkt der Kinder, den noch nie ein Mensch gesehen hatte, der älter war als sie. In der hintersten linken Ecke des längsten Verschlags mit tiefhängenden Decken und Sperrholzwänden, anno dazumal grün gestrichen, hielten die Kinder der Browns ihr Palaver ab.

»Wie will die uns schon was anhaben?« Betsey war aufgebracht, und ihr Zornesmütchen vollführte zusammen mit ihrer kleinen Anhängerschar Bocksprünge in den Schatten. »Die kann ja nich mal richtig reden. Nennt mich 'Lizabeth, stellt euch mal vor. Das is ja nich mal n Name, 'Lizabeth!«

»Und außerdem hatse dich vapetzt, Betsey«, fiel Sharon ein.

»Mama, hat 'berhaupt nix geahnt von dem Baum«, fügte Margot hinzu.

»Nich jetzt, Allard. Jetzt müssen wir uns was ausdenken, wie wir die Frau aus unserm Haus rauskriegen.«

»Nich bloß, daß sie nich reden kann, sie kann nich mal nich richtig gehn«, spöttelte Charlie und ließ den Basketball auf dem Finger und dann hinterm Rücken kreiseln.

»Also, wie will die uns was anhaben?« tönte Allard.

»Kannse nich. Warts ab bis morgen früh.« Und Betsey entließ die Schar.

Betsey war kein nachtragendes Kind. Sie war ein Kind, das seine ganz besonderen Orte und Zeiträume hatte. Sie wollte nichts und niemandem etwas zuleide tun, aber Bernice hatte der ganzen Familie Zugang zu ihrer Fluchtburg verschafft. Wenn sie jetzt nach ihr suchten, würden sie alle zielstrebig zu ihrem geliebten Baum gehen. Seine Zweige nach der Träumerin durchsuchen und Geräusche vollführen, die Betsey bei ihren Träumereien störten. Nein, Betsey war nicht bösartig; ihrer Meinung nach schützte sie sich lediglich. Gott allein wußte, was diese Bernice noch alles aufdecken und Jane und Greer weitersagen würde. Mochte Gott verhüten, daß sie jemals den Unterschlupf im Keller fand! Dort übten sich nämlich alle darin, unanständige Wörter wie »Muschi« und »Pimmel« zu schreiben, obwohl nur Charlie behaupten konnte zu wissen, wo alle diese Dinge sich befanden. Margot machte es einfach Spaß, sie in großen roten Buchstaben mit Nagellack zu schreiben, den sie sich aus der Kosmetiksammlung ihrer Mutter ausborgte. Und Allard gefiel es einfach, die Buchstaben zu malen und sich dann zu erkundigen, was das Wort bedeutete.

Unterdessen hängte Bernice in den oberen Regionen des Hauses ihre bescheidene Garderobe in den Kleiderschrank neben dem Bett, das gerade groß genug war, ihren rundlichen braunen Körper aufzunehmen. Ja, dachte sie, als sie das rote Kleid mit der Spitze an einem Ärmel betrachtete, St. Louis wär genau das Richtige. Jeden Freitag und Samstag abend würde sie frei haben und sich mit irgend nem netten tüchtigen Burschen treffen, vielleicht mit einem von denen von da unten, wo sie her war, nicht zu verstädtert.

Bernice guckte aus ihrem Fenster auf den Garten hinunter und dachte, was für ein Glück sie gehabt hatte, den Browns in die Arme zu laufen. Diese arme Mrs. Brown, so zerbrechlich, mit all den vielen Kinderchens, und diese Mrs. Murray, die trug die Nase wer weiß wie hoch, bloß weil einer keine schönen glatten Haare hatte. Sie würde sie alle rumkriegen. Jawoll, das würde sie.

Am nächsten Morgen stolperten die Kinder die Treppe hinunter in ein heilloses Durcheinander hinein. Als erstes sagte Betsey zu Allard, er könne die Goldfische ruhig aneinanderrubbeln. Dann beschlossen Sharon und Margot, an der Vorhangstange zwischen Wohnzimmer und Diele zu schaukeln. Charlie kam auf die Idee, um den Kronleuchter herum mit dem Basketball Würfe zu üben. Jane und Greer ruhten ausnahmsweise mal aus, erleichtert, weil sie nun ja Bernice hatten, die sich um alles kümmerte. Selbst Vida war hinters Haus gegangen, ihre Dahlien versorgen. Bernice und die Kinder der Browns waren also miteinander allein.

»Kuck mal, Bernice, da hat wer ins Bett gepinkelt.« Margot kam in die Küche gerannt, ein feuchtes Laken um den Kopf geschlungen.

»Bernice, willsde mal sehn, wie ich Feuer mach? Wir könnten die Streichhölzer von hier unten nehmen.« Allard kroch zwischen Bernices Beinen hindurch zum Schrank, wo die Kaminstreichhölzer aufbewahrt wurden. Die gefielen ihm zu gut. Sie waren so schön lang, und das Feuer war zuerst ganz winzig, bis man es irgendwohin warf. Dann – huiiih. Eine Mordsflamme.

Bernice blieb unverzagt. Sie würde in St. Louis bleiben, egal was.

»Bring dein Filzkopp nach hier. Nee, kein Kamm, bring mir ne Bürste. 'N Kamm kriegsde nich durch das Gestrüpp.«

Bernice hatte Maisgrütze und Spiegeleier zum Frühstück gemacht, wovon niemand etwas aß, weil der Brei angeblich zu fest und die Eier zu hart waren.

»Allard, hast du nich gesagt, du tätst gern zum Fenster rausklettern? Das in meinem Zimmer is offen. Sharon, in der Tasche von Bernices Strickjacke is bißchen Geld, wenn du dir heute Snickers kaufen willst.«

All das spielte sich ab, während Bernice sich bemühte, ein wenig Fasson in den Wust von Zöpfchen auf den Köpfen der Mädchen zu bringen. Bernice rief, »Schafft die Goldfische weg. Ich will mein Geld auf der Stelle wieder in meine Tasche haben.« Es wollte ihr nicht in den Kopf. Diese Betsey war doch angeblich ihre Freundin, und da grub sie ihr eine Grube nach der anderen.

»Bernice, die Fische sind am Sterben.«

»Na dann tuse wieder ins Wasser, du Trottel.«

»Das sag ich Mama, daß Sie Trottel zu mir gesagt ham.«

»Genau, Allard, sags Mama.«

»Betsey, du sollst nach hier komm mit deim Kopf, hab ich gesacht.«

»Bernice, ich hab Hunger.«

»Na, dann iß dein Frühstück.«

»Ich will kein Frühstück, ich will Huhn.«

»Das is fürs Abendessen.«

»Ich will aber jetzt Huhn!«

»Also, gut, meinetwegen. Charlie, schaff den Basketball ausm Haus.«

»Huch, Bernice, ich hab das ganze Hühnerfett verschüttet.«

Bernice stand auf, Arkansas-Feuer in den Augen, und schrie, »Ihr eßt bessa die Grütze, was andres gibts nämlich nich! Schafft die Goldfische zurück! Un das kann ich euch sagen, derjenige, was mein Geld genommen hat, soll lieba für sein Seelenheil beten! Ich geh nämlich nirgendwo anders nich hin, und ihr schreibt euch das bessa alle hinter die Ohrn, ich bin in St. Louis, und ich bleib in St. Louis.«

»Wie wolln Sie uns denn drankriegen?«

»Sie können ja nich mal richtig reden.«

»Ich hab gesagt, komm mit dein Filzkopp nach hier.«

Der Tumult veranlaßte Jane, in fliegender Hast die Treppe hinunterzueilen, wo sie die Jalousien im Salon alle kreuz und quer vor den Fenstern hängen sah. Die Vorhänge in der Diele drunter und drüber. Sechs Kristallanhänger von ihrem Kronleuchter auf dem Fußboden. Auf den Küchenfliesen Hühnerfett. Ein Tisch voller Maisgrütze und Eireste. Nicht ein gekämmter Kopf. Allard mit Streichhölzern in beiden Hosentaschen. Betsey, die selbstvergessen zum Fenster hinausschaute und Vida zusah, wie sie ihre Dahlien versorgte. Obendrein hatte niemand den Morgenkaffee hochgebracht. Also, das ging wirklich zu weit. Kein Kaffee und das Haus ein Schlachtfeld. Besser, ihre Mutter kümmerte sich um die Kinder, selbst wenn es ihr Herz belastete. So sah es bei ihr nie aus.

»Also, Miss Calhoun, wie würden Sie das nennen, was Sie heute morgen gemacht haben?«

»Ja, Ma'am, ich hab die Kinnerchens Frühstück gemacht. Dann hab ich das Huhn fürs Abendessen aufgesetzt. Dann wollt ich grade anfangen und die Köpfe machen, aber da hat Betsey die andern gesagt, sie könnten durch die Fenster klettern und mir mein Geld klaun und die Fische da ausm Wassa holen. Ach, Mrs. Brown, die sin außer Rand un Band heute.«

»Bernice, wolln Se nich zukucken, wie ich Feuer mach?« Allard grinste. Jane schnappte sich die Streichhölzer aus seinen Händen und allen seinen Taschen und verdrosch ihm ordentlich die Kehrseite. Als sie sich nach Miss Calhoun umwandte, turnte Sharon, in eine Wolke von klammem Uringeruch gehüllt, zwischen ihren Beinen herum.

»Miss Calhoun, ich glaub nicht, daß da was draus wird.«

In diesem Augenblick machte Vida Anstalten, durch die Hintertür in die Küche hereinzukommen. Betsey eilte ihr zu Hilfe. »Au, Grandma, sei vorsichtig. Bernice hat auf den ganzen Fußboden Hühnerfett gekleckert. Halt dich lieber an mir fest, sonst rutschst du noch aus und fällst hin.«

Vida warf zuerst Jane dann Bernice vielsagende Blicke zu. »Na ja, ich habs mir ja gedacht, daß jemand ohne Kinderstube nich gut meine Kinderchen erziehn kann. Vielen Dank, Betsey, du bist immer so hilfsbereit.«

Die Kinder liefen ausgelassen zur Schule und riefen: »Wie will die uns was anhaben. Die kann ja nich mal reden. Die kann ja nich mal gehen. Wie will die uns was anhaben.«

Bernice hockte trübsinnig auf ihrem kleinen Bett. Sie kam sich wie ein Riesentrottel vor. Mrs. Brown hatte sie einen Tag lang aushelfen lassen, und sie hatte nicht mal einen freien Freitagabend gehabt, um ihr rotes Kleid anzuziehen. Sie war kaum imstande, ihre Sachen zu packen. Sie hörte die Leute in Arkansas über sie lachen. Die dicke olle Bernice mit dem Pfannkuchengesicht, wolltse nach St. Louis raufmachen. Hahahaha.

Jane machte sich selber Kaffee, setzte sich an den Küchentisch, umgeben von den Frühstücksresten der Kinder, und legte eine Patience. Ein Ding der Unmöglichkeit, heute arbeiten zu gehen. Gott sei Dank war Betsey da. Wenigstens ein Kind, das Köpfchen hatte. Jane versuchte, sich auszumalen, was noch alles hätte passieren können, wenn Betsey nicht dagewesen wäre und auf die Kinder aufgepaßt hätte.

Übersetzt von Barbara Henninges

ELLEASE SOUTHERLAND

Ein Narrenfest

Ada streifte mit ihrem schwarzen Buch durch die kalten Straßen, betrat Gebäude voller Gerümpel, atmete merkwürdige Schimmelgerüche. Dort, wo Mietshausgesichter hoch oben in Fenstern erschienen, tauchte sie wieder auf. Einzelne Gesichter, die auf der Straße unten auf sie herabschauten, weckten Erinnerungen an ihre Jungmädchenjahre, eine unfreiwillige Rückkehr in die Welt bitterer Armut. Nicht weit von hier war sie Seil gesprungen, fröhlich den Häuserblock, dessen vier Ecken von riesigen Reklamewänden mit Bierwerbung begrenzt wurden, von einem Ende zum anderen entlanggelaufen. Hier hatte Mrs. Hobbs vor Jahren eine gezackte Dose aufgemacht und ihren fünf Kindern kalte Bohnen zum Frühstück vorgesetzt, dann den Rest des Tages am Fenster verbracht und auf die schmale Straße hinausgestarrt. Ihre Tochter Pat spielte unten in der Gosse, das Haar monatelang ungekämmt, schmutzig und am Haaransatz verfilzt. Wenn sie sich bückte, konnte man ihre Unterhosen sehen, die, ausgeleiert wie sie waren, ihre Genitalien zeigten. Jahr um Jahr schaute Ada hinauf, um ihr Gesicht zu sehen, zwei Stockwerke hoch, ihre Haut ungesund und schlaff, wässrige Augen, den Kopf völlig ruhig, ein Lächeln auf den leicht geöffneten Lippen. Dann verschwand das Gesicht. Sie war gestorben.

Die Todesnachricht hielt Ada wach, lange nachdem die Ratten merkten, daß die Familie schlief, und sich sicher genug fühlten, aus den Wänden zu kommen und nach Nahrung schnuppernd in der Küche herumzulaufen. Mrs. Hobbs lächelte immer auf sie herab und sagte, wie isses dir heut, Ada. Und sie sagte, gut, danke. Niemand erwähnte die Fürsorge, um damit die Bohnendose zu erklären, oder die narbige Haut des gelblichen Gesichts ihrer Tochter. Das Bild des leeren Fensters überschattete ihre Nacht. Das kahle Fenster. Etwas an der Leber, hieß es. Sie kam nicht von der Flasche los, hieß es. Das Gesicht endgültig fort. Manchmal gab es in Adas Familie heißen Vanillekuchen zum Frühstück. Manchmal gab es Toast, in einer Maschine gemahlen, und die dicke Krümelschicht schwamm auf der Milch. Ihr Vater machte heiße Doughnuts, mit Brombeergelee gefüllt. Sie mußten achtgeben, wenn sie in die heißen dampfenden Doughnuts bissen, daß sie sich nicht den Mund verbrannten. Es gab Zimtschnecken und Hefezopf, so weich und heiß aus der Bäckerei ihres Vaters, und sie aßen sie, triefend von zerlaufener Butter. Sie verstand nicht, warum im Nachbarhaus morgens der Ofen kalt blieb. Sogar wenn es Haferbrei gab, hatten sie Rosinen, braunen Zucker und Milch dazu. Später gab es dann Bohnen mit Würstchen und Hamburgern. Nicht etwa kalt aus der Dose, nicht zum Frühstück. Sie meinte, ihre Familie sei die ärmste der Armen. Daß, wenn sie umzogen, die ganze Welt umzog. Sie dachte, daß jetzt alle ein Haus hatten, einen Garten, Zentralheizung, Kühlschränke, bequeme Betten. Aber viele haben kein Zuhause. Viele verstecken sich deprimiert in diesen Wohnungen und dämmern dahin. Manche kommen ans Fenster, um die Welt zu beobachten. Die Leute sterben. Die Gesichter tauchen wieder auf und machen die Armut zu einer Dauererscheinung.

Im Flur eines Fachwerkhauses kauerten vier oder fünf Männer, die sich vor der Kälte versteckten, alle nach Malz riechend, still zusammengeduckt wie Enten, als Ada ihren dunklen Kopf hineinsteckte und sich vorsichtig in dem dämmrigen winterlichen Licht umsah. Einer von ihnen, ein ausgewachsener Mann, saß in einem Kinderwagen. Andere flätzten sich in der Nähe auf dem Boden.

»Guten Tag, Miss.«

»Guten Tag«, antwortete sie.

»Sie arbeiten für die Stadt?«

»Ja.«

»Is ganz schön kalt draußen.«

»Ja, stimmt«, sagte sie. Sie trug den Lammfellmantel.

»Sie haben eine hübsche Stimme«, sagte der Mann in dem Kinderwagen. Er trug eine Baseballjacke und eine Strickmütze.

»Danke«, sagte Ada und steuerte auf die Treppe zu. Aber noch ehe ihr Fuß die erste Stufe berührte, stand einer von ihnen auf, bückte sich und gab ihr einen Kuß genau auf den Kopf! Geradewegs durch ihre Wollmütze! Und die anderen schauten zu und nickten vorsichtig zustimmend.

In der Wohnung einige Stockwerke höher hatte sie erwartet, jemanden anzutreffen, der mehr im Leben stand, aber statt dessen stieß Ada auf einen Verrückten, der sich über sie beugte und allen Kummer seines Lebens von Zahnschmerzen bis zu durchgelegener Bettwäsche aufzählte und der Fürsorgestelle für all seine Probleme die Schuld gab. Und Ada – auf einer Couch mit losen Federn sitzend, den Hintern durchhängend und fast den Boden berührend, die Knie dicht am Kinn – schaute zu dem mageren, kleinen Mann auf, der beim Sprechen mit den Armen fuchtelte und sich ganz über sie beugte, um seiner Rede Nachdruck zu verleihen, hielt dann einen Augenblick inne, um zu sagen, daß seine Frau bald zurück sein werde. Sie sei zum Waschen gegangen.

»Haben Sie Quittungen über die Miete, Mr. Morales?«

»Ja«, sagte er. »Meine Frau wird sie rausholen, wenn sie zurückkommt.«

Vielleicht würde die Frau dieses Mannes überhaupt nicht mehr zurückkommen. Oder sie würde erst kommen, wenn ihr Mann völlig verrückt geworden war.

»Meine Schecks kommen immer zu spät, warum nur, warum?« fuhr der Mann fort und wiederholte die Leiden, die er gerade durchgegangen war. Er hatte fast nichts mehr zu essen. Er hatte kein Geld für das Mittagessen der Kinder. Kein heißes Wasser. Sie brauchten Bettwäsche. Die Wände waren rissig. Er sagte, er sei krank. Er hatte zu viele Schmerzen. Er hatte vierzehn Jahre gearbeitet, um seiner Familie alles zu geben. Aber dann konnte er wegen der Schmerzen nicht mehr arbeiten.

Ihr Nacken wurde ganz steif, während sie zu ihm aufschaute, wie er so dastand, dünn, pathetisch, und seine ganzen Lebensprobleme ausbreitete. Er griff nicht eigentlich sie an, sondern das System. Er sah sie unmittelbar an. »Meine Frau wird bald zurück sein.«

»Ist dieser Job denn sicher?« hatte ihr Vater gefragt und damit sein Möglichstes getan, sie davon abzubringen. »Du willst doch nicht den Herrgott versuchen«, sagte er, weil er sie abschrecken wollte.

Ada hatte alles aufgeschrieben, was der Klient sagte und begann zu überlegen, wie sie hier rauskommen sollte, als er sein Gerede unterbrach und fast geistesabwesend sagte: »Meine Frau wird bald zurück sein.« Müßte er es nicht allmählich satt haben, in dieser gebeugten Haltung zu stehen? Kein Wunder, daß er solche Schmerzen hatte.

Als sie schon anscheinend eine Ewigkeit da war, waren vor der Tür Geräusche zu hören. Ada schöpfte Hoffnung. Die Tür ging auf, und eine ganz normale Frau trat ein, die sich aufrecht hielt und lächelte und einen Einkaufswagen voll frisch gewaschener Wäsche hereinrollte.

Während ihrer ersten Monate als Sozialarbeiterin sahen ihr die Klienten in das vertrauenerweckende Gesicht und logen sie regelmäßig an. Sie war verletzt, und manchmal sagte sie laut: »Mrs. Cunningham hat mich angelogen!« und dann merkte sie, wie die älteren Kollegen über sie kicherten und lächelten. Sie wollte keinesfalls mißtrauisch sein und jeden zweimal überprüfen. Aber man muß kontrollieren und dokumentieren, sagte der Abteilungsleiter. In den ersten Monaten ging sie in dunkle Gebäude, sie tastete nach dem Geländer, tastete nach der untersten Stufe. Sie stieg blind durch die Dunkelheit in den siebten Stock, sorgfältig mitzählend, vierter Stock, fünfter Stock, klopfte an Türen, froh, Schritte und eine menschliche Stimme fragen zu hören: »Wer da?« Froh, mit den Problemen anderer beschäftigt zu sein. Tagsüber vergaß sie ihre eigenen.

Türen öffneten sich in spärlich erleuchtete Küchen. Manche Häuser rochen fettig und stickig, wie die Kleidung gewisser

Klassenkameraden. Manche Frauen machten die Tür auf, den Mund halb zugehalten. Mitte zwanzig und keine Vorderzähne! So ging es doch nicht. »Sie sollten Zähne bekommen«, sagte Ada.

»Stimmt, Miss Torch, stimmt.«

Klienten boten ihr Essen an. Orangen. Fette Erbsen und Reis. Tassen Kaffee. Wenn sie nein danke sagte, schauten sie ihr skeptischer ins Gesicht, die dunklen Schlitzaugen, weicher voller Mund, glatte Haut. Milch? Eis? Frauen, die Jahre jünger waren als sie, hatten zwei oder drei Kinder. Eine Frau, noch ein Teenager, saß am Boden, die Arme um sich geschlungen, wiegte sich und weinte und sagte, daß sie mit mehr als einem Mann geschlafen habe. Sie wisse nicht, wer der Vater sei. Sie wußte es wirklich nicht. Sie hatte Ada den einzigen Stuhl in ihrer unmöblierten Wohnung gegeben. Und Ada saß da, leicht nach vorn gebeugt und voller Sorge um diese Frau.

»Laß die Finger davon«, sagte Daniel Junior mehr als einmal. Er meinte das Haus und den Job. »Mach deinen Abschluß in Journalistik. Bleib an der Uni. Ich schick dir Geld. Weißt du nicht, was mit Arthur und Askia passiert ist?« Beide waren in psychiatrischen Anstalten. »Du kannst nicht gehen«, sagte Ibe. »Du kannst nicht einfach gehen und die Kinder da lassen. So machen wir das in Nigeria nicht.« »Papa ist eine zu große Belastung für dich«, sagte Daniel Junior. »Er verläßt sich voll auf dich.«

Damit hatte er ganz recht. Er rief sie regelmäßig bei der Arbeit an. Er jagte ihr an Wochenenden nach, vor allen Kindern weinend, die Hände ringend, und fragte sie: »Wie hältst du das bloß aus?« Sagte, er wolle nur, daß Abeba zurückkomme, damit er netter zu ihr sein könne. Daß sie immer seine Argumente gelten lasse, und er das letzte Wort habe, nur um des lieben Friedens willen, selbst wenn sie genau wußte, daß er Unrecht hatte, und er wußte, daß er Unrecht hatte. Er war so verloren. So klein. Er ließ das ganze Haus mittwochs um vier Uhr früh zum Gebet aufstehen und flehte manchmal um Auferstehung. Er weigerte sich, die Kleider ihrer Mutter wegzugeben, machte den Schrank auf, um sie anzusehen und damit seinem Gram neue Nahrung zu geben. Er war nur noch Haut und Knochen. Immer mehr graue Haare mischten sich in seine dichten Augenbrauen. Schmerz flackerte ihm in den Augen. Das Essen fiel ihm schwer, und er schien seine Frau zu brauchen, die hinter ihm gestanden und ihre sanften Hände auf seiner Schulter hatte ruhen lassen, wenn sie sein Essen segnete. Azziza deckte für ihn mit Blumen und schönen Servietten, wollte ihn ermuntern, ihn ermutigen. Der Tod war ein stetes Thema in seinen vielen Predigten, aber als er sein Haus berührte, war er doch so unvorbereitet auf den Tod.

Ada blätterte ihren Kalender um. Sie staubte das schwarze Telephon ab und sprang auf, als es klingelte. Meldete sich, reichte es dann nach links weiter. In all ihren Träumen hatte sie sich nicht vorgestellt, hier zu sitzen, vier Stockwerke oberhalb der Livingston Street, in diesem Großraumbüro mit zweihundert Sozialarbeitern, die für fünftausend Familien zuständig waren, vaterlose Familien. Leidenschaft setzt neues Leben in die Welt. Einen Augenblick später ist ein Schicksal besiegelt.

Um zehn Uhr glich ihre Etage einem Taubenschlag von Sozialarbeitern, Abteilungsleitern und Bürokräften, die an den meisten der siebzig Schreibtische beschäftigt waren. Abteilungsleiter kamen und gingen, legten Akten in Körbe. Einige Sozialarbeiter hefteten ab. Ein Gewerkschaftsmitglied verteilte Flugblätter. Jemand las ein neueres Memo laut vor: Wie man den Alkoholiker erkennt. Der Alkoholiker redet laut und achtlos daher, überzieht die Mittagspausen, gibt ungewöhnliche Entschuldigungen für Verspätungen an, macht drei Tage Wochenende. Ada versteckte sich in dem Bürolärm, den Gesprächen rundum, den Interviews. Abteilungsleiter, die in der Tür auftauchten, hoben die Hand und verlangten irgendwas. Telephone klingelten. Leute tranken Kaffee und lachten.

»Wie war es draußen, meine Liebe?« fragte Mr. Poole. Der Abteilungsleiter war jedesmal besorgt, wenn sie ausstempelte, obgleich sie ihm versicherte, sie habe in ihrem Junior-Jahr Leichtathletik getrieben und könne laufen, wenn es sein müsse.

»Es war in Ordnung.«

»Gut. Gut, dich wieder gesund hier zu sehen.«

»Ada!«

»Guten Morgen, Ira.«

»Hier hab ich was für die Presse«, sagte er außer Atem, indem er rüberkam und ihr eine Akte auf den Schreibtisch legte. Er wirkte fast wie ein Kind, so übergewichtig, riesig und verletzlich, mit seinem dunkelblonden Kopf, den er leicht schräg hielt.

»Ich hab diesen Klienten besucht, und du kannst dir gar nicht vorstellen, wo er wohnt.« Seine Augen, himmelblau, sprühten vor Energie. Seine weichen Lippen fast so voll wie ihre.

»Wo denn?«

»Ich hab die Adresse immer wieder überprüft und bei allen Häusern geschaut«, sagte er und machte es spannend.

Ada wartete.

»Das einzige im nächsten Block war der Friedhof.«

»Oh, nein.«

»Und da war ein kleines Haus, kein richtiges Haus, sondern eben ein Häuschen auf dem Friedhof, und jetzt rat mal was? Da wohnte mein Sozialfall. Kannst du dir das vorstellen, Ada?«

»Du meine Güte.«

»Der Kerl stand mit einem Bein im Grab und mit dem anderen läuft er nun hinter dem großen Geld her. Kannst du dir das vorstellen?« Er beobachtete sie, begeistert, als sie kicherte. »Er hatte eine Elektroplatte und wünschte sich nun einen kleinen Kühlschrank.«

»Da habt ihr was verpaßt«, rief jemand am anderen Ende des Büros und forderte allgemeine Aufmerksamkeit. »Eine Frau in der Aufnahme mit einem Arm, die wütend wurde, weil man ihr die Unterstützung nicht zahlen wollte. Da hat sie ihr Kleid hochgezogen und die ganze Stadt New York, einschließlich des Bürgermeisters, wissen lassen, wo man sie mal könne.«

»Erzähl ihnen den Rest«, sagte Yvonne Honeywood mitten in das Gelächter hinein.

»Sie hatte nichts drunter!«

»Was!«

»Es ist verdammt zu kalt für solchen Quatsch. Und so früh am Morgen.«

»Was ist denn passiert?«

»Die Polizei mußte sie abführen.«

»Wie ist das bloß möglich, Ada?« fragte Ira. »Der Herrgott hat ihr einen gesunden Arm gelassen, und den gebraucht sie nun, um ihr Kleid hochzuziehen.«

Ada bemühte sich, nicht zu grinsen, aber der Anblick des ankommenden Kollegen, der sich, offensichtlich von Lachen geschüttelt, langsam auf seinem Platz niederließ, brachte das Faß zum Überlaufen, und das Gelächter brach aus und toste durch das ganze Büro.

»Wo soll das bloß hinführen?« fragte Ira sie.

»Ich weiß es nicht«, sagte sie, und wurde dann plötzlich ernst und stellte sich auf ein Interview drei Schreibtische weiter rechts von ihr ein.

Hier gab es keine Privatsphäre, nicht einmal für die Sozialhilfeempfängerin, die schwerfällig Platz nahm, schwitzend und mindestens im achten Monat schwanger, und mit den Beinen gegen den Schreibtisch geklemmt dasaß.

Ada zuckte bei jeder derben Bemerkung über schwangere Frauen zusammen, als würde jede in ihrem Bauch den Geist ihrer Mutter tragen. Wie konnte man diese Frau nur bei diesem kalten Wetter rausholen, um ihr Fragen zu stellen!

»Donde trabaja?«

Wo arbeitet er? übersetzte Ada für sich.

»Yo no se.«

Ich weiß nicht. Der Spanischlehrer Mr. Durkin wurde mit der Zeit sauer auf Schüler, die jede Frage mit *Yo no se* beantworteten.

»Qué clase de trabajo?«

Was für eine Arbeit?

»Yo no se.«

Ich weiß nicht. *»Donde está el padre del nino?«* Das hatte er schon oft gefragt.

Wo ist der Vater des Kindes? Ada schaute aus dem Augenwinkel auf die schwangere Frau, die sich das Gesicht abwischte und in rollendem Spanisch erklärte, daß sie den Vater seit sechs Wochen nicht mehr gesehen hatte.

Antonio schlug mit der flachen Hand auf den Schreibtisch.

»Wo?« rief er auf Englisch, mit scharfer Stimme, als könnte Beharrlichkeit den mutmaßlichen Vater aus dem dicken Bauch der Frau herausschneiden.

Ada meinte, als nächstes würde er die Frau schlagen, da klingelte das Telephon und ihre Hand flog hinüber, um nach dem Hörer zu greifen, noch ehe die Kollegin, die mit ihr den Apparat teilte, den Kopf heben konnte.

»Meine Liebe, gehen sie nach Hause und suchen Sie Ihren Mann«, sagte Antonio. Er nahm die Brille ab.

Ada sprach mit dem Anrufer, reichte dann das Telephon nach links.

Während er an ihrem Stuhl vorbeiging, fragte Antonio rhetorisch: »Wie kann eine Frau fünf Kinder von fünf verschiedenen Männern haben?«

»Nichts leichter als das!« sagte Ada, ihr Mundwerk schneller als der Verstand.

Aber Antonios Ansicht wurde von der Kollegin mit dem weichen, fauligen Zahnfleisch bekräftigt, Zahnfleisch, so weich wie die breiigen Schuppen eines alten Fisches. Selbstgerecht zog er seine schäbig aussehende Hose hoch und gab sein Urteil ab. »Sie wissen nicht mal, welche Farbe seine Augen haben«, schnaufte er. »Wie werden sie schwanger, wenn sie keine Männer finden können? *Yo no se.* Mehr wissen sie nicht.«

»Laß sie doch«, sagte Juanita Thandiwe; sie rauchte, wandte den Kopf ab und klopfte die Zigarette leicht gegen den Glasaschenbecher.

»Er sagt ihr, sie soll wiederkommen«, sagte Ada. »In ihrem Zustand. In dieser Kälte. Warum kann er denn keinen Hausbesuch machen?«

»Mach dir mal keine Sorgen. Sie werden die Welt erlösen.«

»Es war ihm doch nur peinlich, weil er Lateinamerikaner ist und sie auch.« Sie war augenblicklich abgelenkt von dem Wohnungsberater ein paar Schreibtische weiter. Sex sei keine Nachspeise, sagte er ihr gestern beim Lunch. Das war der Punkt, den er rüberbringen wollte, als ein anderer Kollege bei ihnen stehenblieb und sagte: »Wie geht's deiner Frau?« Und es fiel ihr ein, daß fünf oder mehr Männer ihretwegen Wetten abgeschlossen hatten, wer wohl die Tochter des Predigers zuerst bekommen würde. Es war schon komisch, daß gleich mehrere sie jeden Tag zum Lunch einluden. Zuerst fragte sie sich, ob sie so mager aussähe, dann merkte sie, daß sie die jüngste Frau im Büro war... Man stelle sich mal vor, wenn das so weitergeht! Sehen sie denn nicht all diese Aktenschränke, vollgestopft mit Akten von Familien ohne Väter?

»Miss Torch?«

»Ja?«

»Hier ist jemand für Sie.«

»Danke.« Sie war froh über die Ablenkung.

Als sie sich vorgestellt und gemerkt hatte, daß Anthony Charles etwa so groß und so alt wie ihr Bruder Asa war, fragte sie das Übliche.

»Wie haben Sie sich durchgebracht?«

»Auf der Straße«, sagte er.

»Ich brauche eine genauere Antwort.«

»Sie wissen doch.«

»Auf der Straße«, wiederholte Ada.

»Ja.«

»Wie meinen Sie das«, fragte sie flüsternd, in dem Bemühen, seine Privatsphäre zu wahren.

»Sie wissen doch, Schwester.«

»Klauen?«

»Klar.«

»Aber ich brauche eine Antwort von Ihnen.«

»Klar. Also, ich hab geklaut, um meine Gewohnheit zu finanzieren.« Er zupfte an dem kleinen Hut, den er aufhatte. Er war wirklich mager. Neben Beruf schrieb Ada in ordentlichen Druckbuchstaben D-i-e-b.

»Warten Sie mal, Schwester!«

»Das haben Sie doch gesagt, oder?«

»Das ist hart, Schwester. Das ist einfach hart.«

Juanita Thandiwe, die rauchte und so tat, als hörte sie nicht, lächelte.

»Was haben Sie denn genommen?«

»Heroin«, sagte er. Als würde er von einem Frühstücksmüsli reden.

»Ich versuch, keine krummen Dinger mehr zu drehn«, sagte er. »Ich hab Radios, Fernseher, Uhren, was sie wollen.«

»Diebesgut.«

»Sagen Sie das nicht so.«

»Sie können angeklagt werden.«

»Angeklagt«, schrie er fast. »Sehn Sie mal, meine Leute waren Sklaven und dieses Land schuldet mir –«

»Neunzehn Dollar die Woche für Essen und Sonstiges, zuzüglich Miete?«

»Is das alles?«

»Ja. Suchen Sie sich einen Job. Möchten Sie eine Empfehlung?«

»Nein. Ich weiß von dem Amt.«

Sie beobachtete besorgt, wie er mit großen Schritten, vorbei an den anderen Arbeitsplätzen, wegging, begleitet von seinem kleineren Freund. Sie sah zu, wie er an der Aufsicht vorüberging. Die Sozialarbeiterin mit dem breiigen Zahnfleisch hätte ihn festnehmen lassen.

»Mach dir mal keine Sorgen«, sagte Juanita Thandiwe, ohne überhaupt aufzuschauen.

Barbara von Bechtolsheim

BARBARA SUMMERS

Sozialarbeit

Alicia war einsfündundsiebzig groß und wirkte sogar noch größer, weil sie tiefschwarz war und augenblicklich sehr wütend. Es war früh um halb vier, und Richard, ihr Liebhaber, der in den letzten Monaten bei ihr gewohnt hatte, meinte, er könne einfach in die Wohnung schleichen, schnell duschen und gut riechend unter die Laken schlüpfen, ehe sie aufwachte. Aber sie war auf, schon die ganze Zeit, und er war high, und das wußte sie.

»Heute gibt's keine Dusche, Richard.« Sie fegte aus dem Bett und wickelte das Laken um sich. »Pack deinen Kram und verschwinde.« Er war zehn ganze Tage ohne Kokainpfeife ausgekommen. Auch kein Alkohol, sagte er. Er war dabei, clean und trocken zu werden. Um den Prozeß zu unterstützen, studierten sie den Koran. Sie fasteten zusammen. Er hatte ihr die Haare gekürzt. Sie hatte ihm die Nägel geschnitten, an Händen *und* Füßen. Sie half ihm, von den Drogen loszukommen. Er half ihr, wieder zu lieben. In den ersten drei Monaten war es ein Kampf gewesen, aber in den letzten paar Wochen sahen sie allmählich eine Veränderung: längere Strecken ohne Krücken. Zehn Tage war er clean gewesen... bis er bezahlt wurde und sie zu beschäftigt war, sich an diesem Samstag nach dem Auftritt mit ihm zu treffen.

»Such dein Zeug zusammen und geh«, sagte sie. Ihre Stimme begann tief und schraubte sich Oktaven höher, bis sie zum Schluß sagte: »Gottverdammt, ich hab nen Schwanz mit Dauerbatterie in der Kommode. Und ich kann damit umgehen. Wenn du nur dazu gut bist, brauch ich dich nicht, und ich kann dich nicht lieben, wenn du dich selbst nicht liebst.«

Mit einsachtzig war auch Richard nicht gerade unansehnlich. Sie waren sich sehr ähnlich. Das gehörte zu den Dingen, die sie an ihm mochte. Sie konnte ihre höchsten Stöckelschuhe tragen und sein stolzes Pharaonengesicht küssen und sich noch immer zu ihm hochrecken.

Aber im Augenblick – so groß, dunkel, gutaussehend und high wie er war – schien sein Kopf durch die Decke des Brooklyn-Reihenhauses zu wollen. Unten schien kein Platz mehr zu sein, kein Raum zum Denken, keine Luft zum Atmen. Derart wütendes Getöse gab die kräftige Frau von sich, die er so sehr liebte, daß er sie Baby nannte. Er beugte sich langsam, vorsichtig aus gefährlichen höheren Sphären hinab, um Klamotten aufzuheben, die sich in einem Sessel stapelten.

»Und laß das Hemd genau da, wo es liegt. Du hattest es nicht, als du gekommen bist, und du nimmst es auch nicht mit, wenn du gehst. Du brichst mir das Herz und nimmst auch noch meine Kleider mit. Richard? Verpiß dich bloß aus meinem Leben!«

Echt, er wollte sich entschuldigen. Er wußte, alles würde wieder in Ordnung kommen, wenn er sich nur hinlegen könnte. Dort, wo er gerade stand, hatte er das Gefühl, sein Kopf würde geradewegs durch die Decke donnern, und da sie im obersten Stock waren, würde er durch das Dach stoßen und schließlich draußen im weichen dunklen Nachthimmel herauskommen. Vielleicht hätten sie beide dann genug Platz und Frieden und könnten zusammenleben. Aber er mußte seinen Kopf behalten, wenigstens seinen Kopf behalten. Er sah, wie sie weinte. Wahnsinnige Nässe verschmierte ihr das Gesicht wie eine Plastiktüte, die ihre Schönheit zerknitterte. Komisch, wie konnte eine so dunkle Schwarze nur so rot werden?

Er redete, aber nichts kam dabei raus. Sie wartete, aber nichts kam an. Er sagte ihr, wie sehr er sie liebe und brauche. Die drei Löcher in ihren Ohren liebe, das tolle Haar liebe, das sie bei der Arbeit hochsteckte und für ihn entfesselte, den Schokoladenpudding ihrer Brustwarzen liebe, die unter das Laken gedrückt waren, während sie wetterte und wütete. Er spürte, wie ihm die Hitze zwischen den Beinen aufstieg, während er sich bückte und seine paar Sachen in einen Plastikmüllsack stopfte, ganz langsam, weil er auf ein sanfteres Wort wartete, das zeigte: Sie verzieh ihm.

»Auch meine Schlüssel bitte«, sagte sie. »Ich bin nicht runter von den Drogen, um meine Schlüssel einem Junkie zu übergeben. Geh und bleib weg.«

Er schaute genauer hin. Es war ein weißer Plastikmüllsack mit chemischem Zitronengeruch und Schlaufen zum Zubinden. Nicht viel drin, nicht sehr schwer. Er ließ den Schlüssel mit dem ägyptischen Anhänger auf ihrer Kommode. Sie blieb im Schlafzimmer. Er hörte sie weinen. Es wurde lauter, als er ging. Er lief den Flur hinunter an der Galerie von Divas vorbei, an ihrer wertvollen Sammlung von Programmen und signierten Bildern von Marian und Leontyne, Shirly, Grace und Jessye. Er ging an den überladenen Bücherschränken und Schallplattenregalen vorbei und gelangte schließlich zur Tür, wo er seinen Saxophonkasten aufhob. Er trat zur Tür hinaus, stieg die Treppe hinunter, vier knarrende Treppen mit staubgrauem Teppich drauf. Komisch, je weiter er sich entfernte, um so lauter hörte sich ihr Weinen an.

Genau in dem Moment, als er aus der Haustür trat, zerschmetterte sein nagelneues Selmer-Tenor die Mülltonnen mit einem direkten und vernichtenden Schlag. Er sah, wie das Sopran-Saxophon in Zeitlupe wie ein goldener Pfeil durch die Luft herabstürzte, lautlos, tödlich gerade, abgeschickt von einem Scharfschützen mit *dreadlocks*, der sich gegen ein farbenprächtiges Fenster abzeichnete. Zwei spinnenartige Notenständer sprangen in den Raum hinaus. Und dann das Papier, Notenpapier, Kompositionen, seine Stücke, fielen, flogen, verstreuten sich schadenfroh im Wind. Er hatte sie geschrieben; sie sollten eigentlich gehorsam zu ihm hinuntersegeln. Aber die Aprilwinde wollten ihr Spiel damit treiben.

Dann vergoß der dunkle Himmel seinen Regen, genau wie sein Baby und wie sein Herz.

Sie wartete ein paar Tage, bevor sie ihre Schwester Nonnie anrief. Natürlich hatte Sheila, ihre Freundin von unten, den ganzen Krach gehört und wußte Bescheid.

»Klar, Mädchen, er war schon wieder dabei«, sagte Alicia. »Das dritte Mal in fünf Wochen. Drei Treffer und du bist geschlagen.«

»Wer zählt da? Ich dachte, du wolltest ihm helfen, es ganz zu schaffen«, sagte Nonnie, die ewige Optimistin.

»Klar, aber er muß sich doch selbst helfen. Wenn er meint, daß er sich immer wieder auf mich verlassen kann, wird er sich nie ändern. Ich sag dir, ich war das ganze Wochenende wie aufgelöst.«

»Hast du mit ihm geredet?« fragte Nonnie.

»Klar, er hat angerufen und hörte sich ganz erbärmlich an. Er hat gesagt, er fühle sich so mies, seit er nicht mehr mit seiner Geliebten zusammen ist. Ich hab gesagt, ich sei auch nicht mit meinem Geliebten zusammen. Aber ich war eiskalt. Du weißt ja, wie ich bin, wenn ich meinen Schwanz umgeschnallt hab. Er kann das nicht leiden.«

»Kein Mann kann das, ist ja kein Wunder. Du bist mehr wie ein Mann als er. Aber mach dir nichts draus. Ich wette, er steht dir am Wochenende auf der Matte.«

»Das laß ich auf mich zukommen.«

»Also, halt die Ohren steif. Ich hab dich lieb.«

»Ich hab dich auch lieb, Kleine. Grüß Jerry und die Kinder.«

»Tu ich. Bye.«

Richard rief am Freitag an, fast eine Woche, nachdem sie ihn rausgeschmissen hatte. Er kam spät abends rüber. Sie machte Gemüse im Wok. Sie liebten sich unter der Dusche und dann noch einmal unter den rosa Laken. Er gab ihr sein Geld, damit er sich nichts reinziehen konnte. Sie war zwar versucht, aber dann gab sie ihm ihre Schlüssel doch nicht. Frühmorgens verließ er die Wohnung, und sie ging noch mal auf ein Schläfchen ins Bett, bevor sie ihren Tag begann.

Als sie aufwachte, beschloß sie, noch im Bett, den Geruch ihrer Körper, ihrer Wärme noch in der Nase, daß es aus war. Nicht mehr, nie wieder. Sie mußte diese Beziehung aufgeben, wie Marvin sagte, um ihrer Gesundheit willen. Mit zweiunddreißig wollte sie nicht mehr anderer Leute Kinder großziehen.

Sie wollte eigene und einen Mann, der clean und gesund genug war, ihr welche zu schenken. Sie war Sozialarbeiterin von Beruf. Sie mußte nicht mit einer Fallstudie leben, einem Versager und Rückfälligen, auch wenn er »der begabteste Tenor seiner Generation« war, wie die *Voice* es formulierte. Scheiß auf die *Voice*. Ein talentierter Junkie war eben auch nichts weiter als ein außergewöhnlicher Junkie, der von Scheinwerferlichtern und geborgter Zeit lebte bis er ein toter Junkie war.

Vor vier Monaten hatte sie sich in dieses Talent verliebt. Das mußte sie zugeben. Die goldene Trompete, die flüssigen, seidigen Sex hervorbrachte. Er verwebte Trane und Pharoah, Sonny Rollins und Archie Shepp wie uralte Fäden zu einem neuen Stoff, einer neuen Kleiderkollektion, so glattgebügelt wie Lester Young, so rauh und elitär wie Ben Webster. Doch der eigentliche Zauber lag darin, dieses feine Tuch zu lüften, dieses göttliche Talent beiseite zu lassen und die nackte, bedürftige Seele darunter aufzudecken. Er brauche sie, sie solle für ihn dasein, sagte er. Jetzt in ihrer morgendlichen Ernüchterung dachte sie, er wolle bloß noch einen Fan, lächelnd, applaudierend, bereit um seine Gunst Schlange zu stehen. Scheiß drauf.

Entschieden bereit für den Tag zog Alicia ein langes, ehemals weißes mexikanisches Kleid an, das sie als Hauskleid gebrauchte, machte zwei überbackene Käsesandwiches und trug sie in die Wohnung im zweiten Stock, wo Sheila wohnte.

»Woher wußtest du, was ich für 'n Hunger habe?« fragte Sheila in der Türe. Sapphire, ihre siamesische Katze, beschnupperte Alicia's nackte Füße und erlaubte ihr dann hereinzukommen.

»Weil es samstags um eins ist und da jeder Hunger hat«, sagte Alicia. »Hast du 'n paar Chips?«

»Klar.« Die beiden Frauen gingen zu dem runden Eichentisch im Erker von Sheilas Apartment. Sie war älter als Alicia, längst nicht so groß und viel dünner. Ihre Wangenknochen und die kantigen Gesichtszüge zeugten von einem Leben, das sich auf das Nötigste beschränken mußte.

Ihre Großzügigkeit reichte bis zu der Wahrheit, von der die

meisten Leute keine allzu großen Dosen ertragen konnten, also versüßte sie sie mit Humor. »Ich hab eine schwere Frühjahrsgrippe«, sagte sie. »Seit gestern bloß in den Tag geträumt. Hab mich sogar krank gemeldet gestern.«

»Wie ist denn der harte Kern ohne dich ausgekommen?« fragte Alicia.

»Butch hat grade angerufen und gesagt, ich soll mal lieber heute abend aufkreuzen. CT macht eine Jam-Session, und er lockt die ganzen wirklich eingefleischten Freaks hervor.«

»Er ist ein großer Künstler«, sagte Alicia trocken.

»Er ist ein totaler Spinner.«

»Was du nicht sagst. Ich hab beschlossen, mit Richard Schluß zu machen.«

»Ach, echt?«

»Echt. Er war gestern abend da, und es war in Ordnung und so, aber ich merk schon wieder, wie sich dieses Syndrom einschleicht, dies Hin-und-Her-und-Auf-und-Ab-Getue.«

»Hmm, das Mädel kriegt ihre kleine Dosis Sex«, sagte Sheila, »dann ist sie gestärkt genug, es dranzugeben.«

»Wie auch immer. Dieser Mann ist mir zu gefährlich.«

»Ich dachte, du hast ihm den Laufpaß gegeben.«

»Er ist einfach ein so guter Lügner, damit kann ich nicht umgehen. Nonnie sagt, ich muß meinen missionarischen Eifer ablegen.«

»Ich wünschte, Miss Nonnie würde mal aufhören, so genau in bezug auf alle andern recht zu haben und lieber mal an sich selbst was tun.«

»Gut, sie hat ja gesagt, sie hat letzte Woche zehn Pfund abgenommen.«

»Das stimmt doch bloß, weil sie ihren fiesen Wintermantel ausgezogen hat.«

»Ach komm, du weißt doch, daß du sie eigentlich magst.«

»Natürlich mag ich sie. Was ich nicht mag, sind diese fünfzig Pfund zu viel, die sie da mit sich rumschleppt.«

»Schit, Sheila, sie hat vier Kinder.«

»Hey, das ist ne gute Entschuldigung für einen Hängebauch, aber nicht für den ganzen Elefantenschwabbel.«

»Der Preis, den du zahlst, wenn du glücklich verheiratet bist.«

»Kein Wunder ...«

»Kein Wunder, daß du noch immer zu haben und allein und schlank bist?«

»Hör mal, weißt du, was mir Sékou neulich nacht erzählt hat?« fragte Sheila.

»Gehst du wieder mit ihm?«

»Wir sind bloß Freunde, Süße. Sonst nichts. Hör dir das an: Er hat mir erzählt, wenn ich ihn nicht heirate, wird er gay. Hab ich gesagt, ›Schieb mir bloß nicht die Schuld für diese Schweinerei zu.‹ Kannst du dir das vorstellen?«

»Klar. Weil es mit Richard genauso ist. Er sagt, wenn ich ihm nur treu bleib, kommt er von den Drogen los.«

»Er tritt dir gleichzeitig in Hirn und Hintern.«

»Nee, meine Liebe, mit physischem Kram hab ichs nicht.«

»Was ist dann neulich nacht auf die Mülltonnen gedonnert? Freiflottierende Gefühle?«

»Da hab ich's abgeladen.«

»Und du meinst, du kannst abladen und wieder aufladen?« fragte Sheila. »Denk doch mal nach. Da lädst du dir ganz schön Verantwortung auf, Süße.«

»Aber nicht meine. Der Kerl braucht mehr Hilfe, als ich ihm geben kann.«

»Vielleicht braucht er die ANs.«

»Was ist das denn?«

»Anonyme Narkotiker. Genau wie AA. Ein paar Leute aus dem Club gehen da hin. Sie sollten in dem Laden am besten gleich die Gruppe aufziehen.«

»Aber wie soll man denn mitten in der ganzen Versuchung clean werden?«

»Also, wie hast du's denn geschafft?« fragte Sheila.

»Mußt ich. Nonnie lag etwa einen Monat im Krankenhaus. Das ist jetzt fast zwei Jahre her. Jerry brauchte jemanden, der bei den Kindern aushalf, verstehst du. Ma kam für ne Woche her und Tante Thera. Aber ich hab meinen Urlaub genommen und hab einfach da gewohnt. Es ist eine völlig andere Welt. Da mußt du normal sein oder du wirst verrückt. Ich war verknallt in die Kinder. Aber ich hatte echt Angst. Meine eigene Schwester mit einer Herzattacke. Und nur drei Jahre älter als ich.«

»Also hat dich Angst dazu gebracht.«

»Könnte man sagen. Dann hab ich mit dem Kerl Schluß gemacht, mit dem ich gerade ging und der das Zeug immer mitbrachte. Gras, Koks, Rush, Tabletten, egal was. Er wollte immer high sein, und ich wollte nicht, daß irgendwer hinging, wo ich nicht hinkonnte, noch dazu bei mir zu Hause. Mitgegangen, mitgefangen. Ziemlich komplizierter Kram, kann ich dir sagen. Dann in der Arbeit, da sah ich diese Schwester, in meinem Alter, sogar noch jünger, mit drei, vier und fünf Kindern, kein Ehemann, kein Mann, oder ein Mann mit einem so schlecht bezahlten Job, daß es weh tat zuzugeben, an so jemanden gebunden zu sein. Kein Mann, aber dieser Marihuanageruch im Haus, weißt du. Dieser Geruch und ihre Träume, die sich in Rauch auflösten. Aber was konnt ich denn sagen? Ich konnte sie nicht verurteilen. Sie machten mir keine angst. Was mir angst machte, war, daß ich dasselbe auf mich selbst zukommen sah.«

»Schit, ich hab immer Angst vor diesem Kram gehabt. Hab zuviel davon um mich herum gesehen. Hab beschlossen, wenn ich's nicht im Geschäft kaufen kann, brauch ich's eben nicht mehr.«

»Hört sich nicht grade nach ner Lösung an.«

»Tja, wenn dein Geldbeutel fast leer ist, holst du Milch für das Baby, eh du irgendwas für dich holst.«

»*Du* tust das?«

»Hab ich, bis ich nicht mehr konnte. Ich mußte viel aufgeben. Aber ich hab die Sozialhilfe absolviert und nächstes Jahr absolvier ich das College, und dann bekomm ich mein Kind aus Ohio raus und wir können leben wie's sich gehört.«

»Du hast Glück«, sagte Alicia.

»Wieso?«

»Du hast schon ein Kind. Soviel hast du wenigstens erreicht.«

»Das willst du also?«

»Sozusagen.«

»Also, was ist mit Richard?«

»Weiß ich nicht. Letzte Woche hätte ich ihn wirklich umbringen können. Dann schlägt er mich wieder in seinen Bann. Ich weiß nicht, was ich tun soll.«

»Warum kommst du nicht heute abend im Club vorbei?«

»Mädchen, ich weiß nicht. Ich würd mich lieber unterm Bett verkriechen.«

»Und was du dann tust, ist darüber nachdenken, wie du es mit Richard zum Quietschen gebracht hast, Süße. Los, das macht dir Laune. Du mußt mal unter andre Leute, wenigstens andre Körper. Butch ist an der Tür. Ich sorg dafür, daß du reinkommst.«

»Mal sehen. Ich will diese Sache mit Richard zu Ende bringen, richtig zu Ende. Aber andererseits, bist du je auf den Gedanken gekommen, daß er mich lieben könnte?«

»Nein. Der einzige Gedanke, der mir je kam, ist, daß du ihn liebst.«

»Kann ich nicht.«

»Das sagt nicht, ob du's tust oder nicht«, sagte Sheila.

Nach dem Essen lernte sie dann in der Badewanne für die Trigonometrie-Prüfung, und Alicia ging wieder nach oben in ihre Wohnung und versuchte, ein klumpiges Gemisch aus Neid und Groll gegen ihre Nachbarin von unten zu verdauen. Nicht nur, weil sie älter und klüger war, sondern weil sie so zielstrebig war. Alicia hatte ihre akademische Karriere programmgemäß durchlaufen. Aber sie hatte das Gefühl, in einem hohlen, heuchlerischen Job festgefahren zu sein, der niemandem etwas nützte; der zu nichts führte, außer alle zwei Wochen zur Bank.

Sie war ein großes Mädchen, ein ganz großes Mädchen. Niemand ahnte, wie zerbrechlich sie war, außer Richard.

Weinerlichkeit widerstrebte ihr. Sie theoretisierte darüber, daß sie definitiv im Vorteil wäre, wenn sie als Frau Schluß machen würde, falls sie die Trennung wollte. Mit Schweigen konnte man fertigwerden. Männer verloren die Sprache mit ihrem Stolz. Sie mieden Auseinandersetzungen. Frauen waren die eigentlichen Liebeskrieger. Sie waren es, die dafür kämpften. Aber wie war das bei ihr?

Alicia war nicht überrascht, als Richard nicht anrief. Dazu hatte er noch den ganzen Samstag nachmittag und abend. Sie war nicht überrascht, aber auch nicht zufrieden, daß ihre Entscheidung schon für eine endgültige Trennung ausreichte. Irgend etwas stand da noch bevor; sie spürte es genau. Darauf würde sie nicht warten, still sitzend und auf das Unerwartete gefaßt.

Die Schlange für die Ein-Uhr-Vorstellung reichte bis um die Ecke der Seventh Avenue zu einer ruhigen Straße im Village. Es war Frühling in der Stadt. Süßer Sinsemilladuft zog vorbei und betäubte die Träume all jener, die dafür noch jung genug waren. Groß, schön, schwarz und verdächtig allein würde sie natürlich nicht in der Schlange warten. Indem sie sich durch die Menge drängte, schaffte sie um sich herum Platz, getarnt in der geheiligten Rolle der Frau eines magischen Musikers. Die Leute machten Platz, als sie mit großen Schritten die steile, enge Treppe in den ehrwürdigen Club hinunterstieg. Der Ticketschalter am Ende der Treppe war belagert von Jazz-Fans, die darauf warteten, daß die Show zu Ende ging.

»Hi, Butch.« Alicia lächelte der stattlichen Weißen mit dem lila Bürstenschnitt zu, die den Eingang bemannte. »Wie geht's?«

»Hi, Leesha, es ist gerammelt voll heut abend.« Sie hakte die rote Samtschnur aus, die den Eingang abriegelte. »Das Set ist fast zu Ende. Sheila arbeitet oben.«

»Danke.«

Der Club bestand aus zwei kleinen Ebenen. Die Leute quetschten sich auf Stühle, die aneinanderstießen, mit Tischen, die gerade so breit waren wie zwei Cognacschwenker. Kaum hatte man die Türschwelle überschritten, tobte erhaben die Musik. Alicia ging hinauf und lehnte sich an einem freien Fleckchen gegen die Wand.

CT hockte oben drauf auf dem Klavier und spielte auf seinen Saiten wie ein Liebhaber ohne Rücksicht auf moralische Standpunkte von Gut und Böse. Rashied flog über die Trommeln wie ein Donnergott über den turbulenten afrikanischen Himmel. Charlie bog den Baß in lang fließende Linien süßer Metaphern.

Und da löste sich Richard aus der Dunkelheit, Sonnensaxophon, über die Geliebte segelnd, der Donnergeist und Süßholzraspler, der einen Schweif von Gottes erstem Atemhauch durch ein wunderbares Blatt blies. Der ursprüngliche, experimentelle Lehmmensch, der Geräusche in Musik verwandelte und Musik in das Lob des Schöpfers. Und es war gut.

Es war Richard, und doch sah er wie ein Engel aus. Der nichtsnutzige selbstzerstörerische Scheißjunkie. Sie hätte ihn umbringen können, daß er so gut war, so gut zu anderen und so verflixt schlecht zu sich selbst.

Mit einem Getränketablett für einen Tisch mit Gästen kam Sheila oben an der Stelle vorbei, wo Alicia an der Wand lehnte.

»Ich wußte nicht, daß er heute abend hier ist«, sagte Sheila entschuldigend.

»Mist, Sheila, du hättest mich doch anrufen können«, sagte Alicia.

»Hey, ich dachte, wenn du kämst, kämst du schon klar damit. Tust du doch auch.«

Sheila hatte recht. Richard brauchte gar nicht zu wissen, daß sie da war. Es waren zwei- oder dreihundert Leute zwischen ihnen und fast genauso viele wirre Gefühle, die ihren Herzschlag wieder und wieder zum Stolpern brachten. Sie schaute ihn an, wie ihm der Schweiß durch die Falten im Gesicht hinunterrann, dasselbe Gesicht, das sie mit ungläubiger Zärtlichkeit anlächelte, wenn sie sich liebten ... Wie sie ihn ansah, seine Finger sehnig und sicher auf den Klappen seiner Wahl, dieselben Finger, die vor Entzücken gezaudert hatten, als sie ihr Gesicht letzte Nacht liebkost hatten... Wie sie ihn so ansah, war ihr klar, daß sie ihn nicht kannte, daß sie ihn nie wirklich kennen würde, sie ein riesiges Mauerblümchen und er ein riesiger Star. Das Riesenhafte hatte eben nichts damit zu tun. Sie waren einfach zu verschieden. Und doch war er da wieder, dieser heiße Taumel der Leidenschaft, aus dem Bauch heraus von ihr zu ihm und wieder zurück.

Alicia steuerte durch die Menge an der Bar und bestellte ein Glas Weißwein. Sie wußte, daß es ein schlichter offener kalifornischer war, aber das war ihr egal. Sie brauchte jetzt einen großen Schluck von etwas Kaltem ohne Kohlensäure, etwas Beruhigendes, wenn sie in die zweite Runde gehen wollte. Die Herbheit des Weins war wie Medizin, machte den Kopf klar und frisch. Sie verfolgte seinen Geschmack in ihrem Selbst, ihrem Zentrum, und war erleichtert, kein mystisches Seil aus ihrer Mitte pendeln zu sehen.

Als der Auftritt vorbei war, explodierten die Zuhörer in wildem Applaus. Als CT die Musiker vorstellte und sie zum Abschluß »The Theme« spielten, sah Alicia sich nach einem Platz um, wo sie ihr Glas abstellen konnte, damit sie mitklatschen konnte. Aber sie verbeugten sich vom Podium hinunter, ehe sie ihr Glas in Sicherheit gebracht hatte. Das Ausmaß ihrer guten Absichten blieb ungehört.

Alicia wußte, wie es war, wenn die Musiker sich in den winzigen Umkleideraum zurückzogen, den sie das Loch nannten. Sie war schon oft genug dagewesen. Die dampfenden Körper, das Rauchen, Trinken und Lachen, die verlockenden weiblichen Fans, die schnieken schwarzen Kerle mit dunklen Brillen und Reißverschlußaktentaschen. Diesen besonderen Pep, wenn man zum inneren Heiligtum gehörte, kannte sie.

Sie hielt sich raus und blieb oben, wo die ersten schon ihre Plätze räumten und der nächsten Schicht Platz machten. Sie nahm einen Hocker an der Bar und bestellte noch ein Glas Wein. Trane kam über Lautsprecher und ertränkte ihre Zweifel in gleichmäßigen Wellen von Schönheit. John Coltrane. So völlig am Ende, dachte sie, jenseits der Angst vor dem Leben. Sie war dankbar, daß es ihn gegeben hatte, daß er seine Botschaft hinterlassen hatte.

Sie drehte sich um, und da stand Richard direkt neben ihr. Er hielt einen Cognac in der einen Hand und eine Bierflasche in der anderen.

»Wie geht's Baby?« fragte er.

»Fein«, sagte sie.

»Stimmt, ne feine Frau.«

»Die Musik war heute wirklich schön, Richard.«

»Danke. Ich hab gespürt, daß du da warst. Ich wußt es, eh Sheila mir's sagte.«

Ich wußte nicht, daß du hier sein würdest. Tatsächlich bin ich heut abend hierhergekommen, um von dir loszukommen.«

»Und warum das?«

»Du weißt genau warum, Richard. Ich ertrag dieses Auf und Ab nicht mehr.«

»Du bist diejenige, die abdreht, Baby. Ich liebe dich. Das hab ich dir gesagt. Und daran ändert sich nichts.«

»Und der ganze Mist in deinem Leben ändert sich auch nicht. Ich merk genau, daß du schon wieder high bist.«

»Ach, laß doch, machs dir nicht so schwer. Schau dir all die lächelnden Gesichter an. Nimm mich, wie ich bin. Ein bißchen schadet doch niemand. Ich hab unter Kontrolle, was ich tu.«

»Berühmte letzte Worte.«

»Hör mal, reden wir später darüber. Kann ich dich heut abend sehen?«

»Ich denke nein, ich bin zu müde.«

»Also, dann komm ich morgen vorbei. Ich muß dich sehen.«

»Yeah, okay.«

Er beugte sich zu ihr und küßte sie und wurde mit ihrer Wange belohnt. Sie beobachtete, wie er die Treppe hinunterging. Die Leute, die ihm entgegen kamen, lächelten und schüttelten ihm die Hand. Männer klopften ihm anerkennend auf den Rücken. Intellektuelle, echte und einfache Fans, vielleicht auch ein oder zwei heiße Frauen in der Menge... Aber niemand sagte ihm: *Nein, nicht* und *nie*. Nur sie.

Auf diesen abgehobenen Unterschied legte sie keinen Wert. Warum konnte sie ihm nicht die Arme um den Hals werfen und sich in seinem glitzernden Ruhm sonnen? Warum mußte sie die Dinge so schwierig machen?

Sheila blieb mit einem leeren Tablett an der Bar stehen und wartete darauf, daß ihre Bestellung kam.

»Wie geht's?« fragte sie Alicia.

»Okay. Du mußtest ihm sagen, daß ich hier bin.«

»Hab ich was falsch gemacht?«

»Ich wünschte, du hättest dich nicht eingemischt.«

»Also, entschuldige, daß ich existiere«, sagte Sheila und ordnete sorgfältig frische Drinks und Servietten.

»Ach, komm, so hab ich's doch nicht gemeint.«

»Vermutlich fehlt mir deine Erfahrung als Wohltäterin.«

»Sheila, bitte sei nicht sauer auf mich. Ich versuch doch nur das Richtige zu tun.«

»Ich auch, Süße.« Und sie verschwand mit ihrem Tablett und einem harten, routinierten Lächeln.

Alicia ging nach dem ersten Stück des nächsten Auftritts, einer langen südamerikanischen Nummer, deren Rhythmus die Zuhörer darin bestätigte, daß Free Jazz noch immer fetzig sein kann. Richard hatte ein halsbrecherisch elegantes Solo auf dem Sopran-Saxophon hingelegt, worauf sie am liebsten vor seinem Genie einen Kniefall gemacht hätte. Nach dieser Vorführung ging sie also und leistete sich den Luxus eines Taxis, das sie, dem Fahrpreis zufolge, nicht weit, aber doch in ein anderes Land nur gerade über die Brücke in die Dean Street und in Sicherheit brachte.

Das Telephon weckte sie, nervös und wütend, um viertel vor drei.

»Hey, Baby.« Es war Richard. »Ich wollte nur hören, ob du auch okay nach Hause gekommen bist.«

»Alles okay, Richard. Ich schlafe.«

»Klar, ich weiß. Ich wollt dir nur sagen, daß ich dich sehr liebe und daß ich dich heut sehen will.«

»Kommst du zum Essen?«

»Sag mir wann.«

»Gegen sechs?«

»Nein, das ist zu spät. Wie ist es so gegen vier? Hast du dann genug Zeit?«

»Sicher, das ist gut.«

»Ich weiß, daß es das ist. Hör mal, wir lösen das schon, klar? Zusammen.«

»Klingt gut, aber ich muß dir auch was sagen, Richard. Ich freu mich, dich zu sehen, aber wenn du nicht straight kommen kannst, bitte, laß es.«

»Bis vier Uhr dann.«

»Okay.«

»Gute Nacht, Baby.«

»Gute Nacht, Richard.«

Glücklich ließ sie sich in den Schlaf fallen, stolz, daß ihre Zielstrebigkeit sich sogar im Schlaf durchgesetzt hatte. Sie plante ein Essen, das zeigen würde, daß gutes Essen und Lachen und Schönheit und Verstehen den hohlen Pep füllen können wie keine Droge. Sie wollte ihm zeigen, ohne Plakate und Sprüche, daß schwarze Frauen schwarze Männer zum Überleben brauchen ... wenn möglich mit ihrer uneingeschränkten Begabung. Und wenn nicht, wenigstens mit ihrer Menschlichkeit.

Sie träumte von einer Hochzeitsreise auf einer Feluke den Nil hinunter. Sie wußte, sie war auf dem Schiff, sie spürte, wie der Wind in die Segel über ihr fuhr. Aber komischerweise konnte sie sich auch am Ufer sehen, lächelnd und winkend.

Auf dem Wochenmarkt gab es das Obst und Gemüse und sogar die Blumen, die sie brauchte. Richard brachte ihr gern ab und zu eine einzelne Rose mit. Sie würde ihm zeigen, daß Schönheit im Überfluß möglich war und daß sie sie bieten konnte, sich selbst und ihm. Sie fühlte sich reich. In der Frühlingsluft fühlte sie sich optimistisch und fruchtbar, samenbraun, grün und sonnig. Sie hätte beinah zwei Ausgaben der *Times* gekauft, aber dann fiel ihr ein, daß Sheila sich ihre wahrscheinlich gestern abend auf dem Nachhauseweg am Sheridan Square geholt hatte. Wenn es mit Richard zu happig wurde, konnte sie vielleicht Sheila kurz anklingeln, damit sie raufkam. An einem Tag wie heute konnte nichts allzu schiefgehen.

Das Wetter war schön. Das Essen würde gut sein. Und sie würde gut sein. Das war die Hauptsache. Sie würde keine riskanten Themen anschneiden. Nichts von weißen Frauen, wie unterwürfig und sanft und affirmativ sie waren, wie sehr sie schwarze Musiker bewunderten. Kein Wort über die Plattenfirmen mit ihren schäbigen, angeberischen Angeboten, auf die ein Jahr später eine Rechnung folgte, weil die Musiker angeblich der Firma Geld schuldeten. Sie würde nichts davon sagen, daß man zum Überleben nach Europa oder Japan oder sonstwohin, weg von Zuhause, gehen müsse. Und bestimmt nichts von einem festen Unterrichtsjob, auch wenn Archie, Marion und ne Menge der Jungs, die er kannte, sicher in akademischem Efeu verflochten waren. Und nicht zuletzt würde sie sich vom Thema Drogen meilenweit entfernt halten.

Vielleicht konnten sie ja auf einer höheren Ebene einfach Freunde sein. Wenn der Bann erst mal gebrochen war, konnte sie ihn vielleicht annehmen, nicht als Liebhaber oder Lebenspartner, sondern als der, der er war. Was sollte denn dieser blöde Witz, den er machte: lieb meinen Schwanz, lieb meinen *jones.* Richard Jones, kapiert? Und sie hatte geweint, während er es außerordentlich witzig fand. Ja, es war witzig. Rauh, roh und witzig. Sie würde alles nicht mehr so tragisch nehmen. Mal sehen, worüber sie reden konnten ohne Gewinsel und Geklage. Mal ungezwungen Spaß haben auf die gute alte Art.

Das Essen erfüllte das Haus mit dem Duft nach Liebe und Sorge. Die Pilze waren gefüllt, der Spargel gedünstet. Der Möhrenkuchen war aufwendig, aber sonst war ja alles ganz einfach gewesen.

Es war vier Uhr. Sie erwartete nicht, daß er pünklich sein würde. Trotz seines letzten »Bis vier«, wußte sie, daß sie keine Genauigkeit zu erwarten hatte. Sie entkorkte die Flasche gekühlten Rosé. Konnte ebensogut realistisch sein. Er war nicht da. Und das Problem lag bei ihm. Er würde bestimmt nicht über Nacht mit Trinken aufhören. Warum sollte sie sich alles versagen?

Sie sortierte die Teile der Zeitung. Sie hatte den luxuriösen Augenschmaus der Sonntagsausgabe gern, auch wenn das meiste ungelesen blieb, und die Teile, die sie las, machten sie im allgemeinen wütend. Fehl- und platte Nicht-Informationen füllten regelmäßig die Seiten. Und genauso regelmäßig zahlte sie ihren Tribut und verbrachte den Tag in der üblichen Weise.

Halb fünf. Sie sagte sich, daß sie nicht per se auf ihn warte. Er würde kommen, wann er konnte. Wann immer er konnte, würde sie sich freuen, ihn zu sehen. Sie tat nichts Besonderes, las bloß Zeitung. Sie schaute nach, ob der grüne Salat auch gut abgetropft war. Bloß keinen lätschigen Salat für sie. Wie sie schon vorhin zu sich gesagt hatte, nichts Besonderes.

Um halb sechs wußte sie, daß er um sechs da sein würde, wie sie es zunächst vorgeschlagen hatte. Er war wohl mit den anderen Typen nach der Session ausgegangen und holte jetzt noch den Schlaf nach. Sie rief ihn an, um ihn zu wecken. Keine Antwort. Gut, er war unterwegs.

Halb sieben. Sie war mit der Zeitung durch, außer mit der Literaturbeilage, die sie sich immer fürs Baden aufhob. Noch immer keine Antwort. Vielleicht war er zur Probe bei CTs oder bei Rashieds. Vom Podium runter hatte ein Musiker keinen Sinn für die Zeit.

Okay jetzt mal. Sollte sie ehrlich sein und ihre Wut äußern, wenn er kam? Oder sollte sie brav und geduldig sein und nichts dergleichen sagen wie »Wo zum Teufel bist du gewesen«? Entschieden, sie würde brav sein. Bei ihrem Gute-Zeiten-Höhere-Ebene-Plan bleiben. Wenn sie den ganzen Vorfall behandelte, als sei er nichts Besonderes, blieb sie jedenfalls unverletzlich. Wieder.

Um acht ließ sie ihr Bad einlaufen. Sie würde sich nicht wie sonst zwei Stunden in der Wanne aalen. Nur kurz abschrubben. Sie wollte nicht in ein Handtuch gewickelt oder gar im Bademantel die Tür aufmachen. Das wäre zu intim, fast wie eine Einladung. Also was? Laß ihn leiden. Ab jetzt würden sie einfach Freunde sein. Er sollte schon merken, was er entbehrte. Laß ihn schmachten vor ihrer zauberischen Reinlichkeit.

Das wars. Er war zu high, um zu kommen. Er hatte ihr Ultimatum gestern abend nicht anerkannt, aber er spürte ihren Einfluß. Er war high und wußte, um sie zu besuchen, mußte er davon runter. Und so weit war er noch nicht. Er war nicht mal halbwegs nüchtern genug, um sie anzurufen. Scheiße.

Das wars, was sie fühlte. Er hatte wieder ihr Herz ausgetrickst. Sie schaute auf das stumme schnurlose Telephon neben der Wanne und spürte seinen Kampf. Der Wein machte es ihr leicht, zu weinen. Sie war groß und stark. Warum also behandelte Gott sie so? Sie wußte, wenn sie die Frage stellte »Gott, warum gerade ich?«, würde sie sicher eine Schlaumeierantwort nach Sheilas Art bekommen. Warum nicht, Süße?

Sie las die Literaturbeilage. Auf der dritten Seite waren die Tränen getrocknet. Einige gute Besprechungen, emanzipierte Frauen, altmodische Männer. Beste Plätze für zwei schwarze Bücher. Sie sahen gut aus. Sie fragte sich, ob sie sich die gebundenen Ausgaben leisten konnte oder ob sie auf die Taschenbücher warten sollte. Sie würden nicht ins Taschenbuch kommen, wenn sie sich nicht gut verkauften...

Halb elf. Es klingelte. Sie wußte nicht, wie sie ihr Gesicht unter Kontrolle kriegen sollte, um mit ihm umzugehen. Sie trocknete sich hastig ab. Fitzelchen von dem Frotteebademantel klebten ihr am Rücken. Es klingelte noch mal. Nicht der Türsummer von unten, die Wohnungsklingel. Gut, er kam oft rein, wenn jemand rausging. Sollte er mal zur Abwechslung warten. Sie probierte ein Lächeln an. Entschlossen, brav zu sein, und wenn nicht brav, dann über all das erhaben, machte sie die Tür auf.

Sheila stand mit einer Flasche Chivas und zwei Gläsern da.

»Na, am Schwänzen?« fragte Alicia.

»Nein, der Club ist zu«, sagte sie und ging ins Wohnzimmer.

»Sonntagabends? Butch ist jetzt wohl vollkommen ausgeflippt.«

»Alicia, Butch ist tot.«

»Was?« fragte sie ruhig.

»Man hat ihren Leichnam im Hudson gefunden.«

»Im Wasser?«

»Ja, die Polizei meint, es könnte mit Drogen zu tun haben.«

»Drogen? Sheila, ich wart seit vier Uhr auf Richard.«

»Ach, bist du wieder damit zugange.«

»Ihm ist was passiert. Er hätte inzwischen angerufen.«

»Er wird morgen anrufen und sich entschuldigen.«

Alicia wollte ihrer Freundin nicht widersprechen und sagen,

daß sie diesmal ein anderes Gefühl hatte. Sie hatte die letzten sechs oder sieben Stunden damit zugebracht, sich etwas vorzumachen. Wie zuverlässig konnten ihre Gefühle denn sein? Vor allem jetzt, wo sich das andere wie eine Patsche anfühlte.

Sie stopfte den Plastikmüllsack in die volle Mülltonne und klemmte den Metalldeckel darauf wie einen Magneten. Zupressen würde sie ihn nicht.

»Hi, Baby.« Er lehnte gegen das Gartentor, mit einem leuchtenden Ahornblatt in der Hand spielend. Keine der Fragen in ihrem Gesicht kamen in ihrer Stimme zum Ausdruck. Sie suchte in ihrer Jackentasche nach einem Papiertaschentuch, um sich die Hände abzuwischen.

»Ich dachte, du bist tot«, sagte sie.

»War ich auch.«

»Warum bist du hierher zurückgekommen?«

»Weil ich jetzt clean bin.«

Sie hielt inne und schaute ihn an, nahm ihn wahr. In sechs Monaten hatte sein schmales Gesicht sich gerundet, seine Augen waren fest und stark.

»Du siehst echt gut aus.« Sie lächelte ihn an. Sie war sehr verletzt, aber das würde er nicht sehen. »Wie stehts mit der Musik?«

»Das geb ich nie auf. Das weißt du. Wie ich dich nie aufgeben werde.«

»Hast du schon, Richard, an dem einen Sonntag nachmittag vor ein paar Monaten.«

»Ich war noch nicht soweit, Baby. Ich war nicht clean. Hilf mir, Alicia, bitte. Lieb mich wieder.«

»Ich muß zur Arbeit.«

»Weiß ich. Du sollst nur wissen, ich warte auf dich, wenn du zurückkommst.«

»Ich weiß nicht, ob ich das will, Richard.«

»Wir müssen reden.«

»Vielleicht.«

»Hey, Alicia, ich weiß, ich hatte unrecht. Aber das war damals. Heute ist ein neuer Tag.«

»Vielleicht.«

»Also, ich bin jedenfalls dann da. Kein vielleicht.«

Sie ging zur U-Bahn, trockenes Laub beiseiteschiebend. Sie schaute nicht zurück. Sie pfiff »My Favorite Things« mit Tranes Harmonien und in Jessyes Haltung.

Übersetzt von Barbara von Bechtolsheim

CLIFF THOMPSON

Einsicht

»Nicht besonders viele von *uns* da«, sagte ich. Wir beide standen mitten auf der *Bowl,* der riesigen Rasenfläche vor der Bibliothek des Field College.

»Du und ich, das war's auch schon«, sagte sie. Es war das erste Mal, daß ich mit ihr redete, doch aufgefallen war sie mir schon vorher: Sie war die einzige schwarze Studentin an diesem winzigen College im pennsylvanischen Niemandsland, und ich war der einzige schwarze Student. Sie war schön – ihre langen Haare waren zurückgekämmt, legten ihre hohe, geschwungene Stirn und ihre makellose Haut frei. »Bist du auch neu?«

»Yeah. Ich heiße Wayne«, sagte ich, und wir gaben uns die Hand.

»Ich heiße Roxie. Nett, dich kennenzulernen. Wo kommst du her?«

»D.C.«

»*Echt?* Ich auch! Ich komm aus Silver Spring.«

Ich warf ihr einen scherzhaft-angewiderten Blick zu. »Das ist doch nicht D.C.«

»Na gut, dann eben Maryland«, sagte sie und lachte. »Aber dicht dran.«

Wir standen da und redeten ungefähr zwanzig Minuten lang. Sie überraschte mich. Bevor wir uns kennengelernt hatten, hatte ich ihr eine Redeweise und eine Reihe von Angewohnheiten zugeordnet, die, wie sich herausstellte, alle falsch waren. Aber die echten gefielen mir – ihr ungezwungenes Lachen, und wie sie den Kopf schräg hielt, wenn sie etwas fragte. Bevor wir auseinandergingen, verabredeten wir uns für den Abend auf einen Kaffee.

Gegen acht Uhr verließ ich mein Wohnheim und ging zu »Pete's«, einem *Diner* am Rand des Campus. Die kürzeste Strecke zwischen diesen beiden Punkten führte mich über die *Bowl* und an der Bibliothek und dem Audimax vorbei. Es war September 1980, die Gebäude waren also nun 155 Jahre alt; sie wirkten nicht erbaut, sondern eher aus Fels gemeißelt und zwischen die vielen Bäume auf den Rasen gesetzt. Am Tag sahen sie aus wie ein Gemälde von einem College Campus. Als Silhouetten vor dem nächtlichen Himmel sahen sie aus wie mittelalterliche Burgen. Sie machten mir ein wenig angst, und ich dachte, daß ich noch vor einem Jahr meinen Schritt beschleunigt hätte. Aber jetzt bist du am College, dachte ich; jetzt bist du ein Mann.

»Mein Vater ist Anwalt«, sagte Roxie. Wir saßen im »Pete's«, über einen Tisch in einer winzigen Nische gebeugt. »Ich glaube, da habe ich meine Streitsucht her. Das hat die Jungs in der High-School verrückt gemacht.«

»Wenn zwei in allem einer Meinung sind, dann ist einer von beiden überflüssig«, sagte ich. »Ich weiß nicht mehr, wo ich das gehört habe, aber es gefällt mir.« Sie lachte.

»Tja, mein Vater ist Taxifahrer«, sagte ich. »War er jedenfalls bis zu seiner Pensionierung. Der ist aber auch ziemlich streitsüchtig. Ach, nein, das stimmt nicht so ganz ... er streitet sich nicht so richtig mit einem, vielmehr tut er, was die Situation seiner Ansicht nach erfordert, und wenn man mit ihm einig ist, schön, und wenn nicht, Pech gehabt.«

»Bist du wie er?«

»Also ...« Ich lachte. »Niemand ist eigentlich *wie* mein Vater. Aber ich glaube, ich komme ein bißchen nach ihm.«

»Ich glaube, dann würde ich ihn mögen«, sagte sie und lächelte. Wir sahen einander an, länger, als Menschen einander gemeinhin ansehn, ohne zu reden.

Bald nach jenem Abend waren Roxie und ich ein Paar. So allmählich fand ich diese College-Geschichte ganz gut.

Auch meine Zimmergenossen fand ich gut. Remi und Dave. Da ich aus D.C. war, hatte ich bis dahin nicht sehr viel Umgang mit Weißen gehabt, und es dauerte ein bißchen, bis ich mich daran gewöhnte. Sie redeten anders als die Jungs, mit denen ich aufgewachsen war, und über andere Sachen – Elvis Costello statt Chuck Brown and the Soul Searchers, *Mein Essen mit André* statt *Cooley High*. Doch es waren die gleichen Dinge, die sie froh machten, und die gleichen Dinge, die sie ärgerten, sie hatten die gleichen kleinen Launen. Dave hatte in dem Jahr eine gute, solide Beziehung mit einem Mädchen namens Nancy, und Remi wünschte sich manchmal, Dave zu sein. Remi ging immer wieder mit einer andern, und ab und zu, wenn Dave seine Kommentare abgab, konnte ich aus seiner trägen Südstaatenstimme den Neid heraushören. Nach einer Weile waren sie für mich nicht mehr meine weißen Zimmergenossen, sondern einfach nur meine Zimmergenossen, und dann nach und nach meine Freunde.

Wir drei gingen manchmal zu sechst aus. Ich brachte Roxie mit, Dave Nancy und Remi schleppte die an, mit der er in der Woche gerade was hatte. An einem Abend gingen wir alle zu »Lorenzo's«, einer kleinen Pizzeria; sie bezeichnete so ungefähr die Grenze zwischen dem Campus und der Stadt und war eines der wenigen Lokale, wo beide Lager hinkamen. An dem Abend, als wir hingingen, war es voller Highschoolkids, und so quetschten wir sechs uns um einen eckigen Vierertisch und aßen fettige Peperoni und Pizza ai funghi.

»Besser wird's nicht«, sagte Remi, womit er einen Werbespot im Fernsehen zitierte. Wir lachten alle.

Remis Rendezvous an dem Abend war ein extrem dünnes, rothaariges Mädchen namens Michele. Sie sagte: »Ich stell mir lieber nicht vor, was das ganze Fett da in meinem Magen macht.«

Ich lächelte und sagte: »Ich stell mir vor, daß es dasselbe macht, wie der Topf Speckfett, den meine Mutter neben dem Herd stehen hat. Bildet oben eine hübsche weiße Schicht, und ...«

Michele machte ein schockiertes Gesicht. Ich dachte, daß sie sagen würde: »Hör auf, mir wird schlecht«, doch sie sagte: »Deine Mutter hat einen Topf Speckfett neben dem Herd?«

»Yeah«, sagte ich.

»Meine auch«, sagte Roxie.

Michele sagte: »Wozu?«

»Zum Kochen«, sagte ich.

»Du machst Witze.«

»Nee.«

Michele überlief ein Schauder. Roxie und ich sahen einander wissend an.

Remi sagte: »Hat das irgendwas mit Rasse zu tun?« Remi, Dave und ich sahen einander an und lächelten, weil wir die Art Gerede gewöhnt waren. Roxie, Nancy und Michele sahen auf ihr Essen hinab; sie lächelten nicht.

Nachdem genügend Zeit verstrichen war, fragte Nancy mich: »Wie läuft's mit Vowi?« Ich verzog das Gesicht. Mit dem Seminar hatte ich Mühe.

Michele sagte: »Du machst Volkswirtschaft?«

»Ich mach's mir hinten rein«, sagte ich. Dave spuckte fast seine Pizza aus. Alle lachten.

»Da bist du mutiger als ich«, sagte Michele zu mir.

Wir blieben noch ziemlich lange, redeten und lachten und hörten die Musik aus Lorenzos Jukebox. Wir machten zwei Pizzas und zwei Krüge Bier nieder, und die Rechnung, nach der wir schließlich riefen, belief sich auf rund dreißig Dollar.

»Macht sechs Dollar pro Nase, plus Trinkgeld«, sagte Dave. Er, Remi, Michele und Nancy warfen Geld auf die Mitte des Tisches. Ich wandte mich an Roxie und sagte: »Ich habe bloß zehn Grüne. Hast du noch was?«

Roxie langte in ihre Jackentasche. Ich bemerkte, wie Michele erst auf Roxie und dann auf mich sah.

Das erste Jahr schien schnell vorüberzugehen. Ich bekam zu der Zeit ein Stipendium, aber anderes Geld kam nicht rein; irgendwann im März gingen meine Ersparnisse von dem letzten Ferienjob im Sommer zur Neige und ich saß auf dem Trocknen.

»Macht's dir was aus, wenn wir wieder getrennt bezahlen?« fragte ich Roxie. Ich war bei ihr im Zimmer und saß auf ihrem Bett.

Sie setzte sich hin und seufzte. »Das wäre dann das dritte Mal diese Woche«, sagte sie. »Du bist dir meiner wohl ziemlich sicher.«

»Tut mir echt leid. Ich heiße nicht Rockefeller, ja? Es ist doch nicht so, daß ich dich nicht ausführen will. Ich kann's mir nur grade nicht leisten.«

»Weder jetzt noch dann. Besorg dir doch einen Job auf dem Campus oder so was.«

»Na, komm. Ich hab schon mit meinen Seminaren genug um die Ohren«, sagte ich. »Und überhaupt . . . was ist denn schon dabei, wenn jeder für sich bezahlt? Remi und Dave machen das immer. Alle machen es.«

»Dann richtest du dich jetzt also nach den Weißen?«

Ich wußte nicht, was ich darauf sagen sollte, und sagte daher gar nichts. »Hör zu«, sagte ich schließlich. »Wenn ich heute abend für uns beide zahlen muß, dann können wir nicht weg. So einfach ist das. Um die Wahrheit zu sagen, mir ist jetzt eh nicht besonders danach.«

»Na schön«, sagte sie.

Und das war's dann.

Als ich aus ihrem Zimmer ging, lief ich erst eine Weile auf dem Campus rum, weil ich zu sauer war, um etwas anderes zu tun. Bald wich mein Zorn dem Hunger. Ich hatte das Abendessen in der Mensa verpaßt, und so ging ich zu »Lorenzo's«, holte mir eine kleine Pizza und nahm sie mit auf mein Zimmer.

Remi und Dave lagen ausgestreckt auf ihren Betten und hörten The Police, als ich eintrat. Ich sagte: »Guten Abend, die Herren«, und ließ mich seitlich auf mein Bett fallen. Remi und Dave setzten sich auf, sahen einander an, dann mich.

Remi sagte: »Das war aber 'ne schnelle Verabredung.«

»Und ob«, sagte ich und öffnete meine Pizzaschachtel.

»Was war?«

»Ich hatte bloß fünfzehn Grüne. Ich fragte sie, ob wir getrennt bezahlen könnten. Sie wurde sauer. Ich wurde sauer. Und da bin ich.« Ich biß von der Pizza ab.

»Du machst Witze«, sagte Dave.

»Siehst du mich hier sitzen und fettige Peperoni und Fettpizza essen? Nein, ich mach keine Witze.«

Dave sagte: »Aus welchem Jahrhundert kommt *die* eigentlich?«

»Wenn du mich fragst«, sagte Remi, »ich würd sie mal eine Zeitlang in Ruhe lassen.«

»Egal, was«, sagte ich. »Wenn's dir nichts ausmacht, dann möchte ich im Moment nicht drüber reden.«

»Alles klar«, sagte Remi, und er und Dave standen auf. »Wir wollten sowieso grade gehen. Wir haben den Abend zum Ich-hab's-total-satt-Student-zu-sein-Abend erklärt. Wir gehen jetzt ins Spielzimmer, und danach treffen wir uns mit ein paar anderen in der Disco. Komm doch auch.« Er lächelte. »Kostet bloß 75 Cent Eintritt. Ehrlich, komm. Gegen zehn.«

»Yeah, vielleicht«, sagte ich. Remi gab mir einen Klaps auf die Schulter, dann gingen sie.

Ich aß meine Pizza zu Ende und haute mich dann einfach aufs Bett, die Hände unter dem Kopf. So blieb ich lange liegen, dachte nach und sah mich im Zimmer um. Ich starrte auf das Stones-Plakat über Remis Bett, auf die Landkarten über Daves Bett, die Landkarten von Spanien und Frankreich und Australien und Rußland, die er so gern mochte, auf den Globus auf meinem Schreibtisch, den mir mein Vater geschenkt hatte, kurz bevor ich mit der Schule fertig war (»Nimm das mit, damit du nicht vergißt, wo D.C. ist«, hatte er zu mir gesagt). Kurz nach meiner Ankunft auf dem Campus und nachdem ich mich in meinem Zimmer eingerichtet hatte, konnte ich viel Zeit damit verbringen, genau das zu tun, was ich jetzt gerade tat, einfach dazusitzen und die Wände zu betrachten. Damals dachte ich darüber nach, daß ich jetzt auf mich gestellt war, und das Gefühl, das ich dabei hatte, genügte, um mich den ganzen Abend zu unterhalten. Ich wünschte, einige meiner High-School-Freunde könnten mich jetzt sehen. Doch im Lauf der Monate hatte mein Zimmer den großen Reiz für mich verloren. Das einzige, was ich nun spürte, wie ich so auf dem Bett lag und an die Wände starrte, war Langeweile.

»Was soll's, ich geh in die Disco«, sagte ich so vor mich hin.

Die Disco war in einem großen Kellerraum des Studentenwerkgebäudes. Ich ging durch die Eingangshalle auf die stampfende Musik zu, die die Wände erzittern ließ, und gab dem Typ an der Tür meinen Ausweis. Er gab mir einen Stempel auf die Hand, und ich ging hinein. Drin war es gut zehn Grad wärmer. Es war ziemlich voll; ich betrachtete die ganzen Weißen – einige tanzten, andere waren hoffnungslos und happy weggetreten. Ich bahnte mir einen Weg zum Rand der Tanzfläche, um nach Remi und Dave zu suchen. Gerade in dem Augenblick fing das Stroboskop an, und ich mußte blinzeln und auf den Boden schauen, um nicht das Gleichgewicht zu verlieren.

Ich spürte, wie mir eine Hand auf die Schulter schlug. Ich blickte auf, und es war Dave. »He, du!« schrie er. »Schön, daß du dich aufgerafft hast.«

Er packte mich am Arm und zog mich auf die Tanzfläche, wo Remi und ein paar andere Jungs und Mädchen in einer Art Kreis tanzten. Ich machte mit. Nach einer Weile gefiel es mir richtig. Der DJ spielte The Police, The Cars und The Knack, auch Rick James, Stücke aus Michael Jacksons Album »Off the Wall« und ein bißchen alten Motown. Immer wieder gingen wir an die Bar, schweißgetränkt, und kauften Becher Bier, das wir wie Wasser tranken. Dann ging's wieder zurück zur Tanzfläche.

Irgendwann tippte mir dann jemand auf den Rücken. Ich drehte mich um, und Dave und Remi winkten zum Abschied. »Ich glaub, uns reicht's«, schrie Dave. »Bleibst du noch?«

»Denke schon«, schrie ich zurück.

So etwas wie Tanzpartner gab es hier nicht; es war eine Art musikalisches Gerangel. Für die Dauer eines halben Stücks tanzte ich vor einem Mädchen, dann zog sie weiter oder auch ich, und ich beendete das Stück mit einer andern – oder niemand. Es war nicht so wichtig. An dem Abend war fast nichts wichtig.

Gegen zwei Uhr taumelte ich hinaus. Ich ging mit einem blonden Mädchen namens Joanne, deren Wohnheim in der gleichen Richtung wie meines lag, über die Bowl.

»*Mein Gott,* das hab ich gebraucht«, sagte ich zu Joanne. »Jetzt schaff ich die Woche vielleicht doch noch.«

»Macht dich das fertig hier?« fragte sie.

»Ach, das und noch ein paar andere Sachen«, sagte ich. »Meine Freundin treibt mich zum Wahnsinn. Ich glaub, das ist ihr Lebensinhalt, mich zum Wahnsinn zu treiben.« Jetzt redeten die ganzen Biere.

»Wie treibt sie dich zum Wahnsinn?« fragte Joanne. Wir kamen gerade an der Bibliothek vorbei und gingen unter ihren Strahlern entlang, die die ganze Nacht über an waren. Nun konnte ich sie erstmals richtig ansehen – ihre hohen, modellierten Wangenknochen, ihre nahezu spitze Nase, das blonde Haarbüschel, das ihr über die Stirn bis auf die Augenbrauen hing.

»O Mann«, sagte ich, »wenn ich das erzähle, das würde eine Stunde dauern. Das Neueste ist, ich kann's mir nicht leisten, sie irgendwohin auszuführen, weil ich blank bin, und darüber ist sie sauer. Ich muß alles bezahlen, obwohl ich keinen Cent auf der Naht habe.«

Sie sagte: »Scheint, du mußt entweder im Lotto gewinnen oder dir ne neue Freundin besorgen.«

»Da stehn die Chancen gleich schlecht.«

»Das würde ich nicht sagen. Beim Lotto stehn deine Chancen etwa eins zu einer Million, und auf dem Campus gibt's sechshundert Frauen. Wenn ich du wäre, würde ich mir den Dollar sparen«, sagte sie lächelnd.

Ich erinnere mich, wie ich dann den Mund zu einem »Aber« öffnete, und ich erinnere mich, wie die dazu nötige Menge Luft ausgestoßen wurde. Doch ein Wort kam nicht heraus.

Wir erreichten den Fußweg, der zu ihrem Wohnheim führte. Wir blieben stehen und schauten einander an. Sie sagte: »Also, danke, daß du mich hergebracht hast.«

»Alles klar«, sagte ich.

Ich kann den Moment, der nun folgte, beschreiben, aber nicht erklären. Er war erfüllt von dem Wissen, was nun geschehen würde, wie der Sekundenbruchteil vor einem Zusammenstoß, in dem man das andere Auto kommen sieht. Und fast so furchterregend war es auch: Ich hatte Angst, Roxie nach dem Abend wiederzusehen, und Angst, auch wenn ich nicht genau wußte, warum, diese Rassenschranke zu überschreiten. Angst – aber keine Scham. Die Gewißheit, daß ich den Schritt ganz tun würde, schien mir die Sache irgendwie aus der Hand zu nehmen. Ich trat auf Joanne zu, furchtsam, erregt und, durch all das hindurch, schuldlos.

... und Minuten später – zehn? zwanzig? –, in denen wir dagestanden und unsere Zungen den Mund des anderen erforscht hatten, und nachdem sie gesagt hatte: »Ich muß morgen früh raus« und mir beim Hineingehen über die Schulter zulächelte, ging ich auch.

Ich schlenderte an meinem Wohnheim vorbei, weil ich wußte, daß ich nicht würde schlafen können, und noch an etlichen weiteren Häusern, bis ich zu dem Ententeich kam. Ich stand am Ufer, warf Kiesel hinein und hörte den Enten zu, wie sie ruhig miteinander sprachen. Dann fing es an. Als Joanne wieder sicher auf ihrem Zimmer war, lichtete sich mein Unschuldsnebel; die Worte: *Was habe ich da getan?* wiederholten sich unablässig in meinem Kopf.

Ich warf einen Kiesel hinein und sah zu, wie die Kreise der Wellen größer wurden. Ich sah zu, wie sie die Enten schubsten und hatte ein schlechtes Gewissen, ihren Frieden gestört zu haben. Ich wollte es wiedergutmachen, aber ich hatte nicht die leiseste Ahnung, wie.

Als ich am nächsten Morgen aufwachte, beschloß ich, daß nichts geschehen war, oder ich würde wenigstens so tun, als sei nichts geschehen. Während ich unter der Dusche stand, das heiße Wasser über mich prasselte, schien alles völlig klar. Nichts war geschehen. So einfach war das.

Und so einfach schien es auch fast den ganzen Tag. Ich ging frühstücken, und die Frauen an der Essensausgabe hatten den üblichen kaputten Ausdruck unter ihren weißen Hauben. Nichts war anders. Meine Seminare liefen ab wie immer; keiner meiner Professoren starrte mich anklagend an. Alles wie gehabt.

Um sechs ging ich in die Mensa, um zu Abend zu essen. Ich holte mir einen Teller Spinat mit irgendwas, drängte mich dann durch die Massen zum Sodabrunnen. Ich stand davor und versuchte, mich zwischen Coke und Dr Pepper zu entscheiden, als jemand rechts von mir »Hallo« sagte. Es war Joanne. Sie sah ein wenig anders aus als vergangene Nacht; sie hatte die Haare zurückgebunden und sah um einiges beherrschter aus, als man es tut, wenn man sich einen ganzen Abend lang auf der Tanzfläche ausgetobt hat.

»Äh, hallo«, sagte ich.

Sie lächelte und sagte: »Ißt du schon mit jemand?«

Ich sagte: »Ähm ...« Ich sah weg, überflog alle Gesichter, ob Remi oder Dave darunter waren. Sie waren nirgends. Aber das wußte Joanne ja nicht. Ich wandte mich ihr wieder zu – schaute ihr nicht direkt ins Gesicht, aber in die ungefähre Richtung – und sagte: »Yeah.«

Bevor sie noch etwas sagen konnte, war ich weg, auf der Suche nach einem Tisch, so weit weg wie nur möglich, und fühlte mich beinahe wie ein anderer.

Am nächsten Tag, ich ging gerade über die Bowl, sah ich sie auf mich zukommen. Wir waren noch etwa drei Meter voneinander entfernt, unsere Blicke trafen sich den Bruchteil eines Moments, dann schauten wir beide weg. Ohne ein Wort oder einen Blick gingen wir aneinander vorbei – was die Art unserer Beziehung für den Rest des ersten Semesters bestimmte.

Unterdessen hielt ich die Sache mit Roxie recht und schlecht am laufen. Allmählich wurde es, ohne daß wir uns ausdrücklich darauf geeinigt hätten, zwischen uns irgendwie ... förmlich. Wenn wir uns sahen, dann nur, weil wir uns vorher verabredet hatten: Wir schauten beim andern nicht mehr einfach so herein. Donnerstag abend rief ich sie an, ob wir Freitag weggehen wollten, und als wir Zeit und Ort ausgemacht hatten, legten wir wieder auf. Und es kam mir nicht in den Sinn – ihr wohl auch nicht –, daß wir auch zwischen der Verabredung und dem Treffen miteinander reden könnten.

Aus irgendeinem Grund erinnere ich mich an ein Gespräch an einem Freitag abend. Wir hatten uns gerade *To Have and Have not* angesehen (in dem Kino, das gleichzeitig Chemielabor war), und ich brachte sie zurück zu ihrem Wohnheim.

»In den Bogey-Filmen sehe ich allmählich immer nur ein Thema«, sagte ich. »Er ist immer derjenige, der schwört, daß er alles nur für sich selber macht, und dann kämpft er doch wieder für die Wahrheit, die Gerechtigkeit, die amerikanischen Werte und den ganzen Kram. Das war so in *Casablanca, Gangster in Key Largo, African* –«

»Heutzutage hätte er als Leitfigur keine Chance, das sag ich dir«, sagte Roxie.

»Wie?«

»Siehst du nicht, wie dünn der war? Ich hab gehört, er war auch bloß knapp einssiebzig groß. Der könnte sich nicht gegen die Muskelmänner durchsetzen, die heute in den Filmen sind.«

Ich schwieg einen Augenblick lang. Dann sagte ich: »Nein. Vermutlich nicht.«

Wir kamen hinten an der Bibliothek vorbei. Auf der anderen Straßenseite waren Fakultätsgebäude. Mein Englischprofessor, Mr. Graham, wohnte in einem davon. Das mit der Fahne davor, dachte ich. Es war eine klare Nacht, ich konnte den Mond dicht über den Häusern sehen. Er war voll und groß und gelb wie Senf.

»Hast du die Filme schon gesehen?« fragte ich. »*Key Largo* oder *African Queen?*«

»Welcher ist *African Queen?*«

»Der mit Katherine Hepburn –«

»Ich finde Katherine Hepburn toll. Ich hab sie in *The Philadelphia Story* gesehen. Sie und Cary Grant. Cary Grant finde ich auch toll.«

»Ich mag ihn auch«, sagte ich und betrachtete wieder den Mond.

Es war der letzte Tag des ersten Semesters gegen drei nachmittags, ich war allein auf meinem Zimmer. Am Vormittag hatten Remi und ich Dave zum Abschied umarmt und zugesehen, wie er mit seiner Familie nach North Carolina abfuhr. Gegen zwei Uhr hatte ich mich von Remi verabschiedet, der den Sommer wieder in Brooklyn verbrachte. Ich packte meine letzten Sachen in einen Pappkarton auf dem Bett; in rund zwei Stunden wollte mein Vater mich abholen kommen. Während ich alles mögliche – meinen Globus, meine Schreibtischlampe, einen Football – hineinwarf, sah ich mich im Zimmer um. Remis Poster und Daves Landkarten waren weg; die einzigen Spuren waren noch die Streifen von dem Klebeband, das sie festgehalten hatte. Ich konnte Daves Anlage nicht anstellen, weil sie im Kofferraum des Autos seines Vaters war, unterwegs nach North Carolina. Nie, so dachte ich, hatte ich ein so leeres Zimmer gesehen.

Und dann klopfte es an die Tür, und Roxie trat ein. Ich erinnere mich noch, was sie anhatte: weiße Shorts und Turnschuhe und ein himmelblaues Frotteehemd. Sie sieht aus wie der Sommer selbst, dachte ich. »Hi«, sagte ich.

»Hallo«, sagte sie. »Wie läuft's so?«

»Praktisch alles unter Kontrolle«, sagte ich. »Das da ist jetzt der Rest. Alles andere kommt so in den Wagen.« Wieder betrachtete ich die Wände und sagte: »Hast du schon mal so ein verlassenes Zimmer gesehen?«

»Sieht ziemlich kahl aus«, sagte sie. Sie setzte sich auf den Rand der Matratze; der Karton, den ich vollud, neigte sich zu einer Seite.

Ich sagte: »Wann kommen deine Leute?«

»In ungefähr drei Stunden.«

»Schon gepackt?«

»So in etwa. Ein bißchen muß ich noch. Aber ich wollte dich noch sehen.«

Ich sagte: »Tja ...«; mehr fiel mir nicht ein. Ich legte etwas in den Karton, ließ es geräuschvoller als nötig hineinfallen, und konnte so die Stille etwas füllen. Schließlich sagte ich: »Hab ich dir meine Nummer zu Hause gegeben?«

»Yeah. Meine hast du auch, oder?«

»Yeah.«

Sie sah sich meine ganzen Sachen an, die in Kartons und Taschen verpackt waren und in Haufen auf dem Boden lagen. »Wir haben schöne Zeiten gehabt dieses Jahr«, sagte sie und nickte, wobei sie noch immer auf die Sachen blickte.

»Yeah«, sagte ich. Ich trat hinter meinem Karton hervor und

sah zu ihr hinab, die Daumen in die Jeanstaschen gehakt. »War ganz schön«, sagte ich.

Daraufhin stand sie auf und nahm mich in die Arme, und so standen wir eine Weile da. Dann sahen wir uns an und küßten uns. Es war etwas mehr als freundschaftlich, aber auch nicht richtig leidenschaftlich; fast schien es, als sagten wir uns etwas durch den Kuß, etwas wie: »Nichts für ungut.« Als es vorbei war, strich sie mir über die Brust, tätschelte sie dann und zog sich zurück, Richtung Tür. Sie flüsterte: »Bye«, wedelte schwach mit den Fingern, als winkte sie, und war weg.

Ich hatte mich gefragt, wie Roxie und ich das Jahr abschließen würden, und nun glaubte ich, es zu wissen. Es hatte keine häßliche Trennung gegeben; wir hatten keinen Versuch unternommen, die rauhen Stellen zu glätten. Am Ende hatte sich die Beziehung von ganz allein in nichts aufgelöst.

Die Zeit, bis ich wieder auf dem Campus war, verging wie im Flug. Wieder teilte ich mit Remi das Zimmer; wir hatten geplant, wieder zu dritt zu wohnen, doch dann war Daves Vater im Juli ziemlich krank geworden, und Dave konnte in dem Semester nicht kommen.

Am Tag, bevor der Lehrbetrieb wieder anfing, ging ich über die Bowl und sah Joanne auf mich zukommen. Reflexartig wollte ich wieder meine »Ignorier«-Haltung einnehmen – und einfach ganz fest an etwas anderes denken, bis wir aneinander vorbei waren. Doch dann fiel mir etwas ein. Ich blickte darauf zurück, was zwischen uns geschehen war, und sah das nun irgendwie mit großem Abstand. Wir hatten vor dem Wohnheim geknutscht, einmal, vor einem halben Jahr. Na und? Bestimmt gab es irgendein Verjährungsgesetz für solche Dinge und wenn ja, dann mußte die Verjährung inzwischen in Kraft getreten sein. Während wir uns näherten, musterte ich sie. Sie sah woanders hin und schien über etwas nachzudenken, auf das ich bestimmt nicht gekommen wäre (sie hatte *ihre* »Ignorier«-Haltung eingenommen). Als wir noch einen Meter voneinander entfernt waren, trat ich ihr unmittelbar in den Weg. Sehr laut sagte ich: »Hi.«

Sie sah mich verblüfft an. Doch dann sah sie meinen Gesichtsausdruck – ich hatte die Lippen fest zusammengepreßt, als unterdrücke ich ein Lächeln – und bei ihr schien es ähnlich zu sein. Mit gespieltem Ernst in der Stimme sagte ich: »Und wo . . . gehst du hin?«

»Zur . . . Buchhandlung«, sagte sie, indem sie mich imitierte.

»Kann . . . ich . . . mitkommen?«

»Aber . . . ja . . . kannst du.«

Wir gingen wieder zurück über die Bowl, um den Hörsaal herum und über den Campus Square zur Buchhandlung. Dabei unterhielten wir uns darüber, wie wir den Sommer verbracht hatten. Sie war die meiste Zeit in Boston gewesen, hatte ihrem Vater dabei geholfen, ein neues Zimmer an das Haus anzubauen. Ich hatte für ein Bürobedarfsgeschäft Ware ausgefahren – was, sagte ich zu Joanne, ungefähr so aufregend war, wie es klang.

»Wenigstens warst du dabei an der frischen Luft«, sagte sie.

»Da hast du auch wieder recht.«

In der Buchhandlung mußte sie die ganzen Bücher abholen, die sie für ihre Seminare brauchte. Zu diesem Zweck gab es in dem Laden Wagen, Miniversionen von Einkaufswagen im Supermarkt. Ich zog einen heraus und schob ihn hinter Joanne her, während sie Bücher aus dem Regal nahm. »Uää«, sagte ich, nachdem sie ein Buch über Makroökonomie herausgenommen und in den Wagen gelegt hatte.

»Hast du was gegen Vowi? Mir macht's Spaß.«

»Spaß«, sagte ich. »Einmal, als ich sechs war, bin ich die Straße entlanggerannt, ausgerutscht und hingefallen. Bin auf dem Gesicht gelandet und hab mir beide Schneidezähne ausgeschlagen. *Das* hat mehr Spaß gemacht als Volkswirtschaft.«

Joanne verzog das Gesicht und sagte: »Du bist komisch.«

Nachdem sie die Bücher bezahlt hatte, packte die Kassiererin sie in eine braune Papiertüte, und wir gingen. Ich wollte ihr die Bücher tragen, doch sie bestand darauf, es selbst zu tun. Wir überquerten die Straße und liefen zurück über den Central Square, vorbei an den Bäumen und Eichhörnchen und Steinbänken, ohne viel zu reden. Ich legte mir im Kopf zurecht, wie ich mich für letztes Jahr entschuldigen wollte. Das Problem war, daß es jetzt so lange her war und so trivial erschien und daß ich, indem ich es wieder ansprach, aus einer Mücke einen Elefanten machte, doch es erschien mir nicht ganz richtig, so zu tun, als sei *nichts* geschehen. Schließlich machte ich einen Kompromiß mit mir.

»Hast du dich schon mal – ähm – bei jemandem in die Nesseln gesetzt und nicht gewußt, wie du wieder aufstehen sollst?«

Sie sah mich an und lächelte mit geschlossenen Lippen. »Ich glaube, ich weiß, was du meinst.«

Später saß ich auf meinem Bett und blätterte abwesend durch die *Norton Anthology of English Literature*, als es an die Tür klopfte. »Ist offen«, rief ich, und eine Sekunde später kam Roxie herein.

»Roxie!« Ich sprang vom Bett.

»Hallo«, sagte sie. »Wie geht's dir?«

Wir trafen uns mitten im Zimmer und umarmten uns, dann setzten wir uns aufs Bett. Sie sagte: »Wie war der Sommer?« Anfangs dachte ich, sie meine das anklagend. Die Häuser unserer Eltern waren eine Dreiviertelstunde voneinander entfernt, und den ganzen Sommer hatten wir uns kein einziges Mal gesehen. Doch sie lächelte. Ich beschloß, daß es eine unschuldige Frage war.

»Nicht schlecht«, sagte ich.

»Was hast du gemacht?«

»Ich – äh – hab für ein Bürobedarfsgeschäft Ware ausgefahren.«

»Wahn-sinnig aufregend«, sagte ich sarkastisch.

Sie habe, sagte sie, im Juni, Juli und August in einem Kino gearbeitet, was, wie wir übereinstimmend feststellten, doch einen halben Tick besser war. Dann redeten wir über die Seminare, die wir belegen wollten. Sie sagte, sie überlege sich, ob sie sich noch mehr Arbeit aufladen solle als letztes Jahr, und ich sagte, ich auch.

»Also«, sagte sie, »und was machst du heute abend?«

»Tja, ich hab einiges zu tun heut abend.« In Wahrheit wollte ich mit Joanne ins Kino.

»Und wie wär's mit morgen abend? Sollen wir einen Kaffee trinken gehen oder so was?«

»Ähm, ja«, sagte ich und nickte. »Das machen wir.«

»Okay.«

Zu meiner Überraschung beugte sie sich zu mir her und küßte mich, und unglaublicherweise schob sie mir ihre Zunge ungefähr den halben Hals hinab. Dann stand sie auf, gab mir noch einen kurzen Kuß auf die Lippen und sagte: »Morgen reden wir.« Dann ging sie.

Ein paar Minuten lang lief ich nur im Zimmer herum – von meinem Bett zu meinem Schreibtisch, von Remis Bett zu Remis Schreibtisch –, die Hand am Hinterkopf. Dann setzte ich mich wieder. Und ich kam zu dem Schluß, wenn ich ziemlich lange lebte, wenn ich meine Kinder und die Kinder meiner Kinder überlebte, dann gäbe es noch immer Sachen, die ich nicht verstand.

Ich holte Joanne gegen halb acht Uhr von ihrem Zimmer ab. Als sie die Tür aufmachte, sah sie richtig toll aus. Sie war nicht besonders geschminkt oder aufgedonnert – sie trug eine graue Hose und ein hellgrünes Plaid-Oberteil. Aber sie war richtig ... hübsch. »Hi«, sagte sie. »Fertig?«

The Strand, das Programmkino von Field, lag etwa einen Block von der Campusbuchhandlung entfernt. An dem Abend lief *Garp und wie er die Welt sah*, was wir beide noch nicht gesehen (aber gelesen) hatten. »Das Buch ist so witzig geschrieben«, sagte Joanne, als wir quer über den Central Square gingen. »Das hat mir am besten daran gefallen. Ich weiß nicht, wie sie das im Film rüberbringen wollen.«

»Na ja«, sagte ich, »so wie ich Robin Williams kenne, kriegt der das hin. Jedenfalls soweit, wie man es überhaupt hinkriegen kann.«

»Hoffentlich.«

Als wir noch einen halben Block entfernt waren, sah ich jemand unter der Markise stehen. Mir wurde klar, daß das, wovor ich den ganzen Tag Angst gehabt hatte, wovor ich mich das ganze letzte Jahr über bewahrt hatte, nun eintreten würde.

Ich weiß nicht, warum Roxie unter der Markise stand – wahrscheinlich wartete sie auf eine ihrer Freundinnen. »Hi«, sagte ich zu ihr, als Joanne und ich ins Kino gingen; es war nicht eben das, was ich eigentlich zu ihr hätte sagen sollen, aber ich wußte eben auch nicht recht, was ich hätte sagen sollen.

»Hi«, sagte sie und sah von mir zu Joanne.

Während Joanne ihre Karte kaufte, sahen Roxie und ich einander nur an. Ihre Miene war unbestimmt und geradezu unergründlich, nur ihre Augen verengten sich, und das sagte alles; sie schienen auszudrücken: »Aha. Jetzt versteh ich, was läuft.«

Ich kaufte meine Karte, dann gingen Joanne und ich hinein.

Roxie und ich tranken am nächsten Abend nicht zusammen Kaffee. Ich hörte nichts von ihr, und ich meldete mich nicht. Um die Wahrheit zu sagen, wir wechselten kaum noch einmal ein Wort. Manchmal sah sie mich an, manchmal nicht; aber jedesmal, ob wir Blickkontakt hatten oder nicht, gab sie mir das Gefühl, als werde ich wegen etwas angeklagt.

Joanne und ich saßen in einem halbvollen Bus, weg vom College Richtung Field. Wir redeten nicht, im Moment nicht, weil wir einen Punkt erreicht hatten, wo es ganz in Ordnung war, nichts zu sagen, wenn wir uns nicht danach fühlten. Wir hielten Händchen, sie sah aus dem Fenster, und ich schaute mich im Bus um. Mein Blick traf den eines weißen, vielleicht fünfzehnjährigen Jungen; er starrte mich an, bis er merkte, daß ich nicht wegschauen würde, und dann schaute *er* weg. Vorn im Bus unterhielten sich zwei schwarze Mädchen auf einer Längsbank und sahen zu mir hin. Ich konnte nicht hören, was sie sagten. Ich sah nur ihr Lächeln, das eigentlich überhaupt kein Lächeln war.

Es war nicht meine erste Fahrt in die Stadt, auch nicht Joannes (wir waren jetzt im zweiten Jahr). Aber es war unsere erste gemeinsame Fahrt und unsere erste dieses Semester. Wir brauchten eine Abwechslung vom Campus, wir wollten eine Weile die »wirkliche Welt« besuchen oder ihr jedenfalls so nahe kommen, wie es ging. So fuhren wir also schweigend dahin, während die Bäume und die kleinen Häuser vorbeizogen, und bald waren wir in – »Nicht zwinkern, sonst hast du's verpaßt« – der Innenstadt von Field.

»Wo willst du zuerst hin?« fragte mich Joanne, kaum daß wir aus dem Bus gestiegen waren.

Ich blickte die Straße hinauf und hinunter. Es gab ein Woolworth und daneben einen Kartenladen und daneben einen Plattenladen und daneben eine Pizzeria. Gegenüber gab es ein Postamt und eine Bank.

»Gehen wir zu Woolworth.«

Wir faßten uns an der Hand und gingen den Gehweg entlang. Nun spielte ich ein anderes Spiel als im Bus. Hatte ich dort sehen wollen, wie lange ich die Blicke anderer aushalten konnte, so wollte ich jetzt, als wir die Hauptstraße entlanggingen, sehen, inwieweit ich die Leute ignorieren konnte. Ich spürte die Blicke der Weißen und der wenigen Schwarzen auf uns; aus dem Augenwinkel sah ich, wie sie den Kopf drehten. Doch ich schaute sie nicht an, schon gar nicht auf eine Art, die unverhohlen gewesen wäre.

Joanne sah geradeaus und sagte: »Ich weiß, was *die* beim Abendessen zu reden haben.« Sie wollte, daß es schnoddrig klang, das merkte ich. Und es gelang ihr auch, aber nur äußerlich. Darunter saß etwas anderes – eine Art Kleinmädchenverwirrung. Ich drückte ihr die Hand, und sie legte den Kopf an meine Schulter.

Wir betraten Woolworth. Wir gingen die Gänge voller Schrott auf und ab und machten uns über alles lustig. Ich nahm eine Schreibtischlampe aus Holzimitat hoch; man sah noch den Leim, mit dem der Sockel ans Gestell geklebt war, und wir kicherten darüber. Wir kicherten über die orange- und erbsenfarbenen 85%-Polyester-Kleider im Ausverkauf, über die kitschigen Gemälde von Katzen und Cowboys und Elvis Presley, über alles. Der fette weiße Wachmann, der in der Ecke saß, behielt uns im Auge. Über ihn kicherten wir auch.

Als wir keine Lust mehr hatten, gingen wir in die Pizzeria zum Lunch. Der einzige Mensch dort drin außer uns war der stämmige, schwitzende Italiener hinterm Tresen. Er lächelte uns zu, als wir eintraten. Wir lächelten zurück. Einen Moment lang wollte ich ihn umarmen.

Wir aßen an einem Tisch am Fenster, damit wir die »Pennsylvanier«, wie Joanne sie immer nannte, betrachten konnten. Sie sagte: »Gestern abend hab ich mit meiner Mutter geredet.«

»Ach, ja?«

»Ja. Ich hab ihr gesagt, ich ginge seit einiger Zeit mit so einem tollen neuen Typen.«

»Na so was. Hast du ihr auch erzählt, wie dieser tolle neue Typ aussieht?«

»Na, klar.«

»Was hat sie gesagt?«

»Na ja, sie wirkte etwas überrascht. Aber sie hat gesagt, es spiele für sie keine Rolle. Sie hat gefragt, ob du nett seist, und ich hab ja gesagt. Dann hat sie mich gefragt, was du als Hauptfach machst, und ich hab gesagt, du wüßtest es noch nicht genau, aber es würde wohl Englisch werden. Das hat ihr gefallen. Sie hat auch Englisch gemacht.«

»Da hast du aber Glück«, sagte ich.

»Ich weiß. Sie sind toll. Und hast du deinen Eltern schon von mir erzählt?«

»Noch nicht. Ich glaube, ich warte lieber, bis ich in den Ferien nach Hause komme.«

»Ist das denn so eine große Sache?«

»Ehrlich gesagt, ich hab keine Ahnung. In den neunzehn Jahren war das noch nie ein Thema.«

»Und .. wenn es ihnen was ausmacht, macht's dir dann auch was aus?«

Ich tat, als dächte ich sehr angestrengt darüber nach. Ich sah stirnrunzelnd zur Decke hoch, ich sah zu Boden und kratzte mich am Kopf. Endlich sah ich ihr in die Augen und sagte: »Nö.«

Das machte sie froh, und sie lachte.

Nachdem wir die Pizzeria verlassen hatten, wühlten Joanne und ich eine Weile den Plattenladen durch und machten uns dann auf zum Bus zurück zum Campus. Wir standen unter so einem Bushäuschen aus Plexiglas, gegenüber von der Field Savings Bank. Zwei Weiße warteten zusammen mit uns – ein Mann mittleren Alters in einem grünen Polyester-Freizeitdreß mit weißem Stichmuster und ein Mädchen, das nicht älter als fünfzehn aussah.

Ich sah Joanne an. »Was für eine Stadt«, sagte ich ruhig.

»Was für eine Stadt«, sagte sie.

Ich verspürte den Drang, sie zu küssen, hielt mich jedoch zurück. Dann überlegte ich es mir und küßte sie doch.

Eine Gruppe weißer Jungen, fünf oder sechs, etwa im High-School-Alter, kam die Straße entlang. Sie redeten untereinander, und als sie an der Haltestelle vorbeikamen, hörte ich die Worte »falsche Farbe«. Einen kurzen, bestürzten Augenblick lang sah Joanne mich an. Dann sah ich den Jungen einfach schweigend nach, wie sie die Straße weitergingen. Schließlich brüllte ich: »Was?!«

Einer der Jungen sah zurück; die Gruppe ging weiter.

»Was? Was!« schrie ich, bis Joanne mich am Arm faßte.

Auf der Busfahrt zurück zum Campus regnete es. Hier und da tropfte es auf die Scheiben, dann öffnete sich der Himmel ganz plötzlich, wie in einer schlechten Fernsehkomödie. Bald glänzte die schwarze Straße, und die Reifen der Autos und Laster spiegelten sich auf dem Asphalt wie die Ränder eines angrenzenden, verkehrten Universums. Am liebsten wäre ich in dieses Universum gegangen. Vielleicht könnten Joanne und ich, so dachte ich, dort umhergehen, ohne angestarrt oder auch nur bemerkt zu werden. Doch ich wußte, es würde nicht funktionieren. Ich wußte, wenn ich versuchen würde, dorthin zu kommen, versuchte, unter die Oberfläche zu tauchen, so würde ich doch nie unter die harte, harte Straße dringen.

Übersetzt von Eike Schönfeld

ALICE WALKER

Die Abtreibung

Sie hatten darüber gesprochen, aber nicht wirklich, ob sie das Kind haben wollten, mit dem sie gerade schwanger war. »Ich *weiß* nicht, ob ich es will«, sagte sie, und ihre Augen füllten sich mit Tränen. Sie weinte jetzt beim geringsten Anlaß. Andauernd war ihr schlecht. Daß schwangere Frauen leicht weinen und ihnen schlecht wird, kam ihr banal vor, und Banalitäten waren ihr zuwider.

»Denk noch mal darüber nach«, sagte er mit dieser sanften, beruhigenden Stimme (aber es lag eine leichte Ungeduld darin, glaubte sie jetzt), die sie früher immer getröstet hatte.

Es war das einzige, was sie noch dachte; sie konnte offensichtlich nicht anders. Daß er von anderen Dingen träumen konnte, machte sie wütend. Aber wenn sie sich stritten, zog sie immer den kürzeren. Ihr Temperament ging mit ihr durch; er wurde auf einen Schlag vernünftig, reif und verantwortungsbewußt, brachte sogar Verständnis für ihre Launen auf, und sie schluckte ihre Tränen herunter und haßte sich. Denn sie hielt ihn für »gut«. Für den besten Menschen, der ihr je begegnet war.

»Ist ja nicht so, als hätten wir nicht schon ein Kind«, sagte sie etwas gefaßter und wischte sich gleichgültig eine Träne aus dem Auge.

»Wir haben ein großartiges Kind«, sagte er im Brustton der Überzeugung. »Dem Himmel sei Dank!«

Hätte sie sich je träumen lassen, eines Tages jemanden zu heiraten, der herumlief und dem Himmel dankte? Jemanden mit so viel Demut? Bestimmt nicht.

Jetzt verließen sie das Schlafzimmer, wo sie auf dem riesigen

Doppelbett mit der störenden Ritze in der Mitte gelegen hatte, und gingen durch den Flur mit den bunten Bildern in die fröhliche, blitzsaubere Küche. In einem hellgelben Kessel setzte er Teewasser auf.

Sie wünschte sich, daß er das Baby so sehr wollte, daß er versuchen würde, es zu retten. Andererseits hätte sie sich eine solche Anmaßung verbeten. Während er das Kind lobte, das sie bereits hatten, eine Tochter mit sonnigem Gemüt und gewinnendem Lächeln, witterte Imani Ausflüchte, und ihr Herz verhärtete sich.

»Was rede ich darüber«, sagte sie, als hätte sie tatsächlich darüber gesprochen. »Noch ein Kind würde mich umbringen. Ich kann mir ein Leben mit zwei Kindern nicht vorstellen. Ein Kind zu haben ist eine gute Erfahrung, wenn man sie hinter sich hat, wie die Zeit vor dem Examen. Aber wenn man eins gehabt hat, hat man auch die Erfahrung und das reicht.«

Er stellte ihr den Tee hin und legte eine schwere Hand auf ihr Haar. Sie spürte die Hitze und den Druck seiner Hand, während sie die Tasse berührte, und das Aroma und der Dampf stiegen ihr in die Nase. Ihre Kehle schnürte sich zusammen.

»Ich krieg das nicht runter«, sagte sie mit zusammengebissenen Zähnen. »Nimm es weg.«

Solche Tage gab es.

Ihre Tochter Clarice war kaum zwei Jahre alt. Zwischen ihrer Geburt und der neuen Schwangerschaft hatte sie eine Fehlgeburt aus Kummer. (Imani hatte ihre Mutter, die sich leidenschaftlich für den Umweltschutz einsetzte, kurz nach Clarices Geburt durch Lungenkrebs verloren. In dem Klassenzimmer, in dem sie Erstkläßler unterrichtete, war aus der Asbestdecke zwanzig Jahre lang Asbeststaub entwichen.) Imani fühlte sich durch diese Ereignisse angegriffen, und ihr Körper war tatsächlich erheblich geschwächt. Jedenfalls hatte sie eine chronische Anämie und war dauernd erschöpft. Trotzdem: Wenn sie das Baby mehr gewollt als nicht gewollt hätte, hätte sie nicht geplant, es abzutreiben.

Sie wohnten in einer kleinen Stadt im Süden. Clarence, ihr Mann, war unter anderem Rechtsberater und Anhänger des neuen schwarzen Bürgermeisters der Stadt. Der Bürgermeister spielte in ihrem Leben eine bedeutende Rolle, nicht nur wegen der Schwierigkeiten, die sich daraus ergaben, daß er der erste schwarze Bürgermeister der Stadt war. Er war auch der Mann, den Clarence, abgesehen von den wichtigsten Führern der Kämpfe der Schwarzen im Süden, am meisten respektierte und bewunderte.

Imani hielt sich mit ihrem Urteil noch zurück, aber sie wies darauf hin, daß Bürgermeister Carswell sie nie direkt anschaute, wenn sie etwas sagte oder eine Frage stellte, nicht einmal, wenn er an ihrem Tisch saß, und sich statt dessen mit Clarence unterhielt, als ob sie gar nicht da wäre. Er ging davon aus, daß sie als Frau kein Interesse an Politik hatte und auch nichts davon verstand. (Gelegentlich machte er eine Bemerkung über ihre Kochkünste oder ihr Kleid. Es fiel ihm auf, wenn sie sich die Haare geschnitten hatte.) Doch Imani kannte sich in der Politik aus, bis in die kleinsten Schattierungen und Varianten; sie verstand zum Beispiel auch, warum sie den Mund fütterte, der nicht mit ihr sprach. Vorläufig blieb ihr nichts anderes übrig, als an Bürgermeister Carswell zu glauben, auch wenn er nicht an sie glauben konnte. Trotz dieser Erkenntnis fand sie die Essen mit Carswell schwer verdaulich.

Clarence aber war dem Bürgermeister ergeben und glaubte, daß sein Erfolg endlich Sicherheit und Fortschritt für sie alle bedeuten würde.

An dem Morgen, als sie losfuhr, um das Kind abtreiben zu lassen, hatten sich Clarence und der Bürgermeister zu einem Arbeitsessen verabredet. Die beiden brachten sie zum Flughafen und unterhielten sich den ganzen Weg über städtische Geldmittel, rassistische Bullen und darüber, wie man die chaotischen Zustände an den Schulen, an denen die Rassentrennung erst vor kurzem aufgehoben worden war, verbessern könnte. Clarence hatte gerade noch Zeit für einen flüchtigen Kuß und eine Umarmung, ehe sie eincheckte.

»Paß auf dich auf«, flüsterte er liebevoll, als sie ging. Während ihrer Abwesenheit wurde er gebraucht, um die neue Satzung der Stadt zu entwerfen. Sie hatte eingesehen, daß dies wichtig war; der Bürgermeister wurde von den ortsansässigen Geschäftsleuten und der Handelskammer bereits als inkompetent bezeichnet, und im Fernsehen ließ man sich darüber aus, daß kein Schwarzer auf der Welt wisse, was eine Satzung überhaupt sei.

»Auf mich aufpassen.« Ja, dachte sie. Das muß ich tun. Aber sie dachte es voller Selbstmitleid und schon war es nur noch halb so viel wert. Sie hatte von ihm erwartet, daß *er* auf sie aufpaßte, und nahm ihm übel, daß er es jetzt nicht tat.

Na ja, sie war eben eine Heuchlerin. Ein Jahr nach der Hochzeit hatte sie gewußt, daß die Ehe sie langweilte. »Die Erfahrung, ein Kind zu haben«, hatte sie von dieser Tatsache ablenken sollen. Trotzdem erwartete sie, daß er »auf sie aufpaßte«. Ihr Glück, daß er nicht einfach seine Sachen packte und abhaute. Andererseits war ihm offenbar genauso wie ihr klar, daß, wenn überhaupt einer packte und abhaute, sie es wäre. Gerade, *weil* sie eine Heuchlerin war – weil er sich letztlich mit Heuchelei abfinden würde und sie niemals.

Im Flugzeug nach New York hatte sie Zahnschmerzen und erbrach Galle – bitteres gelbes Zeug, das sie in ihrem Körper nicht vermutet hätte. Sie ärgerte sich und nahm dann doch die routinierte Hilfe der Stewardeß an, die fragte, ob sie etwas brauchte, und stehenblieb, um ein Schwätzchen mit dem Zigaretten rauchenden Weißen neben ihr zu halten. Sein feistes behaartes Handgelenk, wie ein riesiger Wurm, war das Äußerste, was Imani von seinem Anblick ertragen konnte.

Ihre erste Abtreibung damals auf dem College hatte sie in guter Erinnerung behalten, weil sie für sie in vielerlei Hinsicht Erwachsenwerden bedeutete, dem Leben eine Richtung geben und sie dadurch zu einer Einsicht gelangte, die sie nie wieder verließ, zu der Einsicht, daß Leben – was man um sich herum so sah und Leben nannte – keine Fassade war. Es gab kein Phänomen dahinter, das das »Leben« zu seiner Offenbarung benutzte. Das Leben stand für sich. Basta. Damals und später und auch jetzt noch erschien ihr dies als eine wunderbare Erkenntnis.

Ein bezaubernder italienischer Arzt in der Upper East Side von New York hatte damals die Abtreibung durchgeführt, und kurz vor der Narkose erzählte er ihr von seiner Tochter, die genauso alt war wie sie und im dritten Jahr am Vassar-College studierte. Er schwatzte immer weiter, bis Imani wegdämmerte, nicht ohne sich vorzustellen, daß die tausend Dollar, für die sie sich auf Jahre hinaus verschuldet hatte, draufgehen würden, damit sie am Leben blieb.

Als sie zu sich kam, war alles vorbei. Sie lag auf einem braunen Kunstledersofa in einem Nebenraum der Praxis. Über sich, von irgendwo aus der Luft, hörte sie die Stimme einer Frau. Es war Samstag, die Krankenschwestern hatten frei, also mußte es wohl die Frau des Arztes sein. Sanft half ihr die Stimme auf die Beine und ermunterte sie, ein paar Schritte zu gehen.

»Und wenn Sie rausgehen, versuchen Sie, so zu gehen, als ob alles in Ordnung wäre«, sagte die Stimme.

Imani fühlte keinerlei Schmerz. Das überraschte sie. Vielleicht hat er gar nichts gemacht, dachte sie. Vielleicht hat er meine tausend Dollar genommen und mich dann mit Äther für zwei Dollar narkotisiert. Vielleicht ist alles nur ein Schwindel.

Aber er war so freundlich und lächelte sie so gütig, beinahe väterlich an. (Da merkte Imani, wie verzweifelt sie diesen »väterlichen« Blick, dieses »väterliche« Lächeln brauchte.) »Danke«, murmelte sie aus tiefstem Herzen: Sie dankte ihm für ihr Leben.

Ein wenig Italien klang noch in seiner Stimme. »Nichts zu danken«, sagte er. »Gar nichts. So ein hübsches Mädchen wie Sie; noch in der Schule, wie meine eigene Tochter, nein, nein, Sie können diese Probleme nicht gebrauchen.«

»Er ist wirklich nett«, sagte sie sich auf dem Weg zur U-Bahn, mit der sie in die Schule zurückfuhr. Vorsichtig legte sie sich über zwei leere Sitze und wurde ohnmächtig.

In den nächsten sechs Wochen hatte sie ständig starke Blutungen und war erst nach einem Jahr wieder halbwegs auf dem Damm.

Seitdem waren sieben Jahre vergangen. Ein Abtreibungsgesetz machte es jetzt möglich, daß man sich nur einen Termin in der Klinik geben lassen brauchte und für fünfundsiebzig Dollar eine sichere, schnelle und schmerzlose Abtreibung bekam.

Imani hatte früher in New York gelebt, im Village, keine fünf Häuserblocks von der Abtreibungsklinik entfernt. Auch die Margaret-Sanger-Klinik war nicht weit, dort hatte sie ihr erstes Diaphragma bekommen – zutiefst dankbar und überrascht, daß es offensichtlich jemanden gab, der junge Frauen, allein und unwissend wie sie, verstand und sich um sie kümmerte. Als sie jetzt an den modernen Bürogebäuden und älteren, eleganten Sandsteinbauten entlangging, spürte sie, wie nah sie noch diesem früheren Ich war. Noch immer keine Kontrolle über ihre eigene Sinnlichkeit und nur mit Hilfe von Gewalt und Geld (für den Flug, für den Eingriff) Kontrolle über den eigenen Körper.

Sie entdeckte, daß das Fließbandzeitalter vor der Abtreibung nicht Halt gemacht hatte. Dankbar dafür, daß es keinen Unterschied zwischen ihr und den anderen Frauen gab – jedes Alter, jede Hautfarbe, jeder Grad von Nervosität und Elend war vertreten –, war sie weniger erfreut darüber, daß die Narkose, die man ihr gegeben hatte, nicht richtig wirkte. Aber Fließbänder bleiben nicht stehen, weil das Produkt eine Beschwerde hat. Der behandelnde Arzt pfiff vor sich hin, versicherte ihr, daß es ihr gut ginge und zog die Prozedur bis zum schrecklichen Ende durch. Sekunden davor verlor Imani das Bewußtsein.

Man legte sie in ein Zimmer mit einer friedlichen Atmosphäre und fröhlichen Farben. Primärfarben: gelb, rot und blau. Als sie wieder zu sich kam, hatte sie das Gefühl, in einem Kinderzimmer zu liegen. Sie mußte dringend pinkeln.

Eine freundliche, weißhaarige Krankenschwester mit festem Griff half ihr aufs Klo. Imani sah sich im Spiegel über dem Waschbecken und erschrak. Sie war buchstäblich grau, als wäre alles Blut aus ihrem Körper gewichen.

»Machen Sie sich keine Sorgen über Ihr Aussehen«, sagte die Krankenschwester. »Ruhen Sie sich erst mal etwas aus und schonen Sie sich ein bißchen, wenn Sie wieder zu Hause sind. In einer Woche geht's Ihnen wieder gut.«

Sie konnte sich nicht vorstellen, daß es ihr je wieder gut ginge. Irgendwo in der Nähe wurde ihr Kind – sie versteckte sich nie hinter Vokabeln wie »Fötus« oder »amorphe Wucherung« – gerade den Abfluß hinuntergespült. Vorbei mit seinen oder ihren Chancen, je die Sonne zu sehen oder eine Feige zu probieren.

»Tja«, sagte sie zu diesem Kind, »du oder ich, Kleines, und ich hab mich für mich entschieden«.

Manche Menschen waren der Meinung, sie habe kein Recht, sich für sich zu entscheiden, aber Imani hatte Besseres zu tun, als sich um solche Leute zu kümmern.

Es war ein strahlender, heißer Samstag, an dem sie nach Hause kam.

Clarence und Clarice holten sie am Flughafen ab. Sie hatten Blumen aus dem Garten mitgebracht, und Clarice überreichte sie ihr mit einer festen Umarmung. Auf dem Heimweg kuschelte sie sich zufrieden auf dem Schoß ihrer Mutter zusammen, den Daumen im Mund, den Zeigefinger an der Nase und zwischen den drei übrigen Fingern einen Zipfel ihrer Decke.

»Wie ist es gelaufen?« fragte Clarence.

»Es ging«, antwortete Imani.

Es gab keine Möglichkeit, einem Mann Abtreibung begreiflich zu machen. Kastration – vielleicht wäre das ein passender Vergleich, dachte sie, aber die meisten Männer, wahrscheinlich alle, würden darauf bestehen, daß dieser Vergleich völlig an den Haaren herbeigezogen ist.

»Die Narkose hat nicht gewirkt«, sagte sie. »Ich dachte schon, ich würde nie ohnmächtig und müßte schreiend vom Operationstisch springen.«

Clarence wurde blaß. Er haßte den Gedanken an Schmerz, an jegliche Art von Gewalt. Er konnte diese Vorstellung nicht verkraften, sie machte ihn physisch krank. Das war einer der Gründe, warum er Pazifist war, ein Grund mehr, warum sie ihn bewunderte.

Sie wußte, daß er sich wünschte, sie würde aufhören zu reden. Aber sie fuhr mit tonloser, ruhiger Stimme fort.

»Alles Blut schien aus meinem Körper herauszufließen. Es fühlte sich an, als hätten sie mir die Sehnen in den Beinen durchgeschnitten. Ich war grau.«

Er nahm ihre Hand. Hielt sie fest. Drückte sie.

»Wenigstens weiß ich jetzt, was ich nicht will«, sagte sie. »Und so was mache ich nicht noch mal mit.«

Sie saßen im Wohnzimmer ihres friedlichen, ruhigen und farbenfrohen Hauses. Imani in ihrem Schaukelstuhl, Clarice friedlich dösend auf ihrem Schoß. Clarence setzte sich auf den Boden und legte den Kopf gegen ihre Knie. Sie hatte das Gefühl, er suchte Trost, dabei hätte sie Trost gebraucht. Sie hatte auch das Gefühl, daß beide, Clarice und Clarence sich an sie klammerten und sie benutzten und daß die einzige Möglichkeit, sich selbst zu behaupten, unbhängig von ihnen, darin bestünde, etwas Schmerzliches, Selbstbestimmendes, aber auch Selbstzerstörerisches zu tun.

Sie ertrug die Last seines Kopfes so lange es ging.

»Laß dich sterilisieren«, sagte sie, »oder bleib im Gästezimmer. Ich lasse nur noch an mich ran, was harmlos ist.«

Er strich ihr mit der Hand über das schwere Haar. »Wir werden darüber reden«, sagte er, als würden sie das nicht gerade tun, »wir werden sehen. Keine Sorge. Wir passen schon auf.«

Sie hatte vergessen, daß am folgenden Tag, dem dritten Sonntag im Juni, der fünfte Gedenkgottesdienst für Holly Monroe stattfand, die vor fünf Jahren auf dem Heimweg von der High-School-Abschlußfeier erschossen worden war. Imani war *immer* zu diesen Gottesdiensten gegangen. Es war ein beruhigendes Gefühl zu wissen, daß die Leute ein langes Gedächtnis hatten und die, die im Kampf oder auch unverschuldet gefallen waren, nicht vergaßen. Natürlich war sie diesmal noch viel zu schwach, um hinzugehen. Ihr war schwindlig, und sie verlor immer noch Blut. Die weißen Gesetzgeber versuchten, sich um den Tatbestand des Mordes – den Imani als extreme Form der Abtreibung empfand – herumzudrücken, indem sie behaupteten, das Opfer habe ihn selbst provoziert. (Das konnte man

Holly Monroe zwar nur schwer unterstellen, aber versucht hatten sie es trotzdem.) Andererseits waren diese Leute alle Mann hoch strikte Abtreibungsgegner. Daran dachte Imani, als sie entschlossen duschte und sich die Haare wusch.

Zwei Jahre nach ihrem Einzug hatte Clarence eine Klimaanlage im Haus installieren lassen. Anfangs war Imani dagegen gewesen. »Ich will die Bäume, die Blumen und die natürliche Luft riechen«, hatte sie protestiert. Aber der erste Sommer mit vierzig Grad Hitze hatte ihr solche Allüren schnell ausgetrieben. Jetzt wollte sie es nur noch kühl haben. So sehr sie auch die Bäume liebte, an heißen Tagen hätte sie einen ganzen Wald gerodet, nur um in die Nähe einer Klimaanlage zu kommen.

Fairerweise mußte sie zugeben, daß er sie gefragt hatte, ob sie sich schon fit genug fühlte, um mitzukommen. Aber selbst dieses Gefragtwerden ärgerte sie. Sie ließ sich nicht durch persönliche Probleme davon abhalten, den Toten den nötigen Respekt zu erweisen, dabei war sie sich durchaus darüber im klaren, daß die Toten nicht mehr existierten. So galt der Respekt, das Gedenken wohl eher ihr selbst, und heute brauchte sie Ruhe. Es lag etwas Überdrehtes in ihrer Weigerung, sich auszuruhen; das wurde ihr bewußt, als sie anfing, Clarice zurechtzumachen und taumelte. Aber das hielt sie nicht auf. Sie ließ Wasser in die Badewanne einlaufen, setzte das Kind hinein, kniete sich hin und schrubbte mit komisch angewinkelten Armen den rundlichen kleinen Körper, bis ihr der Bauch weh tat – noch nicht der Unterleib. Dann rubbelte sie Clarice die Haare, hob sie aus der Badewanne und trocknete sie auf dem Küchentisch ab.

»Du wirst dich dein ganzes Leben lang daran erinnern, was das für Menschen sind«, erzählte sie der Kleinen, während diese fröhlich glucksend und quietschend das strenge Gesicht ihrer Mutter fixierte.

»Du wirst die Musik hören«, fuhr Imani fort. »Die Musik, die sie töten wollten. Die Musik, die sie stehlen wollen.« Sie fühlte sich fiebrig und merkte, daß sie vor sich hin murmelte. Aber das war ihr egal.

»Sie denken, sie könnten den ganzen Kontinent töten – Menschen, Bäume, Büffel – und dann auf den Mond fliegen und alles vergessen. Aber du und ich, wir werden uns an die Menschen erinnern, an die Bäume, an die gottverdammten Büffel. Verflucht noch mal!«

»Büffo«, krähte das Kind und schlug mit einem Löffel.

Sie legte das Kind auf eine Decke im Wohnzimmer, drehte sich um und sah, wie ihr Mann sie voller Mitleid anstarrte. Sie hatte extravagante grüne Samtpantöffelchen an und einen reizenden meergrünen Morgenmantel. Doch ihr Körper war verkrampft. Zögernd formte sich unter seinem Blick eine Träne.

»Manchmal schau ich dich an und frage mich, was hat bloß dieser Mann in meinem Haus verloren?«

Das war ein alter Witz zwischen ihnen. Sie hatte nie heiraten wollen, wollte ihre Liebhaber nur über Nacht bei sich haben und im Morgengrauen nach Hause schicken, um frei zu sein für ihre Arbeit und um machen zu können, was sie wollte.

»Ich bin hier, weil du mich liebst«, war normalerweise die Antwort. Doch diesmal zögerte Clarence, als sich ihre Blicke trafen, und Imani wandte sich ab.

Um zehn Uhr waren es schon siebenunddreißig Grad. Gegen elf, wenn der Gedenkgottesdienst begann, würde es noch fünf Grad heißer sein. Imani taumelte unter der Last der Hitze. Im Wagen mußte sie mit zusammengebissenen Zähnen gegen das Schwindelgefühl ankämpfen, bis der Motor die Klimaanlage erreicht hatte und die Kühle sie einhüllte. Ein dumpfer Schmerz breitete sich in ihrem Unterleib aus.

Die Kirche hatte natürlich keine Klimaanlage. Sie verkörperte in jedem Sinn unverfälschten, asketischen Baptismus. Wie die vier Gedenkfeiern vorher, wurde auch diese von Holly Monroes Klassenkameradinnen inszeniert. Alle fünfundzwanzig brachten es fertig – ob dick oder dünn – genauso auszusehen wie das tote Mädchen. Imani hatte Holly Monroe nie gesehen, obwohl Photos von ihr die Kanzel dieser Kirche schmückten, in der sie getauft worden war und im Chor gesungen hatte, und für Imani war jedes schwarze Mädchen in einem bestimmten, verletztlichen Alter Holly Monroe. Die tiefere Wahrheit war: Holly Monroe war sie selbst. Sie selbst: niedergeschossen, abgetrieben, noch bevor sie zu sich selbst gefunden hatte.

Sie war darauf gefaßt gewesen, hemmungslos zu weinen. Aber sie tat es nicht. Sie biß die Zähne zusammen und ertrug die immer schlimmer werdenden Schmerzen und ihre Tränen wurden augenblicklich von der Hitze aufgesogen.

Bürgermeister Carswell hatte im Vestibül der Kirche auf Clarence gewartet, sich mit einem riesigen Taschentuch das pausbäckige Gesicht gewischt und Hof gehalten. Ein halbes Dutzend junger Leute stand um ihn herum und lauschte andächtig seinen Worten. Zur Begrüßung küßte der Bürgermeister Imani auf die Wange, wie es dem Ritual entsprach, küßte auch Clarice auf die Wange, doch sein von der Hitze getrübter Blick ruhte schon auf ihrem Mann. Die beiden Männer verzogen sich in eine Ecke, weg von den ehrfürchtigen jungen Leuten. Weg von Imani und Clarice, die unschlüssig die Kirche betraten in der Erwartung, daß Clarence sie zurückrief oder hinter ihnen herkam.

Die Gedenkstunde begann mit einer Viertelstunde Musik.

»Holly Monroe war einsachtundfünfzig groß und wog fünfundfünfzig Kilo«, sagte Hollys beste Freundin. Sie las nicht ab, sondern sprach jeden Anwesenden einzeln an. »Sie war Widder, dickköpfig und zuverlässig, der beste Kumpel, den man sich wünschen kann. Sie hatte wuscheliges schwarzes Haar, mit dem sie wild herumexperimentierte. Ihre Hautfarbe war im Sommer fast wie diese Kirchenbank aus Eiche hier und im Winter mehr wie die Decke aus Pinienholz« (sie zeigte nach oben). »Ihre Lieblingsfarbe war grün. Lila mochte sie nicht, weil sie auch rosa nicht ausstehen konnte. Sie hatte braune Augen und trug eine Brille, außer wenn sie das erste Mal mit jemand ausging. Sie hatte eine Art Stupsnase, wunderschöne große Zähne, aber ihre Lippen waren ständig aufgesprungen, und deshalb lächelte sie nicht so oft, wie sie hätte können, wenn sie sich angewöhnt hätte, die Lippen einzucremen. Sie hatte wirklich zierliche Füße.

Ihr liebstes Kirchenlied hieß *Leaning on the Everlasting Arms* und gleich danach kam *I Can't Help Myself – I Love You and Nobody Else.* Sie schaffte es oft nicht rechtzeitig zu den Chorproben, obwohl sie so gerne sang. Das Kleid, das sie auf der

Abschlußfeier trug, hatte sie sich in Handarbeiten geschneidert. Sie *haßte* Handarbeiten ...«

Plötzlich wurde Imani bewußt, daß ein dumpfes Gemurmel von Anfang an die Ansprache begleitet hatte. Um sie herum war alles still, selbst Clarice saß aufrecht da, wie gebannt von der einfachen Freundlichkeit in der Stimme der jungen Frau. Alle Klassenkameraden und die Freunde von Holly Monroe im Chor trugen hellgrün. Imani stellte sich vor, wie verzaubert Clarice von diesen leuchtenden, wogenden Farben sein mußte – wie von einem Feld schwankender Maiskolben.

Sie hob das Kind hoch, fühlte einen brennenden Schmerz im Unterleib, der Schweiß lief ihr in kleinen Rinnsalen den Rücken runter. Sie ging auf Zehenspitzen nach hinten. Clarence und der Bürgermeister waren noch immer in ihr Gespräch vertieft. Sie hörte »Ausschußsitzung ... Stadtrat ... Ratsversammlung« und gab Clarence ein Zeichen.

»Man hört eure Stimmen!« zischte sie.

Und meinte: Wie könnt ihr es wagen, nicht hineinzugehen?

Sie dachten gar nicht dran. Clarence hob den Kopf, schaute zu ihr herüber und zuckte hilflos mit den Schultern. Dann wandten sie sich mit zerstreuter Miene ab, wie Priester, und wandelten langsam zum Eingang, hinaus auf den Platz vor der Kirche, wo sie in einiger Entfernung unter einer großen Eiche stehenblieben. Dort blieben sie während des ganzen Gottesdienstes.

Zwei Jahre später war Clarence wütend auf sie: Was ist eigentlich los mit dir? fragte er. Du läßt mich nicht mehr an dich ran. Ich sollte im Gästezimmer schlafen, und ich habe es getan. Ich sollte mich sterilisieren lassen, ich wollte es nicht und habe es *getan.* (In der Wut und der Demütigung war auch eine Spur von Haß gegen sie, er hielt sich nicht mehr für einen richtigen Mann und gab ihr die Schuld daran).

Sie war nicht nur frigide, sie war innerlich weit weg. Es hatte sie selbst überrascht, daß der Zorn, der in ihr hochgekommen war, als die beiden die Gedenkfeier verlassen hatten und sie sah, wie egal dem Bürgermeister Holly Monroes Gedenken war, sie nicht davon abgehalten hatte, mit Clarence zusammen nach

Hause zu fahren; ihn einen Monat später liebevoll anzulächeln; eine Reise auf die Bermudas mit ihm zu machen und dort einige glückliche Tage zu verbringen mit sehr gutem Sex an einem verlassenen, von Bäumen abgeschirmten Strand. Hatte sie auch nicht davon abgehalten, Clarences Mutter und ihren Geschichten aus seiner Jugend zuzuhören, so als würde sie die bis in alle Ewigkeit bewahren wollen.

Und trotzdem. Seit diesem Augenblick in der Kirchentür in der Hitze hatte sie sich mehr und mehr von ihm gelöst, und diese Trennung machte ihn für sie – von wenigen Ausnahmen abgesehen – zu einem Fremden.

Und er hatte es nicht gespürt, hatte nichts gemerkt.

»Was habe ich denn getan?« fragte er und all die Zärtlichkeit in seiner Stimme brach über ihr zusammen. Sie lächelte nervös, und er hielt es für Spott – so weit hatten sie sich voneinander entfernt. Sie hatten oft über die Geschichte in der Kirche gesprochen. Bürgermeister Carswell – den sie heute nie mehr sahen – war jetzt ein Vorzeigebürgermeister und seine Gesetzgebungskampagne wurde breit unterstützt, von weiß und schwarz. Keiner von beiden konnte sich so recht an ihn erinnern, obwohl das Fernsehen ihn oft ins Haus brachte.

»Es war so wichtig, daß ich dem Bürgermeister geholfen habe«, sagte Clarence. »Es war doch unser *erster!*«

Imani begriff das vollkommen, aber es klang für sie komisch. Als sie lächelte, war er beleidigt.

Sie wußte auf die Sekunde genau, wann sie für sich den Schlußstrich unter ihre Ehe gezogen hatte. Offenbar hatte dieser Augenblick jedoch keine sichtbaren Spuren hinterlassen.

Sie stritten sich, sie lächelte, sie warfen sich finstere Blicke zu, beschimpften sich, schrien – während sie packte.

Jeder von ihnen erinnerte sich fast laut daran, daß ihr abgetriebenes Kind jetzt ein »schrecklicher« zweijähriger Wildfang wäre, eine große Last für seine Mutter, deren Gesundheit wieder in bestem Zustand war, und beide hätten gerne laut gedacht, daß ihre Ehe sowieso in die Brüche gegangen wäre, deswegen.

Übersetzt von Pociao

JOHN EDGAR WIDEMAN

Fieber

Für Matthew Carey, Esq., der in der Stunde der Not aus Philadelphia floh und bei seiner Rückkehr einen verleumderischen Bericht über das Verhalten schwarzer Krankenschwestern und Leichenbestatter veröffentlichte, womit er alle Menschen meiner Rasse und insbesondere diejenigen verletzte, ohne deren selbstlosen, mutigen Einsatz die Stadt die jüngste Katastrophe niemals hätte überleben können.

»Man betrachte Philadelphia von seiner zentralen Lage her, der Bedeutung seines Handels, der Anzahl seiner Handwerker, Erzeuger und anderer Verhältnisse, so ist es für die Vereinigten Staaten das, was das Herz, indem es das Blut zirkulieren läßt, für den menschlichen Körper ist.« *Robert Morris, 1777*

Er stand an einem hohen Fenster und starrte auf die letzten Tage im November. Die Bäume waren unfruchtbare, liebeshungrige Frauen, und sie hatten alle ihre Kleider abgeworfen, doch es kümmerte niemanden. Und keiner von ihnen scherte sich einen Dreck um ihn, wie er zwischen ihnen hindurchging, gewichtslos und nackt, ebensogut wie sie wissend, daß keine Hand kommen und sie berühren, wärmen würde, Blätter von der gefrorenen Erde aufheben und wieder an ihren Platz heften würde. Bevor er zu Bett gegangen war, war ein Schwarm Insekten im Dunkel vor seinem Arbeitszimmer aufgeflogen. Bewegung, die ihn in den Augenwinkeln beunruhigte, bis er sich abwandte und die Stelle in den Blick faßte, wo Licht sich auf das Deck ergoß, ein Kegel, in dem er schräg verlaufenden Schnee einfangen konnte, so daß er als nasse, graue Federn sichtbar wurde, die auf das Glas, die Planken des Decks tupften. Stünde er sieben Stunden da, würde das Dunkel wiederkommen. Irgendwann würde dann sein Spiegelbild im Glas hängen, ein Schiff vom andern Ende der Welt, im Äther angedockt. Die Tage waren jetzt kürzer. Ein ganzer damit verbracht, sich zu fragen, was falsch laufe, flog davon, flog davon, während eines Lidschlags.

Vielleicht, *vielleicht könnte es für den Leser annehmbar sein zu wissen, wie wir die von der Krankheit Befallenen fanden; unsere Möglichkeiten, sie zu sehen und zu hören, waren sehr groß. Sie bekamen eine Erkältung, Kopfschmerzen, Bauchschmerzen, dazu Glieder- und Rückenschmerzen. In dieser Art begann die Krankheit im allgemeinen, doch nicht alle waren gleichermaßen betroffen. Manche schienen nur von einigen der Symptome leicht heimgesucht, was uns in der Meinung bestärkte, man erkenne einen befallenen Menschen an der Augenfarbe.*

In dieser tiefgelegenen Stadt gingen jedes Jahr Opfer zugrunde, und manche Jahre waren schlimmer als andere, doch bei weitem am schlimmsten war der lange, heiße, trockene Sommer '93. als die Toten und die Sterbenden den Lebenden die Herrschaft über die Stadt entrissen. Die meisten, die noch konnten, flohen. Die Reichen auf ihren Landbesitz, andere zu Verwandten und Freunden aufs Land oder in Nachbarstädte. Einige gingen einfach, ohne bestimmtes Ziel, die Aussicht auf Entbehrungen oder den Hungertod war ihnen lieber als zu Hause zu hocken und darauf zu warten, daß das tödliche Fieber an ihrer Tür kratzte. Belebte Straßen verlassen, der Handel zum Erliegen gekommen, Familienmitglieder, die einander meiden, die Kranken einem einsamen Leiden und Sterben überlassen. Die Angst ging um. Von August, als die ersten Fieberanfälle unterhalb der Water Street auftauchten, bis November, als gnädige Fröste die Heimsuchung beendeten, verfiel die Stadt langsam, als könnte auch sie das schreckliche Voranschreiten der Krankheit erleiden: Fieber, Schwächung, heftiges Erbrechen und Diarrhöe,

Hilflosigkeit, Delirium, anhaltende Niedergeschlagenheit, wenn Patienten *folgerten, daß sie nun gehen mußten (wie die Wendung für Sterben war), und somit auch in einer Art festem, entschlossenem Gemütszustand dahingingen.*

In manchen wütete es heftiger als in anderen – manche siechten sieben oder zehn Tage lang dahin und schienen sich am Tag ihres Todes oder einige Stunden davor zu erholen, während andere nach einem, zwei oder drei Tagen abkratzten, doch ihre Beschwerden waren ähnlich. Manche verloren den Verstand und tobten mit all der Raserei, die der Wahnsinn erzeugen kann, und starben in heftigen Konvulsionen. Andere blieben bis zum Ende bei Verstand und schienen mehr einzuschlafen als zu sterben.

Gelbfieber: eine akute ansteckende Krankheit in tropischen und subtropischen Gebieten der Neuen Welt, ausgelöst durch ein filtrierbares Virus, das durch den Moskito der Gattung *Aëdes* übertragen wird und von Ikterus und dunklem Erbrechen, das von Hämorrhagien herrührt, gekennzeichnet ist. Auch *gelbes Fieber* genannt.

Denguefieber: eine ansteckende tropische und subtropische Krankheit, die von Moskitos übertragen wird und gekennzeichnet ist durch Fieber, Ausschlag und heftige Gelenkschmerzen. Auch *Dandyfieber oder Siebentagefieber* genannt. [Spanisch, afrikanischen Ursprungs, verwandt mit dem Suaheliwort *kindinga.*]

Eingerollt im schwarzen Laderaum des Schiffes, fragt er sich, warum sein Leben auf fester grüner Erde enden mußte, warum die Götter diese neue Wohnstatt für ihn ausgewählt hatten, schwimmend, an andere Gefangene gekettet, ohne Luft, ohne Licht, die Holzwände bebend, mitgenommen, als sei ein Verrückter entschlossen, selbst diese letzte erbärmliche Zuflucht zu zerstören, wo er in üblen Pfützen aus Unrat ausrutscht, gegen andere Körper stößt, sich auf splittrigen Balken und Planken häutet, immer in Bewegung, geschüttelt und hingeworfen wie

Palmnüsse in der Faust des Wahrsagers, und Esu überläßt sich seinem Schicksal, beständige Bewegung, an einen Eisenring gefesselt.

In der Dunkelheit kann er sie nicht sehen, spürt kaum ihre leichte Berührung auf seiner fiebrigen Haut. Schweiß, dick wie Öl, doch das kümmert sie nicht, sie besteigt ihn, läßt sich nieder und macht sich an die Arbeit. Sie dringt in ihn ein und zieht sein Blut in ihren Bauch. Als sie voll ist, hält sie inne, verträumt, schwer. Da könnte er sie töten; es wäre ihr egal. Doch er tut es nicht. Lauscht dem Wimmern ihrer Schwingen, die sich heben, bis das Winseln im Brüllen und Krachen der Wellen, im Knarren des Holzes, im Stöhnen der Gefangenen untergeht. Wenn sie morgen wiederkommt und wieder einen Tropfen von ihm mitnimmt, und am nächsten Tag und am nächsten, jeden Tag einen Tropfen, Tage genug, dann wird er dahingegangen sein. Zum Nichts schrumpfen, aus der Eisenschlinge schlüpfen und verschwinden.

Aëdes aegypti: ein Moskito aus der Familie *Culicidae,* Gattung *Aëdes,* in der das Weibchen sich durch einen langen Rüssel zum Blutsaugen vom Männchen unterscheidet. Dieses geflügelte Insekt ist ein Träger (ein Organismus, der Pathogene von einem Wirt zum anderen überträgt) von Gelbfieber und Denguefieber. [Neulateinisch *Aëdes,* aus griechisch *aedos,* unangenehm: *a* –, nicht + *edos,* angenehm . . .]

Alles kommt mit dem Wasser, und Wasser trägt alles davon. Daher gibt es keinen Anfang und kein Ende, nur den Fluß des Wassers, Ebbe, Flut, Rinnsal, die Gezeiten, die abfließen und wiederkehren, Salzseen und Flüsse und Regen und Nebel und Blut, die Sonne versinkt in einem Ozean der Nacht, nasser Glanz der Morgendämmerung spült Dunkel von unseren Augen. Diese Stadt liegt in der Hand des Wassers. Eine Gefangene, so sicher, wie ich ein Gefangener bin. Lange Flußfinger, Schuylkill, Delaware, der Rest der Hand unsichtbar; unterirdische Ströme und Kanäle speisen das durchweichte Fleisch von Marsch, Lehmgrube, Ausguß, Gosse, stehendem Teich. Was man nicht sieht, hört man im Quatschen von Schritten durch Frühjahrsmatsch auf unbefestigten Straßen. Giftdämpfe, die einem in den Augen stechen, einen knebeln, einen zum Spucken und Zusammenzucken reizen, sind Beweise einer Gegenwart, der toten Hand über der Stadt, der Gifte, die hindurchzirkulieren, des Schweißes auf ihrem faulenden Fleisch.

Niemand hat mich um meine Meinung gebeten. Niemand wird es tun. Doch ich habe dieses Fieber schon einmal gesehen, und auch wenn ich kein Mittel dagegen habe, könnte ich Geschichten von anderen Heimsuchungen erzählen, wie es kam und blieb und uns wieder verließ, vom Verlauf des Unheils, seinen verschiedenen Stadien, seinen Schrecken und Linderungen. Meine Worte würden kein einziges Leben retten, doch diejenigen, die von dem Fieber zu Tode erschreckt sind, von der Aussicht auf das allumfassende Verhängnis, würden vielleicht Trost in dem Wissen finden, daß der Macht dieser Geißel, die uns befallen hat, Grenzen gesetzt sind, daß einige, ja, die meisten überleben werden, daß dieser Zustand vorübergehend ist, gebunden an eine Jahreszeit, daß das Fieber mit den ersten strengen Frösten verschwinden muß und sein Verschwinden so sicher wie die Tatsache ist, daß es wiederkommen wird.

Es heißt, die Rattenschiffe aus Santo Domingo hätten das Fieber eingeschleppt. Franzosen und ihre schwarzen Sklaven, auf der Flucht vor schwarzer Erhebung. Diejenigen, die Barbados' Unruhen gesehen haben, sagen, unser Fieber sei ihr Zwilling, entstanden im Tropenklima der höllischen westindischen Inseln. Ich weiß es besser. Ich höre die Trommel, Herzschlag des Waldes, Puls des Meeres, das den Lauf des Mondes, die Reise des Geistes fesselt. Ihr Schlagen ist Ursprung und Verheißung alles Zusammenhängenden, ein Spiegel, der alles speichert und nichts vergißt. Um das Fieber zu erklären, brauchen wir keine Schiffsladungen Flüchtlinge, zerlumpt und zerstört vom tödlichen Fieber, die den Tod an unsere Küsten bringen. Wir haben das Leid selbst in unserer Brust gezüchtet. Jedes einsame Herz enthält alle Stämme dieser Welt, und sein unsicherer Tanz ist das Echo des Donners der Trommel. Wir sind unsere Ahnen und unsere Kinder, einander Nachbarn und fremd zugleich. Das Fieber überfällt uns, wenn Unrat die Wasser, die uns verbinden, blockiert. Wenn unsere Meere Müll sind. Die Wasser können nicht kommen und gehen, wenn wir voneinander abgeschottet sind, jeder in Gehrock, Perücke, Haube, Schürze, Geschäft, Schuhen, Haut, hinter Riegeln, versiegelten Gesichtern, dann wird unser Blut dick und träge. Scheiden unsere Körper infizierte Flüssigkeiten aus. Dann sind wir trocken und rissig wie ein Wüstenland, lebenswichtige Teile verwittern, innen nur noch Staub und trockene Knochen. Das Fieber ist eine Dürre, die uns von innen heraus verzehrt. Verfärbte Haut stürzt in sich selber ein, wir brennen, erlöschen.

Ich bedaure, daß diese Erklärung so wenig Trost birgt. Sie berücksichtigt weder Klimatologen noch Kontagionisten, spottet Logik und Vernunft, den guten Ärzten vom Collegium der Mediziner, die uns zur Ader lassen, den Darm entleeren, in Quarantäne stecken, in eisige Bäder stürzen, uns Elixiere aus Rinde und Wein zu trinken geben, uns mit Schießpulver bestreuen und uns in Essig tauchen würden, entsprechend den Geboten ihrer verschiedenen Heilwissenschaften. Wer nun ist dieser törichte alte Mann, der seine Weisheit aus heidnischen Trommeln und heidnischen Wäldern zieht? Sind dies die Wahnvorstellungen eines Mannes, an dessen Gehirn schon das Fieber nagt? Nicht ganz. Gut, ich habe andere Heimsuchungen des Fiebers überlebt, doch während es in dieser Stadt umgeht, bin ich wieder ebenso wie ihr gefährdet, weil ich mich auf keine Immunität, auf keinen Zauber berufen kann. Der Bote, der mir die Nachricht von meinem Tode überbringt, wird mich genau zu der Stunde erreichen, die schon bestimmt wurde, als bestimmt wurde, daß ich aus der Leere stürzen und erstmals die Luft schmecken sollte. Nichts ist Zufall. Das Fieber wächst an den geheimen Orten unserer Herzen, wo es eingepflanzt wurde, als einer von uns beschloß, einen von uns einem andern zu verkaufen. Die Trommel muß zehntausendmal tausend Jahre schlagen, um dieses Übel zu vertreiben.

An Straßenecken brennen Feuer. Schüsse knallen in Holzhäusern. Der Atem eines Fuhrmannes hinter ihm, in tiefem, gequältem Keuchen ausgestoßen, bedeutet ihm, sich dichter an die Hausmauern zu halten, die eine Wand einer dunklen, schmalen, gewundenen Gasse bilden. Dicke Räder furchen die ungepflasterte Straße. In dem Feuerschein wühlt der Karren einen Staubschimmer auf, schwach wie ein Lichthof, ein Atemhauch auf einem Spiegel. Hatte der Mann in den Zugriemen des Karrens ihn verflucht oder war es nur ein Pfeifen der Anstrengung gewesen, eine Anklage gegen das erbarmungslose Gewicht seiner Last? Knarrende Räder, ächzendes Holz, schwerfällige Schritte, der Staubhusten, massige Silhouette, geschwärzt, als sie in die Helle am Ende des Häuserblocks torkelt. Alles im Nu weg. Töne, Bewegung, Anblick ausgelöscht. Was blieb, wie von einem über die Straße gestülpten Deckel eingefangen, war der Gestank von Leichen. Ein Gestank, der durch den allgegenwärtigen Dunst aus Essig und Schießpulver schnitt. Zwei, drei, vier Leichen, auf dem Weg nach Potter's Field, dahinter die unverwechselbare Geruchsspur faulenden Fleisches. Er hatte gehört, daß sie mit ihren Karren zur Begräbnisstätte um die Wette rasten. Zwei oder drei, die aus unterschiedlichen Richtungen Potter's Field betraten, drohten einander mit Herausforderungen, erhobenen Fäusten, sammelten noch einmal ihre Kräfte zu einem letzten Anlauf auf die offenen Gräben, wo sie ihre Fracht abluden. Ihre Brüder schlossen Wetten ab, johlten, feierten den Sieger mit Rum. Er hörte das Rumpeln von Särgen, die in das Massengrab krachten, sah die komischen Streitwagen daherholpern, die Beine der Männer jagen, Gesichter verzerrt von Feuern, welche die ganze Nacht auf der Begräbnisstätte loderten. Schreie und Flüche hingen in der trägen Nachtluft, ein weiterer Alptraum, der den Schlaf der Stadt störte.

Er kannte dieses Straßenlabyrinth so gut wie jeder andere. Nachts wie tags konnte er die Windungen und Biegungen nehmen, Sackgassen meiden, zum Fluß finden, selbst wenn ihm die Sicht in den tunnelartigen Gassen verdeckt war. Er sah voraus, wann er sich unter einem hervorstehenden Schild ducken mußte, wußte, wie er Hauseingänge fand, wo er willkommen war, Holzstufen hinab zu einem Kopfsteinpflasterweg, von dem aus man das Wasser sah, wo er seinen beschuhten Fuß niemals hinsetzen durfte. Hatte er erst die vornehmen Häuser, die das eine Ende der Water Street säumten, hinter sich gelassen und war in das Viertel der Armenhütten gelangt, dann waren unter diese Holzschuppen, die sich dicht aneinanderlehnten, Keller und Höhlen in die Erde gegraben, Behausungen der noch Ärmeren unter jenen Häusern der Armen, eine unsichtbare Welt, wo seine Leute graben, sich mit Erde als Decke und Federbett umhüllen, um Kälte und Feuchtigkeit abzuhalten, schlafende Massen in einem Raum, zu Stapeln, Schraffuren, im Löffelmuster, einander das einzige Heizmaterial: die Wärme eines Körpers ging auf die anderen über und kam von allen zu einem zurück. Kann er den Glücklichen, die kräftig genug sind, um die Totenkarren zu ziehen, die die ganze Nacht hindurch um die Feuer herum feiern und tanzen und grölen, kann er ihnen etwas vorwerfen? Warum sollten sie hierher zurückkommen? Wo die Lebenden und die Toten, die Kranken und Gesunden, zitternd oder in Schweiß gebadet einander auf demselben feuchten Boden gegenüberliegen.

Unterhalb der Water Street breiten sich zahllose Gassen aus. Benannt und namenlos. Er weiß, wohin er geht, doch das Fieber hat selbst das Vertraute verformt. Er hatte in Dr. Rushs Hausflur gewartet. Ein englischer Spiegel in ovalem, gehämmertem Messingrahmen, zog ihn an. Er sah sich selbst nähergleiten, ein Schatten, verschwommen, dann tauchte die Form seines Gesichtes aus seidigen Tiefen auf. Eine Maske, die er nicht erkannte. Er nahm das, was er sah, an und murmelte ihm etwas zu. Hatte er es denn einmal beherrscht? Konnte er es wieder zähmen? Wie ein über Nacht zerstörter Garten, geplündert, überwuchert, zertrampelt von marodierenden Tieren. Er starrt auf das Chaos, bis er sich an vertraute Erdkonturen, Jahreszeiten des Pflanzens, Erntens, grüne Schößlinge, nickende Blüten, an Scharren, Graben, Wässern erinnern kann. Einstmals hatte er dieses Ding bestellt, dieses Beet aus Fleisch und Blut und Knochen, doch was war daraus geworden? Wem gehörte es jetzt? Er war zurückgetreten. Seine Augen entwarfen ein anderes Gesicht und setzten es ein, zwischen ihn und den runzligen alten Mann im Spiegel. In einem Lidschlag war er um zwanzig

Jahre gealtert, und das Fieber besaß dieselbe Macht, das, was es berührte, plötzlich zu verändern. Binnen zweier Monate, seit Anfang August, als die ersten Fieberanfälle auftraten, war die Stadt alt geworden und verfallen. Etwas in den Ziegeln, dem Mörtel, den Balken und Steinen war weich geworden, hatte seine Dauerhaftigkeit eingebüßt. Betrat er Krankenzimmer, bebten Wände, wellten sich Böden. Er konnte spüren, wie die Decken herabdrückten, wie faulige Wärme sich ausbreitete. In den Körpern der Opfer. In Räumen, Gebäuden, auf Straßen, in Vierteln. Membranen, welche die Unversehrtheit von Substanzen und Formen bewahrten, alles an seinem ihm gemäßen Platz hielten, waren dünn geworden. Er konnte den Finger durch gelbe Haut stecken. Eine Steinmauer. Die Eierschale seines Schädels. Was getrennt sein sollte, lief ineinander. Drohte zu platzen. Nichts enthielt, was es sollte. Keine klaren Demarkationslinien. Eine Mischstadt. Verkehr, wo kein Verkehr sein sollte. Eine gräßliche Leere öffnete sich um ihn, machte sich daran, Explosionen von Galle, Kotze, herausschießenden Gedärmen, Schleim, Schlamm, Gesicker aufzunehmen.

Anfang Sommer, an einem Nachmittag im Juli, hatte er versucht, der Hitze zu entkommen, und war am Delaware entlangspaziert. Das Wasser war unnatürlich ruhig gewesen, durch in den Fluß ragende Kais und Molen in stehende Tümpel aufgeteilt. Ein Streifen verrottendes Zeug verlief parallel zum Flußufer. Als hätte jemand den Versuch unternommen, alles Unreine und Tote aus dem Wasser zu fegen. Knochen, Häute, Eingeweide, zerrissene Kadaver, unkenntliche Fetzen und Reste, zu einem sauberen Grat zusammengekehrt. Kein Seufzer der Brise, die er gesucht hatte, dafür schlugen Dämpfe von dem Müllrand in ekelerregenden Wellen gegen ihn, ein greifbares Agens, innig wie Wind. Jenseits von der Gezeitenlinie der Zuflucht ein blasser Rand, vom zurückweichenden Wasser saubergeleckt. Dann der eiserne Fluß selbst, flach, dunkel, gesprenkelt von Schaumflecken, die sich verwarfen und wirbelten, die Stille mit ihrem Eigenleben störten.

Vergossen. Verdorben. Diese Worte wiederholten sich endlos, während er seine Runden machte. Dr. Rush hatte ihm sein

Quantum aufgeschrieben, seinen Tagesanteil aus der Liste der Toten und Sterbenden. Er hatte Fieberopfern die Därme entleert, sie zur Ader gelassen, getröstet und begraben. In Häusern um Häusern, die Gräber, Gefängnisse, Leichenhäuser geworden waren. Kinder durchstreiften benommen die Straßen, auf der Suche nach ihren Eltern. Wie kann er einem Mädchen erklären, kaum älter als ein Säugling, daß der Vater und die Mutter, nach denen es schluchzt, für immer von dieser Erde gegangen sind? Heimgegangen. Erloschen. Sie ruhen, mein Kind. Schlafen auf ewig. An einem viel viel besseren Ort, meine süße, liebe Leidende. An Gottes Busen. In seinen unbestechlichen Armen. Klägliche Schreie der Hilflosen, die ihre ganze Habe für einen Schluck Wasser anbieten. Wie tröstet er den delirierenden Jungen, der auf ihn eintrommelt, sich an sein Bein klammert, weil er die Mutter des Jungen in eine Kiste gelegt hat und nun den Deckel festnageln muß?

Auch wenn ihm vor Erschöpfung schwindelt, so ist er doch entschlossen, ein paar Stunden hier unter seinen Leuten zu sein. Doch waren diese Verlorenen wirklich seine Leute? Die Türen seiner Kirche standen ihnen offen, doch gerade sie blieben weg, vergeudeten ihr Leben im lasterhaften Zeitvertreib der Müßigen, der Unerlösten, der Unwissenden. Seine gottverlassenen Brüder, die unter Mühen in diese Stadt der Zuflucht gelangt, und dann, als sie in ihren Mauern waren, gefallen, wieder Gefangene geworden waren, in die Ketten des zügellosen Lebens geworfen, so wie sie zuvor in die Fesseln der Sklaverei gelockt worden waren. Er war hierhergekommen und hatte ihnen gepredigt. Diebe, Bettler, liederliche Frauen, Schuldner, Flüchtlinge, Trunkenbolde, Spieler, die Schwachen, Verkrüppelten und Geächteten, die nirgendwo sonst mehr hinkonnten. Sie hatten seine Kirche verschmäht, und so hatte er die Kirche zu ihnen gebracht, hatte in Kaschemmen gepredigt, in Hurenhöhlen, an Straßenecken. Sie hatten ihn ausgebuht und ausgepfiffen, Klumpen unaussprechlichen Unrats hatten seinen Mantel besudelt. Doch eine Liebe zu ihnen, so tief und unermeßlich wie sein Leid, sein Mitleid, führte ihn immer wieder zurück, er ermahnte sie, bot ihnen die Lehre dar, auf daß sie an ihrer reichen

Fülle, der unendlichen Güte, der gesegneten Nahrung darin teilhaben konnten. Jesus hatte unter den Elenden gewirkt, den Geächteten, jenem Treibgut und Strandgut, das sich gleich einem Riff aus Unrat an den Ufern der Stadt abgelagert hatte. Er verstand, was die dunklen Gesichter seiner Brüder nach Norden gezogen hatte, zu der Quäker-Verheißung dieser Stadt, dieser Wiege und Hauptstadt einer Neuen Welt, er wußte um das Elend, vor dem sie flohen, um den hellen Stern in dem Kalebassenhals, der sie leitete, um die Freude, vor der ihre Herzen hüpften, als sie endlich, endlich die Gelegenheit bekamen, als Menschen statt als Gegenstände angesehen zu werden. Er hatte solche Träume selbst gehabt, o ja, und gebetet, daß das Licht der Hoffnung nie verlöschen möge. Er hatte um Erlösung gebetet, um Frieden und Verständnis, als Gott ihm eine Vision gewährt hatte, in der Horden schwarzer Leibeigener ihre Ketten abwarfen, marschierten, sangen, ein Weg sich im Meer auftat, das Meer die zottigen Schultern schüttelte, in Licht und Macht erstrahlend. Ein Leuchten, das in diesem Durchgang durch das Wasser funkelte, Perlen, Diamanten, Lichtschäfte. Das war der gleißende Weg nach Hause. Das Wasser teilte sich, eine schimmernde und flimmernde Pracht. Zu intensiv, um hinzusehen, eine glänzende Verheißung, ein Regenbogen, der sich über dem Ende des Weges wölbte. Eine Hand tippte ihn an. Er hatte darauf gewartet, daß sie sich in die Vision einfügte, daß ihre Bedeutung in der Sprache, weder Wort noch Gedanke, weiterleuchtete, in der Gott bei Seiner Offenbarung sprach. Das Antippen wurde zum Griff. Jemand schubste ihn. Er kniete. Er wurde gestoßen, auf die Füße gezerrt. Jemand riß ihn aus dem honigsüßen Traum der Erlösung. Als er abrupt die Augen öffnete, kannte er den Namen eines jeden Kirchenältesten, der ihn so unsanft behandelte. Bleiche Gesichter über einer Wand aus schwarzem Tuch, die seinen Mitkommunikanten gehörten. Ohne hinzusehen, kannte er die Namen der Männer, deren Hände ihn sanft berührten, ihn lenkten, ihm nachhalfen, und derer, deren Hände in sein Fleisch drangen, die ungeduldigen, herrischen, rohen Hände, die jeglichen Kontakt mit ihm mieden, es sei denn als Aufseher oder Herr.

Allen, Allen. Hörst du mich? Du und deine Leute, ihr dürft nicht vorn in der Galerie knien. Auf die Füße. Kommt. Kommt. Sogleich. Auf die Füße.

Hinter der letzten Bankreihe. Dort mögt ihr auf die Knie fallen und lobpreisen.

Und so erbauten wir unser afrikanisches Gotteshaus. Doch seine Mauern konnten das Wort des Herrn nicht einschließen. Gehe hin. Gehe hin. Und er tat es. In dieses sündige Viertel. Tunnel, Keller und Höhlen. Wohin kein Sonnenstrahl dringt. Wo der Wind vom Fluß her wie ein Messer schneidet. Hier, wo Kälte eisiger Gischt aus den wintrigen Tiefen des Ozeans kanalisiert wird. Wo jeden Sommer das brackige Meer, das Mund und Magen und Gedärm ist, seinen Abfall in Pfützen ablädt, die zum Himmel stinken.

Die Water Street macht ihrem Namen Ehre, das Wasser steigt bis zu den Knöcheln, durchweicht seine Stiefel, droht, ihn herabzuziehen. Auf seinem Gang durch diese trüben Tiefen ist er Raubtier, Aasfresser, Beute eines dolchzahnigen Tieres, dessen Schatten sich wie ein Netz über ihm schließt.

Als die ersten Siedler hier eintrafen, kratzten sie Höhlen in die weiche Erde des Flußufers. Wie Ameisen, Ratten. Nach und nach drängten sie weiter ins Inland, legten ein geometrisches Straßengitter an, rechtwinklig, genau im Lot und mit geraden Kanten, ein Spiegel ihrer Geradlinigkeit. Schwarze Quäkerröcke und mürrische Antlitze waren Andenken an Schlamm, Dunkel, den Ort ihres Wochenbettes, eingesponnen wie Würmer, Träume einer heiligen Stadt verbreitend. Die neuesten Ankömmlinge mußten immer hier beginnen, auf dieser gepunkteten Linie, in diesem Aufruhr aus Gassen, Wegen, Tunneln. Einwanderungswelle um Einwanderungswelle wurde hier abgeladen, hier von der Spreu gereinigt, starb hier in diesen Hütten, grämte sich in fremden Sprachen. Doch weiße Gesichter leben fort, begraben ihre Toten, tragen ihre Kinder aus, überwinden das unsichtbare Riff zwischen diesem gebrochenen Ort und der quadratischen Stadt. Lernen genug von ihrer neuen Sprache, um zu den Schwarzen, die sie zurückgelassen haben, zu sagen: *Ihr sollt nicht weiter.*

Ich beobachtete ihn, wie er die siedendheiße Flüssigkeit an die Lippen führte, und dachte bei mir, da also hat er seine Farbe her. Von dem schwarzen Gebräu, das er jeden Morgen trinkt. Es verfärbt ihn, verändert ihn. Eine Schattierung, die ich erst in dem Augenblick als etwas anderes denn Abwesenheit betrachtet hatte, als etwas Nichtweißes und daher sein Gegenteil, was Licht wäre, wenn es gelöscht ist, Himmel oder Meer der Farbe Blau beraubt, wenn die Sonne verschwindet, das Schwarz von Schlacke. Während er trinkt, steigt Dampf auf. Ich spähe in den Becher, der mein geworden ist, auf den Mond in der Mitte, zunehmend, abnehmend. Ein Licht, das in einem anderen Teil des Raumes brennt, fängt sich darin, wie mein Gesicht es tun würde, wenn ich mich über den heißen Mund des Bechers neigte. Doch ich habe nicht den Wunsch, mein Gesicht zu sehen. Seines mustere ich, als ich in meinen Becher starre und keine Abwesenheit sehe, sondern die Anwesenheit von dunkel geflecktem Holz, naß gepflügter Erde, einem Fels, der aus einem See aufsteigt, schwarz schimmert, während er Kronen und Bärte und Halsketten aus Wasser abstreift. Seine Farbe weder Vernachlässigung noch Enthaltung noch Rätsel, sondern eine schwellende Flut in seiner Haut von diesem bitteren Morgengetränk, das ich zu trinken pflege.

Wir verloren den Kampf, verloren ihn deutlich. An einem Tag Mitte September wurden noch vor Mittag siebenundfünfzig begraben.

Er hatte ohne Vorrede begonnen. Unser Gespräch unmittelbar wieder aufgenommen, als wären die Monate seit unserer letzten Begegnung nichts als ein Spinnennetz gewesen, das seine ersten Worte mühelos wegwischen. Ich sage, Gespräch, ein besseres Wort wäre jedoch Monolog, da ich immer der Zuhörende war, ein Zeuge, der seine Geschichte lernt, eine Geschichte, die so tief vergraben ist, daß er sich nicht daran erinnern konnte, sondern Stücke träumte, ein Gespräch mit sich selbst, Träumereien mit der Macht, uns beide in ihre Unwirklichkeit zu versenken. Seine ersten Worte fuhren mit der Geschichte also nicht fort, wo er sie meiner Erinnerung nach bei unserer letzten Sitzung beendet hatte, sondern nahmen mittendrin das unablässige Spiel der Stimmen auf, das nur er hörte, immer, wie sie ihn zu sich riefen, von ihm Besitz ergriffen, ihn befähigten zu sprechen, zu sein.

Verzweiflung war in meinem Herzen. Die Fiktion unserer Immunität war als die gemeine Lüge, die sie war, bloßgestellt worden, als ein nicht sehr subtiles Mittel, um uns von unserem Zuhause wegzureißen, von unseren Lieben, den Geplagten unter uns, und uns aussandten, Fremden zu helfen. Zunächst gaben sie uns die Schuld, nannten die Krankheit Barbadosfieber, eine ansteckende Krankheit, von jenen blutgetränkten Inseln von Flüchtlingen der Kämpfe in Santo Domingo in dieses Land gebracht. Nirgends waren wir willkommen. Eine dunkle Haut wurde nicht nur als Zeichen der Scham für ihren Träger betrachtet. Nun waren wir das fleischgewordene Böse, die Maske langer Qualen und eines gewaltsamen Todes. Schwarze Diener wurden entlassen. Die Rollkutscher, Fuhrleute, Barbiere, Lebensmittellieferanten, Austernverkäufer, Straßenhändler fanden keine Kundschaft. Es war gleichgültig, daß ein paar von uns hier geboren waren und keine andere als die englische Sprache sprachen, afrikanische Amerikaner der zweiten, gar der dritten Generation, die kein anderes Land kannten, die über die Possen der neu angekommenen Einwanderer lachten – Holländer, Waliser, Schotten, Iren, Franzosen, die unsere Marktplätze in ein Babel verwandelt hatten, wie sie mit ihren Quadratlatschen dahertanzten, ihrem seltsamen Aufzug, ihrem hochmütigen Gehabe, dem Lowlander-Kauderwelsch, das klang, als würden Männer husten oder Hunde bellen. Meine Landsleute suchten überall, nur nicht in ihrem Herzen, nach der Fäule, auf der diese Stadt erbaut ist, um anderen die Schuld für das tödliche Fieber zu geben, sie zeigten mit Fingern auf Fremde und nannten es das palatinische Fieber, eine Pestilenz, die von jenen Niederlanden in Europa eingeführt wurde, wo, wie ich gehört hatte, ein Krieg um die Kontrolle der Schiffsrouten und die menschliche Fracht, die darauf transportiert wurde, seit hundert Jahren wütete.

Doch ich verliere den Faden, den ironischen Knoten, den ich für euch entwirren sollte. Wie uns das Messer ins Herz gestoßen und dann grausam umgedreht wurde. Wir wurden zu den Trägern des Fiebers erklärt und als Parias behandelt, doch als es zweckdienlich erschien, unsere Dienste zu beanspruchen, um die Kranken zu pflegen und die Toten zu begraben, wurden die vorangegangenen Behauptungen nicht mehr erwähnt. Von verzweifelten Beratern bedrängt, gewährte uns der Bürgermeister eine selige Immunität. Wir wurden angewiesen, die Stadt zu retten.

Ich schwöre euch, und die von dem ansonsten unzuverlässigen Mr. Carey veröffentlichten Sterblichkeitsraten untermauern meine Behauptung, daß das Fieber uns übel mitgespielt hat. Unter den Armen und Elenden wütete das Fieber meist tödlich, und wir waren immer die Ärmsten der Armen. Wäre nicht eine Anordnung erlassen worden, die das Glockenläuten um der Toten willen untersagte, so hätte das schreckliche Schlagen unsere Tage bezeichnet, die Nachtwachen in unserer Afrikanisch-Amerikanischen Gemeinde, wie es in jenen Bereichen der Stadt der Fall war, die zu bewohnen uns untersagt war. Jeden Morgen, bevor ich meine Arbeit für die Kranken und Sterbenden begann, hörte ich Stöhnen, Schmerzensschreie, entsetztes Rufen und Flehen, einen Chor der Klagen, die den Tagesanbruch zeichneten, und meine Leute erwachten in einem Alptraum, der ihren Lebenswillen verschlang.

Die wenige Kraft, die ich jeden Morgen aufzubringen vermochte, wurde auf eine harte Probe gestellt, als meine Augen und Ohren sich dem Leiden meines Volkes öffneten, einer Realität, welche die Fiktion unserer Immunität Lügen strafte. Nachdem meine Obliegenheiten bei den Weißen beendet waren, wie viele Nächte kam ich zurück und mühte mich bis zum Morgengrauen mit den Opfern hier, meinen Freunden, Gemeindemitgliedern, wandernden Söhnen Afrikas, in deren Gesichter ich nicht schauen konnte, ohne mein eigenes zu sehen. Mir war befohlen, aufzustehen und mich an die allgemeine Aufgabe zu machen, die Stadt zu retten, ich war gezwungen, dieses Viertel zu verlassen, wo meine Fähigkeiten dringend gebraucht wurden. Ich pflegte jene, die mich haßten, ließ diejenigen, die ich liebte, die mich liebten, im Stich.

Viele viele Male trage ich diese Geschichte mir selber vor, lasse viele Stimmen zu mir sprechen, bis man allmählich wie das Meer oder der Regen klingt oder wie meine Füße, die sich an jenen Morgen durch dicken Staub schleppen.

Wir langten früh in Bush Hill an, um uns einen langen Marsch in der drückenden Hitze des Tages zu ersparen. Gelber Dunst hing über der Stadt. Rauchfahnen von Bränden in Potter's Field, von Feuern an Straßenecken, ringelten sich über den Dächern, gaben den düsteren Eindruck einer geplünderten und gebrandschatzten Stadt. Ich habe den Santo Domingern zugehört, wie sie von der Brandschatzung von Cap François erzählten. Wie die Hauptstadt von Flammen eingeschlossen wurde, die von den rebellierenden Sklaven auf den Zuckerrohrfeldern entzündet worden waren. Der Horizont die ganze Nacht in Flammen, während sie sich in Schiffen aufs Meer drängten und sich entsetzt fragten, wohin sie sich wenden sollten, ob ihnen denn ein Hafen die Landung gestattete, ihnen, Sklaven mit leeren Händen, Herren, deren einziger Reichtum nun in nackten, im Frachtraum eingesperrten schwarzen Körpern bestand, großäugigen Zeugen des Untergangs eines Reiches, singend, stöhnend, unsicher, vom Meer gewiegt, ob irgend etwas auf der Welt diese fürchterliche Feuersbrunst überdauern könnte, die die große Stadt Cap François verzehrte.

Der Tag brach über einer schwelenden Landschaft an, sich kräuselnden Rauchsäulen, einer allgemeinen Dunstwolke von der Farbe der Augen eines Fieberopfers. Einen Augenblick lang starre ich darauf, falle dann wieder in den Schritt meines Bruders ein, der mühsam durch unbestellte, Bush Hill gürtende Felder stapft.

Von einem Kriegsgefangenenschiff im New Yorker Hafen, wo die Briten ihn interniert hatten, hatte er gesehen, wie die Stadt ihr Sterbekleid, den Nebel, abgelegt hatte. Morgen um Morgen malte sich feucht und grau, eine flache Zeichnung auf der Himmelsleinwand, ein zögernder, zitternder Schirm aus Fassaden, Schuppen, wuchernden Speichern, die über dem Fluß trieben.

Dann wurden Schatten und Höhlungen dunkler. Ein Gewirr aus Masten, Spieren, Segeln begann sich zu wiegen, kleine Boote befuhren Gassen zwischen Schiffen, winzige Gestalten schoben sich langsam an Werften und Docks vorbei, Türen gingen auf, Fenster glitten auf oder nieder, verliehen dem Porträt die Illusion von Tiefe und Belebtheit. Diese Stadt, für ihn in unendlich weiter Ferne, diese Scharade, die andere aufführten, um ihn zu verspotten, um ihm die Entfernung aufzuzeigen, die er nicht überwinden konnte, das Ufer, das er nie erreichen würde, die Stadt, sozusagen, erwachte zum Leben und ließ mit ihrer allmorgendlichen Geburt das faßbare Gewicht seiner Verzweiflung fallen. Seiner Einsamkeit, seines Exils. In Zinnwasser vertäut, auf einer Insel, die nie aufhörte zu treiben, die jedoch nirgendwo ankam. Die Stadt, ein Wunder aus Licht und Luft, Chimäre aus Farbe, Pinsel und Papier, zählte nichts, nur daß sie ihm verweigert wurde. Sie schimmerte. Läutete. Verstörte den feuchten Ort, an dem zu hausen er verurteilt war. Überbrachte ihm jeden Morgen die gleiche triste Kunde: *Die Toten sind Legion, die Lebenden ein Schaum auf dunklen, geschichteten Tiefen. Du aber bist keines davon und weniger als beides.* Nacht für Nacht träumte er, wie sie brannte, er machte die Stadt dem Erdboden gleich, bis nichts von ihr mehr übrig blieb, nur eine trockene, schwarze Kruste, die unter seinen Stiefeln knackt und knirscht, während er dahinschreitet, König des Nichts, über das er blickt.

Wir kamen an in die Erde gegrabenen Löchern vorbei, wo die Kranken bestattet sind. Manche starben in diesen flachen Gruben, in ihrem eigenen erbrochenen und entleerten Unrat schwimmend, bevor noch ein Bett im Krankenhaus für sie bereitgestellt werden konnte. Andere glaubten, sie würden lebendig begraben und, unfähig, herauszukriechen, heulten, bis sie der Verstand oder die Kräfte verließen. Ein paar, denen nicht mehr zu helfen war, schliefen tief in diesen Gräben, widerstanden den Wärtern, die gesandt waren, um sie zu wecken und hineinzutransportieren, bis sie erkannten, daß sie wiederbelebt werden sollten, um erneut gegen das Fieber anzukämpfen. Ich hatte dem rotbärtigen französischen Arzt aus Santo Domingo mit seinen Tabellen und Assistenten zugesehen, wie er diese Zone inspizierte, seine *salle d'attente,* wie er sie nannte, Neuankömmlinge begrüßte und beruhigte, sie befragte, nickte und sich verbeugte, von Grube zu Grube eilte, auf seine unsichtbaren Patienten hinabäugte wie ein Gärtner, der seine Sämlinge hegt.

Eine Einführung ins Grab, ein Weg ins Krankenhaus, der den Weg vorzeichnete, auf dem die meisten es wieder verlassen würden. So hatte dieser bizarre Zulassungsritus zunächst gewirkt. Doch durch diesen und andere eigentümliche Kunstgriffe hatte Deveze mit seinem französischen Verfahren Bush Hill von einem Leprahaus in eine Klinik verwandelt, wo Opfer des Fiebers, wenn sie nicht schon bei der Einlieferung zu schwach waren, eine Überlebenschance hatten.

Der von Bush Hill eingesetzte Fuhrmann war plötzlich krank geworden. Der getreue Wilcox hatte keinen Tag gefehlt, hatte Menschen von der Stadt zum Krankenhaus, vom Krankenhaus nach Potter's Field gebracht. Bush Hill hatte jetzt seinen eigenen Friedhof. Die tägliche Ration der Toten konnte nun weniger auffällig auf einem Stück Land auf dem Grundstück des Gutes, abgeschirmt von den schreckgeweiteten Augen der Stadt, beseitigt werden. Niemand hatte dem Krankenhaus vertraut. Geschichten von dem blutigen Chaos, das dort herrschte, waren in die Stadt gesickert. Die Bürger glaubten, es sei ein Ort, wo die Totgeweihten bis zu ihrem Tod gelagert wurden. Die Fieberopfer mußten aus dem Bett auf den Karren von Bush Hill gezerrt werden. Sie wehrten sich und schrien, warfen sich vom fahrenden Karren, bettelten um Hilfe, wenn der Karren einen der seltenen Fußgänger passierte, der es wagte oder der so dumm war, sich auf die todbringenden Straßen zu begeben.

Zum tausendsten Mal fragte ich mich, warum manche befallen waren und manche nicht. Dr. Rush und dieser Deveze tauchten die Hände in die Eingeweide von Leichen, wühlten das schwarze, verdorbene Blut auf, atmeten infizierte Dämpfe ein, die die abgestorbenen Überreste verströmten. Ich hatte beide Männer beobachtet, wie sie tief in von ihren Patienten abgesonderten schädlichen Flüssigkeiten standen, doch keiner von beiden war eine Beute des Fiebers geworden. Der dumpfe, unbedarfte Wilcox hatte täglichen Kontakt mit den Kranken und begrub die Toten zwei Monate lang, bevor er infiziert wurde. Es heißt, eine Frau, die erst entdeckt wurde, als brodelnder Gestank die Nachbarn um Hilfe schreiend auf die Straße trieb, sei die Ursache für Wilcox' Ende gewesen. Die dicke Frau, durch Gase und Flüssigkeiten, die in ihrem Körper kochten, zu einem noch sperrigeren Bündel aufgebläht, sei ihm aus der Hand gerutscht, als er sie zusammen mit einem anderen auf den Karren gewuchtet hatte. Ihr Körper sei gegen ein Geländer gestoßen und zu Boden gefallen und aufgeplatzt, wobei er Wilcox wie eine Fontäne bespritzt habe. Wilcox rühmte sich nicht, der sauberste aller Männer zu sein, auch erforderte seine Arbeit keinen, der überempfindlich war, doch der durchdringende Gestank war in diesem Fall selbst für ihn zuviel, und er war eingeschnappt abgezogen, um seine verschmutzten Kleider zu wechseln. Er kehrte nie zurück. So kam ich also nach Bush Hill, wohin Rush mich zusammen mit meinem Bruder berufen hatte, die Flut der Toten zu begraben, die nicht abebbte, nur weil der Charon, der ihr Vertrauter war, sich ihrer nicht mehr annehmen konnte.

Die Ärzte glauben, sie könnten das Geheimnis des Fiebers in den Leichnamen der Opfer entdecken. Sie schneiden, sägen, extrahieren, wiegen, messen. Die Toten werden in immer kleinere Stücke geschnitten und die geschlachteten Teile untersucht, doch sie reden nicht. Was ich über das Fieber weiß, habe ich aus den Worten jener gelernt, die ich behandelt habe, von Geschichten der Lebenden, die von den guten Ärzten übersehen werden. Wenn Lanzette und Skalpell die Opfer zur Ader lassen, dann bringen sie Geschichten wie Gebete dar.

Es war ein heiterer Tag. Wir bedienten unsere weißen Gäste, und nachdem sie zu Ende gegessen hatten, bedienten sie uns an den langen leintuchbedeckten Tischen. Ein üppiges Mahl in dem Eichenhain, angerichtet von vielen und willigen Händen.

Die Augen der Welt schienen auf uns gerichtet. Die führenden Männer der Stadt, schwarze wie weiße, waren anwesend, um die Grundsteinlegung für die afrikanische Episkopalkirche St. Thomas zu feiern. Trotz der Hitze und der Wolken mutiger Insekten waren alle gehobener Stimmung. Eine Versammlung Weißer und Schwarzer in guter christlicher Verbundenheit zum Gedenken der Früchte geteilter Arbeit. Vielleicht war es der Anbruch eines neuen Tages. Das Picknick fand im Juli statt. In weniger als einem Monat brach das Fieber über uns herein.

Wenn man die Toten öffnet, die schwarzen wie die weißen, findet man: Die Dura mater, die das Gehirn überzieht, ist von weißem und faserigem Aussehen. Die Leptomeninges, die das Gehirn überziehen, sind klar und ohne Trübungen. Das Gehirn wiegt 1450 Gramm und ist symmetrisch geformt. Schnittsektionen der Gehirnhälften ergeben durchweg eine normal wirkende graue Substanz. Die weiße Substanz des Corpus callosum ist intakt und weist keine Verletzungen auf. Die Basalganglien sind in ihrer normalen Lage und weisen im ganzen keine Verletzungen auf. Die Ventrikel sind symmetrisch und mit kristallklarer Rückenmarksflüssigkeit gefüllt.

Das Cerebellum ist symmetrisch geformt. Die Nuclei des Zerebellums sind unauffällig. Mehrfachschnitte durch Pons, Medulla oblongata und Hypothallamus ergeben eine normale Anatomie. Die Cranialnerven sind in ihrer normalen Lage und unauffällig.

Die Nackenmuskeln sind in ihrer normalen Lage. Die Knorpel des Larynx und des Zungenbeins sind intakt. Schilddrüse und Nebenschilddrüse sind auf ihrer äußerlichen Oberfläche normal. Die Schleimhaut des Larynx glänzt, ist weich und ohne Verletzungen. Die Stimmbänder sind unauffällig. Eine kleine Menge blutigen Gewebes ist in der oberen Luftröhre vorhanden.

Das Herz wiegt 380 Gramm. Das Epikard ist glatt, schimmernd und ohne Verletzungen. Das Myokard von linkem Ventrikel und Septum ist von gleichförmigem, fleischrotem, festem Aussehen. Das Endokard ist glatt, schimmernd und ohne Verletzungen. Die Aurikularanhänge sind frei von Thromben. Die Klappensegel sind dünn und zart und zeigen keinerlei Anzeichen von Wucherungen.

Die rechte Lunge wiegt 400 Gramm. Die linke Lunge 510 Gramm. Die Pleuraoberflächen der Lungen sind glatt und schimmernd.

Die Ösophagusschleimhaut ist schimmernd, weiß und gefaltet. Der Magen enthält große Mengen schwarzer, schädlicher Galle. Ein gleichmäßiger Appendix ist vorhanden. Der aufsteigende, querlaufende und absteigende Dickdarm weist durchweg Blutungen, Streifen, Störungen der normalen Schleimhautmuster auf. Eine kleine Menge blutigen, flüssigen Kots ist im anorektalen Kanal vorhanden.

Dr. Rush und seine Assistenten untersuchten so viele Leichen wie möglich, trotz der Hetze und des Tumultes der nicht enden wollenden Behandlung der Kranken. Rush hoffte, seine Heilmittel, seine Analyse der Ursache und des Verlaufs des Fiebers als richtig zu beweisen. Von seinen medizinischen Brüdern allenthalben angegriffen, weil er Patienten, die sich schon in einem dramatisch geschwächten Zustand befänden, den Darm entleere und zur Ader lasse, schlug Rush gegen seine Gegner zurück, schrieb Pamphlete, Breitseiten, fuchtelte mit den stinkenden Beweisen seiner Obduktionen, um schlüssig zu demonstrieren, wie die Kranken in ihren eigenen vergifteten Flüssigkeiten ertränken. Die Verwesung, der schwarze Exzeß, verkündete er, müsse abgelassen werden, da das Opfer ihm sonst unausweichlich erliege.

Liebste,

ich werde erst wieder nach Hause kommen, wenn die Sache mit diesem Fieber beendet ist. Ich habe Angst, die gefürchtete Ansteckung in unser Haus einzuschleppen. Mein Leben liegt in Gottes Hand, und solange er es für richtig hält, mich zu verschonen, werde ich in meinen Bemühungen um die Kranken, Sterbenden und Toten fortfahren. Wir verlieren den Kampf. Vergangenen Donnerstag wurden 88 begraben. Ich zittere um Deine Sicherheit.

Wünschte, die Lüge der Immunität wäre wahr. Laß mich bitte durch eine Nachricht an das Haus von Dr. Rush wissen, daß Ihr, Du und unsere liebe Martha, wohlauf seid. Ich bete stündlich, daß Gott Euch beide schützt. So schwierig es ist, jeden Morgen aufzustehen und mit Thomas unserer Pflicht nachzukommen, wäre diese Aufgabe jedoch unerträglich, trüge ich nicht in meinem Herzen eine Vision vom Ende dieses Schreckens, eines seligen strahlenden Tages, da ich zu Dir zurückkehre und mein müdes Haupt an Deinen süßen Busen bette.

Allen, Allen, rief er mich. Sehen Sie doch, wie selbst nach dem Tod der Körper diesen blutigen Eiter aus Nase, Darm und Mund ausstößt. Wahrhaftig, der Patient, der mindestens eine Stunde zuvor verschieden war, befleckte die Tücher, die ich um ihn gewickelt hatte, noch immer. Wir hatten die Räume einer stattlichen Villa durchsucht, dabei sechs Mitglieder einer Familie entdeckt, Patriarch, Sohn, Frau des Sohnes und drei Kinder, alle entweder tot oder im letzten furchtbaren Stadium der Krankheit. Auf den Rat eines von Dr. Rushs unverblümtesten Kritikers hin hatten sie sich bislang Quecksilberentleerungen und Aderlassen verweigert, und da war es zu spät für jegliche irdische Heilung, um sie zu retten. In dem reichen Mobiliar dieser luxuriösen Villa, gepflegt von einer Dienerin, die die Furcht noch nicht vertrieben hatte, waren drei Generationen gleichzeitig verschieden, waren die Verbindungen dieser stolzen Familie zu Vergangenheit und Zukunft vollkommen abgeschnitten, der große Kreis zerbrochen. Im ersten Schlafzimmer, das wir betraten, fanden wir William Spurgeon, Kaufmann, Sohn und Vater, jetziger Lenker der Familiengeschicke; er war so schwach, daß er nicht sprechen konnte, es sei denn mit einem schmerzvollen Zwinkern seiner schrecklichen goldenen Augen. Hieß er uns willkommen? Entschuldigte er sich bei dem guten Dr. Rush, daß er seine Heilmethode angezweifelt hatte? Fürchtete er sich vor den dunklen Gesichtern meines Bruders und mir? Schnell, zu schnell, war er dahingegangen. Ohne Fragen zu beantworten. Ohne etwas vom Zustand seines Geistes zu enthüllen. Ein mißhandeltes Gesicht, über der Decke erstarrt. Uralt, älter als

Jahre. Verbitterte Augen, die sich von unserer emsigen Fürsorge nicht täuschen ließen, sondern durch uns hindurchstarrten, auf die ewige Stille fixiert, die bald kommen sollte. Und ich glaube, ich erfuhr durch jene gelbe Färbung seiner Augen die genaue Schattierung des Himmels, wenn man es denn Himmel nennen soll, der über der nächsten Welt hängt, wo wir weilen.

Allen, Allen. Es dauerte nur noch Augenblicke, dann schlug ich ihn in ein Tuch aus der Truhe am Fuß seines Baldachinbettes. Wir hoben ihn in eine bescheidenere Trage, grob zusammengenagelt, das Holz noch grün. Allen, schauen Sie. Der Gestank aus dem Sarg schnitt durch die bedrückenden Düfte, die dieses dem Untergang geweihte Haus durchwehten. Da. Wie ein Säugling hatte der Herr des Hauses seine Windeln beschmutzt. Das Durchsickernde bildete einen dunklen Fluß und tropfte zwischen roh zusammengefügten Brettern hindurch. Wir fanden seine Frau, wo sie umgefallen war, nackt, gelb oberhalb der Taille, schwarz darunter. Diese Frau hatte Schränke voller Kleiderpracht besessen, Sklaven, die sie ankleideten, speisten, badeten und bemalten, und dennoch lag sie da, niemand, der ihre Scham bedeckte, der sie vom Boden aufhob. Dr. Rush schätzte nach der Verfärbung, daß sie seit zwei Tagen tot war, eine Schätzung, die von dem loyalen schwarzen Hausmädchen bestätigt wurde, das selbst krank war und sich zum Bleiben entschieden hatte, während alle andern ihre Herrschaft verlassen hatten. Kein Atem, kein Herzschlag, Sir. Ich konnte sie nicht aufwecken, Sir. Ich hatte vor, wiederzukommen, Sir, doch ich war zu schwach, sie zu bewegen, zu erschöpft von meinen Pflichten, Sir. Tränen rollten ihr über das zerfurchte schwarze Gesicht, und ich fragte mich in meinem Herzen, wie dieses mißbrauchte und verachtete alte Geschöpf in seiner verdreckten Schürze und dem Turban, diese schwache, verhärmte Frau das allgemeine Unheil überlebt hatte, während die Starken und Gehätschelten um sie herum fielen.

Ich wollte von ihr wissen, warum sie jetzt nicht zur Tür hinausrannte, endlich frei von ihrer Last, ihrer lebenslangen Sklaverei unter den Launen der Weißen. Doch ich fragte sie nichts.

Betrachtete dagegen mich selbst, einen Mann, der jahrelang gearbeitet hatte, um die Freiheit seiner Frau zu erkaufen, dann die seine, ein sogenannter Freier, und hier war ich Teil des Gefolges von Rush und seinen Assistenten, ein Amtswalter, ein Lakai, täglich beleidigt von denen, die zu heilen ich mein Leben riskierte.

Warum rannte ich nicht davon? Warum tanzte ich nicht auf der Straße, feierte nicht Gottes Urteil über diese verderbte Stadt? Das Fieber machte mich freier, als ich es je gewesen war. Die Stadtverwaltung war zusammengebrochen. Es herrschte Anarchie. Solange das Fieber mich nicht befiel, konnte ich überall nach Belieben kommen und gehen. Auf der Straße konnte man ein Vermögen anhäufen. Ich konnte mich an den Meistbietenden verkaufen, als Pfleger, Leichenbestatter, als Chirurg, ausgebildet von dem berühmten Dr. Rush, um seine lebensrettende Heilung anzuwenden. Jeder, der in Häuser ging, wo das Fieber herrschte, konnte für unbedeutende Dienste horrende Summen verlangen. Vom Fieber verschont zu sein, war für jeden, schwarz wie weiß, die Chance, ein König zu sein.

Warum also folgen Sie ihm wie ein treues Hündchen, Sie verdammter schwarzer Narr? Er drohte mit dem Finger. Sie... Sein Finger, ein dürres, abgekautes Ding mit geschwollenen Gelenken und gebrochenen Knochen. Wie die Nase in seinem Gesicht. Die Nase, die, wie ich fand, eher wie ein Finger als eine Nase aussah. *Narr. Narr.* Der drohende Finger, dann das Gegacker. Dann das Bauernhofgewieher. Durchgedrehte Hühner, die in seinem dünnen, kropfgebeulten Hals gackerten. Sie sind ein Narr, schwarzer Sohn Hams. Sie strohdummer nubischer Affe. Sie Abkömmling von Spannern und Orang Utans. Wer zwingt Sie denn, den Irren Rush auf seinen mörderischen Runden zu begleiten? Mit seinen schwachsinnigen, unsinnigen, unnatürlichen Sangrado-Heilmitteln bringt er hundert um auf jeden, dem er hilft. Warum ziehen Sie Ihren Affenschwanz ein und rennen hinter diesem Schlächter her? Sind Sie sein Schatten, eine hirnlose, rückgratlose schwarze Schleimlache ohne eigenen Willen?

Sie sind ein guter Mensch, Allen. Sie kümmern sich in dieser seelenlosen Wildnis um die Seelen Ihrer Leute. Sie lieben Ihre Familie und Ihren Gott. Sie sind ein Leitstern und unerschütterlich. Ihr verhängnisvoller Makel ist die Kurzsicht. Sie können über diese Ufer nicht hinausschauen. Der Fluß, jene stinkende Gosse, in welche die Stadt ihre Scheiße schaufelt und daraus ihr Trinkwasser bezieht, jenes schwer geprüfte Spuckeband windet sich hin zu einem Ozean. Hundert Meilen stromab saugt das schaumige Maul des Landes an der Zitze des Atlantiks, wehen Passate dahin, erwartet eine ganze weite Welt den Reisenden. Ich weiß das, Allen. Ich bin überall gewesen. Hab überall Handel getrieben.

Wenn Sie es wagen würden, Ihren Leuten Moses zu sein und sie aus diesem Land zu führen, würden Sie für Ihre Talente ein schönes Feld finden. Keine Speichelleckereien, kein Hinterherlaufen, kein Hol-dieses-und-bring-jenes, kein Mach-die-Beinebreit, kein Halt-still, wenn ich dich schlage. Folgen Sie der Wunde, die ein Fluß ist, zurück zum Meer. Gehn Sie, gehn Sie. Solange noch Zeit ist. Wenn noch Zeit ist, *mon frère.* Wenn die Pest sich nicht schon in Ihnen eingenistet hat, aus meinem faulen Gedärm in das Ihre gedrungen ist, während wir noch reden.

Hier ist ein Herr für Sie. Ein richtiger Herr, Allen. Das Fieber, das sich an meinen Innereien gütlich tut. Ich bin mehr Sklave, als Sie es je waren. Ich folge seinem Geheiß aufs Wort. Huste mir die Lungen aus dem Leib. Scheiße Teile meiner Gedärme. Wenn ich sterbe, dann sagen sie, daß meine Haut so schwarz wie Ihre wird, Allen.

Kehren Sie zurück zu Ihrer Familie. Verlassen Sie sie nicht wieder. Was die Rushs auch versprechen, womit sie auch drohen.

Einmal, vor zehntausend Jahren, da hatte ich Frau und Kinder. Ich war wie Sie, Allen, stolz, unschuldig, vorausschauend, artikuliert, gute Manieren, ein Leitstern und unerschütterlich. Ich begann, die geflüsterte Verheißung zu glauben, daß ich mehr haben könnte. Mehr wovon, das fragte ich nicht. Wußte es nicht, doch ich wandte den Blick von dem, was ich liebte, um dieses Mehr zu bekommen. Verließ Frau und Kinder, doch als ich zurückkam, waren sie weg. Es genügt zu sagen, daß die Umstände meines Weggangs ähnlich wie Ihre waren. Ganz ähnlich wie Ihre, Allen. Und ich verlor alles. Wurde ein Wanderer unter den Menschen. Schlechte Kunde sehen die Menschen schon meilenweit. Ein Paria. Ein Witz. Ich bin nicht schwarz wie Sie, Allen. Aber bald werde ich es sein. Schneller, als Sie weiß sein werden. Und wenn Sie jemals weiß sein werden, dann werden Sie so tot sein wie ich, wenn ich schwarz bin.

Warum also verlassen Sie Ihre Lieben? Was treibt Sie, das zu tun, was Sie als so schmerzlich, als so ungerecht empfinden? Sind Sie denn kein Mann? Nicht frei?

Ihre schläfrigen Augen, Ihre Lippen auf ihrer warmen Wange, jedes Mal könnte die letzte Begegnung auf Erden sein. Die Umstände sind ähnlich, mein Bruder. Mein Schatten. Mein dreckiges Gesicht.

Die Toten sind Legion, die Lebenden ein Schaum auf dunklen, geschichteten Tiefen.

Meister Abraham. Da ist ein Herr, der Sie sprechen möchte, Sir. Der goldhaarige Junge, der sieben Jahre an mich gebunden war, wurde wie Sie, Allen, im Bauch eines lecken Kahns über die Meere verfrachtet. Ein Sohn, der meinen Sohn ersetzen sollte, den seine Väter totgeknüppelt hatten, als sie das Ghetto von Antwerpen dem Erdboden gleichmachten. Doch ich konnte den abgrundtiefen Haß, seine Abneigung und Verachtung für mich, nicht zähmen. Von meinem Horst aus, an meinem Schreibtisch, abgeschieden zwischen Fässern, Ballen, Kisten und Koffern in der Mansarde des Landes, sah ich zu, wie er stahl, trank und hurte. Ich hörte mit, wie er mich bei einem Delegierten denunzierte, der herumgeschickt worden war, um während der Not den Zehnten einzusammeln. In den alten Ländern weiß man wohl, daß die Juden das Fieber bringen. Das palatinische Fieber, das ganze Städte dahinrafft. Sie tragen es unter dreckigen Fingernägeln, in den Riefen echsenartiger Geschlechtsteile. Geben es weiter mit dem bösen Blick. Deshalb jagen wir sie aus unserer Stadt, merzen sie aus. Hüten Sie sich vor Meister Abrahams stechendem Blick. Und der schwarz gefiederte Geier lauschte konzentriert. Ich konnte sehen, wie er den Bericht in seinem kleinen Gehirn wälzte. Töten Sie den Juden. Und Sie bekommen ein Geschäft und einen kräftigen Lehrling dazu. Doch ich überlebte, bis das Fieber mich doch niederstreckte und der Karren mich hierher nach Bush Hill brachte. Jahrelang hatte er mich beraubt und betrogen, und meine ganze Rache war, ihn besser zu behandeln. Zuzulassen, daß er klaute, log, veruntreute. Ihn fett und nachlässig werden zu lassen, wie ich es kommen sah. Mit der grenzenlosen Freundlichkeit des Vaters vernichtete ich ihn. Das letzte traurige Lachen kam, als ich erfuhr, daß er im Fieber die Absolution erhalten hatte, unter Qualen gestorben war, wobei er seiner französischen Hure aus der Water Street, die zu halten ihm meine Nachsicht gestattete, um einen Tag gefolgt war.

In Amsterdam verkaufte ich Diamanten, Allen. In Barcelona zupften sie mir Haare aus meinem Bart, um Amulette daraus zu machen, die ihren Feinden Unglück bringen sollten. Es gab Nächte in Verliesen, da war der Mantel meines Leidens alles, was ich besaß, um mich dareinzuhüllen und die tödliche Kälte abzuhalten. Ich verwünschte Gott, daß er mich ausgewählt, daß er mein Volk ausgewählt hatte, um sie zu verunglimpfen und sie hinzumetzeln. Haben Sie von den Lamed Waw gehört, den Sechsunddreißig Gerechten, die ausgesucht wurden, um die Wirklichkeit zu erdulden, welche die Menschheit nicht ertragen kann? Erlöser. Aber nicht Götter wie Ihr Christus. Keine Magier, keine Zauberer mit Taschen voller Tricks, Allen. Keine göttlichen Privilegien. Erlöser aus Fleisch und Blut. Männer wie wir, Allen. Wenn Mann du bist unter deinem schwarzen Fell. Männer, die husten und sich an ihren wunden Stellen kratzen und bluten und stinken. Deren Zähne faulen. Deren Frauen und Kinder ihnen entrissen wurden. Die über die Erde wandern, unfähig zu sterben, doch stets Männer, Männer, bis Gott sie abberuft und sie wieder zu sich an seine Seite holt, wo sie zehn Jahrhunderte lang tauen müssen, bis die Kruste irdischen Grams und Elends, die sie auf sich genommen haben, geschmolzen ist. Eismänner. Schneemänner. Viele Jahre dachte ich, ich sei vielleicht einer davon. In meiner Eitelkeit. Meinem Selbstmitleid. Meiner Torheit. Doch nein. Ein Leben voller Leiden ist mir genug. Ich bin ein ganz normaler Kunde. Nur einer in der Menge, die vor seinem Stand Schlange steht, um seine Waren zu kaufen.

Sie wissen doch, nicht wahr, Allen, daß Gott Buchhändler ist? Er veröffentlicht ein Buch – den Text des Leidens – immer wieder aufs neue. Er verbirgt ihn zwischen neuen Deckeln, in unterschiedlichen Formen und Größen, druckt auf verschiedenem Papier, in vielen Schriftgrößen, fügt Vorworte und Nachworte an, um den Käufer zu täuschen, doch es ist stets dasselbe Buch.

Sie sagen, Sie kehren nicht zu Ihrer Familie zurück, weil Sie sie nicht infizieren wollen. Vielleicht ist Ihre Furcht begründet. Aber vielleicht verdeckt sie auch eine noch größere Furcht. Können Sie sich vorstellen, Allen, ein anderer zu sein als der, der sie sind? Ein freier Mann ohne einen Scharlatan Rush, dem Sie die Schuld geben können. Das Gewicht Ihres Lebens in Ihrer Hand.

Sie haben mir von Bürgern erzählt, die gelähmt waren vor Furcht, von Sklaven an Bord eines Schiffes, die in ihren Ketten zu Stein wurden, die Augen in der Sonne kochend. Ist es nicht möglich, daß Sie das Gegenteil dieser Unbeweglichkeit erleiden? Sie, Sir, unfähig, einen endlosen Kreislauf aus Pflicht und Verbindlichkeiten zu beenden. Seiten umblättern, als würde die nächste oder die übernächste Seite Sie die Geschichte beenden und zu Ihrem Leben zurückkehren lassen.

Ihrem Leben, Mann. Sagen Sie, welche heilige Bestimmung, welcher Niggerauftrag hält Sie hier an meiner verdreckten Pritsche? Eilen, eilen, eilen Sie fort nach Hause. Ihr Haus steht in Flammen, Ihre Kinder brennen.

Ich habe es noch erlebt, daß die Sklaven frei waren. Mein Volk auf der Straße tollte. Schwarz und weiß. Diejenigen, die glauben, sie seien beides oder keines. Ich bin zu alt zum Tanzen. Zu alt für Torheiten. Doch bei diesem Vollmond wünsche ich mir, ich hätte zwei gute Beine. Drei. Ritt auf einem Besenstiel, als ich ein Junge war. Hopp, hopp, hopp. M'lord, m'lady im Galopp, den ganzen Hof sollte ich fegen. Hinter mir eine Staubwolke. Kreischende Hühner. Die Augen überall auf einmal, damit meine Herrin oder mein Herr mich nicht bei der Sünde des Faulenzens ertappten. Des Träumens. Den Neigungen eines Kindes folgend. Mir mein Besenroß weggenommen. Zu einer Rute auf meinem Rücken geworden. Immer wachsam. Mit einem offenen Auge träumend. Das Auge bin jetzt ich, alt und lahmgliedrig sehe ich zu, wie mein Volk das Gerücht von der Kapitulation des Alten Pharaoh feiert.

Ich habe diese Stadt abgestreift wie eine Haut, habe zehn mal zwanzig und noch mehr Jahre herausgewunden, meilen- und ellenweise, unter Qualen, Zuckungen. Viele Tage lang wußte ich nicht, ob ich mich freier geschlängelt hatte oder tiefer in den gekrümmten Schacht gekrochen war. Irgendwo stand ein Kind, es war grün da, es hielt Verbindung, wartete auf mich. In der Hoffnung, ich würde ihm wieder begegnen, in der Hoffnung, meine Anstrengungen seien nicht vergebens. Ich suche das Gesicht des Kindes nach Hinweisen auf meine verschwommenen Züge ab. Fleisch trieb, wurde angespült, von Wind und Wasser zerfressen, die Landschaft dieser Stadt paßte mir wie eine Haut. Bete für mich, Kind. Für meine ungeborenen Eltern, die ich in diesem Waisenblähbauch trage. Für dies alte Gesicht, das mir wie Wasser durch die Finger rinnt.

Nacht jetzt. Bitterkalte Nacht. Feuer im Herd der Glücklichen. Viele von uns halten noch immer in dunklen Kellern aus, in Höhlen, in die Erde unter den Häusern der Armen gegraben. Denn wir sind noch ärmer, verkriechen uns da, ziehen die Erde wie eine Decke oder ein Federbett um uns, um die Kälte abzuhalten, schlafen in Massen in einem Raum, zu Stapeln, Schraffuren, im Löffelmuster, einander das einzige Heizmaterial: Die Wärme eines Körpers ging auf die anderen über und kam von allen zu einem zurück. Kein Wunder also, daß das Feiern nicht aufhört, als ein kalter Eishauch vom Delaware hereinfährt. Diejenigen, die um die Feuer herumspringen und grölen, sind besser dran, als sie es hier bei uns wären. Sie wissen nicht, wo sie sonst hinsollen.

Nach der Ableitung der Wörter könnte man die tödlichen, geflügelten Besucher eine *Unerfreulichkeit aus Ägypten* nennen.

Fauliger Gestank rasselt in seinen Nasenlöchern. Er muß sich bücken, um den Keller zu betreten. Keine Antwort, als er seinen Namen schreit, seine Mission der Barmherzigkeit. Fußboden, Decke und Wände aus Erde, gelegentlich von einem Balken, von Holzbrettern gestützt. Schwaches, flackerndes Leuchten aus seiner Laterne. Er sieht sich drohend und zitternd an den Wänden, eine schattenhafte Erscheinung mit mehr Substanz als er selbst, so denkt er, zu dieser späten Stunde besitzt. Nach einem langen Tag der Visiten ist dieses Loch seine letzte Station, bevor er zum Haus seines Bruders zurückkehrt, um sich ein paar Stunden auszuruhen. Er hat gelernt, daß Erschöpfung ein Sumpf ist, durch den er hindurchwaten kann, und auf der anderen Seite eine andere Gegend, wo eine dünne, zitternde Version seiner selbst schuftet, während er zuschaut, abwesend, immer wieder in Schlaf sinkend, verblüfft über die Ähnlichkeit, die Fertigkeit, mit der jener andere ihn besetzt und durchbringt. Mimikry. Puppenspielerei. Was diesen anderen auch leitet, er läßt den Schwindel gewähren, verläßt sich darauf, daß er arbeitet, wenn er nicht mehr kann. Nach Tagen mit Rush in der eigentlichen Stadt, kehrt er zu jenen gewundenen Straßen am Fluß zurück, infizierte Venen und Arterien, die er zur Ader lassen muß.

Am Ende der Höhle, so tief im Schatten, daß er darüber stolpert, bevor er etwas sieht, ist ein Lumpenberg. Als er sich darüberbeugt und in das Dunkel hinabspricht, weiß er sogleich, daß dies der Quell des schrecklichen Gestanks ist, daß etwas einstmals Lebendiges unter den Lumpen verrottet. Er denkt an

Herbstlaub, zu ragenden, mürben Haufen zusammengeweht, an den Nordwind, der sich und die Stadt vom Sommer reinigt. Er denkt an alles mögliche, an irgendein Bild, das ihn für den Augenblick vor dem ekelerregenden Gestank bewahrt, aufschiebt, was er als nächstes tun muß. Innerlich brüllt er nein, nein, während er das Gesicht seiner Frau, das Gesicht seiner Tochter übersehen will. Seine Nachbarn hatten versprochen, auf sie aufzupassen, fast täglich bekommt er Nachricht. Wen das Fieber packt, wen es verschont, darin ist weder Sinn noch Verstand, doch er ist Tag für Tag in der Stadt, ihren Opfern ausgesetzt, übelriechende Luft atmend, verdorbenes Fleisch berührend. Wenn einer aus seiner Familie sterben muß, dann wird es sicher er sein. Seine Kleider sind in Essig getränkt, er riecht das Patentrezept aus Schießpulver, Borke und Asa foetida in einem Beutel, der an seinen Mantel geheftet ist. Er ist gewillt, sich selbst den Darm zu entleeren und zur Ader zu lassen, auch ist er bereit und durchaus willens, auf diese Vorsichtsmaßnahmen und Heilmittel zu verzichten, wenn er dächte, es könne ihnen das Leben retten, wenn er seines aufgäbe. Er formt sich ein Bild ihrer Haare, weich an seiner Wange, verwischt es wieder, die nasse Wärme des Hinterteils seiner Tochter in der Armbeuge, als er sie zu ihrer Mutter trägt, wo sie ihre Windeln gewechselt und zu essen bekommt. Nein. Wie ein würgender Nebel erstickt ihn der Geruch von fauligem Fleisch, zwingt ihn, sich abzuwenden, einmal, zweimal, bevor er sich dabei beobachtet, wie er sich mitten hineinbeugt und die Schlafenden aufdeckt.

Zwei Flüchtlinge aus Santo Domingo, Sklaven oder Freie, das wußte niemand so genau, bewohnten diesen Keller. Weniger als eine Woche zuvor waren sie eingezogen, die Mutter dick von ihrem Kind, Frau und Mann vom Fieber gequält. Niemand weiß, wie lange das Paar ohne Pflege war. In den Augen und Stimmen der wenigen, von denen er Bruchstücke der Geschichte der Santo Dominger herausbekam, war Scham. Da niemand sie richtig kannte und nur wenige hier ihre Sprache konnten, wollte keiner das Risiko eingehen, usw. Außer einiger Schreie eines Nachts hatte niemand Lebenszeichen gesehen oder gehört. Wenn man ihm nichts von ihnen gesagt hätte, dann hätte seine Nase ihn dahingeführt.

Es schüttelt ihn, als er den toten Mann und die tote Frau sieht, Ehemann und Ehefrau, nicht wie in einer Ballade auf die ewige Liebe ineinander verschlungen, sondern Rücken an Rükken, Distanz zwischen ihnen, als wäre das Entsetzen zu sichtbar, zu groß, um es zu ertragen, verdoppelt im Auge des anderen. Was hatten sie gesehen, bevor sie sich voneinander wegdrehten? Wenn er könnte, würde er sie anders hinlegen, den Leichenträgern diesen Anblick ersparen.

Rattenfüße und Rattenquieken in den Schatten. Er hatte mit den Füßen aufgestampft, sie verscheucht, bevor er eingetreten war, hatte gebrüllt, als er die Decken zurückschlug, doch schon hatten sie sich an ihn gewöhnt, waren wieder bei der Arbeit. Unterschiedslos beißen sie, in totes Fleisch, in sein Fleisch. Er flucht und drischt mit seinem Stock auf die Lumpen, schlägt auf den Erdboden, um die Aasfresser in Schach zu halten. Diese Geräusche beschwören die schrillen Schreie herauf, die ihn zunächst ängstigen, dann beschämen, ihn dann zu einer großen, auf dem Kopf stehenden Packkiste treiben, auf der noch eine weitere Kiste balanciert. In dem zweiten Korbbehälter, der irgendeinen Gegenstand aus einem fernen Land hierher gebracht hatte, heulen und jammern kleine braune Zwillinge.

Wir gelangen über den düsteren Sumpf. Zu unserer Rechten die Gebirgskette der Appalachen, einige der ältesten Berge der Welt. Einst waren hier steile Kammrücken und Täler bis hierher, doch die Erosion von den Bergen hatte an manchen Stellen meilentiefe Aufschüttungen geschaffen. Das erklärt das fruchtbare, lehmige Erdreich der Gegend. Über die Jahrhunderte wurden aus dieser allmählichen Erosion mehrere Südstaaten geschaffen. Baumwolle und Tabak, deren Ertrag so lebenswichtig für den Wohlstand des Südens war, eignete sich auf ideale Weise für den fruchtbaren Boden.

Yeah, ich pfleg diese miefigen alten Kacker da, klar. Die Weißen, besonders die alten Weißen, das kann ich euch sagen, Mann, das

Gesocks, die stinken vielleicht. Mausetoter fischnasser Gestank. Und da reden sie ständig davon, daß die Nigger unterm Arm schwitzen. Na, die Weißen stinken doch wie Sau, Mensch. Ich faß die nich mit der Zange an. Nee. M-hm. Wenn ich die anfaß, dann nur mit Handschuhen. Die sind vielleicht eklig, Jungejunge. Und die zahlen mir nicht mal was, daß ich meine Gesundheit aufs Spiel setz. Nicht mal soviel zahlen die mir, daß die überhaupt erwarten können, daß ich arbeit. Yeah. Hungerlöhne. Also faß ich die kaum an. Und mach auch sonst nichts. Muß 'ne Zigarette rauchen, damit ich mich denen nähern kann. Pissen und scheißen sich voll wie Babys. Die brauchen sowieso nicht viel Pflege. Sind meistens schon dreiviertels tot. Die, wo nicht verrückt sind. Keiner will sie, deshalb sind sie ja hier. Reden mit sich selber. Tun so, als reden sie mit einem Raum voller Leute, und keine Menschenseele auf der Station hört hin. Da ist so ein alter schwarzer Typ, muß um die hundert sein, der brummelt jeden Tag nonstop vor sich hin. Bedauernswert, der. Hoffentlich werd ich mal nicht so alt. Erschieß mich, Bruder, wenn ich alt werd und mir wie bei denen Körper und Verstand flöten gehen. Will nicht, daß sich Idioten wie ich an mich hängen, wenn ich dann auch nichts mehr für mich selber tun kann. Scheiße. Die zahlen mir nichts, also mach ich auch nichts. Nichts. Immerhin schlag ich die nicht oder zieh sie nicht auf oder klau denen nichts wie paar vom Personal. Ich tu nicht so, als wär ich Gott wie paar von den sogenannten Gelehrten oder Ärzten, die wo den großen Schotter abziehen. Nee. Ich kümmer mich bloß um mich selber, seh zu, wo ich bleib. Bißchen fernsehen, 'n Joint bauen, wenn keiner da ist. Ist gar nicht so schlecht, wirklich. Solange ich keine Alte und Rotznasen da sitzen hab. Keine Ahnung, wie die verheirateten Jungs das mit den paar Pißgroschen schaffen, was die uns zahlen. Aber ich, ich bin frei. Ist gar nicht so schlecht, wirklich.

Als sein Bruder ihm dann die Nachricht von ihrem Tod brachte . . . Beinahe ein Nachgedanke. Das Schlimmste, glaubte er, war überwunden. Bloß eine Handvoll Tote in den letzten Novemberwochen. Die Stadt erholte sich langsam. Der Handel blühte. Philadelphia brauchte neuen Proviant, neues Brennmaterial, mußte aufgebaut, wieder ans Land angebunden werden, an in- und ausländische Märkte, an Produkte, Vergnügungen und Gelüste, die ihm während der Quarantänemonate des Fiebers versagt worden waren. Bald würde ein neues Jahrhundert anbrechen. Wir müssen den Schrecken vergessen. Der Bürgermeister ruft einen neuen Tag aus. Sagt, wir sollten die Vergangenheit hinter uns lassen. Über die elf, die im Feuer starben, sagte er, äußerste Maßnahmen seien erforderlich gewesen, als wir uns von störenden Einflüssen reinigten. Der Preis hätte viel höher sein können, sagte er, ich bedaure den Verlust an Leben, besonders das halbe Dutzend Kinder, doch ich erwähne lobend alle Vertreter der Stadt, alle Freiwilligen, die mitgeholfen haben, der Stadt den Ruhmesbogen, der ihre wahre Bestimmung ist, zurückzugeben.

Wenn sie ihn aufschneiden, den, der sich zum Bleiben entschlossen hatte, um ein Leitstern und unerschütterlich zu sein, dann werden sie finden: Leber (1720 Gramm), Milz (150 Gramm), rechte Niere (190 Gramm), linke Niere (180 Gramm), Gehirn (1450 Gramm), Herz (380 Gramm), und gleich neben seinem Herzen die Miniaturhand eines Kindes, erstarrt in einer Greifbewegung, Finger gleich harten Flammenzungen, noch ausgestreckt nach dem Wunder des schlagenden Herzens, noch fasziniert, auch wenn das Herz kalt ist, nicht schlägt, die Hand, auf diese unendliche Stille ebenso neugierig, wie zuvor auf das Pochen und die Wärme und die Schnelligkeit.

Übersetzt von Eike Schönfeld

JOHN A. WILLIAMS
Sissie

1

Na, endlich! dachte Iris, als das Flugzeug von Boston schließlich abhob, wo sie wegen Nebels in New York zur Landung gezwungen worden waren. Wieder waren sie unterwegs, und Iris vermutete, daß ihr Bruder Ralph, der sie am Flughafen abholen wollte, stundenlang gewartet haben mußte. Typisch ich, daß wir in schlechtes Wetter kommen mußten, dachte Iris.

Neben ihr saß die Frau, die sie am Flughafen in Barcelona kennengelernt hatte. Im Augenblick war Iris zu sehr mit ihren eigenen Gedanken beschäftigt, um zu sprechen, und Helen Kessler respektierte ihr Schweigen. Beide Frauen rauchten Zigaretten. »Verdammt, ist das kalt hier«, sagte Iris halblaut, als sie wieder über New York waren. Das Flugzeug schien langsamer zu werden, allmählich in dem Grau an Fahrt zu verlieren, und die über ihnen aufgetürmten wattigen Schattenwolken rasten endlos vorbei. Iris holte tief Luft und warf Helen einen Blick zu. »Das ganze noch mal von vorn.« Sich gegen die Luftströme stemmend wie ein großer, steifer Vogel, kreiste die Maschine immer tiefer. Es gab ein hohes, scharfes Wimmern, und Iris hörte, wie die massigen Räder mit einem dumpfen Geräusch in Position gingen. Einen beängstigenden Augenblick lang hing das Flugzeug bewegungslos in der Luft und zischte dann durch die Wolken hinab.

»Die Landung macht mich immer nervös«, flüsterte Helen hastig und blickte auf Iris' straffen, glatten braunen Nacken.

»Das ist mir schon in London und Boston aufgefallen«, sagte Iris. »Entspannen. Wenn es passiert, dann weiß man nicht mehr, was einem geschehen ist.«

Unsicher, ob Iris einen Witz gemacht hatte – manchmal wirkte sie ein bißchen seltsam –, schaute Helen sie an, bevor sie antwortete: »Gott, bist du fröhlich«, sagte sie.

Iris lächelte kurz und blickte wieder zum Fenster hinaus, sah, wie das Flugzeug sich aufrichtete – langsam, majestätisch. Plötzlich, viel zu plötzlich, waren sie aus dem Grau heraus, schwebten über einer Bucht, die gefährlich nahe schien. Iris schloß die Augen; als sie sie wieder öffnete, sah sie grauen Asphalt vorbeisausen. Noch ein leichter Ruck, und das Flugzeug war gelandet. Beide Frauen atmeten erleichtert auf. Helen grinste verlegen, Iris grimmig. »Verdammt«, sagte Iris, während sie versuchte, ihr inneres Flattern zu unterdrücken. »Wir sind da.« Sie nahm ihre Puderdose heraus, ließ sie aufschnappen und beugte das Gesicht zum Spiegel hin.

»Du siehst gut aus«, sagte Helen, »verdammt gut.«

Iris lachte leise und klappte die Dose wieder zu, und Helen erkannte, daß dieses Lachen – anders als Iris' Heiterkeit auf dem langen Flug – echt war. »Danke«, sagte sie. »Ich bin richtig froh, daß ich dich kennengelernt habe –«

Jetzt mußte Helen lachen.

»– nein«, sagte Iris, als ihr plötzlich einfiel, daß sie während der Reise vielleicht zu zurückhaltend gewesen war. »Das meine ich wirklich.« Ihre Blicke begegneten sich, und Helen wandte sich schüchtern ab. Auf den ersten Blick sah Helen höchstens wie zweiundzwanzig aus, doch ein zweiter Blick enthüllte den Sack eines Doppelkinns und feine, tiefe Fältchen, die von den Augenwinkeln ausfächerten. Sie war eine kleine Frau mit mattbraunen Haaren. Wenn sie lächelte, bildeten sich Grübchen in ihren Wangen. Iris schätzte sie auf Mitte dreißig – Iris war zweiunddreißig. Helen hatte eine hübsche Figur, wie Iris beim Essen am Abend zuvor in dem Londoner Flughafenrestaurant aufgefallen war. Sie sah aus, als könnte sie Französin sein, in Wirklichkeit jedoch war sie Amerikanerin, die nach New York zurückkehrte. Daß sie da war, hatte Iris über ihre Befürchtungen hinweggeholfen; Iris war dreizehn Jahre nicht mehr in Amerika gewesen. Helen (und dafür war Iris ihr dankbar) war nur an der Oberfläche wie viele amerikanische Frauen, denen

Iris in Europa begegnet war. Vielleicht war es Helens Größe, die sie davor bewahrte; sie konnte einfach nicht laut oder aufdringlich oder ordinär sein. Nur leidenschaftlich, geistsprühend, gewagt oder klug. Sie habe Iris' Show erst eine Woche zuvor im Emporium gesehen, hatte sie schüchtern am Flughafen in Barcelona erklärt. Immer sagten die Leute so etwas, doch es hatte Iris überrascht, daß Helen so nett war.

Iris stieg auf wackligen Beinen die Gangway hinab. Sie und Helen folgten den anderen Passagieren in den vielfarbigen Terminal aus Glas und Chrom. Das Gebäude erinnerte sie an die Konstruktionen, die wie wahrhaftige Riesen aufgeragt hatten, als sie und Harry in Deutschland waren.

Die Schlange schob sich über den schwarzgefleckten Marmorfußboden vor. Jetzt waren mehr Amerikaner zu sehen, diejenigen, die in dem bankartigen Gebäude arbeiteten. »Die sehen so ärgerlich aus«, sagte Helen. »Findest du nicht?«

Iris schaute sich nach ihrem Bruder um, sagte aber: »Vermutlich müssen sie das.« Und das rief ihr wieder in Erinnerung, daß Helen sich nicht als Amerikanerin fühlte. Das Geräusch der auf der Piste fahrenden Jets war nun gedämpft; nur das hohe Schrillen der Triebwerke drang in den Bereich, wo sie und die anderen an einer weißen horizontalen Linie warteten. Drei Meter dahinter standen uniformierte Zollbeamte und kontrollierten die Papiere. Iris betrachtete die Menschenschlangen; sie erinnerten sie an die Ausgabestelle, wo sie und Ralph während der Wirtschaftskrise jeden zweiten Dienstag hingegangen waren, um ihre Ration an staatlichen Überschußlebensmitteln abzuholen: Dosenfleisch, getrocknete Backpflaumen, Grapefruits, Weizen, Haferschrot, Äpfel, alles, was den verräterischen Stempel trug. Sie waren mit der Schlange vorgerückt, hatten das kräftige Aroma der Äpfel gerochen, bis sie vor der weißen Markierung standen. Dort hatten sie gewartet, bis die Witze reißenden Männer hinter dem Tresen aus improvisierten Orangen- und Äpfelkisten zu Ende gelacht und ausgeraucht hatten. Auf ein gebieterisches Zeichen mit einem steifen Finger hin, genauso eines, wie der Beamte in der kleinen Kabine nun machte, waren sie dann weitergerückt.

Als sie die Abfertigungshalle betraten, schaute Iris sich um und sah Ralph auf der glasumschlossenen Galerie stehen. Er winkte, und sie winkte zurück, ängstlich auf ein Zeichen wartend.

»Ist das dein Bruder?« fragte Helen.

»Das ist er«, sagte Iris mit einem nüchternen Lächeln. »Das ist mein großer Bruder.« Dann überlegte Iris, wer wohl Helen abholte. Sie wollte schon fragen, überlegte es sich aber anders, weil sie dachte, daß es Helen peinlich sein könnte.

»Entertainer?« fragte der Zollbeamte und lächelte höflich. Er hielt Iris' Paß in der Hand, der ihren Beruf ganz prosaisch angab. Iris antwortete: »Ja.« Der Beamte entschuldigte sich, ging an einer Reihe sich langsam bewegender Förderbänder vorbei und betrat ein kleines Büro.

»Was soll das denn?« fragte Helen.

»Ich glaube«, sagte Iris langsam, als sie sich erinnerte, was die Musiker und Entertainer ihr über Amerika erzählt hatten, »Drogen.« Sie lächelte bitter. »Wenn du Entertainer bist und schwarz, dann nehmen sie dich auseinander –«

Helen nickte. »Hab ich mir gedacht«, sagte sie und preßte die Lippen zusammen. »Blöd, daß du zurückkommen mußtest. Diese Schweine.« Iris drehte sich um und schaute wieder zu ihrem Bruder hoch. Mit einer impulsiven und flehenden Bewegung streckte sie die Hände aus, und er gestikulierte zurück, mahnte sie zur Beherrschung. Iris nickte und sah Helen an. Seit Barcelona hatte sie den Eindruck, daß Helen sie verstand. »Ja«, sagte Iris. »Wirklich blöd.«

Zwanzig Minuten später kam der Beamte mit einem breiten Grinsen endlich wieder. »Tut mir leid, daß es so lange gedauert hat.« Keine der beiden Frauen antwortete, und er schaute sie verwirrt an. Helen kam ohne Schwierigkeiten durch den Zoll.

Die beiden Frauen gingen durch das Drehkreuz an den farbigen Wachmännern vorbei, wobei Iris sich sehr bemühte, sie nicht anzustarren. Ralph kam die Treppe herab. Der Blick in seinen Augen verriet Iris, daß das Lachen, das von ihren Lippen kam, nicht fehl am Platz war. Sie warf sich ihm in die Arme. »Ralph!« rief sie.

Er grinste sie an. »Verdammt, Baby, du siehst vielleicht *gut* aus!« Sie küßten sich, lösten sich voneinander und lächelten sich an. Er küßte sie wieder und grunzte: »Du siehst wirklich gut aus!«

»Mensch, du siehst aber auch ziemlich toll aus!«

Sie lachten und sahen einander, als ihr Lachen verebbte, in die Augen. Iris fragte: »Wie geht's Mutter?«

Er senkte leicht den Kopf.

»Oliver meinte, sie hält sich ganz gut. Kämpft sich wieder hoch.«

Iris seufzte tief auf. Komisch, daß er »kämpfen« gesagt hatte, denn genauso hatte sie Sissie immer vor Augen gehabt – nie aufgeben, alles, was ihr zustieß, verharmlosen. Als sie sie damals, nach der Tumoroperation besucht hatte, saß sie auf dem Bett und betrachtete das Gewächs, das sie in einem Glas Formaldehyd aufbewahrte.

»Gott sei Dank, Gott sei Dank«, sagte Iris.

»Es ist noch nicht vorbei«, antwortete Ralph.

»Ich weiß, aber immerhin kämpft sie.«

Arm in Arm gingen sie auf die wartende Helen zu.

»Das ist Helen. Mein Bruder, Ralph Joplin.«

Ralph hielt ihr die Hand hin, und Helen streckte die ihre zögernd aus. Dann schienen sie etwas Sympathisches aneinander zu entdecken und lächelten beide.

»Sie haben das Stück geschrieben!« sagte Helen überrascht und wandte sich von Iris wieder Ralph zu. Iris lachte. »Warum hast du mir das nicht gesagt? Ich rede hier und rede, daß du es unbedingt sehen müßtest, und dann hat es dein Bruder geschrieben –«

»Gott, ist das kalt hier«, sagte Iris und zog den Nerz enger um sich.

»Sie also haben *Schatten auf der Sonne* geschrieben«, sagte Helen zu Ralph. »So eine berühmte Familie.«

Ralph und Iris lachten. »Zu viel der Ehre«, sagte Ralph.

»Iris, ich komme mir wie ein Esel vor«, sagte Helen und dann zu Ralph: »Das mit Ihrer Mutter tut mir leid. Hoffentlich wird sie wieder gesund.«

»Danke«, sagte Ralph. »Können wir Sie irgendwo absetzen?«

»Wenn es keine Umstände macht.«

Alle schienen nur widerstrebend gehen zu wollen. Iris musterte ihren Bruder. Er erinnerte sie an ihren Vater – großgewachsen, gebeugt, schmales Gesicht, aber nicht so breit wie Big Ralph. Er hatte kurzgeschnittenes Haar. Sie erinnerte sich noch, wie er es lang getragen hatte, zu einer Pompadourfrisur hingebürstet und stark gefettet. Wie sie, so hatte auch Ralph die sanften braunen Augen ihrer Mutter. Immer wieder dachte sie insgeheim – er hat's geschafft.

Ralph hatte seine Schwester auf der Galerie, kaum daß er sie gesehen hatte, eingehend studiert. Sie war groß für eine Frau: Größe lag in der Familie. Sie schwang den Körper beim Gehen ein wenig großspurig, hielt sich wie eine Königin. In den zwei Jahren hatte sie sich kaum verändert. Selbst aus der Entfernung bemerkte er den Glanz ihrer Haare, die ordentlich zu einem Knoten gedreht waren. Iris hatte die kräftigen Züge ihrer Mutter, doch war ihr Gesicht nicht so breit. Ihre hervorstehenden Wangenknochen gaben ihren Augen einen Aufwärtsschwung, verliehen ihr ein katzenhaftes Aussehen.

Der Gepäckträger winkte ein Taxi heran und stellte die Koffer hinein.

Das Taxi schob sich auf die Hauptschnellstraße, und der Fahrer beschleunigte.

»Was macht Adela?« fragte Ralph.

»Ich wollte sie schon mitbringen«, zog Iris ihn auf.

»Warum hast du's nicht getan?« sagte Ralph lächelnd.

Iris sagte: »Warum sollte ich einen Hamburger zu einem Bankett mitbringen? Das wäre es ja wohl für dich.«

Helens Blick ging vom Bruder zur Schwester, dann wandte sie sich ab und betrachtete die Landschaft.

»Früher mal«, sagte Ralph, »hatte ich einen unwiderstehlichen Appetit auf Hamburger. Aber jetzt, wo ich ein alter verheirateter Mann bin –«

Adela war eine von Iris' Freundinnen gewesen, eine dunkelhaarige, ungewöhnlich schlanke Katalonin mit blauen Augen.

Als Ralph aus Barcelona wegging, hatte er halb im Scherz gefragt: »Wartest du auf mich?« Adela hatte gekichert und Iris angeschaut. Monatelang, erinnerte sich Iris, hatte Adela dann gefragt: »Wann kommt dein Bruder nach Spanien zurück?«

Iris sagte sanft: »Du hättest ihr wenigstens eine Ansichtskarte schicken können. Zwei Jahre, und kein einziges Wort.«

»Ich weiß.« Ralph drückte eine Zigarette aus. »Sie war nett. Ist sie verheiratet?«

»Ja.«

»Ach«, sagte er, und fügte nach einer Weile hinzu: »Gut.« Er wandte sich ab und starrte an Iris vorbei auf den Verkehr.

»Und wie geht's deiner Frau? Deiner Ehe? Bist du glücklich?« Iris beobachtete ihn, als er sich ihr wieder zuwandte und lächelte. Noch bevor er redete, wußte sie, was er sagen würde.

»Ich bin glücklich.« Er breitete die Hände aus, als wollte er sagen: Was soll ich sonst sagen? »Und du?«

Ihr Lächeln war angespannt. »Ich bin eine Karrierefrau, das weißt du doch.«

Sie verstummten.

Die große Brücke, der sie sich nun näherten, schwang sich vom Boden hoch in den Himmel. »Ist das die George Washington Bridge?« fragte Iris und starrte auf die mächtigen schneebedeckten Rampen.

»Nein, die Triboro.«

»Herrgott, sieh mich nicht so an. Ich kenne New York nicht. Harry und ich waren hier bloß drei Tage, vor unserer Abreise, und wenn's nach ihm gegangen wäre, dann hätten wir jeden einzelnen im Bett verbracht.«

»Kommt's dir fremd vor?« fragte Ralph.

»Ja«, sagte Iris.

Sie fuhren den East River Drive entlang. »Warst du hier sehr einsam?« fragte sie. »Ich meine, vor Eve?«

»Ja, denke schon«, antwortete er.

Das Taxi schälte sich aus dem Drive und kroch in eine schneebedeckte Straße. Ralph und Iris verabschiedeten sich von Helen und machten es sich in dem Taxi für die Fahrt nach Hause wieder bequem.

Der Anblick der gewaltigen, harten fenstergesprenkelten Stadt, die kühn aus dem Schnee ragte, versetzte Iris einen Stoß. Eine alte Furcht vor dieser Stadt und vor dem Kontinent, der dahinterlag, regte sich in ihr.

2

»*Bienvenido a su casa*«, sagte die kleine, pfirsichbraune Frau. Ihre Augen funkelten. »Das hat mir Ralph beigebracht«, sagte Eve, als sie vortrat, um Iris zu umarmen. Iris mochte sie sofort. »Dann kommt mal«, sagte Eve. »Ihr seid bestimmt müde, und der Lunch ist auch fertig.«

Ralph schaute Iris an. Sie sagte: »O Mann!« Er grinste.

»Beim Wetter nichts Neues«, sagte Eve, während sie Iris ihren Platz am Tisch zuwies.

Als der Lunch vorüber war, trottete Iris von Zimmer zu Zimmer, ein Glas in der Hand. Ralph erledigte Telephonate.

Iris hatte die Puppen in Raphaellas Zimmer gesehen und die ordentlichen Kisten mit kaum benutztem Spielzeug. Zum erstenmal dachte sie an Ralphs Kind von April, seiner ersten Frau; sie verspürte einen eigentümlichen Drang, das Kind zu sehen. Als sie an Ralphs und Eves Schlafzimmer vorbeikam, fiel ihr einer seiner Schuhe auf, der umgedreht dalag, so daß die fast neue Sohle zu sehen war, und sie dachte an ihre Kindheit; damals hatten sie peinlich genau gefaltetes Zeitungspapier innen in ihre Schuhe eingepaßt. Sie erinnerte sich auch an die seltenen, begeistert aufgenommenen Züge zum Modern Boot Shop, wo ihnen neue Schuhe, in Stil, Farbe und Haltbarkeit, eingeschränkt durch den gelben Wohlfahrtszettel in Sissies Handtasche, gekauft wurden. Sissies harte Daumen, erinnerte sie sich, klopften die Sohlen der Schuhe ab und strichen über die Nähte, um minderwertige Ware zu ertasten. Sissie verlangte immer das Beste, was man mit dem Zettel bekam. Iris trug italienische Schuhe; man hatte ihr glaubhaft versichert, daß diese Modewelle Amerika frühestens in zwei Jahren erreichen würde; die Schuhe waren sehr teuer.

Sie blieb in dem Alkoven stehen, wo Ralphs Schreibtisch war, und schaute auf die Schreibmaschine. Als sie und Harry weggegangen waren, hatte er keine gehabt. Sie musterte die Titel der Bücher auf dem Bord darüber, als könnten sie etwas von Ralphs geheimem Ich preisgeben. Auf dem Bord über den Büchern war ein Photo von Raffy. Der Aschenbecher quoll über vor Kippen. Iris lächelte. Eve durfte diesen Teil des Zimmers nicht betreten. Die Wohnung verriet wenig über die Menschen, die darin lebten; das sparsame Mobiliar erinnerte sie an das Kloster Montserrat. Als sie da stand, wo Ralph arbeitete, stellte sie sich vor, wie er zahllose Stunden an der Maschine verbrachte, in dem kleinen Lichtkegel, den die Lampe darüber warf. Sie drehte den ramponierten Schreibtischstuhl mit seiner Sitzfläche aus Rohr und dachte, als sie sich daraufsetzte, wie wundervoll es war, daß ihr Bruder nun ein solch friedliches Zuhause hatte. Noch einmal blickte sie sich im Zimmer um, und das Leben, das er mit Eve führte, nahm nun doch für sie Gestalt an. Sie brauchte einen Hintergrund, vor dem sie sich die Dinge vorstellen konnte. Bis zu seiner Ankunft in Spanien vor zwei Jahren hatte sie sich nicht vorstellen können, daß er mit April verheiratet oder auch der Vater eines Kindes war. Doch April und die Scheidung waren nun Vergangenheit; es gab nur noch ihn und Eve, seine Frau seit einem halben Jahr.

Plötzlich spürte sie, daß Ralph hinter sie getreten war. »Wie geht's Raffy?« fragte sie, ohne sich umzudrehen.

»Ach«, sagte er. »Du weißt ja, wie Kinder sind. Der geht's gut.«

»Und April?«

»Ganz ordentlich.«

»Dad?«

»Gut. Ich müßte ihn mal anrufen.«

Jetzt drehte sie sich zu Ralph um. »Findest du?«

»Ja, du nicht?«

Sie nickte. »Weißt du«, sagte sie, »ich mag deine Frau sehr.«

»Sie ist in Ordnung«, sagte er und setzte sich auf einen anderen Stuhl.

Iris lächelte ihn an. »Also, Baby, wie geht's dir?«

»Geht so; könnte immer besser sein.«

»Aber du schaffst es?«

»*Muß* ich ja.«

»Hey, ich hab einen Ramirez für dich dabei.«

»Kein Quatsch? Druck oder Original?«

»Na, jetzt komm aber. Immer nur das Beste für den Bruder. Ich hol ihn dir gleich.« Sie starrte ihn an. »Du siehst besser aus als damals, als du mich besucht hast, finde ich« – sie warf einen kurzen Blick in die Küche und fuhr, zufrieden, daß Eve noch dort war, fort – »Adela hat dich wieder hingekriegt.«

»Und dich.«

»Echt, was *Adela* getan hat, das könnte ich nicht.«

Ralph lachte. »Nein.«

Sie schwiegen einen Augenblick, dann sagte Ralph: »Tut mir leid, daß es so kommen mußte. Ich wollte, daß du mich mal besuchst und Spaß hast.«

»Ich wäre womöglich nicht so schnell gekommen«, sagte sie. »Nicht weil ich es hier schrecklich finde.« Sie lachte. »Von zu Hause abgesehen, hab ich nie viel von diesem Land gewußt. Ich hab's drüben nämlich geschafft. Ich weiß nicht, ob ich das alles mit hierherbringen könnte, ohne dabei was zu verlieren.«

»Ich weiß.«

Sie sagte: »Wahrscheinlich wäre ich bald gekommen, um Mutter zu besuchen. Das Gespräch, das wir in Barcelona hatten ...«

»*Das* Gespräch«, sagte er, »und das andere.« Er atmete schwer.

»Schau«, sagte er und nickte zum Fenster hin. Große Schneeflocken taumelten träge vom Himmel herab. »Er ist da. Der Sturm.«

Aus der Küche rief Eve, fast mit der Fröhlichkeit eines Kindes: »Es schneit!« Und dann fiel ihr ein, was Schnee für Ralph und Iris bedeutete, und sie kam aus der Küche und sagte etwas leiser: »Es schneit, Baby.«

»Ja.«

Eve sah Iris an. »Ruh dich doch aus. Du bist sicher völlig kaputt.«

»Das bin ich auch«, sagte Iris und dann zu Ralph: »Ich würde gern Oliver anrufen.«

»Bitte«, sagte Ralph.

»Ich richte dir dein Bett«, sagte Eve.

Nachdem Ralph die Nummer für sie gewählt hatte, horchte Iris angespannt auf das Klingeln am anderen Ende der Leitung.

In Los Angeles streifte Oliver Duncan ziellos durch das gekühlte Stuckhaus, das so plötzlich einsam geworden war. Er hörte das Telephon klingeln und nahm den Hörer langsam ans Ohr in der Erwartung, Dr. Claytons hohe, frauenhafte Stimme zu hören.

»Ich bin's Oliver – Iris. Wie geht's Mutter?«

Fast auf der Stelle fing Oliver an, von Sissies Krankheit zu reden. Sissie, sagte Oliver, sei krank geworden, sie habe gesagt, wie sie es immer mache, daß sie müde sei und ein wenig Schmerzen habe. Doch dann sei schlagartig das Stöhnen gekommen, das noch angehalten habe, als er ins Zimmer gestürzt sei und gefragt habe: »Sissie, was ist denn?«

»O Gott. Meine Brust und meine Arme tun so weh. Ruf Dr. Clayton an, schnell, Liebster.«

»Das Herz«, hatte Dr. Clayton gesagt, als er gekommen war.

»Erst zwei Tage vorher war sie bei Dr. Clayton gewesen«, erzählte Oliver weiter ins Telephon. »Sie ist immer noch unterm Zelt, aber der Arzt hat gesagt, daß sie nicht so viel Sauerstoff braucht.«

»Es schneit hier jetzt noch mehr. Wegen des Sturms fallen Flüge aus. Wir sind so schnell da, wie wir können.« Iris machte eine Pause. »Ralph möchte noch was sagen.« Sie gab ihrem Bruder den Hörer.

»Wie hältst du dich, großer Häuptling?« fragte Ralph. »Klar. Ja. ... Na ja, wir kommen, so schnell wir können. ... Was?« Sein Lächeln war freudlos. Er sagte leise: »Ja, wir beten alle. Bis dann.«

Eine Weile saßen Ralph und Iris und Eve da und betrachteten den Schnee, der inzwischen den Himmel verdeckt hatte. Eve stand auf und ging. Zwei Minuten später hörte Iris zu ihrer Verblüffung ihre eigene Stimme aus dem anderen Zimmer. Eve kam mit einem Lächeln auf dem Gesicht wieder. »Eine tolle Platte«, sagte sie. »Unsere liebste.« Sie setzte sich auf den Boden neben Ralph, der den Kopf, die Augen geschlossen, auf die Schulter seines Sessels gelegt hatte. Zärtlich fuhr er seiner Frau mit der Hand durch die Haare; Eve starrte zu Boden. Iris wandte den Blick von dem Paar ab und sah zum Fenster hinaus. Schnee.

Sie erinnerte sich, wie sie die Platte gemacht hatte.

Während sie gesungen hatte, waren die weißen Gesichter der schwedischen Techniker wattig verschwommen im Hintergrund; das herabhängende Mikro hatte wie ein Damoklesschwert gedroht. Damals waren die Zeiten für sie und Time schwer gewesen. Doch als sie sang (»I wish you love ...«), hatte er mit ihr am Klavier geredet. »Yes, baby. Me too. I wish you love. You need it!«) Die Akkorde, die er spielte, waren knapp und sardonisch (»You need it, baby!«). Und die anderen wußten Bescheid; trotz ihrer unbewegten Gesichter. (»I wish you bluebirds in the spring ...«)

Wird ihre Liebe nie zu Ende sein? fragte sich Iris, als sie auf ihren Bruder und seine Frau sah. Plötzlich stand Times Bild unmittelbar vor ihrem geistigen Auge, auf seinem Schädel spiegelten sich die Studiolichter. So hatte sie ihn in hundert Studios in hundert Städten während der letzten elf Jahre gesehen – Melvin C. Curry. Wann war er kahl geworden?

Iris stand auf, als die Platte sich dem Ende näherte. »Ich leg mich jetzt doch ein bißchen hin«, sagte sie.

Und dann dachte sie, ihr Abgang sei vielleicht etwas abrupt, und sagte: »Ich würde das Stück heute abend gern sehen. Sieht nicht so aus, als könnten wir noch heute abend fliegen.« Ralph sah zu Eve hinab, und sie lächelte zu ihm zurück.

Eve ging in die Küche, und Ralph erhob sich von seinem Sessel und trat neben Iris. Er legte ihr die Hand auf die Schulter. »Würde es dir was ausmachen, wenn ich dich mit Eve hinschicke? Ich möchte noch gern ein paar Sachen erledigen, bevor wir gehen. Es ist ziemlich wichtig –«

»Nein, Baby, macht mir nichts aus. Aber warum habt ihr beide gelächelt?«

Er lächelte wieder. »Eves Ehemaliger spielt in dem Stück die Hauptrolle.«

»Wirklich!« Iris lachte. »Macht es ihr was aus, ihn zu sehen?«

»Ich glaube nicht«, sagte Ralph.

»Das hast du mir ja gar nicht erzählt. Wie heißt er?«

»Catroux«, sagte Eve und legte einen Arm um Ralph. »Henri Catroux.«

»Du warst mit Henri Catroux verheiratet?«

»Ja«, sagte Eve.

»Ohne ihn bist du besser dran. Ein egoistischer, talentloser –«

»Iris, er ist sehr talentiert –«

»Ja«, stimmte Eve zu. »Das ist er.«

»Henri ist zur Zeit angesagt«, sagte Ralph mit einem bitteren Lächeln. »Er ist angesagt, weil die Weißen erkannt haben, daß sie ein wenig Wut vermarkten können. Henri ist der Neger, der Gewalt letztlich mit angedeuteter Gewalt begegnet; man kann bei den Sachen nie zu eindeutig sein, verdammt. Bestimmt würde er diese oberflächlichen Rollen nicht mehr spielen wollen. Etwas – ein ganzer Prozeß bringt einen Menschen in Wut. Das mal achtzehn Millionen, und man hat keinen Prozeß mehr. Dann hat man Geschichte.«

Iris gestikulierte mit den Händen. »Aber Henris Persönlichkeit zerstört sein Talent völlig; jedenfalls war das so, als ich ihn traf.« Sie drehte sich um, um aus dem Zimmer zu gehen, blieb dann aber stehen und sagte grinsend: »Gute Arbeit, Ralph.« Sie lachten alle. Iris wandte sich Eve zu. »Ehrlich, es macht dir nichts aus?«

»Nein. Ruh du dich mal aus. Ralph geht wieder an die Arbeit, und ich überleg mir, was ich heute abend anziehen soll.«

»Du bist ein Schatz«, sagte Iris. Sie ging aus dem Zimmer. Es tat ihr leid, daß sie diese Redewendung gebraucht hatte. Es war eine von den Floskeln, die man lernte, zu Leuten zu sagen, die nichts Eiligeres zu tun hatten, als einem zu sagen, daß sie einen mochten; mit funkelnden Augen spielten sie die demütige Rolle, wo sie doch selbst einen demütigen wollten. Sie hätte das nicht zu Ralph und Eve sagen sollen. Es war falsch, und sie hatte jetzt keinen Grund, falsch zu sein. Sie war zu Hause.

Übersetzt von Eike Schönfeld

AL YOUNG

Verführung durch Licht

In jener Nacht döste ich, halb eingerollt, in einem heißen Bad im Chrysler-Haus und dachte über alles nach, worüber ich und Danielle geredet hatten, nachdem die Männer gegangen waren. Nomo und Benjie mußten es noch zu einem Rockkonzert in der Hollywood Bowl schaffen. Tree, Benjies neue Freundin, war mit. Ich kannte sie nicht, aber trotzdem sagte mir irgendwas, daß sie ziemlich fertig war. Das ist bloß eines der Probleme, die man kriegt, wenn man Dingen gegenüber, die einem noch gar nicht vor die Nase gekommen sind, zu empfindlich ist.

Danielle, die Gute, hatte mich überredet, nicht allein nach Haus zu fahren. Sie fand, ich müßte mal eine Weile nichts tun, um über Burley wegzukommen. Der große Einfall, den sie und Carleton ausgebrütet hatten, war, daß ich mich zwei Wochen in ihrem Haus in Malibu ausruhen sollte. War mir recht.

Wie ich mich so in ihrer King-size-Badewanne ausstreckte, das ganze schnieke Schaumzeug blubberte mir ums Kinn, mußte ich immerzu an Chance denken, wie er abzog, um sich für seinen Gig im »Schuld und Sühne« warmzuspielen. Ihm zufolge – und das muß man mit Vorsicht genießen – entwickelte sich der Club in rasendem Tempo zu einem der heißesten neuen Schuppen auf dem Strip. Ich erinnerte mich auch, ein Bild der Besitzerin gesehen zu haben. Natasha Sowieso. Für eine mit zwei Teenykids sah sie gar nicht mal so übel aus. Ihr amerikanischer Mann war sogar ein ziemlich enger Freund von Harry Silvertone, bevor sie sich wegen dieser armen Schweine, den palästinensischen Flüchtlingen, die sie in dem Lager da im Libanon massakriert haben, zerstritten.

Ich versuchte mir vorzustellen, wie Chance seine Boogie-Woogies und Jump-Nummern und Blues und »My Funny Valentine« und »The Look of Love« und »You Are the Sunshine of My Life« und »Where Is the Love« und »Quiet Nights« und andere Bossanova-Nummern im »Schuld und Sühne« spielte, wo sich dieser dunkeläugige russische Boß von ihm im Hintergrund rumdrückte. Manchmal fragte ich mich sogar, wie das Leben aus Chance Franklins Perspektive aussehen mußte. Zum Beispiel, wie hat er bei seinem eigenen Erinnerungsfilm das Skript und die Regie gemacht? Interessanter Mann, aber nicht für mich. Trotzdem, ich hätt auf das ganze Gefummel und Kniegestoße unterm Tisch, das er und Danielle veranstaltet haben, verzichten können.

Ich war nicht scharf drauf gewesen, ganz allein in dem Riesenhaus zu sein, aber Mr. Chrysler war geschäftlich in Vegas, und an dem Nachmittag kriegte Danielle noch einen Anruf von dieser Frau mit dem deutschen Namen, die Filme in Italien macht. Hab mir mal zwei, drei von ihren Sachen auf Video reingezogen, und das, woran ich mich am besten erinnere, ging über so eine supervornehme Gesellschaftsdame, die mit so einem klassenlosen Kommunisten auf einer einsamen Insel landet. War ziemlich gut. Jedenfalls hat diese Frau, wie sie auch heißt, Danielle zu dieser Last-minute-Party eingeladen, und ihr kennt ja Danielle. Sie ist gern unter Leuten.

Nach meinem Bad kam langsam der Appetit wieder. Ich ging nach unten und machte mir ein paar Rühreier und englische Muffins mit Marmelade, zu jeder Tageszeit eins meiner Lieblingsessen. Dann zündete ich mir ein kleines Kaminfeuer in dem Gästezimmer an, in dem ich wohnte, und legte mich früh aufs Ohr, müde bis in die Knochen. Ich haute mich mit einem *National Geographic* hin und sah mir ein paar Bilder von Rußland an und las ein bißchen darüber, wie verrückt sie da nach kalten gekochten Kartoffeln und dem ganzen Wodka sind.

Das war überhaupt das erste Mal, daß ich was mit einem Wasserbett zu tun hatte, außer eins aufzustellen. Habt ihr schon mal versucht, es euch auf so einem Ding so bequem zu machen, daß ihr ernsthaft was lesen konntet? Gerade als ich aufstehen und in Danielles Arzneischrank nachsehen wollte, ob sie Dramamine hatte, überfiel mich der Schlaf. Ich war von dem Schampus so duselig und so müde, daß ich grade noch die Leselampe ausknipsen und mich unter der Decke langmachen konnte, bevor ich auf das Feuer und die Formen und Schatten sah, die es auf den Möbeln und Wänden hervorbrachte. Ach, war das friedlich. Ehe ich mich versah, war ich auch schon glatt abgedriftet und tschüs weg.

»Warum hast du das gemacht? Warum hast du das getan, Mamie?«

Im Tiefschlaf war mir irgendwie, als hörte ich, wie ständig jemand auf mich einredete.

»Warum, Mamie, warum? Ich muß wissen, warum.«

Der Traum hatte die Arme um meine Hüfte, hielt mich von hinten umklammert. Ich war tief drin versunken, und er ließ nicht los. Als würd ich allein in einem kleinen Boot sitzen, das am Ufer von irgend 'nem Bach zu Haus in Mississippi angebunden war.

Bloß dasitzen und schaukeln, so wie in dem Stück, das ich immer mit Chances Band gesungen hab. Bloß ich in dem Boot, und ein leichter Wind umweht alles, und die Sonne kommt raus und verschwindet, wie's die Sonne eben machte, bevor es anfängt zu gewittern. Hab mich vielleicht dreißig Jahre jünger gefühlt, wie ich da in dem Boot rumwackle und zapple und auf was warte; auf was, keine Ahnung.

Und das Bachufer ist ganz mit Bäumen gesäumt. Irgendwann ist es dann so lebendig und *intensiv* geworden, bis ich merke, wie ich dieses irre Glücksgefühl kriege, als ich ganz scharf zu den Blättern hochseh und beobachte, wie die Sonne drauffällt. Das Licht ist nämlich nicht einfach draufgefallen, in dem Moment, wo man stehengeblieben ist und es beobachtet hat. Die Sonne ist einfach irgendwie dahin losgegangen, wo das Blatt war, und hat es ganz umschimmert; dann streckt das Blatt so einen unsichtbaren Fühler aus, wie einen Funkstrahl oder so was, und saugt das Licht um ihn rum auf, trinkt es auf, schlürft es auf wie ein Glas Buttermilch.

Hat mich hypnotisiert. Blätter erwärmten sich und leuchteten, dann kühlten sie wieder ab und wurden dunkel. Sie sahen aus wie winzige Juwelen, die immerzu blinkten und mir dabei ständig zuzischten und flüsterten: »Mamie, warum? Mamie, warum?« immer wieder.

Dann erstarb das Rauschen und die Bäume gingen weg – wenigstens erinnere ich mich, daß es sich so anfühlte. Und wie ich runterseh, seh ich, daß auch das Boot weg ist, obwohl ich immer noch spürte, wie es mich schaukelte und wiegte, wiegte und schaukelte, hin und her. Jetzt ist kein Boot mehr da, kein Bachufer, kein Bach. Bloß ich und dieses Ebbe und Flut, und die Sonne macht Spielchen auf meiner Haut, abgesehen von der Kälte des Windes, die ganz tief aus dem Eiswasserwind kommt. Und ich hab immer weiter gebrummelt und rumgemacht.

Dann auf einmal *schnipp!* Von irgendwo draußen kam so ein echt lautes *peng,* supersonisch laut. So laut, daß mans nicht mal hören konnte. Man spürte, wie es einem die Knochen unter den Nerven durchschüttelte; das Blut blubberte. Es weckte mich auf. Ich setzte mich gerade rechtzeitig auf der wackligen wassergefüllten Matratze auf, um nach Luft zu schnappen und mir den Schlaf aus den Augen zu reiben.

In aller Ruhe sah ich mich im Schlafzimmer um, checkte in dem Dunkel alles ab. Das Feuer war fast ganz zu orangeroter Glut runtergebrannt, die Farbe der Sonne in dem Traum, kurz bevor die Bäume stillstanden. Das Zimmer war voll mit süßem, holzigem Kamingeruch. Eine leisere Version von diesem *peng!* schlug innen gegen mein Ohr, und ich mußte lachen. Ich merkte, daß es die brennenden Kohlen waren, die den Krach gemacht hatten. An der Stelle löste sich dann alles auf. Ich hatte bloß auf einem blöden Wasserbett geträumt. Ich wollte wieder wie feiner Rauch den Traumschornstein hochziehen und mich noch ein bißchen in dem Boot sonnen.

Gerade als ich mirs wieder halbwegs gemütlich und schnucklig gemacht hatte und kurz vorm Wegdösen war, strich mir wieder diese Stimme um die Ohren – bloß diesmal klang sie nicht so, als käm sie von weit her und gleichzeitig aus nächster Nähe.

»Mamie, ich muß mit dir reden. Hab keine Angst. Bitte, ich bin's; ich bin's doch bloß.«

Eine Sekunde zuvor hatte ich noch warm und gemütlich unter dem großen weichen Deckbett gelegen, das mit Daunenfedern von mehr rotchinesischen Gänsen aufgeplustert war, als ich Schäfchen zählen konnte. Und jetzt hatte ich das Gefühl, als hätt einer grad die Tür zu einem riesengroßen Kühlschrank aufgemacht. Ins ganze Schlafzimmer schoß eisige Eisbärenluft. Und bei mir ging das große Zittern los.

Diesmal beschloß ich, mich nicht aufzusetzen, nicht gleich, noch nicht. Ich hielt das Deckbett über mich gezogen und hob den Kopf. Ich drehte ihn gerade so weit, daß ich sehen konnte, ob die Leselampe noch da war.

Ich knipste das Licht an und *bumm-bumm-BUMM! bumm-bumm-BUMM!* Mein Herz hämmerte gegen meine Brust wie eine Preisboxerfaust, die ich in mir drin geballt hatte und die versuchte, sich durchzuboxen, alles versuchte, um auszubrechen.

Dann sah ich es. Ich sahs mit eigenen Augen; trotzdem wollte ich es nicht glauben. Ich meine, Sachen hören und Sachen sehen, das ist für mich nichts Neues, aber, das muß ich zugeben, was ich da in der Nacht am Fußende meines Bettes stehen sah, war sogar für so 'ne zurückgenommene Psychotin wie mich zu dramatisch. Ich mag alles eher ein bißchen ruhig, wißt ihr, die leise Nummer. Für billigen Zauber oder so grelles Zeug, Spezialeffekte, hab ich mich nie begeistern können.

Aber wenn, wie es so heißt, Sehen Glauben ist, dann mußte ich es akzeptieren. Ich hatte keine andere Wahl, als danach zu greifen, weil das Ding direkt vor mir stand, und offenbar war es egal, wie sehr ich schauderte und blinzelte und schluckte und hoffte, es würde weggehen. Was es auch war, es schimmerte jedenfalls ziemlich, wurde irgendwie heller und dann wieder dunkler und leuchtete dann ganz wie meine Traumblätter, von denen ich gerade aufgewacht war. Erst flackerte es so, das ging mir auf die Nerven.

Endlich brachte ich den Mut auf, mich wieder im Bett aufzusetzen und nach der Bibel zu langen, die, wie ich wußte, in der Schublade des Nachtkästchens war. Ich hielt das Gute Buch vor dem Ding hoch, so wie man ein Kreuz vor einem Vampir hochhält. Das hab ich ganz langsam gemacht und mich mit aller Kraft, die noch in mir war, darauf konzentriert, in alle Richtungen weiße Lichtstrahlen und göttliche Gedanken abzuschießen. Das geht nämlich, wenn mans richtig übt. Ich kniff die Augen zu, so fest ich konnte, während sich mein Licht aufbaute, und ich bat den Herrn, mir alle Sünden zu vergeben, die ich schon begangen hatte, alle Sünden, die ich gerade beging, und alle Sünden, die ich wahrscheinlich noch begehen würde.

Als ich die Augen aufmachte, war das einzige, was sich verändert hatte, daß ich das Bild vor mir echt scharf sehen konnte; es war viel klarer als vorher. Es war, als hätte ich was getan, daß es sich stabilisierte. Gott, hatte ich Angst!

»W-was geht hier vor?« schrie ich.

»Mamie«, sagte es, nannte meinen Namen mit dieser fernen Stimme. »Mamie, siehst du denn nicht, was du mit mir machst?«

»Was ich mit dir mache! Wer bist du? Was bist du? Und was in aller Welt machst du hier?«

»Also gut«, sagte es. »Ich versprech dir was. Ich tu dir nichts. Ich *kann* dir nichts tun. Paß auf...«

Verdammt will ich sein, wenn das Ding nicht das Bett heraufkam, wo ich lag, und die Hand ausstreckte und sie mir auf den Kiefer legte. Na ja, jedenfalls glaubte ich, es sei eine Hand, und glaubte, es sei mein Kiefer, aber irgendwie gab es da keine rechte Verbindung. Zumindest spürte ich nichts. Ich kanns mir bloß so erklären, daß es ziemlich in der Art war, wie wenn man vom Licht eines Filmprojektors berührt wird. Und wenn mans richtig an sich rankommen ließ, dann war die ganze Geschichte so was wie in einem Kino, das so einen neumodischen, ausgefallenen, erschlagenden technischen Fortschritt beim Film bringen kann. Stellt euch vielleicht ein System vor, das realistischer ist als Cinerama, 3-D, Magnavision, Breitwand oder Dolby Stereo oder Quadrophonic Sound. Es war, als hätte einer rausgekriegt, wie man die Figuren und Schauspieler von der Leinwand runtersteigen und den Gang direkt bis vor eure Nase hochgehen lassen kann.

Dabei wars dann egal, ob man sie auch richtig fühlen konnte, wenn sie einen berührten; die schiere Genialität riß einen vom Hocker!

O Herr, betete ich, *sei nett zu mir. Ich weiß, daß ich in den Augen aller nie normal gewesen bin. Ich weiß, daß ich gesegnet und verflucht zugleich geboren wurde. Aber, Herr, wenn ich jetzt endlich doch den Verstand verliere, dann bitte, laß mich nicht wie einen zerbrechlichen Teller fallen und zerspringen. Laß mich einfach bloß ganz langsam ausrasten; laß es allmählich geschehen. ...*

Keine Sekunde ließ ich die Gestalt vor mir aus den Augen. Allerdings holte ich etliche Male tief Luft. Je tiefer ich atmete, desto langsamer wurde mein Herz, und desto schärfer wurde das Bild neben mir. Ach, ich kann euch sagen, es war furchterregend! Aber trotzdem, es war direkt aus einer der Welten, bei denen ich's immer geschafft hab – während meiner lichten Momente, in denen ich Botschaften empfing –, ein paar Zehen reinzukriegen, wenn nicht einen ganzen Fuß.

Mein Herz wurde langsamer.

Ich blinzelte wieder und schärfte die Augen, stimmte die Ohren.

Dieses feste Lichtgewaber bewegte sich zum Fußende des Bettes. Und dann sah ich auch, wem es ganz klar ähnelte. Es ähnelte, es glich, es sah aus wie – tja, es war Burley Cole. Ja, Burley selbst, und er kam hell und klar durch, genauso klar, als würde er live und direkt über einen lokalen Kabelsender ausgestrahlt. Der einzige Unterschied war, daß er mir lebensgroß vorkam. Nein, er war nicht gerade Wand-zu-Wand und baumwipfelgroß, aber was da von ihm da war, wirkte echt. Burley erschien mir so echt, daß ich mich zu der Frage getrieben sah: Wie kommt's, daß ich für die ganzen andern Männer, mit denen ich zusammengelebt hab – einschließlich meines einzigen rechtmäßigen Ehemannes – nie soviel empfunden habe wie für ihn?

Ich schluckte wieder, als er sich auf den Rand des Wasserbettes niederließ – das er nicht zum Schwanken bringen konnte – und mich direkt anschaute. »Sag, Mamie, was hat mit der King-size-Matratze nicht gestimmt, die ich unter größten Mühen bei uns hingelegt hab? Ich bin zurück zum Haus, um in Kontakt mit dir zu treten, und dann tauchst du hier im Bett von irgendwelchen fremden Weißen auf!«

Wie ich mich jetzt so allmählich daran gewöhnte, wie das funktionierte, wollte ich rüberkriechen und Burley mit aller Macht umschlingen, aber es ging nicht. Sogar mit dem Atmen hatte ich noch Schwierigkeiten.

Ich hatte Angst, zu genau hinzusehen, was da ablief, und Angst zu blinzeln. Bei beidem, dachte ich, könnte die Halluzination, die ich da hatte, zusammenbrechen und verschwinden. Also verhielt ich mich still, während Burley weitersabbelte.

»Es ist nämlich nicht gerade das Einfachste von der Welt, einen zu finden, der nicht zu Hause ist.«

»A-aber ich dachte, Gespenster – ich meine – ähm, ich dachte, Geister sollen doch überallhin können.«

»Wie immer hörst du mir nicht zu, Mamie. Ich hab nichts von umgehen gesagt, oder?«

»Du hast gesagt, es wär schwierig gewesen, mich zu finden, weil ich hier oben in Beverly Hills bin statt unten in Santa Monica.«

»Na ja, da ist aber ein Trick dabei, den ich noch nicht ganz raus hab.«

»Ein Trick *wobei*, Burley? Ich kann dir nicht folgen.«

»Das ist ein Trick, Leute aufzuspüren, wo sie sind, besonders Leute, die man kennt. Verstehst du, man soll eigentlich hierherrennen können und nach dem alten Dingsda sehen und wie's ihm geht. Ich fang grade an, irgendwie zu lernen, wie man das macht, aber das braucht 'ne Menge harte Arbeit.«

Tränen stiegen mir in die Augen. Ich mußte sie wegdrücken. Ich fühlte mich wie in der vierten Klasse, als Miz Rucker sagte, ich soll ihr die Hauptstadt von Island nennen. Der Mund stand mir offen und ich brachte kein Wort raus, weil mir nicht mal der Name der Stadt einfiel, geschweige denn, daß ich ihn aussprechen konnte.

Schließlich konnte ich doch noch sagen: »Ich weiß, das klingt vielleicht komisch, Burley, aber ich muß dich einfach mal was fragen.«

»Mir kommt gar nichts mehr komisch vor, Süße.«

»Das glaub ich gern! Aber sag mir doch, und bitte denk nicht, daß ich dich auf den Arm nehmen will, aber – wo genau bist du?«

»Wo ich bin?« Burley machte ein verdutztes Gesicht.

»Ja, wo bist du jetzt? Und, wo kommst du jetzt her? Du hast gesagt, da gäb's so einen Trick, Leute zu finden und so. Also, von wo kommst du jetzt grade her, da, wo du angefangen hast, jemand aufzuspüren, wo – wo –, na ja, hier, wo ich eben bin?«

Burley fiel auf den Rücken und lachte und wälzte sich übers ganze Bett, das noch immer nicht schwankte. Es schwankte, wenn ich mich bewegte, aber nicht bei Burley. Er lachte so heftig und so lange, daß ich mir schon Sorgen machte, Danielle könnte von ihrer Party zurückkommen und hören, wie das hier bei uns zugeht. Ich war so froh, daß ich ihn wiederhatte, na ja, irgendwie eben, bis mir so lächerliche Gedanken unter den gegebenen Umständen irgendwie krank vorkamen. Immerhin riskierte ich nicht, ihn zu verscheuchen, indem ich ihn bat, die Luft anzuhalten.

»Mamie«, sagte er und brachte sich wieder unter Kontrolle, »das ist das Komischste, was ich seit langem gehört hab.«

»Na, da bin ich aber froh, daß ich dich noch aufheitern kann.«

»Nein, du verstehst nicht. Die ganze Zeit hab ich auf der Erde damit verbracht, mir Sorgen über das Sterben und Sorgen über Leute zu machen, daß die sterben. Das ist eine von den Sachen, über die ich mit dir reden wollte.«

Ich konnte nichts sagen. Es war, als wär mir die Kehle eingefroren.

»Wie ich sehe, hast du immer noch Angst vor mir«, fuhr er fort. »Ich hab versucht, dir zu beweisen, daß ich dir nichts tun kann. Sieh mal, ich war doch derjenige, der das ganze Spukgerede angezweifelt hat, und du warst die, die immer eher dran geglaubt hat. Hast immer Messages von Leuten gekriegt, die gestorben waren, und hast den Leuten die Zukunft und ihre

Gedanken gelesen. Und jetzt sag ich dir, du sollst relaxen, daß das Sterben gar keine große Sache ist, und du weichst vor mir zurück, als wär ich der letzte Schläger.«

Das nützte immer noch nichts. Ich geriet in Panik. Wenn ich jetzt nie mehr meine Stimme zurückkriegte? Wenn ich nun für immer in diesem Gästezimmer liegen müßte, gelähmt wie so'n Invalide? und wenn jemand anders reinplatzt und sieht, wie ich jetzt ausseh?

»Gut«, sagte Burley, »ich versuch's noch mal.«

»Du versuchst was?«

»Das ...« Er kuschelte sich neben mich auf dieselbe Seite des Bettes, auf der er sonst auch geschlafen hätte, wenn er noch gelebt hätte. Das ganze Licht flutete über die Decken und über mich. Burley schlug die leuchtenden Arme um mich und schob sein strahlendes Gesicht zu meinem hoch. Trotzdem spürte ich noch immer nichts, bis auf eine neuartige kribbelnde Wärme, die irgendwo drunten um meinen unteren Darm herum einsetzte, und weiter hoch bis knapp über meinen Bauch flirrte, zu meinem Solarplexus. Das kommt dem ungefähr am nächsten, wie ich ihn berühre, den Mann, den Geist, was es auch war. Als ich nun die Augen zumachte – was ich automatisch tat, als Burley mich in die Arme schloß –, meinte ich, seine Körperwärme würde in meinen Körper fließen. Je länger er mich festhielt, desto stärker wurde das Gefühl. Aber, ich weiß auch nicht, es ist schwer, darüber zu reden, und ich wußte eh schon, daß es nicht allzu viele geben würde, denen ich das erzählen konnte.

Aber er schaffte es, mich dadurch ein bißchen zu beruhigen. Er setzte sich im Bett auf und stützte sich auf einen Ellbogen, so wie er es getan hatte, bevor es mit seiner Gesundheit den Bach runter ging. Ich sah ihm ins Gesicht und merkte zum erstenmal, daß er jünger wirkte, als ich es je bei ihm gesehen hatte, sogar noch jünger als an dem Abend, als wir uns im »Harrah's« kennengelernt hatten. Ich war verwirrter denn je. Ob ich es wagen sollte, wieder den Mund aufzumachen, um zu sehen, ob etwas herauskam? Mutter Dear hätte gesagt: »Ein Hund, der einen Knochen *trägt, bringt* auch einen.«

»Und«, sagte ich, »kannst du meine Frage beantworten?«

»Baby, das ist doch das Komische daran. Ich bin nirgendwo hin.«

»Hä?«

»Ich bin nirgends hin! Ich bin immer noch da. Es ist so, als wäre ich nach nebenan gegangen. Aber da ist dann eben so eine Trennwand, nicht eine richtige Trennwand, gegen die man stoßen kann oder so was, sondern so eine Art Zeitwand. Ich weiß nicht, wie ich es sonst nennen soll. Wir sind in verschiedenen Welten.«

»Ach!«

»Nein, ich bin in einer ganz anderen Zeit als du.«

»Du meinst, wie Sommerzeit oder so was?«

»Du bist da ganz weit weg. Ich muß hier rüberrutschen, um zu sehen, wieviel Zeit in Erdenstunden vorbeigegangen ist. Mir ist immer noch komisch. Das ist, als wär ich in diesem Zwischenreich rumgeschwebt, seit ich hier bin. Da sind Stimmen, die mich ständig rufen, mir sagen, ich muß weiter, mir sagen, ich hab mein Ziel noch nicht erreicht.«

»Haben sie Flügel und fliegen sie rum und zupfen auf Harfen?«

»Ich hab noch keine Engel gesehen. Aber ich hab dich gesehen.«

»Wo? Wann?«

»An dem Nachmittag, als ich, ähm, gestorben bin. Es tat mir leid, daß es an deinem Geburtstag war.«

»Na ja, unter den Umständen hab ich's dir nicht krummgenommen.«

»Es war wie ein Loch, das sich mitten in meiner Stirn auftat, und dann strömte da Licht rein, ein Licht, das quer durch meinen Kopf floß bis zum Hinterkopf, da, wo der Hals mit dem Schädel verbunden ist. Das Licht sauste da durch, und etwas sagte: ›Also los, Burley Cole. Spring auf und mach deinen Abgang. Spring einfach in diesen Lichtstrom, der bringt dich dann ganz sauber und natürlich raus.‹ Ich hab gemacht, was die Stimme gesagt hat, und ziemlich bald bin ich dann den Tunnel hoch und hab auf das zurückgeschaut, was ich hinter mir gelassen hab.«

»W-was hast du da gesehen, Burley? Wie hat sich das angefühlt?«

»Ziemlich wie eine Erleichterung, aber ich hab mich so schlecht gefühlt. Ich wollte, daß du weißt, daß ich keine Schmerzen hab, daß du nicht wegen mir weinen sollst. Aber wie ich dann zurückgeschaut und meinen Körper da auf der Couch ausgestreckt gesehen hab, und wie du meine Augen mit den Fingern zugedrückt hast und geweint und geweint und gesagt hast: ›Du bereitest vor mir einen Tisch im Angesicht meiner Feinde‹, bin ich ganz schnell rausgeflogen, oben unter der Decke rumgeschwebt, hab sie durchstoßen, bin auf dem Dach rumgetobt, durch den Regen und weit über dem Regen in das Licht gesaust, das war so hell, ich habs kaum ausgehalten. Dann hab ich mich gezwungen, noch mal runterzuschauen. Du hast dich an diesen Mann im Trenchcoat gehängt und hast immer noch geweint, geweint und gejammert.«

»Ich – ich wollt nicht, daß du gehst«, sagte ich, nun nicht mehr fähig, die Tränen zurückzuhalten. Sie rannen mir nun die Wangen hinab.

»Ich will, daß du wieder da bist – bei mir – bei mir und Benjie. Seit du weg bist, ist es hier wie ein Bahnhof, den man dicht gemacht hat.«

»Ein Bahnhof?«

»Weiß auch nicht, warum ich das gesagt hab. Es ist wie ein Ort, der mal warm und belebt und freundlich und sinnvoll und was noch alles war. Jetzt ist's bloß noch ein Ort, wo ich zum Ausruhen hingeh und meine traurigen Gedanken lüfte.«

»Ich weiß«, sagte er.

»Wirklich?«

»Sicher, ich hab dich die ersten Tage beobachtet.«

»Du meinst, dort im Haus?«

»M-hm. Hab gesehen, wie du rumgesumpft bist und unsern Kram untersucht hast und alle angerufen und Besuch gekriegt hast.«

Ich drehte mich um. »Du hast das alles gesehen und nichts gesagt?«

»Was sollte ich denn sagen?«

»Na, weiß ich auch nicht – irgendwas. Vielleicht so was ähnliches, wie du jetzt sagst.«

»Mein Herz, ich war genauso traurig wie du.«

»Aber warum denn?«

»Weil du so kaputt und todunglücklich warst. Weißt du denn nicht, wie das weh tut, wenn man einem weh tut, den man ganz tief im Innern liebt? Und überhaupt hab ich da noch gar nichts auf der Reihe gehabt. Und hab gar nicht gewußt, wie ich was machen sollt, bin bloß rumgehangen und hab geglotzt.«

Ich versuchte, Burleys Gesicht anzufassen und ihn zu küssen, doch am ehesten konnte ich noch das Licht glätten, wo das Bild von seinem Gesicht pulsierte, und dann auf die Stelle küssen, wo sein schöner Mund zu sein schien. Ich drückte die Augen zu, teils, damit die Tränen nicht mehr liefen, und auch, um zu sehen, ob sich das Küssen und Anfassen so wirklicher anfühlte wie noch vor ein paar Augenblicken. Tatsächlich. Ich sag euch, genau an dem Punkt hätts mir nichts ausgemacht, wenn ich blind geworden wär, wenn das nämlich bedeutet hätte, daß ich wieder für alle Zeit Burley nah war und spürte, daß er da war.

»Und«, fragte ich, »was machst du so den ganzen Tag?«

»Das kann ich nicht beantworten.«

»Wie das?«

»Es gibt da keine Tage.«

»Bloß eine lange Nacht, wie?«

»Nein, Mamie, das ist der Teil, den ich noch nicht versteh. Ich hab geglaubt, ich seh 'ne Menge andere Leute, die ich kenn – meine Mutter und meinen Vater, Ruthie, meine Schwester, meine Großmutter Josie und die ganzen Kumpels, die vor mir dahingegangen sind und die ich im Krieg verloren hab. Keinen hab ich gesehen!«

»Weißt du genau, daß du am richtigen Ort bist?«

»Was meinst du damit?«

»Na, alle andern hätten doch an einen Ort kommen können und du an einen andern. Das passiert doch sicher ständig, meinst du nicht?«

»Ja, das hab ich mir auch schon überlegt. Ich war eigentlich nie, was du zurückgeblieben nennen würdest, verstehst du. Es gibt keine Tage, keine Nächte; ich brauch keinen Schlaf und keine Ruhe, und obwohl ich da rausguck und Essen seh, das ich will, und Sachen zum Trinken, merk ich, daß ich auch ganz gut ohne zurechtkomm. Aber ich find's nicht gut. Ich bin einsam, so einsam, das glaubst du gar nicht. Das ist eine Einsamkeit, als wär ich der einzige auf der Welt, wo ich leb, der einzige auf dem Planeten oder was das ist – dieser Raum wohl.«

»Burley, das ist ja kaum zu glauben. Du meinst, du bist dort keiner Seele über den Weg gelaufen, mit der du reden kannst?«

»Also, das ist auch so 'ne Sache, die ich dich fragen wollt. Du hast dich doch mit so 'nem Hokuspokus beschäftigt, seit ich dich kenn. Kannst du nicht mal deine Kräfte ausprobieren und mich mit jemand hier zusammenbringen, mit dem ich mich unterhalten kann?«

»Ach, mein Süßer!« Ich konnte nicht anders. Ich fing wieder an zu weinen. »Ich glaub einfach nicht, daß dir das geschieht. Klar, ich streck ein paar Fühler aus, will gern rausfinden, was ich kann. Aber ich bin ganz durcheinander. Und schließlich bist du da tot und ich leb hier – theoretisch jedenfalls –, und du kommst hierher, und ich soll dir helfen rauszufinden, wo die ganzen andern Toten hin sind.«

»Genau«, sagte Burley, und sein Bauch fing wieder an zu zittern. Bestimmt kriegte er gleich wieder einen von seinen unglaublichen Lachanfällen. Brachten mich auch zum Lachen. »Genau«, sagte er immer wieder. »Verrückt, was? Das ist doch alles total sinnlos, oder? Ich krieg's ums Verrecken nicht raus!«

»Hast du denn jemand *gehört*, Burley? Vorhin hast du irgendwas über Stimmen gesagt. Was für Stimmen?«

»Weiß ich noch nicht. Da sind entweder jemand oder welche dauernd hinter mir. Die kommen ständig auf mich zu und ich weiche ihnen ständig aus.«

»Warum?«

»Damit ich hierher zurück kann und sehen, was du machst.«

»Warst du auf der Beerdigung?«

»Für mich war es eine der rührendsten, bewegendsten Sachen, für die ich in meinem ganzen Leben stillgehalten hab. Es war ein wunderschöner Gottesdienst, Mamie. Und alle waren so wirklich, als sie am Sarg stehengeblieben sind und sich darübergebeugt haben und mich angesehen oder was gesagt haben. Und du glaubst ja nicht, was manche von denen gesagt haben.«

»Was denn so?« Ich mußte so lachen, daß ich nicht mehr aufhören wollte.

»Na ja, Miz Wheelock, die hat sich dicht über die Leiche gebeugt und geflüstert: ›Keine Sorge, Burley. Jeden Abend, wenn ich bete, faß ich für dich zusammen, was in den Serien passiert ist, damit du mitkommst.‹«

»Das hat sie echt gesagt? Ich glaub's nicht.«

Burley richtete sich auf und hielt die Hand wie ein Pfadfinder. »Hat sie gesagt, so wahr ich lebe.«

»Süßer, darauf würd ich nicht viel setzen. Aber es sieht Miz Wheelock ähnlich, sich den Mund über *General Hospital* fusslig zu reden, wenn du tot daliegst.«

»Wie lang hast du denn vor, hierzubleiben, Mamie?«

»Hier in Fleisch und Blut?«

»Nee, hier in Beverly Hills.«

»Ach, bloß bis ...« Ich verlor den Faden. Burley verblaßte langsam. Es war, als würde das Licht, das um die Ränder schimmerte, verschwimmen und das ganze Pulsieren immer langsamer werden. »Burley, was ist denn los? Es ist, als würd ich dich verlieren.«

»Keine Sorge«, sagte er, seine Stimme wurde etwas schwächer. »Das ist einer von den – ähm, wahrscheinlich nennt man sie Geister. Der Mann nervt mich schon wieder.«

»Welcher Mann?«

»Komisch sieht der aus. Frag mich nicht, wer das ist. Seit ich in dem Zustand bin, war er einer von denen, die versucht haben, mich einzuschnüren und wegzuziehen.«

»Na, dann hör doch mal, was er sagt, und versuch, rauszukriegen, was er dir sagen will. Könnt ja wichtig sein.«

»Baby«, sagte Burley und klang ganz traurig. »Ich bin noch nicht so weit, daß ich woanders hin will. Mir gefällt's hier.«

Plötzlich konnte ich bloß eins tun, mich an Burleys Stimme klammern, die immer schwieriger auszumachen war. Alles andere war verdunstet. Das einzige Licht im Zimmer war jetzt das kleine, das da im Kamin flackerte. Und ziemlich bald überdeckte auch das knackende Geräusch der brennenden Glut immer mehr sein Geflüster, bis es war, als hätt nichts von dem, was ich gesehen und gehört habe, jemals stattgefunden.

Hatte ich bloß tiefer als sonst geträumt oder was?

Was meint ihr?

Übersetzt von Eike Schönfeld

DIE AUTOREN

TINA MCELROY ANSAS erster Roman, *Baby of the Family*, wurde 1990 kurz vor dieser Anthologie veröffentlicht. Sie lebt mit ihrem Mann vor der Küste von Georgia auf St. Simons Island.

DORIS JEAN AUSTINS erster Roman, *After the Garden*, erschien 1987. Sie schreibt für die *New York Times Book Review, The Amsterdam News* und für das Magazin *Essence*. Außerdem ist sie eine der Gründerinnen und Vorsitzende der New Renaissance Writers Inc. am Schaumburg Center in Harlem. Sie arbeitet gerade an ihrem zweiten Roman, *Heirs and Orphans*.

TONI CADE BAMBARA veröffentlichte zwei Short-Story-Sammlungen, *Gorilla, My Love* und *The Seabirds Are Still Alive*, und den Roman *The Salt Eaters*. Sie lebt in Philadelphia und hat gerade einen neuen Band mit Erzählungen fertiggestellt, *Yeah, but Not Under Capitalism*.

AMIRI BARAKA ist der afrikanische Name von LeRoi Jones, seine Werke wurden unter beiden Namen veröffentlicht. Er schrieb zwölf Bände mit Gedichten und acht Sachbücher, u. a. *Schwarze Musik*, Frankfurt a. M. 1970. Darüber hinaus Romane, *Dantes System der Hölle*, Darmstadt

1966, und *Langsam bergab, Erzählungen*, Darmstadt 1968. Seine vielen Stücke werden weltweit seit mehr als 25 Jahren gespielt. Er hat eine Anzahl von Anthologien herausgegeben, die eindrucksvollsten sind *Black Fire* und *Confirmation, An Anthology of African-American Women*. Er ist außerdem Direktor der African Studies an der State University of New York, Stony Brook, und er lehrt Afro-Amerikanische Literatur an der Columbia University.

BARBARANEELY lebt in Jamaica Plain, Massachusetts, und schreibt gerade an ihrem ersten Roman.

DON BELTON wurde in Philadelphia geboren, arbeitete als Reporter für *Newsweek*. Sein erster Roman, *Almost Midnight*, kam 1986 heraus. Zur Zeit unterrichtet er im »MFA Program« an der University of Michigan.

BECKY BIRTHA veröffentlichte zwei Erzählungsbände, *For Nights Like This One: Stories of Loving Women* und *Lovers' Choice*. Ihre Erzählungen und Gedichte sind in einer Reihe von Literatur- und Frauenzeitschriften erschienen. Sie lebt in Philadelphia, wo sie gerade ihren ersten Roman fertigstellt.

DAVID BRADLEY veröffentlichte einen Roman, *The Chaneysville Incident*. Er unterrichtet an der Temple University.

WESLEY BROWN schrieb den Roman *Tragic Magic*. Er hat zahlreiche Theaterstücke produziert und rezensiert häufig Bücher für *The Village Voice*. Er lehrt an der Rutgers University, New Jersey.

Octavia Butler wurde für ihre Science Fiction Romane mit dem The Hugo and Nebula Award ausgezeichnet. Unter anderem hat sie geschrieben: *Als der Seelenmeister starb*, Bergisch Gladbach 1982; *Der Seelenplan*, ebd. 1983; *Vom gleichen Blut*, ebd. 1983; *Alanna*, ebd. 1984; *Wilde Saat*, ebd. 1984; *Xenogenesis Trilogie: Dämmerung*, München 1991, *Rituale*, ebd. 1991 und *Imago*, ebd. 1991. Sie lebt in Los Angeles.

Xam Wilson Cartiér wurde in St. Louis geboren, hat für Theater, Funk und Fernsehen geschrieben, ist aber vor allem bekannt durch ihren preisgekrönten ersten Roman *Be-Bop, Re-Bop*. Sie arbeitet zur Zeit an ihrem zweiten Roman, *Muse-Echo Blues*, und lebt in San Francisco.

Carolyn Cole schreibt Theaterstücke und lebt in New York.

Wanda Coleman veröffentlichte zwei Bände mit Gedichten und Kurzgeschichten, zuletzt *A War of Eyes and Other Stories* und *Blues*, Frankfurt 1991. Sie lebt in Los Angeles.

J. California Cooper veröffentlichte zwei Bände mit Erzählungen *A Piece of Mine: A New Short Story Collection* und *Some Soul to Keep*. Sie schreibt außerdem Theaterstücke und lebt in Marshall, Texas.

STEVEN CORBINS erster Roman, *No Easy Place to Be*, ist ein Epos über die 1920er Harlem Renaissance. Er unterrichtet im UCLA (Los Angeles) Extension Writers' Program.

SAMUEL R. DELANY hat mit seinen Science Fiction Romanen viermal den Nebula Award gewonnen. Sein Fantasy-Reich steht im Zentrum von mehr als vierzehn Romanen, darunter sind: *babel-17*, Rastatt 1975; *Dhalgren*, Bergisch Gladbach 1980; *Nova*, ebd. 1973; *Triton*, ebd. 1981; und *Stars in My Pocket Like Grains of Sand*. Er lebt in Amherst, Massachusetts.

WILLIAM DEMBY veröffentlichte seinen ersten Roman *Beetle Creek* 1950. Er schrieb außerdem *Blue Boy* und *The Catacombs*. Sein neuestes Buch ist *Love Story Black*. Er lehrt am Staten Island College of the City University of New York und lebt in Sag Harbor, New York.

MELVIN DIXON veröffentlichte eine Sammlung mit Gedichten, *Change of Territory*; außerdem Kurzgeschichten, die im *Men on Men 2: An Anthology of Gay Fiction* enthalten sind, und einen Roman *Trouble the Water*. Die gesammelten Gedichte von LEOPOLD SEDAR SENGHOR wurden von ihm übersetzt. Er lehrt an der City University of New York Graduate School und am Queens College. Er lebt in New York City.

RITA DOVE wurde 1987 mit dem Pulitzer-Preis für ihren Gedichtband *Thomas and Beulah* ausgezeichnet. Sie veröffentlichte weitere Gedichtbände: *Die morgenländische Tänzerin*, Reinbek 1988, *Die gläserne Stirn der Gegenwart*, Eisingen 1989, *The Yellow House on the Corner*, *Museum* und zuletzt *Grace Notes*, und außerdem eine Sammlung von Kurzgeschichten, *Fifth Sunday*. Derzeit ist sie Professorin für

Englisch am Center for Advanced Studies an der University of Virginia in Charlottesville, wo sie mit Mann und Tochter lebt.

Grace Edwards-Yearwoods erster Roman, *In the Shadow of the Peacock*, wurde 1988 veröffentlicht. Als ein langjähriges Mitglied der The Harlem Writers' Guild hat sie an der Hofstra University unterrichtet. Sie lebt in Brooklyn, New York.

Trey Ellis hat die Philips Academy und die Stanford University besucht, wo er Herausgeber einer Collegezeitschrift war. Seine Arbeiten als Journalist sind in *The Black Film Review, Art & Antiques, Newsweek, Elle, Interview* und *The Washington Post* erschienen. Trey Ellis' erster Roman, *Platitudes*, wurde 1989, als er fünfundzwanzig Jahre alt war, veröffentlicht. Er lebt in New York City.

Percival L. Everett veröffentlichte *Suder, Walk Me to the Distance, Cutting Lisa, For Her Dark Skins, Zulus* und *The Weather and Women Treat Me Fair*. Er lehrt am Department of English an der University of Notre Dame.

Arthur Flowers wurde in Memphis, Tennessee, geboren. Sein erster Roman, *De Mojo Blues*, erschien 1986. Er ist Gründer der New Renaissance Writers' Guild und hat gerade seinen neuen Roman *Another Good Loving Blues* beendet. Er lebt in Los Angeles.

Sandra Hollin Flowers' erste veröffentlichte Erzählung, *Hope of Zion*, wurde in die *Prize Stories, 1981: The O. Henry Awards* aufgenommen. Sie bekam ihr MFA von der University of Arizona und ihren Ph. D. von der Emory University. Zur Zeit arbeitet sie an ihrem Roman *I Heard a Crazy Woman Speak*. Sie lebt in Atlanta, Georgia.

Bill Williams Forde war jahrelang der Direktor der The Harlem Writers' Guild. Derzeit beendet er seinen ersten Roman *Tomorrow*. Er lebt in New York.

Ernest Gaines, hierzulande bekannt durch seine Romane *Eine Zusammenkunft alter Männer*, Köln 1986, *Ein Aufstand alter Männer*, München 1988, und *Catherine Carmier*, Köln 1987, ist außerdem der Autor von drei weiteren Werken, u.a. *The Autobiography of Miss Jane Pittman*. Er lebt in San Francisco und in Lafayette, wo er an der University of Southwestern Louisiana Creative Writing unterrichtet.

Marita Goldens neueste Romane sind *Long Distance Life* und *A Woman's Place*. Ihre Autobiographie, *Migrations of Heart*, wurde 1983 veröffentlicht. Ihre Werke sind erschienen in *Ms.*, *Essence*, *The New York Times* und *The Washington Post*. Sie ist ein Gründungsmitglied der African-American Writers' Guild in Washington, D. C., wo sie auch lebt. Sie lehrt an der George Mason University in Fairfax, Virginia.

Peter Harris hat zahlreiche Gedichtbände und eine Sammlung von Folktales veröffentlicht. *The Vampire Who Drinks Gospel Music* ist sein erster Roman. Er lebt in Temple Hills, Maryland.

Safiya Henderson-Holmes ist Dramatikerin, Lyrikerin, Physiotherapeutin, Mutter, Ehefrau, Fachfrau für natürliche Geburt und Masseurin. Sie erhielt zwei Forschungsstipendien der New York Foundation for the Arts und unterrichtet zur Zeit am Sarah Lawrence College in Bronxville, New York.

Kristin Hunter veröffentlichte vier Romane: *The Lakestown Rebellion; Das Haus in der Poplar Street,* Köln 1970; *Land der Verheißung,* Baden-Baden 1974; *Wer überleben will,* ebd. 1977 und *Rosaly Flemings,* Bergisch Gladbach 1984; außerdem ein Kinderbuch, *Lieder haben keine Farbe,* Stuttgart 1974. Sie lehrt an der University of Pennsylvania und lebt in New Jersey.

Angela Jackson veröffentlichte Prosa und sechs Gedichtbände. Ihre Gedichte sind in zahlreichen Literaturzeitschriften erschienen, unter anderem in *First World, Triquaterly, Open Places, River Styx* und *Callaloo. Nommo,* eine Anthologie über afrikanisch-amerikanische Literatur aus Chicago, die sie herausgegeben hat, erschien 1975. *Treemont Stone* ist ihr erster Roman. Sie ist die Nachfolgerin des verstorbenen Hoyt W. Fuller als Vorsitzende des OBAC Writers Workshop in Chicago und unterrichtet am Columbia College in Chicago.

Charles Johnson schrieb neben zahlreichen Essays und Kurzgeschichten eine Ästhetikkritik, *Being & Race: Black Writing Since 1970.* Weitere Werke von ihm sind unter anderem die Romane *Oxherding Tale* und *Faith and the Good Thing* und eine Sammlung von Kurzgeschichten, *The Sorcer's Apprentice.* Sein neuester Roman heißt *Middle Passage.* Er ist der derzeitige Präsident des Creative Writing Programs an der University of Washington in Seattle und Belletristik-Lektor von *The Seattle Review.*

Gayl Jones veröffentlichte die Romane *Dunkle Melodie (2* Romane*: Evas Mann* und *Corregidora),* Wien 1979, *Die Vogelfängerin*, Reinbek 1986, und einen Band mit Erzählungen *Der weiße Nigger,* Wien 1980.

William Melvin Kelley schrieb u.a. *Dem, A Drop of Patience, Dancers on the Shore, A Different Drummer, Dunfords Travels Everywhere* und zahlreiche Kurzgeschichten. Er lebt in New York City.

Randall Kenan war Lektor im Alfred A. Knopf Verlag und sein erster Roman *A Visitation of Spirits* erschien 1989, als er fünfundzwanzig war. Er lehrt Literatur am Sarah Lawrence College in Bronxville, New York.

John McCluskey veröffentlichte zwei Romane, *Look What They Done to My Song* und *Mr. America's Last Season Blues.* Seine Erzählungen sind in zahlreichen Literaturzeitschriften erschienen, u.a. in *Best American Short Stories, 1976.* Zur Zeit beendet er einen neuen Roman. Er unterrichtet Afro-Amerikanische Literatur an der Indiana University in Bloomington.

Colleen McElroys Arbeiten sind in *Short Story International, Callaloo, Confrontation* und vielen anderen Literaturzeitschriften und Anthologien erschienen. Sie veröffentlichte außerdem einige Gedichtbände, u.a. *Lie and Say You Love Me, Winters Without Snow* und *Queen of the Ebony Islands.* Sie hat zahlreiche Auszeichnungen erhalten, darunter ein Fulbright Stipendium. Zur Zeit lehrt sie als Professorin für Englisch an der University of Washington in Seattle.

NATHANIEL MACKEYS fortlaufende Serie von fiktiven Briefen erscheint in zwei Bänden, *Beduin Hornbook* und *Djbot Baghostus's Run*. Bisher veröffentlichte er *Four of Trane, Septet for the End of Time* und *Eroding Witness*. Er ist der Herausgeber der Literaturzeitschrift *Hambone* und lehrt Literatur an der University of California in Santa Cruz.

TERRY MCMILLANS erster Roman war *Mama*, Hamburg 1993. Ihr zweiter Roman *Disappearing Acts* erschien unter dem Titel *Ab durch die Mitte*, Hamburg 1993. Mit ihrem jüngstem Roman *Waiting to Exhale* (*Endlich ausatmen*, München 1993) wurde Terry McMillan zur Bestsellerautorin. Sie unterrichtet Literatur an der University of Arizona in Tucson.

JAMES ALAN MCPHERSON veröffentlichte zwei Sammlungen mit Erzählungen *Hue and Cry* und *Elbow Room*. 1978 wurde er mit dem Pulitzer-Preis für Literatur ausgezeichnet. Seit einigen Jahren ist er an der Fakultät der University of Iowa Writer's Workshop tätig.

CLARENCE MAJOR schrieb fünf Romane, u.a. *My Amputations* und *Such Was the Season*, außerdem veröffentlichte er mehrere Gedichtbände. Er hat zahlreiche Stipendien und Auszeichnungen erhalten, u.a. den National Council on the Arts Award, ein Fulbright Stipendium, den Pushcart Prize und den Western States Book Award. Er lehrt an der University of California in Davis.

Paule Marshalls erster Roman *Brown Girl, Brownstones* wurde in zahlreichen Anthologien in Teilen veröffentlicht. Weitere Romane sind *Soul Clap Hands and Sing; Erwählter Ort, zeitloses Volk*, Berlin 1981, und *Loblied auf die Witwe*, Reinbek 1986. Sie unterrichtet an der Virginia Commonwealth University in Richmond.

Mary Monroe wurde in Choctaw County, Alabama geboren. Ihr erster Roman *The Upper Room* erschien 1985. Sie lebt zur Zeit in Oakland, California.

Gloria Naylor schrieb drei Romane: *Die Frauen vom Brewster Place*, München 1984, *Linden Hills* und *Mama Day*. Für *Die Frauen vom Brewster Place*, kürzlich als TV Mini-Serie verfilmt, erhielt sie den American Award. Ihr Werk wurde vielfach ausgezeichnet.

Richard Perrys erster Roman, *Changes*, erschien 1974. 1985 gewann er mit seinem zweiten Roman, *Montgomery's Children*, den Quality Paperback Book's New Voice Award. Er unterrichtet Literatur und Creative Writing am Pratt Institute in Brooklyn, New York, und lebt in Tenafly, New Jersey.

Darryl Pinckney veröffentlichte zahlreiche Essays in *New York Review of Books* und *Granta*. Sein demnächst herauskommender Roman heißt *Sweet Evening Breeze*.

Connie Porters erster Roman, *All-Bright Court*, erscheint bei Houghton Mifflin Company. Ein Ausschnitt aus diesem Roman wurde in der *Southern Review* bereits veröffentlicht. Sie lebt in Milton, Massachusetts.

ISHMAEL REED ist Romanautor, Lyriker, Fernsehproduzent, Songtexter, Zeitschriftenredakteur, Dramatiker und Gründer der Before Columbus Foundation und der There City Cinema. Er erhielt zahlreiche Auszeichnungen, Stipendien und Preise, u.a. den Lewis H. Michaux Literary Prize. Er hat in Harvard, Yale und Dartmouth gelehrt und ist seit zwanzig Jahren Dozent an der University of California in Berkeley. Seine neuesten Werke sind *Reckless Eyeballing* und *The Terrible Threes*. Seine Sammlung von Essays, *Writin' Is Fightin'*, wurde 1989 veröffentlicht.

FATIMA SHAIK ist Reporterin für den *Times-Picayune* (New Orleans) und die *Miami News*, außerdem Lektorin für McGraw Hill, Inc. Ihr erstes Buch, *The Mayor of New Orleans, Just Talking Jazz*, ist eine Sammlung von Erzählungen. Sie lebt in New York City.

NTOZAKE SHANGE schrieb die Romane *Schwarze Schwestern*, Reinbek 1984, und *Betsey Brown*, außerdem veröffentlichte sie Essays und mehrere Gedichtbände. Am bekanntesten jedoch ist wohl ihr Stück fürs Tanztheater *For Colored Girls Who Have Considered Suicide, When the Rainbow Is Enuf*. Sie produzierte auch eine Reihe von Theaterstücken und erhielt zahlreiche Auszeichnungen. Zur Zeit lebt sie in Philadelphia.

ELLEASE SOUTHERLANDS erster Roman, *Let the Lion Eat Straw*, wurde 1979 veröffentlicht. Zur Zeit arbeitet sie an ihrem neuen Roman *A Feast of Fools*. Sie lehrt an der Pace University in New York.

BARBARA SUMMERS war fünfzehn Jahre lang Model bei der Ford Agentur in New York. Sie hat den Text für das Buch *I Dream a World*, ein photographischer Essay über fünfundsiebzig afrikanisch-amerikanische Frauen, geschrieben. Zur Zeit stellt sie ein neues Werk, *Skin Deep*, über die Geschichte von schwarzen Models in Amerika und im Ausland, fertig. Ihre Kurzgeschichten sind im *Essence* und *Catalyst* erschienen. Sie lebt in Teaneck, New Jersey.

CLIFF THOMPSON hat seinen Abschluß in Englisch und Creative Writing am Oberlin College gemacht. *Judgment* ist seine erste veröffentlichte Erzählung. Er lebt in New York City.

ALICE WALKER schrieb Romane, Erzählungen, Gedichte und Essays. Für ihren Roman *Die Farbe Lila*, Reinbek 1984, erhielt sie sowohl den Pulitzer-Preis, als auch den American Book Award, außerdem wurde der Roman verfilmt. Weitere Werke sind: *Meridian*, München 1984, *Das dritte Leben des Grange Copeland*, München 1988, *Im Tempel meines Herzens*, Reinbek 1990, (Romane); *Roselily*, 13 Liebesgeschichten, München 1986, und *Freu' dich nicht zu früh*, 14 radikale Geschichten, München 1987, (Erzählungen); *Once, Revolutionary Petunias & Other Poems, Good Night, Willie Lee, I'll See You in the Morning* und *Horses Make a Landscape Look More Beautiful* (Gedichte); *Auf der Suche nach den Gärten unserer Mütter*, München 1987; *Beim Schreiben der Farbe Lila und andere Essays*, München 1987; *Die Erfahrung des Südens*, München 1988; *Good Morning Revolution, Schreiben und sozialer Protest*, München 1988 und *Living by the Word: Selected Writings* (Essays).

JOHN EDGAR WIDEMAN verfaßte mehrere Romane, eine Trilogie: *Sent for You Yesterday, Hiding Place* und *The Lynchers*, außerdem *Hurry Home, Reuben* und *A Glance Away*. Darüber hinaus veröffentlichte er zwei Erzählungsbände: *Dainbellah* und zuletzt *Fever*. Eines seiner Sachbücher erschien in Deutschland unter dem Titel *Bruder und Hü-*

ter, Frankfurt a. M. 1987. Er ist ein Rhodes-Stipendiat und lehrt an der University of Massachusetts in Amherst.

John A. Williams ist der Autor von achtzehn Büchern, u. a. *Nightsong*, ein Roman aus der Jazz-Szene, Wien 1977, *Jacob's Ladder, The Junior Bachelor Society, The Man Who Cried I Am* und *!Click Song*. Er ist als Auslandskorrespondent für *Newsweek* tätig und gleichzeitig Professor für Englisch an der Rutgers University. Er hat u.a. den American Book Reward und The National Institute of Arts and Letters Award erhalten. Zwei seiner Romane wurden für Film und Fernsehen verfilmt. Er lebt in Teaneck, New Jersey.

Al Young wurde in Mississippi geboren und ist in Detroit aufgewachsen. Er veröffentlichte fünf Romane: *Snakes, Sitting Pretty, Who is Angelina?, Ask Me Now* und *Seduction by Light*, außerdem fünf Gedichtbände und drei Sachbücher. Zusammen mit Ishmael Reed hat er *Calafia: The California Poetry* und *Yardbird Lives!* herausgegeben. Er lebt in Palo Alto, California.